教育概览2015

OECD指标

Education at a Glance 2015

OECD INDICATORS

BETTER POLICIES FOR BETTER LIVES

经济合作与发展组织　编
中国教育科学研究院　组织翻译

教育科学出版社
·北　京·

经济合作与发展组织

经济合作与发展组织（OECD）是一个政府合作讨论解决全球化进程中经济、社会与环境问题的独特论坛。OECD 也站在努力帮助政府回应新的发展问题与关切的前沿，例如机构治理、信息经济与人口老龄化的挑战。OECD 提供了一个政府可以比较政策经验、解决共同面临的问题、发现最佳实践并协调国内与国际政策的机构平台。

OECD 成员国包括：澳大利亚、奥地利、比利时、加拿大、智利、捷克、丹麦、爱沙尼亚、芬兰、法国、德国、希腊、匈牙利、冰岛、爱尔兰、以色列、意大利、日本、韩国、卢森堡、墨西哥、荷兰、新西兰、挪威、波兰、葡萄牙、斯洛伐克、斯洛文尼亚、西班牙、瑞典、瑞士、土耳其、英国与美国。欧盟委员会参与 OECD 的工作。

OECD 的出版物广泛传播 OECD 收集的统计数据，内容涉及经济、社会与环境问题的研究结果，以及其成员国达成一致的协议、方针与标准。

原著由 OECD 以英文与法文出版：
Education at a Glance 2015：OECD Indicators
Regards sur l'éducation 2015：Les indicateurs de l'OCDE

前　　言

各国政府在制定改善个体社会经济发展前景的政策，出台提高学校教育的激励措施，以及帮助动员资源以满足日益增长的需求的过程中，越来越关注教育机会和结果的国际比较。为此，OECD 教育与技能署开发了定量的国际比较指标，并将其分析结果发表于年度出版物《教育概览》中。结合 OECD 国别政策评估，这些指标可以用来协助各国政府构建更加有效和更为公平的教育体系。

《教育概览》致力于满足不同读者群的需求，从希图借鉴政策经验的政府，到获取数据进行深入分析的学者，乃至希望了解本国学校如何培养国际水平学生的公众。该书涵盖了学习结果质量、政策杠杆、影响这些成果的环境因素，以及教育投入所带来的更广泛意义上的个人收益与社会效益等。

《教育概览》是 OECD 成员国政府、参与 OECD 教育指标体系（INES）项目的专家与机构以及 OECD 秘书处长期合作的成果。该书在 Dirk Van Damme 和 Corinne Heckmann 的领导下，由 OECD 教育与技能署创新与进展测量处的工作人员执笔完成，参加人员包括：Étienne Albiser，Diogo Amaro de Paula，Esther Carvalhaes，Rodrigo Castañeda Valle，Éric Charbonnier，Karinne Logez，Soumaya Maghnouj，Gabriele Marconi，Ignacio Marín，Camila de Moraes，Simon Normandeau，David Potrel，Joris Ranchin，Cuauhtémoc Rebolledo Gómez，Wida Rogh，Gara Rojas González，Markus Schwabe，David Valenciano，Jean Yip。Laetitia Dehelle 为本书提供了行政支持。为本书提供了建议以及分析支持的人员包括：Francesco Avvisati，João Collet，Youna Lanos，William Herrera Penagos，Giannina Rech，Aurélie Rigaud，Antje Tiemann。在编辑和出版过程中提供了宝贵支持的人员包括：Marilyn Achiron，Louise Binns，Marika Boiron，Célia Braga-Schich，Jennifer Cannon，Cassandra Davis，Lynda Hawe，Sophie Limoges，Camilla Lorentzen，Eric Magnusson。本书的出版是各成员国在 INES 工作组的指导下，由 INES 工作网协助完成的。为本书的出版与 OECD INES 项目做出贡献的各个机构的成员与专家名单详见全书最后。

尽管近几年取得了较大进步，各成员国和 OECD 继续努力提高最佳国际比较数据与政策需求的相关度。这提出多种挑战，需要做出取舍。第一，指标既要对国家政策议程层面上关注的教育问题做出回应，又要通过国际比较的视角使国别分析和评价增值。第二，指标既要尽可能具有可比性，又要考虑各国历史、制度和文化差异而反映其特殊国情。第三，指标的呈现方式既要尽可能简单明了，又要足够复杂以反映多层面的实际情况。第四，在希望指标数目尽可能精练的同时又需要指标量够大，对面临不同教育挑战的政策制定者都有意义。

OECD 将继续积极迎接这些挑战，不仅继续在可以获得数据的领域努力开发指标，而且力图在仍需大量投入的理论工作方面有所突破。OECD 进一步推进的国际学生评价项目（PISA）及其拓展项目国际成人技能调查［国际成人能力评价项目（PIAAC）的一部分］，以及 OECD 教与学国际调查（TALIS），就是为此做出的主要努力。

目　　录

编者寄语 …… 1
导论 …… 1
读者指南 …… 1
关于新版《国际教育标准分类》（ISCED 2011）的说明 …… 1
概要 …… 1

第一章　教育机构的产出与学习的影响 …… 1

指标 A1　成人学历水平如何？ …… 2
指标 A2　预计有多少学生完成高中教育？ …… 26
指标 A3　预计有多少学生完成高等教育？他们的基本情况是什么？ …… 38
指标 A4　父母受教育程度对子女的学历影响有多大？ …… 58
指标 A5　受教育程度如何影响劳动力市场参与程度？ …… 76
指标 A6　教育的收入回报是多少？ …… 104
指标 A7　教育投资的经济动因是什么？ …… 128
指标 A8　教育的社会效益如何？ …… 148
指标 A9　技能对就业与收入有何影响？ …… 166
指标 A10　教育与就业中的性别差距体现在哪里？ …… 200

第二章　教育中的财政与人力资源投入 …… 223

指标 B1　生均支出是多少？ …… 226
指标 B2　国民财富用于教育的比例是多少？ …… 244

指标 B3 教育的公共投入和私人投入是多少？ ………… 256
指标 B4 公共教育经费总支出是多少？ ………… 270
指标 B5 高等教育学生交多少费？得到多少公共补贴？ ………… 282
指标 B6 教育经费用于哪些资源和服务？ ………… 306
指标 B7 哪些因素影响教育经费支出水平？ ………… 314

第三章 教育机会、参与与过渡 ………… 335

指标 C1 哪些人接受教育？ ………… 336
指标 C2 世界范围内的早期教育体系有何差别？ ………… 352
指标 C3 预期多少学生升入大学？ ………… 374
指标 C4 谁在国外学习，在哪些国家学习？ ………… 388
指标 C5 从学校向工作过渡：15—29 岁的青年人何去何从？ ………… 410
指标 C6 多少成人参与教育和学习？ ………… 424

第四章 学习环境与学校的组织 ………… 441

指标 D1 学生有多少时间用于课堂学习？ ………… 442
指标 D2 生师比是什么？班额有多大？ ………… 460
指标 D3 教师工资是多少？ ………… 472
指标 D4 教师有多少时间用于教学？ ………… 504
指标 D5 哪些人从事教师职业？ ………… 516
指标 D6 已经建立了什么样的教育评价机制？ ………… 530
指标 D7 已经建立了什么样的教师与学校领导评价体系？ ………… 552
指标 D8 信息与通信技术（ICT）在教学中的应用程度如何？ ………… 582

附录 1 各国教育体系的特点 ………… 597
附录 2 参考统计数据 ………… 603
附录 3 数据来源、方法与技术性说明 ………… 621

为本书出版做出贡献的人士 ………… 622
教育指标焦点 ………… 628

后记 ………… 631

编 者 寄 语

教育、学习与2030年可持续发展议程

在过去的20年里，世界教育发生了翻天覆地的变化。全球范围内，越来越多的儿童可以上学，有机会获取职场、社区和生活所需的技能。自1992年首次发布以来，《教育概览》严格记录了世界逐步实现全民教育目标的转变。

这些变化伴随国际可比教育数据的增加而出现。25年前，很多人认为教育属于地方性事务，与特定情境联系紧密，因而难以运用比较性统计标准进行衡量。然而，统计技术、数据收集和处理方面的巨大进步已能够让政策制定者、研究者和公众看到世界范围内教育的发展，检测教育状况并吸取别国经验。OECD通过提前发布测量计划，始终在这方面走在前列。OECD基于入学、参与和完成教育的情况，构建了衡量学生学习结果和教育公平的可靠标准，包括OECD的PISA和PIAAC中所使用的标准。

世界各国领导人在纽约联合国峰会上确定了未来15年全球发展目标，即17项可持续发展目标（SDGs）。仅仅几个星期之后，新版《教育概览》面世了。教育是可持续发展议程的基石，与教育相关的目标是在2030年"确保包容、公平的优质教育，促进全民享有终身学习机会"。该目标具体由10项任务组成，这些任务体现了为更好的生活发展更好的技能而努力的愿景。《教育2030》议程的亮点在于聚焦各教育层次和各年龄段人群的入学机会、包容性与公平、质量与学习结果等重要问题。10项任务中有5项与提高每个儿童、青年和成人的教育质量，从而确保他们获得更好、更有用的知识和技能有关。

让每个孩子有机会接受并完成有质量的12年教育是完成这些任务的基础。实现教育普及的努力必须与重新重视教育质量和公平相结合。使用全球性标准测量学习结果质量的PISA数据，说明了为何很多国家夸口说所有儿童都能进入学校学习，但却不是所有儿童在初中毕业时都能够在阅读、数学和科学这些核心学科上达到最低能力水平。这也是普及基本技能的目标在可持续发展目标教育议程中处于核心地位的原因。将重点转移到全民教育质量上，意味着17项可持续发展目标和169项具体任务是存在普遍联系的：世界上任何国家和地区在2015年都不能断言其所有青年在基础技能方面都达到了最低能力水平。

既然国际社会为教育确定了发展目标和任务，研制测量并反映入学机会、公平和质量状况的指标就非常必要。这些指标会为国际社会的责任以及能够发挥巨大作用的政策和资源提供依据。OECD已经准备好与UNESCO、UIS、UNICEF和世界银行等其他国际组织一起推动这一议程。测量教育可持续发展进程的全球性指标包括对现有大型学习结果和技能国际测试（如PISA和PIAAC）的改编。《教育概览》中所涉及的指标将继续为教育体系的国际比较提供强大数据基础。实际上，现有OECD政策和数据收集工具已经覆盖了UN

体系中2/3以上的监测教育可持续发展的指标。

在未来几年内，教育可持续发展任务和指标将会全面整合到OECD数据收集机制、报告和分析中，包括《教育概览》。通过这样的方式，OECD确保这本已被世界范围内的人们广泛参考的旗舰式的报告能够继续为测量和监测全球教育发展进程设定标准。

Angel Gurría
经济合作与发展组织秘书长

导　　论

指标及其框架

■ 组织框架

《教育概览 2015：OECD 指标》提供了一个丰富的、具有可比性的、最新的指标系列，反映了专业人士关于如何衡量国际教育现状的共识。这些指标囊括了有关教育的人力与财政资源投入、教育与学习系统的运行和发展以及教育投资回报等方面的信息。这些指标按主题分类，每一部分都包括政策背景与对数据的解释。这些教育指标是在以下组织框架中报告的：

- 区分教育体系内的参与者：个体学习者与教师、教学环境与学习环境、教育服务提供者，以及教育体系。
- 根据指标与个体或国家的学习成果、影响这些成果的政策杠杆或环境、影响政策选择的先行因素或限制因素的关系，对指标进行分类。
- 确定与指标相关的三大类政策问题：教育成果与教育机会的质量、教育成果与教育机会中的公平问题、资源管理的充分性与有效性。

以下矩阵图描述了指标组织框架的前两个维度：

	1. 教育与学习的产出和成果	2. 影响教育成果的政策杠杆与环境	3. 影响政策的先行因素或限制因素
Ⅰ. 教育与学习的个体参与者	1. Ⅰ. 个体教育成果的质量与分布	2. Ⅰ. 个体对教与学的态度、参与以及行为	3. Ⅰ. 个体学习者与教师的背景特征
Ⅱ. 教学环境	1. Ⅱ. 教学质量	2. Ⅱ. 教学方法、学习时间及课堂环境	3. Ⅱ. 学生学习条件与教师工作条件
Ⅲ. 教育服务的提供者	1. Ⅲ. 教育机构的产出与组织绩效	2. Ⅲ. 学校环境与组织	3. Ⅲ. 服务提供者及其社区特征
Ⅳ. 教育体系	1. Ⅳ. 教育体系的总体绩效	2. Ⅳ. 全系统的机构设置、资源配置与政策	3. Ⅳ. 国家层面的教育、社会、经济与人口背景

■ 教育体系内的参与者

OECD 教育指标体系（INES）项目力图考量国家教育体系的总体绩效，而非比较单个机构或地方一级实体的绩效。然而，人们越来越清楚地认识到，只有充分理解个体及机构层面的学习成果及其与投入和过程的关系，才能对教育体系的发展、功能以及影响的很多重要特征进行评价。为了解释这一点，指标框架把教育体系分为一个宏观层面、两个中观层面与一个微观层面：

- 教育体系；
- 教育机构与教育服务提供者；
- 机构内的教学安排与学习环境；
- 教育与学习的个体参与者。

在某种程度上，这些层次与收集数据的机构相对应，但它们的重要性主要体现为教育体系的很多特征在不同层面上的表现有很大差异，在解释指标时应把这一点考虑在内。例如，就一个课堂内的学生而言，如果小班学生能够从与教师更多的接触中获益，那么学生成绩与班额之间的关系可能为负相关。然而，在班级或学校层面，常常有意把学生分组，把较差的或弱势的学生安排在较小的班中，使他们可以得到更多的关注。因此在学校层面，班额与学生成绩之间的关系常常是正相关的（说明大班的学生比小班的学生成绩好）。在教育体系的更高层次，学生成绩与班额之间的关系更为复杂，如学生的社会经济背景或与不同国家学习文化相关的因素。因此，以往单纯依靠宏观数据的分析有时会导致错误的结论。

■ 成果、政策杠杆与先行因素

组织框架的第二个维度进一步依据以上层次对指标进行分类：

- 教育体系的产出指标，以及与知识和技能对于个体、社会、国家的影响有关的指标，列于子标题“教育与学习的产出和成果”之下；
- 子标题“政策杠杆与环境”包括旨在获得有关影响每一个教育层次的产出与成果的政策杠杆与环境的信息的活动；
- 这些政策杠杆与环境一般都有“先行因素”——确定或限制政策的因素。文中以子标题“先行因素或限制因素”表示。先行因素或限制因素通常仅限于教育体系的一个层次，教育体系较低层次的限制因素可能是较高层次的政策杠杆。例如，对于一个学校内的教师与学生而言，教师资格是一个既定的限制因素，在教育体系的层面上，教师的专业发展是一个主要的政策杠杆。

■ 政策问题

框架内的每一部分可以适用于不同政策视角下的不同问题。为此，本框架把政策视角分为三类，形成了 INES 组织框架的第三个维度：

- 教育成果与教育机会的质量；
- 教育成果的平等及教育机会公平；
- 资源管理的充分性、有效性及效率。

除以上维度之外，时间视角作为本框架的另一个维度，也能够反映教育体系发展的动态特征。

《教育概览 2015》发布的指标虽然经常与一个以上单元格内的内容相关，但总体上与此框架相对应。

第一章**“教育机构的产出与学习的影响”**内的大多数指标与矩阵的第一列相关，描述教育的产出与成果。这一章内的指标考查不同年龄人口的学历，不仅提供了一个对于教育体系的产出的量度，而且提供了当前教育政策的背景，例如形成终身学习的政策背景。

第二章**“教育中的财政与人力资源投入”**提供了政策杠杆或政策先行因素的指标，或者两者兼具。例如，生均经费是一个最直接影响个体学习者的关键政策指标，表现为学校内的学习环境及课堂内的学生学习条件的限制因素。

第三章**“教育机会、参与与过渡”**提供了包括成果指标、政策杠杆及环境指标在内的综合性指标。例如，教育国际化与升级率反映了课堂、学校与系统层面的政策和实践活动成果，同时也说明了必要的政策干预的领域，例如不公平问题，从而提供制定政策的背景。

第四章**“学习环境与学校的组织”**提供了教学时间、教师工作时间及教师工资的指标，它们描述了可以调控的政策杠杆，以及保证教学质量与个体学习效果的教学环境，同时也反映了教师、各级政府的教育决策以及接受中等教育和高等教育的途径与路径等有关数据。

读者应注意到，本辑《教育概览》还包含了大量来自伙伴国的数据（详见《读者指南》）。

读者指南

统计范围

虽然许多国家数据不足，限制了指标的范围，但本书原则上涵盖了完整的（在国家领土范围内的）国家教育体系，而不论有关教育机构的性质、经费来源以及教育的供给机制。除下述个别情况以外，包括所有类型的学生和所有年龄组：儿童（包括有特殊需求的学生）、成人、本国人、外国人、远程开放教育的学生、特殊教育的学生，以及教育部系统之外其他部委组织的以扩展或深化个体知识为主要目的的教育项目的学生。除被视为教育体系一部分的工学结合课程外，在岗职业技术培训不包括在基本的教育支出与学生数据中。

属于“成人教育”或“非普通教育”的教育活动，只要涉及或有类似“普通”教育的学科内容，或者可能获得类似普通教育所授予的文凭，都包括在内。

面向成人的基于一般兴趣、丰富自身生活或休闲娱乐的课程则未包括在内。

覆盖的国家

本书包括以下国家的教育数据：34 个 OECD 成员国、2 个参与 OECD 教育指标体系（INES）项目的伙伴国（巴西与俄罗斯），以及其他未参加 INES 项目的伙伴国（阿根廷、中国、哥伦比亚、哥斯达黎加、印度、印度尼西亚、拉脱维亚、立陶宛、沙特阿拉伯与南非）。后 10 个国家的数据来源在表与图的下方注明。

以色列的统计数据由以色列有关当局负责提供。在使用这些数据时，OECD 根据国际法的规定对戈兰高地、东耶路撒冷和约旦河西岸的以色列定居点的地位不持偏见。

国际平均值的计算

《教育概览》的主要目的是提供权威的有关教育国际比较统计数据的汇编。尽管各国在比较中会达到特定值，但这并不代表这些国家是一样的。国家平均值包含了各国地方辖区的显著差异，如同 OECD 平均值包含了各国不同的经验（参见《教育概览 2014》专栏 A1.1）。

很多指标中呈现了 OECD 平均值；一些指标呈现了 OECD 合计值。OECD 平均值是用所有数据可获得或可估计的 OECD 国家数据值非加权平均计算得出的。因此，OECD 平均值是国家体系层面数据值的平均，可用于回答特定国家的一个指标值如何与另一个国家的值或平均值比较的问题。每个国家教育体系的绝对规模未考虑在内。

OECD 合计值是用所有数据可获得或可估计的 OECD 国家数据值加权平均计算得出的。它反映了在把 OECD 视为一个整体时特定指标的值。采用这种方法的目的是进行比较，例如，比较某些国家和被视为一个实体且有效数据可得的 OECD 地区的经费支出。

OECD 的平均值与合计值都会受到缺失数据的显著影响。鉴于国家数量相对较少，没有采取统计方法进行弥补。本书中某些国家的特定指标的数据不可得，或者某一类别不适用于这个国家。因此，读者应注意“OECD 平均”指的是被纳入相关比较的 OECD 国家的数据的平均值。如果过多国家信息缺失或信息已被包含在其他数列中，则不计算平均值。

本书使用 1995 年至 2012 年数据的财政表也计算了提供所有参考年份数据的 OECD 国家的平均值。这就能对一段时期以内的 OECD 平均值进行比较，并避免由于某些国家不同年度的数据缺失而造成的数据失真。

本书中许多指标使用了欧盟 21 国平均值。该平均值基于 21 个数据可获得或可估计的既是欧盟成员国又是 OECD 成员国的国家数据值非加权平均计算得出。这 21 个国家是奥地利、比利时、捷克、丹麦、爱沙尼亚、芬兰、法国、德国、希腊、匈牙利、爱尔兰、意大利、卢森堡、荷兰、波兰、葡萄牙、斯洛文尼亚、斯洛伐克、西班牙、瑞典和英国。

有些指标呈现了 G20 平均值。该平均值基于所有数据可获得或可估计的 G20 国家（阿根廷、澳大利亚、巴西、加拿大、中国、法国、德国、印度、印度尼西亚、意大利、日本、韩国、墨西哥、俄罗斯、沙特阿拉伯、南非、土耳其、英国和美国；欧盟未包括在内）数据值非加权平均计算得出。在中国或印度数据不可获得的情况下不计算 G20 平均值。

有些指标呈现了“平均值”。该平均值包含在 2012 年成人技能调查（PIAAC）的数据表格中。该平均值与国家、地区（包括比利时弗兰芒语区、英国的英格兰和北爱尔兰地区）表和图中估计值的算术平均值相对应。伙伴国没有计算在任何表格和图的平均值中。

■ 标准误（S. E.）

本书中所呈现的统计估计值是基于成人样本得出的，不是通过每个国家的目标人口中每个人回答的每个问题而计算出的数值。因此，每一个估计值因其抽样和测量误差都有一定程度的不可靠性，这种不可靠性可以用标准误来表示。置信区间的使用提供了一种能够反映样本估计中伴随的不可靠性的推断人口数量平均值和比例的方法。在本书中，置信区间水平被设定为 95%。换言之，从同一人群中抽取不同样本，重复抽样 100 次，相应样本的计算结果有 95 次位于置信区间内。

本书在呈现标准误的表中，“%”栏和“S. E.”栏分别表示平均百分比和标准误。鉴于本书中的调查方法，抽样不可靠性百分比（%）是标准误（S. E.）的 2 倍，如，%=10，S. E. =2.6，假定误差风险值为 5%，那么 10% 的不可靠域值是 S. E. 值 2. 6 的 2 倍（1. 96 倍）。当误差风险值为 5%时，真实的百分比大概在 5%和 15%之间（置信区间）。置信区间的计算方法为：%±1. 96×S. E.，按上述例子，则置信区间为 5%=10%−1. 96×2. 6 和 15%=10%+1. 96×2. 6。

■ 教育阶段的划分

教育阶段的划分以修订后的国际教育标准分类（ISCED）为基础。ISCED 是编制国际教育统计数据的工具。ISCED-97 近期被重新修订，新的国际教育标准分类（ISCED 2011）于 2011 年 11 月被正式采用。新的国际教育标准分类是第一次用在《教育概览》中。“关于新版《国际教育标准分类》（ISCED 2011）的说明”部分介绍了 ISCED 2011 和 ISCED-97 的主要区别。

■ 缺失数据代码

在表与图中使用下列符号与缩写：

a：因无法归类，数据不适用。

b：最新的数据指的是 ISCED 2011 的数据，而之前的数据指的是 ISCED-97 的数据，数据有中断。

c：数据量太少，无法提供可靠的估计值（如，PISA 中，有有效数据的学生数少于 30 或学校数少于 5；成人技能调查中，受调查个体数少于 30）。

d：包含其他数列数据。

m：数据不可得。

0：数据大小可忽略，或者为 0。

r：数值低于一定的可用性临界值，解释时须谨慎。

q：根据相关国家要求撤销数据。

x：数据包括在另一类别或另一列内 [如 x（2）指数据包括在表的第 2 列内]。

~：平均值与其他教育阶段的数据不可比。

■ 更多参考资料

www. oecd. org/education/education-at-a-glance-19991487. htm 网站提供了关于计算指标所用的方法的大量信息以及基于各国具体情况对数据的解释和有关数据的来源。该网站还提供了这些指标的基础数据以及本书中使用的技术术语表。

本书的后期修订将列在 www. oecd. org/publishing/corrigenda（修改）和 http：//dx. doi. org/10. 1787/eag-data-en（更新）。

《教育概览》使用 OECD 的统计数据链接（StatLinks）服务。在《教育概览 2015》每个图表下面有一个链接，指向与指标基础数据相对应的 Excel 工作簿。这些链接是固定的，在一段时期内保持不变。此外，《教育概览 2015》电子版的读者可以直接点击这些链接，工作簿会在一个单独的窗口中打开。

■ 表格设计

所有表中每一列顶端括号中的数字仅供参考。如没有编号，则该列只供在线查询。

■ 国家（地区）代码

以下代码在本书某些图中使用，在文本中使用国家（地区）的名称。

ARG 阿根廷
AUS 澳大利亚
AUT 奥地利
BEL 比利时
BFL 比利时弗兰芒语区
BFR 比利时法语区
BRA 巴西
CAN 加拿大
CHE 瑞士
CHL 智利
CHN 中国
COL 哥伦比亚
CRI 哥斯达黎加
CZE 捷克
DEU 德国
DNK 丹麦
ENG 英格兰
ESP 西班牙
EST 爱沙尼亚
FIN 芬兰
FRA 法国
GRC 希腊
HUN 匈牙利
IDN 印度尼西亚
IND 印度
IRL 爱尔兰
ISL 冰岛
ISR 以色列
ITA 意大利
JPN 日本
KOR 韩国
LUX 卢森堡
LVA 拉脱维亚
LTU 立陶宛
NZL 新西兰
MEX 墨西哥
NLD 荷兰
NOR 挪威
POL 波兰
PRT 葡萄牙
RUS 俄罗斯
SAU 沙特阿拉伯
SCO 苏格兰
SVK 斯洛伐克
SVN 斯洛文尼亚
SWE 瑞典
TUR 土耳其
UKM 英国
USA 美国
ZAF 南非

关于新版《国际教育标准分类》（ISCED 2011）的说明

更多信息参见《ISCED 2011 操作手册：国家教育项目与相关资格分类指南》（ISCED 2011 Operational Manual：Guidelines for Classifying National Educational Programmes and Related Qualifications）（OECD/Eurostat/UNESCO Institute for Statistics，2015）（http：//dx. doi. org/10. 1787/9789264228368-en）。

修订 ISCED 的必要性

不同国家之间教育体系结构差别巨大。为了能够获得具有国际可比性的教育数据和指标，有必要制定收集和反映教育内容相似的教育项目的框架。UNESCO 制定的国际教育标准分类（ISCED）是划分不同教育层次和相关资格的重要参考。ISCED 的基本理念和定义追求国际通用性，并覆盖教育体系的所有范畴。

ISCED 最初由 UNESCO 于 20 世纪 70 年代中期研制，并于 1997 年进行了第一次修订。鉴于 21 世纪初教育和学习体系发生的变化，2009—2011 年 UNESCO 对 ISCED 进行了进一步的修订，修订时在全球范围内广泛征询了多个国家和地区的专家以及国际组织的意见。此次修订充分考虑到高等教育结构的重大变化，例如欧洲的博洛尼亚进程、低龄儿童教育项目的扩张、对教育产出（如教育达成度）统计的日益关注等。ISCED 2011 在 2011 年 11 月份召开的第 36 届 UNESCO 常务会议上得到采用。

ISCED 2011 与 ISCED-97 的主要区别

在为提高教育统计数据的国际可比性而进行的长期磋商过程中，ISCED 2011 是一个重要的进展。本辑《教育概览》首次使用 ISCED 2011。ISCED 2011 与 ISCED-97 的主要区别有以下几点。

- ISCED 2011 呈现了对 ISCED-97 中教育水平（ISCED-P）的修订，首次使用了基于被认可的教育资格证书（参见指标 A1）的教育达成度（ISCED-A）这一分类法。
- ISCED 2011 改进了正式教育和非正式教育、教育活动与项目的界定。
- ISCED-97 将教育划分为 7 个等级，ISCED 2011 则进一步划分为 9 个等级。实际上，随着高等教育的发展，如博洛尼亚进程，高等教育结构已发生改变，目前涵盖四个教育等级，而 ISCED-97 中只包含两个等级。先前 ISCED-97 中等级 5 所涵盖的项目在 ISCED 2011 中被划分到等级 5、6 或 7 中。此外，尽管 ISCED-97 中提及了中等后非高等教育在国家学位体系中的地位，但ISCED 2011将这一层次的教育明确列为等级6和等级7（分别是学士或同等水平、硕士或同等水平）。

- ISCED的等级0涵盖范围进一步扩大，将0—3岁早期儿童教育发展项目（参见指标C2）纳入其中。
- ISCED中的每个教育等级均得到更为清晰的界定，这可能会带来此前ISCED不同等级交界处的项目分类上的些许变化（例如，ISCED的等级3和4）。
- ISCED等级中的补充性维度也得到修订。现在只有普通和职业两种划分。此前被划分为前职业的项目（ISCED-97）并不提供与劳动力市场挂钩的资格证书，这类项目目前被划入普通教育。
- 依据下一阶段所接受教育的类型，ISCED-97区分了进入ISCED较高等级的两个类别，但ISCED 2011只确定一种能够进入较高等级的项目。ISCED 2011中的“完成并通向较高ISCED等级的等级”相当于ISCED-97中A类和B类的结合。ISCED 2011将不能升入较高ISCED等级的教育项目进一步划分为“无等级完成”“部分等级完成”和“等级完成”三类。这三个分类相当于ISCED-97中的C类。

教育与培训领域

在ISCED中，教育项目和相关资格可以按照教育与培训领域和等级进行分类。ISCED 2011集中讨论了ISCED等级及其相关补充性维度。随着ISCED 2011被采用，对于ISCED教育领域的重新审视和全球性探讨也随之而来。ISCED教育领域得到修订，2013年11月召开的第37届UNESCO大会采纳了2013年版ISCED教育与培训领域分类法（ISCED-F 2013），该版分类法（UNESCO-UIS，2014）可以从www. uis. unesco. org/Education/Documents/isced-fields-of-education-training-2013. pdf下载，并将首次在2017年《教育概览》中使用。

不同版本ISCED对照表

表1是ISCED 2011与ISCED-97的对照。ISCED 2011与ISCED-97对照的具体信息参见《ISCED 2011操作手册：国家教育项目与相关资格分类指南》第一部分。

表1 ISCED 2011与ISCED-97教育等级比较

ISCED 2011		ISCED-97	
01	早期儿童教育发展		—
02	学前教育	0	学前教育
1	初等教育	1	初等教育或基础教育第一阶段
2	初级中等教育	2	初级中等教育或基础教育第二阶段
3	高级中等教育	3	（高级）中等教育
4	中等后非高等教育	4	中等后非高等教育

续表

ISCED 2011		ISCED-97	
5	短期高等教育	5	高等教育第一阶段（不直接通向高级研究性资格）（5A、5B）
6	学士或同等水平		
7	硕士或同等水平		
8	博士或同等水平	6	高等教育第二阶段（通向高级研究性资格）

ISCED 中等级的定义

早期儿童教育（ISCED 0 级）

ISCED 0 级是指包括一种有计划的教育内容的早期课程。ISCED 0 级课程针对未满进入初等教育（ISCED 1 级）年龄的儿童。这些课程旨在开发融入学校和社会所必需的认知、身体和社会情感技能。

ISCED 0 级课程针对不同年龄的儿童提供不同的课程内容。ISCED 0 级课程有两个类别：ISCED 010 课程——早期儿童教育发展，ISCED 020 课程——学前教育。前者含有针对年幼儿童（尤其是0—2 岁儿童）的教育内容，后者是为 3 岁至初等教育（ISCED 1 级）入学年龄的儿童专门设计的。出于国际可比性目的，术语“早期儿童教育”（early childhood education）用于表示 ISCED 0 级（参见 2015 年《教育概览》指标 C2）。

ISCED 0 级课程可有多种提法，例如“early childhood development”（早期儿童教育发展）、“play school”（幼儿园）、“reception”（欢迎班）、“pre-primary”（学前）、“pre-school”（学校前）或“educación inicial”（法语，指起步教育）。对于法语称为“crèches”（托儿所）、“guarderías”（幼儿园），英语称为“daycare centres”（托儿中心）、“nursery”（托儿所）的项目，须确保其满足 ISCED 0 级分类标准。

初等教育（ISCED 1 级）

初等教育通常从 5 岁、6 岁或 7 岁开始，持续 6 年。本级课程通常是为了培养学生阅读、写作和数学等方面的基本技能，并为学生理解其他学科（如历史、地理、自然科学、社会科学、艺术和音乐）打基础。仅包含初步的阅读活动不足以判断某类教育为 ISCED 1 级。

ISCED 1 级课程可有多种提法，例如“primary education”（初等教育）、“elementary education or basic education”（小学教育或基础教育）（如果一个教育体系有跨 ISCED 1 级和 2 级的课程，则指基础教育第一阶段或低年级）。出于国际可比性目的，术语“初等教育”（primary education）用于表示 ISCED 1 级。

初级中等教育（ISCED 2 级）

初级中等教育课程旨在为进入更为专业化的高级中等教育和更高等级教育奠定基础。初级中等教育的开始或结束通常会伴随学校的变换，以及教学风格的改变。

在某些教育体系中，本级课程可能会根据方向进行区分，尽管这一做法在高级中等教育中更为常见。本级课程的职业教育课程通常为希望毕业后直接进入劳动力市场（低技能或半技能工作）的学生提供选择。也可以成为学生进入职业教育的第一步，他们将来可接受高级中等教育阶段的职业教育课程。

ISCED 2 级课程可有多种提法，例如“secondary school（stage one/lower grades）”[中等学校（阶段一/低年级）]、“junior secondary school”（初级中等学校）、“middle school”（中学）或“junior high school”（初级高中）。如果一类教育跨 ISCED 1 级和 2 级，则常使用术语“elementary education or basic school”（初等教育或基础教育）（阶段二/高年级）。出于国际可比性目的，术语“初级中等教育”（lower secondary education）用于表示 ISCED 2 级。

高级中等教育（ISCED 3 级）

高级中等教育课程比初级中等教育课程更为专业，也为学生提供更多的选择和更多样的完成中等教育的途径。学生个体所学习的学科领域比低等级课程更为聚焦，但学习内容更为复杂、高深。

本级课程通常按照课程指向和更为宽泛的学科组别进行划分。普通课程通常是为打算继续高等教育学业或专业性学习的学生设计的。学生通常开始专注于具体领域，例如科学、人文学科或社会科学，即使他们必须继续修习基础学科课程，例如语文、数学，或许还有一门外语。ISCED 3 级课程中的普通课程也可不为学生进入高等教育做准备，但比较少见。职业课程既可以给未能获得资格证书而离开学校的年轻人提供选择，也可以为那些希望成为技术工人和/或技术员的年轻人提供选择。

旨在复习高级中等教育课程所覆盖的内容，或是为希望改变方向或者希望从事某种需要获得高级中等教育资格证书的职业，而自己在先前的学习中尚未获得过这一资格证书的年轻人提供机会的第二次机会或再融合课程，也属于本级课程。

ISCED 3 级课程可有多种提法，例如“secondary school（stage two/upper grades）”[中等学校（阶段二/高年级）]、“senior secondary school or（senior）high school”[高级中等学校或（高级）中学]。出于国际可比性目的，术语“高级中等教育”（upper secondary education）用于表示 ISCED 3 级。

中等后非高等教育（ISCED 4 级）

中等后非高等教育的课程内容并不比高级中等教育课程复杂很多。本级课程通常服务于拓宽而不是深化在高级中等教育阶段所获得的知识、技能和能力。本级课程旨在为学生参与劳动力市场提供更多选择，为高等教育做准备，或者两者兼具。

通常，ISCED 4 级课程具有职业指向。本级课程可有多种提法，例如“technician diploma”（技师文凭）、“primary professional education”（初级专业教育）、“préparation aux carriers administratives”（行政职业准备）。出于国际可比性目的，术语“中等后非高等教育”（postsecondary non-tertiary education）用于表示 ISCED 4 级。

ISCED 2011 高等教育（ISCED 5—8 级）

高等教育建立在中等教育之上，提供专业化的学科学习活动。高等教育包括通常所理解的学术教育，还包括高级职业或专业教育。

高等教育课程授予的资格证书之间通常存在一个清晰的层次结构，包括 ISCED 5 级课程（短期高等教育）、ISCED 6 级课程（学士或同等水平）、ISCED 7 级课程（硕士或同等水平）、ISCED 8 级课程（博士或同等水平）。相比低等级的课程，高等教育阶段课程内容更为复杂、高深。

短期高等教育（ISCED 5 级）

ISCED 5 级课程内容明显比通向该等级的高级中等教育课程复杂。它通常通过传授高级中等教育未曾覆盖的新的技术、理论和观念来深化知识。相比之下，ISCED 4 级课程旨在拓宽知识面，而且通常并不比 ISCED 3 级课程更高深。

ISCED 5 级课程可有多种提法，例如“(higher) technical education”[(高级) 技术教育]、“community college education”(社区大学教育)、“technician or advanced/higher vocational training”(技师或高级职业培训)、“associate degree”(副学位) 或“+2”(两年制学士)。出于国际可比性目的，术语“短期高等教育”(short-cycle tertiary education) 用于表示 ISCED 5 级。

学士或同等水平 (ISCED 6 级)

ISCED 6 级课程，即学士或同等水平课程的学习年限更长，且通常比 ISCED 5 级课程具有更强的理论性。本级课程通常是为了给参加者提供中间层次的学术和/或专业知识、技艺和能力，以获得第一级学位或同等资格证书。

本级课程一般要求在高等教育阶段有 3—4 年全日制学习时间。本级课程可能包括基于理论的学习，也包括实践课程和/或一段工作经历。本级课程传统上由大学和同等水平的高等教育机构提供。

ISCED 6 级课程有多种提法，例如“bachelor's programme”(学士课程)、“licence”(学士学位) 或“first university cycle”(第一个大学周期)。出于国际可比性目的，术语“学士或同等水平”(bachelor's or equivalent level) 用来表示 ISCED 6 级。

硕士或同等水平 (ISCED 7 级)

ISCED 7 级课程，即硕士或同等水平课程的内容通常比 ISCED 6 级课程更复杂，专业性也更强。本级课程通常是为了给参加者提供高级的学术和/或专业知识、技艺和能力，以获得第二级学位或同等资格证书。本级课程可有大量的研究性成分，但还达不到授予博士学位的水平。通常高等教育阶段累计持续时间达到 6—8 年或者更长。

ISCED 7 级课程可有多种提法，诸如“master programmes”(硕士课程)、“magister”(硕士学位)。出于国际可比性目的，术语“硕士或同等水平”(master or equivalent level) 用来表示 ISCED 7 级。

博士或同等水平 (ISCED 8 级)

ISCED 8 级课程，即博士或同等水平课程主要是为获得高级研究资格证书而设置。本级课程致力于更高一级的学习和原创性研究，一般仅由以研究为导向的高等教育机构如大学提供。学术领域和职业领域都有博士课程。

在大多数国家，本级课程理论上要求 3 年全日制学习，实际上学生完成本级课程的时间要更长。

ISCED 8 级课程可有多种提法，如“PhD”(博士学位)、“DPhil”(哲学博士)、“D. Lit”(文学博士)、“D. Sc”(理学博士)、“LL. D”(法学博士)、“Doctorate”(博士学位) 或类似的名称。出于国际可比性目的，术语“博士或同等水平”(doctoral or equivalent level) 用于表示 ISCED 8 级。

概　要

在劳动力市场和生活中，教育值得你付出努力……

平均而言，80%以上接受过高等教育的成人拥有工作；相比之下，在接受过高中教育或中等后非高等教育的人群中，只有70%以上有工作；没有接受过高中教育的成人中，有工作的不足60%。而且，具有高等教育学历的人群的收入平均比具有高中学历的人群高出约60%。总体上讲，就业率和收入随受教育程度和技能水平的提升而提高，但劳动力市场仍然将文凭或学位视为劳动者技能水平的指针。

认识到教育的这些益处，OECD成员国中越来越多的年轻人希望接受高等教育。从参加2012年成人技能调查（PIAAC）的OECD成员国和地区平均情况看，25—34岁非学生人群中22%（该比例在韩国为47%）的人完成了高等教育，尽管其父辈没有完成。这些"第一代高等教育学历人群"的就业率与父辈也接受过高等教育的高等教育学历人群基本相同，且所在的学科领域也十分类似。这表明，家庭中第一个接受高等教育绝不是不利的。

数据还表明，尽管本科学位课程入学率明显高于硕士或博士学位课程，但在劳动力市场上，拥有硕士学位的人比只拥有本科学位的人拥有更多的就业机会和更高的收入水平。拥有学士学位或同等水平学位的人员，其工作收入比高中学历人员高出约60%，而拥有硕士学位、博士学位或者同等水平学位的人员，其收入则是高中学历人员的2倍还多。

教育的益处不仅仅体现在经济收入上。受过高等教育的人更可能拥有较好的健康状态，更多地参与志愿活动，也信任他人，并且感觉在政府中有一定发言权。换言之，受教育程度越高越倾向于参与周边的事务。

……尽管不公平仍然存在

尽管在受教育程度方面的性别差距不断缩小甚至反转，但女性在一些特定教育领域仍处于劣势，例如科学、技术、工程、数学（STEM）领域。年轻女性就业率低于男性，尽管受过高等教育的年轻人中就业的性别差异明显比受教育程度较低的人群小。

数据也表明收入水平的最大影响因素是受教育程度。受过高等教育的成人位于前25%高收入水平（月收入）的可能性，要比受教育程度为高中或中等后非高等的人高出23%。

2010—2012年，大部分OECD成员国教育公共支出有所减少

2008年全球经济危机对教育领域的影响有所滞后。2010—2012年，GDP在衰退后开始增长，同时1/3以上OECD成员国的教育公共支出有所减少。

2008 年的经济危机也对小学和中学教师的工资产生了直接影响。经济危机后的几年里，尽管一些国家已经开始缓慢复苏，教师工资却一直没有变化或被削减，因此在 2008—2013 年教师实际工资有所增长的国家数量缩减到 OECD 成员国的 1/2 左右。这些趋势对于缩小教师与其他具有相同教育程度的劳动者之间的收入差距毫无贡献。就 OECD 成员国平均水平而言，学前教育和小学教师的工资是全职全年劳动者的 79%，初中教师该比例约为 81%，高中工资教师该比例约为 83%。这一不具竞争力的工资水平使得教师职业很难吸引到优秀人才。

经费削减也影响到教师专业发展活动的开展。PISA 数据显示，虽然学校信息与通信技术（ICT）投入不断增长，教师们却没有系统地使用这些工具。确实，参加 2013 年 OECD 教与学国际调查（TALIS）的教师反馈，最需要专业发展的领域之一就是提升用于教学的 ICT 技能。

其他发现

- 2012 年，OECD 成员国投入教育机构（初等教育到高等教育）的经费平均占 GDP 的 5. 3%；11 个数据可得国家的比例在 6% 以上。
- 教育是公共财政支持力度最大的领域，但高等教育机构的经费主要来源于私人。2000—2012 年，高等教育经费来源中公共财政所占比例从 2000 年的 69% 下降到 2012 年的 64%。
- 移民背景的学生在学前教育阶段格外受益。
- 在参加 2012 年 PISA 测试的所有 OECD 成员国和地区中，电子阅读方面的性别差异要小于纸质阅读。经过近一年的学习后，女孩在电子阅读上的得分平均比男孩高 26 分，在纸质阅读上平均高 38 分。
- 受过中等职业教育或中等后非高等教育的成人中约有 77% 已就业，比受过普通高中教育的成人高出 7 个百分点。
- 20—24 岁人群中约有 1/5 的人处于既无工作也未接受教育或培训的状态。
- 在具备良好的 ICT 技能和问题解决技能的雇员中，约 57% 的人参加了雇主资助的正规和/或非正规教育；而在不会使用计算机、缺乏问题解决技能的成人中，仅有 9% 的人参加过类似的项目。
- 班额越大，教学时间越少，而维持课堂秩序的时间越长。平均来讲，班级每增加一名学生，用于教学活动的时间就会降低 0. 5 个百分点。
- OECD 成员国中教师群体正步入老龄化阶段。2013 年，中学教师中 36% 的人年龄在 50 岁及以上。从数据可得国家的平均水平看，2005—2013 年该比例升高了 3 个百分点。

第一章

教育机构的产出与学习的影响

成人学历水平如何？

- 就 OECD 国家的平均水平而言，约有 1/5（17%）的青年人没有取得高中学历。在巴西、哥伦比亚、葡萄牙、沙特阿拉伯和西班牙，25—34 岁的青年人中有 30%—40%的人没有取得高中学历；在中国、哥斯达黎加、印度尼西亚、墨西哥和土耳其，超过 50%的青年人没有取得高中学历。
- 高中教育是大多数 OECD 国家人群普遍达到的教育水平。平均而言，25—64 岁人群中有 43%的人以高中学历或中等后非高等教育学历作为他们的最高学历。
- 在 2/5 的 OECD 国家、拉脱维亚、立陶宛和俄罗斯，至少有 1/2 的青年女性（25—34 岁）拥有高等教育学历，然而在加拿大、韩国、卢森堡、俄罗斯和英国，只有 1/2 的男性拥有类似的高等教育学历。

图 A1.1　25—34 岁高中以下学历人群所占百分比（2014 年）

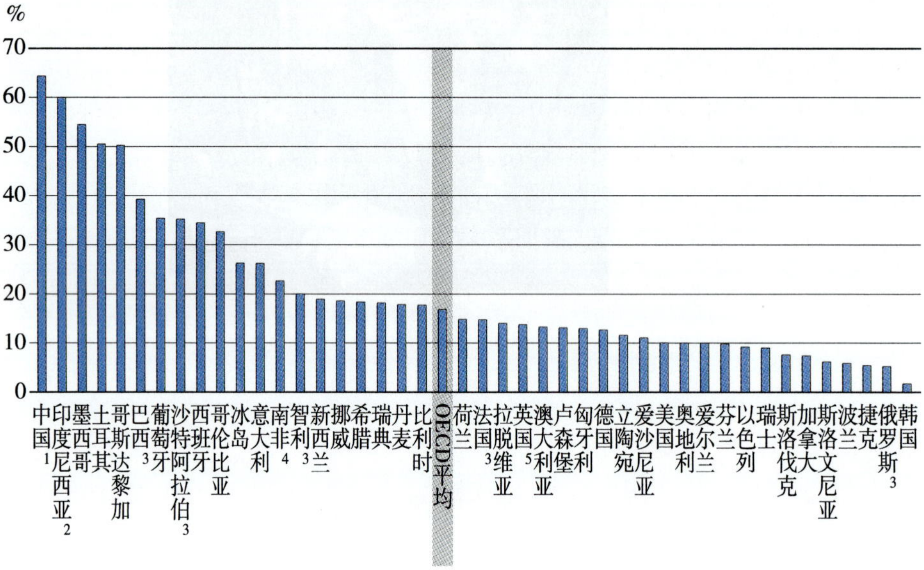

1. 2010 年数据。
2. 2011 年数据。
3. 2013 年数据。
4. 2012 年数据。
5. 高中学历数据包含完成中间课程的数据（18%的成人属于这一组别）。

国家按照 25—34 岁高中以下学历人口的百分比降序排列。

数据来源：OECD. Table A1.4a. See Annex 3 for notes（www.oecd.org/education/education-at-a-glance-19991487.htm）.

StatLink http://dx.doi.org/10.1787/888933283386

背 景

学历水平体现了达到一定教育程度且拥有相应认证资格的人口比例。学历通常被视作衡量人力资本以及个人技能水平的指标，换言之，它体现了人口及劳动力所拥有的技能程度。学历证书证明并提供了毕业生从正规教育获得的某种知识和技能的相关信息。

高学历水平与几项积极的个人及社会成果指标密切相关。根据《教育概览》以往的数据，高学历个体往往拥有更好的健康状态、更高的社交能力、更高的就业率，并有着更好的工作机会以及更丰厚的收入。基本技能（如读写算能力）的熟练程度也和高水平的正规教育高度相关。

因此，个人需要接受更多教育，而政府也有通过提供合适的基础设施和组织机构来提高民众学历的强烈愿望。在过去的几十年间，几乎所有 OECD 国家的民众，尤其是青年人的学历都有了显著提高。

这一指标包含学历和成人应用信息与通信技术（ICT）解决问题的技能与意愿。

其他发现

- 在所有 OECD 国家，55—64 岁女性中，最高学历低于高中的有 37%，但是在 25—34 岁女性中，最高学历低于高中的只有 15%。
- 在中国，25—34 岁人群中最高学历低于高中的比例在最近十年降低了 30 个百分点——从 2000 年的 94%降低到 2010 年的 64%。
- 在大多数 OECD 国家，许多最高学历为高中或中等后非高等教育的成人拥有职业资格证书。在加拿大、智利、哥斯达黎加、希腊、以色列、葡萄牙和西班牙，拥有普通资格证书的情况更为普遍：在这一学历水平上，有超过 60%的成人拥有类似的资格证书。澳大利亚、土耳其和英国都开设了比重相同的分别以普通教育和职业教育为导向的课程。
- 应用信息与通信技术（ICT）解决问题的技能与意愿随学历增高而提高，但随年龄增高而降低。平均而言，34%的男性和 29%的女性拥有良好的信息与通信技术（ICT）和问题解决能力。

说 明

在本书中，一些指标显示了个人的教育水平。指标 A1 反映学历水平，即达到一定受教育程度的人口百分比。指标 A2 和 A3 中的毕业率反映了预期在其生涯中毕业于某特定阶段教育的青年人的估计百分比。指标 A2 中高中教育的完成率估算了进入高等教育学习并在一定期限内成功毕业的学生比例。

分 析

学历水平

不同的国家之间，人们的学历水平差别很大；即使在同一个国家，不同代的成人的学历水平也大不一样。本节对下列不同学历水平的成人分布进行了研究：未获得高中学历的成人、最高学历为高中或中等后非高等教育的成人和拥有高等学历的成人。

高中以下教育

图 A1.1 表明，仍然有很多青年人（25—34 岁）没有从教育发展中受益。巴西、哥伦比亚、葡萄牙、沙特阿拉伯和西班牙的 30%—40%的青年人（25—34 岁），中国、哥斯达黎加、印度尼西亚、墨西哥和土耳其超过 50%的青年人，都没有接受高中教育。就 OECD 国家的平均水平而言，约 1/6 的青年人（17%）没有完成高中教育（表 A1.4a）。

不同代的成人之间的学历差别非常大：在 OECD 国家中，55—64 岁年龄段的成人中，有 34%没有取得高中学历，而 25—34 岁年龄段的成人中，只有 17%没有取得高中学历。在巴西、中国、印度尼西亚、墨西哥、葡萄牙、沙特阿拉伯和土耳其 55—64 岁年龄段的成人中，有超过 70%的人的最高学历都没有达到高中学历水平，而青年人没有取得高中学历的比例与之相比则低很多（表 A1.4a）。

中国、哥斯达黎加、印度尼西亚、墨西哥和土耳其有超过 1/2 的青年人没有取得高中学历。在 2000 年，中国 25—34 岁年龄段的成人中有 94%没有取得高中学历；到 2010 年，这个比例已经下降到 64%，整整下降了 30 个百分点（表 A1.4a）。

就平均水平而言，青年男性没有高中学历的比例（18%）要高于青年女性（15%）。在拉脱维亚、葡萄牙和西班牙，二者之间的差距达到 10 个或更高的百分点，而在奥地利、印度尼西亚、墨西哥和土耳其，二者之间的差别情况则出现了反转（表 A1.4b，可在线查询）。

高等教育

如图 A1.2 所示，高等教育学历普及度在不同年龄段人群中差别很大。除了以色列和南非，在所有 OECD 国家和伙伴国中，青年人取得高等教育学历的比例要远远高于年长者。就平均水平而言，55—64 岁年龄段成人取得高等教育学历的比例要比 25—34 岁年龄段成人低 16 个百分点。不同国家高等教育的发展差别巨大。在巴西、哥斯达黎加、爱沙尼亚、芬兰、印度尼西亚、以色列、德国、俄罗斯、南非和美国，上述两个年龄段成人在取得高等教育学历方面的差距小于 10 个百分点，而在法国、爱尔兰、韩国、立陶宛、卢森堡、波兰、斯洛文尼亚和西班牙，这两个年龄段的成人在取得高等教育学历方面的差距为 20—50 个百分点。在后面提到的大多数国家中，55—64 岁年龄段成人取得高等教育学历的比例要低于 OECD 国家的平均水平。在高等教育普及率最高的国家中，不同代的成人在取得高等教育学历方面的差距较小，这在以色列、俄罗斯和美国三个国家中体现得更为明显，就 55—64 岁年龄段成人而言，这三个国家拥有最高的高等教育普及率（表 A1.4a）。

就平均水平而言，25—34 岁年龄段女性取得高等教育学历的比例比同年龄段的男性要高（分别为 46%和 35%），而对于 55—64 岁年龄段的女性和男性来说则恰恰相反（分别为 24%和 26%）（表 A1.4b，可在线查询）。

图 A1.2 受过高等教育的青年人和年长者人口百分比（2014 年）

25—34 岁和 55—64 岁两个年龄段群体所占百分比，以及这两个群体所占百分比之差

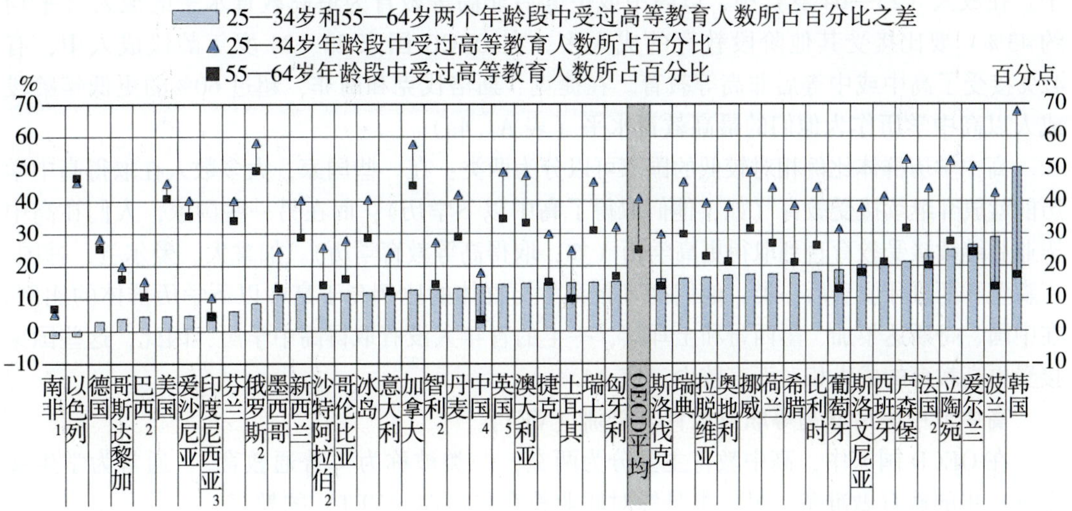

1. 2012 年数据。
2. 2013 年数据。
3. 2011 年数据。
4. 2010 年数据。
5. 高中学历数据包含完成中间课程的数据（18%的成人属于这一组别）。

国家按照 25—34 岁和 55—64 岁高等教育学历人口百分比差异的升序排列。

数据来源：OECD. Table A1. 4a. See Annex 3 for notes（www. oecd. org/education/education-at-a-glance-19991487. htm）.

StatLink http：//dx. doi. org/10. 1787/888933283393

在 2/5 的 OECD 国家、拉脱维亚、立陶宛和俄罗斯，至少有 1/2 的青年女性（25—34 岁）接受过高等教育。加拿大和俄罗斯青年女性有 2/3 接受过高等教育。在大部分国家中，男性接受过高等教育的比例不到 1/2，在加拿大、韩国、立陶宛、卢森堡、英国和俄罗斯，约有 1/2 的男性接受过高等教育。

在高等教育快速发展的背后，大部分人接受的高等教育水平存在很大的差别。例如，奥地利和加拿大接受过高等教育的成人中，约有一半是通过短期高等教育课程取得高等学历的，而捷克和波兰通过短期高等教育课程取得高等教育学历的成人不到 1%。在 OECD 国家中，有 27%的 25—64 岁年龄段成人拥有学士或同等水平学位。比利时和卢森堡有超过 35%的成人取得学士或同等水平学位，但奥地利、智利、法国、意大利、墨西哥和土耳其拥有学士或同等水平学位的成人不到 20%。就 OECD 国家的平均水平而言，在 25—64 岁年龄段成人中，有 16%取得了学士或同等水平学位，有 11%取得硕士学位，有 1%取得博士学位或同等水平学位。

除了那些通过短期高等教育课程取得高等教育学历的成人之外，在 OECD 国家接受过高等教育的成人中，大部分人的最高学位是学士或同等水平学位。但在奥地利、捷克、意大利、波兰、葡萄牙和斯洛伐克接受过高等教育的成人中，有 75%左右或更多的成人的最高学位是硕士学位（表 A1. 1a）。

不同国家的高等教育发展速度不同。例如，在芬兰、爱尔兰、韩国、立陶宛、波兰和斯洛文尼亚，25—34 岁年龄段成人中取得学士学位的人群比例要比 55—64 岁年龄段成人至少高 20 个百分点，但在巴西、哥斯达黎加、德国、以色列、南非和美国，这两个年龄段中取得学士学位的群体比例基本相同（相差 5 个百分点或更少）（表 A1. 3a）。

高中或中等后非高等教育

尽管高等教育不断发展，但高中学历仍然是大多数 OECD 国家居民最普遍的学历水平。在成人（25—64 岁）中，以高中或中等后非高等教育为最高教育水平的成人（平均约 43%）要比接受其他阶段教育的成人多。在 OECD 国家 25—34 岁年龄段成人中，有 42%接受了高中或中等后非高等教育。在捷克、斯洛伐克和南非，超过 60%的更低年龄段成人以高中学历作为他们的最高教育水平（表 A1.4a）。

高中学历群体比例相对较低的国家可以分为两类：在一些国家，大多数人在取得高中学历前就放弃继续接受教育（如，他们取得了高中以下学历）；而在另一些国家，人们在高中毕业后继续接受教育直到取得更高学历（如，取得高等教育学历）。加拿大、爱尔兰、韩国、卢森堡和西班牙属于后一类，他们高等教育学历群体的比例高于高中以下学历群体的比例。在中国、哥斯达黎加、墨西哥和土耳其，一半的青年人没有取得高中学历，因此，这些国家接受更高教育的成人相对而言较少（表 A1.4a）。

高中或中等后非高等职业教育与培训（VET）

在 OECD 国家中，高中教育主要分为两类，一类被称为“普通教育”，通常为学生接受进一步的教育做准备；另一类是针对职业教育与培训（VET）的教育。

在 OECD 国家中，取得职业资格的情况存在本质区别。捷克、德国、匈牙利、波兰和斯洛伐克至少有 1/2 的成人取得了高中或中等后非高等教育职业资格，并以此作为他们的最高学历水平。而智利、哥斯达黎加、以色列、葡萄牙、西班牙和土耳其相应的群体比例不足 1/10（表 A1.5a）。

图 A1.3 给出了不同国家成人经过高中或中等后非高等教育取得职业资格证书和取得普通教育资格证书的分布变化。在大多数 OECD 国家中，大部分以高中或中等后非高等教育为最高学历水平的成人取得了职业资格证书。相反，在加拿大、智利、希腊、以色列、葡萄牙和西班牙的相应群体中有超过 60%的成人取得了普通教育资格证书。澳大利亚、土耳其和英国提供同等比例的两种培训课程（表 A1.5a）。

图 A1.3 25—64 岁年龄段人口中以高中或中等后非高等教育为最高教育水平的百分比，按不同课程方向区分（2014 年）

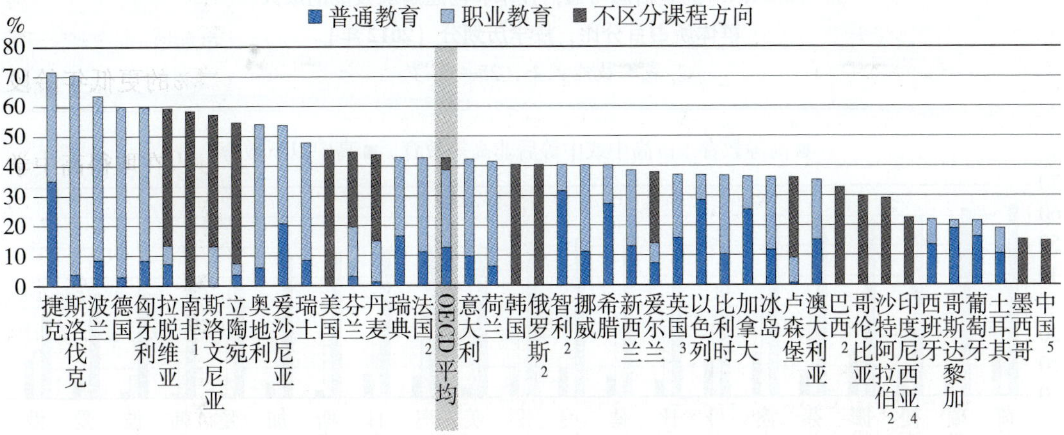

注：丹麦、芬兰、爱尔兰、拉脱维亚、立陶宛、卢森堡、斯洛文尼亚：按课程方向细分的数据只涵盖了最多在调查前 15 年完成了最高水平教育的 15—34 岁和 35—64 岁个体。

1. 2012 年数据。
2. 2013 年数据。
3. 高中学历数据包含完成中间课程的数据（18%的成人属于这一组别）。
4. 2011 年数据。
5. 2010 年数据。

国家按照 25—64 岁最高学历为高中或中等后非高等教育人口百分比的降序排列，不区分课程方向。

数据来源：OECD. Table A1. 5a. See Annex 3 for notes（www. oecd. org/education/education-at-a-glance-19991487. htm）.

StatLink http：//dx. doi. org/10. 1787/888933283406

应用信息与通信技术（ICT）解决问题的技能和意愿

2012 年成人技能调查（PIAAC）分析了成人在技术环境下解决问题的技能，以及在工作和家庭中应用各种技能（ICT 技能）解决问题的频次。在技术环境下解决问题的技能水平，既反映了人们解决问题的能力，同时也反映了人们更好地应用数字技术、通信工具和网络以获取与评估信息、与他人进行交流并完成实际任务的能力（PIAAC Expert Group in Problem Solving in Technology-Rich Environments，2009）。

通过成人技能调查中获得的信息可以创建一个指标，用以评估成人应用信息与通信技术解决问题的技能和意愿。这个指标汇总了多种信息，包括问题解决能力评估中的成绩以及没有参与基于计算机的评估进而没有获得问题解决能力评分的原因（参见本章末尾的定义部分）。

按学历划分

图 A1.4 表明，在技术环境下应用信息与通信技术解决问题的技能和意愿与学历是密切相关的。在各国所有相关数据中，拥有良好的信息与通信技术和问题解决技能的群体的所占比例随着学历的提高而增加。就平均水平而言，没有取得高中学历却拥有良好的信息与通信技术和问题解决技能的成人只占 7%。在接受高中教育或中等后非高等教育的成人群体中，这个比例增加到了 25%。而在接受了高等教育的成人群体中，这个比例则增加到 52%。在各国接受高等教育的成人中，拥有良好的信息与通信技术和问题解决技能的成人所占比例最高的国家是荷兰（64%）、瑞典（62%）和捷克（60%），所占比例最低的国家是波兰（37%）、爱沙尼亚（35%）和俄罗斯（27%）。在所有国家中，教育在现代社会必需技能培训方面都扮演着重要的角色（表 A1. 6a）。

图 A1. 4　拥有信息与通信技术和问题解决技能的成人群体所占百分比，按学历划分（2012 年）

成人技能调查，25—64 岁

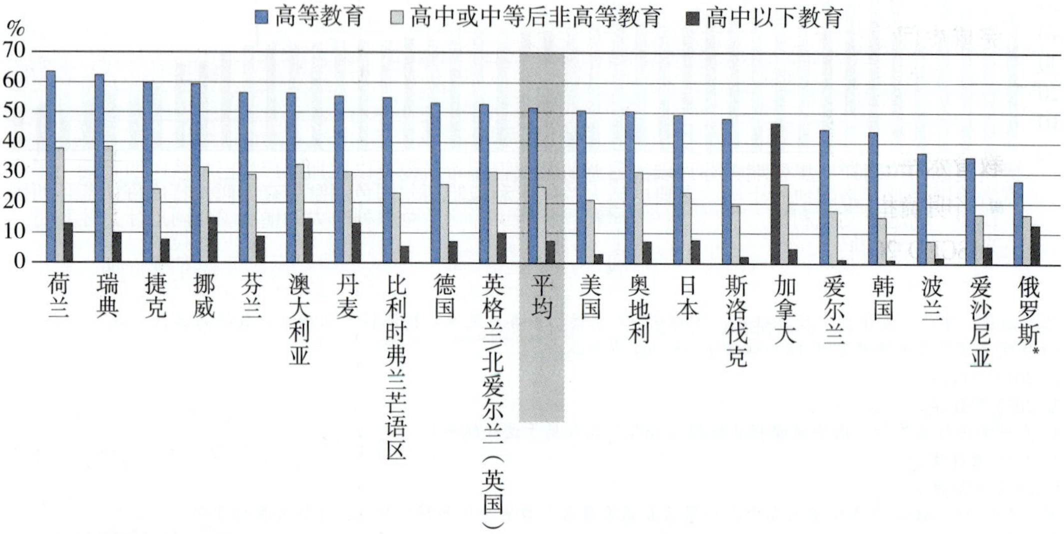

注：学历数据参照 ISCED-97。

* 参见方法部分关于俄罗斯数据的说明。

国家按照拥有高等教育学历、信息与通信技术和问题解决技能（组别 4）成人的百分比降序排列。

数据来源：OECD. Table A1. 6a. See Annex 3 for notes（www. oecd. org/education/education-at-a-glance-19991487. htm）.

StatLink http：//dx. doi. org/10. 1787/888933283415

按年龄组划分

在所有参与成人技能调查的国家和地区中，相对于年长者，青年人（25—34 岁）在技术环境下应用信息与通信技术解决问题的技能和意愿上具有更高的水平。就平均水平而言，25—34 岁年龄段有 50%、35—44 岁年龄段有 39%、45—54 岁年龄段有 24%、55—64 岁年龄段有 12%的人具有良好的信息与通信技术以及问题解决技能。芬兰在 25—34 岁年龄段的占比最高，达到 67%，这比芬兰国内 55—64 岁年龄段的比例（9%）高得多。实际上，芬兰在两个年龄段的相关比例差距最大——高达 58 个百分点。美国这方面的差距最小，只有 20 个百分点。美国超过 20%的 55—64 岁年龄段成人具有良好的信息与通信技术和问题解决技能（在所有参与成人技能调查的国家和地区的同年龄段群体中占比最高），而 25—34 岁年龄段相关人口在这方面的比例是 40%（这个比例低于同年龄段的平均水平）。波兰在各个年龄段具有良好的信息与通信技术和问题解决技能的成人的比例都最小（表 A1. 6b，可在线查询）。

按性别划分

在所有国家和地区 25—64 岁年龄段群体中，具有良好的信息与通信技术和问题解决技能的男性比例高于女性。就平均水平而言，分别有 34%的男性和 29%的女性具有良好的信息与通信技术和问题解决技能。具有良好的信息与通信技术和问题解决技能的男性比例最高的国家为荷兰、挪威（均为 44%）和瑞典（43%），而瑞典（39%）、芬兰（38%）

和澳大利亚（36%）的女性在该方面所占的比例最高。男性和女性在该方面的差距仅在日本超过了 10 个百分点（男性为 40%，女性为 27%）（表 A1.6c，可在线查询）。

定 义

年龄组：成人指 25—64 岁人口；**青年人**指 25—34 岁人口；**年长者**指 55—64 岁人口。

完成中间课程（ISCED 2011）：对应 ISCED 2011 等级课程，但不足以对应 ISCED 2011 等级，应当低于 ISCED 2011 等级。而且，这种资格不能直接衔接到更高的 ISCED 2011 等级。

教育水平：本指标使用了 ISCED 2011 和 ISCED-97 两种分类。

- 当明确指出使用的是 ISCED 2011 时，各教育水平定义如下：**高中以下教育**对应 ISCED 2011 等级 0、1 和 2，以及包括 ISCED 2011 等级 3 的课程资格认证，该认证不视为已完全完成 ISCED 2011 等级 3，且无法直接升入中等后非高等教育或高等教育；**高中或中等后非高等教育**对应 ISCED 2011 等级 3 和 4；**高等教育**对应 ISCED 2011 等级 5、6、7 和 8（UNESCO Institute for statistics，2012）。
- 当明确指出使用的是 ISCED-97 时，各教育水平定义如下：**高中以下教育**对应 ISCED-97 等级 0、1、2 和 3C 短期课程；**高中或中等后非高等教育**对应 ISCED-97 等级 3A、3B、3C 长期课程以及等级 4；**高等教育**对应 ISCED-97 等级 5A、5B 和 6。

所有 ISCED 2011 等级内容参见本书卷首的“关于新版《国际教育标准分类》（ISCED 2011）的说明”，所有 ISCED-97 等级参见附录 3。

技能组：反映了在技术环境下使用 ICT 解决问题的技能与意愿。在成人技能调查中，根据在技术环境下问题解决评估中成人成功完成的任务类型的特征及其得分，对每个组别进行描述。

- 第 0 组（没有使用计算机的经验）
- 第 1 组（拒绝基于计算机的评估）
- 第 2 组（未通过 ICT 核心测试或最低的问题解决技能——技术环境下的问题解决评估得分低于水平 1）
- 第 3 组（中等的 ICT 及问题解决技能——技术环境下的问题解决评估得分为水平 1）
- 第 4 组（良好的 ICT 及问题解决技能——技术环境下的问题解决评估得分为水平 2 或水平 3）

职业教育与培训（VET）：ISCED 2011 将职业教育与培训（VET）定义为：“以使学生获得实用技能、专业知识和专业技能为目的，以满足毕业生能够在特定的行业或职业领域就业之需要的教育项目。成功完成这些项目将使学生获得与劳动力市场相关的、经国家主管机关认证的职业资格。”（UNESCO Institute for Statistics，2012）

方 法

大多数国家有关人口和学历的数据来源于 OECD 和欧盟统计局数据库，该数据库由 OECD LSO（劳动市场、学习的经济和社会效益）网络组织实施的国家劳动力调查汇编而成。中国、哥伦比亚、印度尼西亚、沙特阿拉伯和南非的学历相关数据选自 UNESCO 统计所（UIS）关于25岁及以上人口的学历数据库。成人技能熟练水平和平均得分取自2012年的成人技能调查（PIAAC）。PIAAC是OECD的国际成人能力评价项目。更多信息请参见附录3（www. oecd. org/education/education-at-a-glance-19991487. htm）。

学历情况是基于完成了特定教育水平的25—64岁人口的百分比。

在OECD的统计数据中，ISCED 2011中等级3课程获得的资格如果不足以持续完成该课程，将被归类为ISCED 2011等级2。当国家能对“完成中间课程”（例如，在英国获得5个GCSE优秀或同等水平）和“完成全部高中课程”进行统一的劳动力市场价值衡量时，完成这些课程将被视为达到表中ISCED 2011等级3，该表给出了学历的三个总体水平（UNESCO Institute for Statistics，2012）。

大部分OECD国家中都有未接受教育的人（如文盲或学历不符合国家分类的人群），这些人处于ISCED中的等级0以下；因此，“初等教育以下学历”这个类别的平均水平可能受此影响。

关于以色列数据的说明

以色列的统计数据由以色列有关当局负责提供。在使用这些数据时，OECD根据国际法的规定对戈兰高地、东耶路撒冷和约旦河西岸的以色列定居点的地位不持偏见。

关于俄罗斯成人技能调查（PIAAC）数据的说明

读者应当注意到，俄罗斯样本中不包含莫斯科市区的人口。因此，公布的数据不能代表16—65岁的全体俄罗斯居民，而是除莫斯科市区人口之外该年龄段的俄罗斯居民。关于俄罗斯及其他国家数据的更多信息请参见成人技能调查技术报告（OECD，2014）。

参考文献

OECD（2014），*Technical Report of the Survey of Adult Skills*，www. oecd. org/site/piaac/_Technical%20Report_17OCT13. pdf，pre-publication copy.

OECD（2013），*OECD Skills Outlook 2013：First Results from the Survey of Adult Skills*，OECD Publishing，Paris，http：//dx. doi. org/10. 1787/9789264204256-en.

PIAAC Expert Group in Problem Solving in Technology-Rich Environments（2009），“PIAAC Problem Solving in Technology-Rich Environments：A Conceptual Framework”，*OECD Education Working Papers*，No. 36，OECD Publishing，Paris，http：//dx. doi. org/10. 1787/220262483674.

UNESCO Institute for Statistics（2012），*International Standard Classification of Education：ISCED 2011*，UNESCO-UIS，Montreal，Canada，www. uis. unesco. org/Education/Documents/isced-2011-en. pdf.

表 A1. 1a 25—64 岁人口的学历（2014 年）

按最高学历水平划分的成人百分比

		高中以下教育					高中或中等后非高等教育		高等教育				所有水平教育
		小学以下	小学	完成中间初中课程	初中	完成中间高中课程	高中	中等后非高等教育	短期高等教育课程	学士或同等水平	硕士或同等水平	博士或同等水平	
		(1)	(2)	(3)	(4)	(5)	(6)	(7)	(8)	(9)	(10)	(11)	(12)
OECD 国家	澳大利亚	x(2)	6d	a	17	a	30	5	11	24	6	1	100
	奥地利	x(2)	1d	a	15	a	52	2	15	2	11	1	100
	比利时	4	7	a	16	a	35	1	0	20	16	1	100
	加拿大	x(2)	3d	a	7	a	25	11	25	19	9d	x(10)	100
	智利[1]	9	6	a	23	a	40	a	7	13	1d	x(10)	100
	捷克	0	c	a	7	a	72d	x(6)	0	5	16	0	100
	丹麦	x(2)	4d	a	16	a	43	0	4	19	11	1	100
	爱沙尼亚	0	0	a	8	a	45	8	7	10	20	1	100
	芬兰	x(2)	4	a	9	a	44	1	12	15	13	1	100
	法国[1]	1	8	a	16	a	43	0	14	9	8	1	100
	德国	x(2)	3d	a	10	a	49	11	1	14	11	1	100
	希腊	1	17	0	13	0	32	9	2	23	2	1	100
	匈牙利	0	1	a	16	a	51	8	1	13	9	1	100
	冰岛	x(2)	1d	a	26	a	33	4	4	20	12	1	100
	爱尔兰	0	8	a	13	a	24	14	12	21	8	1	100
	以色列	2	5	a	7	a	37	a	14	22	11	1	100
	意大利	1	7	a	33	a	42	1	c	3	13	0	100
	日本	x(6)	x(6)	a	x(6)	a	52d	x(8)	21d	28d	x(9)	x(9)	100

注：大多数国家数据参照 ISCED 2011。部分国家数据参照 ISCED-97：巴西、印度尼西亚、俄罗斯、沙特阿拉伯和南非。见定义部分对教育水平的描述。
1. 2013 年数据。
2. 2010 年数据。
3. 2011 年数据。
4. 2012 年数据。
数据来源：OECD. China，Indonesia，Saudi Arabia，South Africa：UNESCO Institute for Statistics. Colombia，Costa Rica：OECD Education Database. Latvia，Lithuania：Eurostat. See Annex 3 for notes（www. oecd. org/education/education-at-a-glance-19991487. htm）.
缺失数据代码参见《读者指南》。
StatLink http：//dx. doi. org/10. 1787/888933284736

表 A1.1a（续） **25—64 岁人口的学历（2014 年）**

按最高学历水平划分的成人百分比

		高中以下教育					高中或中等后非高等教育		高等教育				所有水平教育
		小学以下	小学	完成中间初中课程	初中	完成中间高中课程	高中	中等后非高等教育	短期高等教育课程	学士或同等水平	硕士或同等水平	博士或同等水平	
		(1)	(2)	(3)	(4)	(5)	(6)	(7)	(8)	(9)	(10)	(11)	(12)
OECD 国家	韩国	x(2)	6[d]	a	9	a	40	m	13	31[d]	x(9)	x(9)	100
	卢森堡	c	7	a	11	a	34	2	9	15	20	1	100
	墨西哥	15	19	3	25	5	15	a	1	18[d]	x(9)	x(9)	100
	荷兰	1	6	a	16	a	41	0	2	20	12	1	100
	新西兰	x(2)	x(4)	a	26[d]	a	22	16	5	26	4	1	100
	挪威	0	0	a	17	a	38	2	12	19	10	1	100
	波兰	0	9	a	0	a	60	3	0	6	21	1	100
	葡萄牙	3	33	a	21	a	21	1	x(9)	5	17	1	100
	斯洛伐克	0	0	1	7	0	69	1	0	3	16	1	100
	斯洛文尼亚	0	1	a	13	a	57	a	7	6	13	2	100
	西班牙	3	10	a	30	a	22	0	11	9	14	1	100
	瑞典	x(2)	3[d]	a	13	2	36	7	10	15	12	1	100
	瑞士	0	2	a	10	a	48[d]	x(6)	x(9,10,11)	20[d]	17[d]	3[d]	100
	土耳其	5	46	a	13	a	19	a	5	10	1	0	100
	英国	0	1	a	20	18	19	a	11	22	8	1	100
	美国	1	3	a	7	a	45[d]	x(6)	11	22	10	2	100
	OECD 平均	2	7	m	15	m	39	5	8	16	11	1	100
	欧盟 21 国平均	1	6	m	14	m	42	4	6	12	13	1	100

注：大多数国家数据参照 ISCED 2011。部分国家数据参照 ISCED-97：巴西、印度尼西亚、俄罗斯、沙特阿拉伯和南非。见定义部分对教育水平的描述。
1. 2013 年数据。
2. 2010 年数据。
3. 2011 年数据。
4. 2012 年数据。
数据来源：OECD. China，Indonesia，Saudi Arabia，South Africa：UNESCO Institute for Statistics. Colombia，Costa Rica：OECD Education Database. Latvia，Lithuania：Eurostat. See Annex 3 for notes（www.oecd.org/education/education-at-a-glance-19991487.htm）.
缺失数据代码参见《读者指南》。
StatLink http：//dx.doi.org/10.1787/888933284736

表 A1.1a（续） 25—64 岁人口的学历（2014 年）

按最高学历水平划分的成人百分比

		高中以下教育					高中或中等后非高等教育		高等教育				所有水平教育
		小学以下	小学	完成中间初中课程	初中	完成中间高中课程	高中	中等后非高等教育	短期高等教育课程	学士或同等水平	硕士或同等水平	博士或同等水平	
		(1)	(2)	(3)	(4)	(5)	(6)	(7)	(8)	(9)	(10)	(11)	(12)
伙伴国	阿根廷	m	m	m	m	m	m	m	m	m	m	m	m
	巴西[1]	x(4)	x(4)	a	54[d]	a	33[d]	x(6)	x(9)	14[d]	x(9)	x(9)	100
	中国[2]	3	25	a	47	a	15[d]	x(6)	6	3	0	x(10)	100
	哥伦比亚	x(4)	x(4)	a	48[d]	a	30[d]	x(6)	x(9)	22[d]	x(9)	x(9)	100
	哥斯达黎加	2	37	8	7	2	16	5	1	15	2[d]	x(10)	100
	印度	m	m	m	m	m	m	m	m	m	m	m	m
	印度尼西亚[3]	22	31	a	17	a	23	a	x(9)	8[d]	x(9)	x(9)	100
	拉脱维亚	c	0	a	10	a	51	8	2	17	10	0	100
	立陶宛	c	c	a	6	2	34	21	x(9)	22	14	c	100
	俄罗斯[1]	x(4)	x(4)	a	5[d]	a	40[d]	x(6)	x(9)	54[d]	x(9)	x(9)	100
	沙特阿拉伯[1]	16	15	a	18	a	24	5	x(9)	22[d]	x(9)	x(9)	100
	南非[4]	16	6	a	14	a	51	7	x(9)	7[d]	x(9)	x(9)	100
	G20 平均	8	13	m	19	11	33	m	11	18	7	m	100

注：大多数国家数据参照 ISCED 2011。部分国家数据参照 ISCED-97：巴西、印度尼西亚、俄罗斯、沙特阿拉伯和南非。见定义部分对教育水平的描述。

1. 2013 年数据。
2. 2010 年数据。
3. 2011 年数据。
4. 2012 年数据。

数据来源：OECD. China，Indonesia，Saudi Arabia，South Africa：UNESCO Institute for Statistics. Colombia，Costa Rica：OECD Education Database. Latvia，Lithuania：Eurostat. See Annex 3 for notes（www.oecd.org/education/education-at-a-glance-19991487.htm）.

缺失数据代码参见《读者指南》。

StatLink http：//dx.doi.org/10.1787/888933284736

表 A1.2a　高中及高中以上学历人口的百分比，按年龄组划分（2014 年）

		25—64 岁	30—34 岁	25—34 岁	35—44 岁	45—54 岁	55—64 岁
		(1)	(2)	(3)	(4)	(5)	(6)
OECD 国家	澳大利亚	77	86	87	82	71	65
	奥地利	84	90	90	86	83	75
	比利时	74	82	82	80	72	59
	加拿大	90	93	93	93	89	85
	智利[1]	61	77	80	66	53	42
	捷克	93	95	95	96	94	88
	丹麦	80	84	82	84	80	72
	爱沙尼亚	91	89	89	89	94	92
	芬兰	87	91	90	90	89	77
	法国[1]	75	85	85	81	72	61
	德国	87	87	87	87	87	86
	希腊	68	80	82	75	65	50
	匈牙利	83	88	87	86	83	77
	冰岛	73	75	74	78	73	68
	爱尔兰	79	90	90	86	74	59
	以色列	85	90	91	87	82	78
	意大利	59	71	74	65	54	46
	日本	m	m	m	m	m	m
	韩国	85	98	98	97	84	54
	卢森堡	82	85	87	86	79	73
	墨西哥	34	41	46	33	28	20
	荷兰	76	85	85	80	74	65
	新西兰	74	80	81	78	71	66
	挪威	82	82	81	86	80	80
	波兰	91	94	94	93	91	84
	葡萄牙	43	63	65	52	34	23
	斯洛伐克	91	93	92	94	92	84
	斯洛文尼亚	86	94	94	91	84	75
	西班牙	57	67	66	65	53	39
	瑞典	82	81	82	86	84	74
	瑞士	88	91	91	89	87	84
	土耳其	36	46	50	35	25	21
	英国[2]	79	86	86	82	77	71
	美国	90	89	90	89	89	90
	OECD 平均	76	83	83	80	74	66
	欧盟 21 国平均	78	85	85	83	77	68
伙伴国	阿根廷	m	m	m	m	m	m
	巴西[1]	46	59	61	48	40	28
	中国[3]	24	33	36	23	24	12
	哥伦比亚	52	65	67	53	42	33
	哥斯达黎加	40	46	47	37	36	35
	印度	m	m	m	m	m	m
	印度尼西亚[4]	31	38	40	34	22	15
	拉脱维亚	90	85	86	88	95	90
	立陶宛	91	87	88	88	96	91
	俄罗斯[1]	95	94	95	95	96	92
	沙特阿拉伯[1]	51	60	65	49	40	28
	南非[5]	65	78	77	69	52	38
	G20 平均	64	72	73	66	59	51

注：大多数国家数据参照 ISCED 2011。部分国家数据参照 ISCED-97：巴西、印度尼西亚、俄罗斯、沙特阿拉伯和南非。见定义部分对教育水平的描述。

1. 2013 年数据。
2. 高中学历数据包含完成中间课程的数据（18%的成人属于这一组别）。
3. 2010 年数据。
4. 2011 年数据。
5. 2012 年数据。

数据来源：OECD. China，Indonesia，Saudi Arabia，South Africa：UNESCO Institute for Statistics. Colombia，Costa Rica：OECD Education Database. Latvia，Lithuania：Eurostat. See Annex 3 for notes（www. oecd. org/education/education-at-a-glance-19991487. htm）.

缺失数据代码参见《读者指南》。

StatLink http：//dx. doi. org/10. 1787/888933284742

表 A1. 3a 高等教育学历人口的百分比，按课程类型和年龄组划分（2014 年）

	短期高等教育课程						学士或同等水平						硕士或同等水平						博士或同等水平						高等教育合计						
	25—64 岁	30—34 岁	25—34 岁	35—44 岁	45—54 岁	55—64 岁	25—64 岁	30—34 岁	25—34 岁	35—44 岁	45—54 岁	55—64 岁	25—64 岁	30—34 岁	25—34 岁	35—44 岁	45—54 岁	55—64 岁	25—64 岁	30—34 岁	25—34 岁	35—44 岁	45—54 岁	55—64 岁	25—64 岁	30—34 岁	25—34 岁	35—44 岁	45—54 岁	55—64 岁	25—64（以千人计）
	(1)	(2)	(3)	(4)	(5)	(6)	(7)	(8)	(9)	(10)	(11)	(12)	(13)	(14)	(15)	(16)	(17)	(18)	(19)	(20)	(21)	(22)	(23)	(24)	(25)	(26)	(27)	(28)	(29)	(30)	(31)
OECD 国家																															
澳大利亚	11	10	10	13	12	11	24	30	30	25	20	18	6	8	7	6	5	4	1	1	1	1	1	1	42	50	48	46	38	33	5 012
奥地利	15	17	17	17	15	13	2	3	5	2	1	0	11	18	15	13	9	7	1	2	1	2	1	1	30	40	38	33	27	21	1 405
比利时	0	c	0	0	0	c	20	23	23	22	20	15	16	20	20	19	14	10	1	1	1	1	1	0	37	44	44	42	34	26	2 191
加拿大	25	25	24	27	26	23	19	24	24	23	17	14	9[d]	10[d]	9[d]	11[d]	8[d]	8[d]	x(13)	x(14)	x(15)	x(16)	x(17)	x(18)	54	59	58	61	51	45	10 293
智利[1]	7	9	9	9	7	4	13	18	18	14	9	9	1[d]	1[d]	1[d]	2[d]	1[d]	1[d]	x(13)	x(14)	x(15)	x(16)	x(17)	x(18)	21	29	27	24	17	14	1 815
捷克	0	c	0	c	c	c	5	9	11	5	3	2	16	19	19	15	16	13	0	1	0	1	0	1	22	28	30	21	20	15	1 285
丹麦	4	4	4	5	5	4	19	21	22	20	18	18	11	18	15	14	9	7	1	1	1	2	1	0[r]	36	44	42	41	33	29	987
爱沙尼亚	7	2	1	7	9	12	10	19	23	11	3	1	20	21	16	20	22	22	1	c	c	1	c	c	38	43	40	39	35	36	270
芬兰	12	1	0	12	20	17	15	27	26	18	9	7	13	17	14	18	14	9	1	1	0	2	2	1	42	45	40	50	44	34	1 186
法国[1]	14	18	18	17	12	9	9	12	12	12	6	6	8	13	14	9	6	5	1	1	1	1	1	1	32	44	44	39	26	20	10 432
德国	1	0	0	1	1	1	14	15	14	14	15	14	11	15	13	12	9	10	1	2	1	2	1	1	27	31	28	29	26	25	11 956
希腊	2	1	1	1	3	2	23	31	34	22	20	17	2	4	3	3	2	1	1	1	0	1	1	1	28	37	39	27	26	21	1 672
匈牙利	1	3	3	1	1	c	13	16	16	13	12	10	9	14	13	9	7	6	1	1	1	1	1	1	23	34	32	25	20	17	1 276
冰岛	4	3	3	4	4	4	20	28	26	21	18	15	12	15	12	15	13	9	1	c	c	1	2	2	37	46	41	42	36	29	122
爱尔兰	12	13	12	15	11	8	21	28	29	24	16	11	8	10	9	9	6	4	1	1	1	1	1	0[e]	41	52	51	49	34	24	982
以色列	14	13	11	14	15	16	22	29	27	25	18	16	11	11	7	13	13	13	1	1	0	1	2	2	49	54	46	53	48	47	1 830
意大利	c	c	c	c	c	c	3	7	9	3	2	1	13	17	15	16	11	11	0	1	0	1	0	0	17	24	24	19	13	12	5 612
日本[2]	m	m	m	m	m	m	x(25)	m	x(27)	x(28)	x(29)	x(30)	x(25)	m	x(27)	x(28)	x(29)	x(30)	x(25)	m	x(27)	x(28)	x(29)	x(30)	28	m	37	29	26	21	17 720

注：大多数国家数据参照 ISCED 2011。部分国家数据参照 ISCED-97：巴西、印度尼西亚、俄罗斯、沙特阿拉伯和南非。见定义部分对教育水平的描述。

1. 2013 年数据。
2. 高等教育的数据不包括短期高等教育课程。
3. 2010 年数据。
4. 2011 年数据。
5. 2012 年数据。

数据来源：OECD. China，Indonesia，Saudi Arabia，South Africa：UNESCO Institute for Statistics. Colombia，Costa Rica：OECD Education Database. Latvia，Lithuania：Eurostat. See Annex 3 for notes（www. oecd. org/education/education-at-a-glance-19991487. htm）.

缺失数据代码参见《读者指南》。

StatLink http：//dx. doi. org/10. 1787/888933284758

表 A1. 3a（续） 高等教育学历人口的百分比，按课程类型和年龄组划分（2014 年）

		短期高等教育课程						学士或同等水平						硕士或同等水平						博士或同等水平						高等教育合计						
		25—64 岁	30—34 岁	25—34 岁	35—44 岁	45—54 岁	55—64 岁	25—64 岁	30—34 岁	25—34 岁	35—44 岁	45—54 岁	55—64 岁	25—64 岁	30—34 岁	25—34 岁	35—44 岁	45—54 岁	55—64 岁	25—64 岁	30—34 岁	25—34 岁	35—44 岁	45—54 岁	55—64 岁	25—64 岁	30—34 岁	25—34 岁	35—44 岁	45—54 岁	55—64 岁	25—64（以千人计）
		(1)	(2)	(3)	(4)	(5)	(6)	(7)	(8)	(9)	(10)	(11)	(12)	(13)	(14)	(15)	(16)	(17)	(18)	(19)	(20)	(21)	(22)	(23)	(24)	(25)	(26)	(27)	(28)	(29)	(30)	(31)
OECD 国家	韩国	13	24	23	18	8	3	31[d]	45[d]	45[d]	39[d]	26[d]	14[d]	x(7)	x(8)	x(9)	x(10)	x(11)	x(12)	x(7)	x(8)	x(9)	x(10)	x(11)	x(12)	45	69	68	56	33	17	13 320
	卢森堡	9	10	10	10	8	8	15	15	17	18	14	11	20	26	25	26	17	10	1	c	1	2	1	2	46	53	53	56	40	32	138
	墨西哥	1	1	1	1	1	0	18[d]	22[d]	24[d]	17[d]	15[d]	13[d]	x(7)	x(8)	x(9)	x(10)	x(11)	x(12)	x(7)	x(8)	x(9)	x(10)	x(11)	x(12)	19	22	25	17	16	13	10 435
	荷兰	2	2	2	3	3	2	20	26	26	21	17	16	12	16	16	13	10	8	1	1	0	1	1	1	34	45	44	38	30	27	3 034
	新西兰	5	4	4	5	6	7	26	33	32	30	22	18	4	5	4	5	3	3	1	1	0	1	1	1	36	43	40	41	32	29	808
	挪威	12	13	14	14	11	9	19	22	22	22	16	16	10	15	12	13	8	6	1	1	0	1	1	1	42	51	49	49	36	32	1 129
	波兰	0	0	0	0	0	0	6	9	11	6	2	2	21	32	31	25	15	11	1	1	0	1	1	0	27	42	43	32	18	14	5 665
	葡萄牙	a	a	a	a	a	a	5	5	10	4	2	3	17	26	21	22	13	9	1	c	c	1	1	0	22	31	31	26	17	13	1 236
	斯洛伐克	0	c	0[r]	c	0[r]	c	3	4	6	3	2	1	16	21	23	17	13	12	1	1	1	1	0[r]	0	20	27	30	21	15	14	646
	斯洛文尼亚	7	7	6	7	7	7	6	10	12	7	4	2	13	21	18	18	11	8	2	3	2	3	2	1	29	41	38	35	24	18	340
	西班牙	11	13	13	14	10	5	9	11	11	11	8	7	14	18	17	17	12	8	1	0	0	1	1	1	35	42	41	43	30	21	9 111
	瑞典	10	9	10	9	9	11	15	22	22	19	11	9	12	18	13	16	10	9	1	1	1	2	2	1	39	50	46	46	32	30	1 905
	瑞士	x(7, 13, 19)	x(8, 14, 20)	x(9, 15, 21)	x(10, 16, 22)	x(11, 17, 23)	x(12, 18, 24)	20[d]	24[d]	24[d]	21[d]	18[d]	15[d]	17[d]	22[d]	19[d]	20[d]	17[d]	13[d]	3[d]	3[d]	2[d]	4[d]	3[d]	3[d]	40	49	46	45	38	31	1 820
	土耳其	5	6	7	4	3	4	10	14	15	10	6	5	1	2	2	1	1	1	0	0	0	0	0	0	17	23	25	16	10	10	5 984
	英国	11	8	8	15	12	11	22	30	31	22	18	16	8	11	10	8	8	7	1	1	1	1	1	1	42	50	49	46	38	35	14 090
	美国	11	11	10	11	11	11	22	23	25	23	21	18	10	12	9	11	10	11	2	2	1	2	2	2	44	47	46	47	43	41	72 873

注：大多数国家数据参照 ISCED 2011。部分国家数据参照 ISCED-97：巴西、印度尼西亚、俄罗斯、沙特阿拉伯和南非。见定义部分对教育水平的描述。
1. 2013 年数据。
2. 高等教育的数据不包括短期高等教育课程。
3. 2010 年数据。
4. 2011 年数据。
5. 2012 年数据。

数据来源：OECD. China, Indonesia, Saudi Arabia, South Africa：UNESCO Institute for Statistics. Colombia, Costa Rica：OECD Education Database. Latvia, Lithuania：Eurostat. See Annex 3 for notes（www. oecd. org/education/education-at-a-glance-19991487. htm）.

缺失数据代码参见《读者指南》。

StatLink http：//dx. doi. org/10. 1787/888933284758

表 A1. 3a（续） 高等教育学历人口的百分比，按课程类型和年龄组划分（2014 年）

		短期高等教育课程						学士或同等水平						硕士或同等水平						博士或同等水平						高等教育合计						
		25—64 岁	30—34 岁	25—34 岁	35—44 岁	45—54 岁	55—64 岁	25—64 岁	30—34 岁	25—34 岁	35—44 岁	45—54 岁	55—64 岁	25—64 岁	30—34 岁	25—34 岁	35—44 岁	45—54 岁	55—64 岁	25—64 岁	30—34 岁	25—34 岁	35—44 岁	45—54 岁	55—64 岁	25—64 岁	30—34 岁	25—34 岁	35—44 岁	45—54 岁	55—64 岁	25—64（以千人计）
		(1)	(2)	(3)	(4)	(5)	(6)	(7)	(8)	(9)	(10)	(11)	(12)	(13)	(14)	(15)	(16)	(17)	(18)	(19)	(20)	(21)	(22)	(23)	(24)	(25)	(26)	(27)	(28)	(29)	(30)	(31)
	OECD 平均	8	8	7	9	8	8	15	20	21	17	12	10	11	15	14	13	10	8	1	1	1	1	1	1	33	42	41	38	30	25	6 429
	欧盟 21 国平均	6	7	6	8	7	7	12	16	18	13	10	8	13	18	16	15	11	9	1	1	1	1	1	1	32	40	39	36	28	23	3 591
伙伴国	阿根廷	m	m	m	m	m	m	m	m	m	m	m	m	m	m	m	m	m	m	m	m	m	m	m	m	m	m	m	m	m	m	m
	巴西[2]	x(7)	x(8)	x(9)	x(10)	x(11)	x(12)	14^{d}	16^{d}	15^{d}	14^{d}	14^{d}	11^{d}	x(7)	x(8)	x(9)	x(10)	x(11)	x(12)	x(7)	x(8)	x(9)	x(10)	x(11)	x(12)	14	16	15	14	14	11	14 422
	中国[3]	6	9	x(27)	x(28)	x(29)	x(30)	3	6	x(27)	x(28)	x(29)	x(30)	0^{d}	1^{d}	x(27)	x(28)	x(29)	x(30)	x(13)	x(14)	x(27)	x(28)	x(29)	x(30)	10	15	18	9	6	4	74 086
	哥伦比亚	x(7)	x(8)	x(9)	x(10)	x(11)	x(12)	22^{d}	28^{d}	28^{d}	23^{d}	18^{d}	16^{d}	x(7)	x(8)	x(9)	x(10)	x(11)	x(12)	x(7)	x(8)	x(9)	x(10)	x(11)	x(12)	22	28	28	23	18	16	4 683
	哥斯达黎加	1	1	1	1	1	1	15	19	18	15	12	12	2^{d}	2^{d}	1^{d}	2^{d}	3^{d}	3^{d}	x(13)	x(14)	x(15)	x(16)	x(17)	x(18)	18	23	20	18	16	16	441
	印度	m	m	m	m	m	m	m	m	m	m	m	m	m	m	m	m	m	m	m	m	m	m	m	m	m	m	m	m	m	m	m
	印度尼西亚[4]	x(7)	x(8)	x(9)	x(10)	x(11)	x(12)	8^{d}	10^{d}	10^{d}	9^{d}	8^{d}	4^{d}	x(7)	x(8)	x(9)	x(10)	x(11)	x(12)	x(7)	x(8)	x(9)	x(10)	x(11)	x(12)	8	10	10	9	8	4	10 067
	拉脱维亚	2	4	5	2	2	1^{r}	17	22	23	18	14	12	10	13	11	11	11	10	0	c	c	c	c	c	30	40	39	31	27	23	327
	立陶宛	x(7)	x(8)	x(9)	x(10)	x(11)	x(12)	22^{d}	37^{d}	38^{d}	24^{d}	16^{d}	12^{d}	14	16	14	13	14	15	c	c	c	c	c	c	37	53	53	38	30	28	578
	俄罗斯[1]	x(7)	x(8)	x(9)	x(10)	x(11)	x(12)	54^{d}	57^{d}	58^{d}	55^{d}	53^{d}	50^{d}	x(7)	x(8)	x(9)	x(10)	x(11)	x(12)	x(7)	x(8)	x(9)	x(10)	x(11)	x(12)	54	57	58	55	53	50	45 262
	沙特阿拉伯[1]	x(7)	x(8)	x(9)	x(10)	x(11)	x(12)	22^{d}	25^{d}	26^{d}	22^{d}	18^{d}	14^{d}	x(7)	x(8)	x(9)	x(10)	x(11)	x(12)	x(7)	x(8)	x(9)	x(10)	x(11)	x(12)	22	25	26	22	18	14	3 291
	南非[5]	x(7)	x(8)	x(9)	x(10)	x(11)	x(12)	7^{d}	6^{d}	5^{d}	7^{d}	8^{d}	7^{d}	x(7)	x(8)	x(9)	x(10)	x(11)	x(12)	x(7)	x(8)	x(9)	x(10)	x(11)	x(12)	7	6	5	7	8	7	1 572
	G20 平均	10	11	m	m	m	m	18	21	m	m	m	m	7	10	m	m	m	m	m	m	m	m	m	m	28	34	34	31	25	21	19 202

注：大多数国家数据参照 ISCED 2011。部分国家数据参照 ISCED-97：巴西、印度尼西亚、俄罗斯、沙特阿拉伯和南非。见定义部分对教育水平的描述。

1. 2013 年数据。
2. 高等教育的数据不包括短期高等教育课程。
3. 2010 年数据。
4. 2011 年数据。
5. 2012 年数据。

数据来源：OECD. China, Indonesia, Saudi Arabia, South Africa: UNESCO Institute for Statistics. Colombia, Costa Rica: OECD Education Database. Latvia, Lithuania: Eurostat. See Annex 3 for notes (www. oecd. org/education/education-at-a-glance-19991487. htm).

缺失数据代码参见《读者指南》。

StatLink http://dx. doi. org/10. 1787/888933284758

A1

表 A1.4a［1/3］　学历趋势，按年龄组划分（2000 年、2005 年、2010 年和 2014 年）

		高中以下教育											
		25—64 岁				25—34 岁				55—64 岁			
		2000	2005	2010	2014	2000	2005	2010	2014	2000	2005	2010	2014
		(1)	(2)	(3)	(4)	(5)	(6)	(7)	(8)	(9)	(10)	(11)	(12)
OECD 国家	澳大利亚	41[b]	35[b]	27[b]	23	32[b]	21[b]	15[b]	13	54[b]	50[b]	42[b]	35
	奥地利	m	23	18	16	m	14[b]	12	10	m	36	27	25
	比利时	41[b]	34[b]	30[b]	26	25[b]	19[b]	18[b]	18	62[b]	52[b]	46[b]	25
	加拿大	19	15	12	10	12	9	8	7	36	25	18	25
	智利[1]	m	m	29[b]	39	m	m	13[b]	20	m	m	47[b]	25
	捷克	14[b]	10[b]	8[b]	7	8[b]	6[b]	6[b]	5	24[b]	17[b]	14[b]	25
	丹麦	20[b]	19[b]	24[b]	20	13[b]	13[b]	20[b]	18	31[b]	25[b]	32[b]	25
	爱沙尼亚	15	11	11	9	9	13	13	11	33	20	15	25
	芬兰	27[b]	21[b]	17[b]	13	14[b]	11[b]	9[b]	10	50[b]	39[b]	30[b]	25
	法国[1]	38[b]	33[b]	29[b]	25	24[b]	19[b]	16[b]	15	56[b]	49[b]	44[b]	25
	德国	18[b]	17[b]	14[b]	13	15[b]	16[b]	14[b]	13	26[b]	21[b]	17[b]	25
	希腊	51[b]	43[b]	35[b]	32	31[b]	26[b]	21[b]	18	75[b]	68[b]	56[b]	25
	匈牙利	31[b]	24[b]	19[b]	17	19[b]	15[b]	14[b]	13	60[b]	39[b]	26[b]	25
	冰岛	m	32	29	27	m	29[b]	26	26	m	42	38	25
	爱尔兰	43[b]	35[b]	27[b]	21	27[b]	19[b]	14[b]	10	64[b]	60[b]	50[b]	25
	以色列	m	21[b]	18[b]	15	m	15[b]	12[b]	9	m	32[b]	26[b]	25
	意大利	58[b]	50[b]	45[b]	41	44[b]	34[b]	29[b]	26	79[b]	70[b]	62[b]	25
	日本	m	m	m	m	m	m	m	m	m	m	m	m
	韩国	32	24	20	15	7	3	2	2	71	65	57	46
	卢森堡	39[b]	34[b]	22[b]	18	32[b]	23[b]	16[b]	13	51[b]	45[b]	31[b]	27
	墨西哥	71[b]	68[b]	65[b]	66	63[b]	62[b]	57[b]	54	87[b]	84[b]	78[b]	80
	荷兰	35[b]	28[b]	27[b]	24	26[b]	19[b]	17[b]	15	49[b]	41[b]	39[b]	35
	新西兰	37[b]	32[b]	27[b]	26	31[b]	24[b]	21[b]	19	49[b]	44[b]	38[b]	34
	挪威	15	23	19	18	7	17	17	19	30	27	21	20
	波兰	20[b]	15[b]	11[b]	9	11[b]	8[b]	6[b]	6	43[b]	30[b]	21[b]	16
	葡萄牙	81[b]	74[b]	68[b]	57	68[b]	57[b]	48[b]	35	92[b]	87[b]	84[b]	77
	斯洛伐克	16[b]	12[b]	9[b]	9	6[b]	7[b]	6[b]	8	38[b]	23[b]	17[b]	16
	斯洛文尼亚	25[b]	20[b]	17[b]	14	15[b]	9[b]	7[b]	6	39[b]	31[b]	28[b]	25
	西班牙	62[b]	51[b]	47[b]	43	45[b]	35[b]	34[b]	34	85[b]	74[b]	68[b]	61
	瑞典	22[b]	16[b]	14[b]	18	13[b]	9[b]	9[b]	18	37[b]	28[b]	23[b]	26
	瑞士	16[b]	15[b]	14[b]	12	10[b]	10[b]	11[b]	9	26[b]	21[b]	19[b]	16
	土耳其	77	72	69	64	72	63	58	50	87	84	81	79
	英国[2]	37[b]	33[b]	25[b]	21	33[b]	27[b]	17[b]	14	45[b]	40[b]	35[b]	29
	美国	13	12	11	10	12	13	12	10	18	14	10	10
	OECD 平均	35[b]	30[b]	26[b]	24	25[b]	21[b]	18[b]	17	52[b]	43[b]	38[b]	34
	欧盟 21 国平均	35[b]	29[b]	25[b]	22	24[b]	19[b]	17[b]	15	52[b]	43[b]	36[b]	32
伙伴国	阿根廷	m	m	m	m	m	m	m	m	m	m	m	m
	巴西[1,3]	m	m	59	54	m	m	47	39	m	m	75	72
	中国	95	m	76	m	94	m	64	m	97	m	88	m
	哥伦比亚	m	m	m	48	m	m	m	33	m	m	m	67
	哥斯达黎加	m	m	61	58	m	m	53	50	m	m	69	63
	印度	m	m	m	m	m	m	m	m	m	m	m	m
	印度尼西亚[4]	m	m	74	69	m	m	63	60	m	m	92	85
	拉脱维亚	17	15	12	10	11	19	17	14	34	26	15	10
	立陶宛	16[b]	12[b]	8[b]	9	8[b]	13[b]	12[b]	12	45[b]	29[b]	13[b]	9
	俄罗斯[1]	m	m	m	5	m	m	m	5	m	m	m	8
	沙特阿拉伯[1,5]	c	64	m	49	c	56	m	35	c	85	m	72
	南非[6]	m	42	m	35	m	28	m	23	m	66	m	62
	G20 平均	45[b]	m	40[b]	m	37[b]	m	31[b]	m	60[b]	m	54[b]	m

注：大多数国家数据有中断，以代码“b”表示，近年数据参照 ISCED 2011，此前数据参照 ISCED-97。中国和韩国所有年份数据参照 ISCED-97 。见定义部分对教育水平的描述。

1. 2013 年数据。
2. 高中学历数据包含完成中间课程的数据（18%的成人属于这一组别）。
3. 2009 年数据。
4. 2011 年数据（2014 年），2006 年数据（2010 年）。
5. 2004 年数据。
6. 2012 年数据。

数据来源：OECD. China，Indonesia，Saudi Arabia，South Africa：UNESCO Institute for Statistics. Colombia，Costa Rica：OECD Education Database. Latvia，Lithuania：Eurostat. See Annex 3 for notes（www. oecd. org/education/education-at-a-glance-19991487. htm）.

缺失数据代码参见《读者指南》。

StatLink http：//dx. doi. org/10. 1787/888933284763

表 A1.4a［2/3］　学历趋势，按年龄组划分（2000 年、2005 年、2010 年和 2014 年）

		高中或中等后非高等教育											
		25—64 岁				25—34 岁				55—64 岁			
		2000	2005	2010	2014	2000	2005	2010	2014	2000	2005	2010	2014
		(13)	(14)	(15)	(16)	(17)	(18)	(19)	(20)	(21)	(22)	(23)	(24)
OECD 国家	澳大利亚	31[b]	33[b]	36[b]	35	37[b]	41[b]	40[b]	39	27[b]	26[b]	29[b]	32
	奥地利	m	52	55	54	m	55	54	52	m	47	52	54
	比利时	31[b]	35[b]	36[b]	37	39[b]	40[b]	38[b]	38	22[b]	26[b]	29[b]	32
	加拿大	41	39	38	36	40	37	36	35	36	39	40	40
	智利[1]	m	m	45[b]	40	m	m	48[b]	53	m	m	34[b]	27
	捷克	75[b]	77[b]	75[b]	72	81[b]	80[b]	72[b]	65	67[b]	73[b]	75[b]	72
	丹麦	54[b]	47[b]	42[b]	44	58[b]	48[b]	42[b]	40	51[b]	48[b]	41[b]	43
	爱沙尼亚	56	56	54	54	60	55	49	49	39	51	54	57
	芬兰	41[b]	44[b]	45[b]	45	48[b]	52[b]	52[b]	50	27[b]	34[b]	40[b]	43
	法国[1]	41[b]	41[b]	42[b]	43	45[b]	42[b]	41[b]	41	31[b]	35[b]	37[b]	41
	德国	58[b]	59[b]	59[b]	60	63[b]	62[b]	60[b]	59	54[b]	56[b]	58[b]	60
	希腊	32[b]	36[b]	41[b]	40	45[b]	49[b]	48[b]	43	17[b]	20[b]	27[b]	29
	匈牙利	55[b]	59[b]	61[b]	60	67[b]	65[b]	60[b]	55	28[b]	46[b]	58[b]	60
	冰岛	m	39	38	36	m	36	37	33	m	38	40	39
	爱尔兰	36[b]	35[b]	35[b]	38	43[b]	40[b]	37[b]	39	22[b]	23[b]	29[b]	35
	以色列	m	36[b]	37[b]	37	m	43[b]	44[b]	45	m	26[b]	29[b]	31
	意大利	33[b]	38[b]	40[b]	42	46[b]	50[b]	50[b]	50	15[b]	22[b]	28[b]	34
	日本	m	m	m	m	m	m	m	m	m	m	m	m
	韩国	44	44	41	40	56	46	33	31	20	25	30	37
	卢森堡	43[b]	39[b]	42[b]	36	45[b]	40[b]	40[b]	34	36[b]	37[b]	44[b]	41
	墨西哥	14[b]	17[b]	18[b]	15	20[b]	20[b]	21[b]	21	6[b]	8[b]	10[b]	7
	荷兰	41[b]	42[b]	41[b]	41	48[b]	46[b]	42[b]	41	34[b]	35[b]	35[b]	38
	新西兰	m	m	m	38	m	m	m	41	m	m	m	37
	挪威	57	45	43	40	59	43	36	32	50	49	51	49
	波兰	69[b]	68[b]	66[b]	64	75[b]	66[b]	57[b]	52	47[b]	58[b]	66[b]	70
	葡萄牙	11[b]	14[b]	16[b]	22	19[b]	24[b]	27[b]	33	3[b]	5[b]	7[b]	10
	斯洛伐克	73[b]	74[b]	74[b]	70	82[b]	77[b]	70[b]	63	54[b]	65[b]	71[b]	71
	斯洛文尼亚	59[b]	60[b]	60[b]	57	66[b]	67[b]	62[b]	56	49[b]	53[b]	56[b]	57
	西班牙	16[b]	21[b]	22[b]	22	21[b]	24[b]	25[b]	24	6[b]	11[b]	14[b]	17
	瑞典	47[b]	54[b]	52[b]	43	54[b]	53[b]	49[b]	36	40[b]	47[b]	50[b]	44
	瑞士	60[b]	56[b]	51[b]	48	64[b]	59[b]	49[b]	45	55[b]	57[b]	53[b]	53
	土耳其	15	18	18	19	19	24	25	25	7	8	9	11
	英国[2]	37[b]	37[b]	37[b]	37	38[b]	38[b]	37[b]	37	37[b]	36[b]	35[b]	36
	美国	51	49	47	45	50	47	46	44	52	49	49	49
	OECD 平均	44[b]	44[b]	44[b]	43	50[b]	47[b]	45[b]	42	33[b]	37[b]	40[b]	41
	欧盟 21 国平均	45[b]	47[b]	47[b]	47	52[b]	51[b]	48[b]	45	34[b]	39[b]	43[b]	45
伙伴国	阿根廷	m	m	m	m	m	m	m	m	m	m	m	m
	巴西[1,3]	m	m	30	33	m	m	41	45	m	m	16	18
	中国	5[d]	m	15	m	6[d]	m	18	m	3[d]	m	8	m
	哥伦比亚	m	m	m	30	m	m	m	40	m	m	m	17
	哥斯达黎加	m	m	21	22	m	m	27	27	m	m	15	19
	印度	m	m	m	m	m	m	m	m	m	m	m	m
	印度尼西亚[4]	m	m	19	23	m	m	29	30	m	m	6	10
	拉脱维亚	65	64	62	59	72	59	49	47	51	54	63	67
	立陶宛	42[b]	61[b]	59[b]	55	52[b]	50[b]	42[b]	36	21[b]	52[b]	64[b]	64
	俄罗斯[1]	m	m	m	40	m	m	m	37	m	m	m	43
	沙特阿拉伯[1,5]	c	20	m	29	c	26	m	39	c	8	m	14
	南非[6]	m	52	m	58	m	67	m	72	m	28	m	31
	G20 平均	34[b]	m	34[b]	m	38[b]	m	37[b]	m	26[b]	m	27[b]	m

注：大多数国家数据有中断，以代码“b”表示，近年数据参照 ISCED 2011，此前数据参照 ISCED-97。中国和韩国所有年份数据参照 ISCED-97 。见定义部分对教育水平的描述。

1. 2013 年数据。
2. 高中学历数据包含完成中间课程的数据（18%的成人属于这一组别）。
3. 2009 年数据。
4. 2011 年数据（2014 年），2006 年数据（2010 年）。
5. 2004 年数据。
6. 2012 年数据。

数据来源：OECD. China，Indonesia，Saudi Arabia，South Africa：UNESCO Institute for Statistics. Colombia，Costa Rica：OECD Education Database. Latvia，Lithuania：Eurostat. See Annex 3 for notes（www. oecd. org/education/education-at-a-glance-19991487. htm）.

缺失数据代码参见《读者指南》。

StatLink http：//dx. doi. org/10. 1787/888933284763

表 A1.4a［3/3］　学历趋势，按年龄组划分（2000 年、2005 年、2010 年和 2014 年）

		高等教育											
		25—64 岁				25—34 岁				55—64 岁			
		2000	2005	2010	2014	2000	2005	2010	2014	2000	2005	2010	2014
		(25)	(26)	(27)	(28)	(29)	(30)	(31)	(32)	(33)	(34)	(35)	(36)
OECD 国家	澳大利亚	27[b]	32[b]	38[b]	42	31[b]	38[b]	44[b]	48	19[b]	24[b]	30[b]	33
	奥地利	m	25	28	30	m	31	34	38	m	18	20	21
	比利时	27[b]	31[b]	35[b]	37	36[b]	41[b]	44[b]	44	17[b]	22[b]	26[b]	26
	加拿大	40	46	50	54	48	54	56	58	28	36	42	45
	智利[1]	m	m	27[b]	21	m	m	38[b]	27	m	m	19[b]	14
	捷克	11[b]	13[b]	17[b]	22	11[b]	14[b]	23[b]	30	9[b]	11[b]	12[b]	15
	丹麦	26[b]	34[b]	33[b]	36	29[b]	40[b]	38[b]	42	18[b]	27[b]	28[b]	29
	爱沙尼亚	29	33	35	38	31	33	38	40	27	29	31	36
	芬兰	33[b]	35[b]	38[b]	42	39[b]	38[b]	39[b]	40	23[b]	27[b]	30[b]	34
	法国[1]	22[b]	25[b]	29[b]	32	31[b]	40[b]	43[b]	44	13[b]	16[b]	18[b]	20
	德国	23[b]	25[b]	27[b]	27	22[b]	22[b]	26[b]	28	20[b]	23[b]	25[b]	25
	希腊	18[b]	21[b]	25[b]	28	24[b]	26[b]	31[b]	39	8[b]	12[b]	17[b]	21
	匈牙利	14[b]	17[b]	20[b]	23	15[b]	20[b]	26[b]	32	12[b]	15[b]	16[b]	17
	冰岛	m	29	33	37	m	35	36	41	m	20	23	29
	爱尔兰	22[b]	29[b]	38[b]	41	30[b]	41[b]	48[b]	51	13[b]	17[b]	22[b]	24
	以色列	m	43[b]	46[b]	49	m	43[b]	44[b]	46	m	42[b]	45[b]	47
	意大利	9[b]	12[b]	15[b]	17	10[b]	16[b]	21[b]	24	6[b]	8[b]	11[b]	12
	日本	m	m	m	m	m	m	m	m	m	m	m	m
	韩国	24	32	40	45	37	51	65	68	9	10	13	17
	卢森堡	18[b]	27[b]	35[b]	46	23[b]	37[b]	44[b]	53	13[b]	19[b]	25[b]	32
	墨西哥	15[b]	15[b]	17[b]	19	17[b]	18[b]	21[b]	25	7[b]	8[b]	12[b]	13
	荷兰	23[b]	30[b]	32[b]	34	27[b]	35[b]	41[b]	44	18[b]	24[b]	26[b]	27
	新西兰	m	m	m	36	m	m	m	40	m	m	m	29
	挪威	28	33	37	42	35	41	47	49	20	24	27	32
	波兰	11[b]	17[b]	22[b]	27	14[b]	26[b]	37[b]	43	10[b]	13[b]	13[b]	14
	葡萄牙	9[b]	13[b]	15[b]	22	13[b]	19[b]	25[b]	31	5[b]	7[b]	9[b]	13
	斯洛伐克	10[b]	14[b]	17[b]	20	11[b]	16[b]	24[b]	30	8[b]	12[b]	13[b]	14
	斯洛文尼亚	16[b]	20[b]	24[b]	29	19[b]	25[b]	31[b]	38	12[b]	16[b]	16[b]	18
	西班牙	23[b]	29[b]	31[b]	35	34[b]	41[b]	40[b]	41	10[b]	14[b]	18[b]	21
	瑞典	30[b]	30[b]	34[b]	39	34[b]	37[b]	42[b]	46	23[b]	25[b]	27[b]	30
	瑞士	24[b]	29[b]	35[b]	40	26[b]	31[b]	40[b]	46	18[b]	22[b]	28[b]	31
	土耳其	8	10	13	17	9	13	17	25	6	8	9	10
	英国[2]	26[b]	30[b]	38[b]	42	29[b]	35[b]	46[b]	49	19[b]	24[b]	30[b]	35
	美国	36	39	42	44	38	39	42	46	30	37	41	41
	OECD 平均	22[b]	26[b]	30[b]	34	26[b]	32[b]	37[b]	41	15[b]	20[b]	22[b]	25
	欧盟 21 国平均	20[b]	24[b]	28[b]	32	24[b]	30[b]	35[b]	39	14[b]	18[b]	21[b]	23
伙伴国	阿根廷	m	m	m	m	m	m	m	m	m	m	m	m
	巴西[1,3]	m	m	11	14	m	m	12	15	m	m	9	11
	中国	x(13)	m	10	m	x(17)	m	18	m	x(21)	m	4	m
	哥伦比亚	m	m	m	22	m	m	m	28	m	m	m	16
	哥斯达黎加	m	m	15	18	m	m	17	20	m	m	14	16
	印度	m	m	m	m	m	m	m	m	m	m	m	m
	印度尼西亚[4]	m	m	7	8	m	m	9	10	m	m	2	4
	拉脱维亚	18	21	27	30	17	22	34	39	15	19	22	23
	立陶宛	42[b]	27[b]	32[b]	37	40[b]	37[b]	46[b]	53	34[b]	19[b]	23[b]	28
	俄罗斯[1]	m	m	m	54	m	m	m	58	m	m	m	50
	沙特阿拉伯[1,5]	c	16	m	22	c	19	m	26	c	7	m	14
	南非[6]	m	5	m	7	m	4	m	5	m	6	m	7
	G20 平均	m	m	26[b]	m	m	m	32[b]	m	m	m	19[b]	m

注：大多数国家数据有中断，以代码“b”表示，近年数据参照 ISCED 2011，此前数据参照 ISCED-97。中国和韩国所有年份数据参照 ISCED-97 。见定义部分对教育水平的描述。

1. 2013 年数据。
2. 高中学历数据包含完成中间课程的数据（18%的成人属于这一组别）。
3. 2009 年数据。
4. 2011 年数据（2014 年），2006 年数据（2010 年）。
5. 2004 年数据。
6. 2012 年数据。

数据来源：OECD. China，Indonesia，Saudi Arabia，South Africa：UNESCO Institute for Statistics. Colombia，Costa Rica：OECD Education Database. Latvia，Lithuania：Eurostat. See Annex 3 for notes（www.oecd.org/education/education-at-a-glance-19991487.htm）.

缺失数据代码参见《读者指南》。

StatLink http：//dx.doi.org/10.1787/888933284763

表 A1. 5a 最高学历为高中或中等后非高等教育的人口，按课程方向和性别划分（2014 年）

25—64 岁

		高中或中等后非高等教育								
		职业课程			普通课程			职业课程和普通课程		
		男性+女性	男性	女性	男性+女性	男性	女性	男性+女性	男性	女性
		(1)	(2)	(3)	(4)	(5)	(6)	(7)	(8)	(9)
OECD 国家	澳大利亚	20	26	15	15	14	16	35	40	30
	奥地利	48	51	45	6	6	6	54	57	51
	比利时	26	29	24	10	9	11	37	39	35
	加拿大	11	15	7	25	26	25	36	41	32
	智利[1]	9	9	8	32	32	32	40	41	40
	捷克	x(7)	x(8)	x(9)	x(7)	x(8)	x(9)	35	31	39
	丹麦	14	14	14	1	1	1	44	47	40
	爱沙尼亚	33	x(1)	x(1)	21	x(4)	x(4)	54	60	47
	芬兰	16	16	17	3	4	3	45	49	41
	法国[1]	32	36	27	11	10	13	43	46	40
	德国	57	55	59	3	3	3	60	58	61
	希腊	13	14	12	27	25	29	40	39	41
	匈牙利	51	56	47	8	9	8	60	65	55
	冰岛	25	34	15	12	9	14	36	43	29
	爱尔兰	7	6	7	7	8	7	38	38	37
	以色列	8	10	6	28	30	27	37	41	33
	意大利	32	37	28	10	6	13	42	43	42
	日本	m	m	m	m	m	m	m	m	m
	韩国	x(7)	x(8)	x(9)	x(7)	x(8)	x(9)	40	40	41
	卢森堡	8	9	8	1	1	1[r]	36	36	36
	墨西哥	x(7)	x(8)	x(9)	x(7)	x(8)	x(9)	15	17	14
	荷兰	35	36	34	6	6	6	41	42	41
	新西兰	26	31	21	13	12	14	38	43	35
	挪威	29	33	25	11	11	11	40	44	36
	波兰	55	62	49	8	6	10	64	68	59
	葡萄牙	6	6	5	16	16	16	22	22	22

注：大多数国家的数据参照 ISCED 2011。部分国家的数据参照 ISCED-97：巴西、印度尼西亚、俄罗斯、沙特阿拉伯和南非。见定义部分对教育水平的描述。丹麦、芬兰、爱尔兰、拉脱维亚、立陶宛、卢森堡、斯洛文尼亚：课程方向细分的数据只涵盖了最多在调查前 15 年完成了最高水平教育的 15—34 岁和 35—64 岁群体；“职业课程和普通课程” 类别涵盖所有群体。

1. 2013 年数据。
2. 高中学历数据包含完成中间课程的数据（18%的成人属于这一组别）。
3. 2010 年数据。
4. 2011 年数据。
5. 2012 年数据。

数据来源：OECD. China，Indonesia，Saudi Arabia，South Africa：UNESCO Institute for Statistics. Colombia，Costa Rica：OECD Education Database. Latvia，Lithuania：Eurostat. See Annex 3 for notes（www. oecd. org/education/education-at-a-glance-19991487. htm）.

缺失数据代码参见《读者指南》。

StatLink http：//dx. doi. org/10. 1787/888933284773

表 A1. 5a（续） 最高学历为高中或中等后非高等教育的人口，按课程方向和性别划分（2014 年）

25—64 岁

		高中或中等后非高等教育								
		职业课程			普通课程			职业课程和普通课程		
		男性+女性	男性	女性	男性+女性	男性	女性	男性+女性	男性	女性
		(1)	(2)	(3)	(4)	(5)	(6)	(7)	(8)	(9)
OECD 国家	斯洛伐克	67	71	62	4	3	5	70	74	67
	斯洛文尼亚	13	16	10	0[r]	c	0[r]	57	64	50
	西班牙	9	8	9	13	14	13	22	22	22
	瑞典	26	32	21	16	16	16	43	48	37
	瑞士	39	37	41	8	6	10	48	44	52
	土耳其	9	10	6	10	11	9	19	22	16
	英国[2]	21	24	19	16	16	16	37	39	35
	美国	x(7)	x(8)	x(9)	x(7)	x(8)	x(9)	45	47	44
	OECD 平均	26	28	23	13	12	13	43	45	40
	欧盟 21 国平均	29	31	26	11	10	11	47	49	44
伙伴国	阿根廷	m	m	m	m	m	m	m	m	m
	巴西[1]	x(7)	x(8)	x(9)	x(7)	x(8)	x(9)	33	32	34
	中国[3]	m	m	m	m	m	x(9)	15	17	13
	哥伦比亚	x(7)	x(8)	x(9)	x(7)	x(8)	x(9)	30	30	29
	哥斯达黎加	3	2	3	19	19	19	22	21	22
	印度	m	m	m	m	m	m	m	m	m
	印度尼西亚[4]	x(7)	x(8)	x(9)	x(7)	x(8)	x(9)	23	26	19
	拉脱维亚	6	7	5	7	8	6	59	64	55
	立陶宛	4	5	3	4	4	3	55	58	51
	俄罗斯[1]	x(7)	x(8)	x(9)	x(7)	x(8)	x(9)	40	47	35
	沙特阿拉伯[1]	x(7)	x(8)	x(9)	x(7)	x(8)	x(9)	29	31	26
	南非[5]	x(7)	x(8)	x(9)	x(7)	x(8)	x(9)	58	59	58
	G20 平均	m	m	m	m	m	m	36	38	34

注：大多数国家的数据参照 ISCED 2011。部分国家的数据参照 ISCED-97：巴西、印度尼西亚、俄罗斯、沙特阿拉伯和南非。见定义部分对教育水平的描述。丹麦、芬兰、爱尔兰、拉脱维亚、立陶宛、卢森堡、斯洛文尼亚：课程方向细分的数据只涵盖了最多在调查前 15 年完成了最高水平教育的 15—34 岁和 35—64 岁群体；“职业课程和普通课程”类别涵盖所有群体。

1. 2013 年数据。
2. 高中学历数据包含完成中间课程的数据（18%的成人属于这一组别）。
3. 2010 年数据。
4. 2011 年数据。
5. 2012 年数据。

数据来源：OECD. China，Indonesia，Saudi Arabia，South Africa：UNESCO Institute for Statistics. Colombia，Costa Rica：OECD Education Database. Latvia，Lithuania：Eurostat. See Annex 3 for notes（www. oecd. org/education/education-at-a-glance-19991487. htm）.

缺失数据代码参见《读者指南》。

StatLink http：//dx. doi. org/10. 1787/888933284773

表 A1.6a [1/2] 25—64 岁年龄段人口中的信息与通信技术（ICT）和问题解决技能与意愿，按学历划分（2012 年）

		高中以下教育										高中或中等后非高等教育									
		第 0 组（没有使用计算机的经验）		第 1 组（拒绝基于计算机的评估）		第 2 组（未通过 ICT 核心测试或最低的问题解决技能）		第 3 组（中等的 ICT 及问题解决技能）		第 4 组（良好的 ICT 及问题解决技能）		第 0 组（没有使用计算机的经验）		第 1 组（拒绝基于计算机的评估）		第 2 组（未通过 ICT 核心测试或最低的问题解决技能）		第 3 组（中等的 ICT 及问题解决技能）		第 4 组（良好的 ICT 及问题解决技能）	
		%	S. E.	%	S. E.	%	S. E.	%	S. E.	%	S. E.	%	S. E.	%	S. E.	%	S. E.	%	S. E.	%	S. E.
		(1)	(2)	(3)	(4)	(5)	(6)	(7)	(8)	(9)	(10)	(11)	(12)	(13)	(14)	(15)	(16)	(17)	(18)	(19)	(20)
OECD	国家																				
	澳大利亚	12	(1.1)	25	(1.6)	21	(1.5)	28	(1.7)	15	(1.3)	4	(0.5)	16	(1.1)	14	(1.2)	34	(1.5)	33	(1.6)
	奥地利	33	(1.9)	20	(1.7)	22	(1.8)	17	(1.9)	7	(1.3)	8	(0.5)	12	(0.7)	15	(0.9)	35	(1.4)	30	(1.1)
	加拿大	25	(1.2)	16	(1.3)	37	(1.6)	18	(1.7)	5	(0.9)	5	(0.4)	9	(0.6)	26	(1.0)	33	(1.2)	26	(1.0)
	捷克	39	(4.0)	22	(2.9)	15	(2.5)	16	(3.3)	8	(2.1)	10	(0.7)	15	(1.2)	19	(1.4)	31	(1.6)	24	(1.4)
	丹麦	10	(1.0)	17	(1.3)	35	(1.9)	26	(1.9)	13	(1.6)	2	(0.3)	7	(0.5)	24	(1.2)	37	(1.3)	30	(1.3)
	爱沙尼亚	32	(1.5)	19	(1.3)	25	(1.8)	19	(1.8)	6	(1.0)	14	(0.7)	22	(0.7)	21	(0.9)	27	(0.9)	16	(0.9)
	芬兰	18	(1.8)	23	(1.8)	29	(2.0)	22	(2.3)	9	(1.5)	3	(0.4)	15	(0.8)	22	(1.2)	31	(1.2)	29	(1.2)
	法国	m	m	m	m	m	m	m	m	m	m	m	m	m	m	m	m	m	m	m	m
	德国	29	(2.8)	13	(2.0)	31	(3.3)	20	(2.7)	7	(1.7)	10	(0.8)	8	(0.7)	23	(1.2)	34	(1.3)	26	(1.0)
	爱尔兰	34	(1.5)	29	(1.5)	24	(1.7)	11	(1.2)	1	(0.5)	6	(0.5)	22	(1.3)	20	(1.6)	34	(1.5)	18	(1.3)
	意大利	m	m	m	m	m	m	m	m	m	m	m	m	m	m	m	m	m	m	m	m
	日本	44	(2.6)	20	(2.0)	18	(2.1)	10	(2.0)	8	(1.6)	12	(0.8)	21	(1.4)	23	(1.4)	20	(1.3)	24	(1.2)
	韩国	62	(1.7)	11	(1.0)	20	(1.5)	6	(1.1)	1	(0.5)	14	(0.8)	8	(0.7)	29	(1.4)	34	(1.5)	15	(1.2)
	荷兰	11	(0.9)	10	(0.9)	33	(1.7)	34	(1.8)	13	(1.2)	1	(0.3)	4	(0.6)	17	(1.1)	40	(1.6)	38	(1.6)
	挪威	6	(0.9)	17	(1.4)	30	(2.0)	32	(2.0)	15	(1.7)	1	(0.3)	8	(0.7)	21	(1.4)	38	(1.7)	32	(1.2)
	波兰	65	(2.4)	17	(1.9)	11	(1.7)	5	(1.4)	2	(1.0)	26	(0.9)	31	(1.0)	21	(1.1)	14	(0.9)	7	(0.8)
	斯洛伐克	72	(1.9)	10	(1.3)	8	(1.4)	8	(1.4)	2	(0.7)	22	(0.8)	16	(0.7)	13	(0.8)	30	(1.2)	19	(1.2)
	西班牙	m	m	m	m	m	m	m	m	m	m	m	m	m	m	m	m	m	m	m	m
	瑞典	6	(1.1)	15	(1.7)	42	(2.6)	27	(2.6)	10	(1.7)	1	(0.3)	6	(0.6)	18	(1.1)	37	(1.3)	38	(1.4)
	美国	36	(2.7)	17	(2.1)	32	(2.4)	13	(2.1)	3	(0.9)	5	(0.4)	9	(1.1)	29	(1.6)	36	(1.7)	21	(1.5)
	地区																				
	比利时弗兰芒语区	29	(1.6)	10	(1.1)	35	(1.9)	20	(1.9)	5	(1.2)	8	(0.6)	6	(0.5)	26	(1.1)	36	(1.2)	23	(1.3)
	英格兰（英国）	13	(1.2)	9	(1.1)	38	(2.0)	30	(2.0)	10	(1.2)	3	(0.5)	5	(0.8)	24	(1.7)	37	(2.0)	30	(1.7)
	北爱尔兰（英国）	28	(1.8)	6	(0.8)	36	(2.7)	25	(2.5)	6	(1.1)	7	(0.9)	2	(0.5)	27	(2.2)	40	(2.3)	24	(2.1)
	英格兰/北爱尔兰（英国）	13	(1.1)	9	(1.0)	38	(1.9)	30	(1.9)	10	(1.1)	3	(0.5)	5	(0.7)	24	(1.6)	37	(1.9)	30	(1.6)
	OECD 平均	30	(0.4)	17	(0.4)	27	(0.5)	19	(0.5)	7	(0.3)	8	(0.1)	13	(0.2)	21	(0.3)	32	(0.3)	25	(0.3)
伙伴国	俄罗斯*	45	(7.5)	c	c	22	(5.5)	18	(4.8)	13	(3.3)	39	(3.2)	13	(1.8)	15	(2.6)	17	(1.9)	16	(3.1)

注：学历数据以 ISCED-97 为基础。未按受教育程度划分的总人口数据可在线查询（参见以下 StatLink）。

* 参见方法部分关于俄罗斯数据的说明。

数据来源：OECD. Survey of Adult Skills (PIAAC) (2012). See Annex 3 for notes (www.oecd.org/education/education-at-a-glance-19991487.htm).

StatLink http://dx.doi.org/10.1787/888933284780

表 A1.6a［2/2］ 25—64 岁年龄段人口中的信息与通信技术（ICT）和问题解决技能与意愿，按学历划分（2012 年）

		高等教育										合计									
		第 0 组（没有使用计算机的经验）		第 1 组（拒绝基于计算机的评估）		第 2 组（未通过 ICT 核心测试或最低的问题解决技能）		第 3 组（中等的 ICT 及问题解决技能）		第 4 组（良好的 ICT 及问题解决技能）		第 0 组（没有使用计算机的经验）		第 1 组（拒绝基于计算机的评估）		第 2 组（未通过 ICT 核心测试或最低的问题解决技能）		第 3 组（中等的 ICT 及问题解决技能）		第 4 组（良好的 ICT 及问题解决技能）	
		%	S. E.	%	S. E.	%	S. E.	%	S. E.	%	S. E.	%	S. E.	%	S. E.	%	S. E.	%	S. E.	%	S. E.
		(21)	(22)	(23)	(24)	(25)	(26)	(27)	(28)	(29)	(30)	(31)	(32)	(33)	(34)	(35)	(36)	(37)	(38)	(39)	(40)
OECD	国家																				
	澳大利亚	1	(0.2)	7	(0.7)	10	(0.9)	26	(1.2)	56	(1.4)	5	(0.3)	15	(0.7)	14	(0.8)	29	(0.9)	37	(1.0)
	奥地利	1	(0.4)	7	(0.8)	9	(1.2)	33	(2.0)	50	(2.2)	11	(0.5)	13	(0.6)	15	(0.7)	31	(1.1)	30	(0.8)
	加拿大	1	(0.1)	4	(0.3)	17	(0.7)	31	(1.0)	47	(1.0)	5	(0.2)	7	(0.3)	22	(0.6)	30	(0.7)	35	(0.7)
	捷克	0	(0.2)	6	(1.4)	7	(1.4)	27	(3.5)	60	(3.2)	11	(0.6)	14	(1.0)	16	(1.2)	29	(1.4)	30	(1.2)
	丹麦	c	c	3	(0.3)	11	(0.6)	31	(1.1)	55	(1.2)	3	(0.2)	7	(0.3)	21	(0.6)	33	(0.7)	37	(0.8)
	爱沙尼亚	3	(0.3)	14	(0.8)	15	(0.9)	33	(1.0)	35	(1.3)	12	(0.4)	18	(0.5)	19	(0.6)	28	(0.7)	23	(0.7)
	芬兰	c	c	4	(0.4)	10	(0.7)	29	(1.1)	57	(1.1)	4	(0.3)	11	(0.5)	18	(0.7)	29	(0.8)	38	(0.8)
	法国	m	m	m	m	m	m	m	m	m	m	m	m	m	m	m	m	m	m	m	m
	德国	2	(0.5)	4	(0.5)	11	(1.1)	29	(1.5)	53	(1.6)	9	(0.6)	7	(0.5)	20	(1.0)	31	(0.9)	34	(0.9)
	爱尔兰	1	(0.2)	9	(0.6)	11	(1.0)	35	(1.6)	45	(1.5)	12	(0.5)	19	(0.7)	18	(0.9)	28	(0.9)	23	(0.8)
	意大利	m	m	m	m	m	m	m	m	m	m	m	m	m	m	m	m	m	m	m	m
	日本	3	(0.4)	12	(0.9)	15	(1.1)	22	(1.2)	49	(1.3)	11	(0.5)	16	(0.9)	19	(0.9)	20	(0.8)	34	(0.8)
	韩国	1	(0.2)	2	(0.3)	14	(1.0)	39	(1.6)	44	(1.6)	18	(0.5)	6	(0.4)	21	(0.7)	30	(0.9)	24	(0.8)
	荷兰	0	(0.2)	2	(0.4)	7	(0.9)	27	(1.4)	64	(1.6)	3	(0.3)	5	(0.4)	18	(0.7)	34	(0.9)	40	(0.9)
	挪威	c	c	2	(0.4)	10	(0.8)	28	(1.5)	59	(1.6)	2	(0.2)	8	(0.4)	18	(0.8)	33	(0.9)	40	(0.9)
	波兰	1	(0.3)	19	(1.2)	16	(1.2)	27	(1.8)	37	(1.9)	23	(0.6)	26	(0.8)	19	(0.8)	17	(0.8)	15	(0.9)
	斯洛伐克	1	(0.3)	9	(1.1)	9	(1.2)	33	(2.2)	48	(2.4)	26	(0.8)	13	(0.5)	12	(0.6)	27	(0.9)	23	(0.9)
	西班牙	m	m	m	m	m	m	m	m	m	m	m	m	m	m	m	m	m	m	m	m
	瑞典	c	c	3	(0.4)	9	(0.8)	26	(1.5)	62	(1.3)	2	(0.3)	6	(0.4)	20	(0.7)	31	(0.9)	41	(0.8)
	美国	1	(0.2)	2	(0.3)	11	(1.2)	35	(1.6)	51	(1.8)	6	(0.5)	7	(0.7)	22	(1.0)	33	(1.1)	31	(1.2)
	地区																				
	比利时弗兰芒语区	1	(0.2)	3	(0.4)	10	(0.9)	32	(1.3)	55	(1.4)	9	(0.4)	5	(0.4)	21	(0.8)	32	(0.9)	33	(0.9)
	英格兰（英国）	1	(0.3)	3	(0.5)	11	(1.1)	32	(1.6)	53	(1.7)	5	(0.4)	5	(0.5)	23	(1.0)	33	(1.2)	34	(1.0)
	北爱尔兰（英国）	1	(0.4)	1	(0.2)	12	(1.8)	38	(1.9)	48	(2.4)	12	(0.7)	3	(0.4)	25	(1.7)	34	(1.3)	26	(1.3)
	英格兰/北爱尔兰（英国）	1	(0.3)	3	(0.5)	12	(1.0)	32	(1.6)	53	(1.6)	5	(0.3)	5	(0.5)	23	(1.0)	33	(1.2)	34	(1.0)
	OECD 平均	1	(0.1)	6	(0.2)	11	(0.2)	30	(0.4)	52	(0.4)	9	(0.1)	11	(0.1)	19	(0.2)	29	(0.2)	32	(0.2)
伙伴国	俄罗斯*	12	(1.5)	15	(2.4)	18	(2.4)	27	(1.7)	27	(2.5)	21	(2.0)	14	(1.8)	17	(2.1)	24	(1.3)	24	(2.1)

注：学历数据以 ISCED-97 为基础。未按受教育程度划分的总人口数据可在线查询（参见以下 StatLink）。

*参见方法部分关于俄罗斯数据的说明。

数据来源：OECD. Survey of Adult Skills（PIAAC）（2012）. See Annex 3 for notes（www.oecd.org/education/education-at-a-glance-19991487.htm）.

StatLink http：//dx.doi.org/10.1787/888933284780

预计有多少学生完成高中教育?

- 基于目前的毕业模式，估计当今 OECD 国家平均有 85%的青年人将会在其有生之年完成高中教育。
- 就 OECD 国家的平均水平而言，估计有 47%的男性和 44%的女性能够在其有生之年完成职业高中教育。
- 从普通高中毕业的青年人中，有 97%是在 25 岁之前完成高中学业的。

图 A2.1 高中毕业率（2013 年）

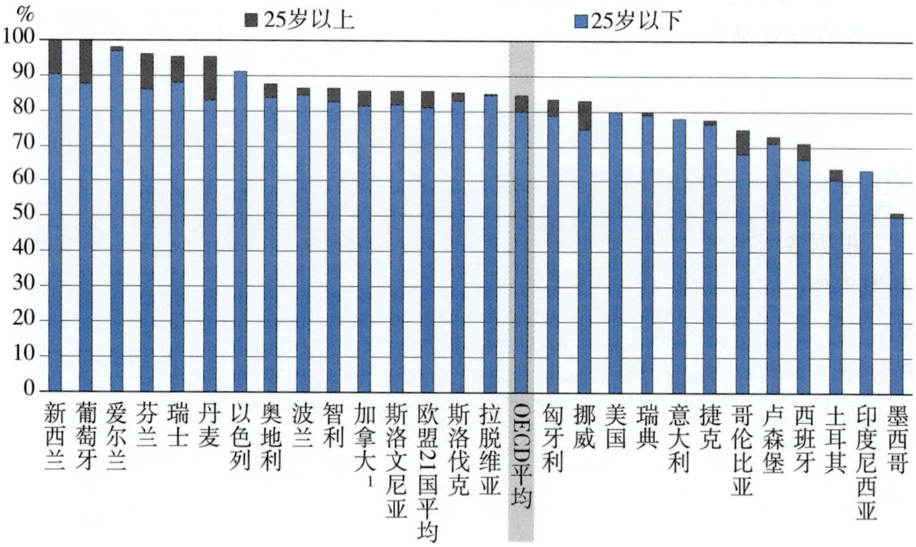

1. 2012 年数据。

国家按照初次高中毕业率降序排列。

数据来源：OECD. Table A2. 1. and A2. 2. See Annex 3 for notes（www. oecd. org/education/education-at-a-glance-19991487. htm).

StatLink http：//dx. doi. org/10. 1787/888933283420

背 景

高中教育通过学术或职业的途径给予学生基本技能和知识，为学生进入高等教育或劳动力市场做准备，也为学生成为一名合格公民做准备。在许多国家，高中阶段教育不在义务教育范围之内，年限为 2—5 年不等。对于高中教育来说，关键在于，要提供能够满足社会和经济需求的高质量教育。

由于劳动力市场对技能的需求越来越倚重知识，劳动者需要逐步适应快速变化的全球经济的不确定性，因此，完成高中学业在所有国家都越来越多地受到重视。尽管毕业率对教育系统在成功培养学生达到劳动力市场最低要求的效率方面有所反映，但这一指标并不反映教育质量问题。

很多 OECD 国家的教育系统面临一个挑战：学生初中毕业后从教育系统离开或辍学，这意味着这些青年人不拿高中文凭就离开学校。这些青年人不管进入还是留在劳动力市场都会面临重重困难。过早辍学无论对于个体还是对于社会都是一个问题。决策者正在探索减少过早辍学者数量的方法，过早辍学者被定义为那些没有完成高中教育的学生。测量成功完成高中教育的学生数量的国际比较指标，也反映了没有完成高中教育的学生数量。因此，国际比较指标对于解决学生过早辍学问题有一定帮助。

其他发现

- 在 25 个数据可得的国家中，21 个国家的高中毕业率超过 75%。9 个国家的初次高中毕业率超过 90%。
- 就 OECD 国家的平均水平而言，83%的职业高中毕业生年龄低于 25 岁，且 46%的职业高中毕业生为女性。
- 在职业高中阶段，多数青年男性选择就读工程、制造和建筑专业，而多数青年女性则选择其他专业领域。
- 13%的青年人有望从中等后非高等职业教育毕业，其中 54%为女性。

趋　势

根据各国在 2005—2013 年的可比趋势数据分析，高中初次毕业率从 80%上升为 85%。这一上升趋势在几个欧洲国家尤为明显，如波兰（从 41%上升为 86%）和葡萄牙（从 54%上升为 100%）。相比之下，一些国家在 2005—2013 年的毕业率有所下降，比如挪威，毕业率从 2005 年的 90%下降到 2013 年的 83%。

平均而言，普通高中毕业率略有上升，从 2005 年的 49%上升为 2013 年的 52%，而职业高中毕业率从 43%上升为 46%。一些国家在此期间大力发展职业教育体系，并使其得到较快发展。例如，新西兰和葡萄牙的职业教育毕业率提高了 40 个百分点以上。

中等后非高等职业教育在此期间保持稳定，毕业率为 10%—12%。在澳大利亚，中等后非高等职业教育毕业率增加了 23 个百分点，也就是说，澳大利亚有 41%的学生有望从这些课程中毕业。

说　明

毕业率是指某一特定年龄人群在其一生特定的时间点预期毕业的估算百分比。这一估算以 2013 年毕业生的人数和这一人群的年龄分布情况为基础。毕业率依赖于人口现状和当前的毕业模式，所以对教育系统中的任何变化都是敏感的，比如引入新课程、缩短或延长课程周期。当有一些未在计划之列的人群回到学校时，毕业率可以很高，甚至超过 100%。

在无法获得分年龄数据的情况下，只能计算毛毕业率，即一个国家毕业生总人数除以常规该年龄段人口的平均数。

在本指标中，平均年龄通常是指公历年开始时学生的年龄；学生们可能会比他们在学年末毕业时显示的年龄要大一岁。25 岁被认为是完成中等教育的上限年龄。在 OECD 国家，2013 年超过 90%的初次高中毕业生小于 25 岁，25 岁或 25 岁以上的高中毕业生通常是重返学校学习的。

A2

分　析

高中毕业

高中毕业率简介

最近的估算表明，平均来说，在 OECD 国家，有 85%的人会在他们的有生之年完成高中教育（表 A2.1）。高中学历通常被认为是成功进入劳动力市场的最低学历。无论对于个体或社会，不能按时完成高中教育的代价可能会很大（参见指标 A6 和 A7）。

毕业率是衡量政府在增加高中毕业生人数方面的举措是否成功的重要标志。国与国之间的毕业率差异，反映了其现行教育体制的差异。

在数据可得的 9 个国家中有超过 90%的人有望在其有生之年获得高中学历，然而在墨西哥，该比例只略高于 50%（表 A2.1）。在所有国家，相比男性而言，女性更有可能从高中毕业。斯洛文尼亚的性别差距最大：95%的青年女性有望从高中毕业，而在青年男性中这一比例仅为 76%。

在所有国家，相比男性而言，女性更有可能从普通高中毕业，然而，在 35 个数据可得的国家中，有 26 个国家的男性更有可能从职业高中毕业。在很多 OECD 国家，职业教育与培训（VET）是高中教育的重要组成部分，它对于帮助青年人为工作做准备、提高成人的技能以及满足劳动力市场的需求具有重要意义（参见指标 A1）。然而，在一些国家，职业教育与培训受到忽视并且在政策讨论时被边缘化，与此同时普通教育受到越来越多的重视。尽管如此，越来越多的国家开始认识到良好的职业教育与培训能为提高经济竞争力做出重要贡献。这也是 2005—2013 年职业高中教育的毕业率增加的原因之一。

图 A2.2　职业高中毕业率趋势（2005 年和 2013 年）

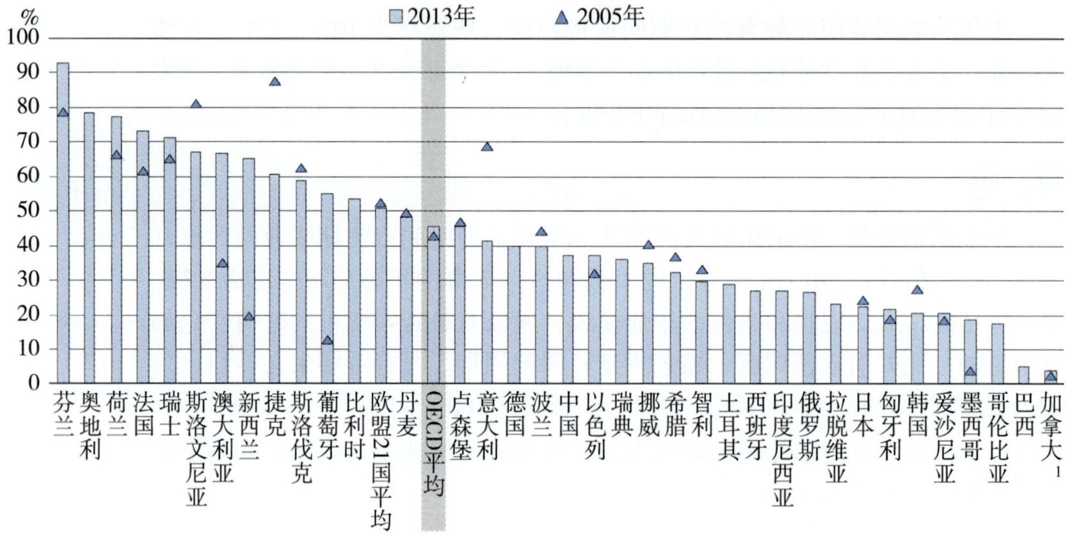

1. 2012 年数据。

国家按照 2013 年职业高中毕业率降序排列。

数据来源：OECD. Table A2.4. See Annex 3 for notes（www.oecd.org/education/education-at-a-glance-19991487.htm）.

StatLink http://dx.doi.org/10.1787/888933283430

就 OECD 国家的平均水平而言，46%的青年人有望从职业高中毕业。在芬兰，很多毕业生在完成职业高中教育后马上进入劳动力市场。芬兰有 93%的青年人有望在有生之年获得职业高中学历。相比之下，在巴西和加拿大只有 5%或更少的青年人有望从职业高中毕业。

尽管很多国家都在中等教育阶段发展大规模的职业教育，然而，在另一些国家，多数学生倾向于选择普通教育。如图 A2. 3 所示，在奥地利、芬兰和荷兰，从职业高中毕业的学生比例很高。然而，在加拿大，从职业高中毕业的青年人比例非常低。加拿大通常在中等后教育体系中提供职业教育，而中等教育阶段的职业培训主要提供给重返学校学习的超龄学生。事实上，在加拿大，65%的职业高中毕业生均超过 25 岁（表 A2. 2）。

然而，毕业率并不意味着所有毕业生都会立即接受高等教育或进入劳动力市场。事实上，在大多数 OECD 国家，既没有就业，也没有继续接受教育的毕业生数量持续增长（参见指标 C5）。因此，通过高质量的高中教育为学生同时提供方向指导和教育机会以保障他们毕业后的出路就显得至关重要。

图 A2. 3　高中毕业率，按课程方向和性别划分（2013 年）

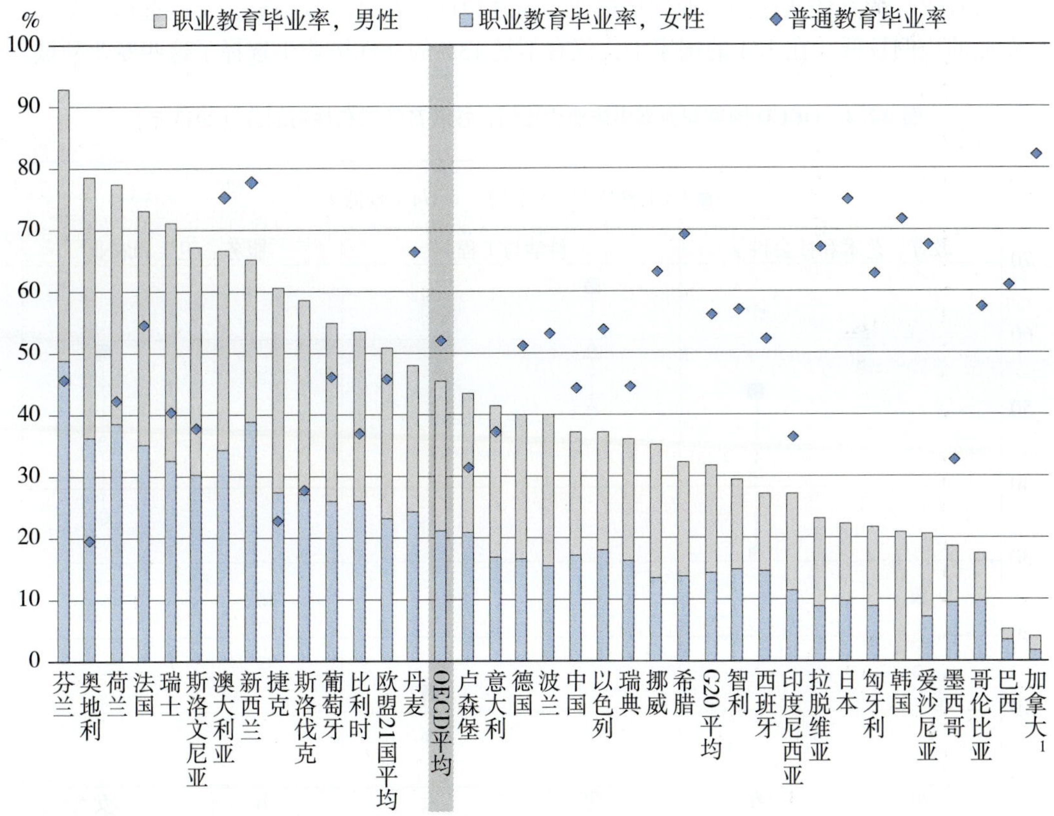

1. 2012 年数据。
国家按照 2013 年职业高中毕业率降序排列。
数据来源：OECD. Table A2. 1. See Annex 3 for notes（www. oecd. org/education/education-at-a-glance-19991487. htm）.
StatLink http：//dx. doi. org/10. 1787/888933283443

高中毕业生情况

毕业率也随毕业生的年龄变化而变化。学生毕业时的年龄与教育制度的变化相关，例

A2

如，人们在未来完成高中教育的机会多少会随着普通教育和职业教育的持续时间发生改变。尽管在葡萄牙，80%的普通高中毕业生年龄在25岁以下，但平均而言，97%的普通高中毕业生的年龄在25岁以下。

职业教育中超龄学生的比例较高。平均而言，只有83%的毕业生年龄在25岁以下。在澳大利亚、加拿大和新西兰，超过1/2的毕业生年龄为25岁或25岁以上。

大多数职业教育毕业生毕业于科学与工程专业（37%）和教育、人文以及社会科学（30%）专业。在丹麦和荷兰这两个国家，毕业于卫生和福利专业的职业教育学生比例最高，分别为29%和27%，就青年人在职业教育学习领域的选择而言，其性别差异也同样明显。这些差异可归因于性别角色和身份的传统观念以及与特定专业领域相关的文化价值观。就OECD国家的平均水平而言，毕业于科学与工程专业的毕业生中有88%为男性。毕业于科学与工程专业的女性比例最高的国家是巴西和哥伦比亚，分别为38%和39%，然而，其他教育领域的女性毕业生比例都比男性高（表A2.2）。

如图A2.4所示，在多数国家，女性就读科学与工程专业的比例很低，在职业高中毕业生中仅占11%。在服务、卫生和农业专业领域，毕业生的性别更为多样化。在1/4的国家中，有58%或更高比例的女性职业高中毕业生选择了这些专业；然而，还有1/4的国家，只有36%的女性从这些专业领域毕业。与之相反，在大多数国家，女性选择科学与工程专业的比例较低。在3/4的国家中，仅有不足13%的女性毕业生选择了这些专业领域。

图A2.4　OECD国家职业高中毕业生比例，按教育领域和性别划分（2013年）

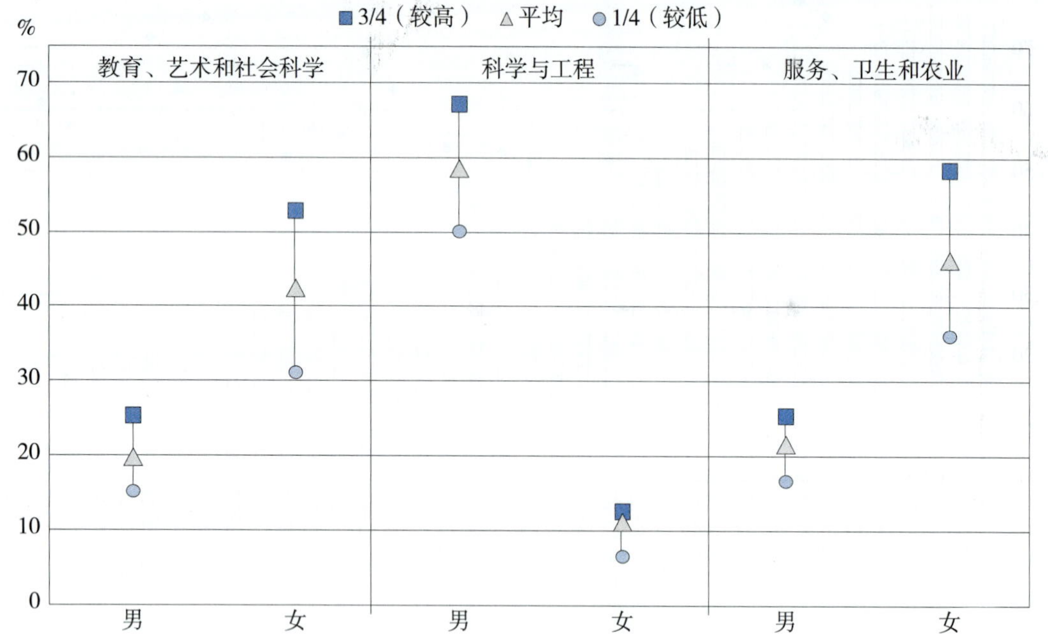

数据来源：OECD Database. See Annex 3 for notes（www.oecd.org/education/education-at-a-glance-19991487.htm）.
StatLink http://dx.doi.org/10.1787/888933283458

职业教育与培训

职业教育与培训（VET）的目的是帮助参与者获得在特定职业或贸易岗位上所需的实际技能、专业技术和知识。在OECD国家，46%的学生有望从职业高中毕业。然而，职业教育与培训体系的重要性在不同国家有所不同。在一些国家，职业教育与培训在青年人的职前教育中起着关键作用，然而，在其他教育体系中，多数学生选择普通教育。

职业教育可能以工学结合的形式提供，仅有 75%以下的课程是在学校环境中或以远程教育的方式提供的。这些学习课程既包括基于学校的与基于工作的培训同时进行的学徒课程，也包括参加学校课程和参加基于工作的培训交替进行的课程。奥地利、捷克、丹麦、德国、匈牙利、荷兰、斯洛伐克和瑞士都沿用了这种“双元制”（OECD，2015）。通过这种基于工作的学习（work-based learning），学生能够获得工作需要的技术与技能。基于工作的学习也是发展公-私合作伙伴关系的一种方式，它通常还能够通过制定课程框架的方式给予社会伙伴和用人单位参与职业教育与培训课程的开发机会。

此外，高质量的职业教育与培训项目往往能够有效地保障那些缺乏学历资格的人的技能得到发展，从而顺利地进入劳动力市场。相较于那些最高学历为普通高中的人来说，毕业于职业高中的人具有更高的就业率和更低的无业率（参见指标 A5）。然而，重要的是，由于就读职业教育与培训相较于普通教育而言更为昂贵，因此必须保障职业高中毕业生获得良好的就业机会（参见指标 B1）。

中等后非高等教育毕业率情况

OECD 国家提供各种中等后非高等教育的课程。这些课程横跨高中和中等后教育，但在不同国家，可能被视作高中教育，也可能被视作中等后教育。虽然这些课程在内容上并不一定会比高中课程更高深，但能够拓宽那些已经获得高中学历的人们的知识面。

中等后非高等教育的初次毕业率要比高中教育的初次毕业率低。平均而言，现在的 OECD 国家有 13%的青年人将会在其有生之年完成中等后非高等教育。女性的初次毕业率高于男性，二者分别为 15%和 10%。除匈牙利、卢森堡、葡萄牙和斯洛伐克之外的几乎所有国家在中等后非高等教育阶段，女性的初次毕业率均高于男性。此类项目的最高初次毕业率出现在澳大利亚（37%）和新西兰（29%）（表 A2.1）。有 6 个国家不提供该阶段的教育（智利、印度尼西亚、墨西哥、斯洛文尼亚、土耳其和英国）。

这些项目通常提供贸易和职业资格证书，包括奥地利的幼儿园教师培训以及德国双元制下为获得普通高中学历资格的人所提供的职业培训，还包括为已获得高中学历资格的学生设计的学徒课程。

中等后非高等职业教育毕业情况

在 34 个 OECD 国家中，有 27 个国家提供中等后非高等职业教育课程，在 10 个伙伴国中有 8 个国家提供该课程。一些不提供本阶段课程（ISCED 4 级）但提供较低水平职业课程（ISCED 3 级）的国家职业高中毕业率很高，如斯洛文尼亚为 67%，瑞士为 71%（表 A2.1）。

与高中教育相比，中等后非高等教育更多地面向超龄学生。平均而言，41%的毕业生的年龄超过 30 岁，意味着很多学生以前中断过学业。在很多国家，这些课程为成人继续接受教育提供了第二次机会。在其他国家，多数中等后非高等教育毕业生很年轻；例如在比利时（97%）和匈牙利（92%），90%以上的毕业生的年龄低于 30 岁。

女性毕业生在中等后非高等职业教育课程中所占的比例在各国的差异很大，变化范围从 73%（奥地利）到 24%（卢森堡）不等。这一现象一定程度上可以归因于该教育阶段的专业领域的特点。例如，在奥地利，62%的毕业生就读于卫生与福利专业，而在卢森堡，64%的毕业生就读于工程、制造和建筑专业。

A2

平均而言，大多数中等后非高等职业教育毕业生获得了社会科学、商业和法律专业（23%）或者工程、制造和建筑专业（21%）的文凭。最不受欢迎的专业领域为教育（5%）、科学（4%）和农业（3%）。在一些国家，存在一个专业主导中等后非高等教育的情况。例如，在丹麦，97%的学生毕业于社会科学、商业和法律专业，而在荷兰，66%的毕业生获得了工程、制造和建筑专业的文凭。

定 义

统计期内的毕业生既可以是初次毕业生也可以是复读生。**初次毕业生**是指在统计期内特定教育阶段的初次毕业生。因此，如果一个学生在数年里有多次毕业的经历，那么他/她算作每年的毕业生，但只算一次初次毕业生。

毛毕业率是指特定教育阶段的毕业生总数（不限年龄）除以特定教育阶段的常规毕业年龄人口数得到的估计百分比。

净毕业率是指在当前毕业模式下将完成高中教育的年龄组人口的估计百分比。

常规年龄是指获得文凭时在相应教育阶段和课程的上一学年开始时的年龄。

方 法

数据统计期为2012—2013学年，来源于2014年OECD组织的UOE教育统计数据收集（详见附录3，www. oecd. org/education/education-at-a-glance-19991487. htm）。

除非另有说明，毕业率一般是指净毕业率（即为各年龄段毕业率的总和）。不能提供详细数据的国家采用毛毕业率。为了计算毛毕业率，各国一般需明确学生毕业的常规年龄（见附录1），即不考虑毕业生年龄，将毕业生数量除以常规毕业年龄的人口数。然而，在很多国家，界定毕业生的常规年龄是困难的，因为他们的年龄范围分布很广。

由于很多毕业生毕业于不止一个高中或中等后非高等教育课程，ISCED 3级和ISCED 4级课程的毕业生不计入初次毕业生之列。因此，毕业率不能相加，相加会导致重复计算。而且，不同类型课程的常规毕业年龄也不一定相同（见附录1）。职业教育既包括校本课程，也包括被视为教育体系一部分的工学结合课程。不由正规教育管理机构监管的完全基于工作的教育和培训不计算在内。

关于以色列数据的说明

以色列的统计数据由以色列有关当局负责提供。在使用这些数据时，OECD根据国际法的规定对戈兰高地、东耶路撒冷和约旦河西岸的以色列定居点的地位不持偏见。

参考文献

Falch et al. (2010), "Completion and Dropout in Upper Secondary Education in Norway: Causes and Consequences", Centre for Economic Research at NTNU, Trondheim, October 2010.

OECD（2010），*Learning for Jobs*，OECD Reviews of Vocational Education and Training，OECD Publishing，Paris，http：//dx. doi. org/10. 1787/9789264087460-en.

OECD（2012a），*Equity and Quality in Education*：*Supporting Disadvantaged Students and Schools*，OECD Publishing，Paris，http：//dx. doi. org/10. 1787/9789264130852-en.

OCDE（2012b），*Closing the Gender Gap*：*Act Now*，OECD Publishing，Paris，http：//dx. doi. org/10. 1787/9789264179370-en.

OECD（2014），*PISA 2012 Results*：*What Students Know and Can Do*（*Volume I*，*Revised edition*，*February 2014*）：*Student Performance in Mathematics*，*Reading and Science*，PISA，OECD Publishing，Paris，http：//dx. doi. org/10. 1787/9789264208780-en.

OECD（2015），"Focus on Vocational Education and Training（VET）programmes"，*Education Indicators in Focus*，No. 33，OECD，http：//dx. doi. org/10. 1787/5jrxtk4cg7wg-en.

表 A2.1 高中和中等后非高等教育毕业率（2013 年）

某一年龄学生毕业率的总和，按性别和课程方向划分

		高中									中等后非高等教育					
		初次毕业率			毕业率						初次毕业率			毕业率		
		合计			普通课程			职业课程			合计			职业课程		
		男+女	男	女	男+女	男	女	男+女	男	女	男+女	男	女	男+女	男	女
		(1)	(2)	(3)	(4)	(5)	(6)	(7)	(8)	(9)	(10)	(11)	(12)	(13)	(14)	(15)
OECD 国家	澳大利亚	m	m	m	75	71	80	67	64	69	37	32	42	41	36	46
	奥地利	87	87	88	19	16	24	79	82	75	9	5	13	10	5	14
	比利时	m	m	m	37	32	43	53	54	53	m	m	m	7	6	7
	加拿大[1]	86	83	89	82	79	86	4	4	3	m	m	m	m	m	m
	智利	86	83	90	57	54	60	29	29	30	a	a	a	a	a	a
	捷克	78	77	79	23	18	28	61	65	56	25	19	32	9	8	10
	丹麦	95	90	100	66	60	73	48	47	49	1	1	1	1	1	1
	爱沙尼亚	m	m	m	68	56	79	20	26	14	m	m	m	23	16	29
	芬兰	96	93	100	46	38	53	93	86	99	7	6	8	8	6	9
	法国	m	m	m	55	48	62	73	75	71	m	m	m	0	0	0
	德国	m	m	m	51	46	57	40	46	34	24	19	29	21	16	26
	希腊	m	m	m	69	63	75	32	37	28	m	m	m	4	3	5
	匈牙利	83	82	85	63	58	68	22	25	18	18	18	17	21	21	21
	冰岛	m	m	m	m	m	m	m	m	m	m	m	m	m	m	m
	爱尔兰	98	97	99	m	m	m	a	a	a	m	m	m	15	21	8
	以色列	91	86	96	54	49	59	37	38	37	m	m	m	a	a	a
	意大利	78	74	82	37	27	47	41	48	35	3	3	4	3	3	4
	日本	97	96	98	75	71	78	22	25	20	m	m	m	m	m	m
	韩国	92	93	92	72	71	72	21	21	20	m	m	m	m	m	m
	卢森堡	73	69	77	31	28	35	43	44	43	2	3	1	2	3	1
	墨西哥	51	49	54	33	30	35	19	18	19	a	a	a	a	a	a
	荷兰	m	m	m	42	39	46	77	77	78	m	m	m	0	0	0
	新西兰	100	96	100	78	74	82	65	52	78	29	23	34	33	26	40
	挪威	83	78	89	63	52	75	35	42	27	3	2	4	3	2	5
	波兰	86	82	91	53	41	66	40	48	31	16	9	24	16	9	24
	葡萄牙	100	98	100	46	40	52	55	58	52	5	6	4	5	6	4
	斯洛伐克	85	83	88	28	22	34	59	62	55	10	10	9	10	10	9
	斯洛文尼亚	86	76	95	38	29	47	67	72	61	a	a	a	a	a	a
	西班牙	71	65	78	52	46	59	27	25	29	m	m	m	m	m	m
	瑞典	79	77	82	44	40	50	36	39	33	3	3	4	3	3	4
	瑞士	95	94	97	40	34	47	71	76	66	1	1	1	a	a	a
	土耳其	64	61	66	35	32	38	29	29	28	a	a	a	a	a	a
	英国	m	m	m	m	m	m	m	m	m	a	a	a	a	a	a
	美国	80	77	83	80[d]	77[d]	83[d]	x(4)	x(5)	x(6)	21	16	27	21	16	27
	OECD 平均	85	82	88	52	46	58	46	47	44	13	10	15	12	10	13
	欧盟 21 国平均	85	82	89	46	39	53	51	53	48	10	9	12	9	8	10
伙伴国	阿根廷	m	m	m	m	m	m	m	m	m	m	m	m	m	m	m
	巴西	m	m	m	61	51	71	5	4	7	m	m	m	7	6	8
	中国	m	m	m	44	42	46	37	38	36	6	6	6	3	4	2
	哥伦比亚	75	67	83	57	51	64	17	15	20	1	0	1	a	a	a
	印度	m	m	m	m	m	m	m	m	m	m	m	m	m	m	m
	印度尼西亚	63	62	64	36	32	41	27	30	23	a	a	a	a	a	a
	拉脱维亚	85	81	89	67	59	75	23	28	18	6	5	7	6	5	7
	俄罗斯[2]	m	m	m	51	44	58	27	39	14	6	6	6	6	6	6
	沙特阿拉伯	m	m	m	m	m	m	m	m	m	m	m	m	m	m	m
	南非	m	m	m	m	m	m	m	m	m	m	m	m	m	m	m
	G20 平均	m	m	m	56	52	61	32	34	29	16	14	19	m	m	m

1. 2012 年数据。
2. 中等后非高等教育包括一些高中毕业生。

数据来源：OECD. Argentina, China, Colombia, India, Indonesia, Saudi Arabia, South Africa: UNESCO Institute for Statistics. Latvia: Eurostat. See Annex 3 for notes (www.oecd.org/education/education-at-a-glance-19991487.htm).

缺失数据代码参见《读者指南》。

StatLink http://dx.doi.org/10.1787/888933284806

表 A2.2　高中毕业生情况（2013 年）

		普通课程		职业课程									
						高中毕业生在各教育领域中的比重				女性高中毕业生在各教育领域中的比重			
		25 岁以下毕业生所占比重	女性毕业生所占比重	25 岁以下毕业生所占比重	女性毕业生所占比重	教育、人文和社会科学	科学和工程	卫生和福利	其他	教育、人文和社会科学	科学和工程	卫生和福利	其他
		(1)	(2)	(3)	(4)	(5)	(6)	(7)	(8)	(9)	(10)	(11)	(12)
OECD国家	澳大利亚	100	51	43	51	27	33	22	19	70	10	88	53
	奥地利	99	59	89	46	33	37	3	28	69	11	82	61
	比利时	100	56	100	48	26	30	27	17	55	8	82	61
	加拿大[1]	97	51	35	42	m	m	m	m	m	m	m	m
	智利	94	52	99	50	42	36	5	17	71	16	84	58
	捷克	100	60	92	45	30	40	6	24	68	10	91	64
	丹麦	96	54	55	51	26	25	29	19	61	10	86	37
	爱沙尼亚	95	58	97	34	14	60	1	25	93	33	94	56
	芬兰	99	57	55	53	22	33	18	27	67	16	86	63
	法国	100	55	89	48	24	35	16	25	66	10	90	58
	德国	100	54	m	41	38	37	9	17	63	9	78	44
	希腊	99	53	89	43	16	50	19	16	75	11	78	69
	匈牙利	94	53	90	41	17	46	9	28	76	8	94	54
	冰岛	m	m	m	m	m	m	m	m	m	m	m	m
	爱尔兰	m	m	a	a	a	a	a	a	a	a	a	a
	以色列	100	53	100	48	m	m	m	m	m	m	m	m
	意大利	100	62	100	41	m	m	m	m	m	m	m	m
	日本	m	51	m	44	32	41	6	21	64	11	85	58
	韩国	m	47	m	45	42	50	1	6	66	26	87	49
	卢森堡	100	55	94	48	49	28	13	10	62	11	79	43
	墨西哥	98	54	98	51	m	m	m	m	m	m	m	m
	荷兰	100	53	77	50	26	22	27	25	54	6	89	41
	新西兰	100	51	45	60	54	15	7	24	72	16	64	56
	挪威	97	58	63	38	8	48	21	24	79	7	88	43
	波兰	90	60	99	38	18	51	0	31	71	10	85	66
	葡萄牙	80	55	86	47	30	31	17	22	56	15	89	48
	斯洛伐克	99	60	96	46	29	36	7	28	69	9	82	60
	斯洛文尼亚	100	61	92	45	31	36	12	20	73	7	77	52
	西班牙	98	55	61	54	47	21	19	13	65	7	80	50
	瑞典	100	54	100	45	23	39	16	22	70	9	75	62
	瑞士	97	57	90	46	37	37	13	14	62	12	90	50
	土耳其	94	53	98	47		54	17	8		22	90	56
	英国	m	m	m	m	40	20	14	27	61	14	73	55
	美国	100[d]	51[d]	x(1)	x(2)	m	m	m	m	m	m	m	m
	OECD 平均	97	55	83	46	30	37	13	21	68	12	84	54
	欧盟 21 国平均	97	57	87	45	28	36	14	22	67	11	84	55
伙伴国	阿根廷	m	m	m	m	m	m	m	m	m	m	m	m
	巴西	90	57	83	62	41	32	9	17	81	38	82	53
	中国	m	49	m	46	m	m	m	m	m	m	m	m
	哥伦比亚	91	54	100	55	52	24	0	24	63	39		51
	印度	m	m	m	m	m	m	m	m	m	m	m	m
	印度尼西亚	100	55	100	42	m	m	m	m	m	m	m	m
	拉脱维亚	100	54	93	38	19	53	2	26	76	10	94	63
	俄罗斯	m	56	m	26	m	m	m	m	m	m	m	m
	沙特阿拉伯	m	m	m	m	m	m	m	m	m	m	m	m
	南非	m	m	m	m	m	m	m	m	m	m	m	m
	G20 平均	m	53	m	45	m	m	m	m	m	m	m	m

注：其他教育领域包括：农业、服务和其他。

1. 2012 年数据。

数据来源：OECD. Argentina, China, Colombia, India, Indonesia, Saudi Arabia, South Africa: UNESCO Institute for Statistics. Latvia: Eurostat. See Annex 3 for notes (www.oecd.org/education-at-a-glance-19991487.htm).

缺失数据代码参见《读者指南》。

StatLink http://dx.doi.org/10.1787/888933284810

表 A2.3　中等后非高等职业教育毕业生情况（2013 年）

		女性毕业生所占比重	30 岁以下毕业生所占比重	毕业生在各教育领域中的比重							
				教育	人文和艺术	社会科学、商业和法律	科学	工程、制造和建筑	农业	卫生和福利	服务
		(1)	(2)	(3)	(4)	(5)	(6)	(7)	(8)	(9)	(10)
OECD 国家	澳大利亚	56	37	19	4	37	3	10	2	17	8
	奥地利	73	48	18	2	13	1	1	2	62	1
	比利时	53	97	0	7	12	1	22	2	34	22
	加拿大	m	m	m	m	m	m	m	m	m	m
	智利	a	a	a	a	a	a	a	a	a	a
	捷克	52	m	m	m	m	m	m	m	m	m
	丹麦	61	31	0	0	97	1	0	0	3	0
	爱沙尼亚	63	68	0	18	12	20	18	5	5	22
	芬兰	58	10	2	2	51	0	25	2	5	13
	法国	68	m	0	55	13	11	1	0	0	20
	德国	61	m	0	3	27	3	18	2	39	10
	希腊	58	86	14	4	13	7	22	1	19	20
	匈牙利	49	92	1	8	19	8	24	3	15	22
	冰岛	m	m	m	m	m	m	m	m	m	m
	爱尔兰	28	57	0	9	13	5	34	18	11	10
	以色列	a	a	a	a	a	a	a	a	a	a
	意大利	52	m	m	m	m	m	m	m	m	m
	日本	m	m	m	m	m	m	m	m	m	m
	韩国	m	m	m	m	m	m	m	m	m	m
	卢森堡	24	65	4	8	0	0	64	2	5	18
	墨西哥	a	a	a	a	a	a	a	a	a	a
	荷兰	26	44	27	0	5	0	66	0	0	2
	新西兰	60	58	2	27	24	6	10	3	13	14
	挪威	70	41	0	14	37	0	1	2	34	11
	波兰	71	73	0	6	21	5	6	5	28	29
	葡萄牙	36	82	0	5	13	8	33	5	5	30
	斯洛伐克	45	69	6	1	15	0	20	2	14	42
	斯洛文尼亚	a	a	a	a	a	a	a	a	a	a
	西班牙	m	m	m	m	m	m	m	m	m	m
	瑞典	58	51	7	3	24	7	20	4	23	12
	瑞士	a	a	a	a	a	a	a	a	a	a
	土耳其	a	a	a	a	a	a	a	a	a	a
	英国	a	a	a	a	a	a	a	a	a	a
	美国	61	m	1	6	9	3	18	1	40	23
	OECD 平均	54	59	5	9	23	4	21	3	19	17
	欧盟 21 国平均	52	62	5	8	22	5	23	3	17	17
伙伴国	阿根廷	m	m	m	m	m	m	m	m	m	m
	巴西	57	70	0	2	20	10	21	3	29	15
	中国	27	m	m	m	m	m	m	m	m	m
	哥伦比亚	a	a	a	a	a	a	a	a	a	a
	印度	m	m	m	m	m	m	m	m	m	m
	印度尼西亚	a	a	a	a	a	a	a	a	a	a
	拉脱维亚	59	78	0	2	11	1	18	6	24	38
	俄罗斯[1]	50	m	0[d]	1[d]	6[d]	3[d]	47[d]	9[d]	0[d]	33[d]
	沙特阿拉伯	m	m	m	m	m	m	m	m	m	m
	南非	m	m	m	m	m	m	m	m	m	m
	G20 平均	m	m	m	m	m	m	m	m	m	m

1. 中等后非高等教育包括一些高中毕业生。

数据来源：OECD. Argentina，China，Colombia，India，Indonesia，Saudi Arabia，South Africa：UNESCO Institute for Statistics. Latvia：Eurostat. See Annex 3 for notes（www. oecd. org/education/education-at-a-glance-19991487. htm）.

缺失数据代码参见《读者指南》。

StatLink http：//dx. doi. org/10. 1787/888933284828

表 A2.4 高中和中等后非高等教育毕业率（2005 年和 2013 年）

某一年龄学生毕业率总和，按性别和课程方向划分

		高中						中等后非高等教育			
		初次毕业率		毕业率				初次毕业率		毕业率	
		合计		普通课程		职业课程		合计		职业课程	
		2005	2013	2005	2013	2005	2013	2005	2013	2005	2013
		(1)	(2)	(3)	(4)	(5)	(6)	(7)	(8)	(9)	(10)
OECD 国家	澳大利亚	m	m	m	75	35	67	m	37	18	41
	奥地利	m	87	16	19	m	79	m	9	28	10
	比利时	m	m	m	37	m	53	m	5	m	7
	加拿大[1]	80	86	78	82	3	4	m	m	m	m
	智利	81	86	48	57	33	29	a	a	a	a
	捷克	100	78	28	23	88	61	m	25	m	9
	丹麦	83	95	59	66	50	48	1	1	1	1
	爱沙尼亚	m	m	60	68	19	20	m	m	19	23
	芬兰	94	96	52	46	79	93	6	7	6	8
	法国	m	m	50	55	62	73	m	m	0	0
	德国	m	m	m	51	m	40	m	24	m	21
	希腊	95	m	59	69	37	32	9	m	9	4
	匈牙利	m	83	68	63	19	22	20	18	26	21
	冰岛	79	m	56	m	53	m	8	m	8	m
	爱尔兰	92	98	m	m	a	a	14	m	14	15
	以色列	m	91	58	54	32	37	m	m	m	a
	意大利	85	78	31	37	69	41	6	3	6	3
	日本	95	97	71	75	24	22	m	m	m	m
	韩国	92	92	65	72	28	21	a	m	a	m
	卢森堡	74	73	27	31	47	43	m	2	2	2
	墨西哥	40	51	36	33	4	19	a	a	a	a
	荷兰	m	m	34	42	66	77	m	m	1	0
	新西兰	88	100	m	78	20	65	12	29	13	33
	挪威	90	83	62	63	40	35	5	3	2	3
	波兰	41	86	55	53	44	40	9	16	13	16
	葡萄牙	54	100	41	46	13	55	m	5	m	5
	斯洛伐克	86	85	23	28	63	59	12	10	12	10
	斯洛文尼亚	85	86	34	38	81	67	a	a	a	a
	西班牙	69	71	m	52	m	27	a	m	a	m
	瑞典	m	79	m	44	m	36	m	3	m	3
	瑞士	m	95	35	40	65	71	m	1	1	a
	土耳其	m	64	m	35	m	29	a	a	a	a
	英国	m	m	m	m	m	m	a	a	a	a
	美国	74	80	74[d]	80[d]	x(3)	x(4)	17	21	17	21
	OECD 平均	80	85	49	52	43	46	10	12	10	12
	欧盟 21 国平均	80	85	42	46	52	51	10	10	11	9
伙伴国	阿根廷	m	m	m	m	m	m	m	m	m	m
	巴西	m	m	m	61	m	5	m	m	m	7
	中国	m	m	m	44	m	37	m	6	m	3
	哥伦比亚	m	75	m	57	m	17	m	1	m	a
	印度	m	m	m	m	m	m	m	m	m	m
	印度尼西亚	m	63	m	36	m	27	m	a	m	a
	拉脱维亚	m	85	m	67	m	23	m	6	m	6
	俄罗斯[2]	m	m	m	51	m	27	m	6	m	6
	沙特阿拉伯	m	m	m	m	m	m	m	m	m	m
	南非	m	m	m	m	m	m	m	m	m	m
	G20 平均	m	m	m	56	m	32	m	16	m	m

注：在必要情况下，2005 年毕业率根据 2013 年的常规年龄计算。

1. 2012 年数据。

2. 中等后非高等教育包括部分高中毕业生。

数据来源：OECD. Argentina, China, Colombia, India, Indonesia, Saudi Arabia, South Africa: UNESCO Institute for Statistics. Latvia: Eurostat. See Annex 3 for notes (www.oecd.org/education/education-at-a-glance-19991487.htm).

缺失数据代码参见《读者指南》。

StatLink http://dx.doi.org/10.1787/888933284839

预计有多少学生完成高等教育？他们的基本情况是什么？

- 基于当前毕业模式，预计在 OECD 国家中平均有 35%的青年人会在 30 岁以前完成高等教育。
- 2013 年，在所有高等教育毕业生中女性超过半数，但是女性毕业生在科学和工程领域仍占少数。
- 毕业于科学和工程领域的高等教育毕业生人数不到总毕业生人数的 1/4，但他们在博士毕业生群体中占到了 44%。

图 A3.1　高等教育初次毕业率（2013 年）

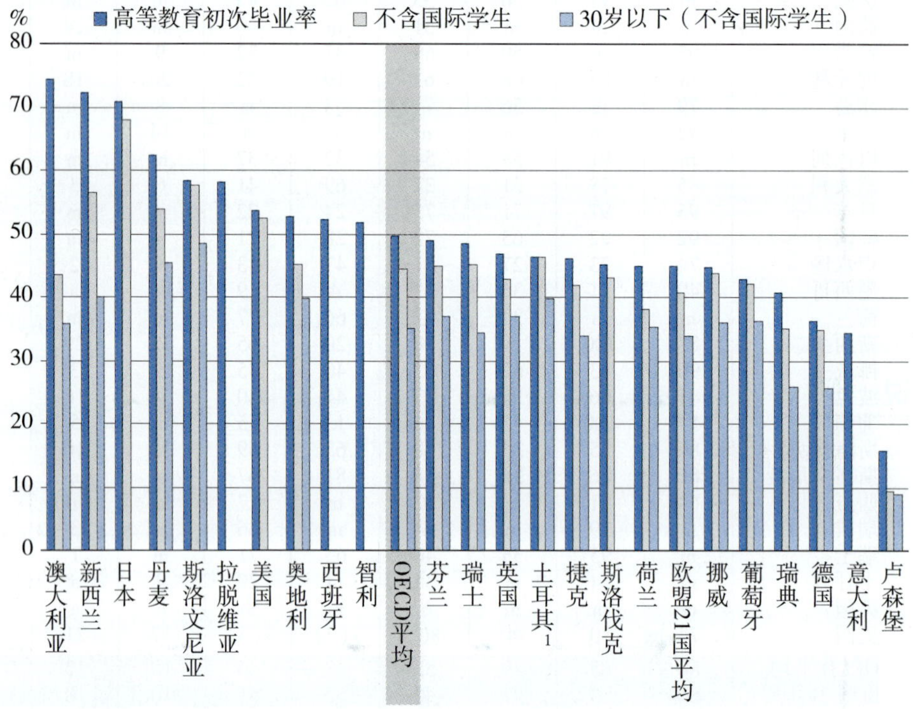

注：人口数据和初次毕业生数据的不匹配意味着学生净输出国的入学率可能被低估，而那些净输入的国家可能被高估了。在这一方面，高等教育初次毕业率不考虑国际学生。

1. 2012 年数据。

国家按高等教育初次毕业率降序排列。

数据来源：OECD. Table A3.1. See Annex 3 for notes（www.oecd.org/education/education-at-a-glance-19991487.htm）.

StatLink http：//dx.doi.org/10.1787/888933283460

背　景

高等教育毕业率反映了一个国家培养拥有高级专业知识和技能的未来工作人员的能力。在 OECD 国家中，个人有强烈的动机获得高等教育学历，这些动机包括高工资和更好的就业前景（参见指标 A5 和 A6 以进一步阅读这些主题的内容）。高等教育的结构和范围在各国有很大的差异，毕业率似乎受到高等教育入学难易程度、高等教育课程的灵活性以及劳动力市场对高技能人才的需求等因素的影响。

近几十年来，接受高等教育的机会已经显著扩大，包括新型高等教育机构以及不同模式和不同类型的高等教育课程（OECD，2014a）。与此同时，学生组成在性别和学习路径选择方面也日益多样化，学生也逐渐倾向于到国外获得高等教育学位。

政策制定者正在寻找帮助学生从高等教育过渡到劳动力市场的途径（OECD，2015a）。了解目前的毕业模式将有助于满足近年来毕业生的需求，并预测未来受过高等教育的工作者进入劳动力市场的情况。

其他发现

- 2013 年，就 OECD 国家的平均水平而言，大多数的高等教育初次毕业生（69%）获得了学士学位，14%获得硕士学位，18%获得短期高等教育文凭。
- 相比学士或同等水平学位而言，研究生学位更吸引国际学生。在 OECD 国家中，2013 年有 27%初次获得博士学位的学生是国际学生，此外，国际学生中有 18%初次获得硕士学位或同等水平学位，7%初次获得学士学位。
- 2013 年，有 1/3 的高等教育毕业生毕业于社会科学、商业和法律领域。在几乎所有 OECD 国家中，这三大领域的毕业生也占到了最大比例。

说　明

高等教育毕业率是指一个年龄组在其一生中完成高等教育的人口估算百分比。这一估算是建立在 2013 年毕业生的人数和其年龄分布基础上的。由于毕业率是基于当前毕业模式估算的，因此，它会随着教育制度内的变化而改变。如引进新的课程或任何课程年限的变化、实施“博洛尼亚进程”等，这些因素都会引起毕业率的改变。

分 析

高等教育毕业率

根据 ISCED 2011，高等教育初次毕业生统计信息首次被用于《教育概览》。高等教育初次毕业生是指在一个特定国家中，有生之年第一次获得高等教育学位的毕业生。与2013年22个OECD国家可比数据的平均水平相比，在现有的教育模式下，有50%的青年人在其一生中能获得至少一个高等教育学历。这一比例在不同国家有所不同，在很多市民选择去国外学习的卢森堡，这一比例为16%，而在澳大利亚、日本和新西兰则为70%或更高（图 A3.1）。

毕业率，基于受教育程度

预计在其有生之年获得学士学位的青年人比获得其他高等教育学位的青年人更多。基于2013年毕业模式，就OECD国家的平均水平而言，有36%的青年人在其一生中有望获得学士学位，17%的人有望获得硕士学位，11%的人有望毕业于短期高等教育课程，2%的人有望获得博士学位。

虽然学士学位仍然是OECD国家中毕业生最常见的高等教育文凭，但各国也正在发展其他层次的高等教育。为提高毕业生的就业能力并帮助他们顺利进入劳动力市场，一些国家正在大力发展短期高等教育课程。在澳大利亚、奥地利、日本、新西兰和俄罗斯，每人在其一生中从短期高等教育课程毕业的概率是25%或更高。促进就业和进入劳动力市场的其他途径包括发展学士和硕士水平的专业课程。

在过去十年中，博士课程的毕业率也有所增加。基于每个国家的可比数据，2005年至2013年，除了澳大利亚、芬兰和斯洛文尼亚的毕业率有所下降外，每个国家博士课程的毕业率都有所增加。在OECD国家中，斯洛文尼亚、瑞士和英国的博士课程毕业率最高。如果2013年的毕业模式能继续维持，在这三个国家中，3%或更多青年人，包括国际学生，有望毕业于博士课程（表 A3.1 和表 A3.6，可在线查询）。

不含国际学生的毕业率

在一些国家，国际学生在高等教育毕业生中占有很大比例。“国际学生”是指那些跨越国界到国外求学的学生。基于不同的原因，国际学生对估计毕业率具有明显影响。不考虑国际学生此前在其他国家接受的教育，根据定义，应将其全部定义为初次毕业生（在其所留学的国家，就读和从第二个学位课程毕业都将被认为是初次毕业）。在国际学生占比较高的国家里，如澳大利亚和新西兰，毕业率被认为人为地扩大了。当剔除国际学生时，澳大利亚和新西兰的高等教育初次毕业率分别下降了30个和16个百分点（表 A3.1）。

30岁或35岁以下人口毕业率

有望初次毕业后进入劳动力市场的青年人数可以用30岁以下高等教育初次毕业率衡量。就数据可得的16个国家的平均水平而言，35%的青年人（不包含国际学生）有望在30岁以前初次获得高等教育学位。这一比例在不同国家有所不同，例如，在斯洛文尼亚为49%，在卢森堡为9%。

此外，同其他教育体制相比，有些教育体制容纳的学生年龄分布得更为广泛。在芬兰、以色列、新西兰、斯洛伐克和瑞士，当只考虑 30 岁以下的青年人（不包括国际学生）时，学士或同等水平毕业率下降了 10 个百分点或者更多。这可能表明，这些教育体制在教育途径和周期上更为灵活，更适合于处于常规年龄以外的学生。芬兰、以色列和瑞士通过强制性兵役或社会服务，延长了高等教育的周期（表 A3. 1）。

高等教育毕业生简介

在过去的 20 年中，OECD 国家的高等教育已经发生显著变化：国际学生数量变多，毕业于高等教育的女性变多，在一些国家，热衷科学和工程的学生也更多。这些变化可能反映了全球的经济状况和劳动力市场的竞争程度。

大多数毕业生拥有学士学位或同等水平的学位

高等教育初次毕业生的新数据，可以更精确地描述进入劳动力市场、拥有高等教育文凭的青年毕业生。通过这些新得的数据，在不考虑特定体制中接受高等教育途径的情况下，国与国之间的比较变得更容易。

在 2013 年，大多数高等教育初次毕业生获得了学士学位。事实上，就 OECD 国家的平均水平而言，69%的初次毕业生获得学士学位，14%获得硕士学位，18%获得短期高等教育文凭（表 A3. 2）。

然而，各国之间有相当大的差异。在奥地利，毕业于短期高等教育课程的初次毕业生占比最高（47%），而在西班牙，短期高等教育、学士或同等水平和硕士或同等水平这三个层次的高等教育初次毕业生比例基本相同。这些差异可能来源于高等教育体制的结构，因为某些课程，如短期课程，在一些国家中得到了更加大力的发展（图 A3. 2）。

此外，在 2013 年，绝大多数（就 OECD 国家平均水平来说，82%）的初次毕业生为 30 岁或 30 岁以下的人群，然而，国与国之间的情况差别很大。在智利、拉脱维亚、新西兰、瑞典、瑞士，至少有 25%的毕业生都超过 30 岁，而在荷兰，这个年龄段高等教育初次毕业生仅占 8%（表 A3. 2）。

图 A3.2 初次毕业生分布，按教育水平划分（2013 年）

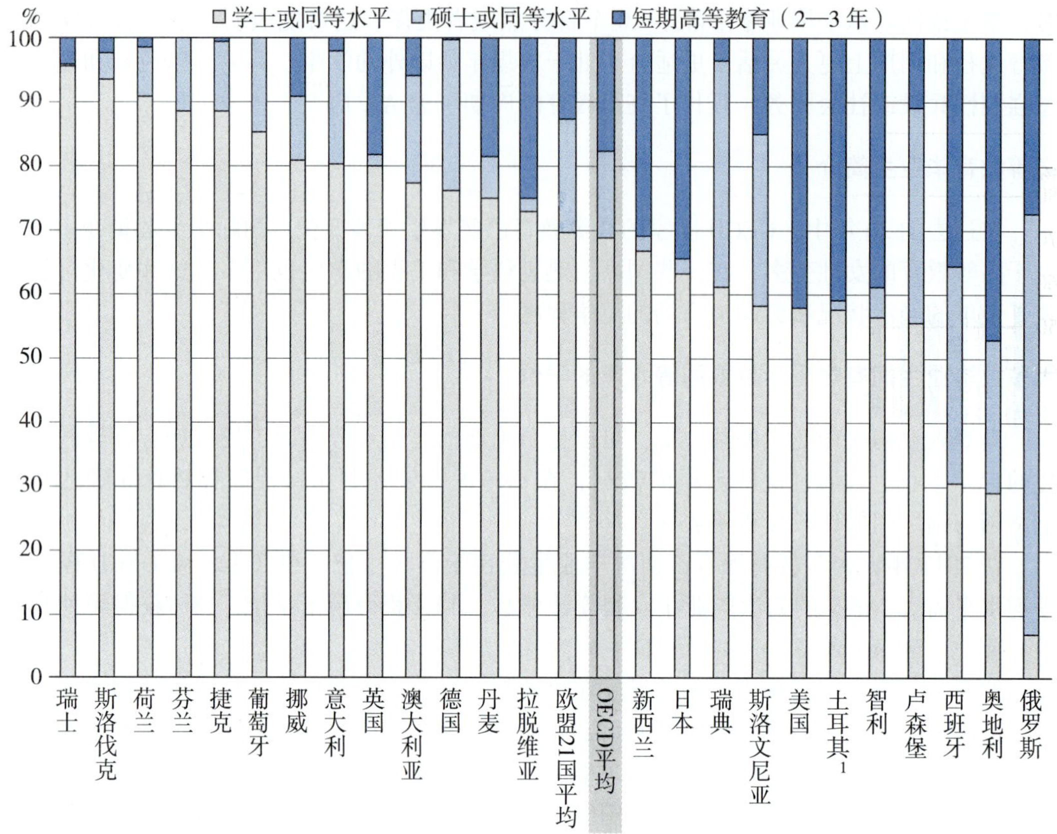

1. 2012 年数据。

国家按照学士或同等水平初次毕业生比例降序排列。

数据来源：OECD. Table A3.2. See Annex 3 for notes（www.oecd.org/education/education-at-a-glance-19991487.htm）.

StatLink http://dx.doi.org/10.1787/888933283475

超过半数的初次毕业生是女性

由于认识到了教育对劳动力市场、职业流动和生活质量的影响，政策制定者和教育工作者都强调缩小男性和女性的教育机会和教育成果的差距的重要性。2013 年，OECD 国家高等教育初次毕业生中平均有 57%是女性，范围变化从土耳其的 47%到拉脱维亚的 69%不等（表 A3.2）。此外，超过 1/2 的高等教育初次毕业生（除博士外）都是女性。平均而言，获得学士或同等水平学位的初次毕业生中有 58%是女性，同时，47%的博士学位毕业生是女性。在捷克、沙特阿拉伯和瑞典，女性获得学士或同等水平学位和博士学位的比例差距最大（20 个百分点或更多）（图 A3.3）。

虽然 2013 年大多数高等教育毕业生是女性，但男性在劳动力市场却更有优势。平均而言，受过高等教育的男性比受过高等教育的女性收入高，同时，受过高等教育的男性的就业率也比同等教育水平的女性高（参见指标 A5 和 A6）。

此外，尽管女性在高等教育中已占有很大比例，但在某些领域比例仍然较小，如科学和工程领域（见《教育概览》在线数据）。这些结果部分归因于青年人在态度和志向上的性别差异。OECD 国际学生评价项目（PISA）发现，相比同年龄段男性而言，15 岁的女性对自己的职业生涯有更高期望，但是，就 OECD 国家的平均水平而言，在该年龄考虑从事工程或计算机类工作的女性不到 5%（OECD，2015b）。

图 A3. 3　拥有高等教育学历女性毕业生比例（2013 年）

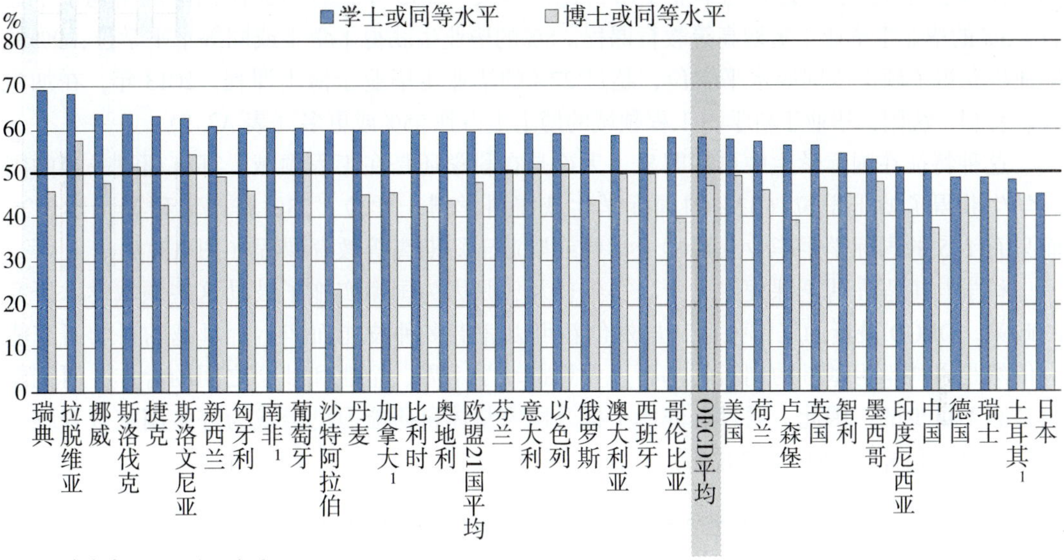

注：黑线突出了 50%这一水平。

1. 2012 年数据。

国家按照学士或同等水平女性毕业生比例的降序排列。

数据来源：OECD. Table A3. 4. See Annex 3 for notes（www. oecd. org/education/education-at-a-glance-19991487. htm）.

StatLink http：//dx. doi. org/10. 1787/888933283486

学生选择国外留学，主要针对高学历

高等教育的国际化现象在高学历中更为明显，如硕士和博士。2013 年，OECD 国家中有 27%的博士毕业生是国际学生，在国际学生中，18%的毕业生获得硕士或同等水平学位，7%的毕业生获得学士学位。在比利时、荷兰、新西兰、瑞士和英国，40%或更多的博士毕业生都是国际学生。在卢森堡，10 名博士毕业生中有 8 名是国际学生。在澳大利亚，硕士课程比博士课程吸引了更多的国际学生，国际学生占比分别为 57%和 36%。

高等教育国际化的更多细节，请参阅本书第三章（参见指标 C4）。

科学与工程是高学历高等教育中更热门的研究领域

在某一国家，分领域的毕业生的分布受该领域在学生中的受欢迎程度、大学及同等机构提供的位置的相对数量、不同学科的学位结构影响。

2013 年，获得社会科学、商业和法律学位的高等教育毕业生占了 1/3。除韩国外，在所有 OECD 国家，毕业生在上述领域的比例最大。在哥伦比亚、卢森堡、土耳其、俄罗斯和南非，在上述领域获得学位的高等教育毕业生超过 45%。科学与工程领域则落后：14%的毕业生毕业于工程、制造和建筑领域，9%的毕业生毕业于科学领域（表 A3. 3）。

许多国家正在通过教育缓解这些领域的毕业生失衡问题。例如，美国最近采取措施，计划到2022年，增加一百万拥有科学和工程领域学位的高等教育毕业生。同样，欧盟最近推出了“科学与社会”计划以推动科学与社会之间的合作，招收有强烈社会意识和责任感并具有卓越科学才能的新人才。该计划旨在使科学对人们，特别是对青年人来说更具吸引力，并在欧洲进一步发展人们的研究和创新能力。

但在高等教育中，虽然科学与工程领域毕业生比例都很低，但背后却隐藏着较大的差别。在科学领域，学位越高的毕业生所占比例越大。2013年，就OECD国家的平均水平而言，5%的毕业生毕业于短期高等教育课程，8%的毕业生获得了学士或同等水平学位，9%的毕业生获得了硕士或同等水平学位，超过27%的毕业生毕业于博士课程。2013年，在加拿大、智利、法国，毕业于科学与工程领域的博士生占到55%或更多（表A3.5）。

这种特征在国际学生中更加明显。无论是在科学还是在工程领域，都有超过一半的国际学生获得了博士学位（32%的国际学生获得科学博士学位，23%获得工程博士学位），而只有1/5的国际学生毕业获得学士学位或毕业于短期高等教育课程（图A3.4）。

科学与工程在博士课程中之所以得到普及，是因为国家实施了鼓励这些领域学术研究的政策。OECD最近的工作强调，虽然创新可以凭借多种技能而产生，卓越的科学研究能力依然是以科学为基础的创新的基石。要想推动学术界、企业和社会之间的合作，研究能力是必不可少的。因此，通过培养博士提升国家整体科研能力已经成为许多国家教育政策的一个重要目标（OECD，2014b）。

图A3.4 毕业于科学与工程领域的博士生（所有学生以及国际学生）比例（2013年）

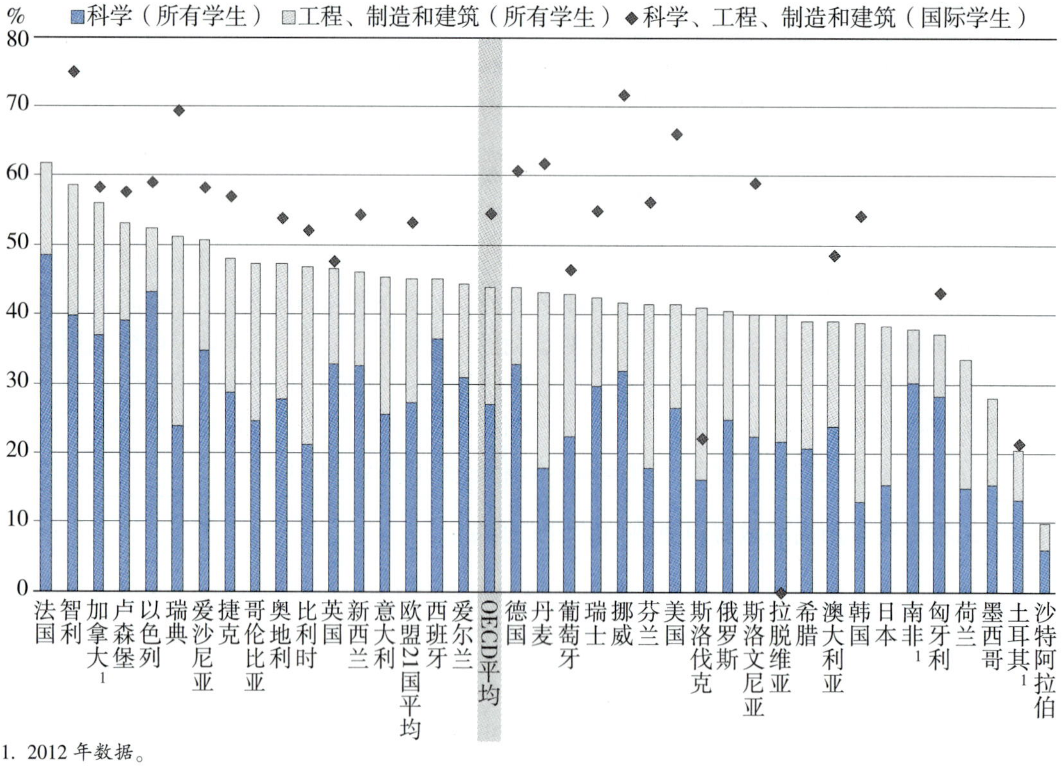

1. 2012年数据。

国家按照博士水平科学与工程领域毕业生比例的降序排列。

数据来源：OECD. Table A3.5. See Annex 3 for notes (www.oecd.org/education/education-at-a-glance-19991487.htm).

StatLink http://dx.doi.org/10.1787/888933283490

专栏 A3. 1 高等教育毕业生是否认为他们的工作场所具有创新氛围？

想要清楚如何获得创新所产生的价值，既不是一个新的问题，也不是一个简单的问题。OECD 创新战略又称为创新估测新视角（OECD，2010a，2010b）。具体来说，它要求在公共部门，包括教育部门，估测创新水平。以下图表内容来源于《估测教育中的创新》（*Measuring Innovation in Education*）（OECD，2014），它对 19 个欧洲国家进行了基于 REFLEX（2005 年）和 HEGESCO（2008 年）的调查，并提供了新的思路。在这些调查中，创新被定义为引进“全新的或改进效果显著的产品、流程、组织和营销方式”。该调查询问了已毕业五年的高等教育毕业生：“你如何描述你所在的组织或工作场所的创新程度?”同时也参考了《奥斯陆手册》（*Oslo Manual*）中定义的三种创新（OECD and Eurostat，2005）：“产品或服务”，如新的教学大纲、教材和教育资源；“技术、工具或仪器”，包括提供新的服务流程，如电子学习服务中使用信息通信技术、新的学习管理系统、新的在线课程、新的教学工具，应用信息通信技术，如地图、解剖模型、电子实验室等；“知识或方法”，例如新的教学法，有关招生或其他事务的行政管理系统，利用信息通信技术与学生和家长等进行沟通，等等。在 1 代表“极低创新水平”和 5 代表“极高创新水平”的量表中，“高度创新水平”对应值 4 和 5。以下指标反映了创新水平在诸多实践领域中发生的显著变化。

平均而言，在所有部门中，有超过 2/3 的高等教育毕业生（69%）认为他们的工作场所至少就一种类型的创新而言是高度创新的。有趣的是，不管是在公立教育部门还是在私立教育部门，这个比例都为 70%。与普遍观点截然不同的是，不管是相对而言还是绝对而言，正如上述结果一样，在教育部门工作的高等教育毕业生有 60%认为他们的工作场所在知识或方法上是高度创新的（相比于所有部门的平均创新水平 49%而言）；38%的人认为他们的工作场所在产品或服务上是高度创新的（相比于所有部门的平均创新水平 47%而言）；36%的人认为他们的工作场所在技术、工具或仪器上是高度创新的（相比于所有部门的平均创新水平 41%而言）。上述结果表明，在教育部门，大多数创新的重点放在了教学方法和知识上（图 A3. a）。

在芬兰、意大利、荷兰、斯洛文尼亚和英国的教育部门中，认为他们的工作场所至少就一种类型的创新而言是高度创新的毕业生比例最大。但就如何看待教育的创新与其他部门的创新之间的差别而言，以上几个国家的毕业生看法却有所不同。在芬兰，毕业生认为教育部门与其他部门创新水平相同。荷兰、斯洛文尼亚和英国的毕业生认为，教育部门创新水平高于所有部门的平均水平。意大利的毕业生看法正好相反。有趣的是，不同国家间的标准差有很大差别。意大利、荷兰和斯洛文尼亚各部门之间的标准差最小。

相反，在捷克、法国、匈牙利和葡萄牙，认为教育部门至少就一种类型的创新而言是高度创新的毕业生比例最小。这四个国家中，在教育部门工作的毕业生认为教育部门的创新水平比其他部门更低。在捷克和葡萄牙，认为教育部门是高度创新的毕业生的比例远远小于那些认为其他部门是高度创新的毕业生的比例（图 A3. b）。

图 A3. a 高度创新的工作场所中的专业人士，按工作领域和创新类型分类

认为他们的工作场所是高度创新的毕业生比例，2005 年或 2008 年

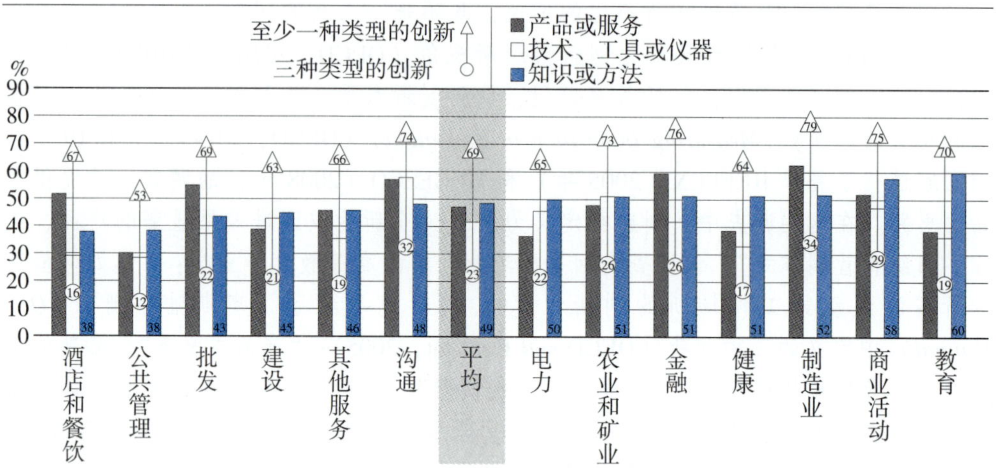

注：数据按照认为他们的工作场所在知识和方法上高度创新的毕业生的比例升序排列。

数据来源：Figures 1.4，1.6 and 1.8 from OECD（2014），*Measuring Innovation in Education：A New Perspective*，Educational Research and Innovation，OECD Publishing，http：//dx. doi. org/10. 1787/9789264215696-en.

StatLink http：//dx. doi. org/10. 1787/888933283508

有趣的是，自调查结果发布以来，一些在调查范围内的国家开始大力改革其教育制度。

图 A3. b 在有至少一种类型的创新的工作场所中工作的专业人士，按部门和国家分类

认为他们的工作场所至少就一种类型的创新而言是高度创新的毕业生的比例，2005 年或 2008 年

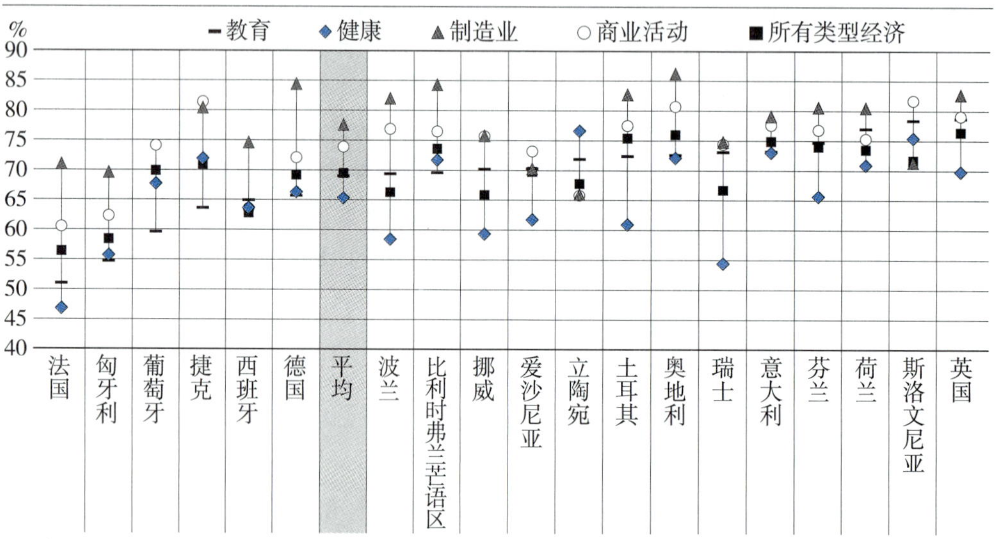

注：匈牙利、立陶宛、波兰、斯洛文尼亚和土耳其参照 HEGESCO（2008 年）。奥地利、比利时弗兰芒语区、捷克、爱沙尼亚、芬兰、法国、德国、意大利、荷兰、挪威、葡萄牙、西班牙、瑞士和英国参照 REFLEX（2005 年）。

数据按照认为他们的工作场所至少就一种类型的创新而言是高度创新的毕业生比例升序排列。

数据来源：Figure 1.5 from OECD（2014），*Measuring Innovation in Education：A New Perspective*，Educational Research and Innovation，OECD Publishing，http：//dx. doi. org/10. 1787/9789264215696-en.

StatLink http：//dx. doi. org/10. 1787/888933283515

就教育部门来说，2008 年，各个国家的毕业生都称在“知识或方法”上的创新最为常见。就所有国家的平均水平而言，在教育部门工作的毕业生有 59%认为，他们的工作场所在该方面是高度创新的。相比之下，在教育部门工作的毕业生有 38%认为他们的工作场所在“产品或服务”上是高度创新的；而 36%的人认为他们的工作场所在“技术、工具或仪器”上是高度创新的。

在荷兰、斯洛文尼亚和英国，认为他们的工作场所在知识或方法上是高度创新的毕业生比例最大。应当注意，在 PISA 中，荷兰和英国也在所有国家中办学自主权最高的国家之列。虽然没有证据表明在所有国家中，办学自主权与知识或方法创新程度之间显著正相关，一些国家确实存在此种巧合，这意味着拥有人员编制、预算、课程设置和评估控制权的自治学校可能更能够充分引入教育创新。

土耳其和英国称：认为教育部门在两个其他创新类型“产品或服务”和“技术、工具或仪器”上高度创新的毕业生比例最大，超过了 50%。相比之下，在 2008 年，法国和匈牙利的毕业生都认为教育部门的创新水平比其他部门低。在这两个国家的教育部门中，认为工作场所有“至少一种创新”和“全部三种创新”毕业生比例低于欧洲平均水平，且这两个国家在三种类型创新上的排名都低于欧洲平均水平。

图 A3. c　在高度创新的工作场所中的教育专业人士，按创新类型和国家分类

在教育部门工作的毕业生认为他们的工作场所高度创新的毕业生比例，2005 年或 2008 年

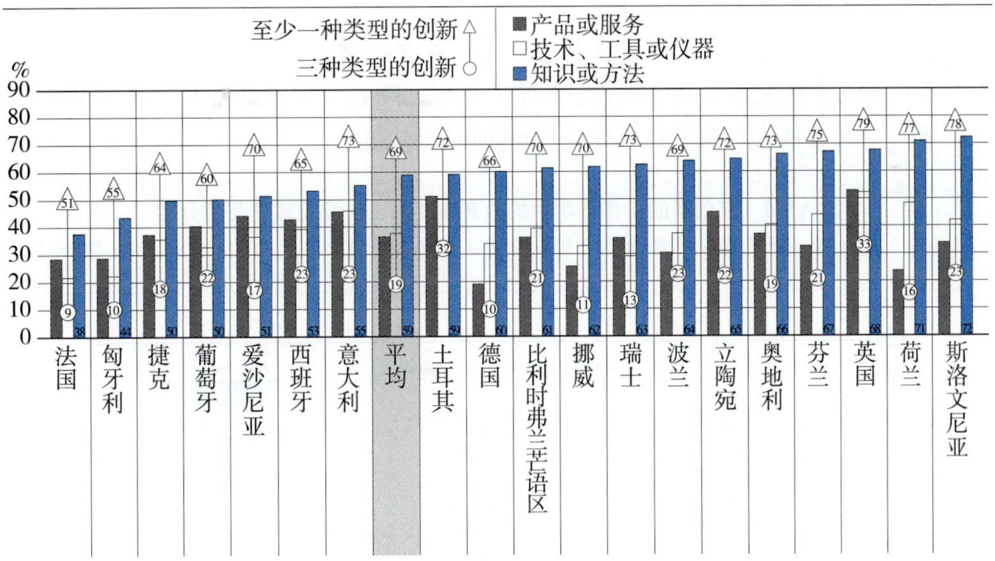

注：匈牙利、立陶宛、波兰、斯洛文尼亚和土耳其参照 HEGESCO（2008 年）。奥地利、比利时弗兰芒语区、捷克、爱沙尼亚、芬兰、法国、德国、意大利、荷兰、挪威、葡萄牙、西班牙、瑞士和英国参照 REFLEX（2005 年）。

数据按照认为他们的工作场所在知识或方法上的创新是高度创新的毕业生比例升序排列。

数据来源：Figures 1.3，1.5 and 1.7 from OECD（2014），*Measuring Innovation in Education*：*A New Perspective*，Educational Research and Innovation，OECD Publishing，http：//dx. doi. org/10. 1787/9789264215696-en.

StatLink http：//dx. doi. org/10. 1787/888933283520

如何解释人们评价其工作场所是否创新的观点？教育科学是一门相对较新的科学，所以通过研究对教学进行实践评估的案例相对较少。因此，这个问题一方面由社会学家给出解释，尤其是马克斯·韦伯。19世纪以来，他一直致力于寻求对官方机构所做举措的解释，并研究在公私机构中使工作更高效、组织责任感更强的方法。然而，要想在包括教育部门在内的公共服务机构中实现这个目标非常困难。使上述目标难以实现的机构正是那些控制了劳动力进入和发展、劳动合同、对制度公开性的期望值和组织外部协商的具有势力的职业协会。这也许可以解释为什么法国在教育和卫生部门创新的排名较低，这两个领域中都有拥有极强势力的大型公共服务机构。而在教育方面，来自于正式组织和政策环境的技术内核的传统“分离”或“松散联合”（例如，课堂教学）阻碍了创新的发展（Dumont，Istance and Benavides，2010）。

该调查还根据教育水平对教育部门进行了分析。虽然不可能进行国家与国家之间的分析对比，但调查发现，从事高等教育相关工作的毕业生有80%认为他们的工作场所是高度创新的，而初等教育行业中该比例只有65%，中等教育中为63%。

在欧洲国家，在过去几十年中，教育，特别是高等教育成果显著，这也许可以解释为什么高等教育部门的创新水平高于其他部门。尽管面临资金问题，高等教育仍取得了很大成功。在全球教育需求持续增长的情境下，学生和家长都知道（或相信）人生机遇、经济和社会回报通过高等教育会增多。通过涨学费和贷款，把高等教育成本转移给学生或家长不是长久的对策。同时，有更多资金来源的机构可能不受此影响，以上对策可能增强以赢利为目的的教育提供者的竞争优势，促使他们建立激励机制以发展低成本教学模式、标准化课程、远程学习方法［以慕课（MOOC）为代表］以及最低成本教学模式等（Kauffman，2012）。

图 A3.d　在创新的工作场所中的教育专业人士，按受教育类型分类

认为他们的工作场所至少就一种类型的创新而言是高度创新的毕业生比例，2005年或2008年

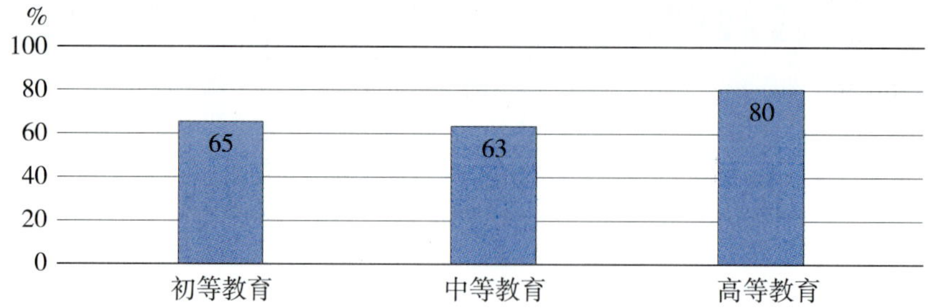

数据按照教育水平排序。

数据来源：Figure 1.12 from OECD（2014），*Measuring Innovation in Education：A New Perspective*，Educational Research and Innovation，OECD Publishing，http：//dx.doi.org/10.1787/9789264215696-en.

StatLink http：//dx.doi.org/10.1787/888933283539

方　法

估测公共部门尤其是教育部门中的创新及其效益正处于起步阶段。《估测教育创新》是基于现有国际数据、旨在挖掘评估指标的一项具有里程碑意义的尝试。它的目的是为教育政策制定者提供一个教育创新及其变化的数量级估计。

《估测教育创新》提出了两大类方法：一是为公共部门（包括教育部门）量身订制调查方案；二是通过师生调查分析组织变化。本指标采用第一种方法。虽然这一方法，即询问毕业生所在场所创新“水平”的做法是主观的，但它为评估各部门现有创新水平提供了信息。

REFLEX（2005 年）和 HEGESCO（2008 年）的调查询问已毕业五年的高等教育毕业生：“在你的组织或你的工作场所，你如何描述创新的程度?”同时参考三种创新类型：“产品或服务”“技术、工具或仪器”和“知识或方法”。在 1 代表“极低创新水平”和 5 代表“极高创新水平”的量表中，“高度创新水平”对应值 4 和 5。教育部门包括初等、中等和高等教育机构以及其他非正规教育组织。

这种方法与其他估测方法互为补充。事实上，在教育部门中，通过多种方法估测创新将增加知识储备并加深对创新所带来的有益影响的理解。《估测教育创新》表明，开展有关教育创新的国际调查有几大优势，包括更多的受访国家（在可比的基础上）和更多的利益相关的调查对象。调查对象包括三个层次：学校领导或校长、教师或员工、学生（包括初等、中等和高等教育学生）。这种调查有助于确定教育部门的主要创新领域甚至创新类型，厘清“创新”的定义。

参考文献

Dumont, H. , D. Istance and F. Benavides (eds.) (2010), *The Nature of Learning: Using Research to Inspire Practice*, Educational Research and Innovation, OECD Publishing, Paris, http://dx. doi. org/10. 1787/9789264086487-en.

Kauffman Foundation (ed.) (2012), *College 2. 0: An Entrepreneurial Approach to Reforming Higher Education: Overcoming Barriers and Fostering Innovation*, Papers from the Entrepreneurship in Higher Education Retreat, Ewing Marion Kauffman Foundation, www. careercollegecentral. com/pdf/entrepreneurial_ approach_ to_ higher_ ed_ reform. pdf.

Looney, J. W. (2009), "Assessment and Innovation in Education", *OECD Education Working Papers*, No. 24, OECD Publishing, http://dx. doi. org/10. 1787/222814543073.

OECD (2014), *Measuring Innovation in Education: A New Perspective*, Educational Research and Innovation, OECD Publishing, http://dx. doi. org/10. 1787/9789264215696-en.

OECD (2012), *PISA 2012 Results: What Makes Schools Successful? (Volume IV) Resources, Policies and Practices*, PISA, OECD Publishing, Paris, www. oecd. org/pisa/keyfindings/Vol4Ch4. pdf.

OECD (2010a), *Measuring Innovation: A New Perspective*, OECD Publishing, Paris, http://dx. doi. org/10. 1787/9789264059474-en.

OECD (2010b), *The OECD Innovation Strategy: Getting a Head Start on Tomorrow*, OECD Publishing, Paris, http://dx.doi.org/10.1787/9789264083479-en.

OECD (2009), *Creating Effective Teaching and Learning Environments: First Results From TALIS*, OECD Publishing, Paris, http://dx.doi.org/10.1787/9789264068780-en.

OECD/Eurostat (2005), *Oslo Manual: Guidelines for Collecting and Interpreting Innovation Data*, *3rd Edition*, The Measurement of Scientic and Technological Activities, OECD Publishing, Paris, http://dx.doi.org/10.1787/9789264013100-en.

Woessmann, L. et al. (2007), "School Accountability, Autonomy, Choice, and the Level of Student Achievement: International Evidence from PISA 2003", *OECD Education Working Papers*, No. 13, OECD Publishing, Paris, http://dx.doi.org/10.1787/246402531617.

定　义

初次毕业生是指在特定的教育阶段初次毕业的学生。如果一个学生在多年内多次毕业，则其每年都要被计为毕业生，但是作为初次毕业生仅有一次。

高等教育初次毕业生是指首次获得高等教育学位的学生，不管他/她注册的教育课程是什么。这一定义适用于表 A3.1（第 13—15 列）和表 A3.2。

一个特定课程的初次毕业生或高等教育初次毕业生是指初次从特定课程中毕业，但可能在另一个课程中获得一个学位的学生。例如，硕士初次毕业生首次在硕士水平上获得硕士学位，但可能以前获得了学士学位。这个定义适用于表格 A3.1（第 1—12 列）、表 A3.4 和表 A3.5。

国际学生是指那些离开他们出生的国家到其他国家留学的学生。根据定义，不管他们以前在其他国家接受了何等教育，他们都被认为是初次毕业生。这里的计算描述中，当一个国家不能报告国际学生人数时，外国学生数则作为一个近似值替代使用。外国学生是指那些在这个国家学习但没有居民身份的学生（详情请参阅附件 3，www.oecd.org/education/education-at-a-glance-19991487.htm）。

净毕业率指基于目前的毕业模式，某一特定年龄人群中在其一生中即将完成高等教育的人的估计百分比。

方　法

数据统计期为 2012—2013 年，来源于 2014 年 OECD 组织的 UOE 教育统计数据收集（详见附录 3，www.oecd.org/education/education-at-a-glance-19991487.htm）。

除非另有说明，毕业率按净毕业率计算（即特定年龄毕业率的总和）。如果基于目前的模式，高等教育净毕业率代表了高等教育的预期毕业能力。计算中使用当前毕业年龄（横截面数据）。

当年龄数据缺失时使用毛毕业率。为了计算出毛毕业率，国家要确定常规毕业年龄（参见附录 1）。在《教育概览》里，特定教育水平的常规毕业年龄是包含至少一半的毕业人口的年龄范围。在常规毕业年龄段中，年龄不详的毕业生被从中分出来。但是，在许多国家，定义常规毕业年龄是很困难的，因为毕业生的年龄分布广泛。

关于以色列数据的说明

以色列的统计数据由以色列有关当局负责提供。在使用这些数据时，OECD 根据国际法的规定对戈兰高地、东耶路撒冷和约旦河西岸的以色列定居点的地位不持偏见。

参考文献

OECD（2015a），*Education Policy Outlook 2015：Making Reforms Happen*，OECD Publishing，Paris，http：//dx. doi. org/10. 1787/9789264225442-en.

OECD（2015b），*The ABC of Gender Equality in Education：Aptitude，Behaviour，Confidence*，PISA，OECD Publishing，Paris，http：//dx. doi. org/10. 1787/9789264229945-en.

OECD（2014a），*OECD Science，Technology and Industry Outlook 2014*，OECD Publishing，Paris，http：//dx. doi. org/10. 1787/sti_outlook-2014-en.

OECD（2014b），*The State of Higher Education 2014*，the OECD Higher Education Programme IMHE，OECD Publishing，Paris，www. oecd. org/edu/imhe.

表 A3.1 初次毕业率，按高等教育 ISCED 水平划分（2013 年）

某一年龄段毕业率总和，按人口划分

	短期高等教育课程(2—3 年) ISCED 5			学士或同等水平 ISCED 6			硕士或同等水平 ISCED 7			博士或同等水平 ISCED 8			高等教育初次毕业		
	合计	除国际学生		合计	除国际学生		合计	除国际学生		合计	除国际学生		合计	除国际学生	
		合计	30 岁以下		合计	30 岁以下		合计	35 岁以下		合计	35 岁以下		合计	30 岁以下
	(1)	(2)	(3)	(4)	(5)	(6)	(7)	(8)	(9)	(10)	(11)	(12)	(13)	(14)	(15)
OECD 国家															
澳大利亚	28	26	12	61	43	34	18	8	5	2.5	1.6	0.8	74	44	36
奥地利	26	26	25	25	21	18	22	18	15	1.9	1.4	1.0	53	45	40
比利时	m	m	m	42	39	m	11	8	m	0.5	0.3	m	m	m	m
加拿大[1]	22	19	15	33	30	28	11	9	7	1.3	1.1	0.7	m	m	m
智利	20	m	m	31	m	m	9	m	m	0.2	m	m	52	m	m
捷克	0	0	0	41	38	31	27	24	21	1.6	1.4	1.0	46	42	34
丹麦	12	10	8	52	48	40	26	21	19	2.8	1.9	1.3	62	54	45
爱沙尼亚	a	a	a	m	m	m	m	m	m	1.3	m	m	m	m	m
芬兰	a	a	a	46	44	34	23	21	16	2.5	2.0	0.9	49	45	37
法国	m	m	m	m	m	m	m	m	m	1.7	m	m	m	m	m
德国	0	0	0	27	27	19	16	15	14	2.7	2.3	1.9	36	35	26
希腊	a	a	a	m	m	m	m	m	m	0.9	m	m	m	m	m
匈牙利	7	7	7	22	21	15	15	14	12	0.7	0.7	0.5	m	m	m
冰岛	m	m	m	m	m	m	m	m	m	m	m	m	m	m	m
爱尔兰	m	m	m	m	m	m	m	m	m	2.2	m	m	m	m	m
以色列	m	m	m	42	40	30	19	18	11	1.5	1.4	0.6	m	m	m
意大利	0	m	m	28	m	m	20	m	m	1.4	m	m	34	m	m
日本	25	24	m	45	44	m	8	8	m	1.2	1.0	m	71	68	m
韩国	m	m	m	m	m	m	m	m	m	1.6	m	m	m	m	m
卢森堡	2	1	1	9	7	7	5	1	1	0.8	0.1	0.1	16	10	9
墨西哥	2	m	m	22	m	m	4	m	m	0.3	m	m	m	m	m
荷兰	1	1	0	41	37	35	m	m	m	2.1	1.3	1.1	45	38	35
新西兰	25	19	11	54	44	32	7	5	3	2.2	1.1	0.6	72	56	40
挪威	4	4	3	37	36	30	17	15	12	1.9	1.3	0.6	45	44	36
波兰	1	m	m	m	m	m	m	m	m	0.6	m	m	m	m	m
葡萄牙	a	a	a	36	36	30	20	19	16	1.7	1.5	0.7	43	42	36
斯洛伐克	1	1	1	42	41	22	40	38	31	2.5	2.3	1.8	45	43	m
斯洛文尼亚	8	8	5	37	36	31	21	20	18	3.6	3.5	2.4	58	58	49
西班牙	20	m	m	18	18	15	22	21	19	1.5	m	m	52	m	m
瑞典	7	7	5	26	25	18	20	15	12	2.7	1.9	1.0	41	35	26
瑞士	2	2	2	46	43	33	17	13	11	3.2	1.6	1.2	48	45	34
土耳其[1]	19	19	16	27	27	23	3	3	3	0.7	0.7	0.5	47	47	40
英国	8	8	5	45	38	33	27	15	10	3.0	1.7	1.1	47	43	37
美国	22	22	m	38	37	m	20	18	m	1.5	1.1	m	54	52	m
OECD 平均	11	11	7	36	34	27	17	15	13	1.7	1.4	1.0	50	45	35
欧盟 21 国平均	7	6	5	34	32	25	21	18	16	1.8	1.6	1.1	45	41	34
伙伴国															
阿根廷	m	m	m	m	m	m	m	m	m	m	m	m	m	m	m
巴西	m	m	m	m	m	m	m	m	m	m	m	m	m	m	m
中国	19	19	m	17	17	m	2	2	m	0.2	0.2	m	m	m	m
哥伦比亚	13	m	m	19	m	m	9	m	m	0.0	m	m	m	m	m
印度	m	m	m	m	m	m	m	m	m	m	m	m	m	m	m
印度尼西亚	m	m	m	23	m	m	1	m	m	0.1	m	m	m	m	m
拉脱维亚	15	m	m	42	m	m	14	m	m	1.1	m	m	58	m	m
俄罗斯	29	m	m	6	m	m	52	m	m	1.4	m	m	m	m	m
沙特阿拉伯	6	m	m	22	m	m	1	m	m	0.1	m	m	m	m	m
南非[1]	6	m	m	11	m	m	1	m	m	0.2	m	m	m	m	m
G20 平均	14	17	m	29	33	m	13	10	m	1.2	1.2	m	m	m	m

1. 2012 年数据。

数据来源：OECD. Argentina，China，Colombia，India，Indonesia，Saudi Arabia，South Africa：UNESCO Institute for Statistics. Latvia：Eurostat. See Annex 3 for notes（www.oecd.org/education/education-at-a-glance-19991487.htm）.

缺失数据代码参见《读者指南》。

StatLink http：//dx.doi.org/10.1787/888933284850

表 A3.2 高等教育初次毕业生概况（2013 年）

		女性毕业生份额	低于 30 岁常规年龄的毕业生份额	国际学生份额	初次毕业生份额，按教育水平划分		
					短期高等教育课程(2—3 年)	学士或同等水平	硕士或同等水平
		(1)	(2)	(3)	(4)	(5)	(6)
OECD 国家	澳大利亚	57	84	42	6	77	17
	奥地利	57	85	14	47	29	24
	比利时	m	m	m	m	m	m
	加拿大	m	m	m	m	m	m
	智利	58	74	m	39	56	5
	捷克	63	81	9	1	88	11
	丹麦	58	84	14	18	75	7
	爱沙尼亚	m	m	m	m	m	m
	芬兰	57	81	8	a	89	11
	法国	m	m	m	m	m	m
	德国	51	87	4	0	76	24
	希腊	m	m	m	m	m	m
	匈牙利	m	m	m	m	m	m
	冰岛	m	m	m	m	m	m
	爱尔兰	m	m	m	m	m	m
	以色列	m	m	m	m	m	a
	意大利	59	86	m	2	80	18
	日本	51	m	4	34	63	2
	韩国	m	m	m	m	m	m
	卢森堡	55	86	40	11	55	34
	墨西哥	m	m	m	m	m	m
	荷兰	57	92	15	1	91	8
	新西兰	58	75	22	31	67	3
	挪威	60	81	2	9	81	10
	波兰	m	m	m	m	m	m
	葡萄牙	59	82	2	a	85	15
	斯洛伐克	64	82	5	2	93	5
	斯洛文尼亚	61	81	1	15	58	27
	西班牙	55	82	m	35	31	34
	瑞典	62	75	13	4	61	35
	瑞士	49	75	7	4	95	1
	土耳其[1]	47	87	0	41	57	2
	英国	56	87	9	18	80	2
	美国	58	m	3	42	58	a
	OECD 平均	57	82	11	18	69	14
	欧盟 21 国平均	58	84	11	13	70	18
伙伴国	阿根廷	m	m	m	m	m	m
	巴西	m	m	m	m	m	m
	中国	m	m	m	m	m	m
	哥伦比亚	m	m	m	m	m	a
	印度	m	m	m	m	m	m
	印度尼西亚	m	m	m	m	m	m
	拉脱维亚	69	74	m	25	73	2
	俄罗斯	59	m	m	27	7	66
	沙特阿拉伯	m	m	m	m	m	m
	南非	m	m	m	m	m	a
	G20 平均	m	m	m	m	m	m

1. 2012 年数据。

数据来源：OECD. Argentina, China, Colombia, India, Indonesia, Saudi Arabia, South Africa: UNESCO Institute for Statistics. Latvia: Eurostat. See Annex 3 for notes (www.oecd.org/education/education-at-a-glance-19991487.htm).

缺失数据代码参见《读者指南》。

StatLink http://dx.doi.org/10.1787/888933284866

表 A3.3　所有高等教育毕业生的分布，按教育领域划分（2013 年）

		教育	人文艺术	社会科学、商业和法律	科学	工程、制造和建筑	农业	卫生和福利	服务
		(1)	(2)	(3)	(4)	(5)	(6)	(7)	(8)
OECD 国家	澳大利亚	8	10	44	8	8	1	18	3
	奥地利	11	11	33	9	19	2	7	9
	比利时	10	11	32	5	12	2	25	2
	加拿大[1]	8	11	39	10	10	1	15	5
	智利	16	4	28	5	14	2	22	9
	捷克	12	8	36	11	13	4	10	5
	丹麦	7	12	35	8	12	1	21	3
	爱沙尼亚	8	13	31	11	13	2	12	8
	芬兰	6	13	25	7	21	2	20	6
	法国	3	9	43	9	15	1	16	4
	德国	11	13	29	14	20	2	8	4
	希腊	10	12	31	12	18	5	8	3
	匈牙利	14	9	43	6	11	2	8	8
	冰岛	m	m	m	m	m	m	m	m
	爱尔兰	9	13	31	11	12	1	16	6
	以色列	m	m	m	m	m	m	m	m
	意大利	5	17	33	8	16	2	16	3
	日本	8	15	29	3	18	3	15	9
	韩国	7	18	22	7	24	1	14	7
	卢森堡	24	8	48	10	6	0	4	0
	墨西哥	12	4	44	5	22	2	9	1
	荷兰	12	9	40	6	8	1	19	5
	新西兰	12	14	33	12	7	1	15	5
	挪威	17	10	25	7	13	1	21	6
	波兰	m	m	m	m	m	m	m	m
	葡萄牙	9	9	31	8	18	1	17	6
	斯洛伐克	13	7	32	7	13	2	19	7
	斯洛文尼亚	10	10	36	10	16	3	8	8
	西班牙	14	9	28	9	16	1	15	8
	瑞典	13	6	29	8	18	1	23	3
	瑞士	10	9	37	8	14	2	13	8
	土耳其[1]	10	8	47	9	12	3	6	5
	英国	10	16	30	16	9	1	16	2
	美国	8	21	32	8	6	1	16	7
	OECD 平均	10	11	34	9	14	2	15	5
	欧盟 21 国平均	10	11	34	9	14	2	14	5
伙伴国	阿根廷	m	m	m	m	m	m	m	m
	巴西	m	m	m	m	m	m	m	m
	中国	m	m	m	m	m	m	m	m
	哥伦比亚	8	3	53	4	17	2	7	4
	印度	m	m	m	m	m	m	m	m
	印度尼西亚	m	m	m	m	m	m	m	m
	拉脱维亚	7	8	40	6	12	1	18	7
	俄罗斯	8	4	50	6	21	1	5	5
	沙特阿拉伯	8	28	26	18	9	0	7	2
	南非[1]	20	5	47	11	8	2	7	0
	G20 平均	m	m	m	m	m	m	m	m

注：高等教育毕业生包括短期高等教育、学士或同等水平、硕士或同等水平、博士。

1. 2012 年数据。

数据来源：OECD. Argentina，China，Colombia，India，Indonesia，Saudi Arabia，South Africa：UNESCO Institute for Statistics. Latvia：Eurostat. See Annex 3 for notes（www.oecd.org/education/education-at-a-glance-19991487.htm）.

缺失数据代码参见《读者指南》。

StatLink http：//dx.doi.org/10.1787/888933284873

表 A3.4 女性和国际初次毕业生比例，按高等教育 ISCED 水平划分（2013 年）

		女性毕业生比例				国际毕业生比例			
		短期高等教育课程（2—3 年）	学士或同等水平	硕士或同等水平	博士或同等水平	短期高等教育课程（2—3 年）	学士或同等水平	硕士或同等水平	博士或同等水平
		(1)	(2)	(3)	(4)	(5)	(6)	(7)	(8)
OECD 国家	澳大利亚	58	58	54	50	9	30	57	36
	奥地利	54	60	55	44	1	14	18	29
	比利时	m	60	56	42	m	6	26	46
	加拿大[1]	56	60	56	46	13	9	17	16
	智利	61	54	55	45	m	m	m	m
	捷克	66	63	61	43	3	7	10	13
	丹麦	48	60	56	45	16	8	18	31
	爱沙尼亚	a	m	m	60	a	m	m	m
	芬兰	a	59	60	51	a	5	9	21
	法国	m	m	m	44	m	m	m	m
	德国	75	49	53	44	0	3	10	15
	希腊	a	m	m	45	a	m	m	m
	匈牙利	69	61	61	46	0	3	4	7
	冰岛	m	m	m	m	m	m	m	m
	爱尔兰	m	m	m	49	m	m	m	m
	以色列	m	59	60	52	m	3	3	3
	意大利	24	59	60	52	m	m	m	m
	日本	62	45	33	30	4	2	9	19
	韩国	m	m	m	34	m	m	m	m
	卢森堡	59	56	51	39	46	21	71	81
	墨西哥	42	53	55	48	m	m	m	m
	荷兰	51	57	m	46	a	10	m	40
	新西兰	54	61	55	50	23	18	29	46
	挪威	24	64	58	48	0	2	11	30
	波兰	84	m	m	55	m	m	m	m
	葡萄牙	a	60	61	55	a	2	5	11
	斯洛伐克	70	63	64	51	1	4	4	6
	斯洛文尼亚	48	63	65	55	0	1	2	4
	西班牙	52	58	56	50	m	1	5	m
	瑞典	55	69	55	46	0	3	25	32
	瑞士	59	49	49	44	a	7	23	51
	土耳其[1]	45	49	48	45	0	1	2	3
	英国	57	56	58	46	6	15	45	44
	美国	61	57	58	49	2	3	11	27
	OECD 平均	56	58	56	47	m	7	18	27
	欧盟 21 国平均	58	60	58	48	m	7	18	27
伙伴国	阿根廷	m	m	m	m	m	m	m	m
	巴西	m	m	m	m	m	m	m	m
	中国	52	50	49	37	0	0	1	2
	哥伦比亚	51	58	57	40	m	m	m	m
	印度	m	m	m	m	m	m	m	m
	印度尼西亚	m	51	48	41	m	m	m	m
	拉脱维亚	71	68	69	57	m	m	m	m
	俄罗斯	53	59	61	44	m	m	m	m
	沙特阿拉伯	23	60	40	24	m	m	m	m
	南非[1]	62	60	47	42	m	m	m	m
	G20 平均	52	55	51	42	4	8	19	20

1. 2012 年数据。

数据来源：OECD. Argentina, China, Colombia, India, Indonesia, Saudi Arabia, South Africa: UNESCO Institute for Statistics. Latvia: Eurostat. See Annex 3 for notes（www. oecd. org/education/education-at-a-glance-19991487. htm）.

缺失数据代码参见《读者指南》。

StatLink http://dx. doi. org/10. 1787/888933284886

表 A3.5 所有从科学和工程课程毕业的学生和国际学生比例，按高等教育 ISCED 水平划分（2013 年）

		从科学和工程课程毕业的学生比例								从科学和工程课程毕业的国际学生比例							
		科学				工程、制造和建筑				科学				工程、制造和建筑			
		短期高等教育课程（2—3 年）	学士或同等水平	硕士或同等水平	博士或同等水平	短期高等教育课程（2—3 年）	学士或同等水平	硕士或同等水平	博士或同等水平	短期高等教育课程（2—3 年）	学士或同等水平	硕士或同等水平	博士或同等水平	短期高等教育课程（2—3 年）	学士或同等水平	硕士或同等水平	博士或同等水平
		(1)	(2)	(3)	(4)	(5)	(6)	(7)	(8)	(9)	(10)	(11)	(12)	(13)	(14)	(15)	(16)
OECD 国家	澳大利亚	5	9	7	24	9	7	9	15	7	9	10	27	11	9	10	22
	奥地利	4	12	10	28	31	14	12	20	0	11	8	34	30	11	10	20
	比利时	0	4	7	21	0	11	14	26	m	2	10	22	m	8	13	30
	加拿大[1]	5	13	10	37	13	8	9	19	6	13	10	37	16	9	11	21
	智利	4	5	3	40	15	17	3	19	3	6	7	42	16	18	8	33
	捷克	0	10	10	29	0	12	15	19	0	15	13	37	0	10	11	20
	丹麦	6	6	13	18	23	10	10	26	7	8	13	19	19	24	15	42
	爱沙尼亚	a	10	12	35	a	11	18	16	a	1	14	25	a	0	17	33
	芬兰	a	5	9	18	a	22	18	24	a	4	15	23	a	29	33	34
	法国	3	12	10	48	22	8	17	13	m	m	m	m	m	m	m	m
	德国	0	11	17	33	31	24	15	11	a	12	13	46	a	28	25	15
	希腊	a	11	17	21	a	19	15	18	a	m	m	m	a	m	m	m
	匈牙利	9	5	6	28	3	12	12	9	3	6	3	35	13	9	4	8
	冰岛	m	m	m	m	m	m	m	m	m	m	m	m	m	m	m	m
	爱尔兰	12	11	9	31	20	12	4	13	m	m	m	m	m	m	m	m
	以色列	m	8	7	43	m	13	5	9	m	8	8	41	m	11	4	18
	意大利	10	8	7	26	69	15	18	20	m	m	m	m	m	m	m	m
	日本	0	4	10	15	15	17	33	23	m	m	m	m	m	m	m	m
	韩国	2	10	6	13	28	23	17	26	1	4	5	25	37	12	16	30
	卢森堡	1	6	12	39	10	7	4	14	0	5	15	44	0	2	4	13
	墨西哥	1	6	4	15	52	22	7	13	m	m	m	m	m	m	m	m
	荷兰	2	6	6	15	6	8	8	19	a	3	9	m	a	5	11	m
	新西兰	12	12	13	33	6	6	15	14	15	16	16	37	6	7	19	17
	挪威	3	5	10	32	55	8	14	10	0	6	18	52	50	5	19	20
	波兰	0	7	6	m	0	11	12	m	a	4[d]	x(10)	m	a	6[d]	x(14)	m
	葡萄牙	a	6	8	22	a	18	18	21	a	6	8	26	a	21	16	20
	斯洛伐克	2	8	7	16	3	13	13	25	0	2	2	7	0	9	3	15
	斯洛文尼亚	6	10	8	22	24	15	15	18	0	10	8	41	17	16	14	18
	西班牙	7	7	10	36	19	20	12	9	m	5	7	m	m	9	9	m
	瑞典	9	6	8	24	28	10	24	27	14	12	20	32	21	15	37	38
	瑞士	1	6	10	30	2	16	12	13	a	10	12	37	a	17	14	18
	土耳其[1]	7	9	10	13	19	8	9	7	2	10	12	16	9	16	17	5
	英国	12	20	11	33	8	9	10	14	9	14	11	29	10	15	13	19
	美国	5	11	6	26	7	6	6	15	6	13	18	35	4	12	21	31
	OECD 平均	5	8	9	27	19	13	13	17	4	8	11	32	15	12	14	23
	欧盟 21 国平均	5	9	10	27	19	13	13	18	4	7	10	30	12	13	15	23
伙伴国	阿根廷	m	m	m	m	m	m	m	m	m	m	m	m	m	m	m	m
	巴西	2	6	m	m	0	8	m	m	0	6	m	m	0	14	m	m
	中国	m	m	m	m	m	m	m	m	m	m	m	m	m	m	m	m
	哥伦比亚	8	2	2	24	18	22	6	23	m	m	m	m	m	m	m	m
	印度	m	m	m	m	m	m	m	m	m	m	m	m	m	m	m	m
	印度尼西亚	m	m	m	m	m	m	m	m	m	m	m	m	m	m	m	m
	拉脱维亚	4	5	9	22	9	12	14	18	0	2	2	0	14	3	4	0
	俄罗斯	6	10	5	25	32	14	17	16	m	m	m	m	m	m	m	m
	沙特阿拉伯	21	18	6	6	26	5	2	4	m	m	m	m	m	m	m	m
	南非[1]	10	11	13	30	9	7	11	8	m	m	m	m	m	m	m	m
	G20 平均	m	m	m	m	m	m	m	m	m	m	m	m	m	m	m	m

1. 2012 年数据。

数据来源：OECD. Argentina，China，Colombia，India，Indonesia，Saudi Arabia，South Africa：UNESCO Institute for Statistics. Latvia：Eurostat. See Annex 3 for notes（www. oecd. org/education/education-at-a-glance-19991487. htm）.

缺失数据代码参见《读者指南》。

StatLink http：//dx. doi. org/10. 1787/888933284899

父母受教育程度对子女的学历影响有多大?

- 就参与 2012 年成人技能调查的 OECD 国家和地区的平均水平而言，仍有 22%的 25—34 岁的非学生成人获得了高等教育学历，尽管这些人的父母并没有获得高等教育学历（向上流动），在韩国，这一比例达到了 47%。
- 第一代受过高等教育的成人与自身及父母均拥有高等教育学历的成人，拥有相似的就业率，专业学习领域也很类似。
- 若考虑父母的受教育程度，平均来说，接受过高等教育的成人月收入进入前 25%的概率，比那些最高学历为高中或中等后非高等教育的成人高 23%。

图 A4.1 教育的代际流动（2012 年）

成人技能调查，25—34 岁非学生成人与其父母的学历对比

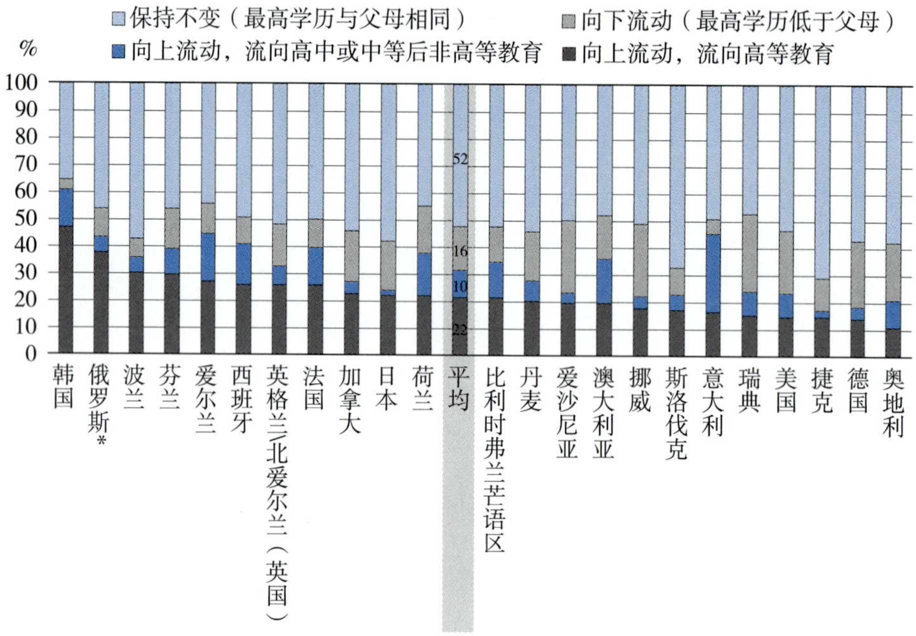

* 参见方法部分关于俄罗斯数据的说明。
国家按照 25—34 岁受过高等教育的非学生成人向上流动到高等教育的比例降序排列。
数据来源：OECD. Table A4.1a. See Annex 3 for notes (www.oecd.org/education/education-at-a-glance-19991487.htm).
StatLink http://dx.doi.org/10.1787/888933283540

背 景

由于教育与人们的收入、就业、财富和福祉关系密切，因此，教育既能减少社会不公，同时也会加剧社会不公。赋予所有青年人公平接受高质量教育的机会是社会契约的基本组成部分。解决教育不公，对维持社会流动、扩

大高等教育和高技能人才储备至关重要。本指标来源于成人技能调查，该调查是 OECD 国际成人能力评价项目（2012 年）的一部分，旨在分析父母未接受过高等教育的成人（第一代受过高等教育的成人）受过高等教育的概率及代际社会流动。

当今劳动力市场瞬息万变，低素质和高素质劳动者的回报率差距越来越大。平均而言，教育程度低的成人，其失业率和非经济活动率最高，在职业生涯中总体工资最低（参见指标 A5 和 A6）。大量的低素质劳动者会加重社会负担、加剧社会不公，并且，一旦人们离开初始教育，这些问题解决起来会更加困难和昂贵。

2012 年 PISA 结果表明，一些国家的政策设计与执行十分重视教育公平，来自贫困家庭的学生成绩有所进步。在 2003 年 PISA 中表现不佳的一大批国家，在 2012 的 PISA 中成绩都有所进步。其中，有些国家获得进步的主要原因是，他们为更多的学生提供了高质量的教育（OECD，2013）。很多政策可以帮助贫困学生，如维持合理的高等教育支出、建设学生资助体系。确保所有人都有进入高等教育并获得成功的机会非常重要，但是解决早期学校教育阶段的不公平也同样重要。

其他发现

- 在绝大多数国家中，个体接受高等教育并超越其父母受教育程度的概率，都维持不变或有所提升。平均而言，在父母最高学历为高中或中等后非高等教育的群体中，38%的 25—34 岁的成人、37%的 35—44 岁的成人、36%的 45—54 岁的成人及 34%的 55—64 岁的成人接受了高等教育。
- 在某些国家中，相当大比例的青年人无法获得高于父母的学历是很正常的现象，因为他们的父母早已获得高等教育学历，这些青年人没有向上流动的空间。这种代际学历水平保持不变的结果是积极的。
- 平均而言，第一代受过高等教育的 25—34 岁的非学生成人就业率为 88%，在比利时弗兰芒语区，这个群体的就业率为 98%。

分 析

第一代受过高等教育的成人

依据 OECD 国际成人能力评价项目（2012 年）的标准，教育中的代际流动是指个体最高学历水平与父母不同的比例：高于父母为向上流动，低于父母则为向下流动。教育水平保持不变是指子女与父母的受教育程度相同。

图 A4.1 总结了《教育概览 2014》指标 A4 中 25—34 岁非学生成人教育流动的若干发现（参见 OECD，2014a，表 A4.4），并对向上流动进行了分类。结果表明，在参加成人技能调查的国家和地区中，多数青年人获得了与父母相同的学历（52%）；16%的青年人学历比父母低（向下流动）；32%的青年人实现了向上流动，包括获得高中或中等后非高等教育学历（10%），或者获得高等教育学历（22%），这 22%的人即第一代受过高等教育的成人（表 A4.1a）。

韩国受过高等教育的青年人中有 47%获得了超过父母的学历水平。相比之下，奥地利、捷克、德国、瑞典和美国这些国家仅有 15%或以下的青年人是第一代受过高等教育的人。奥地利、捷克和德国的多数学生选择职业教育，这或许可以解释为何其第一代受过高等教育的青年人比例较低。在 OECD 国家中，美国是年长者受过高等教育的比例最高的国家之一，这就使得向高等教育流动的空间大大减小（表 A4.1a 和表 A1.3a）。

如指标 A1 所示，近年来成人，尤其是青年人受教育程度显著提高。在过去 30 年中，几乎所有 OECD 国家的人口受教育程度都有显著提高，这可以通过比较青年人和年长者的受教育程度得出。截至 2014 年，OECD 国家中约有 1/3 的成人拥有高等教育资格证书，既包括偏向技术的高等教育学历证书，也包括研究型大学授予的证书。

由于父母拥有高等教育学历的成人的比例提高，青年人教育向上流动减少。这也是参与成人技能调查的国家和地区的平均水平上，比父母学历高的青年人的比例正在下降的原因。同时，父母的学历观察数据表明，获得更高学历的机会正在增加（参见 OECD，2014a，表 A4.2）。

如图 A4.2 所示，成人学历层次显著提升，接受高等教育的机会也持续增多。在不考虑父母受教育程度的情况下，青年人完成高等教育的比例高于年长者（参见 OECD，2014a，表 A4.2）。

结果也表明，父母拥有高等教育学历的个体，受过高等教育的比例正在增加。平均而言，60%的年长者与父母一样获得了高等教育学历，而青年人的这一比例为 65%（参见 OECD，2014a，表 A4.2）。

图 A4.2 不仅表明青年群体受过高等教育的比例有所提高，也说明了父母学历对孩子学历的影响。父母最高学历为高中以下教育的青年人，获得高等教育学历的比例虽然正在提高，但总体仍较低，为 23%，而父母拥有高等教育学历的同龄青年人，获得高等教育学历的比例为 65%（参见 OECD，2014a，表 A4.2）。

图 A4.2 非学生成人完成高等教育的比例，按年龄段和父母学历划分（2012 年）

成人技能调查，平均水平

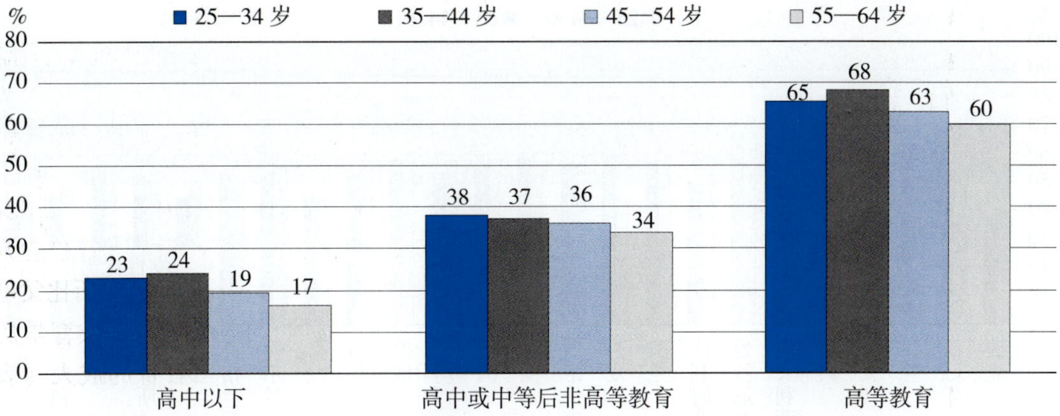

数据来源：OECD，*Education at a Glance* 2014：*OECD Indicators*. Table A4. 2. See Annex 3 for notes（www. oecd. org/education/education-at-a-glance-19991487. htm）.

StatLink http：//dx. doi. org/10. 1787/888933283558

如果考虑父母的学历，不同代成人完成高等教育的个体的比例基本保持不变。在其父母学历为高中以下的青年人中，有 23%获得了高等教育学历；而其父母拥有高等教育学历的同龄青年人，获得高等教育学历的比例为 65%（相差 42 个百分点）。在 35—44 岁的人群中，这一差距是 44 个百分点（分别为 24%和 68%）；在 45—54 岁的人群中，这一差距是 43 个百分点（分别为 19%和 63%）；在年长者中，这一差距是 43 个百分点（分别为 17%和 60%）。这些数据表明在减少教育不公平、使更多父母学历较低的个体接受高等教育方面仍有很大的进步空间（参见 OECD，2014a，表 A4. 2）。

性 别

图 A4. 3 表明，在参与 2012 年成人技能调查的大多数国家和地区，第一代受过高等教育的人中，无论是青年人，还是 35—44 岁的成人，女性比例都高于男性。但 25—34 岁成人的性别差距比 35—44 岁成人更大，这证实了指标 A1 中得出的结论：女性完成高等教育的比例高于男性，尤其是在更年轻的群体中性别差距更大。捷克是唯一一个这一差距超过 15%的国家：青年人中第一代受过高等教育的女性比例为 68%，而在 35—44 岁的人群中，第一代受过高等教育的女性比例为 37%。捷克 25—34 岁女性第一代受过高等教育的比例也最高：比平均水平高出 10 个百分点（表 A4. 2b，可在线查询）。

图 A4.3　第一代受过高等教育的女性，按年龄组划分（2012 年）

成人技能调查，25—34 岁、35—44 岁第一代受过高等教育的非学生成年女性

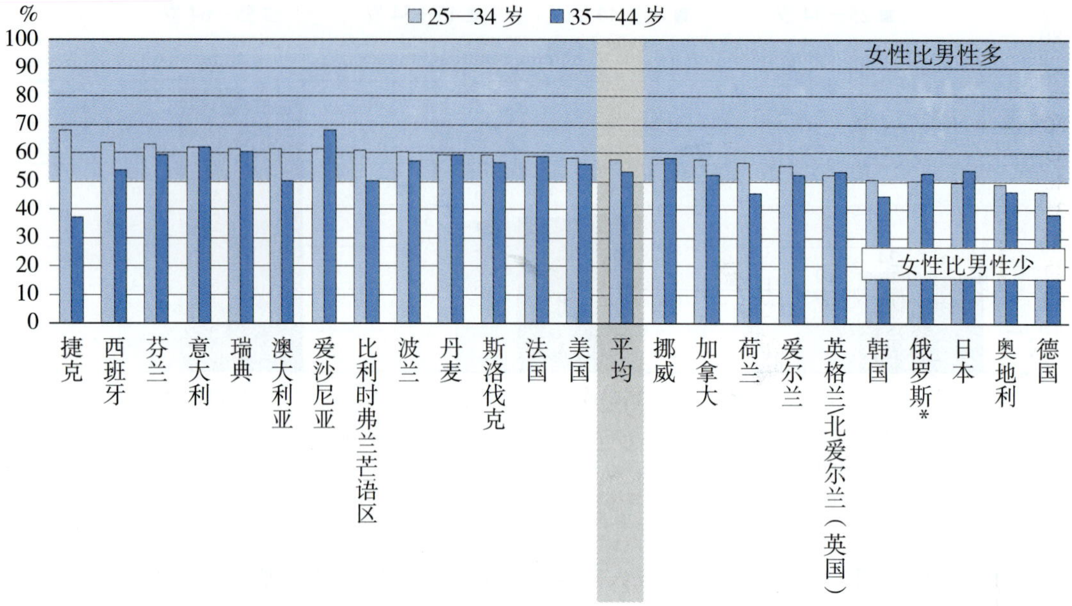

*参见方法部分关于俄罗斯数据的说明。

国家按 25—34 岁第一代受过高等教育的非学生女性的比例降序排列。

数据来源：OECD. Table A4.2b, available on line. See Annex 3 for notes（www.oecd.org/education/education-at-a-glance-19991487.htm).

StatLink http://dx.doi.org/10.1787/888933283569

教育领域

图 A4.4 表明，在大多数国家中，第一代与非第一代受过高等教育的个体所选择的受教育领域十分相似。平均而言，所有受过高等教育的青年人中，获得社会科学、商业和法律学位的比例最高（平均为 28%）。其次是工程、制造和建筑（17%）。捷克第一代受过高等教育的人中，41%的人获得社会科学、商业和法律学位，这一比例是所有参与调查的国家和地区中最高的。相比之下，俄罗斯第一代受过高等教育的人中，18%的人获得社会科学、商业和法律学位，34%的人获得工程、制造和建筑学位。英格兰/北爱尔兰（英国）、荷兰和美国，无论是第一代受过高等教育的人，还是和父母一样受过高等教育的人中，选择社会科学、商业和法律的学生的比例比选择工程、制造和建筑的学生高至少 20 个百分点（表 A4.2c，可在线查询）。

图 A4.4　第一代/非第一代受过高等教育的成人，按选择的学习领域划分（2012 年）

成人技能调查，25—34 岁非学生

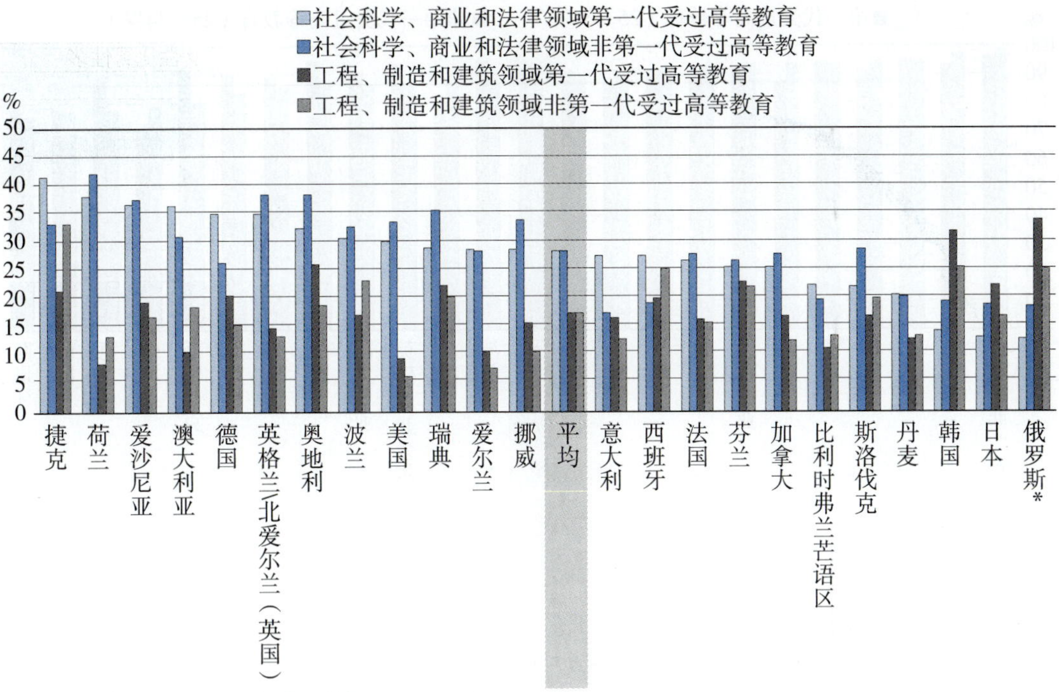

* 参见方法部分关于俄罗斯数据的说明。

国家按 25—34 岁社会科学、商业和法律领域第一代受过高等教育的非学生比例降序排列。

数据来源：OECD. Table A4.2c, available on line. See Annex 3 for notes (www.oecd.org/education/education-at-a-glance-19991487.htm).

StatLink http://dx.doi.org/10.1787/888933283575

第一代受过高等教育的成人的就业状况

指标 A5 表明受过高等教育的群体就业率最高。图 A4.5 也得出了类似的结论：平均而言，第一代受过高等教育的 25—34 岁的非学生成人就业率为 88%，与父母一样受过高等教育的同龄群体的就业率为 90%。在大多数国家，这两个群体的就业率差异并不显著。因此，总的来说，这两个群体就业的机会差异不大（表 A4.2d 和表 A5.3a）。

如果按年龄组划分，24 个参与成人技能调查的国家和地区中，有 16 个国家的第一代受过高等教育的群体中，25—34 岁与 35—44 岁群体的就业率差距在 3 个百分点以内。奥地利、比利时弗兰芒语区、爱尔兰、日本、北爱尔兰（英国）和俄罗斯第一代受过高等教育的群体中，25—34 岁群体比 35—44 岁群体的就业率更高。在这些国家和地区受过高等教育的群体中，青年人比年长者就业率更高（表 A4.2d）。

图 A4.5 第一代/非第一代受过高等教育成人的就业率（2012 年）

成人技能调查，25—34 岁非学生成人

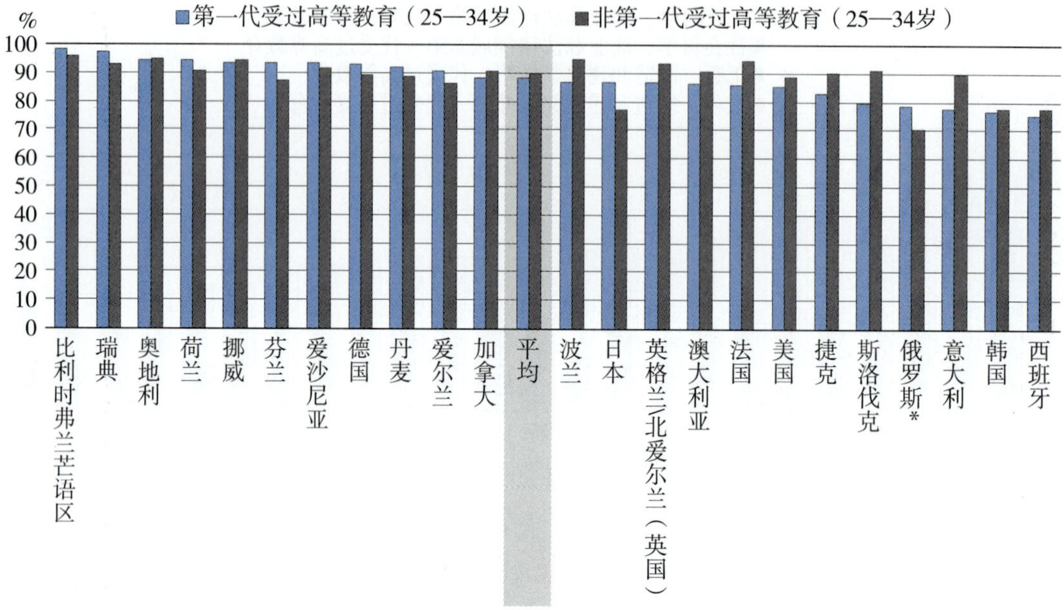

* 参见方法部分关于俄罗斯数据的说明。

国家按 25—34 岁第一代受过高等教育成人的就业率降序排列。

数据来源：OECD. Table A4. 2d. See Annex 3 for notes（www. oecd. org/education/education-at-a-glance-19991487. htm）.

StatLink http：//dx. doi. org/10. 1787/888933283588

兼职/全职工作

从参与调查的国家与地区的平均水平来看，第一代受过高等教育的 25—34 岁的成人中，88%的人每周工作时间在 30 小时或以上（包括带薪和不带薪）。这意味着多数人在完成高等教育后选择了全职工作。然而，这一情况在不同国家有所不同。例如，荷兰第一代受过高等教育的 25—34 岁的成人中，72%选择了全职工作，但仅有 57%的女性选择全职工作。相比之下，丹麦第一代受过高等教育的 25—34 岁的群体中，98%的男性和 94%的女性都选择了全职工作（表 A4. 2e）。

教育的代际流动

图 A4. 6 中的发现大致证实了指标 A6 的结论：学历与收入之间存在着正相关关系。但其同时也表明，相比自身学历对收入的影响而言，父母的学历对收入的影响较小。事实上，把自身的学历作为控制变量后，22 个国家与地区中，父母学历影响显著的国家与地区仅有 8 个。

平均而言，父母拥有高等教育学历的人月收入进入前 25%的概率，比父母最高学历为高中或中等后非高等教育的人高 4 个百分点。这意味着，除了自身的学历，父母的高学历会对子女的收入产生积极的影响——也意味着即使自身学历是影响收入的最主要因素，从某种程度上说，父母的学历仍对子女的经济状况有长期或附加的影响。自身拥有高等教育学历的成人月收入进入前 25%的概率，比自身学历仅为高中或中等后非高等教育的成人高

23 个百分点（表 A4.3）。

在 8 个国家和地区中，父母的高等教育学历对子女的月收入产生了重要影响，其中影响最大的是捷克和斯洛伐克，其次是爱沙尼亚和英格兰/北爱尔兰（英国）。这就要求在教育的代际流动测试中重视父母与子女学历的关系（表 A4.3）。

其他基于父母和自身学历的分析可以在线查询，如从事高技术工作的可能性和在读写算测试中获得高分的可能性（表 A4.3b、表 A4.3c、表 A4.3d，可在线查询）。

图 A4.6　月收入进入前 25%的可能性，按父母和劳动者自身的学历划分（2012 年）

成人技能调查，25—64 岁，高中或中等后非高等教育学历作为对照组

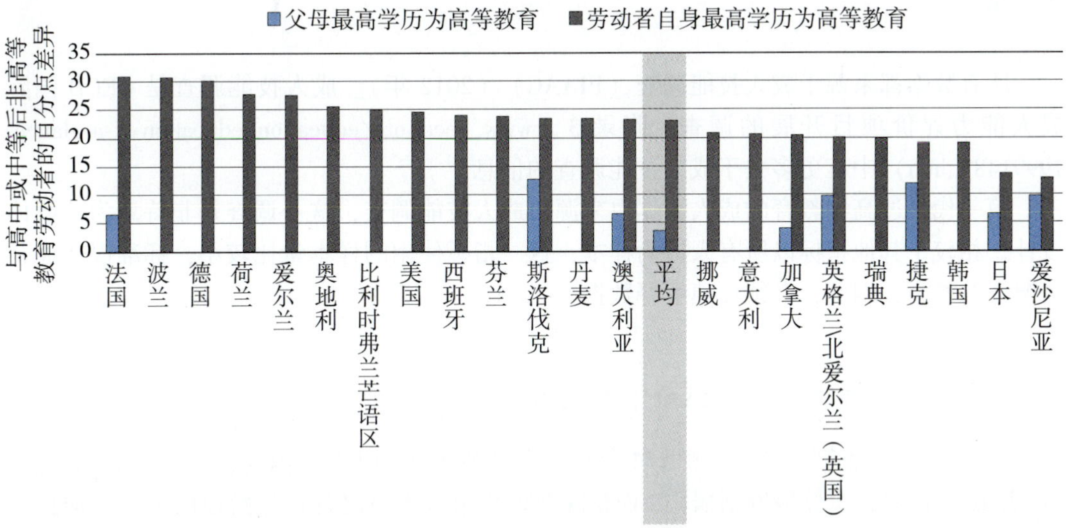

如何阅读此图：

平均而言，父母拥有高等教育学历的人月收入进入前 25%的概率，比父母最高学历为高中或中等后非高等教育的人高 4 个百分点。然而，自身拥有高等教育学历的成人月收入进入前 25%的概率，比自身学历仅为高中或中等后非高等教育的成人高 23 个百分点。

注：$p<0.05$，即差异不显著的组别未显示。

国家按照劳动者自身学历为高等教育时，收入进入前 25%群体的可能性的百分点差异降序排列（高中或中等后非高等教育学历作为对照组）。

数据来源：OECD. Table A4. 3a. See Annex 3 for notes（www.oecd.org/education/education-at-a-glance-19991487.htm）.

StatLink http://dx.doi.org/10.1787/888933283590

定　义

年龄组：成人指 25—64 岁人口；**青年人**指 25—34 岁人口。

收入：指劳动者和个体经营者的月工资，包括奖金。

第一代受过高等教育的成人：指自身接受了高等教育，但父母学历低于高等教育的个体。这个对比只针对父母这一代，而不包括比父母更早的几代人。

教育水平：高中以下教育对应 ISCED-97 中的 0 级、1 级、2 级和 3 级中的短期课程；**高中或中等后非高等教育**对应 ISCED-97 中的 3A、3B、3C 中的长期课程和 4 级；**高等教育**对应 ISCED-97 中的 5A、5B 和 6 级。

A4

非学生：指调查期间不是学生的个体。例如，“完成高等教育的非学生”指完成高等教育，且调查期间不是学生的个体。

父母受教育程度：**高中以下学历**意味着父母双方拥有 ISCED-97 中 0 级、1 级、2 级及 3C 中的短期课程教育水平；**高中或中等后非高等教育学历**意味着父母中至少有一方（父亲或母亲）拥有 ISCED-97 中 3A、3B、3C 中的长期课程和 4 级教育水平；**高等教育学历**意味着父母中至少有一方（父亲或母亲）拥有 ISCED-97 中 5A、5B 和 6 级教育水平。

工作时间：**全职**是指一周工作 30 小时以上（带薪或不带薪）；兼职是指一周工作 30 小时以下（带薪或不带薪）。

方　法

所有数据都来源于成人技能调查（PIAAC）（2012 年）。成人技能调查是 OECD 国际成人能力评价项目开展的调查。附录 3（www. oecd. org/education/education-at-a-glance-19991487. htm）中有更多关于成人技能调查的信息。

第一代受过高等教育的成人数据也来源于成人技能调查，这一调查并非特意为该群体设计。相较于其他指标以所有人口为样本，这一指标使用的样本量比较小，标准误比通常情况下的稍高，因此，必须谨慎解释数据。

关于俄罗斯成人技能调查（PIAAC）数据的说明

读者应当注意到，俄罗斯样本中不包含莫斯科市区的人口。因此，公布的数据不能代表 16—65 岁的全体俄罗斯居民，而是除莫斯科市区人口之外该年龄段的俄罗斯居民。关于俄罗斯及其他国家数据的更多信息请参见成人技能调查技术报告（OECD，2014b）。

参考文献

OECD（2014a），*Education at a Glance 2014：OECD Indicators*，OECD Publishing，Paris，Http：//dx. doi. org/10. 1787/eag-2014-en.

OECD（2014b），*Technical Report of the Survey of Adult Skills*，www. oecd. org/site/piaac/_Technical%20Report_17OCT13. pdf，pre-publication copy.

OECD（2013），*PISA 2012 Results：Excellence through Equity（Volume II）：Giving Every Student the Chance to Succeed*，PISA，OECD Publishing，Paris，http：//dx. doi. org/10. 1787/9789264201132-en.

表 A4.1a 教育的代际流动，按年龄组划分（2012 年）

学历高于父母（向上流动）、低于父母（向下流动）或与父母相同（保持不变）的 25—34 岁及 35—44 岁非学生

如何阅读此表：澳大利亚 20—34 岁的非学生中，有 6%完成了高中以下教育（学历低于父母），10%完成了高中或中等后非高等教育（学历低于父母），16%完成了高中或中等后非高等教育（学历高于父母），20%完成了高等教育（学历高于父母），8%完成了高中以下教育（与父母相同），13%完成了高中或中等后非高等教育（与父母相同），27%完成了高等教育（与父母相同）。

	25—34 岁																			
	向下流动						向上流动						保持不变							
	自身教育：高中以下教育		自身教育：高中或中等后非高等教育		自身教育：合计		自身教育：高中或中等后非高等教育		自身教育：高等教育		自身教育：合计		自身教育：高中以下教育		自身教育：高中或中等后非高等教育		自身教育：高等教育		自身教育：合计	
	%	S.E.	%	S.E.	%	S.E.	%	S.E.	%	S.E.	%	S.E.	%	S.E.	%	S.E.	%	S.E.	%	S.E.
	(1)	(2)	(3)	(4)	(5)	(6)	(7)	(8)	(9)	(10)	(11)	(12)	(13)	(14)	(15)	(16)	(17)	(18)	(19)	(20)
OECD 国家																				
澳大利亚	6	(1.0)	10	(1.0)	16	(1.4)	16	(1.5)	20	(1.5)	36	(1.9)	8	(1.0)	13	(1.2)	27	(1.5)	48	(2.0)
奥地利	7	(0.9)	14	(1.2)	21	(1.4)	10	(1.2)	11	(0.9)	21	(1.4)	6	(0.6)	44	(1.6)	8	(0.7)	57	(1.8)
加拿大	5	(0.6)	14	(1.1)	18	(1.1)	5	(0.5)	23	(1.2)	27	(1.4)	3	(0.5)	16	(1.1)	35	(1.3)	54	(1.5)
捷克	6	(1.0)	6	(1.1)	12	(1.5)	2	(0.5)	15	(1.1)	17	(1.2)	1	(0.3)	57	(2.0)	13	(1.3)	71	(1.8)
丹麦	8	(1.3)	9	(1.2)	18	(1.6)	7	(1.1)	21	(1.3)	28	(1.5)	6	(1.0)	19	(1.6)	29	(1.5)	54	(1.8)
爱沙尼亚	11	(0.9)	16	(1.2)	27	(1.4)	4	(0.6)	20	(1.1)	23	(1.3)	3	(0.6)	22	(1.3)	25	(1.3)	50	(1.5)
芬兰	6	(1.0)	9	(1.0)	15	(1.4)	9	(1.2)	30	(1.7)	39	(1.9)	1	(0.5)	26	(1.3)	18	(1.2)	46	(1.7)
法国	5	(0.7)	5	(0.7)	10	(1.0)	14	(1.1)	26	(1.3)	40	(1.4)	8	(0.8)	23	(1.4)	19	(1.1)	50	(1.5)
德国	8	(1.2)	17	(1.5)	24	(1.9)	4	(0.9)	14	(1.5)	19	(1.7)	2	(0.7)	34	(2.1)	21	(1.5)	57	(2.0)
爱尔兰	4	(0.6)	8	(0.9)	12	(1.0)	17	(1.1)	28	(1.2)	45	(1.5)	9	(0.8)	16	(1.3)	19	(1.1)	44	(1.6)
意大利	3	(0.9)	2	(0.7)	5	(1.2)	29	(1.6)	17	(1.2)	45	(1.9)	28	(2.1)	16	(1.4)	5	(1.0)	49	(2.0)
日本	6	(0.9)	11	(1.3)	18	(1.2)	2	(0.6)	22	(1.5)	24	(1.6)	2	(0.6)	21	(1.4)	35	(1.7)	58	(1.7)
韩国	1	(0.2)	3	(0.6)	3	(0.6)	14	(1.0)	47	(1.2)	61	(1.5)	2	(0.4)	16	(1.1)	17	(1.2)	35	(1.5)
荷兰	8	(1.0)	9	(1.2)	17	(1.4)	16	(1.5)	22	(1.6)	38	(2.2)	10	(1.3)	15	(1.5)	20	(1.5)	45	(2.1)

注：35—44 岁人员的数据可在线查询（参见以下 StatLink）。

*参见方法部分关于俄罗斯数据的说明。

数据来源：OECD. Survey of Adult Skills (PIAAC) (2012). See Annex 3 for notes (www.oecd.org/education/education-at-a-glance-19991487.htm).

缺失数据代码参见《读者指南》。

StatLink http://dx.doi.org/10.1787/888933284933

表 A4.1a（续） 教育的代际流动，按年龄组划分（2012 年）

学历高于父母（向上流动）、低于父母（向下流动）或与父母相同（保持不变）的 25—34 岁及 35—44 岁非学生

如何阅读此表：澳大利亚 20—34 岁的非学生中，有 6%完成了高中以下教育（学历低于父母），10%完成了高中或中等后非高等教育（学历低于父母），16%完成了高中或中等后非高等教育（学历高于父母），20%完成了高等教育（学历高于父母），8%完成了高中以下教育（与父母相同），13%完成了高中或中等后非高等教育（与父母相同），27%完成了高等教育（与父母相同）。

		25—34 岁																			
		向下流动						向上流动						保持不变							
		自身教育：高中以下教育		自身教育：高中或中等后非高等教育		自身教育：合计		自身教育：高中或中等后非高等教育		自身教育：高等教育		自身教育：合计		自身教育：高中以下教育		自身教育：高中或中等后非高等教育		自身教育：高等教育		自身教育：合计	
		%	S. E.	%	S. E.	%	S. E.	%	S. E.	%	S. E.	%	S. E.	%	S. E.	%	S. E.	%	S. E.	%	S. E.
		(1)	(2)	(3)	(4)	(5)	(6)	(7)	(8)	(9)	(10)	(11)	(12)	(13)	(14)	(15)	(16)	(17)	(18)	(19)	(20)
OECD	挪威	13	(1.4)	14	(1.6)	27	(1.9)	5	(0.7)	18	(1.2)	22	(1.3)	4	(0.9)	18	(1.5)	28	(1.5)	51	(2.3)
	波兰	4	(0.7)	3	(0.7)	7	(1.0)	6	(0.8)	30	(1.6)	36	(1.7)	2	(0.4)	41	(1.6)	14	(1.2)	57	(1.8)
	斯洛伐克	4	(0.5)	6	(0.7)	10	(0.8)	6	(0.8)	17	(1.5)	23	(1.6)	9	(1.0)	49	(1.5)	10	(1.0)	67	(1.8)
	西班牙	7	(0.9)	3	(0.6)	10	(1.0)	15	(1.2)	26	(1.3)	41	(1.6)	31	(1.5)	8	(1.1)	10	(0.9)	49	(1.6)
	瑞典	9	(1.2)	20	(1.6)	28	(1.7)	9	(1.1)	15	(1.3)	24	(1.8)	5	(1.0)	18	(1.6)	25	(1.5)	47	(2.1)
	美国	5	(0.9)	18	(1.7)	23	(1.9)	8	(0.9)	15	(1.4)	24	(1.7)	5	(0.8)	22	(1.4)	27	(1.6)	54	(2.1)
	地区																				
	比利时弗兰芒语区	4	(0.7)	9	(1.1)	13	(1.3)	13	(1.2)	22	(1.5)	35	(1.6)	3	(0.7)	23	(1.3)	26	(1.5)	52	(1.6)
	英格兰(英国)	8	(0.9)	7	(1.0)	16	(1.2)	7	(0.9)	26	(1.8)	32	(1.9)	6	(0.9)	19	(1.7)	27	(1.9)	51	(2.2)
	北爱尔兰(英国)	8	(1.5)	5	(1.3)	13	(1.7)	9	(1.3)	27	(1.8)	36	(1.9)	11	(1.4)	23	(1.7)	17	(1.8)	51	(2.2)
	英格兰/北爱尔兰(英国)	8	(0.9)	7	(0.9)	16	(1.1)	7	(0.9)	26	(1.7)	33	(1.9)	6	(0.9)	19	(1.6)	26	(1.8)	51	(2.1)
	平均	6	(0.2)	10	(0.2)	16	(0.3)	10	(0.2)	22	(0.3)	32	(0.3)	7	(0.2)	24	(0.3)	21	(0.3)	52	(0.4)
伙伴国	俄罗斯*	5	(0.7)	6	(1.6)	11	(2.2)	6	(1.5)	38	(3.0)	44	(4.3)	2	(0.6)	13	(1.3)	31	(3.0)	46	(4.0)

注：35—44 岁人员的数据可在线查询（参见以下 StatLink）。
*参见方法部分关于俄罗斯数据的说明。
数据来源：OECD. Survey of Adult Skills (PIAAC) (2012). See Annex 3 for notes (www.oecd.org/education/education-at-a-glance-19991487.htm).
缺失数据代码参见《读者指南》。
StatLink http://dx.doi.org/10.1787/888933284933

表 A4. 2d 第一代/非第一代受过高等教育的成人，按就业状况、性别和年龄组划分（2012 年）

25—34 岁和 35—44 岁第一代/非第一代受过高等教育的非学生

如何阅读此表：澳大利亚 25—34 岁第一代受过高等教育的男性和女性，86%就业，4%失业，10%待业。

	25—34 岁第一代受过高等教育的个体																	
	就业						失业						待业					
	男性		女性		男性+女性		男性		女性		男性+女性		男性		女性		男性+女性	
	%	S. E.	%	S. E.	%	S. E.	%	S. E.	%	S. E.	%	S. E.	%	S. E.	%	S. E.	%	S. E.
	(1)	(2)	(3)	(4)	(5)	(6)	(7)	(8)	(9)	(10)	(11)	(12)	(13)	(14)	(15)	(16)	(17)	(18)
OECD 国家																		
澳大利亚	93	(4.2)	82	(4.1)	86	(3.0)	5	(3.0)	4	(2.1)	4	(1.6)	c	c	14	(3.9)	10	(2.5)
奥地利	98	(1.8)	91	(4.9)	95	(2.5)	c	c	c	c	c	c	c	c	6	(3.8)	3	(1.9)
加拿大	94	(2.5)	84	(3.1)	88	(2.2)	5	(2.3)	4	(1.7)	5	(1.4)	2	(0.9)	11	(2.3)	7	(1.4)
捷克	98	(1.5)	76	(5.1)	83	(3.9)	c	c	3	(3.3)	3	(2.1)	c	c	21	(4.5)	14	(3.2)
丹麦	94	(2.9)	90	(3.1)	92	(2.1)	5	(2.8)	5	(2.2)	5	(1.7)	c	c	4	(2.1)	3	(1.3)
爱沙尼亚	96	(2.4)	92	(2.2)	93	(1.6)	c	c	c	c	2	(1.0)	c	c	7	(2.3)	5	(1.4)
芬兰	93	(2.8)	94	(2.0)	93	(1.7)	c	c	2	(1.1)	2	(1.0)	4	(2.3)	4	(1.6)	4	(1.4)
法国	86	(2.9)	85	(2.6)	86	(1.9)	9	(2.5)	7	(2.3)	8	(1.7)	5	(2.2)	8	(1.5)	7	(1.4)
德国	98	(2.5)	87	(5.1)	93	(2.5)	c	c	c	c	c	c	c	c	11	(4.8)	5	(2.1)
爱尔兰	91	(2.9)	91	(2.3)	91	(1.7)	7	(2.4)	4	(1.6)	5	(1.5)	2	(1.7)	5	(1.5)	4	(1.1)
意大利	87	(6.0)	72	(7.4)	78	(5.7)	c	c	21	(7.2)	15	(5.2)	8	(4.8)	7	(3.1)	7	(2.6)
日本	96	(2.1)	78	(3.7)	87	(2.3)	c	c	c	c	c	c	3	(1.8)	22	(3.7)	13	(2.2)
韩国	89	(2.1)	65	(2.8)	77	(1.7)	3	(1.1)	4	(1.2)	4	(0.8)	8	(2.0)	31	(2.7)	20	(1.6)
荷兰	98	(2.3)	92	(3.6)	94	(2.4)	c	c	c	c	3	(1.9)	c	c	4	(2.4)	2	(1.4)

注：第一代仅与父母对比，而不包括比父母更早的几代人。35—44 岁人员的数据及非第一代受过高等教育的成人数据可在线查询（参见以下 StatLink）。

* 参见方法部分关于俄罗斯数据的说明。

数据来源：OECD. Survey of Adult Skills（PIAAC）（2012）. See Annex 3 for notes（www. oecd. org/education/education-at-a-glance-19991487. htm）.

缺失数据代码参见《读者指南》。

StatLink http：//dx. doi. org/10. 1787/888933284941

A4

表 A4.2d（续） 第一代/非第一代受过高等教育的成人，按就业状况、性别和年龄组划分（2012 年）

25—34 岁和 35—44 岁第一代/非第一代受过高等教育的非学生

如何阅读此表：澳大利亚 25—34 岁第一代受过高等教育的男性和女性，86%就业，4%失业，10%待业。

		25—34 岁第一代受过高等教育的个体																	
		就业						失业						待业					
		男性		女性		男性+女性		男性		女性		男性+女性		男性		女性		男性+女性	
		%	S. E.	%	S. E.	%	S. E.	%	S. E.	%	S. E.	%	S. E.	%	S. E.	%	S. E.	%	S. E.
		(1)	(2)	(3)	(4)	(5)	(6)	(7)	(8)	(9)	(10)	(11)	(12)	(13)	(14)	(15)	(16)	(17)	(18)
OECD	挪威	97	(2.2)	91	(3.0)	93	(2.0)	c	c	4	(2.1)	3	(1.3)	c	c	5	(2.2)	4	(1.5)
	波兰	95	(1.6)	81	(3.0)	87	(1.8)	4	(1.6)	7	(1.5)	6	(1.0)	0	(0.3)	12	(2.6)	7	(1.5)
	斯洛伐克	89	(3.5)	73	(4.3)	80	(2.9)	6	(2.6)	4	(1.6)	5	(1.5)	5	(3.0)	23	(4.1)	16	(2.8)
	西班牙	76	(5.1)	75	(4.2)	75	(3.2)	16	(4.5)	15	(3.2)	16	(2.7)	8	(3.3)	10	(2.7)	9	(2.3)
	瑞典	98	(1.8)	96	(1.8)	97	(1.3)	c	c	3	(1.6)	2	(1.2)	c	c	c	c	c	c
	美国	90	(5.2)	83	(4.2)	86	(3.3)	c	c	8	(3.1)	6	(2.2)	c	c	10	(2.9)	9	(2.6)
	地区																		
	比利时弗兰芒语区	98	(1.6)	98	(1.2)	98	(1.0)	c	c	c	c	c	c	c	c	c	c	c	c
	英格兰(英国)	92	(3.5)	82	(3.5)	87	(2.4)	8	(3.5)	3	(1.6)	6	(2.0)	c	c	15	(3.2)	8	(1.7)
	北爱尔兰(英国)	89	(7.1)	92	(2.9)	91	(3.5)	9	(7.0)	c	c	6	(3.3)	c	c	6	(2.3)	4	(1.4)
	英格兰/北爱尔兰(英国)	92	(3.4)	82	(3.4)	87	(2.3)	8	(3.4)	3	(1.5)	6	(1.9)	c	c	14	(3.0)	7	(1.6)
	平均	93	(0.7)	84	(0.8)	88	(0.6)	7	(0.9)	6	(0.7)	6	(0.5)	5	(0.8)	11	(0.7)	8	(0.4)
伙伴国	俄罗斯*	90	(2.4)	67	(3.9)	79	(2.4)	2	(0.9)	c	c	1	(0.5)	8	(2.2)	32	(3.9)	20	(2.3)

注：第一代仅与父母对比，而不包括比父母更早的几代人。35—44 岁人员的数据及非第一代受过高等教育的成人数据可在线查询（参见以下 StatLink）。

* 参见方法部分关于俄罗斯数据的说明。

数据来源：OECD. Survey of Adult Skills（PIAAC）（2012）. See Annex 3 for notes（www. oecd. org/education/education-at-a-glance-19991487. htm）.

缺失数据代码参见《读者指南》。

StatLink http：//dx. doi. org/10. 1787/888933284941

表 A4. 2e　第一代受过高等教育的成人，按全职/兼职、性别和年龄组划分（2012 年）

25—34 岁和 35—44 岁第一代受过高等教育的非学生

如何阅读此表：澳大利亚 25—34 岁第一代受过高等教育的男性职员，93%选择全职工作，7%选择兼职工作。

	25—34 岁受过高等教育的全职/兼职工作者比例						35—44 岁受过高等教育的全职/兼职工作者比例					
	全职(30 小时或以上)						全职(30 小时或以上)					
	男性		女性		男性+女性		男性		女性		男性+女性	
	%	S. E.	%	S. E.	%	S. E.	%	S. E.	%	S. E.	%	S. E.
	(1)	(2)	(3)	(4)	(5)	(6)	(13)	(14)	(15)	(16)	(17)	(18)
OECD 国家												
澳大利亚[1]	93	(4.1)	79	(4.2)	85	(3.3)	92	(3.0)	63	(4.3)	79	(2.6)
奥地利	100	(0.0)	78	(5.8)	90	(2.9)	98	(1.6)	55	(5.7)	79	(3.0)
加拿大	96	(2.0)	85	(3.4)	90	(2.2)	98	(0.7)	81	(2.5)	90	(1.3)
捷克	97	(1.9)	93	(4.7)	94	(3.1)	98	(1.3)	89	(4.6)	95	(1.8)
丹麦	98	(1.9)	94	(2.3)	96	(1.5)	96	(1.9)	91	(2.7)	93	(1.7)
爱沙尼亚	94	(2.7)	86	(2.9)	90	(1.9)	99	(1.2)	87	(2.7)	91	(1.9)
芬兰	95	(2.3)	89	(2.8)	91	(2.0)	98	(1.4)	94	(1.7)	96	(1.2)
法国	96	(2.0)	81	(3.3)	87	(1.9)	95	(1.7)	82	(2.6)	88	(1.8)
德国	93	(3.2)	72	(8.2)	84	(4.3)	99	(1.0)	65	(6.4)	86	(2.6)
爱尔兰	92	(2.7)	84	(2.7)	88	(1.9)	93	(3.2)	70	(3.2)	81	(2.1)
意大利	97	(2.8)	86	(4.6)	91	(2.9)	91	(3.7)	70	(4.4)	79	(3.3)
日本	96	(2.0)	92	(2.6)	94	(1.5)	99	(0.8)	70	(4.2)	86	(2.1)
韩国	94	(1.5)	85	(2.6)	90	(1.5)	95	(1.4)	74	(3.4)	88	(1.6)
荷兰	89	(4.6)	57	(5.4)	72	(3.7)	96	(2.2)	45	(4.7)	73	(3.0)

注：第一代仅与父母对比，而不包括比父母更早的几代人。兼职工作人员的数据可在线查询（参见以下 StatLink）。

1. 澳大利亚的全职/兼职数据的上限是每周工作 60 小时，其他国家没有这个上限。

＊参见方法部分关于俄罗斯数据的说明。

数据来源：OECD. Survey of Adult Skills (PIAAC) (2012). See Annex 3 for notes (www. oecd. org/education/education-at-a-glance-19991487. htm).

缺失数据代码参见《读者指南》。

StatLink http://dx. doi. org/10. 1787/888933284955

表 A4.2e（续） 第一代受过高等教育的成人，按全职/兼职、性别和年龄组划分（2012 年）

25—34 岁和 35—44 岁第一代受过高等教育的非学生

如何阅读此表：澳大利亚 25—34 岁第一代受过高等教育的男性职员，93%选择全职工作，7%选择兼职工作。

		25—34 岁受过高等教育的全职/兼职工作者比例						35—44 岁受过高等教育的全职/兼职工作者比例					
		全职(30 小时或以上)						全职(30 小时或以上)					
		男性		女性		男性+女性		男性		女性		男性+女性	
		%	S. E.	%	S. E.	%	S. E.	%	S. E.	%	S. E.	%	S. E.
		(1)	(2)	(3)	(4)	(5)	(6)	(13)	(14)	(15)	(16)	(17)	(18)
OECD	挪威	95	(3.5)	79	(4.8)	86	(3.1)	97	(1.8)	86	(2.9)	91	(1.6)
	波兰	97	(1.4)	84	(3.2)	89	(2.1)	93	(3.3)	86	(3.5)	89	(2.5)
	斯洛伐克	93	(4.6)	85	(4.6)	89	(3.3)	96	(3.2)	97	(1.9)	96	(1.8)
	西班牙	97	(1.8)	74	(4.5)	83	(2.9)	92	(2.2)	81	(3.1)	86	(1.9)
	瑞典	98	(1.8)	89	(3.9)	93	(2.4)	99	(1.0)	94	(2.5)	96	(1.6)
	美国	92	(4.4)	92	(4.0)	92	(3.0)	98	(1.6)	83	(4.8)	90	(2.7)
	地区												
	比利时弗兰芒语区	100	(0.0)	87	(3.3)	92	(2.0)	96	(1.9)	84	(3.8)	90	(2.1)
	英格兰(英国)	81	(6.3)	80	(4.1)	81	(3.6)	95	(2.3)	53	(4.7)	74	(3.1)
	北爱尔兰(英国)	99	(1.4)	83	(4.3)	90	(2.5)	95	(3.0)	68	(4.3)	80	(2.9)
	英格兰/北爱尔兰(英国)	82	(6.1)	80	(3.9)	81	(3.5)	95	(2.3)	54	(4.5)	74	(3.0)
	平均	95	(0.6)	83	(0.9)	88	(0.6)	96	(0.5)	77	(0.8)	87	(0.5)
伙伴国	俄罗斯*	96	(1.6)	89	(4.3)	93	(2.2)	92	(5.8)	84	(4.8)	88	(3.4)

注：第一代仅与父母对比，而不包括比父母更早的几代人。兼职工作人员的数据可在线查询（参见以下 StatLink）。

1. 澳大利亚的全职/兼职数据的上限是每周工作 60 小时，其他国家没有这个上限。

* 参见方法部分关于俄罗斯数据的说明。

数据来源：OECD. Survey of Adult Skills (PIAAC) (2012). See Annex 3 for notes (www. oecd. org/education/education-at-a-glance-19991487. htm).

缺失数据代码参见《读者指南》。

StatLink http：//dx. doi. org/10. 1787/888933284955

表 A4.3a ［1/3］　收入进入前 25%的可能性，按父母和自身的学历、性别和年龄组划分（2012 年）

25—64 岁，百分点差异

表格前 8 列中表明的百分比与回归无关，它们可用于更好地理解其他列所展示的百分点差异。
如何阅读此表：模型 1 中运用的自变量有：父母的学历、性别和年龄。模型 2 中包括了个体自身的学历。这种方法允许对个体自身学历与模型 1 中的变量对百分点差异的影响进行对比。例如，在澳大利亚，父母学历在高中以下的人，月收入进入前 25%的比例，比父母学历为高中或中等后非高等教育的人低 4 个百分点。然而，将自身学历作为控制变量时，父母学历在高中以下的人，与父母学历为高中或中等后非高等教育的人的差异变得不显著。

	25—64 岁收入进入前 25%的百分比(回归中使用的对照组)							
	父母学历		自身学历		性别		年龄	
	高中或中等后非高等教育		高中或中等后非高等教育		女性		45—54 岁	
	%	S. E.	%	S. E.	%	S. E.	%	S. E.
	(1)	(2)	(3)	(4)	(5)	(6)	(7)	(8)
OECD								
国家								
澳大利亚	29	(2.0)	23	(1.3)	19	(1.2)	34	(1.7)
奥地利	32	(1.2)	27	(1.2)	17	(0.9)	33	(1.6)
加拿大	28	(0.8)	17	(0.9)	18	(0.7)	33	(1.2)
捷克	26	(1.5)	22	(1.4)	15	(1.7)	22	(2.4)
丹麦	27	(1.1)	21	(1.1)	18	(1.0)	31	(1.6)
爱沙尼亚	26	(1.2)	22	(1.1)	15	(0.8)	21	(1.3)
芬兰	28	(1.1)	18	(0.9)	17	(0.9)	34	(1.8)
法国	28	(1.2)	18	(0.7)	20	(0.9)	32	(1.1)
德国	27	(1.1)	17	(1.0)	15	(0.9)	32	(1.7)
爱尔兰	30	(1.7)	18	(1.6)	21	(1.0)	34	(2.1)
意大利	33	(2.1)	26	(1.6)	17	(1.4)	32	(2.3)
日本	26	(1.4)	21	(1.4)	9	(0.8)	39	(2.0)
韩国	29	(1.7)	21	(1.0)	14	(0.9)	29	(1.6)
荷兰	31	(1.5)	19	(1.1)	12	(0.8)	33	(1.4)
挪威	30	(1.3)	23	(1.3)	17	(0.9)	34	(1.4)
波兰	29	(1.3)	17	(1.2)	21	(1.5)	27	(2.2)
斯洛伐克	27	(1.1)	21	(1.1)	16	(1.2)	23	(1.5)
西班牙	32	(2.4)	20	(1.8)	19	(1.2)	32	(1.8)
瑞典	31	(1.9)	24	(0.9)	18	(1.1)	32	(1.5)
美国	30	(1.4)	19	(1.3)	21	(1.4)	34	(1.7)
地区								
比利时弗兰芒语区	29	(1.4)	18	(1.1)	16	(1.1)	34	(1.7)
英格兰(英国)	30	(1.6)	21	(1.3)	18	(0.9)	29	(1.5)
北爱尔兰(英国)	32	(1.9)	22	(2.1)	21	(1.2)	33	(2.3)
英格兰/北爱尔兰(英国)	29	(1.6)	21	(1.2)	18	(0.9)	29	(1.4)
平均	29	(0.3)	21	(0.3)	17	(0.2)	31	(0.4)
伙伴国								
俄罗斯*	27	(2.8)	23	(2.7)	17	(2.4)	24	(3.0)

1. 模型 1 是线性回归，因变量是月收入前 25%群体的月收入，自变量是父母的学历、性别和年龄。与模型 2 的区别在于它不包括“自身的学历”。
2. 模型 2 是线性回归，因变量是月收入前 25%群体的月收入，自变量是父母的学历、自身的学历、性别和年龄。
3. 对照类型是高中或中等后非高等教育。
4. 对照类型是女性。
5. 对照类型是 45—54 岁人口。
＊参见方法部分关于俄罗斯数据的说明。
数据来源：OECD. Survey of Adult Skills（PIAAC）（2012）. See Annex 3 for notes（www. oecd. org/education/education-at-a-glance-19991487. htm）.
缺失数据代码参见《读者指南》。
StatLink http：//dx. doi. org/10. 1787/888933284966

表 A4. 3a ［2/3］ 收入进入前 25%的可能性，按父母和自身的学历、性别和年龄组划分（2012 年）

25—64 岁，百分点差异

表格前 8 列中表明的百分比与回归无关，它们可用于更好地理解其他列所展示的百分点差异。

如何阅读此表：模型 1 中运用的自变量有：父母的学历、性别和年龄。模型 2 中包括了个体自身的学历。这种方法允许对个体自身学历与模型 1 中的变量对百分点差异的影响进行对比。例如，在澳大利亚，父母学历在高中以下的人，月收入进入前 25%的比例，比父母学历为高中或中等后非高等教育的人低 4 个百分点。然而，将自身学历作为控制变量时，父母学历在高中以下的人，与父母学历为高中或中等后非高等教育的人的差异变得不显著。

	月收入前 25%群体的月收入，基于：											
	模型 1[1]											
	父母学历[3]				性别[4]		年龄[5]					
	高中以下教育		高等教育		男性		25—34 岁		35—44 岁		55—64 岁	
	%	S. E.	%	S. E.	%	S. E.	%	S. E.	%	S. E.	%	S. E.
	(9)	(10)	(11)	(12)	(13)	(14)	(15)	(16)	(17)	(18)	(19)	(20)
OECD 国家												
澳大利亚	-4	(0.02)	13	(0.03)	20	(0.02)	-14	(0.02)	-2	(0.02)	-9	(0.03)
奥地利	-14	(0.02)	3	(0.02)	25	(0.02)	-14	(0.02)	-4	(0.02)	2	(0.04)
加拿大	-6	(0.01)	8	(0.01)	21	(0.01)	-17	(0.02)	-1	(0.02)	-4	(0.02)
捷克	-13	(0.03)	20	(0.04)	21	(0.03)	4	(0.04)	6	(0.04)	-3	(0.04)
丹麦	-4	(0.02)	10	(0.02)	21	(0.01)	-15	(0.02)	0	(0.02)	-4	(0.02)
爱沙尼亚	-7	(0.02)	12	(0.02)	24	(0.01)	5	(0.02)	5	(0.02)	-5	(0.02)
芬兰	-6	(0.02)	7	(0.02)	22	(0.02)	-21	(0.02)	-4	(0.03)	-9	(0.02)
法国	-8	(0.02)	17	(0.02)	14	(0.01)	-20	(0.02)	-6	(0.02)	-4	(0.02)
德国	-12	(0.03)	11	(0.02)	25	(0.01)	-15	(0.02)	-4	(0.02)	-4	(0.03)
爱尔兰	-10	(0.02)	8	(0.03)	13	(0.02)	-20	(0.03)	-2	(0.02)	-10	(0.03)
意大利	-16	(0.02)	10	(0.05)	17	(0.02)	-22	(0.03)	-8	(0.03)	6	(0.05)
日本	-6	(0.02)	11	(0.02)	33	(0.01)	-31	(0.02)	-11	(0.02)	-12	(0.03)
韩国	-10	(0.02)	7	(0.03)	23	(0.01)	-17	(0.02)	4	(0.02)	-9	(0.02)
荷兰	-8	(0.02)	8	(0.02)	32	(0.01)	-20	(0.02)	0	(0.02)	-2	(0.02)
挪威	-9	(0.02)	7	(0.02)	25	(0.02)	-18	(0.02)	-1	(0.02)	-5	(0.02)
波兰	-15	(0.02)	12	(0.03)	12	(0.02)	-5	(0.03)	-2	(0.03)	-2	(0.04)
斯洛伐克	-16	(0.02)	23	(0.04)	19	(0.02)	-3	(0.02)	0	(0.02)	-1	(0.03)
西班牙	-15	(0.03)	3	(0.04)	14	(0.02)	-20	(0.02)	-6	(0.02)	2	(0.04)
瑞典	-11	(0.02)	3	(0.03)	19	(0.02)	-18	(0.02)	-3	(0.02)	-3	(0.03)
美国	-19	(0.02)	11	(0.02)	16	(0.02)	-20	(0.02)	-3	(0.03)	0	(0.02)
地区												
比利时弗兰芒语区	-12	(0.02)	7	(0.02)	19	(0.02)	-24	(0.02)	-10	(0.02)	-2	(0.03)
英格兰(英国)	-9	(0.03)	15	(0.03)	22	(0.02)	-16	(0.03)	2	(0.03)	-9	(0.02)
北爱尔兰(英国)	-12	(0.03)	15	(0.04)	18	(0.02)	-15	(0.03)	-3	(0.03)	-6	(0.05)
英格兰/北爱尔兰(英国)	-9	(0.02)	15	(0.03)	21	(0.02)	-16	(0.03)	1	(0.03)	-9	(0.02)
平均	-10	(0.00)	10	(0.01)	21	(0.00)	-15	(0.01)	-2	(0.01)	-4	(0.01)
伙伴国 俄罗斯*	-13	(0.03)	5	(0.04)	14	(0.04)	0	(0.04)	-5	(0.06)	-9	(0.04)

1. 模型 1 是线性回归，因变量是月收入前 25%群体的月收入，自变量是父母的学历、性别和年龄。与模型 2 的区别在于它不包括“自身的学历”。
2. 模型 2 是线性回归，因变量是月收入前 25%群体的月收入，自变量是父母的学历、自身的学历、性别和年龄。
3. 对照类型是高中或中等后非高等教育。
4. 对照类型是女性。
5. 对照类型是 45—54 岁人口。

* 参见方法部分关于俄罗斯数据的说明。

数据来源：OECD. Survey of Adult Skills（PIAAC）（2012）. See Annex 3 for notes（www.oecd.org/education/education-at-a-glance-19991487.htm）.

缺失数据代码参见《读者指南》。

StatLink http：//dx.doi.org/10.1787/888933284966

表 A4. 3a ［3/3］　收入进入前 25%的可能性，按父母和自身的学历、性别和年龄组划分（2012 年）

25—64 岁，百分点差异

表格前 8 列中表明的百分比与回归无关，它们可用于更好地理解其他列所展示的百分点差异。
如何阅读此表： 模型 1 中运用的自变量有：父母的学历、性别和年龄。模型 2 中包括了个体自身的学历。这种方法允许对个体自身学历与模型 1 中的变量对百分点差异的影响进行对比。例如，在澳大利亚，父母学历在高中以下的人，月收入进入前 25%的比例，比父母学历为高中或中等后非高等教育的人低 4 个百分点。然而，将自身学历作为控制变量时，父母学历在高中以下的人，与父母学历为高中或中等后非高等教育的人的差异变得不显著。

		月收入前 25%群体的月收入，基于：															
		模型 2[2]															
		父母学历[3]				自身学历[3]				性别[4]		年龄[5]					
		高中以下教育		高等教育		高中以下教育		高等教育		男性		25—34 岁		35—44 岁		55—64 岁	
		%	S. E.	%	S. E.	%	S. E.	%	S. E.	%	S. E.	%	S. E.	%	S. E.	%	S. E.
		(21)	(22)	(23)	(24)	(25)	(26)	(27)	(28)	(29)	(30)	(31)	(32)	(33)	(34)	(35)	(36)
OECD	国家																
	澳大利亚	0	(0.02)	7	(0.03)	-6	(0.02)	23	(0.02)	23	(0.02)	-16	(0.02)	-4	(0.02)	-9	(0.02)
	奥地利	-9	(0.02)	-4	(0.02)	-18	(0.02)	26	(0.02)	23	(0.02)	-14	(0.02)	-4	(0.02)	2	(0.03)
	加拿大	-3	(0.01)	4	(0.01)	-6	(0.02)	20	(0.01)	22	(0.01)	-17	(0.02)	-2	(0.02)	-3	(0.02)
	捷克	-9	(0.03)	12	(0.04)	-6	(0.03)	19	(0.04)	21	(0.03)	2	(0.04)	5	(0.04)	-4	(0.04)
	丹麦	-2	(0.02)	3	(0.02)	-6	(0.02)	23	(0.01)	24	(0.01)	-17	(0.02)	-2	(0.02)	-4	(0.02)
	爱沙尼亚	-4	(0.02)	10	(0.02)	-6	(0.02)	13	(0.02)	27	(0.01)	7	(0.02)	6	(0.02)	-5	(0.02)
	芬兰	-3	(0.02)	3	(0.02)	-5	(0.03)	24	(0.01)	27	(0.02)	-20	(0.02)	-5	(0.02)	-7	(0.02)
	法国	-2	(0.02)	6	(0.02)	-10	(0.02)	31	(0.01)	18	(0.01)	-25	(0.02)	-10	(0.02)	-2	(0.02)
	德国	-6	(0.02)	2	(0.02)	-11	(0.02)	30	(0.02)	24	(0.01)	-15	(0.02)	-4	(0.02)	-7	(0.03)
	爱尔兰	-2	(0.02)	1	(0.03)	-11	(0.02)	27	(0.02)	17	(0.02)	-24	(0.03)	-6	(0.02)	-5	(0.03)
	意大利	-8	(0.02)	2	(0.05)	-10	(0.02)	21	(0.03)	21	(0.02)	-24	(0.03)	-9	(0.03)	5	(0.05)
	日本	-3	(0.02)	7	(0.02)	-5	(0.03)	14	(0.02)	33	(0.01)	-31	(0.02)	-10	(0.02)	-9	(0.03)
	韩国	-5	(0.02)	3	(0.03)	-10	(0.02)	19	(0.02)	21	(0.01)	-23	(0.03)	0	(0.02)	-4	(0.02)
	荷兰	-3	(0.02)	1	(0.02)	-7	(0.02)	28	(0.02)	32	(0.01)	-20	(0.02)	-1	(0.02)	-1	(0.02)
	挪威	-5	(0.02)	2	(0.02)	-8	(0.02)	21	(0.02)	28	(0.01)	-17	(0.02)	-3	(0.02)	-6	(0.02)
	波兰	-9	(0.02)	0	(0.03)	-8	(0.03)	31	(0.02)	17	(0.02)	-9	(0.03)	-3	(0.03)	-1	(0.03)
	斯洛伐克	-11	(0.02)	13	(0.04)	-9	(0.02)	23	(0.03)	21	(0.02)	-3	(0.02)	0	(0.02)	-1	(0.03)
	西班牙	-8	(0.03)	-3	(0.03)	-12	(0.02)	24	(0.02)	17	(0.02)	-20	(0.02)	-8	(0.02)	5	(0.03)
	瑞典	-8	(0.02)	-1	(0.03)	-13	(0.03)	20	(0.02)	23	(0.02)	-19	(0.02)	-5	(0.02)	-2	(0.02)
	美国	-10	(0.02)	4	(0.02)	-13	(0.02)	25	(0.02)	18	(0.02)	-19	(0.02)	-3	(0.03)	-1	(0.02)
	地区																
	比利时弗兰芒语区	-6	(0.02)	1	(0.02)	-8	(0.02)	25	(0.02)	22	(0.02)	-23	(0.02)	-9	(0.02)	0	(0.03)
	英格兰(英国)	-5	(0.02)	10	(0.03)	-4	(0.03)	20	(0.02)	23	(0.02)	-17	(0.03)	1	(0.03)	-7	(0.02)
	北爱尔兰(英国)	-4	(0.03)	6	(0.04)	-15	(0.03)	27	(0.03)	20	(0.02)	-18	(0.03)	-4	(0.03)	-2	(0.04)
	英格兰/北爱尔兰(英国)	-5	(0.02)	10	(0.03)	-5	(0.03)	20	(0.02)	22	(0.02)	-17	(0.03)	1	(0.03)	-7	(0.02)
	平均	-5	(0.00)	4	(0.01)	-9	(0.01)	23	(0.00)	23	(0.00)	-17	(0.01)	-3	(0.01)	-3	(0.01)
伙伴国	俄罗斯*	-13	(0.03)	5	(0.04)	-2	(0.08)	0	(0.03)	14	(0.04)	0	(0.04)	-5	(0.06)	-9	(0.04)

1. 模型 1 是线性回归，因变量是月收入前 25%群体的月收入，自变量是父母的学历、性别和年龄。与模型 2 的区别在于它不包括“自身的学历”。
2. 模型 2 是线性回归，因变量是月收入前 25%群体的月收入，自变量是父母的学历、自身的学历、性别和年龄。
3. 对照类型是高中或中等后非高等教育。
4. 对照类型是女性。
5. 对照类型是 45—54 岁人口。
* 参见方法部分关于俄罗斯数据的说明。

数据来源：OECD. Survey of Adult Skills（PIAAC）（2012）. See Annex 3 for notes（www.oecd.org/education/education-at-a-glance-19991487.htm）.

缺失数据代码参见《读者指南》。

StatLink http://dx.doi.org/10.1787/888933284966

受教育程度如何影响劳动力市场参与程度？

- 平均来讲，接受过高等教育的人群就业率超过 80%；相比之下，拥有高中学历或者中等后非高等教育学历的人群就业率超过了 70%；高中以下学历的人群就业率则低于 60%。
- 25—34 岁人群失业率高于同等水平学历的 55—64 岁人群。
- 即使接受过高等教育的青年人的就业率性别差异小于较低学历的人群的就业率性别差异，接受过高等教育的青年女性的就业率仍低于青年男性。

图 A5.1　25—64 岁人口失业率，按学历划分（2014 年）

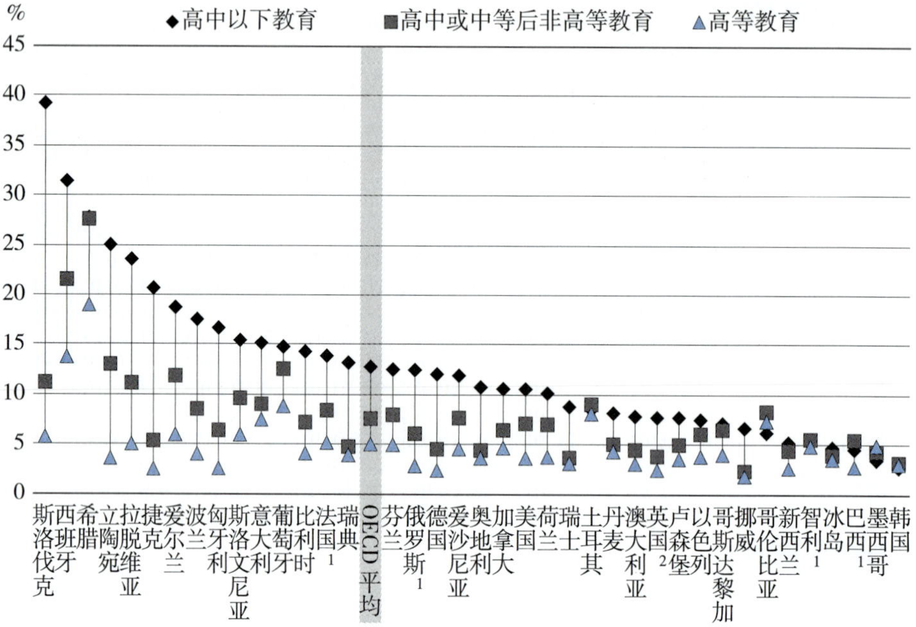

1. 2013 年数据。
2. 高中学历数据包含完成中间课程的数据（18%的成人属于这一组别）。
国家按照高中以下学历人口的失业率降序排列。
数据来源：OECD. Table A5. 4a. See Annex 3 for notes（www. oecd. org/education/education-at-a-glance-19991487. htm）.
StatLink http：//dx. doi. org/10. 1787/888933283600

背　景

学历经常被用作测量人力资本和个人技能水平的指标。OECD 国家的经济依赖于充足的高技能劳动者。在多数 OECD 国家，拥有高学历者就业率也最高。同时，学历水平最低的人群则面临更大的失业风险。技术进步转变了全球劳动力市场的需求，拥有较高和特定技能的人是劳动力市场高度需求的人。更具前景的就业证明了高学历的价值：平均来说，低学历人口的失业率为

12.8%，而拥有高等教育学历的人口失业率只有 5.1%。

其他发现

- 拥有职业高中或者中等后非高等教育学历的人群失业率要比拥有普通高中学历的人群略低，分别为 8.5%和 8.9%。
- 在哥伦比亚和墨西哥，有高等教育学历的成人失业率（分别为 7.4%和 5.0%）比高中以下学历的成人失业率高（分别为 6.2%和 3.5%）。
- 斯洛伐克和波兰没有高中学历的成人就业率低于 40%，分别为 33%和 39%。

分 析

劳动力市场就业情况

图 A5.1 表明，在所有数据可得的国家中，高等教育学历降低了失业的风险。在所有 OECD 国家中，拥有高等教育学历的人群失业率为 5.1%，相比之下，拥有高中学历或者中等后非高等教育学历的人群失业率为 7.7%，高中以下学历的人群失业率为 12.8%（表 A5.4a）。

斯洛伐克的高学历和低学历成人之间的失业率差距最大，高等教育学历成人的失业率为 5.8%，高中以下学历成人的失业率为 39.2%。在捷克和拉脱维亚，高中以下学历成人的失业率超过 20%，西班牙高中以下学历成人的失业率达到 31.4%。在这三个国家，有高等教育学历的人群的失业率比高中以下学历人群的失业率低了 18 个百分点。一些国家各个学历水平的人群的失业率相对而言都较低。例如，在智利，拥有高等教育学历的成人的失业率为 4.9%，与高中或者中等后非高等教育学历人群的失业率（5.6%）或者高中以下学历成人的失业率（5.2%）相近（表 A5.4a）。

就 OECD 国家的平均水平而言，接受过高等教育的人群就业率超过 80%；相比之下，拥有高中学历或者中等后非高等教育学历的人群就业率超过 70%；高中以下学历的人群就业率则低于 60%。在一些国家，拥有高等教育学历人群与最高学历为高中以下人群的就业率差距很大。例如，在奥地利、比利时、捷克、芬兰、法国、德国、匈牙利、爱尔兰、拉脱维亚、立陶宛、波兰、俄罗斯、斯洛伐克和斯洛文尼亚，两个群体的就业率相差至少 30 个百分点（表 A5.3a）。

按年龄组划分

55—64 岁人群离开劳动力市场的比例比 25—34 岁人群大，这很大程度上是由退休导致的。图 A5.2 表明，受过高等教育的青年人一直有较高的就业率。平均而言，25—34 岁拥有高等教育学历的人群其就业率比同等教育水平的 55—64 岁人群高了 13 个百分点（分别为 82%和 69%）。在俄罗斯和土耳其，青年人和年长者的就业率差距最大（相差 34 个百分点）。在一些国家，如俄罗斯，就业率的巨大差距归因于较低的退休年龄（60 岁或者更年轻）。俄罗斯和土耳其拥有高等教育学历的年长者的就业率（分别为 54%和 42%）都低于 OECD 平均水平（69%），但是青年人的就业率接近或者略高于 OECD 平均水平（分别为 88%和 76%）（表 A5.3a）。

在奥地利、比利时、墨西哥、俄罗斯、斯洛文尼亚和土耳其，不同学历水平和年龄组之间的就业率存在巨大差距，比如，拥有高中或中等后非高等教育学历的青年人和年长者之间的就业率之差超过了 35 个百分点（表 A5.3a）。

失业似乎给了青年人重重一击。各学历层次的 25—34 岁青年人的失业率都高于 55—64 岁年长者。就 OECD 国家的平均水平而言，高中以下学历的年长者失业率为 9%，而同等受教育程度的青年人失业率却高达 19%。与之相似，拥有高中或中等后非高等教育学历的青年人失业率为 10.2%，而同等受教育程度的年长者失业率仅为 6.5%。两个年龄组人口的失业率在高等教育学历层次差距最小：拥有高等教育学历的青年人失业率为 7%，年长者为 4%（表 A5.4a）。

图 A5.2 青年人和年长者的就业率（2014 年）

25—34 岁和 55—64 岁两个年龄组人群的就业率百分比之差

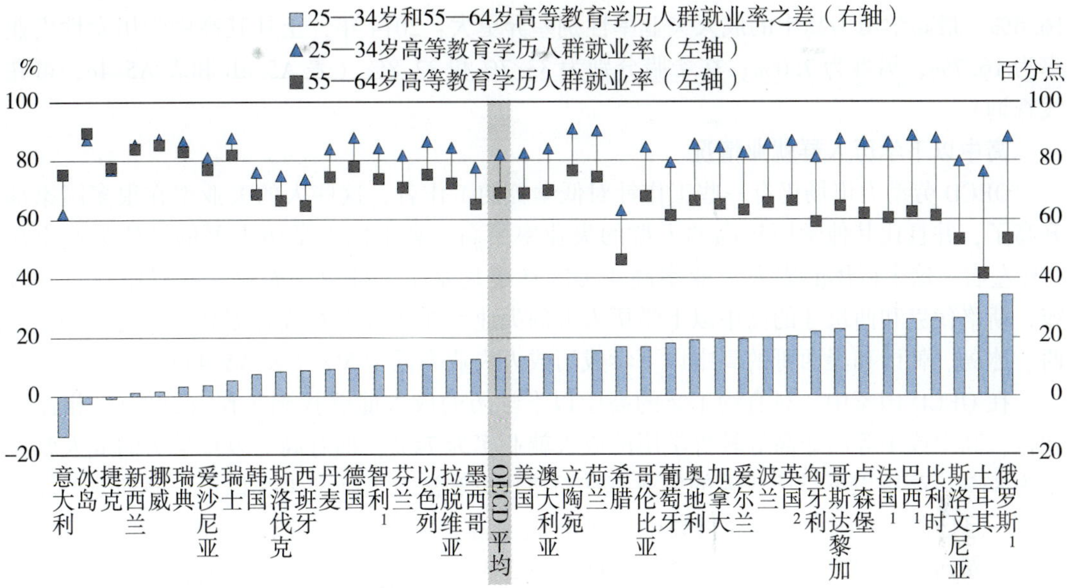

1. 2013 年数据。
2. 高中学历数据包含完成中间课程的数据（18%的成人属于这一组别）。
国家按照 25—34 岁与 55—64 岁高等教育学历拥有者就业率百分点差值升序排列。
数据来源：OECD. Table A5. 3a. See Annex 3 for notes (www. oecd. org/education/education-at-a-glance-19991487. htm).
StatLink http://dx. doi. org/10. 1787/888933283613

按性别划分

就所有 OECD 国家和各学历水平平均而言，相比男性 80%的就业率，尽管女性总体上受教育水平更高，就业率却只有 66%。平均来说，学历层次最低（高中以下学历）人群的男性就业率明显高于同等受教育程度的青年女性。在受教育最少的成人中，就业率的性别差异最大（表 A5. 1b、表 A5. 3b 和表 A5. 3c，可在线查询）。

就 OECD 国家的平均水平而言，25—64 岁最高学历为高中以下学历的人群其就业率的性别差异达到了 20 个百分点（男性为 66%，女性为 46%）。高中或中等后非高等教育学历人群就业率的性别差异缩小到 15 个百分点（男性为 81%，女性为 66%），高等教育学历人群就业率的性别差异仅为 9 个百分点（男性为 88%，女性为 79%）（表 A5. 3b 和表 A5. 3c，可在线查询）。

尽管随着学历水平的提高，就业率的性别差异逐渐缩小，OECD 国家女性拥有高等教育学历的比例高于男性，分别为 36%和 31%，但拥有高等教育学历的女性的就业率相比同等受教育程度的男性而言仍然很低（表 A1. 4b、表 A5. 3b 和表 A5. 3c，可在线查询）。

除斯洛伐克外，所有 OECD 国家 25—64 岁拥有高等教育学历人群就业率的性别差异都小于同年龄段高中以下学历人群。智利、墨西哥和土耳其等国家的就业率性别差异尤其大，超过了 25 个百分点（表 A5. 3b 和表 A5. 3c，可在线查询）。

平均来说，失业率的性别差异没有就业率的性别差异那么明显。高中以下学历男性和女性的失业率非常接近（分别为 12. 6%和 12. 9%）。高中或中等后非高等教育学历的成人中女性失业率高于男性，分别为 8. 6%和 7. 1%。高等教育学历也是如此，女性失业率为

6%，男性失业率为5%（表A5.4b和表A5.4c，可在线查询）。

在希腊和土耳其，失业率的性别差异尤其明显。2014年，土耳其拥有高等教育学历的女性失业率为12.0%，而同等学历的男性失业率只有5.9%；在希腊分别为21.4%和16.8%。最高学历为高中的成人失业率性别差异更大：2014年，土耳其高中学历女性失业率为16.7%，男性为7.0%；在希腊分别为33.7%和22.8%（表A5.4b和表A5.4c，可在线查询）。

高中以下学历人群就业情况

OECD劳动力市场仍有一些工作针对低学历的工作者，这些人的失业率在很多国家都升高了，并且比其他学历较高的人群的失业率更高。高中以下学历人群的平均失业率在13%左右。这个群体的成人失业率高于OECD平均水平，捷克、希腊、拉脱维亚、立陶宛、斯洛伐克和西班牙的高中以下学历人群的失业率在20%左右或者更高。与之相反，巴西、冰岛、韩国和墨西哥的高中以下学成历成人失业率低于5%（表A5.4a）。

在OECD国家中，只有约1/2的高中以下学历的成人能够找到工作（56%），相比较而言，高中或中等后非高等教育学历的成人就业率为74%，拥有高等教育学历的成人就业率为83%。高中以下学历成人的就业率在斯洛伐克和波兰下降到40%以下，分别为33%和39%。但是在一些国家，未获得高中学历的成人就业率却很高：巴西、哥伦比亚、冰岛、韩国、新西兰、瑞典和瑞士至少2/3的低学历成人能够找到工作（表5.3a）。

高中学历人群就业情况（职业高中或普通高中）

学历水平较高的人群在劳动力市场的就业情况有所不同。相比高中以下学历人群，拥有高中学历的人群失业率较低（7.5%），就业率较高（74%）（在高中以下学历人群中分别为12.8%和56%）。一些国家，如希腊、立陶宛、西班牙等，受经济危机影响较大，2014年拥有高中或中等后非高等教育学历的成人失业率达到20%或以上，而高中以下学历成人的失业率甚至更高（表A5.3a和表A5.4a）。

高中或中等后非高等教育学历人群的劳动力市场就业情况随课程方向不同而有所变化。在OECD国家，约3/5的拥有高中或中等后非高等教育学历的成人拥有职业教育文凭，而拥有普通高中文凭的只占1/3。如图A5.3所示，在OECD国家中，职业高中或中等后非高等教育学历人群有77%能够找到工作，比最高学历为普通高中文凭的人群的就业率高7个百分点。在丹麦、德国和斯洛文尼亚，高中或中等后非高等教育学历水平的人群中，拥有职业教育文凭人群的就业率比拥有普通高中学历人群高18个百分点，而在捷克和法国，拥有职业教育文凭人群的就业率比拥有普通高中学历人群的就业率略低（表A5.5a和表A1.1a）。

图 A5.3　高中或中等后非高等教育学历成人的就业率，按课程方向划分（2014 年）

25—64 岁人口

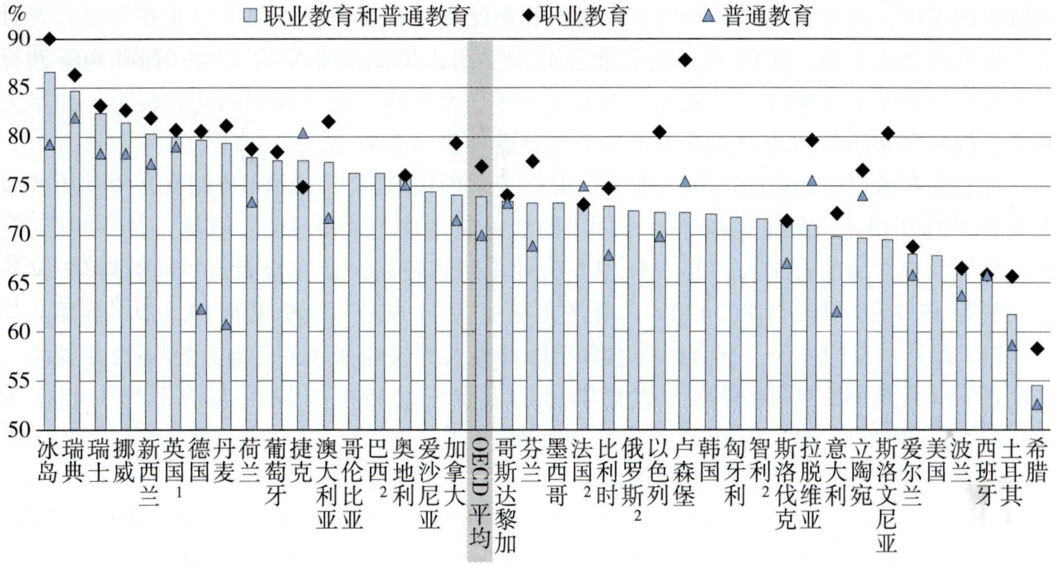

注：丹麦、芬兰、爱尔兰、拉脱维亚、立陶宛、卢森堡、斯洛文尼亚：按课程方向细分的数据只涵盖了最多在调查前 15 年完成了最高水平教育的 15—34 岁和 36—64 岁个体；“职业教育和普通教育”类别涵盖所有成人。

1. 高中学历数据包含完成中间课程的数据（18%的成人属于这一组别）。

2. 2013 年数据。

国家按照 25—64 岁最高学历为高中或中等后非高等教育学历拥有者的就业率降序排列，不分课程方向。

数据来源：OECD. Table A5. 5a. See Annex 3 for notes（www. oecd. org/education/education-at-a-glance-19991487. htm）.

StatLink http：//dx. doi. org/10. 1787/888933283620

在许多国家，这种差异都可以归因于高质量的职业教育与培训（VET）课程。在某些体制下，以学校为基础的学习和工厂实习被广泛地结合起来。奥地利、俄国、荷兰和瑞士都采用了这种典型的“双元制”。这种做法的优势在于它形成了公私合作伙伴关系，使社会伙伴和用人单位参与到职业教育与培训课程的开发及课程框架的制定等过程中。在实施这种制度的许多国家，用人单位通过给学徒提供经济资助，承担师资、材料或设备费用等方式，对职业教育与培训课程进行了大量投资（CEDEFOP，2011）。

“双元制”的其他方面的积极影响还在于，一体化的正规教育体系中的“工学结合”将有利于职业教育与培训课程的毕业生很好地融入劳动力市场之中。有研究表明，职业教育与培训可以对公共投资产生良好的经济回报，在一些具有强大的职业教育与培训体系的国家，如德国，青年人的失业问题已经得到了相对成功的解决（CEDEFOP，2011）。

与普通高中学历群体的失业率（平均 8.9%）相比，职业高中或中等后非高等职业教育学历群体的失业率（平均 8.5%）相对较低。在丹麦，职业高中或中等后非高等职业教育群体的失业率比普通高中或中等后非高等教育群体的失业率低了 5 个百分点。捷克、希腊和葡萄牙的形势则相反（表 A5. 5a）。

普通高中或中等后非高等教育学历人群的低就业率和高失业率还可以被一个事实解释，普通学历的成人更可能在中学毕业后继续接受教育，而那些不再需要接受进一步教育的人就看起来就缺少成功进入劳动力市场的资格保障。

高等教育学历人群就业情况

就 OECD 国家而言，受过高等教育的成人在劳动力市场的就业情况为最乐观。平均来讲，在 2014 年，拥有高等教育学历的成人的就业率为 83%，失业率为 5%。在可获得信息的所有国家中，拥有高等教育学历成人的就业率比拥有职业高中或中等后非高等职业教育学历成人的就业率高。2014 年，拥有职业高中学历人群的就业率为 77%，拥有高等教育学历人群的就业率为 83%，只有几个国家两种学历水平成人的就业率的差异较小，如澳大利亚、加拿大和冰岛的这一差异小于 3 个百分点（表 A5. 3a 和表 A5. 5a）。

拥有高等教育学历的成人的失业率一般低于学历较低的人。2014 年拥有高中学历的成人失业率约为 13%，而拥有高等教育学历的成人失业率只有 5. 1%。但是，在一些国家，拥有高等教育学历的青年人（25—34 岁）失业率仍然较高，如在希腊这一比例为 32. 5%，意大利为 17. 7%，葡萄牙为 14. 0%，斯洛文尼亚为 11. 9%，西班牙为 19. 4%，土耳其为 11. 4%。此外，总的来说，拥有高等教育学历青年人的失业率比同等学历的年长者要高一些：据 OECD 统计，在拥有高等教育学历的人群中，25—34 岁成人的平均失业率为 7. 5%，55—64 岁成人的失业率为 3. 8%（表 A5. 4a）。

在哥伦比亚和墨西哥，拥有高等教育学历人群的失业率高于高中以下学历人群的失业率。例如，在墨西哥，失业率随学历层次的提高而升高。高等教育学历持有者的失业率高于高中以下学历持有者的失业率（分别为 5. 0%和 3. 5%），且在各个年龄段都是如此：在年长者中分别为 3. 5%和 2. 5%，在青年人中分别为 7. 3%和 4. 7%。在墨西哥，失业率最高的群体是 25—34 岁拥有高等教育学历的男性成人（7. 9%）（表 A5. 4a）。

图 A5. 4　25—34 岁拥有高等教育学历人群的失业率，按性别划分（2014 年）

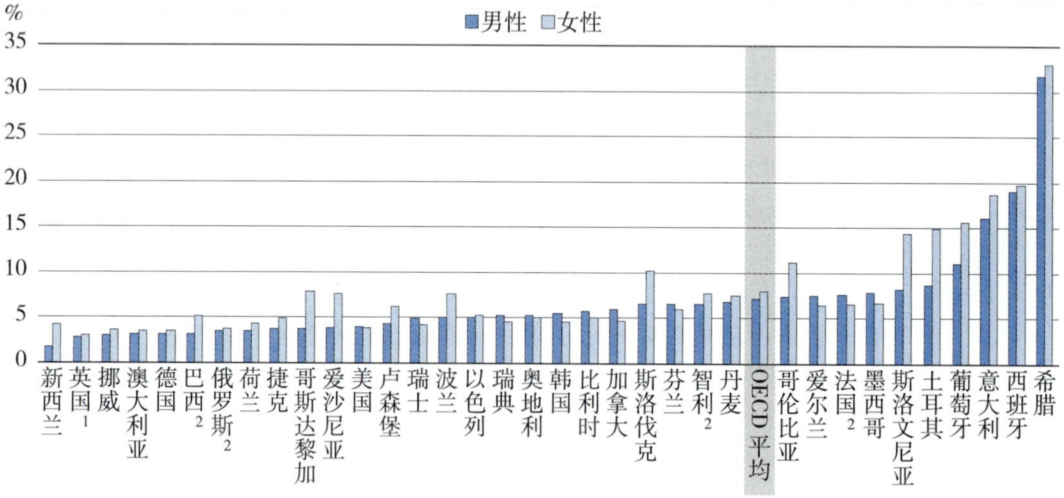

1. 高中学历数据包含完成中间课程的数据（18%的成人属于这一组别）。
2. 2013 年数据。
国家按照 25—34 岁男性高等教育学历拥有者的失业率升序排列。
数据来源：OECD. Tables A5. 4b and c，available on line. See Annex 3 for notes（www. oecd. org/education/education-at-a-glance-19991487. htm）.
StatLink http：//dx. doi. org/10. 1787/888933283632

一般而言，学历水平越高，就业率就越高，失业率就越低，且在任何高等教育学历层次上都是如此。在 OECD 国家，拥有短期高等教育学历、学士或同等水平学位的成人的就业率与博士或同等水平学位成人的就业率相比低了 10 个百分点（分别为 79%、82%和 91%），而失业率高了约 2 个百分点（分别为 5.1%、5.6%和 3.4%）（表 A5.1a）。

在多数 OECD 国家和伙伴国，有硕士或同等水平学位的成人的就业机会多于只拥有学士学位的人。例如，在奥地利、智利、哥斯达黎加、葡萄牙和土耳其，拥有硕士学位成人的失业率是只拥有学士学位的成人的失业率的一半或更少。在这些国家中，除了哥斯达黎加外，拥有硕士学位的成人就业率比只拥有学士学位的成人的就业率高出 10 个百分点（表 A5.1a）。

使用信息与通信技术（ICT）进行问题解决的技能和意愿

2012 年成人技能调查（PIAAC）分析了人们在技术密集环境下的问题解决技能，以及在工作和家庭中应用这些技能（ICT 技能）解决问题的频次。更高的在技术密集环境下的问题解决技能，既反映了人们的问题解决能力，同时也反映了人们更好地应用数字技术、通信工具和网络以获取与评估信息、与他人进行交流并完成实际任务的能力（PIAAC Expert Group in Problem Solving in Technology-Rich Environments，2009）。

通过成人技能调查中获得的信息可以创建一个指标，用以评估成人应用 ICT 进行问题解决的技能和意愿。这个指标汇总了多种信息，包括问题解决能力评估中的成绩以及没有参与基于计算机的评估以至于无法获得问题解决能力评分的原因。

目前，对于大部分工人来说，ICT 技能是找工作或获取高薪的关键。就经济发展而言，ICT 技能对于在全球市场中保持竞争力也是非常重要的。OECD 国家期望技术能够继续成为增加就业岗位的重要推动力，并将发展 ICT 技能视为实现经济复苏最重要的策略（Chinien and Boutin，2011；OECD，2010）。

在任何国家，使用 ICT 进行问题解决的技能和意愿随工作要求的 ICT 技能复杂程度的提高而提高。平均来说，被要求完成复杂 ICT 任务的成人中 66%的人拥有优秀的 ICT 技能和问题解决能力。这个比例在瑞典和德国达到最大，分别为 77%和 75%。在爱尔兰、波兰和俄罗斯最小，分别为 60%、53%和 42%。平均来说，与工作中需要完成复杂 ICT 任务的人相比，需要完成中等复杂程度的 ICT 任务的人中拥有较好 ICT 技能和问题解决技能的比例较低。例如，在爱沙尼亚，在工作中需要完成复杂 ICT 任务的人中有 66%拥有优秀的 ICT 技能和问题解决技能，在工作中只要求完成中等复杂程度 ICT 任务的人群中，这一比例下降到 39%。在所有参与调查的国家和地区中，工作中需要的 ICT 技能的复杂程度与使用 ICT 进行问题解决的技能和意愿之间存在正相关关系（表 A5.6a）。

图 A5.5 表明了在教育、制造、批发和零售贸易、卫生和社会工作行业的调查对象中，在使用 ICT 进行问题解决方面有较高技能和意愿的从业人员比例。这些行业中，比例最高的是教育行业。在澳大利亚、加拿大、英格兰/北爱尔兰（英国）、芬兰、日本和荷兰，至少 1/2 的教育行业调查对象拥有良好的 ICT 技能和问题解决技能。平均而言，教育行业的调查对象中有 45%拥有良好的 ICT 技能和问题解决技能，而这个比例在制造业只有 34%，批发和零售业为 32%，卫生和社会工作行业为 30%（表 A5.6d，可在线查询）。

图 A5.5 具有良好的信息与通信技术（ICT）技能和问题解决技能的百分比，按行业划分（2012 年）

成人技能调查，25—64 岁人群

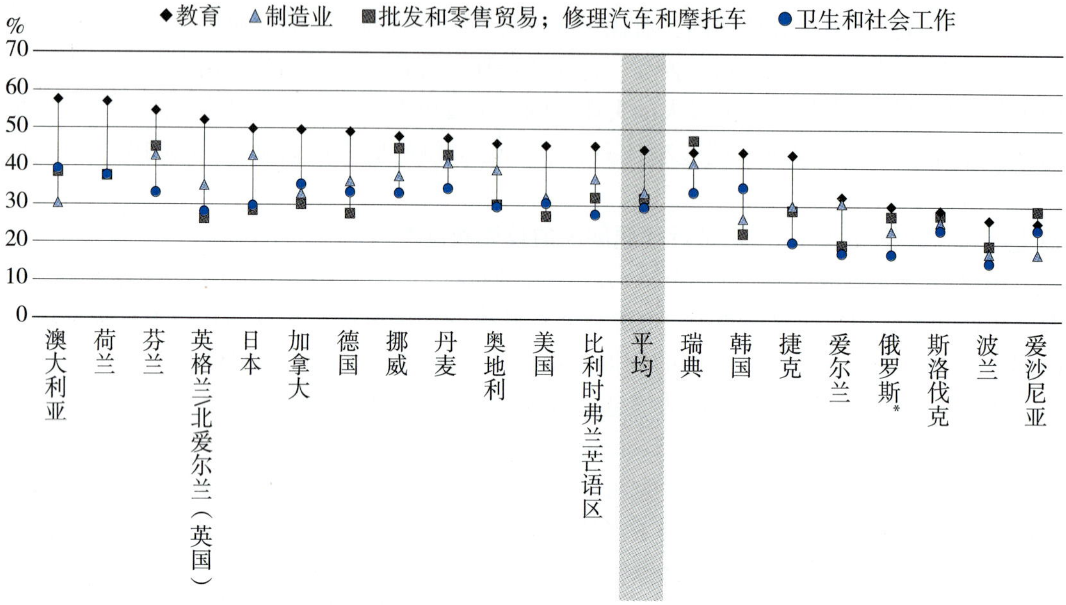

* 参见方法部分关于俄罗斯数据的说明。

国家按照教育行业从业成人中拥有良好 ICT 技能和问题解决技能的人数的百分比降序排列。

数据来源：OECD. Table A5.6d，available on line. See Annex 3 for notes（www.oecd.org/education/education-at-a-glance-19991487.htm）.

StatLink http：//dx.doi.org/10.1787/888933283646

专栏 A5.1 近期毕业生的就业情况

从国际和各国内部的指标都能明显看出，青年人进入劳动力市场面临困难。例如，25—34 岁高等教育学历成人失业率在 2005 年到 2012 年提高了 2 个百分点，到 2012 年，OECD 国家该群体的平均失业率为 7.4%。同期，55—64 岁高等教育学历成人失业率提高了 0.4 个百分点，达到了 3.9%（参见 OECD 2014a，表 A5.4a）。然而，往届毕业生的失业率还要略高一些，在一些国家中往届毕业生无法找到工作。

2013 年，拥有高中或中等后非高等教育学历且未继续接受教育的 15—34 岁往届毕业生中，有 31%处于失业状态。这一失业率的范围为：在各国从德国的 9%、奥地利和荷兰的 10%到意大利的 59%、西班牙的 62%、希腊的 76%。大部分拥有高中或中等后非高等教育学历的 15—34 岁非学生人群在他们毕业的第二年能够找到工作。在数据可得的 26 个 OECD 国家中，在 2013 年上述群体约有 61%找到工作。近几年各国该学历水平的毕业生的就业率差异很大：希腊为 16%，意大利为 26%，西班牙为 31%，而奥地利和冰岛为 84%、德国为 85%。

图 A5. a　15—34 岁高中或中等后非高等教育学历且现时未接受进一步教育或培训的人口的就业率，按毕业年限划分（2013 年）

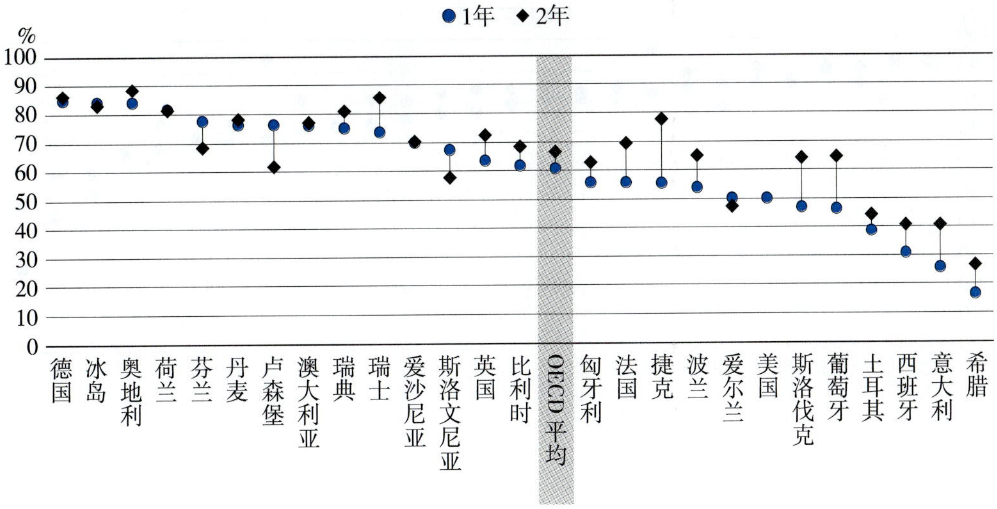

国家按照毕业后 1 年的就业率降序排列。

数据来源：OECD. Table A5. a, available on line. See Annex 3 for notes（www. oecd. org/education/education-at-a-glance-19991487. htm）。

StatLink http：//dx. doi. org/10. 1787/888933283658

多数国家拥有高等教育学历的成人与拥有高中或中等后非高等教育学历的成人相比就业率更高。例如，2013 年 20—34 岁拥有高等教育学历且不再继续接受教育的往届毕业生中平均就业率为 74%，相比之下，15—34 岁拥有高中或者中等后非高等教育学历的人就业率仅为 61%。在一些国家，如奥地利和丹麦，上述两种学历水平的毕业生的就业率很相似。但是，不同国家情况有所不同，如西班牙（拥有高等教育学历的成人的就业率为 64%，高中或中等后非高等教育学历的成人的就业率为 31%）和美国（分别为 73% 和 50%）。20—34 岁拥有高等教育学历的非学生人群的就业率在不同国家也有很大差别，希腊为 27%、意大利为 43%、土耳其为 51%，而荷兰和瑞士达到 91%、德国为 93%。

2013 年，20—34 岁拥有高等教育学历的往届毕业生非学生人群失业率为 19%，相比之下，15—34 岁完成了高中或中等后非高等教育的非学生人群失业率达到了 31%。与其他发现一致的是，拥有高等教育学历的青年人毕业后第二年的失业率有所下降。高等教育学历青年人毕业第一年的失业率约为 19%，第二年失业率降到 14%，第三年为 13%。正如我们从拥有高中或中等后非高等教育学历的青年人的失业率中观察到的一样，拥有高等教育学历的非学生青年人失业率在不同国家也有较大差别，例如，德国为 4%、澳大利亚为 7%、荷兰为 8%、瑞典为 9%，而西班牙达到 34%、意大利为 37%、希腊为 62%。尽管毕业后两三年内的未就业率相对较低，但一些国家非学生青年人在就业问题上面临着更大的挑战。

图 A5. b　20—34 岁有高等教育学历且现时未接受进一步教育或培训人口的就业率，按毕业年限划分（2013 年）

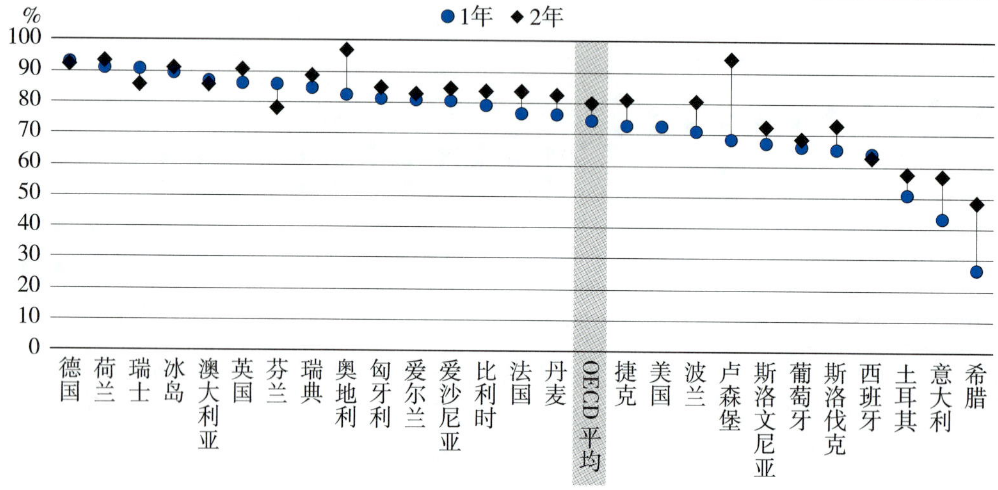

国家按照毕业后 1 年的就业率降序排列。

数据来源：OECD. Table A5. b, available on line. See Annex 3 for notes (www. oecd. org/education/education-at-a-glance-19991487. htm).

StatLink http://dx. doi. org/10. 1787/888933283660

专栏 A5. 1 的表：

WEB 表 A5. a　15—34 岁高中后非高等教育学历且现时未接受进一步教育或培训人口的就业率，按毕业年限划分（2011，2012，2013）

WEB 表 A5. b　20—34 岁有高等教育学历且现时未接受进一步教育或培训人口的就业率，按毕业年限划分（2011，2012，2013）

定　义

有劳动能力的人口（劳动力）：根据劳动力调查的定义，有劳动能力的人口（劳动力）是指就业和失业人数的总和。

年龄组：**成人**指 25—64 岁人口；**青年人**指 25—34 岁人口；**年长者**指 55—64 岁人口。**劳动年龄人口**指 25—64 岁的总人口。

就业者：在调查周内，那些从事有偿工作（雇员）或者营利性工作（个体经营者和无报酬的家庭劳动者）至少达到 1 小时的人；或有工作但暂时未工作的人（由于伤病、休假、罢工或者停工、脱产接受教育或者培训、产假或者陪产假等）。

就业率：指就业人数占劳动年龄人口的百分比（就业人口除以劳动年龄人口）。按性别、年龄、学历、课程方向和年龄组划分的就业率在各分类组内分别计算，例如，女性就业率的计算公式是：女性就业人口除以女性劳动年龄人口。

无业人口：指在调查周内，那些既没有被雇用也没有失业的人，如不找工作的人。退出劳动力市场的人数的计算方法是：劳动年龄人口减去参与劳动力市场的人口（劳动力）。

无业率：指无业人口占劳动年龄人口的百分比（如无业人口除以劳动年龄人口）。按性别、年龄、学历、课程方向和年龄组划分的无业率在各分类组内分别计算，例如，高等教育学历人口无业率的计算公式是：高等教育学历无业人口除以有高等教育学历的劳动年龄人口。

完成中间课程（ISCED 2011）：对应 ISCED 2011 等级课程，但不足以对应 ISCED 2011 等级，应当低于 ISCED 2011 等级。而且，这种资格不能直接衔接到更高的 ISCED 2011 等级。

教育水平：本指标使用了 ISCED 2011 和 ISCED-97 两种分类。

- 当明确指出使用的是 ISCED 2011 时，各教育水平定义如下：**高中以下教育**对应 ISCED 2011 等级 0、1 和 2，以及包括 ISCED 2011 等级 3 的课程资格认证，该认证不视为已完全完成 ISCED 2011 等级 3，且无法直接升入中等后非高等教育或高等教育；**高中或中等后非高等教育**对应 ISCED 2011 等级 3 和 4；**高等教育**对应 ISCED 2011 等级 5、6、7 和 8（UNESCO Institute for statistics，2012）。
- 当明确指出使用的是 ISCED-97 时，各教育水平定义如下：**高中以下教育**对应 ISCED-97 等级 0、1、2 和 3C 短期课程；**高中或中等后非高等教育**对应 ISCED-97 等级 3A、3B、3C 长期课程以及等级 4；**高等教育**对应 ISCED-97 等级 5A、5B 和 6。

所有 ISCED 2011 等级内容参见本书卷首的“关于新版《国际教育标准分类》（ISCED 2011）的说明”，所有 ISCED-97 等级参见附录 3。

技能组：反映了在技术环境下使用 ICT 解决问题的技能与意愿。在成人技能调查中，根据在技术环境下问题解决评估中成人成功完成的任务类型的特征及其得分，对每个组别进行描述。

- 第 0 组（没有使用计算机的经验）
- 第 1 组（拒绝基于计算机的评估）
- 第 2 组（未通过 ICT 核心测试或最低的问题解决技能——技术环境下的问题解决评估得分低于水平 1）
- 第 3 组（中等的 ICT 及问题解决技能——技术环境下的问题解决评估得分为水平 1）
- 第 4 组（良好的 ICT 及问题解决技能——技术环境下的问题解决评估得分为水平 2 或水平 3）

工作所需的 ICT 技能指的是工作中对计算机的使用。技能水平可分为四个层级：“工作中不需要 ICT 技能”反映的是受调查者回答他们在工作中不需要使用计算机的情况；“简单使用”指的是日常工作都会用到计算机的情况，如数据录入、收发电子邮件；“熟练使用”指的是使用计算机进行文本编辑、电子表格制作或数据库管理；“复杂使用”指的是开发软件，制作电子游戏，使用 java、sql、php 或 perl 等语言编程及维护计算机网络系统等。

失业率：指劳动力中失业人口的百分比（如，失业人口除以就业和失业人口之和）。按性别、年龄、学历、课程方向和年龄组划分的失业率在各分类组内分别计算，例如，女性失业率的计算公式是：女性失业人数除以参与劳动力市场的全部女性人数。

失业者：在调查周内，那些没有工作（如，既没有正式工作，也没有从事 1 小时或者更长时间有报酬的被雇用或者自雇性质的工作）、正在积极寻找就业机会（如，调查周开始前的 4 周已经采取具体措施寻找有报酬的被雇用或自雇性质的工作），以及调查时准备开始工作的人（如，在调查周随后两周内获得有报酬的被雇用或者自雇性质的工作机会的人）。

方　法

大多数国家有关人口和学历的数据来源于 OECD 和欧盟统计局数据库，该数据库由 OECD LSO（劳动市场、学习的经济和社会效益）网络组织实施的国家劳动力调查汇编而成。中国、哥伦比亚、印度尼西亚、沙特阿拉伯和南非的学历相关数据选自 UNESCO 统计所（UIS）关于 25 岁及以上人口的学历数据库。成人技能熟练水平和平均得分取自 2012 年的成人技能调查（PIAAC）。PIAAC 是 OECD 的国际成人能力评价项目。更多信息请参见附录 3（www. oecd. org/education/education-at-a-glance-19991487. htm）。

有关以色列的数据说明

以色列的数据由以色列有关当局负责提供。在使用这些数据时，OECD 根据国际法的规定对戈兰高地、东耶路撒冷和约旦河西岸的以色列定居点的地位不持偏见。

关于俄罗斯成人技能调查（PIAAC）数据的说明

读者应当注意到，俄罗斯样本中不包含莫斯科市区的人口。因此，公布的数据不能代表 16—65 岁的全体俄罗斯居民，而是除莫斯科市区人口之外该年龄段的俄罗斯居民。关于俄罗斯及其他国家数据的更多信息请参见成人技能调查技术报告（OECD，2014b）。

参考文献

Chinien，C. and F. Boutin（2011），“Defining Essential Digital Skills in the Canadian Workplace：Final Report”，WDM-Consultants.

European Centre for the Development of Vocational Training（CEDEFOP）（2011），*The Benefits of Vocational Education and Training*，Publications Office of the European Union，Luxembourg.

OECD（2014a），*Education at a Glance 2014：OECD Indicators*，OECD Publishing，Paris，http：//dx. doi. org/10. 1787/eag-2014-en.

OECD（2014b），*Technical Report of the Survey of Adult Skills*，www. oecd. org/site/piaac/_Technical%20Report_17OCT13. pdf，pre-publication copy.

OECD（2013），*OECD Skills Outlook 2013：First Results from the Survey of Adult Skills*，OECD Publishing，Paris，http：//dx. doi. org/10. 1787/9789264204256-en.

OECD（2010），“Highlights”，in *OECD Information Technology Outlook 2010*，OECD Publishing，Paris，http：//dx. doi. org/10. 1787/it_outlook-2010-2-en.

PIAAC Expert Group in Problem Solving in Technology-Rich Environments（2009），“PIAAC Problem Solving in Technology-Rich Environments：A Conceptual Framework”，*OECD Education Working Papers*，No. 36，OECD Publishing，Paris，http：//dx. doi. org/10. 1787/

220262483674.

UNESCO Institute for Statistics (2012), *International Standard Classification of Education: ISCED 2011*, UNESCO-UIS, Montreal, Canada, www. uis. unesco. org/Education/Documents/isced-2011-en. pdf.

表 A5. 1a 就业率，按学历划分（2014 年）

25—64 岁人口的就业百分比

		高中以下教育					高中或中等后非高等教育		高等教育				所有教育水平
		小学以下	小学	完成中间初中课程	初中	完成中间高中课程	高中	中等后非高等教育	短期课程	学士或同等水平	硕士或同等水平	博士或同等水平	
		(1)	(2)	(3)	(4)	(5)	(6)	(7)	(8)	(9)	(10)	(11)	(12)
OECD 国家	澳大利亚	x(2)	42[d]	a	66	a	77	81	80	83	85	92	76
	奥地利	x(2)	30[d]	a	55	a	76	80	84	77	89	88	75
	比利时	29	41	a	55	a	72	82	76	84	86	90	71
	加拿大	x(2)	45[d]	a	60	a	72	79	81	82	83[d]	x(10)	76
	智利[1]	53	55	a	66	a	72	a	81	85	94[d]	x(10)	70
	捷克	m	c	a	44	a	78[d]	x(6)	89	79	86	94	77
	丹麦	m	42	a	67	a	79	93	85	84	90	96	78
	爱沙尼亚	c	40	m	63	m	74	75	78	83	86	95	77
	芬兰	x(2)	38[d]	a	60	a	73	92	81	82	86	91	75
	法国[1]	40	43	a	61	a	73	c	84	82	87	87	72
	德国	x(2)	47[d]	a	61	a	78	85	90	88	87	93	79
	希腊	27	43	48	53	53[r]	54	57	64	67	79	87	56
	匈牙利	c	25	a	47	a	71	78	82	80	85	88	70
	冰岛	x(2)	66[d]	a	77	a	86	95	88	89	94	99	86
	爱尔兰	c	35	a	55	a	67	69	77	81	86	92	69
	以色列	34	42	a	58	a	72	a	82	86	90	92	76
	意大利	31	28	a	55	a	70	73	c	69	80	90	63
	日本	x(6)	x(6)	a	x(6)	x(6)	76[d]	x(8)	76[d]	86[d]	x(9)	x(9)	79
	韩国	x(2)	63	a	69	a	72	m	76	78[d]	x(9)	x(9)	74
	卢森堡	c	59	a	62	a	72	75	79	82	89	85	76
	墨西哥	58	62	68	67	64	73	a	71	79[d]	x(9)	x(9)	68
	荷兰	35	51	a	64	a	78	87	84	87	89	94	77
	新西兰	x(4)	x(4)	a	71[d]	a	77	85	86	87	87	91	80
	挪威	35	50	a	62	a	82	79	84	91	93	97	81
	波兰	6	40	a	44	a	66	70	50	82	87	93	69

注：大多数国家数据参照 ISCED 2011。参照 ISCED-97 的国家有：巴西、印度尼西亚、俄罗斯、沙特阿拉伯和南非。参见定义部分对教育水平的说明。

1. 2013 年数据。

数据来源：OECD. Colombia，Costa Rica：OECD Education Database. Latvia，Lithuania：Eurostat. See Annex 3 for notes (www. oecd. org/education/education-at-aglance-19991487. htm).

缺失数据代码参见《读者指南》。

StatLink http：//dx. doi. org/10. 1787/888933284983

表 A5.1a（续）　就业率，按学历划分（2014 年）

25—64 岁人口的就业百分比

		高中以下教育					高中或中等后非高等教育		高等教育				所有教育水平
		小学以下	小学	完成中间初中课程	初中	完成中间高中课程	高中	中等后非高等教育	短期课程	学士或同等水平	硕士或同等水平	博士或同等水平	
		(1)	(2)	(3)	(4)	(5)	(6)	(7)	(8)	(9)	(10)	(11)	(12)
OECD国家	葡萄牙	32	60	a	72	a	78	77	x(9)	72[d]	85	91	70
	斯洛伐克	c	c	53	31	c	71	75	73	74	81	81	69
	斯洛文尼亚	c	33	a	50	a	69	a	76	81	86	94	70
	西班牙	25	39	a	55	a	66	64	74	77	79	87	63
	瑞典	x(2)	44[d]	a	68	82	85	84	84	89	92	94	83
	瑞士	53	67	a	70	a	82	a	x(9, 10,11)	89[d]	88[d]	93[d]	83
	土耳其	35	50	a	60	a	62	a	68	78	87	95	57
	英国	41	61	a	60	77	83	a	83	85	86	91	78
	美国	57	58	a	53	a	68[d]	x(6)	76	80	84	86	72
	OECD 平均	37	47	m	59	m	74	79	79	82	87	91	73
	欧盟 21 国平均	30	42	m	56	m	73	77	79	80	86	90	72
伙伴国	阿根廷	m	m	m	m	m	m	m	m	m	m	m	m
	巴西[1]	x(4)	x(4)	x(4)	67[d]	a	76[d]	x(6)	x(9)	85[d]	x(9)	x(9)	72
	中国	m	m	m	m	m	m	m	m	m	m	m	m
	哥伦比亚	x(4)	x(4)	a	72[d]	a	76	a	x(9)	84[d]	x(9)	x(9)	76
	哥斯达黎加	51	64	70	71	69	73	74	75	84	91[d]	x(10)	71
	印度	m	m	m	m	m	m	m	m	m	m	m	m
	印度尼西亚	m	m	m	m	m	m	m	m	m	m	m	m
	拉脱维亚	c	c	a	53	a	70	74	84	83	86	97	73
	立陶宛	c	c	a	46	64	67	73	x(9)	89[d]	90	c	75
	俄罗斯[1]	x(4)	x(4)	a	49[d]	a	72[d]	x(6)	x(9)	83[d]	x(9)	x(9)	77
	沙特阿拉伯	m	m	m	m	m	m	m	m	m	m	m	m
	南非	m	m	m	m	m	m	m	m	m	m	m	m
	G20 平均	m	m	m	m	m	m	m	m	m	m	m	m

注：大多数国家数据参照 ISCED 2011。参照 ISCED-97 的国家有：巴西、印度尼西亚、俄罗斯、沙特阿拉伯和南非。参见定义部分对教育水平的说明。

1. 2013 年数据。

数据来源：OECD. Colombia，Costa Rica：OECD Education Database. Latvia，Lithuania：Eurostat. See Annex 3 for notes (www. oecd. org/education/education-at-aglance-19991487. htm).

缺失数据代码参见《读者指南》。

StatLink http：//dx. doi. org/10. 1787/888933284983

表 A5.2a 失业率，按学历划分（2014 年）

25—64 岁劳动力中失业人口的百分比

	高中以下教育					高中或中等后非高等教育		高等教育				所有教育水平
	小学以下	小学	完成中间初中课程	初中	完成中间高中课程	高中	中等后非高等教育	短期课程	学士或同等水平	硕士或同等水平	博士或同等水平	
	(1)	(2)	(3)	(4)	(5)	(6)	(7)	(8)	(9)	(10)	(11)	(12)
OECD 国家												
澳大利亚	x(2)	11.4[d]	a	7.0	a	4.6	4.2	4.0	2.7	3.9	c	4.5
奥地利	x(2)	23.1[d]	a	10.2	a	4.6	c	3.5	6.5	3.4	5.7	5.0
比利时	22.6	14.9	a	12.9	a	7.4	c	c	4.0	4.3	c	7.3
加拿大	x(2)	11.7[d]	a	10.3	a	6.7	6.2	4.8	4.7	4.8[d]	x(10)	5.8
智利[1]	4.6	5.1	a	5.4	a	5.6	a	5.7	4.9	1.3[d]	x(10)	5.3
捷克	m	c	a	20.7	a	5.4[d]	x(6)	c	3.8	2.3	c	5.5
丹麦	x(2)	9.9[d]	a	7.9	a	5.2	c	4.8	4.0	5.0	c	5.4
爱沙尼亚	c	c	m	11.5	m	7.8	7.7	5.7	5.0	4.3	0.0	6.8
芬兰	x(2)	13.9[d]	a	12.1	a	8.2	c	4.5	5.9	4.8	c	7.1
法国[1]	14.1	13.2	a	14.1	a	8.5	c	4.8	6.0	5.3	5.1	8.4
德国	x(2)	16.0[d]	a	11.0	a	5.0	2.9	c	2.4	2.8	1.9	4.8
希腊	40.5	25.7	24.5[r]	29.0	44.0[r]	26.9	30.1	2.8[r]	20.8	15.4	6.7[r]	24.9
匈牙利	c	29.2	a	16.2	a	6.7	5.2	c	3.1	2.0	c	6.7
冰岛	x(2)	c	a	4.8	a	4.3	c	c	3.5	3.8	c	4.1
爱尔兰	c	21.5	a	17.4	a	10.8	13.8	7.1	6.0	5.0	c	10.3
以色列	7.0	7.8	a	7.5	a	6.2	a	4.7	4.1	2.8	2.4	5.1
意大利	21.7	19.9	a	14.5	a	9.1	11.7	c	11.6	6.8	3.9	10.8
日本	x(6)	x(6)	a	x(6)	a	4.1[d]	x(8)	3.4[d]	2.5[d]	x(9)	x(9)	3.5
韩国	x(2)	2.8	a	2.6	a	3.3	m	3.3	3.1[d]	x(9)	x(9)	3.1
卢森堡	c	9.7	a	6.4	a	4.9	c	4.9	3.5	3.2	c	4.7
墨西哥	2.3	2.9	5.3	4.2	4.4	4.4	a	5.9	5.0[d]	x(9)	x(9)	4.0
荷兰	18.2	11.1	a	9.4	a	7.1	c	4.6	4.0	3.6	c	6.4
新西兰	x(4)	x(4)	a	5.2[d]	a	5.3	3.5	3.7	2.4	3.0	c	4.0
挪威	0.0	7.1	a	6.7	a	2.4	3.0	3.3	1.2	1.8	0.9	2.8
波兰	0.0	16.9	a	27.6	a	8.7	7.8	0.0	6.0	3.7	0.9	7.7
葡萄牙	23.8	14.5	a	14.5	a	12.5	16.8	x(9)	14.1[d]	7.7	c	12.8

注：大多数国家数据参照 ISCED 2011。参照 ISCED-97 的国家有：巴西、印度尼西亚、俄罗斯、沙特阿拉伯和南非。参见定义部分对教育水平的说明。

1. 2013 年数据。

数据来源：OECD. Colombia，Costa Rica：OECD Education Database. Latvia，Lithuania：Eurostat. See Annex 3 for notes (www. oecd. org/education/education-at-aglance-19991487. htm).

缺失数据代码参见《读者指南》。

StatLink http：//dx. doi. org/10. 1787/888933284991

表 A5.2a（续）　失业率，按学历划分（2014 年）

25—64 岁劳动力中失业人口的百分比

		高中以下教育					高中或中等后非高等教育		高等教育				所有教育水平
		小学以下	小学	完成中间初中课程	初中	完成中间高中课程	高中	中等后非高等教育	短期课程	学士或同等水平	硕士或同等水平	博士或同等水平	
		(1)	(2)	(3)	(4)	(5)	(6)	(7)	(8)	(9)	(10)	(11)	(12)
OECD 国家	斯洛伐克	c	c	16.8	42.7	c	11.4	c	c	7.5	5.5	c	11.8
	斯洛文尼亚	c	22.4[r]	a	15.1	a	9.7	a	4.9[r]	9.4	5.6	2.6[r]	9.1
	西班牙	47.7	36.6	a	29.0	a	21.6	c	17.0	12.9	12.4	8.2	22.4
	瑞典	x(2)	26.2[d]	a	11.7	8.8	4.6	6.1	5.7	3.8	3.3	c	5.8
	瑞士	c	c	a	9.4	a	3.8[d]	x(6)	x(9,10,11)	2.9[d]	3.8[d]	c	4.1
	土耳其	11.1	8.0	a	9.5	a	9.1	a	10.0	8.1	4.6	c	8.6
	英国	c	9.8	a	7.7	4.8	3.2	a	2.6	2.7	2.1	c	3.9
	美国	7.3	7.5	a	12.5	a	7.2[d]	x(6)	4.9	3.9	2.6	2.3	5.8
	OECD 平均	15.8	14.8	m	12.9	m	7.5	9.1	5.1	5.6	4.5	3.4	7.3
	欧盟 21 国平均	23.6	18.6	m	16.3	m	9.0	11.3	5.2	6.8	5.2	3.9	9.0
伙伴国	阿根廷	m	m	m	m	m	m	m	m	m	m	m	m
	巴西[1]	x(4)	x(4)	a	4.5[d]	a	5.6[d]	x(6)	x(9)	2.9[d]	x(9)	x(9)	4.6
	中国	m	m	m	m	m	m	m	m	m	m	m	m
	哥伦比亚	x(4)	x(4)	a	6.2[d]	a	8.4[d]	x(6)	x(9)	7.4[d]	x(9)	x(9)	7.2
	哥斯达黎加	7.7	7.0	7.4	7.5	6.1	6.8	6.0	5.3	4.4	1.4	x(10)	6.4
	印度	m	m	m	m	m	m	m	m	m	m	m	m
	印度尼西亚	m	m	m	m	m	m	m	m	m	m	m	m
	拉脱维亚	c	c	a	22.7	a	11.6	9.2	c	6.2	3.5	c	10.3
	立陶宛	c	c	a	27	c	15	10	x(9)	5	c	c	10
	俄罗斯[1]	x(4)	x(4)	a	12.5[d]	a	6.2[d]	x(6)	x(9)	2.9[d]	x(9)	x(9)	4.6
	沙特阿拉伯	m	m	m	m	m	m	m	m	m	m	m	m
	南非	m	m	m	m	m	m	m	m	m	m	m	m
	G20 平均	m	m	m	m	m	m	m	m	m	m	m	m

注：大多数国家数据参照 ISCED 2011。参照 ISCED-97 的国家有：巴西、印度尼西亚、俄罗斯、沙特阿拉伯和南非。参见定义部分对教育水平的说明。

1. 2013 年数据。

数据来源：OECD. Colombia，Costa Rica：OECD Education Database. Latvia，Lithuania：Eurostat. See Annex 3 for notes (www.oecd.org/education/education-at-aglance-19991487.htm).

缺失数据代码参见《读者指南》。

StatLink http://dx.doi.org/10.1787/888933284991

表 A5.3a [1/3] 就业率变化趋势，按学历和年龄组划分（2000 年、2005 年、2010 年和 2014 年）

各年龄组成人中就业人口的百分比

		高中以下教育											
		25—64 岁就业率				25—34 岁就业率				55—64 岁就业率			
		2000	2005	2010	2014	2000	2005	2010	2014	2000	2005	2010	2014
		(1)	(2)	(3)	(4)	(5)	(6)	(7)	(8)	(17)	(18)	(19)	(20)
OECD 国家	澳大利亚	61[b]	63[b]	65[b]	60	64[b]	64[b]	61[b]	59	39[b]	46[b]	53[b]	50
	奥地利	m	53	55	53	m	61	59	58	m	23	30	30
	比利时	51[b]	49[b]	49[b]	47	64[b]	57[b]	56[b]	52	19[b]	21[b]	26[b]	30
	加拿大	55	56	55	56	60	62	58	57	37	40	43	48
	智利[1]	m	m	62[b]	61	m	m	59[b]	61	m	m	55[b]	54
	捷克	47[b]	41[b]	43[b]	43	51[b]	43[b]	47[b]	46	17[b]	20[b]	26[b]	29
	丹麦	62[b]	62[b]	63[b]	62	70[b]	64[b]	65[b]	57	41[b]	42[b]	46[b]	53
	爱沙尼亚	42	50	45	60	53	60	51	66	24	36	30	44
	芬兰	60[b]	58[b]	55[b]	54	69[b]	63[b]	59[b]	52	33[b]	43[b]	44[b]	45
	法国[1]	56	59	55	54	61	63	57	55	24	32	32	37
	德国	51[b]	52[b]	55[b]	58	60[b]	52[b]	55[b]	55	26[b]	32[b]	40[b]	48
	希腊	58[b]	59[b]	57[b]	47	67[b]	72[b]	64[b]	51	39[b]	39[b]	40[b]	33
	匈牙利	36[b]	38[b]	38[b]	45	50[b]	49[b]	40[b]	49	12[b]	16[b]	20[b]	25
	冰岛	m	82	75	77	m	81	67	74	m	81	74	76
	爱尔兰	56[b]	58[b]	48[b]	47	68[b]	64[b]	44[b]	38	39[b]	45[b]	41[b]	42
	以色列	m	41[b]	45[b]	49	m	43[b]	45[b]	56	m	32[b]	38[b]	43
	意大利	49[b]	52[b]	50[b]	50	60[b]	65[b]	57[b]	50	23[b]	24[b]	26[b]	33
	日本	m	m	m	m	m	m	m	m	m	m	m	m
	韩国	68	66	65	66	65	62	57	59	59	58	59	64
	卢森堡	58[b]	62[b]	62[b]	61	78[b]	79[b]	78[b]	73	15[b]	22[b]	25[b]	26
	墨西哥	61[b]	62[b]	63[b]	63	63[b]	63[b]	63[b]	65	51[b]	52[b]	53[b]	53
	荷兰	58[b]	60[b]	61[b]	59	72[b]	70[b]	70[b]	63	28[b]	35[b]	42[b]	46
	新西兰	65[b]	70[b]	68[b]	71	63[b]	68[b]	64[b]	65	49[b]	61[b]	64[b]	66
	挪威	65[b]	64[b]	64[b]	62	67[b]	66[b]	64[b]	61	53[b]	48[b]	51[b]	53
	波兰	43[b]	38[b]	40[b]	39	50[b]	45[b]	49[b]	45	24[b]	21[b]	22[b]	25
	葡萄牙	73[b]	71[b]	68[b]	63	83[b]	81[b]	75[b]	71	50[b]	50[b]	48[b]	45
	斯洛伐克	31[b]	26[b]	30[b]	33	29[b]	16[b]	21[b]	28	7[b]	9[b]	21[b]	24
	斯洛文尼亚	53[b]	56[b]	51[b]	49	75[b]	70[b]	60[b]	53	20[b]	27[b]	28[b]	29
	西班牙	54[b]	59[b]	53[b]	49	65[b]	72[b]	59[b]	55	33[b]	38[b]	36[b]	35
	瑞典	68[b]	66[b]	63[b]	66	67[b]	65[b]	60[b]	65	56[b]	59[b]	60[b]	63
	瑞士	64[b]	65[b]	69[b]	69	68[b]	68[b]	70[b]	67	47[b]	51[b]	54[b]	56
	土耳其	53	47	49	51	55	49	51	54	38	30	31	33
	英国[2]	65[b]	65[b]	56[b]	60	66[b]	64[b]	56[b]	57	51[b]	56[b]	44[b]	48
	美国	58	57	52	55	64	62	55	58	40	39	40	40
	OECD 平均	56[b]	56[b]	55[b]	56	63[b]	61[b]	57[b]	57	34[b]	38[b]	41[b]	43
	欧盟 21 国平均	53[b]	54[b]	52[b]	52	63[b]	61[b]	56[b]	54	29[b]	33[b]	35[b]	38
伙伴国	阿根廷	m	m	m	m	m	m	m	m	m	m	m	m
	巴西[1,3]	m	m	69[b]	67	m	m	72[b]	71	m	m	52[b]	52
	中国	m	m	m	m	m	m	m	m	m	m	m	m
	哥伦比亚	m	m	m	72	m	m	m	73	m	m	m	60
	哥斯达黎加	m	m	64[b]	65	m	m	67[b]	69	m	m	51[b]	53
	印度	m	m	m	m	m	m	m	m	m	m	m	m
	印度尼西亚	m	m	m	m	m	m	m	m	m	m	m	m
	拉脱维亚	40[b]	52[b]	49[b]	51	50[b]	60[b]	58[b]	59	26[b]	35[b]	31[b]	33
	立陶宛	37[b]	46[b]	32[b]	48	52[b]	62[b]	41[b]	57	26[b]	32[b]	c	28
	俄罗斯[1]	m	m	m	49	m	m	m	58	m	m	m	28
	沙特阿拉伯	m	m	m	m	m	m	m	m	m	m	m	m
	南非	m	m	m	m	m	m	m	m	m	m	m	m
	G20 平均	m	m	m	m	m	m	m	m	m	m	m	m

注：多数国家的数据参照标准有所不同，用“b”表示，说明最近年份的数据参照 ISCED 2011，以前年份参照 ISCED-97。韩国所有年份的数据都参照 ISCED-97。参见定义部分对教育水平的有关说明。其他年龄组的数据可以在线查询（参见以下 StatLink）。

1. 2013 年数据。

2. 高中学历数据包含完成中间课程的数据（18%的成人属于这一组别）。

3. 2009 年数据。

数据来源：OECD. Colombia，Costa Rica：OECD Education Database. Latvia，Lithuania：Eurostat. See Annex 3 for notes (www. oecd. org/education/education-at-aglance-19991487. htm).

缺失数据代码参见《读者指南》。

StatLink http：//dx. doi. org/10. 1787/888933285001

表 A5.3a ［2/3］　就业率变化趋势，按学历和年龄组划分（2000 年、2005 年、2010 年和 2014 年）

各年龄组成人中就业人口的百分比

		高中或中等后非高等教育											
		25—64 岁就业率				25—34 岁就业率				55—64 岁就业率			
		2000	2005	2010	2014	2000	2005	2010	2014	2000	2005	2010	2014
		(21)	(22)	(23)	(24)	(25)	(26)	(27)	(28)	(37)	(38)	(39)	(40)
OECD 国家	澳大利亚	77[b]	80[b]	80[b]	77	80[b]	81[b]	78[b]	78	53[b]	62[b]	71[b]	67
	奥地利	m	73	76	76	m	83	83	83	m	28	39	44
	比利时	75[b]	74[b]	74[b]	73	84[b]	81[b]	80[b]	79	31[b]	38[b]	41[b]	44
	加拿大	76	76	74	74	79	80	77	77	52	57	58	59
	智利[1]	m	m	72[b]	72	m	m	74[b]	70	m	m	59[b]	62
	捷克	76[b]	75[b]	74[b]	78	77[b]	78[b]	76[b]	78	39[b]	47[b]	46[b]	53
	丹麦	81[b]	80[b]	79[b]	79	85[b]	83[b]	82[b]	79	57[b]	61[b]	59[b]	63
	爱沙尼亚	70	74	69	74	74	77	70	76	46	53	54	58
	芬兰	75[b]	75[b]	74[b]	73	76[b]	77[b]	76[b]	74	42[b]	53[b]	55[b]	57
	法国[1]	75	76	74	73	80	80	79	76	31	40	41	46
	德国	70[b]	71[b]	76[b]	80	79[b]	74[b]	78[b]	82	37[b]	43[b]	56[b]	64
	希腊	65[b]	69[b]	67[b]	54	69[b]	73[b]	71[b]	54	31[b]	38[b]	37[b]	27
	匈牙利	72[b]	70[b]	66[b]	72	75[b]	75[b]	71[b]	77	29[b]	39[b]	35[b]	43
	冰岛	m	89	83	87	m	82	73	78	m	87	82	87
	爱尔兰	77[b]	77[b]	66[b]	68	85[b]	83[b]	67[b]	67	48[b]	56[b]	55[b]	59
	以色列	m	67[b]	70[b]	72	m	65[b]	68[b]	71	m	53[b]	62[b]	65
	意大利	71[b]	74[b]	73[b]	70	67[b]	72[b]	69[b]	63	41[b]	44[b]	48[b]	57
	日本	m	m	m	m	m	m	m	m	m	m	m	m
	韩国	69	70	71	72	64	64	64	63	53	59	62	67
	卢森堡	73[b]	72[b]	72[b]	72	85[b]	82[b]	83[b]	84	32[b]	30[b]	35[b]	38
	墨西哥	71[b]	71[b]	72[b]	73	71[b]	71[b]	72[b]	71	48[b]	46[b]	50[b]	60
	荷兰	79[b]	78[b]	80[b]	78	88[b]	86[b]	87[b]	82	43[b]	49[b]	57[b]	63
	新西兰	80[b]	84[b]	82[b]	80	78[b]	82[b]	77[b]	76	65[b]	75[b]	78[b]	78
	挪威	83[b]	82[b]	82[b]	81	84[b]	84[b]	85[b]	84	68[b]	70[b]	68[b]	71
	波兰	67[b]	62[b]	65[b]	66	71[b]	68[b]	74[b]	74	28[b]	28[b]	34[b]	42
	葡萄牙	83[b]	79[b]	80[b]	78	83[b]	78[b]	80[b]	78	51[b]	48[b]	51[b]	55
	斯洛伐克	71[b]	71[b]	70[b]	71	72[b]	73[b]	72[b]	71	27[b]	34[b]	41[b]	45
	斯洛文尼亚	74[b]	75[b]	73[b]	69	86[b]	84[b]	81[b]	75	18[b]	27[b]	32[b]	33
	西班牙	72[b]	75[b]	69[b]	66	73[b]	78[b]	69[b]	65	51[b]	51[b]	53[b]	53
	瑞典	82[b]	81[b]	81[b]	85	83[b]	81[b]	80[b]	84	66[b]	69[b]	70[b]	75
	瑞士	81[b]	80[b]	81[b]	82	84[b]	83[b]	84[b]	85	66[b]	65[b]	67[b]	70
	土耳其	64	62	60	62	67	64	64	65	20	24	24	29
	英国[2]	81[b]	82[b]	78[b]	80	83[b]	81[b]	79[b]	81	65[b]	69[b]	63[b]	67
	美国	77	73	68	68	80	74	68	68	58	58	57	58
	OECD 平均	75[b]	75[b]	74[b]	74	78[b]	77[b]	76[b]	75	45[b]	50[b]	53[b]	56
	欧盟 21 国平均	74[b]	74[b]	73[b]	73	79[b]	78[b]	77[b]	75	41[b]	45[b]	48[b]	52
伙伴国	阿根廷	m	m	m	m	m	m	m	m	m	m	m	m
	巴西[1,3]	m	m	77[b]	76	m	m	79[b]	78	m	m	55[b]	54
	中国	m	m	m	m	m	m	m	m	m	m	m	m
	哥伦比亚	m	m	m	76	m	m	m	76	m	m	m	61
	哥斯达黎加	m	m	75[b]	73	m	m	78[b]	74	m	m	61[b]	59
	印度	m	m	m	m	m	m	m	m	m	m	m	m
	印度尼西亚	m	m	m	m	m	m	m	m	m	m	m	m
	拉脱维亚	67[b]	73[b]	66[b]	71	74[b]	77[b]	72[b]	77	36[b]	49[b]	47[b]	54
	立陶宛	69[b]	75[b]	63[b]	70	71[b]	80[b]	65[b]	75	45[b]	52[b]	45	51
	俄罗斯[1]	m	m	m	72	m	m	m	79	m	m	m	43
	沙特阿拉伯	m	m	m	m	m	m	m	m	m	m	m	m
	南非	m	m	m	m	m	m	m	m	m	m	m	m
	G20 平均	m	m	m	m	m	m	m	m	m	m	m	m

注：多数国家的数据参照标准有所不同，用“b”表示，说明最近年份的数据参照 ISCED 2011，以前年份参照 ISCED-97。韩国所有年份的数据都参照 ISCED-97。参见定义部分对教育水平的有关说明。其他年龄组的数据可以在线查询（参见以下 StatLink）。

1. 2013 年数据。

2. 高中学历数据包含完成中间课程的数据（18%的成人属于这一组别）。

3. 2009 年数据。

数据来源：OECD. Colombia，Costa Rica：OECD Education Database. Latvia，Lithuania：Eurostat. See Annex 3 for notes (www. oecd. org/education/education-at-aglance-19991487. htm).

缺失数据代码参见《读者指南》。

StatLink http：//dx. doi. org/10. 1787/888933285001

A5

表 A5.3a [3/3] 就业率变化趋势，按学历和年龄组划分（2000 年、2005 年、2010 年和 2014 年）

各年龄组成人中就业人口的百分比

		高等教育											
		25—64 岁就业率				25—34 岁就业率				55—64 岁就业率			
		2000	2005	2010	2014	2000	2005	2010	2014	2000	2005	2010	2014
		(41)	(42)	(43)	(44)	(45)	(46)	(47)	(48)	(57)	(58)	(59)	(60)
OECD 国家	澳大利亚	83[b]	84[b]	84[b]	83	84[b]	85[b]	85[b]	84	65[b]	69[b]	75[b]	70
	奥地利	m	83	85	85	m	86	86	86	m	48	61	66
	比利时	85[b]	84[b]	84[b]	85	92[b]	90[b]	89[b]	88	46[b]	49[b]	53[b]	61
	加拿大	83	82	81	82	86	85	84	85	58	62	65	65
	智利[1]	m	m	79[b]	84	m	m	75[b]	84	m	m	74[b]	74
	捷克	87[b]	86[b]	83[b]	84	83[b]	81[b]	77[b]	77	66[b]	69[b]	71[b]	78
	丹麦	88[b]	86[b]	86[b]	86	88[b]	87[b]	86[b]	84	73[b]	73[b]	71[b]	75
	爱沙尼亚	83	84	80	84	85	84	81	81	62	74	66	77
	芬兰	84[b]	84[b]	84[b]	83	84[b]	86[b]	84[b]	82	60[b]	66[b]	70[b]	71
	法国[1]	83	83	84	84	85	86	87	86	50	56	55	61
	德国	83[b]	83[b]	87[b]	88	89[b]	85[b]	88[b]	88	58[b]	63[b]	73[b]	78
	希腊	81[b]	82[b]	80[b]	69	79[b]	79[b]	77[b]	63	50[b]	59[b]	57[b]	46
	匈牙利	82[b]	83[b]	79[b]	82	83[b]	83[b]	79[b]	81	52[b]	60[b]	54[b]	59
	冰岛	m	94	90	91	m	94	88	87	m	90	89	90
	爱尔兰	88[b]	87[b]	81[b]	81	91[b]	89[b]	83[b]	83	67[b]	70[b]	66[b]	63
	以色列	m	81[b]	82[b]	86	m	82[b]	82[b]	86	m	68[b]	71[b]	75
	意大利	81[b]	80[b]	78[b]	78	73[b]	69[b]	67[b]	62	58[b]	67[b]	67[b]	76
	日本	m	m	m	m	m	m	m	m	m	m	m	m
	韩国	75	77	76	77	74	74	74	76	57	61	64	69
	卢森堡	84[b]	84[b]	85[b]	85	83[b]	87[b]	87[b]	86	65[b]	60[b]	67[b]	62
	墨西哥	82[b]	82[b]	81[b]	79	80[b]	79[b]	80[b]	78	69[b]	68[b]	66[b]	65
	荷兰	86[b]	86[b]	88[b]	88	93[b]	92[b]	93[b]	90	56[b]	62[b]	69[b]	75
	新西兰	82[b]	84[b]	84[b]	87	82[b]	81[b]	81[b]	86	67[b]	78[b]	82[b]	84
	挪威	90[b]	89[b]	90[b]	90	87[b]	86[b]	89[b]	87	86[b]	85[b]	84[b]	86
	波兰	85[b]	83[b]	85[b]	86	87[b]	83[b]	86[b]	86	51[b]	55[b]	56[b]	66
	葡萄牙	91[b]	87[b]	85[b]	83	91[b]	87[b]	85[b]	79	69[b]	61[b]	58[b]	61
	斯洛伐克	86[b]	84[b]	82[b]	80	83[b]	84[b]	78[b]	75	54[b]	54[b]	66[b]	67
	斯洛文尼亚	86[b]	87[b]	87[b]	83	92[b]	91[b]	88[b]	80	48[b]	51[b]	57[b]	53
	西班牙	80[b]	83[b]	80[b]	77	75[b]	82[b]	79[b]	74	64[b]	65[b]	64[b]	65
	瑞典	87[b]	87[b]	88[b]	89	82[b]	84[b]	85[b]	87	79[b]	83[b]	81[b]	83
	瑞士	90[b]	90[b]	88[b]	89	91[b]	91[b]	87[b]	88	78[b]	79[b]	79[b]	82
	土耳其	78	75	76	76	83	79	77	76	37	34	38	42
	英国[2]	88[b]	88[b]	84[b]	85	91[b]	90[b]	87[b]	87	66[b]	72[b]	65[b]	66
	美国	85	82	80	80	87	83	82	82	70	72	70	69
	OECD 平均	84[b]	84[b]	83[b]	83	85[b]	85[b]	83[b]	82	61[b]	65[b]	67[b]	69
	欧盟 21 国平均	85[b]	85[b]	84[b]	83	85[b]	85[b]	83[b]	81	60[b]	63[b]	64[b]	67
伙伴国	阿根廷	m	m	m	m	m	m	m	m	m	m	m	m
	巴西[1,3]	m	m	86[b]	85	m	m	88[b]	88	m	m	64[b]	63
	中国	m	m	m	m	m	m	m	m	m	m	m	m
	哥伦比亚	m	m	m	84	m	m	m	85	m	m	m	68
	哥斯达黎加	m	m	85[b]	85	m	m	87[b]	87	m	m	63[b]	65
	印度	m	m	m	m	m	m	m	m	m	m	m	m
	印度尼西亚	m	m	m	m	m	m	m	m	m	m	m	m
	拉脱维亚	80[b]	85[b]	81[b]	84	85[b]	86[b]	82[b]	84	56[b]	70[b]	64[b]	72
	立陶宛	80[b]	88[b]	87[b]	89	81[b]	89[b]	87[b]	91	59[b]	69[b]	74[b]	77
	俄罗斯[1]	m	m	m	83	m	m	m	88	m	m	m	54
	沙特阿拉伯	m	m	m	m	m	m	m	m	m	m	m	m
	南非	m	m	m	m	m	m	m	m	m	m	m	m
	G20 平均	m	m	m	m	m	m	m	m	m	m	m	m

注：多数国家的数据参照标准有所不同，用“b”表示，说明最近年份的数据参照 ISCED 2011，以前年份参照 ISCED-97。韩国所有年份的数据都参照 ISCED-97。参见定义部分对教育水平的有关说明。其他年龄组的数据可以在线查询（参见以下 StatLink）。

1. 2013 年数据。

2. 高中学历数据包含完成中间课程的数据（18%的成人属于这一组别）。

3. 2009 年数据。

数据来源：OECD. Colombia，Costa Rica：OECD Education Database. Latvia，Lithuania：Eurostat. See Annex 3 for notes (www.oecd.org/education/education-at-aglance-19991487.htm).

缺失数据代码参见《读者指南》。

StatLink http://dx.doi.org/10.1787/888933285001

表 A5.4a［1/3］　失业率变化趋势，按学历和年龄组划分（2000 年、2005 年、2010 年和 2014 年）

各年龄组成人中失业人口的百分比

		高中以下教育											
		25—64 岁失业率				25—34 岁失业率				55—64 岁失业率			
		2000	2005	2010	2014	2000	2005	2010	2014	2000	2005	2010	2014
		(1)	(2)	(3)	(4)	(5)	(6)	(7)	(8)	(17)	(18)	(19)	(20)
OECD 国家	澳大利亚	7.5[b]	6.3[b]	6.2[b]	7.8	11.4[b]	12.3[b]	14.3[b]	12.4	4.9[b]	3.7[b]	3.8[b]	5.1
	奥地利	m	8.5	8.1	10.8	m	15.4	15.2	18.5	m	c	c	6.4
	比利时	9.8[b]	12.4[b]	13.2[b]	14.3	17.5[b]	23.0[b]	23.4[b]	24.7	3.8[b]	6.1[b]	6.4[b]	8.0
	加拿大	10.2	9.7	12.3	10.6	14.9	13.3	17.8	14.4	6.9	7.8	10.0	8.9
	智利[1]	m	m	4.6[b]	5.2	m	m	8.0[b]	8.9	m	m	3.5[b]	3.8
	捷克	19.3[b]	24.4[b]	22.7[b]	20.7	28.3[b]	35.5[b]	28.9[b]	26.8	8.1[b]	13.7[b]	14.7[b]	14.0
	丹麦	6.3[b]	6.5[b]	9.0[b]	8.2	10.6[b]	9.7[b]	14.0[b]	14.7	3.1[b]	6.5[b]	6.5[b]	5.4
	爱沙尼亚	21.8[b]	13.0[b]	27.7[b]	11.9	29.0	17.0	33.6	15.0	23.4	c	17.5	c
	芬兰	11.9[b]	10.7[b]	11.6[b]	12.5	16.4[b]	17.4[b]	16.4[b]	18.1	11.5[b]	9.0[b]	8.5[b]	10.4
	法国[1]	13.8	11.1	12.9	13.9	21.7	18.8	23.8	23.6	8.5	6.3	8.3	9.2
	德国	13.7[b]	20.2[b]	15.9[b]	12.0	14.6[b]	25.6[b]	21.7[b]	18.3	15.8[b]	18.3[b]	13.4[b]	8.3
	希腊	8.2[b]	8.3[b]	11.9[b]	27.7	14.0[b]	11.1[b]	17.2[b]	37.4	4.0[b]	4.5[b]	7.0[b]	20.5
	匈牙利	9.9[b]	12.4[b]	23.5[b]	16.7	14.1[b]	16.7[b]	32.6[b]	23.4	3.9[b]	6.4[b]	16.2[b]	12.7
	冰岛	m	2.6	7.9	4.7	m	c	16.5	7.9	m	c	c	3.1
	爱尔兰	7.1[b]	6.0[b]	19.4[b]	18.7	9.8[b]	10.4[b]	32.0[b]	34.3	3.0[b]	3.1[b]	11.4[b]	13.0
	以色列	m	14.0[b]	9.8[b]	7.5	m	14.1[b]	12.2[b]	9.7	m	10.2[b]	8.0[b]	6.5
	意大利	10.0[b]	7.8[b]	9.1[b]	15.2	14.9[b]	11.8[b]	15.0[b]	25.1	6.4[b]	4.8[b]	5.6[b]	8.9
	日本	m	m	m	m	m	m	m	m	m	m	m	m
	韩国	3.7	2.9	3.1	2.7	7.3	8.1	9.4	6.9	2.7	2.3	3.2	2.5
	卢森堡	3.1[b]	5.1[b]	4.1[b]	7.7	5.4[b]	8.1[b]	7.6[b]	14.2	c	c	c	c
	墨西哥	1.5[b]	2.3[b]	4.0[b]	3.5	1.8[b]	2.8[b]	5.4[b]	4.7	1.2[b]	1.9[b]	2.8[b]	2.5
	荷兰	3.9[b]	5.8[b]	5.1[b]	10.1	4.9[b]	8.7[b]	8.6[b]	13.8	2.1[b]	4.5[b]	3.3[b]	9.9
	新西兰	6.6[b]	3.4[b]	6.1[b]	5.2	9.0[b]	5.5[b]	8.9[b]	8.8	5.4[b]	1.8[b]	4.0[b]	3.7
	挪威	2.2[b]	7.4[b]	5.6[b]	6.7	c	14.4[b]	12.3[b]	11.8	c	c	c	2.2
	波兰	20.6[b]	27.1[b]	16.1[b]	17.5	32.4[b]	38.3[b]	22.6[b]	23.6	7.7[b]	13.6[b]	11.4[b]	13.0
	葡萄牙	3.6[b]	7.5[b]	11.8[b]	14.8	4.2[b]	9.0[b]	15.3[b]	17.6	3.3[b]	6.4[b]	9.7[b]	15.6
	斯洛伐克	36.3[b]	49.2[b]	40.8[b]	39.2	55.7[b]	73.8[b]	63.8[b]	55.9	30.6[b]	36.5[b]	22.8[b]	25.4
	斯洛文尼亚	9.8[b]	8.7[b]	11.2[b]	15.4	11.3[b]	16.1[b]	18.9[b]	29.2[r]	4.5[b]	2.9[b]	4.2[b]	7.9[r]
	西班牙	13.7[b]	9.3[b]	24.5[b]	31.4	17.8[b]	11.3[b]	31.4[b]	36.7	10.8[b]	7.0[b]	18.4[b]	27.0
	瑞典	8.0[b]	8.5[b]	11.3[b]	13.2	13.1[b]	17.8[b]	19.6[b]	18.9	8.1[b]	5.2[b]	7.7[b]	7.2
	瑞士	4.8[b]	7.2[b]	7.4[b]	8.8	c	11.8[b]	13.3[b]	16.0	c	6.0[b]	5.4[b]	5.8
	土耳其	4.6	9.1	10.6	8.5	5.7	11.3	12.6	10.2	2.4	4.2	6.4	6.5
	英国[2]	6.6[b]	5.1[b]	9.8[b]	7.7	9.1[b]	7.8[b]	15.5[b]	13.9	5.5[b]	3.2[b]	5.0[b]	5.0
	美国	7.9	9.0	16.8	10.6	10.3	11.7	20.3	13.7	5.2	7.5	10.1	8.2
	OECD 平均	9.9[b]	10.7[b]	12.6[b]	12.8	15.0[b]	16.4[b]	19.0[b]	19.1	7.4[b]	7.5[b]	8.8[b]	9.2
	欧盟 21 国平均	11.9[b]	12.8[b]	15.2[b]	16.2	17.2[b]	19.2[b]	22.7[b]	24.0	8.6[b]	8.8[b]	10.4[b]	12.0
伙伴国	阿根廷	m	m	m	m	m	m	m	m	m	m	m	m
	巴西[1,3]	m	m	5.7[b]	4.5	m	m	8.5[b]	7.4	m	m	2.8[b]	2.4
	中国	m	m	m	m	m	m	m	m	m	m	m	m
	哥伦比亚	m	m	m	6.2	m	m	m	8.0	m	m	m	5.6
	哥斯达黎加	m	m	7.5[b]	7.1	m	m	9.4[b]	9.9	m	m	5.6[b]	4.9
	印度	m	m	m	m	m	m	m	m	m	m	m	m
	印度尼西亚	m	m	m	m	m	m	m	m	m	m	m	m
	拉脱维亚	19.0[b]	12.9[b]	27.6[b]	23.6	25.7[b]	16.4[b]	26.7[b]	24.3	8.0[b]	7.6[b]	24.0[b]	22.9[r]
	立陶宛	21.0[b]	c	37.8[b]	25.0	c	c	39.2[b]	c	c	c	c	c
	俄罗斯[1]	m	m	m	12.5	m	m	m	15.3	m	m	m	6.6
	沙特阿拉伯	m	m	m	m	m	m	m	m	m	m	m	m
	南非	m	m	m	m	m	m	m	m	m	m	m	m
	G20 平均	m	m	m	m	m	m	m	m	m	m	m	m

注：多数国家的数据参照标准有所不同，用“b”表示，说明最近年份的数据参照 ISCED 2011，以前年份参照 ISCED-97。韩国所有年份的数据都参照 ISCED-97。参见定义部分对教育水平的有关说明。其他年龄组的数据可以在线查询（参见以下 StatLink）。

1. 2013 年数据。

2. 高中学历数据包含完成中间课程的数据（18%的成人属于这一组别）。

3. 2009 年数据。

数据来源：OECD. Colombia，Costa Rica：OECD Education Database. Latvia，Lithuania：Eurostat. See Annex 3 for notes (www.oecd.org/education/education-at-aglance-19991487.htm).

缺失数据代码参见《读者指南》。

StatLink http://dx.doi.org/10.1787/888933285011

表 A5.4a [2/3] 失业率变化趋势，按学历和年龄组划分（2000 年、2005 年、2010 年和 2014 年）

各年龄组成人中失业人口的百分比

		高中或中等后非高等教育											
		25—64 岁失业率				25—34 岁失业率				55—64 岁失业率			
		2000	2005	2010	2014	2000	2005	2010	2014	2000	2005	2010	2014
		(21)	(22)	(23)	(24)	(25)	(26)	(27)	(28)	(37)	(38)	(39)	(40)
OECD 国家	澳大利亚	4.5[b]	3.4[b]	3.6[b]	4.6	5.3[b]	4.0[b]	5.0[b]	5.9	4.1[b]	3.4[b]	2.5[b]	2.9
	奥地利	m	4.5	4.0	4.5	m	5.3	5.7	6.3	m	c	2.8	3.6
	比利时	5.3[b]	6.9[b]	6.6[b]	7.3	6.7[b]	9.4[b]	10.2[b]	10.8	3.5[b]	4.1[b]	4.1[b]	5.4
	加拿大	5.9	5.9	7.6	6.5	6.8	6.6	9.2	8.0	5.5	5.3	7.2	6.5
	智利[1]	m	m	6.2[b]	5.6	m	m	8.1[b]	7.5	m	m	4.3[b]	3.8
	捷克	6.7[b]	6.2[b]	6.2[b]	5.4	8.7[b]	7.0[b]	7.4[b]	7.0	5.3[b]	4.9[b]	6.5[b]	5.0
	丹麦	3.9[b]	4.0[b]	6.1[b]	5.1	3.9[b]	4.3[b]	7.6[b]	6.9	4.9[b]	5.7[b]	6.3[b]	5.2
	爱沙尼亚	14.5	8.4	18.0	7.8	15.4	7.2	19.4	9.2	3.9	5.9	17.3	7.4
	芬兰	8.8[b]	7.4[b]	7.5[b]	8.1	10.4[b]	8.0[b]	8.1[b]	9.3	9.7[b]	7.0[b]	7.5[b]	7.9
	法国[1]	8.0	6.6	7.2	8.5	10.3	9.3	10.8	13.5	7.7	4.6	6.4	6.6
	德国	7.8[b]	11.0[b]	6.9[b]	4.6	6.2[b]	10.9[b]	7.4[b]	4.9	13.7[b]	13.9[b]	8.4[b]	5.6
	希腊	11.2[b]	9.6[b]	12.5[b]	27.6	15.6[b]	13.1[b]	16.3[b]	36.0	c	c	7.5[b]	20.4
	匈牙利	5.3[b]	6.0[b]	9.5[b]	6.5	6.8[b]	7.3[b]	11.4[b]	8.5	3.6[b]	4.0[b]	7.9[b]	6.5
	冰岛	m	c	6.8	4.1	m	c	11.8	7.1	m	c	c	3.1
	爱尔兰	2.6[b]	3.1[b]	13.8[b]	11.9	2.7[b]	3.7[b]	18.7[b]	16.5	c	c	8.6[b]	8.3
	以色列	m	9.4[b]	6.8[b]	6.2	m	10.4[b]	8.0[b]	7.8	m	9.9[b]	5.2[b]	4.8
	意大利	7.2[b]	5.2[b]	6.1[b]	9.1	12.2[b]	8.1[b]	10.1[b]	15.9	1.6[b]	2.4[b]	2.5[b]	4.2
	日本	m	m	m	m	m	m	m	m	m	m	m	m
	韩国	4.1	3.8	3.5	3.3	5.0	5.7	6.2	7.0	3.7	3.3	2.7	2.5
	卢森堡	1.6[b]	3.2[b]	3.6[b]	5.1	2.2[b]	4.0[b]	4.8[b]	4.2[r]	c	c	c	5.3[r]
	墨西哥	2.2[b]	3.1[b]	4.5[b]	4.4	2.5[b]	4.1[b]	5.8[b]	5.7	2.6[b]	2.4[b]	3.9[b]	4.1
	荷兰	2.3[b]	4.1[b]	3.1[b]	7.1	2.2[b]	3.9[b]	3.4[b]	7.1	2.5[b]	4.6[b]	2.5[b]	8.4
	新西兰	3.9[b]	2.3[b]	4.5[b]	4.5	4.7[b]	3.0[b]	7.2[b]	6.7	3.8[b]	1.7[b]	3.4[b]	3.1
	挪威	2.6[b]	2.6[b]	2.2[b]	2.4	3.7[b]	4.1[b]	3.8[b]	3.7	c	c	c	1.4
	波兰	13.9[b]	16.6[b]	8.9[b]	8.6	16.8[b]	19.9[b]	11.5[b]	11.7	11.6[b]	13.0[b]	7.8[b]	7.1
	葡萄牙	3.5[b]	6.7[b]	9.7[b]	12.6	3.5[b]	8.3[b]	11.5[b]	14.9	c	c	c	12.9
	斯洛伐克	14.3[b]	12.7[b]	12.3[b]	11.3	17.7[b]	13.8[b]	14.6[b]	15.4	10.1[b]	11.6[b]	9.9[b]	10.3
	斯洛文尼亚	5.7[b]	5.7[b]	6.9[b]	9.7	5.8[b]	6.7[b]	10.2[b]	14.5	10.9[b]	6.3[b]	5.0[b]	10.0
	西班牙	10.9[b]	7.3[b]	17.2[b]	21.6	12.9[b]	8.9[b]	21.6[b]	25.9	6.4[b]	7.0[b]	11.6[b]	16.6
	瑞典	5.3[b]	6.0[b]	6.4[b]	4.9	5.6[b]	8.5[b]	8.4[b]	6.2	6.6[b]	5.4[b]	6.3[b]	5.8
	瑞士	2.2[b]	3.7[b]	4.1[b]	3.8	2.8[b]	4.7[b]	5.4[b]	5.1	c	3.7[b]	3.6[b]	3.1
	土耳其	5.5	9.1	11.3	9.1	7.1	11.9	13.3	10.9	0.0	4.5	10.7	7.7
	英国[2]	4.0[b]	3.1[b]	5.9[b]	3.9	4.7[b]	4.1[b]	8.1[b]	5.4	4.0[b]	2.4[b]	5.0[b]	3.3
	美国	3.6	5.1	11.2	7.2	4.4	6.9	14.3	10.1	3.1	4.2	8.8	5.4
	OECD 平均	6.1[b]	6.2[b]	7.6[b]	7.7	7.3[b]	7.5[b]	9.9[b]	10.2	5.6[b]	5.7[b]	6.4[b]	6.5
	欧盟 21 国平均	7.1[b]	6.9[b]	8.5[b]	9.1	8.5[b]	8.2[b]	10.8[b]	11.9	6.6[b]	6.4[b]	7.1[b]	7.9
伙伴国	阿根廷	m	m	m	m	m	m	m	m	m	m	m	m
	巴西[1,3]	m	m	7.2[b]	5.6	m	m	9.8[b]	7.5	m	m	4.2[b]	2.6
	中国	m	m	m	m	m	m	m	m	m	m	m	m
	哥伦比亚	m	m	m	8.4	m	m	m	10.3	m	m	m	5.6
	哥斯达黎加	m	m	4.6[b]	6.6	m	m	6.4[b]	11.0	m	m	0.3[b]	1.5
	印度	m	m	m	m	m	m	m	m	m	m	m	m
	印度尼西亚	m	m	m	m	m	m	m	m	m	m	m	m
	拉脱维亚	14.5[b]	9.0[b]	18.7[b]	11.2	14.1[b]	9.4[b]	18.1[b]	11.3	11.1[b]	10.1[b]	17.3[b]	10.9
	立陶宛	19.4[b]	8.9[b]	20.6[b]	13.1[b]	20.0[b]	c	25.4[b]	14.9	c	c	17.6[b]	13.9
	俄罗斯[1]	m	m	m	6.2	m	m	m	7.6	m	m	m	4.4
	沙特阿拉伯	m	m	m	m	m	m	m	m	m	m	m	m
	南非	m	m	m	m	m	m	m	m	m	m	m	m
	G20 平均	m	m	m	m	m	m	m	m	m	m	m	m

注：多数国家的数据参照标准有所不同，用“b”表示，说明最近年份的数据参照 ISCED 2011，以前年份参照 ISCED-97。韩国所有年份的数据都参照 ISCED-97。参见定义部分对教育水平的有关说明。其他年龄组的数据可以在线查询（参见以下 StatLink）。

1. 2013 年数据。

2. 高中学历数据包含完成中间课程的数据（18%的成人属于这一组别）。

3. 2009 年数据。

数据来源：OECD. Colombia，Costa Rica：OECD Education Database. Latvia，Lithuania：Eurostat. See Annex 3 for notes (www.oecd.org/education/education-at-aglance-19991487.htm).

缺失数据代码参见《读者指南》。

StatLink http：//dx.doi.org/10.1787/888933285011

表 A5.4a ［3/3］　失业率变化趋势，按学历和年龄组划分（2000 年、2005 年、2010 年和 2014 年）

各年龄组成人中失业人口的百分比

		高等教育											
		25—64 岁失业率				25—34 岁失业率				55—64 岁失业率			
		2000	2005	2010	2014	2000	2005	2010	2014	2000	2005	2010	2014
		(41)	(42)	(43)	(44)	(45)	(46)	(47)	(48)	(57)	(58)	(59)	(60)
OECD 国家	澳大利亚	3.6[b]	2.5[b]	2.8[b]	3.2	3.8[b]	2.8[b]	3.1[b]	3.3	3.5[b]	2.6[b]	1.8[b]	3.2
	奥地利	m	3.0	2.8	3.7	m	3.7	3.8	5.2	m	c	c	2.7
	比利时	2.7[b]	3.7[b]	4.0[b]	4.2	3.3[b]	4.9[b]	5.1[b]	5.4	c	c	3.5[b]	3.2
	加拿大	4.0	4.6	5.5	4.8	4.6	5.3	5.9	5.3	3.4	4.1	5.3	5.1
	智利[1]	m	m	5.6[b]	4.9	m	m	9.5[b]	7.2	m	m	3.1[b]	3.3
	捷克	2.5[b]	2.0[b]	2.5[b]	2.6	3.4[b]	2.4[b]	3.9[b]	4.3	2.2[b]	c	c	c
	丹麦	2.6[b]	3.7[b]	4.6[b]	4.4	4.2[b]	5.0[b]	7.2[b]	7.2	2.9[b]	3.6[b]	3.5[b]	3.6
	爱沙尼亚	4.6	3.8	9.1	4.7	4.1	3.1	5.3	6.0	3.7	c	14.4	2.9
	芬兰	4.9[b]	4.4[b]	4.4[b]	5.1	6.7[b]	4.8[b]	5.6[b]	6.2	6.5[b]	4.6[b]	4.1[b]	5.2
	法国[1]	5.1	5.4	4.9	5.3	6.6	6.4	6.3	7.0	4.3	4.3	4.5	4.8
	德国	4.0[b]	5.5[b]	3.1[b]	2.5	2.7[b]	5.8[b]	3.5[b]	3.4	7.5[b]	7.8[b]	4.3[b]	3.0
	希腊	7.5[b]	7.1[b]	8.7[b]	19.1	13.7[b]	13.3[b]	16.9[b]	32.5	c	c	c	7.8
	匈牙利	1.3[b]	2.3[b]	4.1[b]	2.7	1.6[b]	3.1[b]	6.3[b]	3.6	c	c	c	c
	冰岛	m	c	3.6	3.6	m	c	c	4.6	m	c	c	2.9
	爱尔兰	1.6[b]	2.0[b]	7.0[b]	6.1	2.0[b]	2.4[b]	8.2[b]	6.9	c	c	4.5[b]	6.1
	以色列	m	5.0[b]	4.2[b]	3.9	m	5.4[b]	5.6[b]	5.2	m	5.0[b]	3.6[b]	3.1
	意大利	5.9[b]	5.7[b]	5.6[b]	7.6	15.5[b]	13.8[b]	12.8[b]	17.7	0.7[b]	1.0[b]	0.8[b]	1.4
	日本	m	m	m	m	m	m	m	m	m	m	m	m
	韩国	3.6	2.9	3.3	3.1	4.6	4.2	5.0	5.1	3.1	1.8	2.2	2.4
	卢森堡	c	3.2[b]	3.6[b]	3.6	c	2.7[b]	4.1[b]	5.4	c	c	c	c
	墨西哥	2.4[b]	3.7[b]	4.9[b]	5.0	3.5[b]	5.5[b]	6.5[b]	7.3	2.2[b]	3.1[b]	4.4[b]	3.5
	荷兰	1.9[b]	2.8[b]	2.3[b]	3.9	2.0[b]	2.6[b]	2.3[b]	4.0	c	3.1[b]	2.8[b]	5.2
	新西兰	3.3[b]	2.3[b]	3.8[b]	2.7	3.6[b]	3.3[b]	5.5[b]	3.1	3.9[b]	1.9[b]	2.7[b]	3.2
	挪威	1.9[b]	2.1[b]	1.6[b]	1.9	2.7[b]	3.1[b]	2.3[b]	3.4	c	c	c	0.6
	波兰	4.3[b]	6.2[b]	4.2[b]	4.1	7.4[b]	9.8[b]	6.5[b]	6.5	6.7[b]	4.5[b]	2.0[b]	2.6
	葡萄牙	2.7[b]	5.4[b]	6.3[b]	8.9	4.3[b]	9.2[b]	9.4[b]	14.0	c	c	c	c
	斯洛伐克	4.6[b]	4.4[b]	4.8[b]	5.8	7.0[b]	5.3[b]	6.3[b]	8.6	c	7.7[b]	4.3[b]	4.1[r]
	斯洛文尼亚	2.1[b]	3.0[b]	4.1[b]	6.1	3.8[b]	5.1[b]	7.9[b]	11.9	c	c	c	2.9[r]
	西班牙	9.5[b]	6.0[b]	10.4[b]	13.8	14.5[b]	8.3[b]	13.9[b]	19.4	4.1[b]	3.6[b]	5.5[b]	8.8
	瑞典	3.0[b]	4.5[b]	4.5[b]	4.0	3.2[b]	7.1[b]	5.8[b]	4.9	2.9[b]	2.3[b]	3.5[b]	3.6
	瑞士	1.4[b]	2.7[b]	2.9[b]	3.2	c	3.4[b]	4.0[b]	4.6	c	c	2.4[b]	2.6
	土耳其	3.9	6.9	7.9	8.2	6.5	10.9	11.9	11.4	3.3	4.3	3.8	4.8
	英国[2]	2.1[b]	2.1[b]	3.5[b]	2.5	2.0[b]	2.4[b]	4.1[b]	2.9	3.7[b]	2.8[b]	3.8[b]	3.0
	美国	1.8	2.6	5.3	3.7	2.0	3.0	5.3	3.9	c	2.3	5.5	4.5
	OECD 平均	3.5[b]	3.9[b]	4.7[b]	5.1	5.2[b]	5.4[b]	6.6[b]	7.5	3.8[b]	3.7[b]	4.0[b]	3.8
	欧盟 21 国平均	3.8[b]	4.1[b]	5.0[b]	5.7	5.7[b]	5.8[b]	6.9[b]	8.7	4.1[b]	4.1[b]	4.4[b]	4.2
伙伴国	阿根廷	m	m	m	m	m	m	m	m	m	m	m	m
	巴西[1,3]	m	m	3.5[b]	2.9	m	m	5.3[b]	4.4	m	m	2.0[b]	1.5
	中国	m	m	m	m	m	m	m	m	m	m	m	m
	哥伦比亚	m	m	m	7.4	m	m	m	9.5	m	m	m	5.7
	哥斯达黎加	m	m	3.2[b]	4.1	m	m	4.6[b]	5.9	m	m	2.3[b]	4.4
	印度	m	m	m	m	m	m	m	m	m	m	m	m
	印度尼西亚	m	m	m	m	m	m	m	m	m	m	m	m
	拉脱维亚	7.5[b]	4.1[b]	9.9[b]	5.1	7.2[b]	4.0[b]	12.2[b]	5.6	6.8[b]	4.3[b]	8.5[b]	4.3[r]
	立陶宛	8.8[b]	c	6.8[b]	3.7	12.0[b]	c	8.2[b]	4.4	c	c	c	c
	俄罗斯[1]	m	m	m	2.9	m	m	m	3.6	m	m	m	2.9
	沙特阿拉伯	m	m	m	m	m	m	m	m	m	m	m	m
	南非	m	m	m	m	m	m	m	m	m	m	m	m
	G20 平均	m	m	m	m	m	m	m	m	m	m	m	m

注：多数国家的数据参照标准有所不同，用“b”表示，说明最近年份的数据参照 ISCED 2011，以前年份参照 ISCED-97。韩国所有年份的数据都参照 ISCED-97。参见定义部分对教育水平的有关说明。其他年龄组的数据可以在线查询（参见以下 StatLink）。

1. 2013 年数据。

2. 高中学历数据包含完成中间课程的数据（18%的成人属于这一组别）。

3. 2009 年数据。

数据来源：OECD. Colombia，Costa Rica：OECD Education Database. Latvia，Lithuania：Eurostat. See Annex 3 for notes (www.oecd.org/education/education-at-aglance-19991487.htm).

缺失数据代码参见《读者指南》。

StatLink http://dx.doi.org/10.1787/888933285011

表 A5.5a 高中或中等后非高等教育成人的就业率、失业率和无业率，按课程方向划分（2014 年）

最高学历为高中或中等后非高等教育学历的 25—64 岁人口

		就业率			失业率			无业率		
		职业教育	普通教育	职业教育和普通教育	职业教育	普通教育	职业教育和普通教育	职业教育	普通教育	职业教育和普通教育
		(1)	(2)	(3)	(4)	(5)	(6)	(7)	(8)	(9)
OECD 国家	澳大利亚	82	72	77	4.6	4.5	4.6	15	25	19
	奥地利	76	75	76	4.3	6.0	4.5	21	20	21
	比利时	75	68	73	6.6	9.1	7.3	20	25	21
	加拿大	79	72	74	6.2	6.7	6.5	15	23	21
	智利[1]	77	70	72	4.6	6.0	5.6	20	25	24
	捷克	75	80	78	6.9	4.0	5.4	20	16	18
	丹麦	81	61	79	6.6	12.1[r]	5.1	13	31	16
	爱沙尼亚	m	m	74	m	m	7.8	m	m	19
	芬兰	77	69	73	9.0	8.3	8.1	15	25	20
	法国[1]	73	75	73	9.0	8.0	8.0	20	19	20
	德国	81	62	80	4.6	6.2	4.6	16	33	16
	希腊	58	53	54	30.4	26.1	27.6	16	29	25
	匈牙利	m	m	72	m	m	6.5	m	m	23
	冰岛	90	79	87	3.5	5.3	4.1	7	16	10
	爱尔兰	69	66	68	16.4	15.8	11.9	18	22	23
	以色列	80	70	72	5.3	6.5	6.2	15	25	23
	意大利	72	62	70	8.9	9.9	9.1	21	31	23
	日本	m	m	m	m	m	m	m	m	m
	韩国	m	m	72	m	m	3.3	m	m	25
	卢森堡	88	75	72	5.2	c	5.1	7	c	24
	墨西哥	m	m	73	m	m	4.4	m	m	24
	荷兰	79	73	78	6.9	8.6	7.1	16	20	16
	新西兰	82	77	80	4.6	4.3	4.5	14	19	16
	挪威	83	78	81	2.1	3.3	2.4	16	19	16
	波兰	67	64	66	8.4	10.4	8.6	27	29	28
	葡萄牙	78	77	78	14.9	11.8	12.6	8	12	11
	斯洛伐克	71	67	71	11.2	12.2	11.3	20	24	20
	斯洛文尼亚	80	48[r]	69	13.7	c	9.7	7	42[r]	23
	西班牙	66	66	66	22.9	20.7	21.6	15	17	16
	瑞典	86	82	85	4.3	5.8	4.9	10	13	11
	瑞士	83	78	82	3.5	5.2	3.8	14	17	14
	土耳其	66	59	62	8.1	10.1	9.1	29	35	32
	英国[2]	81	79	80	4.1	3.6	3.9	16	18	17
	美国	m	m	68	m	m	7.2	m	m	27
	OECD 平均	77	70	74	8.5	8.9	7.7	16	23	20
	欧盟 21 国平均	75	69	73	10.2	10.5	9.1	16	24	20
伙伴国	阿根廷	m	m	m	m	m	m	m	m	m
	巴西[1]	m	m	76	m	m	5.6	m	m	19
	中国	m	m	m	m	m	m	m	m	m
	哥伦比亚	m	m	76	m	m	8.4	m	m	17
	哥斯达黎加	74	73	73	4.2	6.9	6.6	23	21	21
	印度	m	m	m	m	m	m	m	m	m
	印度尼西亚	m	m	m	m	m	m	m	m	m
	拉脱维亚	80	76	71	10.6	11.0	11.2	11	15	20
	立陶宛	77	74	70	14.8	15.1	13.1	c	13	20
	俄罗斯[1]	m	m	72	m	m	6.2	m	m	23
	沙特阿拉伯	m	m	m	m	m	m	m	m	m
	南非	m	m	m	m	m	m	m	m	m
	G20 平均	m	m	m	m	m	m	m	m	m

注：“职业教育和普通教育”也包括无特定课程方向学历的人群。丹麦、芬兰、爱尔兰、拉脱维亚、立陶宛、卢森堡、斯洛文尼亚：按课程方向细分的数据只涵盖了最多在调查前 15 年完成最高水平教育的 15—34 岁和 35—64 岁个体。大多数国家数据参照 ISCED 2011。参照 ISCED-97 的国家有：巴西、印度尼西亚、俄罗斯、沙特阿拉伯和南非。参见定义部分对教育水平的说明。

1. 2013 年数据。

2. 高中学历数据包含完成中间课程的数据（18%的成人属于这一组别）。

数据来源：OECD. Colombia，Costa Rica：OECD Education Database. Latvia，Lithuania：Eurostat. See Annex 3 for notes (www.oecd.org/education/education-at-aglance-19991487.htm).

缺失数据代码参见《读者指南》。

StatLink http://dx.doi.org/10.1787/888933285023

表 A5. 6a［1/2］　25—64 岁人群中使用信息与通信技术完成问题解决任务的技能和准备程度，按工作需要的 ICT 技能划分（2012 年）

	工作中需要复杂 ICT 技能								工作中需要中等 ICT 技能							
	组 1（拒绝基于计算机的测验）		组 2（在 ICT 核心任务中失败，或者拥有最低的问题解决技能）		组 3（中等水平的 ICT 和问题解决技能）		组 4（较高水平的 ICT 和问题解决技能）		组 1（拒绝基于计算机的测验）		组 2（在 ICT 核心任务中失败，或者拥有最低的问题解决技能）		组 3（中等水平的 ICT 和问题解决技能）		组 4（较高水平的 ICT 和问题解决技能）	
	%	S. E.	%	S. E.	%	S. E.	%	S. E.	%	S. E.	%	S. E.	%	S. E.	%	S. E.
	(1)	(2)	(3)	(4)	(5)	(6)	(7)	(8)	(9)	(10)	(11)	(12)	(13)	(14)	(15)	(16)
OECD																
国家																
澳大利亚	3	(1.0)	4	(1.4)	26	(3.1)	67	(3.3)	6	(0.7)	8	(0.9)	30	(1.4)	56	(1.7)
奥地利	c	c	7	(2.7)	25	(5.0)	68	(5.1)	4	(0.6)	9	(1.0)	36	(2.1)	51	(2.1)
加拿大	1	(0.4)	9	(1.5)	24	(2.5)	66	(2.7)	2	(0.3)	13	(0.7)	32	(1.1)	53	(1.0)
捷克	c	c	3	(3.4)	30	(7.6)	66	(7.6)	6	(1.0)	9	(1.4)	31	(2.7)	54	(2.6)
丹麦	1	(0.4)	6	(1.3)	24	(3.5)	69	(3.4)	2	(0.3)	11	(0.8)	36	(1.1)	51	(1.3)
爱沙尼亚	4	(1.4)	8	(2.3)	23	(3.8)	66	(4.1)	10	(0.6)	14	(0.9)	37	(1.2)	39	(1.4)
芬兰	2	(0.8)	10	(2.4)	20	(3.8)	69	(4.4)	3	(0.4)	9	(0.9)	31	(1.2)	57	(1.1)
法国	m	m	m	m	m	m	m	m	m	m	m	m	m	m	m	m
德国	c	c	5	(1.8)	19	(4.6)	75	(4.6)	2	(0.4)	9	(1.1)	34	(1.6)	56	(1.8)
爱尔兰	c	c	8	(2.3)	31	(4.0)	60	(4.5)	5	(0.7)	10	(1.1)	37	(2.0)	48	(1.8)
意大利	m	m	m	m	m	m	m	m	m	m	m	m	m	m	m	m
日本	c	c	11	(3.8)	14	(4.3)	73	(5.5)	6	(0.7)	15	(1.1)	23	(1.4)	57	(1.5)
韩国	c	c	7	(2.6)	31	(5.7)	61	(5.8)	1	(0.3)	14	(1.2)	37	(1.8)	48	(2.1)
荷兰	c	c	6	(1.9)	24	(3.3)	69	(3.4)	1	(0.3)	8	(0.8)	33	(1.5)	58	(1.6)
挪威	c	c	8	(2.0)	25	(3.2)	66	(3.3)	1	(0.2)	9	(0.8)	34	(1.3)	56	(1.4)
波兰	8	(3.1)	17	(3.6)	23	(5.8)	53	(6.2)	18	(1.5)	17	(1.6)	29	(2.3)	36	(2.0)
斯洛伐克	c	c	6	(2.3)	28	(5.5)	64	(5.7)	7	(0.8)	11	(1.1)	39	(1.9)	42	(1.9)
西班牙	m	m	m	m	m	m	m	m	m	m	m	m	m	m	m	m
瑞典	c	c	5	(1.5)	16	(2.8)	77	(3.1)	2	(0.3)	9	(0.8)	31	(1.4)	58	(1.4)
美国	c	c	8	(2.6)	30	(4.1)	61	(4.6)	2	(0.5)	12	(1.2)	35	(2.1)	52	(2.2)
地区																
比利时弗兰芒语区	c	c	7	(1.8)	30	(3.4)	62	(3.5)	2	(0.3)	10	(1.0)	35	(1.5)	54	(1.6)
英格兰(英国)	c	c	4	(1.6)	21	(3.4)	73	(3.8)	2	(0.5)	9	(1.0)	33	(1.8)	55	(1.7)
北爱尔兰(英国)	c	c	c	c	26	(6.0)	71	(6.8)	0	(0.2)	10	(1.8)	40	(2.1)	49	(2.1)
英格兰/北爱尔兰(英国)	c	c	4	(1.6)	21	(3.3)	73	(3.7)	2	(0.5)	9	(1.0)	34	(1.7)	55	(1.6)
平均	m	m	7	(0.5)	24	(1.0)	66	(1.1)	4	(0.1)	11	(0.2)	33	(0.4)	52	(0.4)
伙伴国																
俄罗斯*	8	(3.2)	22	(10.1)	28	(9.3)	42	(8.7)	13	(4.4)	16	(3.2)	32	(4.2)	39	(3.9)

*参见方法部分关于俄罗斯数据的说明。

数据来源：OECD. Survey of Adult Skills (PIAAC) (2012). See Annex 3 for notes (www.oecd.org/education/education-at-a-glance-19991487.htm)。

缺失数据代码参见《读者指南》。

StatLink http://dx.doi.org/10.1787/888933285038

表 A5. 6a [2/2] 25—64 岁人群中使用信息与通信技术完成问题解决任务的技能和准备程度，按工作需要的 ICT 技能划分（2012 年）

		工作中需要简单 ICT 技能								工作中不需要 ICT 技能									
		组 1（拒绝基于计算机的测验）		组 2（在 ICT 核心任务中失败，或者拥有最低的问题解决技能）		组 3（中等水平的 ICT 和问题解决技能）		组 4（较高水平的 ICT 和问题解决技能）		组 0（没有计算机经验）		组 1（拒绝基于计算机的测验）		组 2（在 ICT 核心任务中失败，或者拥有最低的问题解决技能）		组 3（中等水平的 ICT 和问题解决技能）		组 4（较高水平的 ICT 和问题解决技能）	
		%	S. E.	%	S. E.	%	S. E.	%	S. E.	%	S. E.	%	S. E.	%	S. E.	%	S. E.	%	S. E.
		(17)	(18)	(19)	(20)	(21)	(22)	(23)	(24)	(25)	(26)	(27)	(28)	(29)	(30)	(31)	(32)	(33)	(34)
OECD	国家																		
	澳大利亚	17	(1.4)	18	(1.8)	37	(1.8)	28	(2.0)	11	(1.0)	31	(1.8)	18	(1.6)	25	(2.2)	14	(1.9)
	奥地利	15	(1.4)	19	(1.9)	40	(2.6)	27	(1.9)	27	(1.6)	22	(1.4)	20	(1.7)	22	(2.0)	10	(1.4)
	加拿大	8	(0.7)	30	(1.2)	36	(1.6)	27	(1.2)	16	(0.8)	14	(0.9)	32	(1.4)	24	(1.2)	13	(1.1)
	捷克	20	(2.3)	21	(2.9)	38	(3.4)	21	(2.7)	20	(1.7)	19	(2.1)	25	(2.6)	24	(2.5)	12	(1.9)
	丹麦	7	(0.7)	28	(1.9)	39	(1.9)	26	(1.8)	8	(1.0)	16	(1.5)	36	(2.3)	26	(2.4)	13	(2.1)
	爱沙尼亚	22	(1.2)	28	(1.8)	34	(1.8)	16	(1.6)	19	(0.9)	26	(1.0)	24	(1.3)	22	(1.2)	8	(0.9)
	芬兰	11	(1.0)	25	(1.8)	37	(1.9)	28	(1.8)	12	(1.4)	24	(1.6)	26	(1.8)	25	(2.0)	14	(1.6)
	法国	m	m	m	m	m	m	m	m	m	m	m	m	m	m	m	m	m	m
	德国	6	(0.9)	27	(2.5)	40	(2.2)	27	(1.8)	23	(1.9)	13	(1.4)	29	(2.0)	24	(1.7)	11	(1.2)
	爱尔兰	22	(1.6)	25	(2.2)	35	(2.2)	18	(1.5)	23	(1.3)	28	(1.7)	21	(1.7)	19	(1.8)	8	(1.1)
	意大利	m	m	m	m	m	m	m	m	m	m	m	m	m	m	m	m	m	m
	日本	21	(1.7)	25	(1.9)	24	(1.6)	30	(1.7)	34	(1.8)	25	(1.9)	19	(1.5)	13	(1.3)	9	(1.4)
	韩国	9	(1.0)	31	(1.7)	41	(2.2)	19	(1.6)	42	(1.5)	9	(0.8)	24	(1.3)	19	(1.3)	6	(0.8)
	荷兰	5	(0.9)	25	(2.3)	44	(2.6)	26	(2.2)	12	(1.4)	12	(1.4)	31	(2.1)	32	(2.3)	13	(1.8)
	挪威	10	(1.1)	25	(1.9)	39	(2.1)	26	(1.7)	6	(0.9)	21	(1.8)	35	(2.7)	28	(2.8)	12	(1.7)
	波兰	29	(2.0)	28	(2.2)	25	(2.3)	18	(2.0)	34	(1.2)	32	(1.3)	18	(1.4)	10	(1.1)	5	(0.8)
	斯洛伐克	22	(2.1)	18	(2.5)	39	(3.0)	21	(2.2)	40	(1.4)	17	(1.1)	12	(1.1)	21	(1.3)	11	(1.2)
	西班牙	m	m	m	m	m	m	m	m	m	m	m	m	m	m	m	m	m	m
	瑞典	5	(0.7)	25	(1.7)	40	(2.0)	30	(1.9)	6	(1.5)	17	(1.9)	32	(2.5)	26	(2.6)	19	(2.1)
	美国	7	(1.0)	28	(2.0)	44	(2.4)	22	(2.1)	20	(2.0)	14	(1.5)	34	(2.8)	23	(2.3)	8	(1.2)
	地区																		
	比利时弗兰芒语区	6	(1.0)	30	(2.0)	41	(2.4)	23	(2.1)	21	(1.4)	11	(1.1)	33	(2.2)	26	(1.9)	10	(1.1)
	英格兰（英国）	5	(1.0)	32	(2.4)	41	(2.7)	23	(2.0)	10	(1.4)	10	(1.4)	35	(2.9)	32	(2.7)	12	(1.7)
	北爱尔兰（英国）	3	(0.7)	32	(3.2)	42	(3.0)	23	(2.8)	29	(2.4)	4	(1.0)	35	(3.1)	26	(2.7)	6	(1.5)
	英格兰/北爱尔兰（英国）	5	(0.9)	32	(2.3)	41	(2.6)	23	(1.9)	11	(1.4)	10	(1.4)	35	(2.9)	32	(2.6)	11	(1.6)
	平均	13	(0.3)	26	(0.5)	38	(0.5)	24	(0.4)	20	(0.3)	19	(0.3)	27	(0.5)	23	(0.5)	11	(0.3)
伙伴国	俄罗斯*	17	(2.4)	19	(3.6)	32	(3.7)	32	(3.9)	31	(3.3)	14	(1.7)	17	(2.7)	21	(2.0)	17	(1.7)

*参见方法部分关于俄罗斯数据的说明。

数据来源：OECD. Survey of Adult Skills（PIAAC）（2012）. See Annex 3 for notes（www.oecd.org/education/education-at-a-glance-19991487.htm）。

缺失数据代码参见《读者指南》。

StatLink http://dx.doi.org/10.1787/888933285038

指标 A6

教育的收入回报是多少？

- 在所有 OECD 国家中，受过高等教育的成人的收入比受过高中教育的成人的收入高，相应地，受过高中教育的成人的收入又比受过高中以下教育的成人的收入高。
- 各 OECD 国家中，与受过高中教育的成人的收入相比，没有受过高中教育的成人的收入比其低大约 20%，受过中等后非高等教育的成人的收入比其高大约 10%，受过高等教育的成人的收入比其高大约 60%。
- 各 OECD 国家中，拥有硕士学位、博士学位或同等水平学位的成人最有收入优势。在巴西和智利，与学历更低的人群相比，上述人群往往收入最高，他们的收入是受过高中教育的成人的收入的 4 倍以上。

图 A6.1　受过高等教育劳动者的相对收入，按高等教育等级划分（2013 年）

25—64 岁获得就业收入的人群，高中教育 = 100

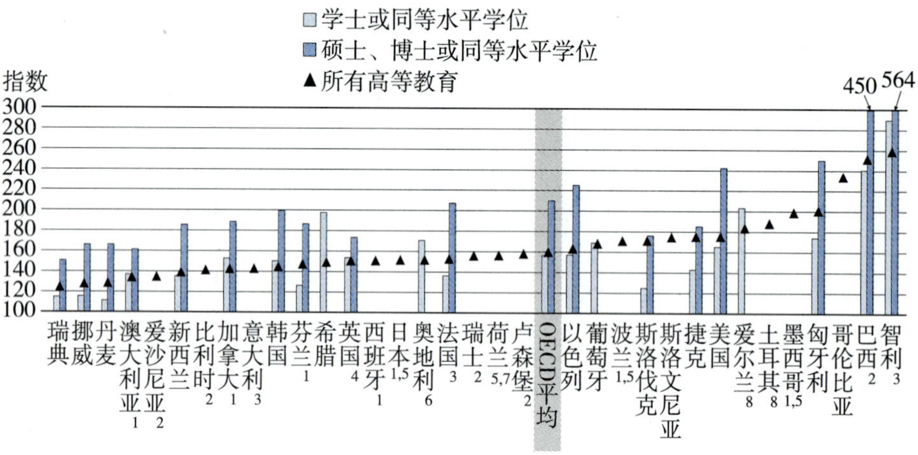

注：高等教育包含短期高等教育课程，以及学士、硕士、博士或同等水平课程。

1. 2012 年数据。
2. 指数 100 指根据 ISCED 2011，受教育程度为 3 级和 4 级的结合。
3. 2011 年数据。
4. 高中学历数据包含完成中间课程的数据（18%的成人属于这一组别）。
5. 指数 100 指根据 ISCED-97，受教育程度为 3 级和 4 级的结合。
6. 硕士、博士或同等水平学位数据包含在学士或同等水平学位数据中。
7. 2010 年数据。
8. 收入为扣除所得税的净收入。

国家按照 25—64 岁受过高等教育人口的相对收入升序排列。

数据来源：OECD. Table A6.1a. See Annex 3 for notes（www.oecd.org/education/education-at-a-glance-19991487.htm）.

StatLink http：//dx.doi.org/10.1787/888933283686

背 景

尽管找到一个更好的工作仅仅是获得更高等级教育对社会和个人产生的众多积极影响中的一个，从数据中我们仍可以看出，较高的受教育水平通常能带来更好的就业机会（参见指标 A5）和更高的收入。事实上，在所有数据可得的 OECD 国家中，受教育水平越高，相对收入也越高。这一结果似乎也适用于技能水平：OECD 国际成人能力评价项目开展的成人技能调查结果显示，具有高水平技能的群体，其工资也较高，而那些技能水平较低的成人群体，他们的收入通常也相对较低（参见《教育概览 2014》中的指标 A6）（OECD，2014）。

获得更高的且能够持续增长的收入，以及相伴随的其他社会福利，是个人追求教育和培训的动力；尽管其经济回报会随所选专业领域的不同而有所不同，这一结论仍然通用［参见《教育概览 2013》专栏 A6.1（OECD，2013）］。具有更高教育水平的群体，其相对收入随年龄增长而增加，然而受过高中以下教育者的相对收入随年龄增长而减少。“相对收入”是指非高中教育水平的成人收入相对于高中教育水平成人收入的百分比。

相对收入水平在不同国家之间的差异，是由一系列因素综合造成的，包括劳动力市场对技能的需求状况、不同学历水平劳动者的供给状况、最低工资标准法律、劳动工会的影响力、集体谈判协议的覆盖范围、兼职工作和季节性工作的机会或劳动人口的年龄结构等。相对收入水平在不同国家之间的差异也可能取决于更同质的收入，与参照群体的受教育水平或者特别高或低的收入无关。

本指标中的数据表明，收入随受教育程度、年龄和性别的不同而有所不同。上述每一个因素似乎都对个人收入的多少有着不同程度的影响。受教育程度较高的群体会占据较好的工作岗位并获得较高的薪酬，其薪酬也会随时间推移而不断提高。然而在许多国家，无论教育水平如何，收入的性别差距依然存在。

其他发现

- 约 25%的受过高等教育的人口的收入比中位数水平高两倍多。受过高等教育的劳动者处于低收入类别的概率要远低于那些高中以下学历劳动者。在受过高等教育的劳动者中，收入等于或低于中位数水平的劳动者比例约为 10%，而在高中以下学历的劳动者中，这一比例为 25%。高中以下学历的劳动者中只有 3%的人口收入高于劳动人口中位数水平的两倍以上。
- 约 65%的 15—24 岁的非学生群体拥有就业收入，而只有不到一半的学生群体（约 40%）有就业收入。在 OECD 国家中，约 50%的 15—24 岁的青年人通过工作获得收入。

分 析

学历与相对收入

学历水平越高，相对收入也就越高。“相对收入”是指非高中教育水平成人的收入相对于高中教育水平成人的收入的百分比。

在所有 OECD 国家中，受过高等教育的成人的收入比受过高中教育的成人的收入高，相应地，受过高中教育的成人的收入又比高中以下学历的成人的收入高。在许多国家，高中学历意味着在完成该阶段教育后接受更高水平的教育和培训并带来较高的相对收入。因此，高中教育可以被视为衡量学历与收入关系的参照点。由于在大多数国家，个人在完成高中教育后，接受更高级的教育需投入的成本大幅增长，因此较高的收入回报已经成为个人花费时间和金钱继续接受教育的重要动力（表 A6. 1a）。

受过高等教育的成人与受过高中教育的成人的收入差异，一般要比受过高中教育的成人与受过高中以下教育的成人的收入差异更为显著。在 OECD 国家，与受过高中教育的成人相比，那些没有获得高中学历的成人就业收入大约低 20%，那些受过中等后非高等教育的成人就业收入大约高 10%，而那些受过高等教育的成人的收入则大约高 60%。这高出 60%的收入优势来自有学士或同等水平学位的成人。那些有短期高等教育学历的成人收入只比受过高中教育的成人高约 25%，但有硕士、博士或同等水平学位的成人的收入是最高学历为高中学历的成人收入的 2 倍。这些结果表明在本科阶段以后继续深造是会获得相应回报的（表 A6. 1a）。

图 A6. 1 表明受过高等教育的成人的相对收入优势在巴西、智利和哥伦比亚最大，而在丹麦、挪威和瑞典最小。拥有硕士、博士或同等水平学位的成人的相对收入优势更为显著。在巴西和智利，这类成人相比学历更低的成人，获得的回报最高，因为他们的收入是最高只有高中教育水平的成人收入的 4 倍以上（表 A6. 1a）。

与性别有关的相对收入

在 OECD 国家中，学历对相对收入的影响程度不尽相同。平均而言，受过高等教育的成人的就业收入没有太大的性别差异。受过高等教育的男性或女性的收入要比最高只受过高中教育的男性或女性的收入高约 65%（表 A6. 1a）。

但是，不同国家之间受过高等教育成人的相对收入的性别差异各有不同。在所有情况中，这种差异是相对于最高学历为高中、相同性别且有工作收入的成人群体的收入水平而言的。在澳大利亚、比利时、哥伦比亚、爱沙尼亚、日本、韩国、西班牙、土耳其和英国，女性的相对收入比男性的相对收入高 10 个百分点以上，而在奥地利、捷克、丹麦、芬兰、法国、匈牙利、以色列、意大利、墨西哥、波兰、斯洛伐克、斯洛文尼亚和美国，男性的相对收入比女性的相对收入高 10 个百分点以上。相对收入的性别差异在拥有硕士、博士或同等水平学位成人中比在受过其他任何种类的高等教育成人中更为显著。当进行性别比较时要牢记的是，在拥有就业收入的人群中，不同性别群体的就业人口比例可能存在较大差异（表 A6. 1a）。

与年龄有关的相对收入

在人们的职业生涯中，高学历总是与高收入休戚相关的。就 OECD 国家的平均水平而言，收入随学历水平的提高而增长，而且这种增长对于年长劳动者而言更为明显。受教育水平较高的群体更容易获得聘用及持续受到聘用，而且有更多在工作中获取经验的机会。

以 OECD 国家的平均水平为例，受过高等教育的青年人收入比高中学历青年人高约 41%。在年长者群体中这一差距约为 77%。图 A6.2 显示了这两个年龄群体的差异。

图 A6.2　受过高等教育的年长劳动者和青年劳动者的相对收入差异，按高等教育等级划分（2013 年）

获得就业收入的 55—64 岁劳动者的相对收入减去 25—34 岁劳动者的相对收入，

与只有高中学历劳动者的收入相比

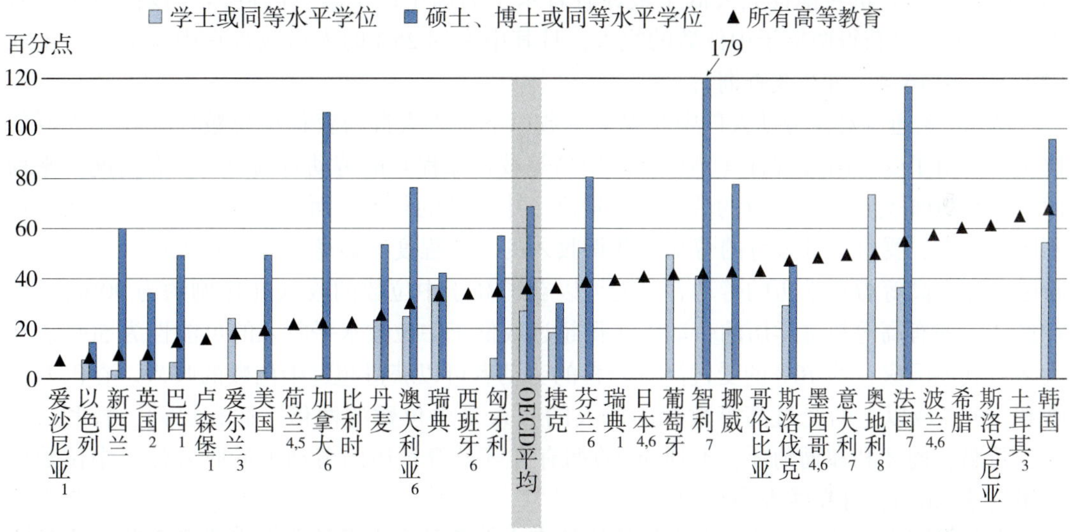

注：高等教育包括短期高等教育课程，学士、硕士、博士或同等水平学位课程。

1. 指数 100 指根据 ISCED 2011，受教育程度为 3 级和 4 级的结合。
2. 高中学历数据包含完成中间课程的数据（18%的成人属于这一组别）。
3. 收入为扣除所得税的净收入。
4. 指数 100 指根据 ISCED-97，受教育程度为 3 级和 4 级的结合。
5. 2010 年数据。
6. 2012 年数据。
7. 2011 年数据。
8. 硕士、博士或同等水平学位数据包含在学士或同等水平学位数据中。

国家按照 55—64 岁和 25—64 岁受过高等教育劳动者之间相对收入的百分点差异升序排列。

数据来源：OECD. Table A6. 1a. See Annex 3 for notes（www. oecd. org/education/education-at-a-glance-19991487. htm）.

StatLink http：//dx. doi. org/10. 1787/888933283698

在所有 OECD 国家中，受过高等教育的年长者的相对收入要高于青年人。平均而言，两个年龄群体的差异约为 35 个百分点，在法国、希腊、韩国、波兰、斯洛文尼亚和土耳其，这一差异大于 50 个百分点。在高等教育的范围内，不同的教育等级产生的收入差异随着受教育水平的提高而增大。在 OECD 国家中，拥有学士或同等水平学位的两个年龄群体之间的收入差异为 27 个百分点，而拥有硕士、博士或同等水平学位的两个年龄群体之间的收入差异则增至 69 个百分点（表 A6. 1a）。

各级学历水平的收入分布

不同受教育程度群体收入分布数据表明，不同群体收入水平紧密围绕国民收入的中位数分布。除了提供有关收入公平的信息，这些数据还表明了教育投资所伴随的风险，因为这种风险一般通过收入差异来衡量。收入分布的数据（表 A6.4，可在线查询）包括了所有就业人群的收入。这对分析有一定限制，因为工作时间会对收入特别是收入分配产生影响（更多信息参见方法部分）。

对于有工作收入的人，其收入水平可划分为从“收入中位数的一半或以下”到“收入中位数的两倍以上”共五个类别。跟预期一样，高中以下学历人群和高等教育学历人群的收入水平之间有很大差异。平均而言，受过高等教育的人群更有可能获得两倍于中位数的收入（该群体中可达到该水平的人口比例约为 25%），而且落入低收入群体（占该群体约 10%的人口）的可能性大大低于最高教育水平为高中以下教育的群体（该群体中只有大约 3%的人口获得两倍于中位数的收入，且其中大约 25%的人口收入在中位数的一半或以下）（表 A6.4，可在线查询）。

图 A6.3 通过对比劳动人口中获得中位数以下收入人群与获得中位数以上收入人群的比例，得出了受过高等教育（不包括短期高等教育课程）的劳动者的收入分布情况。平均而言，约 70%受过高等教育的劳动者获得高于中位数的收入，而 30%的人低于中位数。在不同的国家，受过高等教育的劳动者获得收入的丰厚程度有显著差异。在巴西、智利以及希腊，拥有高等教育学历的劳动者可能可以获得高于中位数的收入（比例约为 90%），而在挪威，拥有高等教育学历的劳动者获得超过或低于中位数水平收入的可能性为 50%。在大多数其他国家，约 70%的受过高等教育的劳动者可以获得超过中位数的收入。在巴西和智利，60%或以上的受过高等教育的成人的收入是中位数的两倍，而在巴西、智利、捷克、希腊、匈牙利和葡萄牙，不到 5%的拥有高等教育学历的劳动者的收入低于中位数的一半（表 A6.4，可在线查询）。

在所有国家，整个职业生涯中始终维持高中以下教育水平的劳动者常常面临较大的收入劣势。就 OECD 国家的平均水平而言，不到 5%的高中以下教育水平的劳动者收入达到本国收入中位数的两倍。仅在巴西、加拿大和墨西哥，这一比例超过了 5%。平均而言，超过 25%的最高教育程度为高中以下教育的劳动者收入水平低于本国收入中位数的一半；在美国，这一比例超过了 45%（表 A6.4，可在线查询）。

图 A6.3　拥有学士、硕士、博士或同等水平学位劳动者的收入与所有劳动者收入中位数的比较（2013 年）

有就业收入的 25—64 岁成人

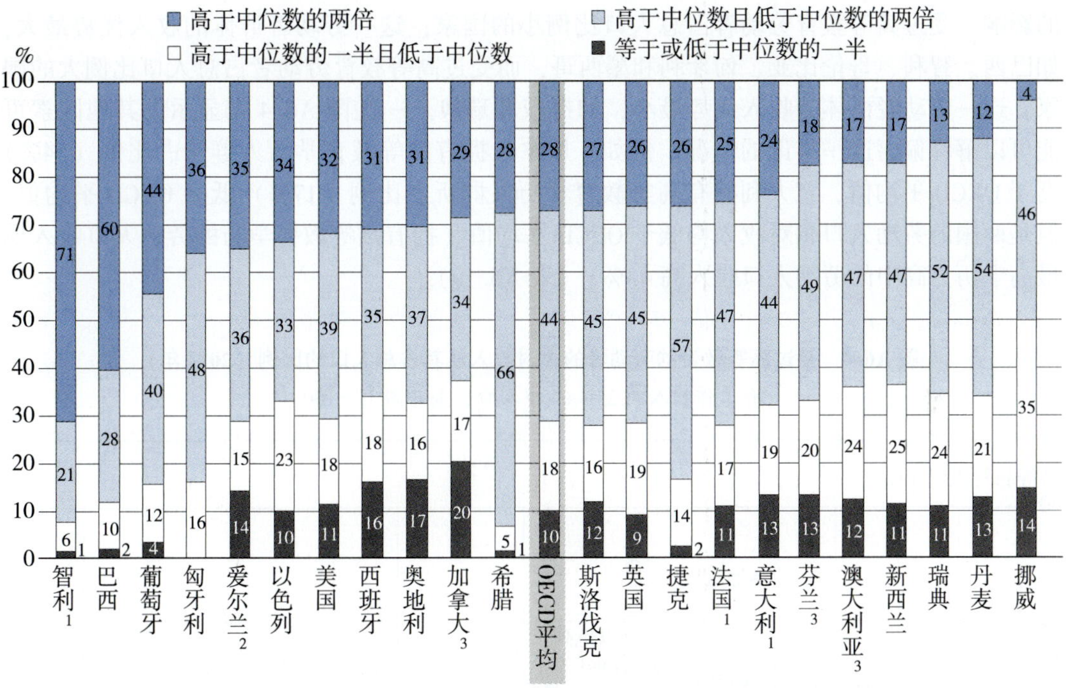

注：数据不包括短期高等教育课程。

1. 2011 年数据。

2. 收入为扣除所得税的净收入。

3. 2012 年数据。

国家按照拥有学士、硕士、博士或同等水平学位，且收入水平为收入中位数两倍以上的 25—64 岁人口所占比例降序排列。

数据来源：OECD. Table A6.4, available on line. See Annex 3 for notes（www.oecd.org/education/education-at-a-glance-19991487.htm）.

StatLink http://dx.doi.org/10.1787/888933283705

学生相对收入

在 OECD 国家，大约 50%的 15—24 岁人口通过工作获得收入。该年龄段群体中，大多数非学生人群（大约 65%）通过工作获得收入，而学生中不到一半的人通过工作获得收入（大约 40%）。在比利时、智利和希腊，约 10%或以下的 15—24 岁学生通过工作获得收入。在一些国家，如瑞士，一定比例的高中学生通过签订学徒制合同而获取收入，但这些学生并没有被计算在内（表 A6.5b）。

有工作收入的学生的收入水平低于非学生群体。学生的相对收入从高中以下学历群体的 43%增加到高等教育学历群体的 63%（表 A6.5a）。

这些发现支持了一种普遍的认识，即义务教育之后的进一步教育意味着暂时的收入损失，即使是边学习边工作也是如此。这种收入的损失，以及需要支付的学费和偿还的贷款就可能成为一部分仍然活跃在劳动力市场上的人继续追求教育和培训的阻碍。

相对收入和技能供给

收入差异受不同因素的影响。图 A6.4 显示了各国受过高等教育的劳动者的相对收入及其占总人口的比例。该图还显示了受过高等教育的劳动者的供给和需求对相对收入产生的影响。受过高等教育劳动者占总人口比例小的国家，这一劳动者群体的收入优势最大，如巴西、智利、哥伦比亚、匈牙利和墨西哥，而受过高等教育劳动者占总人口比例大的国家，这一劳动者群体的收入优势最小，如挪威和瑞典。一些图 A6.4 未显示的其他因素可能可以解释偏离这一结论的情况。例如，加拿大拥有高等教育学历人群所占比例（54%）高于 OECD 平均值，意大利拥有高等教育学历人群所占比例（17%）低于 OECD 平均值，但是两国的劳动人口相对收入均低于 OECD 平均值（拥有高等教育学历的劳动人口收入比最高学历为高中的劳动人口收入高 43%）（表 A6.1a）。

图 A6.4 受过高等教育的劳动者的相对收入及其占总人口的比例（2013 年）

有工作收入的 25—64 岁人口，高中教育 = 100

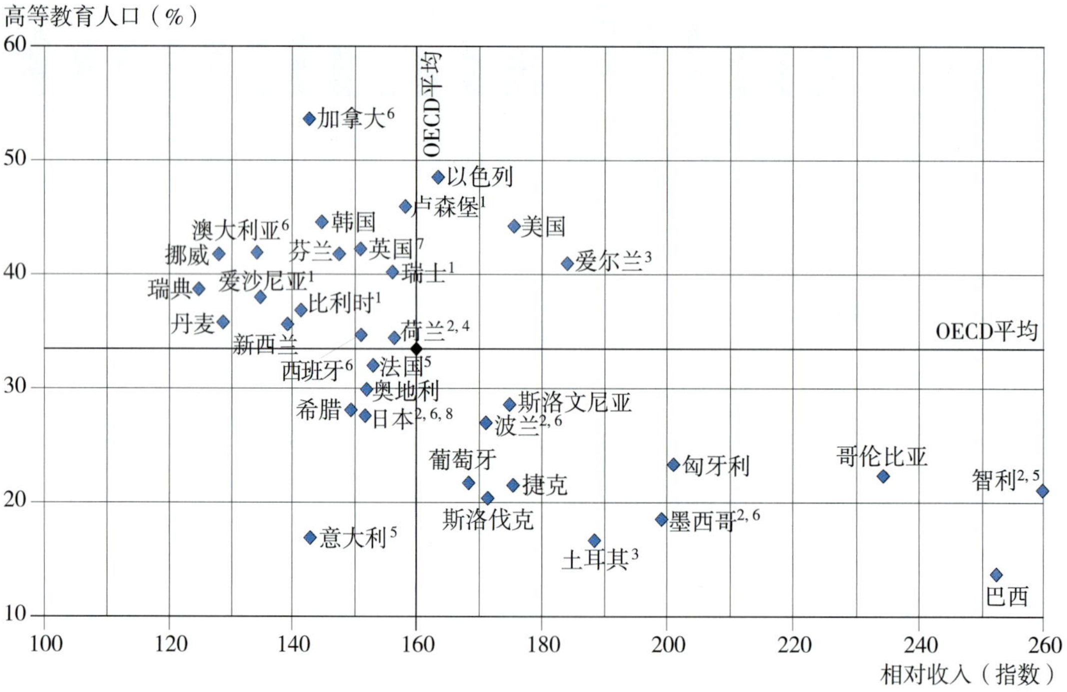

注：高等教育包括短期高等教育课程，以及学士、硕士、博士或同等水平学位课程。学历数据为 2014 年数据或最近可得年份数据。

1. 指数 100 指根据 ISCED 2011，受教育程度为 3 级和 4 级的结合。
2. 指数 100 指根据 ISCED-97，受教育程度为 3 级和 4 级的结合。
3. 收入为扣除所得税的净收入。
4. 2010 年数据。
5. 2011 年数据。
6. 2012 年数据。
7. 高中学历数据包含完成中间课程的数据（18%的成人属于这一组别）。
8. 学历数据不包括高等教育等级的短期高等教育课程数据。

数据来源：OECD. Table A1.3a and A6.1a. See Annex 3 for notes (www.oecd.org/education/education-at-a-glance-19991487.htm).

StatLink http://dx.doi.org/10.1787/888933283719

定 义

年龄组：成人指 25—64 岁人口，**青年人**指 25—34 岁人口，**年长者**指 55—64 岁人口。**劳动年龄人口**指 25—64 岁的总人口。

完成中间课程（ISCED 2011）：对应 ISCED 2011 等级课程，但不足以对应 ISCED 2011 等级，应当低于 ISCED 2011 等级。而且，这种资格不能直接衔接到更高的 ISCED 2011 等级。

教育水平：本指标使用了 ISCED 2011 和 ISCED-97 两种分类。

- 当明确指出使用的是 ISCED 2011 时，各教育水平定义如下：**高中以下教育**对应 ISCED 2011 等级 0、1 和 2，以及包括 ISCED 2011 等级 3 的课程资格认证，该认证不被视为已完全完成 ISCED 2011 等级 3，且无法直接升入中等后非高等教育或高等教育；**高中或中等后非高等教育**对应 ISCED 2011 等级 3 和 4；**高等教育**对应 ISCED 2011 等级 5、6、7 和 8（UNESCO Institute for statistics，2012）。
- 当明确指出使用的是 ISCED-97 时，各教育水平定义如下：**高中以下教育**对应 ISCED-97 等级 0、1、2 和 3C 短期课程；**高中或中等后非高等教育**对应 ISCED-97 等级 3A、3B、3C 长期课程以及等级 4；**高等教育**对应 ISCED-97 等级 5A、5B 和 6。

所有 ISCED 2011 等级内容参见本书卷首的“关于新版《国际教育标准分类》（ISCED 2011）的说明”，所有 ISCED-97 等级参见附录 3。

方 法

本指标是基于收集的常规数据得出的，即由 OECD LSO（劳动力市场、学习的经济和社会效益）网络采集的统计期内所有个人的工作收入数据，包括兼职和短期工作收入数据。该数据库包括学生和非学生群体的收入数据。该数据库还收集了全职和全年工作收入的数据，参见表 A6. 2a 和表 A6. 3a，以及表 A6. 2b，可在线查询。更多信息参见附录 3（www. oecd. org/education/education-at-a-glance-19991487. htm）。

常规收入数据收集

常规收入数据收集（用于所有表格中）提供了不同国家以年、月和周为统计周期的收入数据，各国的收入统计期不尽相同。澳大利亚、新西兰和英国提供的是每周的收入数据，比利时、巴西、智利、哥伦比亚、爱沙尼亚、以色列（三个月）、韩国和葡萄牙提供的是每月的收入数据，所有其他国家提供的是年度收入数据。除爱尔兰和土耳其的收入数据为税后净收入外，其他国家数据均为税前收入。比利时学生与非学生群体的工作收入以及收入的离散数据为税后净收入。斯洛文尼亚的常规数据不包括个人的兼职工作收入数据，同时斯洛文尼亚的数据不包括短期工作的收入数据。许多国家的数据中，个体经营者的收入数据一般不包括在内，且总体而言，没有一个简单且有可比性的方法能够将工作收入和资本投资回报进行分离。

各国的收入数据在很多方面有所不同，因此，应谨慎解释统计结果。例如：

- 在实行收入数据年报制的国家，不同学历水平的人群的季节性工作频次的差异将对相对收入产生影响，而该影响在实行收入数据周报制或月报制的国家未能有类似显现；

- 移民和非移民没有分开统计数据，在一些国家，这可能对收入产生影响，因为它们设有独立于教育资格回报的移民收入罚金；
- 各国可能有包含个体经营者或兼职工作收入的数据；
- 各国由雇主承担的除工资外的养老金、医疗保险等的份额可能会有所不同。

此外，表 A6. 1a 和表 A6. 1b 中的数据为相对收入数据，因此，当用其评估不同受教育水平相对收入的演变时应谨慎。对于表 A6. 5a 和表 A6. 5b，国家间的差异可能是由数据来源和统计周期的差异造成的。详细内容参见附录 3（www. oecd. org/education/education-at-a-glance-19991487. htm）。

本指标没有将免费的政府服务产生的有效收入的影响列入考虑范围。在一些国家，劳动者的收入可能较高，但这一收入需要用于覆盖如医疗保险和儿童/学生的学校/高等教育费用，而在其他国家，收入可能较低，但国家提供免费的医疗和教育。

总平均收入（男性加女性，即男+女）并非男性和女性收入数据的简单加总，而是基于总人口计算得出的平均收入。这一总平均数据根据男性和女性在不同学历水平群体中的比例计算得出。

全职和全年数据收集

表 A6. 2a、表 A6. 2b（全职收入的性别差异）和表 A6. 3（全职收入的教育背景差异）所列数据为全职和全年数据。

针对全职收入的定义（表 A6. 2a、表 A6. 2b 和表 A6. 3），各国被要求提供其是否有自行定义的全职状态或是否设定全职状态的周工作时数临界值的相关信息。比利时、法国、德国、意大利、卢森堡、葡萄牙、西班牙、瑞典、瑞士和英国对全职状态进行了规定，其他国家则根据每周工作小时数定义全职状态。智利全职状态工作时数临界值为每周 44 或 45 小时，匈牙利、斯洛伐克和斯洛文尼亚为每周 36 小时，澳大利亚、巴西、加拿大、哥伦比亚、爱沙尼亚、以色列、韩国、挪威和美国为每周 35 小时，捷克、希腊、爱尔兰、新西兰和土耳其为每周 30 小时。其他参与国未报告全职工作的最低工作时数。有些国家的全年全职收入数据是基于欧洲收入与生活状况调查（EU-SILC）的，该调查对全职状态做了界定。

关于以色列数据的说明

以色列的统计数据由以色列有关当局负责提供。在使用这些数据时，OECD 根据国际法的规定对戈兰高地、东耶路撒冷和约旦河西岸以色列定居点的地位不持偏见。

参考文献

OECD（2014），*Education at a Glance 2014：OECD Indicators*，OECD Publishing，Paris，http：//dx. doi. org/10. 1787/eag-2014-en.

OECD（2013），*Education at a Glance 2013：OECD Indicators*，OECD Publishing，

Paris, http：//dx. doi. org/10. 1787/eag-2013-en.

UNESCO Institute for Statistics (2012), *International Standard Classification of Education*: *ISCED 2011*, UNESCO-UIS, Montreal, Canada, www. uis. unesco. org/Education/Documents/isced-2011-en. pdf.

A6

表 A6.1a　劳动者的相对收入，按学历、年龄组和性别划分（2013 年）

有就业收入的成人，高中教育=100

		男性和女性					
	年份	高中以下教育	中等后非高等教育	短期高等教育课程	学士或同等水平	硕士、博士或同等水平	所有高等教育
		25—64 岁	25—64 岁	25—64 岁	25—64 岁	25—64 岁	25—64 岁
		(1)	(4)	(7)	(10)	(13)	(16)
OECD 国家 澳大利亚	2012	83	99	114	137	161	134
奥地利	2013	71	m	136	171[d]	x(10)	152
比利时[1]	2013	87	m	m	m	m	141
加拿大	2012	84	119	118	153	189	143
智利[2]	2011	66	a	151	290	564	260
捷克	2013	74	m	117	143	185	175
丹麦	2013	82	134	114	111	166	129
爱沙尼亚[1]	2013	91	m	m	m	m	135
芬兰	2012	93	128	129	127	187	148
法国	2011	82	m	127	136	207	153
德国		m	m	m	m	m	m
希腊	2013	79	109	148	198	m	149
匈牙利	2013	75	99	102	174	250	201
冰岛		m	m	m	m	m	m
爱尔兰[3]	2013	83	92	144	204	m	184
以色列	2013	84	a	117	157	225	163
意大利	2011	78	m	m	m	m	143
日本[2]	2012	78	m	m	m	m	152
韩国	2013	71	m	115	150	200	145
卢森堡[1]	2013	64	m	m	m	m	158
墨西哥[2]	2012	54	a	m	m	m	199
荷兰[2]	2010	83	m	m	m	m	156
新西兰	2013	92	116	114	135	186	139
挪威	2013	77	101	120	116	166	128
波兰[2]	2012	84	m	m	m	m	171
葡萄牙	2013	71	102	162	169	m	168
斯洛伐克	2013	68	m	125	125	176	171
斯洛文尼亚	2013	79	a	m	m	m	175

注：显示男性和女性数据及其他年龄群体数据的各列可在线查询（参见以下 StatLink）。
1. 指数 100 指根据 ISCED 2011，受教育程度为 3 级和 4 级的结合。
2. 指数 100 指根据 ISCED-97，受教育程度为 3 级和 4 级的结合。
3. 收入为扣除所得税的净收入。
4. 高中学历数据包含完成中间课程的数据（18%的成人属于这一组别）。
数据来源：OECD. See Annex 3 for notes（www.oecd.org/education/education-at-a-glance-19991487.htm）.
缺失数据代码参见《读者指南》。
StatLink http://dx.doi.org/10.1787/888933285052

表 A6.1a（续） 劳动者的相对收入，按学历、年龄组和性别划分（2013 年）

有就业收入的成人，高中教育=100

		年份	男性和女性					
			高中以下教育	中等后非高等教育	短期高等教育课程	学士或同等水平	硕士、博士或同等水平	所有高等教育
			25—64 岁	25—64 岁	25—64 岁	25—64 岁	25—64 岁	25—64 岁
			(1)	(4)	(7)	(10)	(13)	(16)
OECD 国家	西班牙	2012	75	124	m	m	m	151
	瑞典	2013	78	117	106	115	151	125
	瑞士[1]	2013	78	m	m	m	m	156
	土耳其[3]	2013	65	a	m	m	m	188
	英国[4]	2013	74	a	123	154	174	151
	美国	2013	70	m	116	165	243	176
	OECD 平均		77	112	125	157	214	160
	欧盟 21 国平均		79	113	128	152	187	157
伙伴国	阿根廷		m	m	m	m	m	m
	巴西	2013	60	m	m	241	450	252
	中国		m	m	m	m	m	m
	哥伦比亚	2013	65	m	m	m	m	234
	印度		m	m	m	m	m	m
	印度尼西亚		m	m	m	m	m	m
	拉脱维亚		m	m	m	m	m	m
	俄罗斯		m	m	m	m	m	m
	沙特阿拉伯		m	m	m	m	m	m
	南非		m	m	m	m	m	m
	G20 平均		m	m	m	m	m	m

注：显示男性和女性数据及其他年龄群体数据的各列可在线查询（参见以下 StatLink）。
1. 指数 100 指根据 ISCED 2011，受教育程度为 3 级和 4 级的结合。
2. 指数 100 指根据 ISCED-97，受教育程度为 3 级和 4 级的结合。
3. 收入为扣除所得税的净收入。
4. 高中学历数据包含完成中间课程的数据（18%的成人属于这一组别）。
数据来源：OECD. See Annex 3 for notes（www.oecd.org/education/education-at-a-glance-19991487.htm）.
缺失数据代码参见《读者指南》。
StatLink http://dx.doi.org/10.1787/888933285052

表 A6. 2a 男性和女性劳动者的收入差异，按学历和年龄组划分（2013 年）

有就业收入的成人，女性平均全职全年工作收入占男性收入的百分比

		年份	高中以下教育			高中或中等后非高等教育			高等教育		
			25—64岁	35—44岁	55—64岁	25—64岁	35—44岁	55—64岁	25—64岁	35—44岁	55—64岁
			(1)	(2)	(3)	(4)	(5)	(6)	(7)	(8)	(9)
OECD国家	澳大利亚	2012	79	78	82	75	74	78	75	75	69
	奥地利	2013	79	82	83	80	76	81	69	71	74
	比利时	2013	79	79	82	82	79	84	83	87	83
	加拿大	2012	66	52	64	69	66	74	73	77	73
	智利[1]	2011	77	79	72	69	68	70	62	70	53
	捷克	2013	80	81	80	80	73	87	71	66	86
	丹麦	2013	83	80	82	80	78	82	74	76	72
	爱沙尼亚	2013	65	60	76	57	57	63	68	63	71
	芬兰	2013	79	75	79	78	76	78	76	75	74
	法国	2011	76	73	70	81	74	75	71	74	63
	德国		m	m	m	m	m	m	m	m	m
	希腊	2013	79	81	68	80	83	63	75	77	54
	匈牙利	2013	82	82	79	88	85	92	64	59	68
	冰岛		m	m	m	m	m	m	m	m	m
	爱尔兰[2]	2013	77	86	74	73	69	73	76	79	56
	以色列	2013	73	66	71	75	72	73	63	62	61
	意大利	2011	79	78	76	78	78	74	70	77	71
	日本		m	m	m	m	m	m	m	m	m
	韩国	2013	66	69	64	63	61	58	68	65	70
	卢森堡	2013	83	83	70	77	82	69	76	85	67
	墨西哥[1]	2012	74	72	79	80	78	79	70	69	88
	荷兰[1]	2010	77	79	76	79	85	79	74	83	74
	新西兰	2013	79	80	78	78	79	74	78	76	73
	挪威	2013	82	80	82	80	79	79	75	77	73

注：显示所有等级教育的相对收入之和的各列可在线查询（参见以下 StatLink）。

1. 学历水平根据 ISCED-97 划分。
2. 收入为扣除所得税的净收入。
3. 高中学历数据包含完成中间课程的数据（18%的成人属于这一组别）。

数据来源：OECD. See Annex 3 for notes（www. oecd. org/education/education-at-a-glance-19991487. htm）.

缺失数据代码参见《读者指南》。

StatLink http：//dx. doi. org/10. 1787/888933285069

表 A6. 2a（续） 男性和女性劳动者的收入差异，按学历和年龄组划分（2013 年）

有就业收入的成人，女性平均全职全年工作收入占男性收入的百分比

		年份	高中以下教育			高中或中等后非高等教育			高等教育		
			25—64岁	35—44岁	55—64岁	25—64岁	35—44岁	55—64岁	25—64岁	35—44岁	55—64岁
			(1)	(2)	(3)	(4)	(5)	(6)	(7)	(8)	(9)
OECD 国家	波兰[1]	2012	73	69	74	79	72	89	71	66	76
	葡萄牙	2013	76	76	72	72	74	68	70	75	69
	斯洛伐克	2013	72	73	71	17	15	16	71	64	79
	斯洛文尼亚	2013	85	84	84	88	84	97	82	80	87
	西班牙	2012	75	81	68	74	74	71	79	78	77
	瑞典	2012	83	75	96	81	79	88	83	85	87
	瑞士	2013	86	75	111	84	84	86	78	85	79
	土耳其[2]	2013	69	67	63	86	77	119	82	87	55
	英国[3]	2013	78	80	68	71	69	67	77	77	79
	美国	2013	72	76	81	75	70	71	66	67	63
	OECD 平均		77	76	77	75	73	76	73	74	72
	欧盟 21 国平均		78	78	76	75	73	75	74	75	73
伙伴国	阿根廷		m	m	m	m	m	m	m	m	m
	巴西	2013	67	68	62	62	63	54	62	66	60
	中国		m	m	m	m	m	m	m	m	m
	哥伦比亚	2013	77	78	77	74	70	67	75	78	73
	印度		m	m	m	m	m	m	m	m	m
	印度尼西亚		m	m	m	m	m	m	m	m	m
	拉脱维亚		m	m	m	m	m	m	m	m	m
	俄罗斯		m	m	m	m	m	m	m	m	m
	沙特阿拉伯		m	m	m	m	m	m	m	m	m
	南非		m	m	m	m	m	m	m	m	m
	G20 平均		m	m	m	m	m	m	m	m	m

注：显示所有等级教育的相对收入之和的各列可在线查询（参见以下 StatLink）。

1. 学历水平根据 ISCED-97 划分。
2. 收入为扣除所得税的净收入。
3. 高中学历数据包含完成中间课程的数据（18%的成人属于这一组别）。

数据来源：OECD. See Annex 3 for notes（www.oecd.org/education/education-at-a-glance-19991487.htm）.

缺失数据代码参见《读者指南》。

StatLink http://dx.doi.org/10.1787/888933285069

表 A6.3. [1/3] **全职全年工作者及兼职工作者和无收入者的比例，按学历、年龄组和性别划分（2013 年）**

如何阅读此表：在澳大利亚，58%的 25—64 岁高中以下学历的男性有全职工作收入。25—64 岁的女性群体中，22%的人有全职工作收入。

	年份	性别	全职全年工作者				兼职工作者				无收入者			
			高中以下教育	高中或中等后非高等教育	高等教育	所有等级教育	高中以下教育	高中或中等后非高等教育	高等教育	所有等级教育	高中以下教育	高中或中等后非高等教育	高等教育	所有等级教育
			25—64 岁	25—64 岁	25—64 岁	25—64 岁	25—64 岁	25—64 岁	25—64 岁	25—64 岁	25—64 岁	25—64 岁	25—64 岁	25—64 岁
			(1)	(4)	(7)	(10)	(13)	(16)	(19)	(22)	(25)	(28)	(31)	(34)
OECD 国家														
澳大利亚	2012	男	58	75	79	73	9	8	10	9	33	16	11	18
		女	22	35	48	37	26	32	30	29	53	34	22	33
		男+女	38	58	61	54	18	19	21	20	43	24	17	26
奥地利	2013	男	41	63	71	62	27	21	19	21	32	16	10	16
		女	19	29	43	31	35	47	42	43	46	24	15	26
		男+女	27	46	57	46	32	34	31	33	41	20	12	21
比利时	2013	男	43	68	74	65	15	14	13	14	42	18	13	22
		女	14	28	49	34	25	41	35	35	60	30	16	31
		男+女	29	49	61	49	20	27	24	24	51	24	14	26
加拿大	2012	男	46	58	66	61	27	28	24	26	27	13	10	13
		女	22	38	48	42	32	38	36	36	46	24	16	22
		男+女	35	49	56	51	29	33	31	31	36	18	14	18
智利[1]	2011	男	46	55	59	52	37	31	32	34	17	14	9	14
		女	15	28	41	25	24	27	36	27	62	45	23	48
		男+女	29	41	49	37	30	29	35	30	41	30	16	32
捷克	2013	男	m	m	m	m	m	m	m	m	m	m	m	m
		女	m	m	m	m	m	m	m	m	m	m	m	m
		男+女	m	m	m	m	m	m	m	m	m	m	m	m
丹麦	2013	男	35	52	69	52	37	37	25	34	27	11	6	14
		女	25	43	53	42	34	41	39	39	41	16	8	19
		男+女	31	48	60	47	36	39	33	36	34	13	7	17
爱沙尼亚	2013	男	42	49	47	48	2	1	3	2	56	50	50	51
		女	34	46	50	47	6	5	5	5	60	48	45	47
		男+女	39	48	49	47	3	3	4	4	57	49	46	49

注：参考时间段长度从一周到一年不等。一些国家的数据不包含个体经营者的数据。更多信息参见方法部分和附录 3。显示其他年龄群体数据的各列可在线查询（参见以下 StatLink）。

1. 学历根据 ISCED-97 划分。

2. 收入为扣除所得税的净收入。

3. 高中学历数据包含完成中间课程的数据（18%的成人属于这一组别）。

数据来源：OECD. See Annex 3 for notes（www.oecd.org/education/education-at-a-glance-19991487.htm）.

缺失数据代码参见《读者指南》。

StatLink http://dx.doi.org/10.1787/888933285075

表 A6.3. ［1/3］（续）　全职全年工作者及兼职工作者和无收入者的比例，按学历、年龄组和性别划分（2013 年）

如何阅读此表：在澳大利亚，58%的 25—64 岁高中以下学历的男性有全职工作收入。25—64 岁的女性群体中，22%的人有全职工作收入。

		年份	性别	全职全年工作者				兼职工作者				无收入者			
				高中以下教育	高中或中等后非高等教育	高等教育	所有等级教育	高中以下教育	高中或中等后非高等教育	高等教育	所有等级教育	高中以下教育	高中或中等后非高等教育	高等教育	所有等级教育
				25—64岁	25—64岁	25—64岁	25—64岁	25—64岁	25—64岁	25—64岁	25—64岁	25—64岁	25—64岁	25—64岁	25—64岁
				(1)	(4)	(7)	(10)	(13)	(16)	(19)	(22)	(25)	(28)	(31)	(34)
OECD 国家	芬兰	2013	男	m	m	m	m	m	m	m	m	m	m	m	m
			女	m	m	m	m	m	m	m	m	m	m	m	m
			男+女	m	m	m	m	m	m	m	m	m	m	m	m
	法国	2011	男	51	70	81	69	18	14	11	14	32	16	7	17
			女	26	47	63	48	28	32	27	30	46	21	9	23
			男+女	37	59	71	58	23	22	20	22	40	18	9	20
	德国		男	m	m	m	m	m	m	m	m	m	m	m	m
			女	m	m	m	m	m	m	m	m	m	m	m	m
			男+女	m	m	m	m	m	m	m	m	m	m	m	m
	希腊	2013	男	43	52	69	54	18	15	9	14	39	33	22	32
			女	16	27	55	32	13	15	13	14	72	58	32	55
			男+女	29	40	61	43	15	15	11	14	56	45	27	43
	匈牙利		男	m	m	m	m	m	m	m	m	m	m	m	m
			女	m	m	m	m	m	m	m	m	m	m	m	m
			男+女	m	m	m	m	m	m	m	m	m	m	m	m
	冰岛		男	m	m	m	m	m	m	m	m	m	m	m	m
			女	m	m	m	m	m	m	m	m	m	m	m	m
			男+女	m	m	m	m	m	m	m	m	m	m	m	m
	爱尔兰[2]	2013	男	21	38	61	41	28	34	27	29	50	29	13	29
			女	10	25	47	30	26	36	34	33	64	39	19	37
			男+女	16	31	53	36	27	35	31	31	57	34	16	33
	以色列	2013	男	61	73	84	76	9	10	8	9	31	17	8	15
			女	22	48	65	53	19	22	20	20	59	30	16	27
			男+女	42	61	73	64	13	15	15	15	44	23	12	21
	意大利	2011	男	59	75	78	68	19	14	12	16	21	12	10	16
			女	23	43	61	38	21	28	24	24	57	29	15	38
			男+女	41	59	69	53	20	21	18	20	39	20	13	27

注：参考时间段长度从一周到一年不等。一些国家的数据不包含个体经营者的数据。更多信息参见方法部分和附录 3。显示其他年龄群体数据的各列可在线查询（参见以下 StatLink）。

1. 学历根据 ISCED-97 划分。
2. 收入为扣除所得税的净收入。
3. 高中学历数据包含完成中间课程的数据（18%的成人属于这一组别）。

数据来源：OECD. See Annex 3 for notes（www.oecd.org/education/education-at-a-glance-19991487.htm）.

缺失数据代码参见《读者指南》。

StatLink http://dx.doi.org/10.1787/888933285075

A6

表 A6.3.［2/3］　全职全年工作者及兼职工作者和无收入者的比例，按学历、年龄组和性别划分（2013 年）

如何阅读此表：在澳大利亚，58%的 25—64 岁高中以下学历的男性有全职工作收入。25—64 岁的女性群体中，22%的人有全职工作收入。

	年份	性别	全职全年工作者				兼职工作者				无收入者			
			高中以下教育	高中或中等后非高等教育	高等教育	所有等级教育	高中以下教育	高中或中等后非高等教育	高等教育	所有等级教育	高中以下教育	高中或中等后非高等教育	高等教育	所有等级教育
			25—64 岁	25—64 岁	25—64 岁	25—64 岁	25—64 岁	25—64 岁	25—64 岁	25—64 岁	25—64 岁	25—64 岁	25—64 岁	25—64 岁
			(1)	(4)	(7)	(10)	(13)	(16)	(19)	(22)	(25)	(28)	(31)	(34)
OECD 国家														
日本		男	m	m	m	m	m	m	m	m	m	m	m	m
		女	m	m	m	m	m	m	m	m	m	m	m	m
		男+女	m	m	m	m	m	m	m	m	m	m	m	m
韩国	2013	男	30	44	46	43	14	13	27	20	56	44	28	37
		女	23	26	23	24	13	17	29	21	64	58	48	55
		男+女	26	35	35	33	13	15	28	20	61	51	37	46
卢森堡	2013	男	65	75	82	74	11	8	7	9	24	17	11	17
		女	25	37	56	38	33	31	27	30	41	33	17	31
		男+女	44	58	69	56	23	18	17	19	33	24	14	24
墨西哥[1]	2012	男	84	89	87	85	11	9	12	11	5	2	2	4
		女	56	73	72	62	34	22	26	30	10	5	2	7
		男+女	73	83	81	76	20	14	18	18	7	3	2	5
荷兰		男	m	m	m	m	m	m	m	m	m	m	m	m
		女	m	m	m	m	m	m	m	m	m	m	m	m
		男+女	m	m	m	m	m	m	m	m	m	m	m	m
新西兰	2013	男	69	82	81	78	6	6	8	7	25	11	11	15
		女	39	45	59	48	20	25	21	22	40	31	20	30
		男+女	53	65	69	63	14	15	15	15	33	20	16	23
挪威	2013	男	41	61	66	58	36	30	29	32	23	8	5	11
		女	20	33	45	35	49	54	49	50	32	14	6	15
		男+女	31	48	55	46	42	41	39	41	27	11	6	13

注：参考时间段长度从一周到一年不等。一些国家的数据不包含个体经营者的数据。更多信息参见方法部分和附录 3。显示其他年龄群体数据的各列可在线查询（参见以下 StatLink）。

1. 学历根据 ISCED-97 划分。
2. 收入为扣除所得税的净收入。
3. 高中学历数据包含完成中间课程的数据（18%的成人属于这一组别）。

数据来源：OECD. See Annex 3 for notes（www.oecd.org/education/education-at-a-glance-19991487.htm）.

缺失数据代码参见《读者指南》。

StatLink http://dx.doi.org/10.1787/888933285075

表 A6.3. [2/3]（续） 全职全年工作者及兼职工作者和无收入者的比例，按学历、年龄组和性别划分（2013 年）

如何阅读此表：在澳大利亚，58%的 25—64 岁高中以下学历的男性有全职工作收入。25—64 岁的女性群体中，22%的人有全职工作收入。

		年份	性别	全职全年工作者				兼职工作者				无收入者			
				高中以下教育	高中或中等后非高等教育	高等教育	所有等级教育	高中以下教育	高中或中等后非高等教育	高等教育	所有等级教育	高中以下教育	高中或中等后非高等教育	高等教育	所有等级教育
				25—64 岁	25—64 岁	25—64 岁	25—64 岁	25—64 岁	25—64 岁	25—64 岁	25—64 岁	25—64 岁	25—64 岁	25—64 岁	25—64 岁
				(1)	(4)	(7)	(10)	(13)	(16)	(19)	(22)	(25)	(28)	(31)	(34)
OECD 国家	波兰		男	m	m	m	m	m	m	m	m	m	m	m	m
			女	m	m	m	m	m	m	m	m	m	m	m	m
			男+女	m	m	m	m	m	m	m	m	m	m	m	m
	葡萄牙		男	m	m	m	m	m	m	m	m	m	m	m	m
			女	m	m	m	m	m	m	m	m	m	m	m	m
			男+女	m	m	m	m	m	m	m	m	m	m	m	m
	斯洛伐克		男	m	m	m	m	m	m	m	m	m	m	m	m
			女	m	m	m	m	m	m	m	m	m	m	m	m
			男+女	m	m	m	m	m	m	m	m	m	m	m	m
	斯洛文尼亚		男	m	m	m	m	m	m	m	m	m	m	m	m
			女	m	m	m	m	m	m	m	m	m	m	m	m
			男+女	m	m	m	m	m	m	m	m	m	m	m	m
	西班牙	2012	男	46	63	70	57	27	24	19	24	26	13	11	18
			女	21	39	57	38	30	31	26	29	49	30	16	33
			男+女	35	51	63	48	29	28	23	27	37	21	14	26
	瑞典	2012	男	60	74	79	75	9	9	9	9	31	16	12	16
			女	25	44	59	50	6	9	13	11	69	46	28	40
			男+女	44	61	67	62	8	9	12	10	48	30	21	28
	瑞士	2013	男	69	77	78	77	7	9	14	11	24	13	8	12
			女	21	23	34	26	39	51	49	48	40	26	18	25
			男+女	41	48	59	52	26	32	29	30	34	20	12	19
	土耳其[2]	2013	男	55	69	75	63	32	21	18	27	13	9	7	11
			女	39	53	73	53	43	33	21	34	18	14	6	13
			男+女	51	66	74	60	35	24	19	29	14	10	7	11
	英国[3]	2013	男	59	77	82	75	9	7	7	7	32	17	11	18
			女	21	39	54	42	23	32	28	28	56	29	19	30
			男+女	40	58	67	58	16	19	18	18	44	23	15	24
	美国	2013	男	50	63	76	66	21	18	14	17	29	20	10	17
			女	25	44	56	48	21	23	24	23	55	33	20	29
			男+女	38	53	65	57	21	20	20	20	41	26	16	23

注：参考时间段长度从一周到一年不等。一些国家的数据不包含个体经营者的数据。更多信息参见方法部分和附录3。显示其他年龄群体数据的各列可在线查询（参见以下 StatLink）。

1. 学历根据 ISCED-97 划分。
2. 收入为扣除所得税的净收入。
3. 高中学历数据包含完成中间课程的数据（18%的成人属于这一组别）。

数据来源：OECD. See Annex 3 for notes（www. oecd. org/education/education-at-a-glance-19991487. htm）.

缺失数据代码参见《读者指南》。

StatLink http：//dx. doi. org/10. 1787/888933285075

表 A6.3. ［3/3］ 全职全年工作者及兼职工作者和无收入者的比例，按学历、年龄组和性别划分（2013 年）

如何阅读此表：在澳大利亚，58%的 25—64 岁高中以下学历的男性有全职工作收入。25—64 岁的女性群体中，22%的人有全职工作收入。

		年份	性别	全职全年工作者				兼职工作者				无收入者			
				高中以下教育	高中或中等后非高等教育	高等教育	所有等级教育	高中以下教育	高中或中等后非高等教育	高等教育	所有等级教育	高中以下教育	高中或中等后非高等教育	高等教育	所有等级教育
				25—64 岁	25—64 岁	25—64 岁	25—64 岁	25—64 岁	25—64 岁	25—64 岁	25—64 岁	25—64 岁	25—64 岁	25—64 岁	25—64 岁
				(1)	(4)	(7)	(10)	(13)	(16)	(19)	(22)	(25)	(28)	(31)	(34)
OECD 国家	OECD 平均		男	51	65	72	64	19	17	16	17	30	18	12	19
			女	24	39	59	40	26	30	29	29	50	31	19	31
			男+女	38	53	62	52	22	23	22	23	40	24	16	25
	欧盟 21 国平均		男	47	63	72	62	18	17	13	16	34	21	15	22
			女	22	37	54	39	23	29	26	27	55	34	20	34
			男+女	34	51	62	50	21	23	20	21	45	27	17	28
伙伴国	阿根廷		男	m	m	m	m	m	m	m	m	m	m	m	m
			女	m	m	m	m	m	m	m	m	m	m	m	m
			男+女	m	m	m	m	m	m	m	m	m	m	m	m
	巴西	2013	男	71	75	72	72	26	21	20	24	3	4	8	4
			女	47	62	60	55	51	35	34	42	2	3	6	3
			男+女	62	69	65	65	36	28	28	32	3	4	7	4
	中国		男	m	m	m	m	m	m	m	m	m	m	m	m
			女	m	m	m	m	m	m	m	m	m	m	m	m
			男+女	m	m	m	m	m	m	m	m	m	m	m	m
	哥伦比亚	2013	男	83	85	81	83	15	13	18	15	2	2	1	2
			女	52	64	70	60	39	30	28	33	9	6	2	6
			男+女	71	76	75	73	25	21	23	23	5	4	2	4

注：参考时间段长度从一周到一年不等。一些国家的数据不包含个体经营者的数据。更多信息参见方法部分和附录 3。显示其他年龄群体数据的各列可在线查询（参见以下 StatLink）。

1. 学历根据 ISCED-97 划分。
2. 收入为扣除所得税的净收入。
3. 高中学历数据包含完成中间课程的数据（18%的成人属于这一组别）。

数据来源：OECD. See Annex 3 for notes（www.oecd.org/education/education-at-a-glance-19991487.htm）.

缺失数据代码参见《读者指南》。

StatLink http://dx.doi.org/10.1787/888933285075

表 A6.3. ［3/3］（续） 全职全年工作者及兼职工作者和无收入者的比例，按学历、年龄组和性别划分（2013 年）

如何阅读此表：在澳大利亚，58%的 25—64 岁高中以下学历的男性有全职工作收入。25—64 岁的女性群体中，22%的人有全职工作收入。

		年份	性别	全职全年工作者				兼职工作者				无收入者			
				高中以下教育	高中或中等后非高等教育	高等教育	所有等级教育	高中以下教育	高中或中等后非高等教育	高等教育	所有等级教育	高中以下教育	高中或中等后非高等教育	高等教育	所有等级教育
				25—64 岁	25—64 岁	25—64 岁	25—64 岁	25—64 岁	25—64 岁	25—64 岁	25—64 岁	25—64 岁	25—64 岁	25—64 岁	25—64 岁
				(1)	(4)	(7)	(10)	(13)	(16)	(19)	(22)	(25)	(28)	(31)	(34)
OECD 国家	印度		男	m	m	m	m	m	m	m	m	m	m	m	m
			女	m	m	m	m	m	m	m	m	m	m	m	m
			男+女	m	m	m	m	m	m	m	m	m	m	m	m
	印度尼西亚		男	m	m	m	m	m	m	m	m	m	m	m	m
			女	m	m	m	m	m	m	m	m	m	m	m	m
			男+女	m	m	m	m	m	m	m	m	m	m	m	m
	拉脱维亚		男	m	m	m	m	m	m	m	m	m	m	m	m
			女	m	m	m	m	m	m	m	m	m	m	m	m
			男+女	m	m	m	m	m	m	m	m	m	m	m	m
	俄罗斯		男	m	m	m	m	m	m	m	m	m	m	m	m
			女	m	m	m	m	m	m	m	m	m	m	m	m
			男+女	m	m	m	m	m	m	m	m	m	m	m	m
	沙特阿拉伯		男	m	m	m	m	m	m	m	m	m	m	m	m
			女	m	m	m	m	m	m	m	m	m	m	m	m
			男+女	m	m	m	m	m	m	m	m	m	m	m	m
	南非		男	m	m	m	m	m	m	m	m	m	m	m	m
			女	m	m	m	m	m	m	m	m	m	m	m	m
			男+女	m	m	m	m	m	m	m	m	m	m	m	m
	G20 平均		男	m	m	m	m	m	m	m	m	m	m	m	m
			女	m	m	m	m	m	m	m	m	m	m	m	m
			男+女	m	m	m	m	m	m	m	m	m	m	m	m

注：参考时间段长度从一周到一年不等。一些国家的数据不包含个体经营者的数据。更多信息参见方法部分和附录 3。显示其他年龄群体数据的各列可在线查询（参见以下 StatLink）。

1. 学历根据 ISCED-97 划分。
2. 收入为扣除所得税的净收入。
3. 高中学历数据包含完成中间课程的数据（18%的成人属于这一组别）。

数据来源：OECD. See Annex 3 for notes（www.oecd.org/education/education-at-a-glance-19991487.htm）.

缺失数据代码参见《读者指南》。

StatLink http://dx.doi.org/10.1787/888933285075

表 A6.5a 15—24 岁有就业收入的学生群体的相对收入，按学历和性别划分（2013 年）

15—24 岁有就业收入的学生群体收入与 15—24 岁有就业收入的非学生群体收入的对比，有就业收入的非学生群体 = 100

		年份	高中以下教育			高中或中等后非高等教育			高等教育		
			男+女	男	女	男+女	男	女	男+女	男	女
			(1)	(2)	(3)	(4)	(5)	(6)	(7)	(8)	(9)
OECD 国家	澳大利亚	2012	29	c	c	52	51	57	68	c	c
	奥地利	2013	62	64	56	32	37	30	39	47	33
	比利时[1]	2013	47	55	41	64	65	65	65	75	81
	加拿大	2012	34	31	45	42	42	49	49	40	55
	智利[2]	2011	68	66	77	113	124	90	m	m	m
	捷克		m	m	m	m	m	m	m	m	m
	丹麦	2012	44	45	46	47	42	55	43	43	43
	爱沙尼亚	2013	83	63	116	82	87	92	88	m	106
	芬兰	2012	39	38	45	56	56	58	53	61	51
	法国	2011	c	c	c	55	69	44	41	52	32
	德国		m	m	m	m	m	m	m	m	m
	希腊	2013	m	m	m	48	54	44	m	m	m
	匈牙利		m	m	m	m	m	m	m	m	m
	冰岛		m	m	m	m	m	m	m	m	m
	爱尔兰[1]	2013	19	m	m	45	41	51	57	m	63
	以色列	2013	27	21	45	97	97	102	73	m	59
	意大利	2011	54	83	31	63	62	69	110	119	106
	日本		m	m	m	m	m	m	m	m	m
	韩国	2013	44	61	34	51	57	46	m	m	m
	卢森堡		m	m	m	m	m	m	m	m	m
	墨西哥[2]	2012	57	55	63	75	72	79	80	65	96
	荷兰		m	m	m	m	m	m	m	m	m

注：本表中一些国家统计的年龄是 16—24 岁。显示所有等级教育的相对收入之和的各列可在线查询（参见以下 StatLink）。

1. 收入为扣除所得税的净收入。
2. 学历水平按 ISCED-97 划分。
3. 高中学历数据包含完成中间课程的数据（18%的成人属于这一组别）。

数据来源：OECD. See Annex 3 for notes (www.oecd.org/education/education-at-a-glance-19991487.htm).

缺失数据代码参见《读者指南》。

StatLink http://dx.doi.org/10.1787/888933285081

表 A6.5a（续） 15—24 岁有就业收入的学生群体的相对收入，按学历性别划分（2013 年）

15—24 岁有就业收入的学生群体收入与 15—24 岁有就业收入的非学生群体收入的对比，有就业收入的非学生群体 = 100

		年份	高中以下教育			高中或中等后非高等教育			高等教育		
			男+女	男	女	男+女	男	女	男+女	男	女
			(1)	(2)	(3)	(4)	(5)	(6)	(7)	(8)	(9)
OECD 国家	新西兰	2013	42	50	34	50	58	44	62	54	67
	挪威	2013	37	40	34	40	38	46	38	36	40
	波兰		m	m	m	m	m	m	m	m	m
	葡萄牙		m	m	m	m	m	m	m	m	m
	斯洛伐克		m	m	m	m	m	m	m	m	m
	斯洛文尼亚		m	m	m	m	m	m	m	m	m
	西班牙	2012	52	66	34	36	31	45	41	49	33
	瑞典		m	m	m	m	m	m	m	m	m
	瑞士	2013	10	6	35	43	47	41	53	55	50
	土耳其[1]	2013	62	64	60	99	103	91	113	107	115
	英国[3]	2013	28	32	23	28	33	25	61	73	49
	美国	2013	27	26	30	57	56	61	66	60	74
	OECD 平均		43	48	47	58	60	58	63	62	64
	欧盟 21 国平均		47	56	49	51	52	53	60	65	60
伙伴国	阿根廷		m	m	m	m	m	m	m	m	m
	巴西	2013	60	58	71	111	112	116	102	86	116
	中国		m	m	m	m	m	m	m	m	m
	哥伦比亚	2013	55	51	73	97	94	106	99	98	101
	印度		m	m	m	m	m	m	m	m	m
	印度尼西亚		m	m	m	m	m	m	m	m	m
	拉脱维亚		m	m	m	m	m	m	m	m	m
	俄罗斯		m	m	m	m	m	m	m	m	m
	沙特阿拉伯		m	m	m	m	m	m	m	m	m
	南非		m	m	m	m	m	m	m	m	m
	G20 平均		m	m	m	m	m	m	m	m	m

注：本表中一些国家统计的年龄是 16—24 岁。显示所有等级教育的相对收入之和的各列可在线查询（参见以下 StatLink）。

1. 收入为扣除所得税的净收入。
2. 学历水平按 ISCED-97 划分。
3. 高中学历数据包含完成中间课程的数据（18%的成人属于这一组别）。

数据来源：OECD. See Annex 3 for notes（www.oecd.org/education/education-at-a-glance-19991487.htm）.

缺失数据代码参见《读者指南》。

StatLink http://dx.doi.org/10.1787/888933285081

表 A6.5b 15—29 岁有就业收入群体占所有 15—29 岁人口的比例，按年龄组、性别和学生身份划分（2013 年）

如何阅读此表：在澳大利亚所有 15—24 岁非学生群体中，70%的人有就业收入，学生群体中 47%的人有就业收入。在所有 15—24 岁群体中，56%的人有就业收入。

	年份	男性和女性					
		15—24 岁			25—29 岁		
		非学生	学生	总计	非学生	学生	总计
		(1)	(2)	(3)	(4)	(5)	(6)
OECD 国家							
澳大利亚	2012	70	47	56	79	71	77
奥地利	2013	87	61	72	90	78	88
比利时[1]	2013	28	2	11	35	18	34
加拿大	2012	89	74	78	90	84	88
智利	2011	50	10	28	70	45	66
捷克		m	m	m	m	m	m
丹麦	2012	71	71	71	81	82	82
爱沙尼亚	2013	41	13	22	54	45	52
芬兰	2012	77	77	77	84	85	84
法国	2011	76	37	55	92	73	91
德国	2012	66	37	46	70	62	68
希腊	2013	27	4	12	54	27	51
匈牙利		m	m	m	m	m	m
冰岛		m	m	m	m	m	m
爱尔兰[1]	2013	36	23	28	67	51	65
以色列	2013	68	18	45	80	74	79
意大利	2011	56	13	32	79	44	72
日本		m	m	m	m	m	
韩国	2013	52	11	23	67	29	64
卢森堡		m	m	m	m	m	
墨西哥	2012	89	81	87	94	96	94
荷兰		m	m	m	m	m	
新西兰	2013	69	33	47	76	60	74

注：本表中一些国家统计的年龄是 16—24 岁。显示男性和女性数据的各列可在线查询（参见以下 StatLink）。

1. 收入为扣除所得税的净收入。

2. 高中学历数据包含完成中间课程的数据（18%的成人属于这一组别）。

数据来源：OECD. See Annex 3 for notes (www. oecd. org/education/education-at-a-glance-19991487. htm).

缺失数据代码参见《读者指南》。

StatLink http://dx. doi. org/10. 1787/888933283672

表 A6.5b（续） 15—29 岁有就业收入群体占所有 15—29 岁人口的比例，按年龄组、性别和学生身份划分（2013 年）

如何阅读此表： 在澳大利亚所有 15—24 岁非学生群体中，70%的人有就业收入，学生群体中 47%的人有就业收入。在所有 15—24 岁群体中，56%的人有就业收入。

		年份	男性和女性					
			15—24 岁			25—29 岁		
			非学生	学生	总计	非学生	学生	总计
			(1)	(2)	(3)	(4)	(5)	(6)
OECD 国家	挪威	2013	82	67	72	89	90	89
	波兰		m	m	m	m	m	m
	葡萄牙		m	m	m	m	m	m
	斯洛伐克		m	m	m	m	m	m
	斯洛文尼亚		m	m	m	m	m	m
	西班牙	2012	60	20	34	82	71	80
	瑞典		m	m	m	m	m	m
	瑞士	2013	72	53	60	85	61	81
	土耳其[1]	2013	76	76	76	86	87	86
	英国[2]	2013	56	32	46	80	63	78
	美国	2013	73	41	54	82	62	79
	OECD 平均		64	39	49	77	63	75
	欧盟 21 国平均		57	32	42	72	58	71
伙伴国	阿根廷		m	m	m	m	m	m
	巴西	2013	62	32	48	75	70	74
	中国		m	m	m	m	m	m
	哥伦比亚	2013	91	79	88	96	97	96
	印度		m	m	m	m	m	m
	印度尼西亚		m	m	m	m	m	m
	拉脱维亚		m	m	m	m	m	m
	俄罗斯		m	m	m	m	m	m
	沙特阿拉伯		m	m	m	m	m	m
	南非		m	m	m	m	m	m
	G20 平均		m	m	m	m	m	m

注：本表中一些国家统计的年龄是 16—24 岁。显示男性和女性数据的各列可在线查询（参见以下 StatLink）。
1. 收入为扣除所得税的净收入。
2. 高中学历数据包含完成中间课程的数据（18%的成人属于这一组别）。
数据来源：OECD. See Annex 3 for notes（www. oecd. org/education/education-at-a-glance-19991487. htm）.
缺失数据代码参见《读者指南》。
StatLink http：//dx. doi. org/10. 1787/888933283672

教育投资的经济动因是什么？

- 个人接受高等教育可以获得可观的投资回报：与未接受高等教育者相比，他们更容易就业并获得更高的收入。
- 不仅个人可获得教育回报，社会也能从大量接受过高等教育的人身上以更多的税收和社会捐赠的形式受益。
- 在 OECD 国家，女性投资高等教育的净公共收益为 65 500 美元，是对其的公共教育投资成本的 1.2 倍；对于男性而言，净公共收益超过 127 400美元，几乎是对其公共教育投资成本的 2.5 倍。

图 A7.1 每位接受高等教育的女性的个人净收益（2011 年）

与接受高中或中等后非高等教育的女性相比，以 GDP 的购买力平价转换后的等值美元表示

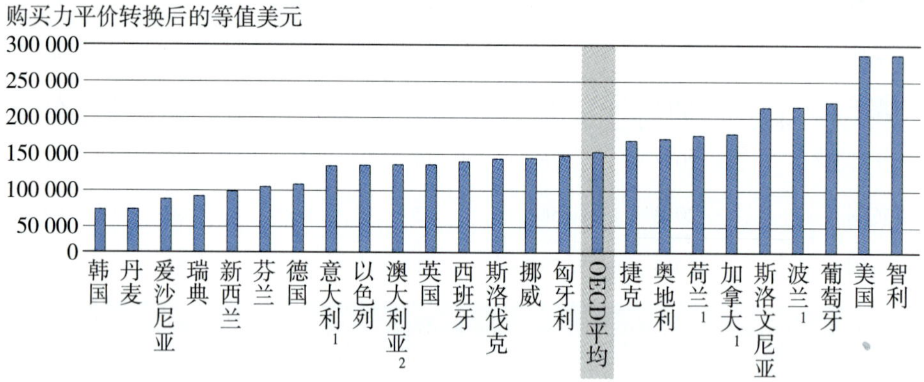

1. 2010 年数据。
2. 2009 年数据。

国家按照个人净收益升序排列。

数据来源：OECD. Tables A7. 3b and A7. 4b. See Annex 3 for notes（www. oecd. org/education/education-at-a-glance-19991487. htm）.

StatLink http：//dx. doi. org/10. 1787/888933283725

背 景

对教育的时间和金钱投入是对人力资本的一种投资。对个人而言，接受高等教育可以增加就业机会，降低失业风险。在劳动力市场中获得更好的机会（参见指标 A5）和获得更高的收入（参见指标 A6）将有力地促使个人投资教育，推迟消费和工作，以获得未来收益。反过来，当个人进入劳动力市场，社会将从福利项目公共支出的减少和劳动税收中受益。

对政策制定者来说，理解个人投资教育的经济动因非常重要。例如，在供给还未跟上之前，劳动力市场对高学历人员需求量的大幅增加将促使收入和回报提高。这是需要更多教育投入的信号。在一些国家中，由于严格的劳动法及倾向于缩小薪酬差异的结构，这一信号会比较微弱。

对教育收益的理解也与受教育机会、税收和教育成本等教育政策有关。

本书中其他指标所提供的信息对于统筹考虑个人和公共收益的平衡问题非常重要。仅依据公共回报率来确定政府应该投资于教育的最佳金额是不够的［参见《教育概览 2013》专栏 A7.1（OECD，2013a）］。

在高等教育学制较长，并且高中或中等后非高等教育毕业生有较高收入的国家，接受进一步的教育对收入损失的影响很大。这种影响的程度还取决于劳动者的预期工资水平和是否拥有高等教育学历与成功就业的概率之间的关系。当劳动力市场中青年人的就业状况恶化时（参见指标 C5），收入损失减少，高等教育投资成本下降。由于受教育程度较高的人群在经济困难时期一般就业情况较好（参见指标 A5），更大的收入差距增加了个人和社会的收益。2011 年数据（本书中使用的数据）显示，受过高等教育的人群的公共和个人收益要比受过高中或中等后非高等教育的人群的公共和个人收益更高。

需要提醒的是，一些影响教育收益的教育属性及背景因素并没有在这一指标中得到反映。这些因素包括学习领域、特定国家的经济状况、劳动力市场背景、机构设置以及社会和文化因素等。

其他发现

- 就 OECD 国家平均水平而言，一个单身的、没有孩子的劳动者接受高等教育预计的经济收益，是完成高中或中等后非高等教育的同类劳动者的经济收益的 2 倍左右。
- 在 OECD 国家，高等教育带给男性和女性的终身总收益分别是 477 400 美元和 332 600 美元。
- 在奥地利、卢森堡和美国，拥有高中或中等后非高等教育学历的成人相比未达到这一教育水平的个人，获得的总收益水平尤其高。在这些国家，高等教育带给男性的终身总收益超过 400 000 美元，带给女性的终身总收益超过250 000美元。
- 就数据可得的 26 个 OECD 国家平均水平而言，完成高中或中等后非高等教育的个人相比未达到这一教育水平的个人，女性产生的净公共收益约为 48 000 美元，男性为 70 300 美元。
- 在 OECD 国家，个人获得高等教育学历需要投资约 55 000 美元。在荷兰和美国，当直接和间接成本被计算在内时，平均投资超过 100 000 美元。

分 析

本指标通过分析教育成本与包含净经济收益以及内部收益率在内的教育收益，提供关于投资高一级教育的动因的相关信息，探讨追求更高水平教育和进入劳动力市场这两种选择。本指标着眼于两种情况：

- 投资高等教育与完成高中或中等后非高等教育即进入劳动力市场的比较；
- 投资高中或者中等后非高等教育与未完成高中或中等后非高等教育即进入劳动力市场的比较。

此处考虑两种类型的投资者：

- 基于额外净收益和能够预期的成本，选择追求更高水平教育的个人（以下称为“个人”）；
- 基于将获取的额外收益（税收）和承担的相关成本，决定投资教育的政府（以下称为“公共”）。

为了体现收入和失业率方面的性别差异，此处数值均为男女分别计算的数值。

个人投资教育的经济动因（投资的个人经济收益）

相比以前，越来越多的人接受高中或者中等后非高等教育以及高等教育（参见指标A1、指标A5和指标A6），以期获得高收入和良好的就业前景。不同的经济要素，如家庭用于教育的支出水平、终身额外收益、税收和福利体系等均会对个人是否追求高一级的正规教育产生影响。

投资的个人净收益

在几乎所有可获得高中、中等后非高等教育以及高等教育数据的国家中，投资高等教育的个人经济收益比投资高中教育高。每位投资高中或者中等后非高等教育的女性可以获得62 000美元的净收益，每位投资高等教育的女性则可以获得145 200美元的净收益（表A7. 1b和表A7. 3b）。

男性的投资净收益，无论在高中或中等后非高等教育水平（净收益为107 100美元），还是在高等教育水平（净收益为229 000美元），都比女性高（表A7. 1a和表A7. 3a）。这些结果与男性收入水平更高、失业率更低的结果一致（参见指标A5和指标A6）。

教育的总个人成本

直接成本和教育产生的收入损失是构成教育总成本的两个部分，本指标在计算时考虑了这些因素。在计算直接成本和收入损失后，每位女性投资高中或中等后非高等教育的数额为31 200美元，投资高等教育的数额为57 200美元（表A7. 1b和表A7. 3b）。

大多数成人将教育的直接个人成本（家庭开支）作为是否投资教育的决策依据。平均而言，投资高中教育的直接个人成本（2 800美元）低于投资高等教育的直接个人成本（13 200美元）。除此之外，各个国家之间投资高等教育所需要的直接个人成本的差异大于投资高中及非高等教育的成本的差异，具体数额从奥地利、挪威、瑞典的不足2 500美元，到澳大利亚、智利、英国和美国的超过25 000美元不等。实际上，美国高等教育的直接成本是所有OECD国家中最高的，为55 000美元（表A7. 1b和表A7. 3b）。

尽管教育的直接成本是教育总成本中最显而易见的一部分，其占总成本的比例却很小

（平均而言，高中或中等后非高等教育的直接成本占总成本的 10%，高等教育的直接成本占总成本的 20%）。主要的成本来源于教育产生的收入损失，即学生不在学校接受教育可能获得的潜在收入。不同国家之间收入损失的差异很大，取决于教育时限、收入水平和不同教育水平之间的收入差异等因素。据估计，在爱沙尼亚和西班牙，男性和女性因投资高中或中等后非高等教育产生的收入损失均少于 15 000 美元，然而，在澳大利亚、卢森堡、荷兰和挪威，损失超过 45 000 美元（表 A7. 1a 和表 A7. 1b）。

图 A7. 2　每位接受教育的女性的个人成本和收益，按受教育程度划分（2011 年）

以 GDP 的购买力平价转换后的等值美元表示

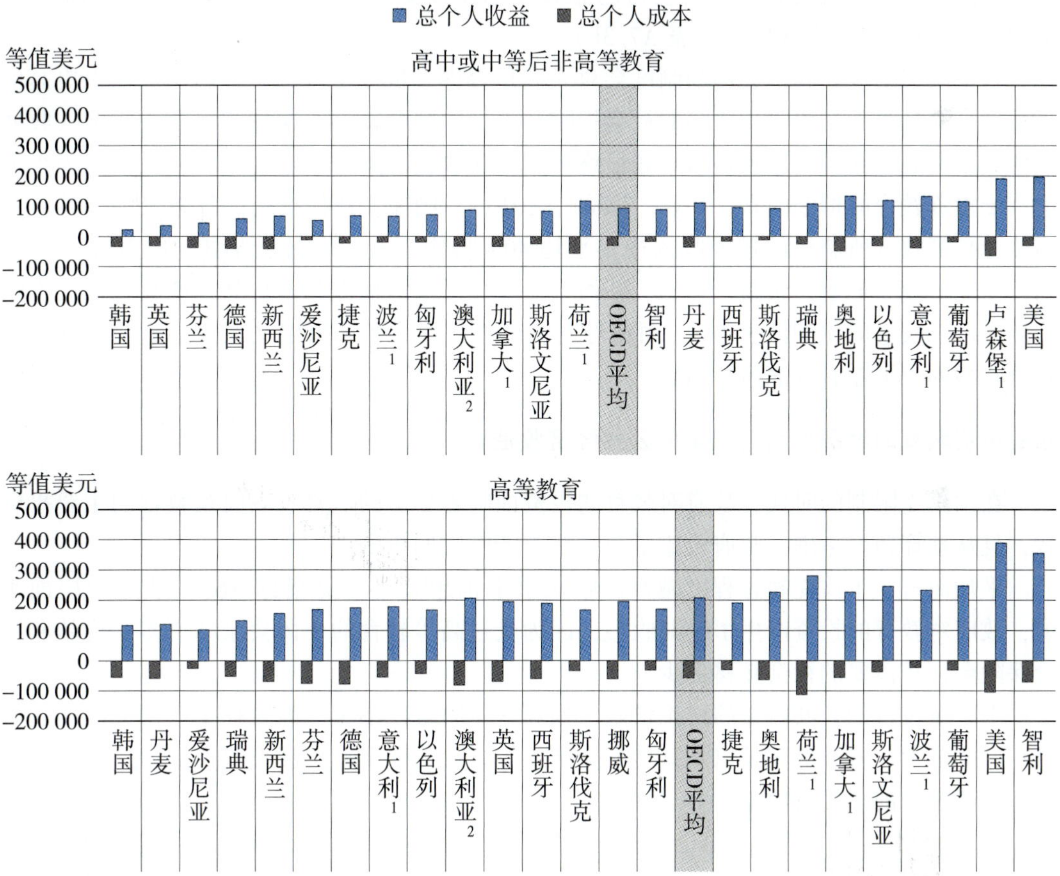

1. 2010 年数据。
2. 2009 年数据。
国家按照个人净收益（收益减去成本）升序排列。
数据来源：OECD. Tables A7. 1b and A7. 3b. See Annex 3 for notes（www. oecd. org/education/education-at-a-glance-19991487. htm）.
StatLink http：//dx. doi. org/10. 1787/888933283733

教育的总个人收益

图 A7. 2 表明，平均来看，投资高等教育的总成本（每位女性为 57 200 美元）高于投资高中或中等后非高等教育的总成本（每位女性为 31 200 美元），受过高等教育的成人所获得的总收益（每位女性为 208 300 美元）比最高学历水平为高中或中等后非高等教育的成人所获得的总收益（每位女性为92 800美元）更高（表A7.1和表A7.3b）。

通常而言，进一步的教育可以带来更高的终身收益。最高学历水平为高中或中等后非高等教育的女性获得的终身总收益比低一级学历水平的女性高151 800美元（表A7.1b）。受过高等教育的女性获得的总收益比高中或中等后非高等教育学历水平的女性高332 600美元。平均而言，无论是对于男性还是女性，高等教育带来的总收益是高中或中等后非高等教育总收益水平的2倍。尽管在爱沙尼亚和韩国，高等教育为女性带来的总收益仅仅约为130 000美元，在智利、卢森堡、斯洛文尼亚、荷兰和美国，这一数值却高于460 000美元（表A7.3b）。

如指标A6所示，男性接受高等教育所获得的额外收益高于女性。男性接受高中、中等后非高等教育以及高等教育所获得的总收益均比接受同一水平教育的女性高40%（表A7.1a、表A7.1b、表A7.3a和表A7.3b）。

一个国家的税收和社会福利制度会对人们是否进一步接受教育产生影响。如果更高的收益带来的是更高的税收、更多的社会捐赠和更少的社会转移，这种体系会造成个人收回教育成本所需要获得的总收益水平和最终得到的净收益之间有一定的差距，从而成为个人进一步投资教育的抑制因素（Brys，Torres，2013）。例如，选择投资高等教育的男性，其因接受高等教育所获得的额外收入中，平均40%将用于税收和社会捐赠。在加拿大、智利、捷克、爱沙尼亚、希腊、韩国、新西兰、波兰、斯洛伐克和西班牙，税收和社会捐赠的额度占总收益的比例低于1/3，而在丹麦、德国、意大利和斯洛文尼亚，这两笔支出共占总收益的一半左右（表A7.3a）。

政府投资教育的经济动因（投资的公共经济收益）

在预算受限制的时代，政府对教育的投资面临着更多的监督。政府是教育的主要投资者，且从预算角度考虑，政府希望了解其是否能够收回投资。

平均而言，个体受教育程度越高，收入水平也越高（参见指标A6）。从这个层面来说，政府对教育的投资产生了公共收益，因为受过高等教育的个体会缴纳更多的税款和社会保险金，且需要的社会转移更少。

本章对教育的公共收益的讨论仅限于预算这一因素，不考虑教育在生产率的提高、健康状况的改善、寿命的延长以及其他社会产出等方面为整个社会带来的收益。

政府投资的净经济收益

就OECD国家平均而言，每位受过高等教育的女性产生的净公共收益为65 500美元，每位受过高中或中等后非高等教育的女性产生的净公共收益为48 000美元（表A7.2b和表A7.4b）。

在爱沙尼亚、新西兰、西班牙、瑞典、瑞士和英国，受过高中或中等后非高等教育的男性带来的净公共经济收益高于受过高等教育的男性。这或许是由于在其中一些国家，高等教育的公共直接成本相对较高，又或者是由于一些国家实行相对不太严厉的税收体系（表A7.1a和表A7.3a）。

教育的总公共成本

用于个人教育的总公共成本包括政府直接用于学生个体的支出（直接公共成本）和个人若不继续接受教育而是进入劳动力市场时政府可能获得的那部分税收收入。图A7.3表明，平均而言，在OECD国家，女性接受高中或中等后非高等教育所需的总公共成本为31 700美元，成本最低的有智利、匈牙利和英国等国，低于13 000美元，奥地利、丹麦、卢森堡、挪威和瑞士等国则超过 55 000 美元。OECD 国家女性接受高等教育所需的总公共成本平均为 53 900 美元（表 A7. 2b 和表 A7. 4b）。

在丹麦、芬兰、德国、瑞典和瑞士，每名接受高等教育的学生所需的政府直接成本超过 85 000 美元，而在智利、以色列、韩国和波兰，这一成本低于 20 000 美元。由于这些计算未纳入公共贷款因素，在广泛提供公共贷款的国家，如澳大利亚、英国和美国，直接公共成本可能会更高（参见指标 B5）。

教育的总公共收益

政府通过针对高学历人群的额外税收收入和社会捐赠来抵消对该人群接受教育的直接投资及由此造成的税收损失。总体而言，在考虑失业率差异和收益之后，每位最高学历水平为高中或中等后非高等教育的女性终身累积的总公共收益为 77 300 美元，每位受过高等教育的女性终身累积的总公共收益为 123 600 美元（表 A7. 2b 和表 A7. 4b）。

图 A7. 3　每位接受教育的女性的公共成本和收益，按受教育程度划分（2011 年）

以 GDP 的购买力平价转换后的等值美元表示

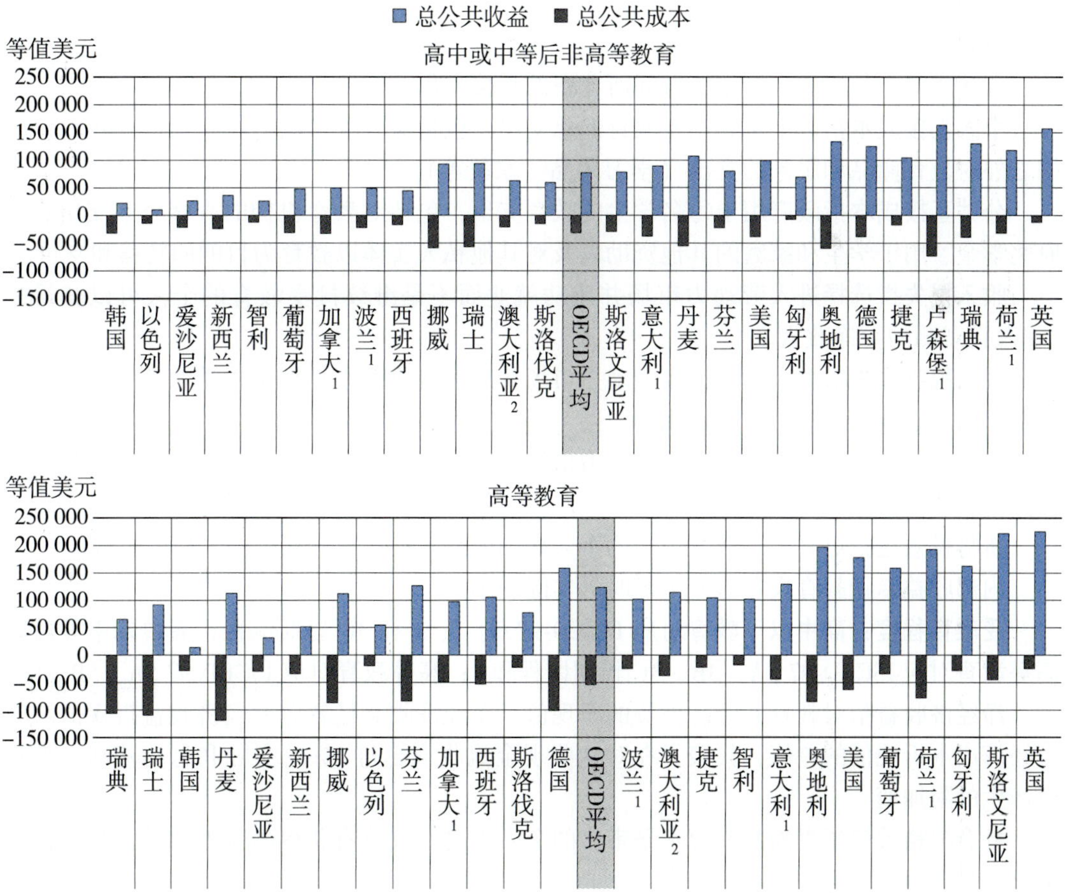

1. 2010 年数据。
2. 2009 年数据。
国家按照公共净收益（收益减去成本）升序排列。
数据来源：OECD. Tables A7. 2b and A7. 4b. See Annex 3 for notes (www. oecd. org/education/education-at-a-glance-19991487. htm).
StatLink http://dx. doi. org/10. 1787/888933283748

总收益在不同的 OECD 国家之间差异较大，税收和公共福利在不同国家也各有不同。能够通过居民更高的受教育程度获得更多税收和社会保险金的国家，通常是那些收入差异较大或者平均收入水平达到高收入所得税缴纳区间的国家。在卢森堡、荷兰、斯洛文尼亚和英国，受过高等教育的成人需要缴纳更多的税款，承担更多社会捐赠，因此，这些国家每位受过高等教育的女性公民产生的总公共收益超过 200 000 美元。相反，在爱沙尼亚、以色列、韩国和新西兰，由于投资高等教育所获得的总收益相对较低，国家获得的来自教育的公共收益也相对较低。

由于更高的税收有时候会成为个人投资教育的抑制因素，一些国家通过税收政策来有效降低成人，尤其是高收入人群的实际税赋。许多 OECD 国家通过实行抵押贷款的利息支付的税收减免政策鼓励个人拥有住房。这些政策对受过高等教育和具有高边际税率的人群有利。捷克、丹麦、芬兰、希腊、荷兰、挪威、瑞典和美国对住房的税收优惠力度特别大（Andrews et al.，2011）。

定 义

成人指 15—64 岁年龄人口。

直接成本指每名学生在学校期间所花费的直接支出。

个人直接成本指每个家庭用于教育的总支出，包括对教育机构的净支出以及在教育机构之外对教育商品和服务的支出（学习用品、家教等）。

公共直接成本指政府用于每名学生的教育支出，包括对教育机构的直接公共支出、政府奖学金、用于学生和家庭的其他资助以及对其他私人实体以教育为目的的转移和支付。

收入损失指选择进入劳动力市场并成功就业而不是继续接受教育的个人可以获得的（非直接观测的）净收入。

收入税收损失指个人选择进入劳动力市场并成功就业而不是继续接受教育时，政府可以获得的（非直接观测的）税收收入。

毛收入收益指若个人成功进入劳动力市场，更高水平的教育为该个人带来的终身总收益溢价折现值。

所得税效应指更高水平教育带来的个人缴纳的或政府获得的额外收入税的折现值。

内部收益率指教育投资盈亏平衡时的实际利率。

受教育程度：高中以下教育对应 ISCED-97 0、1、2 和 3C 短期课程；**高中或中等后非高等教育**对应 ISCED-97 3A、3B、3C 长期课程和 4；**高等教育**对应 ISCED-97 5A、5B 和 6。

净经济收益指对教育的经济投资的净现值。净经济收益是教育的经济收益折现值与教育经济成本折现值的差值，代表了在对这些现金流收取超过 2% 的实际利息的基础上教育所产生的附加值。

社会捐赠效应指更高的教育水平带来的个人支付的或政府获得的额外的员工终身社会捐赠的折现值。

转移效应指更高的教育水平带来的政府针对该个人的终身额外社会转移的折现值。社会转移包括两种形式的收益：住房福利和社会援助。

方 法

一般方法

本指标估计了教育投资的经济收益，计算时间从进入高一级教育的年龄开始至理论退休年龄（64 岁）止。此处对教育收益的研究是单纯地从比较投资成本及收益的视角考虑的。

研究时考虑的两个时间阶段（图 1）为：

- 学校教育阶段，在这一阶段个人和政府支付的教育成本；
- 进入劳动力市场后的阶段，在这一阶段个人和政府获得进一步教育带来的额外收益。

这里采用投资的净现值（NPV）来计算教育的经济收益。净现值体现了不同时期的现金转移的现值，这可以更直接地比较成本和收益。在这一框架下，一生的成本和收益转化为初始投资。也就是把所有现金流按照固定利率（贴现率）折算成初始投资（图 1 中的 Y1）。

图 1　个体终身教育投资收益

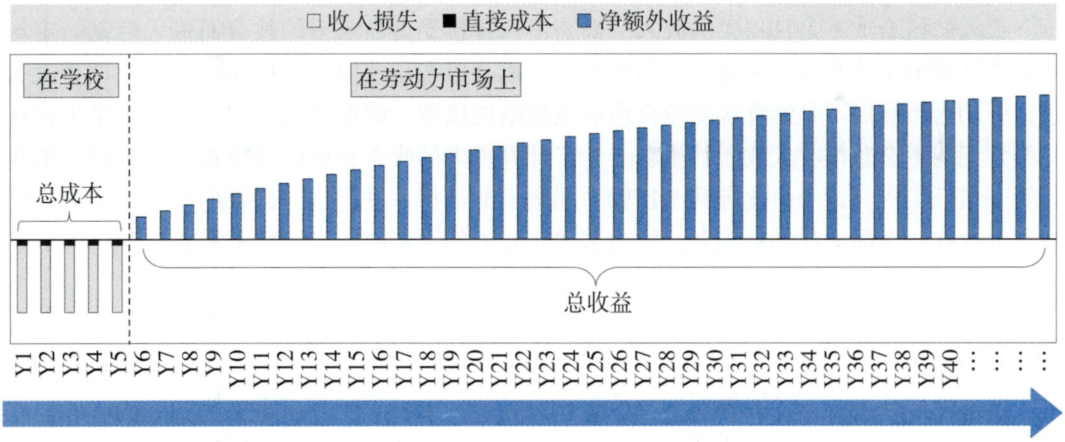

为获得一个合理的贴现率，将长期政府债券作为基准。2011 年，OECD 国家平均长期利率约为 4.9%，这意味着 OECD 国家政府债券的实际平均利率约为 2%。本指标使用 2% 的实际利率，这反映的是计算时使用不变价格的事实（OECD，2015a；OECD，2015b）。

贴现率的确定是很困难的，因为它不仅要反映教育投资的所有横向时间跨度，还要反映借贷的成本或投资的估计风险。为了可以进行比较并更容易地解释结果，所有的 OECD 国家都采用相同的贴现率（2%）。本指标中各表格列出的所有数值均以购买力平价（PPP）转换的净现值的等值美元表示。

成 本

总成本

投资高一级教育会产生直接成本和间接成本。直接成本是在接受高一级教育期间的预付支出。个人的间接成本是教育带来的收入损失，即个人未选择接受高一级教育而进入劳动力市场工作可能获得的收入。同样，公共的间接成本是国家的税收损失，即政府因个人选择继续接受教育而不是进入劳动力市场而无法获得的税收收入。

个人成本=直接成本+教育带来的收入损失

公共成本=直接成本+教育带来的税收损失

教育的直接成本

教育直接成本的数据来源于 UOE 的财政数据（若无特殊说明，各表格中的数据均为 2011 年数据），直接成本包括了各级政府的所有教育支出总和（公共直接成本）以及所有与教育相关的家庭支出（个人直接成本）。

个人直接成本不包括贷款与资助，公共贷款未包含在公共直接成本中。未纳入贷款因素的公共成本可能会导致一些国家的公共成本被低估，尤其是用于高等教育的公共成本。关于学生贷款的更多细节参见指标 B5。

请注意，由于方法上的显著差异，本辑《教育概览》中的直接成本与过去各辑之间不具可比性，具体细节参见附录 3（www. oecd. org/education/education-at-a-glance-19991487. htm）。

教育的机会成本（收入损失与税收损失）

投资进一步的教育还会产生影子成本，又称机会成本，即该学生在学校期间个人或政府无法获得的收入。

个人的机会成本是其损失的收入，即若不选择接受更高水平的教育而进入劳动力市场所能够获得的工资收入。从政府的角度而言，机会成本是政府损失的税收收入，即个人若进入劳动力市场而不是继续接受教育所应该缴纳的税费。简单来说，本指标假定学生在接受教育期间不会获得收入或缴纳税费。为了计算损失的收入和税收，本指标假定损失的收入等于最低工资。这一简化有利于比较不同国家的数据。进行这一假定的不足在于计算的净现值存在一个向上浮动的偏差，因为多数年轻人的潜在收入可能高于最低工资。

收　益

总收益

若可以成功就业，投资教育的收益将是接受更高水平的教育所带来的额外的收益。对个人而言，这一额外收益是随着受教育程度提高而增加的净收益，但前提是个体可以成功进入劳动力市场。公共收益旨在反映个人收益。公共收益是政府从受过更高水平教育的个体身上所获得的额外的税收收入，但前提仍是个体能够成功进入劳动力市场。

j 表示最高的受教育程度，$j-1$ 表示低一级受教育程度，总公共收益与总个人收益的计算公式为：

$$\text{总个人收益}_j = \{j\text{受教育程度的预计净收入}\} - \{j-1\text{受教育程度的预计净收入}\}$$
$$= \{(1-\text{失业率})_j \times (\text{净收益})_j + (\text{失业率})_j \times (\text{净失业收益})_j\} -$$
$$\{(1-\text{失业率})_{j-1} \times (\text{净收益})_{j-1} + (\text{失业率})_{j-1} \times (\text{净失业收益})_{j-1}\}$$

$$\text{总公共收益}_j = \{j\text{受教育程度的预计税收收入}\} - \{j-1\text{受教育程度的预计税收收入}\}$$
$$= \{(1-\text{失业率})_j \times (\text{税收收入})_j + (\text{失业率})_j \times (\text{负净失业收益})_j\} -$$
$$\{(1-\text{失业率})_{j-1} \times (\text{税收收入})_{j-1} + (\text{失业率})_{j-1} \times (\text{负净失业收益})_{j-1}\}$$

需要注意的是，由于方法上的显著差异，本辑《教育概览》中的直接成本与过去各辑之间不具可比性，具体细节参见附录 3（www.oecd.org/education/education-at-a-glance-19991487.htm）。

净收益和税收效应的分解

本指标还展示了净收益和税收效应的分解，体现为更高教育水平带来的收入差异。这些因素有助于解释国家之间在总收益上的差异，因为税收和福利水平会使更高的教育水平所带来的毛收益和净收益之间产生差距。

毛收益效应是更高水平教育带来的额外的总收益水平的折现值。这一收入数据收集自 OECD LSO 网络。收入按照年龄、性别及受教育程度划分。

收入所得税效应是由更高水平教育带来的个人缴纳且政府获得的额外收入所得税收的折现值。收入所得税数据的计算使用的是 OECD 税收工资模型。这一模型根据一个特定的收入水平确定税收等级。该模型假定就业年收入等于各 OECD 国家的每位成人全职工作的总工资收入的一个固定比例。该模型基于多种家庭构成情况的收入计算税收楔子水平。本指标使用的是单身没有孩子的劳动者的数据。特定国家的税收工资模型中的收入所得税详情参见 OECD《税收工资 2014》（*Taxing Wages 2014*）（OECD，2014）。

社会捐赠效应是更高水平教育带来的额外的员工社会捐赠的折现值，由个人支付，国家获得。员工的社会捐赠根据 OECD 税收工资模型中单身没有孩子的劳动者的情况进行计算。特定国家的税收工资模型中的社会捐赠详情参见 OECD《税收工资 2015》（*Taxing Wages 2015*）（OECD，2015c）。

社会转移效应是更高水平教育带来的额外的社会转移的折现值。社会转移相当于政府支付给个人的社会援助和住房福利的总和。社会转移使用 OECD 税收和福利模型进行计算，采用年龄为 40 岁且单身没有孩子的劳动者的数据。特定国家税收和福利模型中的社会转移详情参见特定 OECD 国家的福利和工资信息，可在线查询（www.oecd.org/els/soc/benefits-and-wages-country-specific-information.htm）。

净经济收益

教育的净经济收益是更高一级教育带来的成本和收益之间的差异，计算公式如下：

净经济收益=总收益+总成本

关于方法的注意事项

为了使各国情况可比性更强，本模型进行了一些假设和简化处理。一些主要的假设和模型限制列表可在线查询，参见附录 3（www.oecd.org/education/education-at-a-glance-19991487.htm）。

此外，列出的数据仅为会计基准数值。结果可能与使用同样数据在微观层面（例如家庭或者个人调查来源的数据），而非从平均收入得出的终身跨度的收入层面进行的计量经济学估计不同。

这里使用的方法估计了不同受教育程度的个体的未来收益，是基于平均总收益现值如何随受教育程度和年龄变化而变化这一认识进行的。然而，不同的受教育程度和收入水平之间的关系在未来可能有所不同，因为科技、经济和社会变化都可能改变工资水平与教育水平之间的关系。

在估计收益时，考虑了教育对想要寻求就业的个人成功就业的影响。然而，这也会使收集数据时所处的经济周期对估计产生影响。随着越来越多受过更高水平教育的个体与劳动力市场的联系加强，在经济增长缓慢时期，教育的价值通常也会增加。

鉴于以上因素，不同国家在解释教育的回报时应持谨慎态度。

更多关于方法的信息，请参见《指标 A9 使用指南》（OECD，2011）和附录 3（www. oecd. org/education/education-at-a-glance-19991487. htm）。

关于以色列数据的说明

以色列的统计数据由以色列有关当局负责提供。在使用这些数据时，OECD 根据国际法的规定对戈兰高地、东耶路撒冷和约旦河西岸以色列定居点的地位不持偏见。

参考文献

Andrews, D. , A. Caldera Sánchez and Å. Johansson (2011), "Housing Markets and Structural Policies in OECD Countries", *OECD Economics Department Working Papers*, No. 836, OECD Publishing, Paris, http://dx. doi. org/10. 1787/5kgk8t2k9vf3-en.

Brys, B. and C. Torres (2013), "Effective Personal Tax Rates on Marginal Skills Investments in OECD Countries: A New Methodology", *OECD Taxation Working Papers*, No. 16, OECD Publishing, Paris, http://dx. doi. org/10. 1787/5k425747xbr6-en.

OECD (2015a), "Exchange rates (USD monthly averages)", *Monthly Monetary and Financial Statistics* (MEI) (database), http://stats. oecd. org/Index. aspx? QueryId=169.

OECD (2015b), "Consumer prices: Annual inflation", *Monthly Monetary and Financial Statistics* (MEI) (database), http://stats. oecd. org/Index. aspx? QueryId=169.

OECD (2015c), *Taxing Wages 2015*, OECD Publishing, Paris, http://dx. doi. org/10. 1787/tax_wages-2015-en.

OECD (2014), *Taxing Wages 2014*, OECD Publishing, Paris, http://dx. doi. org/10. 1787/tax_wages-2014-en.

OECD (2013), *Education at a Glance 2013: OECD Indicators*, OECD Publishing, Paris, http://dx. doi. org/10. 1787/eag-2013-en.

OECD (2011), "A User's Guide to Indicator A9-Incentives to Invest in Education", in *Education at a Glance 2011: OECD Indicators*, OECD Publishing, Paris, http://dx. doi. org/10. 1787/eag-2011-en.

表 A7.1a 男性获得高中或中等后非高等教育学历的个人成本和收益（2011 年）

与获得初中学历的男性相比，以 GDP 的购买力平价转换后的等值美元表示

		直接成本	收入损失	总成本	收益分解				总收益[1]	净经济收益	内部收益率
					毛收入收益	收入所得税效应	社会捐赠效应	转移效应			
		(1)	(2)	(3)=(1)+(2)	(4)	(5)	(6)	(7)	(8)	(9)=(8)+(3)	(10)
OECD国家	澳大利亚[2]	-4 600	-27 700	**-32 300**	213 400	-70 300	0	-2 600	**155 100**	**122 800**	21.4%
	奥地利	-1 600	-48 800	**-50 500**	430 400	-113 500	-81 100	-1 900	**238 300**	**187 800**	12.5%
	比利时[3]	a	a	**a**	a	a	a	a	**a**	**a**	a
	加拿大[4]	-1 300	-31 100	**-32 400**	220 000	-57 600	-14 500	0	**152 000**	**119 600**	14.7%
	智利	-3 700	-19 000	**-22 700**	188 000	-6 400	-31 600	-1 800	**141 500**	**118 800**	15.6%
	捷克	-2 600	-17 800	**-20 400**	132 900	-26 700	-14 600	-10 400	**97 500**	**77 100**	16.7%
	丹麦	-200	-35 400	**-35 500**	286 800	-119 100	0	-16 900	**143 200**	**107 700**	16.3%
	爱沙尼亚	-200	-10 800	**-10 900**	96 800	-19 800	-2 700	0	**94 300**	**83 300**	22.6%
	芬兰	-300	-35 800	**-36 100**	110 600	-35 300	-8 200	-5 500	**69 600**	**33 400**	8.3%
	法国	q	q	**q**	q	q	q	q	**q**	**q**	q
	德国	-1 300	-39 700	**-41 000**	152 500	-38 500	-31 800	-10 800	**90 000**	**49 000**	8.8%
	希腊	m	-18 300	**m**	112 200	-8 900	-18 200	0	**75 400**	**m**	m
	匈牙利	-400	-17 600	**-18 100**	107 500	-22 100	-18 800	0	**72 400**	**54 300**	15.1%
	冰岛	m	m	**m**	m	m	m	m	**m**	**m**	m
	爱尔兰	m	m	**m**	m	m	m	m	**m**	**m**	m
	以色列	-2 700	-29 600	**-32 300**	204 900	-28 900	-23 200	0	**154 700**	**122 400**	12.4%
	意大利[4]	-7 700	-34 000	**-41 700**	217 500	-69 100	-20 600	0	**129 800**	**88 100**	7.1%
	日本	m	m	**m**	m	m	m	m	**m**	**m**	m
	韩国	-9 100	-24 400	**-33 500**	91 400	-800	-7 400	-2 800	**76 600**	**43 100**	6.7%
	卢森堡[4]	-2 100	-53 100	**-55 200**	414 200	-117 100	-51 200	-2 800	**240 800**	**185 500**	13.5%
	墨西哥	m	m	**m**	m	m	m		**m**	**m**	m
	荷兰[4]	-4 900	-52 100	**-57 000**	205 900	-71 400	-13 000	0	**125 200**	**68 200**	5.7%
	新西兰	-5 900	-37 100	**-43 000**	200 000	-55 500	0	-1 600	**155 400**	**112 400**	11.4%
	挪威	m	-46 700	**m**	337 000	-96 800	-26 300	-300	**218 000**	**m**	m
	波兰[4]	-2 700	-17 700	**-20 400**	70 200	-6 200	-12 500	0	**59 700**	**39 300**	10.1%
	葡萄牙	-900	-19 200	**-20 100**	248 700	-64 000	-27 400	0	**156 600**	**136 600**	14.5%
	斯洛伐克	-3 800	-15 600	**-19 400**	149 000	-24 500	-20 000	0	**133 700**	**114 300**	27.6%
	斯洛文尼亚	-2 600	-24 200	**-26 700**	154 200	-29 000	-34 100	0	**91 800**	**65 100**	11.4%
	西班牙	-1 600	-14 500	**-16 100**	136 500	-34 000	-8 700	0	**96 500**	**80 300**	14.5%
	瑞典	0	-24 200	**-24 200**	242 700	-54 400	-17 000	-13 300	**156 400**	**132 200**	24.3%
	瑞士	m	m	**m**	m	m	m	m	**m**	**m**	m
	土耳其	m	m	**m**	m	m	m	m	**m**	**m**	m
	英国	-3 700	-24 000	**-27 700**	342 400	-70 400	-41 100	-23 100	**216 700**	**189 000**	18.2%
	美国	-3 700	-26 300	**-30 000**	402 700	-92 700	-22 800	-6 200	**270 600**	**240 600**	23.5%
	OECD 平均	-2 800	-28 600	**-31 100**	210 300	-51 300	-21 000	-3 800	**138 900**	**107 100**	14.7%
	欧盟 21 国平均	-2 200	-27 900	**-30 600**	200 600	-51 300	-23 400	-4 700	**127 100**	**99 500**	14.5%

注：各数值基于受过高中或中等后非高等教育的男性与未受过该水平教育的男性之间的差异。各数值保留到最接近的百位。

1. 总收益是毛收入收益（4）、收入所得税效应（5）、社会捐赠效应（6）和转移效应（7）的加权总和，考虑了就业率和失业情况下的失业福利的因素。详情参见方法部分。
2. 2009 年数据。
3. 由于高中教育为义务教育，比利时数据未包含在本表格内。
4. 2010 年数据。

数据来源：OECD. See Annex 3 for notes（www.oecd.org/education/education-at-a-glance-19991487.htm）.

缺失数据代码参见《读者指南》。

StatLink http://dx.doi.org/10.1787/888933285101

A7

表 A7.1b 女性获得高中或中等后非高等教育学历的个人成本和收益（2011 年）

与获得初中学历的女性相比，以 GDP 的购买力平价转换后的等值美元表示

		直接成本	收入损失	总成本	收益分解				总收益[1]	净经济收益	内部收益率
					毛收入收益	收入所得税效应	社会捐赠效应	转移效应			
		(1)	(2)	(3)=(1)+(2)	(4)	(5)	(6)	(7)	(8)	(9)=(8)+(3)	(10)
OECD 国家	澳大利亚[2]	-4 600	-28 800	-33 300	141 000	-31 600	0	-25 000	86 700	53 400	10.5%
	奥地利	-1 600	-47 000	-48 600	254 800	-42 500	-51 000	-26 500	132 300	83 600	8.2%
	比利时[3]	a	a	a	a	a	a	a	a	a	a
	加拿大[4]	-1 300	-33 100	-34 400	117 000	-22 700	-9 400	0	90 400	55 900	7.6%
	智利	-3 700	-14 400	-18 100	115 000	-2 000	-23 200	-1 400	88 200	70 200	m
	捷克	-2 600	-19 600	-22 200	115 400	-23 200	-12 700	-23 200	68 100	45 800	11.7%
	丹麦	-200	-36 400	-36 600	200 500	-81 800	0	0	110 100	73 500	12.4%
	爱沙尼亚	-200	-11 400	-11 600	59 200	-12 100	-1 700	0	52 800	41 200	21.1%
	芬兰	-300	-36 900	-37 200	83 800	-18 600	-6 300	-21 600	44 100	6 900	3.9%
	法国	q	q	q	q	q	q	q	q	q	q
	德国	-1 300	-39 800	-41 100	150 600	-33 000	-31 600	-35 100	58 400	17 300	4.6%
	希腊	m	-12 900	m	82 500	0	-13 400	0	49 100		m
	匈牙利	-400	-18 300	-18 800	102 700	-20 900	-18 000	0	71 400	52 600	13.2%
	冰岛	m	m	m	m	m	m	m	m	m	m
	爱尔兰	m	m	m	m	m	m	m	m	m	m
	以色列	-2 700	-28 900	-31 700	131 600	-5 600	-7 100	0	118 700	87 100	9.7%
	意大利[4]	-7 700	-31 200	-38 900	212 200	-62 300	-20 100	0	131 800	93 000	9.0%
	日本	m	m	m	m	m	m	m	m	m	m
	韩国	-9 100	-23 900	-33 000	45 300	0	-3 600	-17 800	22 200	-10 800	0.6%
	卢森堡[4]	-2 100	-62 000	-64 100	358 300	-60 100	-44 300	-59 200	190 000	125 800	6.9%
	墨西哥	m	m	m	m	m	m	m	m	m	m
	荷兰[4]	-4 900	-51 900	-56 800	213 000	-48 400	-41 600	-8 000	116 200	59 400	5.2%
	新西兰	-5 900	-36 300	-42 200	80 000	-13 400	0	-7 200	67 300	25 100	5.2%
	挪威	m	-46 500	m	206 500	-53 700	-16 100	-12 300	125 000	m	m
	波兰[4]	-2 700	-16 300	-19 000	90 400	-8 000	-16 100	0	66 300	47 300	10.2%
	葡萄牙	-900	-18 100	-19 000	166 500	-30 200	-18 300	0	114 700	95 700	12.7%
	斯洛伐克	-3 800	-8 500	-12 200	101 100	-16 000	-13 500	0	91 700	79 500	31.4%
	斯洛文尼亚	-2 600	-23 400	-25 900	148 500	-35 200	-32 800	0	83 000	57 100	9.1%
	西班牙	-1 600	-15 100	-16 700	129 800	-33 700	-8 200	0	94 700	78 000	11.3%
	瑞典	0	-26 000	-26 000	198 200	-41 200	-13 800	-35 500	107 000	81 000	12.3%
	瑞士	m	m	m	m	m	m	m	m	m	m
	土耳其	m	m	m	m	m	m	m	m	m	m
	英国	-3 700	-27 100	-30 800	147 500	-79 900	-17 700	-32 300	35 500	4 700	3.8%
	美国	-3 700	-27 100	-30 800	296 200	-61 900	-16 700	-17 900	196 200	165 300	17.4%
	OECD 平均	-2 800	-28 500	-31 200	151 800	-32 200	-16 800	-12 400	92 800	62 000	10.3%
	欧盟 21 国平均	-2 200	-27 900	-30 900	156 400	-36 000	-20 100	-13 400	89 800	61 300	11.0%

注：各数值基于受过高中或中等后非高等教育的女性与未受过该水平教育的女性之间的差异。各数值保留到最接近的百位。

1. 总收益是毛收入收益（4）、收入所得税效应（5）、社会捐赠效应（6）和转移效应（7）的加权总和，考虑了就业率和失业情况下的失业福利的因素。详情参见方法部分。
2. 2009 年数据。
3. 由于高中教育为义务教育，比利时数据未包含在本表格内。
4. 2010 年数据。

数据来源：OECD. See Annex 3 for notes（www.oecd.org/education/education-at-a-glance-19991487.htm）.
缺失数据代码参见《读者指南》。
StatLink http://dx.doi.org/10.1787/888933285119

表 A7. 2a 男性获得高中或中等后非高等教育学历的公共成本和收益（2011 年）

与获得初中学历的男性相比，以 GDP 的购买力平价转换后的等值美元表示

		直接成本	收入税收损失	总成本	收益分解			总收益[1]	净经济收益	内部收益率
					收入所得税效应	社会捐赠效应	转移效应			
		(1)	(2)	(3)=(1)+(2)	(4)	(5)	(6)	(7)	(8)=(7)+(3)	(9)
OECD 国家	澳大利亚[2]	-18 000	-3 100	-21 100	70 300	0	2 600	91 900	70 800	20.0%
	奥地利	-51 200	-8 600	-59 800	113 500	81 100	1 900	211 900	152 100	9.6%
	比利时[3]	a	a	a	a	a	a	a	a	a
	加拿大[4]	-29 800	-3 000	-32 800	57 600	14 500	0	92 400	59 600	9.0%
	智利	-12 800	-100	-12 800	6 400	31 600	1 800	37 800	25 000	8.8%
	捷克	-21 200	3 400	-17 800	26 700	14 600	10 400	122 300	104 500	24.6%
	丹麦	-41 300	-13 500	-54 800	119 100	0	16 900	151 400	96 600	9.6%
	爱沙尼亚	-20 100	-1 600	-21 700	19 800	2 700	0	56 000	34 300	8.7%
	芬兰	-26 200	3 600	-22 600	35 300	8 200	5 500	80 700	58 100	18.4%
	法国	q	q	q	q	q	q	q	q	q
	德国	-31 200	-7 400	-38 600	38 500	31 800	10 800	136 600	98 000	15.0%
	希腊	m	-4 400	m	8 900	18 200	0	30 800	m	m
	匈牙利	-8 600	1 100	-7 400	22 100	18 800	0	72 600	65 200	27.9%
	冰岛	m	m	m	m	m	m	m	m	m
	爱尔兰	m	m	m	m	m	m	m	m	m
	以色列	-14 600	100	-14 500	28 900	23 200	0	54 100	39 500	9.2%
	意大利[4]	-31 300	-7 000	-38 300	69 100	20 600	0	106 200	67 800	6.5%
	日本	m	m	m	m	m	m	m	m	m
	韩国	-21 500	-10 800	-32 300	800	7 400	2 800	11 900	-20 500	-1.9%
	卢森堡[4]	-68 000	-4 500	-72 500	117 100	51 200	2 800	185 500	112 900	8.7%
	墨西哥	m	m	m	m	m	m	m	m	m
	荷兰[4]	-29 100	-2 800	-31 900	71 400	13 000	0	106 500	74 600	9.6%
	新西兰	-23 200	-1 100	-24 300	55 500	0	1 600	73 300	49 000	9.7%
	挪威	-49 200	-9 600	-58 700	96 800	26 300	300	142 600	83 900	8.4%
	波兰[4]	-17 000	-5 900	-22 900	6 200	12 500	0	41 900	19 000	6.3%
	葡萄牙	-29 300	-2 300	-31 600	64 000	27 400	0	81 300	49 600	6.9%
	斯洛伐克	-17 100	3 400	-13 700	24 500	20 000	0	98 900	85 100	21.8%
	斯洛文尼亚	-22 500	-7 200	-29 600	29 000	34 100	0	88 200	58 600	10.5%
	西班牙	-19 200	1 900	-17 300	34 000	8 700	0	67 700	50 400	11.4%
	瑞典	-35 000	-4 200	-39 200	54 400	17 000	13 300	116 900	77 700	19.5%
	瑞士	-41 600	-14 000	-55 600	52 000	18 900	0	114 200	58 600	7.6%
	土耳其	m	m	m	m	m	m	m	m	m
	英国	-14 500	1 800	-12 700	70 400	41 100	23 100	184 900	172 200	53.4%
	美国	-34 500	-3 800	-38 300	92 700	22 800	6 200	123 800	85 500	11.8%
	OECD 平均	-28 000	-3 700	-31 600	51 300	21 000	3 700	99 300	70 300	13.5%
	欧盟 21 国平均	-28 400	-3 000	-31 300	51 300	23 400	4 700	107 800	81 000	15.8%

注：各数值基于受过高中或中等后非高等教育的男性与未受过该水平教育的男性之间的差异。各数值保留到最接近的百位。

1. 总收益是收入所得税效应（4）、社会捐赠效应（5）和转移效应（6）的加权总和，考虑了就业率和失业情况下的失业福利的因素。详情参见方法部分。
2. 2009 年数据。
3. 由于高中教育为义务教育，比利时数据未包含在本表格内。
4. 2010 年数据。

数据来源：OECD. See Annex 3 for notes (www. oecd. org/education/education-at-a-glance-19991487. htm).

缺失数据代码参见《读者指南》。

StatLink http://dx. doi. org/10. 1787/888933285127

A7

表 A7.2b 女性获得高中或中等后非高等教育学历的公共成本和收益（2011 年）

与获得初中学历的女性相比，以 GDP 的购买力平价转换后的等值美元表示

		直接成本	收入税收损失	总成本	收益分解			总收益[1]	净经济收益	内部收益率
					收入所得税效应	社会捐赠效应	转移效应			
		(1)	(2)	(3)=(1)+(2)	(4)	(5)	(6)	(7)	(8)=(7)+(3)	(9)
OECD国家	澳大利亚[2]	-18 000	-3 200	-21 200	31 600	0	25 000	62 800	41 600	22.4%
	奥地利	-51 200	-8 200	-59 500	42 500	51 000	26 500	133 600	74 200	8.0%
	比利时[3]	a	a	a	a	a	a	a	a	a
	加拿大[4]	-29 800	-3 200	-33 000	22 700	9 400	0	49 200	16 200	4.7%
	智利	-12 800	-100	-12 800	2 000	23 200	1 400	25 500	12 700	7.2%
	捷克	-21 200	3 800	-17 400	23 200	12 700	23 200	104 500	87 100	20.6%
	丹麦	-41 300	-13 900	-55 200	81 800	0	0	107 400	52 100	7.7%
	爱沙尼亚	-20 100	-1 700	-21 800	12 100	1 700	0	26 000	4 200	4.6%
	芬兰	-26 200	3 700	-22 500	18 600	6 300	21 600	80 300	57 800	22.8%
	法国	q	q	q	q	q	q	q	q	q
	德国	-31 200	-7 500	-38 600	33 000	31 600	35 100	125 100	86 500	16.4%
	希腊	m	-3 100	m	0	13 400	0	13 000	m	m
	匈牙利	-8 600	1 200	-7 400	20 900	18 000	0	69 600	62 300	25.2%
	冰岛	m	m	m	m	m	m	m	m	m
	爱尔兰	m	m	m	m	m	m	m	m	m
	以色列	-14 600	100	-14 500	5 600	7 100	0	10 000	-4 600	1.1%
	意大利[4]	-31 300	-6 500	-37 700	62 300	20 100	0	89 500	51 800	6.6%
	日本	m	m	m	m	m	m	m	m	m
	韩国	-21 500	-10 600	-32 100	0	3 600	17 800	21 800	-10 300	0.5%
	卢森堡[4]	-68 000	-5 300	-73 300	60 100	44 300	59 200	163 100	89 800	11.5%
	墨西哥	m	m	m	m	m	m	m	m	m
	荷兰[4]	-29 100	-2 800	-31 900	48 400	41 600	8 000	118 100	86 200	12.0%
	新西兰	-23 200	-1 100	-24 300	13 400	0	7 200	35 700	11 400	5.6%
	挪威	-49 200	-9 500	-58 700	53 700	16 100	12 300	93 100	34 400	5.8%
	波兰[4]	-17 000	-5 400	-22 400	8 000	16 100	0	48 200	25 700	7.4%
	葡萄牙	-29 300	-2 200	-31 500	30 200	18 300	0	47 400	15 900	4.5%
	斯洛伐克	-17 100	1 800	-15 200	16 000	13 500	0	59 700	44 500	16.0%
	斯洛文尼亚	-22 500	-6 900	-29 400	35 200	32 800	0	78 500	49 100	9.6%
	西班牙	-19 200	1 900	-17 200	33 700	8 200	0	44 000	26 700	7.8%
	瑞典	-35 000	-4 500	-39 500	41 200	13 800	35 500	130 100	90 500	22.4%
	瑞士	-41 600	-15 300	-56 900	26 700	14 600	10 700	93 700	36 800	7.5%
	土耳其	m	m	m	m	m	m	m	m	m
	英国	-14 500	2 000	-12 400	79 900	17 700	32 300	157 000	144 600	37.8%
	美国	-34 500	-3 900	-38 500	61 900	16 700	17 900	99 400	60 900	12.0%
	OECD 平均	-28 000	-3 700	-31 700	32 000	16 700	12 400	77 300	48 000	11.8%
	欧盟 21 国平均	-28 400	-3 000	-31 300	36 000	20 100	13 400	88 600	61 700	14.2%

注：各数值基于受过高中或中等后非高等教育的女性与未受过该水平教育的女性的差异。各数值保留到最接近的百位。

1. 总收益是收入所得税效应（4）、社会捐赠效应（5）和转移效应（6）的加权总和，考虑了就业率和失业情况下的失业福利的因素。详情参见方法部分。
2. 2009 年数据。
3. 由于高中教育为义务教育，比利时数据未包含在本表格内。
4. 2010 年数据。

数据来源：OECD. See Annex 3 for notes（www.oecd.org/education/education-at-a-glance-19991487.htm）.
缺失数据代码参见《读者指南》。
StatLink http://dx.doi.org/10.1787/888933285133

表 A7. 3a　男性获得高等教育学历的个人成本和收益（2011 年）

与获得高中或中等后非高等教育学历的男性相比，以 GDP 的购买力平价转换后的等值美元表示

		直接成本	收入损失	总成本	收益分解				总收益[1]	净经济收益	内部收益率
					毛收入收益	收入所得税效应	社会捐赠效应	转移效应			
		(1)	(2)	(3)=(1)+(2)	(4)	(5)	(6)	(7)	(8)	(9)=(8)+(3)	(10)
OECD 国家	澳大利亚[2]	-27 400	-52 200	**-79 600**	483 700	-172 400	0	0	**302 800**	**223 200**	10.4%
	奥地利	-1 900	-61 000	**-62 900**	559 500	-181 100	-73 200	0	**306 500**	**243 600**	11.0%
	比利时	m	m	**m**	m	m	m	m	**m**	**m**	m
	加拿大[3]	-17 400	-36 800	**-54 200**	395 000	-121 300	-6 400	0	**260 600**	**206 400**	12.2%
	智利	-38 100	-33 900	**-71 900**	766 000	-70 400	-83 600	-1 300	**587 100**	**515 100**	15.9%
	捷克	-3 300	-27 100	**-30 400**	488 800	-98 300	-53 800	0	**331 900**	**301 500**	23.5%
	丹麦	-4 300	-52 400	**-56 700**	421 500	-214 700	0	-10 800	**189 900**	**133 200**	8.9%
	爱沙尼亚	-4 900	-20 100	**-25 000**	220 400	-45 000	-6 200	0	**172 200**	**147 200**	20.3%
	芬兰	-3 400	-69 200	**-72 600**	466 100	-177 700	-34 000	0	**252 800**	**180 200**	9.6%
	法国	q	q	**q**	q	q	q	q	**q**	**q**	q
	德国	-5 200	-71 300	**-76 500**	576 000	-189 800	-97 700	0	**295 600**	**219 100**	10.6%
	希腊	m	-26 800	**m**	234 100	-35 900	-37 900	0	**151 400**	**m**	m
	匈牙利	-9 100	-22 200	**-31 300**	620 900	-156 300	-108 700	0	**346 900**	**315 600**	25.4%
	冰岛	m	m	**m**	m	m	m	m	**m**	**m**	m
	爱尔兰	m	m	**m**	m	m	m	m	**m**	**m**	m
	以色列	-11 300	-31 800	**-43 100**	371 300	-82 900	-44 600	0	**239 300**	**196 300**	13.2%
	意大利[3]	-15 800	-40 200	**-56 000**	487 500	-184 400	-48 600	0	**248 800**	**192 800**	9.5%
	日本	m	m	**m**	m	m	m	m	**m**	**m**	m
	韩国	-20 300	-33 700	**-54 000**	154 200	-2 800	-12 400	0	**137 200**	**83 200**	6.2%
	卢森堡[3]	m	-61 900	**m**	946 300	-327 000	-110 800	0	**496 700**	**m**	m
	墨西哥	m	m	**m**	m	m	m	m	**m**	**m**	m
	荷兰[3]	-16 900	-95 000	**-111 900**	615 300	-273 200	-1 300	0	**336 400**	**224 500**	9.5%
	新西兰	-14 000	-54 400	**-68 400**	240 500	-73 500	0	0	**165 500**	**97 100**	7.1%
	挪威	-2 300	-55 900	**-58 200**	419 100	-152 700	-32 700	0	**234 700**	**176 500**	8.4%
	波兰[3]	-6 100	-18 000	**-24 100**	495 800	-43 900	-88 400	0	**362 200**	**338 200**	29.2%
	葡萄牙	-8 600	-24 500	**-33 100**	522 100	-177 300	-57 400	0	**279 500**	**246 400**	18.7%
	斯洛伐克	-9 100	-24 500	**-33 600**	390 700	-64 700	-49 900	0	**280 900**	**247 300**	20.6%
	斯洛文尼亚	-4 100	-33 600	**-37 700**	593 000	-155 900	-131 100	0	**291 900**	**254 200**	17.4%
	西班牙	-12 900	-45 900	**-58 800**	242 500	-61 700	-15 400	0	**161 500**	**102 700**	9.1%
	瑞典	-200	-51 900	**-51 900**	303 600	-117 000	-12 400	0	**169 600**	**117 700**	8.3%
	瑞士	m	m	**m**	m	m	m	m	**m**	**m**	m
	土耳其	m	m	**m**	m	m	m	m	**m**	**m**	m
	英国	-25 900	-40 700	**-66 600**	538 400	-121 000	-58 100	-1 800	**353 600**	**287 000**	15.7%
	美国	-55 000	-46 200	**-101 300**	861 000	-261 800	-48 600	0	**547 600**	**446 300**	15.7%
	OECD 平均	-13 200	-43 500	**-56 700**	477 400	-137 000	-46 700	-500	**288 600**	**229 000**	14.0%
	欧盟 21 国平均	-8 200	-43 700	**-51 800**	484 600	-145 800	-54 700	-700	**279 400**	**222 000**	15.5%

注：各数值基于受过高等教育的男性与未受过该水平教育的男性之间的差异。各数值保留到最接近的百位。

1. 总收益是毛收入收益（4）、收入所得税效应（5）、社会捐赠效应（6）和转移效应（7）的加权总和，考虑了就业率和失业情况下的失业福利的因素。详情参见方法部分。

2. 2009 年数据。

3. 2010 年数据。

数据来源：OECD. See Annex 3 for notes（www. oecd. org/education/education-at-a-glance-19991487. htm）.

缺失数据代码参见《读者指南》。

StatLink http：//dx. doi. org/10. 1787/888933285143

表 A7.3b 女性获得高等教育学历的个人成本和收益（2011 年）

与获得高中或中等后非高等教育的女性相比，以 GDP 的购买力平价转换后的等值美元表示

	直接成本	收入损失	总成本	收益分解				总收益[1]	净经济收益	内部收益率
				毛收入收益	收入所得税效应	社会捐赠效应	转移效应			
	(1)	(2)	(3)=(1)+(2)	(4)	(5)	(6)	(7)	(8)	(9)=(8)+(3)	(10)
OECD 国家										
澳大利亚[2]	-27 400	-53 500	**-81 000**	321 200	-112 300	0	0	**207 500**	**126 500**	8.5%
奥地利	-1 900	-61 000	**-62 900**	432 400	-120 400	-81 600	0	**227 500**	**164 600**	8.8%
比利时	m	m	**m**	m	m	m	m	**m**	**m**	m
加拿大[3]	-17 400	-38 200	**-55 600**	328 800	-73 600	-25 100	0	**227 600**	**171 900**	13.5%
智利	-38 100	-32 100	**-70 200**	463 000	-25 900	-75 800	-1 300	**356 300**	**286 100**	13.7%
捷克	-3 300	-26 600	**-29 900**	282 400	-56 800	-31 100	-3 700	**191 700**	**161 800**	16.3%
丹麦	-4 300	-54 400	**-58 700**	236 600	-98 300	0	-13 000	**120 800**	**62 100**	6.9%
爱沙尼亚	-4 900	-21 000	**-25 900**	133 200	-27 200	-3 700	0	**102 500**	**76 600**	13.8%
芬兰	-3 400	-72 100	**-75 400**	290 100	-95 500	-21 700	-2 600	**169 800**	**94 300**	7.1%
法国	q	q	**q**	q	q	q	q	**q**	**q**	q
德国	-5 200	-72 500	**-77 700**	326 000	-83 300	-68 000	0	**175 600**	**98 000**	6.4%
希腊	m	-21 900	**m**	235 300	-16 700	-38 100	0	**152 900**	**m**	m
匈牙利	-9 100	-22 200	**-31 300**	323 200	-93 800	-56 600	0	**171 200**	**139 800**	16.2%
冰岛	m	m	**m**	m	m	m	m	**m**	**m**	m
爱尔兰	m	m	**m**	m	m	m	m	**m**	**m**	m
以色列	-11 300	-31 600	**-42 900**	225 300	-31 700	-25 800	0	**168 400**	**125 600**	11.0%
意大利[3]	-15 800	-38 900	**-54 700**	316 800	-102 900	-30 100	0	**179 300**	**124 600**	9.5%
日本	m	m	**m**	m	m	m	m	**m**	**m**	m
韩国	-20 300	-35 000	**-55 400**	131 600	-900	-10 600	0	**117 000**	**61 700**	5.5%
卢森堡[3]	m	-65 200	**m**	721 500	-223 400	-89 100	0	**407 200**	**m**	m
墨西哥	m	m	**m**	m	m	m	m	**m**	**m**	m
荷兰[3]	-16 900	-95 300	**-112 200**	479 300	-189 100	-6 900	0	**281 600**	**169 400**	8.6%
新西兰	-14 000	-55 100	**-69 100**	206 300	-44 100	0	-3 300	**156 900**	**87 800**	8.1%
挪威	-2 300	-57 600	**-59 900**	304 100	-85 100	-23 700	0	**196 300**	**136 400**	8.9%
波兰[3]	-6 100	-17 000	**-23 100**	316 400	-28 000	-56 400	0	**233 800**	**210 700**	24.0%
葡萄牙	-8 600	-22 500	**-31 100**	413 600	-119 700	-45 500	0	**248 300**	**217 200**	20.5%
斯洛伐克	-9 100	-24 400	**-33 500**	233 600	-38 400	-31 300	0	**168 700**	**135 200**	14.8%
斯洛文尼亚	-4 100	-32 800	**-36 900**	463 800	-110 500	-102 500	0	**246 700**	**209 800**	16.1%
西班牙	-12 900	-46 400	**-59 300**	284 200	-73 100	-18 000	0	**190 600**	**131 200**	10.5%
瑞典	-200	-52 100	**-52 100**	190 400	-43 300	-13 300	0	**132 900**	**80 800**	7.3%
瑞士	m	m	**m**	m	m	m	m	**m**	**m**	m
土耳其	m	m	**m**	m	m	m	m	**m**	**m**	m
英国	-25 900	-43 100	**-69 000**	422 200	-93 000	-50 700	-80 300	**195 600**	**126 600**	8.7%
美国	-55 000	-49 200	**-104 200**	566 600	-139 100	-32 000	0	**390 200**	**286 000**	12.2%
OECD 平均	-13 200	-43 900	**-57 200**	332 600	-81 800	-36 100	-4 000	**208 300**	**145 200**	11.5%
欧盟 21 国平均	-8 200	-43 900	**-52 100**	338 900	-89 600	-41 400	-5 500	**199 800**	**137 700**	12.2%

注：各数值基于受过高等教育的女性与未受过该水平教育的女性的差异。各数值保留到最接近的百位。

1. 总收益是毛收入收益（4）、收入所得税效应（5）、社会捐赠效应（6）和转移效应（7）的加权总和，考虑了就业率和失业情况下的失业福利的因素。详情参见方法部分。

2. 2009 年数据。

3. 2010 年数据。

数据来源：OECD. See Annex 3 for notes（www.oecd.org/education/education-at-a-glance-19991487.htm）.

缺失数据代码参见《读者指南》。

StatLink http://dx.doi.org/10.1787/888933285155

表 A7.4a 男性获得高等教育学历的公共成本和收益（2011 年）

与获得高中或中等后非高等教育学历的男性相比，以 GDP 的购买力平价转换后的等值美元表示

		直接成本	收入税收损失	总成本	收益分解			总收益[1]	净经济收益	内部收益率
					收入所得税效应	社会捐赠效应	转移效应			
		(1)	(2)	(3)=(1)+(2)	(4)	(5)	(6)	(7)	(8)=(7)+(3)	(9)
OECD 国家	澳大利亚[2]	-31 400	-5 800	**-37 200**	172 400	0	0	**168 800**	**131 500**	11.6%
	奥地利	-74 100	-10 700	**-84 800**	181 100	73 200	0	**260 100**	**175 300**	8.0%
	比利时	m	m	**m**	m	m	m	**m**	**m**	m
	加拿大[3]	-44 900	-3 600	**-48 400**	121 300	6 400	0	**136 100**	**87 700**	8.0%
	智利	-18 100	-100	**-18 200**	70 400	83 600	1 300	**149 200**	**131 000**	16.4%
	捷克	-27 600	5 200	**-22 300**	98 300	53 800	0	**156 600**	**134 200**	17.0%
	丹麦	-98 400	-20 000	**-118 400**	214 700	0	10 800	**226 200**	**107 800**	5.5%
	爱沙尼亚	-26 600	-3 000	**-29 600**	45 000	6 200	0	**56 100**	**26 500**	7.5%
	芬兰	-91 300	6 900	**-84 400**	177 700	34 000	0	**217 300**	**133 000**	7.5%
	法国	q	q	**q**	q	q	q	**q**	**q**	q
	德国	-87 500	-13 400	**-100 900**	189 800	97 700	0	**306 500**	**205 600**	8.7%
	希腊	m	-6 400	**m**	35 900	37 900	0	**76 300**	**m**	m
	匈牙利	-29 600	1 400	**-28 200**	156 300	108 700	0	**271 200**	**243 000**	24.1%
	冰岛	m	m	**m**	m	m		**m**	**m**	m
	爱尔兰	m	m	**m**	m	m	m	**m**	**m**	m
	以色列	-19 900	100	**-19 800**	82 900	44 600	0	**121 300**	**101 500**	11.6%
	意大利[3]	-35 900	-8 300	**-44 200**	184 400	48 600	0	**226 900**	**182 700**	9.4%
	日本	m	m	**m**	m	m	m	**m**	**m**	m
	韩国	-13 100	-14 900	**-27 900**	2 800	12 400	0	**17 200**	**-10 800**	0.5%
	卢森堡[3]	m	-5 200	**m**	327 000	110 800	0	**408 000**	**m**	m
	墨西哥	m	m	**m**	m			**m**	**m**	m
	荷兰[3]	-73 000	-5 100	**-78 100**	273 200	1 300	0	**272 600**	**194 600**	m
	新西兰	-32 600	-1 700	**-34 300**	73 500	0	0	**74 300**	**40 000**	6.3%
	挪威	-75 300	-11 400	**-86 800**	152 700	32 700	0	**192 600**	**105 800**	5.5%
	波兰[3]	-19 100	-6 000	**-25 000**	43 900	88 400	0	**143 100**	**118 100**	15.1%
	葡萄牙	-31 400	-3 000	**-34 300**	177 300	57 400	0	**211 800**	**177 500**	11.5%
	斯洛伐克	-28 100	5 300	**-22 800**	64 700	49 900	0	**123 100**	**100 400**	14.6%
	斯洛文尼亚	-34 900	-9 900	**-44 900**	155 900	131 100	0	**284 300**	**239 400**	14.0%
	西班牙	-59 000	5 900	**-53 100**	61 700	15 400	0	**100 700**	**47 600**	6.2%
	瑞典	-97 200	-9 000	**-106 100**	117 000	12 400	0	**128 800**	**22 700**	3.1%
	瑞士	-91 300	-18 500	**-109 700**	125 200	36 200	0	**161 900**	**52 200**	4.0%
	土耳其	m	m	**m**	m	m	m	**m**	**m**	m
	英国	-27 700	3 100	**-24 700**	121 000	58 100	1 800	**191 800**	**167 100**	23.4%
	美国	-55 900	-6 700	**-62 600**	261 800	48 600	0	**334 200**	**271 700**	14.5%
	OECD 平均	-49 000	-5 000	**-53 900**	136 600	46 300	500	**185 800**	**127 400**	10.6%
	欧盟 21 国平均	-52 600	-4 000	**-56 400**	145 800	54 700	700	**203 400**	**142 200**	11.7%

注：各数值基于受过高等教育的男性与未受过该水平教育的男性的差异。各数值保留到最接近的百位。

1. 总收益是收入所得税效应（4）、社会捐赠效应（5）和转移效应（6）的加权总和，考虑了就业率和失业情况下的失业福利的因素。详情参见方法部分。

2. 2009 年数据。

3. 2010 年数据。

数据来源：OECD. See Annex 3 for notes（www.oecd.org/education/education-at-a-glance-19991487.htm）.

缺失数据代码参见《读者指南》。

StatLink http://dx.doi.org/10.1787/888933285166

表 A7.4b　女性获得高中或中等后非高等教育学历的公共成本和收益（2011 年）

与获得高中或中等后非高等教育学历的女性相比，以 GDP 的购买力平价转换后的等值美元表示

	直接成本	收入税收损失	总成本	收益分解			总收益[1]	净经济收益	内部收益率
				收入所得税效应	社会捐赠效应	转移效应			
	(1)	(2)	(3)=(1)+(2)	(4)	(5)	(6)	(7)	(8)=(7)+(3)	(9)
OECD 国家									
澳大利亚[2]	-31 400	-6 000	**-37 400**	112 300	0	0	**114 600**	**77 200**	9.7%
奥地利	-74 100	-10 700	**-84 800**	120 400	81 600	0	**197 100**	**112 400**	6.2%
比利时	m	m	**m**	m	m	m	**m**	**m**	m
加拿大[3]	-44 900	-3 700	**-48 600**	73 600	25 100	0	**96 900**	**48 300**	6.7%
智利	-18 100	-100	**-18 200**	25 900	75 800	1 300	**101 600**	**83 400**	14.6%
捷克	-27 600	5 100	**-22 400**	56 800	31 100	3 700	**104 100**	**81 700**	13.5%
丹麦	-98 400	-20 800	**-119 200**	98 300	0	13 000	**112 800**	**-6 400**	2.2%
爱沙尼亚	-26 600	-3 200	**-29 800**	27 200	3 700	0	**31 300**	**1 600**	3.6%
芬兰	-91 300	7 200	**-84 100**	95 500	21 700	2 600	**126 900**	**42 800**	4.6%
法国	q	q	**q**	q	q	q	**q**	**q**	q
德国	-87 500	-13 600	**-101 100**	83 300	68 000	0	**158 600**	**57 500**	4.5%
希腊	m	-5 200	**m**	16 700	38 100	0	**65 900**	**m**	m
匈牙利	-29 600	1 400	**-28 200**	93 800	56 600	0	**162 500**	**134 300**	16.9%
冰岛	m	m	**m**	m	m	m	**m**	**m**	m
爱尔兰	m	m	**m**	m	m	m	**m**	**m**	m
以色列	-19 900	100	**-19 800**	31 700	25 800	0	**54 400**	**34 600**	7.3%
意大利[3]	-35 900	-8 000	**-43 900**	102 900	30 100	0	**129 600**	**85 700**	7.8%
日本	m	m	**m**	m	m	m	**m**	**m**	m
韩国	-13 100	-15 500	**-28 500**	900	10 600	0	**13 600**	**-14 900**	-0.6%
卢森堡[3]	m	-5 500	**m**	223 400	89 100	0	**287 300**	**m**	m
墨西哥	m	m	**m**	m	m	m	**m**	**m**	m
荷兰[3]	-73 000	-5 100	**-78 100**	189 100	6 900	0	**192 700**	**114 600**	m
新西兰	-32 600	-1 700	**-34 300**	44 100	0	3 300	**51 100**	**16 800**	5.1%
挪威	-75 300	-11 800	**-87 100**	85 100	23 700	0	**112 300**	**25 200**	3.4%
波兰[3]	-19 100	-5 600	**-24 700**	28 000	56 400	0	**101 400**	**76 600**	12.6%
葡萄牙	-31 400	-2 700	**-34 100**	119 700	45 500	0	**158 900**	**124 800**	11.0%
斯洛伐克	-28 100	5 300	**-22 800**	38 400	31 300	0	**76 800**	**54 000**	10.5%
斯洛文尼亚	-34 900	-9 700	**-44 700**	110 500	102 500	0	**221 900**	**177 200**	11.3%
西班牙	-59 000	6 000	**-53 000**	73 100	18 000	0	**105 800**	**52 800**	6.8%
瑞典	-97 200	-9 000	**-106 200**	43 300	13 300	0	**65 000**	**-41 200**	0.3%
瑞士	-91 300	-18 300	**-109 600**	73 300	28 900	0	**91 700**	**-17 900**	1.5%
土耳其	m	m	**m**	m	m	m	**m**	**m**	m
英国	-27 700	3 200	**-24 500**	93 000	50 700	80 300	**225 300**	**200 800**	37.2%
美国	-55 900	-7 100	**-63 000**	139 100	32 000	0	**178 300**	**115 300**	9.2%
OECD 平均	-49 000	-5 000	**-53 900**	81 500	35 800	3 900	**123 600**	**65 500**	8.6%
欧盟 21 国平均	-52 600	-3 900	**-56 400**	89 600	41 400	5 500	**140 200**	**79 300**	9.9%

注：各数值基于受过高等教育的女性与未受过该水平教育的女性的差异。各数值保留到最接近的百位。

1. 总收益是收入所得税效应（4）、社会捐赠效应（5）和转移效应（6）的加权总和，考虑了就业率和失业情况下的失业福利的因素。详情参见方法部分。

2. 2009 年数据。

3. 2010 年数据。

数据来源：OECD. See Annex 3 for notes（www.oecd.org/education/education-at-a-glance-19991487.htm）.

缺失数据代码参见《读者指南》。

StatLink http://dx.doi.org/10.1787/888933285175

教育的社会效益如何？

- 就参加 2012 年成人技能调查（PIAAC）的国家和地区的平均水平而言，获得较高级资格证书的成人更有可能获得更理想的社会效益，包括良好的健康状况、参加志愿者活动、人际信任和参政效能（例如，在政府中有发言权）。
- 随着受教育程度的提高，表示自己在政府中有发言权（参政效能）的成人的比例也在提高；且高中或中等后非高等教育毕业生与高等教育毕业生在这一比例上的差异，大于初中毕业生与高中或中等后非高等教育毕业生之间的差异。
- 随着受教育程度的提高，表示会参加志愿服务并拥有良好健康状况的成人的比例也在提高；且初中毕业生和高中或中等后非高等教育毕业生之间的差异，大于高中或中等后非高等教育毕业生和高等教育毕业生之间的差异。

图 A8.1 与教育相关的社会效益（2012 年）

成人技能调查，平均水平，25—64 岁，以高中或中等后非高等教育学历的人群为参照群体

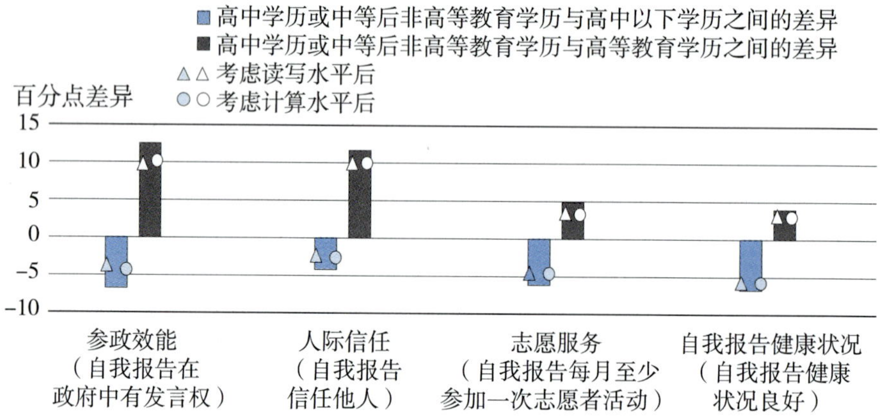

如何阅读此图

百分点差异反映与参照群体相比，社会效益的相对变化。例如，与高中或中等后非高等教育学历的成人相比，高等教育学历的成人中自我报告在政府中有发言权的人群所占百分比平均高 13 个百分点。在考虑读写水平或计算水平后，该比例差异变为高 10 个百分点。另一方面，与高中或中等后非高等教育学历的成人相比，高中以下学历的成人中表示其在政府中有发言权的人群所占百分比平均低 7 个百分点。在考虑读写水平或计算水平后，这一比例差异变为低 4 个百分点。

注：计算考虑了性别、年龄和月收入的影响，并基于线性回归分析得出结果。
社会效益按照高中或中等后非高等教育学历的人群与高等教育学历的人群之间百分点差异的降序排列。
数据来源：OECD. Tables A8.1, A8.2, A8.3a, A8.4, and Tables A8.1 (L), A8.1 (N), A8.2 (L), A8.2 (N), A8.3a (L), A8.3a (N), A8.4 (L) and A8.4 (N), available on line. See annex 3 for notes (www.oecd.org/education/education-at-a-glance-19991487.htm).
StatLink http://dx.doi.org/10.1787/888933283755

背 景

随着近年来诸如心脏病、糖尿病和抑郁症等慢性衰弱型疾病发病率的上升，各国政府致力于鼓励人们改善生活方式，保持健康的行为习惯（OECD, 2013a）。许多国家早已明确了健康状况和教育之间的关系。事实上，受教育程度更高的人群患病率更低，寿命更长（Culter and Lleras-Muney, 2006）。

健康状况并不是教育唯一的社会效益。人际信任、志愿服务和参政效能也都与教育相关。没有信任与法治，任何关系，包括商业、政治和社会关系，都将是低效的。当人们感到自己能够给他人提供便利、感知到他人的存在时，他们往往更倾向于参与志愿服务，促进社会变化。同样，当人们认为自己了解国家所面临的政治问题并能为国家发展贡献力量时，他们更有可能参与政治活动。

其他发现

- 不同学历水平的成人所报告的社会效益方面的差异部分反映了年龄、性别和收入水平的差异。在大多数国家，将这些因素考虑在内可以减少学历水平所造成的社会效益的差异，但不会完全消除这种差异。
- 社会效益中，健康情况受个人的年龄、性别和收入水平的影响最大。当考虑年龄、性别和收入水平这三个因素时，不同学历水平带来的成人健康状况方面的差异减少了约一半。而上述因素与不同学历水平的成人在志愿服务、人际信任和参政效能等社会效益方面的差异并不显著相关。
- 尽管学历水平本身是影响社会效益的最主要因素，读写水平和计算水平对社会效益也有影响。

分　析

今年教育（和技能）的社会效益指标包括健康自我评估、志愿服务、人际信任和参政效能，上述指标通过成人技能调查进行评估。这四项社会效益被认为是个体和国家幸福感的重要指标（OECD，2013a）。

研究结果显示，即使将性别、年龄、月收入、读写水平或计算水平考虑在内，学历水平与社会效益仍存在正相关。尽管各个国家的模式各不相同，总体研究结果均表明读写水平和计算水平与所有的社会效益指标均有相关性，而性别、年龄和月收入等因素仅与健康自我评估相关。

如表 A8.1 所示，高等教育学历的成人中自我报告在政府中有发言权的人群所占比例，比高中或中等后非高等教育学历的成人中该人群的比例高 13 个百分点。在自我报告信任他人的成人的人群所占比例上，上述两个群体的差异是 12 个百分点；自我报告每月至少参加一次志愿服务的成人比例，上述两个群体的差异是 5 个百分点；自我报告健康状况良好的成人比例，上述两个群体的差异是 4 个百分点。相比较而言，在上述四项社会效益指标中，高中以下学历的成人比高中或中等后非高等教育学历的成人低 4—7 个百分点（表 A8.1、表 A8.2、表 A8.3a 和表 A8.4）。

自我报告健康状况

就参加成人技能调查的国家和地区平均水平而言，高中或中等后非高等教育学历的成人中 79%的人表示自己“健康状况良好”。所有参加调查的国家和地区的结果显示，学历水平和自我报告的健康状况呈正相关。平均而言，高中以下学历水平的成人中自我报告健康状况良好的百分比，比高中或中等后非高等教育学历水平的成人低 15 个百分点。而高等教育学历水平的成人比高中或中等后非高等教育学历水平的成人在该比例上高 9 个百分点（表 A8.1）。

在将性别、年龄以及月收入等因素考虑在内后，学历水平对自我报告健康状况的影响程度降低。读写水平和计算水平也减弱了学历水平对自我报告健康状况的影响。例如，平均而言，在考虑性别和年龄因素后，高中以下学历水平的成人中自我报告健康状况良好的人群所占百分比，比高中或中等后非高等教育学历水平的成人低 12 个百分点。在考虑月收入的影响后，上述差异降至 7 个百分点；在考虑读写水平或计算水平的影响后，上述差异降至 6 个百分点［表 A8.1（L）和表 A8.1（N），可在线查询］。

图 A8.2 显示了考虑性别、年龄、月收入、读写水平或计算水平后，不同学历水平的成人自我报告健康状况的百分比差异。结果表明，在考虑所有这些变量的影响后，学历水平仍然对自我报告健康状况起着决定性作用。平均而言，在考虑性别、年龄和月收入等因素后，高中或中等后非高等教育学历成人与高中以下学历的成人在该比例上的差异（-7 个百分点），比高中或中等后非高等教育学历的成人与高等教育学历的成人之间的差异大（4 个百分点）。捷克、爱沙尼亚、韩国、斯洛伐克和美国显示出较大的负向差异，这些国家高中以下学历的成人中自我报告健康状况良好的人群比例，比高中或中等后非高等教育学历的成人低约 10 个百分点。仅在爱沙尼亚，高等教育学历的成人中自我报告健康状况良好的人群比例，比高中或中等后非高等教育学历的成人至少高 10 个百分点［表 A8.1、表 A8.1（L）和 A8.1（N），可在线查询］。

图 A8.2　自我报告健康状况良好的成人的比例，按学历水平划分（2012 年）

成人技能调查，25—64 岁，以高中或中等后非高等教育学历的人群为参照群体

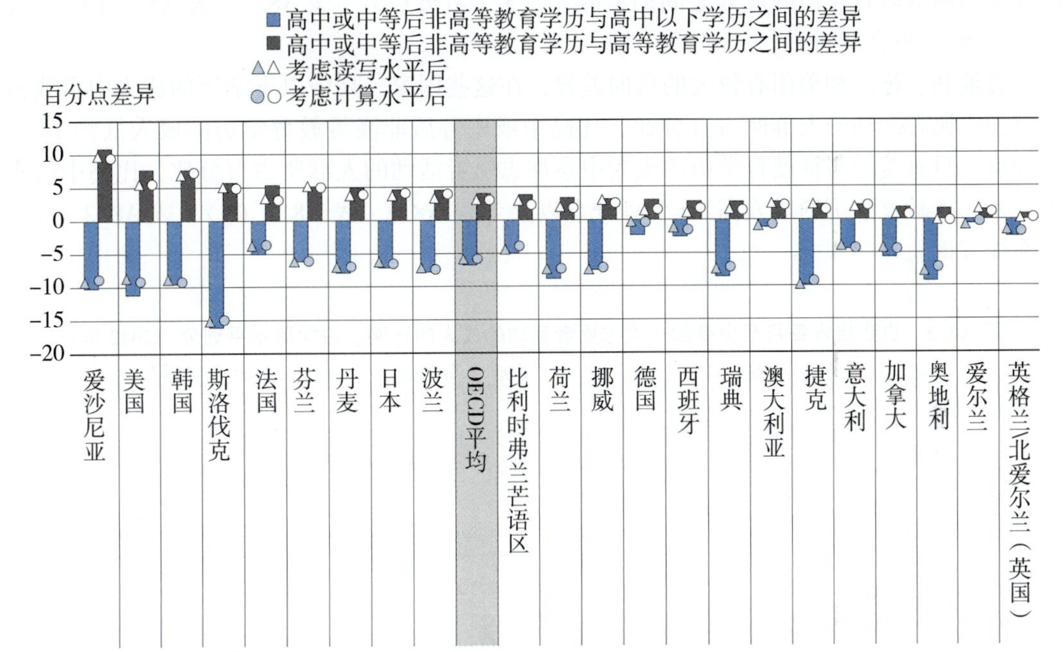

如何阅读此图

百分点差异反映与参照群体相比，自我报告健康状况良好的成人比例的相对变化。例如，在爱沙尼亚，高等教育学历的成人中自我报告健康状况良好的人群所占百分比，比高中或中等后非高等教育学历的成人高 11 个百分点。同样，在考虑读写水平后，高等教育学历的成人比高中或中等后非高等教育学历的成人在该比例上高 10 个百分点。

注：计算考虑了性别、年龄和月收入的影响，并基于线性回归分析得出结果。

国家按照高中或中等后非高等教育学历的人群与高等教育学历的人群之间的百分点差异的降序排列。

数据来源：OECD. Table A8.1 and Tables A8.1（L）and A8.1（N），available on line. See annex 3 for notes（www.oecd.org/education/education-at-a-glance-19991487.htm）.

StatLink http：//dx.doi.org/10.1787/888933283763

志愿服务

就参加成人技能调查的国家和地区平均水平而言，18%的高中或中等后非高等教育学历的成人自我报告每月至少参加一次志愿者活动。所有参加调查的国家和地区的结果表明学历水平和志愿服务之间存在正相关关系。平均而言，高中以下学历的成人中自我报告每月至少参加一次志愿者活动的人群所占百分比，比高中或中等后非高等教育的成人低 5 个百分点。且高等教育学历的成人比高中或中等后非高等教育学历的成年在该比例上高 5 个百分点（表 A8.2）。

在考虑性别和年龄的影响后，高中或中等后非高等教育学历的成人与高等教育学历的成人在该比例上的差异没有变化。在考虑读写水平或计算水平后，该比例差异从 5 个百分点降至 3 个百分点［表 A8.2（L）和表 A8.2（N），可在线查询］。

图 A8.3 显示了在考虑性别、年龄和月收入等因素后，不同学历水平人群中自我报告每月至少参加一次志愿者活动的百分点差异。也显示了读写水平或计算水平对此产生的影响。结果表明，在考虑所有变量后，学历水平仍然对成人参与志愿者活动起决定性作用。

A8

平均而言，在考虑性别、年龄和月收入等因素后，高中或中等后非高等教育学历的成人与高中以下学历的成人在该比例上的差异（-6 个百分点），比高中或中等后非高等教育学历的成人与高等教育学历的成人之间的差异大（5 个百分点）［表 A8.2、表 A8.2（L）、表 A8.2（N），可在线查询］。

奥地利、德国和美国有较大的负向差异，在这些国家，高中以下学历的成人中自我报告参加志愿者活动的人群所占百分比，比高中或中等后非高等教育学历的成人低约 10 个百分点。只有美国高等教育学历的成人中参加志愿者活动的人群所占百分比，比高中或中等后非高等教育学历的成人高 10 个百分点以上［表 A8.2、表 A8.2（L）、表 A8.2（N），可在线查询］。

图 A8.3 自我报告每月至少参加一次志愿者活动的成人的比例，按学历水平划分（2012 年）

成人技能调查，25—64 岁，以高中或中等后非高等教育学历的人群为参照群体

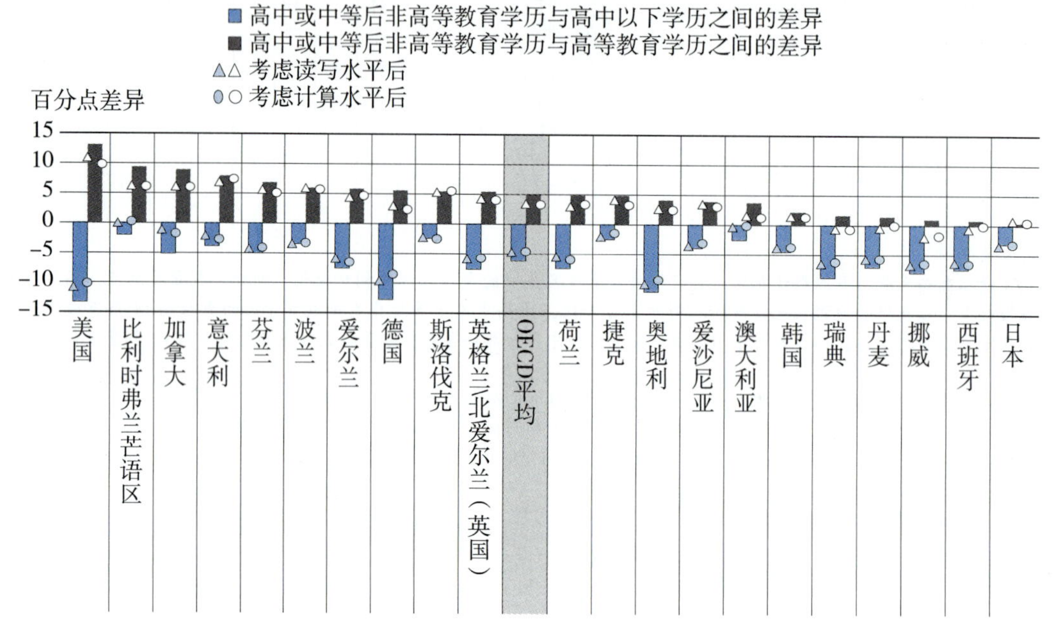

如何阅读此图

百分点差异反映与参照群体相比，自我报告每月至少参加一次志愿者活动的成人比例的相对变化。例如，在美国，高等教育学历的成人中自我报告每月至少参加一次志愿者活动的人群所占百分比，比高中或中等后非高等教育学历的成人高 13 个百分点。同样，在考虑读写水平后，高等教育学历的成人比高中或中等后非高等教育学历的成人在该比例上高 11 个百分点。

注：计算考虑了性别、年龄和月收入的影响，并基于线性回归分析得出结果。

国家按照高中或中等后非高等教育学历的人群与高等教育学历的人群之间的百分点差异的降序排列。

数据来源：OECD. Table A8.2 and Tables A8.2（L）and A8.2（N），available on line. See annex 3 for notes（www.oecd.org/education/education-at-a-glance-19991487.htm）.

StatLink http：//dx.doi.org/10.1787/888933283778

人际信任

就参加调查的国家和地区平均水平而言，高中或中等后非高等教育学历的成人中 18% 的人自我报告能信任他人。在所有参与调查的国家和地区，学历水平和人际信任之间存在

正相关关系。平均而言，高中以下学历的成人中自我报告能信任他人的人群所占百分比，比高中以上或中等后非高等教育学历的成人低 4 个百分点。且高等教育学历的成人中自我报告能信任他人的人群所占百分比，比高中或中等后非高等教育学历的成人高 12 个百分点（表 A8.3a）。

在考虑性别、年龄和月收入的影响后，不同学历水平的成人在这一比例上的差异没有变化。但是在考虑读写水平或计算水平后，不同学历水平的成人之间的差异缩小。高等教育学历的成人中自我报告能信任他人的人群所占百分比，比高中或中等后非高等教育学历的成人高 10 个百分点［表 A8.3a（L）和表 A8.3a（N），可在线查询］。

图 A8.4 显示了在考虑性别、年龄和月收入等因素后，自我报告信任他人的成人比例差异与学历水平存在相关关系。研究发现，挪威和丹麦高等教育学历的成人与高中或中等后非高等教育学历的成人之间，自我报告能信任他人的人群比例差异最大，差异分别为 20 个百分点和 19 个百分点。丹麦和荷兰高中以下学历的成人与高中或中等后非高等教育学历的成人之间，自我报告能信任他人的人群比例差异最大，差异分别为-10 个百分点和-9 个百分点（表 A8.3a）。

图 A8.4 自我报告能信任他人的成人的比例，按学历水平划分（2012 年）

成人技能调查，25—64 岁，以高中或中等后非高等教育学历的人群为参照群体

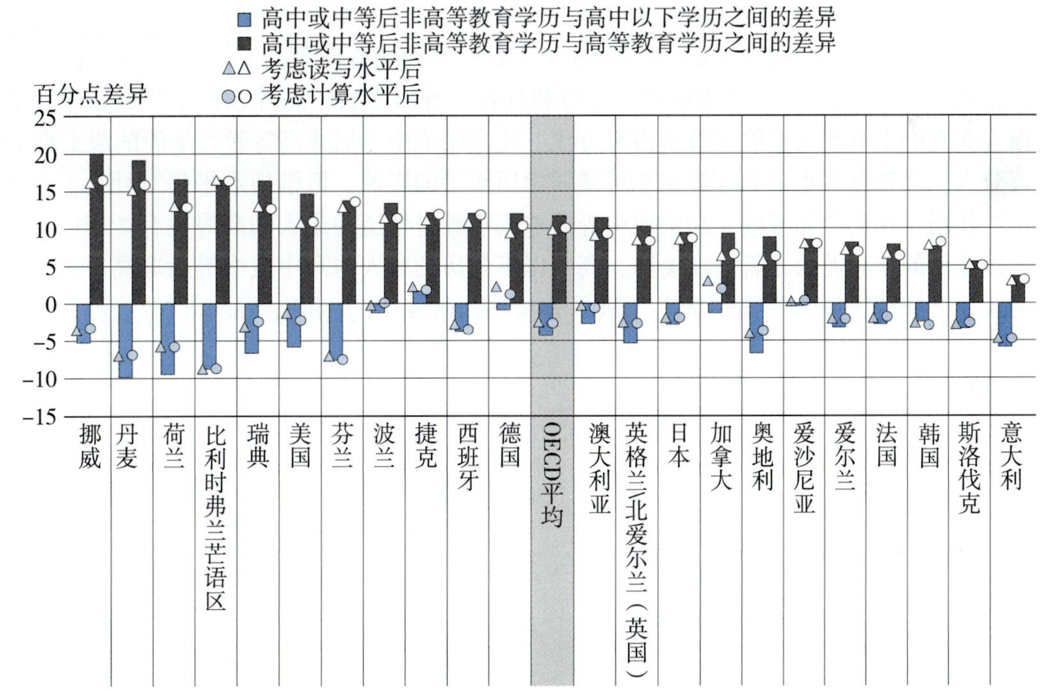

如何阅读此图

百分点差异反映与参照群体相比，自我报告能信任他人的成人比例的相对变化。例如，在挪威，高等教育学历的成人中自我报告能信任他人的人群所占百分比，比高中或中等后非高等教育学历的成人高 20 个百分点。同样，在考虑读写水平后，高等教育学历的成人比高中或中等后非高等教育学历的成人在该比例上高 16 个百分点。

注：计算考虑了性别、年龄和月收入的影响，并基于线性回归分析得出结果。

国家按照高中或中等后非高等教育学历人群与高等教育学历人群之间的百分点差异的降序排列。

数据来源：OECD. Table A8.3 and Tables A8.3a（L）and A8.3a（N），available on line. See annex 3 for notes（www.oecd.org/education/education-at-a-glance-19991487.htm）.

StatLink http：//dx.doi.org/10.1787/888933283784

在考虑读写水平或计算水平的影响后，高等教育学历的成人中自我报告能信任他人的人群所占百分比，比高中或中等后非高等教育学历的成人平均高 10 个百分点。研究发现这一比例差异最大的是比利时弗兰芒语区和挪威（16 个百分点或更高）。高中以下学历的成人中自我报告能信任他人的人群所占百分比，比高中或中等后非高等教育学历的成人平均低 3 个百分点。研究发现比利时弗兰芒语区（-9 个百分点）这一比例差异较为显著［表 A8. 3a（L）和表 A8. 3a（N），可在线查询］。

参政效能

就参加调查的国家和地区平均水平而言，高中或中等后非高等教育学历的成人中自我报告在政府中有发言权的占 30%。在所有参加调查的国家和地区，学历水平和参政效能之间均存在正相关关系。平均而言，高中以下学历的成人中自我报告在政府中有发言权的人群所占百分比，比高中或中等后非高等教育学历的成人低 7 个百分点。且高等教育学历的成人比高中或中等后非高等教育学历的成人在该比例上高 13 个百分点（表 A8. 4）。

在考虑性别、年龄和月收入的影响后，不同学历水平的成人在该比例上的差异没有变化。考虑读写水平或计算水平后，高中以下学历的成人中自我报告在政府中有发言权的人群所占百分比，比高中或中等后非高等教育学历的成人低 4 个百分点。高等教育学历的成人中自我报告在政府中有发言权的人群所占百分比，比高中或中等后非高等教育学历的成人高 10 个百分点［表 A8. 4（L）和表 A8. 4（N），可在线查询］。

正如图 A8. 5 所示，在考虑性别、年龄和月收入等因素后，高等教育学历的成人中自我报告在政府中有发言权的人群所占百分比，比高中或中等后非高等教育学历的成人高 13 个百分点。尽管读写水平和计算水平可减弱学历水平的影响，但学历水平仍对社会效益起决定性作用。在荷兰和挪威，高中或中等后非高等教育学历的成人和高等教育学历的成人之间该比例的差异尤为显著。在美国，高中以下学历的成人与高中或中等后非高等教育学历的成人之间该比例的差异非常小［表 A8. 4、表 A8. 4（L）和表 A8. 4（N），可在线查询］。

图 A8.5 自我报告在政府中有发言权的成人的比例，按学历水平划分（2012 年）

成人技能调查，25—64 岁，以高中或中等后非高等教育学历的人群为参照群体

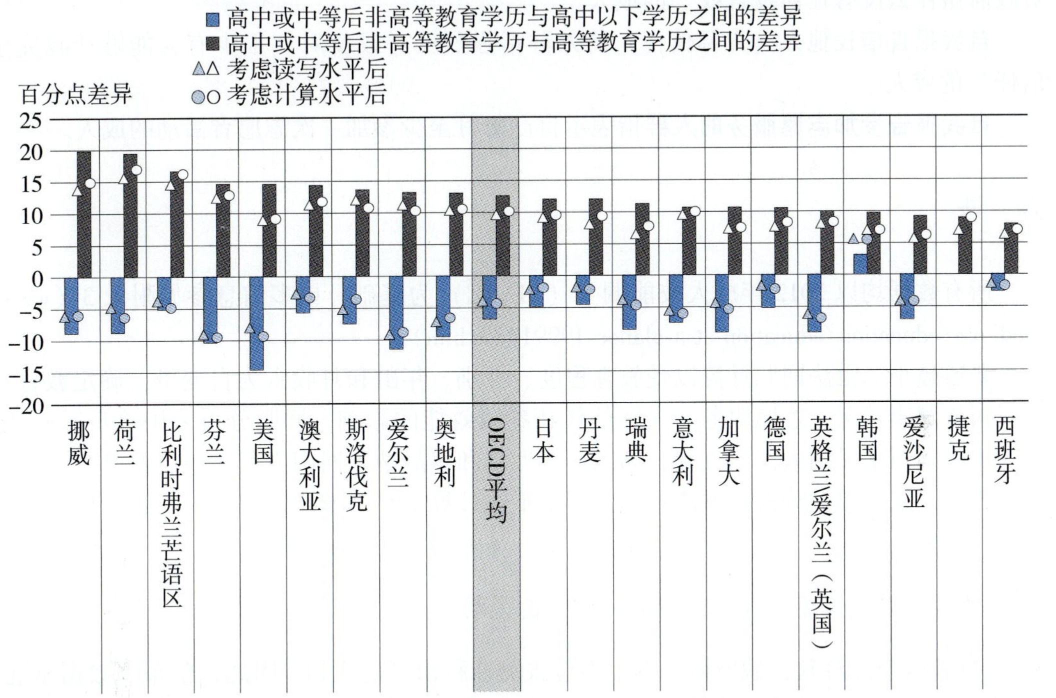

如何阅读此图

百分点差异反映与参照群体相比，自我报告在政府中有发言权的成人比例的相对变化。例如，在挪威，高等教育学历的成人中自我报告在政府中有发言权的人群所占百分比，比高中或中等后非高等教育学历的成人高 20 个百分点。同样，在考虑读写水平后，高等教育学历的成人比高中或中等后非高等教育学历的成人在该比例上高 14 个百分点。

注：计算考虑了性别、年龄和月收入的影响，并基于线性回归分析得出结果。不同人群之间差异未达到 95%统计显著性的情况不包括在内。

国家按照高中或中等后非高等教育学历人群与高等教育学历人群之间的百分点差异的降序排列。

数据来源：OECD. Table A8.4 and Tables A8.4（L）and A8.4（N），available on line. See annex 3 for notes（www.oecd.org/education/education-at-a-glance-19991487.htm）.

StatLink http://dx.doi.org/10.1787/888933291269

定 义

成人指年龄在 25—64 岁的人口。

受教育程度：高中以下教育对应 ISCED-97 0、1、2 和 3C 短期课程；**高中或中等后非高等教育对应** ISCED-97 3A、3B、3C 长期课程和 4；**高等教育**对应 ISCED-97 5A、5B 和 6。

读写能力指理解、评估、运用书面语言，以参与社会生活，实现个人目标，发展知识和潜能的能力。读写能力包括从基本的拼写字词和语句到理解、解释和评价复杂文本等的一系列技能。但读写能力不包括写作能力。熟练水平较低的成人的读写能力信息来源于一项阅读测试，该阅读测试从词汇、句子理解和段落流畅性三方面来考查。

计算能力指获得、使用、解释和交流数学信息和思想，以应对生活中数学计算要求的能力。计算能力包括在现实情境中通过对以多种方式呈现的数学内容、信息、思想做出反应从而应对某种情境或解决某个问题。

A8

自我报告健康状况良好的人群指自我报告身体状况极好、非常好或者良好的成人。

自我报告在政府中有发言权（参政效能）的人群指强烈反对或反对“像我这样的人对政府做什么没有任何发言权”的成人。

自我报告信任他人（人际信任）的人群指强烈反对或反对“很少有人能够让我完全信任”的成人。

自我报告参加志愿服务的人群指表示自己每月至少参加一次志愿者活动的成人。

方 法

所有数据均以 2012 年成人技能调查（PIAAC）为基础。更多信息参见附录 3（www. oecd. org/education/education-at-a-glance-19991487. htm）。

普通最小二乘法回归计算以受教育程度、性别、年龄和月收入为自变量，确定教育对自我报告健康状况、志愿服务、人际信任和参政效能的影响。回归分析采用逐步回归法，第一步将学历水平纳入回归方程，第二步将性别和年龄纳入回归方程，最后将月收入纳入回归方程。采用单独分析的方法控制读写水平或计算水平的影响。

关于俄罗斯成人技能调查（PIAAC）数据的说明

读者应当注意到，俄罗斯样本中不包含莫斯科市区的人口。因此，公布的数据不能代表 16—65 岁的全体俄罗斯居民，而是除莫斯科市区人口之外该年龄段的俄罗斯居民。关于俄罗斯及其他国家数据的更多信息请参见成人技能调查技术报告（OECD，2014）。

参考文献

Cutler，D. M. and A. Lleras-Muney（2006），“Education and Health：Evaluating Theories and Evidence”，*NBER Working Paper*，No. 12352.

OECD（2014），*Technical Report of the Survey of Adult Skills*，www. oecd. org/site/piaac/_Technical%20Report_17OCT13. pdf，pre-publication copy.

OECD（2013a），*How's Life? 2013：Measuring Well-being*，OECD Publishing，Paris，http：//dx. doi. org/10. 1787/9789264201392-en.

OECD（2013b），*OECD Skills Outlook 2013：First Results from the Survey of Adult Skills*，OECD Publishing，Paris，http：//dx. doi. org/10. 1787/9789264204256-en.

表 A8.1 自我报告健康状况良好的成人的比例，按学历水平划分（2012 年）

25—64 岁，以高中或中等后非高等教育学历的人群为参照群体，百分点差异

第一列呈现的百分比与回归不相关。应将其作为参考以更好地理解其他列呈现的百分点差异。

如何阅读此表：在澳大利亚，高中以下学历的成人中自我报告健康状况良好的百分比，比高中或中等后非高等教育学历的成人低 8 个百分点。在考虑性别和年龄的影响后，高中以下学历的成人中自我报告健康状况良好的百分比，比高中或中等后非高等教育学历的成人低 6 个百分点。而在考虑性别、年龄和月收入的影响后，高中以下学历的成人中自我报告健康状况良好的百分比，比高中或中等后非高等教育学历的成人低 1 个百分点。

		高中或中等后非高等教育学历的成人中自我报告健康状况良好的百分比		高中或中等后非高等教育学历与高中以下学历之间的差异						高中或中等后非高等教育学历与高等教育学历之间的差异					
				未控制变量		考虑性别和年龄的影响		考虑性别、年龄和月收入的影响		未控制变量		考虑性别和年龄的影响		考虑性别、年龄和月收入的影响	
		%	S. E.	pp	S. E.	pp	S. E.	pp	S. E.	pp	S. E.	pp	S. E.	pp	S. E.
		(1)	(2)	(3)	(4)	(5)	(6)	(7)	(8)	(9)	(10)	(11)	(12)	(13)	(14)
OECD	国家														
	澳大利亚	84	(1.1)	-8	(0.02)	-6	(0.02)	-1	(0.02)	6	(0.01)	6	(0.01)	3	(0.01)
	奥地利	83	(0.6)	-16	(0.02)	-13	(0.02)	-9	(0.02)	7	(0.01)	7	(0.01)	2	(0.01)
	加拿大	87	(0.6)	-13	(0.02)	-12	(0.02)	-6	(0.02)	5	(0.01)	5	(0.01)	2	(0.01)
	捷克	88	(0.9)	-20	(0.04)	-17	(0.03)	-10	(0.03)	9	(0.01)	6	(0.01)	2	(0.01)
	丹麦	81	(0.9)	-16	(0.02)	-15	(0.02)	-8	(0.02)	9	(0.01)	8	(0.01)	5	(0.01)
	爱沙尼亚	56	(0.9)	-14	(0.02)	-14	(0.02)	-10	(0.03)	16	(0.01)	15	(0.01)	11	(0.01)
	芬兰	77	(1.0)	-15	(0.02)	-9	(0.02)	-6	(0.03)	12	(0.01)	11	(0.01)	5	(0.01)
	法国	80	(0.8)	-12	(0.01)	-9	(0.01)	-5	(0.02)	10	(0.01)	8	(0.01)	5	(0.01)
	德国	86	(0.8)	-11	(0.03)	-11	(0.02)	-2	(0.03)	6	(0.01)	5	(0.01)	3	(0.01)
	爱尔兰	89	(0.8)	-11	(0.02)	-9	(0.02)	-1	(0.02)	5	(0.01)	4	(0.01)	1	(0.01)
	意大利	87	(1.1)	-15	(0.02)	-9	(0.01)	-4	(0.02)	3	(0.02)	2	(0.02)	2	(0.02)
	日本	70	(1.3)	-10	(0.03)	-8	(0.03)	-7	(0.04)	8	(0.02)	6	(0.02)	5	(0.02)
	韩国	46	(1.3)	-20	(0.02)	-13	(0.02)	-10	(0.03)	11	(0.02)	9	(0.02)	8	(0.02)
	荷兰	81	(1.0)	-12	(0.02)	-9	(0.02)	-9	(0.02)	7	(0.01)	7	(0.01)	3	(0.01)

注：根据线性回归计算百分点差异，其中，因变量为自我报告健康状况良好，自变量随着模型变化而变化。在第一个回归中（列标签为“未控制变量”），只有学历水平作为自变量。在第二个回归中（列标签为“考虑性别和年龄的影响”），加入性别和年龄作为自变量。在第三个回归中（列标签为“考虑性别、年龄和月收入的影响”），自变量包括学历水平、性别、年龄和月收入。

* 参见方法部分关于俄罗斯数据的说明。

数据来源：OECD. Survey of Adult Skills（PIAAC）（2012）. See Annex 3 for notes（www. oecd. org/education/education-at-a-glance-19991487. htm）.

缺失数据代码参见《读者指南》。

StatLink http：//dx. doi. org/10. 1787/888933285195

表 A8.1（续）　自我报告健康状况良好的成人的比例，按学历水平划分（2012 年）

25—64 岁，以高中或中等后非高等教育学历的人群为参照群体，百分点差异

第一列呈现的百分比与回归不相关。应将其作为参考以更好地理解其他列呈现的百分点差异。

如何阅读此表：在澳大利亚，高中以下学历的成人中自我报告健康状况良好的百分比，比高中或中等后非高等教育学历的成人低 8 个百分点。在考虑性别和年龄的影响后，高中以下学历的成人中自我报告健康状况良好的百分比，比高中或中等后非高等教育学历的成人低 6 个百分点。而在考虑性别、年龄和月收入的影响后，高中以下学历的成人中自我报告健康状况良好的百分比，比高中或中等后非高等教育学历的成人低 1 个百分点。

		高中或中等后非高等教育学历的成人中自我报告健康状况良好的百分比		高中或中等后非高等教育学历与高中以下学历之间的差异						高中或中等后非高等教育学历与高等教育学历之间的差异					
				未控制变量		考虑性别和年龄的影响		考虑性别、年龄和月收入的影响		未控制变量		考虑性别和年龄的影响		考虑性别、年龄和月收入的影响	
		%	S. E.	pp	S. E.	pp	S. E.	pp	S. E.	pp	S. E.	pp	S. E.	pp	S. E.
		(1)	(2)	(3)	(4)	(5)	(6)	(7)	(8)	(9)	(10)	(11)	(12)	(13)	(14)
OECD	挪威	81	(1.0)	-14	(0.02)	-12	(0.02)	-8	(0.02)	8	(0.01)	8	(0.01)	3	(0.01)
	波兰	76	(0.9)	-23	(0.02)	-18	(0.02)	-8	(0.04)	17	(0.01)	10	(0.01)	5	(0.01)
	斯洛伐克	79	(0.7)	-25	(0.02)	-21	(0.02)	-16	(0.04)	12	(0.01)	9	(0.01)	6	(0.01)
	西班牙	80	(1.4)	-11	(0.02)	-7	(0.02)	-3	(0.02)	6	(0.02)	5	(0.02)	3	(0.02)
	瑞典	84	(0.9)	-16	(0.02)	-15	(0.02)	-9	(0.03)	6	(0.01)	6	(0.01)	3	(0.01)
	美国	80	(1.4)	-18	(0.03)	-18	(0.03)	-11	(0.04)	13	(0.01)	13	(0.01)	8	(0.01)
	地区														
	比利时弗兰芒语区	84	(0.8)	-11	(0.02)	-9	(0.02)	-5	(0.02)	6	(0.01)	6	(0.01)	4	(0.01)
	爱尔兰(英国)	85	(1.0)	-13	(0.02)	-12	(0.02)	-2	(0.02)	4	(0.01)	4	(0.01)	1	(0.01)
	北爱尔兰(英国)	83	(1.4)	-15	(0.02)	-12	(0.02)	-5	(0.02)	7	(0.02)	7	(0.02)	2	(0.01)
	英格兰/北爱尔兰(英国)	85	(1.0)	-13	(0.02)	-12	(0.02)	-3	(0.02)	4	(0.01)	4	(0.01)	1	(0.01)
	平均	79	(0.2)	-15	(0.00)	-12	(0.00)	-7	(0.01)	9	(0.00)	7	(0.00)	4	(0.00)
伙伴国	俄罗斯*	q	q	q	q	q	q	q	q	q	q	q	q	q	q

注：根据线性回归计算百分点差异，其中，因变量为自我报告健康状况良好，自变量随着模型变化而变化。在第一个回归中（列标签为“未控制变量”），只有学历水平作为自变量。在第二个回归中（列标签为“考虑性别和年龄的影响”），加入性别和年龄作为自变量。在第三个回归中（列标签为“考虑性别、年龄和月收入的影响”），自变量包括学历水平、性别、年龄和月收入。

* 参见方法部分关于俄罗斯数据的说明。

数据来源：OECD. Survey of Adult Skills（PIAAC）（2012）. See Annex 3 for notes（www.oecd.org/education/education-at-a-glance-19991487.htm）.

缺失数据代码参见《读者指南》。

StatLink http://dx.doi.org/10.1787/888933285195

表 A8.2 自我报告每月至少参加一次志愿者活动的成人的比例，按学历水平划分（2012 年）

25—64 岁，以高中或中等后非高等教育学历的人群为参照群体，百分点差异

第一列呈现的百分比与回归不相关。应将其作为参考以更好地理解其他列呈现的百分点差异。

如何阅读此表：在澳大利亚，高中以下学历的成人中自我报告每月至少参加一次志愿者活动的百分比，比高中或中等后非高等教育学历的成人低 2 个百分点。在考虑性别和年龄的影响后，高中以下学历的成人中自我报告每月至少参加一次志愿者活动的百分比，比高中或中等后非高等教育学历的成人低 5 个百分点。而在考虑性别、年龄和月收入的影响后，高中以下学历的成人中自我报告每月至少参加一次志愿者活动的百分比，比高中学历或中等后非高等教育学历的成人低 2 个百分点。

		高中或中等后非高等教育学历的成人中自我报告每月至少参加一次志愿者活动的百分比		高中或中等后非高等教育学历与高中以下学历之间的差异						高中或中等后非高等教育学历与高等教育学历之间的差异					
				未控制变量		考虑性别和年龄的影响		考虑性别、年龄和月收入的影响		未控制变量		考虑性别和年龄的影响		考虑性别、年龄和月收入的影响	
		%	S. E.	pp	S. E.	pp	S. E.	pp	S. E.	pp	S. E.	pp	S. E.	pp	S. E.
		(1)	(2)	(3)	(4)	(5)	(6)	(7)	(8)	(9)	(10)	(11)	(12)	(13)	(14)
OECD	国家														
	澳大利亚	20	(1.1)	-2	(0.02)	-5	(0.02)	-2	(0.02)	4	(0.02)	3	(0.02)	4	(0.02)
	奥地利	23	(0.8)	-8	(0.01)	-8	(0.01)	-11	(0.02)	6	(0.02)	6	(0.02)	4	(0.02)
	加拿大	20	(0.8)	-4	(0.01)	-4	(0.01)	-5	(0.02)	9	(0.01)	9	(0.01)	9	(0.01)
	捷克	9	(1.0)	-4	(0.02)	-3	(0.02)	-2	(0.04)	3	(0.02)	3	(0.02)	5	(0.03)
	丹麦	27	(1.2)	-8	(0.02)	-8	(0.02)	-7	(0.02)	0	(0.01)	2	(0.01)	1	(0.02)
	爱沙尼亚	9	(0.7)	-4	(0.01)	-4	(0.01)	-4	(0.01)	4	(0.01)	4	(0.01)	4	(0.01)
	芬兰	19	(1.0)	-2	(0.02)	-3	(0.02)	-5	(0.02)	6	(0.01)	7	(0.01)	7	(0.02)
	法国	q	q	q	q	q	q	q	q	q	q	q	q	q	q
	德国	22	(1.0)	-11	(0.02)	-11	(0.02)	-13	(0.03)	6	(0.01)	6	(0.01)	6	(0.02)
	爱尔兰	20	(0.9)	-5	(0.01)	-9	(0.01)	-8	(0.03)	4	(0.01)	6	(0.01)	6	(0.02)
	意大利	14	(1.0)	-4	(0.01)	-5	(0.01)	-4	(0.02)	7	(0.02)	7	(0.02)	8	(0.03)
	日本	12	(0.9)	-3	(0.01)	-5	(0.01)	-3	(0.02)	0	(0.01)	2	(0.01)	0	(0.01)
	韩国	12	(0.7)	-1	(0.01)	-5	(0.01)	-4	(0.02)	1	(0.01)	2	(0.01)	2	(0.01)
	荷兰	28	(1.1)	-3	(0.02)	-7	(0.02)	-7	(0.02)	4	(0.02)	4	(0.02)	5	(0.02)

注：根据线性回归计算百分点差异。其中，因变量为自我报告每月至少参加一次志愿者活动，自变量随着模型变化而变化。在第一个回归中（列标签为“未控制变量”），只有学历水平作为自变量。在第二个回归中（列标签为“考虑性别和年龄的影响”），加入性别和年龄作为自变量。在第三个回归中（列标签为“考虑性别、年龄和月收入的影响”），自变量包括学历水平、性别、年龄和月收入。

* 参见方法部分关于俄罗斯数据的说明。

数据来源：OECD. Survey of Adult Skills（PIAAC）（2012）. See Annex 3 for notes（www. oecd. org/education/education-at-a-glance-19991487. htm）.

缺失数据代码参见《读者指南》。

StatLink http：//dx. doi. org/10. 1787/888933285202

表 A8.2（续） 自我报告每月至少参加一次志愿者活动的成人的比例，按学历水平划分（2012 年）

25—64 岁，以高中或中等后非高等教育学历的人群为参照群体，百分点差异

第一列呈现的百分比与回归不相关。应将其作为参考以更好地理解其他列呈现的百分点差异。

如何阅读此表：在澳大利亚，高中以下学历的成人中自我报告每月至少参加一次志愿者活动的百分比，比高中或中等后非高等教育学历的成人低 2 个百分点。在考虑性别和年龄的影响后，高中以下学历的成人中自我报告每月至少参加一次志愿者活动的百分比，比高中或中等后非高等教育学历的成人低 5 个百分点。而在考虑性别、年龄和月收入的影响后，高中以下学历的成人中自我报告每月至少参加一次志愿者活动的百分比，比高中学历或中等后非高等教育学历的成人低 2 个百分点。

		高中或中等后非高等教育学历的成人中自我报告每月至少参加一次志愿者活动的百分比		高中或中等后非高等教育学历与高中以下学历之间的差异						高中或中等后非高等教育学历与高等教育学历之间的差异					
				未控制变量		考虑性别和年龄的影响		考虑性别、年龄和月收入的影响		未控制变量		考虑性别和年龄的影响		考虑性别、年龄和月收入的影响	
		%	S. E.	pp	S. E.	pp	S. E.	pp	S. E.	pp	S. E.	pp	S. E.	pp	S. E.
		(1)	(2)	(3)	(4)	(5)	(6)	(7)	(8)	(9)	(10)	(11)	(12)	(13)	(14)
OECD	挪威	32	(1.3)	-9	(0.02)	-9	(0.02)	-8	(0.02)	1	(0.02)	2	(0.02)	1	(0.02)
	波兰	6	(0.5)	-3	(0.01)	-3	(0.01)	-3	(0.02)	7	(0.01)	7	(0.01)	6	(0.01)
	斯洛伐克	8	(0.5)	-3	(0.01)	-3	(0.01)	-2	(0.02)	5	(0.01)	5	(0.01)	5	(0.01)
	西班牙	13	(1.2)	-6	(0.01)	-7	(0.01)	-7	(0.02)	2	(0.02)	2	(0.02)	1	(0.02)
	瑞典	21	(1.1)	-8	(0.02)	-9	(0.02)	-9	(0.02)	1	(0.02)	2	(0.02)	2	(0.02)
	美国	24	(1.2)	-12	(0.02)	-11	(0.02)	-13	(0.02)	15	(0.02)	15	(0.02)	13	(0.02)
	地区														
	比利时弗兰芒语区	18	(1.0)	-4	(0.02)	-5	(0.02)	-2	(0.02)	6	(0.01)	7	(0.01)	9	(0.01)
	英格兰(英国)	17	(1.1)	-6	(0.02)	-7	(0.02)	-8	(0.02)	6	(0.02)	7	(0.01)	5	(0.02)
	北爱尔兰(英国)	17	(1.5)	-8	(0.02)	-10	(0.02)	-12	(0.03)	9	(0.02)	10	(0.02)	8	(0.02)
	英格兰/北爱尔兰(英国)	17	(1.1)	-6	(0.02)	-7	(0.02)	-8	(0.02)	6	(0.01)	7	(0.01)	5	(0.02)
	平均	18	(0.2)	-5	(0.00)	-6	(0.00)	-6	(0.00)	5	(0.00)	5	(0.00)	5	(0.00)
伙伴国	俄罗斯*	q	q	q	q	q	q	q	q	q	q	q	q	q	q

注：根据线性回归计算百分点差异。其中，因变量为自我报告每月至少参加一次志愿者活动，自变量随着模型变化而变化。在第一个回归中（列标签为“未控制变量”），只有学历水平作为自变量。在第二个回归中（列标签为“考虑性别和年龄的影响”），加入性别和年龄作为自变量。在第三个回归中（列标签为“考虑性别、年龄和月收入的影响”），自变量包括学历水平、性别、年龄和月收入。

* 参见方法部分关于俄罗斯数据的说明。

数据来源：OECD. Survey of Adult Skills (PIAAC) (2012). See Annex 3 for notes (www.oecd.org/education/education-at-a-glance-19991487.htm).

缺失数据代码参见《读者指南》。

StatLink http://dx.doi.org/10.1787/888933285202

表 A8.3 自我报告信任他人的成人的比例，按学历水平划分（2012 年）

25—64 岁，以高中或中等后非高等教育学历的人群为参照群体，百分点差异

第一列呈现的百分比与回归不相关。应将其作为参考以更好地理解其他列呈现的百分点差异。

如何阅读此表：在澳大利亚，高中以下学历的成人中自我报告信任他人的百分比，比高中或中等后非高等教育学历的成人低 4 个百分点。在考虑性别和年龄的影响后，高中以下学历的成人中自我报告信任他人的百分比，比高中或中等后非高等教育学历的成人低 5 个百分点。而在考虑性别、年龄和月收入的影响后，高中以下学历的成人中自我报告信任他人的百分比，比高中学历或中等后非高等教育学历的成人低 3 个百分点。

	高中或中等后非高等教育学历的成人中自我报告信任他人的百分比		高中或中等后非高等教育学历与高中以下学历之间的差异						高中或中等后非高等教育学历与高等教育学历之间的差异					
			未控制变量		考虑性别和年龄的影响		考虑性别、年龄和月收入的影响		未控制变量		考虑性别和年龄的影响		考虑性别、年龄和月收入的影响	
	%	S. E.	pp	S. E.	pp	S. E.	pp	S. E.	pp	S. E.	pp	S. E.	pp	S. E.
	(1)	(2)	(3)	(4)	(5)	(6)	(7)	(8)	(9)	(10)	(11)	(12)	(13)	(14)
OECD														
国家														
澳大利亚	19	(1.1)	-4	(0.01)	-5	(0.01)	-3	(0.02)	13	(0.01)	13	(0.01)	11	(0.02)
奥地利	21	(0.9)	-7	(0.02)	-7	(0.02)	-7	(0.02)	10	(0.02)	10	(0.02)	9	(0.02)
加拿大	21	(0.7)	-4	(0.01)	-4	(0.01)	-1	(0.02)	9	(0.01)	9	(0.01)	9	(0.01)
捷克	5	(0.6)	-1	(0.01)	-1	(0.01)	2	(0.02)	10	(0.02)	10	(0.02)	12	(0.03)
丹麦	42	(1.3)	-10	(0.02)	-12	(0.02)	-10	(0.03)	21	(0.02)	20	(0.02)	19	(0.02)
爱沙尼亚	7	(0.5)	1	(0.01)	1	(0.01)	0	(0.02)	8	(0.01)	7	(0.01)	8	(0.01)
芬兰	27	(1.0)	-8	(0.02)	-7	(0.02)	-8	(0.03)	17	(0.02)	17	(0.02)	14	(0.02)
法国	9	(0.6)	-2	(0.01)	-2	(0.01)	-3	(0.01)	7	(0.01)	8	(0.01)	8	(0.01)
德国	10	(0.7)	-2	(0.02)	-2	(0.02)	-1	(0.03)	12	(0.01)	12	(0.01)	12	(0.01)
爱尔兰	14	(0.9)	-3	(0.01)	-4	(0.01)	-3	(0.02)	8	(0.01)	9	(0.01)	8	(0.02)
意大利	11	(1.1)	-5	(0.01)	-6	(0.01)	-6	(0.02)	4	(0.02)	4	(0.02)	4	(0.02)
日本	14	(0.9)	-3	(0.02)	-4	(0.02)	-3	(0.02)	8	(0.01)	9	(0.01)	9	(0.01)
韩国	10	(0.6)	-1	(0.01)	-1	(0.01)	-2	(0.01)	7	(0.01)	7	(0.01)	8	(0.01)
荷兰	30	(1.0)	-10	(0.02)	-12	(0.02)	-9	(0.02)	15	(0.02)	15	(0.02)	17	(0.02)

注：根据线性回归计算百分点差异。其中，因变量为自我报告信任他人，自变量随着模型变化而变化。在第一个回归中（列标签为“未控制变量”），只有学历水平作为自变量。在第二个回归中（列标签为“考虑性别和年龄的影响”），加入性别和年龄作为自变量。在第三个回归中（列标签为“考虑性别、年龄和月收入的影响”），自变量包括学历水平、性别、年龄和月收入。

* 参见方法部分关于俄罗斯数据的说明。

数据来源：OECD. Survey of Adult Skills（PIAAC）（2012）. See Annex 3 for notes（www.oecd.org/education/education-at-a-glance-19991487.htm）.

缺失数据代码参见《读者指南》。

StatLink http：//dx.doi.org/10.1787/888933285202

表 A8.3（续） 自我报告信任他人的成人的比例，按学历水平划分（2012 年）

25—64 岁，以高中或中等后非高等教育学历的人群为参照群体，百分点差异

第一列呈现的百分比与回归不相关。应将其作为参考以更好地理解其他列呈现的百分点差异。

如何阅读此表：在澳大利亚，高中以下学历的成人中自我报告信任他人的百分比，比高中或中等后非高等教育学历的成人低 4 个百分点。在考虑性别和年龄的影响后，高中以下学历的成人中自我报告信任他人的百分比，比高中或中等后非高等教育学历的成人低 5 个百分点。而在考虑性别、年龄和月收入的影响后，高中以下学历的成人中自我报告信任他人的百分比，比高中学历或中等后非高等教育学历的成人低 3 个百分点。

		高中或中等后非高等教育学历的成人中自我报告信任他人的百分比		高中或中等后非高等教育学历与高中以下学历之间的差异						高中或中等后非高等教育学历与高等教育学历之间的差异					
				未控制变量		考虑性别和年龄的影响		考虑性别、年龄和月收入的影响		未控制变量		考虑性别和年龄的影响		考虑性别、年龄和月收入的影响	
		%	S. E.	pp	S. E.	pp	S. E.	pp	S. E.	pp	S. E.	pp	S. E.	pp	S. E.
		(1)	(2)	(3)	(4)	(5)	(6)	(7)	(8)	(9)	(10)	(11)	(12)	(13)	(14)
OECD	挪威	29	(1.1)	-5	(0.02)	-6	(0.02)	-5	(0.02)	20	(0.02)	21	(0.02)	20	(0.02)
	波兰	11	(0.8)	-3	(0.01)	-3	(0.01)	-1	(0.03)	13	(0.02)	13	(0.02)	13	(0.02)
	斯洛伐克	8	(0.5)	-2	(0.01)	-2	(0.01)	-3	(0.02)	6	(0.01)	6	(0.01)	6	(0.02)
	西班牙	19	(1.5)	-4	(0.02)	-4	(0.02)	-4	(0.02)	12	(0.02)	12	(0.02)	12	(0.03)
	瑞典	31	(1.2)	-7	(0.02)	-8	(0.02)	-7	(0.03)	18	(0.02)	18	(0.02)	16	(0.02)
	美国	18	(1.1)	-6	(0.02)	-6	(0.02)	-6	(0.03)	13	(0.02)	13	(0.02)	15	(0.02)
	地区														
	比利时弗兰芒语区	13	(0.8)	-4	(0.01)	-5	(0.01)	-9	(0.02)	15	(0.01)	16	(0.01)	16	(0.02)
	英格兰(英国)	16	(1.1)	-6	(0.01)	-7	(0.01)	-5	(0.02)	11	(0.01)	11	(0.01)	10	(0.02)
	北爱尔兰(英国)	17	(1.4)	-8	(0.02)	-9	(0.02)	-10	(0.03)	6	(0.02)	6	(0.02)	4	(0.03)
	英格兰/北爱尔兰(英国)	16	(1.0)	-6	(0.01)	-7	(0.01)	-5	(0.02)	11	(0.01)	11	(0.01)	10	(0.02)
	平均	18	(0.2)	-4	(0.00)	-5	(0.00)	-4	(0.00)	12	(0.00)	12	(0.00)	12	(0.00)
伙伴国	俄罗斯*	q	q	q	q	q	q	q	q	q	q	q	q	q	q

注：根据线性回归计算百分点差异。其中，因变量为自我报告信任他人，自变量随着模型变化而变化。在第一个回归中（列标签为“未控制变量”），只有学历水平作为自变量。在第二个回归中（列标签为“考虑性别和年龄的影响”），加入性别和年龄作为自变量。在第三个回归中（列标签为“考虑性别、年龄和月收入的影响”），自变量包括学历水平、性别、年龄和月收入。

* 参见方法部分关于俄罗斯数据的说明。

数据来源：OECD. Survey of Adult Skills (PIAAC) (2012). See Annex 3 for notes (www.oecd.org/education/education-at-a-glance-19991487.htm).

缺失数据代码参见《读者指南》。

StatLink http://dx.doi.org/10.1787/888933285202

表 A8.4 自我报告在政府中有发言权的成人的比例，按学历水平划分（2012 年）

25—64 岁，以高中或中等后非高等教育学历的人群为参照群体，百分点差异

第一列呈现的百分比与回归不相关。应将其作为参考以更好地理解其他列呈现的百分点差异。
如何阅读此表：在澳大利亚，高中以下学历的成人中自我报告在政府中有发言权的百分比，比高中或中等后非高等教育学历的成人低 6 个百分点。在考虑性别和年龄的影响后，高中以下学历的成人中自我报告在政府中有发言权的百分比，比高中或中等后非高等教育学历的成人低 8 个百分点。而在考虑性别、年龄和月收入的影响后，高中以下学历的成人中自我报告在政府中有发言权的百分比，比高中或中等后非高等教育学历的成人低 6 个百分点。

		高中或中等后非高等教育学历的成人中自我报告在政府中有发言权的百分比		高中或中等后非高等教育学历与高中以下学历之间的差异						高中或中等后非高等教育学历与高等教育学历之间的差异					
				未控制变量		考虑性别和年龄的影响		考虑性别、年龄和月收入的影响		未控制变量		考虑性别和年龄的影响		考虑性别、年龄和月收入的影响	
		%	S. E.	pp	S. E.	pp	S. E.	pp	S. E.	pp	S. E.	pp	S. E.	pp	S. E.
		(1)	(2)	(3)	(4)	(5)	(6)	(7)	(8)	(9)	(10)	(11)	(12)	(13)	(14)
OECD	国家														
	澳大利亚	30	(1.1)	-6	(0.02)	-8	(0.02)	-6	(0.02)	15	(0.02)	15	(0.02)	14	(0.02)
	奥地利	30	(1.0)	-12	(0.02)	-12	(0.02)	-10	(0.03)	13	(0.02)	13	(0.02)	13	(0.02)
	加拿大	31	(0.9)	-9	(0.02)	-9	(0.02)	-9	(0.02)	10	(0.01)	10	(0.01)	11	(0.01)
	捷克	20	(1.2)	-1	(0.03)	1	(0.03)	1	(0.05)	8	(0.02)	8	(0.03)	9	(0.03)
	丹麦	47	(1.2)	-6	(0.02)	-7	(0.02)	-5	(0.02)	12	(0.01)	11	(0.01)	12	(0.02)
	爱沙尼亚	21	(0.8)	-5	(0.02)	-5	(0.02)	-7	(0.02)	10	(0.01)	10	(0.01)	9	(0.02)
	芬兰	42	(1.2)	-12	(0.03)	-12	(0.03)	-10	(0.03)	16	(0.02)	16	(0.02)	15	(0.02)
	法国	q	q	q	q	q	q	q	q	q	q	q	q	q	q
	德国	21	(0.8)	-7	(0.02)	-7	(0.02)	-5	(0.03)	12	(0.02)	12	(0.02)	11	(0.02)
	爱尔兰	26	(1.2)	-8	(0.02)	-9	(0.02)	-11	(0.03)	13	(0.02)	13	(0.02)	13	(0.02)
	意大利	19	(1.1)	-7	(0.02)	-7	(0.02)	-7	(0.02)	10	(0.02)	10	(0.02)	11	(0.03)
	日本	22	(1.0)	-4	(0.02)	-5	(0.02)	-5	(0.03)	12	(0.01)	12	(0.01)	12	(0.02)
	韩国	30	(1.2)	-2	(0.02)	1	(0.02)	3	(0.03)	12	(0.02)	10	(0.02)	10	(0.02)
	荷兰	36	(1.3)	-8	(0.02)	-8	(0.02)	-9	(0.02)	19	(0.02)	19	(0.02)	19	(0.02)

注：根据线性回归计算百分点差异。其中，因变量为自我报告在政府中有发言权，自变量随着模型变化而变化。在第一个回归中（列标签为“未控制变量”），只有学历水平作为自变量。在第二个回归中（列标签为“考虑性别和年龄的影响”），加入性别和年龄作为自变量。在第三个回归中（列标签为“考虑性别、年龄和月收入的影响”），自变量包括学历水平、性别、年龄和月收入。
* 参见方法部分关于俄罗斯数据的说明。
数据来源：OECD. Survey of Adult Skills（PIAAC）(2012). See Annex 3 for notes (www.oecd.org/education/education-at-a-glance-19991487.htm).
缺失数据代码参见《读者指南》。
StatLink http://dx.doi.org/10.1787/888933285202

表 A8.4（续） 自我报告在政府中有发言权的成人的比例，按学历水平划分（2012 年）

25—64 岁，以高中或中等后非高等教育学历的人群为参照群体，百分点差异

第一列呈现的百分比与回归不相关。应将其作为参考以更好地理解其他列呈现的百分点差异。
如何阅读此表：在澳大利亚，高中以下学历的成人中自我报告在政府中有发言权的百分比，比高中或中等后非高等教育学历的成人低 6 个百分点。在考虑性别和年龄的影响后，高中以下学历的成人中自我报告在政府中有发言权的百分比，比高中或中等后非高等教育学历的成人低 8 个百分点。而在考虑性别、年龄和月收入的影响后，高中以下学历的成人中自我报告在政府中有发言权的百分比，比高中或中等后非高等教育学历的成人低 6 个百分点。

		高中或中等后非高等教育学历的成人中自我报告在政府中有发言权的百分比		高中或中等后非高等教育学历与高中以下学历之间的差异						高中或中等后非高等教育学历与高等教育学历之间的差异					
				未控制变量		考虑性别和年龄的影响		考虑性别、年龄和月收入的影响		未控制变量		考虑性别和年龄的影响		考虑性别、年龄和月收入的影响	
		%	S. E.	pp	S. E.	pp	S. E.	pp	S. E.	pp	S. E.	pp	S. E.	pp	S. E.
		(1)	(2)	(3)	(4)	(5)	(6)	(7)	(8)	(9)	(10)	(11)	(12)	(13)	(14)
OECD	挪威	44	(1.6)	-12	(0.02)	-12	(0.02)	-9	(0.03)	21	(0.02)	20	(0.02)	20	(0.02)
	波兰	q	q	q	q	q	q	q	q	q	q	q	q	q	q
	斯洛伐克	20	(0.8)	-9	(0.01)	-8	(0.01)	-7	(0.03)	15	(0.02)	14	(0.02)	14	(0.03)
	西班牙	23	(1.4)	-4	(0.02)	-4	(0.02)	-3	(0.02)	7	(0.02)	8	(0.02)	8	(0.02)
	瑞典	43	(1.2)	-10	(0.03)	-9	(0.03)	-8	(0.03)	12	(0.02)	11	(0.02)	11	(0.02)
	美国	41	(1.2)	-12	(0.03)	-12	(0.03)	-15	(0.04)	13	(0.02)	13	(0.02)	15	(0.02)
	地区														
	比利时弗兰芒语区	27	(1.0)	-4	(0.02)	-5	(0.02)	-5	(0.03)	17	(0.02)	17	(0.02)	17	(0.02)
	英格兰（英国）	29	(1.4)	-7	(0.02)	-8	(0.02)	-9	(0.03)	13	(0.02)	14	(0.02)	10	(0.02)
	北爱尔兰（英国）	21	(1.5)	-6	(0.02)	-8	(0.02)	-11	(0.03)	15	(0.02)	15	(0.02)	13	(0.03)
	英格兰/北爱尔兰（英国）	29	(1.3)	-7	(0.02)	-8	(0.02)	-9	(0.03)	13	(0.02)	14	(0.02)	10	(0.02)
	平均	30	(0.3)	-7	(0.00)	-7	(0.00)	-7	(0.01)	13	(0.00)	13	(0.00)	13	(0.00)
伙伴国	俄罗斯*	q	q	q	q	q	q	q	q	q	q	q	q	q	q

注：根据线性回归计算百分点差异。其中，因变量为自我报告在政府中有发言权，自变量随着模型变化而变化。在第一个回归中（列标签为“未控制变量”），只有学历水平作为自变量。在第二个回归中（列标签为“考虑性别和年龄的影响”），加入性别和年龄作为自变量。在第三个回归中（列标签为“考虑性别、年龄和月收入的影响”），自变量包括学历水平、性别、年龄和月收入。

* 参见方法部分关于俄罗斯数据的说明。

数据来源：OECD. Survey of Adult Skills（PIAAC）（2012）. See Annex 3 for notes（www. oecd. org/education/education-at-a-glance-19991487. htm）.

缺失数据代码参见《读者指南》。

StatLink http：//dx. doi. org/10. 1787/888933285202

技能对就业与收入有何影响？

- 就参加2012年成人技能调查（PIAAC）的国家和地区的平均水平而言，就业率和收入会随受教育程度的提高而提高，同时也会因拥有更高的技能水平而提高，但提高幅度要比前者小一些。
- 因拥有更高的技能水平而获得回报最高的群体是接受过高等教育的群体。
- 在受过高等教育、高中或中等后非高等教育的成人中，在具有同等计算水平的情况下，具备用信息与通信技术解决问题的技能可带来更高的收入，且计算能力比读写能力带来的回报更高。

图 A9.1　时薪差异，按受教育程度和技能水平划分（2012年）

成人技能调查，25—64岁非学生，OECD平均，以受教育程度为高中以下并且技能水平等于或低于1级，或者技能组别为0或1的人群为参照群体

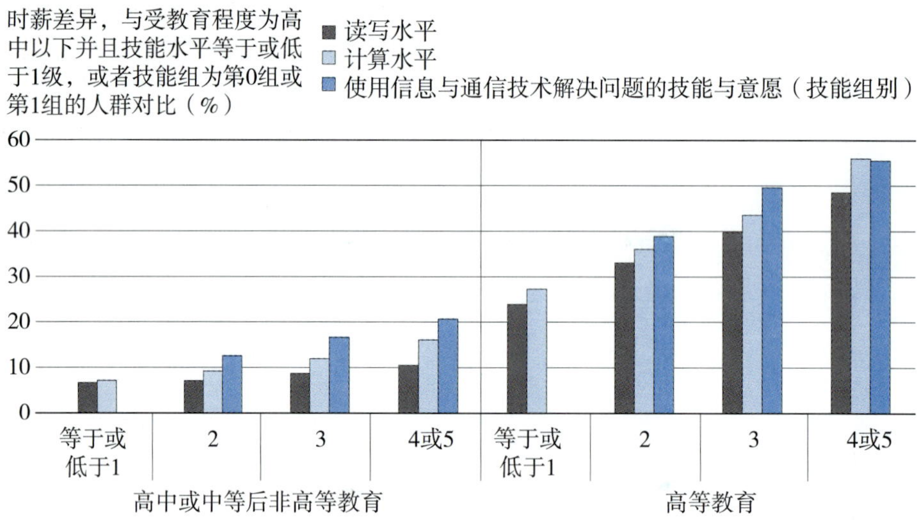

如何阅读此图

平均而言，受过高等教育并且读写水平为4级或5级的成人比受教育程度为高中以下并且读写水平等于或低于1级的成人的收入高48%。

百分比表示与参照群体相比的收入情况（参照群体为高中以下受教育程度并且技能水平等于或低于1级，或者技能组为第0组或第1组的人群）。

注：读写能力和计算能力基于熟练程度，而使用信息与通信技术解决问题的技能与意愿基于技能组，与前者遵循不同的方法。对于使用信息与通信技术解决问题的技能与意愿而言，“4或5”对应第4组。当观测数据过少而无法提供可靠的估计时，数值则不在图表中显示。

数据来源：OECD. Tables A9.2（L），A9.2（N）and A9.2（P）. See Annex 3 for notes（www.oecd.org/education/education-at-a-glance-19991487.htm）.

StatLink http：//dx.doi.org/10.1787/888933283798

背 景

基本的读写、计算能力和问题解决能力通常是在正规学校中习得的(Green and Riddle，2012)。但是具有同等受教育程度的成人在读写、计算以及使用信息与通信技术（ICT）的能力水平上会有差异。劳动者的生产力与其知识和技能水平相关，劳动者的薪酬在一定程度上是其生产力的体现。从这个意义上而言，拥有更多技能的个人应能在参与劳动力市场的过程中获得更高的回报，并且也因此更可能进入劳动力市场，尽管这一结论不是无可反驳的。因此，改进学校的读写和计算教学以及针对低技能和不太熟悉信息与通信技术的成人的培训项目，可以为个人和社会带来可观的经济和社会回报(OECD，2013)。

其他发现

- 受过高中或中等后非高等教育且计算水平等于或低于 1 级的成人的时薪，比受过高中以下教育并且计算水平等于或低于 1 级的成人高 7%。同时，受过高中或中等后非高等教育并且计算水平达到 4 级或 5 级的成人的时薪，比受过高中以下教育并且计算水平等于或低于 1 级的成人高 16%。高技能加上高等教育会带来更高的回报。受过高等教育且计算水平达到 4 级或 5 级的成人的时薪，比受过高中以下教育并且计算水平等于或低于 1 级的成人高 56%，56%与 16%之间的差异高达 40 个百分点。
- 提高读写能力并不必然带来就业优势的增加。例如：在波兰，受过高等教育并且读写水平等于或低于 1 级的成人就业优势比最高（11.7)，而受过高等教育且读写水平达到 4 级或 5 级的成人，其就业优势比仅为 9.0。
- 受过高等教育且计算水平达到 4 级或 5 级的成人获得回报最高的国家为斯洛伐克。该国这类成人的时薪比受过高中以下教育并且计算水平等于或低于 1 级的成人高 108%——远远高于 OECD 国家优势差异平均水平（56%）。

分　析

本指标深化了指标 A5 和指标 A6 关于教育可以提高就业率和收入水平的分析。更具体地说，本指标评估了更高的受教育程度以及更好的读写、计算能力和使用信息与通信技术解决问题的能力对就业率和时薪水平的影响。研究是基于 OECD 国际成人能力评价项目（PIAAC）中的成人技能调查的结果。

结果显示，就业率和收入水平会随受教育程度的提升而提升，也会因技能水平的提高而提高（提高的幅度相对较小）。这意味着劳动力市场对受教育程度的回报要高于对成人技能调查所考察的各种技能水平的回报。

教育和技能对就业的影响

教育和读写能力对就业的影响

更高的受教育程度和更高的技能水平会对就业产生积极的影响。就参加 2012 年成人技能调查的 OECD 国家和地区平均水平而言，受过高中以下教育且读写水平等于或低于 1 级的成人（参照群体）中就业的人口比例为 48%。与该群体相比，受教育程度为高中或中等后非高等教育并且读写水平达到 4 级或 5 级的人更有可能就业（优势比为 2.4，关于如何理解优势比，请参见专栏 A9.1）。受过高等教育并且读写水平达到 4 或 5 级的成人，就业的可能性又有所增加（优势比为 4.2）［表 A9.1（L）］。

在受教育程度相同的条件下，更高的读写水平带来的回报似乎更为有限。对于受过高中以下教育的个人而言，读写水平为 2 级还是 3 级所带来的差异很小（优势比分别为 1.3 和 1.2）。对于受过高中或中等后非高等教育的个人而言，无论其读写水平是等于或低于 1 级、2 级还是 3 级，该优势比保持不变（均为 2.0）。当这一受教育程度的成人的读写水平达到 4 级或 5 级时，其就业的优势比变为 2.4。对于受过高等教育的成人而言，其就业的优势比会随着读写水平的提高而提高：当读写水平等于或低于 1 级时，优势比为 2.9，当读写水平为 2 级和 3 级时，优势比为 3.7，当读写水平为 4 级或 5 级时，优势比为 4.2［表 A9.1（L）］。

在所有参与调查的国家和地区中，受过高等教育的个人就业最有优势，无论其读写水平如何。数据还显示，随着个人读写水平的提高，其就业的优势并不一定会变大。例如，在波兰，受过高等教育并且读写水平等于或低于 1 级的成人的就业优势比最高（11.7），相比之下，同样受过高等教育但是读写水平为 4 级或 5 级的成人，其就业优势比为 9.0。在斯洛伐克，受过高等教育并且读写水平为 2 级或 3 级的成人的就业优势比为 5.0，同样受过高等教育但读写水平为 4 级或 5 级的成人，其就业优势比为 3.4。这再次证明更高的读写水平并不一定会带来更高的就业水平［表 A9.1（L）］。

教育和计算能力对就业的影响

和读写能力相比，计算能力对就业结果具有更显著的影响。就参加调查的 OECD 国家和地区平均而言，受教育程度为高中以下并且计算水平等于或低于 1 级的成人（参照群体）中就业的人口比例为 47%。对于受教育程度为高中以下的人群而言，其计算水平从低于或等于 1 级提升到 2 级会增加他们就业的可能性（优势比为 1.5）；当该人群的计算水平从低于或等于 1 级提升到 3 级，其就业优势比就会提高到 1.8［表 A9.1（N）］。

受教育程度为高中或中等后非高等教育并且计算水平等于或低于 1 级的成人的就业优势比为 1.9。若该个人的计算水平提升至 2 级，其就业优势比将增加到 2.5；若其计算水平提升至 3 级，其就业优势比将提高到 3.0；若其计算水平提升至 4 级或 5 级，其就业优势比将提高到 3.8。

同样，对于受过高等教育的成人而言，提高计算水平也会增加其就业的可能性：计算水平等于或低于 1 级的人群就业优势比为 2.8，计算水平为 2 级的就业优势比为 4.5，计算水平为 3 级的就业优势比为 5.5，计算水平为 4 级或 5 级的就业优势比为 7.6［表 A9.1（N）］。

图 A9.2　就业的可能性，按受教育程度和计算水平划分（2012 年）

成人技能调查，25—64 岁非学生，OECD 平均，以受教育程度为高中以下并且计算水平等于或低于 1 级的人群为参照群体

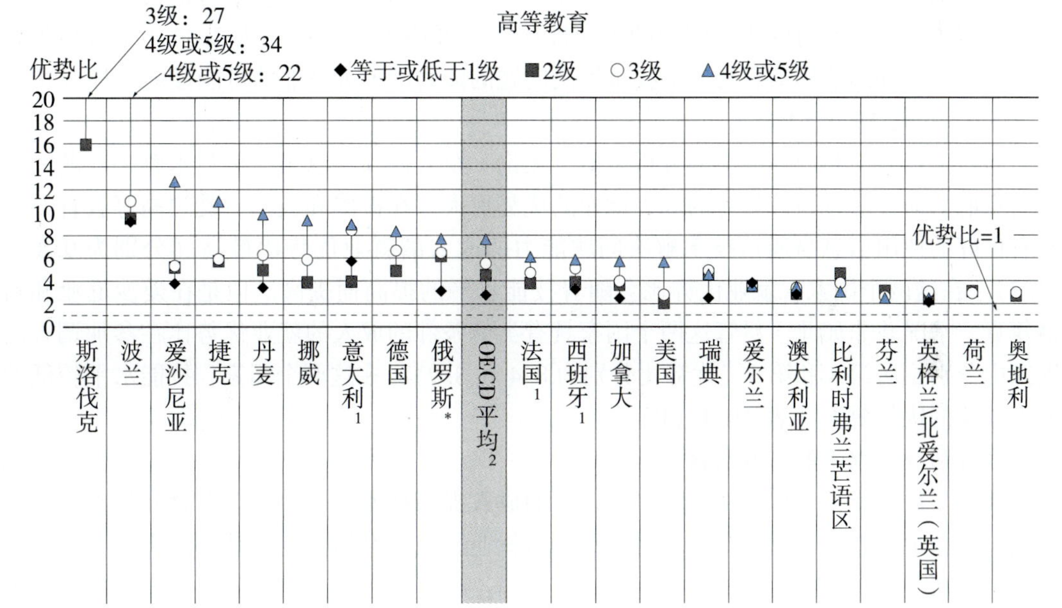

如何阅读此图

在斯洛伐克，受过高等教育并且计算水平为 4 级或 5 级的成人与受教育程度为高中以下并且计算水平等于或低于 1 级的成人相比，前者就业的可能性是后者的 33.8 倍（就优势比而言）。

优势比反映了就业的相对可能性。参照群体是受教育程度为高中以下并且计算水平等于或低于 1 级的人群，其就业优势比被设定为 1（虚线）。

注：优势比基于逻辑回归得出，模型中考虑了年龄、性别、父母受教育程度、移民背景、子女状况（是否有子女）、同居状况（是否与配偶/父母居住）、读写能力和使用信息与通信技术解决问题的技能与意愿。组间差异的统计显著性未达到 95%的情况未在此处显示。

1. 法国、意大利和西班牙的系数是在没有考虑使用信息与通信技术解决问题的技能与意愿的前提下进行估计的，因为在这些国家没有对相关技能进行测试。由于使用信息与通信技术解决问题的技能与意愿同计算能力、读写能力和受教育程度之间存在正相关关系，因此和其他国家的结果相比，排除使用信息与通信技术解决问题的技能与意愿可能会造成按受教育程度划分的人群能力水平的系数被过高地估计。

2. 回归方程的平均值未将法国、意大利和西班牙计算在内，这些国家使用了一个不同的计算模型。

*参见方法部分关于俄罗斯数据的说明。

国家按照受过高等教育并且计算水平为 4 级或 5 级的人群的就业优势比降序排列。

数据来源：OECD. Table A9.1 (N). See Annex 3 for notes (www.oecd.org/education/education-at-a-glance-19991487.htm).

StatLink http://dx.doi.org/10.1787/888933283802

图 A9.2 呈现了与受教育程度为高中以下并且计算水平等于或低于 1 级的人群相比，受过高等教育的、计算水平不同的成人的就业优势。与读写水平的观察结果类似，受过高等教育的成人无论其计算水平如何，就业的优势都更大。分析结果表明，计算能力对就业的影响比读写能力更大。例如：在波兰，在受教育程度相同的情况下，计算水平为 3 级的成人的就业优势比为 11.0，而计算水平为 4 级或 5 级的成人的就业优势比为 22.4，在参加调查的国家和地区中差异最大。平均而言，在受教育程度相同的情况下，计算水平为 4 级或 5 级的成人的就业优势比（7.6），高于读写水平为 4 级或 5 级的成人的就业优势比（4.2）[表 A9.1（L）和表 A9.1（N）]。

教育和使用信息与通信技术的技能与意愿对就业的影响

平均而言，在使用信息与通信技术解决问题的水平为第 0 组或第 1 组（参见下文“定义”部分对各技能组的描述）并且受教育程度为高中以下的成人（参照群体）中，就业的人口比例为 38%。受教育程度为高中或中等后非高等教育并且具有良好的使用信息与通信技术解决问题的能力的成人就业的可能性比参照群体大（优势比为 2.8）。受过高等教育并且具有良好的使用信息与通信技术解决问题的能力的成人就业的可能性会增加（优势比为 5.1）[表 A9.1（P）]。

与对读写能力和计算能力的分析类似，无论一个人使用信息与通信技术解决问题的技能与意愿如何，受过高等教育的成人就业的优势更大。在挪威和波兰，受过高等教育并且具有良好的使用信息与通信技术解决问题能力的成人的就业优势比最高（分别为 9.8 和 11.7）。在这两个国家，就业优势比会随着技能水平的提高而提高。但是在爱沙尼亚和斯洛伐克，情况并非如此，尽管这两个国家具有类似条件的成人的就业优势比在参加调查的国家中分别位居第 4 和第 3（优势比分别为 8.4 和 8.9），在这两个国家，技能水平较低的成人就业的优势更大 [表 A9.1（P）]。

教育和技能水平的就业回报

在大多数国家，受教育程度为高中以下的成人提高技能水平并不会对就业带来显著的影响。在高中或者中等后非高等教育水平，对就业影响最大的技能是计算能力，尤其是当计算水平从 3 级提升到 4 级或 5 级的时候。例如：在意大利和斯洛伐克，这两个技能水平之间的就业优势比差异超过 4 个点 [表 9.1（N）]。

在受过高等教育的成人中，对就业影响最大的技能也是计算能力，尤其是当计算水平从 3 级提升到 4 级或 5 级的时候。在捷克、爱沙尼亚、波兰和斯洛伐克，这两个技能水平之间的就业优势比差异超过 5 个点 [表 9.1（N）]。

教育和技能对收入的影响

图 A9.1 显示了受教育程度和技能对时薪的影响。图中并未显示受教育程度为高中以下的成人的数据，因为在这一受教育程度的人群中，不同技能水平之间未出现显著性差异。然而，在将具有不同技能水平的受过高中或中等后非高等教育的人群与受教育程度为高中以下并且只有最低技能水平的人群进行比较时，差异开始出现 [表 A9.2（L）、表 A9.2（N）和表 A9.2（P）]。

结果显示，在读写水平和计算水平等于或低于 1 级的条件下，受教育程度为高中或中等后非高等教育的成人的时薪比受教育程度为高中以下的成人高 7%。在使用信息与通信技术解决问题的技能与意愿方面，这两个人群之间的差异并不显著，因此没有在图中展示［表 A9.2（L）、表 A9.2（N）和表 A9.2（P）］。

所有类型技能水平的提高，都会使结果变得显著。读写能力对收入的影响低于计算能力的影响，计算能力的影响低于使用信息与通信技术解决问题的能力与意愿的影响。这三种技能对时薪的影响差异随着技能水平的提高而变大，这意味着受教育程度为高中或中等后非高等教育并且有良好的使用信息与通信技术解决问题的能力的成人，可以期望获得比读写水平和计算水平最高的成人更高的回报［表 A9.2（L）、表 A9.2（N）和表 A9.2（P）］。

技能水平更高的成人会获得更大的回报，但同时受教育程度更高会带来比技能水平提高更大的回报。例如：受教育程度为高中或中等后非高等教育并且计算水平等于或低于 1 级的成人的时薪，比受教育程度为高中以下并且计算水平等于或低于 1 级的成人高 7%，然而受教育程度为高中或中等后非高等教育并且计算水平为 4 级或 5 级的成人的时薪，比受教育程度为高中以下并且计算水平等于或低于 1 级的成人高 16%。高技能水平加上高等教育会给个体带来更高的回报。受过高等教育并且计算水平为 4 级或 5 级的成人的时薪，比受教育程度为高中以下并且计算水平等于或低于 1 级的成人高 56%，56%与 16%之间的差异高达 40 个百分点［表 A9.2（L）、表 A9.2（N）和表 A9.2（P）］。

教育和读写能力对收入的影响

总体而言，在受教育程度相同的情况下，更高的读写能力会带来更大的回报，但是接受高等教育带来的回报更大。在许多国家，受过高中或中等后非高等教育并且具有最高读写水平的成人的收入，比受过高等教育并且仅具有最低读写水平的成人低［表 A9.2（L）］。

受过高中或中等后非高等教育并且读写水平等于或低于 1 级的成人的收入，比受教育程度为高中以下并且读写水平等于或低于 1 级的成人（参照群体）高 7%。但是受过高中或中等后非高等教育并且读写水平为 4 级或 5 级的成人的时薪比参照群体高 11%。在受过高等教育的成人中进行的类似分析发现，读写水平为 1 级或以下的成人的时薪比参照群体高 24%，且读写水平为 4 级或 5 级的成人的时薪比参照群体高 48%［表 A9.2（L）］。

这些估计均为平均值，不同国家和地区之间存在显著差异。例如：斯洛伐克受过高等教育并且读写水平为 4 级或 5 级的成人与参照群体之间的时薪差异最大，达 87%，远远大于平均值（48%），而芬兰、日本、挪威和瑞典的这一差异值小于 30%［表 A9.2（L）］。

韩国受过高等教育的成人中不同技能水平带来的收入回报差异最大。该国受过高等教育并且读写水平等于或低于 1 级的成人的时薪，比受教育程度为高中以下并且读写水平等于或低于 1 级的成人高 42%。受过高等教育并且读写水平为 4 级或 5 级的成人的时薪，比受教育程度为高中以下并且读写水平等于或低于 1 级的成人高 83%［表 A9.2（L）］。

教育和计算能力对收入的影响

就参加成人技能调查的 OECD 国家和地区平均水平而言，与受教育程度为高中以下并且计算水平等于或低于 1 级的成人（参照群体）相比，受过高中或中等后非高等教育并且具有同等计算水平的成人的时薪要高 7%。具有同等受教育程度但是计算水平达到 4 级或 5 级的成人的时薪会增加 16%。受过高等教育并且计算水平等于或低于 1 级的成人的时薪比参照群体高 27%，受过高等教育并且计算水平为 4 级或 5 级的成人的时薪比参照群体高 56%［表 A9.2（N）］。

如图 A9.3 所示，斯洛伐克受过高等教育并且计算水平为 4 级或 5 级的成人与参照群体相比获得的收入回报最大，时薪高出后者 108%，这一差异远远高于平均值（56%）。爱

A9

沙尼亚受过高等教育的群体中，由计算能力的差异带来的收入差异最大。爱沙尼亚受过高等教育并且计算水平等于或低于1级的成人的收入比参照群体高31%，而同等受教育程度并且计算水平为4级或5级的成人的收入比参照群体高76%［表A9.2（N）］。

图 A9.3　时薪差异，按受教育程度和计算水平划分（2012年）

成人技能调查，25—64岁非学生，以受教育程度为高中以下并且计算水平等于或低于1级的人群为参照群体

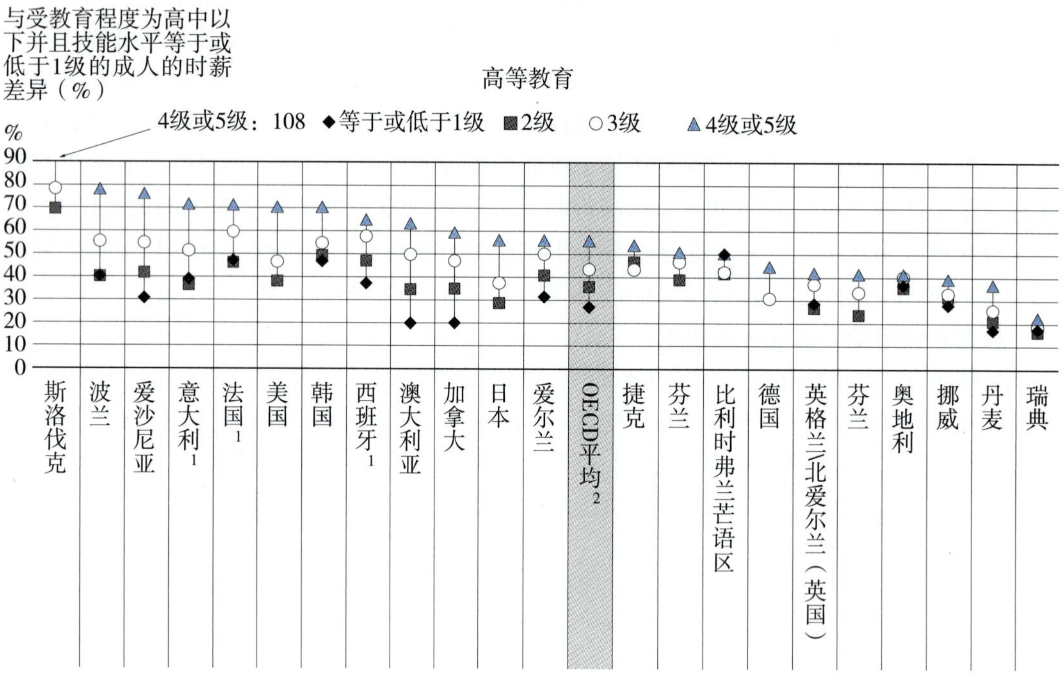

如何阅读此图

在斯洛伐克，受过高等教育并且计算水平为4级或5级的成人比受教育程度为高中以下并且计算水平等于或低于1级的成人的收入高108%。

百分比反映了与参照群体（受教育程度为高中以下并且计算水平等于或低于1级）相比的收入情况。

注：数值基于线性回归得出，模型中考虑了年龄、性别、父母受教育程度、移民背景、子女状况（是否有子女）、同居状况（是否与配偶/父母居住）、读写能力和使用信息与通信技术解决问题的技能与意愿。差异的统计显著性未达到95%的情况未在此处显示。

1. 法国、意大利和西班牙的系数是在没有考虑使用信息与通信技术解决问题的技能与意愿的前提下进行估计的，因为在这些国家没有对相关技能进行测试。由于使用信息与通信技术解决问题的技能与意愿同计算能力、读写能力和受教育程度之间存在正相关关系，因此和其他国家的结果相比，排除使用信息与通信技术解决问题的技能与意愿可能会造成按受教育程度划分的人群能力水平的系数被过高地估计。

2. 回归方程的平均值未将法国、意大利和西班牙计算在内，这些国家使用了一个不同的计算模型。

国家按照受过高等教育并且计算水平为4级或5级的人群收入增加的百分比降序排列。

数据来源：OECD. Table A9.2（N）. See Annex 3 for notes（www.oecd.org/education/education-at-a-glance-19991487.htm）.

StatLink http：//dx.doi.org/10.1787/888933283811

教育和使用信息与通信技术解决问题的技能与意愿对收入的影响

如图A9.1所示，使用信息与通信技术解决问题的技能为受过高等教育的成人带来的优势最大。在奥地利、捷克、英格兰/北爱尔兰（英国）、韩国和美国，受过高等教育并且使用信息与通信技术解决问题的技能中等（第3组）的成人的时薪，比未通过信息与通信

技术核心测试或只有最低的问题解决技能的成人（第 2 组）至少高 15 个百分点。在英格兰/北爱尔兰（英国）和韩国，具有良好的使用信息与通信技术解决问题技能（第 4 组）的成人的时薪，分别比第 3 组的成人高 18 和 12 个百分点。在 OECD 国家和地区更为普遍的情况是，受过高等教育并且使用信息与通信技术解决问题技能中等的成人的时薪，比受过高等教育但是只有最低的问题解决技能或未通过信息与通信技术核心测试的成人高 11 个百分点。使用信息与通信技术解决问题技能良好的成人的收入，比使用信息与通信技术解决问题技能中等的成人高 5 个百分点［表 A9.2（P）］。

教育和技能水平的收入回报

分析结果体现了不同技能对不同受教育程度的相对重要性。例如：在参与调查的国家和地区中，对于受教育程度为高中或中等后非高等教育的成人，拥有使用信息与通信技术解决问题的技能比拥有同等水平的计算能力带来的收入更高，拥有同等水平的计算能力比拥有同等水平的读写能力带来的回报更高。平均而言，受教育程度为高中或中等后非高等教育并且使用信息与通信技术解决问题的技能良好的成人（第 4 组）的时薪，比受教育程度为高中以下并且没有使用计算机的经验或者拒绝参加基于计算机的评估的成人（第 0 组或第 1 组）高 21%。计算水平达到 4 级或 5 级的成人的时薪，比受教育程度为高中以下并且计算水平等于或低于 1 级的成人高 16%；读写水平达到 4 级或 5 级的成人的时薪，比受教育程度为高中以下并且读写水平等于或低于 1 级的成人高 11%［表 A9.2（L）、表 A9.2（N）和表 A9.2（P）］。

定　义

成人指 25—64 岁人口。

收入指小时收入，即时薪，不包括获得工资和薪水者的奖金。

就业率指就业人数占劳动年龄人口的百分比（就业人数除以劳动年龄人数）。按照性别、年龄、受教育程度、课程方向、年龄计算就业率。例如，女性的就业率是用女性就业人数除以女性劳动年龄人数。

受教育程度：高中以下教育对应 ISCED-97 0、1、2 和 3C 短期课程。**高中或中等后非高等教育**对应 ISCED-97 3A、3B、3C 长期课程和 4。**高等教育**对应 ISCED-97 5A、5B 和 6。

读写能力指理解、评估、运用书面语言，以参与社会生活，实现个人目标，发展知识和潜能的能力。读写能力包括从基本的拼写字词和语句到理解、解释和评价复杂文本等的一系列技能。但读写能力不包括写作能力。熟练水平较低的成人的读写能力信息来源于一项阅读测试，该阅读测试从词汇、句子理解和段落流畅性三方面来考查。

计算能力指获得、使用、解释和交流数学信息和思想，以应对生活中数学计算要求的能力。计算能力包括在现实情境中通过对以多种方式呈现的数学内容、信息、思想做出反应从而应对某种情境或解决某个问题。

在技术环境下解决问题指使用数字技术、通信工具和网络以获取和评估信息、与他人沟通及执行实际任务的能力。测试着眼于通过设定适当的目标和计划，以及通过计算机及计算机网络获取和使用信息来为个人、工作和社会目的解决问题的能力。

技能水平：读写水平和计算水平通过一个 500 分的量表进行评估。不同的分数范围属于不同水平。读写水平和计算水平共分为 6 个（低于 1 级和 1—5 级），在《教育概览》中

A9

合并为 4 个水平：等于或低于 1 级（分数<226）、2 级（226≤分数<276）、3 级（276≤分数<326）、4 级或 5 级（326≤分数）。

技能组反映了在技术环境下使用 ICT 解决问题的技能与意愿。在成人技能调查中，根据在技术环境下问题解决评估中成人成功完成的任务类型的特征及其得分，对每个组别进行描述。

- 第 0 组（没有使用计算机的经验）
- 第 1 组（拒绝基于计算机的评估）
- 第 2 组（未通过 ICT 核心测试或最低的问题解决技能——技术环境下的问题解决评估得分低于水平 1）
- 第 3 组（中等的 ICT 及问题解决技能——技术环境下的问题解决评估得分为水平 1）
- 第 4 组（良好的 ICT 及问题解决技能——技术环境下的问题解决评估得分为水平 2 或水平 3）

方　法

所有数据均来源于 2012 年成人技能调查（PIAAC）。更多信息参见附录 3（www.oecd.org/education/education-at-a-glance-19991487.htm）。

所用样本均严格控制为非学生人群，因为包含学生群体的就业状况和收入信息可能会模糊技能对劳动力市场的收益的影响。没有严格限制样本年龄，即样本包括年龄在 25—64 岁的所有人。在考察技能和教育对收入的影响时，个体经营的情况不包含在内。

专栏 A9.1　逻辑回归分析的介绍和优势比的解释

逻辑回归分析能够判断一个或多个自变量（预测项）与两个类别（二元逻辑回归）或两个以上类别（多元逻辑回归）因变量之间的关系。多元逻辑回归通过多次二元逻辑回归对多个类别进行比较。使用逻辑回归可以分析不同技能水平和受教育程度人群就业的可能性。当进行逻辑回归分析时，统计软件可计算回归系数（ß），它是指预测项变量数值每增加一个单位，结果的对数优势估计的增加值。优势比（OR）通过回归系数［exp（ß）］的指数函数获得。将对数优势（ß）转换为优势比［OR=exp（ß）］使数据从概率角度更易解释。优势比可能出现的三种结果：

- OR=1 预测项变量对于结果的优势没有影响
- OR>1 预测项变量与结果的较高优势有关
- OR<1 预测项变量与结果的较低优势有关

用优势比来表示时，各个类别与事先决定的参照群体进行比较。例如：在表 A9.1（L）中，参照群体为 25—64 岁、读写水平等于或低于 1 级并且受教育程度为高中以下的人群。优势比可以理解为在模型中其他变量保持不变的情况下，预测项变量每发生一个单位的变化（例如，受教育程度从高中以下到高中或中等后非高等教育），相对参照群体的结果变量的优势比将按照相应参数估计因素变化。

同样重要的是，就业的优势比和就业的概率并不相同，尽管它们之间存在对应关系：

优势 = 概率/（1−概率），概率 = 优势/（1+优势）

就业的优势可以被定义为就业的概率与不能就业的概率之比，例如，50%的概率对应优势为 1。再举一个例子，参照群体（即受教育程度为高中以下并且读写水平低于 1 级的人群）的平均就业概率为 48%，对应的就业优势为 0.92［=0.48/（1−0.48）］。为了比较不同组别人群的就业结果，我们对优势比进行估计，即被选组别的就业优势除以参照群体的就业优势。因此，在前一个例子中，如果参照群体的就业优势为 0.92，同时受过高等教育并且读写水平为 4 级或 5 级的人群就业优势比为 4.2，那么这一被选组别的就业优势是基准组别就业优势的 4.2 倍（即 3.86 =4.2 ×0.92）。使用这一数据，我们可以倒推出概率值，并且可以得出受过高等教育并且读写水平为 4 级或 5 级的人群就业概率约为 79%［=3.86/（1+3.86）］。

关于俄罗斯成人技能调查（PIAAC）数据的说明

读者应当注意到，俄罗斯样本中不包含莫斯科市区的人口。因此，公布的数据不能代表 16—65 岁的全体俄罗斯居民，而是除莫斯科市区人口之外该年龄段的俄罗斯居民。关于俄罗斯及其他国家数据的更多信息请参见成人技能调查技术报告（OECD，2014）。

参考文献

Green，D. A.，W. C. Riddell（2012），*Understanding Educational Impacts：The Role of Literacy and Numeracy Skills*，Department of Economics，University of British Columbia.

OECD（2014），*Technical Report of the Survey of Adult Skills*，http：//www. oecd. org/site/piaac/_Technical%20Report_17OCT13. pdf，pre-publication copy.

OECD（2013），*OECD Skills Outlook 2013：First Results from the Survey of Adult Skills*，OECD Publishing，Paris，http：//dx. doi. org/10. 1787/9789264204256-en

A9

表 A9.1（L）[1/2] 成人就业的可能性，按受教育程度和读写水平划分（2012 年）

25—64 岁非学生，以受教育程度为高中以下并且技能水平等于或低于 1 级的人群为参照群体，优势比

逻辑回归用于估计优势比和 p 值。优势比反映的是一个人相比受教育程度为高中以下并且读写水平等于或低于 1 级的人群而言，就业的相对可能性。后者作为参照群体用于解释相对可能性，因此其优势比被设定为 1。如果优势比相关的 p 值小于 0.05，则组间差异的统计显著性为 95%。

如何阅读此表：在澳大利亚，受过高等教育并且读写水平达到 4 级或 5 级的个人就业的可能性，是受教育程度为高中以下并且读写水平等于或低于 1 级的个人的 2.6 倍（从优势比的角度而言）。

		高中以下受教育程度并且读写水平为 0 级或 1 级的成人就业的百分比		与高中以下受教育程度并且读写水平为 0 级或 1 级的个人相比就业的可能性					
				高中以下					
				读写水平 2 级		读写水平 3 级		读写水平 4 级或 5 级	
		%	S.E.	优势比	p 值	优势比	p 值	优势比	p 值
		(1)	(2)	(3)	(4)	(5)	(6)	(7)	(8)
OECD	国家								
	澳大利亚	49	(3.2)	1.4	0.27	1.5	0.27	1.0	0.98
	奥地利	51	(3.4)	1.1	0.88	1.1	0.79	c	c
	加拿大	53	(2.3)	1.1	0.58	1.0	0.94	c	c
	捷克	37	(6.5)	1.5	0.59	1.3	0.75	c	c
	丹麦	50	(2.7)	1.5	0.19	1.3	0.55	c	c
	爱沙尼亚	48	(3.4)	0.9	0.75	1.1	0.78	c	c
	芬兰	38	(4.3)	1.4	0.38	1.5	0.41	c	c
	法国[1]	48	(1.7)	0.9	0.73	1.0	0.93	c	c
	德国	51	(3.8)	1.4	0.43	1.4	0.73	c	c
	爱尔兰	40	(3.1)	1.5	0.12	1.6	0.12	c	c
	意大利[1]	48	(2.4)	0.9	0.80	0.9	0.84	c	c
	日本	64	(5.5)	0.8	0.65	1.0	0.95	c	c
	韩国	61	(2.5)	1.0	0.89	1.0	1.00	c	c
	荷兰	53	(3.3)	0.9	0.83	1.2	0.61	2.0	0.46
	挪威	56	(4.4)	1.3	0.49	1.2	0.73	c	c
	波兰	36	(3.8)	1.3	0.52	0.9	0.77	c	c
	斯洛伐克	24	(3.4)	1.4	0.22	1.2	0.62	c	c
	西班牙[1]	42	(1.4)	1.1	0.55	1.2	0.46	c	c
	瑞典	47	(4.1)	2.1	0.09	1.6	0.37	c	c
	美国	61	(3.6)	0.7	0.31	0.4	0.15	c	c
	地区								
	比利时弗兰芒语区	43	(3.3)	1.9	0.05	1.6	0.22	c	c
	英格兰（英国）	50	(2.8)	1.2	0.70	0.9	0.68	c	c
	北爱尔兰（英国）	46	(3.4)	1.2	0.51	0.9	0.77	c	c
	英格兰/北爱尔兰(英国)	50	(2.7)	1.2	0.67	0.9	0.68	1.2	0.87
	平均[2]	48	(0.8)	1.3	0.01	1.2	0.13	c	c
伙伴国	俄罗斯*	37	(11.0)	0.8	0.78	c	c	c	c

注：根据逻辑回归计算优势比，回归方程的因变量是就业的可能性，自变量是受教育程度和技能水平，同时考虑了年龄、性别、父母受教育程度、移民背景、子女状况（是否有子女）、同居状况（是否与配偶/父母居住）、计算能力、使用信息与通信技术解决问题的技能与意愿等因素。参照群体为受教育程度为高中以下并且技能水平等于或低于 1 级的人群。

1. 法国、意大利和西班牙的系数是在未考虑使用信息与通信技术解决问题的技能与意愿的前提下估计的，因为在这些国家没有对相关技能进行测试。由于使用信息与通信技术解决问题的技能与意愿同计算能力、读写能力和受教育程度存在正相关关系，因此和其他国家的结果相比，排除使用信息与通信技术解决问题的技能与意愿可能会造成这三个国家不同受教育程度人群的技能水平系数被过高地估计。

2. 回归方程的平均值未将法国、意大利和西班牙计算在内，这些国家使用了一个不同的计算模型。

*参见方法部分关于俄罗斯数据的说明。

数据来源：OECD. Survey of Adult Skills (PIAAC) (2012). See Annex 3 for notes (www.oecd.org/education/education-at-a-glance-19991487.htm).

缺失数据代码参见《读者指南》。

StatLink http://dx.doi.org/10.1787/888933285244

表 A9.1（L）［2/2］ 成人就业的可能性，按受教育程度和读写水平划分（2012 年）

25—64 岁非学生，以受教育程度为高中以下并且技能水平等于或低于 1 级的人群为参照群体，优势比

逻辑回归用于估计优势比和 p 值。优势比反映的是一个人相比受教育程度为高中以下并且读写水平等于或低于 1 级的人群而言，就业的相对可能性。后者作为参照群体用于解释相对可能性，因此其优势比被设定为 1。如果优势比相关的 p 值小于 0.05，则组间差异的统计显著性为 95%。

如何阅读此表：在澳大利亚，受过高等教育并且读写水平达到 4 级或 5 级的个人就业的可能性，是受教育程度为高中以下并且读写水平等于或低于 1 级的个人的 2.6 倍（从优势比的角度而言）。

		与高中以下受教育程度并且读写水平为 0 级或 1 级的个人相比就业的可能性															
		高中或中等后非高等教育								高等教育							
		读写水平 0 级或 1 级		读写水平 2 级		读写水平 3 级		读写水平 4 级或 5 级		读写水平 0 级或 1 级		读写水平 2 级		读写水平 3 级		读写水平 4 级或 5 级	
		优势比	p 值	优势比	p 值	优势比	p 值	优势比	p 值	优势比	p 值	优势比	p 值	优势比	p 值	优势比	p 值
		(9)	(10)	(11)	(12)	(13)	(14)	(15)	(16)	(17)	(18)	(19)	(20)	(21)	(22)	(23)	(24)
OECD	国家																
	澳大利亚	1.5	0.25	1.6	0.13	1.4	0.37	1.5	0.42	2.4	0.07	2.6	0.00	2.7	0.00	2.6	0.03
	奥地利	1.6	0.13	1.8	0.04	2.2	0.02	2.7	0.23	1.1	0.85	2.7	0.01	3.0	0.01	2.4	0.13
	加拿大	2.0	0.00	2.0	0.00	1.9	0.00	1.6	0.24	2.2	0.00	2.7	0.00	2.7	0.00	2.4	0.00
	捷克	3.9	0.02	3.4	0.04	3.5	0.05	5.5	0.09	c	c	7.8	0.00	4.9	0.03	6.5	0.04
	丹麦	1.7	0.02	1.9	0.01	1.5	0.18	1.9	0.40	2.7	0.00	3.8	0.00	3.5	0.00	3.9	0.02
	爱沙尼亚	2.3	0.00	2.0	0.00	1.9	0.02	2.3	0.09	3.7	0.00	3.9	0.00	3.1	0.00	5.2	0.00
	芬兰	1.3	0.50	1.7	0.07	2.1	0.04	3.6	0.01	1.4	0.48	2.9	0.00	3.4	0.00	3.0	0.01
	法国[1]	1.5	0.04	1.7	0.00	1.3	0.30	1.1	0.84	1.3	0.46	2.6	0.00	2.9	0.00	2.6	0.02
	德国	2.6	0.00	2.3	0.00	2.2	0.03	2.3	0.17	2.7	0.04	3.4	0.00	4.1	0.00	3.6	0.03
	爱尔兰	2.1	0.01	1.9	0.00	2.4	0.00	3.2	0.06	3.6	0.00	4.3	0.00	4.5	0.00	6.0	0.00

注：根据逻辑回归计算优势比，回归方程的因变量是就业的可能性，自变量是受教育程度和技能水平，同时考虑了年龄、性别、父母受教育程度、移民背景、子女状况（是否有子女）、同居状况（是否与配偶/父母居住）、计算能力、使用信息与通信技术解决问题的技能与意愿等因素。参照群体为受教育程度为高中以下并且技能水平等于或低于 1 级的人群。

1. 法国、意大利和西班牙的系数是在未考虑使用信息与通信技术解决问题的技能与意愿的前提下估计的，因为在这些国家没有对相关技能进行测试。由于使用信息与通信技术解决问题的技能与意愿同计算能力、读写能力和受教育程度存在正相关关系，因此和其他国家的结果相比，排除使用信息与通信技术解决问题的技能与意愿可能会造成这三个国家不同受教育程度人群的技能水平系数被过高地估计。

2. 回归方程的平均值未将法国、意大利和西班牙计算在内，这些国家使用了一个不同的计算模型。

* 参见方法部分关于俄罗斯数据的说明。

数据来源：OECD. Survey of Adult Skills (PIAAC) (2012). See Annex 3 for notes (www.oecd.org/education/education-at-a-glance-19991487.htm).

缺失数据代码参见《读者指南》。

StatLink http://dx.doi.org/10.1787/888933285244

表 A9.1（L）[2/2]（续） 成人就业的可能性，按受教育程度和读写水平划分（2012 年）

25—64 岁非学生，以受教育程度为高中以下并且技能水平等于或低于 1 级的人群为参照群体，优势比

逻辑回归用于估计优势比和 p 值。优势比反映的是一个人相比受教育程度为高中以下并且读写水平等于或低于 1 级的人群而言，就业的相对可能性。后者作为参照群体用于解释相对可能性，因此其优势比被设定为 1。如果优势比相关的 p 值小于 0.05，则组间差异的统计显著性为 95%。
如何阅读此表：在澳大利亚，受过高等教育并且读写水平达到 4 级或 5 级的个人就业的可能性，是受教育程度为高中以下并且读写水平等于或低于 1 级的个人的 2.6 倍（从优势比的角度而言）。

		与高中以下受教育程度并且读写水平为 0 级或 1 级的个人相比就业的可能性															
		高中或中等后非高等教育								高等教育							
		读写水平 0 级或 1 级		读写水平 2 级		读写水平 3 级		读写水平 4 级或 5 级		读写水平 0 级或 1 级		读写水平 2 级		读写水平 3 级		读写能力 4 级或 5 级	
		优势比	p 值	优势比	p 值	优势比	p 值	优势比	p 值	优势比	p 值	优势比	p 值	优势比	p 值	优势比	p 值
		(9)	(10)	(11)	(12)	(13)	(14)	(15)	(16)	(17)	(18)	(19)	(20)	(21)	(22)	(23)	(24)
OECD	意大利[1]	2.2	0.01	1.3	0.34	1.7	0.15	3.3	0.19	3.8	0.00	2.6	0.00	3.6	0.00	3.2	0.18
	日本	1.1	0.93	0.8	0.62	0.7	0.48	0.6	0.46	c	c	1.0	0.96	0.7	0.51	0.5	0.22
	韩国	1.1	0.71	1.0	0.99	0.9	0.85	0.7	0.62	2.0	0.22	0.9	0.68	0.8	0.64	0.7	0.53
	荷兰	1.9	0.08	1.7	0.04	1.5	0.19	1.2	0.70	2.7	0.22	2.4	0.02	2.7	0.01	2.1	0.08
	挪威	1.9	0.04	1.9	0.07	1.4	0.51	1.5	0.63	1.8	0.16	2.4	0.03	3.5	0.01	2.9	0.10
	波兰	2.2	0.00	2.3	0.00	2.0	0.03	1.8	0.24	11.7	0.00	6.9	0.00	6.4	0.00	9.0	0.00
	斯洛伐克	4.4	0.00	3.8	0.00	2.7	0.00	1.6	0.32		c	7.6	0.00	5.5	0.00	3.4	0.04
	西班牙[1]	2.4	0.00	1.9	0.00	1.8	0.02	1.8	0.50	3.3	0.00	3.0	0.00	2.9	0.00	3.2	0.01
	瑞典	2.1	0.06	3.6	0.00	4.1	0.00	7.8	0.03	2.3	0.07	6.6	0.00	9.9	0.00	15.0	0.00
	美国	1.0	0.94	0.9	0.68	1.1	0.83	1.2	0.74	1.4	0.47	1.4	0.36	1.3	0.44	1.2	0.73

注：根据逻辑回归计算优势比，回归方程的因变量是就业的可能性，自变量是受教育程度和技能水平，同时考虑了年龄、性别、父母受教育程度、移民背景、子女状况（是否有子女）、同居状况（是否与配偶/父母居住）、计算能力、使用信息与通信技术解决问题的技能与意愿等因素。参照群体为受教育程度为高中以下并且技能水平等于或低于 1 级的人群。

1. 法国、意大利和西班牙的系数是在未考虑使用信息与通信技术解决问题的技能与意愿的前提下估计的，因为在这些国家没有对相关技能进行测试。由于使用信息与通信技术解决问题的技能与意愿同计算能力、读写能力和受教育程度存在正相关关系，因此和其他国家的结果相比，排除使用信息与通信技术解决问题的技能与意愿可能会造成这三个国家不同受教育程度人群的技能水平系数被过高地估计。
2. 回归方程的平均值未将法国、意大利和西班牙计算在内，这些国家使用了一个不同的计算模型。
* 参见方法部分关于俄罗斯数据的说明。

数据来源：OECD. Survey of Adult Skills (PIAAC) (2012). See Annex 3 for notes (www.oecd.org/education/education-at-a-glance-19991487.htm).
缺失数据代码参见《读者指南》。
StatLink http://dx.doi.org/10.1787/888933285244

表 A9.1（L）[2/2]（续） 成人就业的可能性，按受教育程度和读写水平划分（2012 年）

25—64 岁非学生，以受教育程度为高中以下并且技能水平等于或低于 1 级的人群为参照群体，优势比

逻辑回归用于估计优势比和 p 值。优势比反映的是一个人相比受教育程度为高中以下并且读写水平等于或低于 1 级的人群而言，就业的相对可能性。后者作为参照群体用于解释相对可能性，因此其优势比被设定为 1。如果优势比相关的 p 值小于 0.05，则组间差异的统计显著性为 95%。

如何阅读此表：在澳大利亚，受过高等教育并且读写水平达到 4 级或 5 级的个人就业的可能性，是受教育程度为高中以下并且读写水平等于或低于 1 级的个人的 2.6 倍（从优势比的角度而言）。

		与高中以下受教育程度并且读写水平为 0 级或 1 级的个人相比就业的可能性															
		高中或中等后非高等教育								高等教育							
		读写水平 0 级或 1 级		读写水平 2 级		读写水平 3 级		读写水平 4 级或 5 级		读写水平 0 级或 1 级		读写水平 2 级		读写水平 3 级		读写水平 4 级或 5 级	
		优势比	p 值	优势比	p 值	优势比	p 值	优势比	p 值	优势比	p 值	优势比	p 值	优势比	p 值	优势比	p 值
		(9)	(10)	(11)	(12)	(13)	(14)	(15)	(16)	(17)	(18)	(19)	(20)	(21)	(22)	(23)	(24)
OECD	地区																
	比利时弗兰芒语区	1.8	0.03	2.6	0.00	2.5	0.01	3.4	0.04	3.2	0.04	4.6	0.00	5.4	0.00	7.0	0.00
	英格兰（英国）	1.9	0.07	1.4	0.30	1.8	0.08	1.6	0.41	1.7	0.31	1.8	0.07	1.9	0.04	1.6	0.27
	北爱尔兰（英国）	1.8	0.09	1.7	0.09	1.6	0.22	1.4	0.48	1.3	0.62	2.4	0.01	2.1	0.09	2.0	0.28
	英格兰/北爱尔兰（英国）	1.9	0.06	1.4	0.26	1.8	0.07	1.6	0.39	1.7	0.30	1.9	0.05	1.9	0.03	1.6	0.24
	平均[2]	2.0	0.00	2.0	0.00	2.0	0.00	2.4	0.00	2.9	0.00	3.7	0.00	3.7	0.00	4.2	0.00
伙伴国	俄罗斯*	6.3	0.01	4.8	0.01	3.7	0.10	1.7	0.56	2.2	0.20	4.0	0.03	5.0	0.02	4.8	0.03

注：根据逻辑回归计算优势比，回归方程的因变量是就业的可能性，自变量是受教育程度和技能水平，同时考虑了年龄、性别、父母受教育程度、移民背景、子女状况（是否有子女）、同居状况（是否与配偶/父母居住）、计算能力、使用信息与通信技术解决问题的技能与意愿等因素。参照群体为受教育程度为高中以下并且技能水平等于或低于 1 级的人群。

1. 法国、意大利和西班牙的系数是在未考虑使用信息与通信技术解决问题的技能与意愿的前提下估计的，因为在这些国家没有对相关技能进行测试。由于使用信息与通信技术解决问题的技能与意愿同计算能力、读写能力和受教育程度存在正相关关系，因此和其他国家的结果相比，排除使用信息与通信技术解决问题的技能与意愿可能会造成这三个国家不同受教育程度人群的技能水平系数被过高地估计。

2. 回归方程的平均值未将法国、意大利和西班牙计算在内，这些国家使用了一个不同的计算模型。

* 参见方法部分关于俄罗斯数据的说明。

数据来源：OECD. Survey of Adult Skills (PIAAC) (2012). See Annex 3 for notes (www. oecd. org/education/education-at-a-glance-19991487. htm).

缺失数据代码参见《读者指南》。

StatLink http://dx. doi. org/10. 1787/888933285244

A9

表 A9.1（N）［1/2］ 成人就业的可能性，按受教育程度和计算水平划分（2012 年）

25—64 岁非学生、以受教育程度为高中以下并且技能水平等于或低于 1 级的人群为参照群体，优势比

逻辑回归用于估计优势比和 p 值。优势比反映的是一个人相比受教育程度为高中以下并且计算水平等于或低于 1 级的人群而言，就业的相对可能性。后者作为参照群体用于解释相对可能性，因此其优势比被设定为 1。如果优势比相关的 p 值小于 0.05，则组间差异的统计显著性为 95%。

如何阅读此表：在澳大利亚，受过高等教育并且计算水平达到 4 级或 5 级的个人就业的可能性，是受教育程度为高中以下并且计算水平等于或低于 1 级的个人的 3.5 倍（从优势比的角度而言）。

	高中以下受教育程度并且计算水平为 0 级或 1 级的成人就业的百分比		与高中以下受教育程度并且计算水平为 0 级或 1 级的个人相比就业的可能性					
			高中以下					
			计算水平 2 级		计算水平 3 级		计算水平 4 级或 5 级	
	%	S. E.	优势比	p 值	优势比	p 值	优势比	p 值
	(1)	(2)	(3)	(4)	(5)	(6)	(7)	(8)
OECD 国家								
澳大利亚	49	(2.4)	1.8	0.04	1.6	0.21	2.3	0.47
奥地利	51	(3.5)	1.1	0.71	0.9	0.91	c	c
加拿大	51	(2.2)	1.6	0.09	1.9	0.18	c	c
捷克	39	(6.2)	1.2	0.74	1.4	0.73	c	c
丹麦	49	(3.2)	2.0	0.06	2.6	0.01	2.7	0.36
爱沙尼亚	47	(3.2)	1.3	0.35	1.9	0.10	c	c
芬兰	40	(4.1)	1.2	0.57	1.3	0.56	c	c
法国[1]	49	(1.5)	1.3	0.26	2.0	0.05	c	c
德国	49	(3.7)	1.9	0.19	1.6	0.57	c	c
爱尔兰	41	(3.0)	1.3	0.42	1.3	0.59	c	c
意大利[1]	44	(2.1)	1.6	0.03	2.6	0.01	c	c
日本	63	(4.6)	1.1	0.84	1.6	0.33	c	c
韩国	60	(2.3)	1.3	0.40	1.7	0.30	c	c
荷兰	51	(3.1)	1.1	0.66	1.3	0.46	2.9	0.44
挪威	54	(4.0)	1.8	0.09	2.5	0.04	3.6	0.14
波兰	36	(3.5)	1.6	0.18	1.8	0.29	c	c

注：根据逻辑回归计算优势比，回归方程的因变量是就业的可能性，自变量是受教育程度和技能水平，同时考虑了年龄、性别、父母受教育程度、移民背景、子女状况（是否有子女）、同居状况（是否与配偶/父母居住）、读写能力、使用信息与通信技术解决问题的技能与意愿等因素。参照群体为受教育程度为高中以下并且技能水平等于或低于 1 级的人群。

1. 法国、意大利和西班牙的系数是在未考虑使用信息与通信技术解决问题的技能与意愿的前提下估计的，因为在这些国家没有对相关技能进行测试。由于使用信息与通信技术解决问题的技能与意愿同计算能力、读写能力和受教育程度存在正相关关系，因此和其他国家的结果相比，排除使用信息与通信技术解决问题的技能与意愿可能会造成这三个国家不同受教育程度人群的技能水平系数被过高地估计。

2. 回归方程的平均值未将法国、意大利和西班牙计算在内，这些国家使用了一个不同的计算模型。

* 参见方法部分关于俄罗斯数据的说明。

数据来源：OECD. Survey of Adult Skills（PIAAC）（2012）. See Annex 3 for notes（www.oecd.org/education/education-at-a-glance-19991487.htm）.

缺失数据代码参见《读者指南》。

StatLink http://dx.doi.org/10.1787/888933285244

表 A9.1（N）［1/2］（续）　成人就业的可能性，按受教育程度和计算水平划分（2012 年）

25—64 岁非学生、以受教育程度为高中以下并且技能水平等于或低于 1 级的人群为参照群体，优势比

逻辑回归用于估计优势比和 p 值。优势比反映的是一个人相比受教育程度为高中以下并且计算水平等于或低于 1 级的人群而言，就业的相对可能性。后者作为参照群体用于解释相对可能性，因此其优势比被设定为 1。如果优势比相关的 p 值小于 0.05，则组间差异的统计显著性为 95%。

如何阅读此表：在澳大利亚，受过高等教育并且计算水平达到 4 级或 5 级的个人就业的可能性，是受教育程度为高中以下并且计算水平等于或低于 1 级的个人的 3.5 倍（从优势比的角度而言）。

		高中以下受教育程度并且计算水平为 0 级或 1 级的成人就业的百分比		与高中以下受教育程度并且计算水平为 0 级或 1 级的个人相比就业的可能性					
				高中以下					
				计算水平 2 级		计算水平 3 级		计算水平 4 级或 5 级	
		%	S. E.	优势比	p 值	优势比	p 值	优势比	p 值
		(1)	(2)	(3)	(4)	(5)	(6)	(7)	(8)
OECD	斯洛伐克	22	(2.7)	3.2	0.00	5.4	0.00	c	c
	西班牙[1]	41	(1.6)	1.4	0.03	2.1	0.01	c	c
	瑞典	50	(3.9)	1.2	0.69	1.1	0.87	c	c
	美国	60	(3.1)	0.9	0.81	c	c	c	c
	地区								
	比利时弗兰芒语区	42	(3.4)	1.6	0.24	1.5	0.28	c	c
	英格兰（英国）	50	(2.2)	1.4	0.29	1.6	0.37	c	c
	北爱尔兰（英国）	44	(2.6)	1.7	0.09	1.7	0.28	c	c
	英格兰/北爱尔兰(英国)	50	(2.1)	1.5	0.25	1.6	0.34	c	c
	平均[2]	47	(0.7)	1.5	0.00	1.8	0.00	c	c
伙伴国	俄罗斯*	34	(8.7)	1.0	0.96	c	c	c	c

注：根据逻辑回归计算优势比，回归方程的因变量是就业的可能性，自变量是受教育程度和技能水平，同时考虑了年龄、性别、父母受教育程度、移民背景、子女状况（是否有子女）、同居状况（是否与配偶/父母居住）、读写能力、使用信息与通信技术解决问题的技能与意愿等因素。参照群体为受教育程度为高中以下并且技能水平等于或低于 1 级的人群。

1. 法国、意大利和西班牙的系数是在未考虑使用信息与通信技术解决问题的技能与意愿的前提下估计的，因为在这些国家没有对相关技能进行测试。由于使用信息与通信技术解决问题的技能与意愿同计算能力、读写能力和受教育程度存在正相关关系，因此和其他国家的结果相比，排除使用信息与通信技术解决问题的技能与意愿可能会造成这三个国家不同受教育程度人群的技能水平系数被过高地估计。

2. 回归方程的平均值未将法国、意大利和西班牙计算在内，这些国家使用了一个不同的计算模型。

＊参见方法部分关于俄罗斯数据的说明。

数据来源：OECD. Survey of Adult Skills (PIAAC) (2012). See Annex 3 for notes (www.oecd.org/education/education-at-a-glance-19991487.htm).

缺失数据代码参见《读者指南》。

StatLink http://dx.doi.org/10.1787/888933285244

表 A9.1（N）［2/2］ 成人就业的可能性，按受教育程度和计算水平划分（2012 年）

25—64 岁非学生，以受教育程度为高中以下并且技能水平等于或低于 1 级的人群为参照群体，优势比

逻辑回归用于估计优势比和 p 值。优势比反映的是一个人相比受教育程度为高中以下并且计算水平等于或低于 1 级的人群而言，就业的相对可能性。后者作为参照群体用于解释相对可能性，因此其优势比被设定为 1。如果优势比相关的 p 值小于 0.05，则组间差异的统计显著性为 95%。

如何阅读此表：在澳大利亚，受过高等教育并且计算水平达到 4 级或 5 级的个人就业的可能性，是受教育程度为高中以下并且计算水平等于或低于 1 级的个人的 3.5 倍（从优势比的角度而言）。

		与高中以下受教育程度并且计算水平为 0 级或 1 级的个人相比就业的可能性															
		高中或中等后非高等教育								高等教育							
		计算水平 0 级或 1 级		计算水平 2 级		计算水平 3 级		计算水平 4 级或 5 级		计算水平 0 级或 1 级		计算水平 2 级		计算水平 3 级		计算水平 4 级或 5 级	
		优势比	p 值	优势比	p 值	优势比	p 值	优势比	p 值	优势比	p 值	优势比	p 值	优势比	p 值	优势比	p 值
		(9)	(10)	(11)	(12)	(13)	(14)	(15)	(16)	(17)	(18)	(19)	(20)	(21)	(22)	(23)	(24)
OECD	国家																
	澳大利亚	1.4	0.17	1.6	0.06	1.9	0.07	1.6	0.47	2.8	0.01	2.9	0.00	3.4	0.00	3.5	0.01
	奥地利	1.6	0.17	1.8	0.04	1.9	0.05	3.1	0.06	1.2	0.82	2.7	0.01	3.0	0.01	2.1	0.15
	加拿大	2.1	0.00	2.7	0.00	2.8	0.00	3.8	0.01	2.5	0.00	3.7	0.00	4.0	0.00	5.7	0.00
	捷克	2.5	0.07	3.5	0.01	4.0	0.01	5.9	0.04	c	c	5.7	0.01	5.9	0.00	10.9	0.00
	丹麦	1.8	0.05	2.6	0.00	2.9	0.00	3.5	0.02	3.4	0.00	4.9	0.00	6.3	0.00	9.8	0.00
	爱沙尼亚	2.2	0.00	2.7	0.00	3.2	0.00	4.3	0.01	3.8	0.00	5.2	0.00	5.3	0.00	12.7	0.00
	芬兰	1.1	0.78	1.7	0.07	1.7	0.15	2.6	0.05	1.3	0.53	3.1	0.00	2.6	0.01	2.5	0.04
	法国[1]	1.6	0.00	2.0	0.00	2.2	0.00	3.1	0.03	1.5	0.15	3.8	0.00	4.7	0.00	6.1	0.00
	德国	2.4	0.00	2.8	0.00	4.4	0.00	5.0	0.00	2.4	0.05	4.9	0.00	6.7	0.00	8.4	0.00
	爱尔兰	1.7	0.01	1.7	0.04	1.9	0.06	1.9	0.28	3.8	0.00	3.5	0.00	3.6	0.00	3.6	0.01

注：根据逻辑回归计算优势比，回归方程的因变量是就业的可能性，自变量是受教育程度和技能水平，同时考虑了年龄、性别、父母受教育程度、移民背景、子女状况（是否有子女）、同居状况（是否与配偶/父母居住）、读写能力、使用信息与通信技术解决问题的技能与意愿等因素。参照群体为受教育程度为高中以下并且技能水平等于或低于 1 级的人群。

1. 法国、意大利和西班牙的系数是在未考虑使用信息与通信技术解决问题的技能与意愿的前提下估计的，因为在这些国家没有对相关技能进行测试。由于使用信息与通信技术解决问题的技能与意愿同计算能力、读写能力和受教育程度存在正相关关系，因此和其他国家的结果相比，排除使用信息与通信技术解决问题的技能与意愿可能会造成这三个国家不同受教育程度人群的技能水平系数被过高地估计。

2. 回归方程的平均值未将法国、意大利和西班牙计算在内，这些国家使用了一个不同的计算模型。

*参见方法部分关于俄罗斯数据的说明。

数据来源：OECD. Survey of Adult Skills（PIAAC）（2012）. See Annex 3 for notes（www.oecd.org/education/education-at-a-glance-19991487.htm）.

缺失数据代码参见《读者指南》。

StatLink http://dx.doi.org/10.1787/888933285244

表 A9.1（N）［2/2］（续）　成人就业的可能性，按受教育程度和计算水平划分（2012 年）

25—64 岁非学生，以受教育程度为高中以下并且技能水平等于或低于 1 级的人群为参照群体，优势比

逻辑回归用于估计优势比和 p 值。优势比反映的是一个人相比受教育程度为高中以下并且计算水平等于或低于 1 级的人群而言，就业的相对可能性。后者作为参照群体用于解释相对可能性，因此其优势比被设定为 1。如果优势比相关的 p 值小于 0.05，则组间差异的统计显著性为 95%。

如何阅读此表：在澳大利亚，受过高等教育并且计算水平达到 4 级或 5 级的个人就业的可能性，是受教育程度为高中以下并且计算水平等于或低于 1 级的个人的 3.5 倍（从优势比的角度而言）。

		与高中以下受教育程度并且计算水平为 0 级或 1 级的个人相比就业的可能性															
		高中或中等后非高等教育								高等教育							
		计算水平 0 级或 1 级		计算水平 2 级		计算水平 3 级		计算水平 4 级或 5 级		计算水平 0 级或 1 级		计算水平 2 级		计算水平 3 级		计算水平 4 级或 5 级	
		优势比	p 值	优势比	p 值	优势比	p 值	优势比	p 值	优势比	p 值	优势比	p 值	优势比	p 值	优势比	p 值
		(9)	(10)	(11)	(12)	(13)	(14)	(15)	(16)	(17)	(18)	(19)	(20)	(21)	(22)	(23)	(24)
OECD	意大利[1]	2.6	0.00	2.2	0.00	3.3	0.00	8.2	0.00	5.7	0.00	3.9	0.00	8.5	0.00	8.9	0.01
	日本	1.0	0.92	1.1	0.88	1.3	0.43	1.8	0.26	1.6	0.46	1.1	0.72	1.3	0.53	1.6	0.32
	韩国	1.1	0.75	1.3	0.36	1.5	0.29	1.7	0.45	1.7	0.25	1.2	0.46	1.2	0.58	1.4	0.55
	荷兰	1.6	0.18	2.3	0.00	1.5	0.28	1.4	0.56	2.4	0.26	3.1	0.00	2.9	0.00	2.1	0.14
	挪威	2.0	0.03	2.4	0.00	2.6	0.04	4.1	0.04	1.7	0.14	3.9	0.00	5.8	0.00	9.3	0.00
	波兰	2.2	0.00	3.1	0.00	3.4	0.00	4.0	0.02	9.2	0.00	9.5	0.00	11.0	0.00	22.4	0.00
	斯洛伐克	4.1	0.00	8.3	0.00	12.1	0.00	16.6	0.00	c	c	15.9	0.00	27.3	0.00	33.8	0.00
	西班牙[1]	2.7	0.00	2.3	0.00	3.0	0.00	5.3	0.07	3.3	0.00	3.9	0.00	5.1	0.00	5.8	0.00
	瑞典	2.1	0.03	2.1	0.05	2.4	0.07	2.7	0.13	2.5	0.04	4.6	0.00	4.9	0.00	4.5	0.02
	美国	1.1	0.72	1.5	0.15	2.5	0.01	3.4	0.07	1.5	0.20	2.1	0.01	2.8	0.01	5.6	0.00

注：根据逻辑回归计算优势比，回归方程的因变量是就业的可能性，自变量是受教育程度和技能水平，同时考虑了年龄、性别、父母受教育程度、移民背景、子女状况（是否有子女）、同居状况（是否与配偶/父母居住）、读写能力、使用信息与通信技术解决问题的技能与意愿等因素。参照群体为受教育程度为高中以下并且技能水平等于或低于 1 级的人群。

1. 法国、意大利和西班牙的系数是在未考虑使用信息与通信技术解决问题的技能与意愿的前提下估计的，因为在这些国家没有对相关技能进行测试。由于使用信息与通信技术解决问题的技能与意愿同计算能力、读写能力和受教育程度存在正相关关系，因此和其他国家的结果相比，排除使用信息与通信技术解决问题的技能与意愿可能会造成这三个国家不同受教育程度人群的技能水平系数被过高地估计。

2. 回归方程的平均值未将法国、意大利和西班牙计算在内，这些国家使用了一个不同的计算模型。

＊参见方法部分关于俄罗斯数据的说明。

数据来源：OECD. Survey of Adult Skills（PIAAC）（2012）. See Annex 3 for notes（www.oecd.org/education/education-at-a-glance-19991487.htm）.

缺失数据代码参见《读者指南》。

StatLink http://dx.doi.org/10.1787/888933285244

表 A9.1（N）［2/2］（续） 成人就业的可能性，按受教育程度和计算水平划分（2012 年）

25—64 岁非学生，以受教育程度为高中以下并且技能水平等于或低于 1 级的人群为参照群体，优势比

逻辑回归用于估计优势比和 p 值。优势比反映的是一个人相比受教育程度为高中以下并且计算水平等于或低于 1 级的人群而言，就业的相对可能性。后者作为参照群体用于解释相对可能性，因此其优势比被设定为 1。如果优势比相关的 p 值小于 0.05，则组间差异的统计显著性为 95%。

如何阅读此表：在澳大利亚，受过高等教育并且计算水平达到 4 级或 5 级的个人就业的可能性，是受教育程度为高中以下并且计算水平等于或低于 1 级的个人的 3.5 倍（从优势比的角度而言）。

		与高中以下受教育程度并且计算水平为 0 级或 1 级的个人相比就业的可能性															
		高中或中等后非高等教育								高等教育							
		计算水平 0 级或 1 级		计算水平 2 级		计算水平 3 级		计算水平 4 级或 5 级		计算水平 0 级或 1 级		计算水平 2 级		计算水平 3 级		计算水平 4 级或 5 级	
		优势比	p 值	优势比	p 值	优势比	p 值	优势比	p 值	优势比	p 值	优势比	p 值	优势比	p 值	优势比	p 值
		(9)	(10)	(11)	(12)	(13)	(14)	(15)	(16)	(17)	(18)	(19)	(20)	(21)	(22)	(23)	(24)
OECD	地区																
	比利时弗兰芒语区	1.9	0.02	2.2	0.00	1.8	0.09	1.7	0.25	3.1	0.08	4.6	0.00	3.8	0.00	3.0	0.01
	英格兰（英国）	1.7	0.05	2.0	0.01	2.9	0.02	2.4	0.15	2.1	0.02	2.4	0.00	3.0	0.00	2.4	0.06
	北爱尔兰（英国）	2.1	0.04	2.0	0.02	3.3	0.00	2.5	0.18	1.5	0.34	3.7	0.00	3.5	0.00	3.7	0.06
	英格兰/北爱尔兰（英国）	1.7	0.04	2.0	0.01	2.9	0.01	2.5	0.13	2.1	0.01	2.4	0.00	3.0	0.00	2.5	0.05
	平均[2]	1.9	0.00	2.5	0.00	3.0	0.00	3.8	0.00	2.8	0.00	4.5	0.00	5.5	0.00	7.6	0.00
伙伴国	俄罗斯*	6.4	0.00	6.6	0.00	5.0	0.02	2.0	0.50	3.1	0.05	6.2	0.00	6.5	0.00	7.7	0.00

注：根据逻辑回归计算优势比，回归方程的因变量是就业的可能性，自变量是受教育程度和技能水平，同时考虑了年龄、性别、父母受教育程度、移民背景、子女状况（是否有子女）、同居状况（是否与配偶/父母居住）、读写能力、使用信息与通信技术解决问题的技能与意愿等因素。参照群体为受教育程度为高中以下并且技能水平等于或低于 1 级的人群。

1. 法国、意大利和西班牙的系数是在未考虑使用信息与通信技术解决问题的技能与意愿的前提下估计的，因为在这些国家没有对相关技能进行测试。由于使用信息与通信技术解决问题的技能与意愿同计算能力、读写能力和受教育程度存在正相关关系，因此和其他国家的结果相比，排除使用信息与通信技术解决问题的技能与意愿可能会造成这三个国家不同受教育程度人群的技能水平系数被过高地估计。

2. 回归方程的平均值未将法国、意大利和西班牙计算在内，这些国家使用了一个不同的计算模型。

* 参见方法部分关于俄罗斯数据的说明。

数据来源：OECD. Survey of Adult Skills（PIAAC）（2012）. See Annex 3 for notes（www.oecd.org/education/education-at-a-glance-19991487.htm）.

缺失数据代码参见《读者指南》。

StatLink http://dx.doi.org/10.1787/888933285244

表 A9.1（P）［1/2］　成人就业的可能性，按受教育程度和使用信息与通信技术解决问题的技能与意愿划分（2012 年）

25—64 岁非学生，以受教育程度为高中以下并且技能组为第 0 组或第 1 组的人群为参照群体，优势比

逻辑回归用于估计优势比和 p 值。优势比反映的是一个人相比受教育程度为高中以下并且使用信息与通信技术解决问题的技能与意愿为第 0 组或第 1 组的人群而言，就业的相对可能性。后者作为参照群体用于解释相对可能性，因此其优势比被设定为 1。如果优势比相关的 p 值小于 0.05，则组间差异的统计显著性为 95%。

如何阅读此表：在澳大利亚，受过高等教育并且使用信息与通信技术解决问题的技能与意愿为第 4 组的个人就业的可能性，是受教育程度为高中以下并且使用信息与通信技术解决问题的技能与意愿为第 0 组或第 1 组的个人的 5.2 倍（从优势比的角度而言）。

		高中以下受教育程度并且使用信息与通信技术解决问题的技能与意愿为第 0 组或第 1 组的成人就业的百分比		与高中以下受教育程度并且使用信息与通信技术解决问题的技能与意愿为第 0 组或第 1 组的人群相比就业的可能性					
				高中以下					
				第 2 组（未通过 ICT 核心测试或最低的问题解决技能——技术环境下的问题解决评估得分低于水平 1）		第 3 组（中等的 ICT 及问题解决技能——技术环境下的问题解决评估得分为水平 1）		第 4 组（良好的 ICT 及问题解决技能——技术环境下的问题解决评估得分为水平 2 或水平 3）	
		%	S.E.	优势比	p 值	优势比	p 值	优势比	p 值
		(1)	(2)	(3)	(4)	(5)	(6)	(7)	(8)
OECD	**国家**								
	澳大利亚	31	(3.5)	1.5	0.15	2.5	0.00	2.7	0.01
	奥地利	40	(2.6)	0.9	0.82	1.0	0.98	0.7	0.67
	加拿大	41	(3.0)	1.0	0.84	1.2	0.43	1.0	0.94
	捷克	28	(5.2)	2.1	0.27	0.5	0.32	0.5	0.52
	丹麦	31	(5.1)	1.8	0.01	2.0	0.02	1.1	0.87
	爱沙尼亚	32	(2.7)	2.2	0.00	2.3	0.02	3.2	0.09
	芬兰	29	(4.1)	1.5	0.14	1.4	0.40	1.2	0.81
	法国	m	m	m	m	m	m	m	m
	德国	43	(5.5)	1.1	0.82	0.6	0.34	0.7	0.63
	爱尔兰	40	(2.9)	1.4	0.17	1.7	0.07	2.2	0.45
	意大利	m	m	m	m	m	m	m	m
	日本	62	(4.0)	0.6	0.16	1.0	0.99	1.3	0.75
	韩国	60	(1.7)	1.1	0.72	2.2	0.23	0.6	0.67
	荷兰	39	(4.7)	1.2	0.47	2.0	0.01	3.9	0.00
	挪威	22	(6.9)	2.5	0.01	2.7	0.00	3.3	0.04
	波兰	31	(2.7)	1.4	0.49	0.6	0.46	c	c
	斯洛伐克	27	(2.1)	1.1	0.75	2.1	0.06	2.9	0.08
	西班牙	m	m	m	m	m	m	m	m
	瑞典	35	(9.1)	1.6	0.20	1.1	0.80	0.8	0.78
	美国	61	(3.8)	0.9	0.85	0.7	0.55	0.3	0.13
	地区								
	比利时弗兰芒语区	31	(3.1)	1.7	0.05	1.4	0.30	1.9	0.40
	英格兰（英国）	32	(5.0)	2.0	0.05	2.2	0.03	2.1	0.19
	北爱尔兰（英国）	40	(3.0)	1.7	0.04	1.9	0.07	2.2	0.22
	英格兰/北爱尔兰(英国)	33	(4.6)	2.0	0.04	2.2	0.02	2.1	0.17
	平均	38	(1.0)	1.5	0.00	1.5	0.00	1.7	0.00
伙伴国	俄罗斯*	21	(5.6)	c	c	c	c	c	c

注：根据逻辑回归计算优势比，回归方程的因变量是就业的可能性，自变量是受教育程度和技能组，同时考虑了年龄、性别、父母受教育程度、移民背景、子女状况（是否有子女）、同居状况（是否与配偶/父母居住）、读写能力、计算能力等因素。参照群体为受教育程度为高中以下并且技能组为第 0 组或第 1 组的人群。

＊参见方法部分关于俄罗斯数据的说明。

数据来源：OECD. Survey of Adult Skills (PIAAC) (2012). See Annex 3 for notes (www.oecd.org/education/education-at-a-glance-19991487.htm).

缺失数据代码参见《读者指南》。

StatLink http://dx.doi.org/10.1787/888933285268

表 A9.1（P）［2/2］　成人就业的可能性，按受教育程度和使用信息与通信技术解决问题的技能与意愿划分（2012 年）

25—64 岁非学生，以受教育程度为高中以下并且技能组为第 0 组或第 1 组的人群为参照群体，优势比

逻辑回归用于估计优势比和 p 值。优势比反映的是一个人相比受教育程度为高中以下并且使用信息与通信技术解决问题的技能与意愿为第 0 组或第 1 组的人群而言，就业的相对可能性。后者作为参照群体用于解释相对可能性，因此其优势比被设定为 1。如果优势比相关的 p 值小于 0.05，则组间差异的统计显著性为 95%。
如何阅读此表：在澳大利亚，受过高等教育并且使用信息与通信技术解决问题的技能与意愿为第 4 组的个人就业的可能性，是受教育程度为高中以下并且使用信息与通信技术解决问题的技能与意愿为第 0 组或第 1 组的个人的 5.2 倍（从优势比的角度而言）。

		与高中以下受教育程度并且使用信息与通信技术解决问题的技能与意愿为第 0 组或第 1 组的个人相比就业的可能性															
		高中或中等后非高等教育								高等教育							
		第 0 组或第 1 组（没有使用计算机的经验或者拒绝基于计算机的评估）		第 2 组（未通过 ICT 核心测试或最低的问题解决技能——技术环境下的问题解决评估得分低于水平 1）		第 3 组（中等的 ICT 及问题解决技能——技术环境下的问题解决评估得分为水平 1）		第 4 组（良好的 ICT 及问题解决技能——技术环境下的问题解决评估得分为水平 2 或水平 3）		第 0 组或第 1 组（没有使用计算机的经验或者拒绝基于计算机的评估）		第 2 组（未通过 ICT 核心测试或最低的问题解决技能——技术环境下的问题解决评估得分低于水平 1）		第 3 组（中等的 ICT 及问题解决技能——技术环境下的问题解决评估得分为水平 1）		第 4 组（良好的 ICT 及问题解决技能——技术环境下的问题解决评估得分为水平 2 或水平 3）	
		优势比	p 值	优势比	p 值	优势比	p 值	优势比	p 值	优势比	p 值	优势比	p 值	优势比	p 值	优势比	p 值
		(9)	(10)	(11)	(12)	(13)	(14)	(15)	(16)	(17)	(18)	(19)	(20)	(21)	(22)	(23)	(24)
OECD	国家																
	澳大利亚	1.8	0.02	1.8	0.09	1.8	0.02	2.9	0.00	c	c	3.4	0.00	4.5	0.00	5.2	0.00
	奥地利	1.3	0.15	2.1	0.01	1.9	0.02	2.1	0.02	c	c	2.4	0.02	3.6	0.00	2.2	0.05
	加拿大	1.4	0.11	2.4	0.00	2.3	0.00	2.4	0.00	1.7	0.02	2.8	0.00	3.1	0.00	3.3	0.00
	捷克	1.9	0.06	3.6	0.00	2.5	0.00	2.8	0.02	c	c	5.3	0.02	2.6	0.07	4.4	0.00
	丹麦	1.7	0.03	2.3	0.00	2.5	0.00	1.6	0.10	c	c	4.3	0.00	5.0	0.00	4.0	0.00
	爱沙尼亚	2.2	0.00	4.4	0.00	3.8	0.00	4.7	0.00	3.3	0.00	9.4	0.00	7.8	0.00	8.4	0.00
	芬兰	1.2	0.39	1.8	0.02	2.3	0.00	2.3	0.02	c	c	2.2	0.01	3.9	0.00	3.2	0.00
	法国	m	m	m	m	m	m	m	m	m	m	m	m	m	m	m	m
	德国	1.4	0.27	2.2	0.01	2.0	0.02	2.2	0.07	1.4	0.44	3.9	0.00	3.5	0.00	3.0	0.00
	爱尔兰	1.6	0.01	2.3	0.00	2.0	0.00	2.6	0.00	c	c	4.6	0.00	4.2	0.00	5.2	0.00

注：根据逻辑回归计算优势比，回归方程的因变量是就业的可能性，自变量是受教育程度和技能组，同时考虑了年龄、性别、父母受教育程度、移民背景、子女状况（是否有子女）、同居状况（是否与配偶/父母居住）、读写能力、计算能力等因素。参照群体为受教育程度为高中以下并且技能组为第 0 组或第 1 组的人群。
* 参见方法部分关于俄罗斯数据的说明。
数据来源：OECD. Survey of Adult Skills (PIAAC) (2012). See Annex 3 for notes (www. oecd. org/education/education-at-a-glance-19991487. htm).
缺失数据代码参见《读者指南》。
StatLink http://dx. doi. org/10. 1787/888933285268

表 A9.1（P）[2/2]（续）　成人就业的可能性，按受教育程度和使用信息与通信技术解决问题的技能与意愿划分（2012 年）

25—64 岁非学生，以受教育程度为高中以下并且技能组为第 0 组或第 1 组的人群为参照群体，优势比

逻辑回归用于估计优势比和 p 值。优势比反映的是一个人相比受教育程度为高中以下并且使用信息与通信技术解决问题的技能与意愿为第 0 组或第 1 组的人群而言，就业的相对可能性。后者作为参照群体用于解释相对可能性，因此其优势比被设定为 1。如果优势比相关的 p 值小于 0.05，则组间差异的统计显著性为 95%。
如何阅读此表：在澳大利亚，受过高等教育并且使用信息与通信技术解决问题的技能与意愿为第 4 组的个人就业的可能性，是受教育程度为高中以下并且使用信息与通信技术解决问题的技能与意愿为第 0 组或第 1 组的个人的 5.2 倍（从优势比的角度而言）。

		与高中以下受教育程度并且使用信息与通信技术解决问题的技能与意愿为第 0 组或第 1 组的个人相比就业的可能性															
		高中或中等后非高等教育								高等教育							
		第 0 组或第 1 组（没有使用计算机的经验或者拒绝基于计算机的评估）		第 2 组（未通过 ICT 核心测试或最低的问题解决技能——技术环境下的问题解决评估得分低于水平 1）		第 3 组（中等的 ICT 及问题解决技能——技术环境下的问题解决评估得分为水平 1）		第 4 组（良好的 ICT 及问题解决技能——技术环境下的问题解决评估得分为水平 2 或水平 3）		第 0 组或第 1 组（没有使用计算机的经验或者拒绝基于计算机的评估）		第 2 组（未通过 ICT 核心测试或最低的问题解决技能——技术环境下的问题解决评估得分低于水平 1）		第 3 组（中等的 ICT 及问题解决技能——技术环境下的问题解决评估得分为水平 1）		第 4 组（良好的 ICT 及问题解决技能——技术环境下的问题解决评估得分为水平 2 或水平 3）	
		优势比	p 值	优势比	p 值	优势比	p 值	优势比	p 值	优势比	p 值	优势比	p 值	优势比	p 值	优势比	p 值
		(9)	(10)	(11)	(12)	(13)	(14)	(15)	(16)	(17)	(18)	(19)	(20)	(21)	(22)	(23)	(24)
OECD	意大利	m	m	m	m	m	m	m	m	m	m	m	m	m	m	m	m
	日本	0.8	0.49	0.9	0.73	1.0	0.92	1.1	0.78	0.8	0.39	0.8	0.48	0.9	0.79	1.3	0.39
	韩国	1.2	0.32	1.2	0.36	1.4	0.05	1.8	0.06	0.9	0.60	1.3	0.17	1.2	0.35	1.9	0.02
	荷兰	c	c	2.1	0.01	3.2	0.00	4.3	0.00	c	c	3.1	0.02	5.4	0.00	7.6	0.00
	挪威	c	c	3.1	0.00	3.4	0.00	3.6	0.00	c	c	4.5	0.00	6.3	0.00	9.8	0.00
	波兰	1.8	0.00	3.0	0.00	2.7	0.00	3.8	0.00	c	c	7.2	0.00	9.5	0.00	11.7	0.00
	斯洛伐克	2.9	0.00	4.4	0.00	5.0	0.00	4.9	0.00	c	c	7.5	0.00	9.6	0.00	8.9	0.00
	西班牙	m	m	m	m	m	m	m	m	m	m	m	m	m	m	m	m
	瑞典	c	c	2.1	0.02	3.1	0.00	3.2	0.01	c	c	4.1	0.00	3.9	0.00	7.1	0.00
	美国	0.6	0.04	1.5	0.06	1.1	0.79	1.2	0.61	c	c	1.8	0.05	1.8	0.02	1.3	0.51

注：根据逻辑回归计算优势比，回归方程的因变量是就业的可能性，自变量是受教育程度和技能组，同时考虑了年龄、性别、父母受教育程度、移民背景、子女状况（是否有子女）、同居状况（是否与配偶/父母居住）、读写能力、计算能力等因素。参照群体为受教育程度为高中以下并且技能组为第 0 组或第 1 组的人群。
＊参见方法部分关于俄罗斯数据的说明。
数据来源：OECD. Survey of Adult Skills (PIAAC) (2012). See Annex 3 for notes (www.oecd.org/education/education-at-a-glance-19991487.htm).
缺失数据代码参见《读者指南》。
StatLink http://dx.doi.org/10.1787/888933285268

表 A9.1（P）［2/2］（续） 成人就业的可能性，按受教育程度和使用信息与通信技术解决问题的技能与意愿划分（2012 年）

25—64 岁非学生，以受教育程度为高中以下并且技能组为第 0 组或第 1 组的人群为参照群体，优势比

逻辑回归用于估计优势比和 p 值。优势比反映的是一个人相比受教育程度为高中以下并且使用信息与通信技术解决问题的技能与意愿为第 0 组或第 1 组的人群而言，就业的相对可能性。后者作为参照群体用于解释相对可能性，因此其优势比被设定为 1。如果优势比相关的 p 值小于 0.05，则组间差异的统计显著性为 95%。

如何阅读此表：在澳大利亚，受过高等教育并且使用信息与通信技术解决问题的技能与意愿为第 4 组的个人就业的可能性，是受教育程度为高中以下并且使用信息与通信技术解决问题的技能与意愿为第 0 组或第 1 组的个人的 5.2 倍（从优势比的角度而言）。

	与高中以下受教育程度并且使用信息与通信技术解决问题的技能与意愿为第 0 组或第 1 组的个人相比就业的可能性															
	高中或中等后非高等教育								高等教育							
	第 0 组或第 1 组（没有使用计算机的经验或者拒绝基于计算机的评估）		第 2 组（未通过 ICT 核心测试或最低的问题解决技能——技术环境下的问题解决评估得分低于水平 1）		第 3 组（中等的 ICT 及问题解决技能——技术环境下的问题解决评估得分为水平 1）		第 4 组（良好的 ICT 及问题解决技能——技术环境下的问题解决评估得分为水平 2 或水平 3）		第 0 组或第 1 组（没有使用计算机的经验或者拒绝基于计算机的评估）		第 2 组（未通过 ICT 核心测试或最低的问题解决技能——技术环境下的问题解决评估得分低于水平 1）		第 3 组（中等的 ICT 及问题解决技能——技术环境下的问题解决评估得分为水平 1）		第 4 组（良好的 ICT 及问题解决技能——技术环境下的问题解决评估得分为水平 2 或水平 3）	
	优势比	p 值	优势比	p 值	优势比	p 值	优势比	p 值	优势比	p 值	优势比	p 值	优势比	p 值	优势比	p 值
	(9)	(10)	(11)	(12)	(13)	(14)	(15)	(16)	(17)	(18)	(19)	(20)	(21)	(22)	(23)	(24)
OECD 地区																
比利时弗兰芒语区	1.5	0.05	2.6	0.00	2.2	0.00	2.2	0.02	c	c	4.7	0.00	4.6	0.00	4.0	0.00
英格兰（英国）	2.2	0.02	2.4	0.01	3.5	0.00	4.3	0.00	c	c	3.3	0.00	3.6	0.00	4.9	0.00
北爱尔兰（英国）	2.3	0.04	c	c	2.9	0.00	3.4	0.00	c	c	c	c	3.5	0.00	4.5	0.00
英格兰/北爱尔兰（英国）	2.2	0.01	2.4	0.01	3.4	0.00	4.3	0.00	c	c	3.3	0.00	3.6	0.00	4.9	0.00
平均	1.6	0.00	2.4	0.00	2.5	0.00	2.8	0.00	c	c	4.0	0.00	4.5	0.00	5.1	0.00
俄罗斯*	5.3	0.01	10.5	0.00	3.6	0.09	2.2	0.24	4.3	0.01	3.6	0.02	6.1	0.01	6.9	0.00

注：根据逻辑回归计算优势比，回归方程的因变量是就业的可能性，自变量是受教育程度和技能组，同时考虑了年龄、性别、父母受教育程度、移民背景、子女状况（是否有子女）、同居状况（是否与配偶/父母居住）、读写能力、计算能力等因素。参照群体为受教育程度为高中以下并且技能组为第 0 组或第 1 组的人群。

* 参见方法部分关于俄罗斯数据的说明。

数据来源：OECD. Survey of Adult Skills (PIAAC) (2012). See Annex 3 for notes (www.oecd.org/education/education-at-a-glance-19991487.htm).

缺失数据代码参见《读者指南》。

StatLink http://dx.doi.org/10.1787/888933285268

表 A9.2（L）[1/2] 时薪差异，按受教育程度和读写水平划分（2012 年）

25—64 岁非学生，以受教育程度为高中以下并且技能水平等于或低于 1 级的人群为参照群体

最小二乘回归用于估计百分比，百分比反映个人与受教育程度为高中以下并且读写水平等于或低于 1 级的个人相比，时薪的变化情况。受教育程度为高中以下并且读写水平等于或低于 1 级的人群作为参照群体，用以解释百分比差异。

如何阅读此表：在澳大利亚，受过高等教育并且读写水平达到 4 级或 5 级的个人的收入，比受教育程度为高中以下并且读写水平等于或低于 1 级的个人高 37%。

		与受教育程度为高中以下并且读写水平为 0 级或 1 级的个人的时薪差异													
		高中以下						高中或中等后非高等教育							
		读写水平 2 级		读写水平 3 级		读写水平 4 级或 5 级		读写水平 0 级或 1 级		读写水平 2 级		读写水平 3 级		读写水平 4 级或 5 级	
		%	S. E.	%	S. E.	%	S. E.	%	S. E.	%	S. E.	%	S. E.	%	S. E.
		(1)	(2)	(3)	(4)	(5)	(6)	(7)	(8)	(9)	(10)	(11)	(12)	(13)	(14)
OECD	国家														
	澳大利亚	-3	(0.1)	-6	(0.1)	-7	(0.1)	16	(0.1)	6	(0.1)	2	(0.1)	9	(0.1)
	奥地利	0	(0.1)	7	(0.1)	c	c	7	(0.0)	15	(0.0)	22	(0.1)	29	(0.1)
	加拿大	1	(0.1)	2	(0.1)	c	c	7	(0.0)	11	(0.0)	10	(0.0)	12	(0.1)
	捷克	14	(0.1)	8	(0.2)	c	c	22	(0.1)	21	(0.1)	25	(0.1)	33	(0.1)
	丹麦	2	(0.0)	-2	(0.0)	c	c	12	(0.1)	7	(0.0)	5	(0.0)	9	(0.1)
	爱沙尼亚	-2	(0.1)	-8	(0.1)	c	c	12	(0.1)	1	(0.1)	-2	(0.1)	-3	(0.1)
	芬兰	-2	(0.1)	-6	(0.1)	c	c	3	(0.1)	1	(0.0)	1	(0.1)	6	(0.1)
	法国[1]	3	(0.0)	7	(0.1)	c	c	10	(0.0)	11	(0.0)	12	(0.0)	8	(0.1)
	德国	-3	(0.3)	-10	(0.2)	c	c	-7	(0.2)	-6	(0.2)	0	(0.2)	2	(0.2)
	爱尔兰	3	(0.1)	7	(0.1)	c	c	8	(0.1)	7	(0.1)	11	(0.1)	10	(0.1)

注：使用最小二乘回归进行计算，回归方程的因变量是时薪，自变量是受教育程度和技能水平，同时考虑了年龄、性别、父母受教育程度、移民背景、子女状况（是否有子女）、同居状况（是否与配偶/父母居住）、计算能力、使用信息与通信技术解决问题的技能与意愿等因素。参照群体为受教育程度为高中以下并且技能水平等于或低于 1 级的人群。

1. 法国、意大利和西班牙的系数是在未考虑使用信息与通信技术解决问题的技能与意愿的前提下进行估计的，因为在这些国家没有对相关技能进行测试。由于使用信息与通信技术解决问题的技能与意愿同计算能力、读写能力和受教育程度存在正相关关系，因此和其他国家的结果相比，排除使用信息与通信技术解决问题的技能与意愿可能会造成这三个国家不同受教育程度人群的技能水平系数被过高地估计。

2. 回归方程的平均值未将法国、意大利和西班牙计算在内，这些国家使用了一个不同的计算模型。

* 参见方法部分关于俄罗斯数据的说明。

数据来源：OECD. Survey of Adult Skills（PIAAC）(2012). See Annex 3 for notes（www.oecd.org/education/education-at-a-glance-19991487.htm）.

缺失数据代码参见《读者指南》。

StatLink http://dx.doi.org/10.1787/888933285270

表 A9.2（L）［1/2］（续） 时薪差异，按受教育程度和读写水平划分（2012 年）

25—64 岁非学生以受教育程度为高中以下并且技能水平等于或低于 1 级的人群为参照群体

最小二乘回归用于估计百分比，百分比反映个人与受教育程度为高中以下并且读写水平等于或低于 1 级的个人相比，时薪的变化情况。受教育程度为高中以下并且读写水平等于或低于 1 级的人群作为参照群体，用以解释百分比差异。

如何阅读此表：在澳大利亚，受过高等教育并且读写水平达到 4 级或 5 级的个人的收入，比受教育程度为高中以下并且读写水平等于或低于 1 级的个人高 37%。

		与受教育程度为高中以下并且读写水平为 0 级或 1 级的个人的时薪差异													
		高中以下						高中或中等后非高等教育							
		读写水平 2 级		读写水平 3 级		读写水平 4 级或 5 级		读写水平 0 级或 1 级		读写水平 2 级		读写水平 3 级		读写水平 4 级或 5 级	
		%	S. E.	%	S. E.	%	S. E.	%	S. E.	%	S. E.	%	S. E.	%	S. E.
		(1)	(2)	(3)	(4)	(5)	(6)	(7)	(8)	(9)	(10)	(11)	(12)	(13)	(14)
OECD	意大利[1]	-3	(0.1)	1	(0.1)	c	c	4	(0.1)	9	(0.1)	14	(0.1)	23	(0.1)
	日本	9	(0.2)	11	(0.1)	c	c	14	(0.2)	13	(0.1)	10	(0.1)	9	(0.2)
	韩国	0	(0.1)	0	(0.1)	c	c	8	(0.1)	20	(0.1)	18	(0.1)	-3	(0.1)
	荷兰	6	(0.1)	1	(0.1)	-1	(0.1)	2	(0.1)	10	(0.1)	13	(0.1)	14	(0.1)
	挪威	-4	(0.0)	-4	(0.0)	c	c	7	(0.1)	4	(0.0)	7	(0.0)	10	(0.1)
	波兰	-4	(0.2)	-16	(0.3)	c	c	-7	(0.1)	-7	(0.1)	-3	(0.1)	5	(0.2)
	斯洛伐克	3	(0.1)	5	(0.1)	c	c	13	(0.1)	25	(0.1)	22	(0.1)	15	(0.1)
	西班牙[1]	-1	(0.0)	2	(0.1)	c	c	15	(0.1)	20	(0.1)	12	(0.1)	12	(0.2)
	瑞典	1	(0.0)	0	(0.0)	c	c	1	(0.0)	3	(0.0)	4	(0.0)	10	(0.1)
	美国	-20	(0.3)	-16	(0.3)	c	c	-4	(0.2)	-4	(0.2)	1	(0.2)	4	(0.3)

注：使用最小二乘回归进行计算，回归方程的因变量是时薪，自变量是受教育程度和技能水平，同时考虑了年龄、性别、父母受教育程度、移民背景、子女状况（是否有子女）、同居状况（是否与配偶/父母居住）、计算能力、使用信息与通信技术解决问题的技能与意愿等因素。参照群体为受教育程度为高中以下并且技能水平等于或低于 1 级的人群。

1. 法国、意大利和西班牙的系数是在未考虑使用信息与通信技术解决问题的技能与意愿的前提下进行估计的，因为在这些国家没有对相关技能进行测试。由于使用信息与通信技术解决问题的技能与意愿同计算能力、读写能力和受教育程度存在正相关关系，因此和其他国家的结果相比，排除使用信息与通信技术解决问题的技能与意愿可能会造成这三个国家不同受教育程度人群的技能水平系数被过高地估计。

2. 回归方程的平均值未将法国、意大利和西班牙计算在内，这些国家使用了一个不同的计算模型。

* 参见方法部分关于俄罗斯数据的说明。

数据来源：OECD. Survey of Adult Skills（PIAAC）（2012）. See Annex 3 for notes（www. oecd. org/education/education-at-a-glance-19991487. htm）.

缺失数据代码参见《读者指南》。

StatLink http：//dx. doi. org/10. 1787/888933285270

表 A9.2（L）[1/2]（续） 时薪差异，按受教育程度和读写水平划分（2012 年）

25—64 岁非学生以受教育程度为高中以下并且技能水平等于或低于 1 级的人群为参照群体

最小二乘回归用于估计百分比，百分比反映个人与受教育程度为高中以下并且读写水平等于或低于 1 级的个人相比，时薪的变化情况。受教育程度为高中以下并且读写水平等于或低于 1 级的人群作为参照群体，用以解释百分比差异。
如何阅读此表：在澳大利亚，受过高等教育并且读写水平达到 4 级或 5 级的个人的收入，比受教育程度为高中以下并且读写水平等于或低于 1 级的个人高 37%。

		与受教育程度为高中以下并且读写水平为 0 级或 1 级的个人的时薪差异													
		高中以下						高中或中等后非高等教育							
		读写水平 2 级		读写水平 3 级		读写水平 4 级或 5 级		读写水平 0 级或 1 级		读写水平 2 级		读写水平 3 级		读写水平 4 级或 5 级	
		%	S. E.	%	S. E.	%	S. E.	%	S. E.	%	S. E.	%	S. E.	%	S. E.
		(1)	(2)	(3)	(4)	(5)	(6)	(7)	(8)	(9)	(10)	(11)	(12)	(13)	(14)
OECD	地区														
	比利时弗兰芒语区	1	(0.1)	2	(0.1)	c	c	9	(0.1)	10	(0.0)	13	(0.0)	16	(0.1)
	英格兰（英国）	−5	(0.1)	−3	(0.1)	c	c	0	(0.1)	−2	(0.1)	5	(0.1)	11	(0.1)
	北爱尔兰（英国）	2	(0.1)	−4	(0.1)	c	c	6	(0.1)	7	(0.1)	16	(0.1)	15	(0.1)
	英格兰/北爱尔兰（英国）	−2	(0.1)	0	(0.1)	30	(0.2)	3	(0.1)	1	(0.1)	8	(0.1)	15	(0.1)
	平均[2]	0	(0.0)	−1	(0.0)	c	c	7	(0.0)	7	(0.0)	9	(0.0)	11	(0.0)
伙伴国	俄罗斯*	7	(0.4)	c	c	c	c	3	(0.4)	1	(0.4)	−2	(0.4)	−3	(0.4)

注：使用最小二乘回归进行计算，回归方程的因变量是时薪，自变量是受教育程度和技能水平，同时考虑了年龄、性别、父母受教育程度、移民背景、子女状况（是否有子女）、同居状况（是否与配偶/父母居住）、计算能力、使用信息与通信技术解决问题的技能与意愿等因素。参照群体为受教育程度为高中以下并且技能水平等于或低于 1 级的人群。

1. 法国、意大利和西班牙的系数是在未考虑使用信息与通信技术解决问题的技能与意愿的前提下进行估计的，因为在这些国家没有对相关技能进行测试。由于使用信息与通信技术解决问题的技能与意愿同计算能力、读写能力和受教育程度存在正相关关系，因此和其他国家的结果相比，排除使用信息与通信技术解决问题的技能与意愿可能会造成这三个国家不同受教育程度人群的技能水平系数被过高地估计。

2. 回归方程的平均值未将法国、意大利和西班牙计算在内，这些国家使用了一个不同的计算模型。

*参见方法部分关于俄罗斯数据的说明。

数据来源：OECD. Survey of Adult Skills（PIAAC）（2012）. See Annex 3 for notes（www.oecd.org/education/education-at-a-glance-19991487.htm）.

缺失数据代码参见《读者指南》。

StatLink http://dx.doi.org/10.1787/888933285270

A9

表 A9.2（L）［2/2］　时薪差异，按受教育程度和读写水平划分（2012 年）

25—64 岁非学生，以受教育程度为高中以下并且技能水平等于或低于 1 级的人群为参照群体

最小二乘回归用于估计百分比，百分比反映个人与受教育程度为高中以下并且读写水平等于或低于 1 级的个人相比，时薪的变化情况。受教育程度为高中以下并且读写水平等于或低于 1 级的人群作为参照群体用以解释百分比差异。
如何阅读此表：在澳大利亚，受过高等教育并且读写水平达到 4 级或 5 级的个人比受教育程度为高中以下并且读写水平等于或低于 1 级的个人收入高 37%。

		与受教育程度为高中以下并且读写水平为 0 级或 1 级的个人的时薪差异							
		高等教育							
		读写水平 0 级或 1 级		读写水平 2 级		读写水平 3 级		读写水平 4 级或 5 级	
		%	S. E.	%	S. E.	%	S. E.	%	S. E.
		(15)	(16)	(17)	(18)	(19)	(20)	(21)	(22)
OECD	国家								
	澳大利亚	17	(0.1)	25	(0.1)	32	(0.1)	37	(0.1)
	奥地利	31	(0.1)	39	(0.1)	51	(0.1)	63	(0.1)
	加拿大	19	(0.1)	28	(0.0)	39	(0.0)	42	(0.1)
	捷克	c	c	46	(0.1)	58	(0.1)	75	(0.1)
	丹麦	22	(0.1)	22	(0.0)	29	(0.0)	36	(0.1)
	爱沙尼亚	17	(0.1)	22	(0.1)	24	(0.1)	37	(0.1)
	芬兰	22	(0.1)	22	(0.0)	26	(0.1)	28	(0.1)
	法国[1]	42	(0.1)	44	(0.0)	44	(0.0)	51	(0.1)
	德国	15	(0.2)	23	(0.2)	32	(0.2)	48	(0.2)
	爱尔兰	32	(0.1)	38	(0.1)	44	(0.1)	43	(0.1)
	意大利[1]	38	(0.1)	42	(0.1)	53	(0.1)	60	(0.1)
	日本	c	c	27	(0.1)	27	(0.1)	29	(0.2)
	韩国	42	(0.1)	50	(0.1)	65	(0.1)	83	(0.1)
	荷兰	17	(0.1)	39	(0.1)	48	(0.1)	49	(0.1)
	挪威	21	(0.1)	28	(0.1)	28	(0.0)	28	(0.1)
	波兰	37	(0.2)	33	(0.1)	40	(0.1)	61	(0.2)
	斯洛伐克	c	c	68	(0.1)	75	(0.1)	87	(0.1)
	西班牙[1]	35	(0.1)	40	(0.1)	43	(0.1)	51	(0.1)
	瑞典	12	(0.1)	19	(0.0)	23	(0.0)	27	(0.1)
	美国	10	(0.3)	28	(0.2)	34	(0.3)	51	(0.2)
	地区								
	比利时弗兰芒语区	52	(0.1)	39	(0.1)	39	(0.0)	43	(0.1)
	英格兰（英国）	12	(0.1)	31	(0.1)	38	(0.1)	49	(0.1)
	北爱尔兰（英国）	31	(0.2)	35	(0.1)	38	(0.1)	41	(0.1)
	英格兰/北爱尔兰（英国）	16	(0.1)	35	(0.1)	42	(0.1)	54	(0.1)
	平均[2]	24	(0.0)	33	(0.0)	40	(0.0)	48	(0.0)
伙伴国	俄罗斯*	0	(0.4)	4	(0.4)	5	(0.4)	19	(0.4)

注：使用最小二乘回归进行计算，回归方程的因变量是时薪，自变量是受教育程度和技能水平，同时考虑了年龄、性别、父母受教育程度、移民背景、子女状况（是否有子女）、同居状况（是否与配偶/父母居住）、计算能力、使用信息与通信技术解决问题的技能及准备程度等因素。参照群体为受教育程度为高中以下并且技能水平等于或低于 1 级的人群。

1. 法国、意大利和西班牙的系数是在未考虑使用信息与通信技术解决问题的技能及准备程度的前提下进行估计的，因为在这些国家没有对相关技能进行测试。由于使用信息与通信技术解决问题的技能及准备程度同计算能力、读写能力和受教育程度存在正相关关系，因此和其他国家的结果相比，排除使用信息与通信技术解决问题的技能及准备程度这一因素的影响可能会造成这三个国家的不同受教育程度人群技能水平的系数被过高地估计。

2. 回归方程的平均值未将法国、意大利和西班牙计算在内，这些国家的计算使用了一个不同的模型。

＊参见方法部分关于俄罗斯数据的说明。

数据来源：OECD. Survey of Adult Skills (PIAAC) (2012). See Annex 3 for notes (www.oecd.org/education/education-at-a-glance-19991487.htm).

缺失数据代码参见《读者指南》。

StatLink http://dx.doi.org/10.1787/888933285270

表 A9.2（N）[1/2] 时薪差异，按受教育程度和计算水平划分（2012 年）

25—64 岁非学生，以受教育程度为高中以下并且技能水平等于或低于 1 级的人群为参照群体

最小二乘回归用于估计百分比，百分比反映个人与受教育程度为高中以下并且计算水平等于或低于 1 级的个人相比，时薪的变化情况。受教育程度为高中以下并且计算水平等于或低于 1 级的人群作为参照群体，用以解释百分比差异。

如何阅读此表：在澳大利亚，受过高等教育并且计算水平达到 4 级或 5 级的个人的收入，比受教育程度为高中以下并且计算水平等于或低于 1 级的个人高 63%。

		与受教育程度为高中以下并且计算水平为 0 级或 1 级的个人的时薪差异													
		高中以下教育						高中或中等后非高等教育							
		计算水平 2 级		计算水平 3 级		计算水平 4 级或 5 级		计算水平 0 级或 1 级		计算水平 2 级		计算水平 3 级		计算水平 4 级或 5 级	
		%	S. E.	%	S. E.	%	S. E.	%	S. E.	%	S. E.	%	S. E.	%	S. E.
		(1)	(2)	(3)	(4)	(5)	(6)	(7)	(8)	(9)	(10)	(11)	(12)	(13)	(14)
OECD	国家														
	澳大利亚	4	(0.1)	4	(0.1)	5	(0.1)	15	(0.0)	10	(0.0)	16	(0.1)	29	(0.1)
	奥地利	-2	(0.1)	-1	(0.1)	c	c	10	(0.1)	12	(0.0)	12	(0.1)	15	(0.1)
	加拿大	3	(0.1)	21	(0.1)	c	c	9	(0.0)	13	(0.0)	17	(0.0)	25	(0.1)
	捷克	4	(0.1)	6	(0.1)	c	c	17	(0.1)	14	(0.1)	16	(0.1)	20	(0.1)
	丹麦	-2	(0.0)	1	(0.1)	0	(0.1)	7	(0.0)	6	(0.0)	6	(0.0)	7	(0.1)
	爱沙尼亚	17	(0.1)	14	(0.1)	c	c	17	(0.1)	17	(0.1)	22	(0.1)	35	(0.1)
	芬兰	0	(0.1)	-3	(0.1)	c	c	0	(0.1)	3	(0.1)	7	(0.1)	14	(0.1)
	法国[1]	7	(0.0)	18	(0.1)	c	c	10	(0.0)	15	(0.0)	24	(0.0)	26	(0.1)
	德国	-1	(0.3)	-13	(0.2)	c	c	-5	(0.2)	-5	(0.1)	-2	(0.2)	4	(0.2)
	爱尔兰	4	(0.1)	15	(0.1)	c	c	8	(0.1)	11	(0.1)	13	(0.1)	23	(0.1)

注：使用最小二乘回归进行计算，回归方程的因变量是时薪，自变量是受教育程度和技能水平，同时考虑了年龄、性别、父母受教育程度、移民背景、子女状况（是否有子女）、同居状况（是否与配偶/父母居住）、读写能力、使用信息与通信技术解决问题的技能与意愿等因素。参照群体为受教育程度为高中以下并且技能水平等于或低于 1 级的人群。

1. 法国、意大利和西班牙的系数是在未考虑使用信息与通信技术解决问题的技能与意愿的前提下进行估计的，因为在这些国家没有对相关技能进行测试。由于使用信息与通信技术解决问题的技能与意愿同计算能力、读写能力和受教育程度存在正相关关系，因此和其他国家的结果相比，排除使用信息与通信技术解决问题的技能与意愿可能会造成这三个国家不同受教育程度人群的技能水平系数被过高地估计。

2. 回归方程的平均值未将法国、意大利和西班牙计算在内，这些国家使用了一个不同的计算模型。

＊参见方法部分关于俄罗斯数据的说明。

数据来源：OECD. Survey of Adult Skills（PIAAC）（2012）. See Annex 3 for notes（www. oecd. org/education/education-at-a-glance-19991487. htm）.

缺失数据代码参见《读者指南》。

StatLink http：//dx. doi. org/10. 1787/888933285280

表 A9.2（N）［1/2］（续） 时薪差异，按受教育程度和计算水平划分（2012 年）

25—64 岁非学生，以受教育程度为高中以下并且技能水平等于或低于 1 级的人群为参照群体

最小二乘回归用于估计百分比，百分比反映个人与受教育程度为高中以下并且计算水平等于或低于 1 级的个人相比，时薪的变化情况。受教育程度为高中以下并且计算水平等于或低于 1 级的人群作为参照群体，用以解释百分比差异。

如何阅读此表：在澳大利亚，受过高等教育并且计算水平达到 4 级或 5 级的个人的收入，比受教育程度为高中以下并且计算水平等于或低于 1 级的个人高 63%。

		与受教育程度为高中以下并且计算水平为 0 级或 1 级的个人的时薪差异													
		高中以下教育						高中或中等后非高等教育							
		计算水平 2 级		计算水平 3 级		计算水平 4 级或 5 级		计算水平 0 级或 1 级		计算水平 2 级		计算水平 3 级		计算水平 4 级或 5 级	
		%	S. E.	%	S. E.	%	S. E.	%	S. E.	%	S. E.	%	S. E.	%	S. E.
		(1)	(2)	(3)	(4)	(5)	(6)	(7)	(8)	(9)	(10)	(11)	(12)	(13)	(14)
OECD	意大利[1]	-4	(0.1)	1	(0.1)	c	c	4	(0.1)	9	(0.1)	13	(0.1)	22	(0.1)
	日本	13	(0.1)	20	(0.1)	c	c	10	(0.1)	17	(0.1)	18	(0.1)	28	(0.1)
	韩国	0	(0.1)	-9	(0.1)	c	c	13	(0.1)	18	(0.1)	10	(0.1)	-10	(0.2)
	荷兰	6	(0.2)	0	(0.1)	1	(0.2)	6	(0.2)	9	(0.1)	13	(0.1)	13	(0.1)
	挪威	0	(0.0)	1	(0.1)	3	(0.1)	8	(0.0)	7	(0.0)	12	(0.1)	19	(0.1)
	波兰	10	(0.2)	-8	(0.2)	c	c	1	(0.1)	1	(0.1)	5	(0.1)	9	(0.2)
	斯洛伐克	5	(0.1)	8	(0.1)	c	c	10	(0.1)	27	(0.1)	29	(0.1)	24	(0.1)
	西班牙[1]	3	(0.0)	10	(0.1)	c	c	14	(0.1)	21	(0.1)	29	(0.1)	43	(0.1)
	瑞典	0	(0.0)	0	(0.0)	c	c	2	(0.0)	2	(0.0)	1	(0.0)	4	(0.0)
	美国	-18	(0.2)	c	c	c	c	-2	(0.2)	1	(0.2)	13	(0.2)	22	(0.2)

注：使用最小二乘回归进行计算，回归方程的因变量是时薪，自变量是受教育程度和技能水平，同时考虑了年龄、性别、父母受教育程度、移民背景、子女状况（是否有子女）、同居状况（是否与配偶/父母居住）、读写能力、使用信息与通信技术解决问题的技能与意愿等因素。参照群体为受教育程度为高中以下并且技能水平等于或低于 1 级的人群。

1. 法国、意大利和西班牙的系数是在未考虑使用信息与通信技术解决问题的技能与意愿的前提下进行估计的，因为在这些国家没有对相关技能进行测试。由于使用信息与通信技术解决问题的技能与意愿同计算能力、读写能力和受教育程度存在正相关关系，因此和其他国家的结果相比，排除使用信息与通信技术解决问题的技能与意愿可能会造成这三个国家不同受教育程度人群的技能水平系数被过高地估计。

2. 回归方程的平均值未将法国、意大利和西班牙计算在内，这些国家使用了一个不同的计算模型。

* 参见方法部分关于俄罗斯数据的说明。

数据来源：OECD. Survey of Adult Skills（PIAAC）（2012）. See Annex 3 for notes（www. oecd. org/education/education-at-a-glance-19991487. htm）.

缺失数据代码参见《读者指南》。

StatLink http：//dx. doi. org/10. 1787/888933285280

表 A9.2（N）[1/2]（续） 时薪差异，按受教育程度和计算水平划分（2012 年）

25—64 岁非学生，以受教育程度为高中以下并且技能水平等于或低于 1 级的人群为参照群体

最小二乘回归用于估计百分比，百分比反映个人与受教育程度为高中以下并且计算水平等于或低于 1 级的个人相比，时薪的变化情况。受教育程度为高中以下并且计算水平等于或低于 1 级的人群作为参照群体，用以解释百分比差异。

如何阅读此表：在澳大利亚，受过高等教育并且计算水平达到 4 级或 5 级的个人的收入，比受教育程度为高中以下并且计算水平等于或低于 1 级的个人高 63%。

		与受教育程度为高中以下并且计算水平为 0 级或 1 级的个人的时薪差异													
		高中以下教育						高中或中等后非高等教育							
		计算水平 2 级		计算水平 3 级		计算水平 4 级或 5 级		计算水平 0 级或 1 级		计算水平 2 级		计算水平 3 级		计算水平 4 级或 5 级	
		%	S. E.	%	S. E.	%	S. E.	%	S. E.	%	S. E.	%	S. E.	%	S. E.
		(1)	(2)	(3)	(4)	(5)	(6)	(7)	(8)	(9)	(10)	(11)	(12)	(13)	(14)
OECD	地区														
	比利时弗兰芒语区	5	(0.1)	5	(0.1)	c	c	10	(0.0)	13	(0.0)	15	(0.1)	22	(0.1)
	英格兰(英国)	-8	(0.1)	-5	(0.1)	c	c	0	(0.1)	-3	(0.1)	2	(0.1)	2	(0.1)
	北爱尔兰(英国)	8	(0.1)	-3	(0.1)	c	c	7	(0.1)	11	(0.1)	22	(0.1)	26	(0.2)
	英格兰/北爱尔兰(英国)	-7	(0.1)	-4	(0.1)	c	c	2	(0.1)	-1	(0.1)	4	(0.1)	4	(0.1)
	平均[2]	2	(0.0)	3	(0.0)	c	c	7	(0.0)	9	(0.0)	12	(0.0)	16	(0.0)
伙伴国	俄罗斯*	-6	(0.3)	c	c	c	c	13	(0.2)	-3	(0.2)	-4	(0.2)	0	(0.3)

注：使用最小二乘回归进行计算，回归方程的因变量是时薪，自变量是受教育程度和技能水平，同时考虑了年龄、性别、父母受教育程度、移民背景、子女状况（是否有子女）、同居状况（是否与配偶/父母居住）、读写能力、使用信息与通信技术解决问题的技能与意愿等因素。参照群体为受教育程度为高中以下并且技能水平等于或低于 1 级的人群。

1. 法国、意大利和西班牙的系数是在未考虑使用信息与通信技术解决问题的技能与意愿的前提下进行估计的，因为在这些国家没有对相关技能进行测试。由于使用信息与通信技术解决问题的技能与意愿同计算能力、读写能力和受教育程度存在正相关关系，因此和其他国家的结果相比，排除使用信息与通信技术解决问题的技能与意愿可能会造成这三个国家不同受教育程度人群的技能水平系数被过高地估计。

2. 回归方程的平均值未将法国、意大利和西班牙计算在内，这些国家使用了一个不同的计算模型。

＊参见方法部分关于俄罗斯数据的说明。

数据来源：OECD. Survey of Adult Skills（PIAAC）（2012）. See Annex 3 for notes（www. oecd. org/education/education-at-a-glance-19991487. htm）.

缺失数据代码参见《读者指南》。

StatLink http：//dx. doi. org/10. 1787/888933285280

A9

表 A9.2 (N) [2/2] 时薪差异，按受教育程度和计算水平划分 (2012 年)

25—64 岁非学生，以受教育程度为高中以下并且技能水平等于或低于 1 级的人群为参照群体

最小二乘回归用于估计百分比，百分比反映个人与受教育程度为高中以下并且计算水平等于或低于 1 级的个人相比，时薪的变化情况。受教育程度为高中以下并且计算水平等于或低于 1 级的人群作为参照群体用以解释百分比差异。
如何阅读此表：在澳大利亚，受过高等教育并且计算水平达到 4 级或 5 级的个人比受教育程度为高中以下并且计算水平等于或低于 1 级的人而收入高 63%。

		与受教育程度为高中以下并且计算水平为 0 级或 1 级的个人的时薪差异							
		高等教育							
		计算水平 0 级或 1 级		计算水平 2 级		计算水平 3 级		计算水平 4 级或 5 级	
		%	S. E.	%	S. E.	%	S. E.	%	S. E.
		(15)	(16)	(17)	(18)	(19)	(20)	(21)	(22)
OECD	国家								
	澳大利亚	20	(0.1)	35	(0.1)	50	(0.1)	63	(0.1)
	奥地利	37	(0.1)	36	(0.1)	40	(0.1)	42	(0.1)
	加拿大	20	(0.0)	35	(0.0)	47	(0.0)	59	(0.1)
	捷克	c	c	47	(0.2)	43	(0.1)	54	(0.1)
	丹麦	17	(0.1)	21	(0.0)	26	(0.0)	37	(0.1)
	爱沙尼亚	31	(0.1)	42	(0.1)	55	(0.1)	76	(0.1)
	芬兰	15	(0.1)	24	(0.1)	34	(0.1)	42	(0.1)
	法国[1]	47	(0.1)	46	(0.0)	60	(0.0)	71	(0.1)
	德国	24	(0.2)	22	(0.2)	31	(0.2)	45	(0.2)
	爱尔兰	32	(0.1)	41	(0.1)	50	(0.1)	56	(0.1)
	意大利[1]	39	(0.1)	37	(0.1)	51	(0.1)	71	(0.1)
	日本	11	(0.1)	29	(0.1)	38	(0.1)	56	(0.1)
	韩国	47	(0.1)	49	(0.1)	55	(0.1)	70	(0.1)
	荷兰	18	(0.2)	39	(0.1)	47	(0.1)	51	(0.2)
	挪威	28	(0.1)	32	(0.1)	33	(0.1)	39	(0.1)
	波兰	40	(0.1)	40	(0.1)	55	(0.1)	78	(0.1)
	斯洛伐克	c	c	69	(0.1)	78	(0.1)	108	(0.1)
	西班牙[1]	37	(0.1)	47	(0.1)	58	(0.1)	65	(0.1)
	瑞典	18	(0.1)	17	(0.0)	19	(0.0)	23	(0.0)
	美国	26	(0.2)	38	(0.2)	47	(0.2)	70	(0.2)
	地区								
	比利时弗兰芒语区	50	(0.2)	42	(0.1)	42	(0.1)	51	(0.1)
	英格兰 (英国)	26	(0.1)	24	(0.1)	35	(0.1)	40	(0.1)
	北爱尔兰 (英国)	35	(0.1)	39	(0.1)	44	(0.1)	54	(0.1)
	英格兰/北爱尔兰(英国)	29	(0.1)	27	(0.1)	37	(0.1)	42	(0.1)
	平均[2]	27	(0.0)	36	(0.0)	44	(0.0)	56	(0.0)
伙伴国	俄罗斯*	-3	(0.3)	3	(0.2)	7	(0.2)	13	(0.3)

注：使用最小二乘回归进行计算，回归方程的因变量是时薪，自变量是受教育程度和技能水平，同时考虑了年龄、性别、父母受教育程度、移民背景、子女状况（是否有子女）、同居状况（是否与配偶/父母居住）、读写能力、使用信息与通信技术解决问题的技能及准备程度等因素。参照群体为受教育程度为高中以下并且技能水平等于或低于 1 级的人群。

1. 法国、意大利和西班牙的系数是在未考虑使用信息与通信技术解决问题的技能及准备程度的前提下进行估计的，因为在这些国家没有对相关技能进行测试。由于使用信息与通信技术解决问题的技能及准备程度同计算能力、读写能力和受教育程度存在正相关关系，因此和其他国家的结果相比，排除使用信息与通信技术解决问题的技能及准备程度这一因素的影响可能会造成这三个国家不同受教育程度人群的技能水平系数被过高地估计。

2. 回归方程的平均值未将法国、意大利和西班牙计算在内，这些国家的计算使用了一个不同的模型。

* 参见方法部分关于俄罗斯数据的说明。

数据来源：OECD. Survey of Adult Skills (PIAAC) (2012). See Annex 3 for notes (www.oecd.org/education/education-at-a-glance-19991487.htm).

缺失数据代码参见《读者指南》。

StatLink http://dx.doi.org/10.1787/888933285280

表 A9.2（P）［1/2］ 时薪差异，按受教育程度和使用信息与通信技术解决问题的技能与意愿划分（2012 年）

25—64 岁非学生，以受教育程度为高中以下并且技能组为第 0 组或第 1 组的人群为参照群体

最小二乘回归用于估计百分比，百分比反映个人与受教育程度为高中以下并且使用信息与通信技术解决问题的技能与意愿为第 0 组或第 1 组的个人相比，时薪的变化情况。受教育程度为高中以下并且使用信息与通信技术解决问题的技能与意愿为第 0 组或第 1 组的人群作为参照群体，用以解释百分比差异。

如何阅读此表：在澳大利亚，受过高等教育并且使用信息与通信技术解决问题的技能与意愿为第 4 组的个人的收入，比受教育程度为高中以下并且使用信息与通信技术解决问题的技能与意愿为第 0 组或第 1 组的个人高 48%。

	与受教育程度为高中以下并且使用信息与通信技术解决问题的技能与意愿为第 0 组或第 1 组的个人的时薪差异													
	高中以下						高中或中等后非高等教育							
	第 2 组（未通过 ICT 核心测试或最低的问题解决技能——技术环境下的问题解决评估得分低于水平 1）		第 3 组（中等的 ICT 及问题解决技能——技术环境下的问题解决评估得分为水平 1）		第 4 组（良好的 ICT 及问题解决技能——技术环境下的问题解决评估得分为水平 2 或水平 3）		第 0 组或第 1 组（没有使用计算机的经验或者拒绝基于计算机的评估）		第 2 组（未通过 ICT 核心测试或最低的问题解决技能——技术环境下的问题解决评估得分低于水平 1）		第 3 组（中等的 ICT 及问题解决技能——技术环境下的问题解决评估得分为水平 1）		第 4 组（良好的 ICT 及问题解决技能——技术环境下的问题解决评估得分为水平 2 或水平 3）	
	%	S. E.	%	S. E.	%	S. E.	%	S. E.	%	S. E.	%	S. E.	%	S. E.
	(1)	(2)	(3)	(4)	(5)	(6)	(7)	(8)	(9)	(10)	(11)	(12)	(13)	(14)
OECD 国家														
澳大利亚	5	(0.1)	8	(0.1)	3	(0.1)	8	(0.1)	22	(0.1)	13	(0.0)	17	(0.0)
奥地利	8	(0.1)	7	(0.1)	17	(0.1)	9	(0.0)	20	(0.0)	25	(0.0)	33	(0.0)
加拿大	15	(0.0)	17	(0.1)	4	(0.1)	12	(0.1)	20	(0.0)	21	(0.0)	18	(0.0)
捷克	6	(0.1)	1	(0.1)	19	(0.1)	5	(0.1)	20	(0.1)	25	(0.1)	29	(0.1)
丹麦	6	(0.0)	7	(0.0)	14	(0.1)	2	(0.0)	17	(0.0)	14	(0.0)	16	(0.0)
爱沙尼亚	29	(0.1)	32	(0.1)	22	(0.2)	12	(0.1)	30	(0.1)	30	(0.1)	39	(0.1)
芬兰	3	(0.1)	4	(0.1)	8	(0.1)	1	(0.0)	7	(0.0)	12	(0.0)	17	(0.1)
法国	m	m	m	m	m	m	m	m	m	m	m	m	m	m
德国	-24	(0.3)	-24	(0.3)	-21	(0.3)	-31	(0.2)	-18	(0.2)	-15	(0.2)	-13	(0.3)
爱尔兰	8	(0.1)	17	(0.1)	51	(0.3)	10	(0.1)	8	(0.1)	20	(0.1)	24	(0.1)
意大利	m	m	m	m	m	m	m	m	m	m	m	m	m	m
日本	18	(0.1)	14	(0.1)	26	(0.1)	6	(0.1)	13	(0.1)	15	(0.1)	18	(0.1)
韩国	-1	(0.1)	12	(0.1)	-16	(0.2)	11	(0.1)	20	(0.1)	27	(0.1)	19	(0.1)
荷兰	-7	(0.2)	-9	(0.2)	-7	(0.2)	c	c	-6	(0.2)	2	(0.2)	4	(0.2)

注：使用最小二乘回归进行计算，回归方程的因变量是时薪，自变量是受教育程度和技能组，同时考虑了年龄、性别、父母受教育程度、移民背景、子女状况（是否有子女）、同居状况（是否与配偶/父母居住）、读写能力、计算能力等因素。参照群体为受教育程度为高中以下并且技能组为第 0 组或第 1 组的人群。

* 参见方法部分关于俄罗斯数据的说明。

数据来源：OECD. Survey of Adult Skills（PIAAC）（2012）. See Annex 3 for notes（www.oecd.org/education/education-at-a-glance-19991487.htm）.

缺失数据代码参见《读者指南》。

StatLink http://dx.doi.org/10.1787/888933285291

表 A9.2（P）［1/2］（续） 时薪差异，按受教育程度和使用信息与通信技术解决问题的技能与意愿划分（2012 年）

25—64 岁非学生，以受教育程度为高中以下并且技能组为第 0 组或第 1 组的人群为参照群体

最小二乘回归用于估计百分比，百分比反映个人与受教育程度为高中以下并且使用信息与通信技术解决问题的技能与意愿为第 0 组或第 1 组的个人相比，时薪的变化情况。受教育程度为高中以下并且使用信息与通信技术解决问题的技能与意愿为第 0 组或第 1 组的人群作为参照群体，用以解释百分比差异。

如何阅读此表：在澳大利亚，受过高等教育并且使用信息与通信技术解决问题的技能与意愿为第 4 组的个人的收入，比受教育程度为高中以下并且使用信息与通信技术解决问题的技能与意愿为第 0 组或第 1 组的个人高 48%。

		与受教育程度为高中以下并且使用信息与通信技术解决问题的技能与意愿为第 0 组或第 1 组的个人的时薪差异													
		高中以下						高中或中等后非高等教育							
		第 2 组（未通过 ICT 核心测试或最低的问题解决技能——技术环境下的问题解决评估得分低于水平 1）		第 3 组（中等的 ICT 及问题解决技能——技术环境下的问题解决评估得分为水平 1）		第 4 组（良好的 ICT 及问题解决技能——技术环境下的问题解决评估得分为水平 2 或水平 3）		第 0 组或第 1 组（没有使用计算机的经验或者拒绝基于计算机的评估）		第 2 组（未通过 ICT 核心测试或最低的问题解决技能——技术环境下的问题解决评估得分低于水平 1）		第 3 组（中等的 ICT 及问题解决技能——技术环境下的问题解决评估得分为水平 1）		第 4 组（良好的 ICT 及问题解决技能——技术环境下的问题解决评估得分为水平 2 或水平 3）	
		%	S. E.	%	S. E.	%	S. E.	%	S. E.	%	S. E.	%	S. E.	%	S. E.
		(1)	(2)	(3)	(4)	(5)	(6)	(7)	(8)	(9)	(10)	(11)	(12)	(13)	(14)
OECD	挪威	2	(0.0)	6	(0.0)	10	(0.1)	c	c	9	(0.0)	16	(0.0)	24	(0.0)
	波兰	7	(0.1)	9	(0.2)	c	c	−4	(0.1)	6	(0.1)	7	(0.1)	11	(0.1)
	斯洛伐克	8	(0.1)	14	(0.1)	2	(0.1)	11	(0.0)	31	(0.1)	41	(0.1)	39	(0.1)
	西班牙	m	m	m	m	m	m	m	m	m	m	m	m	m	m
	瑞典	5	(0.1)	7	(0.1)	21	(0.1)	c	c	9	(0.0)	11	(0.0)	18	(0.0)
	美国	−1	(0.3)	−2	(0.3)	−11	(0.3)	2	(0.3)	5	(0.3)	9	(0.3)	18	(0.3)
	地区														
	比利时弗兰芒语区	3	(0.0)	12	(0.1)	13	(0.1)	1	(0.0)	14	(0.0)	22	(0.0)	24	(0.0)
	英格兰（英国）	13	(0.1)	17	(0.1)	37	(0.1)	5	(0.1)	11	(0.1)	22	(0.1)	40	(0.1)
	北爱尔兰（英国）	8	(0.1)	24	(0.1)	8	(0.1)	5	(0.1)	c	c	24	(0.1)	48	(0.1)
	英格兰/北爱尔兰（英国）	11	(0.1)	17	(0.1)	35	(0.1)	5	(0.1)	11	(0.1)	21	(0.1)	40	(0.1)
	平均	5	(0.0)	8	(0.0)	11	(0.0)	4	(0.0)	13	(0.0)	17	(0.0)	21	(0.0)
伙伴国	俄罗斯*	c	c	c	c	c	c	−21	(0.4)	−7	(0.4)	−15	(0.4)	5	(0.4)

注：使用最小二乘回归进行计算，回归方程的因变量是时薪，自变量是受教育程度和技能组，同时考虑了年龄、性别、父母受教育程度、移民背景、子女状况（是否有子女）、同居状况（是否与配偶/父母居住）、读写能力、计算能力等因素。参照群体为受教育程度为高中以下并且技能组为第 0 组或第 1 组的人群。

*参见方法部分关于俄罗斯数据的说明。

数据来源：OECD. Survey of Adult Skills（PIAAC）（2012）. See Annex 3 for notes（www.oecd.org/education/education-at-a-glance-19991487.htm）.

缺失数据代码参见《读者指南》。

StatLink http://dx.doi.org/10.1787/888933285291

表 A9.2（P）［2/2］ 时薪差异，按受教育程度和使用信息与通信技术解决问题的技能和准备程度划分（2012 年）

25—64 岁非学生，以受教育程度为高中以下并且技能组别是 0 或 1 的人群为参照群体

最小二乘回归用于估计百分比，百分比反映个人与受教育程度为高中以下并且使用信息与通信技术解决问题的技能与意愿为第 0 组或第 1 组的个人相比，时薪的变化情况。受教育程度为高中以下并且使用信息与通信技术解决问题的技能与意愿为第 0 组或第 1 组的人群作为参照群体，用以解释百分比差异。

如何阅读此表：在澳大利亚，受过高等教育并且使用信息与通信技术解决问题的技能与意愿为第 4 组的个人的收入，比受教育程度为高中以下并且使用信息与通信技术解决问题的技能与意愿为第 0 组或第 1 组的个人高 48%。

		与受教育程度为高中以下并且使用信息与通信技术解决问题的技能与意愿为第 0 组或第 1 组的个人的时薪差异							
		高等教育							
		第 0 组或第 1 组（没有使用计算机的经验或者拒绝基于计算机的评估）		第 2 组（未通过 ICT 核心测试或最低的问题解决技能——技术环境下的问题解决评估得分低于水平 1）		第 3 组（中等的 ICT 及问题解决技能——技术环境下的问题解决评估得分为水平 1）		第 4 组（良好的 ICT 及问题解决技能——技术环境下的问题解决评估得分为水平 2 或水平 3）	
		%	S. E.	%	S. E.	%	S. E.	%	S. E.
		(15)	(16)	(17)	(18)	(19)	(20)	(21)	(22)
OECD	**国家**								
	澳大利亚	c	c	39	(0.1)	46	(0.0)	48	(0.1)
	奥地利	c	c	36	(0.1)	58	(0.0)	63	(0.0)
	加拿大	20	(0.1)	36	(0.0)	47	(0.0)	49	(0.0)
	捷克	c	c	50	(0.1)	67	(0.1)	63	(0.1)
	丹麦	c	c	30	(0.0)	36	(0.0)	43	(0.0)
	爱沙尼亚	46	(0.1)	50	(0.1)	63	(0.1)	74	(0.1)
	芬兰	c	c	29	(0.1)	38	(0.0)	44	(0.0)
	法国	m	m	m	m	m	m	m	m
	德国	-8	(0.3)	10	(0.3)	11	(0.2)	17	(0.3)
	爱尔兰	c	c	51	(0.1)	53	(0.1)	60	(0.1)
	意大利	m	m	m	m	m	m	m	m
	日本	14	(0.1)	26	(0.1)	37	(0.1)	41	(0.1)
	韩国	45	(0.2)	50	(0.1)	67	(0.1)	79	(0.1)
	荷兰	c	c	15	(0.2)	30	(0.2)	36	(0.2)
	挪威	c	c	36	(0.1)	39	(0.0)	47	(0.0)
	波兰	c	c	45	(0.1)	54	(0.1)	60	(0.1)
	斯洛伐克	c	c	89	(0.1)	101	(0.1)	100	(0.1)
	西班牙	m	m	m	m	m	m	m	m
	瑞典	c	c	23	(0.1)	31	(0.0)	38	(0.0)
	美国	c	c	33	(0.3)	50	(0.3)	59	(0.3)
	地区								
	比利时弗兰芒语区	c	c	52	(0.1)	49	(0.0)	52	(0.0)
	英格兰（英国）	c	c	38	(0.1)	65	(0.1)	83	(0.1)
	北爱尔兰（英国）	c	c	c	c	58	(0.1)	69	(0.1)
	英格兰/北爱尔兰(英国)	c	c	38	(0.1)	64	(0.1)	81	(0.1)
	平均	c	c	39	(0.0)	50	(0.0)	55	(0.0)
伙伴国	俄罗斯*	-15	(0.4)	-8	(0.4)	-5	(0.4)	6	(0.4)

注：使用最小二乘回归进行计算，回归方程的因变量是时薪，自变量是受教育程度和技能组别，同时考虑了年龄、性别、父母受教育程度、移民背景、子女状况（是否有子女）、同居状况（是否与配偶/父母居住）、读写能力、计算能力等因素。参照群体为受教育程度为高中以下并且技能组别为 0 或 1 的人群。

＊参见方法部分关于俄罗斯数据的说明。

数据来源：OECD. Survey of Adult Skills（PIAAC）（2012）. See Annex 3 for notes（www.oecd.org/education/education-at-a-glance-19991487.htm）.

缺失数据代码参见《读者指南》。

StatLink http://dx.doi.org/10.1787/888933285291

指标 A10

教育与就业中的性别差距体现在哪里？

- 在过去的 30 年里，OECD 国家在缩小或弥合教育与就业领域长期存在的性别差距方面取得了巨大进步，教育与就业领域的性别差距包括受教育程度、工资收入和劳动力市场的参与程度。
- 2014 年，25—34 岁群体中女性接受了高等教育的比例高于男性（女性为 46%，男性为 35%）。在数据可得的 42 个国家中，有 40 个国家呈现出这种趋势。
- 教育领域的性别差距呈现出新的态势：相较于年轻女性而言，年轻男性更有可能拥有低技能和不良的学业成绩；然而在高等教育及更高层次教育领域，年轻女性在数学、物理科学和计算机领域的人数依然较少。

图 A10.1　25—34 岁受过高等教育的人口百分比，按性别划分（2014 年）

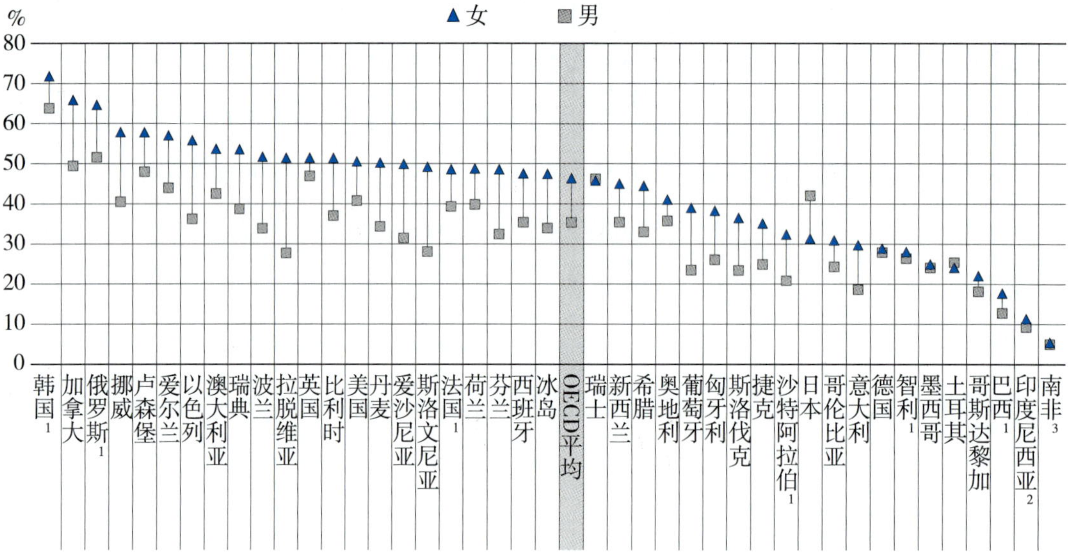

1. 2013 年数据。
2. 2011 年数据。
3. 2012 年数据。
国家按照女性接受高等教育的比例降序排列。
数据来源：OECD. Table A1. 4b. See Annex 3 for notes（www. oecd. org/education/education-at-a-glance-19991487. htm）
StatLink http：//dx. doi. org/10. 1787/888933283820

背　景

要想在全球化经济时代取得成功，各国需要努力挖掘所有公民的潜能，需要确保男性和女性均掌握适合自己的技能，并有机会施展技能。鉴于性别差异对劳动力市场参与度、职业流动性以及生活质量的影响，政策制定者和教育工作者需要努力消除教育领域、工作场所和求职过程中存在的性别差异。

在教育领域，许多国家已经成功地缩小了学习成就方面的性别差距。实际上，在 OECD 国家，女性在很多教育领域的表现超过了男性，现在人们越来越担忧男性在某些特定领域（如阅读）的不良表现。如要在教育成就方面实现更大的性别平等，那么学生成绩的性别差异，以及认为某类学科更适合男性或女性的想法就需要被修正。性别平等不仅仅是一个目标，它还可以促进经济的发展。只吸引单一性别候选人的教育课程会将很多有能力的学生排除在外。

其他发现：

- PISA 发现 15 岁男孩比同龄的女孩更有可能取得不良的成绩。2012 年，在阅读、数学和科学这三门核心学科上，14%的男性和 9%的女性均未达到 PISA 的基本水平（OECE，2014a）。
- OECD 国家中，高级中等职业教育中男性所占的比例依然略高于女性。
- 从 OECD 国家的平均水平来看，男性学习工程、制造和建筑的概率是女性的 5 倍。反之，女性学习教育科学的概率是男性的 3 倍。
- 在所有发放 PISA 父母问卷的国家和地区，即使男女性的数学成绩一样，父母也更期望他们的儿子（而不是女儿）从事科学、技术、工程或者数学等方面的工作。
- 年轻的女性比年轻男性学历更高，但就业率更低。在学历水平低的群体中，这种性别差距比在学历水平最高的群体中更大。
- 年龄在 35—44 岁、接受过高等教育的女性收入是同等学历男性的 74%。但是这个结果也反映出女性在最高水平高等教育以及被劳动力市场所推崇的某些专业中的人数不足。

趋　势

在过去的 30 年中，受教育程度方面的性别差距已经发生反转。在 55—64 岁的群体中，受过高等教育的男性多于女性；但是在 25—34 岁的群体中，受过高等教育的女性多于男性。

分　析

受教育程度上的性别差距已经发生反转

随着大部分 OECD 国家将中等教育纳入义务教育，接受中等教育对男女性来说都已是常态。在过去的几十年中，不但更多的年轻女性接受了正式教育，获得高等学校的入学资格，而且受教育程度方面的性别等级也已被颠覆（表 A1.2b 和表 A1.4b，可在线查询）。

2014 年，25—34 岁群体中，女性接受高等教育的比例高于男性（女性为 46%，男性为 35%），然而 55—64 岁群体的情况恰恰相反（女性为 24%，男性为 26%）。以色列、拉脱维亚和斯洛文尼亚三国的 25—34 岁群体中，性别差距很大：女性接受高等教育的比例比男性高 20 个百分点甚至更多（表 A1.4b，可在线查询）。同一年，就 OECD 国家的平均水平来看，约 85%的年轻女性已经至少接受了高中教育，然而男性中这一比例只有 82%（表 A1.2b 和表 A1.4b，可在线查询）。

这个趋势也出现在 25 岁以下的学生群体中。2013 年，从普通高中毕业的人群中，女性占 58%，男性占 46%。然而，在最高水平教育上，女性的人数依然不足。2013 年，大多数 OECD 国家约 45%的研究生学位被授给了女性（参见指标 A2 和指标 A3）。

表现不良的男性

在所有参加 2012 年 PISA 测试的 65 个国家或地区中，女性在阅读方面的得分平均比男性高 38 分（就 OECD 国家整体而言）——相当于接受一年的学校教育的水平。从 2000 年 PISA 开始以来情况一直如此。然而，平均来说，在 38 个参与国家或地区中，男性的数学成绩始终比女性高 11 分（就 OECD 国家整体而言）——大约相当于接受三个月的学校教育的水平。PISA 的结果也显示，男女性在科学上的得分差异非常小（PISA 2012 数据库）。

在那些得分低于 PISA 能力水平 2 级（能力水平 2 级是 PISA 测试的所有学科中最基本的熟练掌握水平）的人群中，性别差异非常明显。尽管在数学成绩不良的学生中，女性的比例略高于男性，但除 6 个国家和地区外，其他所有参与测试的国家中，无论是阅读、数学和科学中的哪一科，男性未达标的比例均略高于女性。在所有的 OECD 国家中，在阅读、科学和数学方面，男性表现不良的比例比女性高 5 个百分点。2012 年，14%的男性和 9%的女性在这三门学科上均未达到 PISA 的基本掌握水平（表 A10.1 和图 A10.2）。

在许多国家，在所有学科上均未达到基本熟练水平的男性的比例高得令人担忧。在智利、希腊、以色列、墨西哥、斯洛伐克和土耳其，超过 20%的男性在以上三门学科上均未达到基本水平。在伙伴国及地区，这一比例更高。在印度尼西亚、约旦、秘鲁和卡塔尔等国，超过 50%的男性均未达标。

女性未达标的比例则小得多。在参加 2012 年 PISA 的国家中，秘鲁是唯一一个 50%的女性在三门学科上均未达标的国家。在智利和墨西哥，超过 20%的女性在三门学科上均未达标，在 8 个伙伴国或地区，超过 1/3 的女性未达标（表 A10.1 和图 A10.2）。

在 PISA 的三门核心学科上未达标男性的数量如此之大，这对教育来说是个巨大的挑战。在所有学科上都表现不良的学生很难有学习的动机，也难以继续留在学校中。由于技能水平较低，这些学生会感觉无法融入学校，在学校的参与度不高。对这些学生来说，建立一种违抗学校和正统教育的身份认同，要比全心全意地努力打破这种低学业表现和低学业动机之间的恶性循环更为容易。

参与职前和职业课程的性别差异

参与 2012 年 PISA 测试的学生要填写参与课程的种类，从 OECD 平均水平来看，82% 的 15 岁学生参与了普通教育课程，14% 的 15 岁学生参与了职前或职业课程，还有 4% 的 15 岁学生参与了两者或多者兼备的模块化课程（表 A10. 2 和图 A10. 3）。

图 A10. 2 在所有学科（如数学、阅读、科学）上都表现不良的 15 岁学生比例的性别差异（PISA 2012）

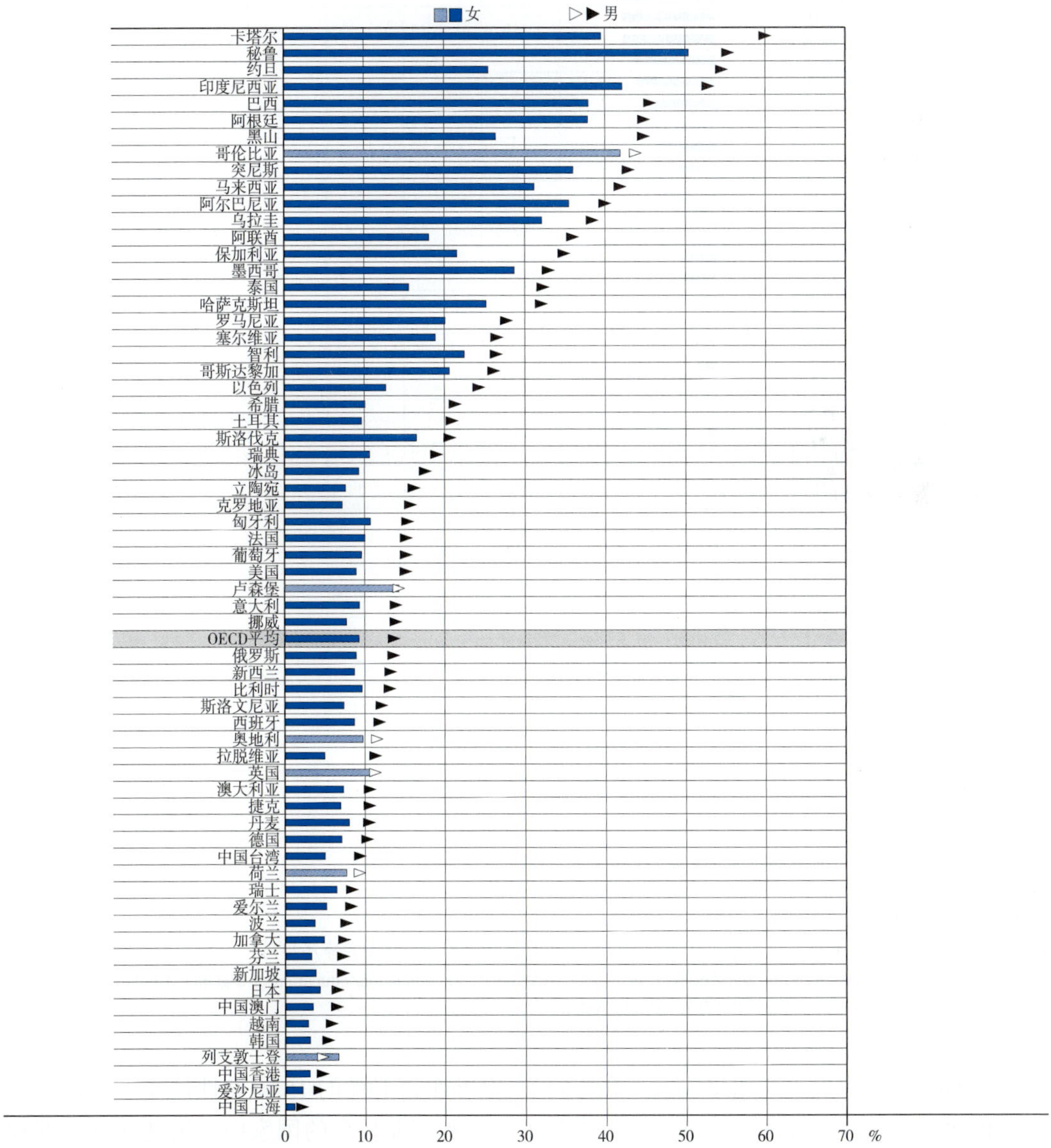

注：达到统计学显著水平的性别差异用更深的颜色标示。
国家或地区按照在阅读、数学和科学上表现不良的男性的百分比降序排列（低于 PISA 能力水平 2 级）。
数据来源：OECD, Table A10. 1. See Annex 3 for notes (www. oecd. org/education/education-at-a-glance-19991487. htm).
StatLink http://dx. doi. org/10. 1787/888933283830

A10

图 A10.3 参与职业课程的 15 岁学生比例的性别差异，男性的比例较高（PISA 2012）

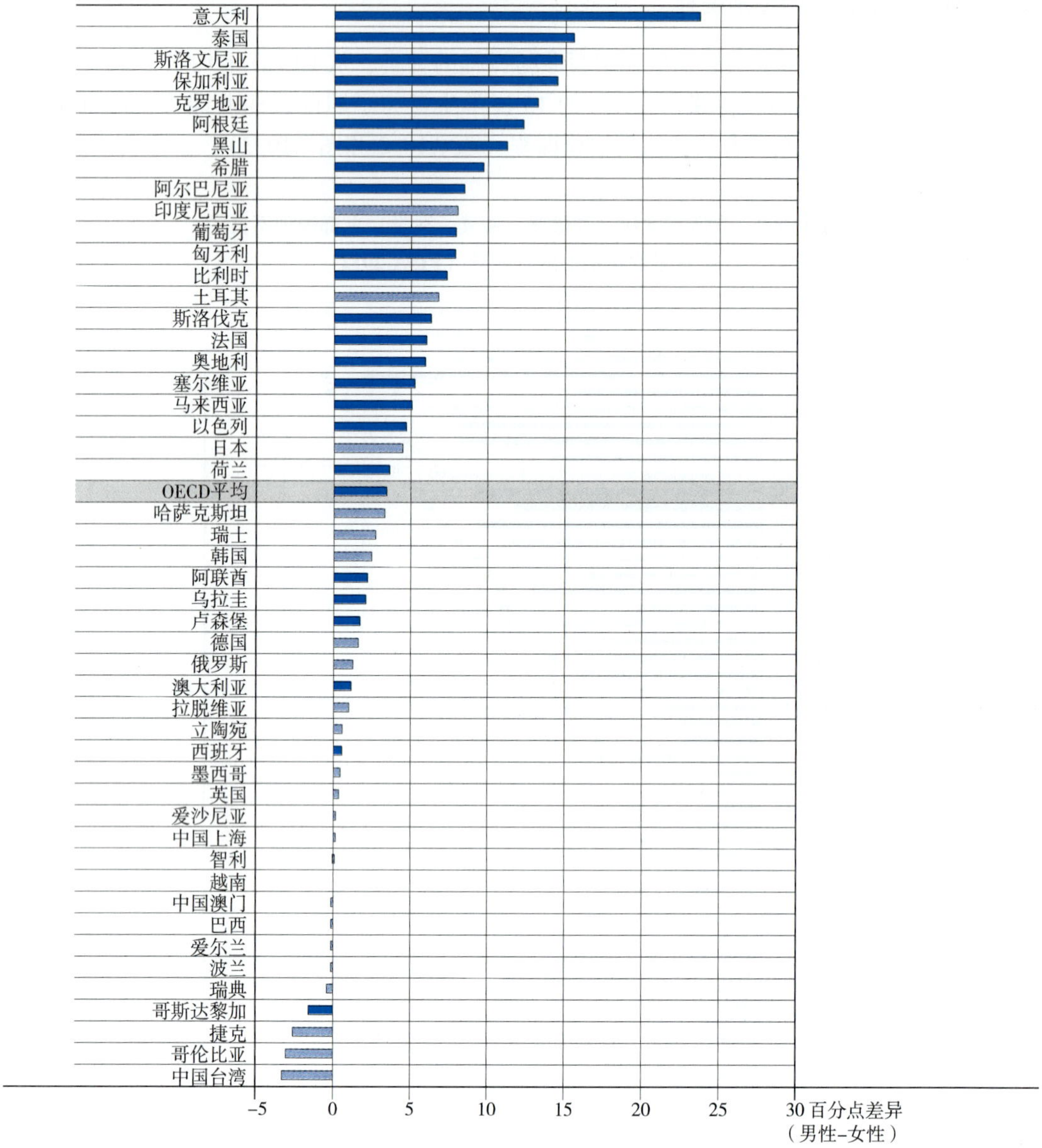

注：达到统计学显著水平的性别差异用更深的颜色标示。
数字仅展现 15 岁青少年能选择参与职业课程的国家或地区的情况。
斯洛伐克的数据未考虑参与模块化课程的性别差异。
国家或地区按照男性与女性在参与职业课程而不是普通教育课程上的百分点差异降序排列。
数据来源：OECD，Table A10.2. See Annex 3 for notes（www.oecd.org/education/education-at-a-glance-19991487.htm）.
StatLink http：//dx.doi.org/10.1787/888933283846

就 OECD 国家的平均水平来说，16%的 15 岁男性和 13%的 15 岁女性接受了职前和职业学校教育。然而，在那些大部分学生参与了职前和职业教育的国家中，男性在这些课程中的人数过多。例如，在意大利，50%的学生参与了职前和职业课程，然而，其中 61%为男性，女性的比例只有 37%（图 A10.3）。

从某种程度上说，这种不同可能反映了以下事实：在学业上，男性表现可能不如女性，这些男性在技术和职业教育中占据了大部分份额。但是，男性在这些领域的高比例也同样反映出他们已经意识到要为进入劳动力市场做准备，要掌握更多的实践技能，或者反映出男性比女性更喜欢职业教育的内容以及学习方法等这一事实。

学习领域的性别差异

在 OECD 国家，参与高级中等职业教育的男性的比例略高于女性。15 岁男女性对自己将来工作的期望有很大不同。男性更期望在科学、技术、工程和数学领域（STEM）工作；即使男性和女性在数学上的表现一样好，父母也更倾向于希望儿子在 STEM 领域工作，而不是女儿（更多详情参见专栏 A10.1）。

就 OECD 国家的平均水平来看，参与 2012 年成人技能调查的 16—65 岁人群中，男性学过工程、制造和建筑的比例是女性的 5 倍多（38%的男性报告自己学过这类学科，女性只有 7%），男性学过科学、数学和计算的比例高出同龄女性 3 个百分点（10%的男性报告自己学过这类学科，女性只有 7%）。与此相反，16—65 岁的女性学过卫生和福利的比例大约是男性的 4 倍（15%的女性报告，男性只有 4%），学过教育科学、参加过教师培训的女性比例是男性的 3 倍（9%的女性报告，男性只有 3%），学过人文、语言和艺术的女性比例约是男性的 2 倍（10%的女性报告，男性只有 5%）（表 A10.3 和图 A10.4）。

在所有国家和地区，16—65 岁人群中报告自己学过工程、制造和建筑的比例的性别差异大于 19 个百分点。在奥地利、捷克、芬兰、德国和斯洛伐克，这一差异更大，这些国家中男性报告自己学过这些学科的比例高出女性 40 多个百分点。在加拿大、爱沙尼亚、意大利、韩国和英国，这一差异最小（表 A10.3 和图 A10.4）。

在除了爱沙尼亚以外的所有国家中，性别差异（反映在百分点差异上）小是因为很少有人学习这些学科，而不是因为这些学科领域性别平等。在卫生和福利等学科上表现出很小性别差异的国家，在这些项目上吸引到的学生也很少。例如，意大利、韩国、波兰和俄罗斯这些领域的性别差异很小，但同时，也很少有成人报告自己学过这些学科（图 A10.4）。

专栏 A10.1　父母对孩子的期望

如图 A10.a 所示，父母对儿子和女儿的期望仍然不同。这也许是因为父母对女性和男性所擅长的领域以及他们进入劳动力市场后对职业的追求持有刻板印象。而这些反过来又与劳动力市场的职业隔离相关。

在智利、克罗地亚、德国、中国香港、匈牙利、意大利、韩国、中国澳门、墨西哥和葡萄牙，参加了 2012 年 PISA 测试的学生将问卷带回家请父母填写。父母反馈的信息可用来进一步分析父母的态度和认知。此外，父母被要求填写自己对其 15 岁孩子 30 岁时工作的期望。

图 A10.a 显示，在父母参与调查的所有国家和地区，父母更希望自己的儿子而不是女儿从事 STEM 领域的工作。比如在智利，50%的父母希望 15 岁的儿子将来从事 STEM 领域的工作，而希望女儿从事此类工作的父母比例只有 16%。

父母期望 15 岁子女从事 STEM 工作的比例的性别差异，在智利、匈牙利和葡萄牙远超 30 个百分点。在韩国，较少的父母期望子女将来从事 STEM 工作——只有 17%的男生的家长和 9%的女生的家长希望如此；但即便如此，此性别差异也达到 7 个百分点。

图 A10. a　父母希望其子女从事 STEM 相关工作的比例（PISA 2012）

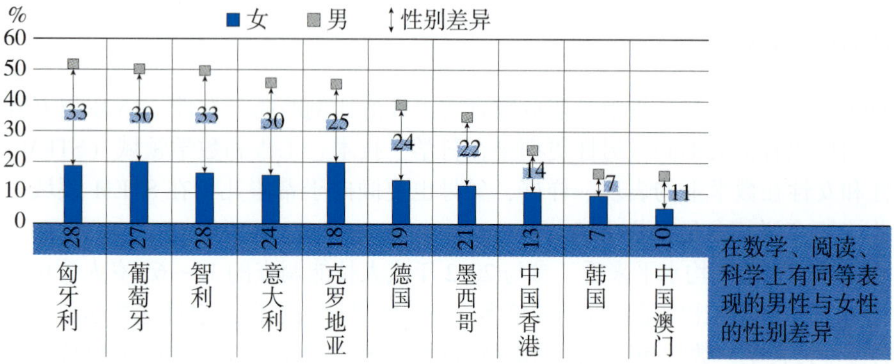

注：所有的性别差异均显著。STEM 代表科学、技术、工程和数学。

国家或地区按照男孩父母期望其在 30 岁时从事 STEM 相关工作的比例降序排列。

数据来源：OECD. Table A10. 2. See Annex 3 for notes (www. oecd. org/education/education-at-a-glance-19991487. htm).

StatLink http：//dx. doi. org/10. 1787/888933283880

学业上的性别差异并不能解释研究发现的这种父母对于子女将来从事 STEM 相关工作期望的差异。在所有参与国家或地区，即使只考虑学生在阅读、数学和科学上的表现，性别差异依然很大、很显著。与预期一致，如果孩子在数学上的表现更好，父母就更期望其将来能从事 STEM 相关工作。换句话说，孩子的数学成绩越好，父母期望他们从事 STEM 相关工作的可能性越高。在克罗地亚和意大利，孩子在阅读上的表现越好，父母就越不可能期望他们将来从事 STEM 相关工作。

PISA 的测试结果显示，在中国香港、韩国、中国澳门、墨西哥和葡萄牙，当学生在阅读、数学和科学上的表现相当时，经济条件好的家庭的父母比经济条件差的家庭的父母更希望孩子从事 STEM 相关工作。意大利是唯一一个家庭经济条件好的父母较少地期望自己的孩子从事 STEM 相关工作的国家。

文献资料提到女性也许是因为缺少榜样的力量，才对自己在数学和科学方面的能力缺乏自信。女性科学家的缺少意味着缺乏足够的可见证据来反驳“数学和科学在某种程度上是属于男性的学科”这种说法。PISA 结果显示，从全球范围来看，15 岁青少年的母亲在 STEM 相关领域工作的人很少；确实，在所有的国家和地区，在这些部门工作的女性远少于男性。但是 PISA 并没有提供确凿的证据证明，在那些母亲从事 STEM 相关工作的家庭中数学成绩上的性别差异得以缩减。实际上，在比利时、保加利亚、加拿大、法国、希腊、荷兰、卡塔尔、斯洛伐克、土耳其和乌拉圭，母亲在 STEM 领域工作的家庭里男性数学成绩更好，性别差异更大。

这些结果显示，尽管男女性在数学上的表现相似，还是有很多父母期望自己的子女追求不同的职业。然而，尽管拥有积极的榜样力量对女孩来说是非常重要的，父母尤其是母亲在科学与数学相关领域工作的女孩的数学成绩仍低于来自同样家庭的男性。一个可能的原因是女性对数学有着非常高水平的焦虑感，实际上她们也经常被严格要求，在学校里要表现良好，学习成绩要好。高的焦虑感和高的期望值相结合，很容易导致高压之下的崩溃。

图 A10.4　参加 2012 年成人技能调查的人口比例，按领域划分

16—65 岁

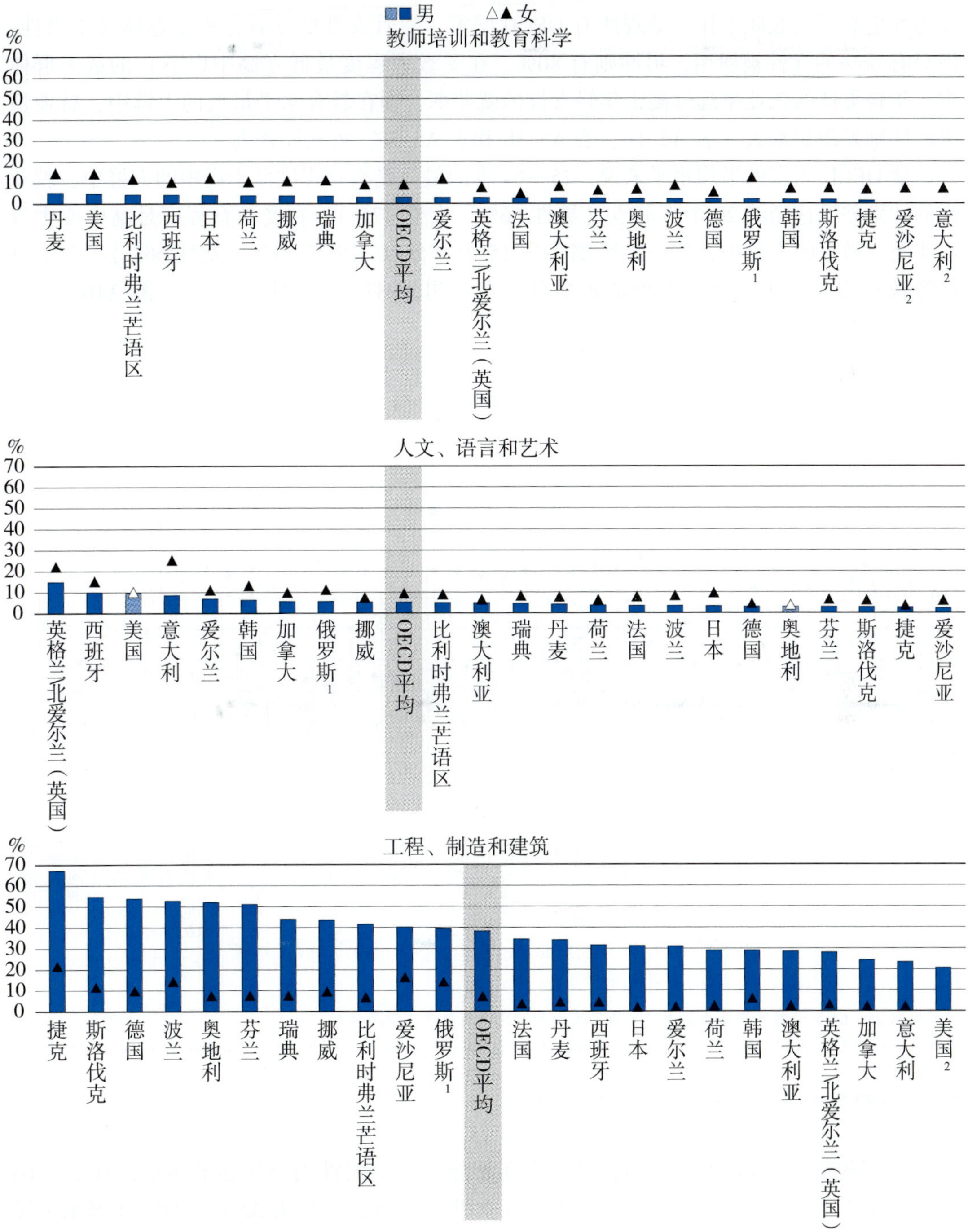

注：达到统计学显著水平的性别差异用更深的颜色标示。

1. 参见方法部分关于俄罗斯数据的说明。

2. 样本量太小。

国家或地区按照男性在每个领域的比例降序排列。

数据来源：OECD. Survey of Adult Skills (PIAAC) (2012), Table A10. 3. See Annex 3 for notes (www. oecd. org/education/education-at-a-glance-19991487. htm).

StatLink http://dx. doi. org/10. 1787/888933283850

A10

就业率的性别差异

2014 年，即使拥有了高学历，女性进入劳动力市场的可能性还是低于男性，并且女性比男性更有可能兼职工作。综观所有 OECD 国家，尽管女性的受教育程度总体高于男性，但只有 66%的女性被雇用，男性则有 80%。在受教育程度最低（高中以下）的成人群体中，年轻男性的就业率远远高于年轻女性的就业率，即在教育水平最低的人群中，就业情况的性别差距非常大（表 A5. 1b、表 A5. 3b 和表 A5. 3c，可在线查询）。

就 OECD 国家的平均水平来说，25—64 岁的最高受教育程度低于高中的人群中，就业率的性别差异达到约 20 个百分点（男性 66%，女性 47%）。在受教育程度是高中或中等后非高等教育的人群中，这一差距缩小到 15 个百分点（男性 81%，女性 66%）。在受过高等教育的人群中，这一差距是 8 个百分点（男性 87%，女性 79%）（图 A10. 5、表 A5. 3b 和表 A5. 3c，可在线查询）。

图 A10. 5 受教育程度为高中以下和高等教育的 25—64 岁男性与女性的就业率（2014 年）

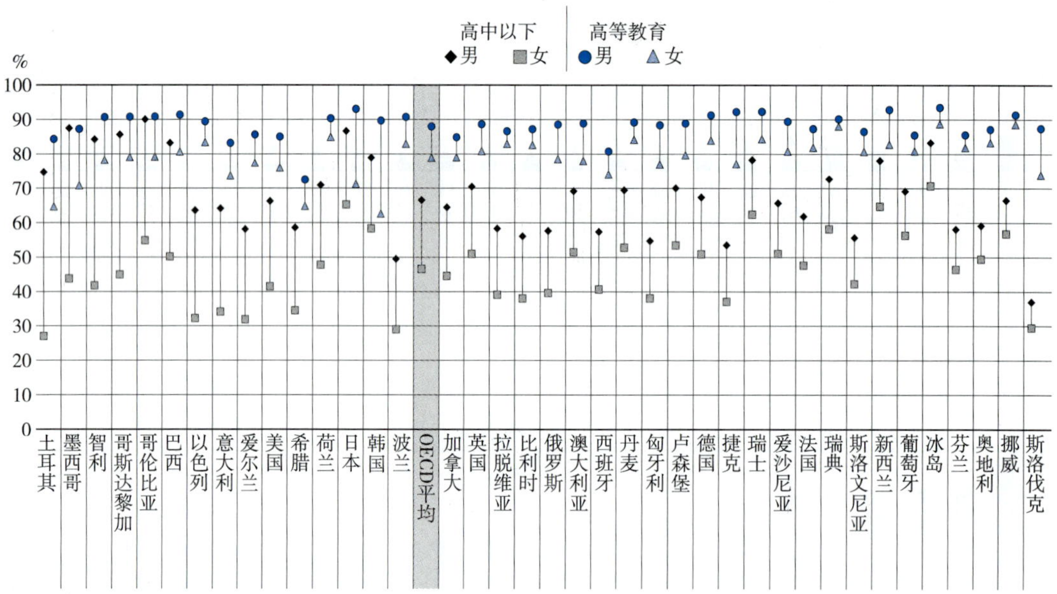

国家按照 25—64 岁受教育程度为高中以下的男性和女性的就业率差值降序排列。

数据来源：OECD. Tables A5. 3b and c. See Annex 3 for notes（www. oecd. org/education/education-at-a-glance-19991487. htm）.

StatLink http://dx. doi. org/10. 1787/888933283861

尽管随着受教育程度的提高，男女性在就业率方面的性别差异逐渐缩小，且 25—64 岁的女性接受过高等教育的比例高于男性（女性为 35%，男性为 32%），OECD 国家中接受过高等教育的女性的就业率依然显著低于男性（表 A1. 3b、表 A5. 3b 和表 A5. 3c，可在线查询）。

除斯洛伐克外，OECD 国家 25—64 岁接受过高等教育的人群中就业率的性别差异，小于那些同龄但未接受过高中教育的人。在智利、墨西哥和土耳其，这一差异较大，超过 25 个百分点（表 A5. 3b 和表 A5. 3c，可在线查询）。

平均来说，与就业率相比，未就业率的性别差异很少被提及。这可部分地从男女参与劳动力市场的差异来解释。在受教育程度低于高中的成人中，男女未就业率相同（两者都是 12.5%左右）。在那些接受过高中或中等后非高等教育的成人中，女性的未就业率（8%）高于男性（7%）。这种现象在高学历的成人中也存在，女性为 6%，男性为 5%（表 A5.4b 和表 A5.4c，可在线查询）。

在希腊和土耳其，未就业率的性别差异非常大。2014 年，土耳其有 12%拥有高等教育学历的女性未被雇用，而在男性中，这个比例只有 6%；在希腊，拥有高等教育学历的人群中 21%的女性和 17%的男性未被雇用。在那些最高教育水平为高中的人群中，这种差异更为显著：在土耳其，2014 年有 17%的女性未被雇用，而男性只有 7%；在希腊，34%的女性和 23%的男性未被雇用（表 5.4b 和表 5.4c，可在线查询）。

职场男性和女性的收入差异，按学历分类

在劳动力市场上，女性不仅人数少，收入也比男性少。抛开受教育程度，收入上的性别差异依然存在。即使在受过高等教育的成人中，女性的收入也比男性少。全职全年劳动者收入的数据表明，收入的性别差异在高等教育学历劳动者中最大。在 OECD 国家中，一位 35—44 岁高等教育学历女性的收入只有同等条件男性的 74%。只有在比利时、卢森堡、瑞典、瑞士和土耳其，高等教育学历女性的收入是男性的 85%或更多。在爱沙尼亚、匈牙利、以色列、韩国和斯洛伐克，高等教育学历女性的收入只有同等条件男性的 65%甚至更少（图 A10.6 和表 A6.2a）。

然而，解释这个结果时应谨慎。实际上，这个结果可以部分地由女性在最高水平高等教育以及被劳动力市场所推崇的某些专业中的人数不足来解释，这些专业包括工程、制造和建筑等。

图 A10.6 35—44 岁高等教育学历的女性收入占同等条件男性收入的百分比

（根据 2013 年或可得的最近一年数据计算）

全年全职劳动者

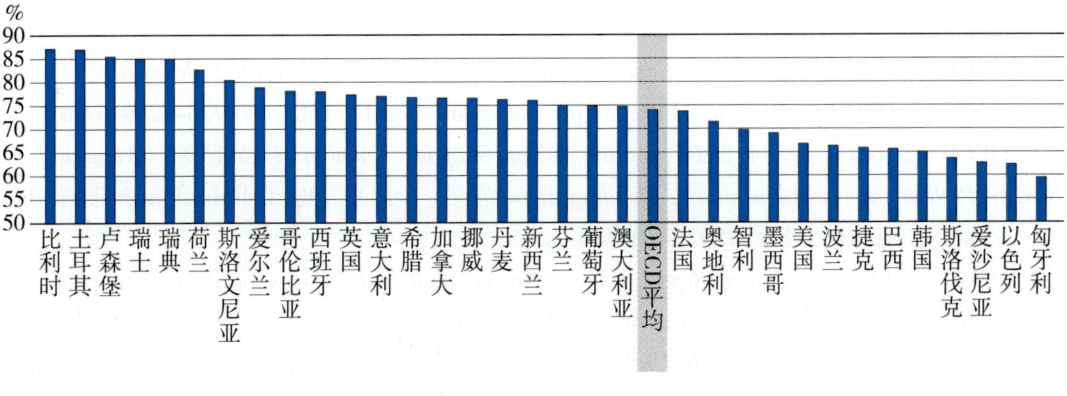

国家按照 35—44 岁高等教育学历的女性收入占同等条件男性收入的百分比降序排列。

数据来源：OECD. Tables A6.2a. See Annex 3 for notes (www.oecd.org/education/education-at-a-glance-19991487.htm).

StatLink http://dx.doi.org/10.1787/888933283861

A10

方法

人口和受教育程度数据来源于 OECD 和欧盟统计局数据库，该数据库基于 OECD LSO 网络编纂的国家劳动力调查数据。阿根廷、中国、哥伦比亚、印度尼西亚、沙特阿拉伯和南非的受教育程度数据来自 UNESCO 统计所（UIS）对 25 岁及以上人口受教育程度的统计。

PISA 针对的人群是 15 岁的学生。从操作上说，这些学生在测试伊始的年龄是 15 岁零 3 个月到 16 岁零 2 个月，在教育机构登记入学，而不论其年级、教育机构的性质以及属于全日制学生还是非全日制学生。

学习领域的数据基于 2012 年成人技能调查（PIAAC）。更多信息参见附录 3（www.oecd.org/edu/eag.htm）。

本指标基于 OECD LSO 网络的常规数据收集，OECD LSO 网络考虑了所有个体在所有工作时间的收入，即使个体只是兼职工作或者一年中只工作了部分时间。这个指标基于那些全职和全年工作的收入。更多信息参见附录 3（www.oecd.org/education/education-at-a-glance-19991487.htm）。

关于以色列数据的说明

以色列的统计数据由以色列有关当局负责提供。在使用这些数据时，OECD 根据国际法的规定对戈兰高地、东耶路撒冷和约旦河西岸以色列定居点的地位不持偏见。

关于俄罗斯成人技能调查（PIAAC）数据的说明

读者应当注意到，俄罗斯样本中不包含莫斯科市区的人口。因此，公布的数据不能代表 16—65 岁的全体俄罗斯居民，而是除莫斯科市区人口之外该年龄段的俄罗斯居民。关于俄罗斯及其他国家数据的更多信息请参见成人技能调查技术报告（OECD，2014b）。

参考文献

OECD（2015），*The ABC of Gender Equality in Education：Aptitude，Behaviour，Confidence*，PISA，OECD Publishing，Paris. http：//dx.doi.org/10.1787/9789264229945-en.

OECD（2014a），*PISA 2012 Results：What Students Know and Can Do（Volume I）：Student Performance in Mathematics，Reading and Science*，PISA，OECD Publishing，Paris. http：//dx.doi.org/10.1787/9789264208780-en.

OECD（2014b），*Technical Report of the Survey of Adult Skills*，www.oecd.org/site/piaac/_Technical%20Report_17OCT13.pdf，pre-publication copy.

OECD（2013），*OECD Skills Outlook 2013：First Results from the Survey of Adult Skills*，OECD Publishing，Paris，http：//dx.doi.org/10.1787/9789264204256-en.

表 A10.1［1/3］ 数学、阅读和科学成绩不良学生的百分比，按性别划分（PISA 2012）

未达到 PISA 基本能力水平 2 的 15 岁学生的百分比

		男性									
		在三门学科上均表现良好		仅在数学上表现不良		仅在阅读上表现不良		仅在科学上表现不良		在三门学科上均表现不良	
		%	S. E.	%	S. E.	%	S. E.	%	S. E.	%	S. E.
		(1)	(2)	(3)	(4)	(5)	(6)	(7)	(8)	(9)	(10)
OECD 国家	澳大利亚	76	(0.8)	18	(0.7)	19	(0.6)	14	(0.6)	11	(0.6)
	奥地利	72	(1.7)	16	(1.4)	26	(1.7)	16	(1.4)	12	(1.2)
	比利时	75	(1.2)	19	(1.3)	20	(1.2)	18	(1.2)	13	(1.1)
	加拿大	80	(0.8)	13	(0.7)	15	(0.7)	11	(0.7)	7	(0.6)
	智利	48	(2.1)	45	(2.1)	39	(2.2)	33	(1.9)	26	(1.8)
	捷克	72	(1.7)	19	(1.4)	23	(1.7)	14	(1.4)	11	(1.2)
	丹麦	76	(1.5)	15	(1.3)	19	(1.5)	16	(1.3)	11	(1.1)
	爱沙尼亚	83	(1.1)	11	(0.9)	14	(1.1)	6	(0.6)	4	(0.6)
	芬兰	79	(1.1)	14	(0.9)	18	(1.1)	10	(0.9)	7	(0.6)
	法国	69	(1.4)	22	(1.1)	25	(1.3)	20	(1.4)	15	(1.0)
	德国	77	(1.1)	17	(1.1)	20	(1.2)	13	(1.0)	10	(1.0)
	希腊	57	(1.9)	34	(1.7)	32	(1.7)	30	(1.8)	21	(1.5)
	匈牙利	67	(1.7)	28	(1.7)	27	(1.9)	19	(1.7)	15	(1.4)
	冰岛	65	(1.3)	23	(1.1)	30	(1.3)	25	(1.1)	18	(1.0)
	爱尔兰	81	(1.5)	15	(1.4)	13	(1.3)	11	(1.2)	8	(1.1)
	以色列	60	(2.8)	34	(2.6)	32	(2.6)	31	(2.6)	24	(2.2)
	意大利	68	(1.0)	23	(0.9)	26	(0.9)	19	(0.7)	14	(0.6)
	日本	84	(1.5)	11	(1.2)	13	(1.3)	9	(1.1)	7	(0.9)
	韩国	87	(1.5)	9	(1.2)	10	(1.4)	7	(1.1)	5	(1.0)
	卢森堡	69	(1.0)	20	(0.8)	26	(0.9)	20	(0.8)	14	(0.7)
	墨西哥	38	(0.9)	51	(1.0)	47	(1.1)	45	(1.0)	33	(1.0)
	荷兰	80	(1.5)	14	(1.3)	17	(1.4)	13	(1.3)	9	(1.1)
	新西兰	73	(1.3)	22	(1.2)	21	(1.2)	17	(1.1)	13	(0.9)
	挪威	70	(1.4)	23	(1.2)	22	(1.4)	21	(1.3)	14	(1.0)
	波兰	79	(1.3)	15	(1.2)	16	(1.2)	10	(0.9)	8	(0.8)
	葡萄牙	69	(1.8)	24	(1.5)	25	(1.8)	20	(1.6)	15	(1.4)
	斯洛伐克	60	(1.9)	28	(1.6)	35	(2.0)	27	(1.8)	21	(1.7)
	斯洛文尼亚	66	(1.2)	20	(1.0)	30	(1.1)	15	(0.8)	12	(0.7)
	西班牙	70	(1.1)	22	(1.0)	23	(0.9)	16	(0.8)	12	(0.7)
	瑞典	63	(1.6)	28	(1.4)	31	(1.8)	25	(1.5)	19	(1.5)
	瑞士	79	(1.2)	12	(0.8)	18	(1.1)	13	(1.0)	8	(0.7)
	土耳其	53	(2.3)	41	(2.2)	31	(2.1)	30	(2.0)	21	(1.7)
	英国	75	(1.7)	20	(1.4)	20	(1.7)	14	(1.2)	11	(1.1)
	美国	69	(1.7)	26	(1.5)	22	(1.8)	20	(1.6)	15	(1.4)
	OECD 平均	70	(0.3)	22	(0.2)	24	(0.3)	18	(0.2)	14	(0.2)

注：有统计显著性差异的数值用粗体标示。

数据来源：OECD，PISA 2012 Database. See Annex 3 for notes（www.oecd.org/education/education-at-a-glance-19991487.htm）.

缺失数据代码参见《读者指南》。

StatLink http://dx.doi.org/10.1787/888933285319

A10

表 A10.1 [1/3] (续) 数学、阅读和科学成绩不良学生的百分比，按性别划分 (PISA 2012)

未达到 PISA 基本能力水平 2 的 15 岁学生的百分比

		男性									
		在三门学科上均表现良好		仅在数学上表现不良		仅在阅读上表现不良		仅在科学上表现不良		在三门学科上均表现不良	
		%	S. E.	%	S. E.	%	S. E.	%	S. E.	%	S. E.
		(1)	(2)	(3)	(4)	(5)	(6)	(7)	(8)	(9)	(10)
伙伴国及地区	阿尔巴尼亚	27	(1.3)	61	(1.5)	55	(1.9)	55	(1.5)	40	(1.2)
	阿根廷	28	(2.0)	63	(2.4)	61	(2.0)	52	(2.5)	45	(2.3)
	巴西	28	(1.1)	64	(1.1)	59	(1.2)	55	(1.3)	46	(1.2)
	保加利亚	43	(2.3)	45	(2.2)	51	(2.4)	42	(2.4)	35	(2.2)
	哥伦比亚	28	(1.8)	67	(1.9)	57	(1.8)	51	(1.8)	44	(1.8)
	哥斯达黎加	41	(2.3)	52	(2.3)	39	(2.1)	36	(2.0)	26	(1.8)
	克罗地亚	65	(1.9)	29	(1.7)	27	(1.9)	19	(1.4)	16	(1.3)
	中国香港	89	(1.2)	9	(1.0)	9	(1.0)	6	(0.7)	5	(0.6)
	印度尼西亚	19	(2.4)	74	(2.4)	62	(2.6)	67	(2.4)	53	(2.5)
	约旦	21	(2.1)	72	(2.4)	69	(2.3)	61	(2.7)	55	(2.7)
	哈萨克斯坦	29	(2.1)	45	(2.0)	67	(2.0)	44	(2.2)	32	(1.8)
	拉脱维亚	69	(1.7)	22	(1.5)	25	(1.9)	15	(1.4)	11	(1.3)
	列支敦士登	82	(3.1)	11	(2.8)	14	(3.0)	8	(2.2)	5	(2.3)
	立陶宛	63	(1.6)	28	(1.3)	32	(1.7)	19	(1.3)	16	(1.1)
	中国澳门	80	(0.8)	12	(0.7)	16	(0.7)	10	(0.6)	6	(0.5)
	马来西亚	31	(1.9)	54	(2.0)	63	(2.0)	48	(1.9)	42	(1.8)
	黑山	33	(0.9)	57	(1.1)	57	(1.1)	54	(1.0)	45	(1.1)
	秘鲁	21	(1.7)	71	(1.9)	65	(1.9)	67	(2.1)	55	(2.0)
	卡塔尔	23	(0.6)	71	(0.6)	68	(0.5)	68	(0.6)	60	(0.6)
	罗马尼亚	44	(2.2)	40	(2.2)	47	(2.2)	39	(2.0)	28	(1.9)
	俄罗斯	63	(1.7)	25	(1.4)	29	(1.8)	20	(1.5)	14	(1.1)
	塞尔维亚	48	(2.1)	37	(2.0)	43	(1.9)	37	(2.3)	27	(1.9)
	中国上海	94	(0.8)	4	(0.7)	4	(0.6)	3	(0.5)	2	(0.4)
	新加坡	84	(0.7)	10	(0.7)	13	(0.6)	11	(0.7)	7	(0.7)
	中国台湾	81	(1.4)	14	(1.3)	16	(1.3)	11	(1.1)	9	(1.1)
	泰国	37	(1.8)	54	(1.8)	48	(1.8)	39	(1.8)	32	(1.8)
	突尼斯	26	(2.1)	64	(2.2)	57	(2.4)	55	(2.2)	43	(2.4)
	阿联酋	43	(1.8)	48	(1.7)	48	(1.7)	42	(1.9)	36	(1.6)
	乌拉圭	35	(1.6)	53	(1.8)	55	(1.8)	47	(1.7)	38	(1.7)
	越南	81	(2.4)	14	(2.1)	14	(2.0)	8	(1.4)	6	(1.3)

注：有统计显著性差异的数值用粗体标示。

数据来源：OECD, PISA 2012 Database. See Annex 3 for notes (www.oecd.org/education/education-at-a-glance-19991487.htm).

缺失数据代码参见《读者指南》。

StatLink http://dx.doi.org/10.1787/888933285319

表 A10.1［2/3］　数学、阅读和科学成绩不良学生的百分比，按性别划分（PISA 2012）

未达到 PISA 基本能力水平 2 的 15 岁学生的百分比

		女性									
		在三门学科上均表现良好		仅在数学上表现不良		仅在阅读上表现不良		仅在科学上表现不良		在三门学科上均表现不良	
		%	S. E.	%	S. E.	%	S. E.	%	S. E.	%	S. E.
		(11)	(12)	(13)	(14)	(15)	(16)	(17)	(18)	(19)	(20)
OECD国家	澳大利亚	77	(0.8)	21	(0.8)	9	(0.6)	13	(0.7)	7	(0.5)
	奥地利	76	(1.5)	21	(1.4)	13	(1.1)	15	(1.4)	10	(1.0)
	比利时	77	(1.1)	19	(1.1)	12	(0.9)	17	(1.0)	10	(0.8)
	加拿大	83	(0.6)	14	(0.7)	7	(0.4)	10	(0.5)	5	(0.4)
	智利	41	(1.8)	57	(1.9)	27	(1.7)	35	(1.7)	22	(1.7)
	捷克	75	(1.6)	23	(1.7)	11	(1.2)	13	(1.4)	7	(1.0)
	丹麦	77	(1.2)	19	(1.1)	10	(0.9)	17	(1.0)	8	(0.9)
	爱沙尼亚	88	(0.8)	10	(0.8)	4	(0.7)	4	(0.5)	2	(0.4)
	芬兰	89	(0.7)	10	(0.7)	5	(0.6)	6	(0.5)	3	(0.5)
	法国	75	(1.1)	22	(1.1)	13	(1.1)	17	(1.0)	10	(0.9)
	德国	80	(1.4)	19	(1.3)	9	(0.9)	11	(1.0)	7	(0.9)
	希腊	60	(1.7)	37	(1.7)	13	(1.1)	21	(1.5)	10	(1.1)
	匈牙利	70	(1.6)	28	(1.7)	13	(1.2)	17	(1.4)	11	(1.1)
	冰岛	73	(1.2)	20	(1.0)	12	(0.8)	22	(1.1)	9	(0.8)
	爱尔兰	80	(1.4)	19	(1.2)	6	(0.9)	10	(1.1)	5	(0.7)
	以色列	63	(1.6)	33	(1.6)	15	(1.3)	26	(1.6)	13	(1.3)
	意大利	70	(1.1)	27	(1.0)	13	(0.7)	18	(1.0)	9	(0.6)
	日本	87	(1.2)	11	(1.1)	6	(0.8)	8	(1.0)	4	(0.7)
	韩国	90	(1.2)	9	(1.1)	4	(0.7)	5	(0.8)	3	(0.6)
	卢森堡	67	(0.9)	29	(0.7)	17	(0.9)	24	(0.9)	14	(0.9)
	墨西哥	35	(1.0)	58	(0.9)	35	(1.0)	48	(0.9)	29	(0.8)
	荷兰	81	(1.6)	16	(1.5)	11	(1.3)	13	(1.2)	8	(1.0)
	新西兰	74	(1.2)	24	(1.1)	11	(0.9)	15	(1.1)	9	(0.8)
	挪威	74	(1.5)	22	(1.4)	10	(0.9)	18	(1.3)	8	(0.9)
	波兰	84	(1.2)	14	(1.0)	5	(0.7)	8	(0.9)	4	(0.5)
	葡萄牙	71	(1.9)	26	(1.8)	12	(1.5)	17	(1.6)	10	(1.2)
	斯洛伐克	67	(2.1)	27	(1.7)	20	(2.2)	27	(2.1)	17	(1.6)
	斯洛文尼亚	78	(1.1)	20	(1.0)	11	(0.9)	11	(0.8)	7	(0.6)
	西班牙	72	(1.0)	25	(1.0)	13	(0.8)	15	(0.8)	9	(0.6)
	瑞典	70	(1.5)	26	(1.3)	14	(0.9)	19	(1.1)	11	(0.7)
	瑞士	83	(1.0)	13	(0.9)	9	(0.8)	12	(0.8)	6	(0.6)
	土耳其	55	(2.4)	43	(2.4)	12	(1.0)	22	(1.7)	10	(0.9)
	英国	74	(1.5)	24	(1.5)	13	(1.2)	16	(1.2)	11	(1.1)
	美国	73	(1.7)	25	(1.6)	11	(1.1)	16	(1.5)	9	(0.9)
	OECD 平均	73	(0.2)	24	(0.2)	12	(0.2)	17	(0.2)	9	(0.2)

注：有统计显著性差异的数值用粗体标示。

数据来源：OECD, PISA 2012 Database. See Annex 3 for notes (www.oecd.org/education/education-at-a-glance-19991487.htm).

缺失数据代码参见《读者指南》。

StatLink http://dx.doi.org/10.1787/888933285319

表 A10.1 [2/3]（续） 数学、阅读和科学成绩不良学生的百分比，按性别划分（PISA 2012）

未达到 PISA 基本能力水平 2 的 15 岁学生的百分比

		女性									
		在三门学科上均表现良好		仅在数学上表现不良		仅在阅读上表现不良		仅在科学上表现不良		在三门学科上均表现不良	
		%	S. E.	%	S. E.	%	S. E.	%	S. E.	%	S. E.
		(11)	(12)	(13)	(14)	(15)	(16)	(17)	(18)	(19)	(20)
伙伴国及地区	阿尔巴尼亚	29	(1.3)	60	(1.6)	49	(1.5)	50	(1.3)	35	(1.2)
	阿根廷	28	(2.0)	70	(2.1)	46	(1.9)	49	(2.3)	38	(1.9)
	巴西	25	(1.1)	72	(1.1)	43	(1.3)	55	(1.2)	38	(1.2)
	保加利亚	53	(2.1)	42	(2.0)	27	(2.1)	31	(2.0)	22	(1.9)
	哥伦比亚	19	(1.5)	80	(1.5)	47	(2.2)	60	(2.1)	42	(2.1)
	哥斯达黎加	31	(2.0)	66	(1.9)	26	(1.8)	42	(2.2)	21	(1.6)
	克罗地亚	68	(1.8)	31	(1.8)	9	(1.0)	15	(1.0)	7	(0.8)
	中国香港	91	(1.0)	8	(0.9)	4	(0.7)	5	(0.7)	3	(0.6)
	印度尼西亚	18	(2.1)	77	(2.2)	48	(2.4)	66	(2.5)	42	(2.4)
	约旦	33	(1.8)	65	(1.9)	33	(1.5)	38	(1.6)	26	(1.4)
	哈萨克斯坦	38	(1.9)	45	(1.9)	47	(1.7)	39	(2.1)	25	(1.4)
	拉脱维亚	80	(1.4)	18	(1.4)	8	(1.1)	9	(1.0)	5	(1.0)
	列支敦士登	79	(3.6)	17	(3.5)	10	(2.8)	13	(3.3)	7	(2.6)
	立陶宛	74	(1.5)	24	(1.4)	10	(0.9)	12	(1.1)	8	(0.8)
	中国澳门	87	(0.6)	10	(0.7)	6	(0.5)	7	(0.6)	3	(0.4)
	马来西亚	41	(1.9)	49	(2.0)	43	(1.8)	42	(1.7)	31	(1.6)
	黑山	40	(1.3)	56	(1.4)	29	(1.2)	46	(1.0)	26	(1.0)
	秘鲁	19	(2.1)	77	(2.2)	55	(2.4)	69	(2.4)	50	(2.4)
	卡塔尔	28	(0.6)	68	(0.7)	45	(0.6)	57	(0.7)	40	(0.6)
	罗马尼亚	50	(2.1)	41	(2.2)	28	(1.9)	35	(1.8)	20	(1.7)
	俄罗斯	71	(1.4)	23	(1.2)	15	(1.2)	17	(1.1)	9	(0.8)
	塞尔维亚	54	(2.0)	40	(1.8)	23	(1.7)	33	(1.9)	19	(1.5)
	中国上海	96	(0.6)	4	(0.6)	2	(0.3)	2	(0.4)	1	(0.3)
	新加坡	89	(0.8)	7	(0.6)	6	(0.6)	8	(0.6)	4	(0.4)
	中国台湾	87	(1.0)	11	(0.9)	7	(0.8)	8	(0.8)	5	(0.7)
	泰国	50	(2.0)	46	(2.1)	21	(1.4)	29	(1.7)	16	(1.2)
	突尼斯	24	(1.8)	71	(1.9)	42	(2.4)	55	(2.0)	36	(2.4)
	阿联酋	53	(1.8)	44	(1.7)	23	(1.5)	28	(1.8)	18	(1.4)
	乌拉圭	36	(1.4)	58	(1.6)	40	(1.5)	46	(1.5)	32	(1.4)
	越南	84	(1.7)	14	(1.6)	5	(1.0)	6	(1.0)	3	(0.7)

注：有统计显著性差异的数值用粗体标示。

数据来源：OECD, PISA 2012 Database. See Annex 3 for notes (www.oecd.org/education/education-at-a-glance-19991487.htm).

缺失数据代码参见《读者指南》。

StatLink http://dx.doi.org/10.1787/888933285319

表 A10.1 ［3/3］　数学、阅读和科学成绩不良学生的百分比，按性别划分（PISA 2012）

未达到 PISA 基本能力水平 2 的 15 岁学生的百分比

		性别差异(男性-女性)									
		在三门学科上均表现良好		仅在数学上表现不良		仅在阅读上表现不良		仅在科学上表现不良		在三门学科上均表现不良	
		百分点差异	S. E.	百分点差异	S. E.	百分点差异	S. E.	百分点差异	S. E.	百分点差异	S. E.
		(21)	(22)	(23)	(24)	(25)	(26)	(27)	(28)	(29)	(30)
OECD 国家	澳大利亚	-1	(1.0)	**-3**	(0.9)	**10**	(0.8)	1	(0.8)	**3**	(0.7)
	奥地利	**-5**	(2.3)	**-5**	(2.1)	**13**	(2.0)	1	(1.9)	2	(1.5)
	比利时	-3	(1.5)	-1	(1.7)	**8**	(1.3)	2	(1.4)	**3**	(1.2)
	加拿大	**-3**	(0.9)	-1	(0.8)	**8**	(0.8)	1	(0.8)	**3**	(0.7)
	智利	**7**	(2.2)	**-12**	(2.2)	**12**	(1.9)	-2	(1.9)	**4**	(1.8)
	捷克	-3	(2.2)	-3	(1.9)	**12**	(1.7)	2	(1.6)	**4**	(1.2)
	丹麦	-1	(1.5)	**-3**	(1.3)	**9**	(1.3)	0	(1.2)	**2**	(1.0)
	爱沙尼亚	**-5**	(1.2)	0	(1.1)	**10**	(1.2)	**2**	(0.7)	**2**	(0.8)
	芬兰	**-10**	(1.2)	**4**	(1.0)	**13**	(1.1)	**4**	(0.9)	**4**	(0.7)
	法国	**-6**	(1.6)	0	(1.2)	**13**	(1.6)	**3**	(1.3)	**5**	(1.2)
	德国	**-3**	(1.4)	-2	(1.3)	**11**	(1.1)	1	(1.0)	**3**	(1.0)
	希腊	**-3**	(1.8)	-2	(2.1)	**19**	(1.7)	**9**	(1.6)	**11**	(1.4)
	匈牙利	-3	(2.0)	-1	(2.1)	**14**	(2.0)	1	(2.0)	**5**	(1.7)
	冰岛	**-8**	(1.8)	**4**	(1.6)	**18**	(1.6)	3	(1.7)	**8**	(1.3)
	爱尔兰	1	(1.9)	**-4**	(1.8)	**7**	(1.5)	1	(1.5)	**3**	(1.2)
	以色列	-3	(2.8)	0	(2.6)	**17**	(2.5)	**5**	(2.6)	**12**	(2.2)
	意大利	-2	(1.2)	**-4**	(1.2)	**13**	(1.0)	2	(1.0)	**5**	(0.7)
	日本	-3	(1.5)	0	(1.3)	**7**	(1.1)	1	(1.1)	**2**	(0.8)
	韩国	-3	(1.7)	0	(1.4)	**6**	(1.4)	2	(1.1)	**2**	(1.0)
	卢森堡	2	(1.3)	**-9**	(1.0)	**9**	(1.0)	**-4**	(1.2)	0	(0.9)
	墨西哥	**3**	(1.0)	**-8**	(0.9)	**12**	(1.0)	**-3**	(0.9)	**4**	(0.8)
	荷兰	-1	(1.4)	-2	(1.3)	**6**	(1.4)	0	(1.1)	2	(1.0)
	新西兰	-1	(1.7)	-2	(1.6)	**10**	(1.4)	2	(1.5)	**5**	(1.1)
	挪威	**-4**	(1.6)	1	(1.5)	**13**	(1.3)	2	(1.3)	**6**	(1.2)
	波兰	**-5**	(1.4)	1	(1.3)	**11**	(1.2)	**2**	(1.1)	**4**	(0.9)
	葡萄牙	**-3**	(1.2)	-2	(1.4)	**12**	(1.7)	**3**	(1.2)	**6**	(1.1)
	斯洛伐克	**-6**	(2.2)	0	(2.0)	**15**	(2.3)	0	(2.2)	**4**	(1.9)
	斯洛文尼亚	**-12**	(1.8)	1	(1.5)	**19**	(1.4)	**4**	(1.2)	**5**	(0.9)
	西班牙	-2	(1.2)	**-3**	(1.1)	**10**	(1.0)	0	(0.8)	**3**	(0.7)
	瑞典	**-8**	(1.7)	2	(1.5)	**17**	(1.7)	**5**	(1.5)	**8**	(1.4)
	瑞士	**-4**	(1.4)	-1	(1.0)	**10**	(1.1)	0	(1.1)	**2**	(0.9)
	土耳其	-2	(2.5)	-3	(2.6)	**19**	(2.0)	**7**	(2.2)	**11**	(1.8)
	英国	1	(1.6)	**-4**	(1.4)	**6**	(1.4)	-2	(1.2)	0	(1.1)
	美国	**-4**	(1.7)	1	(1.4)	**11**	(1.5)	**4**	(1.6)	**6**	(1.1)
	OECD 平均	**-3**	(0.3)	**-2**	(0.3)	**12**	(0.3)	**2**	(0.2)	**4**	(0.2)

注：有统计显著性差异的数值用粗体标示。

数据来源：OECD, PISA 2012 Database. See Annex 3 for notes(www.oecd.org/education/education-at-a-glance-19991487.htm).

缺失数据代码参见《读者指南》。

StatLink http://dx.doi.org/10.1787/888933285319

表 A10.1 [3/3]（续） 数学、阅读和科学成绩不良学生的百分比，按性别划分（PISA 2012）

未达到 PISA 基本能力水平 2 的 15 岁学生的百分比

		性别差异(男性-女性)									
		在三门学科上均表现良好		仅在数学上表现不良		仅在阅读上表现不良		仅在科学上表现不良		在三门学科上均表现不良	
		百分点差异	S. E.	百分点差异	S. E.	百分点差异	S. E.	百分点差异	S. E.	百分点差异	S. E.
		(21)	(22)	(23)	(24)	(25)	(26)	(27)	(28)	(29)	(30)
伙伴国及地区	阿尔巴尼亚	-3	(1.9)	1	(2.4)	**6**	(2.2)	**5**	(1.5)	**4**	(1.5)
	阿根廷	0	(1.8)	**-7**	(1.9)	**16**	(1.8)	3	(2.0)	**7**	(1.8)
	巴西	**3**	(1.0)	**-8**	(1.1)	**15**	(1.3)	-1	(1.2)	**8**	(1.3)
	保加利亚	**-10**	(2.3)	3	(2.2)	**24**	(2.2)	**10**	(2.2)	**13**	(2.0)
	哥伦比亚	**9**	(1.9)	**-12**	(1.8)	**10**	(2.0)	**-9**	(2.2)	2	(2.1)
	哥斯达黎加	**10**	(2.0)	**-14**	(1.9)	**14**	(1.8)	**-6**	(2.3)	**6**	(1.7)
	克罗地亚	-3	(2.3)	-2	(2.2)	**18**	(1.8)	**4**	(1.6)	**9**	(1.5)
	中国香港	-2	(1.3)	0	(1.1)	**5**	(0.9)	1	(0.8)	**2**	(0.7)
	印度尼西亚	1	(2.0)	-2	(2.0)	**15**	(2.4)	1	(2.3)	**11**	(2.1)
	约旦	**-12**	(2.8)	**8**	(3.2)	**36**	(2.8)	**22**	(3.3)	**29**	(3.2)
	哈萨克斯坦	**-9**	(2.1)	1	(1.9)	**19**	(2.0)	**5**	(2.2)	**7**	(2.0)
	拉脱维亚	**-11**	(2.0)	**3**	(1.8)	**17**	(2.2)	**6**	(1.6)	**6**	(1.4)
	列支敦士登	2	(4.7)	-6	(4.8)	5	(4.4)	-4	(4.1)	-2	(3.3)
	立陶宛	**-11**	(1.8)	3	(1.3)	**21**	(1.5)	**7**	(1.2)	**9**	(1.1)
	中国澳门	**-7**	(1.0)	2	(0.9)	**10**	(0.9)	**3**	(0.8)	**3**	(0.7)
	马来西亚	**-10**	(1.9)	**5**	(2.1)	**20**	(1.9)	**6**	(2.0)	**11**	(1.9)
	黑山	**-6**	(1.5)	0	(1.4)	**27**	(1.8)	**8**	(1.5)	**18**	(1.6)
	秘鲁	2	(1.7)	**-6**	(1.9)	**10**	(2.1)	-2	(2.2)	**5**	(2.2)
	卡塔尔	**-6**	(0.8)	**3**	(0.8)	**23**	(0.8)	**11**	(0.7)	**20**	(0.8)
	罗马尼亚	**-7**	(2.2)	-1	(2.1)	**19**	(2.2)	**4**	(2.0)	**8**	(1.9)
	俄罗斯	**-8**	(1.6)	1	(1.3)	**14**	(1.6)	**4**	(1.3)	**5**	(1.1)
	塞尔维亚	**-5**	(2.2)	-3	(2.2)	**19**	(1.7)	4	(2.2)	**8**	(2.0)
	中国上海	**-2**	(0.6)	0	(0.6)	**3**	(0.5)	1	(0.5)	**1**	(0.4)
	新加坡	**-5**	(1.1)	**3**	(0.8)	**7**	(0.9)	**3**	(1.0)	**3**	(0.7)
	中国台湾	**-6**	(1.5)	3	(1.5)	**9**	(1.3)	**3**	(1.1)	**4**	(1.1)
	泰国	**-13**	(1.9)	**8**	(1.8)	**28**	(1.8)	**11**	(1.8)	**17**	(1.7)
	突尼斯	3	(1.5)	**-8**	(1.7)	**14**	(2.0)	0	(1.9)	**7**	(2.4)
	阿联酋	**-10**	(2.4)	4	(2.2)	**25**	(2.1)	**15**	(2.4)	**18**	(2.0)
	乌拉圭	0	(1.9)	**-6**	(2.0)	**15**	(1.8)	1	(1.9)	**6**	(1.7)
	越南	-3	(1.5)	0	(1.3)	**8**	(1.4)	2	(1.2)	**3**	(1.1)

注：有统计显著性差异的数值用粗体标示。

数据来源：OECD, PISA 2012 Database. See Annex 3 for notes (www.oecd.org/education/education-at-a-glance-19991487.htm).

缺失数据代码参见《读者指南》。

StatLink http://dx.doi.org/10.1787/888933285319

表 A10.2　参与普通课程、职业课程和模块化课程的 15 岁学生的性别差异

基于学生的自我报告（PISA 2012）

		男性参与以下三类课程的百分比						女性参与以下三类课程的百分比						参与以下三类课程的性别差异(男-女)					
		普通课程		职业课程		模块化课程		普通课程		职业课程		模块化课程		普通课程		职业课程		模块化课程	
		%	S. E.	%	S. E.	%	S. E.	%	S. E.	%	S. E.	%	S. E.	百分点差异	S. E.	百分点差异	S. E.	百分点差异	S. E.
		(1)	(2)	(3)	(4)	(5)	(6)	(7)	(8)	(9)	(10)	(11)	(12)	(13)	(14)	(15)	(16)	(17)	(18)
OECD 国家	澳大利亚	89	(0.6)	11	(0.6)	0	c	90	(0.6)	10	(0.6)	0	c	**-1**	(0.6)	**1**	(0.6)	0	c
	奥地利	28	(1.6)	72	(1.6)	0	c	34	(1.6)	66	(1.6)	0	c	**-6**	(2.6)	**6**	(2.6)	0	c
	比利时	52	(1.4)	48	(1.4)	0	c	60	(1.5)	40	(1.5)	0	c	**-7**	(2.0)	**7**	(2.0)	0	c
	加拿大	0	c	0	c	100	c	0	c	0	c	100	c	0	c	0	c	0	c
	智利	97	(0.3)	3	(0.3)	0	c	97	(0.3)	3	(0.3)	0	c	0	(0.5)	0	(0.5)	0	c
	捷克	70	(2.2)	30	(2.2)	0	c	68	(2.4)	32	(2.4)	0	c	3	(3.9)	-3	(3.9)	0	c
	丹麦	100	c	0	c	0	c	100	c	0	c	0	c	0	c	0	c	0	c
	爱沙尼亚	100	(0.3)	0	(0.3)	0	c	100	(0.2)	0	(0.2)	0	c	0	(0.4)	0	(0.4)	0	c
	芬兰	100	c	0	c	0	c	100	c	0	c	0	c	0	c	0	c	0	c
	法国	82	(1.6)	18	(1.6)	0	c	88	(1.5)	12	(1.5)	0	c	**-6**	(2.0)	**6**	(2.0)	0	c
	德国	97	(1.3)	3	(1.3)	0	c	99	(0.6)	1	(0.6)	0	c	-2	(1.2)	2	(1.2)	0	c
	希腊	82	(2.6)	18	(2.6)	0	c	91	(2.1)	9	(2.1)	0	c	**-10**	(1.2)	**10**	(1.2)	0	c
	匈牙利	82	(1.8)	18	(1.8)	0	c	90	(1.1)	10	(1.1)	0	c	**-8**	(2.1)	**8**	(2.1)	0	c
	冰岛	100	c	0	c	0	c	100	c	0	c	0	c	0	c	0	c	0	c
	爱尔兰	99	(0.3)	1	(0.3)	0	c	99	(0.2)	1	(0.2)	0	c	0	(0.3)	0	(0.3)	0	c
	以色列	95	(0.6)	5	(0.6)	0	c	99	(0.3)	1	(0.3)	0	c	**-5**	(0.9)	**5**	(0.9)	0	c
	意大利	39	(1.1)	61	(1.1)	0	c	63	(1.6)	37	(1.6)	0	c	**-24**	(2.1)	**24**	(2.1)	0	c
	日本	74	(1.7)	26	(1.7)	0	c	78	(1.6)	22	(1.6)	0	c	-4	(3.0)	4	(3.0)	0	c
	韩国	79	(2.6)	21	(2.6)	0	c	81	(2.4)	19	(2.4)	0	c	-2	(4.1)	2	(4.1)	0	c
	卢森堡	77	(0.3)	15	(0.2)	8	(0.3)	81	(0.3)	14	(0.2)	6	(0.2)	**-4**	(0.4)	**2**	(0.3)	**2**	(0.3)
	墨西哥	75	(1.0)	25	(1.0)	0	c	75	(1.1)	25	(1.1)	0	c	0	(0.7)	0	(0.7)	0	c
	荷兰	76	(1.9)	24	(1.9)	0	c	80	(1.9)	20	(1.9)	0	c	**-4**	(1.5)	**4**	(1.5)	0	c

注：有统计显著性差异的数值用粗体标示。

数据来源：OECD，PISA 2012 Database. See Annex 3 for notes（www. oecd. org/education/education-at-a-glance-19991487. htm）.

缺失数据代码参见《读者指南》。

StatLink http：//dx. doi. org/10. 1787/888933285319

表 A10.2（续） 参与普通课程、职业课程和模块化课程的 15 岁学生的性别差异

基于学生的自我报告（PISA 2012）

		男性参与以下三类课程的百分比						女性参与以下三类课程的百分比						参与以下三类课程的性别差异(男-女)					
		普通课程		职业课程		模块化课程		普通课程		职业课程		模块化课程		普通课程		职业课程		模块化课程	
		%	S. E.	%	S. E.	%	S. E.	%	S. E.	%	S. E.	%	S. E.	百分点差异	S. E.	百分点差异	S. E.	百分点差异	S. E.
		(1)	(2)	(3)	(4)	(5)	(6)	(7)	(8)	(9)	(10)	(11)	(12)	(13)	(14)	(15)	(16)	(17)	(18)
OECD 国家	新西兰	100	c	0	c	0	c	100	c	0	c	0	c	0	c	0	c	0	c
	挪威	100	c	0	c	0	c	100	c	0	c	0	c	0	c	0	c	0	c
	波兰	100	c	0	c	0	c	100	(0.1)	0	(0.1)	0	c	0	(0.1)	0	(0.1)	0	c
	葡萄牙	79	(2.4)	21	(2.4)	0	c	87	(1.8)	13	(1.8)	0	c	**-8**	(1.3)	**8**	(1.3)	0	c
	斯洛伐克	63	(2.3)	11	(2.2)	26	(1.8)	69	(2.3)	5	(1.2)	26	(2.1)	-7	(3.7)	**6**	(2.1)	0	(2.8)
	斯洛文尼亚	40	(0.8)	60	(0.8)	0	c	54	(0.6)	46	(0.6)	0	c	**-15**	(1.0)	**15**	(1.0)	0	c
	西班牙	99	(0.2)	1	(0.2)	0	c	100	(0.1)	0	(0.1)	0	c	**-1**	(0.2)	**1**	(0.2)	0	c
	瑞典	100	(0.1)	0	(0.1)	0	c	99	(0.2)	1	(0.2)	0	c	0	(0.2)	0	(0.2)	0	c
	瑞士	88	(2.2)	12	(2.2)	0	c	91	(2.0)	9	(2.0)	0	c	-3	(3.7)	3	(3.7)	0	c
	土耳其	59	(2.1)	41	(2.1)	0	c	65	(2.5)	35	(2.5)	0	c	-7	(4.5)	7	(4.5)	0	c
	英国	99	(0.2)	1	(0.2)	0	a	99	(0.2)	1	(0.2)	0	a	0	(0.3)	0	(0.3)	0	a
	美国	100	c	0	c	0	c	100	c	0	c	0	c	0	c	0	c	0	c
	OECD 平均	80	(0.2)	16	(0.2)	4	(0.1)	83	(0.2)	13	(0.2)	4	(0.1)	**-4**	(0.3)	**3**	(0.3)	0	(0.1)
伙伴国及地区	阿尔巴尼亚	88	(2.9)	12	(2.9)	0	c	96	(1.3)	4	(1.3)	0	c	**-8**	(2.6)	**8**	(2.6)	0	c
	阿根廷	79	(3.7)	21	(3.7)	0	c	91	(1.7)	9	(1.7)	0	c	**-12**	(2.4)	**12**	(2.4)	0	c
	巴西	100	(0.0)	0	(0.0)	0	c	100	(0.0)	0	(0.0)	0	c	0	(0.0)	0	(0.0)	0	c
	保加利亚	52	(2.4)	48	(2.4)	0	c	67	(2.8)	33	(2.8)	0	c	**-14**	(4.0)	**14**	(4.0)	0	c
	哥伦比亚	76	(2.3)	24	(2.3)	0	c	73	(2.6)	27	(2.6)	0	c	3	(1.8)	-3	(1.8)	0	c
	哥斯达黎加	92	(1.8)	8	(1.8)	0	c	90	(1.6)	10	(1.6)	0	c	**2**	(0.5)	**-2**	(0.5)	0	c
	克罗地亚	23	(1.5)	77	(1.5)	0	c	37	(1.5)	63	(1.5)	0	c	**-13**	(1.8)	**13**	(1.8)	0	c
	中国香港	100	c	0	c	0	c	100	c	0	c	0	c	0	c	0	c	0	c

注：有统计显著性差异的数值用粗体标示。
数据来源：OECD，PISA 2012 Database. See Annex 3 for notes（www.oecd.org/education/education-at-a-glance-19991487.htm）.
缺失数据代码参见《读者指南》。
StatLink http：//dx.doi.org/10.1787/888933285319

表 A10.2（续）　参与普通课程、职业课程和模块化课程的 15 岁学生的性别差异

基于学生的自我报告（PISA 2012）

	男性参与以下三类课程的百分比						女性参与以下三类课程的百分比						参与以下三类课程的性别差异(男-女)					
	普通课程		职业课程		模块化课程		普通课程		职业课程		模块化课程		普通课程		职业课程		模块化课程	
	%	S. E.	%	S. E.	%	S. E.	%	S. E.	%	S. E.	%	S. E.	百分点差异	S. E.	百分点差异	S. E.	百分点差异	S. E.
	(1)	(2)	(3)	(4)	(5)	(6)	(7)	(8)	(9)	(10)	(11)	(12)	(13)	(14)	(15)	(16)	(17)	(18)
伙伴国及地区																		
印度尼西亚	76	(4.2)	24	(4.2)	0	c	84	(3.1)	16	(3.1)	0	c	−8	(4.2)	8	(4.2)	0	c
约旦	100	c	0	c	0	c	100	c	0	c	0	c	0	c	0	c	0	c
哈萨克斯坦	91	(2.5)	9	(2.5)	0	c	94	(2.1)	6	(2.1)	0	c	−3	(2.1)	3	(2.1)	0	c
拉脱维亚	99	(0.9)	1	(0.9)	0	c	100	(0.4)	0	(0.4)	0	c	−1	(1.0)	1	(1.0)	0	c
列支敦士登	100	c	0	c	0	c	100	c	0	c	0	c	0	c	0	c	0	c
立陶宛	99	(0.4)	1	(0.4)	0	c	100	(0.1)	0	(0.1)	0	c	−1	(0.4)	1	(0.4)	0	c
中国澳门	98	(0.0)	2	(0.0)	0	c	98	(0.1)	2	(0.1)	0	c	0	(0.0)	0	(0.0)	c	c
马来西亚	84	(1.5)	16	(1.5)	0	c	89	(1.2)	11	(1.2)	0	c	**−5**	(1.5)	**5**	(1.5)	0	c
黑山	28	(0.4)	72	(0.4)	0	c	40	(0.2)	60	(0.2)	0	c	**−11**	(0.5)	**11**	(0.5)	0	c
秘鲁	100	c	0	c	0	c	100	c	0	c	0	c	0	c	0	c	0	c
卡塔尔	100	c	0	c	0	c	100	c	0	c	0	c	0	c	0	c	0	c
罗马尼亚	100	c	0	c	0	c	100	c	0	c	0	c	0	c	0	c	0	c
俄罗斯	95	(1.3)	5	(1.3)	0	c	97	(1.2)	3	(1.2)	0	c	−1	(1.2)	1	(1.2)	0	c
塞尔维亚	23	(1.3)	77	(1.3)	0	c	28	(1.2)	72	(1.2)	0	c	**−5**	(1.6)	**5**	(1.6)	0	c
中国上海	79	(1.0)	21	(1.0)	0	c	79	(1.2)	21	(1.2)	0	c	0	(1.9)	0	(1.9)	0	c
新加坡	100	c	0	c	0	c	100	c	0	c	0	c	0	c	0	c	0	c
中国台湾	67	(2.1)	33	(2.1)	0	c	64	(2.0)	36	(2.0)	0	c	3	(3.0)	−3	(3.0)	0	c
泰国	72	(1.4)	28	(1.4)	0	c	87	(1.2)	13	(1.2)	0	c	**−16**	(2.2)	**16**	(2.2)	0	c
突尼斯	100	c	0	c	0	c	100	c	0	c	0	c	0	c	0	c	0	c
阿联酋	96	(0.2)	4	(0.2)	0	c	98	(0.1)	2	(0.1)	0	c	**−2**	(0.2)	**2**	(0.2)	0	c
乌拉圭	95	(0.8)	3	(0.8)	2	(0.5)	99	(0.2)	0	(0.1)	1	(0.2)	**−4**	(0.8)	**2**	(0.8)	**2**	(0.5)
越南	99	(1.1)	0	(0.0)	1	(1.1)	100	(0.3)	0	(0.0)	0	(0.3)	−1	(0.7)	0	(0.0)	1	(0.7)

注：有统计显著性差异的数值用粗体标示。

数据来源：OECD，PISA 2012 Database. See Annex 3 for notes（www.oecd.org/education/education-at-a-glance-19991487.htm）.

缺失数据代码参见《读者指南》。

StatLink http：//dx.doi.org/10.1787/888933285319

表 A10.3 [1/2] 成人比例，按性别和最高学历专业划分

参与 2012 年成人技能调查的 16—65 岁人群

		普通课程						教师培训和教育科学						人文、语言和艺术					
		男		女		百分点差异（男-女）		男		女		百分点差异（男-女）		男		女		百分点差异（男-女）	
		%	S. E.	%	S. E.	%	S. E.	%	S. E.	%	S. E.	%	S. E.	%	S. E.	%	S. E.	%	S. E.
		(1)	(2)	(3)	(4)	(5)	(6)	(7)	(8)	(9)	(10)	(11)	(12)	(13)	(14)	(15)	(16)	(17)	(18)
OECD	国家																		
	澳大利亚	31	(0.9)	28	(1.1)	3	(1.7)	3	(0.3)	8	(0.5)	**−6**	(0.6)	5	(0.4)	7	(0.6)	**−2**	(0.7)
	奥地利	9	(0.7)	10	(0.7)	−1	(1.0)	2	(0.3)	7	(0.5)	**−5**	(0.5)	3	(0.4)	4	(0.5)	−1	(0.6)
	加拿大	29	(0.6)	28	(0.6)	0	(1.1)	3	(0.3)	9	(0.4)	**−6**	(0.5)	6	(0.4)	10	(0.4)	**−4**	(0.5)
	捷克	4	(0.0)	8	(0.0)	**−4**	(0.1)	1	(0.0)	7	(0.0)	**−6**	(0.0)	3	(0.0)	4	(0.2)	**−1**	(0.2)
	丹麦	11	(0.7)	15	(0.7)	**−4**	(1.0)	5	(0.4)	15	(0.7)	**−9**	(0.9)	4	(0.4)	8	(0.5)	**−4**	(0.6)
	爱沙尼亚	29	(0.8)	23	(0.7)	**6**	(1.1)	c	c	7	(0.5)	c	c	2	(0.3)	6	(0.4)	**−4**	(0.5)
	芬兰	14	(0.8)	14	(0.7)	0	(1.2)	2	(0.3)	6	(0.5)	**−4**	(0.6)	3	(0.3)	6	(0.6)	**−4**	(0.7)
	法国	11	(0.8)	16	(1.0)	**−5**	(0.8)	3	(0.3)	5	(0.3)	**−2**	(0.5)	3	(0.3)	8	(0.5)	**−4**	(0.6)
	德国	6	(0.4)	7	(0.4)	−1	(0.6)	2	(0.3)	6	(0.4)	**−3**	(0.5)	3	(0.4)	4	(0.5)	**−1**	(0.6)
	爱尔兰	5	(0.7)	10	(0.8)	**−5**	(1.1)	3	(0.5)	12	(0.7)	**−9**	(0.9)	7	(0.8)	11	(0.9)	**−4**	(1.2)
	意大利	11	(1.2)	9	(0.9)	1	(1.3)	c	c	7	(0.9)	c	c	9	(0.8)	25	(1.2)	**−17**	(1.3)
	日本	34	(1.1)	46	(1.3)	**−12**	(1.5)	4	(0.4)	12	(1.0)	**−8**	(1.0)	3	(0.4)	10	(0.6)	**−7**	(0.6)
	韩国	33	(1.0)	41	(1.1)	**−8**	(1.5)	2	(0.3)	7	(0.6)	**−5**	(0.6)	6	(0.5)	13	(0.6)	**−7**	(0.7)
	荷兰	9	(0.7)	13	(0.7)	**−4**	(1.0)	4	(0.4)	10	(0.8)	**−7**	(0.9)	4	(0.5)	6	(0.6)	**−3**	(0.7)
	挪威	8	(0.6)	10	(0.8)	−2	(1.1)	4	(0.4)	11	(0.6)	**−7**	(0.8)	5	(0.5)	8	(0.5)	**−2**	(0.6)
	波兰	10	(0.5)	13	(0.7)	**−4**	(0.9)	2	(0.3)	9	(0.7)	**−6**	(0.7)	3	(0.4)	8	(0.5)	**−5**	(0.6)
	斯洛伐克	7	(0.6)	11	(0.7)	**−4**	(0.9)	2	(0.3)	8	(0.6)	**−6**	(0.6)	3	(0.4)	6	(0.5)	**−3**	(0.7)
	西班牙	12	(1.0)	12	(0.9)	0	(1.6)	4	(0.6)	10	(0.8)	**−6**	(1.0)	10	(0.8)	15	(1.0)	**−5**	(1.3)
	瑞典	11	(0.7)	14	(0.9)	**−4**	(1.1)	4	(0.3)	11	(0.7)	**−8**	(0.8)	5	(0.5)	8	(0.7)	**−4**	(0.9)
	英国	8	(0.9)	9	(0.7)	−1	(1.1)	5	(0.8)	14	(1.1)	**−9**	(1.2)	10	(0.8)	10	(0.8)	−1	(1.1)
	地区																		
	比利时弗兰芒语区	13	(0.7)	20	(0.9)	**−7**	(1.1)	4	(0.5)	12	(0.7)	**−7**	(0.8)	5	(0.5)	9	(0.7)	**−4**	(0.8)
	英格兰/北爱尔兰（英国）	19	(1.2)	21	(1.0)	−2	(1.5)	3	(0.4)	8	(0.6)	**−5**	(0.7)	15	(1.0)	22	(1.1)	**−7**	(1.6)
	平均	15	(0.2)	17	(0.2)	**−2**	(0.3)	3	(0.1)	9	(0.1)	**−6**	(0.2)	5	(0.1)	10	(0.1)	**−4**	(0.2)
伙伴国	俄罗斯	21	(0.7)	17	(1.0)	**4**	(1.1)	2	(0.4)	12	(1.2)	**−10**	(1.2)	6	(0.9)	11	(1.0)	**−6**	(1.3)

注：有统计显著性差异的数值用粗体标示。
参见方法部分关于俄罗斯数据的说明。
数据来源：OECD. Survey of Adult Skills（PIAAC）（2012）. See Annex 3 for notes（www. oecd. org/education/education-at-a-glance-19991487. htm）.
缺失数据代码参见《读者指南》。
StatLink http：//dx. doi. org/10. 1787/888933285332

表 A10.3［1/2］（续） 成人比例，按性别和最高学历专业划分

参与 2012 年成人技能调查的 16—65 岁人群

	社会科学、商业和法律						科学、数学和计算						工程、制造和建筑					
	男		女		百分点差异（男-女）		男		女		百分点差异（男-女）		男		女		百分点差异（男-女）	
	%	S. E.	%	S. E.	%	S. E.	%	S. E.	%	S. E.	%	S. E.	%	S. E.	%	S. E.	%	S. E.
	(19)	(20)	(21)	(22)	(23)	(24)	(25)	(26)	(27)	(28)	(29)	(30)	(31)	(32)	(33)	(34)	(35)	(36)
OECD 国家																		
澳大利亚	17	(0.8)	25	(0.8)	**−8**	(1.2)	6	(0.5)	4	(0.4)	**2**	(0.6)	29	(1.1)	3	(0.4)	**26**	(1.3)
奥地利	18	(0.8)	40	(1.2)	**−22**	(1.3)	3	(0.3)	2	(0.3)	**1**	(0.4)	52	(1.1)	7	(0.7)	**45**	(1.2)
加拿大	15	(0.6)	19	(0.6)	**−5**	(0.8)	13	(0.5)	8	(0.4)	**5**	(0.6)	24	(0.7)	2	(0.2)	**22**	(0.7)
捷克	8	(0.0)	32	(0.2)	**−23**	(0.2)	3	(0.0)	2	(0.0)	**1**	(0.0)	67	(0.2)	22	(0.1)	**45**	(0.2)
丹麦	14	(0.7)	16	(0.7)	**−2**	(0.9)	12	(0.7)	7	(0.5)	**5**	(0.9)	34	(0.9)	4	(0.4)	**30**	(1.1)
爱沙尼亚	8	(0.5)	24	(0.6)	**−16**	(0.9)	4	(0.3)	3	(0.3)	**2**	(0.5)	40	(1.0)	16	(0.6)	**24**	(1.2)
芬兰	12	(0.6)	23	(0.8)	**−11**	(1.0)	2	(0.3)	3	(0.3)	0	(0.4)	51	(1.2)	7	(0.5)	**44**	(1.3)
法国	12	(0.6)	20	(0.8)	**−8**	(1.0)	12	(0.5)	10	(0.5)	**2**	(0.7)	34	(0.9)	4	(0.3)	**31**	(0.9)
德国	17	(0.8)	39	(1.3)	**−22**	(1.5)	5	(0.5)	3	(0.4)	**1**	(0.6)	54	(1.1)	10	(0.7)	**44**	(1.3)
爱尔兰	18	(1.2)	25	(1.1)	**−7**	(1.7)	18	(1.2)	11	(0.8)	**7**	(1.3)	31	(1.5)	2	(0.4)	**29**	(1.6)
意大利	16	(1.2)	21	(1.2)	**−5**	(1.6)	23	(1.3)	19	(1.2)	**4**	(1.7)	23	(1.4)	2	(0.4)	**21**	(1.4)
日本	16	(0.8)	10	(0.8)	5	(1.0)	3	(0.4)	2	(0.3)	**1**	(0.5)	31	(1.3)	2	(0.3)	**29**	(1.3)
韩国	11	(0.7)	12	(0.8)	0	(0.9)	9	(0.6)	10	(0.6)	−1	(0.9)	29	(1.0)	6	(0.5)	**23**	(1.2)
荷兰	30	(1.0)	28	(1.1)	2	(1.6)	11	(0.7)	3	(0.4)	**8**	(0.8)	29	(1.1)	3	(0.4)	**26**	(1.1)
挪威	18	(0.8)	23	(0.9)	**−5**	(1.1)	9	(0.5)	6	(0.6)	**3**	(0.6)	44	(1.0)	9	(0.7)	**34**	(1.2)
波兰	9	(0.6)	15	(0.7)	**−7**	(1.1)	6	(0.5)	8	(0.6)	**−2**	(0.8)	53	(1.1)	14	(0.8)	**38**	(1.3)
斯洛伐克	6	(0.5)	19	(0.8)	**−13**	(1.0)	9	(0.6)	5	(0.6)	**4**	(0.9)	55	(1.1)	12	(0.8)	**43**	(1.4)
西班牙	19	(1.1)	26	(1.2)	**−7**	(1.6)	14	(1.0)	10	(0.8)	**3**	(1.3)	32	(1.3)	4	(0.5)	**27**	(1.5)
瑞典	17	(1.1)	24	(1.1)	**−7**	(1.6)	7	(0.5)	4	(0.4)	**3**	(0.7)	44	(1.0)	8	(0.6)	**36**	(1.2)
英国	24	(1.4)	21	(1.2)	**3**	(1.4)	18	(1.4)	11	(0.8)	**7**	(1.6)	21	(1.4)	c	c	c	c
地区																		
比利时弗兰芒语区	14	(0.8)	19	(0.9)	**−5**	(1.3)	13	(0.8)	8	(0.5)	**5**	(0.9)	42	(1.0)	7	(0.6)	**35**	(1.2)
英格兰/北爱尔兰（英国）	16	(1.0)	23	(1.1)	**−7**	(1.5)	15	(1.0)	9	(0.6)	**6**	(1.1)	28	(1.1)	3	(0.4)	**25**	(1.2)
OECD 平均	15	(0.2)	23	(0.2)	**−8**	(0.3)	10	(0.2)	7	(0.1)	**3**	(0.2)	38	(0.2)	7	(0.1)	**32**	(0.3)
伙伴国 俄罗斯	7	(0.8)	11	(0.7)	**−5**	(1.3)	9	(0.7)	10	(0.8)	−1	(0.9)	40	(2.0)	14	(1.5)	**25**	(1.4)

注：有统计显著性差异的数值用粗体标示。

参见方法部分关于俄罗斯数据的说明。

数据来源：OECD. Survey of Adult Skills（PIAAC）（2012）. See Annex 3 for notes（www. oecd. org/education/education-at-a-glance-19991487. htm）.

缺失数据代码参见《读者指南》。

StatLink http：//dx. doi. org/10. 1787/888933285332

表 A10.3［2/2］（续） 成人比例，按性别和最高学历专业划分

参与 2012 年成人技能调查的 16—65 岁人群

	农业和兽医						卫生和福利						服务					
	男		女		百分点差异（男-女）		男		女		百分点差异（男-女）		男		女		百分点差异（男-女）	
	%	S. E.	%	S. E.	%	S. E.	%	S. E.	%	S. E.	%	S. E.	%	S. E.	%	S. E.	%	S. E.
	(37)	(38)	(39)	(40)	(41)	(42)	(43)	(44)	(45)	(46)	(47)	(48)	(49)	(50)	(51)	(52)	(53)	(54)
OECD 国家																		
澳大利亚	2	(0.2)	c	c	c	c	4	(0.4)	17	(0.8)	**-14**	(0.9)	4	(0.4)	8	(0.7)	**-3**	(0.8)
奥地利	5	(0.4)	3	(0.4)	**2**	(0.6)	2	(0.3)	10	(0.6)	**-7**	(0.7)	6	(0.6)	18	(0.9)	**-12**	(1.0)
加拿大	2	(0.2)	1	(0.2)	0	(0.3)	3	(0.3)	15	(0.6)	**-12**	(0.7)	6	(0.4)	6	(0.3)	0	(0.5)
捷克	5	(0.0)	5	(0.0)	**0**	(0.0)	c	c	4	(0.5)	c	c	8	(0.2)	16	(0.5)	**-8**	(0.5)
丹麦	5	(0.3)	2	(0.3)	**3**	(0.4)	3	(0.3)	21	(0.7)	**-18**	(0.8)	12	(0.7)	13	(0.7)	-1	(0.9)
爱沙尼亚	4	(0.4)	4	(0.3)	0	(0.5)	c	c	7	(0.4)	c	c	11	(0.6)	9	(0.4)	**2**	(0.7)
芬兰	6	(0.5)	2	(0.3)	**4**	(0.6)	4	(0.4)	23	(0.7)	**-19**	(0.9)	6	(0.5)	15	(0.7)	**-9**	(1.0)
法国	6	(0.5)	2	(0.3)	**4**	(0.6)	3	(0.3)	16	(0.7)	**-13**	(0.8)	16	(0.9)	19	(0.8)	**-3**	(1.1)
德国	3	(0.5)	2	(0.3)	**2**	(0.5)	4	(0.5)	19	(0.8)	**-15**	(0.9)	6	(0.6)	10	(0.7)	**-4**	(0.9)
爱尔兰	4	(0.6)	c	c	c	c	5	(0.7)	16	(1.0)	**-11**	(1.2)	8	(0.9)	11	(0.9)	**-3**	(1.3)
意大利	4	(0.7)	c	c	c	c	5	(0.7)	7	(0.7)	-2	(0.9)	9	(1.0)	7	(0.7)	2	(1.2)
日本	5	(0.6)	1	(0.3)	**4**	(0.6)	2	(0.3)	11	(0.6)	**-9**	(0.7)	2	(0.3)	7	(0.6)	**-5**	(0.7)
韩国	4	(0.3)	c	c	c	c	3	(0.4)	6	(0.4)	**-4**	(0.6)	3	(0.3)	3	(0.4)	-1	(0.6)
荷兰	5	(0.5)	2	(0.4)	**2**	(0.6)	5	(0.5)	31	(1.0)	**-26**	(1.2)	4	(0.5)	4	(0.5)	1	(0.7)
挪威	3	(0.4)	2	(0.3)	**2**	(0.5)	5	(0.4)	27	(1.1)	**-23**	(1.1)	4	(0.4)	4	(0.4)	0	(0.6)
波兰	6	(0.6)	7	(0.6)	-1	(0.8)	1	(0.3)	6	(0.5)	**-5**	(0.6)	10	(0.6)	18	(0.8)	**-8**	(1.0)
斯洛伐克	8	(0.7)	6	(0.5)	1	(0.9)	c	c	9	(0.7)	c	c	10	(0.7)	24	(1.0)	**-14**	(1.3)
西班牙	3	(0.5)	c	c	c	c	4	(0.6)	16	(0.9)	**-11**	(1.1)	3	(0.5)	5	(0.6)	**-2**	(0.8)
瑞典	4	(0.5)	2	(0.3)	**2**	(0.6)	5	(0.5)	24	(1.0)	**-19**	(1.1)	5	(0.5)	5	(0.5)	0	(0.7)
英国	c	c	c	c	c	c	6	(0.7)	25	(1.1)	**-19**	(1.5)	8	(0.6)	7	(0.7)	1	(0.9)
地区																		
比利时弗兰芒语区	3	(0.4)	c	c	c	c	4	(0.4)	20	(1.0)	**-16**	(1.0)	2	(0.3)	5	(0.6)	**-3**	(0.6)
英格兰/北爱尔兰（英国）	1	(0.2)	c	c	c	c	3	(0.4)	12	(0.8)	**-9**	(0.8)	c	c	c	c	c	c
OECD 平均	4	(0.1)	3	(0.1)	**2**	(0.2)	4	(0.1)	15	(0.2)	**-13**	(0.2)	7	(0.1)	10	(0.1)	**-3**	(0.2)
伙伴国 俄罗斯	8	(1.3)	4	(0.7)	**4**	(1.0)	3	(0.8)	8	(0.4)	**-5**	(1.0)	5	(0.9)	12	(1.0)	**-7**	(1.0)

注：有统计显著性差异的数值用粗体标示。

参见方法部分关于俄罗斯数据的说明。

数据来源：OECD. Survey of Adult Skills（PIAAC）（2012）. See Annex 3 for notes（www. oecd. org/education/education-at-a-glance-19991487. htm）.

缺失数据代码参见《读者指南》。

StatLink http：//dx. doi. org/10. 1787/888933285332

第 二 章

教育中的财政与人力资源投入

教育支出的分类

本章的教育支出根据三个维度进行分类：

- 第一个维度——由下表的横坐标表示——与教育支出发生在何处有关。各类学校、大学、教育部和其他直接参与提供和支持教育的机构的支出是本维度的一个组成部分。在这些机构之外发生的教育支出是另一个组成部分。
- 第二个维度——由下表的纵坐标表示——是对所购买的商品与服务进行分类。教育机构中的支出并不都属于直接的教育或教学支出。在很多 OECD 国家里，除了提供支持学生及其家庭的教学服务之外，教育机构还提供各种各样的辅助性服务，例如餐饮、交通和住宿等。在高等教育阶段，用于研发的支出也很可观。并非所有用于教育的商品与服务的支出都发生在教育机构内部。例如，许多家庭也许会自己购买教材和学习材料，或者为其子女寻求私人辅导。
- 第三个维度——在下表中以不同颜色表示——是从资金来源上区分各种资源。这些资金来源包括公共部门和国际机构（以浅蓝色标示）、家庭和其他私人实体（以中蓝色标示）、政府补贴的个人教育支出（以灰色标示）。

公共经费　　私人经费　　政府补贴的私人经费

<table>
<tr><th></th><th>教育机构中的教育支出
（例如学校、大学、教育行政部门和学生福利性服务）</th><th>教育机构之外的教育支出
（例如私人购买的教育商品和服务，包括私人购买的课外辅导）</th></tr>
<tr><td rowspan="3">教育核心服务支出</td><td>例如教育机构中教学服务的公共支出</td><td>例如有补贴的个人购买教材的支出</td></tr>
<tr><td>例如用于教育机构中教学服务的有补贴的个人支出</td><td rowspan="2">例如教材和其他学习材料或者课外辅导方面的个人支出</td></tr>
<tr><td>例如个人支付的学费</td></tr>
<tr><td rowspan="2">研发支出</td><td>例如用于大学科研的公共支出</td><td rowspan="2"></td></tr>
<tr><td>例如私人企业投入教育机构中的研发经费</td></tr>
<tr><td rowspan="2">除教学之外的教育服务支出</td><td>例如用于辅助性服务的公共支出，如餐饮、交通或住宿</td><td>例如有补贴的学生生活成本的个人支出，或者优惠的交通费用</td></tr>
<tr><td>例如用于辅助性服务的个人支出</td><td>例如用于学生生活成本或交通的个人支出</td></tr>
</table>

分色图解

指标　B1、B2、B3 和 B6

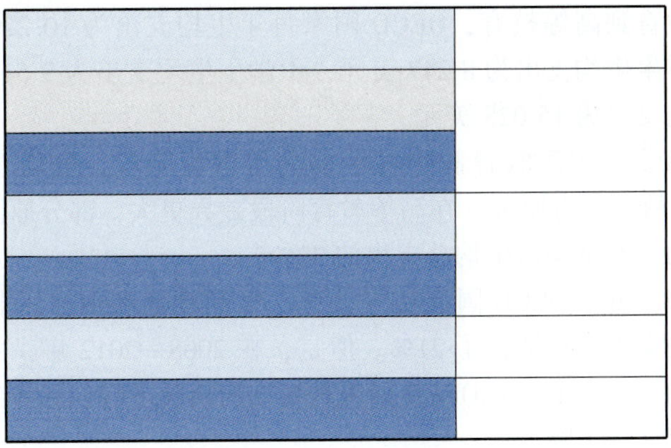

指标　B4

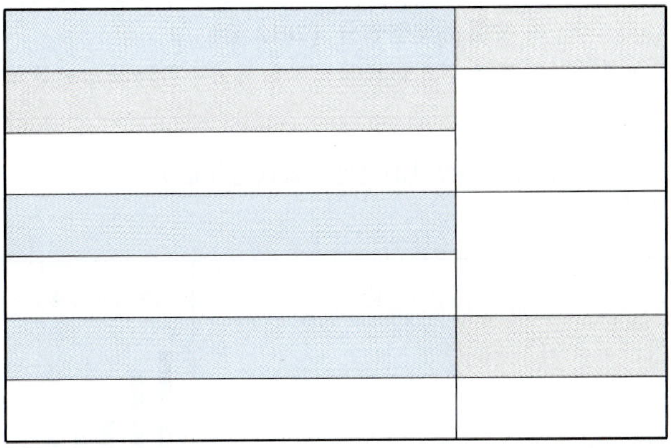

指标 B1

生均支出是多少？

- 从初等教育到高等教育，OECD 国家每年生均支出为 10 220 美元，其中，小学生生均支出为 8 247 美元，中学生生均支出为 9 518 美元，大学生生均支出为 15 028 美元。
- 在初等教育、中等教育和中等后非高等教育阶段，生均总支出中有 90%用于核心教育服务。在高等教育阶段差异更大，部分原因是用于研发活动的经费平均占生均总支出的 32%。
- 2005—2012 年，OECD 国家初等教育、中等教育和中等后非高等教育机构生均支出平均增长了 21%。但是，在 2008—2012 年，由于经济危机的影响，约有 1/4 的 OECD 国家教育支出出现下降，并导致一些国家生均教育支出下降。

图 B1.1 初等教育到高等教育阶段，教育机构年度生均支出，按服务类型划分（2012 年）

初等教育到高等教育阶段，基于全日制折算，以购买力平价转换后的等值美元表示

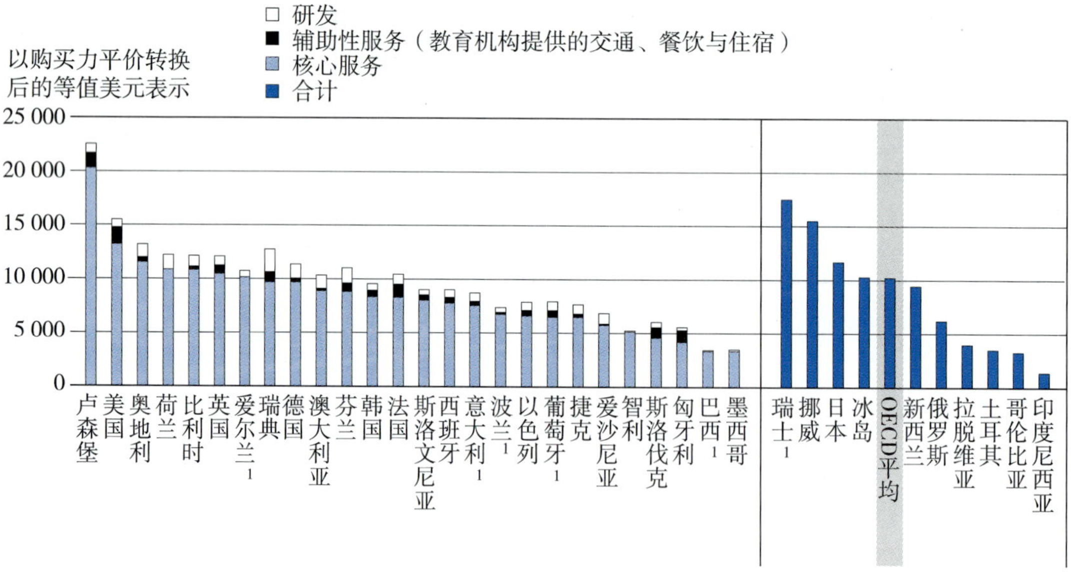

1. 仅公立学校。

国家按照用于核心服务的教育机构生均支出降序排列。

数据来源：OECD. Table B1.2. See Annex 3 for notes (www.oecd.org/education/education-at-a-glance-19991487.htm).

StatLink http://dx.doi.org/10.1787/888933283897

背 景

对高质量教育的需求意味着更高的生均成本，必须与其他公共支出需求和整体税收负担保持平衡。政策制定者还必须在提高教育服务质量的重要性与增加教育机会的需求之间进行平衡，这一点在高等教育领域尤为明显。教育机构生均支出趋势的比较分析显示，在许多 OECD 国家，教育经费并未与

学生人数的增加保持同步变化。此外，有些 OECD 国家强调提升高等教育入学率，而其他国家的投资则侧重于 3—4 岁儿童教育的普及。教育投入和入学人数都会受到金融危机的影响。所以，最近发生的全球经济危机可能会造成生均支出水平的变化。然而，由于经济危机始于 2008 年年底，截止到 2012 年的数据还不能显示其全面影响。

教育机构生均支出受以下因素的影响较大：教师工资（参见指标 B7 和 D3）、退休金制度、教学和上课时数（参见指标 B7）、教学材料和设备的成本、课程（如普通教育或职业教育）、在教育体系内注册的学生人数（参见指标 C1）。用来吸引新教师、降低平均班级规模或者改变教职员工结构（参见指标 D2）的各项政策在一段时期内也能够引起教育机构生均支出的变化。辅助性服务和研发服务也能够影响生均支出水平。

其他发现

- 在中等教育机构生均支出最高的 10 个国家里，教师工资高与生师比低通常是影响经费支出水平的主要因素。
- 在初等和中等教育阶段，教育机构生均支出和人均 GDP 之间存在较强的正相关关系。而这种关系在高等教育阶段则比较弱，主要原因是投入机制与入学方式在该阶段差异较大。
- 若不包括教学以外的活动（研发或者诸如学生福利服务的辅助性服务），从初等教育到高等教育阶段，OECD 国家年度生均支出平均为 8 561 美元。当教学以外的其他活动排除在外时，这一数字与生均总支出相比较低，主要是因为高等教育阶段用于教学的生均支出较低。
- 平均而言，OECD 国家在高等教育阶段的生均支出比初等教育阶段高出 2/3。但是，在高等教育阶段研发活动或者辅助性服务是经费支出的一个重要组成部分。如果这些项目不包括在内，高等教育机构在核心教育服务上的生均支出平均仍比初等教育、中等教育和中等后非高等教育阶段高出 21%。
- 在大多数国家，中等教育阶段为学生开设课程的方向会影响生均支出的水平。在普通高中、职业高中及中等后非高等教育阶段经费数据可得的 23 个 OECD 国家里，2012 年职业教育的生均支出平均比普通教育高出 328 美元。

趋　势

2000—2012 年，大多数国家的初等教育、中等教育和中等后非高等教育阶段学生规模都保持相对稳定。在此期间，除了意大利，在其他数据可得的国家，教育机构生均支出都有大幅增长，平均增幅为 43%（仅限于所有年份数据都可得的国家）。OECD 国家在 2005—2012 年的平均增长幅度高于 2000—2005 年。2005—2012 年生均支出增幅最高的那些国家，到 2012 年也仍名列生均支出最低的国家。从 2008 年经济危机爆发开始，除了爱沙尼亚、匈牙利、冰岛、意大利、斯洛文尼亚和西班牙外，初等教育、中等教育和中等后非高等教育阶段生均支出均持续增长。

2000—2012年，除了巴西、智利、匈牙利、冰岛、爱尔兰、以色列和瑞士外，大多数国家高等教育阶段生均支出有所增长。2000—2005年，OECD国家平均的高等教育生均支出增长了4%，2005—2012年增长了11%。从2008年经济危机爆发以来，超过1/3的国家高等教育生均支出出现下降，主要是因为学生规模的增长速度超过了教育支出的增长速度。然而，在匈牙利、冰岛、爱尔兰、意大利、葡萄牙、俄罗斯和西班牙，高等教育机构支出出现实质性下降，造成了这些国家生均支出下降，但意大利和俄罗斯除外，因为在这两个国家高等教育学生规模下降得更快。

分 析

教育机构生均支出

2012 年，从初等教育到高等教育的年度生均支出为 4 000 美元或更少的国家有巴西、哥伦比亚、印度尼西亚、拉脱维亚、墨西哥和土耳其，生均支出超过 10 000 美元的国家有澳大利亚、奥地利、比利时、芬兰、法国、德国、冰岛、爱尔兰、日本、荷兰、瑞典和英国，卢森堡、挪威、瑞士和美国的生均支出则超过了 15 000 美元。在超过 1/4 的国家（37 个数据可得国家中有 11 个），从初等教育到高等教育的生均支出在10 000美元到13 000美元之间（图 B1. 1 和表 B1. 1a）。

各国配置财政资源的优先顺序不尽相同（参见指标 B7）。例如，在初中教育阶段教育机构生均支出最高的 10 个国家里（表 B1. 1a），丹麦、爱尔兰、卢森堡、瑞士和美国都是初中教育阶段从业 15 年以上教师薪酬最高的国家，在同一教育阶段，奥地利、芬兰、卢森堡和挪威是生师比最低的国家（表 B7. 2b）。

在一些 OECD 国家里，即使从初等教育到高等教育阶段的生均支出很接近，各国在不同教育阶段间的资源分配也有很大差异。在典型的 OECD 国家，教育机构生均支出（以所有 OECD 国家的简单均值表示）在初等教育阶段为 8 247 美元，在中等教育阶段为 9 518 美元，在高等教育阶段为 15 028 美元（表 B1. 1a 和图 B1. 2）。高等教育阶段生均支出的均值受到几个高支出 OECD 国家（超过 20 000 美元）的影响，加拿大、卢森堡、挪威、瑞典、瑞士、英国和美国的影响最为明显。

这些平均值掩盖了各国之间教育机构生均支出的巨大差异，在初等教育和中等教育阶段生均支出的差异分别为 8 倍和 7 倍。在初等教育阶段，生均支出从哥伦比亚、印度尼西亚、墨西哥、南非和土耳其的 2 700 美元或更少，到卢森堡的超过 20 000 美元。在中等教育阶段，生均支出从巴西、哥伦比亚、印度尼西亚、墨西哥、南非和土耳其的 3 100 美元或更少，到卢森堡的超过 20 000 美元（表 B1. 1a 和图 B1. 2）。各教育阶段年度生均支出的差异也会导致整个学习期间生均累计支出的差异（表 B1. 3 和图 B1. 6，数据可在线查询，包括了初等教育和中等教育阶段生均累计支出的差异）。

这些比较是基于 GDP 的购买力平价而非市场汇率进行的。因此，它们反映了一个国家生产与美国以美元生产同等价值的商品和服务所需的本国货币量。

图 B1.2 用于所有服务的教育机构年度生均支出，按教育阶段划分（2012 年）

用于核心服务、辅助性服务和研发的支出，基于全日制折算，以购买力平价转换后的等值美元表示

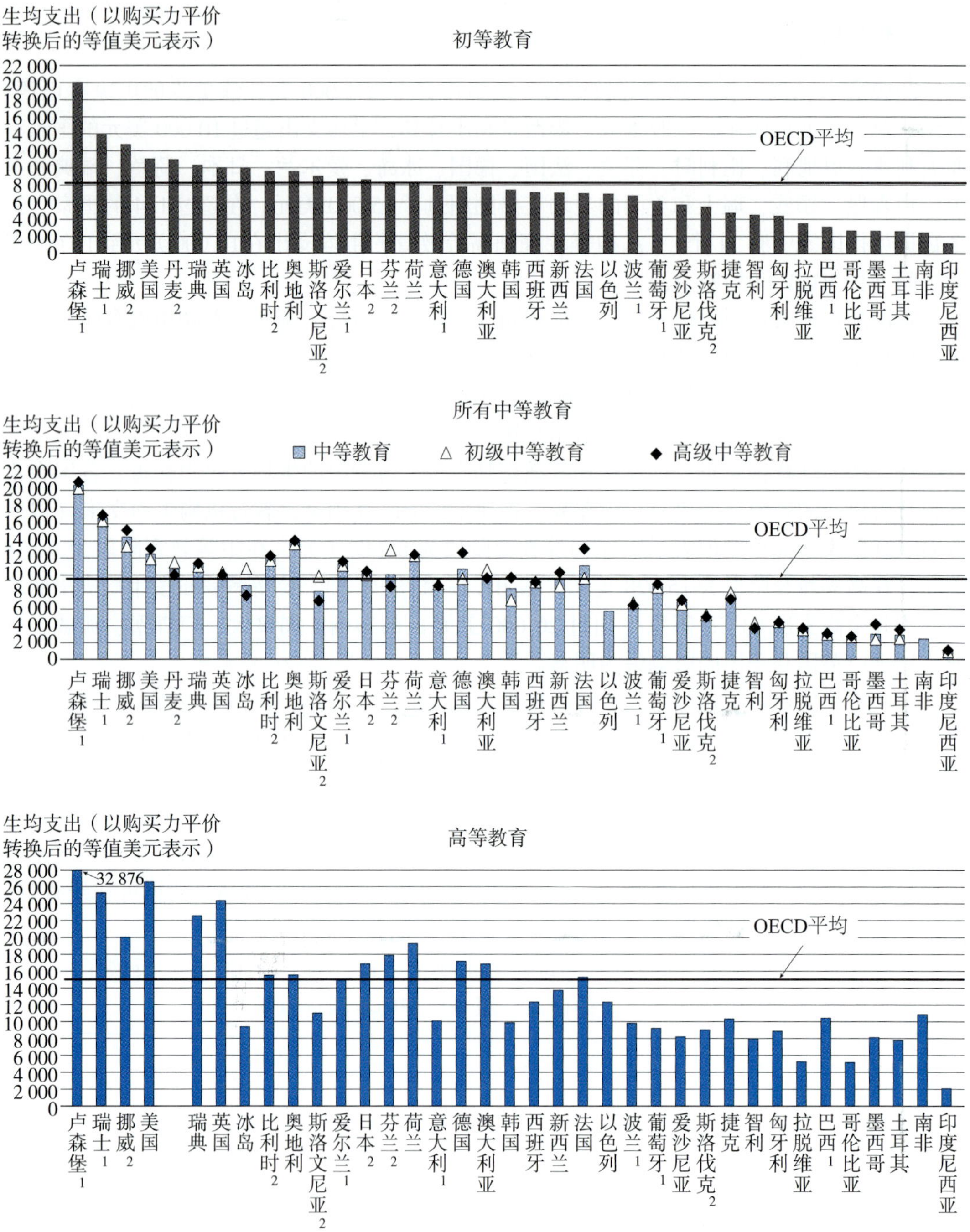

1. 仅公立学校（卢森堡，仅高等教育；意大利，高等教育除外）。
2. 某些教育阶段包括其他教育阶段在内。参见表 B1.1a 中的“x”代码。

国家按照初等教育的教育机构生均支出降序排列。

数据来源：OECD. Table B1.1a. See Annex 3 for notes（www.oecd.org/education/education-at-a-glance-19991487.htm）.

StatLink http://dx.doi.org/10.1787/888933283903

用于核心教育服务的生均支出

就 OECD 国家的平均水平而言，用于核心教育服务的支出占初等教育到高等教育全部生均支出的 84%，在爱尔兰、卢森堡、墨西哥和波兰，这一比例甚至超过了 90%。在 20 个数据可得的 OECD 国家里，只有法国、匈牙利、斯洛伐克和瑞典 4 个国家用于核心教育服务的支出占全部生均支出的比例低于 80%。用于研发活动和辅助性服务的年度支出会影响所有服务相加的国家排名。然而，这种总体描述掩盖了不同教育阶段之间巨大的差异（表 B1.2）。

在初等教育、中等教育和中等后非高等教育阶段，支出主要用于核心教育服务。平均而言，数据可得的 OECD 国家将生均总支出中的 90%（相当于 8 080 美元）用于核心教育服务。在 26 个数据可得 OECD 国家里，有 11 个国家的这些教育机构提供的辅助性服务不到生均总支出的 5%。在芬兰、法国、匈牙利、韩国、斯洛伐克和瑞典，辅助性服务占生均总支出的比例超过了 10%（表 B1.2）。

在高等教育阶段，各国生均支出差异更大，部分原因是研发活动占教育支出的比例较大。因此，那些大部分研发活动在高等教育机构中开展的 OECD 国家（如葡萄牙、瑞典和瑞士）往往比那些大部分研发活动在其他公共机构或公司完成的国家呈现更高的生均支出。

若不包含研发活动和辅助性服务（如学生福利等外围服务），OECD 国家高等教育机构用于核心教育服务的生均支出平均为 9 782 美元。该项支出在爱沙尼亚、拉脱维亚、葡萄牙和斯洛伐克为 5 000 美元或更低，在奥地利、加拿大、芬兰、爱尔兰、荷兰、挪威、瑞典和英国为 10 000 美元以上，在美国甚至超过了 20 000 美元（表 B1.2）。

就 OECD 国家平均而言，高等教育阶段的研发活动和辅助性服务生均支出占高等教育机构生均总支出的比例分别为 32% 和 5%。在研发活动和辅助性服务的数据可得的 23 个 OECD 国家里，有 10 个国家（澳大利亚、爱沙尼亚、德国、以色列、意大利、挪威、葡萄牙、斯洛伐克、瑞典和瑞士）用于研发活动和辅助性服务的生均支出占高等教育机构生均总支出的比例达到了 40% 及以上。在澳大利亚、德国、挪威、瑞典和瑞士，用于研发活动和辅助性服务的生均支出超过了 6 000 美元。在加拿大、芬兰、荷兰、英国和美国，用于研发活动和辅助性服务的支出占生均总支出的比例较低（表 B1.2）。

不同教育阶段教育机构生均支出

几乎在所有国家，教育机构生均支出都会随着教育阶段的提高而增加，但是其差异程度明显不同（表 B1.1a 和图 B1.3）。平均来说，中等教育阶段生均支出是初等教育阶段的 1.2 倍以上。在捷克、法国和荷兰，甚至超过了 1.5 倍。与 OECD 国家的平均水平相比，在这些国家，这种变化主要是由从初等教育到中等教育学生上课时数的增加和教师教学时数的明显下降引起的。该比例或许更多的是由大规模的职业教育在校生导致，比如荷兰（参见后文）。在这些国家（除捷克外），初等教育教师的薪酬要低于中等教育阶段教师的薪酬（参见指标 B7、D1 和 D4）。

图 B1.3　与初等教育相比，中等教育和高等教育阶段用于所有服务的教育机构生均支出（2012 年）

初等教育 = 100

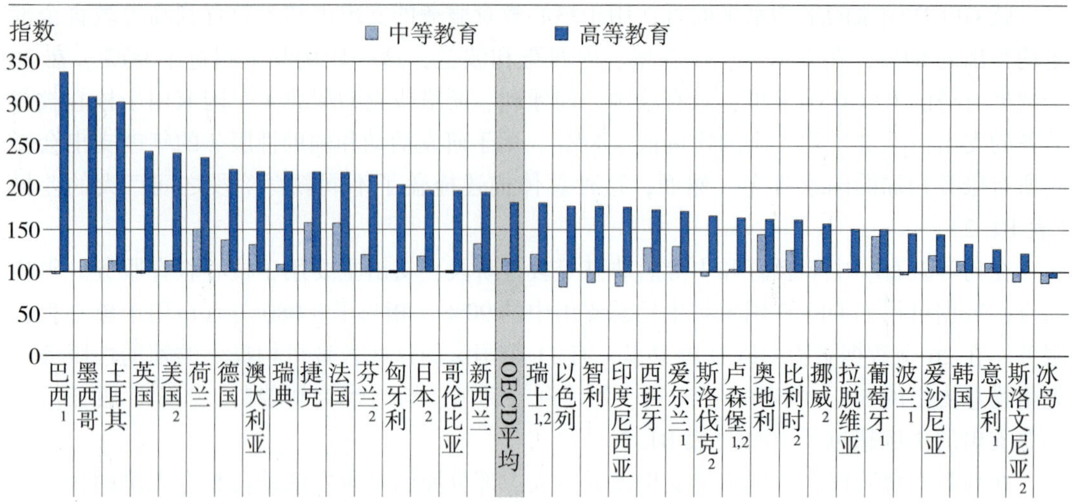

注：高等教育指数 300 意为高等教育机构生均支出是初等教育机构生均支出的 3 倍。

1. 仅公立学校。

2. 某些教育阶段包括其他教育阶段在内。参见表 B1.1a 中的“x”代码。

国家按照相对于初等教育的高等教育机构生均支出降序排列。

数据来源：OECD. Table B1.1a. See Annex 3 for notes（www.oecd.org/education/education-at-a-glance-19991487.htm）.

StatLink http://dx.doi.org/10.1787/888933283917

平均而言，OECD 国家高等教育生均支出是初等教育生均支出的 1.8 倍还要多，但是，支出模式在各国之间有很大差异，主要原因是高等教育阶段教育政策差异更大（参见指标 B5）。例如，爱沙尼亚、冰岛、意大利、韩国、波兰和斯洛文尼亚的高等教育生均支出不到初等教育生均支出的 1.5 倍，而在巴西、墨西哥和土耳其，这一比例至少为 3 倍，在南非至少为 4 倍（表 B1.1a 和图 B1.3）。

普通教育和职业教育之间的生均教育支出差异

在数据可得的 23 个 OECD 国家里，在高级中等教育和中等后非高等教育阶段，职业教育生均支出平均比普通教育生均支出多 328 美元，但是这掩盖了各国内部生均支出的巨大差异。在智利和拉脱维亚，这种差异少于 100 美元；在 3 个国家该差异超过了 6 000 美元，分别是职业教育生均支出高于普通教育的以色列、普通教育生均支出高于职业教育的斯洛文尼亚和瑞士。与 OECD 国家平均水平相比，高级中等教育阶段学习双元制学徒制课程学生数量多的国家（如奥地利、芬兰、德国、卢森堡和荷兰），通常是职业教育生均支出高于普通教育。例如，在奥地利、芬兰、德国、卢森堡、荷兰，高级中等教育阶段职业教育的生均支出比普通教育分别高出 627 美元、1 350 美元、2 640 美元、2 439 美元、3 146美元。而在澳大利亚、比利时、智利、匈牙利、斯洛文尼亚、瑞士和英国，普通教育生均支出高于职业教育。产生差异的部分原因是双元职业教育体制内私营企业的支出被低估（表 B1.6、表 C1.3 和专栏 B3.1）。然而，在职业教育学生规模比例更低的国家，职业教育生均支出也高于普通教育（例如，以色列、西班牙职业教育生均支出分别比普通教育高 6 167 美元和 2 106 美元）（表 B1.6）。

图 B1.4 2012 年教育机构年度生均支出与 2005 年以来支出变化的关系，按教育阶段划分

基于全日制折算，以购买力平价转换后的等值美元表示

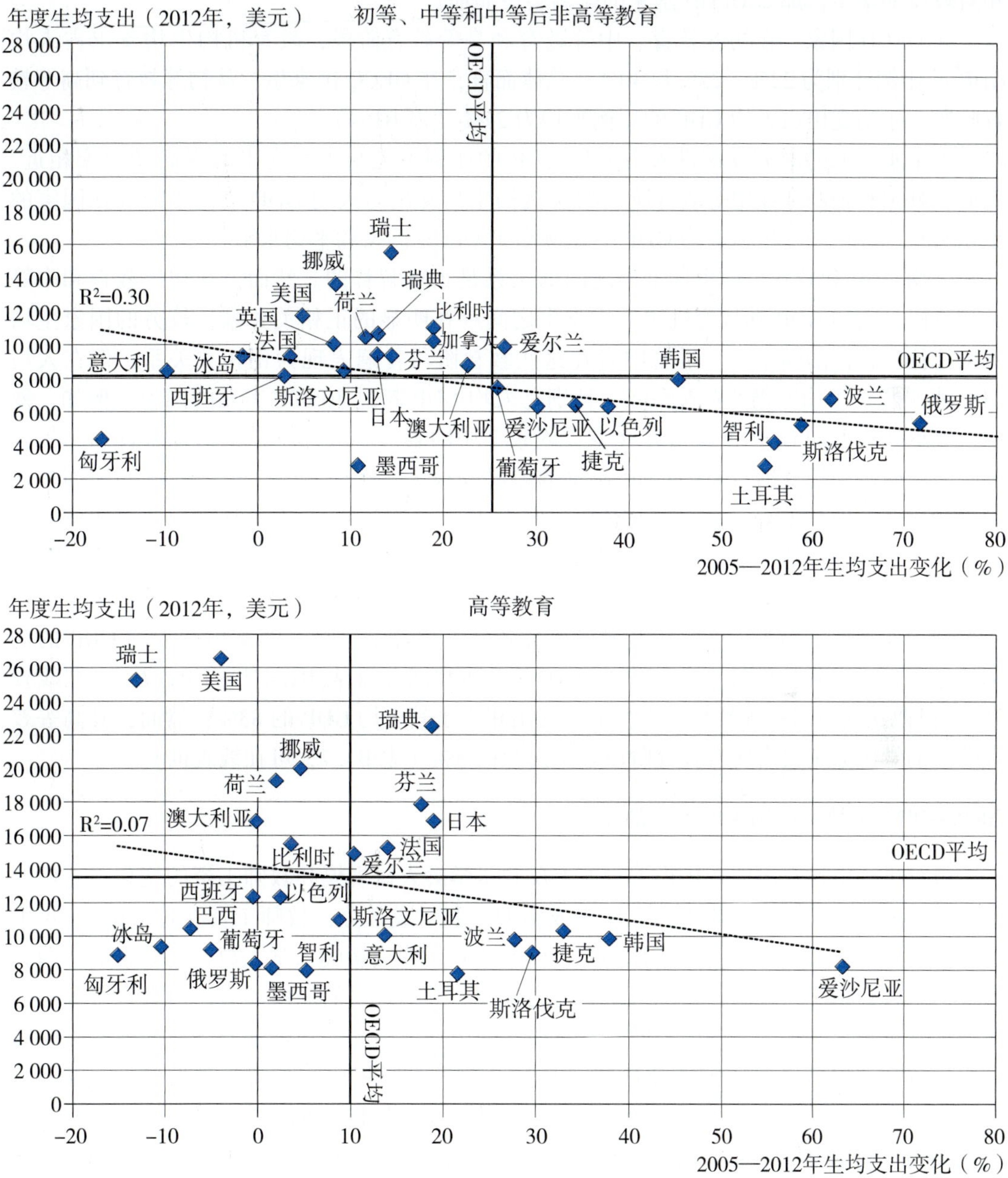

注：均值仅涉及 2005—2012 年数据可得的国家。在初等教育、中等教育和中等后非高等教育阶段，由于 2005—2012 年生均支出增幅超过了 110%，巴西未在图中显示。

数据来源：OECD. Table B1.2, B1.5a and B1.5b. See Annex 3 for notes (www.oecd.org/education/education-at-a-glance-19991487.htm).

StatLink http://dx.doi.org/10.1787/888933283927

教育机构生均支出与人均 GDP 的关系

在大多数 OECD 国家里，由于较低阶段的教育是普及性教育（并且通常是强制性的），在这些教育阶段中，相对于人均 GDP 的教育机构生均支出，可以解释为相对于国家支付

能力投入到学龄人口的资源。在较高的教育阶段，这一指标更加难以解释，是因为这些阶段的学生规模在不同国家差异较大。例如，在高等教育阶段，如果把大部分财富用于教育相对较少的学生，那么 OECD 国家的排名会更靠前。

在 OECD 国家，在初等教育、中等教育和高等教育阶段，教育机构生均支出占人均 GDP 的比例分别为 22%、25%和 40%。总体而言，在 OECD 国家里，从初等教育到高等教育阶段，生均支出占人均 GDP 的比例平均为 27%（表 B1.4）。

支出水平低的国家教育投入占人均 GDP 的比例可能与生均支出水平高的国家相近。例如，韩国和葡萄牙在中等教育阶段教育机构生均支出与人均 GDP 均低于 OECD 国家的平均水平，其生均支出占人均 GDP 的比例高于 OECD 国家的平均水平。

人均 GDP 和教育机构生均支出之间的关系是很难解释的。然而，在初等教育和中等教育阶段，人均 GDP 和教育机构生均支出之间存在明显的正相关关系：较穷的国家生均支出往往比较富的国家少。尽管两者在这些教育阶段普遍表现为正相关关系，但在人均 GDP 水平相近的国家仍然存在差异，特别是人均 GDP 超过 30 000 美元的国家。例如，爱尔兰和奥地利人均 GDP 十分相近（参见附录 2 中的表 X2.1），但是在初等教育和中等教育阶段，两国生均支出占人均 GDP 比例的差异却很大。在爱尔兰，初等教育和中等教育阶段的比例分别是 19%和 25%（OECD 国家为 22%和 25%），而在奥地利，两个比例分别是 21%和 31%，是中等教育阶段比例最高的国家之一（表 B1.4 和图 B1.7，可在线查询）。

高等教育阶段支出水平的差异更大，同样，国家的相对财富和其支出水平的关系也存在差别。加拿大、瑞典、英国和美国花在每名高等教育学生身上的支出占人均 GDP 的比例超过了 50%，在比例最高的国家中仅次于巴西和南非（表 B1.4 和图 B1.7，可在线查询）。巴西花在每名高等教育学生身上的支出相当于其人均 GDP 的 83%；然而，其高等教育阶段的学生数量仅占所有教育阶段学生总数的 5%（表 B1.7，可在线查询）。

2000—2012 年教育机构生均支出的变化

教育机构生均支出的变化很大程度上反映了学龄人口规模和教师工资的变化。它们的绝对值会随时间的推移不断增加：作为成本的主要组成部分，教师工资在过去的 10 年里在多数国家都有所增加（参见指标 D3）。学龄人口规模会影响入学人数，也会影响一国必须投入到教育系统的资源数量和组织的努力程度。学龄人口的规模越大，对教育服务的潜在需求就越多。多年来，各国不同教育阶段之间生均支出的变化也各异，不同教育阶段的在校生数和支出遵循不同的变化趋势。与其他教育阶段相比，在高等教育阶段，2005—2012 年有更多国家的生均支出下降了（表 B1.5a、B1.5b 和图 B1.4）。

2000—2012 年，除意大利外，每一个国家在初等教育、中等教育和中等后非高等教育阶段的教育机构生均支出平均增加了 43%，在这一时期，各教育阶段的学生人数相对稳定。与 2000—2005 年相比，在大多数国家，2005—2012 年支出有小幅的增长，因为与前一时期相比，在后一时期内教育支出大幅增加且在校生规模有小幅下降。

2005—2012 年，在 30 个数据可得的国家中，有 23 个国家的初等教育、中等教育和中等后非高等教育阶段的教育机构生均支出至少增加了 10%。在巴西、智利、波兰、俄罗斯、斯洛伐克和土耳其，增幅超过了 50%。相比较而言，在法国、西班牙和美国，2005—2012 年支出仅增加了 5%，甚至更少。同一时期，只有匈牙利、冰岛和意大利的初等教育、中等教育和中等后非高等教育生均支出出现下降（表 B1.5a）。

2005—2012 年，巴西、智利、波兰、俄罗斯、斯洛伐克和土耳其是所有国家中生均支出增幅最大的国家，但同时这些国家也是 2012 年生均支出最低的国家。生均支出水平与其长期内的变化之间的相关性并不明显。例如，2012 年，在具有相近生均支出水平的智利和匈牙利，生均支出也一样没有增长。在匈牙利，该时期生均支出的下降是支出和在校生规模双双下降的结果（生均支出的降幅超过了在校生规模缩小的幅度）。与匈牙利一样，智利在校生规模也出现下降，但是，在该时期生均支出显著增加（表 B1. 5a 和图 B1. 4）。

然而，从 2008 年经济危机爆发以来，在爱沙尼亚、匈牙利、冰岛、意大利、斯洛文尼亚和西班牙，初等教育、中等教育和中等后非高等教育阶段生均支出出现下降。在这些国家，该趋势是教育支出下降的结果（在西班牙，还与在校生规模上升有关）。在其他大多数国家，即使是在校生规模下降（澳大利亚、爱尔兰、以色列、墨西哥、挪威、土耳其和英国除外，这些国家的在校生规模上升），教育支出也持续增加，结果是生均支出的大幅增加。这表明，在大多数国家，全球经济危机尚未影响教育的总体投入（图 B1. 5）。

高等教育阶段的模式却不一样。2000—2012 年，大多数国家的生均支出出现增长，除了巴西、智利、匈牙利、冰岛、爱尔兰、以色列和瑞士，在这些国家的教育支出并未与学生数量保持同步增长。就 OECD 国家平均而言，在 2000—2005 年和 2005—2012 年，高等教育阶段教育机构的生均支出分别增长约 4%、11%。

2005—2012 年，大多数国家高等教育阶段生均支出增加。由于支出大幅增加且在校生规模保持不变，韩国和爱沙尼亚高等教育阶段生均支出分别增加了 38% 和 63%。相比之下，在同一时期，有 1/4 的国家（28 个数据可得的国家中有 7 个国家）生均支出出现下降，尤其是匈牙利、冰岛和瑞士（降幅超过 10%），而巴西、葡萄牙、西班牙和美国的降幅小一些。在匈牙利，支出下降主要是由于支出的降幅超过了在校生规模的降幅；在其他国家，支出下降主要是高等教育阶段在校生规模迅速扩张的结果（表 B1. 5b 和图 B1. 4）。

从 2008 年经济危机爆发以来，32 个数据可得的国家中，有 7 个国家——匈牙利、冰岛、爱尔兰、意大利、葡萄牙、俄罗斯和西班牙——高等教育机构支出出现下降。这导致这些国家的生均支出下降，除了意大利和俄罗斯，在这两个国家里高等教育阶段在校生规模下降得甚至更快。从整体上看，2008—2012 年，有 1/3 的国家生均支出出现下降，主要是因为在校生规模增长得比支出更快（图 B1. 5）。

图 B1.5 学生规模、教育机构支出和生均支出的变化，按教育阶段划分（2008 年，2012 年）

2008—2012 年变化指数（2008 年 = 100，2012 年不变价格）

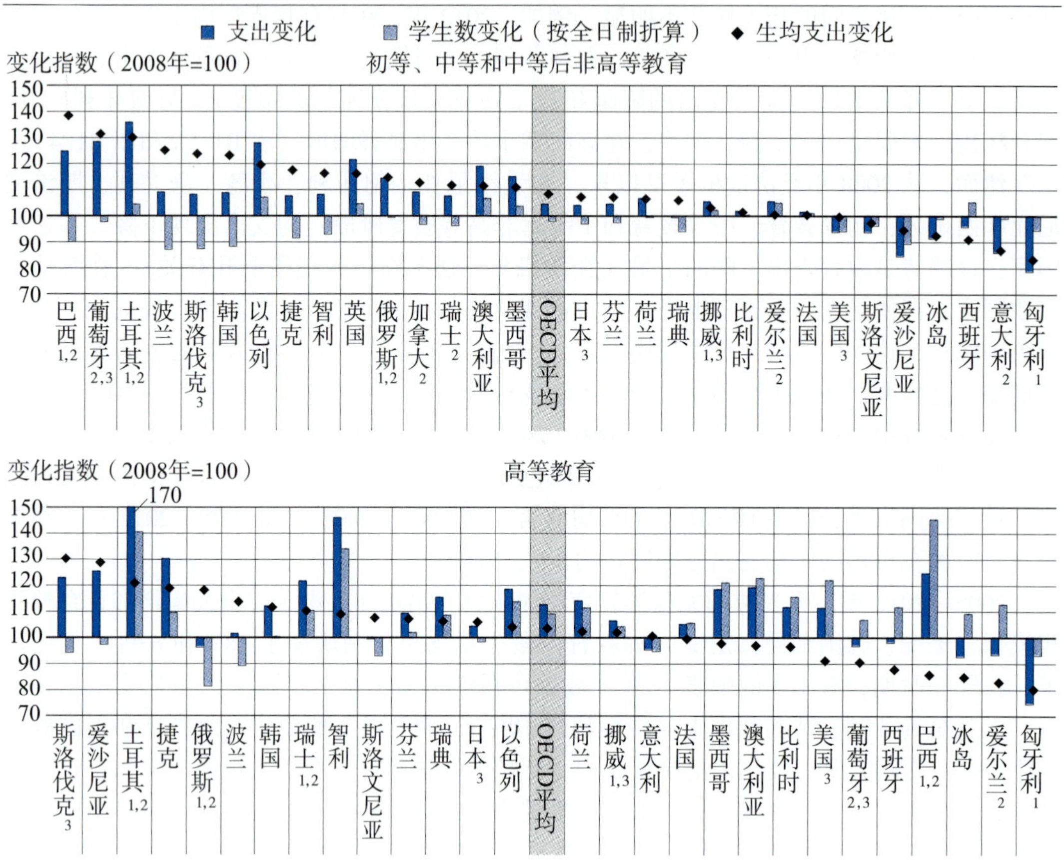

1. 仅公共支出。
2. 仅公立学校。
3. 某些教育阶段包括其他教育阶段在内。参见表 B1.1a 中的“x”代码。
国家按照教育机构生均支出变化降序排列。
数据来源：OECD. Table B1.5a and B1.5b. See Annex 3 for notes（www.oecd.org/education/education-at-a-glance-19991487.htm）.
StatLink http://dx.doi.org/10.1787/888933283935

定 义

辅助性服务是指教育机构提供的主要教育任务之外的服务。辅助性服务的主要构成是学生福利服务。在初等教育、中等教育和中等后非高等教育阶段，学生福利服务包括餐饮、学校卫生服务和上下学的交通服务等。在高等教育阶段，它们包括学生住宿（宿舍）、食堂和卫生保健。

核心教育服务是指教育机构中与教学直接相关的所有支出，包括教师工资、校舍建造和维修、教材、图书和学校管理的费用。

研发活动支出包含了用于在大学和其他高等教育机构中开展研究的所有支出，不论研究是一般机构经费资助，抑或是来自公共或者私人赞助者以单独的赠款或合同形式的资助。

方 法

数据统计期是 2012 财年，基于 2014 年 OECD 组织的 UOE 教育统计数据（参见附录 3，www. oecd. org/education/education-at-a-glance-19991487. htm）。

表 B1. 5a 和表 B1. 5b 显示了 2000 财年、2005 财年、2008 财年、2010 财年、2011 财年和 2012 财年教育机构生均支出的变化。根据 UOE 2014 年数据收集的定义和覆盖范围，要求 OECD 国家收集 2000 年、2005 年、2008 年、2010 年和 2011 年的数据。2000 年、2005 年、2008 年、2010 年和 2011 年的所有支出数据与 GDP 信息都用 GDP 价格平减指数调整至 2012 年的价格水平。

本指标显示了相对于按全日制折算的入学人数的直接公共支出和私人支出。那些在教育机构以外对学生生活费用的政府补贴被排除在外，以确保国际可比性。

核心教育服务可以估计为所有支出的剩余，即教育机构除研发和辅助性服务之外的净支出。研发活动支出的分类是基于从开展研发活动的机构收集的数据，而非资金的来源。

某一教育阶段的教育机构生均教育支出等于该阶段教育机构总支出除以相应的折合全日制学生人数。仅学生人数与支出数据可得的教育机构与课程被统计在内。用支出的本币数量除以 GDP 购买力平价指数，将本币转换成等值美元。运用购买力平价汇率的原因是市场汇率受诸多因素（如利率、贸易政策、经济增长预期等）的影响，而在不同的 OECD 国家里，这些因素几乎与当前相对的国内购买力无关（参见附录 2）。

在某些国家私立教育机构中的学生支出数据无法获得，其他国家所提供的独立型私立学校的数据也不完整。在这种情况下，只有公立学校和民办公助类学校支出数据被统计在内。

教育机构生均支出与人均 GDP 的比例，是以本币表示的教育机构生均支出占同样以本币表示的人均 GDP 的百分比计算得出的。在教育机构支出数据和 GDP 数据分别属于不同统计期的情况下，使用所统计 OECD 国家的通胀率将支出数据调整到 GDP 数据的同一统计期（参见附录 2）。

折合全日制学生：对 OECD 国家的生均教育服务年度支出的排序受这些国家全日制、非全日制以及等同于全日制的学生的定义差别的影响。某些 OECD 国家将每一名接受高等教育的学生都统计为全日制学生，而其他国家则通过学生某一时期内成功修完特定课程所获得的学分来确定学生参与的程度。能够准确说明非全日制学生人数的 OECD 国家，折合成全日制学生的教育机构生均支出高于那些不能区分全日制和非全日制学生的 OECD 国家。

以色列数据注释

以色列的统计数据由以色列有关当局负责提供。在使用这些数据时，OECD 根据国际法的规定对戈兰高地、东耶路撒冷和约旦河西岸的以色列定居点的地位不持偏见。

B1

表 B1.1a　用于所有服务的教育机构年度生均支出（2012 年）

基于全日制折算，按教育阶段划分，GDP 以购买力平价转换后的等值美元表示

		初等教育	中等教育			中等后非高等教育	高等教育（包括研发活动）			所有高等教育（未包括研发活动）	初等教育到高等教育（包括研发活动和未分类的项目）
			初级中等教育	高级中等教育	所有中等教育		短期高等教育课程	学士、硕士、博士或同等水平	所有高等教育		
		(1)	(2)	(3)	(4)	(5)	(6)	(7)	(8)	(9)	(10)
OECD 国家	澳大利亚	7 705	10 574	9 581	10 165	6 379	8 267	18 795	16 859	10 455	10 347
	奥地利	9 563	13 632	14 013	13 806	5 212	15 071	15 641	15 549	11 616	13 189
	比利时	9 581	11 670	12 210[d]	12 025[d]	x(3)	8 212	15 785	15 503	10 156	12 135
	加拿大[1,2]	9 680[d]	x(1)	11 695	m	m	15 348	25 525	22 006	15 788	m
	智利[3]	4 476	4 312	3 706	3 909	a	4 186	9 409	7 960	7 600	5 235
	捷克	4 728	7 902	7 119	7 469	2 445	16 645	10 304	10 319	6 807	7 684
	丹麦	10 953	11 460	9 959	10 632	a	m	m	m	m	m
	爱沙尼亚	5 668	6 524	7 013	6 791	7 478	a	8 206	8 206	4 690	6 878
	芬兰	8 316	12 909	8 599[d]	9 985[d]	x(3)	a	17 863	17 863	10 728	11 030
	法国	7 013	9 588	13 070	11 046	m	12 346	16 279	15 281	10 361	10 450
	德国	7 749	9 521	12 599	10 650	10 041	8 265	17 159	17 157	10 025	11 363
	希腊	m	m	m	m	m	m	m	m	m	m
	匈牙利	4 370	4 459	4 386	4 419	3 698	2 897	9 658	8 876	7 405	5 564
	冰岛	10 003	10 706	7 541	8 724	11 140	9 665	9 373	9 377	m	10 287
	爱尔兰[2]	8 681	11 087	11 564	11 298	12 856	x(8)	x(8)	14 922	11 418	10 740
	以色列	6 931	x(4)	x(4)	5 689	2 326	6 366	13 777	12 338	7 710	7 903
	意大利[2]	7 924	8 905	8 684	8 774	m	m	10 071	10 071	6 369	8 744
	日本	8 595	9 976	10 360[d]	10 170[d]	x(3,6,7)	10 532[d]	18 557[d]	16 872[d]	m	11 671
	韩国	7 395	7 008	9 651	8 355	m	5 540	11 173	9 866	8 026	9 569
	卢森堡[2,4]	20 020	20 247	20 962	20 617	1 257	3 749	34 739	32 876	21 358	22 545
	墨西哥	2 632	2 367	4 160	3 007	a	x(8)	x(8)	8 115	6 647	3 509
	荷兰	8 185	12 227	12 368	12 296	11 554	11 580	19 305	19 276	12 505	12 211
	新西兰	7 069	8 644	10 262	9 409	9 542	10 289	14 543	13 740	10 841	9 443
	挪威	12 728	13 373	15 248[d]	14 450[d]	x(3)	x(3)	20 016	20 016	12 010	15 497
	波兰[2]	6 721	6 682	6 419	6 540	m	8 229	9 811	9 799	7 692	7 398
	葡萄牙[2]	6 105	8 524	8 888[d]	8 691[d]	x(3,7)	a	9 196[d]	9 196[d]	4 917	7 952
	斯洛伐克	5 415	5 283	5 027[d]	5 152[d]	x(3)	x(3)	9 022	9 022	6 191	6 072
	斯洛文尼亚	9 015	9 802	6 898[d]	8 022[d]	x(3)	6 874	11 615	11 002	8 888	9 031
	西班牙	7 111	9 137	9 145[d]	9 141[d]	x(3)	9 394	13 040	12 356	8 983	9 040
	瑞典	10 312	10 966	11 329	11 177	3 610	5 897	24 025	22 534	10 589	12 742
	瑞士[2]	13 889	16 370	17 024[d]	16 731[d]	x(3)	x(8)	x(8)	25 264	11 632	17 485
	土耳其	2 577	2 448	3 524	2 904	a	x(8)	x(8)	7 779	5 557	3 514
	英国	10 017	10 271	9 963	10 085	a	x(8)	x(8)	24 338	18 593	12 084
	美国	11 030	11 856	13 059	12 442	x(8)	x(8)	x(8)	26 562[d]	23 706	15 494
	OECD 平均	8 247	9 627	9 876	9 518	6 734	8 968	15 111	15 028	10 309	10 220
	欧盟 21 国平均	8 372	10 040	10 011	9 931	6 461	9 097	14 807	14 955	9 963	10 361
伙伴国	阿根廷	m	m	m	m	a	m	m	m	m	m
	巴西[2]	3 095	2 981	3 078	3 020	a	x(8)	x(8)	10 455	9 595	3 441
	中国	m	m	m	m	m	m	m	m	m	m
	哥伦比亚[3]	2 645	2 651	2 742[d]	2 677[d]	x(3)	x(8)	x(8)	5 183	m	3 291
	印度	m	m	m	m	m	m	m	m	m	m
	印度尼西亚[3]	1 180	915	1 067	981	a	x(8)	x(8)	2 089	m	1 397
	拉脱维亚	3 489	3 515	3 685	3 610	4 153	5 091	5 290	5 262	4 303	3 983
	俄罗斯	x(4)	x(4)	x(4)	5 345[d]	x(4)	5 183	9 115	8 363	7 641	6 190
	沙特阿拉伯	m	m	m	m	m	m	m	m	m	m
	南非[2]	2 431	x(4)	x(4)	2 440	5 188	x(8)	x(8)	10 885	m	3 633
	G20 平均	m	m	m	m	m	m	m	m	m	m

注：学前教育的数据见指标 C2。

1. 2011 年数据。
2. 仅公立学校（加拿大和卢森堡，仅高等教育；意大利，高等教育除外）。
3. 2013 年数据。
4. 学前教育和初等教育包括地方有关部门前几年的报销全额。

数据来源：OECD. Argentina, China, Colombia, India, Indonesia, Saudi Arabia, South Africa: UNESCO Institute for Statistics. Latvia: Eurostat. See Annex 3 for notes (www.oecd.org/education/education-at-a-glance-19991487.htm).

缺失数据代码参见《读者指南》。

StatLink http://dx.doi.org/10.1787/888933285351

表 B1.2 教育机构用于核心服务、辅助性服务与研发的年度生均支出（2012 年）

GDP 以购买力平价转换后的等值美元表示，按教育阶段和服务类型划分，基于全日制折算

		初等、中等和中等后非高等教育			高等教育				初等教育到高等教育（包括未分类的项目）			
		核心教育服务	辅助性服务（教育机构提供的交通、餐饮与住宿）	合计	核心教育服务	辅助性服务（教育机构提供的交通、餐饮与住宿）	研发	合计	核心教育服务	辅助性服务（教育机构提供的交通、餐饮与住宿）	研发	合计
		(1)	(2)	(3)	(4)	(5)	(6)	(7)	(8)	(9)	(10)	(11)
OECD 国家	澳大利亚	8 651	139	8 790	9 956	499	6 403	16 859	8 903	209	1 235	10 347
	奥地利	11 563	601	12 164	11 533	84	3 932	15 549	11 554	445	1 191	13 189
	比利时	10 712	295	11 007	9 799	356	5 347	15 503	10 830	307	998	12 135
	加拿大[1,2,3]	9 723	503	10 226	14 652	1 136	6 218	22 006	m	m	m	m
	智利[4]	3 879	304	4 183	7 600[d]	x(4)	360	7 960	5 134[d]	x(8)	100	5 235
	捷克	6 015	404	6 419	6 734	74	3 512	10 319	6 499	323	862	7 684
	丹麦	10 780	a	10 780	m	a	m	m	m	a	m	m
	爱沙尼亚	6 315	18	6 334	4 284	406	3 517	8 206	5 775	126	977	6 878
	芬兰	8 365	988	9 353	10 728	0	7 136	17 863	8 831	793	1 406	11 030
	法国	8 039	1 298	9 338	9 502	859	4 920	15 281	8 313	1 216	921	10 450
	德国	9 583	261	9 843	9 179	846	7 132	17 157	9 695	367	1 301	11 363
	希腊	m	m	m	m	m	m	m	m	m	m	m
	匈牙利	3 898	474	4 371	5 651	1 754	1 471	8 876	4 180	1 103	281	5 564
	冰岛	x(3)	x(3)	9 333	x(7)	x(7)	x(7)	9 377	x(11)	x(11)	x(11)	10 287
	爱尔兰[3]	9 893	m	9 893	11 418	m	3 504	14 922	10 150	m	590	10 740
	以色列	5 970	356	6 325	6 418	1 292	4 628	12 338	6 629	511	763	7 903
	意大利[3,5]	8 030	420	8 450	6 022	347	3 701	10 071	7 566	402	775	8 744
	日本[1]	x(3)	x(3)	9 408	x(7)	x(7)	x(7)	16 872	x(11)	x(11)	x(11)	11 671
	韩国	7 093	841	7 934	7 943	83	1 840	9 866	8 359	604	606	9 569
	卢森堡[3]	18 810	1 342	20 153	20 623	x(4)	11 519	32 876	20 311	1 396	838	22 545
	墨西哥	2 801	m	2 801	6 647	m	1 468	8 115	3 354	m	155	3 509
	荷兰	10 464	0	10 464	12 505	0	6 771	19 276	10 868	0	1 342	12 211
	新西兰	x(3)	x(3)	8 445	x(7)	x(7)	2 900	13 740	x(11)	x(11)	547	9 443
	挪威[1]	x(3)	x(3)	13 611	11 824	186	8 006	20 016	x(11)	x(11)	1 493	15 497
	波兰[3]	6 585	178	6 764	7 433	259	2 107	9 799	6 763	195	440	7 398
	葡萄牙[1,3]	6 759	685	7 444	4 561	357	4 278	9 196	6 511	622	819	7 952
	斯洛伐克[1]	4 439	792	5 231	4 412	1 778	2 832	9 022	4 579	975	519	6 072
	斯洛文尼亚	7 860	598	8 457	8 692	196	2 114	11 002	8 049	507	475	9 031
	西班牙	7 616	537	8 152	8 435	548	3 372	12 356	7 789	539	712	9 040
	瑞典	9 513	1 138	10 652	10 589	0	11 946	22 534	9 703	938	2 101	12 742
	瑞士[3]	x(3)	x(3)	15 512	11 632[d]	x(4)	13 632	25 264	x(11)	x(11)	x(11)	17 485
	土耳其	2 688	97	2 784	7 779	x(7)	2 221	7 779	x(11)	x(11)	x(11)	3 514
	英国	9 434	605	10 056	16 692	1 900	5 746	24 338	10 465	789	830	12 084
	美国[1]	10 769	963	11 732	20 423	3 282	2 856	26 562	13 218	1 551	725	15 494
	OECD 平均	8 080	554	8 982	9 782	706	4 846	15 028	8 561	633	852	10 220
	欧盟 21 国平均	8 734	591	9 266	9 410	574	4 992	14 955	8 865	614	915	10 361
伙伴国	阿根廷	m	m	m	m	m	m	m	m	m	m	m
	巴西[3]	x(3)	x(3)	3 049	9 595[d]	x(4)	860	10 455	3 396[d]	x(8)	46	3 441
	中国	m	m	m	m	m	m	m	m	m	m	m
	哥伦比亚[4]	x(3)	x(3)	2 661	x(7)	x(7)	x(7)	5 183	x(11)	x(11)	x(11)	3 291
	印度	m	m	m	m	m	m	m	m	m	m	m
	印度尼西亚[4]	x(3)	x(3)	1 096	x(7)	x(7)	x(7)	2 089	x(11)	x(11)	x(11)	1 397
	拉脱维亚	x(3)	x(3)	3 560	4 303[d]	x(4)	959	5 262	x(11)	x(11)	238	3 983
	俄罗斯	x(3)	x(3)	5 345	x(7)	x(7)	721	8 363	x(11)	x(11)	202	6 190
	沙特阿拉伯	m	m	m	m	m	m	m	m	m	m	m
	南非	x(3)	x(3)	2 494	x(7)	x(7)	x(7)	10 885	x(11)	x(11)	x(11)	3 633
	G20 平均	m	m	m	m	m	m	m	m	m	m	m

1. 某些教育阶段包括其他教育阶段在内。参见表 B1.1a 中的“x”代码。
2. 2011 年数据。
3. 仅公立学校（加拿大和卢森堡，仅高等教育；意大利，高等教育除外）。
4. 2013 年数据。
5. 不包括中等后非高等教育和短期高等教育课程。

数据来源：OECD. Argentina, China, Colombia, India, Indonesia, Saudi Arabia, South Africa: UNESCO Institute for Statistics. Latvia: Eurostat. See Annex 3 for notes (www.oecd.org/education/education-at-a-glance-19991487.htm).

缺失数据代码参见《读者指南》。

StatLink http://dx.doi.org/10.1787/888933285363

表 B1.4 用于所有服务的教育机构年度生均支出占人均 GDP 的比例（2012 年）

占人均 GDP 的百分比，按教育阶段划分，基于全日制折算

		初等教育	中等教育			中等后非高等教育	高等教育(包括研发活动)			所有高等教育(包括研发活动)	初等教育到高等教育(包括研发活动和未分类的项目)
			初级中等教育	高级中等教育	所有中等教育		短期高等教育课程	学士、硕士、博士或同等水平	所有高等教育		
		(1)	(2)	(3)	(4)	(5)	(6)	(7)	(8)	(9)	(10)
OECD 国家	澳大利亚	18	25	22	24	15	19	44	39	24	24
	奥地利	21	30	31	31	12	34	35	35	26	29
	比利时	23	28	29[d]	29[d]	x(3)	20	38	37	24	29
	加拿大[1,2]	23[d]	x(1)	27	m	m	36	60	52	37	m
	智利[3]	21	20	17	18	a	20	44	37	36	25
	捷克	16	28	25	26	9	58	36	36	24	27
	丹麦	25	26	23	24	a	m	m	m	m	m
	爱沙尼亚	23	26	28	28	30	a	33	33	19	28
	芬兰	21	32	21[d]	25[d]	x(3)	a	44	44	27	27
	法国	19	26	35	30	0	33	44	41	28	28
	德国	18	22	29	25	23	19	40	40	23	27
	希腊	m	m	m	m	m	m	m	m	m	m
	匈牙利	19	20	20	20	16	13	43	39	33	25
	冰岛	25	26	19	22	28	24	23	23	m	25
	爱尔兰[2]	19	25	26	25	28	x(8)	x(8)	33	25	24
	以色列	22	x(4)	x(4)	18	7	20	44	39	25	25
	意大利[2]	22	25	25	25	m	m	29	29	18	25
	日本	24	28	29[d]	28[d]	x(3,6,7)	30[d]	52[d]	47[d]	m	33
	韩国	23	22	30	26	m	17	35	31	25	30
	卢森堡	22	22	23	22	1	4	38	36	23	25
	墨西哥	16	14	25	18	a	x(8)	x(8)	48	40	21
	荷兰	18	27	27	27	25	25	42	42	27	27
	新西兰	22	27	32	29	30	32	45	43	34	29
	挪威	25	26	30[d]	28[d]	x(3)	x(3)	39	39	23	30
	波兰[2]	29	29	28	29	m	36	43	43	34	32
	葡萄牙[2]	22	31	33[d]	32[d]	x(3,7)	a	34[d]	34[d]	18	29
	斯洛伐克	21	21	20[d]	20[d]	x(3)	x(3)	35	35	24	24
	斯洛文尼亚	32	34	24[d]	28[d]	x(3)	24	41	39	31	32
	西班牙	22	28	28[d]	28[d]	x(3)	29	40	38	27	28
	瑞典	24	25	26	25	8	13	55	51	24	29
	瑞士[2]	25	29	31[d]	30[d]	x(3)	x(8)	x(8)	45	21	31
	土耳其	14	14	20	16	a	x(8)	x(8)	43	m	20
	英国	27	28	27	27	a	x(8)	x(8)	65	50	33
	美国	22	24	26	25	x(8)	x(8)	x(8)	53[d]	48	31
	OECD 平均	22	25	26	25	17	25	41	40	28	27
	欧盟 21 国平均	22	27	26	26	15	26	39	39	27	28
伙伴国	阿根廷	m	m	m	m	a	m	m	m	m	m
	巴西[2]	25	24	24	24	a	x(8)	x(8)	83	76	27
	中国	m	m	m	m	m	m	m	m	m	m
	哥伦比亚[3]	22	22	23[d]	22[d]	x(3)	x(8)	x(8)	43	m	27
	印度	m	m	m	m	m	m	m	m	m	m
	印度尼西亚[3]	12	9	11	10	a	x(8)	x(8)	21	m	14
	拉脱维亚	23	23	25	24	28	34	35	35	29	27
	俄罗斯	x(4)	x(4)	x(4)	22[d]	x(4)	22	38	35	32	26
	沙特阿拉伯	m	m	m	m	m	m	m	m	m	m
	南非[2]	19	x(4)	x(4)	19	41	x(8)	x(8)	87	m	29
	G20 平均	m	m	m	m	m	m	m	m	m	m

1. 2011 年数据。
2. 仅公立学校（加拿大和卢森堡，仅高等教育；意大利，高等教育除外）。
3. 2013 年数据。

数据来源：OECD. Argentina，China，Colombia，India，Indonesia，Saudi Arabia，South Africa：UNESCO Institute for Statistics. Latvia：Eurostat. See Annex 3 for notes（www. oecd. org/education/education-at-a-glance-19991487. htm）.

缺失数据代码参见《读者指南》。

StatLink http：//dx. doi. org/10. 1787/888933285378

B1

表 B1.5a　在初等教育、中等教育和中等后非高等教育阶段，与各种因素有关的用于所有服务的教育机构生均支出的变化（2000 年、2005 年、2008 年、2010 年、2011 年和 2012 年）

变化指数（GDP 平减指数 2005 年＝100，不变价格）

		初等教育、中等教育和中等后非高等教育														
		变化指数(2005 年＝100)					学生数量变化(2005 年＝100)					生均支出变化(2005 年＝100)				
		2000	2008	2010	2011	2012	2000	2008	2010	2011	2012	2000	2008	2010	2011	2012
		(1)	(2)	(3)	(4)	(5)	(6)	(7)	(8)	(9)	(10)	(11)	(12)	(13)	(14)	(15)
OECD 国家	澳大利亚	83	110	133	130	130	93	100	101	103	106	89	110	131	126	123
	奥地利	m	m	m	m	m	m	m	m	m	m	m	m	m	m	m
	比利时	m	113	112	113	115	91	96	95	96	96	m	117	117	118	119
	加拿大[1,2,4]	84	105	117	118	115	99	100	98	97	96	84	106	119	121	119
	智利[3]	96	129	126	147	140	99	96	93	91	90	97	134	135	162	156
	捷克	77	106	110	113	114	107	93	89	87	85	72	114	124	130	134
	丹麦	86	99	108	100	81	95	m	105	111	m	90	m	103	90	m
	爱沙尼亚	m	124	109	104	105	121	90	85	83	81	m	138	129	125	130
	芬兰	83	107	112	113	112	95	101	100	99	98	87	107	112	114	114
	法国	99	103	106	105	104	102	100	100	100	101	98	103	106	105	103
	德国	m	m	m	m	m	m	m	m	m	m	m	m	m	m	m
	希腊[1]	77	m	m	m	m	101	m	m	m	m	77	m	m	m	m
	匈牙利[5]	68	96	85	79	75	104	96	94	92	91	66	100	90	86	83
	冰岛	73	108	96	99	98	94	101	101	101	100	77	106	95	98	98
	爱尔兰[4]	69	131	140	138	139	97	104	108	109	109	71	126	129	127	127
	以色列	99	120	130	144	154	94	104	108	111	112	106	115	120	130	138
	意大利[4,6]	96	104	97	93	90	99	100	100	101	99	98	104	97	92	90
	日本[1]	99	102	105	105	106	109	97	96	95	94	90	105	109	110	113
	韩国	69	115	126	127	125	102	98	93	90	86	67	118	135	142	145
	卢森堡[4,5]	m	m	105	101	96	m	m	m	m	m	m	m	m	m	m
	墨西哥	80	103	111	116	119	95	103	105	106	107	85	100	106	109	111
	荷兰	82	106	114	113	113	97	101	102	102	101	85	105	112	111	112
	新西兰	m	m	m	m	m	m	m	m	m	m	m	m	m	m	m
	挪威[1,5]	87	107	113	112	112	95	102	102	102	104	92	105	111	109	108
	波兰	90	114	122	120	125	110	88	83	80	77	82	129	147	149	162
	葡萄牙[1,4]	100	95	108	101	123	111	100	99	97	97	90	96	109	104	126
	斯洛伐克[1]	74	115	135	125	125	108	90	84	82	79	68	128	159	154	159
	斯洛文尼亚	m	104	103	101	98	m	93	90	90	89	m	112	114	113	109
	西班牙	92	115	119	116	110	107	102	105	107	107	86	113	113	109	103
	瑞典	88	103	102	102	103	98	97	91	91	91	90	107	112	113	113
	瑞士[4]	87	103	107	109	110	100	100	98	97	97	86	102	109	112	114
	土耳其[4,5]	71	121	147	149	165	92	102	106	105	107	77	119	138	141	155
	英国	m	99	106	109	112	113	99	100	102	104	m	100	106	107	108
	美国[1]	86	111	109	107	104	98	106	100	100	99	88	105	110	107	105
	OECD 平均	84	109	114	114	114	101	99	98	97	97	85	112	117	118	121
	欧盟 21 国平均	84	108	111	108	108	103	97	96	96	94	83	112	117	115	118
伙伴国	阿根廷	m	m	m	m	m	m	m	m	m	m	m	m	m	m	m
	巴西[4,5]	66	146	170	175	182	98	96	91	89	87	67	152	187	197	210
	中国	m	m	m	m	m	m	m	m	m	m	m	m	m	m	m
	哥伦比亚	m	m	m	m	m	m	m	m	m	m	m	m	m	m	m
	印度	m	m	m	m	m	m	m	m	m	m	m	m	m	m	m
	印度尼西亚	m	m	m	m	m	m	m	m	m	m	m	m	m	m	m
	拉脱维亚	m	m	m	m	m	m	m	m	m	m	m	m	m	m	m
	俄罗斯[4,5]	66	132	126	129	151	m	88	87	88	88	m	150	144	147	172
	沙特阿拉伯	m	m	m	m	m	m	m	m	m	m	m	m	m	m	m
	南非	m	m	m	m	m	m	m	m	m	m	m	m	m	m	m
	G20 平均	m	m	m	m	m	m	m	m	m	m	m	m	m	m	m

1. 某些教育阶段包括其他教育阶段在内。参见表 B1.1a 中的“x”代码。
2. 以 2011 年数据代替 2012 年数据。以 2004 年数据代替 2005 年数据。
3. 以 2013 年数据代替 2012 年数据。以 2006 年数据代替 2005 年数据。
4. 仅公立学校。
5. 仅公共支出。
6. 不包括中等后非高等教育。

数据来源：OECD. See Annex 3 for notes（www.oecd.org/education/education-at-a-glance-19991487.htm）.
缺失数据代码参见《读者指南》。
StatLink http://dx.doi.org/10.1787/888933285381

表 B1.5b 在高等教育阶段，与各种因素有关的用于所有服务的教育机构生均支出的变化（2000 年、2005 年、2008 年、2010 年、2011 年和 2012 年）

变化指数（GDP 平减指数 2005 年 = 100，不变价格）

		高等教育														
		变化指数(2005 年 = 100)					学生数量变化(2005 年 = 100)					生均支出变化(2005 年 = 100)				
		2000	2008	2010	2011	2012	2000	2008	2010	2011	2012	2000	2008	2010	2011	2012
		(1)	(2)	(3)	(4)	(5)	(6)	(7)	(8)	(9)	(10)	(11)	(12)	(13)	(14)	(15)
OECD 国家	澳大利亚	84	111	126	129	133	m	108	125	129	133	m	103	101	100	100
	奥地利	m	m	m	m	m	m	m	m	m	m	m	m	m	m	m
	比利时	m	111	119	121	124	94	103	112	116	119	m	107	106	105	104
	加拿大[1,2]	84	109	117	117	113	m	m	m	m	m	m	m	m	m	m
	智利[3]	84	128	170	184	187	73	133	161	166	178	115	97	106	111	105
	捷克	65	132	139	164	172	72	118	132	133	130	90	112	106	123	133
	丹麦[4]	87	98	106	108	m	98	100	108	101	m	88	98	98	107	m
	爱沙尼亚	m	126	136	157	158	85	99	100	101	97	m	127	135	156	163
	芬兰	88	108	116	120	118	95	98	99	100	100	92	110	117	121	118
	法国	93	113	118	119	119	95	99	102	103	104	98	115	116	116	114
	德国	m	m	m	m	m	m	m	m	m	m	m	m	m	m	m
	希腊[1]	42	m	m	m	m	68	m	m	m	m	62	m	m	m	m
	匈牙利[4]	81	106	96	112	79	64	100	88	94	93	126	106	109	119	85
	冰岛	70	116	104	101	107	68	110	117	121	120	103	106	89	84	90
	爱尔兰[5]	102	134	136	132	125	85	101	109	109	114	120	133	125	120	110
	以色列	83	99	107	119	117	80	101	108	112	114	103	98	99	106	102
	意大利	93	113	112	113	107	90	100	98	97	94	104	113	114	117	114
	日本[1]	94	109	110	115	114	99	98	96	97	96	95	112	114	119	119
	韩国	79	127	137	144	142	93	103	102	103	103	84	124	135	140	138
	卢森堡	m	m	m	m	m	m	m	m	m	m	m	m	m	m	m
	墨西哥	74	114	129	125	135	83	110	120	126	133	89	104	107	99	101
	荷兰	85	109	119	123	125	85	110	119	122	123	99	100	100	101	102
	新西兰	m	m	m	m	m	m	m	m	m	m	m	m	m	m	m
	挪威[1,4]	83	102	105	106	108	88	99	106	109	104	95	102	100	97	105
	波兰	58	111	119	107	113	60	99	95	93	88	97	112	124	115	128
	葡萄牙[1,5]	71	106	113	106	103	90	101	107	110	108	79	105	106	97	95
	斯洛伐克[1]	67	123	128	141	152	71	124	124	121	117	94	99	103	117	130
	斯洛文尼亚	m	103	108	112	103	m	102	104	102	95	m	101	104	110	109
	西班牙	87	119	127	124	117	107	105	111	114	117	81	113	114	108	99
	瑞典	87	105	117	119	121	82	94	103	106	102	105	112	113	112	119
	瑞士[4,5]	76	91	102	107	111	76	116	129	137	128	101	79	79	78	87
	土耳其[4,5]	77	114	144	167	193	72	113	134	153	159	107	101	108	110	122
	英国	m	m	m	m	m	93	101	105	110	105	m	m	m	m	m
	美国[1]	78	112	117	120	125	89	106	123	126	130	88	105	95	96	96
	OECD 平均	80	113	121	126	127	84	105	112	115	115	97	107	108	110	111
	欧盟 21 国平均	79	114	119	124	122	84	103	107	108	107	95	110	112	115	115
伙伴国	阿根廷	m	m	m	m	m	m	m	m	m	m	m	m	m	m	m
	巴西[4,5]	79	119	148	155	149	70	110	125	150	160	112	108	119	104	93
	中国	m	m	m	m	m	m	m	m	m	m	m	m	m	m	m
	哥伦比亚	m	m	m	m	m	m	m	m	m	m	m	m	m	m	m
	印度	m	m	m	m	m	m	m	m	m	m	m	m	m	m	m
	印度尼西亚	m	m	m	m	m	m	m	m	m	m	m	m	m	m	m
	拉脱维亚	m	m	m	m	m	m	m	m	m	m	m	m	m	m	m
	俄罗斯[4,5]	44	147	145	136	142	m	175	156	149	142	m	84	93	91	100
	沙特阿拉伯	m	m	m	m	m	m	m	m	m	m	m	m	m	m	m
	南非	m	m	m	m	m	m	m	m	m	m	m	m	m	m	m
	G20 平均	m	m	m	m	m	m	m	m	m	m	m	m	m	m	m

1. 某些教育阶段包括其他教育阶段在内。参见表 B1.1a 中的“x”代码。
2. 以 2011 年数据代替 2012 年数据。以 2004 年数据代替 2005 年数据。
3. 以 2013 年数据代替 2012 年数据。以 2006 年数据代替 2005 年数据。
4. 仅公共支出。
5. 仅公立学校。

数据来源：OECD. See Annex 3 for notes（www.oecd.org/education/education-at-a-glance-19991487.htm）.
缺失数据代码参见《读者指南》。
StatLink http：//dx.doi.org/10.1787/888933285399

表 B1.6 中等教育阶段用于所有服务的教育机构年度生均支出，按课程类型划分（2012 年）

GDP 以购买力平价转换后的等值美元表示，按教育阶段划分，基于全日制折算

		初级中等教育			高级中等教育和中等后非高等教育		
		普通教育课程	职业教育课程	所有课程	普通教育课程	职业教育课程	所有课程
		(1)	(2)	(3)	(4)	(5)	(6)
OECD 国家	澳大利亚	11 010	6 382	10 574	11 272	6 378	9 076
	奥地利	13 632	a	13 632	13 018	13 645	13 416
	比利时[1]	x(3)	x(3)	11 670	12 958	11 720	12 210
	加拿大[1,2,3]	m	m	m	x(6)	x(6)	11 695
	智利[4]	4 312	a	4 312	4 264	4 199	4 244
	捷克	7 906	6 991	7 902	5 958	7 392	7 012
	丹麦	11 460	a	11 460	x(6)	x(6)	9 959
	爱沙尼亚	6 592	a	6 524	6 800	7 436	7 101
	芬兰[1]	12 909	a	12 909	7 628	8 978	8 599
	法国	9 588	a	9 588	x(6)	x(6)	12 962
	德国	9 521	a	9 521	10 433	13 073	12 009
	希腊	m	m	m	m	m	m
	匈牙利	4 471	2 490	4 459	4 346	4 245	4 310
	冰岛	10 706	a	10 706	6 484	10 174	7 648
	爱尔兰[5]	x(3)	x(3)	11 087	x(6)	x(6)	12 098
	以色列	x(4)	x(5)	x(6)	4 525[d]	10 692[d]	5 630[d]
	意大利[3,5]	8 877	13 297	8 905	x(6)	x(6)	8 684
	日本[1]	9 976	a	9 976	x(6)	x(6)	10 360
	韩国	7 008	a	7 008	x(6)	x(6)	9 651
	卢森堡	20 247	a	20 247	18 791	21 230	20 265
	墨西哥	2 882	424	2 367	3 751	4 788	4 160
	荷兰	10 804	16 002	12 227	10 211	13 357	12 366
	新西兰	8 644	a	8 644	9 987	10 501	10 169
	挪威[1]	13 373	a	13 373	x(6)	x(6)	15 248
	波兰[5]	6 682	x(5)	6 682	6 005	7 580[d]	6 899
	葡萄牙[1,5]	x(3)	x(3)	8 524	x(6)	x(6)	8 888
	斯洛伐克[1]	5 283	a	5 283	3 920	5 552	5 027
	斯洛文尼亚	9 802	a	9 802	10 838	4 615	6 898
	西班牙	8 987	x(3)	9 137	8 460	10 567	9 145
	瑞典	x(3)	x(3)	10 966	9 219	12 625	10 944
	瑞士[5]	16 370	a	16 370	15 843	8 494	17 024
	土耳其	2 448	a	2 448	3 380	3 676	3 524
	英国[1]	10 722	6 076	10 271	11 951	6 665	9 963
	美国[3]	11 856	a	11 856	x(6)	x(6)	13 059
	OECD 平均	9 484	7 380	9 627	8 698	9 025	9 704
	欧盟 21 国平均	9 843	8 971	10 040	9 369	9 912	9 938
伙伴国	阿根廷	m	m	m	m	m	m
	巴西[5]	x(3)	x(3)	2 981	x(6)	x(6)	3 078
	中国	m	m	m	m	m	m
	哥伦比亚[4]	2 651	a	2 651	x(6)	x(6)	2 742
	印度	m	m	m	m	m	m
	印度尼西亚[4]	915	a	915	1 449	579	1 067
	拉脱维亚	3 514	3 655	3 515	3 696	3 717	3 705
	俄罗斯[1]	x(4)	x(5)	x(6)	5 445[d]	4 481[d]	5 345[d]
	沙特阿拉伯	m	m	m	m	m	m
	南非[5]	x(6)	x(6)	x(6)	x(6)	x(6)	4 343[d]
	G20 平均	m	m	m	m	m	m

1. 某些教育阶段包括其他教育阶段在内。参见表 B1.1a 中的“x”代码。
2. 2011 年数据。
3. 中等后非高等教育除外。
4. 2013 年数据。
5. 仅公立学校。

数据来源：OECD. Argentina, China, Colombia, India, Indonesia, Saudi Arabia, South Africa: UNESCO Institute for Statistics. Latvia: Eurostat. See Annex 3 for notes (www.oecd.org/education/education-at-a-glance-19991487.htm).

缺失数据代码参见《读者指南》。

StatLink http://dx.doi.org/10.1787/888933285401

国民财富用于教育的比例是多少？

指标 B2

- 2012 年，OECD 国家初等教育到高等教育经费支出占其 GDP 的比例平均为 5.3%。11 个数据可得的国家（加拿大、智利、哥伦比亚、冰岛、以色列、韩国、新西兰、挪威、南非、英国和美国）的这一比例达到或超过 6%。
- 2000—2012 年，在 2/3 以上的数据可得的国家，初等教育到高等教育经费总支出增长速度快于其 GDP 增长速度。在其他国家，GDP 用于教育的比例下降了不到 0.5 个百分点。
- 从 2008 年经济危机开始至 2010 年，36 个数据可得国家中有 20 个国家的 GDP（以实际价格计算）呈现下降态势，仅有 6 个国家的教育公共支出出现下降。在此期间，有 5 个国家教育经费占 GDP 的比例出现了下降。2010—2012 年，由于财政整顿政策的影响，大部分国家以实际价格计算的 GDP 仍然增长，但是 1/3 的 OECD 国家的教育公共支出在此期间却下降了。

图 B2.1 初等教育到高等教育机构经费支出占 GDP 的百分比（2012 年）

公共支出和私人支出，包括未分类的项目

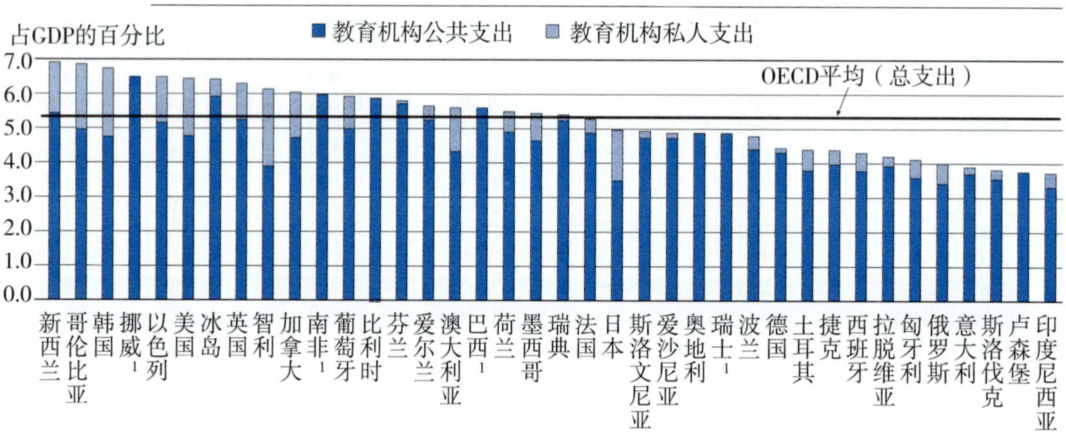

1. 仅指公共支出（瑞士，仅包括高等教育；挪威，仅包括初等教育、中等教育和中等后非高等教育）。

国家按照来自于公共和私人资金的教育经费降序排列。

数据来源：OECD. Table B2.3. See Annex 3 for notes (www.oecd.org/education/education-at-a-glance-19991487.htm).

StatLink http://dx.doi.org/10.1787/888933283940

背 景

除去其他方面原因，国家投资于教育机构有助于促进经济增长，提高生产力，推动个人和社会的发展，减少社会不平等。教育经费支出占 GDP 的比例取决于各公共和私营部门的不同倾向。然而，教育经费主要来自公共预算，受到各国政府严格审查。在金融危机时期，即使是教育这样的核心部门也要削减预算。

教育机构支出水平受到该国的学龄人口规模、入学率、教师工资水平以及教学的组织与实施的影响。在 OECD 国家，初等教育和初级中等教育（大致对应 5—14 岁的人口）的入学率接近 100%，学生人数的变化同人口变化密切相关。这不同于高级中等教育和高等教育的情况，因为部分适龄人口已经离开教育系统（参见指标 C1）。

本指标用于考量教育机构经费支出占国民财富的比重。国民财富是基于 GDP 的估值，教育支出包括政府、企业、学生个人及其家庭的支出。

其他发现

- 平均而言，OECD 国家初等教育、中等教育和中等后非高等教育的经费支出占各级教育机构经费支出的 2/3，或占其 GDP 的 3.7%。在 OECD 国家及其伙伴国中，新西兰用于上述教育的经费支出最高，占其 GDP 的 5.0%。而在捷克、匈牙利、印度尼西亚、日本、拉脱维亚、俄罗斯、斯洛伐克，这一比例低于 3%。
- 平均而言，OECD 国家的高等教育经费占各级教育机构经费总支出的比例超过 1/4，或其 GDP 的 1.5%。加拿大、智利、韩国、美国高等教育机构的经费支出占其 GDP 的比例介于 2.3%至 2.8%之间。
- 平均而言，OECD 国家的高等教育中，私人支出占 GDP 的比例最高。智利、韩国和美国的这一比例最高，介于 1.4%至 1.5%之间。

趋　势

综合各级教育来看，2008—2010 年，OECD 国家公共教育投入平均增加了 5%。但是，就 OECD 国家的平均水平而言，这一时期教育机构公共支出的年度增长率开始放缓，在 2010—2012 年保持平稳。2008—2012 年，OECD 国家教育机构公共支出的年增长率持续下降，2008—2009 年为 3%，2011—2012 年则为 0。

2008—2010 年，仅有爱沙尼亚、匈牙利、冰岛、意大利、俄罗斯、美国等国削减了（以实际价格计算的）教育公共支出，削减幅度从美国的 1%至匈牙利和冰岛的 11%不等。2010—2012 年，上述 6 个国家中有 4 个国家（冰岛、俄罗斯除外）的教育公共支出继续下降，在其他 7 个国家也出现下降。在教育公共支出下降的 11 个国家中，匈牙利、意大利、葡萄牙、斯洛文尼亚、西班牙的教育公共支出下降了 5%或更多。

B2

分　析

相对于 GDP 的总投入

在所有数据可得的 OECD 国家及其伙伴国中，国家财富用于教育机构的份额都相当可观。2012 年 OECD 国家平均将其 GDP 的 5.3%用于初等教育至高等教育的教育机构（参见表 C2.3 学前教育占 GDP 的比例）。

2012 年，OECD 国家及其伙伴国中有 11 个数据可得的国家初等教育至高等教育机构经费支出占 GDP 的百分比达到或高于 6%，哥伦比亚、韩国、新西兰等国家的这一比例甚至高于 6.7%。而印度尼西亚、意大利、卢森堡、俄罗斯和斯洛伐克等国教育经费占其各自 GDP 的比例低于 4%（图 B2.1 和表 B2.1）。

图 B2.2　教育机构经费支出占 GDP 的百分比（2012 年）

来源于公共和私人的经费，按照教育阶段和资金来源划分

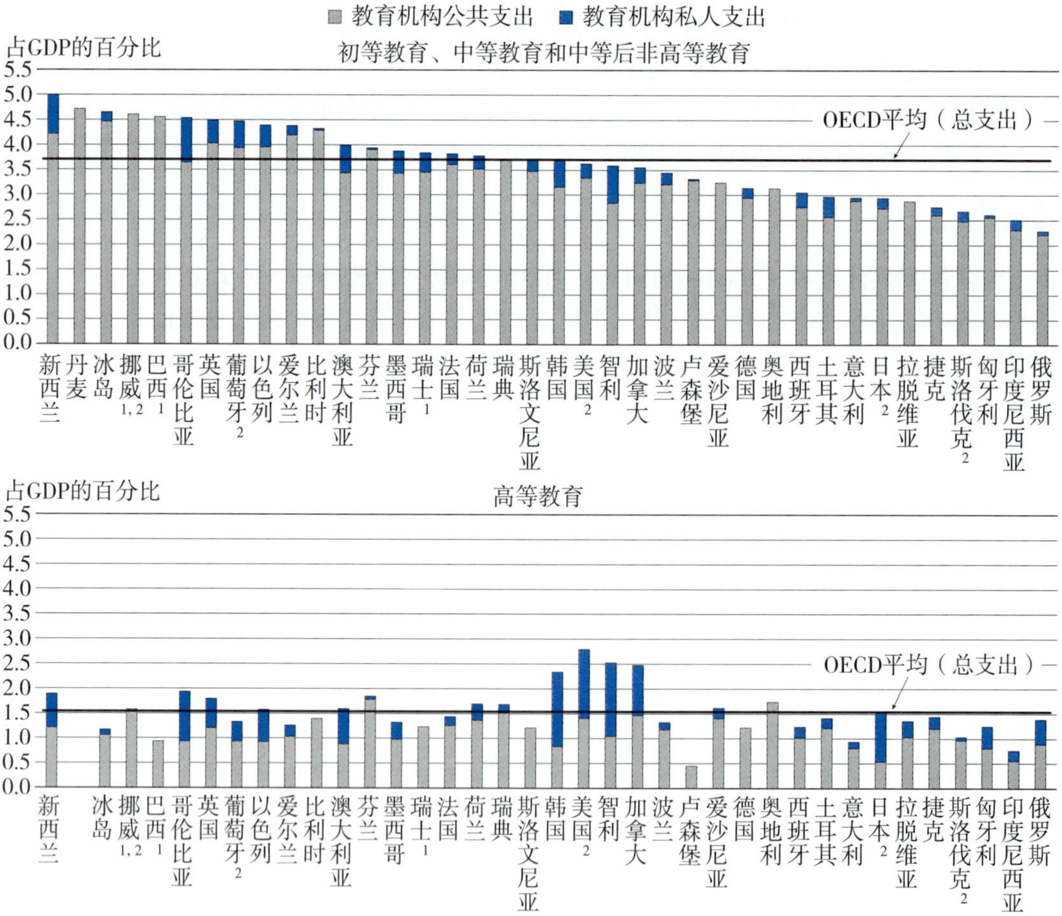

1. 仅指公共支出（瑞士，仅包括高等教育；挪威，仅包括初等教育、中等教育和中等后非高等教育）。
2. 某些教育阶段包括其他教育阶段在内。参见表 B1.1a 中的代码“x”。
国家按照初等教育、中等教育和中等后非高等教育机构来自于公共和私人资金的教育支出降序排列。
数据来源：OECD. Table B2.3. See Annex 3 for notes（www.oecd.org/education/education-at-a-glance-19991487.htm）.
StatLink http://dx.doi.org/10.1787/888933283959

按教育阶段划分的教育机构经费支出

所有 OECD 国家平均 2/3 的教育支出用于初等教育、中等教育和中等后非高等教育，其中超过 1/4 用于高等教育，0.1%并未特定分配给某一级教育。在 OECD 国家中，初等教育和初级中等教育阶段教育支出占教育总支出的比例平均约为 47%。教育支出取决于人口的年龄。在大多数情况下，教育经费占 GDP 的百分比超过平均水平的国家通常是那些初等教育和初级中等教育适龄人口比例高于平均水平的国家（表 B2.2 并参见指标 C1）。

在所有数据可得的 OECD 国家及其伙伴国中，用于初等教育、中等教育和中等后非高等教育的经费支出占教育经费总支出的比重远高于用于高等教育的比重。所有国家的这一比例（不含学前教育）都超过了 50%。初等教育、中等教育和中等后非高等教育支出占 GDP 的比例低于 3%的国家有捷克、匈牙利、印度尼西亚、日本、拉脱维亚、俄罗斯、斯洛伐克，新西兰的这一比例达到 5%以上。

所有国家的初等教育和初级中等教育支出都占到其 GDP 的 1.5%及以上，这一比例在如下国家达到或超过 3%：澳大利亚、巴西、哥伦比亚、丹麦、冰岛、爱尔兰、墨西哥、新西兰、挪威和英国（表 B2.1）。

除了巴西、印度尼西亚、意大利（短期高等教育课程支出未列入）、卢森堡和南非，几乎所有国家高等教育支出占其 GDP 的比例至少为 1%，这一比例在加拿大、智利、韩国和美国则超过 2.3%（表 B2.3 和图 B2.2）。

2000—2012 年总体教育经费支出的变化

2000—2012 年，随着就读高级中等教育和高等教育的学生数量的增长，大多数国家各级教育财政投入也相应增加。

2000—2012 年，在数据可比的国家中，教育总支出（各级教育合计）和 GDP 都出现了增长（参见表 X2.3）。智利、法国、意大利、挪威、波兰、瑞典等国教育支出的增长低于 GDP 的增长，导致教育支出占 GDP 的比重减少了 0.5 个百分点。有可比数据的所有其他国家的教育支出（初等教育至高等教育）增长速度超过了 GDP 的增长速度，导致教育支出占 GDP 的比例上升（图 B2.3）。增幅达到或超过 1 个百分点的国家有：巴西（从 3.1%至 5.6%）、爱尔兰（从 4.3%至 5.6%）、荷兰（从 4.5%至 5.5%）、葡萄牙（从 4.7%至 5.8%）、俄罗斯（从 2.1%至 3.7%）、土耳其（从 2.5%至 3.8%）（表 B2.2）。

用于初等教育、中等教育和中等后非高等教育的教育总支出呈现出与高等教育相类似的变化。

金融危机对 2008—2012 年教育机构公共支出的影响

始于 2008 年的全球经济危机已经并且现在依然对不同经济部门产生重大不利影响。2008—2012 年的数据清楚地显示了经济危机对教育机构经费的影响，这在对比 2008—2010 年和 2010—2012 年两个时期的数据时尤为明显。

图 B2.3　初等教育到高等教育机构经费支出占 GDP 的百分比（2000 年、2008 年和 2012 年）

公共支出和私人支出，不包括未分类的项目

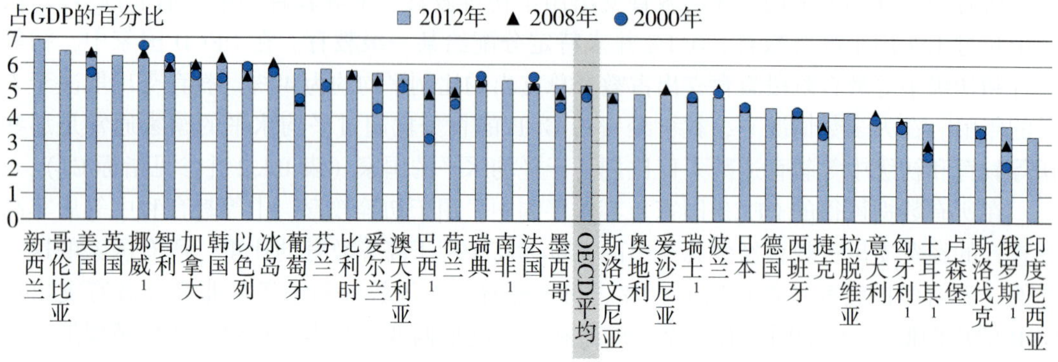

1. 仅指公共支出（瑞士，仅包括高等教育；挪威，仅包括初等教育、中等教育和中等后非高等教育）。

国家按照 2012 年来自于公共和私人资金的教育机构经费支出占 GDP 的百分比降序排列。

数据来源：OECD. Table B2. 2. See Annex 3 for notes（www. oecd. org/education/education-at-a-glance-19991487. htm）.

StatLink http：//dx. doi. org/10. 1787/888933283964

2008—2010 年，数据可得的大部分国家（36 个国家中的 20 个国家）的 GDP（以不变价格计算）出现了下降，爱沙尼亚、芬兰、希腊、匈牙利、冰岛、爱尔兰、斯洛文尼亚等国家的跌幅达到甚至超过了 5%。在大多数国家，超过 3/4 的教育支出来自于公共资源。GDP 增长的低迷是如何影响教育公共支出的呢？可得数据表明，相对来说，早期的预算削减尚未殃及教育部门。

由于大多数国家在资金实际支出前数月批准公共预算，教育资金支出具有一定的固定性。此外，大多数国家的政府试图保护教育免受公共投入大幅减少带来的冲击。

2008—2010 年，数据可得的 36 个国家中，只有 6 个国家削减（以实际价格计算）了教育机构的公共支出，这些国家是：爱沙尼亚（下降 10%）、匈牙利（下降 11%）、冰岛（下降 11%）、意大利（下降 6%）、俄罗斯（下降 4%）、美国（下降 1%）。在匈牙利、冰岛、意大利，由于支出的下降超过 GDP 的下降，或者此时 GDP 出现增长，这一削减致使教育支出占 GDP 的比例下降。在其他 3 个国家，尽管教育支出有所下降，但随着 GDP 出现更大程度的下降，教育支出占 GDP 比例并未改变，甚或有所上升。

在其他所有国家，教育机构的公共支出是趋于增加或者稳定的，而 GDP 在其中某些国家却是下降的。因此，教育投入占 GDP 的比重在 2008—2010 年持续上升（OECD 国家平均增长 6%）。与这一趋势相反的是智利和波兰，其 GDP 增长速度快于教育机构公共支出，导致教育公共支出占 GDP 的比例略微下降（表 B2. 4）。

2010—2012 年，经济危机对教育公共支出产生了更大的影响。2008—2010 年，2/3 数据可得的国家的 GDP 有所下降。2010—2012 年，除了 5 个国家外，其他国家的 GDP 保持不变或有所增加。GDP 下降的国家为：希腊（下降 15%）、意大利（下降 2%）、葡萄牙（下降 5%）、斯洛文尼亚（下降 2%）和西班牙（下降 3%）（图 B2. 4）。

由于调整公共预算的必要的时间差，在 GDP 下降后，教育机构公共支出于 2010—2012 年开始下降。许多国家的公共支出在 2010—2011 年，或 2011—2012 年出现下降，较之 2008—2010 年公共支出出现下降的国家，更多国家的公共支出在 2010—2012 年的两年期间持续下降。在整个 2010—2012 年期间，11 个国家的教育机构公共支出出现了下降，匈牙利、意大利、葡萄牙、斯洛文尼亚和西班牙的下降幅度达到5%或以上。在这 11 个国家中，由于 GDP 的增长，教育公共支出占 GDP 的比重出现下降，爱沙尼亚（下降 14%）和匈牙利（下降 13%）体现得尤为明显。

图 B2.4　经济危机对教育公共支出的影响及其占 GDP 百分比的变化指数（2010—2012 年）

2010—2012 年教育机构支出占 GDP 百分比的变化指数（2010 年 = 100，2012 年不变价格）

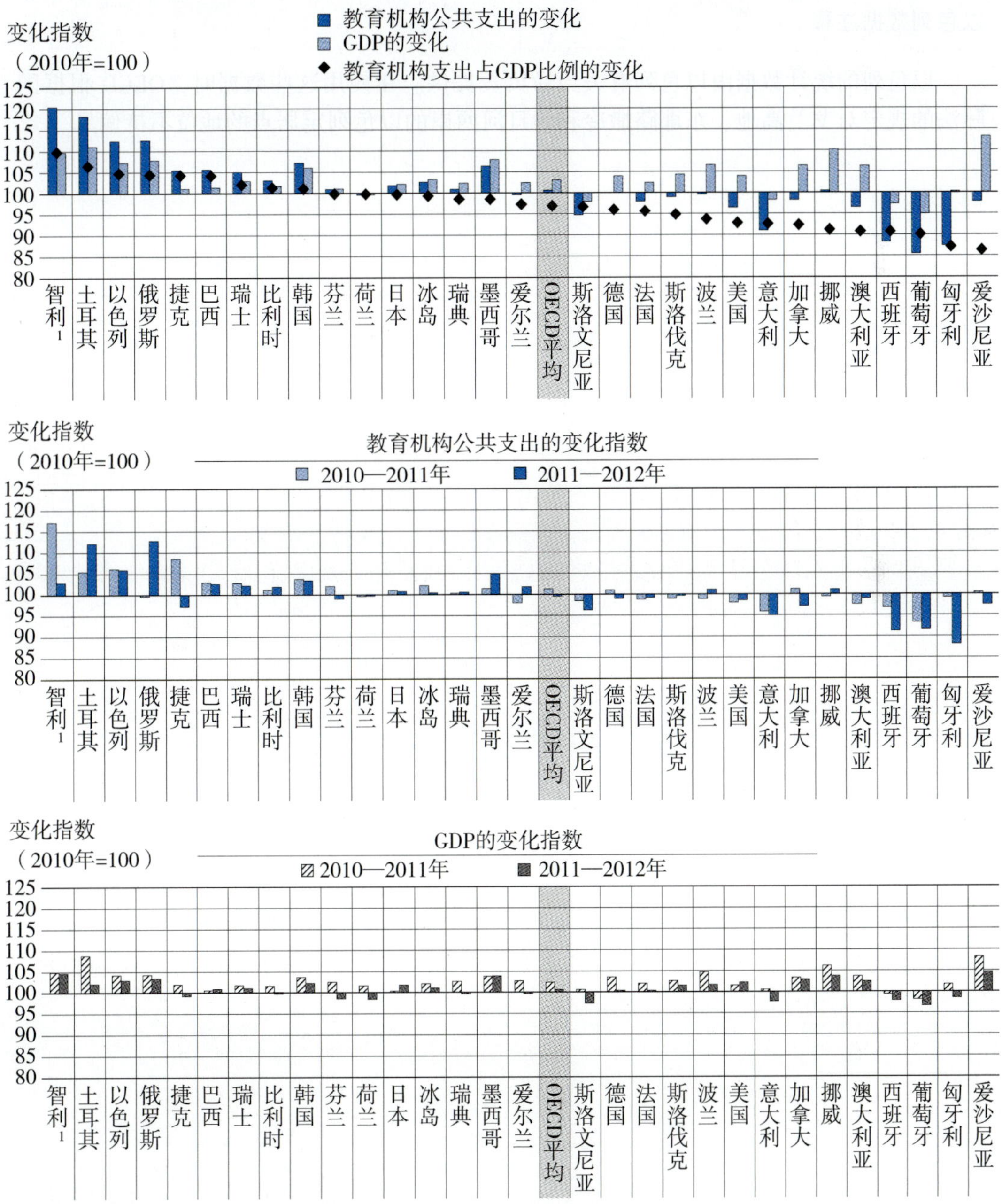

1. 以 2011—2013 年数据替代 2010—2012 年数据。
国家按照教育机构公共支出占 GDP 百分比的变化降序排列。
数据来源：OECD. Table B2. 4. See Annex 3 for notes（www. oecd. org/education/education-at-a-glance-19991487. htm）.
StatLink http：//dx. doi. org/10. 1787/888933283976

B2

方 法

数据统计期为 2012 财年，基于 2014 年 OECD 组织的 UOE 教育统计数据（详见附录 3，www. oecd. org/education/education-at-a-glance-19991487. htm）。

以色列数据注释

以色列的统计数据由以色列有关当局负责提供。在使用这些数据时，OECD 根据国际法的规定对戈兰高地、东耶路撒冷和约旦河西岸的以色列定居点的地位不持偏见。

表 B2.1　教育机构支出占 GDP 的百分比，按教育阶段划分（2012 年）

来源于公共和私人的支出[1]

	初等教育、中等教育和中等后非高等教育				高等教育(包括研发活动)			未分类的项目	初等教育到高等教育合计(包括未分类的项目)
	初等教育和初级中等教育	高级中等教育	中等后非高等教育	所有初等教育、中等教育和中等后非高等教育	短期高等教育课程	学士、硕士、博士或同等水平	所有高等教育		
	(1)	(2)	(3)	(4)	(5)	(6)	(7)	(8)	(9)
OECD 国家									
澳大利亚	3.1	0.8	0.1	4.0	0.2	1.4	1.6	0.0	5.6
奥地利	2.1	1.0	0.0	3.1	0.3	1.5	1.7	0.0	4.9
比利时	2.5	1.8[d]	x(2)	4.3	0.0	1.4	1.4	0.1	5.9
加拿大[2,3]	2.5[d]	1.1	m	3.6	0.9	1.6	2.5	0.0	6.0
智利[4]	2.4	1.2	a	3.6	0.4	2.2	2.5	0.0	6.1
捷克	1.7	1.1	0.0	2.8	0.0	1.4	1.4	0.2	4.4
丹麦	3.5	1.2	a	4.7	m	m	m	0.2	m
爱沙尼亚	2.0	1.0	0.2	3.2	a	1.6	1.6	0.0	4.9
芬兰	2.4	1.5[d]	x(2)	3.9	0.0	1.8	1.8	0.0	5.8
法国	2.5	1.3	0.0	3.8	0.3	1.1	1.4	0.0	5.3
德国	1.9	1.0	0.2	3.1	0.0	1.2	1.2	0.1	4.4
希腊	m	m	m	m	m	m	m	m	m
匈牙利	1.5	1.0	0.1	2.6	0.0	1.2	1.2	0.2	4.1
冰岛	3.3	1.3	0.1	4.7	0.0	1.1	1.2	0.6	6.4
爱尔兰	3.2	0.9	0.3	4.4	x(7)	x(7)	1.3	0.0	5.6
以色列	2.5	1.9	0.0	4.4	0.3	1.3	1.6	0.5	6.5
意大利	1.8	1.1	0.1	3.0	m	0.9	0.9	0.0	3.9
日本	2.1	0.9[d]	x(2,5,6)	2.9	0.2[d]	1.3[d]	1.5[d]	0.5	5.0
韩国	2.4	1.3	m	3.7	0.3	2.1	2.3	0.7	6.7
卢森堡	2.3	1.0	0.0	3.3	0.0	0.4	0.4	0.0	3.7
墨西哥	3.0	0.9	m	3.9	x(7)	x(7)	1.3	0.2	5.4
荷兰	2.6	1.2	0.0	3.8	0.0	1.7	1.7	0.0	5.5
新西兰	3.2	1.6	0.2	5.0	0.3	1.6	1.9	0.0	6.9
挪威[5]	3.1	1.5[d]	x(2)	4.6[d]	x(2)	1.6	1.6	0.3	6.5
波兰	2.4	0.9	0.1	3.4	0.0	1.3	1.3	0.0	4.8
葡萄牙	2.9	1.5[d]	x(2,6)	4.5	a	1.3[d]	1.3[d]	0.1	5.9
斯洛伐克	1.8	0.9[d]	x(2)	2.7[d]	x(2)	1.0	1.0	0.1	3.8
斯洛文尼亚	2.6	1.1[d]	x(2)	3.7	0.1	1.1	1.2	0.0	4.9
西班牙	2.2	0.9[d]	x(2)	3.1	0.2	1.1	1.2	0.0	4.3
瑞典	2.5	1.2	0.0	3.7	0.0	1.7	1.7	0.0	5.4
瑞士[5]	2.5	0.9[d]	x(2)	3.5	0.0	1.3	1.3	0.1	4.9
土耳其	2.0	1.0	a	3.0	x(7)	x(7)	1.4	0.0	4.4
英国	3.0	1.5	a	4.5	x(7)	x(7)	1.8	0.0	6.3
美国	2.7	1.0	x(7)	3.6	x(7)	x(7)	2.8[d]	a	6.4
OECD 平均	2.5	1.2	0.1	3.7	0.2	1.4	1.5	0.1	5.3
欧盟 21 国平均	2.4	1.2	0.1	3.6	0.1	1.3	1.4	0.1	4.9
伙伴国									
阿根廷	m	m	m	m	m	m	m	m	m
巴西[5]	3.5	1.2	a	4.7	x(7)	x(7)	0.9	0.0	5.6
中国	m	m	m	m	m	m	m	m	m
哥伦比亚[4]	3.9	0.7	x(2)	4.5	x(7)	x(7)	1.9	0.4	6.8
印度	m	m	m	m	m	m	m	m	m
印度尼西亚[4]	2.0	0.5	a	2.5	x(7)	x(7)	0.8	0.4	3.7
拉脱维亚	1.9	0.8	0.0	2.8	0.2	1.2	1.4	0.0	4.2
俄罗斯	x(4)	x(4)	x(4)	2.3	0.2	1.2	1.4	0.3	4.0
沙特阿拉伯	m	m	m	m	m	m	m	m	m
南非[2,5]	2.6	2.0	0.2	4.7	x(7)	x(7)	0.7	0.6	6.0
G20 国家平均	m	m	m	m	m	m	m	m	m

注：学前教育数据可在指标 C2 部分查找。

1. 包括国际资金。
2. 第 1 列仅指初等教育，第 2 列是指所有的中等教育。
3. 2011 年数据。
4. 2013 年数据。
5. 仅指公共支出（瑞士，仅包括高等教育；挪威，仅包括初等教育、中等教育和中等后非高等教育）。

资料来源：OECD. Argentina, China, Colombia, India, Indonesia, Saudi Arabia, South Africa: UNESCO Institute for Statistics. Latvia: Eurostat. See Annex 3 for notes (www.oecd.org/education/education-at-a-glance-19991487.htm).

缺失数据代码参见《读者指南》。

StatLink http://dx.doi.org/10.1787/888933285427

B2

表 B2.2　教育机构支出占 GDP 百分比的变化趋势，按教育阶段划分
（2000 年、2005 年、2008 年、2010 年、2011 年和 2012 年）

来源于公共和私人的支出，按年份划分

	初等教育、中等教育和中等后非高等教育						高等教育						初等教育到高等教育合计（不包括未分类的项目）					
	2000	2005	2008	2010	2011	2012	2000	2005	2008	2010	2011	2012	2000	2005	2008	2010	2011	2012
OECD 国家																		
澳大利亚	3.6	3.7	3.7	4.3	4.1	4.0	1.4	1.5	1.5	1.6	1.6	1.6	5.1	5.2	5.2	5.9	5.7	5.6
奥地利	m	m	m	m	m	3.1	m	m	m	m	m	1.7	m	m	m	m	m	4.9
比利时	m	4.1	4.3	4.3	4.2	4.3	m	1.2	1.3	1.4	1.4	1.4	m	5.3	5.6	5.7	5.6	5.7
加拿大[1,2]	3.3	3.5	3.4	3.9	3.8	3.6	2.3	2.5	2.5	2.7	2.6	2.5	5.5	6.0	6.0	6.6	6.4	6.0
智利[3]	4.2	3.2	3.9	3.4	3.7	3.6	2.0	1.7	2.0	2.4	2.5	2.5	6.2	4.9	5.9	5.7	6.2	6.1
捷克	2.6	2.8	2.5	2.7	2.7	2.8	0.8	1.0	1.1	1.2	1.4	1.4	3.3	3.7	3.6	3.9	4.1	4.2
丹麦	4.0	4.4	4.1	4.7	4.3	4.7	1.5	1.7	1.6	1.8	1.9	m	5.5	6.0	5.8	6.5	6.1	m
爱沙尼亚	m	3.4	3.8	3.8	3.3	3.2	m	1.1	1.3	1.6	1.7	1.6	m	4.6	5.1	5.4	5.0	4.9
芬兰	3.5	3.7	3.6	4.0	3.9	3.9	1.6	1.7	1.6	1.8	1.9	1.8	5.1	5.4	5.2	5.8	5.8	5.8
法国	4.2	3.9	3.8	4.0	3.9	3.8	1.3	1.3	1.4	1.5	1.5	1.4	5.5	5.2	5.2	5.4	5.3	5.3
德国	m	m	m	3.3	3.2	3.1	m	m	m	1.2	1.2	1.2	m	m	m	4.5	4.4	4.4
希腊[2]	2.6	2.7	m	m	m	m	0.7	1.5	m	m	m	m	3.3	4.2	m	m	m	m
匈牙利[4]	2.7	3.2	2.9	2.8	2.6	2.6	0.8	0.9	0.9	0.8	1.0	1.2	3.6	4.1	3.8	3.6	3.5	3.9
冰岛	4.6	5.2	4.8	4.7	4.7	4.7	1.0	1.2	1.2	1.2	1.1	1.2	5.7	6.4	6.0	5.8	5.8	5.8
爱尔兰	2.9	3.3	4.0	4.5	4.3	4.4	1.4	1.1	1.4	1.5	1.4	1.3	4.3	4.4	5.3	6.0	5.7	5.6
以色列	4.2	3.8	4.0	4.0	4.2	4.4	1.7	1.8	1.5	1.6	1.7	1.6	5.9	5.6	5.5	5.5	5.9	6.0
意大利	3.1	3.1	3.2	3.1	3.0	3.0	0.8	0.8	0.9	1.0	1.0	0.9	3.9	4.0	4.1	4.1	4.0	3.9
日本[2]	3.0	2.9	2.9	3.0	3.0	2.9	1.4	1.4	1.5	1.5	1.6	1.5	4.4	4.3	4.4	4.5	4.5	4.5
韩国	3.3	3.8	3.9	3.9	3.8	3.7	2.1	2.1	2.4	2.4	2.4	2.3	5.4	6.0	6.2	6.3	6.2	6.0
卢森堡	m	m	3.1	3.5	3.3	3.3	m	m	m	m	m	0.4	m	m	m	m	m	3.7
墨西哥	3.4	3.9	3.6	3.9	3.9	3.9	0.9	1.2	1.2	1.4	1.3	1.3	4.4	5.0	4.9	5.3	5.2	5.2
荷兰	3.2	3.6	3.5	3.8	3.7	3.8	1.3	1.5	1.5	1.6	1.6	1.7	4.5	5.1	4.9	5.4	5.4	5.5
新西兰	m	m	m	m	m	5.0	m	m	m	m	m	1.9	m	m	m	m	m	6.9
挪威[2,4]	5.0	5.1	4.8	5.1	4.7	4.6	1.6	1.7	1.6	1.6	1.5	1.6	6.7	6.8	6.4	6.7	6.3	6.2
波兰	3.9	3.7	3.6	3.6	3.4	3.4	1.1	1.6	1.5	1.5	1.3	1.3	4.9	5.3	5.1	5.1	4.7	4.8
葡萄牙[2]	3.7	3.6	3.3	3.7	3.6	4.5	0.9	1.3	1.3	1.4	1.3	1.3	4.7	4.8	4.6	5.1	4.9	5.8
斯洛伐克[2]	2.6	2.8	2.6	3.0	2.7	2.7	0.8	0.9	0.9	0.9	1.0	1.0	3.4	3.7	3.4	3.9	3.7	3.7
斯洛文尼亚	m	4.1	3.6	3.8	3.7	3.7	m	1.3	1.1	1.2	1.3	1.2	m	5.3	4.7	5.1	5.0	4.9
西班牙	3.1	2.8	3.0	3.2	3.1	3.1	1.1	1.1	1.2	1.3	1.3	1.2	4.2	3.9	4.2	4.5	4.4	4.3
瑞典	4.0	4.0	3.8	3.8	3.7	3.7	1.5	1.5	1.5	1.7	1.7	1.7	5.5	5.5	5.3	5.4	5.3	5.4
瑞士[4]	3.7	4.0	3.7	3.8	3.8	3.5	1.1	1.3	1.1	1.2	1.2	1.3	4.8	5.3	4.8	5.0	5.0	4.8
土耳其[4]	1.8	2.0	2.2	2.5	2.3	2.6	0.7	0.8	0.8	0.9	1.0	1.2	2.5	2.8	2.9	3.5	3.3	3.8
英国[4]	m	4.2	3.9	4.3	4.4	4.5	m	m	m	m	m	1.8	m	m	m	m	m	6.3
美国[2]	3.6	3.6	3.9	3.8	3.7	3.6	2.1	2.3	2.5	2.6	2.7	2.8	5.6	6.0	6.4	6.5	6.4	6.4
OECD 平均	3.5	3.6	3.6	3.8	3.6	3.7	1.3	1.4	1.4	1.5	1.5	1.5	4.8	5.0	5.0	5.3	5.2	5.2
欧盟 21 国平均	3.3	3.5	3.5	3.7	3.5	3.6	1.1	1.3	1.3	1.4	1.4	1.4	4.4	4.7	4.8	5.0	4.9	4.9
数据可得的 OECD 国家平均	3.5	3.6	3.5	3.7	3.6	3.6	1.3	1.4	1.5	1.6	1.6	1.6	4.8	5.0	5.0	5.2	5.2	5.2
伙伴国																		
阿根廷	m	m	m	m	m	m	m	m	m	m	m	m	m	m	m	m	m	m
巴西[4]	2.4	3.2	4.1	4.3	4.4	4.7	0.7	0.8	0.8	0.9	0.9	0.9	3.1	4.0	4.8	5.2	5.3	5.6
中国	m	m	m	m	m	m	m	m	m	m	m	m	m	m	m	m	m	m
哥伦比亚[3]	m	m	m	m	m	4.5	m	m	m	m	m	1.9	m	m	m	m	m	6.5
印度	m	m	m	m	m	m	m	m	m	m	m	m	m	m	m	m	m	m
印度尼西亚[3]	m	m	m	m	m	2.5	m	m	m	m	m	0.8	m	m	m	m	m	3.3
拉脱维亚	m	m	m	m	m	2.8	m	m	m	m	m	1.4	m	m	m	m	m	4.2
俄罗斯[4]	1.7	1.9	2.0	2.0	2.0	2.3	0.5	0.8	0.9	1.0	0.9	1.4	2.1	2.7	3.0	3.0	2.8	3.7
沙特阿拉伯	m	m	m	m	m	m	m	m	m	m	m	m	m	m	m	m	m	m
南非[4]	m	m	m	m	m	4.7	m	m	m	m	m	0.7	m	m	m	m	m	5.4
G20 国家平均	m	m	m	m	m	m	m	m	m	m	m	m	m	m	m	m	m	m

1. 以 2011 年数据替代 2012 年数据。以 2004 年数据替代 2005 年数据。
2. 某些教育阶段包括其他教育阶段在内。参见表 B1.1a 中的代码“x”。
3. 以 2013 年数据替代 2012 年数据。以 2006 年数据替代 2005 年数据。
4. 仅指公共支出（瑞士，仅包括高等教育；挪威，仅包括初等教育、中等教育和中等后非高等教育；俄罗斯，仅 1995 年、2000 年数据可得）。

数据来源：OECD. Argentina, China, Colombia, India, Indonesia, Saudi Arabia, South Africa: UNESCO Institute for Statistics. Latvia: Eurostat. See Annex 3 for notes (www.oecd.org/education/education-at-a-glance-19991487.htm).
缺失数据代码参见《读者指南》。
StatLink http://dx.doi.org/10.1787/888933285434

表 B2. 3　教育机构支出占 GDP 的百分比，按资金来源和教育阶段划分（2012 年）

来源于公共和私人资金

		初等教育、中等教育和中等后非高等教育			高等教育			初等教育到高等教育合计（包括未分类的项目）		
		公共[1]	私人[2]	合计	公共[1]	私人[2]	合计	公共[1]	私人[2]	合计
		(1)	(2)	(3)	(4)	(5)	(6)	(7)	(8)	(9)
OECD 国家	澳大利亚	3.4	0.6	**4.0**	0.9	0.7	**1.6**	4.3	1.3	**5.6**
	奥地利	3.1	0.0	**3.1**	1.7	0.0	**1.7**	4.9	0.0	**4.9**
	比利时	4.3	0.0	**4.3**	1.4	0.0	**1.4**	5.9	0.0	**5.9**
	加拿大[3,4]	3.2[d]	0.3[d]	**3.6[d]**	1.5	1.0	**2.5**	4.7	1.3	**6.0**
	智利[5]	2.8	0.8	**3.6**	1.0	1.5	**2.5**	3.9	2.2	**6.1**
	捷克	2.6	0.2	**2.8**	1.2	0.2	**1.4**	4.0	0.4	**4.4**
	丹麦	4.7	0.0	**4.7**	m	m	**m**	m	m	**m**
	爱沙尼亚	3.2	0.0	**3.2**	1.4	0.2	**1.6**	4.7	0.1	**4.9**
	芬兰	3.9	0.0	**3.9**	1.8	0.1	**1.8**	5.7	0.1	**5.8**
	法国	3.6	0.2	**3.8**	1.3	0.2	**1.4**	4.9	0.4	**5.3**
	德国	2.9	0.2	**3.1**	1.2	0.0	**1.2**	4.3	0.1	**4.4**
	希腊	m	m	**m**	m	m	**m**	m	m	**m**
	匈牙利	2.6	0.1	**2.6**	0.8	0.4	**1.2**	3.6	0.5	**4.1**
	冰岛	4.5	0.2	**4.7**	1.1	0.1	**1.2**	5.9	0.5	**6.4**
	爱尔兰	4.2	0.2	**4.4**	1.0	0.2	**1.3**	5.2	0.4	**5.6**
	以色列	4.0	0.4	**4.4**	0.9	0.7	**1.6**	5.1	1.3	**6.5**
	意大利[6]	2.9	0.1	**3.0**	0.8	0.1	**0.9**	3.7	0.2	**3.9**
	日本[4]	2.7	0.2	**2.9**	0.5	1.0	**1.5**	3.5	1.5	**5.0**
	韩国	3.2	0.5	**3.7**	0.8	1.5	**2.3**	4.7	2.0	**6.7**
	卢森堡	3.3	0.0	**3.3**	0.4	0.0	**0.4**	3.7	0.0	**3.7**
	墨西哥	3.4	0.5	**3.9**	1.0	0.4	**1.3**	4.6	0.8	**5.4**
	荷兰	3.5	0.3	**3.8**	1.4	0.3	**1.7**	4.9	0.6	**5.5**
	新西兰	4.2	0.8	**5.0**	1.2	0.7	**1.9**	5.4	1.5	**6.9**
	挪威[4]	4.6	0.0	**4.6**	1.6	0.0	**1.6**	6.5	0.0	**6.5**
	波兰	3.2	0.2	**3.4**	1.2	0.1	**1.3**	4.4	0.4	**4.8**
	葡萄牙[4]	3.9	0.5	**4.5**	0.9	0.4	**1.3**	5.0	0.9	**5.9**
	斯洛伐克[4]	2.5	0.2	**2.7**	1.0	0.1	**1.0**	3.5	0.3	**3.8**
	斯洛文尼亚	3.5	0.2	**3.7**	1.2	0.0	**1.2**	4.7	0.2	**4.9**
	西班牙	2.8	0.3	**3.1**	1.0	0.2	**1.2**	3.8	0.5	**4.3**
	瑞典	3.7	0.0	**3.7**	1.5	0.2	**1.7**	5.2	0.2	**5.4**
	瑞士	3.5	0.0	**3.5**	1.2	0.0	**1.2**	4.9	0.0	**4.9**
	土耳其	2.6	0.4	**3.0**	1.2	0.2	**1.4**	3.8	0.6	**4.4**
	英国	4.0	0.5	**4.5**	1.2	0.6	**1.8**	5.2	1.0	**6.3**
	美国[4]	3.3	0.3	**3.6**	1.4	1.4	**2.8**	4.7	1.7	**6.4**
	OECD 平均	3.5	0.2	**3.7**	1.2	0.4	**1.5**	4.7	0.7	**5.3**
	欧盟 21 国平均	3.4	0.2	**3.6**	1.2	0.2	**1.4**	4.6	0.3	**4.9**
伙伴国	阿根廷	m	m	**m**	m	m	**m**	m	m	**m**
	巴西	4.6	0.0	**4.6**	0.9	0.0	**0.9**	5.6	0.0	**5.6**
	中国	m	m	**m**	m	m	**m**	m	m	**m**
	哥伦比亚[5]	3.6	0.9	**4.5**	0.9	1.0	**1.9**	4.9	1.9	**6.8**
	印度	m	m	**m**	m	m	**m**	m	m	**m**
	印度尼西亚[5]	2.3	0.2	**2.5**	0.6	0.2	**0.8**	3.3	0.4	**3.7**
	拉脱维亚	2.9	0.0	**2.8**	1.0	0.3	**1.4**	3.9	0.3	**4.2**
	俄罗斯	2.2	0.1	**2.3**	0.9	0.5	**1.4**	3.4	0.6	**4.0**
	沙特阿拉伯	m	m	**m**	m	m	**m**	m	m	**m**
	南非	4.7	m	**m**	0.7	m	**m**	6.0	m	**m**
	G20 国家平均	m	m	**m**	m	m	**m**	m	m	**m**

1. 包括政府给家庭并最终支付给教育机构的补贴，以及源于国际渠道、直接拨付给教育机构的经费。
2. 不包括最终支付给教育机构的政府补贴。
3. 2011 年数据。
4. 某些教育阶段包括其他教育阶段在内。参见表 B1. 1a 中的代码"x"。
5. 2013 年数据。
6. 不包括短期高等教育课程。

数据来源：OECD. Argentina，China，Colombia，India，Indonesia，Saudi Arabia，South Africa：UNESCO Institute for Statistics. Latvia：Eurostat. See Annex 3 for notes（www. oecd. org/education/education-at-a-glance-19991487. htm）.

缺失数据代码参见《读者指南》。

StatLink http：//dx. doi. org/10. 1787/888933285443

表 B2.4 教育机构公共支出占 GDP 百分比的变化（2008 年、2009 年、2010 年、2011 年和 2012 年）

2008—2012 年初等教育到高等教育机构公共支出占 GDP 百分比的变化指数（2012 年不变价格）

		初等教育到高等教育机构公共支出[1] 的变化						GDP 的变化						教育机构公共支出占 GDP 百分比的变化					
		2008—2009（2008 年 = 100）	2009—2010（2009 年 = 100）	2010—2011（2010 年 = 100）	2011—2012（2011 年 = 100）	2008—2010（2008 年 = 100）	2010—2012（2010 年 = 100）	2008—2009（2008 年 = 100）	2009—2010（2009 年 = 100）	2010—2011（2010 年 = 100）	2011—2012（2011 年 = 100）	2008—2010（2008 年 = 100）	2010—2012（2010 年 = 100）	2008—2009（2008 年 = 100）	2009—2010（2009 年 = 100）	2010—2011（2010 年 = 100）	2011—2012（2011 年 = 100）	2008—2010（2008 年 = 100）	2010—2012（2010 年 = 100）
		(1)	(2)	(3)	(4)	(5)	(6)	(7)	(8)	(9)	(10)	(11)	(12)	(13)	(14)	(15)	(16)	(17)	(18)
OECD 国家	澳大利亚	116	106	98	99	**123**	**97**	102	102	104	103	**104**	**106**	114	104	94	97	**118**	**91**
	奥地利	m	m	m	m	**m**	**m**	96	102	103	101	**98**	**104**	m	m	m	m	**m**	**m**
	比利时	99	102	101	102	**102**	**103**	97	103	102	100	**100**	**102**	102	100	100	102	**102**	**101**
	加拿大	103	106	101	97	**109**	**98**	101	97	103	103	**98**	**106**	101	109	98	94	**111**	**92**
	智利[2]	102	104	117	103	**107**	**121**	106	106	105	105	**112**	**110**	97	99	112	98	**95**	**110**
	捷克	105	99	109	97	**104**	**105**	95	102	102	99	**97**	**101**	110	97	106	98	**107**	**104**
	丹麦	m	m	m	m	**m**	**m**	95	102	101	99	**96**	**100**	m	m	m	m	**m**	**m**
	爱沙尼亚	95	95	100	97	**90**	**98**	85	102	108	105	**87**	**113**	111	92	93	93	**103**	**86**
	芬兰	101	104	102	99	**105**	**101**	92	103	103	99	**94**	**101**	110	101	99	100	**111**	**100**
	法国	103	101	99	99	**104**	**98**	97	102	102	100	**99**	**102**	106	99	97	99	**105**	**96**
	德国	m	m	101	99	**m**	**100**	94	104	104	100	**98**	**104**	m	m	97	98	**m**	**96**
	希腊	m	m	m	m	**m**	**m**	96	95	91	93	**90**	**85**	m	m	m	m	**m**	**m**
	匈牙利	94	94	99	88	**89**	**87**	93	101	102	99	**94**	**100**	101	94	97	89	**94**	**87**
	冰岛	96	93	102	100	**89**	**103**	95	97	102	101	**92**	**103**	101	95	100	99	**96**	**99**
	爱尔兰	106	98	98	102	**103**	**100**	94	100	103	100	**93**	**102**	113	98	95	102	**111**	**97**
	以色列	100	108	106	106	**109**	**112**	102	106	104	103	**108**	**107**	99	102	102	103	**101**	**105**
	意大利	97	97	96	95	**94**	**91**	95	102	101	98	**96**	**98**	102	95	95	97	**97**	**93**
	日本	101	104	101	101	**105**	**102**	96	103	100	102	**100**	**102**	105	101	101	99	**106**	**100**
	韩国	111	102	104	103	**114**	**107**	101	107	104	102	**107**	**106**	111	96	100	101	**106**	**101**
	卢森堡	m	m	m	m	**m**	**m**	95	105	103	100	**100**	**102**	m	m	m	m	**m**	**m**
	墨西哥	102	106	101	105	**109**	**106**	95	105	104	104	**100**	**108**	107	101	98	101	**108**	**99**
	荷兰	106	102	100	100	**108**	**100**	97	101	102	98	**98**	**100**	110	101	98	102	**111**	**100**
	新西兰	m	m	m	m	**m**	**m**	102	101	102	103	**103**	**105**	m	m	m	m	**m**	**m**
	挪威	106	99	99	101	**105**	**100**	98	102	106	104	**100**	**110**	108	97	94	97	**105**	**91**

1. 不包括来源于公共资源的对教育机构的补贴。
2. 以 2009—2013 年数据替代 2008—2012 年数据。
数据来源：OECD. Argentina，China，Colombia，India，Indonesia，Saudi Arabia，South Africa：UNESCO Institute for Statistics. Latvia：Eurostat. See Annex 3 for notes（www.oecd.org/education/education-at-a-glance-19991487.htm）.
缺失数据代码参见《读者指南》。
StatLink http：//dx.doi.org/10.1787/888933285457

表 B2.4（续） 教育机构公共支出占 GDP 百分比的变化（2008 年、2009 年、2010 年、2011 年和 2012 年）

2008—2012 年初等教育到高等教育机构公共支出占 GDP 百分比的变化指数（2012 年不变价格）

		初等教育到高等教育机构公共支出[1] 的变化						GDP 的变化						教育机构公共支出占 GDP 百分比的变化					
		2008—2009（2008 年 =100）	2009—2010（2009 年 =100）	2010—2011（2010 年 =100）	2011—2012（2011 年 =100）	2008—2010（2008 年 =100）	2010—2012（2010 年 =100）	2008—2009（2008 年 =100）	2009—2010（2009 年 =100）	2010—2011（2010 年 =100）	2011—2012（2011 年 =100）	2008—2010（2008 年 =100）	2010—2012（2010 年 =100）	2008—2009（2008 年 =100）	2009—2010（2009 年 =100）	2010—2011（2010 年 =100）	2011—2012（2011 年 =100）	2008—2010（2008 年 =100）	2010—2012（2010 年 =100）
		(1)	(2)	(3)	(4)	(5)	(6)	(7)	(8)	(9)	(10)	(11)	(12)	(13)	(14)	(15)	(16)	(17)	(18)
OECD 国家	波兰	103	103	99	101	**105**	**100**	103	104	105	102	**106**	**107**	100	99	94	99	**99**	**94**
	葡萄牙	113	101	93	92	**114**	**86**	97	102	98	97	**99**	**95**	116	99	95	95	**115**	**90**
	斯洛伐克	108	109	99	100	**118**	**99**	95	105	103	102	**99**	**104**	114	104	96	98	**119**	**95**
	斯洛文尼亚	100	100	98	96	**100**	**95**	92	101	101	97	**93**	**98**	108	99	98	99	**107**	**97**
	西班牙	104	99	97	91	**103**	**88**	96	100	99	98	**96**	**97**	108	99	97	93	**107**	**91**
	瑞典	101	102	100	101	**103**	**101**	95	106	103	100	**100**	**102**	106	96	98	101	**102**	**99**
	瑞士	106	101	103	102	**108**	**105**	98	103	102	101	**101**	**103**	109	98	101	101	**107**	**102**
	土耳其	111	110	105	112	**122**	**118**	95	109	109	102	**104**	**111**	117	101	97	110	**118**	**106**
	英国	104	102	110	m	**m**	**m**	96	102	102	101	**98**	**102**	109	100	109	m	**m**	**m**
	美国	101	98	98	98	**99**	**96**	97	103	102	102	**100**	**104**	104	96	96	96	**100**	**93**
	OECD 平均	103	102	101	100	**105**	**101**	97	102	102	101	**99**	**103**	107	99	99	99	**106**	**97**
	欧盟 21 国平均	102	101	99	97	**103**	**97**	95	102	102	99	**97**	**101**	108	98	98	98	**106**	**95**
伙伴国	阿根廷	m	m	m	m	**m**	**m**	m	m	m	m	**m**	**m**	m	m	m	m	**m**	**m**
	巴西	104	113	103	103	**118**	**106**	100	110	101	101	**110**	**101**	105	103	102	102	**108**	**104**
	中国	m	m	m	m	**m**	**m**	m	m	m	m	**m**	**m**	m	m	m	m	**m**	**m**
	哥伦比亚	m	m	m	m	**m**	**m**	m	m	m	m	**m**	**m**	m	m	m	m	**m**	**m**
	印度	m	m	m	m	**m**	**m**	m	m	m	m	**m**	**m**	m	m	m	m	**m**	**m**
	印度尼西亚	m	m	m	m	**m**	**m**	m	m	m	m	**m**	**m**	m	m	m	m	**m**	**m**
	拉脱维亚	m	m	m	m	**m**	**m**	m	m	m	m	**m**	**m**	m	m	m	m	**m**	**m**
	俄罗斯	108	89	100	113	**96**	**113**	92	105	104	103	**96**	**108**	117	85	96	109	**100**	**104**
	沙特阿拉伯	m	m	m	m	**m**	**m**	m	m	m	m	**m**	**m**	m	m	m	m	**m**	**m**
	南非	m	m	m	m	**m**	**m**	m	m	m	m	**m**	**m**	m	m	m	m	**m**	**m**
	G20 国家平均	m	m	m	m	**m**	**m**	m	m	m	m	**m**	**m**	m	m	m	m	**m**	**m**

1. 不包括来源于公共资源的对教育机构的补贴。
2. 以 2009—2013 年数据替代 2008—2012 年数据。
数据来源：OECD. Argentina，China，Colombia，India，Indonesia，Saudi Arabia，South Africa：UNESCO Institute for Statistics. Latvia：Eurostat. See Annex 3 for notes（www. oecd. org/education/education-at-a-glance-19991487. htm）.
缺失数据代码参见《读者指南》。
StatLink http：//dx. doi. org/10. 1787/888933285457

教育的公共投入和私人投入是多少？

指标 B3

- 就 OECD 国家平均水平而言，初等教育到高等教育机构总经费的 83% 来自公共投入。
- 就 OECD 国家的平均水平而言，初等教育、中等教育和中等后非高等教育阶段教育机构约 91% 的经费来自公共投入；只有智利和哥伦比亚的这一比例低于 80%。
- 从初等教育到高等教育各阶段的总体情况看，高等教育机构私人经费的比例最高，达 30%。

图 B3.1　教育机构私人支出的份额（2012 年）

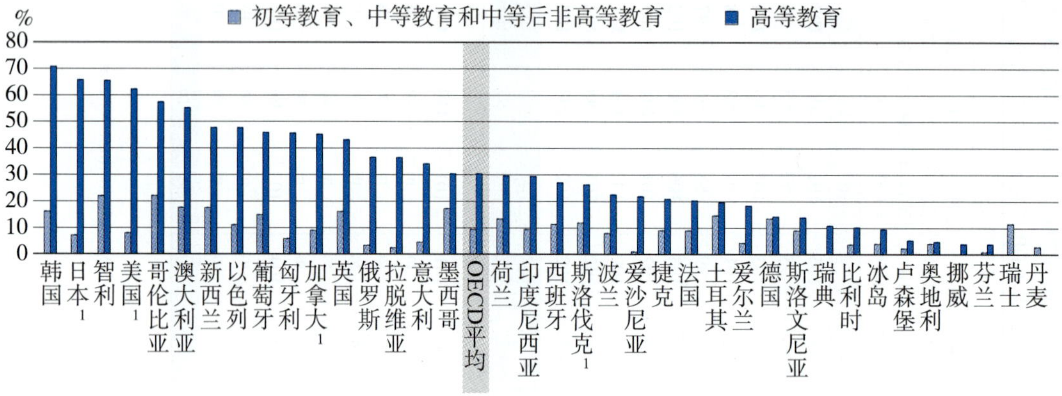

1. 某些教育阶段包括其他教育阶段在内。参见表 B1.1a 中的 “x” 代码。

国家按照私人支出占高等教育阶段机构支出比例降序排列。

数据来源：OECD. Table B3.1. See Annex 3 for notes（www.oecd.org/education/education-at-a-glance-19991487.htm）.

StatLink http：//dx.doi.org/10.1787/888933283989

如何阅读此图：

此图显示了私人教育支出占教育机构总支出的比例。这包括从私人领域转移至教育机构中的所有经费，涵盖了用于家庭补贴的公共投入、私人缴纳的教育服务费用以及通过教育机构发生的其他私人开支（例如食宿）等。

背　景

教育的提供者日益增多，其所开设的教育课程日益广泛、参与人数持续上升之态前所未有。于是，谁应当为个人获得更多的教育而提供支持——政府或者个人自己——这个问题变得越来越重要。在当前的经济环境下，许多政府发现仅通过公共经费提供必要的资源来支撑不断增长的教育需求很困难。而且，一些决策者主张，教育的最大获益者——接受教育的个人——应该至少承担部分成本。在公共经费仍然占国家教育投入很大一部分的情况下，私人经费的作用变得日益突出。

在许多 OECD 国家，教育经费中公共投入和私人投入的平衡是一个重要的政策问题，特别是在学前教育和高等教育阶段，因为这两个阶段的经费全部或几乎全部来自公共经费的情况并不多。在这些阶段，私人经费主要来自家庭，因而加深了人们对教育机会的公平性的担忧。有关高等教育经费的争论尤为激烈。一些利益相关者认为，公共和私人经费间的平衡不应该影响潜在的学生接受高等教育。其他人认为，国家应该大幅增加对学生的资助，也有人主张，应当增加私营企业对高等教育的投入。相比之下，初等教育、中等教育和中等后非高等教育通常属于义务教育的范畴，通常被认为是公益事业，因此，应该主要由政府出资。

其他发现

- 在数据可得的几乎所有国家中，2000—2012 年，公共教育经费对教育机构的资助有所上升，包括初等教育、中等和中等后非高等教育、也包括高等教育。然而，在高等教育阶段，家庭分担了更多的教育成本，因此在 3/4 以上的国家中私人投入增长的比例更高。
- 公共教育经费主要资助公立机构，但也不同程度地资助私立机构。从初等教育到高等教育各阶段的总体情况看，就 OECD 国家的平均水平而言，公立机构的生均公共支出高出私立机构生均公共支出 91%。然而，这一比例随教育阶段不同而存在较大差异：从初等教育、中等教育和中等后非高等教育阶段的高出 64%，到高等教育阶段高出几乎两倍（高出 151%）的水平。
- 6 个私立和公立高等教育机构生均公共支出最低国家中的 5 个，其公立高等教育机构中注册的学生也最少（仅一国除外）。
- 在大多数数据可得的国家中，家庭负担了高等教育阶段的大部分私人支出。只有奥地利、比利时、捷克、瑞典和英国是例外，这些国家来自实体（例如，私人企业和非营利组织）的私人支出显著高于来自家庭的私人支出，主要因为这些国家（除英国外）高等教育机构的学费很低或可以忽略。

趋　势

2000—2012 年，高等教育机构公共经费的比例从 2000 年的 68.8%，降到 2005 年的 64.9%，乃至 2012 年的 64.5%（所有年份趋势数据均可得的 20 个 OECD 国家的平均值）（表 B3.2b）。这主要受一些欧洲国家影响，这些国家的学费发生显著变化，而且企业在资助高等教育机构方面也更为活跃。

2000—2012 年，超过 3/4 的国家（22 个有可比数据的国家中的 17 个）高等教育阶段私人经费的比例有所提高。就 OECD 国家平均而言，这一比例增加了 4 个百分点，但匈牙利、意大利、墨西哥、葡萄牙和斯洛伐克增加了超过 9 个百分点（表 B3.2b）。在这些国家中，私人经费的比例在 2000—2008 年增加最多，主要是由于私人经费的增加，且其增长大大超过公共经费的增长。

2000—2012 年，就有可比数据的 OECD 国家平均而言，初等教育、中等教育和中等后非高等教育以及所有教育阶段合计的私人经费比例变化不大，但在某些国家仍有上升——在葡萄牙、斯洛伐克增长最显著（增长了 9 个百分点或更多）。智利是唯一在这一时期公共经费比例显著增长的国家（同样增长了超过 9 个百分点）（表 B3.2a）。

分 析

B3

教育机构中的公共支出与私人支出

尽管在高等教育阶段，私人投入是一个重要组成部分，并且有持续上升的趋势，但OECD国家的教育经费主要依赖于公共投入。就OECD国家平均水平而言，教育机构从初等教育到高等教育的总经费的83%直接来自公共投入，17%来自私人投入（图B3.1和表B3.1）。

然而，各国公共和私人投入的比例不尽相同。比较初等到高等教育阶段支出，私人经费投入比例超过20%的有加拿大、以色列、葡萄牙和英国，超过25%的有澳大利亚、日本和新西兰，超过30%的有哥伦比亚、韩国和美国，智利接近40%。相比之下，芬兰、卢森堡和瑞典的私人教育支出少于4%（表B3.1）。

初等教育、中等教育以及中等后非高等教育机构中的公共和私人支出

在所有国家，初等教育、中等教育和中等后非高等教育以公共经费为主。半数国家中，这些教育阶段的经费来自私人经费的比例低于10%，只有智利和哥伦比亚私人经费的比例超过20%（在数据可得的国家中）（表B3.1和图B3.1）。在大多数国家，该阶段私人教育投入的最大份额来自家庭，主要为学费（图B3.2）。然而，在荷兰和瑞士，大多数私人支出的形式是企业对高级中等教育及中等后非高等教育阶段的学徒式双元制教育的经费投入（参见专栏B3.1）。在加拿大，其他私有实体的贡献也大于家庭。

专栏B3.1 以工作为基础的教育课程中的私人支出

现在许多国家拥有一些工学结合的课程（例如学徒制课程、双元制）。在少数国家报告这些课程的财政性指标非常重要，但在大多数国家这一指标并不具有重要意义（参见本专栏末尾的表格）。私营企业主用于培训学徒的支出（包括教员的薪酬以及教学材料和设备的成本）以及其他与此类课程有关的私营企业的支出都包括在《教育概览》的财政性指标中。培训公司教员的费用也包括在其中。

在拥有各类双元制教育体系的国家中，只有德国、瑞士，在某种程度上也包括荷兰，进行了企业主提供的私人支出方面的调查。在其他的大部分国家，如捷克、芬兰、挪威和斯洛伐克，工作中的培训直接由政府资助，或者企业报销这笔支出。因此，大多数国家的私人支出被暗含在公共支出指标中。

然而，17个实施中等规模到大规模双元制的国家中，有10个国家在此前出版的《教育概览》财政性指标中未包括与此类课程有关的私营企业的支出，这主要是因为缺少此类数据。这些国家是澳大利亚、奥地利、丹麦、爱沙尼亚、法国、匈牙利、冰岛、卢森堡、俄罗斯和英国。

以工作为基础的学习的规模在各个国家之间有很大差异，并且这些差异对国家总的教育支出有显著影响。在高级中等教育阶段数据可得的国家中，德国、荷兰和瑞士有很大比例的学生就读工学结合的职业教育和培训课程（在荷兰，最少占比约20%，取决于立足于学校还是企业，最高可达80%，德国约50%，瑞士约60%）。这些课程的支出占GDP的0.3%到0.5%（参见指标B2）。

进一步的研究表明，在澳大利亚、芬兰、法国、匈牙利、冰岛、卢森堡、挪威、俄罗斯、斯洛伐克和英国，有6%—30%（中等比例）的高级中等教育阶段的学生学习职业教育与培训课程。同时，在奥地利、捷克、丹麦和爱沙尼亚，学习职业教育与培训课程的高级中等教育阶段的学生超过了30%（高比例）。在那些缺失培训支出数据的国家中，这些未统计的数据对于奥地利、丹麦、爱沙尼亚、冰岛、挪威和斯洛伐克的影响不大，但是对于奥地利、法国、匈牙利、卢森堡、俄罗斯和英国的影响则很大（参见本专栏末尾的表格）。

在此前出版的《教育概览》的财政性指标中，付给学徒的工资、社会保险，以及其他的付给参与工学结合课程的学生或学徒的薪酬都没有包括在内。在奥地利、法国、匈牙利、卢森堡、荷兰、俄罗斯和英国，对高级中等教育阶段学生学习职业教育与培训课程的私人投入被认为是适度的；而在德国和瑞士，私人投资占比大，因为在这些国家，学徒要花费大部分时间待在工厂的车间进行高强度的训练（参见本专栏末尾的表格）。

企业对高级中等教育阶段职业教育与培训课程的投入水平（低、中、高）（横向）与学生参与这类课程的比例（小、中、大）（纵向）之间的关系

	企业投入的水平		
双元制/在职职业教育占所有学生的比例	低	中	高
大（>30%）	捷克、丹麦、爱沙尼亚	奥地利	德国、瑞士
中（6%—30%）	澳大利亚、芬兰、冰岛、挪威、斯洛伐克	法国、匈牙利、卢森堡、荷兰、俄罗斯、英国	
小（<6%）	比利时、巴西、加拿大、智利、希腊、爱尔兰、以色列、意大利、日本、韩国、墨西哥、新西兰、波兰、葡萄牙、斯洛文尼亚、西班牙、瑞典、土耳其、美国		

* 企业投入水平指数反映了培训者花在工厂车间的时间、在工厂车间的培训强度（周指导时间），以及此类支出的公共报销范围。

2000—2012年，在数据可得的19个国家中，初等教育、中等教育和中等后非高等教育阶段公共投入的比例都有所下降（从2000年的90.6%下降到2012年的89.7%）。下降超过2个百分点的有以色列、意大利、墨西哥、波兰和西班牙，葡萄牙和斯洛伐克下降超过9个百分点。其他国家情况刚好相反，例如，在2000—2012年，日本和韩国公共投入的比例上升超过3个百分点，智利上升超过9个百分点（表B3.2a）。

高等教育机构的公共和私人支出

高等教育给个人带来的高收益（参见指标A7）意味着，只要有途径能够确保教育资金无差别地提供给来自不同经济背景的学生，个人和其他私人实体承担更高的教育成本也是合理的（参见指标B5）。在所有国家，高等教育阶段私人投入平均占到该阶段教育总经费的近30%，远高于初等教育、中等教育和中等后非高等教育各阶段的比例（图B3.1和表 B3.1)。

高等教育支出中由个人、企业、其他私人来源经费所支付的比例(包括政府补贴的私人支出),在各国间存在较大差异,从奥地利、芬兰和挪威的不足 5%(在这些国家高等教育机构收取的学费很低或可以忽略)到 1/3 数据可得国家的超过 40%。该比例高于 40% 的有澳大利亚、加拿大、哥伦比亚、匈牙利、以色列、新西兰、葡萄牙和英国;在智利、日本、韩国和美国,该比例超过 60%。这一比例可能与高等教育的学费水平相关(图 B3.2 和表 B3.1,参见指标 B5)。

图 B3.2 教育机构的公共和私人支出比例(2012 年)

按教育阶段划分

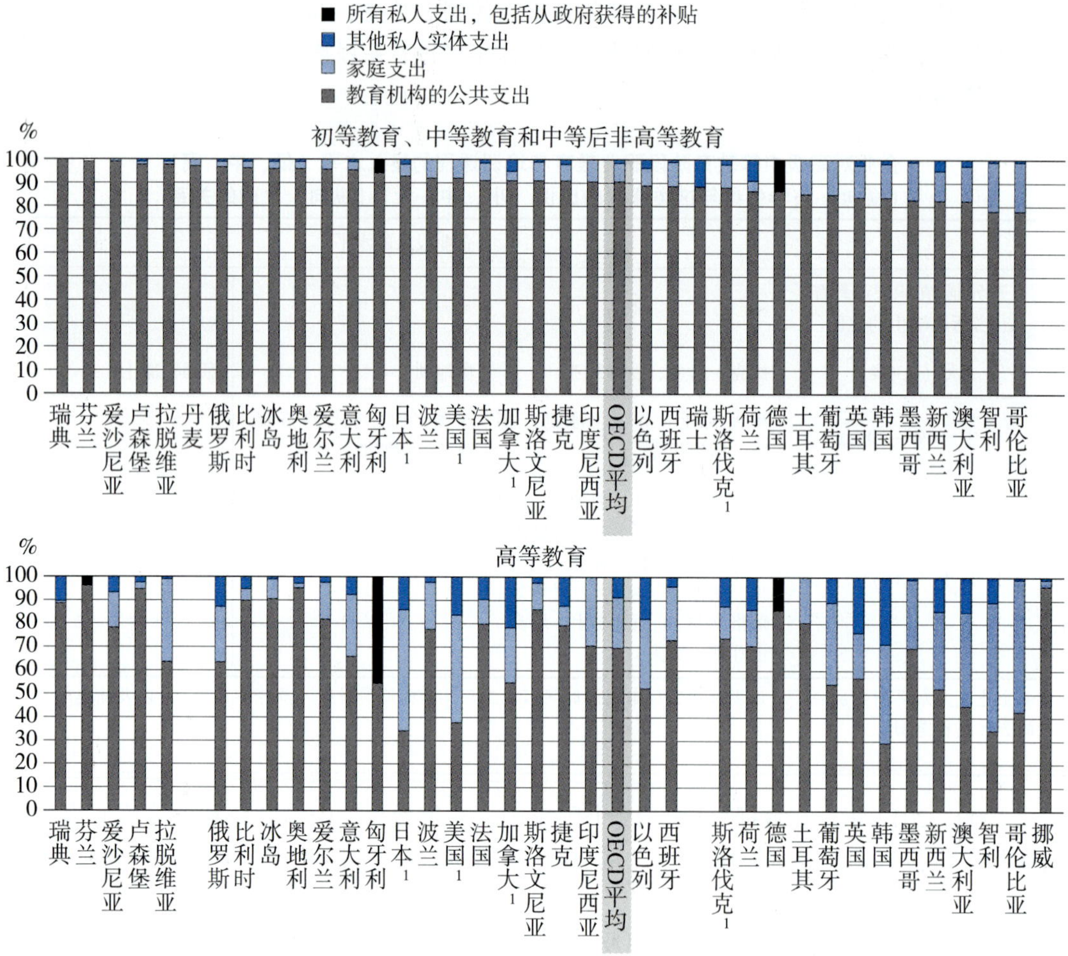

1. 某些教育阶段包括其他教育阶段在内。参见表 B1.1a 中的“x”代码。

国家按照公共支出占初等教育、中等教育和中等后非高等教育阶段机构支出的比例降序排列。

数据来源:OECD. Table B3.1. See Annex 3 for notes (www.oecd.org/education/education-at-a-glance-19991487.htm).

StatLink http://dx.doi.org/10.1787/888933283996

在这些国家中,韩国和英国多数学生进入私立教育机构学习(韩国约 80%的学生在私立大学,英国 100%的学生在民办公助型私立教育机构)。在韩国,超过 40%的教育预算来自学费。在英国(英格兰、北爱尔兰和威尔士),高等教育的经费包括来自学费(学生直接支付给机构）和中央政府通过高等教育资助机构的间接拨款（参见指标 B5 和《教育概览 2014》中的指标 C7）。

就 OECD 国家的平均水平而言，私人实体而非家庭对高等教育经费的贡献高于其他教育阶段。超过 1/3 数据可得的 OECD 国家中，高等教育机构支出的 10%或者更多是由私人实体而非家庭承担的。在瑞典，这些经费大部分用于资助研发活动。在澳大利亚、以色列和美国，这一比例超过 15%，在加拿大、韩国和英国超过 20%（参见专栏 B3. 2）。

专栏 B3. 2 高等教育的非家庭私人实体支出

其他私人实体的支出已经在《教育概览》财政性指标中报告了。由于私人实体支出贡献程度和是否被包含在数据报告中存在差异，各国间教育机构的私人支出所占比例差异很大。

2015 年，OECD 进行了一项关于这些支出如何体现在财政性指标中的调查。从 14 个参与国家（除巴西，其报告的财政性指标中只有公共支出；参与国家名单见本专栏末尾）中无法得出最终结论；然而，大多数国家数据同时表明，私人实体和非营利组织都对教育机构提供资助。但是，荷兰的高等教育，以及斯洛伐克和瑞典的短期高等教育课程没有从非营利组织中获得资助。

这些国家中的大多数，至少部分地包含了私人实体和非营利组织的支出数据。完全包括私人实体支出数据的仅有加拿大、芬兰、荷兰、瑞典和英国（学士、硕士、博士或同等水平），完全包括非营利组织支出数据的有加拿大、以色列、斯洛文尼亚和瑞典。部分国家，例如加拿大和以色列，属于 OECD 国家中从其他私人实体获得投入比例最高的国家（表 B3. 1）。

由于缺少数据来源，这类支出很难被完全包括。通常只有公立教育机构的有关支出能够被计算，只有少数国家估计了部分支出被包括的程度。例如，斯洛伐克估计有多达 10%的私人实体支出没有被包括，这对教育机构私人支出所占比例会有 1—2 个百分点的影响。

私人实体和非营利组织对教育机构的资助要多于对家庭和学生的资助。在 12 个提供私人实体各类支出范围的国家中（不包括斯洛伐克和斯洛文尼亚），在半数国家中包括或部分包括对家庭和学生的资助，但所有国家都全部或至少部分包括了对教育机构的资助。

对教育机构研发的资助是最广泛的（这部分在比利时弗兰芒语区、加拿大、芬兰、匈牙利、荷兰、瑞典、瑞士、英国和美国完全纳入统计，在澳大利亚、新西兰和葡萄牙部分纳入）。对特定教育活动的资助和为机构所提供的辅助服务付费被纳入的比例略少。澳大利亚、比利时弗兰芒语区、瑞典和英国缺失这两种支出中的一种或所有数据。

对家庭和学生的支持数据也没有被很好地纳入，但他们主要是获得公共经费的资助。这些数据也很难收集，例如在澳大利亚、加拿大、新西兰、葡萄牙和瑞典没有奖学金以及对家庭和学生补贴的数据。

B3

	全包括	部分包括	未包括	不适用
对教育机构的资助	**31%**	**69%**	**0%**	**0%**
对特定教育活动的资助	38%	23%	31%	8%
对机构辅助服务付费	31%	23%	15%	31%
对研发活动的资助	69%	23%	0%	8%
对家庭和学生的支持	**38%**	**15%**	**31%**	**15%**
奖学金以及其他对家庭和学生的补贴	31%	8%	38%	23%
学生贷款	31%	8%	31%	31%

参与调查的国家名单：澳大利亚、比利时弗兰芒语区、巴西、加拿大、芬兰、匈牙利、以色列、荷兰、新西兰、葡萄牙、斯洛伐克、瑞典、瑞士、英国和美国。

参与国家的更多信息，参见附录 3（www. oecd. org/education/education-at-a-glance-19991487. htm）。

在许多 OECD 国家中，较高水平的高等教育入学率（参见指标 C1）反映了个人和社会的强烈需求。学生规模的增加伴随着公共和私人投入的提高，以及公共和私人支出比例的变化。就整个统计期趋势数据可得的 20 个 OECD 国家的平均情况而言，2000—2012 年高等教育机构公共投入所占比例下降超过 4 个百分点，从 2000 年的 68. 8%下降到 2005 年的 64. 9%，接着逐渐下降到 2012 年的 64. 5%。这一趋势在一些国家非常明显，主要是私人支出快速增长的欧洲国家，因为学费增长和/或企业更积极地对高等教育机构进行资助。

在不同年份数据可得的大多数国家，公共支出和私人支出的比例在 2005 年后变化较小，2008 年以后的变化最小（表 B3. 2b、图 B3. 3 并参见指标 B5）。

在有 2000 年与 2012 年可比数据的 22 个国家中，17 个国家的高等教育阶段中私人投入所占比例有所增长。匈牙利、意大利、墨西哥、葡萄牙和斯洛伐克增长了 9 个百分点以上。一些国家报告在 2000 年以前增长特别巨大（参见《教育概览 2014》）。例如，澳大利亚在 1995—2000 年出现了大幅增长，主要原因是 1997 年颁布的“高等教育贡献计划/高等教育贷款项目”带来的改变。相反，智利、韩国和波兰在 2000—2012 年高等教育机构的私人支出所占比例出现了明显的下降（下降了至少 6 个百分点）。在学费特别高的智利和韩国（参见指标 B5），私人支出比例的下降是因为公共支出的增加速度超过私人支出。

2008 年前后，一些国家公共投入和私人投入比例的变化出现相反的趋势。最明显的是智利、韩国和波兰，私人投入比例在 2005—2008 年出现上升，随后在 2008—2012 年下降，导致 2005—2012 年私人支出比例的整体下降。在这些国家中，与在大多数其他国家观察到的情况相反，2008—2012 年私人支出比例的变化大于 2005—2008 年（图 B3. 3）。

2000—2012 年，教育机构私人支出的增长普遍快于公共支出的增长。然而，即使不考虑私人投入的变化，在所有 2000—2012 年数据可得的国家，高等教育的公共投入也有所增长。在这一时期，私人支出增加最多的 10 个国家中，有 5 个国家（智利、捷克、冰岛、墨西哥和斯洛伐克）也在公共支出增加最多的 10 个国家之列（表 B3. 2b）。

图 B3.3　高等教育机构中私人支出所占百分比（2005 年和 2012 年）及私人支出比例在 2005—2012 年的变化（百分点）

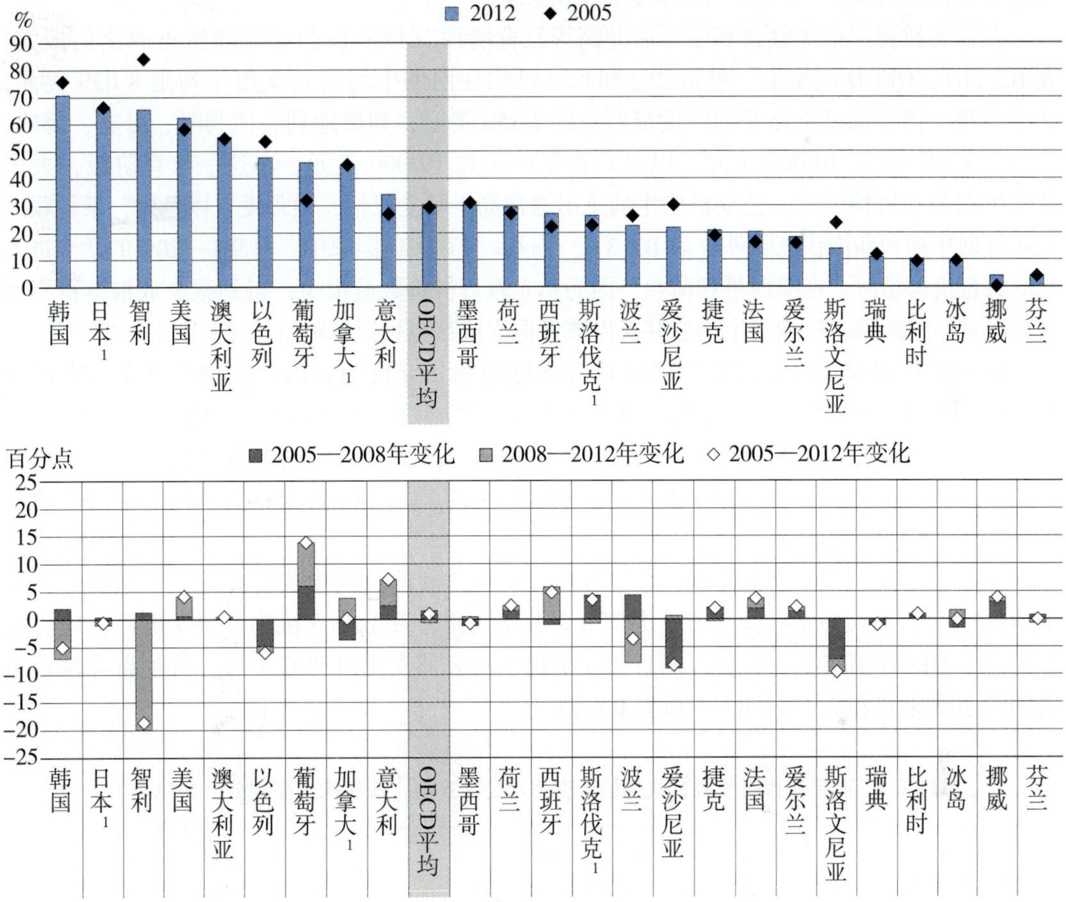

1. 某些教育阶段包括其他教育阶段在内。参见表 B1.1a 中的“x”代码。
国家按照 2012 年教育机构中私人支出所占比例降序排列。
数据来源：OECD. Table B3.2b. See Annex 3 for notes (www.oecd.org/education/education-at-a-glance-19991487.htm).
StatLink http://dx.doi.org/10.1787/888933284007

不同类型教育机构的生均公共支出

公共支出水平可以部分地表明政府对教育的重视程度（参见指标 B2 和 B4）。自然地，公共资金投入到公立教育机构，然而在某些情况下，相当一部分公共经费也投入到私立教育机构（民办公助型私立机构和独立型私立机构）。

表 B3.3 反映了教育机构的公共投入与教育系统的规模之间的关系，重点关注了公立教育机构和私立教育机构的生均公共支出（在表 B3.3 中未包括私人投入，虽然在有些国家私人投入在教育机构经费中占了相当大的比例，尤其是在高等教育阶段）。它可以被视为补充相对于国民收入的公共支出的一个指标（参见指标 B2）。

就 OECD 国家平均水平而言，从初等教育至高等教育各阶段的总体情况看，公立教育机构生均公共支出比私立教育机构生均公共支出高 91%（分别是 9 317 美元和 4 889 美元）。然而，这种差异也因教育阶段而有所不同。在初等教育、中等教育和中等后非高等教育阶段，公立教育机构生均公共支出约为私立教育机构生均公共支出的 1.6 倍（分别为 8 683 美元和 5 284 美元）。在高等教育阶段，公立教育机构的生均公共支出是私立教育机构的 2.5 倍（分别为 11 913 美元和 4 751 美元）。

在初等教育、中等教育和中等后非高等教育阶段（该阶段公共经费所占的比例最大，表 B3.2b），OECD 国家中，包括公立和私立机构在内的生均公共支出平均是 8 039 美元，从墨西哥、伙伴国哥伦比亚和印度尼西亚的 2 350 美元，到奥地利、比利时、丹麦、挪威、瑞典和美国的高于 10 000 美元，以及卢森堡的超过 19 000 美元。在这一教育阶段，大多数学生在公立机构学习，公立机构生均支出通常高于私立机构，但丹麦、以色列，某种程度上还有匈牙利和斯洛伐克除外（表 B3.3）。在这 4 个 OECD 国家中，有 9%—20%的学生进入私立教育机构学习。在墨西哥和荷兰，因为私立教育机构数量很少，得到很少或根本得不到公共经费，因此私立机构的生均公共支出数量很少或甚至可以忽略（表 C1.4）。

在 OECD 国家，高等教育阶段包括公立机构和私立机构在内的生均公共支出平均为 9 223 美元，但分布不均，从智利、哥伦比亚和印度尼西亚的 2 800 美元或更少，到芬兰、挪威和瑞典的超过 17 000 美元——这 3 个国家的私人支出很少或可忽略不计。在除以色列和拉脱维亚外所有数据可得国家中，公立机构的生均公共支出高于私立机构的生均公共支出（表 B3.3 和图 B3.4）。

在高等教育阶段，公共经费在公立和私立机构之间的分配模式存在差异。在荷兰，至少 90%的学生进入公立机构学习，大部分公共支出都分配给公立机构。公立机构生均公共支出高于 OECD 国家平均水平，而且私立机构生均公共支出可忽略不计。荷兰高等教育经费的约 30%来自私人（图 B3.4 和表 B3.1）。

图 B3.4　高等教育阶段教育机构的年度生均公共支出，按机构类型划分（2012 年）

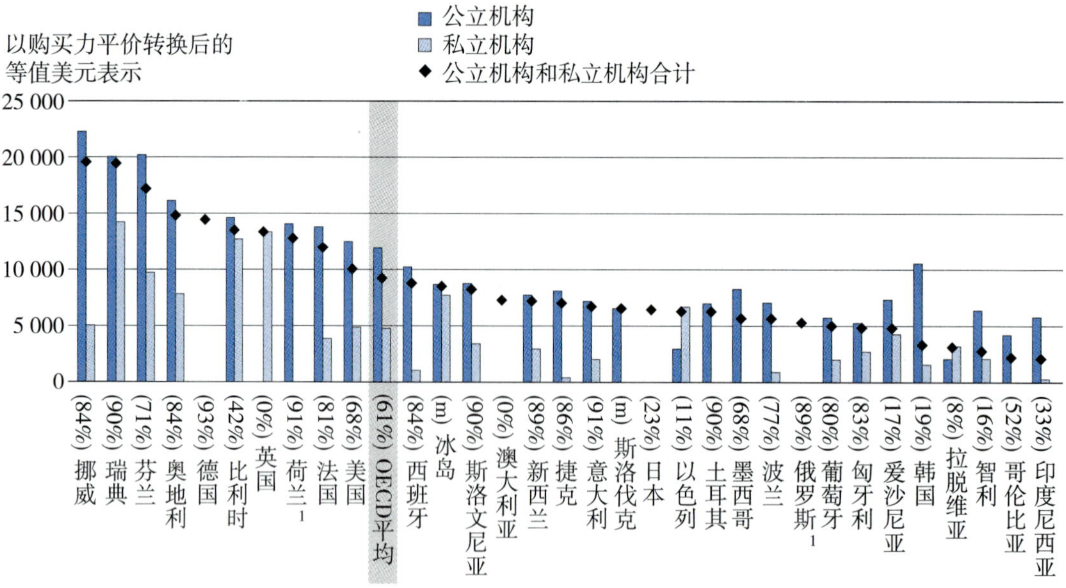

注：括号内的数字代表注册在公立高等教育机构的学生百分比，学生数折算为全日制学生。

1. 民办公助的机构包含在公立机构内。

国家按照公立教育机构和私立教育机构生均公共支出降序排列。

数据来源：OECD. Table B3.3. See Annex 3 for notes (www.oecd.org/education/education-at-a-glance-19991487.htm).

StatLink http://dx.doi.org/10.1787/888933284014

在比利时、爱沙尼亚、匈牙利、冰岛、以色列、拉脱维亚和瑞典，公共支出同时资助公立和私立机构，并且在高等教育阶段私立机构生均公共支出为公立机构生均公共支出的至少 50%，甚至超过 100%（表 B3.3）。然而，这些国家的高等教育参与模式有所不同。在匈牙利和瑞典，至少有 80%的学生就读于公立机构，但在比利时、爱沙尼亚、以色列和拉脱维亚，高等教育学生主要就读于私立机构。在其余国家，公共支出主要用于公立机构（图 B3.4 和表 B3.3）。

定 义

其他私人实体包括私人企业和非营利组织，例如宗教组织、慈善组织、商会和工会。

私人支出包括所有用于教育机构的直接支出，无论是否部分享受政府补贴。在工学结合的学徒与学生培训课程中，私人企业用于实习的支出也包括在内。政府对家庭，包括私人消费的补贴单列。

教育机构公共支出和私人支出的比例是指来源于公共部门与私营部门或由其产生的总支出的百分比。

公共支出与公立教育机构和私立教育机构的所有学生有关，无论这些机构是否接受政府资助。

方 法

数据统计期为 2012 财年，基于 2014 年 OECD 组织的 UOE 教育统计数据（参见附录 3，www. oecd. org/education/education-at-a-glance-19991487. htm）。

不是所有用于购买教学物品和服务的支出都发生在教育机构中。例如，家庭也许会购买市场上的教科书和学习材料，或者在教育机构以外为他们的孩子寻求课外辅导。在高等教育阶段，学生的生活费以及放弃的收入在教育成本中也可能占有相当大的比例。教育机构以外的所有支出，包括政府补贴都不包括在这一指标内。教育机构以外的教育经费政府补贴在指标 B4 和指标 B5 部分进行讨论。

教育机构的一部分经费用于给学生提供辅助服务，包括学生福利服务（学生的餐饮、住宿和交通）。这些服务经费的一部分来源于向学生收取的费用，包含在本指标内。

教育机构的支出是以现金会计为基础计算的，因此能够代表某一年的支出基本情况。许多国家在高等教育阶段运行了贷款支出/还贷体系。当考虑公共贷款支出而未考虑个人的还贷情况时，个人对教育成本的贡献可能被低估。

2000 年、2005 年、2008 年、2010—2011 年的支出数据根据 2014 年的一项调查进行更新，其中 2000—2011 年的支出数据根据目前 UOE 数据收集所使用的方法和定义进行了调整。

以色列数据注释

以色列的统计数据由以色列有关当局负责提供。在使用这些数据时，OECD 根据国际法的规定对戈兰高地、东耶路撒冷和约旦河西岸的以色列定居点的地位不持偏见。

表 B3.1　教育机构公共支出和私人支出的相对比例，按教育阶段划分（2012 年）

在公共资金转移支付后教育机构来源于公共和私人的经费分布

		初等教育、中等教育和中等后非高等教育					高等教育					初等教育到高等教育合计（包括未分类的项目）				
		公共支出	私人支出			个人获得的补贴	公共支出	私人支出			个人获得的补贴	公共支出	私人支出			个人获得的补贴
			家庭支出	其他私人实体支出	私人总支出[1]			家庭支出	其他私人实体支出	私人总支出[1]			家庭支出	其他私人实体支出	私人总支出[1]	
		(1)	(2)	(3)	(4)	(5)	(6)	(7)	(8)	(9)	(10)	(11)	(12)	(13)	(14)	(15)
OECD国家	澳大利亚	**82.4**	14.9	2.7	**17.6**	3.6	**44.9**	40.0	15.0	**55.1**	10.1	**71.7**	22.1	6.2	**28.3**	5.4
	奥地利	**96.0**	3.1	1.0	**4.0**	4.5	**95.3**	1.9	2.8	**4.7**	9.4	**95.7**	2.7	1.6	**4.3**	6.2
	比利时	**96.3**	3.6	0.1	**3.7**	3.0	**89.9**	4.9	5.2	**10.1**	15.7	**94.9**	3.8	1.3	**5.1**	5.9
	加拿大[2,3]	**91.0**	4.0	5.0	**9.0**	m	**54.9**	23.4	21.7	**45.1**	4.3	**76.2**	12.0	11.8	**23.8**	1.7
	智利[4]	**78.0**	21.3	0.7	**22.0**	0.9	**34.6**	54.8	10.7	**65.4**	6.7	**60.1**	35.1	4.8	**39.9**	3.3
	捷克	**91.0**	7.0	2.0	**9.0**	3.1	**79.3**	8.5	12.3	**20.7**	1.4	**87.3**	7.7	5.0	**12.7**	2.5
	丹麦	**97.2**	2.8	0.0	**2.8**	7.2	**m**	m	m	**m**	m	**m**	m	m	**m**	m
	爱沙尼亚	**99.1**	0.9	0.0	**0.9**	2.9	**78.2**	15.2	6.6	**21.8**	4.2	**93.4**	4.8	1.8	**6.6**	3.2
	芬兰	**99.3**	x(4)	x(4)	**0.7**	3.6	**96.2**	x(9)	x(9)	**3.8**	15.0	**98.3**	x(14)	x(14)	**1.7**	7.2
	法国	**91.0**	7.5	1.5	**9.0**	3.3	**79.8**	10.6	9.6	**20.2**	7.3	**88.0**	8.3	3.7	**12.0**	4.4
	德国	**86.5**	x(4)	x(4)	**13.5**	m	**85.9**	x(9)	x(9)	**14.1**	m	**86.6**	x(14)	x(14)	**13.4**	m
	希腊	**m**	m	m	**m**	m	**m**	m	m	**m**	m	**m**	m	m	**m**	m
	匈牙利	**94.2**	x(4)	x(4)	**5.8**	3.8	**54.4**	x(9)	x(9)	**45.6**	9.8	**81.5**	x(14)	x(14)	**18.5**	5.5
	冰岛	**96.0**	3.7	0.4	**4.0**	a	**90.6**	8.7	0.7	**9.4**	a	**92.1**	7.1	0.8	**7.9**	a
	爱尔兰	**95.7**	4.3	m	**4.3**	6.7	**81.8**	15.8	2.4	**18.2**	17.8	**92.6**	6.9	0.5	**7.4**	9.1
	以色列	**88.9**	7.5	3.6	**11.1**	1.1	**52.4**	29.6	18.0	**47.6**	5.9	**77.1**	13.9	9.0	**22.9**	2.4
	意大利[5]	**95.5**	4.4	0.1	**4.5**	2.1	**66.0**	26.5	7.5	**34.0**	19.6	**88.4**	9.7	1.9	**11.6**	6.3
	日本[3]	**92.9**	5.1	2.1	**7.1**	m	**34.3**	51.6	14.1	**65.7**	m	**70.1**	19.7	10.2	**29.9**	m
	韩国	**83.9**	14.4	1.7	**16.1**	1.6	**29.3**	42.1	28.6	**70.7**	6.5	**66.5**	22.6	11.0	**33.5**	3.8
	卢森堡	**97.8**	2.0	0.2	**2.2**	1.7	**94.8**	2.8	2.4	**5.2**	11.8	**97.4**	2.1	0.5	**2.6**	2.9
	墨西哥	**82.8**	17.1	0.1	**17.2**	5.5	**69.7**	30.0	0.3	**30.3**	3.7	**80.3**	19.5	0.2	**19.7**	5.0
	荷兰	**86.7**	4.4	9.0	**13.3**	6.4	**70.5**	15.6	13.9	**29.5**	9.5	**81.7**	7.8	10.5	**18.3**	7.4
	新西兰	**82.5**	12.8	4.7	**17.5**	1.9	**52.4**	33.1	14.5	**47.6**	11.4	**74.2**	18.4	7.4	**25.8**	4.5
	挪威[3]	**m**	m	m	**m**	m	**96.1**	3.3	0.6	**3.9**	18.0	**m**	m	m	**m**	m
	波兰	**92.0**	8.0	m	**8.0**	0.9	**77.6**	20.2	2.3	**22.4**	11.0	**88.1**	11.3	0.6	**11.9**	3.7
	葡萄牙[3]	**85.2**	14.8	m	**14.8**	1.9	**54.3**	35.0	10.8	**45.7**	13.1	**78.5**	19.1	2.4	**21.5**	4.4
	斯洛伐克[3]	**88.1**	9.8	2.1	**11.9**	4.4	**73.8**	13.8	12.4	**26.2**	18.7	**84.6**	10.6	4.8	**15.4**	8.3
	斯洛文尼亚	**91.0**	8.6	0.3	**9.0**	2.9	**86.1**	11.4	2.5	**13.9**	15.9	**89.8**	9.3	0.9	**10.2**	6.0
	西班牙	**88.7**	10.5	0.8	**11.3**	1.6	**73.1**	23.0	4.0	**26.9**	8.3	**84.2**	14.1	1.7	**15.8**	3.5
	瑞典	**100.0**	0.0	0.0	**0.0**	0.0	**89.3**	0.4	10.4	**10.7**	0.0	**96.7**	0.1	3.1	**3.3**	0.0
	瑞士	**88.5**	0.0	11.5	**11.5**	1.4	**m**	m	m	**m**	m	**m**	m	m	**m**	m
	土耳其	**85.4**	14.6	m	**14.6**	1.0	**80.4**	19.6	m	**19.6**	5.1	**83.8**	16.2	m	**16.2**	2.3
	英国	**84.0**	13.7	2.4	**16.0**	5.9	**56.9**	19.3	23.8	**43.1**	8.7	**76.4**	15.2	8.3	**23.6**	6.7
	美国[3]	**92.0**	8.0	m	**8.0**	m	**37.8**	45.8	16.4	**62.2**	12.7	**68.4**	24.5	7.1	**31.6**	5.5
	OECD 平均	**90.6**	7.9	2.2	**9.4**	3.1	**69.7**	21.7	10.0	**30.3**	10.1	**83.5**	12.8	4.5	**16.5**	4.7
	欧盟 21 国平均	**92.8**	6.2	1.4	**7.2**	3.5	**78.1**	14.0	8.0	**21.9**	11.0	**88.6**	8.3	3.0	**11.4**	5.2
伙伴国	阿根廷	**m**	m	m	**m**	m	**m**	m	m	**m**	m	**m**	m	m	**m**	m
	巴西	**m**	m	m	**m**	m	**m**	m	m	**m**	m	**m**	m	m	**m**	m
	中国	**m**	m	m	**m**	m	**m**	m	m	**m**	m	**m**	m	m	**m**	m
	哥伦比亚[4]	**78.0**	21.8	0.2	**22.0**	2.4	**42.6**	57.4	0.0	**57.4**	5.4	**69.1**	30.7	0.2	**30.9**	3.1
	印度	**m**	m	m	**m**	m	**m**	m	m	**m**	m	**m**	m	m	**m**	m
	印度尼西亚[4]	**90.6**	9.4	m	**9.4**	1.2	**70.7**	29.3	m	**29.3**	2.2	**87.7**	12.3	m	**12.3**	1.3
	拉脱维亚	**97.7**	2.1	0.2	**2.3**	4.0	**63.6**	36.2	0.2	**36.4**	10.8	**87.1**	12.8	0.2	**12.9**	6.2
	俄罗斯	**96.7**	2.6	0.7	**3.3**	m	**63.5**	23.8	12.7	**36.5**	m	**85.4**	9.8	4.9	**14.6**	m
	沙特阿拉伯	**m**	m	m	**m**	m	**m**	m	m	**m**	m	**m**	m	m	**m**	m
	南非	**m**	m	m	**m**	m	**m**	m	m	**m**	m	**m**	m	m	**m**	m
	G20 平均	m	m	m	**m**	m	**m**	m	m	**m**	m	**m**	m	m	**m**	m

注：公共支出占学前教育总支出的比例在指标 C2。

1. 包括来源于政府用于支付给教育机构的补贴。
2. 以 2011 年数据替代 2012 年数据。
3. 某些教育阶段包括其他教育阶段在内。参见表 B1.1a 中的“x”代码。
4. 以 2013 年数据替代 2012 年数据。
5. 不包括短期高等教育课程。

数据来源：OECD. Argentina，China，Colombia，India，Indonesia，Saudi Arabia，South Africa：UNESCO Institute for Statistics. Latvia：Eurostat. See Annex 3 for notes（www.oecd.org/education/education-at-a-glance-19991487.htm）.

缺失数据代码参见《读者指南》。

StatLink http：//dx.doi.org/10.1787/888933285473

表 B3. 2a　教育机构各级教育公共支出[1]相对比例的变化趋势，以及初等教育、中等教育和中等后非高等教育公共和私人支出变化指数（2000 年、2005 年、2008 年、2010—2012 年）

在公共资金转移支付后教育机构公共和私人经费的变化指数，按年度划分

		教育机构公共支出的份额（%）						2000—2012 年教育机构支出变化指数（2005 年=100，不变价格）									
								公共支出					私人支出[2]				
		2000	2005	2008	2010	2011	2012	2000	2008	2010	2011	2012	2000	2008	2010	2011	2012
		(1)	(2)	(3)	(4)	(5)	(6)	(7)	(8)	(9)	(10)	(11)	(12)	(13)	(14)	(15)	(16)
OECD 国家	澳大利亚	83.7	83.5	82.5	84.7	83.6	82.4	83	108	135	130	129	82	116	123	129	139
	奥地利	m	m	m	m	m	96.0	m	m	m	m	m	m	m	m	m	m
	比利时	m	94.9	95.2	96.0	96.2	96.3	m	113	113	114	116	m	106	88	83	83
	加拿大[3,4]	92.4	89.9	88.6	89.3	89.7	91.0	86	104	116	117	116	63	118	123	120	102
	智利[5]	68.4	69.8	78.4	78.6	78.3	78.0	94	145	141	165	156	100	92	89	105	101
	捷克	91.7	89.9	90.4	90.8	90.9	91.0	78	106	111	114	115	63	101	100	102	102
	丹麦[3]	97.8	97.9	97.6	97.6	97.2	97.2	86	99	108	99	79	89	112	124	134	m
	爱沙尼亚	m	98.9	99.0	98.7	98.9	99.1	81	124	109	103	105	m	119	129	108	89
	芬兰	99.3	99.2	99.0	99.2	99.3	99.3	83	107	112	113	112	66	126	104	97	99
	法国	91.6	91.4	91.2	91.4	91.2	91.0	99	102	106	104	104	97	105	106	107	108
	德国	m	m	m	87.1	87.2	86.5	m	m	m	m	m	m	m	m	m	m
	希腊	91.7	92.5	m	m	m	m	m	m	m	m	m	m	m	m	m	m
	匈牙利	92.7	95.5	100.0	100.0	100.0	94.2	68	96	85	79	75	m	m	m	m	m
	冰岛	96.4	96.2	96.4	96.2	96.3	96.0	73	108	96	99	98	70	103	96	97	105
	爱尔兰	96.0	96.8	97.7	95.9	95.8	95.7	68	132	138	136	137	87	97	179	183	187
	以色列	94.8	93.0	93.0	92.4	89.5	88.9	101	120	129	139	147	74	120	142	217	243
	意大利	97.8	96.3	97.1	96.6	96.2	95.5	95	105	98	93	88	55	81	89	96	109
	日本[3]	89.8	90.1	90.0	93.0	93.0	92.9	98	102	108	108	110	101	103	73	74	76
	韩国	80.8	77.0	77.8	78.5	80.7	83.9	72	116	128	133	136	58	111	118	107	88
	卢森堡	m	m	m	m	m	97.8	m	m	m	m	96	m	m	m	m	m
	墨西哥	86.1	82.9	82.9	82.7	82.6	82.8	84	103	111	115	119	65	103	112	118	119
	荷兰	86.1	87.1	86.6	86.9	86.6	86.7	81	105	114	113	112	89	111	116	118	117
	新西兰	m	m	m	m	m	82.5	m	m	m	m	m	m	m	m	m	m
	挪威	99.0	m	m	m	m	m	87	107	113	112	112	m	m	m	m	m
	波兰	95.4	98.2	94.7	93.8	93.9	92.0	87	110	116	115	115	226	337	417	402	538
	葡萄牙	99.9	99.9	99.9	100.0	99.9	85.2	100	95	108	101	m	101	89	87	89	m
	斯洛伐克[3]	97.6	86.2	84.8	88.0	88.6	88.1	84	113	138	129	128	13	126	117	104	108
	斯洛文尼亚	m	91.9	91.7	91.3	91.1	91.0	m	104	103	100	96	m	107	110	110	108
	西班牙	93.0	93.5	93.1	91.8	91.1	88.7	92	115	117	113	105	99	122	150	158	192
	瑞典	99.9	99.9	99.9	99.9	100.0	100.0	88	103	102	103	103	a	a	a	a	a
	瑞士	88.9	86.9	86.3	88.1	88.3	88.5	89	102	108	111	112	74	108	98	98	97
	土耳其	m	m	m	m	86.8	85.4	71	121	147	149	165	m	m	m	m	m
	英国	m	m	m	m	m	84.0	75	94	102	113	114	m	m	m	m	m
	美国	91.7	91.8	91.8	92.3	91.9	92.0	86	111	110	107	104	87	111	102	105	101
	OECD 平均	92.1	91.5	91.7	91.9	91.6	90.6	85	109	114	115	114	84	118	125	128	137
	19 个所有年份数据可得的 OECD 国家平均	90.6	89.5	89.6	90.0	89.9	89.7	86	111	117	119	118	83	121	129	134	144
	欧盟 21 国平均	95.1	94.7	94.9	94.4	94.4	92.8	84	107	110	108	106	90	124	137	135	153
伙伴国	阿根廷	m	m	m	m	m	m	m	m	m	m	m	m	m	m	m	m
	巴西	m	m	m	m	m	m	66	146	170	175	182	m	m	m	m	m
	中国	m	m	m	m	m	m	m	m	m	m	m	m	m	m	m	m
	哥伦比亚[5]	m	m	m	m	m	78.0	m	m	m	m	m	m	m	m	m	m
	印度	m	m	m	m	m	m	m	m	m	m	m	m	m	m	m	m
	印度尼西亚[5]	m	m	m	m	m	90.6	m	m	m	m	m	m	m	m	m	m
	拉脱维亚	m	m	m	m	m	97.7	m	m	m	m	m	m	m	m	m	m
	俄罗斯	m	m	m	m	m	96.7	66	132	126	129	151	m	m	m	m	m
	沙特阿拉伯	m	m	m	m	m	m	m	m	m	m	m	m	m	m	m	m
	南非	m	m	m	m	m	m	m	m	m	m	m	m	m	m	m	m
	G20 平均	m	m	m	m	m	m	m	m	m	m	m	m	m	m	m	m

1. 不包括教育机构的公共支出和总支出中的国际资金。
2. 包括公共资源对教育机构的补贴。
3. 某些教育阶段包括其他教育阶段在内。参见表 B1. 1a 中的“x”代码。
4. 以 2011 年数据替代 2012 年数据。
5. 以 2013 年数据替代 2012 年数据。

数据来源：OECD. Argentina，China，Colombia，India，Indonesia，Saudi Arabia，South Africa：UNESCO Institute for Statistics. Latvia：Eurostat. See Annex 3 for notes（www. oecd. org/education/education-at-a-glance-19991487. htm）.

缺失数据代码参见《读者指南》。

StatLink http：//dx. doi. org/10. 1787/888933285480

表 B3.2b　高等教育机构公共支出[1]相对比例的变化趋势及公共和私人支出变化指数（2000 年、2005 年、2008 年、2010—2012 年）

在公共资金转移支付后教育机构公共和私人经费的变化指数，按年度划分

		教育机构公共支出的份额（%）						2000—2012 年教育机构支出变化指数（2005 年 = 100，不变价格）									
								公共支出					私人支出[2]				
		2000	2005	2008	2010	2011	2012	2000	2008	2010	2011	2012	2000	2008	2010	2011	2012
		(1)	(2)	(3)	(4)	(5)	(6)	(7)	(8)	(9)	(10)	(11)	(12)	(13)	(14)	(15)	(16)
OECD 国家	澳大利亚	49.9	45.4	44.9	46.5	45.6	44.9	92	110	129	130	131	77	112	124	129	134
	奥地利	m	m	m	m	m	95.3	m	m	m	m	m	m	m	m	m	m
	比利时	m	90.8	90.0	89.9	90.1	89.9	m	110	118	120	121	m	120	130	130	135
	加拿大[3,4]	61.0	55.1	58.7	56.6	57.4	54.9	93	116	120	121	113	73	100	113	110	113
	智利[5]	19.5	15.9	14.6	22.1	24.2	34.6	103	118	237	279	405	81	130	158	166	145
	捷克	85.4	81.2	79.1	78.8	81.1	79.3	68	127	131	162	145	50	145	152	164	164
	丹麦[3]	97.6	96.7	95.5	95.0	94.5	m	87	98	106	108	m	62	135	164	183	m
	爱沙尼亚	m	69.9	78.8	75.4	80.4	78.2	93	135	132	159	136	m	84	100	90	88
	芬兰	97.2	96.1	95.4	95.9	95.9	96.2	89	107	116	120	118	62	127	121	128	116
	法国	84.4	83.6	81.7	81.9	80.8	79.8	94	110	115	115	113	88	126	130	138	145
	德国	m	m	m	86.4	86.6	85.9	m	m	m	m	m	m	m	m	m	m
	希腊	99.7	96.7	m	m	m	m	m	m	m	m	m	m	m	m	m	m
	匈牙利	76.7	78.5	m	m	m	54.4	81	106	96	112	79	m	m	m	m	m
	冰岛	91.8	90.5	92.2	91.2	90.6	90.6	71	118	105	101	107	61	96	97	101	106
	爱尔兰	79.2	84.0	82.6	81.2	80.5	81.8	96	133	132	126	135	133	147	160	161	137
	以色列	60.1	46.5	51.3	54.2	49.0	52.4	107	109	125	126	132	62	90	92	113	104
	意大利	77.5	73.2	70.7	67.6	66.5	66.0	99	108	102	101	95	79	123	134	139	134
	日本[3]	38.5	33.7	33.3	34.4	34.5	34.3	107	108	112	117	116	87	110	109	113	113
	韩国	23.3	24.3	22.3	27.3	27.0	29.3	75	116	154	160	171	80	130	132	139	133
	卢森堡	m	m	m	m	m	94.8	m	m	m	m	m	m	m	m	m	m
	墨西哥	79.4	69.0	70.1	69.9	67.1	69.7	85	116	130	121	137	49	110	125	132	132
	荷兰	75.0	73.0	71.5	71.8	70.8	70.5	87	107	116	119	119	78	115	123	132	135
	新西兰	m	m	m	m	m	52.4	m	m	m	m	m	m	m	m	m	m
	挪威	96.3	100.0	96.9	96.0	95.9	96.1	83	102	105	106	108	m	m	m	m	m
	波兰	66.6	74.0	69.6	70.6	75.5	77.6	52	104	110	109	114	74	129	130	101	93
	葡萄牙	92.5	68.1	62.1	69.0	68.6	54.3	100	96	112	103	78	17	126	107	101	140
	斯洛伐克[3]	91.2	77.3	73.1	70.2	76.9	73.8	79	114	116	140	145	26	143	168	144	175
	斯洛文尼亚	m	76.5	83.8	84.7	85.2	86.1	m	114	119	121	115	m	72	70	68	60
	西班牙	74.4	77.9	78.9	78.2	77.5	73.1	83	121	127	123	108	101	114	125	126	140
	瑞典	91.3	88.2	89.1	90.6	89.5	89.3	90	105	119	120	122	65	97	93	105	110
	瑞士	m	m	m	m	m	m	76	91	102	107	111	m	m	m	m	m
	土耳其	m	m	m	m	m	80.4	77	114	144	167	193	m	m	m	m	m
	英国	m	m	m	m	m	56.9	m	m	m	m	m	m	m	m	m	m
	美国	37.4	42.0	41.3	40.0	38.7	37.8	70	110	111	111	112	84	113	121	127	133
	OECD 平均	72.7	70.7	69.1	70.2	70.4	69.7	86	112	123	129	133	71	116	124	127	126
	20 个所有年份数据可得的 OECD 国家平均	68.8	64.9	64.1	64.9	64.9	64.5	87	113	126	130	136	71	119	126	128	130
	欧盟 21 国平均	84.9	81.5	80.1	80.5	81.3	78.1	86	112	117	122	116	70	120	127	127	127
伙伴国	阿根廷	m	m	m	m	m	m	m	m	m	m	m	m	m	m	m	m
	巴西	m	m	m	m	m	m	79	119	148	155	149	m	m	m	m	m
	中国	m	m	m	m	m	m	m	m	m	m	m	m	m	m	m	m
	哥伦比亚[5]	m	m	m	m	m	42.6	m	m	m	m	m	m	m	m	m	m
	印度	m	m	m	m	m	m	m	m	m	m	m	m	m	m	m	m
	印度尼西亚[5]	m	m	m	m	m	70.7	m	m	m	m	m	m	m	m	m	m
	拉脱维亚	m	m	m	m	m	63.6	m	m	m	m	m	m	m	m	m	m
	俄罗斯	m	m	m	m	m	63.5	44	147	145	136	142	m	m	m	m	m
	沙特阿拉伯	m	m	m	m	m	m	m	m	m	m	m	m	m	m	m	m
	南非	m	m	m	m	m	m	m	m	m	m	m	m	m	m	m	m
	G20 平均	m	m	m	m	m	m	m	m	m	m	m	m	m	m	m	m

1. 不包括教育机构的公共支出和总支出中的国际资金。
2. 包括公共资源对教育机构的补贴。
3. 某些教育阶段包括其他教育阶段在内。参见表 B1.1a 中的“x”代码。
4. 以 2011 年数据替代 2012 年数据。
5. 以 2013 年数据替代 2012 年数据。

数据来源：OECD. Argentina, China, Colombia, India, Indonesia, Saudi Arabia, South Africa: UNESCO Institute for Statistics. Latvia: Eurostat. See Annex 3 for notes (www.oecd.org/education/education-at-a-glance-19991487.htm).

缺失数据代码参见《读者指南》。

StatLink http://dx.doi.org/10.1787/888933285491

表 B3.3　教育机构的年度生均公共支出，按机构类型划分（2012 年）

以购买力平价转换后的等值美元表示，按教育阶段和教育机构类型划分，基于全职人力工时

		初等教育、中等教育和中等后非高等教育			高等教育				初等教育到高等教育合计（包括未分类的项目）		
		公立机构	私立机构	公立机构和私立机构合计	公立机构	私立机构	公立机构和私立机构合计	其中：研发活动	公立机构	私立机构	公立机构和私立机构合计
		(1)	(2)	(3)	(4)	(5)	(6)	(7)	(8)	(9)	(10)
OECD 国家	澳大利亚	8 926	6 137	**7 971**	x(6)	x(6)	**7 276**	5 848	x(10)	x(10)	**7 837**
	奥地利	12 147	7 373	**11 673**	16 128	7 815	**14 815**	3 932	13 297	7 553	**12 624**
	比利时	11 803	9 773	**10 597**	14 622	12 711	**13 511**	4 102	12 936	10 389	**11 430**
	加拿大[1]	9 789	m	**m**	13 028	m	**m**	m	10 570	m	**m**
	智利[2]	4 459	2 726	**3 408**	6 373	2 080	**2 751**	321	4 713	2 501	**3 225**
	捷克	5 971	3 975	**5 839**	8 097	402	**7 016**	2 168	6 751	2 537	**6 395**
	丹麦	10 843	12 012	**11 006**	m	a	**m**	m	m	m	**m**
	爱沙尼亚	6 309	4 799	**6 244**	7 329	4 260	**4 795**	2 798	6 408	4 324	**5 866**
	芬兰	9 284	9 266	**9 283**	20 194	9 713	**17 181**	5 822	11 050	9 458	**10 839**
	法国	9 230	5 413	**8 478**	13 803	3 861	**11 955**	4 309	10 095	5 136	**9 129**
	德国	x(3)	x(3)	**8 518**	x(6)	x(6)	**14 438**	5 790	x(10)	x(10)	**9 785**
	希腊	m	m	**m**	m	m	**m**	m	m	m	**m**
	匈牙利	4 065	4 363	**4 116**	5 252	2 706	**4 832**	1 314	4 626	4 096	**4 536**
	冰岛	9 130	6 894	**8 956**	8 667	7 712	**8 497**	x(6)	9 723	7 192	**9 475**
	爱尔兰	9 546	m	**m**	11 539	m	**m**	3 458	9 881	m	**m**
	以色列	5 843	7 212	**6 122**	2 958	6 682	**6 273**	m	6 189	6 365	**6 250**
	意大利[3]	8 117	1 636	**7 659**	7 186	2 024	**6 707**	3 408	7 931	1 734	**7 465**
	日本	x(3)	x(3)	**8 851**	x(6)	x(6)	**6 433**	m	x(10)	x(10)	**8 805**
	韩国	7 589	6 241	**7 342**	10 540	1 560	**3 308**	1 368	9 662	3 069	**7 103**
	卢森堡	21 111	7 419	**19 178**	32 459	m	**m**	1 202	21 998	m	**m**
	墨西哥	2 595	7	**2 320**	8 257	a	**5 656**	1 468	3 233	5	**2 819**
	荷兰	9 107	0	**8 886**	14 063	0	**12 786**	5 212	10 035	0	**9 659**
	新西兰	7 205	3 554	**6 967**	7 736	2 948	**7 198**	1 776	7 301	3 380	**7 011**
	挪威[4]	13 700	12 155	**13 612**	22 267	5 037	**19 564**	7 168	15 393	15 658	**15 413**
	波兰	5 809	3 610	**5 636**	7 051	890	**5 637**	1 255	6 069	2 305	**5 636**
	葡萄牙[4]	7 444	1 898	**6 605**	5 727	1 999	**4 989**	3 098	7 288	2 019	**6 441**
	斯洛伐克[4]	4 605	4 659[d]	**4 610[d]**	6 538	x(2)	**6 538**	2 723	5 145	4 659	**5 109**
	斯洛文尼亚	7 956	5 404	**7 920**	8 750	3 400	**8 224**	1 615	8 129	4 063	**7 995**
	西班牙	8 611	3 747	**7 128**	10 215	1 037	**8 775**	2 908	9 004	3 418	**7 476**
	瑞典	10 789	9 902	**10 652**	20 039	14 229	**19 439**	9 178	12 496	10 442	**12 198**
	瑞士	13 540	m	**m**	25 264	m	**m**	m	15 859	m	**m**
	土耳其	2 454	0	**2 377**	6 980	0	**6 257**	m	3 072	0	**2 944**
	英国	9 506	6 697	**8 427**	a	13 352	**13 352**	3 577	9 506	8 702	**9 127**
	美国[4]	11 676	1 069	**10 794**	12 492	4 863	**10 041**	x(6)	11 840	3 224	**10 603**
	OECD 平均	8 683	5 284	**8 039**	11 913	4 751	**9 223**	3 433	9 317	4 889	**7 971**
	欧盟 21 国平均	9 066	5 664	**8 550**	12 294	5 227	**10 294**	3 572	9 592	5 052	**8 336**
伙伴国	阿根廷	m	m	**m**	m	m	**m**	m	m	m	**m**
	巴西	3 049	m	**m**	10 455	m	**m**	860	3 441	m	**m**
	中国	m	m	**m**	m	m	**m**	m	m	m	**m**
	哥伦比亚[2]	2 446	535	**2 071**	4 201	0	**2 203**	m	2 898	350	**2 270**
	印度	m	m	**m**	m	m	**m**	m	m	m	**m**
	印度尼西亚[2]	1 389	343	**1 096**	5 778	284	**2 089**	m	1 809	531	**1 397**
	拉脱维亚	3 481	2 828	**3 470**	2 066	3 193	**3 109**	1 110	3 446	3 175	**3 380**
	俄罗斯	x(3)	x(3)	**5 167**	x(6)	x(6)	**5 284**	x(6)	x(10)	x(10)	**5 719**
	沙特阿拉伯	m	m	**m**	m	m	**m**	m	m	m	**m**
	南非	2 431	m	**m**	m	m	**m**	m	m	m	**m**
	G20 平均	m	m	**m**	m	m	**m**	m	m	m	**m**

1. 2011 年数据。
2. 2013 年数据。
3. 不包括中等后非高等教育和短期高等教育课程。
4. 某些教育阶段包括其他教育阶段在内。参见表 B1.1a 中的“x”代码。

数据来源：OECD. Argentina, China, Colombia, India, Indonesia, Saudi Arabia, South Africa: UNESCO Institute for Statistics. Latvia: Eurostat. See Annex 3 for notes (www.oecd.org/education/education-at-a-glance-19991487.htm).

缺失数据代码参见《读者指南》。

StatLink http://dx.doi.org/10.1787/888933285509

指标 B4

公共教育经费总支出是多少？

- 就 OECD 国家的平均水平而言，初等教育到高等教育共占公共支出总额的 11.6%，变化范围从匈牙利、意大利和西班牙的低于 8%到墨西哥和新西兰的高于 18%。
- 2005—2012 年，在近 2/3 的这两年数据可得的国家中，初等至高等教育占公共支出的比例有所下降，其余 1/3 的国家多数保持稳定，只有巴西和以色列增加了至少 3 个百分点。
- 在 2008—2012 年较短的经济危机高峰期，在 26 个数据可得的 OECD 国家之中，有 16 个国家的教育公共支出下降 2%，增长慢于所有其他服务（或者降幅快于所有其他服务）。

图 B4.1 教育公共支出总额占公共支出总额的百分比（2005 年、2008 年和 2012 年）

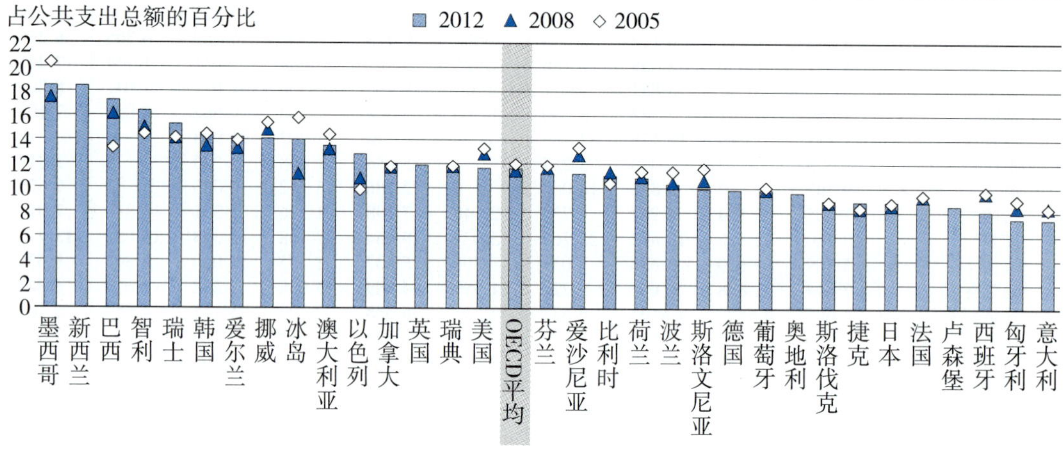

国家按 2012 年各级教育公共支出总额占公共支出总额的百分比降序排列。

数据来源：OECD. Table B4. 2. See Annex 3 for notes（www. oecd. org/education/education-at-a-glance-19991487. htm）.

StatLink http：//dx. doi. org/10. 1787/888933284022

背 景

国家对不同领域预算分配（包括教育、卫生、社会保障或国防）的决策不仅取决于本国的优先发展议题，而且还取决于单靠市场是否能够提供充足的服务，尤其是在高等教育阶段。如果公共收益高于私人收益，则市场可能失灵，因此，政府投入能有助于增加接受高等教育的机会。

然而，经济危机致使公共预算减少对教育公共资源可能的投入。这反过来可能会影响教育机会或者教育成果以及教育质量。同时，失业人群对于教育和培训的需求可能会增加，从而要求更多的教育投入。然而更高水平的支出不一定与更好的教育成果或者教育质量相联系。此外，支出水平还受到很多因素的影响（参见指标 B7），在进行国家之间的比较时需将这些因素考虑进去。

这一指标体现的是教育公共支出占国家公共支出总额的比例以及占该国国内生产总值的比例，以此来说明公共预算的相对规模。此外，该指标涵盖关于不同来源的教育公共经费（中央、区域和地方政府）以及各级政府之间经费转移的数据。

其他发现

- 就 OECD 国家的平均水平而言，虽然教育公共支出占公共支出总额的百分比有所下降，但教育公共支出占 GDP 的比例在 2005—2012 年有小幅提高。
- 在大多数 OECD 国家及伙伴国（在 38 个数据可得的国家中有 33 个），初等教育、中等教育和中等后非高等教育的公共支出为高等教育的两倍多。
- 在初等教育、中等教育和中等后非高等教育阶段，只有新西兰实行完全的中央投入体制。

趋 势

2000—2012 年，教育公共支出（从初等教育至高等教育阶段）占公共支出总额的百分比在半数数据可得的国家中（25 个国家中的 13 个）略有下降。降幅在 8 个国家中尤为明显（下降了 1 个百分点甚至更多），爱沙尼亚和墨西哥下降了超过 2 个百分点。然而，该比例也在部分国家明显增加（上升了 2 个百分点甚至更多），特别是巴西、智利、以色列和斯洛伐克（表 B4.2）。

2000—2012 年，教育公共支出占 GDP 的百分比没有显示出特定的模式。在这期间，虽然教育占公共支出的比例在半数国家有所下降，但是教育支出占 GDP 的百分比只在约 1/3 的国家也有所下降（27 个国家中的 8 个）。就这两年数据可得的 OECD 国家的平均水平而言，教育支出占 GDP 的百分比有所增长。

2008—2012 年，在 2/3 的国家中（27 个数据可得国家中的 18 个），教育公共支出和所有服务公共支出总额均有所提高。然而，在 27 个国家中，有 17 个国家所有服务公共支出的增长快于教育公共支出增长，或者下降慢于教育公共支出下降（表 B4.2）。

B4

分 析

教育公共资源的总体投入水平

2012 年，OECD 国家的初等至高等教育公共支出平均占所有服务公共支出总额的 11.6%，变化范围从匈牙利（7.5%）、意大利（7.4%）和西班牙（8.0%）的不高于 8%，到墨西哥（18.4%）和新西兰（18.4%）的 18%及以上（图 B4.1 和表 B4.1）。

在大多数国家，以及就 OECD 国家的平均水平而言，超过 2/3 的初等至高等教育公共总支出投入到初等教育、中等教育和中等后非高等教育，这主要是由这些教育阶段（参见指标 C1）接近百分之百的入学率和人口结构所致。

就 OECD 国家的平均水平而言，高等教育阶段的公共支出占初等至高等教育公共支出的 25.9%。该比例的变化范围从巴西（18.2%）、以色列（18.1%）、韩国（18.2%）、卢森堡（12.0%）和葡萄牙（18.3%）的 18%及以下，到加拿大（34.6%）、芬兰（33.6%）、德国（30.5%）、荷兰（30.9%）、挪威（32.5%）、瑞典（33.0%）和美国（30.5%）的 30%及以上，以及奥地利（36.7%）的超过 35%（表 B4.1）。

如果将教育公共支出视为公共支出总额的一部分，还必须考虑公共预算的相对规模。事实上，如果将教育公共支出总额占 GDP 的比例与其占公共支出总额的比例进行比较，情况则有不同。2012 年，初等至高等教育公共支出占 GDP 的比例在印度尼西亚（3.3%）、俄罗斯（3.4%）和斯洛伐克（3.5%）为 3.5%及以下。在另一端，只有挪威（7.7%）将超过 7%的 GDP 用于教育——该比例远高于 OECD 国家的平均水平 4.8%（表 4.1）。

图 B4.2 所有服务的公共支出总额占 GDP 的百分比（2005 年、2012 年）

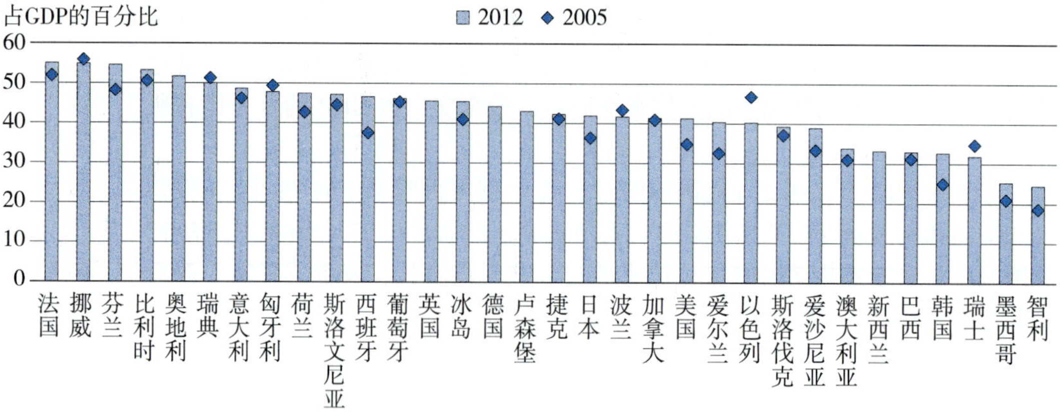

注：该图显示了针对各类服务的公共支出，而非仅针对教育公共支出。
国家按 2012 年公共支出总额占 GDP 的百分比降序排列。
数据来源：OECD. Annex 2. See Annex 3 for notes（www.oecd.org/education/education-at-a-glance-19991487.htm）.
StatLink http://dx.doi.org/10.1787/888933284034

出乎预料的是，2012 年初等至高等教育公共支出占公共支出总额比例最高的五个国家——巴西、智利、墨西哥、新西兰和瑞士（图 B4.1）——其所有服务的公共支出总额占 GDP 的比例却处于最后（图 B4.2）。挪威是个特例，其两项比例均处于高位。

如果观察所有服务（包括卫生、社会保障和环境）而非仅仅是教育公共支出占 GDP 的比例，各国间的差异很大。2012 年，约 1/5 数据可得的国家报告其所有服务的公共支出总额占 GDP 的比例高于 50%。其中，法国（55.1%）的所有服务的公共支出总额占 GDP 的比例高于 55%。在另一端，智利（24.5%）和墨西哥（25.3%）所有服务的公共支出总额占 GDP 比例约为 25%左右（图 B4.2 和附录 2）。

2000—2012 年教育公共支出占公共支出总额的百分比变化

2000—2005 年明显提高……

5 年间（2000—2005 年），初等至高等教育公共支出占公共支出总额的百分比在 2/3 的国家（2000 年和 2005 年 28 个数据可得的国家中的 17 个）有所提高，就 OECD 国家的平均水平而言提高了 0.2 个百分点。在其他国家中，法国和葡萄牙的初等至高等教育公共支出占公共支出总额的百分比显著下降（降低 1 个百分点或者更多）。

2000—2005 年，就这 2 年数据可得的 OECD 国家的平均水平而言，初等至高等教育公共支出占 GDP 的百分比提高了 0.2 个百分点。在 2/3 的国家中（28 个国家中的 18 个），教育公共支出占 GDP 的百分比增长快于教育公共支出占公共支出总额的百分比增长，这表明 GDP 的增长慢于公共支出的增长（表 B4.2）。

……然而随着 2008 年金融危机的发生，2005 年以来出现下降

支出模式在 2005—2012 年有很大变化。在这 7 年间，教育公共支出占公共支出总额的百分比在近 2/3 的国家中（27 个数据可得国家中有 16 个）有所下降，就这两年数据可得的 OECD 国家的平均水平而言，下降了 0.5 个百分点。

降幅最大的是爱沙尼亚（下降了 2.2 个百分点）、冰岛（下降了 1.8 个百分点）和墨西哥（下降了 1.9 个百分点）。这一变化在匈牙利、挪威、波兰、斯洛文尼亚、西班牙和美国同样明显（下降了 1 个百分点以上）。尽管如此，2005—2012 年，教育公共支出占公共支出总额的百分比在 1/3 的国家中有所提高。增幅最大（1 个百分点以上）的是巴西（提高了 3.9 个百分点）、智利（提高了 1.9 个百分点）、以色列（提高了 3.0 个百分点）和瑞士（提高了 1.1 个百分点）。

将 2012 年与 2005 年 GDP 中用于教育的比例进行比较，会呈现出不同的趋势，因为 GDP 同样受到金融危机的影响。因此，初等至高等教育公共支出占 GDP 的比例在 2/3 的国家（29 个国家中的 21 个）有所提高或保持稳定。在各年数据可得的 OECD 国家中，该比例平均提高了 0.1 个百分点，而在匈牙利和挪威则出现了最大（0.9 个百分点）的降幅（表 B4.2 并参见指标 B2 中的专栏 B2.1）。

金融危机的初始效应：超过半数的国家教育公共支出的变化慢于所有服务的公共支出

2008—2012 年的变化可能与 2008 年发生的全球金融危机的影响有关。金融危机给公共总预算带来更大压力，要求政府在教育和其他如卫生和社会保障等关键公共领域优先配置资源（表 B4.2 和图 B4.3）。

2008—2012 年，初等至高等教育公共支出占公共支出总额比例的变化不像 2000—2005 年那样具有清晰的全球趋势。

然而，2008—2012 年，2/3 的国家（数据可得的 27 个国家中有 18 个）教育公共支出和所有服务公共支出总额均有所提高。在 18 个国家中有 10 个国家的所有服务公共支出增

B4

长快于教育公共支出增长（表 B4.2 和图 B4.3）。二者间的差距在法国、韩国和挪威最为明显。在其他 8 个国家中，教育公共支出增长则快于所有服务公共支出增长。在这 18 个国家中，所有服务公共支出的增长率变化范围从瑞典的 5%到澳大利亚、巴西、智利和墨西哥的 15%不等，在韩国则超过了 30%。

在余下的 1/3 国家中（数据可得的 27 个国家中有 9 个），5 个国家（爱沙尼亚、匈牙利、冰岛、意大利和斯洛文尼亚）的所有服务公共支出总额和教育公共支出均有所下降。在冰岛，所有服务公共支出萎缩了 22%，教育公共支出也有所降低，但幅度不那么大（降低了 8%）。在爱沙尼亚、匈牙利、意大利和斯洛文尼亚，教育公共支出的降幅大于所有服务公共支出的降幅（表 B4.2 和图 B4.3）。

在余下的 4 个国家中（爱尔兰、葡萄牙、西班牙和美国），所有服务公共支出和教育公共支出在 2008—2012 年显示出不一致的变化。葡萄牙、西班牙和美国的教育公共支出（以及教育公共支出占所有服务公共支出总额的比例）有所下降，爱尔兰的教育公共支出（以及教育公共支出占所有服务公共支出总额的比例）则有所上升。

图 B4.3　2008—2012 年各级教育公共支出之和占所有服务公共支出总额比例的变化指数

初等教育到高等教育（2008 年 = 100，2012 年不变价格）

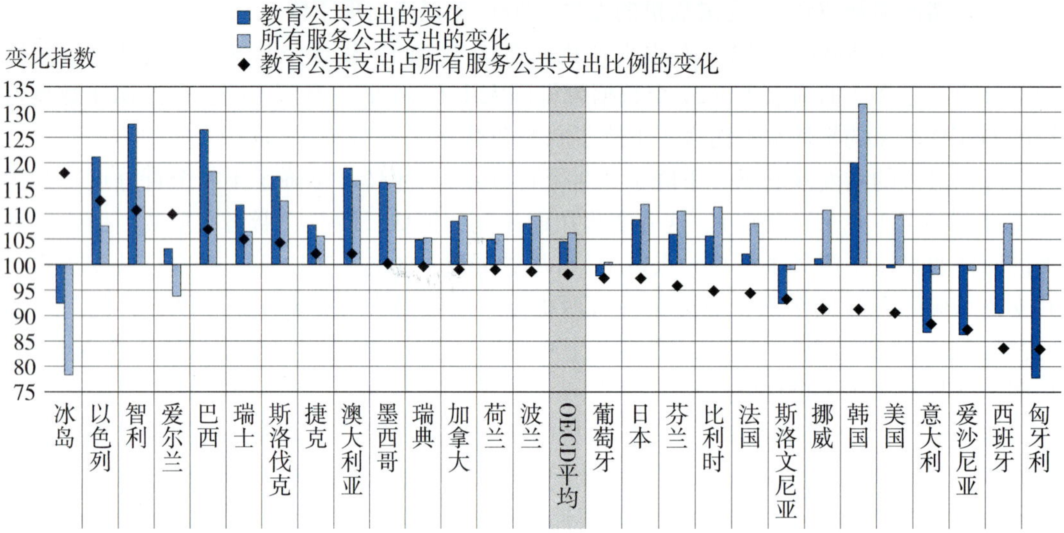

国家按教育公共支出占所有服务公共支出总额的百分比的变化降序排列。

数据来源：OECD. Table B4.2. See Annex 3 for notes（www.oecd.org/education/education-at-a-glance-19991487.htm）.

StatLink http：//dx.doi.org/10.1787/888933284040

投入教育的公共经费来源

除去国际来源之外，所有来自政府的教育支出都可按层级分为三类：中央、区域和地方。在一些国家，教育经费由中央政府集中投入，而在另一些国家，经费则是非集中投入的——经过不同层级政府之间的转移支付，教育经费由各级政府共同承担。

近年来，很多学校已经成为更自主、更地方化的组织［参见《教育概览 2012》中的指标 D6（OECD，2012）］，他们面对学生、家长和社会也承担更多的责任。OECD 的国际学生评价项目（PISA）的结果表明，当自主办学和问责制度有机结合时，通常能够带来更好的学生表现（OECD，2013）。

与较低的教育阶段相比，高等教育的公共投入更多来自中央政府（参见《教育概览2014》中的表 B4.3 和表 B4.6）。2012 年，就 OECD 国家的平均水平而言，转移支付之前的初等教育、中等教育和中等后非高等教育公共经费总额有 52.6%来自于中央政府（表 B4.3）。

在初等教育、中等教育和中等后非高等教育阶段，初始公共经费来源于中央政府的比例在各国间差异很大。6 个国家该比例低于 10%，分别是加拿大（3.6%）、丹麦（5.8%）、德国（7.4%）、挪威（9.3%）、波兰（4.8%）和瑞士（3.6%）。在加拿大，初等和中等教育由州/地区政府为其提供经费，接受少量联邦经费的第一民族/土著学校除外。另一种情况是，爱尔兰、新西兰和土耳其的公共经费几乎全部来自于中央政府，90%以上的初始公共经费来自于中央政府的国家有：智利（94.9%）、荷兰（91.0%）、葡萄牙（90.6%）和斯洛文尼亚（90.4%）。

但是，如果考虑到不同层级政府之间的转移支付，则情况有变。在转移支付后，来源于中央政府的公共经费比例低于 5%的国家有：澳大利亚（3.9%）、加拿大（2.9%）、日本（1.8%）、韩国（0.8%）、波兰（3.8%）、瑞士（0.2%）和美国（0.5%）。只有新西兰在考虑转移支付后还保持着完全集中的投入体制（图 B4.4 和表 B4.3）。就 OECD 国家平均水平而言，在转移支付后，初等教育、中等教育和中等后非高等教育阶段共 40.6%的公共经费来自于地方政府，而在转移支付前该比例为 26.7%。

从中央到更低层级政府的公共经费转移支付程度在各国间的差异很大。从中央到更低层级的转移支付后的变化在奥地利、智利、爱沙尼亚、芬兰和匈牙利为 30 个百分点以上，在韩国、拉脱维亚、墨西哥和斯洛伐克为 40 个百分点以上。在奥地利、加拿大和美国，从区域向地方转移支付后的公共经费的变化超过 30 个百分点（图 B4.4）。

B4

图 B4.4　按政府级别划分，初等教育、中等教育和中等后非高等教育公共教育经费的初始来源分布（百分比）（2012 年）

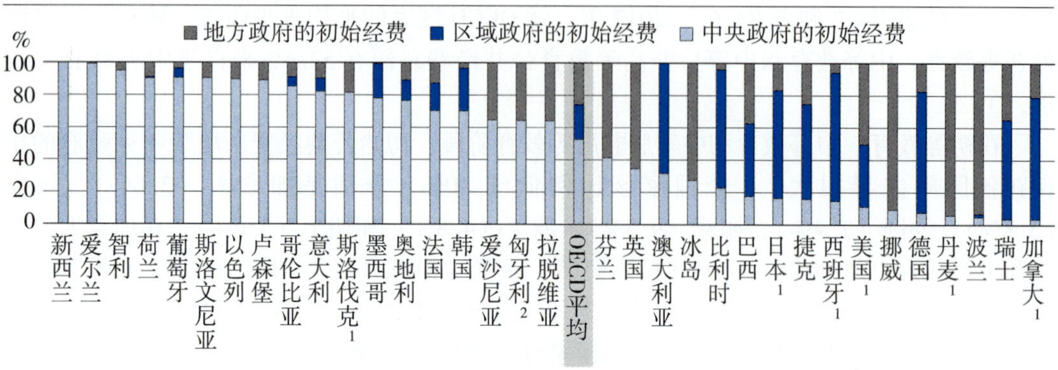

来源于不同层级政府的教育经费比例在初始和最终教育资源购买者之间的变化（2012 年）

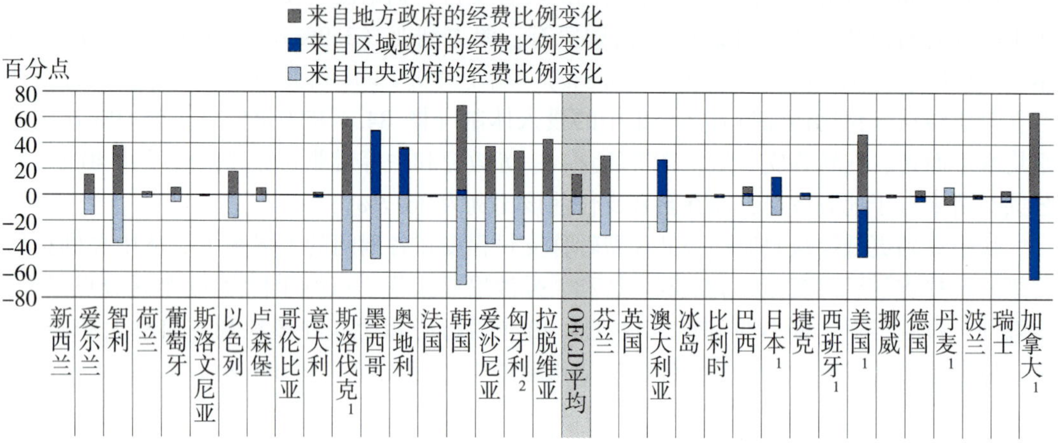

1. 某些教育阶段包括其他教育阶段在内。参见表 B1.1a 中的“x”代码。

2. 来自地方政府的教育经费包括来自区域政府的教育经费。

国家按照来源于中央政府的初始经费所占比例降序排列。

数据来源：OECD. Table B4.3. See Annex 3 for notes（www.oecd.org/education/education-at-a-glance-19991487.htm）.

StatLink http：//dx.doi.org/10.1787/888933284057

定　义

教育公共支出包括教育机构支出、学生生活费用补贴及教育机构之外的其他私人支出。教育公共支出涵盖了所有公共实体的支出，包括除教育部之外的其他部委、区域和地方政府以及其他公共机构。OECD 国家将公共资金用于教育的方式不尽相同。公共资金可能直接拨付给机构，也可能通过政府项目或家庭支付给机构。这些资金也可能被限于购买教育服务或用于资助学生生活费用。

除国际来源之外，政府投入教育的经费可以按照三个层次分类：中央（国家）政府、区域政府（省、州、联邦州等）、地方政府（市、区、公社等）。“区域”和“地方”政府的定义适用于在一个国家一定的地域内行使其职责的政府。它们不适用于不按地理区域划分而是根据特定服务、功能或者特定学生群体来界定职责的政府机构。

公共支出总额，亦称公共经费总额，相当于中央、区域和地方各级政府的非偿还性经常项目支出和资本项目支出。它包括政府直接拨付给教育机构的经费以及提供给家庭的补贴（如奖学金与针对学费和学生生活费用的助学贷款），以及给其他私人实体的补贴（如给实施学徒课程的公司或劳工组织的补贴）。

方 法

数据统计期为 2012 财年，基于 2014 年 OECD 组织的 UOE 教育统计数据（详见附录 3，www. oecd. org/education/education-at-a-glance-19991487. htm）。

公共支出总额和 GDP 数据来自 OECD 国民账户数据库（参见附录 2），使用 1993 年国民账户体系。

教育支出表示为占国家公共支出总额的百分比和占 GDP 的百分比。

尽管债务偿还的支出（如利息支出）包含在公共支出总额之内，但未包括在教育公共支出之中。原因是一些国家无法分离教育利息支出和其他服务的支出。这意味着在利息支出占各种服务公共支出总额的比例较高的国家，教育公共支出占公共支出总额的比例可能被低估。

以色列数据注释

以色列的统计数据由以色列有关当局负责提供。在使用这些数据时，OECD 根据国际法的规定对戈兰高地、东耶路撒冷和约旦河西岸以色列定居点的地位不持偏见。

参考文献

OECD（2014），*Education at a Glance 2014*：*OECD Indicators*，OECD Publishing，Paris，http：//dx. doi. org/10. 1787/eag-2014-en.

OECD（2013），*PISA 2012 Results*：*What Makes Schools Successful*（*Volume IV*）：*Resources*，*Policies and Practices*，PISA，OECD Publishing，Paris，http：//dx. doi. org/10. 1787/9789264201156-en.

OECD（2012），*Education at a Glance 2012*：*OECD Indicators*，OECD Publishing，Paris，http：//dx. doi. org/10. 1787/eag-2012-en.

B4

表 B4.1 教育公共支出总额（2012 年）

直接拨付教育机构的经费与政府提供给家庭[1]和其他私人实体的补贴，
占公共支出总额和 GDP 的百分比，按教育阶段划分

	教育公共支出[1]占公共支出总额的百分比			教育公共支出[1]占 GDP 的百分比		
	初等教育、中等教育和中等后非高等教育	高等教育	初等教育到高等教育合计(包括未分类的项目)	初等教育、中等教育和中等后非高等教育	高等教育	初等教育到高等教育合计(包括未分类的项目)
	(6)	(9)	(10)	(16)	(19)	(20)
OECD 国家						
澳大利亚	10.1	3.4	**13.5**	3.4	1.1	**4.6**
奥地利	6.1	3.5	**9.6**	3.1	1.8	**5.0**
比利时	8.1	2.7	**11.0**	4.3	1.4	**5.9**
加拿大[2,3]	7.8	4.1	**12.0**	3.2	1.7	**5.0**
智利[4]	11.6	4.8	**16.4**	2.8	1.2	**4.0**
捷克	6.1	2.4	**8.9**	2.6	1.0	**3.7**
丹麦	8.6	m	**m**	5.0	m	**m**
爱沙尼亚	8.4	2.7	**11.2**	3.3	1.0	**4.4**
芬兰	7.4	3.8	**11.2**	4.1	2.1	**6.1**
法国	6.6	2.2	**8.8**	3.6	1.2	**4.8**
德国	6.7	3.0	**9.8**	2.9	1.3	**4.3**
希腊	m	m	**m**	m	m	**m**
匈牙利	5.3	1.7	**7.5**	2.6	0.8	**3.6**
冰岛	10.0	3.2	**14.0**	4.5	1.4	**6.4**
爱尔兰	11.1	3.1	**14.2**	4.5	1.3	**5.7**
以色列	9.8	2.3	**12.8**	4.0	0.9	**5.2**
意大利	5.8	1.6	**7.4**	2.8	0.8	**3.6**
日本[3]	6.5	1.8[d]	**8.8**	2.7	0.8[d]	**3.7**
韩国	9.6	2.6	**14.5**	3.2	0.9	**4.8**
卢森堡	7.5	1.0	**8.5**	3.2	0.4	**3.7**
墨西哥	13.5	4.0	**18.4**	3.4	1.0	**4.7**
荷兰	7.5	3.3	**10.8**	3.5	1.6	**5.1**
新西兰	13.2	5.2	**18.4**	4.4	1.7	**6.1**
挪威[3]	9.0[d]	4.6	**14.1**	4.9[d]	2.5	**7.7**
波兰	7.6	2.7	**10.3**	3.2	1.1	**4.3**
葡萄牙[3]	7.8	1.8[d]	**9.8**	3.6	0.8[d]	**4.5**
斯洛伐克[3]	6.3[d]	2.4	**9.0**	2.5[d]	0.9	**3.5**
斯洛文尼亚	7.4	2.5	**9.9**	3.5	1.2	**4.7**
西班牙	5.9	2.1	**8.0**	2.8	1.0	**3.7**
瑞典	7.9	3.9	**11.7**	3.9	1.9	**5.9**
瑞士	10.8	4.2	**15.3**	3.5	1.3	**4.9**
土耳其	m	m	**m**	2.6	1.4	**3.9**
英国	8.8	3.0	**11.9**	4.0	1.4	**5.4**
美国[3]	8.1	3.5[d]	**11.6**	3.3	1.5[d]	**4.8**
OECD 平均	8.3	3.0	**11.6**	3.5	1.3	**4.8**
欧盟 21 国平均	7.3	2.6	**10.0**	3.4	1.2	**4.6**
伙伴国						
阿根廷	m	m	**m**	m	m	**m**
巴西	14.1	3.1	**17.2**	4.7	1.0	**5.7**
中国	m	m	**m**	m	m	**m**
哥伦比亚[4]	m	m	**m**	3.6	0.9	**4.9**
印度	m	m	**m**	m	m	**m**
印度尼西亚[4]	m	m	**m**	2.3	0.6	**3.3**
拉脱维亚	m	m	**m**	2.9	1.0	**3.8**
俄罗斯	m	m	**m**	2.2	0.9	**3.4**
沙特阿拉伯	m	m	**m**	m	m	**m**
南非	m	m	**m**	4.8	0.8	**6.1**
G20 平均	m	m	**m**	m	m	**m**

注：各级教育的数据（第 1—5 列、第 7 列、第 8 列、第 11—15 列、第 17 列、第 18 列）可在线查询（参见以下 StatLink）。
1. 表中的公共支出包括政府提供给家庭的生活费用补贴（对学生/家庭的奖学金和助学金以及学生贷款），这部分不支付给教育机构。因此，此处的数字大于表 B2.4 中所列的教育机构公共支出数字。
2. 以 2011 年数据替代 2012 年数据。
3. 某些教育阶段包括其他教育阶段在内。参见表 B1.1a 中的“x”代码。
4. 以 2013 年数据替代 2012 年数据。
数据来源：OECD. Argentina, China, Colombia, India, Indonesia, Saudi Arabia, South Africa: UNESCO Institute for Statistics. Latvia: Eurostat. See annex 3 for notes (www.oecd.org/education/education-at-a-glance-19991487.htm).
缺失数据代码参见《读者指南》。
StatLink http://dx.doi.org/10.1787/888933285522

表 B4.2 教育公共支出总额的变化趋势（2000 年、2005 年、2008 年、2010 年、2011 年和 2012 年）

直接拨付教育机构的经费与政府提供给家庭[1]和其他私人实体的补贴，占公共支出总额和 GDP 的百分比，从初等教育到高等教育各阶段，按年份划分

		教育公共支出[1]占公共支出总额的百分比						教育公共支出[1]占 GDP 的百分比						2008—2012 年的变化指数（2008 年=100，2012 年不变价格）		
		2000	2005	2008	2010	2011	2012	2000	2005	2008	2010	2011	2012	教育公共支出	所有服务公共支出	教育公共支出占公共支出总额的百分比
		(1)	(2)	(3)	(4)	(5)	(6)	(7)	(8)	(9)	(10)	(11)	(12)	(13)	(14)	(15)
OECD 国家	澳大利亚	14.0	14.4	13.2	14.9	14.2	13.5	4.5	4.5	4.3	5.0	4.8	4.6	119	116	102
	奥地利	m	m	m	m	m	9.6	m	m	m	m	m	5.0	m	110	m
	比利时	m	10.4	11.3	11.0	10.8	11.0	m	5.3	5.5	5.6	5.6	5.9	106	111	95
	加拿大[2,3]	11.8	11.7	11.7	11.7	11.9	12.0	4.8	4.8	4.8	5.4	5.3	5.0	109	110	99
	智利[4]	13.8	14.5	15.0	15.4	16.9	16.4	3.5	2.7	3.7	3.5	3.9	4.0	128	115	111
	捷克	8.0	8.3	8.3	8.3	8.9	8.9	3.2	3.4	3.3	3.5	3.7	3.7	108	106	102
	丹麦	13.7	14.0	13.3	13.2	12.5	m	7.2	7.2	6.7	7.5	7.1	m	m	112	m
	爱沙尼亚	13.5	13.4	12.8	12.8	12.5	11.2	4.9	4.5	5.0	5.1	4.7	4.4	86	99	87
	芬兰	11.8	11.8	11.7	11.6	11.5	11.2	5.5	5.7	5.5	6.2	6.1	6.1	106	111	96
	法国	10.3	9.3	9.3	9.2	9.0	8.8	5.2	4.9	4.8	5.0	4.9	4.8	102	108	94
	德国	m	m	m	9.6	9.9	9.8	m	m	m	4.5	4.4	4.3	m	m	m
	希腊	7.0	9.2	m	m	m	m	3.1	4.0	m	m	m	m	m	84	m
	匈牙利	8.7	9.0	8.4	7.9	7.6	7.5	4.1	4.4	4.1	3.9	3.8	3.6	78	93	83
	冰岛	14.0	15.8	11.1	12.5	13.2	14.0	5.7	6.5	6.1	6.1	6.0	6.4	92	78	118
	爱尔兰	13.4	13.9	13.3	9.6	12.9	14.2	4.1	4.5	5.5	6.0	5.8	5.7	103	94	110
	以色列	10.7	9.8	10.8	11.1	12.1	12.8	5.2	4.6	4.7	4.7	4.8	5.2	121	108	113
	意大利	8.6	8.2	8.4	8.0	7.7	7.4	3.8	3.8	3.9	3.9	3.7	3.6	87	98	88
	日本[3]	8.6	8.7	8.6	8.5	8.4	8.8	3.3	3.2	3.3	3.5	3.5	3.7	109	112	97
	韩国	15.4	14.4	13.5	14.0	14.0	14.5	3.3	3.6	3.8	3.9	3.9	4.8	120	132	91
	卢森堡	m	m	m	m	m	8.5	m	m	m	m	m	3.7	m	m	m
	墨西哥	20.6	20.4	17.5	17.7	17.3	18.4	3.8	4.3	4.1	4.5	4.4	4.7	116	116	100
	荷兰	10.4	11.4	10.9	10.7	10.9	10.8	4.3	4.8	4.8	5.2	5.1	5.1	105	106	99
	新西兰	m	m	m	m	m	18.4	m	m	m	m	m	6.1	m	m	m
	挪威	13.8	15.4	14.8	14.0	13.6	14.1	7.8	8.6	8.1	8.1	7.6	7.7	101	111	91

1. 表中的公共支出包括政府提供给家庭的生活费用补贴（对学生/家庭的奖学金和助学金以及学生贷款），这部分不支付给教育机构。因此，此处的数字大于表 B2.3 中所列的教育机构公共支出数字。
2. 以 2011 年数据替代 2012 年数据。
3. 某些教育阶段包括其他教育阶段在内。参见表 B1.1a 中的“x”代码。
4. 以 2013 年数据替代 2012 年数据。以 2009—2012 年数据替代 2008—2011 年数据。

数据来源：OECD. Argentina，China，Colombia，India，Indonesia，Saudi Arabia，South Africa：UNESCO Institute for Statistics. Latvia：Eurostat. See Annex 3 for notes（www.oecd.org/education/education-at-a-glance-19991487.htm）.

缺失数据代码参见《读者指南》。

StatLink http：//dx.doi.org/10.1787/888933285538

B4

表 B4.2（续） **教育公共支出总额的变化趋势（2000 年、2005 年、2008 年、2010 年、2011 年和 2012 年）**

直接拨付教育机构的经费与政府提供给家庭[1]和其他私人实体的补贴，占公共支出总额和 GDP 的百分比，从初等教育到高等教育各阶段，按年份划分

		教育公共支出[1]占公共支出总额的百分比						教育公共支出[1]占 GDP 的百分比						2008—2012 年的变化指数（2008 年 = 100，2012 年不变价格）		
		2000	2005	2008	2010	2011	2012	2000	2005	2008	2010	2011	2012	教育公共支出	所有服务公共支出	教育公共支出占公共支出总额的百分比
		(1)	(2)	(3)	(4)	(5)	(6)	(7)	(8)	(9)	(10)	(11)	(12)	(13)	(14)	(15)
OECD 国家	波兰	11.2	11.3	10.4	10.2	10.1	10.3	4.4	4.9	4.5	4.6	4.3	4.3	108	110	99
	葡萄牙	11.4	10.0	9.9	10.0	9.7	9.8	4.7	4.5	4.2	4.9	4.7	4.5	98	100	97
	斯洛伐克[3]	6.4	8.8	8.8	9.2	9.2	9.0	3.3	3.3	3.0	3.6	3.5	3.5	117	113	104
	斯洛文尼亚	m	11.6	10.6	10.1	9.9	9.9	m	5.2	4.6	5.0	4.9	4.7	92	99	93
	西班牙	10.0	9.6	9.6	9.2	9.0	8.0	3.8	3.6	3.9	4.1	4.0	3.7	90	108	84
	瑞典	12.2	11.8	11.8	12.0	11.9	11.7	6.4	6.0	5.8	5.9	5.8	5.9	105	105	100
	瑞士	13.6	14.1	14.1	15.0	14.9	15.3	4.5	4.9	4.4	4.7	4.7	4.9	112	106	105
	土耳其	m	m	8.1	8.6	9.0	m	2.5	2.8	2.9	3.5	3.3	3.9	m	m	m
	英国	m	m	m	m	m	11.9	m	m	m	m	m	5.4	m	m	m
	美国	12.8	13.3	12.8	12.1	13.0	11.6	4.2	4.6	4.9	5.0	4.8	4.8	99	110	91
	OECD 平均	11.8	12.0	11.4	11.3	11.5	11.6	4.5	4.7	4.6	4.9	4.8	4.8	105	106	98
	欧盟 21 国平均	10.4	10.7	10.6	10.2	10.2	10.0	4.5	4.7	4.7	5.0	4.8	4.6	99	104	95
	数据可得的 OECD 国家平均	11.8	12.0	11.4	11.3	11.5	11.5	4.6	4.7	4.6	4.9	4.8	4.8	~	~	~
伙伴国	阿根廷	m	m	m	m	m	m	m	m	m	m	m	m	m	m	m
	巴西	9.5	13.3	16.1	16.8	17.6	17.2	3.2	4.2	5.0	5.4	5.5	5.7	126	118	107
	中国	m	m	m	m	m	m	m	m	m	m	m	m	m	m	m
	哥伦比亚[4]	m	m	m	m	m	m	m	m	m	m	m	4.9	m	m	m
	印度	m	m	m	m	m	m	m	m	m	m	m	m	m	m	m
	印度尼西亚[4]	m	m	m	m	m	m	m	m	m	m	m	3.3	m	m	m
	拉脱维亚	m	m	m	m	m	m	m	m	m	m	m	3.8	m	m	m
	俄罗斯	7.7	7.8	m	m	m	m	2.1	2.7	3.0	3.0	2.8	3.4	m	m	m
	沙特阿拉伯	m	m	m	m	m	m	m	m	m	m	m	m	m	m	m
	南非	m	m	m	m	m	m	m	m	m	m	m	6.1	m	m	m
	G20 平均	m	m	m	m	m	m	m	m	m	m	m	m	m	m	m

1. 表中的公共支出包括政府提供给家庭的生活费用补贴（对学生/家庭的奖学金和助学金以及学生贷款），这部分不支付给教育机构。因此，此处的数字大于表 B2.3 中所列的教育机构公共支出数字。
2. 以 2011 年数据替代 2012 年数据。
3. 某些教育阶段包括其他教育阶段在内。参见表 B1.1a 中的“x”代码。
4. 以 2013 年数据替代 2012 年数据。以 2009—2012 年数据替代 2008—2011 年数据。

数据来源：OECD. Argentina，China，Colombia，India，Indonesia，Saudi Arabia，South Africa：UNESCO Institute for Statistics. Latvia：Eurostat. See Annex 3 for notes（www.oecd.org/education/education-at-a-glance-19991487.htm）.

缺失数据代码参见《读者指南》。

StatLink http：//dx.doi.org/10.1787/888933285538

表 B4.3 初等教育、中等教育和中等后非高等教育的公共教育经费来源（2012 年）

转移支付前和转移支付后

		初始经费（各级政府转移支付前）				最终经费（各级政府转移支付后）			
		中央	区域	地方	合计	中央	区域	地方	合计
		(1)	(2)	(3)	(4)	(5)	(6)	(7)	(8)
OECD 国家	澳大利亚	31.7	68.3	m	100.0	3.9	96.1	m	100.0
	奥地利	76.6	12.6	10.8	100.0	39.6	48.6	11.8	100.0
	比利时	22.7	73.2	4.1	100.0	23.9	72.0	4.1	100.0
	加拿大[1,2]	3.6	75.4	21.0	100.0	2.9	11.5	85.6	100.0
	智利[3]	94.9	a	5.1	100.0	57.2	a	42.8	100.0
	捷克	15.9	58.8	25.3	100.0	13.4	61.2	25.3	100.0
	丹麦	5.8	0.0	94.2	100.0	12.4	0.0	87.6	100.0
	爱沙尼亚	64.7	a	35.3	100.0	26.9	a	73.1	100.0
	芬兰	41.3	a	58.7	100.0	10.6	a	89.4	100.0
	法国	70.4	16.9	12.7	100.0	70.2	16.9	12.9	100.0
	德国	7.4	75.1	17.5	100.0	6.8	71.4	21.8	100.0
	希腊	m	m	m	m	m	m	m	m
	匈牙利	64.4	x(3)	35.6[d]	100.0	30.0	x(7)	70.0[d]	100.0
	冰岛	27.4	a	72.6	100.0	26.7	a	73.3	100.0
	爱尔兰	99.1	a	0.9	100.0	83.7	a	16.3	100.0
	以色列	89.6	a	10.4	100.0	71.6	a	28.4	100.0
	意大利	82.2	8.1	9.7	100.0	81.7	6.7	11.6	100.0
	日本[2]	16.4	66.8	16.8	100.0	1.8	81.4	16.8	100.0
	韩国	70.2	26.4	3.4	100.0	0.8	30.3	68.9	100.0
	卢森堡	89.1	a	10.9	100.0	83.8	a	16.2	100.0
	墨西哥	78.1	21.9	0.0	100.0	28.5	71.5	0.0	100.0
	荷兰	91.0	0.0	8.9	100.0	88.9	0.0	11.1	100.0
	新西兰	100.0	0.0	0.0	100.0	100.0	0.0	0.0	100.0
	挪威[2]	9.3	0.0	90.7	100.0	8.2	0.0	91.8	100.0
	波兰	4.8	1.9	93.3	100.0	3.8	1.9	94.3	100.0
	葡萄牙[2]	90.6	5.8	3.6	100.0	85.1	5.8	9.2	100.0
	斯洛伐克[2]	81.5	a	18.5	100.0	23.0	a	77.0	100.0
	斯洛文尼亚	90.4	a	9.6	100.0	90.0	a	10.0	100.0
	西班牙	14.7	79.4	5.9	100.0	14.3	79.8	5.9	100.0
	瑞典	m	m	m	m	m	m	m	m
	瑞士	3.6	61.5	34.9	100.0	0.2	61.0	38.8	100.0
	土耳其	100.0	a	m	100.0	94.3	5.7	m	100.0
	英国	34.5	a	65.5	100.0	34.5	a	65.5	100.0
	美国[2]	11.2	38.5	50.4	100.0	0.5	1.7	97.9	100.0
	OECD 平均	52.6	21.6	26.7	100.0	38.1	24.1	40.6	100.0
	欧盟 21 国平均	55.1	19.5	27.4	100.0	43.3	24.3	37.5	100.0
伙伴国	阿根廷	m	m	m	m	m	m	m	m
	巴西	17.6	45.1	37.3	100.0	10.4	47.0	42.6	100.0
	中国	m	m	m	m	m	m	m	m
	哥伦比亚[3]	85.3	5.7	9.0	100.0	85.3	5.7	9.0	100.0
	印度	m	m	m	m	m	m	m	m
	印度尼西亚	m	m	m	m	m	m	m	m
	拉脱维亚	64.2	a	35.8	100.0	20.8	a	79.2	100.0
	俄罗斯	m	m	m	m	7.0	71.7	21.3	100.0
	沙特阿拉伯	m	m	m	m	m	m	m	m
	南非	m	m	m	m	m	m	m	m
	G20 平均	m	m	m	m	m	m	m	m

1. 2011 年数据。
2. 某些教育阶段包括其他教育阶段在内。参见表 B1.1a 中的“x”代码。
3. 2013 年数据。

数据来源：OECD. Argentina, China, Colombia, India, Indonesia, Saudi Arabia, South Africa: UNESCO Institute for Statistics. Latvia: Eurostat. See Annex 3 for notes（www.oecd.org/education/education-at-a-glance-19991487.htm）.

缺失数据代码参见《读者指南》。

StatLink http://dx.doi.org/10.1787/888933285547

指标 B5

高等教育学生交多少费？得到多少公共补贴？

- OECD 国家在高等教育机构收取学费的数量上有着显著不同。有 8 个 OECD 国家的公立机构对学士或同等学力项目的全日制学生不收学费，但在其余数据可得的国家中，超过一半国家的公立高等教育机构每年向本国学生收取超过 2 000 美元的学费。
- 在所有的 OECD 国家中，拥有硕士、博士或同等水平学位的人与只拥有学士学位的人相比有更好的就业市场机会。但是，1/3 的 OECD 国家的公立机构对硕士、博士或同等水平项目收取的学费却并不比向学士学位项目收取的费用高很多。只有澳大利亚、哥伦比亚、韩国和美国对硕士项目的收费比学士项目高出超过 1 400 美元。
- 越来越多的 OECD 国家对国际学生收取比本国学生更高的学费，还有很多国家根据不同专业来收取不同的学费，这在很大程度上取决于专业与劳动力市场上所需资质的相关程度。

图 B5.1　学士及同等水平公立机构收取的年均学费与获得公共贷款和/或奖学金/助学金的学生比例的关系（2013—2014 年）

全日制本国学生，以购买力平价转换后的等值美元表示，2013—2014 学年

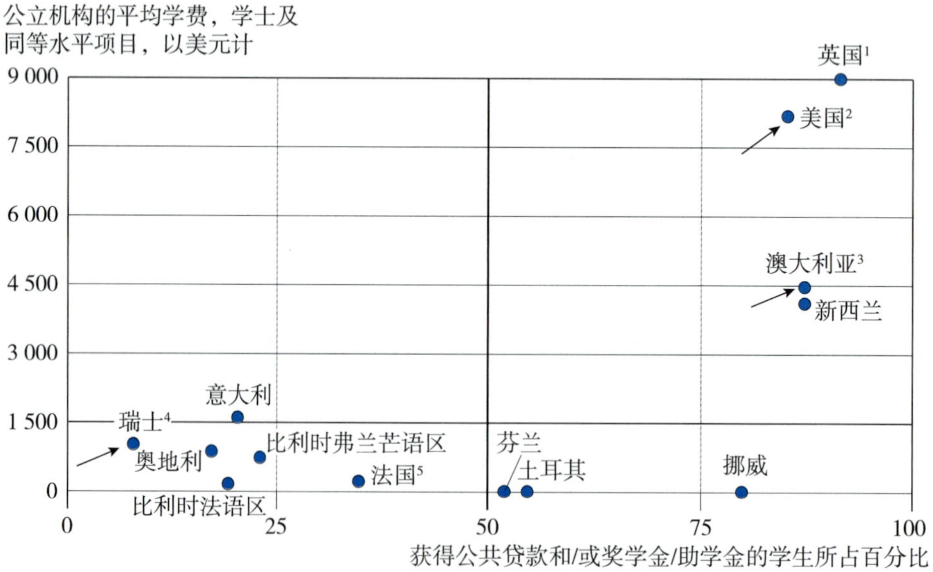

注：箭头表示的是 1995 年改革以来平均学费和受益于公共补贴的学生比例的变化情况。
1. 学费仅指英格兰。
2. 2011—2012 年数据。
3. 只包括主要的澳大利亚政府奖学金项目。不包括所有由教育机构和私立部门提供的奖学金。
4. 瑞士数据是 2013 财年和 2012/2013 学年的。
5. 高等教育部的大学项目学费从 215 美元到 715 美元不等。

数据来源：OECD. Tables B5.1a and B5.3. See Annex 3 for notes（www.oecd.org/education/education-at-a-glance-19991487.htm）.

StatLink http://dx.doi.org/10.1787/888933284064

指标 B5

背景

许多国家发展高等教育的目的是相同的，如增强知识经济、增加学生入学率、提高完成率，以及确保高等教育体系的财政稳定等。但是 OECD 国家对于高等教育支出如何在政府、学生及家庭、其他私人实体之间分配，以及如何向学生提供经济资助的做法是不同的。

有关学费的政策决定既影响高等教育的成本，也影响教育机构可获得的资源。学生及其家庭支付的学费对资助高等教育机构起到了重要的作用（参见指标 B3），同时，它还影响了在国内或国外接受高等教育的决定（参见指标 C4）。

为学生及家庭提供公共补贴，使得政府能够通过支付部分教育成本和相关费用来鼓励学生，特别是低收入家庭的学生上大学。通过这种方式，政府既能解决入学问题，也能同时解决机会均等的问题。还可以通过考察高等教育入学率、巩固率和完成率等方面，对这些资助政策的效果做出大致判断。

提供给学生的公共补贴也间接地资助了高等教育机构。学生向教育机构提供经费，也有助于促进教育机构之间的竞争，以更好地回应学生需求。因为补贴给学生的生活费可以代替打工收入，所以政府资助可能会减少学生的打工时间，从而提高学生的成绩。这种资助有多种形式：基于收入的补贴、为学生提供的家庭津贴、对学生或其父母提供的减免税或者是其他的家庭转移支付。政府应该努力在这些不同的资助间保持适当的平衡，尤其是在经济危机时期。特定数额的补贴，如减税或者家庭津贴，对低收入家庭的学生的帮助可能不如基于收入的补助方式，因为前者并不是专门针对经济条件差的学生。但是，它们仍有助于缩小有子女就学和无子女就学的家庭间的经济差距。

其他发现

- 学费高的国家往往是那些私人实体（例如企业）对高等教育资助最多的国家。
- 一些国家高等教育的高入学率也许是由于这些国家非常完善的学生资助体系，而不仅是不收学费。
- OECD 数据没有显示出不同国家在学费水平与高等教育参与情况之间有很强的联系。但是，在高学费国家，向学生提供按收入比例还贷的贷款，以及基于收入的助学金的学生资助体系，使国家与学生分担了高等教育成本，有助于扩大高等教育入学机会与提高公平程度。

趋势

如《教育概览 2012》所述，1995—2010 年，25 个信息可得的国家中有 14 个实施了学费改革。在这 14 个国家中，除了冰岛和斯洛伐克，都配套出台了对学生公共补助的改革措施。

自 2010 年以来，已有 10 个国家引入了高等教育学费改革。在澳大利亚、比利时法语区、爱沙尼亚、匈牙利、意大利、韩国、新西兰、土耳其和英国，这些改革都与各级别的高等教育相关；在瑞典，他们主要关注学士、硕士或同等水平。除了比利时法语区、新西兰、土耳其，所有这些国家的改革都伴随着学生补助体系的变化。这些改革通常有两个目的：一方面保证对高等教育的稳定资助，另一方面保证所有学生接受高等教育的机会。例如英国 2012 年的学费翻番，一些大学甚至翻了三倍，英国将此举作为政府稳定大学财政计划的一部分。相应地，学生偿还贷款的条件也随学费政策的变化发生了改变（参见专栏 B5. 2）。

分 析

高等教育机构向本国学士学位学生收取的年度学费

高等教育机构的收费水平，以及国家通过学生资助体系提供的资助水平和类型，是当今教育领域争论最为激烈的公共政策话题。向学生收取学费与提供财政支持的不同组合方式，能对高等教育的入学机会与公平产生极大的影响。在以学费的形式向教育机构提供足够的支持与维持入学机会和公平之间掌握恰当的平衡具有挑战性。

有若干因素影响着学费水平，如在全球学术市场范围内聘用最优秀人才的竞争中需要给教授支付的薪水；非教学服务的发展（就业服务，与企业的关系）；数字化学习的增长；支持国际化的投入。

一方面，更高的学费为教育机构增加可用的资源，为他们维持高质量学术课程以及开发新课程提供支撑，而且能帮助教育机构满足扩招的需求。但是，当缺乏有力的政府资助体系来帮助学生支付或者偿还学习费用时，学费也会限制学生——尤其是那些来自低收入家庭的学生——进入高等教育学习。另外，当劳动力市场机会不够充足时，高额学费可能会限制一些学生选择那些学习期限较长的学科领域。

另一方面，较低的学费有助于提升学生，尤其是弱势群体学生的高等教育入学机会与公平程度。但不利于高等教育机构维持其教育质量，尤其是在近年来所有 OECD 国家高等教育大量扩张的情况下。此外，源自全球经济危机的预算压力也会使那些低学费国家很难在未来继续保持低学费的模式。

对国家来说，收取差异性学费（根据教育阶段、专业领域、学生背景或授课方式）是在考虑高等教育入学公平问题、提供教育和劳动力机会的成本之后的一种调节学费水平的方式。

各国高等教育机构在学士学位或同等学力课程阶段对本国学生收取的平均学费差异很大。在北欧 4 个数据可得的国家（丹麦、芬兰、挪威和瑞典）以及爱沙尼亚、斯洛伐克、斯洛文尼亚和土耳其，公立大学不对全日制学生收取学费。但是爱沙尼亚向非全日制学生收取学费，斯洛伐克向注册了两个及以上项目的学生收费，土耳其向注册夜校以及未在规定时间毕业的学生收费。

相反，超过一半的数据可得国家的公立机构收取超过 2 000 美元的学费，澳大利亚、加拿大、韩国和新西兰超过 4 000 美元，日本超过 5 000 美元，英国（只包括英格兰民办公助型机构）和美国超过 8 000 美元。同时，在奥地利、比利时（弗兰芒语区和法语区）、哥伦比亚、意大利和瑞士，学生只需为学士学位教育付少量的学费（低于 2 000 美元）。在数据可得的欧盟 21 国中，只有意大利、荷兰、英国（民办公助型机构）向全日制本国学生收取超过 1 500 美元的年度学费（表 B5. 1a 和图 B5. 2）。

图 B5.2　学士或同等水平公立机构收取的年均学费（2013—2014 年）

向全日制本国学生收取的学费，用购买力平价转换后的等值美元表示，2013—2014 学年

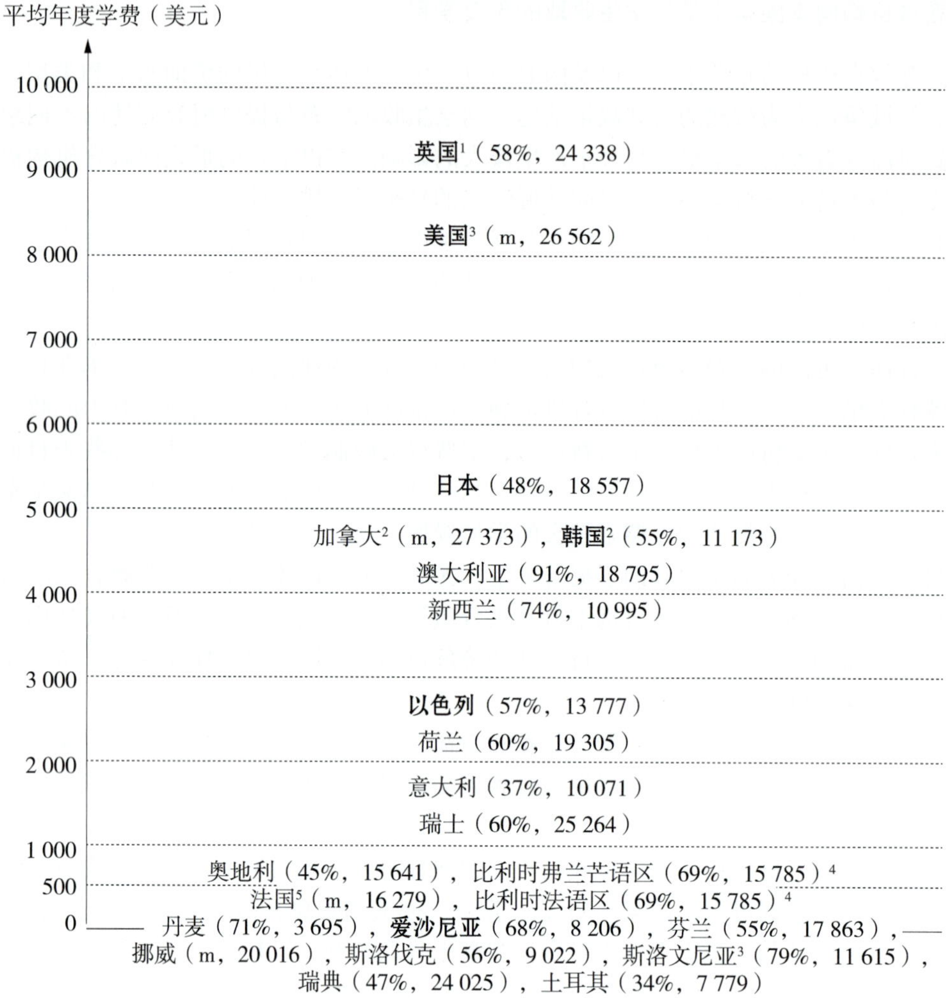

注：此图显示的是用以购买力平价转换成的等值美元表示的年度学费。字体加粗的国家表示学费涉及的是公立机构，但 2/3 以上的学生入读了私立机构。在国家名称后面，标有学士、硕士、博士或同等水平项目的生均经费（美元，所有服务，包括研发）和学士及同等水平项目的净入学率（针对 2012—2013 年）。

此图未包括全部或部分抵消学费的助学金、补贴或贷款。

1. 在这一教育阶段，不存在公立学校，几乎所有的学生就读于民办公助机构。学费只涉及英格兰。
2. 2014—2015 年学费数据（韩国为 2014 年）。
3. 2011—2012 年学费数据。
4. 学生平均花费和入学率涉及整个比利时的学士、硕士、博士或同等水平项目。
5. 高等教育部的大学项目的学费从 215 美元到 715 美元不等。

数据来源：OECD. Table B1. 1a，B5. 1 and Indicator C3. See Annex 3 for notes（www. oecd. org/education/education-at-a-glance-19991487. htm）.

缺失数据代码参见《读者指南》。

StatLink http：//dx. doi. org/10. 1787/888933284079

高等教育项目间以及专业领域间的不同收费

在所有数据可得的 OECD 国家，拥有硕士、博士或同等水平学位的人与只拥有学士学位者相比，具有更多的收入上的优势和被雇用的机会（参见指标 A5 和 A6）。但是，公立机构向国内学生收取的硕士、博士或同等水平项目的学费没有比向学士学位项目收取的学费高出很多。在 1/3 的 OECD 国家中，公立机构向各级教育项目的全日制学生收取的学费基本一致。丹麦、爱沙尼亚、芬兰、挪威、斯洛伐克、瑞典（面向国内学生）和土耳其不收取学费。一些国家对不同级别的高等教育收取基本一致的学费，包括奥地利（约 860 美元）、加拿大（学士和硕士项目收 4 760—4 960 美元）、日本（约 5 150 美元）、荷兰（学士和硕士项目约 2 300 美元）、英国（民办公助型机构约 9 000 美元）。

但是，国内学生学士和硕士项目的学费在一些国家差别很大。在韩国和美国，硕士项目的学费比学士项目高出 30%，澳大利亚高出 60%，比利时法语区和哥伦比亚高出四倍以上（这两个国家学士项目的学费少于 600 美元）。如用美元表示，澳大利亚、韩国、美国的学士和硕士项目学费上的差距为 1 500—2 900 美元不等（表 B5. 1a 和可在线查阅的表 B5. 1c）。

对于公立机构国内学生博士项目学费，在数据可得的国家中，一些国家博士项目的学费比学士和硕士项目的学费低很多，包括澳大利亚、比利时弗兰芒语区和瑞士。例如在澳大利亚，公立机构博士学位的学费总共是 314 美元，而硕士学位是 4 473 美元，几乎没有博士生需要付费（公立机构仅有不到 5%的博士学生付费）。但是在哥伦比亚、韩国、斯洛文尼亚和美国，公立机构博士项目的学费高于学士和硕士项目。除了斯洛文尼亚，其余国家在独立的私立机构也是这样的（表 B5. 1a 和可在线查阅的表 B5. 1d）。

高等教育向学生收费时，一半以上数据可得的国家也会依据各专业领域收取不同费用。比利时（弗兰芒语区和法语区）、意大利、荷兰、瑞士是例外。澳大利亚公立教育机构的收费差距最大，其硕士项目的最高学费是最低学费的三倍左右（从教育学的 3 876 美元到社会科学、商学和法学的 10 231 美元）。澳大利亚独立的私人机构的学士和硕士项目在不同专业的收费比例，和哥伦比亚公立机构的学士项目不同专业的收费差别也在 1—3 倍之间（见可在线查阅的表 B5. 2 和专栏 B5. 1）。

专栏 B5. 1　依专业领域区别收费的依据

国家通过依专业领域区别收费来解决高等教育的公平问题、提供教育的成本，以及劳动力市场的机会，这是对学费水平进行调整的一个方法。图 B5. a 展示了差异化收费的主要原则是不同收费对应劳动力市场上的不同资格。这是所有数据可得的国家进行差异化收费的依据之一，美国是个例外，美国不同专业间的收费差异主要是由不同机构间的收费差异造成的，而非机构内部的差异。以澳大利亚为例，学费差异与特定学科毕业生的预期工资水平挂钩。

但是，专业的公共支出在澳大利亚也是差异化收费的依据，在匈牙利、新西兰也是如此。在这些国家，专业教育的成本越高，教育机构收取的学费水平就越高。

图 B5. a 不同专业学费水平的差异，高等教育（2013—2014 年）

		国内学生			
		不同专业学费水平有差异	不同专业差别收费的原因		
			在劳动力市场的不同资质相关性	学习的公共支出	其他
OECD 国家	澳大利亚	是	是	是	否
	奥地利	是	否	否	否
	法国	是	m	m	
	加拿大	是	是	否	否
	匈牙利	是	是	是	否
	以色列	是	是	否	否
	韩国	是	是	否	否
	新西兰	是	是	是	否
	挪威	是	是	是	否
	斯洛伐克[1]	是	是	否	否
	斯洛文尼亚[2]	是	m	m	m
	英国	是	是	否	否
	美国	是	否	否	不同专业的学费差异是不同机构收费差异的结果（不是同一机构内不同专业间的收费差异）
伙伴国	哥伦比亚	是	是	否	每个高等教育机构定义学费水平和决定学费水平的方法（这些通常与学生及其家庭的社会经济条件有关）

注：不同专业间学费没有差异的国家在此表中未予报告。

1. 只包括独立的私立机构的学费差异。

2. 只包括博士或同等水平项目的学费差异。在学士、硕士或同等水平，全日制学生不需支付学费。

数据来源：OECD. See Annex 3 for notes（www. oecd. org/education/education-at-a-glance-19991487. htm）.

非本国学生的学费

有关学费和学生资助的国家政策通常涵盖了一国教育机构中就学的所有学生。同时各国的政策也将国际学生考虑其中。对本国学生和国际学生在费用收取和经费补贴方面的差异与其他因素，如学生从自己祖国获取的公共支持，共同对国际学生的流向造成影响。特别是在越来越多的 OECD 国家向国际学生收取较高学费的背景下，这些差异能吸引学生去一些国家学习，或者抑制学生去另一些国家学习（见指标 C4）。

在数据可得的大多数国家（38 个中的 20 个），公立教育机构对同一专业的本国学生和国际学生可能实行差别收费政策。但是，欧盟和欧洲经济区的国家对本国学生和其他欧盟和欧洲经济区国家的学生收取相同费用。例如，奥地利对非欧盟或非欧盟经济区的学生收取的学费，平均是来自欧盟国家或欧盟经济区国家学生学费的两倍（公立机构的学士、硕士、博士项目）。澳大利亚、比利时（法语区和弗兰芒语区）、加拿大、智利、捷克、丹麦（2006—2007 年）、爱沙尼亚、爱尔兰、荷兰、新西兰（除了外国博士生）、波兰、葡萄牙、俄罗斯、瑞典（2011 年）、土耳其、英国和美国也有类似的政策。在上述国家，学费水平取决于学生的国籍或学生的居留地，以及他们的专业，瑞典就是这样的国家（参见可在线查阅的表 B5. 6 和指标 C4 及专栏 C4. 2）。

学生的助学金和贷款

OECD 研究（OECD，2008）表明，拥有一个强有力的财政支持体系对于确保高校学生获得良好的教育结果很重要，而且资助的类型也很关键。很多 OECD 国家面临的一个关键问题是，是否主要以助学金或贷款的形式为高等教育学生提供资助。政府通过混合这两种资助的方式补贴学生的生活和教育费用。减税和税收抵免没有被包含在此指标中。提倡学生贷款者认为，贷款能够使资源进一步扩展。如果助学金的金额用于担保或补贴贷款，可以为更多的学生提供更多资助，高等教育的总体入学机会将会增加。

贷款还将部分教育费用转移给从高等教育收益最大的人，也就是能体现完成高等教育的高私人回报的那些学生个体（参见指标 A7）。反对学生贷款者认为，对于鼓励低收入家庭的学生就学，学生贷款不如助学金有效。他们还认为，由于提供给借贷者双方的各类补贴以及管理和服务方面的费用，贷款的效率要比预期低。最后，如果大量的学生不能偿还贷款，高债务也许会对学生和政府都产生负面效应（参见《教育概览 2014》的专栏 B5. 1）。

在少量可以获得公立机构本科生经济资助情况数据的国家中，澳大利亚、新西兰、挪威、英国和美国有 75%或更多的学生受益于公共贷款或奖学金/助学金。除了挪威，这些国家均在 OECD 国家中收取高额学费的国家之列。在奥地利、比利时（弗兰芒语区和法语区）、法国、意大利、瑞士，学费处于中等水平，这些国家的大部分学生没有受益于经济资助，而通常是以助学金和奖学金的形式被资助的。比利时法语区只有学士学位学生受益于贷款和奖学金/助学金的组合。在芬兰和土耳其，公立机构不收学费，大部分学生受益于奖学金（芬兰）、奖学金/助学金或贷款（土耳其）（表 B5. 3 和图 B5. 3）。

图 B5. 3　学士或同等水平的奖学金/助学金和公共贷款的分布（2013—2014 年）

学生百分比

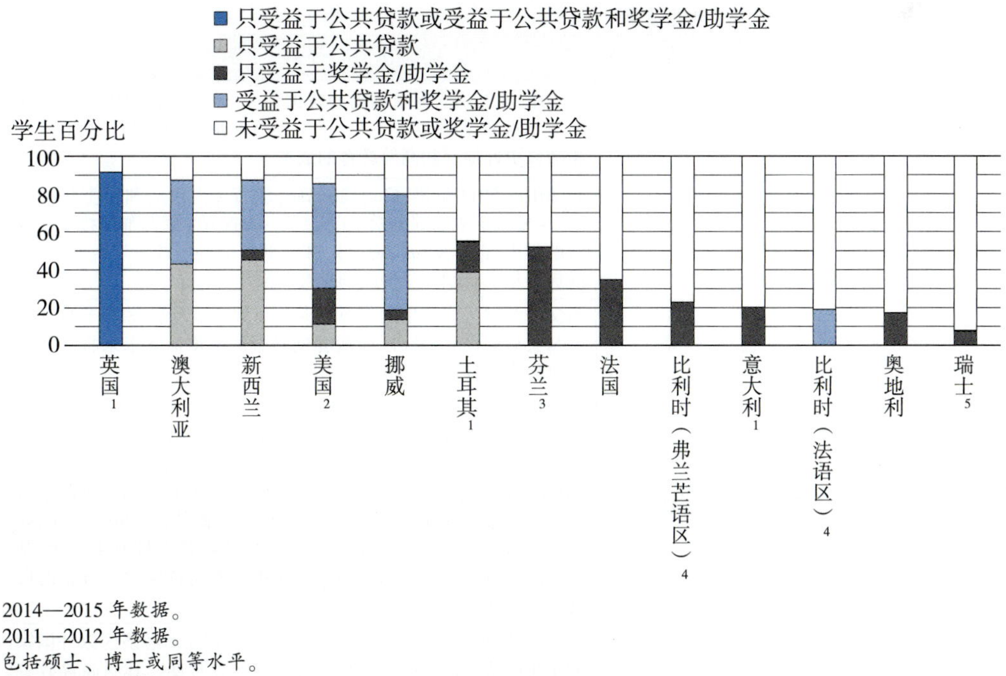

1. 2014—2015 年数据。
2. 2011—2012 年数据。
3. 包括硕士、博士或同等水平。
4. 包括硕士或同等水平。
5. 学士或同等水平包括短期高等教育课程。瑞士为 2013 财年和 2012—2013 学年数据。

国家按照学生接受财政支持的百分比降序排列。

数据来源：OECD. Table B5. 3. See Annex 3 for notes（www. oecd. org/education/education-at-a-glance-19991487. htm）.

StatLink http：//dx. doi. org/10. 1787/888933284082

B5

各国资助高等教育的方式

许多国家有相似的高等教育目标，如强化知识经济、提高入学率、提升完成率，以及确保高等教育体系财政稳定等。但是在政府、学生及家庭、私人实体之间如何分担高等教育成本，以及向学生提供财政支持方面，OECD 各国之间存在显著差异。

鉴于 OECD 国家之间在高等教育的成本和提供给学生的资助水平方面差异很大，本部分通过一些可识别的模式将高等教育的资助方式做一归类。按照学费水平和高等教育学生资助体系提供的资助水平两个因素，本部分将各国高等教育资助划分为四种模式。

对高等教育的资助没有单一的模式。有些国家高等教育机构收取的学费相近，但是能够从公共补贴中获益的学生比例以及补贴的平均数额存在差异（表 B5. 1a、表 B5. 3 和图 B5. 1）。然而，近年来很多 OECD 国家对高等教育机构的收费和对学生的经济资助进行了改革，以确保高等教育机构有必要的财力和人力资源来应对增加的学龄人口和高等教育入学机会均等。有些国家已经从一种模式转到了另一种模式（图 B5. 1 并参见专栏 B5. 2 关于学费和学生财政支持的变化）。

专栏 B5. 2 关于学费和学生公共补贴水平的改革（2010—2015 年）

	2010 年以来在学士、硕士、博士或同等水平实施的改革		
	关于学费水平	关于学生公共补贴（与学费的变化相结合）	评论
	(1)	(2)	(3)
澳大利亚	是	是	从 2012 年起引入需求驱动的资助体系，政府向公立大学每个注册学士水平课程（医学除外）的学生提供补贴，并且修正高等教育指数以更好地反映高等教育的成本。
比利时法语区	是	否	自 2010—2011 学年，启动确保高等教育免费供应和民主化的改革：主要包括取消部分学生（从瓦隆-布鲁塞尔联邦部门接受奖学金的学生）的学费（minerval），减收低社会经济背景学生的学费，随后五年所有学生学费的利息被取消。
丹麦	否	是	与父母共同居住学生的州教育助学金被减少（约 6%高等教育学生与父母同住）。此外，州教育助学金的年度监管未来将与转移支付如失业补助、社会保险一样。
爱沙尼亚	是	是	为了提高高等教育入学率和增加学习有效性，大学要求学生为学习成本付款需满足全日制注册的条件，爱沙尼亚语作为教学项目的语言，而且学生完成学业量。新的基于需求的学生支持体系于 2013/2014 年引入。劣势家庭学生以爱沙尼亚语进行全日制学习可以申请学习补助（75—220 欧元每月）。此外，从 2015 年起，如果基于需求的学习补助有所降低，且家庭经济条件发生变化，基于需求的特殊补助可以被引入。从银行申请特殊学习贷款的可能性仍被保留。
芬兰	否	否	芬兰新政府从 2015 年起计划对来自欧盟和欧洲经济区以外国家的学生收费。在 2010—2014 年，是试验收费期。其间高等教育机构可以对来自欧盟和欧洲经济区以外国家的、以外语进行教学、大学或者理工专科学校的硕士层次学生收费。
法国	否	否	2013 年和 2014 年增加高等教育学生的财政支持（增加奖学金数额；增加奖学金获得人数，受益于奖学金的条件被放宽）。

专栏 B5.2（续表） 关于学费和学生公共补贴水平的改革（2010—2015 年）

	2010 年以来在学士、硕士、博士或同等水平实施的改革		
	关于学费水平	关于学生公共补贴（与学费的变化相结合）	评论
	(1)	(2)	(3)
匈牙利	是	是	匈牙利高等教育中，全部州资助、部分州资助、全部自付三种形式并存。在 2012—2013 学年，全部资助的数量降低（约 27%），50% 由州资助的数量也有所降低（降幅稍低）。这次降低主要影响了法学、经济学等专业，科学技术专业得到了更好的支持。在 2012—2013 学年，除了 Diákhitel 1 以外，一种新的学生贷款（被称为 Diákhitel 2）面向全体支付学费的学生实施。Diákhitel 2 只能被用于支付学习成本。
意大利	是	是	随着 2010 年综合大学改革的实施，学生支持体系也发生了显著变化。改革的主要目标是增加低社会经济背景学生的入学机会以及面向全体学生提高奖励。主要方法是定义学生服务的最低标准，以覆盖全体低社会经济背景学生，创建全国性基金支持最成功的学生。在此背景下，一项学生福利的监测（Osservatorio per il Diritto allo Studio）于 2013 年创立，以收集学生信息，监测报告学生支持服务，为政府提供学生支持标准方面的咨询。执行此次改革所需的立法已被通过，管理程序和执行细则正在制定。
韩国	是	是	2012 年的改革提高高等教育公共支持水平，目的是扩大高等教育入学率和促进公平。国家奖学金自 2012 年起结合并扩大了现有的对低收入学生的奖学金。
荷兰	否	否	没有改革，但是学费每年根据通胀情况调整。
新西兰	是	否	控制学费增长：政府部门对服务提供者提高费用及课程成本的幅度进行限制。水平每年都设定，自 2011 年以来是 4%。2016 年计划为 3%。
斯洛伐克	否	否	决定最高学费额的条件已经被修订。具体收费由每所学校在自己内部的规程中自行决定。
瑞典[1]	是	是	2011 年高等教育机构对于非欧洲经济区的学生收费政策开始施行，博士水平除外。同时公共奖学金项目被引入。这些奖学金通过 CSN 以外的州机构分配。
土耳其	是	否	2012—2013 学年，第一教育（常规日间项目）和公开教育项目的学生在项目的规定就读年限不收学费。学费只向公立机构注册晚间项目以及在规定就读年限没有毕业的学生收取。
英国	是	是	对于自 2012—2013 年开始在英格兰学习的学生，最高学费额达到每年 9 000 英镑（从 3 290 英镑）。提供给学生的学费贷款也增加到每年 9 000 英镑，偿还条款也发生变化（开始偿还的收入门槛提高了，收入高于门槛时收取实际利率，收入门槛将随着收入每年增加，债务还清期限从 25 年延长到 30 年，免费贷款扩展到非全日制学生）。
美国	否	否	2010 年之前联邦政府向由银行和非营利借贷者发放的学生贷款提供担保。在 2010 年，担保贷款项目被取消，所有的美国联邦学生贷款变成直接贷款（直接由美国教育部发起和资助）。

1. 改革只包括学士、硕士或同等水平。
数据来源：OECD. See Annex 3 for notes（www.oecd.org/education/education-at-a-glance-19991487.htm）.

B5

模式 1：免学费或低收费且学生资助体系发达的国家

北欧国家（丹麦、芬兰、冰岛、挪威和瑞典）属于这一组。这些国家的学生不需付任何学费，而且可以从充足的高等教育公共资助中受益。在这些国家，超过 55%的学生受益于公共资助、公共贷款或二者的结合（参见《教育概览 2014》表 B5.3 和表 B5.4）。这些国家更多地采用了累进税制（OECD，2011），个人要面临高所得税率。在这些国家，学士项目的入学率平均为 59%，高于 OECD 国家 56%的平均水平（参见指标 C3，表 C3.1）。除免费外，这些国家的高入学率和他们发达的学生资助体系也是非常相关的。

这种对高等教育的资助模式也反映了这些国家根深蒂固的社会价值观念，如机会均等和社会公平。政府应该为其公民提供免费高等教育的理念是这些国家教育文化的显著特征：这些国家对学生和机构的资助都是基于这样的原则，即接受高等教育是一种权利而不是一种特权。

但是，在过去的十年里，丹麦和瑞典（截至 2011 年）决定开始向国际学生收取学费以增加高等教育机构经费来源，和/或提高项目的质量（瑞典）。冰岛也在考虑这么做，2010—2014 年，芬兰试行向一些来自于欧盟或欧洲经济区以外国家的学生收取费用。此举可能会抑制一些国际学生来这些国家学习。瑞典在引入这项改革政策后国际学生数量已经减少：从 2010 年秋季到 2011 年秋季，来自欧洲经济区和除瑞士以外国家的非交换项目学生数量已经降低了近 80%（Swedish Higher Education Authority，2013）。

模式 2：学费高且学生资助体系十分发达的国家

此类国家包括澳大利亚、加拿大、荷兰、新西兰、英国和美国。这些国家就读高等教育的经费门槛很高，但也向学生提供大量公共资助。此类国家学士项目的平均入学率为 71%，远高于 OECD 国家的平均水平（56%），也高于大多数学费很低的国家。

自 1995 年，英国开始从模式 4（学费低且学生资助体系欠发达的国家）转到模式 2，（图 B5.1），荷兰从模式 1 转到模式 2，学费增加，学生支持体系发达（参见《教育概览 2014》图 B5.1）。采用模式 2 的国家往往是那些私人实体（例如私营企业和非营利组织）对于高等教育机构的融资贡献最多的国家。换句话说，采用模式 2 的国家，其教育成本由政府、家庭以及私人企业共同承担（图 B3.2 和表 B3.1）。

在所有这些国家，公立高等教育机构学士项目（英国民办公助型机构）的学费均超过了 4 000 美元（除了荷兰为 2 300 美元）。在澳大利亚、新西兰、英国和美国这 4 个数据可得的国家，至少 85%的高等教育学生通过公共贷款或奖学金/助学金得到政府资助（表 B5.1a 和表 B5.3）。它们的学生资助体系非常发达，几乎能满足所有学生的需求（表 B5.3 和《教育概览 2014》中的表 B5.3）。

这类国家高等教育的就学机会高于 OECD 平均水平。比如，澳大利亚和新西兰就属于学士项目入学率最高的国家（分别为 91%和 74%），尽管这个比例也反映了在两国就读的国际学生的比例很高（排除了国际学生的入学率仍然高于平均水平）。2013 年，荷兰（60%）、英国（58%）的高等教育入学率也都在 OECD 的平均水平（56%）之上。在这些国家，高等教育阶段花在每个学生身上的核心服务支出高于 OECD 平均水平，并且所得税收入占 GDP 的百分比也相对较高。但荷兰是例外，其所得税税率低于 OECD 的平均水平（表 B1.1b，可在线查阅，表 C3.1）。

OECD 研究（OECD，2008）表明，一般来讲，模式 2 是一种能增加国家高等教育就学机会的有效方法。但在经济危机时期，即使在有相对较高水平的学生资助的情况之下，高学费也会给学生及其家庭带来相当大的经济负担，会抑制他们中的一部分人接受高等教育。

模式 3：高学费且学生资助体系不发达的国家

在智利、日本和韩国，大多数学生缴纳很高的学费（日本和韩国 2013—2014 年度公立机构学士项目超过 4 700 美元），但是学生资助体系却不如模式 1 和模式 2 发达。这可能会给学生及其家庭带来很大的经济负担。智利（58%）、日本（48%）、韩国（55%）的学士项目入学率稍高或低于 OECD 平均水平。在日本与韩国，有些学习成绩优秀但有经费困难的学生可减免部分学费和/或录取费，抑或费用全免。

日本和韩国属于高等教育公共经费占 GDP 百分比最低的国家（图 B2.2）。这部分地解释了为什么只有很小比例的学生获得公共贷款。但值得注意的是，这两个国家最近都实施了完善学生资助体系的改革措施。在韩国，2012 年的改革旨在通过提供全国性的奖学金，以及合并和扩大面向低收入学生的奖学金，来提高入学机会和高等教育的质量。

模式 4：学费低且学生资助体系欠发达的国家

第四组包括所有数据可得的其他欧洲国家（本册《教育概览》中的奥地利、比利时、法国、意大利、瑞士，以及基于《教育概览 2014》数据的捷克、爱尔兰、波兰、葡萄牙和西班牙）。虽然与采用模式 2、模式 3 的国家相比，这些国家收取的学费较低，但自 1995 年以来，上述部分国家，特别是奥地利和意大利，实施了提高公立机构收费水平的改革（图 B5.1 并参见《教育概览 2012》的专栏 B5.1）。模式 4 的国家对学士项目收费相对较低，且学生资助也相对较少，主要针对特定学生群体。这类国家公立机构收取的学费从未超过 1 600 美元，在数据可得的国家，大部分学生不能获得公共资助（表 B5.1 和表 B5.3）。土耳其正在从模式 4 向模式 1 发展。在 2012—2013 学年，公立机构不再向第一教育（常规日间项目）和开放教育项目的学生收取学费，大部分学生受益于学生贷款或奖学金/助学金。这些改革旨在促进高等教育的普及。

在采用模式 4 的国家，高等教育机构通常在很大程度上依赖于国家的投入，而且高等教育入学率普遍低于 OECD 国家平均水平。在这类国家，52%的学士项目的平均入学率处于相对较低的水平；但在其他国家，比如奥地利和西班牙，这是因为短期高等教育课程入学率超过平均入学率。与此相似，学士、硕士、博士项目生均支出也相对较低（图 B5.2 并参见指标 B1）。尽管高学费会提高学生入学的潜在门槛，但模式 4 也表明，人们认为有利于提高入学机会的低学费不一定能保证高等教育更高的普及率和更高的质量。

本节分析中，并没有涵盖此类国家的学生及其家庭能从教育部以外的其他来源获取的资助（例如，住房津贴、减税和/或教育税抵减）。例如，在法国的国家资助中，住房津贴约占奖学金/助学金的 90%，约 1/3 的学生从中受益。值得注意的是，在波兰，大部分公立机构在读的学生享受国家提供的全额资助，而非全日制的学生要缴纳全额学费。

在这些采用模式 4 的国家，没有贷款体系，如公共贷款或由政府担保的贷款，或者只有面向少数学生的贷款（表 B5.3）。同时，相对于采用其他模式的国家来说，这些国家之间公共支出和所得税占 GDP 比例的差异更大。

B5

公共贷款体系的实施和公共贷款的金额

根据现有的数据，收取高学费的国家的公共贷款体系（参见《教育概览 2014》的专栏 B5.1）在澳大利亚、英国和美国高度发达。这些国家约有 62%或更多的学生在学士、硕士、博士或同等水平项目中受益于公共贷款（美国只覆盖 32%的博士生）。公共贷款体系相当发达的国家，如丹麦（35%）、挪威（68%）、瑞典（52%），对高等教育机构的本国学生都不收取学费。

学生在学习期间从公共贷款中获得的财政支持不能只根据获得贷款的学生比例进行单独分析。对学生的支持也取决于他们能获得的公共贷款金额。在 20 个数据可得的国家中，有大部分学生受益于公共贷款的国家，提供给每个学生的平均年度贷款总金额都超过 4 000 美元。那些只有较小比例或很小比例学生受益于公共贷款的国家（如日本）也超过了这个金额（表 B5.4）。

有意思的是，有贷款学生的比例越大，提供给每个学生的平均年度贷款总金额越高。一方面，在比利时法语区、爱沙尼亚和芬兰，9%—22%的学生受益于贷款，这些国家的平均年度贷款总额不超过 3 500 美元。另一方面，在澳大利亚、挪威、瑞典、英国和美国，大部分学生都贷款（52%—92%的学生），平均年度贷款总额超过了 4 000 美元（表 B5.4）。

应该谨慎解释平均学费和平均贷款额的比较，因为对于一个给定的教育计划，即使该专业的学费相同，但不同学生的贷款额也可能有很大差异。然而，此种比较能够帮助我们洞察学生是否会利用贷款支付学费和生活费。教育机构的学费平均水平越高，学生通过公共贷款获得财政支持的需求就越大。在年度总贷款金额的数据可获得的 OECD 国家中，公共贷款的平均金额超过了公立机构的平均学费，除了澳大利亚、加拿大（学士学位学生）、英国和美国这 4 个向学士、硕士、博士项目收取高学费的国家。这反映了贷款可能有助于支持学生的学习期间的生活费用，但这在收取高学费的国家也不是非常必要的。在加拿大，公共贷款平均金额没有超过公立机构收取的平均学费，但是数据只涉及贷款中联邦政府的部分；学生一般还会收到由省或区域提供的另一部分，这样提升了总量以便抵消生活开支。

在高等教育机构学士项目平均学费超过 2 000 美元且年度贷款总金额数据可得的国家中，学生平均贷款额超过学费的只有日本、荷兰和新西兰。相比之下，在英国（民办公助型机构）和美国，平均学费远高于平均学生贷款（在美国，许多学生同时申请助学金和贷款）。平均学费和平均贷款额之间最大的差异出现在北欧国家（丹麦、芬兰、挪威和瑞典）、爱沙尼亚和土耳其，这些国家的高等教育机构不收取学费，很大比例的学生受益于公共贷款（或国家担保的贷款）。平均贷款额从芬兰的 2 700 美元（国家担保的私人贷款），到挪威的 10 000 美元（表 B5.1a 和表 B5.4）。

公共贷款系统也通过学生可能需要支付的利率、还款系统，甚至减免/豁免机制来向学生提供经济援助（表 B5.3）。

通过利率的经济支持

通过降低公共或私人贷款利率所带来的经济援助是双重的：求学期间和之后的利率可能会有所不同。比较不同国家的利率是困难的，因为利率结构，包括公共和私有的，都无从知晓，而且各国的差异非常大。这使得给定的利率在一个国家可能会被认为高，而在另一个国家被认为低。然而，在学期间和之后的利率差异似乎旨在减少在学期间学生的经济负担。

例如，在加拿大、日本、新西兰和斯洛伐克，在学习期间对公共贷款没有名义利率；但此期限之后，学生/毕业生可能产生利息费用，这笔费用取决于政府放贷的成本甚至更高。例如，新西兰对居住在新西兰的贷款者不收取利息，但对于海外学生则收取利息。澳大利亚、巴西、哥伦比亚、爱沙尼亚、匈牙利、韩国、荷兰和瑞典对于学生在学期间和之后的利率不做区分。在澳大利亚，真正的利息不是向贷款收取的，贷款中超过 11 个月未被支付的那一部分才会被收取利息，以确保贷款的实际价值得到保持（表 B5.4）。

偿还贷款

现行报告中，作为私人开支一部分的家庭教育支出，并没有把以前受助人偿还的公共贷款纳入考虑范围（参见指标 B3）。还款期在国家之间各不相同，从 10 年及以下的澳大利亚、加拿大、爱沙尼亚、新西兰、斯洛伐克和土耳其，到 20 年及以上的挪威、瑞典和美国（基于收入的偿还）。

在还款系统数据可用的 16 个国家中，4 个英语国家（澳大利亚、新西兰、英国和美国的部分学生贷款），以及匈牙利、韩国（部分学生贷款）和荷兰，贷款的偿还取决于毕业生的收入水平。在按收入比例还款的国家，还款的年收入最低门槛之间差异非常悬殊。新西兰较低，约为 13 000 美元，其他国家在荷兰的 20 000 美元到澳大利亚和英国的超过 30 000 美元之间（表 B5.5）。

除了偿还之外，几乎每个拥有学生贷款体系的国家都存在缓解（延期偿还）和/或豁免偿还贷款的方案。这些体系施惠于相当大比例的贷款学生。在这些信息可得的国家中，受益于减缓和/或豁免贷款的学生比例在澳大利亚、芬兰、匈牙利、日本、新西兰、瑞典的 2%及以下，到荷兰的 10%之间。这也可被理解为不需偿还的贷款比例。在澳大利亚、加拿大和荷兰，据估计有 10%或更多的贷款不会归还。

受益于这一政策的条件各国各有不同。贷款毕业生的死亡、残疾或贫穷经济状况一般被认为是获取豁免或减缓的可接受理由。此外，减缓或豁免的条件在一些国家与劳动力市场状况或学生的学习结果相关联。例如，在美国，公共机构的教师和个人可申请免除贷款，在澳大利亚，特定专业的毕业生（而且受雇于相关职业）以及从事相关职业或在特定地点工作的毕业生可降低部分还款额。在哥伦比亚和日本，一些有杰出成果的毕业生也可以免除部分或全部贷款。

毕业债务

在年轻毕业生存在找工作的潜在困难的经济危机时期，毕业时的债务水平成为一个值得关注的问题。当劳动力市场的机会稀少时，许多毕业生可能倾向于回到学校继续学习，这使得他们的债务进一步增加。

在一些国家，大多数学生在毕业时都有债务。那些高等教育收取高学费的国家，他们的学生在毕业时也面临着高债务。相反，在只有少部分毕业生有债务的国家，债务负担也较轻。例如，在芬兰，不足 1/2 的学生毕业时的平均债务为 8 300 美元，在英国（仅英格兰），9/10 的毕业生有贷款债务，平均在 30 000 美元以上（表 B5.4）。

但是，与期望的相反，不收学费国家的毕业生在毕业时的负债程度也会很高。在挪威和瑞典，每位学生的平均年度贷款总额分别达到 10 000 美元和 6 800 美元，这些国家的贷款旨在涵盖学生的生活支出，因为他们的高等教育不收学费。此外，在这些国家，学生毕业后的收入相对较低，而税赋较高（参见模式 1）。

B5

定 义

公立和私立高等教育机构平均学费按短期课程、学士、硕士、博士或同等水平项目区分。本指标给出了高等教育阶段不同类型机构学费的总体情况，并呈现了获得或者未获得奖学金/助学金用以缴纳全部或部分学费的学生比例。对学费水平和相关的学生比例的解释应谨慎，因为这些结果来自主要项目相关数据的加权平均。

助学贷款指的是学生贷款的总额，以反映学生获得的支持程度。助学贷款总额可以适度地反映目前教育参与者得到的资助情况。在评估公立和私立贷款机构发放的学生助学贷款净成本时，借款人支付的利息与本金都应考虑在内。在大多数国家，偿还的贷款并不支付给教育管理部门，并且这些资金并不能用于其他教育支出。

在讨论对当前学生的资助时，OECD 的指标采用的是奖学金和助学贷款的总额。有些 OECD 国家难以量化学生贷款额，因此，应谨慎对待学生贷款的数据。

方 法

数据统计期为 2013 财年或 2013—2014 学年，数据源自 2015 年 OECD 组织实施的一项特别调查（详见附录 3，www. oecd. org/education/education-at-a-glance-19991487. htm）。

本国货币的学费金额和贷款金额，通过以本国货币除以 GDP 的购买力平价（PPP）指数转化成等值的美元。应谨慎解释学费的数额和相关的学生比例，因为这些数据为高等教育课程相关数据的加权平均值，并没有涵盖所有的教育机构。

以色列数据注释

以色列的统计数据由以色列有关当局负责提供。在使用这些数据时，OECD 根据国际法的规定对戈兰高地、东耶路撒冷和约旦河西岸以色列定居点的地位不持偏见。

参考文献

OECD（2011），*Revenue Statistics 2011*，OECD Publishing，Paris，http：//dx. doi. org/10. 1787/ctpa-rev-data-en.

OECD（2008），*Tertiary Education for the Knowledge Society*：*Volume 1 and Volume 2*，OECD Publishing，Paris，http：//dx. doi. org/10. 1787/9789264046535-en.

Swedish Higher Education Authority（2013），“Fewer Students from Asia after the Tuition Reform”，Statistical analysis，Stockholm.

表 B5.1a [1/2] 教育机构收取的年均学费估计值（学士、硕士、博士或同等水平）[1]（2013—2014 年）

本国学生，以购买力平价转换后的等值美元表示，按机构类型和学历结构划分，基于全日制折算，2013—2014 学年

注：应谨慎解释学费以及相关学生比例，因为它们来自主要高等教育课程加权平均的结果，并没有包含所有机构。然而，报告的数据可以看作很好的替代指标，反映了各国主要机构向大多数学生收取的学费的差异。第 1、第 2、第 3、第 4 列报告的学生比例基于为其他指标收集的数据（UOE 数据收集），为 2013 学年的数据。

		注册全日制学生的百分比（学士、硕士、博士或同等水平）	全日制学生的百分比，就读于			教育机构收取的年均学费（美元，全日制学生）								
			公立机构（学士、硕士、博士或同等水平）	民办公助机构（学士、硕士、博士或同等水平）	私立机构（学士、硕士、博士或同等水平）	公立机构			民办公助机构			私立机构		
						学士或同等水平	硕士或同等水平	博士或同等水平	学士或同等水平	硕士或同等水平	博士或同等水平	学士或同等水平	硕士或同等水平	博士或同等水平
		(1)	(2)	(3)	(4)	(5)	(6)	(7)	(8)	(9)	(10)	(11)	(12)	(13)
OECD 国家	澳大利亚	71	95	a	5	4 473	7 334	314	a	a	a	8 322	7 537	1 997
	奥地利	100	85	15d	x(3)	861	861	861	861	861	861	m	m	m
	比利时弗兰芒语区	65	43	57	1	729	729	301-376	x(5)	x(6)	x(7)	m	m	m
	比利时法语区	88	40	60	a	155	710	m	151	721	m	a	a	a
	加拿大[2]	78	m	m	m	4 761	4 961	m	m	m	m	m	m	m
	智利	100	20	16	64	m	m	m	m	m	m	m	m	m
	捷克	97	87	2	12	m	m	m	m	m	m	m	m	m
	丹麦	90	99	1	0	不收学费	不收学费	不收学费	m	m	m	m	m	m
	爱沙尼亚	85	18	74	8	不收学费	不收学费	不收学费	不收学费	不收学费	不收学费	m	m	m
	芬兰	56	67	33	a	不收学费	不收学费	不收学费	不收学费	不收学费	不收学费	a	a	a
	法国	96	84	16	x(3)	0-8 313	300-2 166	458	x(11)	x(12)	m	1 808-7 598	1 098-12 994	m
	德国	86	94	6	0	m	m	m	m	m	m	m	m	m
	希腊	m	m	m	m	m	m	m	m	m	m	m	m	m
	匈牙利	68	89	11	a	m	m	m	m	m	m	m	m	m
	冰岛	71	79	20	0	m	m	m	m	m	m	m	m	m
	爱尔兰	88	98	0	2	m	m	m	m	m	m	m	m	m
	以色列	83	10	72	18	2 957	m	m	2 934	m	m	7 028	m	m
	意大利	100	91	a	9	1 602	x(5)	1 235	a	a	a	6 168	x(11)	2 542
	日本[2]	91	26	a	74	5 152	5 150	5 149	a	a	a	8 263	6 926	5 743
	韩国	100	25	a	75	4 773	6 281	7 137	a	a	a	8 554	12 270	11 510
	卢森堡	83	m	m	m	m	m	m	m	m	m	m	m	m
	墨西哥	100	68	a	32	m	m	m	m	m	m	m	m	m

1. 未包括学生可获得的奖学金/助学金。
2. 2014—2015 年的学费数据（日本只包括公立机构）。
3. 2011—2012 年的学费数据。
4. 2013 财年和 2012—2013 学年的数据。

数据来源：OECD. See Annex 3 for notes (www.oecd.org/education/education-at-a-glance-19991487.htm).

缺失数据代码参见《读者指南》。

StatLink http://dx.doi.org/10.1787/888933285566

表 B5. 1a [1/2] (续) 教育机构收取的年均学费估计值(学士、硕士、博士或同等水平)[1] (2013—2014 年)

本国学生，以购买力平价转换后的等值美元表示，按机构类型和学历结构划分，基于全日制折算，2013—2014 学年

注:应谨慎解释学费以及相关学生比例,因为它们来自主要高等教育课程加权平均的结果,并没有包含所有机构。然而,报告的数据可以看作很好的替代指标,反映了各国主要机构向大多数学生收取的学费的差异。第 1、第 2、第 3、第 4 列报告的学生比例基于为其他指标收集的数据(UOE 数据收集),为 2013 学年的数据。

		注册全日制学生的百分比(学士、硕士、博士或同等水平)	全日制学生的百分比,就读于			教育机构收取的年均学费(美元,全日制学生)								
			公立机构(学士、硕士、博士或同等水平)	民办公助机构(学士、硕士、博士或同等水平)	私立机构(学士、硕士、博士或同等水平)	公立机构			民办公助机构			私立机构		
						学士或同等水平	硕士或同等水平	博士或同等水平	学士或同等水平	硕士或同等水平	博士或同等水平	学士或同等水平	硕士或同等水平	博士或同等水平
		(1)	(2)	(3)	(4)	(5)	(6)	(7)	(8)	(9)	(10)	(11)	(12)	(13)
OECD 国家	荷兰	91	m	m	m	2 300	2 300	a	m	m	m	m	m	a
	新西兰	61	97	3	1	4 113	m	4 290	m	m	m	m	m	m
	挪威[2]	63	84	5	11	不收学费	不收学费	不收学费	m	m	m	6 552	8 263	m
	波兰	53	91	a	9	m	m	m	m	m	m	m	m	m
	葡萄牙	95	81	0	19	m	m	m	m	m	m	m	m	m
	斯洛伐克	69	94	a	6	不收学费	不收学费	不收学费	a	a	a	2 300	1 700	5 847
	斯洛文尼亚[3]	81	93	6	1	不收学费	不收学费	5 839	不收学费	不收学费	m	a	a	m
	西班牙	69	85	0	15	m	m	m	m	m	m	m	m	m
	瑞典	50	92	8	a	不收学费	不收学费	不收学费	不收学费	不收学费	不收学费	a	a	a
	瑞士[4]	77	95	4	1	1 015	1 015	457	1 015	1 015	a	m	m	a
	土耳其	100	93	a	7	不收学费	不收学费	不收学费	a	a	a	m	m	m
	英国[2]	78	a	100	0	a	a	a	9 019	9 019	9 019	m	m	m
	美国[3]	72	60	0	40	8 202	10 818	13 264	a	a	a	21 189	16 932	22 929
伙伴国	阿根廷	m	m	m	m	m	m	m	m	m	m	m	m	m
	巴西	100	26	0	74	m	m	m	a	a	a	m	m	m
	中国	m	m	m	m	m	m	m	m	m	m	m	m	m
	哥伦比亚	100	41	0	59	574	3 212	3 667	a	a	a	3 082	7 097	9 885
	印度	m	m	m	m	m	m	m	m	m	m	m	m	m
	印度尼西亚	m	m	m	m	m	m	m	m	m	m	m	m	m
	拉脱维亚	78	0	80	20	m	m	m	m	m	m	m	m	m
	俄罗斯	49	94	0	6	m	m	m	m	m	m	m	m	m
	沙特阿拉伯	m	m	m	m	m	m	m	m	m	m	m	m	m
	南非	m	m	m	m	m	m	m	m	m	m	m	m	m

1. 未包括学生可获得的奖学金/助学金。
2. 2014—2015 年的学费数据(日本只包括公立机构)。
3. 2011—2012 年的学费数据。
4. 2013 财年和 2012—2013 学年的数据。

数据来源：OECD. See Annex 3 for notes (www. oecd. org/education/education-at-a-glance-19991487. htm).

缺失数据代码参见《读者指南》。

StatLink http：//dx. doi. org/10. 1787/888933285566

表 B5.1a ［2/2］ 教育机构收取的年均学费估计值（学士、硕士、博士或同等水平）[1]（2013—2014 年）

本国学生，以购买力平价转换后的等值美元表示，按机构类型和学历结构划分，基于全日制折算，2013—2014 学年

注：应谨慎解释学费以及相关学生比例，因为它们来自主要高等教育课程加权平均的结果，并没有包含所有机构。然而，报告的数据可以看作很好的替代指标，反映了各国主要机构向大多数学生收取的学费的差异。第 1、第 2、第 3、第 4 列报告的学生比例基于为其他指标收集的数据（UOE 数据收集），为 2013 学年的数据。

		备注
		(14)
OECD 国家	澳大利亚	
	奥地利	自 2009 年夏季学期开始，本国及欧盟/欧洲经济区学生中只有那些超过原则规定学习期限一定的容忍范围的学生需要缴纳学费（也存在其他免除学费的理由）。学费不包括大学生的官方委托会员身份（大约 43 美元）。
	比利时弗兰芒语区[2]	向在学士、硕士或同等水平的项目中没有奖学金的学生收取学费。向学生收取的学费取决于学生奖学金的状态：接受奖学金的学生收取 122 美元，接受类似奖学金"bijna beursstudenten"的学生收取 482 美元。
	比利时法语区	公立学校与私立学校收费相同，但学生分布不同，因此加权平均值不同。
	加拿大[2]	
	智利	
	捷克	
	丹麦	
	爱沙尼亚	从 2013—2014 学年开始，所有以爱沙尼亚语教学的项目对全日制学生免收学费。对于未能持续进行全日制学习的学生可以收取学费。
	芬兰	不包含加入学生会的会费。
	法国	在公立机构，大部分学士或同等水平项目的学费不超过 750 美元，在一些护理人员培训中学费可以超过这个金额。只有依靠高等教育部或农业部的公立机构的年度学费需符合部长法令设置的金额要求。其他注册费的数据是没有统计或管理依据的粗略估计值。
	德国	
	希腊	
	匈牙利	学生要么通过州奖学金被全额资助或部分资助（50%的学习成本），要么支付全部的学习成本。
	冰岛	
	爱尔兰	
	以色列	
	意大利	每个机构根据学生家庭的经济环境，遵守国家范围内的公平和稳定原则确定收费额度。年均学费是根据每位学生真实交付的学费计算的（净值）。被免除部分学费的学生根据实际支付额被计算。同等水平项目被排除在外。
	日本[2]	私立机构年均学费指的是第一学年收取的费用。
	韩国	
	卢森堡	
	墨西哥	

1. 未包括学生可获得的奖学金/助学金。
2. 2014—2015 年的学费数据（日本只包括公立机构）。
3. 2011—2012 年的学费数据。
4. 2013 财年和 2012—2013 学年的数据。

数据来源：OECD. See Annex 3 for notes (www.oecd.org/education/education-at-a-glance-19991487.htm).

缺失数据代码参见《读者指南》。

StatLink http://dx.doi.org/10.1787/888933285566

表 B5. 1a［2/2］（续） 教育机构收取的年均学费估计值（学士、硕士、博士或同等水平）[1]（2013—2014 年）

本国学生，以购买力平价转换后的等值美元表示，按机构类型和学历结构划分，基于全日制折算，2013—2014 学年

注：应谨慎解释学费以及相关学生比例，因为它们来自主要高等教育课程加权平均的结果，并没有包含所有机构。然而，报告的数据可以看作很好的替代指标，反映了各国主要机构向大多数学生收取的学费的差异。第 1、第 2、第 3、第 4 列报告的学生比例基于为其他指标收集的数据（UOE 数据收集），为 2013 学年的数据。

		备 注
		(14)
OECD 国家	荷兰	公立机构学费指的是强制费，而且适用于所有欧洲经济区的学生。
	新西兰	只包括大学中所有高等教育的平均学费。
	挪威[2]	私立机构学费指的是最大的私立机构，主要提供商业管理课程（经济、市场与管理）。博士学位候选人不算学生，而是作为研究人员被雇用。大学的合同期一般为四年，除了三年研究之外允许其进行教学活动。
	波兰	
	葡萄牙	
	斯洛伐克	全日制学生一般不需支付学费，但一学年内在同样水平的公立大学同时就读两个及以上专业的学生需要为第二个及以上的专业支付每学年的学费。除此之外，超过正常修业年限的学生需要为额外每一年的学习支付学费。
	斯洛文尼亚[3]	全日制学生不收学费。在私立机构，只包括非全日制学生。
	西班牙	
	瑞典	全日制学生比例包括硕士或同等水平（ISCED 7），以及短期高等教育课程（ISCED 5）。
	瑞士[4]	
	土耳其	自 2012—2013 学年起，公立机构第一教育（常规日间项目）和开放教育项目在原则规定的学习期限内不收学费。只向公立机构注册晚间项目和未在规定的学习期限内毕业的学生收取学费。
	英国[2]	所有高等教育水平的平均学费。
	美国[3]	
伙伴国	阿根廷	
	巴西	
	中国	
	哥伦比亚	
	印度	
	印度尼西亚	
	拉脱维亚	
	俄罗斯	
	沙特阿拉伯	
	南非	

1. 未包括学生可获得的奖学金/助学金。
2. 2014—2015 年的学费数据（日本只包括公立机构）。
3. 2011—2012 年的学费数据。
4. 2013 财年和 2012—2013 学年的数据。

数据来源：OECD. See Annex 3 for notes（www. oecd. org/education/education-at-a-glance-19991487. htm）.

缺失数据代码参见《读者指南》。

StatLink http：//dx. doi. org/10. 1787/888933285566

表 B5.3 学生接受的资助和教育机构收取的学费（2013—2014 年）

本国全日制学生，基于全日制折算，2013—2014 学年

		学士或同等水平							
		接受资助的学生分布 学生的百分比				用以支付学生学费的奖学金或助学金分布 学生的百分比			
		仅受益于公共贷款	仅受益于奖学金/助学金	受益于公共贷款和奖学金/助学金	未受益于公共贷款和奖学金/助学金	获得高于学费的奖学金/助学金	获得等同于学费的奖学金/助学金	获得低于学费的奖学金/助学金	没有获得用于支付学费的奖学金/助学金
		(1)	(2)	(3)	(4)	(5)	(6)	(7)	(8)
OECD国家	澳大利亚[1]	43	0	44	13	x(7)	x(7)	44	56
	奥地利	a	17	a	83	15	2	0	83
	比利时弗兰芒语区	a	23[d]	a	77[d]	23[d]	a	a	77[d]
	比利时法语区	x(3)	x(3)	19[d]	81	19[d]	x(5)	x(5)	81[d]
	加拿大	m	m	m	m	m	m	m	m
	智利	m	m	m	m	m	m	m	m
	捷克	m	m	m	m	m	m	m	m
	丹麦	m	m	m	m	m	m	m	m
	爱沙尼亚	m	m	m	m	m	m	m	m
	芬兰	a	52[d]	a	48[d]	52[d]	a	a	48[d]
	法国	m	35	m	65	27	7	a	65
	德国	m	m	m	m	m	m	m	m
	希腊	m	m	m	m	m	m	m	m
	匈牙利	m	m	m	m	m	m	m	m
	冰岛	m	m	m	m	m	m	m	m
	爱尔兰	m	m	m	m	m	m	m	m
	以色列	m	m	m	m	m	m	m	m
	意大利[5]	0[d]	20[d]	0[d]	80[d]	7[d]	5[d]	8[d]	80[d]
	日本	m	m	m	m	m	m	m	m
	韩国	m	m	m	m	m	m	m	m
	卢森堡	m	m	m	m	m	m	m	m
	墨西哥	m	m	m	m	m	m	m	m
	荷兰[2]	m	m	m	m	48	0	27	24
	新西兰[3]	45	5	37	13	m	m	m	m
	挪威	14	5	61	20	m	m	m	m
	波兰	m	m	m	m	m	m	m	m
	葡萄牙	m	m	m	m	m	m	m	m
	斯洛伐克	m	m	m	m	m	m	m	m
	斯洛文尼亚	a	m	a	a	m	m	m	m
	西班牙	m	m	m	m	m	m	m	m
	瑞典	m	m	m	m	m	m	m	m
	瑞士[4]	0	7	0	92	8	0	0	92
	土耳其[5,6]	39	16	0	45	15	0	0	84
	英国[5,7]	92[d]	a	x(1)	8[d]	a	a	a	100[d]
	美国[8]	11	19	55	15	m	m	m	29
伙伴国	阿根廷	m	m	m	m	m	m	m	m
	巴西	m	m	m	m	m	m	m	m
	中国	m	m	m	m	m	m	m	m
	哥伦比亚	m	m	m	m	m	m	m	m
	印度	m	m	m	m	m	m	m	m
	印度尼西亚	m	m	m	m	m	m	m	m
	拉脱维亚	m	m	m	m	m	m	m	m
	俄罗斯	m	m	m	m	m	m	m	m
	沙特阿拉伯	m	m	m	m	m	m	m	m
	南非	m	m	m	m	m	m	m	m

注：硕士和博士及同等水平的接受资助学生分布和用以支付学生学费的奖学金或助学金分布数据可在线查询。
1. 只包括澳大利亚政府奖学金项目。不包括所有由教育机构和私人部门提供的奖学金。
2. 只包括公立机构。
3. 所有高等教育全日制学生的平均值。
4. 学士或同等水平包括短期高等教育课程。瑞士数据指的是 2013 财年和 2012—2013 学年。
5. 2014—2015 年数据。
6. 仅受益于奖学金/助学金的学生只包括接受公立奖学金/助学金。
7. 不包括私立机构。
8. 2011—2012 年数据。

数据来源：OECD. See Annex 3 for notes（www. oecd. org/education/education-at-a-glance-19991487. htm）.
缺失数据代码参见《读者指南》。
StatLink http：//dx. doi. org/10. 1787/888933285571

B5

表 B5.4 [1/2] 学士、硕士、博士或同等水平项目中的学生贷款（2013—2014 年）

本国学生，以购买力平价转换后的等值美元表示

		建立公共贷款体系的起始年份	贷款的学生比例(%)(2013—2014 学年)	可供每位学生使用的平均年度贷款总额(美元)
				学士、硕士、博士或同等水平
		(1)	(2)	(3)
OECD 国家	澳大利亚	1989	79(学士 85%,硕士 63%,博士 2%)	4 017
	比利时弗兰芒语区	a	a	a
	比利时法语区[1]	1983	9	1 458
	加拿大[2,3,4]	1964	m	4 277(学士),5 899(硕士),6 489(博士)
	丹麦[5]	1988—1989	约 35	4 723
	爱沙尼亚[2]	1995	11	3 487
	芬兰[2]	1969	22	2 714
	法国[2]		0.1	1 600
	匈牙利[1,2,6]	2001	m	2 790
	意大利[2]	m	m	4 959
	日本[5]	1943	38	6 483(无息贷款);8 430(付息贷款)
	韩国[7]	1994	18.5	5 623
	墨西哥	1970	m	m
	荷兰	1986	m	6 878
	新西兰	1992	m	5 897
	挪威[5]	1947	68	10 083
	波兰	1998	m	m
	葡萄牙		m	m
	斯洛伐克[7]	1997	m	4 510
	斯洛文尼亚	a	a	a
	瑞典[5]	2001(学前体制);1965 第一套体制	52	6 829
	瑞士[3]	超过 50 年	m	3 987
	土耳其	1961	32	3 561(学士),7 122(硕士),10 683(博士)
	英国[5]	1990	92	5 612(生活贷款)和 10 824(学费贷款)
	美国[8]	20 世纪 60 年代	62(学士),67(硕士),32(博士)	4 330(学士),16 363(硕士),5 984(博士)
伙伴国	巴西	m	m	m
	哥伦比亚	1953	m	3 003

注：可在线查看的第 4、第 5、第 6 列呈现的是提供给学士、硕士、博士及同等水平的每个学生的平均年度贷款总额。

1. 所有学士、硕士、博士或同等水平项目的学生。
2. 由国家担保的个人贷款而非公共贷款（在意大利，对大部分学生贷款来说）。
3. 2012—2013 年数据。
4. 只包括学生财政支持中联邦部分的信息，也就是说 60%的学生贷款由参加了加拿大学生贷款项目（CSLP）的省份提供。不包括没有参加加拿大学生贷款项目的魁北克省（约占 25%的加拿大人口）。
5. 2014—2015 年数据（日本，毕业时的债务为 2013—2014 年数据）。
6. 只包括 Diákhitel 1 数据。2012—2013 学年，启动一项新的学生贷款（Diákhitel 2）。Diákhitel 2 只能用于学习成本（偿还成本或学费），Diákhitel 1 可用于任何目的（如学生生活开支）。
7. 包括短期高等教育课程。
8. 有贷款的学生比例为 2011—2012 年数据；利率信息为 2014—2015 年数据。

数据来源：OECD. See Annex 3 for notes（www.oecd.org/education/education-at-a-glance-19991487.htm）.

缺失数据代码参见《读者指南》。

StatLink http://dx.doi.org/10.1787/888933285585

表 B5.4［2/2］ 学士、硕士、博士或同等水平项目中的学生贷款（2013—2014 年）

本国学生，以购买力平价转换后的等值美元表示

		降低利率形式的补贴		毕业时的债务	
		学习期间的利率	学习结束后的利率	有债务的毕业生比例(%)	毕业时的平均债务(美元)
		(7)	(8)	(9)	(10)
OECD 国家	澳大利亚	2%(无实质利率)	2%(无实质利率)	74%	m
	比利时弗兰芒语区	a	a	a	a
	比利时法语区[1]	m	m	m	m
	加拿大[2,3,4]	无名义利率	5.4%	m	12 422
	丹麦[5]	4.0 %(利率高于政府借贷成本)	1.0 %(利率等于政府借贷成本)	57%	14 856
	爱沙尼亚[2]	5.0%	5.0%	m	m
	芬兰[2]	1.0%	完整利率与私人银行一致	43.5%	8 291
	法国[2]	m	m	m	m
	匈牙利[1,2,6]	可变(7.5%—6.5%), Diákhitel 1	可变(7.5%—6.5%), Diákhitel 1	m	m
	意大利[2]	m	m	m	m
	日本[5]	无名义利率或实质利率	最高 3%,其余由政府支付	m	29 942
	韩国[7]	2.9%	2.9%	m	m
	墨西哥	m	m	m	m
	荷兰	政府借贷的成本(0.12%)	政府借贷的成本(0.12%)	67%	18 100
	新西兰	无名义利率或实质利率	新西兰本地的无名义利率,否则为 5.9%	m	13 437 美元(2014 年毕业生与离开学校的非毕业生借款者的平均值,不考虑就读水平)
	挪威[5]	a(毕业后开始偿还贷款)	2.52%(政府借贷的成本,+1.25% 以覆盖违约成本)	m	26 826
	波兰	m	m	m	m
	葡萄牙	m	m	m	m
	斯洛伐克[7]	无名义利率或实质利率	3.19%	0.81%	3 247
	斯洛文尼亚	a	a	a	a
	瑞典[5]	1%	1%	77%	22 789
	瑞士[3]	m	m	m	m
	土耳其	a(毕业后开始偿还贷款)	基于国内生产价格指数	m	m
	英国[5]	零售价格指数,加上 3%(2014—2015 年为 5.5%)	从零售价格指数(2014—2015 年为 2.5%)到零售价格指数加 3%(2014—2015 年为 5.5%)基于收入	91.6%	30 349
	美国[8]	0—7.21%(政府借贷的成本)	4.66%—7.21%(政府借贷的成本)	m	m
伙伴国	巴西	3.4%	3.4%	m	m
	哥伦比亚	消费价格指数到消费价格指数+8%	消费价格指数到消费价格指数+8%	m	7 298

注：可在线查看的第 4、第 5、第 6 列呈现的是提供给学士、硕士、博士及同等水平的每个学生的平均年度贷款总额。
1. 所有学士、硕士、博士或同等水平项目的学生。
2. 由国家担保的个人贷款而非公共贷款（在意大利，对大部分学生贷款来说）。
3. 2012—2013 年数据。
4. 只包括学生财政支持中联邦部分的信息，也就是说 60%的学生贷款由参加了加拿大学生贷款项目（CSLP）的省份提供。不包括没有参加加拿大学生贷款项目的魁北克省（约占 25%的加拿大人口）。
5. 2014—2015 年数据（日本，毕业时的债务为 2013—2014 年数据）。
6. 只包括 Diákhitel 1 数据。2012—2013 学年，启动一项新的学生贷款（Diákhitel 2）。Diákhitel 2 只能用于学习成本（偿还成本或学费），Diákhitel 1 可用于任何目的（如学生生活开支）。
7. 包括短期高等教育课程。
8. 有贷款的学生比例为 2011—2012 年数据；利率信息为 2014—2015 年数据。

数据来源：OECD. See Annex 3 for notes（www.oecd.org/education/education-at-a-glance-19991487.htm）.

缺失数据代码参见《读者指南》。

StatLink http://dx.doi.org/10.1787/888933285585

B5

表 B5.5 ［1/2］　学士、硕士、博士或同等水平项目学生公共贷款的偿还与减免（2013—2014 学年）

本国学生，以购买力平价转换后的等值美元表示

		偿还				
		偿还体系	最低年收入门槛(美元)	常规分期偿还期限(年)	最近毕业生的年收入估计值(美元)	年均还款额(美元)
		(1)	(2)	(3)	(4)	(5)
OECD 国家	澳大利亚	按收入比例还款	33 709	8.5	34 492	2 424
	比利时弗兰芒语区	a	a	a	m	a
	比利时法语区	m	m	m	m	m
	加拿大[1,2,3]	m	m	9.5	m	m
	丹麦[4]	抵押贷款方式	a	7—15	m	m
	爱沙尼亚	抵押贷款方式	a	8—10	21 556(2012 年工资总额)	m
	芬兰	抵押贷款方式	a	5—15	37 574	1 530
	法国	m	m	m	m	m
	匈牙利[5]	按收入比例还款	无	10—15	m	1 259(Diákhitel 1)；664(Diákhitel 2)
	意大利	m	m	m	m	m
	日本[4]	抵押贷款方式	a	15	m	2 178(从 1 064 到 10 024)
	韩国[6]	按收入比例还款和抵押贷款方式	约 21 755(按收入比例还款)；a(抵押贷款方式)	m(按收入比例还款)；多达 10 年(抵押贷款方式)	m	m
	荷兰	按收入比例还款	19 516	15	m	1 086
	新西兰	按收入比例还款	12 996	7	m	1 907(超过收入门槛 12%的收入额,加上任何自愿偿还)
	挪威	抵押贷款方式	a	20	m	1 609
	斯洛伐克[7]	抵押贷款方式	a	7.1(从 5 到 10)	m	780(从 86 到 2 300)
	斯洛文尼亚	a	a	a	a	a
	瑞典[4]	抵押贷款方式	a	25	m	典型的是 756
	瑞士	m	m	m	m	m
	土耳其	抵押贷款方式	a	2—6	m	m
	英国[4]	按收入比例还款	30 062	m	30 778	616(2012 年群体第一年偿还)到 1 560(2005 年群体第八年偿还)
	美国	抵押贷款方式和按收入比例还款	m	10(抵押贷款偿还)；20—25(基于收入偿还；预计时间)	24 448	m
伙伴国	巴西	m	m	m	m	m
	哥伦比亚	抵押贷款方式	a	学习期到学习期的两倍	18 982	m

1. 由国家担保的个人贷款而非公共贷款（在意大利，对大部分学生贷款来说）。
2. 2012—2013 年数据。
3. 只包括学生财政支持中联邦部分的信息，也就是说 60% 的学生贷款由参加了加拿大学生贷款项目（CSLP）的省份提供。不包括没有参加加拿大学生贷款项目的魁北克省（约占 25% 的加拿大人口）。
4. 2014—2015 年数据。
5. 只包括 Diákhitel 1 数据。2012—2013 学年，启动一项新的学生贷款（Diákhitel 2）。Diákhitel 2 只能用于学习成本（偿还成本或学费），Diákhitel 1 可用于任何目的（如学生生活开支）。
6. 资格规定：按收入比例还款的学生贷款，如果是 35 岁及以下，收入在第七个十分位数或以下，拿 12 积分或更多且获得 70 分及以上（最高 100 分）。一般分期付款的学生贷款，如果是在 55 岁及以下，收入在第八个十分位数或以上，本科生和研究生，拿 12 积分或更多且获得 70 分及以上（最高 100 分）。
7. 包括短期高等教育课程。

数据来源：OECD. See Annex 3 for notes（www.oecd.org/education/education-at-a-glance-19991487.htm）.
缺失数据代码参见《读者指南》。
StatLink http：//dx.doi.org/10.1787/888933285591

表 B5.5 ［2/2］　学士、硕士、博士或同等水平项目学生公共贷款的偿还与减免（2013—2014 学年）

本国学生，以购买力平价转换后的等值美元表示

		减免					
		是否存在减免	减免条件			受益于减免的学生比例	不需偿还的贷款比例
			毕业生死亡或残疾	毕业生经济条件	其他条件		
		(6)	(7)	(8)	(9)	(10)	(11)
OECD 国家	澳大利亚	是	死亡	破产（豁免）	减少：减少特定专业（并且受雇于相关职业）、从事特定职业或在特定地点工作的毕业生的强制 HELP 偿还	豁免：m 减少： 0.56%	豁免：17% 减少： 0.06%
	比利时弗兰芒语区	a	a	a	m	a	a
	比利时法语区	m	m	m	m	m	m
	加拿大[1,2,3]	是	a	按月偿还加拿大学生贷款的毕业生（基于收入和家庭规模）		m	13%
	丹麦[4]	是	a	如果没有私人债主的大额欠债，视财政状况而定；如果借款人有大额的政府债务（如公共贷款）和私人债务，可申请综合债务豁免		非常少	约 1%
	爱沙尼亚	是	死亡；80%—100%丧失劳动力的毕业生		子女具有严重残障的毕业生	6%	m
	芬兰	否	a	a	a	a	1.5%
	法国	m	m	m	m	m	m
	匈牙利[5]	是	死亡；100%残疾毕业生		领取抚恤金状态	0,035% (Diákhitel 1)	0,063% (Diákhitel 1)
	意大利	m	m	m	m	m	m
	日本[4]	是	死亡；有身体或心理障碍的毕业生		研究院种类[1]；贷款接受者中有杰出成绩者	0.63%	m
	韩国[6]	是	a	65 岁及以上除养老金外无其他收入者，和收入低于阈限者（基础标准）	在军队服役期间利息减免（一般的分期付款学生贷款，按收入比例还款的学生贷款）	m	m
	荷兰	是	a	*收入水平条件不适用于研究生		10%	10%
	新西兰	是	死亡	破产		少于 0.2%	m
	挪威	是	死亡或疾病	低收入或失业者	如果分娩或需要照顾小孩	5%	m
	斯洛伐克[7]	m	m	m	m	m	1.08%
	斯洛文尼亚	a	a	a	a	a	a
	瑞典[4]	是	死亡；低收入且没有有时限的疾病补偿		高龄人群（65/68 岁）	2%	7.3%
	瑞士	m	m	m	m	m	m
	土耳其	是	死亡；因为残疾不能工作			m	m
	英国[4]	是	死亡		毕业 30 年后贷款被注销	m	m
	美国	是	死亡或残疾	联邦学生贷款债务高于年度可自由支配收入或其债务占年收入很大比例的毕业生	进入专业教育或公共服务一定年限的毕业生可以豁免一部分贷款	m	m
伙伴国	巴西	m	m	m	m	m	m
	哥伦比亚	是			从批准教育贷款的项目毕业，以及在 Saber Pro 考试中获得最好成绩时	n	m

1. 由国家担保的个人贷款而非公共贷款（在意大利，对大部分学生贷款来说）。
2. 2012—2013 年数据。
3. 只包括学生财政支持中联邦部分的信息，也就是说 60%的学生贷款由参加了加拿大学生贷款项目（CSLP）的省份提供。不包括没有参加加拿大学生贷款项目的魁北克省（约占 25%的加拿大人口）。
4. 2014—2015 年数据。
5. 只包括 Diákhitel 1 数据。2012—2013 学年，启动一项新的学生贷款（Diákhitel 2）。Diákhitel 2 只能用于学习成本（偿还成本或学费），Diákhitel 1 可用于任何目的（如学生生活开支）。
6. 资格规定：按收入比例还款的学生贷款，如果是 35 岁及以下，收入在第七个十分位数或以下，拿 12 积分或更多且获得 70 分及以上（最高 100 分）。一般分期付款的学生贷款，如果是在 55 岁及以下，收入在第八个十分位数或以上，本科生和研究生，拿 12 积分或更多且获得 70 分及以上（最高 100 分）。
7. 包括短期高等教育课程。

数据来源：OECD. See Annex 3 for notes (www.oecd.org/education/education-at-a-glance-19991487.htm).

缺失数据代码参见《读者指南》。

StatLink http://dx.doi.org/10.1787/888933285591

教育经费用于哪些资源和服务？

指标 B6

- 就 OECD 国家平均而言，以及在大多数 OECD 国家，初等教育、中等教育和中等后非高等教育阶段的总和，以及高等教育阶段，都有 90% 或以上的教育总支出用于经常性支出。
- 在 2/3 的 OECD 国家和伙伴国中（33 个国家中的 24 个），高等教育阶段资本支出占总支出的比例高于初等教育、中等教育和中等后非高等教育的总和。这可能与近年高等教育扩张，以及随之而来的新校舍建设需求有关。
- 在数据可得的 OECD 国家和伙伴国中，大部分经常性支出用于教职人员（教师和其他职员）的薪酬。

图 B6.1 初等教育、中等教育和中等后非高等教育经常性支出分布（2012 年）

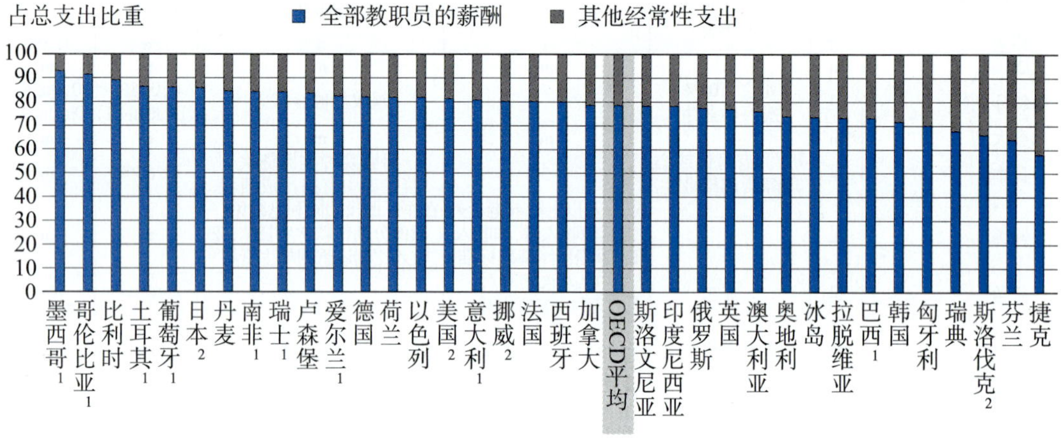

1. 仅公立学校。
2. 某些教育阶段包括其他教育阶段在内。参见表 B1.1a 中的“x”代码。

国家按照初等教育、中等教育和中等后非高等教育阶段教职员薪酬支出比重降序排列。

数据来源：OECD. Table B6.2. See Annex 3 for notes（www.oecd.org/education/education-at-a-glance-19991487.htm）.

StatLink http：//dx.doi.org/10.1787/888933284092

背 景

资源分配的决策影响教学发生的客观条件，也会影响教学的性质。

尽管可以通过缩减资本支出（例如不建新学校）和某些经常性支出（不购买某种教学材料）节约经费，但当教育预算压力增大时，改变教职员方面的支出对总体支出影响最大。然而，通过缩减工资和福利，或者通过裁减教师和其他职员数量来节约开支，从政治角度讲并不受欢迎，而且可能会事与愿违，因为这样做会打击优秀教师进入或者继续从事教师职业的积极性。事实上，除了更有效率地管理物质资源，人力资源管理的改善对于提高教育体系的质量至关重要。此外，延迟支出，例如聘用新教师或者提高工资，也是应对公共预算压力的临时措施。

本指标描述了教育经费所投入的资源和服务。区分了经常性支出和资本支出。资本支出会受到扩招的影响，因为扩招通常要求新建校舍。本指标还详细呈现了经常性支出的用途，或是用于教职员的薪酬，或是其他方面。经常性支出主要受教师工资（参见指标 D3）的影响，但也会受退休金制度、教师年龄结构和教育领域非教学职员规模的影响。此外，教育机构不仅提供教学服务，还提供其他服务，例如餐饮、交通、住宿和/或研究活动。所有这些支出都涵盖在本指标中。

其他发现

- 除巴西和冰岛之外，几乎所有国家用于教职员薪酬之外的经常性支出在高等教育阶段都是最高的；这一比例在 OECD 国家平均达到 33%。在 5 个 OECD 国家和伙伴国，该比例在 40%以上。相比于其他教育阶段，高等教育阶段更为高昂的设施设备成本可以解释其所占比重为何如此之高。
- 在初等教育、中等教育和中等后非高等教育阶段，OECD 国家平均将 21%的经常性支出用于教职人员薪酬之外。在大多数国家中，初等教育和中等教育在用于薪酬之外的其他方面的经常性支出比例几乎没有差异。只有在捷克、丹麦、南非和土耳其，初等教育、中等教育阶段用于薪酬之外的经常性支出比例的差异超过 5 个百分点，在印度尼西亚、爱尔兰和卢森堡则相差 10 个百分点。
- 在高等教育阶段，除捷克和印度尼西亚之外，几乎所有国家的绝大部分经常性支出与教职员薪酬有关。在高等教育阶段，只有巴西和冰岛超过 80%的经常性支出用于教职员薪酬；将初等教育、中等教育和中等后非高等教育阶段合计，19 个国家达到这一比例。

分　析

教育机构的经常性支出和资本支出

教育支出既包括经常性支出，也包括资本支出。教育机构的经常性支出包括每年学校运转所需的学校资源支出。这包括如教师和其他职员的薪酬、校舍维护、学生餐饮或校舍及其他设施的租赁费用等。教育机构的资本支出指用于使用期限 1 年以上的资产的花费，包括用于学校校舍新建、改造和重大修缮方面的支出等。

鉴于教学活动的劳动密集型属性，经常性支出占支出总额的份额最大。就 OECD 国家平均而言，2012 年，初等教育、中等教育和中等后非高等教育阶段合计，约 90%或更高的总经费用于经常性支出，高等教育阶段也大致如此。在每个 OECD 国家和伙伴国中，各教育阶段的经常性支出占总支出的份额都超过 78%。在初等教育阶段，该比例的变化范围从 86%（印度尼西亚）到近 98%（奥地利）不等；在中等教育阶段，变化范围从近 86%（葡萄牙）到 98%以上（奥地利和南非）不等；在高等教育阶段，变化范围从 78%（土耳其）到 97%（比利时）不等（表 B6. 1 和表 B6. 2，图 B6. 2）。

从 OECD 国家平均水平来看，初等教育、中等教育和中等后非高等教育阶段合计（93. 0%）与高等教育阶段（90. 0%）的经常性支出占比相差 3 个百分点。尽管如此，初等教育、中等教育和中等后非高等教育阶段合计与高等教育阶段的经常性支出的差异可能相对较大。在大多数国家，较低学段的经常性支出份额高于较高学段的份额。例外的国家为芬兰、以色列、荷兰、挪威、葡萄牙和瑞典，在这些国家高等教育阶段的经常性支出份额比初等教育、中等教育和中等后非高等教育阶段合计份额高 1—4 个百分点。相反，在澳大利亚、匈牙利、印度尼西亚、意大利、拉脱维亚、波兰、斯洛伐克、西班牙和土耳其，初等教育、中等教育和中等后非高等教育阶段合计的经常性支出份额比高等教育高 5 个百分点及以上。

不同国家之间的差异可能会反映出每个国家不同教育阶段的组织方式，也可能会反映出扩招对新建校舍的需求程度，尤其是在高等教育阶段。在印度尼西亚（20. 2%）、拉脱维亚（18. 4%）、波兰（18. 4%）、斯洛伐克（18. 8%）和土耳其（22. 0%），高等教育阶段资本支出都在 15%以上。每个国家统计大学校舍相关支出的方法也可解释高等教育阶段经常性支出和资本支出份额的差异。例如，教育用建筑和土地既可以是教育机构所有，也可以是免费使用或者租赁，而且经常性支出和资本支出的数量在一定程度上取决于一国房地产管理的类型［参见《教育概览 2012》专栏 B6. 1（OECD，2012）］。

经常性支出结构

教育机构的经常性支出可细分为三大功能类别：教师薪酬、其他职员薪酬和其他经常性支出。其他经常性支出包括教学材料和必需品、校舍维护、学生餐饮和学校设施的租赁费用等。分配到每个类别的金额在一定程度上取决于当前和预期的招生变化、教职人员的工资以及教育设施的建设和维护成本。尽管事实上这些类别支出的份额每年不会有大的变动，但国家的决策可能会同时影响其数量及其份额。

就 OECD 国家平均而言，在初等教育、中等教育和中等后非高等教育阶段，62%以上的经常性支出用于教师薪酬，15%以上用于其他职员薪酬，21%以上用于薪酬之外的其他支出。在高等教育阶段，就 OECD 国家平均而言，近 40%的经常性支出用于教师薪酬，因为用于其他职员（26%以上）和其他经常性支出（约 33%）的份额更大。

如何在初等教育、中等教育和中等后非高等教育阶段与高等教育阶段之间分配经常性支出，存在较大差异。例如，在所有国家中，初等教育、中等教育和中等后非高等教育阶段合计的教师工资份额高于高等教育阶段。

图 B6. 2　教育机构的经常性支出和资本支出比例（2012 年）

按资源类别和教育阶段划分

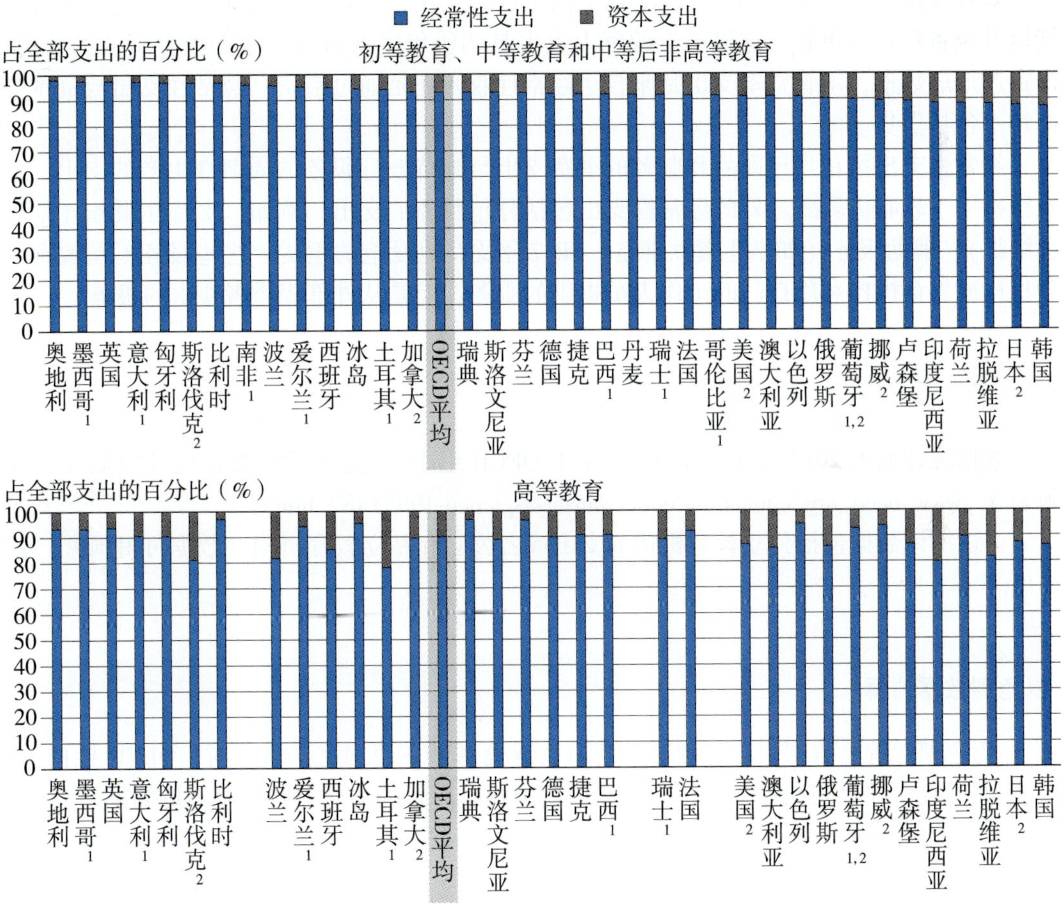

1. 仅公立学校（意大利，高等教育除外）。

2. 某些教育阶段包括其他教育阶段在内。参见表 B1. 1a 中的“x”代码。

按照初等教育、中等教育和中等后非高等教育阶段经常性支出比重降序排列。

数据来源：OECD. Table B6. 2. See Annex 3 for notes（www. oecd. org/education/education-at-a-glance-19991487. htm）.

StatLink http：//dx. doi. org/10. 1787/888933284103

只有 4 个国家，即捷克（42. 0%）、芬兰（35. 7%）、斯洛伐克（33. 9%）和瑞典（32. 2%），其初等教育、中等教育和中等后非高等教育阶段的其他经常性支出份额超过 30%。相比之下，在高等教育阶段，该份额在半数以上的 OECD 国家中超过了 30%，只有 2 个国家低于 20%，即巴西（18. 9%）和冰岛（17. 4%）。

用于教职员薪酬之外的经常性支出在不同教育阶段之间的差异，表明这些教育阶段行政管理系统（例如，员工数量或行政管理人员能够获得的设备等）的规模存在差异。一般高等教育阶段设施设备的成本要高于其他教育阶段。同时，其他职员薪酬的国家间差异可能反映出“非教学职员”（参见指标 D2）（例如，校长、指导员、巴士司机、校医、门卫和维修工人）中包含教职人员的程度。高等教育阶段参与研发工作的教职员薪酬，可能也会在一定程度上解释不同国家、不同教育阶段之间存在的、用于其他教职员薪酬的经常性支出份额差异。

定 义

资本支出指用于使用期限在 1 年以上的资产的支出，包括校舍的新建、改造或重大修缮以及设备购置或更新。这里报告的资本支出是调研年度获得或产生的教育资产的价值，即资产形成数量，不管资本支出是来自于经常性收入还是通过借贷。经常性支出与资本支出均不包括借贷。

经常性支出指在当年商品和服务的消费支出与维持教育服务的周期性生产的支出。教育机构用于教职员薪酬之外的经常性支出包括分包服务的支出，例如，支持性服务（如校舍维护）、辅助服务（如学生餐饮准备）和校舍及其他设施的租赁。这些服务不是教育管理机构或教育机构利用自己的工作人员提供的服务，而是从外部提供者获得的服务。

方 法

数据统计期为 2012 财年，基于 2014 年 OECD 组织实施的 UOE 教育统计数据（详见附录 3，www. oecd. org/education/education-at-a-glance-19991487. htm）。

上述统计数据包括公立教育机构的支出或者公立和私立教育机构（数据可得国家）的支出。

以色列数据注释

以色列的统计数据由以色列有关当局负责提供。在使用这些数据时，OECD 根据国际法的规定对戈兰高地、东耶路撒冷和约旦河西岸以色列定居点的地位不持偏见。

参考文献

OECD（2012），*Education at a Glance 2012：OECD Indicators*，OECD Publishing，Paris，http：//dx. doi. org/10. 1787/eag-2012-en.

表 B6.1 初等教育、中等教育的教育机构支出，按资源类别划分（2012 年）

来源于公共和私人的教育机构的全部和经常性支出分布

		初等教育						中等教育					
		占全部支出的百分比		占经常性支出的百分比				占全部支出的百分比		占经常性支出的百分比			
		经常性支出	资本支出	教师薪酬	其他人员薪酬	所有人员薪酬	其他经常性支出	经常性支出	资本支出	教师薪酬	其他人员薪酬	所有人员薪酬	其他经常性支出
		(1)	(2)	(3)	(4)	(5)	(6)	(7)	(8)	(9)	(10)	(11)	(12)
OECD 国家	澳大利亚	**91.3**	**8.7**	62.9	15.3	78.2	21.8	**90.8**	**9.2**	x(11)	x(11)	75.0	25.0
	奥地利	**97.8**	**2.2**	62.0	13.3	75.3	24.7	**98.1**	**1.9**	66.9	6.9	73.8	26.2
	比利时[1]	**95.2**	**4.8**	67.5	21.6	89.1	10.9	**97.8**	**2.2**	71.3	17.9	89.2	10.8
	加拿大[1,2]	**93.2**	**6.8**	63.7	15.0	78.6	21.4	**93.2**	**6.8**	63.7	15.0	78.6	21.4
	智利	**m**	**m**	m	m	m	m	**m**	**m**	m	m	m	m
	捷克	**90.1**	**9.9**	43.8	18.8	62.6	37.4	**93.0**	**7.0**	43.5	12.7	56.2	43.8
	丹麦	**90.1**	**9.9**	68.3	19.2	87.4	12.6	**93.4**	**6.6**	65.1	16.9	82.0	18.0
	爱沙尼亚	**m**	**m**	m	m	m	m	**m**	**m**	m	m	m	m
	芬兰[1]	**93.1**	**6.9**	54.5	10.4	64.8	35.2	**92.6**	**7.4**	50.6	13.4	64.0	36.0
	法国	**91.6**	**8.4**	56.3	21.3	77.6	22.4	**91.5**	**8.5**	57.9	23.6	81.5	18.5
	德国	**93.7**	**6.3**	x(5)	x(5)	82.2	17.8	**92.0**	**8.0**	x(11)	x(11)	82.7	17.3
	希腊	**m**	**m**	m	m	m	m	**m**	**m**	m	m	m	m
	匈牙利	**96.9**	**3.1**	x(5)	x(5)	70.5	29.5	**97.0**	**3.0**	x(11)	x(11)	70.4	29.6
	冰岛	**94.9**	**5.1**	x(5)	x(5)	74.1	25.9	**93.8**	**6.2**	x(11)	x(11)	73.2	26.8
	爱尔兰[3]	**94.6**	**5.4**	71.6	18.5	90.1	9.9	**95.6**	**4.4**	63.9	15.1	79.1	20.9
	以色列	**90.0**	**10.0**	x(5)	x(5)	83.7	16.3	**92.5**	**7.5**	x(11)	x(11)	79.4	20.6
	意大利[3]	**96.4**	**3.6**	62.0	21.0	83.0	17.0	**97.9**	**2.1**	61.9	19.8	81.7	18.3
	日本[1]	**86.9**	**13.1**	x(5)	x(5)	85.8	14.2	**88.0**	**12.0**	x(11)	x(11)	85.9	14.1
	韩国	**87.1**	**12.9**	56.3	15.2	71.5	28.5	**87.0**	**13.0**	56.0	15.8	71.8	28.2
	卢森堡	**86.5**	**13.5**	71.8	5.6	77.4	22.6	**91.0**	**9.0**	77.1	11.1	88.2	11.8
	墨西哥[3]	**97.5**	**2.5**	86.4	8.2	94.6	5.4	**97.4**	**2.6**	75.3	15.7	91.1	8.9
	荷兰	**88.3**	**11.7**	x(5)	x(5)	82.5	17.5	**88.0**	**12.0**	x(11)	x(11)	81.6	18.4
	新西兰	**m**	**m**	m	m	m	m	**m**	**m**	m	m	m	m
	挪威[1]	**90.3**	**9.7**	x(5)	x(5)	80.6	19.4	**88.7**	**11.3**	x(11)	x(11)	80.0	20.0
	波兰	**94.7**	**5.3**	x(1)	x(1)	x(1)	x(1)	**96.6**	**3.4**	x(7)	x(7)	x(7)	x(7)
	葡萄牙[1,3]	**96.1**	**3.9**	x(5)	x(5)	87.3	12.7	**85.7**	**14.3**	x(11)	x(11)	85.2	14.8
	斯洛伐克[1]	**96.3**	**3.7**	49.7	13.3	63.0	37.0	**97.2**	**2.8**	54.1	13.5	67.5	32.5
	斯洛文尼亚[1]	**93.1**	**6.9**	x(5)	x(5)	80.4	19.6	**92.8**	**7.2**	x(11)	x(11)	76.4	23.6
	西班牙[1]	**95.0**	**5.0**	67.6	10.4	78.0	22.0	**94.9**	**5.1**	72.6	9.0	81.6	18.4
	瑞典	**93.4**	**6.6**	52.9	16.6	69.5	30.5	**92.7**	**7.3**	51.1	15.3	66.4	33.6
	瑞士[1,3]	**90.3**	**9.7**	66.0	17.0	82.9	17.1	**92.9**	**7.1**	73.0	12.1	85.1	14.9
	土耳其[3]	**95.4**	**4.6**	x(5)	x(5)	90.3	9.7	**93.5**	**6.5**	x(11)	x(11)	84.4	15.6
	英国	**97.2**	**2.8**	68.8	9.5	78.4	21.6	**97.6**	**2.4**	65.1	10.8	75.9	24.1
	美国	**91.2**	**8.8**	54.6	26.8	81.4	18.6	**91.2**	**8.8**	54.6	26.7	81.4	18.6
	OECD 平均	**92.9**	**7.1**	62.5	15.6	79.3	20.7	**93.2**	**6.8**	62.4	15.1	78.2	21.8
	欧盟 21 国平均	**93.7**	**6.3**	61.3	15.3	77.7	22.3	**94.0**	**6.0**	61.6	14.3	76.9	23.1
伙伴国	阿根廷	**m**	**m**	m	m	m	m	**m**	**m**	m	m	m	m
	巴西[2]	**91.4**	**8.6**	x(5)	x(5)	72.9	27.1	**92.5**	**7.5**	x(11)	x(11)	73.5	26.5
	中国	**m**	**m**	m	m	m	m	**m**	**m**	m	m	m	m
	哥伦比亚[3,4]	**91.5**	**8.5**	81.7	9.7	91.5	8.5	**91.5**	**8.5**	81.7	9.7	91.5	8.5
	印度	**m**	**m**	m	m	m	m	**m**	**m**	m	m	m	m
	印度尼西亚[4]	**86.0**	**14.0**	x(5)	x(5)	84.6	15.4	**92.1**	**7.9**	x(11)	x(11)	68.6	31.4
	拉脱维亚	**87.9**	**12.1**	x(5)	x(5)	74.8	25.2	**88.1**	**11.9**	x(11)	x(11)	72.2	27.8
	俄罗斯	**m**	**m**	m	m	m	m	**m**	**m**	m	m	m	m
	沙特阿拉伯	**m**	**m**	m	m	m	m	**m**	**m**	m	m	m	m
	南非[3]	**94.1**	**5.9**	77.4	4.6	82.0	18.0	**98.6**	**1.4**	82.6	4.6	87.2	12.8
	G20 平均	**m**	**m**	m	m	m	m	**m**	**m**	m	m	m	m

1. 某些教育阶段包括其他教育阶段在内。参见表 B1.1a 中的“x”代码。
2. 2011 年数据。
3. 仅公立学校。
4. 2013 年数据。

数据来源：OECD. Argentina, China, Colombia, India, Indonesia, Saudi Arabia, South Africa: UNESCO Institute for Statistics. Latvia: Eurostat. See Annex 3 for notes (www.oecd.org/education/education-at-a-glance-19991487.htm).

缺失数据代码参见《读者指南》。

StatLink http://dx.doi.org/10.1787/888933285635

表 B6.2　教育机构支出，按资源类别和教育阶段划分（2012 年）

来源于公共和私人的教育机构的全部和经常性支出分布

	初等教育、中等教育和中等后非高等教育						高等教育					
	占全部支出的百分比		占经常性支出的百分比				占全部支出的百分比		占经常性支出的百分比			
	经常性支出	资本支出	教师薪酬	其他人员薪酬	所有人员薪酬	其他经常性支出	经常性支出	资本支出	教师薪酬	其他人员薪酬	所有人员薪酬	其他经常性支出
	(1)	(2)	(3)	(4)	(5)	(6)	(7)	(8)	(9)	(10)	(11)	(12)
OECD 国家												
澳大利亚	91.2	8.8	x(5)	x(5)	76.0	24.0	85.2	14.8	x(11)	x(11)	62.4	37.6
奥地利	98.0	2.0	65.2	8.7	73.9	26.1	93.3	6.7	59.8	5.0	64.9	35.1
比利时	96.9	3.1	69.9	19.2	89.1	10.9	97.0	3.0	49.0	28.4	77.4	22.6
加拿大[1,2]	93.2	6.8	63.7	15.0	78.6	21.4	89.5	10.5	38.2	28.3	66.5	33.5
智利	m	m	m	m	m	m	m	m	m	m	m	m
捷克	92.2	7.8	43.6	14.4	58.0	42.0	90.6	9.4	25.2	15.4	40.6	59.4
丹麦	91.9	8.1	66.6	17.9	84.5	15.5	m	m	m	m	m	m
爱沙尼亚	m	m	m	m	m	m	m	m	m	m	m	m
芬兰	92.8	7.2	51.9	12.4	64.3	35.7	96.4	3.6	33.8	28.9	62.7	37.3
法国	91.6	8.4	57.3	22.9	80.2	19.8	92.0	8.0	39.7	38.6	78.4	21.6
德国	92.4	7.6	x(5)	x(5)	82.1	17.9	89.8	10.2	x(11)	x(11)	66.7	33.3
希腊	m	m	m	m	m	m	m	m	m	m	m	m
匈牙利	96.9	3.1	x(5)	x(5)	70.1	29.9	90.5	9.5	x(11)	x(11)	60.5	39.5
冰岛	94.4	5.6	x(5)	x(5)	73.6	26.4	95.3	4.7	x(11)	x(11)	82.6	17.4
爱尔兰[3]	95.2	4.8	65.8	16.6	82.4	17.6	94.1	5.9	43.2	28.6	71.9	28.1
以色列	91.0	9.0	x(5)	x(5)	81.9	18.1	94.6	5.4	x(11)	x(11)	70.9	29.1
意大利[3,4]	97.3	2.7	60.5	20.4	80.8	19.2	90.5	9.5	33.3	29.5	62.9	37.1
日本[2]	87.5	12.5	x(5)	x(5)	85.8	14.2	87.2	12.8	x(11)	x(11)	59.6	40.4
韩国	87.0	13.0	56.1	15.6	71.7	28.3	86.2	13.8	34.9	19.5	54.4	45.6
卢森堡[3]	89.1	10.9	74.8	8.8	83.6	16.4	86.6	13.4	16.5	50.0	66.4	33.6
墨西哥[3]	97.5	2.5	81.1	11.8	92.9	7.1	93.2	6.8	61.7	15.3	77.0	23.0
荷兰	88.1	11.9	x(5)	x(5)	81.9	18.1	89.5	10.5	x(11)	x(11)	70.3	29.7
新西兰	m	m	m	m	m	m	m	m	m	m	m	m
挪威[2]	89.4	10.6	x(5)	x(5)	80.2	19.8	93.9	6.1	x(11)	x(11)	68.1	31.9
波兰	95.7	4.3	x(1)	x(1)	x(1)	x(1)	81.6	18.4	x(11)	x(11)	75.7	24.3
葡萄牙[2,3]	89.8	10.2	x(5)	x(5)	86.1	13.9	92.8	7.2	x(11)	x(11)	70.8	29.2
斯洛伐克[2]	96.9	3.1	52.7	13.4	66.1	33.9	81.2	18.8	31.5	22.2	53.7	46.3
斯洛文尼亚	92.9	7.1	x(5)	x(5)	78.3	21.7	88.9	11.1	x(11)	x(11)	72.9	27.1
西班牙	94.9	5.1	70.5	9.6	80.0	20.0	85.2	14.8	54.1	21.4	75.5	24.5
瑞典	93.0	7.0	52.0	15.8	67.8	32.2	96.6	3.4	x(11)	x(11)	64.3	35.7
瑞士[3]	91.8	8.2	69.9	14.2	84.2	15.8	88.9	11.1	49.4	27.3	76.7	23.3
土耳其[3]	94.2	5.8	x(5)	x(5)	86.4	13.6	78.0	22.0	x(11)	x(11)	62.4	37.6
英国	97.4	2.6	66.7	10.3	77.0	23.0	93.7	6.3	35.6	28.1	63.6	36.4
美国[2]	91.2	8.8	54.6	26.7	81.4	18.6	86.7	13.3	29.4	35.4	64.8	35.2
OECD 平均	93.0	7.0	62.4	15.2	78.6	21.4	90.0	10.0	39.7	26.4	67.1	32.9
欧盟 21 国平均	93.8	6.2	61.4	14.6	77.0	23.0	90.6	9.4	38.3	26.9	66.6	33.4
伙伴国												
阿根廷	m	m	m	m	m	m	m	m	m	m	m	m
巴西[3]	92.1	7.9	x(5)	x(5)	73.2	26.8	90.6	9.4	x(11)	x(11)	81.1	18.9
中国	m	m	m	m	m	m	m	m	m	m	m	m
哥伦比亚[3,5]	91.5	8.5	81.7	9.7	91.5	8.5	m	m	m	m	m	m
印度	m	m	m	m	m	m	m	m	m	m	m	m
印度尼西亚[5]	88.3	11.7	x(5)	x(5)	78.3	21.7	79.8	20.2	x(11)	x(11)	31.2	68.8
拉脱维亚	88.0	12.0	x(5)	x(5)	73.3	26.7	81.6	18.4	x(11)	x(11)	64.7	35.3
俄罗斯	90.2	9.8	x(5)	x(5)	77.4	22.6	85.8	14.2	x(11)	x(11)	62.9	37.1
沙特阿拉伯[3,5]	m	m	m	m	m	m	m	m	m	m	m	m
南非[3]	96.0	4.0	79.7	4.6	84.3	15.7	m	m	m	m	m	m
G20 平均	m	m	m	m	m	m	m	m	m	m	m	m

1. 2011 年数据。
2. 某些教育阶段包括其他教育阶段在内。参见表 B1.1a 中的“x”代码。
3. 仅公立学校（意大利和英国，高等教育除外；卢森堡，仅高等教育）。
4. 短期高等教育课程除外。
5. 2013 年数据。

数据来源：OECD. Argentina, China, Colombia, India, Indonesia, Saudi Arabia, South Africa: UNESCO Institute for Statistics. Latvia: Eurostat. See Annex 3 for notes (www.oecd.org/education/education-at-a-glance-19991487.htm).

缺失数据代码参见《读者指南》。

StatLink http://dx.doi.org/10.1787/888933285646

哪些因素影响教育经费支出水平？

- 四个因素影响与生均教师工资成本相关的教育支出：学生上课时间、教师教学时间、教师工资和估计班额。相应地，这四个因素的多种组合可以产生特定的生均教师工资成本水平。
- 在大多数国家，生均教师工资成本随教育阶段升高而增长。
- 2010—2013 年，大多数国家初等教育阶段与初级中等教育阶段生均教师工资成本均出现增长。平均而言，初等教育阶段的增幅为 2.6%（从 2 550 美元到 2 616 美元），初级中等教育阶段的增幅为 1.0%（从 3 185 美元到 3 215 美元）。

图 B7.1　生均教师工资成本，按教育阶段划分（2013 年）

以美元计

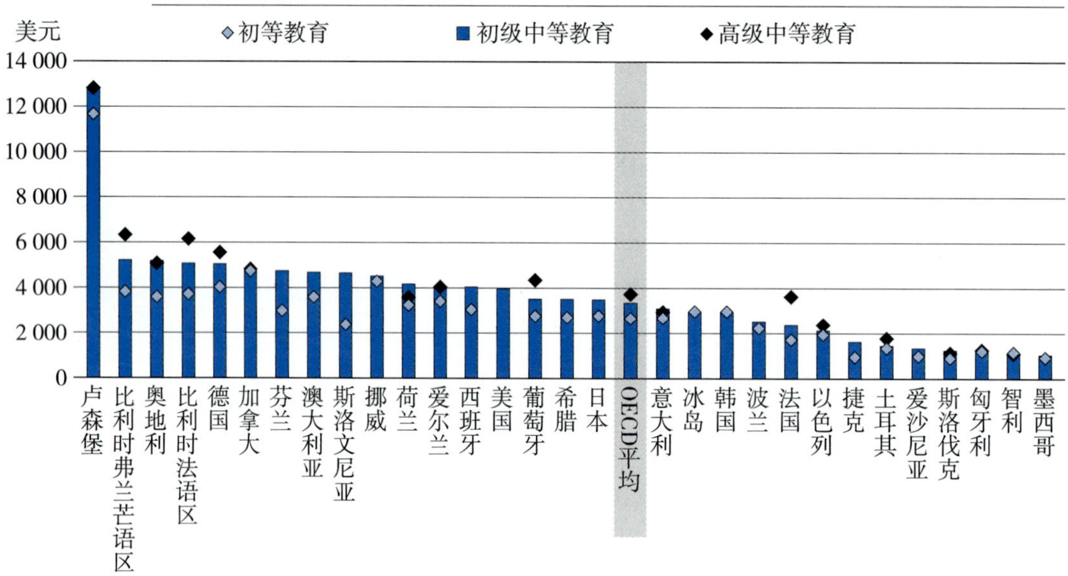

国家按照初级中等教育阶段生均教师工资降序排列。

数据来源：OECD. Table B7.1. See Annex 3 for notes（www.oecd.org/education/education-at-a-glance-19991487.htm）.

StatLink http://dx.doi.org/10.1787/888933284112

背　景

各国政府越来越重视教育投入资源的数量与学生学业成就之间的关系。各国政府在力求为其民众提供更多和更好教育的同时，还要确保公共经费的高效利用，特别是当公共预算日益紧缩之时。教师薪酬通常占教育支出的份额最大，因此，占生均支出的份额也是最大（参见指标 B6）。教师薪酬是学生上课时间、教师教学时间、教师工资，以及根据估计班额得到的学生所需教师数量的函数（参见专栏 B7.1）。

不同国家在这四个因素上的差异，可以解释生均支出水平的差异。同样地，这些因素的不同组合也可以产生特定的支出水平。本指标考量了各个国家在初等教育和中等教育阶段资源投入时的不同政策选择，探索了各国在2005年、2010年与2013年对这四个因素的政策调整如何影响了教师工资成本水平。然而，某些选择的变化不一定源于决策，而是由于人口变化，诸如学生数量的缩减。例如，近些年在入学人数下降的国家，班额也会缩减（假定其他因素恒定），除非教师数也同时下降。

其他发现

- 各国相近的支出水平会掩盖其政策选择的差异。这有助于解释为什么教育总投入和学生学业成绩水平之间并不是一种简单的关系。比如，2013年，在高级中等教育阶段，奥地利和加拿大的生均教师工资成本相近，均高于平均水平。在奥地利，这主要是由高于平均水平的教师工资与学生上课时间，以及低于平均水平的教学时间和估计班额所引起的。在加拿大，这主要是高于平均水平的教师工资所致，低于均值的班额也是一小部分原因。而且低于均值的班额带来的影响，可以被高于均值的教学时间和低于均值的学生上课时间所略微抵消。
- 在各个教育阶段，教师工资通常是导致生均教师工资成本差异的主要因素。估计班额是第二大因素。
- 如将各国财富差异纳入考虑，教师工资不再是造成生均教师工资成本平均水平差异的主要因素。

趋　势

2010—2013年，生均教师工资成本增加主要受两个因素变化的影响：教师工资和估计班额。在此期间，数据可得的国家中，初等教育和初级中等教育阶段教师工资平均下降了不到1%，估计班额在初等教育阶段平均下降了1%，而初级中等教育阶段的估计班额增长超过了10%。在多数国家中，另外两个因素，即上课时间和教学时间的变化较小，但是均值受到一些国家大幅变化的影响。在这两年数据可得的国家中，此间初级中等教育阶段的教学时间变化最大，平均增长了2.9%。

2010—2013年，在初等教育和初级中等教育阶段，增加了和减少了教师工资和/或缩小了估计班额的国家数量相近。这些变化导致了大多数国家生均教师工资成本增加以及这两年数据可得国家的均值增加。但是此间一些国家的生均教师工资成本出现了下降，最为显著的是葡萄牙和西班牙的初等教育和初级中等教育阶段（下降了15%或更多），这两个国家教师工资的降低伴随着估计班额的增加，这是生均教师工资下降的主要原因。一些国家自2005年也开始改革，影响了生均教师工资成本。比如，匈牙利于2006年在中等教育阶段增加了教学时间，减少了该学段的所需教师数量，导致了教师工资支出下降。意大利进行了班额改革，略微增加了每班的学生人数，这使得生均教师工资成本降低（参见《教育概览2012》表B7.5）。

B7

分 析

按教育阶段划分的生均教师工资成本的变化

生均支出反映了与学校组织和课程相关的结构性和制度性因素。可以将支出经费分解为教师薪酬和其他支出（指除教师薪酬以外的其他支出）。教师薪酬通常占据教育支出的最大份额。因此，教师薪酬的水平除以学生数（在此称为“生均教师工资成本”）成为生均支出的主要组成部分。

专栏 B7.1 生均教师工资成本与学生上课时间、教师教学时间、教师工资以及班额的关系

分析生均经费的影响因素及影响程度的方法之一，是将各国数据与 OECD 国家平均值进行比较。分析时先计算出各国生均经费与 OECD 平均值的差异，再计算出造成各国与 OECD 平均值差异的各因素的贡献率。

这种计算基于不同因素之间的数学关系，采用了加拿大出版的《教育统计公报（2005）》中提到的方法（参见附录 3 说明）。教育支出与各国学校情况相关的各个因素（学生的上课时间、教师的教学时间、估计班额）以及与教师因素（法定工资）之间构成某种函数关系。

经费支出可以分解成教师薪酬和其他支出（定义为除教师薪酬以外的所有支出）两部分。教师薪酬除以学生数，或者称为“生均教师工资成本”（CCS），可以通过如下公式计算：

$$CCS = SAL \times instT \times \frac{1}{teachT} \times \frac{1}{ClassSize} = \frac{SAL}{Ratiostud/teacher}$$

SAL：教师工资（估计为教龄为 15 年以上的教师的法定工资）

instT：学生上课时间（估计为每年为学生计划安排的上课小时数）

teachT：教师教学时间（估计为每年教师教学的小时数）

ClassSize：班额的替代值

Ratiostud/teacher：生师比

除了班额外（在高级中等教育阶段不计算班额，因为学生在这个阶段可能根据学科领域选择几门课程，所以很难对班额进行定义和比较），不同变量的值可以通过《教育概览》第四章中的指标进行计算。但是，为了便于分析，需要根据生师比和教师教学时数以及学生上课时数计算出一个估计班额或替代值（参见专栏 D2.2）。因为是替代值，所以对估计班额的解释要谨慎。

应用这个数学公式，比较各国四个因素的值与 OECD 平均值，就可以计算出每一个因素影响各国生均教师工资成本与 OECD 平均值差异的直接和间接贡献率（详见附录 3）。比如，当仅有两个因素相互影响时，如果一个教师每小时的工资提高了 10%，工作时数增加了 20%，他/她的收入会受这些因素变化产生的直接贡献（0.1+0.2）和这两个因素的组合而产生的间接贡献（0.1 ×0.2）而增加 32%。考虑到各国财富水平的差异，在比较生均教师工资成本时，生均成本和教师工资都可以除以人均 GDP（假设人均 GDP 是国家财富水平的一个估计值）。这样就可以比较各国“相对”的生均教师工资成本（参见《教育概览 2015》的表格，可在线查询）。

> 生均教师工资成本由这几个理论值估算：教师工资范畴的某个点的固定工资、理论上的学生上课时间和法定的教师教学时间，以及估计班额。所以，根据这种方法算出的结果可能与上面四个因素实际均值计算出的教师实际工资有差异。这也可以部分地解释本指标与指标 B1、B2、B3 和 B6 中基于各级教育实际支出和学生人数计算出的结果的差异。

教师薪酬是由学生上课时间、教师教学时间、教师工资和根据估计班额得到的学生所需的教师数量（参见专栏 B7.1）而计算得出的。因此，不同国家在这四个因素上的差异可以解释支出水平的差异。同样地，这四个因素的多种不同组合可以产生特定的支出水平。同理，某一支出水平，也可源于这些因素的不同组合。

在 OECD 各国之间，生均教师工资成本呈现出共同模式：它们通常随着受教育阶段的升高明显增加。然而，一些国家高级中等教育阶段的生均教师工资成本反而低于初级中等教育阶段的生均教师工资成本。在 2013 年数据可得的 OECD 国家中，初等教育的生均教师工资成本平均为 2 677 美元，初级中等教育的生均教师工资成本平均为 3 350 美元，高级中等教育的生均教师工资成本平均为 3 749 美元（图 B7.1）。

OECD 国家间教师工资成本的差异

不同教育阶段生均教师工资成本在各国间存在着显著差异。2013 年，加拿大、智利、匈牙利、冰岛和墨西哥在三个教育阶段的生均教师工资成本相差不到 100 美元，但在法国相差超过了 1 900 美元，在比利时（弗兰芒语区和法语区）和斯洛文尼亚则相差超过 2 000 美元（表 B7.1 和图 B7.1）。

随着教育阶段的升高，生均教师工资成本也随之提高，部分原因在于较高的教育阶段的教师工资和学生学习时间都增加了。2013 年，OECD 国家初等教育阶段教师平均工资为 41 864 美元，初级中等教育阶段为 43 634 美元，高级中等教育阶段为 45 701 美元。同样，OECD 国家学生年均上课时间也从初等教育阶段的 794 小时、初级中等教育阶段的 905 小时上升到高级中等教育阶段的 929 小时。生均教师工资成本的增加也与教师教学时间随着教育阶段升高而减少有关，这意味着特定数量的学生需要更多的教师（2013 年 OECD 国家的年均教学时间，初等教育阶段为 772 小时，初级中等教育阶段为 694 小时，高级中等教育阶段为 643 小时）。然而，较高教育阶段的较大班额通常降低了生均教师工资成本（OECD 平均估计班额，初等教育阶段为 15.2 个学生，初级中等教育阶段为 17.3 个学生，高级中等教育阶段为 17.6 个学生）（表 B7.2a、表 B7.2b 和表 B7.2c，可在线查询）。

2010—2013 年，生均教师工资成本的变化

某一特定教育阶段的生均教师工资成本也随着时间的变化而变化。由于无高级中等教育阶段的趋势数据，仅对初等教育和初级中等教育阶段的生均教师工资成本的变化进行了分析。这一分析也仅限于 2010 和 2013 年数据可得的国家（初等教育阶段和初级中等教育阶段分别为 24 个国家和 23 个国家），因为只有极少数国家有长期（2005 年、2010 年和 2013 年的）可比数据。

就 2010 年和 2013 年数据可得的国家平均而言，初等教育和初级中等教育阶段的生均教师工资成本都有小幅增长（增幅不到 3%），初等教育阶段从 2 550 美元增长到 2 616 美

元，初级中等教育阶段从 3 185 美元增长到 3 215 美元（图 B7.2）。

2010—2013 年，大多数国家这些教育阶段的生均教师工资成本均有所增长。韩国初等教育阶段增长了 25%或更多，以色列初等教育阶段和波兰初级中等教育阶段的增长均超过了 35%（图 B7.3）。

但 2010—2013 年，很多国家的生均教师工资成本出现下降，葡萄牙（初等教育阶段下降 29%，初级中等教育阶段下降 34%）和西班牙（初等教育阶段下降约 15%，初级中等教育阶段下降 24%）尤为突出。匈牙利和意大利的初等教育阶段，以及比利时法语区、匈牙利和斯洛文尼亚初级中等教育阶段的生均教师工资成本降幅超过了 10%甚至高达 15%（图 B7.2）。

图 B7.2 初等教育和初级中等教育阶段生均教师工资成本的变化（2005 年、2010 年和 2013 年）

以美元计

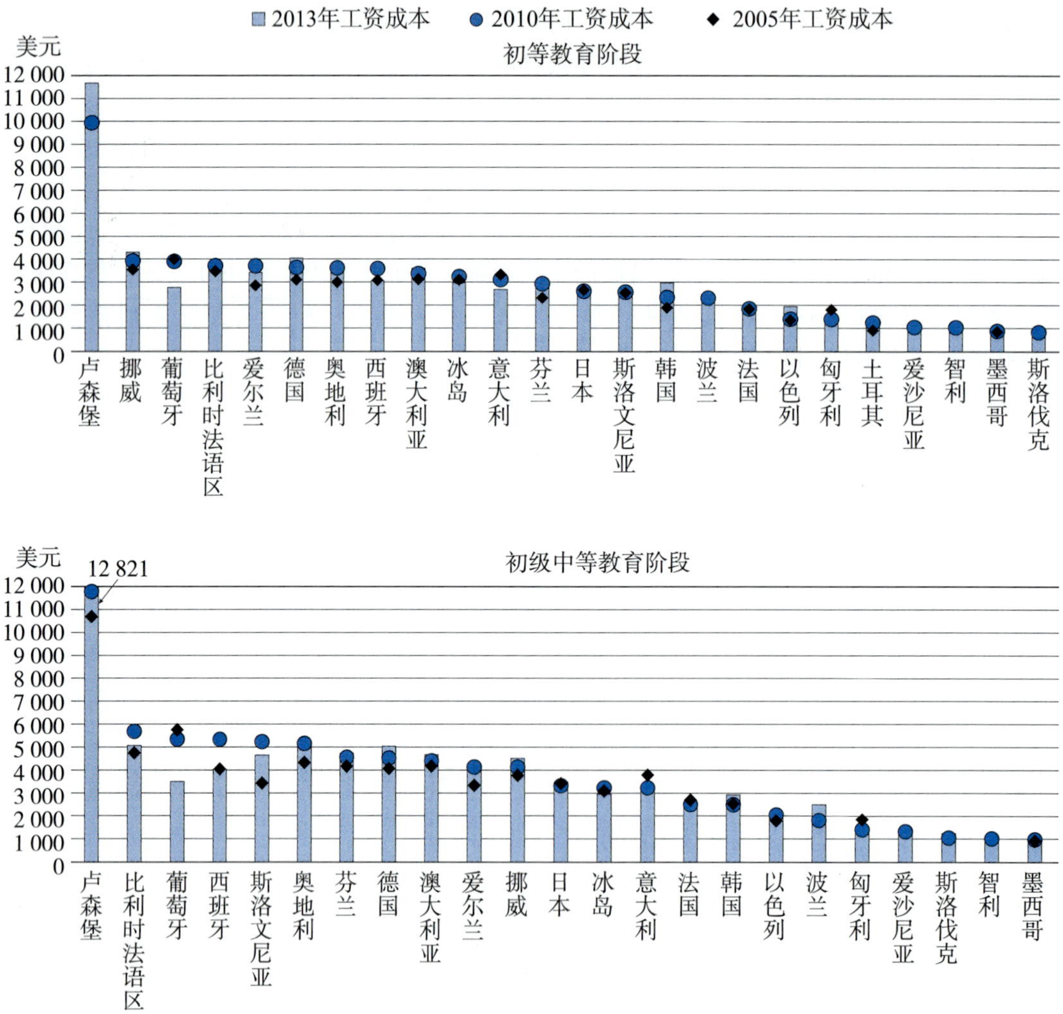

国家按照 2010 年生均教师工资成本降序排列。

数据来源：OECD. Table B7.3 and B7.4. See Annex 3 for notes（www.oecd.org/education/education-at-a-glance-19991487.htm）.

StatLink http：//dx.doi.org/10.1787/888933284120

教师工资和班额变化对生均教师工资成本的影响

在决定生均教师工资成本的四个因素中，教师工资和班额是影响教师工资成本出现较大变化的两个主要因素。2010—2013 年数据可得的国家中，教师平均工资（按不变价格）在初等教育和初级中等教育阶段下降了不到 1.0%，而估计班额在初等教育阶段平均缩小了 1.0%，在初级中等教育阶段增长超过了 10%（表 B7.2a 和表 B7.2b）。

2010—2013 年数据可得的 OECD 国家中，教师平均工资（按实际计算）在初等教育和初级中等教育阶段的小幅上升和小幅下降的国家数量都相当。在这两个阶段，匈牙利、葡萄牙和西班牙的教师工资下降最为突出（下降了 10%或更多），这也是这些国家生均教师工资下降（估计班额同时增加）的原因（图 B7.3）。

图 B7.3 初等教育和初级中等教育阶段生均教师工资成本、教师工资和估计班额的变化（2010 年、2013 年）

2010—2013 年，变化的百分比

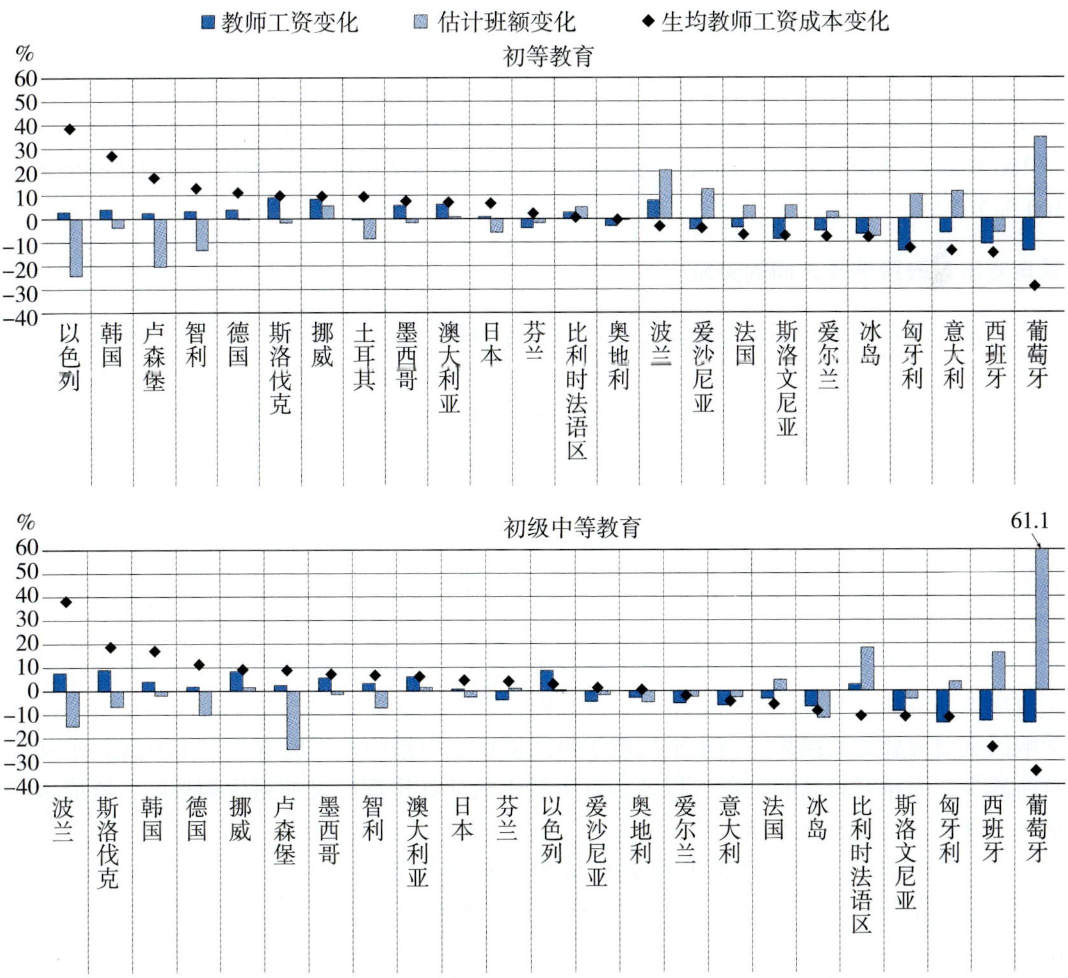

国家按照 2010—2013 年生均教师工资成本变化降序排列。

数据来源：OECD. Table B7.2a，B7.2b，B7.3 and B7.4. See Annex 3 for notes（www.oecd.org/education/education-at-a-glance-19991487.htm）.

StatLink http：//dx.doi.org/10.1787/888933284134

B7

2010—2013 年数据可得的 OECD 国家中，相近数量国家的减少和增加也造成了初等教育阶段平均估计班额的小幅下降和初级中等教育阶段平均估计班额的大幅上升。在初等教育和初级中等教育阶段，下降幅度最大的国家是 2010 年拥有相对较大估计班额的国家（智利和以色列的初等教育阶段，波兰的初级中等教育阶段），以及 2010 年估计班额低于平均水平的国家（卢森堡的初等教育阶段和初级中等教育阶段）。在以上所有这四个国家，都导致了生均教师工资成本增长。然而，在一些国家估计班额也出现大幅增长，致使生均教师工资成本下降。这在葡萄牙（初等教育阶段从 10. 6 名学生增加到 14. 3 名，初级中等教育阶段从 9. 5 名增加到 15. 3 名）和波兰的初等教育阶段（从 9. 3 名增加到 11. 2 名）、比利时法语区（从 11. 6 名增加到 13. 7 名）和西班牙（从 14. 9 名增加到 17. 2 名）的初级中等教育阶段尤为明显。

此间（表 B7. 2a 和表 B7. 2b），上课时间和教学时间这另外两个影响教师工资成本的因素在初等教育和初级中等教育阶段的平均值从 -0. 5%变化到 2. 9%（在两年数据均可得的国家）。这也许反映了在上述领域实施改革的政策敏感性（参见《教育概览 2012》表 B7. 5）。

然而，在少数国家，上课时间和/或教学时间变化确实较大。例如，在挪威、波兰和葡萄牙最近推行了增加阅读和数学上课时间的改革。2010—2013 年，韩国初等教育阶段（从 807 小时降低到 667 小时）和卢森堡（初级中等教育阶段，从 634 小时增长到 739 小时）的上课时间变化最大。2010—2013 年，一些国家的上课时间也发生了重大变化（变化幅度超过了 100 小时）。初级中等教育阶段，冰岛的上课时间减少了 100 多个小时，葡萄牙则增加了 100 多个小时。

教育支出与政策选择之间的关系

更高的教育支出并不自动等同于更好的教育体系。这毫不奇怪，因为教育支出水平相近的国家不一定采取相似的教育政策和实践。例如，在高级中等教育阶段，奥地利和加拿大 2013 年的生均教师工资成本水平相近（分别为 5 093 美元和 4 839 美元），均高于 OECD 平均水平。在加拿大，其主要原因是高于均值的教师工资，而奥地利则是低于均值的班额、上课时间，以及不太明显的高于均值的上课时间和教师工资共同作用的结果。匈牙利和斯洛伐克生均教师工资成本也相近（低于均值）。但这两个国家教师工资和教学时间相近，其他两个影响教师工资成本的因素（上课时间和估计班额）在两国间存在差异（表 B7. 5 和图 B7. 4）。

此外，尽管不同国家可以做出相近的政策选择，但这些选择可能导致不同的生均教师工资成本。例如，在加拿大和爱尔兰，高级中等教育阶段的生均教师工资成本是两个反向影响因素效应叠加的结果：高于平均教学时间使得生均教师工资成本相对于 OECD 平均值有所减少，而相对较高的工资（以及加拿大较小的估计班额）又使得生均教师工资成本相对于 OECD 平均值有所增加。

在这两个国家，这些因素的组合使得生均教师工资成本高于 OECD 平均值，但与 OECD 的均值差异不同，爱尔兰高出 315 美元，加拿大高出 1 091 美元（表 B7. 5 和图 B7. 4）。

按教育阶段划分的影响生均教师工资成本的主要因素

通过比较生均教师工资成本与 OECD 平均值的差异，并了解四个因素如何影响这种差异，我们能够分析各个因素在何种程度上影响生均教师工资成本差异。在每个教育阶段，通常来看，教师工资都是导致生均教师工资成本差异的主要因素。在 2013 年数据可得的国家中，初等教育阶段 29 个国家中有 22 个国家、初级中等教育教育阶段 30 个国家中有 17 个国家，以及高中教育阶段 16 个国家中有 14 个国家，其生均教师工资成本差异主要来源于教师工资差异。在生均教师工资成本最高的国家或最低的国家都是如此。

图 B7.4　高级中等教育阶段影响生均教师工资成本的各因素的贡献（2013 年）

以美元计

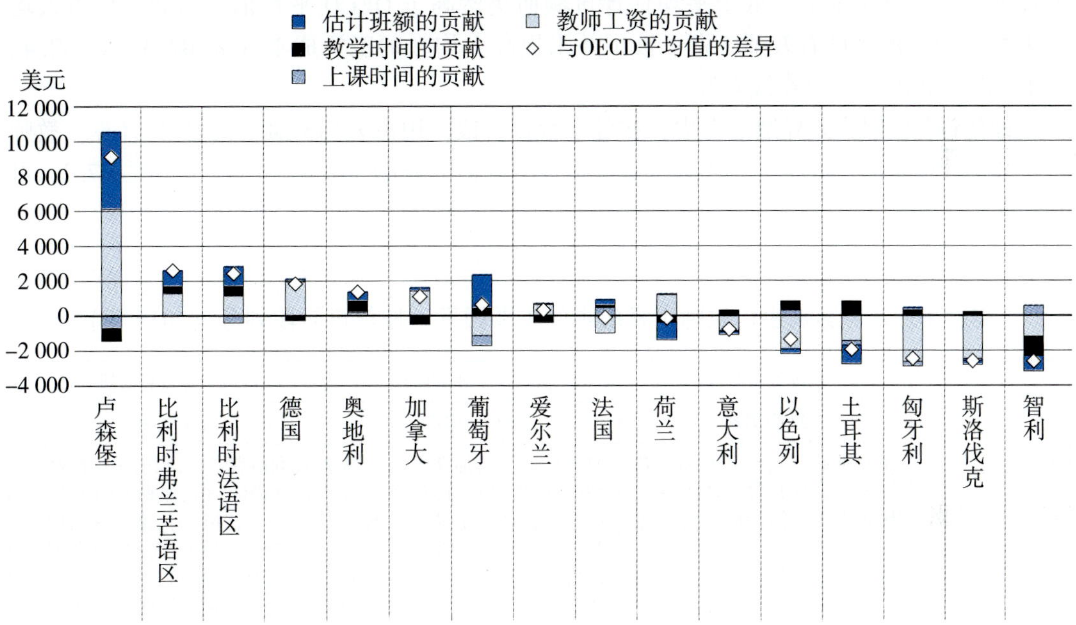

注：可在线查询以人均 GDP 表示的贡献的类似图表 。

国家按照生均教师工资成本与 OECD 平均值之间的差异降序排列。

数据来源：OECD. Table B7. 5. See Annex 3 for notes（www. oecd. org/education/education-at-a-glance-19991487. htm）.

StatLink http：//dx. doi. org/10. 1787/888933284144

如何阅读此图：

此图显示的是各国影响生均教师工资成本的各因素的贡献与 OECD 均值的差异。例如，智利的生均教师工资成本是 2 624 美元，低于 OECD 的均值。这是由于智利的教师工资低于 OECD 的均值（减 1 183 美元），高于均值的学生上课时间（加 557 美元），高于均值的教师教学时间（减 1 136 美元），以及高于均值的估计班额（减 863 美元）。

比如，在初级中等教育阶段教师工资成本水平最高的国家（卢森堡），高于均值的教师工资是造成其差异的主要因素；同样地，10 个生均教师工资成本最低的国家中有 7 个（智利、捷克、爱沙尼亚、匈牙利、以色列、波兰和斯洛伐克），教师工资也是造成其差异的主要因素（表 B7. 4）。

每个教育阶段的估计班额，是影响差异的第二大因素（初等教育阶段有 4 个国家、初级中等教育阶段有 11 个国家、高级中等教育阶段有 1 个国家的情况如此）。初级中等教育阶段，在 6 个生均教师工资成本最高的国家（地区）中有 3 个国家（地区），奥地利、比利时（弗兰芒语区和法语区），其低于均值的估计班额是造成生均教师工资成本与 OECD 平均值之间差异的主要原因（专栏 B7. 2 和表 B7. 4）。

B7

考虑国家财富后的生均教师工资成本主要影响因素

然而，教师工资水平以及生均教师工资成本，都取决于国家的相对财富。为了控制各国财富水平的差异，分析时采用了相对于人均 GDP 的教师工资（及生均工资成本）水平。采用此种分析比较相对的生均教师工资成本会影响各国的排名情况（图 B7.4，可在线查询）。但是，与用美元为单位的分析进行比较，发现只有少数国家的排名位置发生了显著变化。例如在高级中等教育阶段，以美元为单位计算的生均教师工资成本最高的是卢森堡，主要是因为用美元为单位计算的工资水平高，但用占人均 GDP 的比重计算的情况并非如此，尽管卢森堡由于低于平均估计班额而仍然高于 OECD 平均值。因此，从占人均 GDP 的百分比的角度看教师工资，该国并未提高生均教师工资成本（表 B7.3、表 B7.4、表 B7.5 和图 B7.4，可在线查询）。

即使将各国财富差异纳入考虑，在各个教育阶段，用占人均 GDP 的百分比计算，教师工资和估计班额仍是造成生均教师工资成本与平均值差异的主要因素（参见专栏 B7.2，可在线查询）。

专栏 B7.2 影响生均教师工资成本的主要因素，按教育阶段划分（2013 年）

	初等教育阶段	初级中等教育阶段	高级中等教育阶段
工资	22 个国家	17 个国家	14 个国家
	澳大利亚(+),比利时弗兰芒语区(+),比利时法语区(+),加拿大(+),智利(-),捷克(-),爱沙尼亚(-),德国(+),希腊(-),匈牙利(-),冰岛(-),爱尔兰(+),以色列(-),意大利(-),日本(+),韩国(+),卢森堡(+),荷兰(+),波兰(-),葡萄牙(-),斯洛伐克(-),土耳其(-)	澳大利亚(+),加拿大(+),智利(-),捷克(-),爱沙尼亚(-),德国(+),希腊(-),匈牙利(-),冰岛(-),爱尔兰(+),以色列(-),意大利(-),卢森堡(+),荷兰(+),波兰(-),葡萄牙(-),斯洛伐克(-)	比利时弗兰芒语区(+),比利时法语区(+),加拿大(+),智利(-),法国(-),德国(+),匈牙利(-),爱尔兰(+),以色列(-),意大利(-),卢森堡(+),荷兰(+),斯洛伐克(-),土耳其(-)
上课时间	1 个国家	1 个国家	0 个国家
	芬兰(-)	西班牙(+)	
教学时间	2 个国家	1 个国家	1 个国家
	法国(-),斯洛文尼亚(+)	美国(-)	奥地利(+)
估计班额	4 个国家	11 个国家	1 个国家
	奥地利(+),墨西哥(-),挪威(+),西班牙(+)	奥地利(+),比利时弗兰芒语区(+),比利时法语区(+),芬兰(+),法国(-),日本(-),韩国(-),墨西哥(-),挪威(+),斯洛文尼亚(+),土耳其(-)	葡萄牙(+)

注：国家根据对各级教育生均教师工资成本影响最大（按照美元衡量）的因素进行分类。正号或负号表示该因素是提高还是降低了生均教师工资成本。

数据来源：OECD. Table B7.3, B7.4 and B7.5. See Annex 3 for notes (www.oecd.org/education/education-at-a-glance-19991487.htm).

StatLink http://dx.doi.org/10.1787/888933285727

方　法

数据统计期为 2013 学年，2005 年和 2010 年的教师工资和教学时间数据基于 UOE 的教育统计数据，以及教师调查和课程调查收集的数据，这两个调查都是 2014 年 OECD 组织的调查。2005 年和 2010 年的其他数据都是基于 UOE 教育统计数据，以及教师调查和课程调查收集的数据，这些调查也由 OECD 组织，并且发表在 2007 年与 2012 年的《教育概览》中（生师比与上课时间）。2013 年教学时间的数据是 2014 年的《教育概览》中的 2014 年数据。2005 年、2010 年和 2013 年数据的连续性经过了检验确认（详见附录 3 www. oecd. org/education/education-at-a-glance-19991487. htm）。

生均教师工资成本是根据教师工资、学生的上课小时数、教师的教学小时数以及估计班额（班额的近似值，参见专栏 D2. 2）计算而得。在大多数情况下，这些变量的值从《教育概览》（同上）中推算而来。高级中等教育阶段的教师工资和教学时间指的是普通教育课程。采用关于教师工资的指标 D3 中使用的方法，通过将本国货币数字除以个人消费的购买力平价指数，把以本国货币表示的教师工资转换为等值美元，得出以等值美元表示的生均教师工资成本。后续的关于教师工资的 D3 指标也是通过同样的方式获得，这样就可以用等值美元来表示生均教师工资成本。有关这些因素的分析，详见附录 3 www. oecd. org/education/education-at-a-glance-19991487. htm.

以色列数据注释

以色列的统计数据由以色列有关当局负责提供。在使用这些数据时，OECD 根据国际法的规定对戈兰高地、东耶路撒冷和约旦河西岸的以色列定居点的地位不持偏见。

参考文献

OECD（2012），*Education at a Glance 2012：OECD Indicators*，OECD Publishing，Paris，http：//dx. doi. org/10. 1787/eag-2012-en.

B7

表 B7.1 生均教师工资成本，按教育阶段划分（2013 年）

以私人消费的购买力平价转换后的等值美元表示，以占人均 GDP 的百分比表示

		生均教师工资成本（以美元计）			生均教师工资成本（以占人均 GDP 的百分比计）		
		初等教育	初级中等教育	高级中等教育	初等教育	初级中等教育	高级中等教育
		(1)	(2)	(3)	(4)	(5)	(6)
OECD 国家	澳大利亚	3 608	4 684	m	8.1	10.6	m
	奥地利	3 609	5 191	5 093	8.2	11.8	11.6
	比利时弗兰芒语区	3 842	5 218	6 344	9.8	13.4	16.2
	比利时法语区	3 739	5 078	6 167	9.6	13.0	15.8
	加拿大	4 755	4 755	4 839	11.4	11.4	11.6
	智利	1 181	1 095	1 124	6.0	5.5	5.7
	捷克	973	1 633	m	3.7	6.2	m
	丹麦	m	m	m	m	m	m
	英格兰	m	m	m	m	m	m
	爱沙尼亚	1 015	1 350	m	4.5	6.0	m
	芬兰	3 008	4 749	m	8.0	12.7	m
	法国	1 735	2 374	3 643	4.8	6.6	10.1
	德国	4 047	5 047	5 573	9.7	12.1	13.4
	希腊	2 720	3 515	m	12.1	15.7	m
	匈牙利	1 229	1 252	1 287	5.9	6.0	6.1
	冰岛	2 985	2 970	m	7.4	7.4	m
	爱尔兰	3 426	4 063	4 063	8.7	10.4	10.4
	以色列	1 956	2 131	2 391	6.5	7.0	7.9
	意大利	2 692	3 100	2 963	8.5	9.8	9.4
	日本	2 790	3 491	m	8.3	10.4	m
	韩国	2 981	2 941	m	9.6	9.4	m
	卢森堡	11 674	12 821	12 821	13.7	15.0	15.0
	墨西哥	958	1 057	m	6.5	7.2	m
	荷兰	3 258	4 176	3 593	7.6	9.7	8.4
	新西兰	m	m	m	m	m	m
	挪威	4 307	4 525	m	7.0	7.4	m
	波兰	2 247	2 519	m	9.9	11.1	m
	葡萄牙	2 777	3 516	4 366	11.4	14.4	17.9
	苏格兰	m	m	m	m	m	m
	斯洛伐克	924	1 254	1 152	3.9	5.2	4.8
	斯洛文尼亚	2 392	4 661	m	9.2	17.9	m
	西班牙	3 067	4 052	m	10.4	13.8	m
	瑞典	m	m	m	m	m	m
	瑞士	m	m	m	m	m	m
	土耳其	1 368	1 459	1 800	8.5	9.1	11.2
	美国	m	3 967	m	m	7.5	m
	OECD 平均	2 677	3 350	3 749	7.9	9.4	10.4

数据来源：OECD. See Annex 3 for notes（www.oecd.org/education/education-at-a-glance-19991487.htm）.
缺失数据代码参见《读者指南》。
StatLink http://dx.doi.org/10.1787/888933285662

表 B7.2a［1/2］ 初等教育阶段用于计算生均教师工资成本的因素（2005 年、2010 年和 2013 年）

		教师工资(年度,按美元计,2013 年不变价格)				上课时间(学生,年度总课时)				教学时间(教师,年度总课时)			
		2005	2010	2013	变化 2010—2013 年(%)	2005	2010	2013	变化 2010—2013 年(%)	2005	2010	2013	变化 2010—2013 年(%)
		(1)	(2)	(3)	(4)	(5)	(6)	(7)	(8)	(9)	(10)	(11)	(12)
OECD 国家	澳大利亚[1]	50 684	53 076	56 335	**6.1**	952	982	1 010	**2.9**	888	868	879	**1.3**
	奥地利[1]	42 514	44 344	43 015	**-3.0**	690	690	705	**2.2**	774	779	779	**0.0**
	比利时弗兰芒语区	47 103	47 821	48 690	**1.8**	m	m	821	**m**	752	752	752	**0.0**
	比利时法语区[1]	44 457	46 111	47 381	**2.8**	840	840	849	**1.1**	722	732	721	**-1.5**
	加拿大	m	m	66 702	**m**	m	917	919	**0.3**	m	799	796	**-0.4**
	智利[1]	m	25 771	26 610	**3.3**	m	1 083	1 049	**-3.2**	1 128	1 105	1 129	**2.2**
	捷克[2]	m	m	18 273	**m**	661	588	676	**15.0**	813	862	827	**-4.1**
	丹麦	51 700	54 558	52 672	**-3.5**	671	701	754	**7.6**	640	650	662	**1.8**
	英格兰	54 792	50 317	47 279	**-6.0**	880	893	861	**-3.5**	m	684	722	**5.6**
	爱沙尼亚[1]	10 070	13 857	13 233	**-4.5**	752	595	661	**11.0**	630	630	619	**-1.7**
	芬兰[1]	37 024	41 276	39 701	**-3.8**	530	608	632	**3.9**	677	680	677	**-0.5**
	法国[1]	35 709	34 804	33 500	**-3.7**	918	847	864	**2.0**	924	924	924	**0.0**
	德国[1]	58 592	60 865	63 221	**3.9**	627	641	683	**6.5**	808	805	800	**-0.6**
	希腊	34 859	35 333	25 826	**-26.9**	864	720	783	**8.8**	604	589	569	**-3.4**
	匈牙利[1]	19 280	15 143	13 061	**-13.8**	555	555	616	**11.0**	583	604	601	**-0.5**
	冰岛[1]	35 173	33 350	31 145	**-6.6**	720	800	729	**-8.9**	671	624	624	**0.0**
	爱尔兰[1]	51 371	59 108	56 057	**-5.2**	941	915	915	**0.0**	915	915	915	**0.0**
	以色列[1]	23 621	29 035	29 869	**2.9**	666	914	957	**4.7**	731	820	840	**2.5**
	意大利[1]	35 402	35 367	33 230	**-6.0**	990	891	891	**0.0**	739	770	752	**-2.3**
	日本[1]	51 724	48 139	48 546	**0.8**	707	735	762	**3.7**	578	707	736	**4.2**
	韩国[1]	53 256	49 598	51 594	**4.0**	667	667	648	**-2.9**	883	807	667	**-17.4**
	卢森堡[1]	73 586	100 460	102 956	**2.5**	847	924	924	**0.0**	774	739	810	**9.5**
	墨西哥[1]	24 353	25 097	26 533	**5.7**	800	800	800	**0.0**	800	800	800	**0.0**
	荷兰	m	m	54 001	**m**	940	940	940	**0.0**	930	930	930	**0.0**
	新西兰	m	m	43 292	**m**	m	m	m	**m**	m	m	922	**m**
	挪威[1]	38 749	41 099	44 538	**8.4**	599	701	748	**6.7**	741	741	741	**0.0**
	波兰[1]	20 453	23 132	24 921	**7.7**	m	600	635	**5.8**	m	644	629	**-2.3**
	葡萄牙[1]	43 221	42 528	36 663	**-13.8**	855	757	806	**6.5**	765	779	747	**-4.0**
	苏格兰	48 098	47 148	43 991	**-6.7**	a	a	a	**m**	893	855	855	**0.0**
	斯洛伐克[1]	m	14 354	15 650	**9.0**	m	695	680	**-2.0**	m	841	832	**-1.1**
	斯洛文尼亚[1]	38 258	41 882	38 261	**-8.6**	621	621	664	**7.0**	627	627	627	**0.0**
	西班牙[1]	44 294	47 288	42 187	**-10.8**	793	875	787	**-10.0**	880	880	880	**0.0**
	瑞典	34 971	m	38 175	**m**	741	741	754	**1.8**	m	m	a	**m**
	瑞士	60 689	61 677	63 504	**3.0**	m	m	m	**m**	m	m	m	**m**
	土耳其[1]	23 762	27 122	27 139	**0.1**	720	720	720	**0.0**	720	720	720	**0.0**
	美国	60 284	55 802	59 339	**6.3**	m	m	967	**m**	m	m	m	**m**
	OECD 平均	41 602	42 112	41 864	**-1.8**	761	773	794	**2.5**	771	771	772	**-0.4**
	2010 年和 2013 年所有数据可得的 24 国平均值	~	39 700	39 389	**-0.8**	~	769	781	**1.5**	~	773	769	**-0.5**

注：本表数据来源于第四章（2005 年、2010 年和 2013 年有关教师工资和教学时间的数据，2013 年生师比数据）或者来自 2007 年和 2012 年的《教育概览》（生师比及上课时间的数据）。2013 年上课时间数据指 2014 年《教育概览》中的 2014 年数据。请参照这些表格有关数据的注释。

1. 所有 2010 年和 2013 年数据可得的国家。
2. 2005 年和 2010 年现有上课时间，2013 年最短上课时间。

数据来源：OECD. See Annex 3 for notes（www.oecd.org/education/education-at-a-glance-19991487.htm）.
缺失数据代码参见《读者指南》。
StatLink http://dx.doi.org/10.1787/888933285671

表 B7.2a ［2/2］　初等教育阶段用于计算生均教师工资成本的因素（2005 年、2010 年和 2013 年）

	生师比（师均学生数）				估计班额（每班学生数）			
	2005	2010	2013	变化 2010—2013 年(%)	2005	2010	2013	变化 2010—2013 年(%)
	(13)	(14)	(15)	(16)	(17)=(13)*(5)/(9)	(18)=(14)*(6)/(10)	(19)=(15)*(7)/(11)	(20)
OECD 国家								
澳大利亚[1]	16.2	15.7	15.6	**-0.8**	17.4	17.8	17.9	**0.8**
奥地利[1]	14.1	12.2	11.9	**-2.6**	12.6	10.8	10.8	**-0.5**
比利时弗兰芒语区	12.8	12.4	12.7	**2.2**	m	m	13.8	**m**
比利时法语区[1]	12.8	12.4	12.7	**2.2**	14.9	14.2	14.9	**4.9**
加拿大	m	17.9	14.0	**-21.7**	m	20.6	16.2	**-21.2**
智利[1]	25.9	24.6	22.5	**-8.6**	m	24.2	20.9	**-13.3**
捷克[2]	17.5	18.7	18.8	**0.6**	14.3	12.7	15.4	**20.6**
丹麦	11.9	11.5	m	**m**	12.5	12.4	m	**m**
英格兰	14.9	19.8	m	**m**	m	25.9	m	**m**
爱沙尼亚[1]	m	13.1	13.0	**-0.5**	m	12.4	13.9	**12.4**
芬兰[1]	15.9	14.0	13.2	**-5.9**	12.5	12.5	12.3	**-1.7**
法国[1]	19.4	18.7	19.3	**3.3**	19.2	17.1	18.1	**5.4**
德国[1]	18.8	16.7	15.6	**-6.5**	14.6	13.3	13.3	**0.2**
希腊	11.1	m	9.5	**m**	15.8	m	13.1	**m**
匈牙利[1]	10.6	10.8	10.6	**-1.3**	10.1	9.9	10.9	**10.1**
冰岛[1]	11.3	10.3	10.4	**1.5**	m	13.2	12.2	**-7.5**
爱尔兰[1]	17.9	15.9	16.4	**2.8**	18.4	15.9	16.4	**2.8**
以色列[1]	17.3	20.6	15.3	**-25.8**	15.7	22.9	17.4	**-24.2**
意大利[1]	10.6	11.3	12.3	**8.9**	14.2	13.1	14.6	**11.4**
日本[1]	19.4	18.4	17.4	**-5.3**	23.7	19.1	18.0	**-5.8**
韩国[1]	28.0	21.1	17.3	**-18.1**	21.2	17.4	16.8	**-3.7**
卢森堡[1]	m	10.1	8.8	**-12.7**	m	12.6	10.1	**-20.3**
墨西哥[1]	28.3	28.1	27.7	**-1.6**	28.3	28.1	27.7	**-1.6**
荷兰	15.9	15.7	16.6	**5.3**	16.1	15.9	16.8	**5.3**
新西兰	18.1	16.2	16.4	**1.0**	m	m	m	**m**
挪威[1]	10.9	10.5	10.3	**-1.1**	8.8	9.9	10.4	**5.5**
波兰[1]	11.7	10.0	11.1	**11.4**	m	9.3	11.2	**20.5**
葡萄牙[1]	10.8	10.9	13.2	**21.3**	12.1	10.6	14.3	**34.6**
苏格兰	14.9	19.8	m	**m**	m	m	m	**m**
斯洛伐克[1]	18.9	17.1	16.9	**-0.7**	m	14.1	13.9	**-1.7**
斯洛文尼亚[1]	15.0	16.2	16.0	**-1.5**	14.9	16.1	16.9	**5.5**
西班牙[1]	14.3	13.2	13.8	**4.6**	12.9	13.1	12.3	**-5.9**
瑞典	12.2	11.7	12.7	**8.6**	m	m	m	**m**
瑞士	14.6	14.9	14.8	**-1.0**	m	m	m	**m**
土耳其[1]	25.8	21.7	19.8	**-8.5**	25.8	21.7	19.8	**-8.5**
美国	14.9	14.5	15.3	**5.6**	m	m	m	**m**
OECD 平均	16.1	15.6	14.9	**-1.4**	16.2	15.8	15.2	**0.9**
2010 年和 2013 年所有数据可得的 24 国平均值	~	15.6	17.1	**9.6**	~	15.5	15.3	**-1.3**

注：本表数据来源于第四章（2005 年、2010 年和 2013 年有关教师工资和教学时间的数据，2013 年生师比数据）或者来自 2007 年和 2012 年的《教育概览》（生师比及上课时间的数据）。2013 年上课时间数据指 2014 年《教育概览》中的 2014 年数据。请参照这些表格有关数据的注释。

1. 所有 2010 年和 2013 年数据可得的国家。
2. 2005 年和 2010 年现有上课时间，2013 年最短上课时间。

数据来源：OECD. See Annex 3 for notes（www.oecd.org/education/education-at-a-glance-19991487.htm）.
缺失数据代码参见《读者指南》。

StatLink http://dx.doi.org/10.1787/888933285671

表 B7.2b ［1/2］　初级中等教育阶段用于计算生均教师工资成本的因素（2005 年、2010 年和 2013 年）

	教师工资（年度，按美元计，2013 年不变价格）				上课时间（学生，年度总课时）				教学时间（教师，年度总课时）			
	2005	2010	2013	变化 2010—2013 年（%）	2005	2010	2013	变化 2010—2013 年（%）	2005	2010	2013	变化 2010—2013 年（%）
	(1)	(2)	(3)	(4)	(5)	(6)	(7)	(8)	(9)	(10)	(11)	(12)
OECD 国家												
澳大利亚[1]	50 801	53 076	56 315	**6.1**	970	997	1 015	**1.8**	810	819	821	**0.3**
奥地利[1]	46 053	47 996	46 631	**-2.8**	913	914	900	**-1.5**	607	607	607	**0.0**
比利时弗兰芒语区	47 103	47 821	48 690	**1.8**	m	m	928	**m**	684	669	669	**0.0**
比利时法语区[1]	44 956	46 111	47 381	**2.8**	960	960	971	**1.1**	662	671	661	**-1.5**
加拿大	m	m	66 702	**m**	m	922	921	**-0.1**	m	740	743	**0.4**
智利[1]	m	25 771	26 610	**3.3**	m	1 083	1 062	**-2.0**	1 128	1 105	1 129	**2.2**
捷克[2]	m	m	18 273	**m**	902	862	874	**1.3**	647	647	620	**-4.1**
丹麦	51 700	55 344	53 431	**-3.5**	880	900	930	**3.3**	640	650	662	**1.8**
英格兰	54 792	50 317	47 279	**-6.0**	900	925	911	**-1.5**	m	703	745	**5.9**
爱沙尼亚[1]	10 070	13 857	13 233	**-4.5**	1 073	802	823	**2.5**	630	630	619	**-1.7**
芬兰[1]	41 697	44 578	42 877	**-3.8**	796	777	844	**8.7**	592	595	592	**-0.5**
法国[1]	38 567	37 834	36 589	**-3.3**	959	971	991	**2.1**	648	648	648	**0.0**
德国[1]	63 357	67 426	68 698	**1.9**	872	887	866	**-2.3**	758	756	752	**-0.5**
希腊	34 859	35 333	25 826	**-26.9**	998	796	785	**-1.3**	434	415	415	**0.0**
匈牙利[1]	19 280	15 143	13 061	**-13.8**	717	671	710	**5.9**	555	604	601	**-0.5**
冰岛[1]	35 173	33 350	31 145	**-6.6**	872	969	839	**-13.4**	671	624	624	**0.0**
爱尔兰[1]	51 924	59 749	56 667	**-5.2**	848	929	935	**0.7**	735	735	735	**0.0**
以色列[1]	24 071	26 428	28 715	**8.7**	971	981	1 004	**2.3**	579	598	644	**7.6**
意大利[1]	38 563	38 534	36 207	**-6.0**	1 016	1 023	990	**-3.2**	605	630	616	**-2.3**
日本[1]	51 724	48 139	48 546	**0.8**	869	877	895	**2.1**	505	602	608	**1.1**
韩国[1]	53 127	49 485	51 489	**4.1**	867	859	842	**-2.0**	621	627	557	**-11.2**
卢森堡[1]	96 227	107 575	110 243	**2.5**	782	908	845	**-6.9**	642	634	739	**16.7**
墨西哥[1]	31 129	32 257	34 083	**5.7**	1 167	1 167	1 167	**0.0**	1 047	1 047	1 047	**0.0**
荷兰	m	m	66 831	**m**	1 067	1 000	1 000	**0.0**	750	750	750	**0.0**
新西兰	m	m	44 509	**m**	m	m	m	**m**	m	m	841	**m**
挪威[1]	38 749	41 099	44 538	**8.4**	827	836	868	**3.8**	656	654	663	**1.5**
波兰[1]	20 453	23 132	24 921	**7.7**	m	765	810	**5.9**	m	572	555	**-3.0**
葡萄牙[1]	43 221	42 528	36 663	**-13.8**	880	757	892	**17.8**	623	634	609	**-4.0**
苏格兰	48 098	47 148	43 991	**-6.7**	a	a	a	**a**	893	855	855	**0.0**
斯洛伐克[1]	m	14 354	15 650	**9.0**	m	822	828	**0.7**	m	652	645	**-1.1**
斯洛文尼亚[1]	38 258	41 882	38 261	**-8.6**	791	817	767	**-6.1**	627	627	627	**0.0**
西班牙[1]	50 864	53 880	46 907	**-12.9**	956	1 050	1 061	**1.1**	713	713	713	**0.0**
瑞典	35 860	m	38 852	**m**	741	741	754	**1.8**	m	m	a	**m**
瑞士	69 260	70 052	71 929	**2.7**	m	m	m	**m**	m	m	m	**m**
土耳其	25 116	28 279	28 110	**-0.6**	791	768	840	**9.4**	504	504	504	**0.0**
美国	55 361	59 163	60 965	**3.0**	m	m	1 011	**m**	m	m	981	**m**
OECD 平均	43 680	43 795	43 634	**-1.8**	903	895	905	**1.0**	677	679	694	**0.2**
2010 年和 2013 年所有数据可得的 23 国平均值	~	41 921	41 540	**-0.9**	~	905	910	**0.5**	~	686	706	**2.9**

注：本表数据来源于第四章（2005 年、2010 年和 2013 年有关教师工资和教学时间的数据，2013 年生师比数据）或者来自 2007 年和 2012 年的《教育概览》（生师比及上课时间的数据）。2013 年上课时间数据指 2014 年《教育概览》中的 2014 年数据。请参照这些表格有关数据的注释。

1. 所有 2010 年和 2013 年数据可得的国家。
2. 2005 年和 2010 年现有上课时间，2013 年最短上课时间。

数据来源：OECD. See Annex 3 for notes（www.oecd.org/education/education-at-a-glance-19991487.htm）.

缺失数据代码参见《读者指南》。

StatLink http://dx.doi.org/10.1787/888933285680

表 B7.2b [2/2] 初级中等教育阶段用于计算生均教师工资成本的因素（2005年、2010年和2013年）

		生师比（师均学生数）				估计班额（每班学生数）			
		2005	2010	2013	变化 2010—2013年（%）	2005	2010	2013	变化 2010—2013年（%）
		(13)	(14)	(15)	(16)	(17)=(13)*(5)/(9)	(18)=(14)*(6)/(10)	(19)=(15)*(7)/(11)	(20)
OECD国家	澳大利亚[1]	12.1	12.0	12.0	**0.0**	14.5	14.6	14.9	**1.6**
	奥地利[1]	10.6	9.3	9.0	**-3.3**	16.0	14.0	13.3	**-4.7**
	比利时弗兰芒语区	9.4	8.1	9.3	**15.2**	m	m	12.9	**m**
	比利时法语区[1]	9.4	8.1	9.3	**15.2**	13.7	11.6	13.7	**18.2**
	加拿大	m	17.9	14.0	**-21.7**	m	22.3	17.4	**-22.1**
	智利[1]	25.9	25.1	24.3	**-3.2**	m	24.6	22.9	**-7.1**
	捷克[2]	13.5	11.2	11.2	**-0.2**	18.8	14.9	15.8	**5.4**
	丹麦	11.9	11.5	m	**m**	16.4	15.9	m	**m**
	英格兰	15.1	17.1	m	**m**	m	22.5	m	**m**
	爱沙尼亚[1]	m	10.4	9.8	**-5.8**	m	13.2	13.0	**-1.7**
	芬兰[1]	10.0	9.8	9.0	**-7.5**	13.4	12.7	12.9	**1.1**
	法国[1]	14.2	15.0	15.4	**2.5**	21.0	22.5	23.6	**4.7**
	德国[1]	15.5	14.9	13.6	**-8.5**	17.9	17.4	15.7	**-10.1**
	希腊	7.9	m	7.3	**m**	18.1	m	13.9	**m**
	匈牙利[1]	10.4	10.7	10.4	**-2.5**	13.4	11.9	12.3	**3.8**
	冰岛[1]	11.3	10.3	10.5	**2.1**	14.7	16.0	14.1	**-11.6**
	爱尔兰[1]	15.5	14.4	13.9	**-3.1**	17.9	18.2	17.8	**-2.5**
	以色列[1]	13.4	12.8	13.5	**5.6**	22.4	20.9	21.0	**0.4**
	意大利[1]	10.1	11.9	11.7	**-1.7**	17.0	19.3	18.8	**-2.7**
	日本[1]	15.1	14.4	13.9	**-3.5**	26.0	21.0	20.5	**-2.6**
	韩国[1]	20.8	19.7	17.5	**-11.1**	29.0	27.0	26.5	**-1.9**
	卢森堡[1]	9.0	9.1	8.6	**-5.8**	11.0	13.1	9.8	**-24.9**
	墨西哥[1]	33.7	32.7	32.2	**-1.4**	37.6	36.5	35.9	**-1.4**
	荷兰	16.2	16.5	16.0	**-3.0**	23.1	22.0	m	**m**
	新西兰	16.8	16.3	16.4	**0.5**	m	m	m	**m**
	挪威[1]	10.2	9.9	9.8	**-0.7**	12.9	12.7	12.9	**1.6**
	波兰[1]	12.7	12.7	9.9	**-22.0**	m	17.0	14.4	**-14.8**
	葡萄牙[1]	7.5	7.9	10.4	**31.2**	10.6	9.5	15.3	**61.1**
	苏格兰	15.1	17.1	m	**m**	m	m	m	**m**
	斯洛伐克[1]	14.1	13.6	12.5	**-8.2**	m	17.1	16.0	**-6.6**
	斯洛文尼亚[1]	11.1	8.0	8.2	**2.8**	14.0	10.4	10.0	**-3.5**
	西班牙[1]	12.5	10.1	11.6	**14.8**	16.8	14.9	17.2	**16.1**
	瑞典	12.0	11.4	12.0	**5.2**	m	m	m	**m**
	瑞士	11.7	11.8	11.8	**-0.1**	m	m	m	**m**
	土耳其	m	m	19.3	**m**	m	m	32.1	**m**
	美国	15.1	14.0	15.4	**9.9**	m	m	15.8	**m**
	OECD平均	13.6	13.4	13.0	**-0.3**	18.1	17.6	17.3	**-0.2**
	2010年和2013年所有数据可得的23国平均值	~	13.2	12.9	**-1.8**	~	15.5	17.1	**10.4**

注：本表数据来源于第四章（2005年、2010年和2013年有关教师工资和教学时间的数据，2013年生师比数据）或者来自2007年和2012年的《教育概览》（生师比及上课时间的数据）。2013年上课时间数据指2014年《教育概览》中的2014年数据。请参照这些表格有关数据的注释。

1. 所有2010年和2013年数据可得的国家。

2. 2005年和2010年现有上课时间，2013年最短上课时间。

数据来源：OECD. See Annex 3 for notes (www.oecd.org/education/education-at-a-glance-19991487.htm).

缺失数据代码参见《读者指南》。

StatLink http://dx.doi.org/10.1787/888933285680

表 B7.3 初等教育阶段影响生均教师工资成本的各因素的贡献（2005 年、2010 年和 2013 年）

以私人消费购买力平价转换后的等值美元表示

		生均教师工资成本			与2013年OECD平均值(2 677美元)的差异(以美元计)	导致与OECD平均值有差异的各主要因素的贡献：教师工资低于/高于2013年OECD平均值(39 950美元)的影响(以美元计)	学生上课时间低于/高于2013年OECD平均值(789小时)的影响(以美元计)	教师教学时间低于/高于2013年OECD平均值(770小时)的影响(以美元计)	估计班额低于/高于2013年OECD平均值(每班15.3名学生)的影响(以美元计)
		2005	2010	2013	2013	2013	2013	2013	2013
		(1)	(2)	(3)	(4)=(5)+(6)+(7)+(8)	(5)	(6)	(7)	(8)
OECD国家	澳大利亚	3 125	3 373	3 608	**931**	1 082	781	-424	-508
	奥地利	3 007	3 623	3 609	**932**	232	-355	-39	1 094
	比利时弗兰芒语区	m	m	3 842	**1 165**	636	131	75	324
	比利时法语区	3 477	3 720	3 739	**1 062**	541	235	208	78
	加拿大	m	m	4 755	**2 078**	1 853	563	-124	-214
	智利	m	1 046	1 181	**-1 496**	-753	553	-710	-585
	捷克	m	m	973	**-1 704**	-1 301	-270	-127	-7
	丹麦	4 343	4 738	m	**m**	m	m	m	m
	英格兰	m	2 537	m	**m**	m	m	m	m
	爱沙尼亚	m	1 058	1 015	**-1 662**	-1 931	-333	420	181
	芬兰	2 329	2 942	3 008	**331**	-19	-635	368	616
	法国	1 845	1 862	1 735	**-943**	-384	200	-397	-362
	德国	3 110	3 643	4 047	**1 370**	1 529	-490	-130	462
	希腊	3 150	m	2 720	**43**	-1 209	-20	834	438
	匈牙利	1 817	1 406	1 229	**-1 448**	-2 188	-511	527	723
	冰岛	3 108	3 246	2 985	**308**	-716	-228	601	651
	爱尔兰	2 866	3 714	3 426	**749**	1 035	456	-534	-208
	以色列	1 368	1 412	1 956	**-721**	-672	452	-202	-298
	意大利	3 339	3 120	2 692	**15**	-497	328	62	122
	日本	2 670	2 620	2 790	**113**	535	-94	122	-450

数据来源：OECD. See Annex 3 for notes (www. oecd. org/education/education-at-a-glance-19991487. htm).
缺失数据代码参见《读者指南》。
StatLink http: //dx. doi. org/10. 1787/888933285697

表 B7.3（续）　初等教育阶段影响生均教师工资成本的各因素的贡献（2005 年、2010 年和 2013 年）

以私人消费购买力平价转换后的等值美元表示

		生均教师工资成本			与 2013 年 OECD 平均值(2 677 美元)的差异(以美元计)	导致与 OECD 平均值有差异的各主要因素的贡献			
						教师工资低于/高于 2013 年 OECD 平均值(39 960 美元)的影响(以美元计)	学生上课时间低于/高于 2013 年 OECD 平均值(789 小时)的影响(以美元计)	教师教学时间低于/高于 2013 年 OECD 平均值(770 小时)的影响(以美元计)	估计班额低于/高于 2013 年 OECD 平均值(每班 15.3 名学生)的影响(以美元计)
		2005	2010	2013	2013	2013	2013	2013	2013
		(1)	(2)	(3)	(4)= (5)+(6)+(7)+(8)	(5)	(6)	(7)	(8)
OECD 国家	韩国	1 902	2 349	2 981	**304**	729	-565	409	-269
	卢森堡	m	9 940	11 674	**8 997**	5 648	1 033	-337	2 653
	墨西哥	860	892	958	**-1 719**	-691	25	-67	-986
	荷兰	m	m	3 258	**581**	899	524	-569	-274
	新西兰	m	m	m	**m**	m	m	m	m
	挪威	3 551	3 931	4 307	**1 630**	375	-186	132	1 309
	波兰	m	2 322	2 247	**-430**	-1 191	-551	515	797
	葡萄牙	4 003	3 905	2 777	**99**	-235	60	82	193
	苏格兰	m	m	m	**m**	m	m	m	m
	斯洛伐克	m	842	924	**-1 753**	-1 535	-259	-137	177
	斯洛文尼亚	2 549	2 580	2 392	**-285**	-111	-437	524	-261
	西班牙	3 094	3 594	3 067	**390**	156	-5	-386	625
	瑞典	m	m	m	**m**	m	m	m	m
	瑞士	m	m	m	**m**	m	m	m	m
	土耳其	921	1 251	1 368	**-1 309**	-753	-180	133	-509
	美国	m	m	m	**m**	m	m	m	m
2010 年和 2013 年所有数据可得的 OECD 国家平均值		~	2 550	2 616	~	~	~	~	~

数据来源：OECD. See Annex 3 for notes（www. oecd. org/education/education-at-a-glance-19991487. htm）.

缺失数据代码参见《读者指南》。

StatLink http：//dx. doi. org/10. 1787/888933285697

表 B7.4 初级中等教育阶段影响生均教师工资成本的各因素的贡献（2005 年、2010 年和 2013 年）

以私人消费购买力平价转换后的等值美元表示

		生均教师工资成本			与2013年OECD平均值(3 350美元)的差异(以美元计)	导致与OECD平均值有差异的各主要因素的贡献：教师工资低于/高于2013年OECD平均值(43 634美元)的影响(以美元计)	学生上课时间低于/高于2013年OECD平均值(905小时)的影响(以美元计)	教师教学时间低于/高于2013年OECD平均值(694小时)的影响(以美元计)	估计班额低于/高于2013年OECD平均值(每班17名学生)的影响(以美元计)
		2005	2010	2013	2013	2013	2013	2013	2013
		(1)	(2)	(3)	(4)=(5)+(6)+(7)+(8)	(5)	(6)	(7)	(8)
OECD国家	澳大利亚	4 185	4 414	4 684	**1 335**	1 019	458	-681	538
	奥地利	4 341	5 167	5 191	**1 841**	280	-25	567	1 019
	比利时弗兰芒语区	m	m	5 218	**1 869**	464	105	154	1 146
	比利时法语区	4 758	5 691	5 078	**1 728**	343	290	203	893
	加拿大	m	m	4 755	**1 406**	1 708	71	-280	-93
	智利	m	1 027	1 095	**-2 254**	-1 001	342	-985	-610
	捷克	m	m	1 633	**-1 716**	-2 106	-90	287	193
	丹麦	4 343	4 806	m	**m**	m	m	m	m
	英格兰	m	2 937	m	**m**	m	m	m	m
	爱沙尼亚	m	1 332	1 350	**-2 000**	-2 721	-237	285	673
	芬兰	4 179	4 566	4 749	**1 400**	-71	-283	638	1 115
	法国	2 722	2 518	2 374	**-975**	-503	260	197	-929
	德国	4 081	4 534	5 047	**1 698**	1 885	-187	-339	339
	希腊	4 426	m	3 515	**166**	-1 895	-513	1 849	724
	匈牙利	1 857	1 415	1 252	**-2 098**	-2 669	-579	354	796
	冰岛	3 108	3 246	2 970	**-380**	-1 075	-245	341	599
	爱尔兰	3 350	4 149	4 063	**713**	968	120	-213	-162
	以色列	1 800	2 072	2 131	**-1 218**	-1 132	284	208	-578
	意大利	3 802	3 243	3 100	**-250**	-604	290	389	-324
	日本	3 430	3 339	3 491	**141**	367	-39	455	-642

数据来源：OECD. See Annex 3 for notes（www. oecd. org/education/education-a-a-glance-19991487. htm）.

缺失数据代码参见《读者指南》。

StatLink http：//dx. doi. org/10. 1787/888933285709

表 B7.4（续） 初中阶段影响生均教师工资成本的各因素的贡献（2005 年、2010 年和 2013 年）

以私人消费购买力平价转换后的等值美元表示

		生均教师工资成本			与 2013 年 OECD 平均值(3 350 美元)的差异(以美元计)	导致与 OECD 平均值有差异的各主要因素的贡献：教师工资低于/高于 2013 年 OECD 平均值(43 634 美元)的影响(以美元计)	学生上课时间低于/高于 2013 年 OECD 平均值(905 小时)的影响(以美元计)	教师教学时间低于/高于 2013 年 OECD 平均值(694 小时)的影响(以美元计)	估计班额低于/高于 2013 年 OECD 平均值(每班 17 名学生)的影响(以美元计)
		2005	2010	2013	2013	2013	2013	2013	2013
		(1)	(2)	(3)	(4)= (5)+(6)+(7)+(8)	(5)	(6)	(7)	(8)
OECD 国家	韩国	2 554	2 513	2 941	**-408**	533	-235	710	-1 416
	卢森堡	10 692	11 780	12 821	**9 471**	6 502	-537	-491	3 998
	墨西哥	923	986	1 057	**-2 293**	-514	552	-842	-1 488
	荷兰	m	m	4 176	**826**	1 619	380	-297	-875
	新西兰	m	m	m	**m**	m	m	m	m
	挪威	3 785	4 145	4 525	**1 176**	81	-166	179	1 082
	波兰	m	1 823	2 519	**-830**	-1 666	-335	677	493
	葡萄牙	5 763	5 350	3 516	**166**	-601	-51	452	366
	苏格兰	m	m	m	**m**	m	m	m	m
	斯洛伐克	m	1 056	1 254	**-2 096**	-2 198	-206	170	138
	斯洛文尼亚	3 447	5 243	4 661	**1 312**	-538	-678	413	2 114
	西班牙	4 062	5 345	4 052	**702**	267	586	-99	-52
	瑞典	m	m	m	**m**	m	m	m	m
	瑞士	m	m	m	**m**	m	m	m	m
	土耳其	m	m	1 459	**-1 891**	-1 029	-180	787	-1 470
	美国	m	m	3 967	**617**	1 240	410	-1 296	262
2010 年和 2013 年所有数据可得的 OECD 国家平均值		~	3 185	3 215	~	~	~	~	~

数据来源：OECD. See Annex 3 for notes（www.oecd.org/education/education-at-a-glance-19991487.htm）.

缺失数据代码参见《读者指南》。

StatLink http://dx.doi.org/10.1787/888933285709

表 B7.5　高级中等教育阶段影响生均教师工资成本的各因素的贡献（2013 年）

以私人消费购买力平价转换后的等值美元表示

		生均教师工资成本	与 OECD 平均值(3 749 美元)的差异	导致与 OECD 平均值有差异的各主要因素的贡献			
				教师工资低于/高于 OECD 平均值(48 248 美元)的影响(以美元计)	学生上课时间低于/高于 OECD 平均值(921 小时)的影响(以美元计)	教师教学时间低于/高于 OECD 平均值(674 小时)的影响(以美元计)	估计班额低于/高于 OECD 平均值(每班 17.6 名学生)的影响(以美元计)
		(1)	(2)=(3)+(4)+(5)+(6)	(3)	(4)	(5)	(6)
OECD 国家	澳大利亚	m	**m**	m	m	m	m
	奥地利	5 093	**1 344**	173	73	595	503
	比利时弗兰芒语区	6 344	**2 596**	1 283	40	378	895
	比利时法语区	6 167	**2 419**	1 130	-397	562	1 124
	加拿大	4 839	**1 091**	1 408	-61	-430	173
	智利	1 124	**-2 624**	-1 183	557	-1 136	-863
	捷克	m	**m**	m	m	m	m
	丹麦	m	**m**	m	m	m	m
	英格兰	m	**m**	m	m	m	m
	爱沙尼亚	m	**m**	m	m	m	m
	芬兰	m	**m**	m	m	m	m
	法国	3 643	**-105**	-998	440	147	305
	德国	5 573	**1 824**	1 948	63	-274	88
	希腊	m	**m**	m	m	m	m
	匈牙利	1 287	**-2 462**	-2 638	-256	312	120
	冰岛	m	**m**	m	m	m	m
	爱尔兰	4 063	**315**	629	62	-337	-39
	以色列	2 391	**-1 358**	-1 929	294	530	-253
	意大利	2 963	**-786**	-868	-60	306	-164
	日本	m	**m**	m	m	m	m

数据来源：OECD. See Annex 3 for notes (www. oecd. org/education/education-at-a-glance-19991487. htm).
缺失数据代码参见《读者指南》。
StatLink http：//dx. doi. org/10. 1787/888933285712

表 B7.5（续） 高级中等教育阶段影响生均教师工资成本的各因素的贡献（2013 年）

以私人消费购买力平价转换后的等值美元表示

		生均教师工资成本	与 OECD 平均值(3 749 美元)的差异	导致与 OECD 平均值有差异的各主要因素的贡献：教师工资低于/高于 OECD 平均值(48 248 美元)的影响(以美元计)	学生上课时间低于/高于 OECD 平均值(921 小时)的影响(以美元计)	教师教学时间低于/高于 OECD 平均值(674 小时)的影响(以美元计)	估计班额低于/高于 OECD 平均值(每班 17.6 名学生)的影响(以美元计)
		(1)	(2)= (3)+(4)+(5)+(6)	(3)	(4)	(5)	(6)
OECD 国家	韩国	m	**m**	m	m	m	m
	卢森堡	12 821	**9 073**	6 108	-692	-744	4 400
	墨西哥	m	**m**	m	m	m	m
	荷兰	3 593	**-156**	1 216	19	-397	-994
	新西兰	m	**m**	m	m	m	m
	挪威	m	**m**	m	m	m	m
	波兰	m	**m**	m	m	m	m
	葡萄牙	4 366	**618**	-1 145	-560	424	1 899
	苏格兰	m	**m**	m	m	m	m
	斯洛伐克	1 152	**-2 596**	-2 470	-112	217	-231
	斯洛文尼亚	m	**m**	m	m	m	m
	西班牙	m	**m**	m	m	m	m
	瑞典	m	**m**	m	m	m	m
	瑞士	m	**m**	m	m	m	m
	土耳其	1 800	**-1 949**	-1 452	-259	821	-1 059
	美国	m	**m**	m	m	m	m

数据来源：OECD. See Annex 3 for notes (www. oecd. org/education/education-at-a-glance-19991487. htm).
缺失数据代码参见《读者指南》。
StatLink http：//dx. doi. org/10. 1787/888933285712

第 三 章

教育机会、参与与过渡

指标 C1

哪些人接受教育？

- 所有数据可得的 OECD 国家和大多数伙伴国已普及 5—14 岁人口教育。
- 2013 年，在数据可得的 37 个 OECD 国家和伙伴国中，有 32 个国家的 15—19 岁人口的入学率超过 70%。
- 2013 年，在几乎所有 OECD 国家的 20—29 岁人口中，有超过 1/5 的人口接受过教育。

图 C1.1　15—19 岁人口和 20—29 岁人口入学率（2013 年）

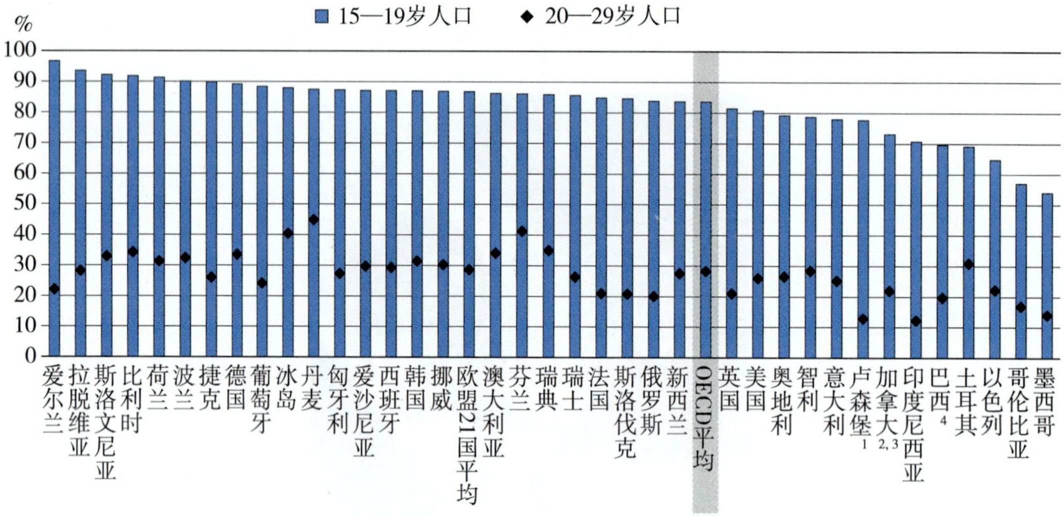

1. 数据低估是因为许多本国的学生在邻国学校就读。
2. 不包括中等后非高等教育。
3. 2012 年数据。
4. 不包括 ISCED 7 和 8 的入学率。

国家按照 15—19 岁人口入学率降序排列。

数据来源：OECD. Table C1.2. See Annex 3 for notes（www.oecd.org/education/education-at-a-glance-19991487.htm）.

StatLink http：//dx.doi.org/10.1787/888933284155

背　景

在经济困难时期，教育在改善劳动力市场前景方面的优势变得更加明显。目前，所有 OECD 国家和大多数 G20 国家已经普及了基础教育，学前教育和高中教育也正在大多数国家得到普及（参见指标 C2）。高中教育的扩张，既是为了因应不断增长的需求，也是各种教育政策变化的结果，比如课程灵活性的提高、职业教育的重塑，以及为实现全民教育所做的种种努力。高等教育也发生了同样的变化，但这一阶段教育的参与率明显低得多。

接受高中教育已成为向劳动力市场顺利过渡的最低资格要求，并且降低了失业的风险（参见指标 A5）。顺利完成高中教育对解决公平问题至关重要（OECD，2010a；OECD，2011），但在 OECD 国家，高中教育的完成率差别很大（参见指标 A2）。为确保受教育者得到应有的回报，教育既要帮助他们在短期内获得保障就业所需的技能，又要培养他们在整个职业生涯具备终身学习的能力（OECD，2010b）。过去几十年全球劳动力市场发生的深层结构变化表明，随着知识型劳动力市场的不断发展，受教育程度更高者将继续在劳动力市场中占据优势地位。

其他发现

- 基于 2013 年的入学模式，预计 OECD 国家一名 5 岁儿童在 40 岁之前将平均接受 17 年以上的全日制和非全日制教育。预期受教育年限从沙特阿拉伯的 13 年到澳大利亚、比利时、丹麦、芬兰、冰岛和瑞典的 19 年以上不等。
- 2013 年，OECD 国家 90% 以上的学龄人口平均接受过 13 年的正规教育。在数据可得的 40 个国家中，有 28 个国家达到或高于平均水平，12 个国家低于平均水平。

趋　势

2005—2013 年，OECD 国家 15—19 岁人口的入学率平均增长了 2 个百分点，从 82%提高到 84%。在此期间，土耳其的入学率提高了近 30 个百分点，法国、匈牙利、以色列和斯洛伐克基本保持不变（表 C1.6，可在线查询）。2013 年，巴西、哥伦比亚、以色列、墨西哥和土耳其的 15—19 岁人口的入学率等于或低于 70%。在 20—29 岁年龄段，OECD 国家的入学率平均增长了 4 个百分点，从 2005 年的 24%提高到 2013 年的 28%。

C1

分 析

2013 年，在数据可得的 40 个 OECD 国家和伙伴国中，有 20 个国家的儿童从 3—4 岁开始全面入学（“全面入学”在此处界定为某学段适龄人口的入学率超过 90%），丹麦、冰岛和挪威的儿童从 2 岁开始全面入学。在其余 17 个国家中，有 15 个国家的儿童从 5—6 岁开始全面入学，俄罗斯和沙特阿拉伯的儿童从 7 岁开始全面入学。在大多数 OECD 国家和伙伴国中，75%及以上的 3—4 岁儿童接受学前教育或小学教育（参见表 C1. 1a 和指标 C2）。2013 年，比利时、丹麦、法国、冰岛、以色列、意大利、新西兰、挪威、西班牙和英国的 3—4 岁儿童的入学率高达 96%及以上。

专栏 C1. 1 预期受教育年限

预期受教育年限是指一个人所接受的各种形式的正规教育，包括间断性的教育和未完成的教育。基于 2013 年的入学模式，预计 OECD 国家一名 5 岁儿童在 40 岁之前将平均接受 17 年以上的教育。具体地说，这名儿童有望接受大约 1 年的早期教育，接近 6 年的小学教育，3 年的初中教育，4 年的高中教育，0. 3 年的中等后非高等教育和 3 年的高等教育，其中包括 16 年的全日制教育和大约 1 年的非全日制教育。预计女性平均接受 17 年的全日制教育，而男性平均为 16 年。

在数据可得的国家中，预期受教育年限从哥伦比亚、印度尼西亚、日本、卢森堡、墨西哥和沙特阿拉伯的 15 年或以下，到澳大利亚、比利时、丹麦、芬兰、冰岛和瑞典的 19 年或以上不等（表 C1. 5）。

受教育人口并不局限在特定的年龄段。从 2013 年的数据看，澳大利亚、比利时、芬兰、冰岛、新西兰和瑞典的成人——特别是 40—64 岁的成人——在受教育人口中占有重要份额，这也是这些国家拥有更多非全日制学生以及/或者众多终身学习课程的原因。例如，在瑞典基于学分的课程体系中，成人可以通过参加正规教育课程中部分内容的学习，更新自身的专业技能。

预期受教育年限只是对一个人预期接受多少年教育的估值。由于在具体课程学习上花费的时间因人而异，因此这一估值和受教育程度没有可比性，也不同于对未来学业成就的预测。

义务教育入学情况

义务教育情况在各国不尽相同。2013 年，义务教育起始年龄从巴西、卢森堡和墨西哥的 4 岁，到爱沙尼亚、芬兰、印度尼西亚、俄罗斯、南非和瑞典的 7 岁不等。英国和美国的义务教育起始年龄段分别为 4—5 岁和 4—6 岁，瑞士为 5—7 岁（由于数据采集参考日期为 1 月 1 日，受访儿童的年龄有可能比义务教育起始年龄小 1 岁）。

从各国对应不同教育层次的理论年龄段来看，所有 OECD 国家的义务教育都包括小学教育和初中教育，大多数国家还包括高中教育。在几乎所有数据可得的 OECD 国家和伙伴国中，5—14 岁人口的入学率均高于 90%。也就是说，这些国家已普及了基础教育。2013 年，在数据可得的 39 个国家中，有 34 个国家在该年龄段的入学率达 95%或以上（表

C1. 1a 和表 X1. 3)。

高中教育入学情况

近年来，各国高中课程的多样性增强。究其原因，一是高中教育需求日益增长，二是课程不断演变。当前的课程已经从普通课程和职业课程相互分离，逐渐转变为同时包含以上两种学习的更加综合的课程，为劳动者进一步接受教育或走向劳动力市场提供了更加灵活的途径。

2013 年，在数据可得的 37 个 OECD 国家和伙伴国中，有 26 个国家的 15—19 岁人口（该年龄组通常处于高中或者向更高教育层次过渡的阶段）的入学率至少在 80%以上，比利时、爱尔兰、拉脱维亚、荷兰、波兰和斯洛文尼亚则超过了 90%（表 C1. 1a）。与此相比，在奥地利、加拿大、智利、意大利和卢森堡，该年龄段不在学人口的比例超过了 20%，巴西和土耳其超过了 30%。以色列由于征兵，该比例超过了 35%，哥伦比亚和墨西哥则超过了 40%（表 C1. 1a 和图 C1. 2）。

图 C1. 2　15—19 岁人口高中入学率，按课程方向划分（2013 年）

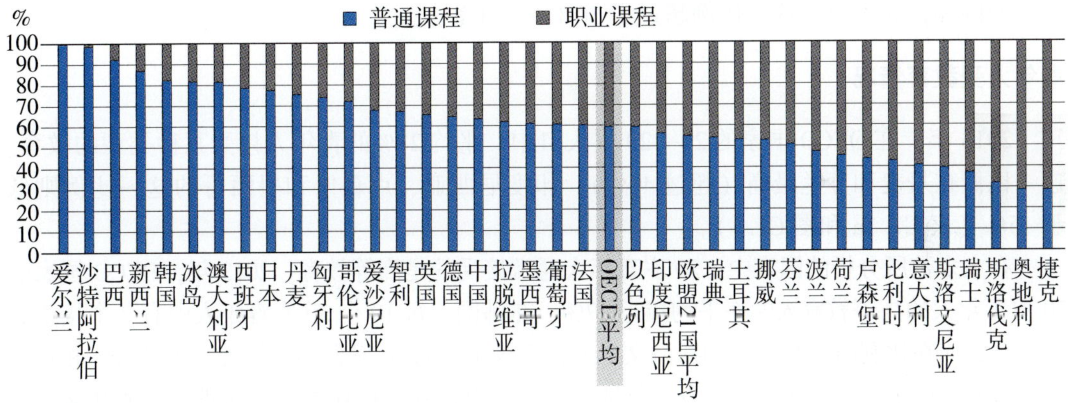

国家按照学生参加普通教育课程所占比例降序排列。

数据来源：OECD. Table C1. 2. See Annex 3 for notes（www. oecd. org/education/education-at-a-glance-19991487. htm).

StatLink http：//dx. doi. org/10. 1787/888933284162

2013 年，在数据可得的 38 个国家中，有 36 个国家的 15 岁人口的中等教育入学率达 85%以上（表 C1. 1b，可在线查询)。

高中入学率的差异反映了各国对高中教育的不同要求或年龄限制。例如，在荷兰，20 岁及以上的学生占职业高中学生总数的 42%（表 C1. 2)。教育政策连同其他因素，如延长课程、留级复读、推迟就业、半工半读等，导致高中阶段大龄学生增加（参见指标 A2)。在有些 OECD 国家，大约 1/5 至 1/3 的 20 岁人口仍在接受高中教育。丹麦（33%)、德国（23%)、卢森堡（25%)、荷兰（27%）和瑞士（25%）均是如此（表 C1. 1b，可在线查询)。

职业教育与培训（VET）课程

近年来，许多国家重新审视职业教育与培训（VET）课程，认为它能有效帮助学生获得向劳动力市场顺利过渡的技能和资格（OECD，2010a)。在职业教育和学徒制课程完善的国家，青年人的失业问题得到了更加有效的控制（参见指标 C5）。但也有人认为，职业教育不如学术型教育有吸引力。有研究指出，接受职业教育的青年人在后期的失业风险会增加（Hanushek et al.，2011）。

大多数国家的学生在顺利完成学徒制课程后，通常被授予高中文凭或中等后教育文凭。有些国家还可以授予更高的文凭，如澳大利亚的高级文凭。除学徒制课程外，OECD 国家还提供各种组合的职业教育课程。许多国家允许高中学生学习职业课程，而有些 OECD 国家则将职业培训推迟到学生高中毕业之后。例如，奥地利、匈牙利和西班牙将职业课程列为高中教育阶段的课程，而在加拿大，类似的课程通常被列入中等后教育课程（参见指标 A2）。

2013 年，在 1/3 以上的数据可得的国家中，有超过 50%的高中学生参加职业教育课程学习。这一比例在奥地利、捷克、芬兰不低于 70%。在另外 2/3 的国家，50%以上的高中学生注册学习普通课程而不是职业教育与培训课程。该比例在巴西、爱尔兰、韩国、沙特阿拉伯和南非超过了 80%（表 C1.2）。

在大多数国家，高中阶段的职业教育都在学校里进行。但有些国家也提供工学结合的课程。在瑞士，大约 60%的高中学生注册学习这类工学结合的课程。奥地利、中国、丹麦、德国和拉脱维亚的这一比例超过了 30%（表 C1.2）。

青年人受教育情况

2013 年，在 OECD 国家的 20—29 岁人口中，平均 28%的青年人接受某种类型的教育。这一比例在丹麦和芬兰最高（超过 40%）。印度尼西亚、卢森堡和墨西哥的这一比例则低于 15%（表 C1.1a 和图 C1.1）。

在大多数所分析的国家中，20 岁青年人通常接受的是高等教育。2013 年，OECD 国家的 20 岁青年人的高等教育入学率平均接近 37%。在韩国，每 10 个 20 岁青年人中有 7 个接受高等教育，而在比利时、爱尔兰和斯洛文尼亚，至少 1/2 的 20 岁青年人接受高等教育。相比之下，巴西、中国、哥伦比亚、丹麦、德国、冰岛、以色列、卢森堡、墨西哥、瑞典和瑞士的 20 岁青年人接受高等教育的比例不到 1/4（表 C1.1b，可在线查询）。

成人为提高和丰富自身的技能，更好地适应不断变化的劳动力市场，一种选择便是重新接受教育或继续学习。在当前失业率居高不下和劳动力市场对技能的需求不断变化的情况下，有些国家（如智利）已经制定了具体政策，鼓励青年人接受职业教育。

性别差异

过去 50 年，OECD 国家的经济增长有一半得益于公民更高的受教育程度，而这一成就的取得又主要取决于越来越多的女童和妇女接受各级各类教育。因此，近期的研究更加关注性别平衡的重要性（OECD，2012）。

在 20 岁以下人口中，入学率的性别差异相对较小。但在年龄较大的组别中，性别差异较大。2013 年，所有 OECD 国家 20—29 岁女性的平均入学率为 30%，男性为 27%。性别差异在一些国家则更大。以波兰为例，女性的入学率为 38%，而男性只有 22%。在波兰、斯洛文尼亚和瑞典，女性的入学率比男性至少高出 11 个百分点以上。2013 年，韩国男性的入学率比女性高出 14 个百分点，这与该年龄段的男性因服兵役而延迟毕业有关。

在大多数国家，30—39 岁女性的入学率也比男性高。澳大利亚、芬兰、冰岛、新西兰和瑞典的该年龄段女性入学率最高，而瑞典的性别差异最大，接近 8 个百分点（表 C1. 1a）。

非全日制教育

本辑《教育概览》首次采用了新的国际教育分类标准（ISCED 2011）。该分类标准对高等教育做了进一步细分。在往年的《教育概览》中，ISCED-97 将高等教育分为 A 类课程和 B 类课程。与此不同的是，新标准将高等教育分解为短期课程、学士课程、硕士课程、博士课程，以及与学士、硕士、博士课程同等水平的课程。

在高等教育阶段，学生无论选择哪种课程，都更倾向于选择全日制学习方式。2013 年，就数据可得的 OECD 国家平均水平而言，77%以上的学生选择全日制学习方式。该比例在奥地利、哥伦比亚、捷克、墨西哥、葡萄牙和土耳其高达 95%以上。就学士课程及同等水平的课程而言，OECD 国家平均有 80%的学生选择全日制学习方式。选择短期高等教育课程的学生也多选择全日制学习方式（OECD 国家平均比例为 73%），但这类学生在接受高等教育的学生中所占的比例最小。

2013 年，就 OECD 国家平均水平而言，注册学习短期高等教育课程的学生中，有 27%的学生选择非全日制学习方式。该比例在澳大利亚和美国达 50%以上，在新西兰达 60%以上，在比利时为 72%，在英国为 89%。有些国家的性别差异显著。以荷兰为例，注册学习短期高等教育课程的女生中，37%选择非全日制学习方式，而男生的这一比例为 27%。在德国、爱尔兰和新西兰，该比例的性别差异在 8 个百分点左右（表 C1. 3）。

就学士课程及同等水平的课程而言，所有国家的非全日制学生数量都没有超过全日制学生数量（瑞典除外，有 55%的学生选择非全日制学习方式）。选择非全日制学习方式的学生比例在波兰为 47%。在数据可得的 31 个国家中，选择非全日制学习方式的学生比例超过 20%的国家有 17 个（表 C1. 3）。

2013 年，在数据可得的 33 个 OECD 国家和伙伴国中，有 29 个国家提供非全日制的硕士课程及同等水平的课程。在芬兰、新西兰和俄罗斯，注册学习硕士国家及同等水平的课程学生中，选择非全日制学习方式的学生比例超过了 50%，远高于 OECD 国家平均水平（26%）。该比例在澳大利亚、爱尔兰、卢森堡、波兰、英国和美国也达 40%以上（表 C1. 3）。

公立和私立教育机构的相对规模

在大多数 OECD 国家和伙伴国中，大部分初等至高等教育都由公立教育机构提供。2013 年，就 OECD 国家平均水平而言，大约 90%的小学生、86%的初中生和 81%的高中生在公立教育机构就读。在数据可得的 39 个国家中，35 个国家的初中生、31 个国家的高中生在公立或民办公助教育机构就读的比例达 90%以上（表 C1. 4a）。

2013 年，基于 ISCED 2011，就 OECD 国家平均水平而言，有 69%的大学生在公立教育机构就读。在澳大利亚、丹麦、德国、爱尔兰、意大利、沙特阿拉伯、南非、瑞典和土耳其，这一比例高达 90%以上。相比之下，在智利、爱沙尼亚、以色列、韩国、拉脱维亚和英国（在英国，100%的大学生在民办公助教育机构就读），该比例则低于 20%（表 C1. 4b 和图 C1. 3）。

图 C1.3 高等教育阶段学生分布，按机构类型划分（2013 年）

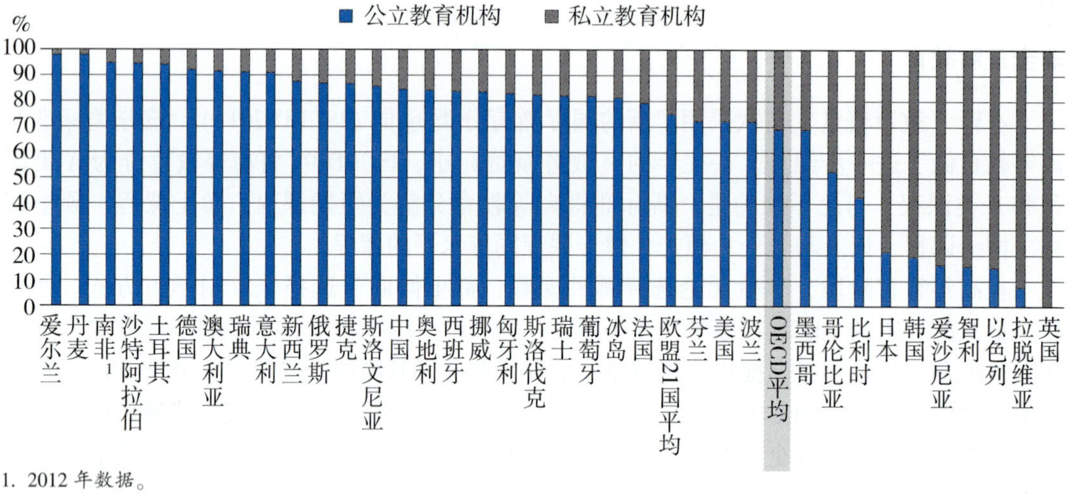

1. 2012 年数据。

国家按照在公立教育机构就读学生比例降序排列。

数据来源：OECD. Table C1. 4b. See Annex 3 for notes（www. oecd. org/education/education-at-a-glance-19991487. htm）.

StatLink http：//dx. doi. org/10. 1787/888933284178

在芬兰、卢森堡和沙特阿拉伯，100%的短期高等教育课程由公立教育机构提供，而在丹麦、墨西哥、俄罗斯、南非、土耳其和美国，该比例超过 90%（关于选择这类课程的学生对不同教育领域的选择，参见指标 C3）。同样，在澳大利亚、中国、丹麦、德国、爱尔兰、新西兰、挪威、沙特阿拉伯、南非和瑞士，95%以上的硕士及同等水平的课程由公立教育机构提供。在中国、捷克、丹麦、芬兰、德国、荷兰、新西兰、俄罗斯、沙特阿拉伯、南非和瑞士，所有的博士课程及同等水平的课程都由公立教育机构提供（表 C1. 4b）。

定　义

学习强度是指学生在学习时间上的投入程度。全日制学生是指按照当地对某层次教育的要求，每周投入学习（包括校内学习和校外学习）的时间达 75%以上的学生，通常他们整学年都参加某个课程的学习。非全日制学生是指每周投入学习的时间不足 75%或者参加某个课程的学习不足一学年的学生。

根据课程与某一特定职业或行业的关联程度，以及学生能否获得与劳动力市场相关的资格证书，**中等教育课程**可以分为以下三类：

工学结合课程。在这类课程中，通过校内或远程教育方式实施的内容不超过 75%。这类课程包括在校课程和在工培训并行的学徒制课程，以及在校课程与在工培训交替进行的课程（有时也称“三明治”课程），可与教育主管部门或教育机构联合组织。**在校课程**的教学活动（部分或全部）在教育机构里进行。这些教育机构既包括由公立或私立机构运营的专门培训中心，也包括某些企业举办的具有教育资质的专门培训中心。在校课程也可以包括涉及职场实践的在岗培训内容。只要有 75%以上的课程内容（包括远程教育内容）在校内实施，这类课程就被归为在校课程。

普通教育课程。这类课程的设置目的不为某个职业或行业培养人才，也不是为升入更高一级的职业或技术教育做准备（课程中关于职业或技术的内容不超过 25%）。

课程无论在多大程度上是普通导向的还是职业导向的，都不能决定学习该课程的学生能否接受高等教育。在有些 OECD 国家，职业导向的课程是为学生在高等教育阶段继续学习做准备的，而普通教育课程也并不总是提供继续接受教育的机会。

职业或技术教育课程。参加这类课程学习的学生，毕业后无须再培训便可直接从事某一职业。学生顺利完成此类课程后，可获得与劳动力市场要求相关的职业或技术资格证书。根据在校培训和在工培训量的比例，职业课程还可再分为两类，即在校课程和工学结合课程。

方　法

入学率数据来源于 OECD 组织的 UOE 教育统计数据收集，统计期为 2012—2013 学年。如无特别说明，这些数据均以人头数为单位收集。也就是说，由于有些国家不承认非全日制教育，因此这些数据未对全日制教育和非全日制教育进行区分。在有些 OECD 国家，只有部分数据包括非全日制教育。表 C1. 1a 的净入学率（以百分比表示）是由某年龄段学生在各阶段教育中的入学人数除以该年龄段的总人数得出的。

在表 C1. 6（可在线查询）中，关于 2005 年和 2013 年入学率趋势的数据来源于 2015 年 3 月在 OECD 国家及巴西和俄罗斯开展的一项专项调查。

预期受教育年限是通过计算某个年龄范围内各年龄入学人口的比例得出的。它的主要假设是，如果学生在某个年龄段全面入学，那么该年龄范围内的每一年都对应学生接受一整年的教育。

关于以色列数据的说明

以色列的统计数据由以色列有关当局负责提供。在使用这些数据时，OECD 根据国际法的规定对戈兰高地、东耶路撒冷和约旦河西岸以色列定居点的地位不持偏见。

参考文献

Hanushek, E., L. Woessmann and L. Zhang (2011), "General Education, Vocational Education, and Labor-Market Outcomes over the Life-Cycle", *IZA Discussion Paper*, No. 6083, Institute for the Study of Labor (IZA), Bonn, October 2011.

OECD (2012), *Closing the Gender Gap: Act Now*, OECD Publishing, Paris, http://dx.doi.org/10.1787/9789264179370-en.

OECD (2011), "Access to education, participation and progression", in *Equity and Quality in Education: Supporting Disadvantaged Students and Schools*, OECD Publishing, Paris, http://dx.doi.org/10.1787/9789264130852-en.

OECD (2010a), *PISA 2009 Results: Overcoming Social Background: Equity in Learning Opportunities and Outcomes (Volume II)*, PISA, OECD Publishing, Paris, http://dx.doi.org/10.1787/9789264091504-en.

OECD (2010b), *Learning for Jobs*, OECD Reviews of Vocational Education and Training, OECD Publishing, Paris, http://dx.doi.org/10.1787/9789264087460-en.

表 C1.1a 净入学率，按年龄段划分（2013 年）

公立和私立教育机构的全日制与非全日制学生

		适龄人口入学率超过 90% 的入学年数	适龄人口入学率超过 90% 的年龄段	2 岁及以下[1]	3—4 岁	5—14 岁	15—19 岁	20—29 岁			30—39 岁			40—64 岁	总人口入学率
								男+女	男	女	男+女	男	女		
		(1)	(2)	(3)	(4)	(5)	(6)	(7)	(8)	(9)	(10)	(11)	(12)	(13)	(14)
OECD 国家	澳大利亚	13	5—17	36	72	*100*	86	34	33	35	13	13	14	7	30
	奥地利	13	4—16	15	81	98	79	27	25	28	6	6	6	1	21
	比利时	15	3—17	17	98	98	92	34	30	39	10	8	11	5	27
	加拿大[2,3]	12	5—16	m	m	100	73	22	20	24	5	4	5	1	18
	智利	13	5—17	18	67	97	79	28	27	29	6	6	6	1	28
	捷克	13	6—18	6	71	98	90	26	23	29	3	3	4	1	20
	丹麦	16	2—17	61	97	99	88	45	42	48	9	8	10	2	29
	爱沙尼亚	14	4—17	30	89	96	87	30	26	34	7	5	9	1	23
	芬兰	13	6—18	28	71	97	86	41	38	44	16	15	18	5	27
	法国	15	3—17	4	100	99	85	21	19	23	1	1	1	1	23
	德国	15	3—17	33	94	99	89	34	34	33	4	5	4	0	20
	希腊	m	m	m	m	m	m	m	m	m	m	m	m	m	m
	匈牙利	14	4—17	3	84	97	87	27	26	29	4	3	5	1	21
	冰岛	16	2—17	44	96	99	88	40	37	44	14	11	17	5	33
	爱尔兰	15	4—18	0	70	*100*	97	22	22	22	4	4	4	1	26
	以色列	15	3—17	31	*100*	98	65	22	19	25	6	7	6	2	33
	意大利	15	3—17	5	96	*100*	78	25	22	28	2	2	3	0	18
	日本[4]	14	4—17	0	88	*100*	m	m	m	m	m	m	m	m	16
	韩国	14	3—17	63	92	98	87	31	38	24	2	2	2	1	24
	卢森堡	12	4—15	2	85	97	78	13	13	12	2	2	1	0	20
	墨西哥	9	5—13	2	66	*100*	54	14	15	13	3	3	3	2	30
	荷兰	14	4—17	0	91	100	91	31	32	31	3	3	3	1	24
	新西兰	15	3—17	41	98	*100*	84	28	25	30	10	8	12	5	30
	挪威	17	2—18	55	96	100	87	30	27	33	7	6	9	2	28
	波兰	13	5—18	2	60	96	90	32	27	38	3	2	4	2	22
	葡萄牙	14	4—17	0	84	*100*	88	24	24	24	4	4	4	1	20
	斯洛伐克	12	6—17	4	68	94	85	21	17	24	3	2	4	1	20
	斯洛文尼亚	15	4—18	37	87	97	92	33	27	39	3	3	4	1	21
	西班牙	15	3—17	32	96	97	87	29	28	31	5	5	5	2	22
	瑞典	16	3—18	46	94	98	86	35	29	41	14	10	18	4	27
	瑞士	13	5—17	0	22	100	86	26	27	26	4	5	4	1	19
	土耳其	9	6—14	m	22	96	69	31	33	29	8	8	7	1	29
	英国	15	3—17	11	96	98	81	21	20	22	6	5	8	3	24
	美国	12	5—16	m	54	97	81	26	23	29	8	6	9	2	26
	OECD 平均	13	4—16	21	81	98	84	28	27	30	6	5	7	2	24
	欧盟 21 国平均	14	4—16	17	86	98	87	29	26	31	6	5	6	2	23
伙伴国	阿根廷[2]	12	5—16	m	m	m	m	m	m	m	m	m	m	m	m
	巴西[5]	10	6—15	16	65	95	70	20	18	21	7	6	8	2	28
	中国	m	m	m	m	m	m	m	m	m	m	m	m	m	m
	哥伦比亚	7	5—13	19	62	93	57	17	16	18	6	6	7	2	30
	印度	m	m	m	m	m	m	m	m	m	m	m	m	m	m
	印度尼西亚	8	6—15	2	27	90	71	12	12	13	0	0	0	0	27
	拉脱维亚	15	4—18	0	86	98	94	28	25	32	5	4	6	1	21
	俄罗斯	11	7—17	18	76	93	84	20	18	22	3	3	4	0	20
	沙特阿拉伯	5	7—11	0	17	88	m	m	m	m	1	1	1	1	30
	南非[2]	m	m	m	m	m	m	m	m	m	0	0	0	0	27
	G20 平均	m	m	m	m	m	m	m	m	m	m	m	m	m	m

注：覆盖人口数据和入学率数据统计口径不一致意味着有的国家，如卢森堡，由于是学生净输出国，学生入学率可能被低估，而在净输入国，学生入学率则可能被高估。入学率高于 100% 用斜体表示。

1. 仅限于依托教育机构的学前教育课程，这并非 3 岁前儿童早期教育的唯一有效形式。因此，推断学前教育的入学和质量时需谨慎。在一些设立了学前教育和保育综合体系的国家，入学率不适用于 2 岁及以下儿童的情况。

2. 2012 年数据。

3. 不包括中等后非高等教育。

4. 不包括 17 岁以上的已接受高等教育的学生。

5. 不包括 ISCED 7 和 8 的入学率。

数据来源：OECD. Argentina，China，Colombia，India，Indonesia，Saudi Arabia and South Africa：UNESCO Institute for Statistics. Latvia：Eurostat. See Annex 3 for notes（www.oecd.org/education/education-at-a-glance-19991487.htm）.

缺失数据代码参见《读者指南》。

StatLink http://dx.doi.org/10.1787/888933285743

表 C1.2　高中和中等后非高等教育阶段学生百分比，按课程方向和年龄组划分（2013 年）

		高中教育阶段							中等后非高等教育阶段				
		普通教育	职业教育			工学结合的职业课程	15—19 岁年龄段分布		普通教育	职业教育			工学结合的职业课程
			全部	20 岁及以上	非全日制		普通教育	职业教育		全部	25 岁及以上	非全日制	
		(1)	(2)	(3)	(4)	(5)	(6)	(7)	(8)	(9)	(10)	(11)	(12)
OECD 国家	澳大利亚	50	50	79	78	m	82	18	a	100	73	75	m
	奥地利	30	70	10	a	34	29	71	a	100	42	a	61
	比利时	40	60	41	39	4	43	57	8	92	54	72	a
	加拿大	m	m	m	m	m	m	m	m	m	m	m	m
	智利	69	31	3	m	m	67	33	a	a	a	a	a
	捷克	26	74	17	0	7	29	71	79	21	m	100	13
	丹麦	57	43	66	0	43	75	25	a	a	a	a	a
	爱沙尼亚	66	34	20	0	0	68	32	a	100	48	2	4
	芬兰	30	70	61	a	11	51	49	a	100	97	a	70
	法国	57	43	14	m	12	60	40	49	51	10	m	a
	德国	52	48	43	a	41	65	35	10	90	15	2	49
	希腊	m	m	m	m	m	m	m	m	m	m	m	m
	匈牙利	74	26	17	8	19	74	26	a	100	17	28	100
	冰岛	69	31	65	31	13	82	18	2	98	82	61	14
	爱尔兰	99	1	83	a	a	100	0	a	100	24	18	m
	以色列	60	40	0	a	4	59	41	100	a	a	a	a
	意大利	41	59	6	m	m	41	59	a	100	0	m	m
	日本	77	23	m	2	a	77	23	m	m	m	m	a
	韩国	82	18	0	m	a	82	18	m	m	m	m	m
	卢森堡	40	60	23	1	14	44	56	a	100	58	a	100
	墨西哥	61	39	5	a	a	61	39	a	a	a	a	a
	荷兰	33	67	42	1	m	45	55	a	100	85	0	97
	新西兰	67	33	71	75	m	87	13	x(9)	100[d]	52[d]	66[d]	m
	挪威	48	52	25	4	15	53	47	a	100	75	72	a
	波兰	51	49	6	5	7	47	53	a	100	36	88	a
	葡萄牙	54	46	29	a	a	61	39	a	100	27	0	a
	斯洛伐克	32	68	6	2	5	32	68	a	100	36	31	13
	斯洛文尼亚	34	66	23	23	a	39	61	a	a	a	a	a
	西班牙	66	34	50	24	m	79	21	m	m	m	m	m
	瑞典	53	47	33	20	1	54	46	29	71	69	8	44
	瑞士	34	66	23	0	60	37	63	100	0	50	0	0
	土耳其	55	45	5	a	a	53	47	a	a	a	a	a
	英国	56	44	53	66	25	66	34	a	a	a	a	a
	美国	m	m	m	m	m	m	m	a	100	54	42	m
	OECD 平均	54	46	31	20	17	59	41	13	87	48	39	47
	欧盟 21 国平均	50	50	32	15	15	55	45	11	89	41	32	55
伙伴国	阿根廷	m	m	m	m	m	m	m	m	m	m	m	m
	巴西	92	8	21	a	a	92	8	a	100	48	a	a
	中国	54	46	16	0	46	63	37	67	33	m	100	a
	哥伦比亚	74	26	1	a	m	72	28	100	a	a	a	m
	印度	m	m	m	m	m	m	m	m	m	m	m	m
	印度尼西亚	56	44	3	a	a	56	44	a	a	a	a	a
	拉脱维亚	61	39	19	0	39	62	38	a	100	27	14	100
	俄罗斯[1]	m	m	m	m	m	m	m	a	100[d]	9[d]	0[d]	m
	沙特阿拉伯	95	5	68	m	m	99	1	a	a	a	a	a
	南非[2]	88	12	71	m	m	m	m	a	100	27	a	a
	G20 平均	65	35	30	37	25	69	31	14	86	m	44	49

1. 部分职业高中课程包含在中等后非高等教育课程和高等教育课程中。
2. 2012 年数据。
数据来源：OECD. Argentina, China, Colombia, India, Indonesia, Saudi Arabia and South Africa: UNESCO Institute for Statistics. Latvia: Eurostat. See Annex 3 for notes (www.oecd.org/education/education-at-a-glance-19991487.htm).
缺失数据代码参见《读者指南》。
StatLink http://dx.doi.org/10.1787/888933285759

表 C1.3 按 ISCED 分类的高等教育阶段和全部高等教育阶段学生百分比，按学习强度和性别划分（2013 年）

		短期高等教育课程				学士及同等水平课程				硕士及同等水平课程				高等教育合计			
		全日制	非全日制			全日制	非全日制			全日制	非全日制			全日制	非全日制		
		男+女	男+女	男	女	男+女	男+女	男	女	男+女	男+女	男	女	男+女	男+女	男	女
		(1)	(2)	(3)	(4)	(5)	(6)	(7)	(8)	(9)	(10)	(11)	(12)	(13)	(14)	(15)	(16)
OECD 国家	澳大利亚	46	54	51	57	75	25	23	27	54	46	44	48	67	33	31	35
	奥地利	100	a	a	a	100	a	a	a	100	a	a	a	100	a	a	a
	比利时	28	72	90	60	73	27	28	26	64	36	41	32	70	30	32	29
	加拿大[1]	88	12	11	13	79	21	20	22	69	31	28	34	80	20	18	21
	智利	m	m	m	m	m	m	m	m	m	m	m	m	m	m	m	m
	捷克	100	0	0	0	99	1	1	2	94	6	4	7	97	3	2	3
	丹麦	71	29	26	33	89	11	10	12	94	6	7	6	m	m	m	m
	爱沙尼亚	a	a	a	a	85	15	18	13	85	15	17	14	85	15	17	13
	芬兰	100	a	a	a	65	35	41	29	41	59	59	59	56	44	48	40
	法国	m	m	m	m	m	m	m	m	m	m	m	m	m	m	m	m
	德国	68	32	25	33	90	10	10	9	95	5	6	3	86	14	16	12
	希腊	m	m	m	m	m	m	m	m	m	m	m	m	m	m	m	m
	匈牙利	71	29	26	30	67	33	28	37	71	29	25	31	69	31	28	34
	冰岛	52	48	55	39	75	25	23	26	60	40	37	41	71	29	27	30
	爱尔兰	72	28	24	32	95	5	5	4	59	41	42	40	85	15	15	15
	以色列	100	a	a	a	80	20	19	21	94	6	7	5	86	14	13	15
	意大利	m	m	m	m	m	m	m	m	m	m	m	m	m	m	m	m
	日本	97	3	2	3	90	10	8	12	98	2	2	3	92	8	6	9
	韩国	m	m	m	m	m	m	m	m	m	m	m	m	m	m	m	m
	卢森堡	100	0	0	0	99	1	0	1	57	43	49	38	83	17	18	15
	墨西哥	100	a	a	a	100	a	a	a	100	a	a	a	100	a	a	a
	荷兰	69	31	27	37	92	8	8	9	86	14	11	17	91	9	8	10
	新西兰	38	62	57	66	63	37	34	39	36	64	63	65	56	44	42	46
	挪威	60	40	46	24	63	37	32	40	71	29	25	31	63	37	34	40
	波兰	67	33	32	33	53	47	45	49	52	48	45	50	53	47	45	48
	葡萄牙	a	a	a	a	95	5	6	4	96	4	5	3	95	5	6	4
	斯洛伐克	82	18	15	19	69[d]	31[d]	26[d]	34[d]	x(5)	x(6)	x(7)	x(8)	69	31	27	34
	斯洛文尼亚	54	46	46	45	81	19	17	20	89	11	10	12	77	23	23	22
	西班牙	92	8	5	11	71	29	31	27	64	36	39	34	73	27	28	26
	瑞典	91	9	11	7	45	55	55	55	61	39	34	43	53	47	44	49
	瑞士	73	27	32	23	71	29	35	23	86	14	16	12	76	24	28	19
	土耳其	100	a	a	a	100	a	a	a	100	a	a	a	100	a	a	a
	英国	11	89	87	91	86	14	13	15	51	49	47	50	69	31	28	33
	美国	46	54	52	55	77	23	22	24	54	46	42	48	62	38	35	39
	OECD 平均	73	27	27	26	80	20	19	20	74	26	25	26	77	23	22	23
	欧盟 21 国平均	74	26	26	27	81	19	19	19	74	26	26	26	77	23	23	23
伙伴国	阿根廷	m	m	m	m	m	m	m	m	m	m	m	m	m	m	m	m
	巴西	100	a	a	a	100	a	a	a	m	m	m	m	m	m	m	m
	中国	69	31	32	30	80	20	20	20	72	28	33	21	75	25	26	24
	哥伦比亚	100	a	a	a	100	a	a	a	100	a	a	a	100	a	a	a
	印度	m	m	m	m	m	m	m	m	m	m	m	m	m	m	m	m
	印度尼西亚	m	a	a	a	100	a	a	a	100	a	a	a	m	m	m	m
	拉脱维亚	51	49	51	48	76	24	24	25	84	16	15	16	73	27	27	27
	俄罗斯[2]	79[d]	21[d]	22[d]	19[d]	x(9)	x(10)	x(11)	x(12)	49[d]	51[d]	51[d]	52[d]	57[d]	43[d]	42[d]	44[d]
	沙特阿拉伯	m	m	m	m	m	m	m	m	m	m	m	m	m	m	m	m
	南非[1]	m	m	m	m	m	m	m	m	m	m	m	m	m	m	m	m
	G20 平均	73	27	26	27	89	11	11	12	77	23	23	24	79	21	20	22

1. 2012 年数据。
2. 部分职业高中课程包含在中等后非高等教育课程和高等教育课程中。
数据来源：OECD. Argentina，China，Colombia，India，Indonesia，Saudi Arabia and South Africa：UNESCO Institute for Statistics. Latvia：Eurostat. See Annex 3 for notes（www. oecd. org/education/education-at-a-glance-19991487. htm）.
缺失数据代码参见《读者指南》。
StatLink http：//dx. doi. org/10. 1787/888933285765

表 C1. 4a 初等和中等教育阶段学生百分比，按教育机构类型划分（2013 年）

		小学				初中				高中			
		公立	私立			公立	私立			公立	私立		
			全部	民办公助型	独立型		全部	民办公助型	独立型		全部	民办公助型	独立型
		(1)	(2)	(3)	(4)	(5)	(6)	(7)	(8)	(9)	(10)	(11)	(12)
OECD 国家	澳大利亚	69	31	31	a	63	37	37	m	63	37	37	m
	奥地利	94	6	6[d]	x(3)	91	9	9[d]	x(7)	90	10	10[d]	x(11)
	比利时	46	54	54	m	42	58	58	m	41	59	59	m
	加拿大[1]	94	6	6[d]	x(3)	91	9	9[d]	x(7)	94	6	6[d]	x(11)
	智利	m	m	m	m	m	m	m	m	m	m	m	m
	捷克	98	2	2	a	97	3	3	a	85	15	15	a
	丹麦	85	15	15	0	73	27	26	1	98	2	2	0
	爱沙尼亚	95	5	a	5	96	4	a	4	97	3	a	3
	芬兰	98	2	2	a	95	5	5	a	81	19	19	a
	法国	85	15	14	0	78	22	22	0	68	32	31	1
	德国	95	5	5[d]	x(3)	90	10	10[d]	x(7)	92	8	8[d]	x(11)
	希腊	m	m	m	m	m	m	m	m	m	m	m	m
	匈牙利	86	14	14	a	85	15	15	a	73	27	27	a
	冰岛	97	3	3	0	99	1	1	0	80	20	19	1
	爱尔兰	99	1	0	1	100	0	0	0	98	2	0	2
	以色列	77	23	23	a	84	16	16	a	94	6	6	a
	意大利	93	7	a	7	96	4	a	4	91	9	5	4
	日本	99	1	a	1	93	7	a	7	68	32	a	32
	韩国	98	2	a	2	82	18	18	a	56	44	44	a
	卢森堡	90	10	0	9	81	19	10	9	83	17	7	10
	墨西哥	91	9	a	9	89	11	a	11	83	17	a	17
	荷兰	m	m	m	m	m	m	m	m	m	m	m	m
	新西兰	98	2	0	2	95	5	0	5	85	15	10	5
	挪威	97	3	2	0	97	3	3	0	89	11	11	0
	波兰	96	4	1	3	94	6	2	4	84	16	1	15
	葡萄牙	88	12	4	8	87	13	7	6	79	21	5	16
	斯洛伐克	94	6	6	a	93	7	7	a	85	15	15	a
	斯洛文尼亚	99	1	1	0	100	0	0	0	96	4	2	2
	西班牙	68	32	28	4	71	29	27	3	75	25	17	8
	瑞典	90	10	10	0	85	15	15	0	82	18	18	0
	瑞士	94	6	1	4	91	9	3	6	85	15	9	5
	土耳其	97	3	a	3	97	3	a	3	97	3	a	3
	英国	89	11	6	4	48	52	47	6	26	74	69	5
	美国	92	8	a	8	92	8	a	8	92	8	a	8
	OECD 平均	90	10	~	~	86	14	~	~	81	19	~	~
	欧盟 21 国平均	89	11	~	~	84	16	~	~	80	20	~	~
伙伴国	阿根廷	m	m	m	m	m	m	m	m	m	m	m	m
	巴西	84	16	a	16	88	12	a	12	86	14	a	14
	中国	94	6	6[d]	x(3)	91	9	9[d]	x(7)	90	10	10[d]	x(11)
	哥伦比亚	82	18	0	18	81	19	0	19	75	25	0	25
	印度	m	m	m	m	m	m	m	m	m	m	m	m
	印度尼西亚	82	18	a	18	64	36	a	36	50	50	a	50
	拉脱维亚	99	1	a	1	99	1	a	1	98	2	a	2
	俄罗斯	99	1	a	1	99	1	a	1	98	2	a	2
	沙特阿拉伯	90	10	x(2)	x(2)	92	8	x(6)	x(6)	80	20	x(10)	x(10)
	南非[1]	96	4	x(2)	x(2)	96	4	x(6)	x(6)	94	6	x(10)	x(10)
	G20 平均	91	9	~	~	85	15	~	~	78	22	~	~

1. 2012 年数据。
数据来源：OECD. Argentina, China, Colombia, India, Indonesia, Saudi Arabia and South Africa: UNESCO Institute for Statistics. Latvia: Eurostat. See Annex 3 for notes（www. oecd. org/education/education-at-a-glance-19991487. htm）.
缺失数据代码参见《读者指南》。
StatLink http://dx. doi. org/10. 1787/888933285770

C1

表 C1.4b 按 ISCED 分类的高等教育阶段和全部高等教育阶段学生百分比，按教育机构类型划分（2013 年）

	高等教育合计				短期高等教育课程				学士及同等水平课程				硕士及同等水平课程				博士及同等水平课程			
	公立	私立			公立	私立			公立	私立			公立	私立			公立	私立		
		全部	民办公助型	独立型		全部	民办公助型	独立型		全部	民办公助型	独立型		全部	民办公助型	独立型		全部	民办公助型	独立型
	(1)	(2)	(3)	(4)	(5)	(6)	(7)	(8)	(9)	(10)	(11)	(12)	(13)	(14)	(15)	(16)	(17)	(18)	(19)	(20)
OECD 国家																				
澳大利亚	92	8	3	6	74	26	16	10	95	5	0	5	95	5	a	5	99	1	a	1
奥地利	84	16	16[d]	x(3)	82	18	18[d]	x(7)	79	21	21[d]	x(11)	89	11	11[d]	x(15)	99	1	1[d]	x(19)
比利时	42	58	57	m	37	63	63	m	43	57	57	0	40	60	60	1	58	42	42	0
加拿大	m	m	m	m	m	m	m	m	m	m	m	m	m	m	m	m	m	m	m	m
智利	16	84	12	72	3	97	2	94	20	80	15	65	26	74	16	58	44	56	44	11
捷克	87	13	2	11	86	14	14	a	84	16	3	13	90	10	a	10	100	0	a	0
丹麦	98	2	2	0	97	3	3	0	97	3	3	0	100	0	0	0	100	0	0	0
爱沙尼亚	16	84	74	10	a	a	a	a	23	77	64	13	1	99	95	4	0	100	99	1
芬兰	72	28	28	a	100	0	0	a	65	35	35	a	92	8	8	a	100	0	0	a
法国	79	21	3	18	67	33	12	21	86	14	2	13	78	22	0	22	99	1	0	1
德国	92	8	8[d]	x(3)	80	20	20[d]	x(7)	88	12	12[d]	x(11)	97	3	3[d]	x(15)	100	0	0	0
希腊	m	m	m	m	m	m	m	m	m	m	m	m	m	m	m	m	m	m	m	m
匈牙利	83	17	17	a	44	56	56	a	87	13	13	a	89	11	11	a	94	6	6	a
冰岛	81	19	19	0	45	55	55	0	81	19	19	0	83	17	17	0	95	5	5	0
爱尔兰	98	2	m	m	m	m	m	m	98	2	0	2	97	3	0	3	99	1	0	1
以色列	15	85	73	12	38	62	62	0	12	88	73	16	7	93	79	14	0	100	100	0
意大利	91	9	a	9	0	100	0	100	90	10	a	10	92	8	a	8	95	5	0	5
日本	21	79	a	79	8	92	a	92	20	80	a	80	47	53	a	53	75	25	a	25
韩国	19	81	a	81	2	98	a	98	24	76	a	76	31	69	a	69	36	64	a	64
卢森堡	m	m	m	m	100	0	0	0	m	m	m	m	m	m	m	m	m	m	m	m
墨西哥	69	31	a	31	96	4	a	4	69	31	a	31	47	53	a	53	67	33	a	33
荷兰	m	m	m	m	m	m	m	m	m	m	m	m	m	m	m	m	100	a	a	a
新西兰	88	12	11	1	57	43	40	4	96	4	4	0	97	3	3	0	100	0	0	0
挪威	83	17	7	9	60	40	40	0	81	19	7	12	95	5	2	3	98	2	1	1
波兰	72	28	a	28	89	11	a	11	70	30	a	30	74	26	a	26	93	7	a	7
葡萄牙	82	18	0	18	a	a	a	a	79	21	0	21	85	15	0	15	93	7	0	7

1. 2012 年数据。

数据来源：OECD. Argentina，China，Colombia，India，Indonesia，Saudi Arabia and South Africa：UNESCO Institute for Statistics. Latvia：Eurostat. See Annex 3 for notes（www. oecd. org/education/education-at-a-glance-19991487. htm）.

缺失数据代码参见《读者指南》。

StatLink http：//dx. doi. org/10. 1787/888933285780

表 C1.4b（续） 按 ISCED 分类的高等教育阶段和全部高等教育阶段学生百分比，按教育机构类型划分（2013 年）

		高等教育合计				短期高等教育课程				学士及同等水平课程				硕士及同等水平课程				博士及同等水平课程			
		公立	私立			公立	私立			公立	私立			公立	私立			公立	私立		
			全部	民办公助型	独立型		全部	民办公助型	独立型		全部	民办公助型	独立型		全部	民办公助型	独立型		全部	民办公助型	独立型
		(1)	(2)	(3)	(4)	(5)	(6)	(7)	(8)	(9)	(10)	(11)	(12)	(13)	(14)	(15)	(16)	(17)	(18)	(19)	(20)
OECD 国家	斯洛伐克	82	18	0	17	74	26	26	a	81	19	0	19	83	17	0	17	94	6	0	6
	斯洛文尼亚	86	14	6	8	76	24	2	21	85	15	7	8	92	8	5	2	87	13	4	10
	西班牙	84	16	2	14	80	20	13	7	84	16	0	16	85	15	0	15	92	8	0	8
	瑞典	91	9	9	0	51	49	49	0	95	5	5	0	92	8	8	0	93	7	7	0
	瑞士	82	18	9	9	8	92	19	73	80	20	11	9	95	5	3	2	100	0	0	0
	土耳其	94	6	a	6	97	3	a	3	94	6	a	6	85	15	a	15	94	6	a	6
	英国	a	100	100	a	a	100	100	a	a	100	100	a	a	100	100	a	a	100	100	a
	美国	72	28	a	28	90	10	a	10	66	34	a	34	46	54	a	54	62	38	a	38
	OECD 平均	69	31	~	~	59	41	~	~	69	31	~	~	71	29	~	~	80	20	~	~
	欧盟 21 国平均	74	26	~	~	66	34	~	~	74	26	~	~	76	24	~	~	84	16	~	~
伙伴国	阿根廷	m	m	m	m	m	m	m	m	m	m	m	m	m	m	m	m	m	m	m	m
	巴西	m	m	m	m	58	42	a	42	m	m	m	m	m	m	m	m	m	m	m	m
	中国	85	15	15	a	87	13	13	a	81	19	19	a	100	a	a	a	100	a	a	a
	哥伦比亚	52	48	0	48	76	24	0	24	42	58	0	58	28	72	0	72	68	32	0	32
	印度	m	m	m	m	m	m	m	m	m	m	m	m	m	m	m	m	m	m	m	m
	印度尼西亚	m	m	m	m	m	m	m	m	32	68	a	68	50	50	a	50	79	21	a	21
	拉脱维亚	8	92	65	27	41	59	18	41	a	100	72	28	a	100	92	8	a	100	93	7
	俄罗斯	87	13	a	13	95	5	a	5	83	17	a	17	86	14	a	14	100	0	a	0
	沙特阿拉伯	94	6	x(2)	x(2)	100	0	x(6)	x(6)	94	6	x(10)	x(10)	82	18	x(14)	x(14)	100	0	0	0
	南非[1]	95	5	x(2)	x(2)	90	10	x(6)	x(6)	97	3	x(10)	x(10)	95	5	x(14)	x(14)	100	0	0	0
	G20 平均	71	29	~	~	63	37	~	~	68	32	~	~	69	31	~	~	80	20	~	~

1. 2012 年数据。

数据来源：OECD. Argentina, China, Colombia, India, Indonesia, Saudi Arabia and South Africa: UNESCO Institute for Statistics. Latvia: Eurostat. See Annex 3 for notes (www.oecd.org/education/education-at-a-glance-19991487.htm).

缺失数据代码参见《读者指南》。

StatLink http://dx.doi.org/10.1787/888933285780

表 C1.5 5—39 岁人口预期受教育年限，按教育阶段、学习强度和性别划分（2013 年）

		全日制			非全日制[1]			全日制+非全日制[1]								
		全部教育阶段综合			全部教育阶段综合			全部教育阶段综合			学前教育	小学教育	初中教育	高中教育	中等后非高等教育	高等教育
		男+女	男	女	男+女	男	女	男+女	男	女	男+女					
		(1)	(2)	(3)	(4)	(5)	(6)	(7)	(8)	(9)	(10)	(11)	(12)	(13)	(14)	(15)
OECD 国家	澳大利亚	16	16	16	3	3	3	19	19	19	0	7	4	3	1	4
	奥地利	17	17	17	a	a	a	17	17	17	1	4	4	4	0	4
	比利时	16	16	16	3	2	3	19	18	19	1	6	3	5	0	3
	加拿大[2]	16	16	16	1	0	1	16	16	17	m	6	3	3	m	3
	智利	m	m	m	m	m	m	17	17	17	1	6	2	4	a	4
	捷克	17	17	18	0	0	0	17	17	18	1	5	4	4	m	3
	丹麦	19	19	19	1	0	1	20	19	20	1	7	4	4	a	4
	爱沙尼亚	17	16	18	1	1	1	18	17	18	2	6	3	3	1	3
	芬兰	18	18	19	2	2	2	20	19	20	2	6	3	5	0	4
	法国	m	m	m	m	m	m	16	16	17	1	5	4	3	0	3
	德国	18	18	18	0	0	0	18	18	18	1	4	6	3	1	3
	希腊	m	m	m	m	m	m	m	m	m	m	m	m	m	m	m
	匈牙利	16	16	16	1	1	1	17	17	17	m	4	4	4	1	3
	冰岛	18	17	18	2	2	2	20	19	20	1	7	3	5	0	3
	爱尔兰	17	17	17	1	0	1	18	18	18	0	8	3	3	1	3
	以色列	15	15	16	0	0	0	16	16	16	1	6	3	3	0	3
	意大利	17	16	17	0	0	0	17	16	17	1	5	3	5	0	3
	日本	16	15	15	0	0	0	16	16	15	1	6	3	3	0	m
	韩国	m	m	m	m	m	m	17	18	17	1	6	3	3	m	5
	卢森堡[3]	15	15	15	0	0	0	15	15	15	1	6	3	4	0	1
	墨西哥	14	14	14	a	a	a	14	14	14	1	7	3	2	a	2
	荷兰	18	18	18	0	0	0	18	18	18	1	6	4	3	0	3
	新西兰	15	15	16	3	2	3	18	17	19	0	6	4	4	1	3
	挪威	17	17	17	1	1	1	18	18	19	1	7	3	4	0	3
	波兰	16	15	16	2	2	3	18	17	19	2	6	3	3	1	3
	葡萄牙	17	17	17	0	0	0	17	17	18	1	7	3	3	0	3
	斯洛伐克	15	15	16	1	1	1	16	16	17	1	4	5	4	0	3
	斯洛文尼亚	17	16	18	1	1	1	18	18	19	1	6	3	5	a	4
	西班牙	16	16	17	1	1	1	18	17	18	1	6	4	4	m	4
	瑞典	16	16	17	3	2	3	19	18	20	2	7	3	4	0	3
	瑞士	17	17	17	1	1	1	17	17	17	2	6	3	4	0	3
	土耳其	17	17	17	a	a	a	17	17	17	0	5	4	4	a	4
	英国	15	15	15	2	2	2	17	16	17	0	6	3	5	a	3
	美国	15	15	16	2	2	2	17	17	18	1	6	3	3	m	4
	OECD 平均	16	16	17	1	1	1	17	17	18	1	6	3	4	0	3
	欧盟 21 国平均	17	16	17	1	1	1	18	17	18	1	6	4	4	0	3
伙伴国	阿根廷	m	m	m	m	m	m	m	m	m	m	m	m	m	m	m
	巴西[4]	16	15	16	a	a	a	16	15	16	1	5	4	3	0	2
	中国	m	m	m	m	m	m	m	m	m	m	m	3	2	m	1
	哥伦比亚	14	14	15	a	a	a	14	14	15	1	5	4	2	0	2
	印度	m	m	m	m	m	m	m	m	m	m	m	m	m	m	m
	印度尼西亚	14	14	14	a	a	a	14	14	14	1	6	3	2	a	2
	拉脱维亚	17	16	17	1	1	1	18	17	18	2	6	3	3	0	3
	俄罗斯	14	14	15	2	1	2	16	16	16	2	4	5	1	1	4
	沙特阿拉伯	m	m	m	m	m	m	13	14	12	m	m	m	m	a	m
	南非[2]	m	m	m	m	m	m	m	m	m	m	m	m	m	m	m
	G20 平均	m	m	m	m	m	m	m	m	m	m	m	4	3	m	3

1. 由于非全日制教育在不同国家因学习强度、水平及个人年龄的不同而有所区别，因此非全日制教育的预期年限应谨慎解释。
2. 2012 年数据。
3. 大量学生在国外就读和移民可能会影响预期受教育年限。
4. 不包括 ISCED 7 和 8 的入学率。

数据来源：OECD. Argentina，China，Colombia，India，Indonesia，Saudi Arabia and South Africa：UNESCO Institute for Statistics. Latvia：EUROSTAT. See Annex 3 for notes（www. oecd. org/education/education-at-a-glance-19991487. htm）.
缺失数据代码参见《读者指南》。
StatLink http：//dx. doi. org/10. 1787/888933285796

世界范围内的早期教育体系有何差别？

- 即使考虑到社会经济背景等因素的影响，接受过至少一年学前教育的15岁学生在OECD组织的国际学生评价项目（PISA）中的成绩也比那些没有接受过学前教育的学生要好。
- 对于有移民背景的学生来说，早期教育对他们是特别有利的。在6岁前就移民到OECD国家的15岁学生中，接受过学前教育的学生和没有接受过学前教育的学生之间的成绩差距，相当于大约两年的学校教育。
- 在大多数OECD国家，如今多数儿童在5岁前即开始接受教育。在OECD国家，74%的3岁儿童接受了早期教育。OECD国家中的欧盟国家有高达80%的3岁儿童接受了早期教育。

图 C2.1　3岁和4岁儿童早期教育入学率（2013年）

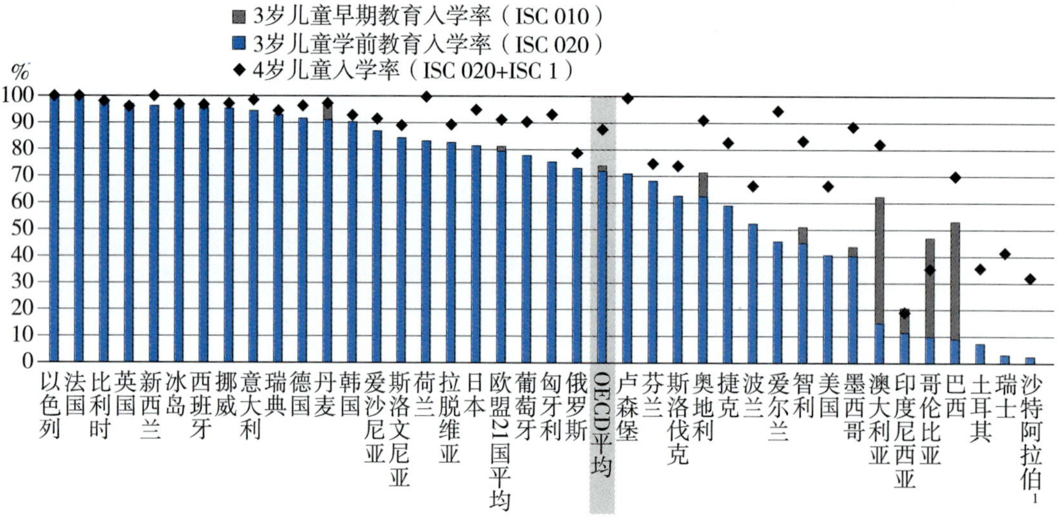

1. 2014年数据。
国家按照3岁儿童学前教育入学率降序排列。
数据来源：OECD. Table C2.1. See Annex 3 for notes（www.oecd.org/education/education-at-a-glance-19991487.htm）.
StatLink http://dx.doi.org/10.1787/888933284184

背　景

家庭结构的变化使父母的相对年龄也发生了变化。越来越多的女性和男性倾向于晚婚晚育。这样做有很多的原因，包括打算有更好的经济保障和更成熟的感情基础，先花较长的时间建立稳定的关系，致力于事业发展，然后再把精力花在孩子身上。由于这些父母如今很可能都是劳动人口，所以对于儿童的早期看护具有更多需求。此外，人们越来越认识到早期教育在促进幼儿认知和情感发展中所发挥的关键作用。因此，确保早期教育和保育（ECEC）的质量已经成为许多国家的优先政策。

让幼儿接受早期教育还可以减少社会不平等，全面提升学生的学习效果。

当学生进入学校接受正式教育时，许多不平等就已明显存在于教育系统之中，并且长期伴随着学生的整个学习生涯。当学校教育是非强制性的时候，不平等趋于增加，因此，较早进入学校系统可以减少教育不平等现象。此外，学前教育有助于为学生进入正式的学校学习做好准备，也有助于学生获得学业的成功。

在 OECD 国家，有各种不同的早期教育和保育（ECEC）体系与机构。因此，也有各种不同的方式来界定早期教育和保育之间的界限（参见专栏 C2.1 和定义）。在通过国际比较得出结论时应该考虑到这些差异。

其他发现

- 在 OECD 国家，有将近九成（88%）的 4 岁儿童接受了早期教育或小学教育。
- 就来自欧洲的 OECD 国家而言，学前教育机构 84%的经费来自公共财政拨款。OECD 国家的平均比例为 80%。
- 学前教育支出平均占 GDP 的 0.6%，儿童早期教育支出平均占 GDP 的 0.4%。
- 在大多数国家，儿童进入私立早期教育机构的比例要远远大于进入私立中小学教育机构的比例。因此，总体来讲，超过 50%的儿童在接受早期教育时，其家长更倾向于选择私立机构，这就导致即使政府提供了补贴，家长的经济负担仍然加重了。
- 学生与教学人员的比例也是衡量学前教育资源投入的一个重要指标。学前阶段的生师比不包括非教学人员（如助教），其变化范围从智利、中国、哥伦比亚、法国、印度尼西亚和墨西哥的 20：1 以上，到爱沙尼亚、冰岛、新西兰、斯洛文尼亚、瑞典和英国的低于 10：1。
- 一些国家在学前教育阶段大量使用助教。12 个国家的报告均显示，学生与教职工之比小于学生与专任教师之比。因此，在奥地利、智利、中国、法国、挪威和俄罗斯，学生与教职工之比明显低于学生与专任教师之比（少两个以上学生）。

趋　势

在过去的 10 年中，许多国家都扩大了早期教育规模。对早期教育的日益重视导致了一些国家将义务教育向低年龄段延伸，对儿童实施免费早期教育，儿童早期教育和保育得到普及，将保育和正规的学前教育相结合的课程也开始产生。

就 2005 年与 2013 年 OECD 国家的平均水平来说，3 岁儿童的学前教育入学率已经从 2005 年的 52%上升到 2013 年的 72%。相应地，4 岁儿童的学前教育入学率已从 2005 年的 69%上升到 2013 年的 85%。在澳大利亚、智利、韩国、墨西哥、波兰、俄罗斯和土耳其，4 岁儿童的学前教育入学率从 2005 年到 2013 年增加了 20 多个百分点。

C2

说 明

ISCED 0 是指包括一种有计划的教育内容的早期课程。ISCED 0 课程的目标群体是年龄小于上小学年龄的儿童（ISCED 1）。这些课程旨在开发儿童参与学校和社会生活所必需的认知、身体和社会情感技能。

在新的 ISCED 中，ISCED 0 涵盖了包括年龄很小的儿童在内的所有年龄儿童的早期教育。课程根据教育内容的难度水平分为两类：早期儿童教育发展（代码 010）和学前教育（代码 020）。早期儿童教育发展（代码 010）是为 3 岁以前的儿童设计的。这一年龄段的儿童作为一个新的类别在 ISCED 2011 中有所介绍，在 ISCED-97 中并没有出现。学前教育（代码 020）正好对应 ISCED-97 中的 ISCED 0。比利时（除弗兰芒语区外）、捷克、法国、爱尔兰、意大利、日本、卢森堡、波兰、葡萄牙、斯洛伐克和瑞士等国家没有提供早期儿童教育发展课程。在上述国家中，存在其他的一些机构，但是它们提供的早期教育和保育课程并没有被纳入 ISCED 2011，也不在 UOE 数据统计的范围之内（更多细节参见专栏 C2.1 和定义部分）

分 析

在大多数 OECD 国家，早期教育和保育政策随着妇女参与劳动力市场而不断演化。从 20 世纪 70 年代开始，随着服务型和知识型经济的不断扩展，越来越多的妇女就业、领取薪水。由于经济的繁荣依赖于高就业率的保持，为了鼓励更多的妇女进入劳动力市场，政府更愿意发展早期教育和保育服务。特别是在 20 世纪 70 年代和 80 年代，欧洲很多国家的政府实施了家庭和保育政策，以鼓励夫妻生育孩子，确保妇女能同时兼顾工作和家庭责任（OECD，2013a；2011a）。

越来越多的证据表明，如果儿童在他们的学习和成长过程中的早期表现良好，那么他们长大后将有更高的成就。这样的证据促使决策者设计早期干预项目，并反思其教育支出模式以实现“物有所值”。

早期教育的入学率

正如 ISCED 2011 中所定义的，早期教育是儿童接受有组织的教学的初始阶段，对于他们今后的发展发挥着重要作用。尽管在所有 OECD 国家之间小学和初中阶段的教育模式非常相似，但在早期教育阶段无论是 OECD 国家之间还是 G20 国家之间都有着显著差异。这些差异包括早期教育的入学率、典型入学年龄、经费投入和幼教年限（表 C2. 5）。

在大多数 OECD 国家，大多数儿童在 5 岁前就已经开始接受教育。就 OECD 国家总体而言，近九成（88%）的 4 岁儿童接受早期教育和初等教育，而来自欧盟的 OECD 国家的平均水平已达到了 91%。在比利时、丹麦、法国、德国、冰岛、爱尔兰、以色列、意大利、日本、卢森堡、荷兰、新西兰、挪威、西班牙和英国，该年龄段儿童的早期教育和初等教育入学率超过了 95%。但在哥伦比亚、印度尼西亚、沙特阿拉伯和土耳其，这一比例则低于 60%。在瑞士，早期教育入学率也比较低。由于这些国家没有报告综合课程的入学率数据（参见定义），其真实的早期教育入学率无法计算，实际上可能比上述报告的数据要高。在瑞士，5 岁左右儿童的早期教育入学率是最高的（表 C2. 1）。

早期教育入学率和 15 岁学生的 PISA 成绩

从 OECD 国家的平均水平来看，在参加 PISA 的 15 岁学生中有 74%表示曾接受过一年以上的学前教育。根据这些学生的回答，比利时、法国、匈牙利、冰岛、日本和荷兰在十年前已经基本普及了一年以上的学前教育。在这些国家，90%以上的 15 岁学生表示曾接受过一年以上的学前教育。土耳其的学前教育很少见，只有不到 30%的 15 岁学生曾接受过时间不等的学前教育。在澳大利亚、智利、爱尔兰和波兰，一年以上的学前教育并不普遍，只有不足 52%的学生曾接受一年以上的学前教育（参见 OECD，2013b；表 IV. 3. 33）。

专栏 C2.1 指标 C2 中儿童早期教育课程（ISCED 010、020）的覆盖范围

在 ISCED 2011（在 2015 年版《教育概览》中首次使用）中，ISCED 0 涵盖了所有年龄段（包括很小的儿童在内）的早期教育。课程根据年龄和教育内容的难度水平分为两类：早期儿童教育发展（代码 010）和学前教育（代码 020）。早期儿童教育发展（代码 010）通常来讲是为 3 岁以前的儿童设计的。这一新的类别在 ISCED 2011 中出现，但 ISCED-97 中并未包含这一类别。ISCED 2011 中的学前教育（代码 020）正好对应 ISCED-97 中的 ISCED 0。

如上所示，在未划分年龄的课程中，小于 3 岁和大于 3 岁的孩子的数据应分别划归到 010 和 020。这需要对 010 和 020 所涉及的开支和人力分别进行估算。

然而，一些国家对儿童早期教育的界定要比其他国家更加宽泛。因此，ISCED 0 课程的国际数据的可比性取决于每个国家在国际标准定义下发布该阶段课程数据的意愿和能力，即使国际标准定义与一个国家统计报告中使用的定义有所不同。就这一点而言，发布在《教育概览》上关于 ISCED 0 课程的数据就有可能与一些国家的儿童早期教育报告中的数据有所不同。

为了确保数据的国际可比性，确定一个课程是否可以被定义为 ISCED 0 并被纳入我们的报告中，它必须满足下列条件：

——有充足的教育硬件设施；

——有合法机构；

——以 0 岁到 ISCED 1 儿童为教育对象；

——满足最低教学时数/期限（每天最少 2 小时；每年至少 100 天）。

课程应该尽可能做到：

——有经有关国家当局认定的规章制度；

——有按照适当的规章制度予以训练或资格认定的员工。该指标不包括只提供儿童保育（即监管、营养、卫生）的课程。在有些地方教育性和非教育性课程可能同时存在，而且孩子有可能分别参加了每个课程，但只有教育性课程才能被纳入指标 C2。例如，一个机构既提供白天的教育性课程，同时也提供额外的下午或者晚上的儿童保育，父母可以让孩子参加其中一项或者两项都参加，但只有白天的教育性课程才会被计入指标 C2。在一些综合课程里，非教育性课程的份额可能比教育性课程的份额还要大。对于此类课程，只有当教育性课程达到一定的标准之后才有可能被纳入指标。

虽然家庭幼儿教育课程非常重要，但 ISCED 0 却把不满足 UOE 定义的家庭幼儿教育课程完全排除在外（例如，儿童从父母、亲戚或朋友那里得到的非正式教育不包含在 ISCED 0 之内）。对于那些不受幼儿教育权力机构管辖或监督的私立机构或中心，尽管它们按照官方要求组织教学和管理，但同样被排除在指标 C2 外。例如，个人自愿组织的幼儿教育活动，看起来也满足了 ISCED 对硬件设施、教学时数、期限及教职员工的要求，但并不被政府管理机构所承认。

被排除在报告之外的课程还有：

——临时的、随意性较强的课程，孩子在这样的课程中无法进行连续的、系统的学习；

——短期课程，例如假期保育课程，可能会安排一些教育性课程，但持续时间短且缺乏良好的学习环境；

——一些课程满足相应的硬件设施要求，但教学时数、期限未达标，家长可随意安排孩子的出勤，出勤率达不到 ISCED 0 所规定的标准；

——某些保育服务课程，此类课程虽然按计划开展教学活动，但对作息时间、教学时数、期限及出勤率没有要求。

OECD 国家正在共同努力以改进早期教育的统计方法。各国的具体信息见本出版物附录 3 中的表 C2.5。

值得注意的是，PISA 的分析还发现，在大多数国家，即使在考虑了学生的社会经济背景之后，接受过至少一年学前教育的学生往往还是比那些没有接受过学前教育的学生的成绩要好。PISA 的研究还表明，学前教育阶段的教育时间越长、生师比越小、生均公共支出越高，在后来的学校教育中学前教育和学业成就之间的正相关性就越强（OECD, 2013b, 表 IV.3.33）。

对于有移民背景的学生来说，参加早期教育对他们是特别有利的。2012 年，OECD 国家 3—6 岁的移民儿童中，平均有 69%接受了学前教育，比同年龄段的 OECD 国家的本土儿童低了 7 个百分点。而在欧盟国家中，移民儿童和本土儿童在参加早期教育方面只是稍有差距。然而，也有一些例外：在捷克、意大利和挪威，移民儿童接受早期教育的百分比要比本土儿童低 10 个百分点［参见《移民融合 2015：定居》中的图 13.5（OECD/European Union, 2015）］。

具有相似社会经济背景的、6 岁前就移民到 OECD 国家的移民儿童在 15 岁时参加 PISA 阅读能力测试，接受过早期教育的孩子比没有接受过早期教育的孩子的成绩要好。这两组的表现差距为 75 分，相当于两年左右的学校教育（在非移民的 15 岁学生中，这一差距有所缩小，但仍然值得关注）。在法国、芬兰、以色列和美国，早期教育带给移民儿童的益处尤其明显。这一发现在美国引起了不同寻常的反响。在美国，接受早期教育的移民儿童所占的比例是相对较小的（图 C2.2）。

此外，在移民儿童中，越早移民到 OECD 国家（如 6 岁前），其成绩越好。因此，在 PISA 中，6—10 岁移民到 OECD 国家的儿童比 6 岁前就移民的儿童的阅读成绩平均低 19 分。在比利时、芬兰、法国、德国、冰岛和以色列，这一成绩差距超过了 39 分（相当于约一年的学校教育）［参见《移民融合 2015：定居》中的表 13.A1.6（OECD/European Union, 2015）］。

图 C2.2 有移民背景的 15 岁学生在接受过和未接受过学前教育的情况下在阅读成绩方面的差距（2012 年）

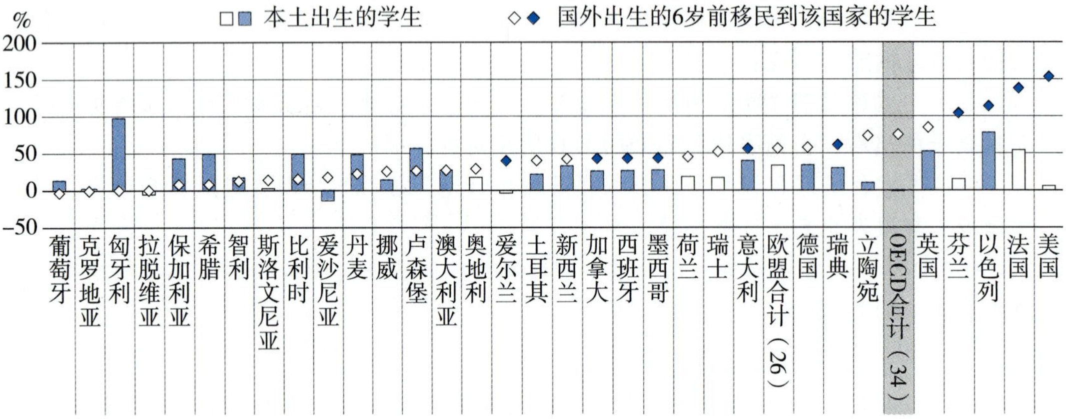

注：白色柱状图和标注显示了他们的成绩差异。这一差异在统计上不显著（概率为 0.05）。正数表示接受过早期教育的学生比未接受过早期教育的学生的 PISA 阅读成绩更好。

国家按照接受过与未接受过学前教育的移民学生（均为 6 岁前移民到 OECD 国家）之间 PISA 阅读成绩的差距升序排列。

数据来源：OECD Programme of International Student Assessment（PISA）. *Indicators of Immigrant Integration 2015：Settling In*（http：//dx. doi. org/10. 1787/9789264234024-en），Figure 13. 6. See Annex 3 for notes（www. oecd. org/education/education-at-a-glance-19991487. htm）.

StatLink http：//dx. doi. org/10. 1787/888933284199

面向更低龄儿童的早期教育还不够普及。在一些国家，3 岁及以下儿童的早期教育供给远远不能满足其实际需求，即使在那些产假较长的国家也是如此。在 OECD 国家，近四成的 2 岁儿童接受早期教育。一般来说，3 岁儿童接受早期教育的比率增长到了将近 3/4（74%）。在比利时、丹麦、法国、冰岛、意大利、新西兰、挪威、西班牙和英国，3 岁儿童的早期教育入学率最高。在有些国家，为产假提供的公共资金非常有限，许多工薪家庭不得不自己寻求解决办法。家长的支付能力直接影响着孩子能否获得优质的服务，或者不得不采取依靠家人、朋友和邻居等非正式看管方式（表 C2.1、图 C2.1，以及 OECD，2011b）。

一些国家已经基本普及了 3 岁儿童的学前教育。大多数国家的早期教育正在迅速发展。就 2005 年与 2013 年 OECD 国家的平均水平而言，3 岁儿童的学前教育入学率已经从 2005 年的 52%上升到 2013 年的 72%，4 岁儿童的学前教育入学率已经从 2005 年的 69%上升至 2013 年的 85%（表 C2.1）。

按机构类型划分的早期教育

随着各国早期教育的持续扩张，将家长对入学机会、成本、课程和教职工素质及问责制等方面的需求和期望纳入政府的考虑范围，已经变得非常重要。当公立机构不能满足家长对于质量、入学机会或问责制的需求时，有些家长可能会更倾向于把孩子送到私立的学前教育机构、幼儿看护中心或课外活动中心（Shin et al.，2009）。

图 C2.3　早期教育阶段在公立机构就读的学生比例（2013 年）

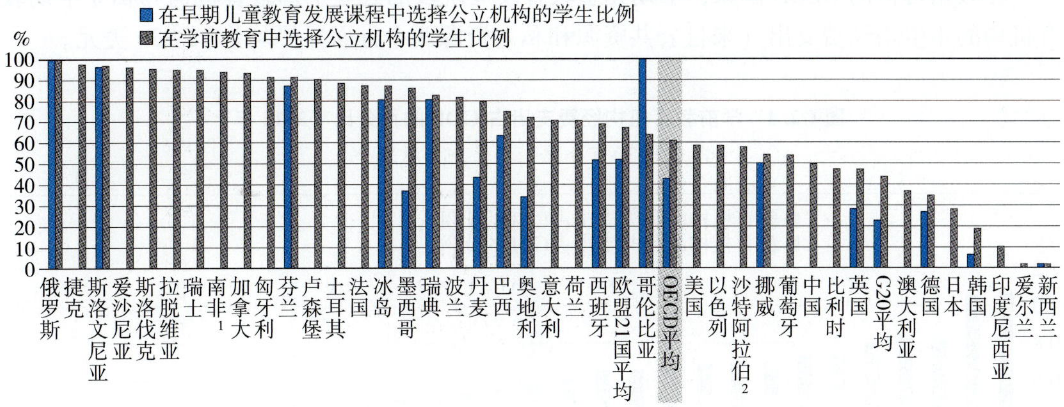

1. 2012 年数据。
2. 2014 年数据。
国家按照学前教育阶段在公立机构就读的学生比例降序排列。
数据来源：OECD. Table C2. 2. See Annex 3 for notes（www. oecd. org/education/education-at-a-glance-1991487. htm）.
StatLink http：//dx. doi. org/10. 1787/888933284204

在大多数国家，从小学到高中都选择私立学校的学生比例很小。然而，选择私立的学前教育机构的学生比例是相当大的：在 OECD 国家，接受学前教育的孩子中，平均有 15% 进入纯私立学前教育机构。如果把纯私立和民办公助两类学前教育机构放到一起考虑，39%的孩子接受了私立学前教育。在澳大利亚、比利时、德国、印度尼西亚、爱尔兰、日本、韩国、新西兰和英国，这一比例高达 50%（表 C2. 2 和图 C2. 3）。此外，在 13 个数据可得的 OECD 国家中（除新西兰外），有 12 个国家的在私立（包括纯私立和民办公助的两类）早期儿童教育发展（ISCED 010）课程就读的儿童比在私立学前教育（ISCED 020）机构就读的孩子多。在新西兰，几乎所有的儿童早期教育机构都是民办公助的，覆盖了 98%的 ISCED 010 和 020 的儿童。平均来讲，大约有 58%的儿童进入纯私立或民办公助的儿童早期教育机构，只有 39%的儿童进入私立学前教育机构。大多数国家中，早期儿童教育发展（ISCED 010）的私人投入也比学前教育（ISCED 020）的私人投入多。尽管国家提供了补助，但这仍会导致父母的经济负担加重（表 C2. 2 和图 C2. 3）。

早期教育经费

持续的公共资金是支持早期教育发展、确保其质量的关键。适当的资金投入能够确保招聘有资质的专业工作人员，以促进幼儿认知、社会性和情感的发展。在早期教育设施和资料方面的投资也有助于建立以儿童为中心的学习环境。在那些公共资金投入不足的国家，学前教育的数量和质量都无法得到保证，一些家长会更倾向于把孩子送进私立的早期教育和保育（ECEC）机构，这意味着加重了家长的经济负担（OECD，2011b）；还有一些家长则更愿意把孩子留在家里，这会阻碍妇女在劳动力市场的参与（OECD，2011a）。

学前教育公共支出主要用于支持公立机构，但在一些国家也不同程度地支持私立机构。在 OECD 国家的学前教育阶段，公立学前教育机构和私立学前教育机构的年生均经费支出（来自公共资源和私人资源两个方面）平均为 8 008 美元。然而，支出的变化范围从以色列、拉脱维亚和南非的 4 000 美元或更少，到澳大利亚、冰岛、卢森堡、瑞典、英国和美国的 10 000 美元或更多（表 C2. 3 和指标 B1 中的表 B1. 1a）。

在数据可得的 OECD 国家，早期儿童教育发展阶段的公立早期教育机构和私立早期教育机构的年生均经费支出（来自公共资源和私人资源两个方面）平均为 12 324 美元。

图 C2. 4 学前教育机构经费支出占 GDP 的百分比（2012 年）

占 GDP 的百分比，按资金来源划分

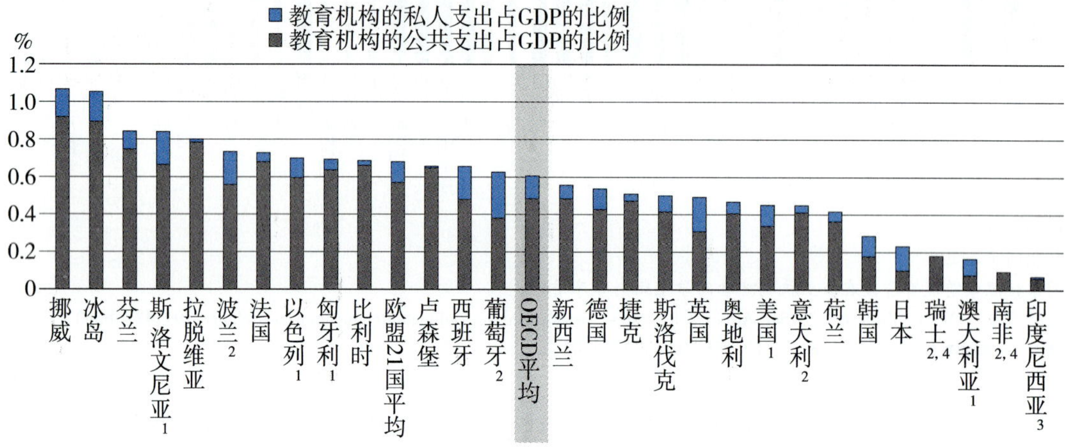

1. 包括一些保育支出。
2. 仅公立机构。
3. 2013 年数据。
4. 仅公共支出。

国家按照教育机构的公共和私人支出总和占 GDP 的百分比降序排列。

数据来源：OECD. Table C2. 3. See Annex 3 for notes（www. oecd. org/education/education-at-a-glance-19991487. htm）.

StatLink http：//dx. doi. org/10. 1787/888933291276

学前教育支出平均占 GDP 的 0. 6%。国家之间的差异显著。例如，印度尼西亚和南非对学前教育的投入仅占 GDP 的 0. 1%或以下，而在芬兰、冰岛、拉脱维亚、挪威、斯洛文尼亚和瑞典，对学前教育的投入则占 GDP 的 0. 8%或以上（表 C2. 3 和图 C2. 4）。各国间早期教育入学率、法律地位和成本以及初等教育起始年龄的不同在很大程度上可以解释各国间的经费差异，同时这些差异也受到该指标涵盖私立早期教育程度的影响。在瑞士，综合课程数据缺失也有可能造成早期教育支出和入学人数的真实水平被低估（参见专栏 C2. 1），并可能影响到与其他国家数据的可比性。因此，对早期教育和保育入学机会和质量的推论应特别慎重（表 C2. 3 和专栏 C2. 1）。学前教育支出占 GDP 的百分比也可能受到课程持续时间长短的影响。在一些国家，像新西兰，学前教育为两年，其他一些国家的学前教育为三年甚至四年（表 C2. 5）。课程持续时间也影响早期教育经费的投入水平。

欧洲的 OECD 国家在学前教育方面的公共财政支持力度比非欧洲的 OECD 国家更大。在欧洲，普及 3—6 岁幼儿学前教育的理念已被普遍认同。这一地区的大多数国家在开始初等教育之前就为所有幼儿在学校中提供至少两年免费的、公共财政支持的学前教育。除了爱尔兰和荷兰，这种入学机会是所有 3 岁儿童的法定权利，在一些国家幼儿接受教育的年龄甚至更早。与小学、中学和中等后非高等教育相比，学前教育机构从私人来源获得经费的比例最大（20%）。然而，这一比例在各国之间差别很大，变化范围从比利时、拉脱维亚和卢森堡的 5%或以下，到澳大利亚和日本的 50%或以上（表 C2 .3，以及 OECD，2006）。

OECD 国家间生师比差异显著

研究表明，优秀的从业人员能够提供丰富的、具有激励作用的学习环境和高质量的教学，更高质量的师幼互动能够促成更好的学习结果。资质是判断员工素质最重要的指标之一，但是资质水平的高低只能说明部分问题。资质体现了员工在初始教育中获得过多少专业训练和实训、能够得到并掌握何种类型的专业发展和教育，以及具备了多少年的工作经验。此外，工作条件能够影响专业满意度，也可能影响到专业人员与幼儿建立良好师幼关系和开展有效师幼互动的能力与意愿（Shin et al.，2009）。频繁的人员变动会影响幼儿教育的连续性、削弱专业发展的努力、降低整体教育质量，并且对孩子的学习结果造成影响。

生师比也是衡量教育资源投入的一个重要指标。该比率是指，在同类或类型相近的教育机构中，特定教育阶段折合后的全日制学生总数除以折合后的全日制教师的总数。然而，这一比率并未考虑学生的学习时间与教师每日的工作时间，也没有考虑教师的教学时间。因此，它并不能用来解释班额。每班学生的人数是不同因素作用的结果，但区分这些因素有利于理解不同国家之间教育质量的差异（参见指标 D2）。

表 C2. 2 显示了学前教育阶段学生与专任教师的比率，以及学生与教职工［如教师和非专业人员（助教）］的比率。一些国家在学前教育阶段广泛使用助教。12 个 OECD 国家和 G20 国家的数据表明，学生与教职工的比率（表 C2. 2 第 10 列）低于学生与专任教师的比率。在奥地利、智利、中国、法国、挪威和俄罗斯，学生与教职工的比率明显低于学生与专任教师的比率。OECD 国家学前教育阶段生师比平均为 14 : 1。生师比（不含助教）的变化范围从智利、中国、哥伦比亚、法国、印度尼西亚和墨西哥的 20 : 1 以上，到爱沙尼亚、冰岛、新西兰、俄罗斯、斯洛文尼亚、瑞典和英国的 10 : 1 以下（表 C2. 2 和图 C2. 5）。

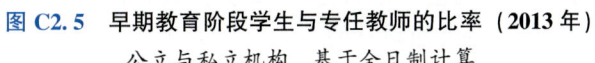

图 C2. 5 早期教育阶段学生与专任教师的比率（2013 年）

公立与私立机构，基于全日制计算

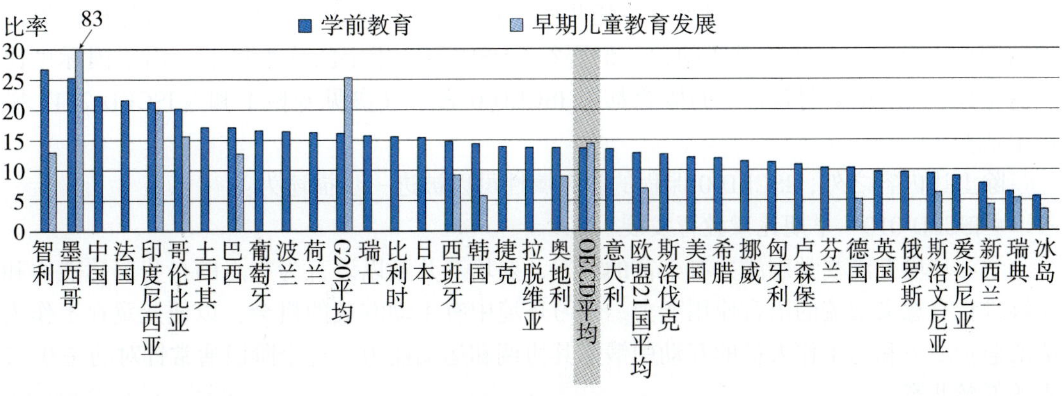

注：在解释这些数据时需要谨慎，因为该指标对实行“单一教育”和“综合教育和保育中心”课程的各国生师比进行比较，而在一些国家，两种类型的机构对员工的要求差异很大。

国家按照学前教育阶段学生与专任教师的比率降序排列。

数据来源：OECD. Table C2. 2. See Annex 3 for notes（www. oecd. org/education/education-at-a-glance-19991487. htm）.

StatLink http：//dx. doi. org/10. 1787/888933291280

C2

定　义

早期教育阶段的**单一教育课程**主要指在白天提供的为时较短的教育服务。在职的家长通常不得不在早晨或下午使用额外的保育服务。

早期教育阶段的**综合课程**将教育和保育综合到同一教育课程中。

一些国家层面的差异无法呈现，“课程特征”的信息在某些情况下被简化。例如，一些国家早期教育课程的起始年龄在不同辖区或地区之间是不同的。在这些情况下，会报告最常见的或最典型的信息。

ISCED 0 是指带有意向教育成分的儿童早期教育课程。ISCED 0 的目标群体是小学年龄（ISCED 1）之前的儿童。

ISCED 0 的课程的设计通常全面着眼于支持儿童早期的认知、语言、身体、社会和情感技能发展，将儿童引入学校型的教育环境之中。在该阶段，这类课程不需要高度结构化，但是课程必须设计为在一个安全的环境里提供一套有组织、有目的学习活动。儿童可以在员工/教育者的指导下通过与其他孩子的互动来学习，通常通过有创造性的和以游戏为基础的活动来进行。

ISCED 0 是指带有意向教育成分的儿童早期教育课程。这些课程致力于发展儿童在参与学校和社会生活时必要的社会-情感技能，掌握必要的学术能力并为进入小学做准备。

ISCED 0 课程关注儿童发展和教育意向，它的一个关键性定义因素是，意向性教育活动要有一定的持续时间和强度。这是将 ISCED 0 课程区别于其他课程的关键所在，如儿童保育和临时的、下班时间看护或者假期看护。

ISCED 0 课程的目标群体是年龄在 ISCED 1 年龄之前的儿童。ISCED 0 课程有两种分类：ISCED 010（早期儿童教育发展）和 ISCED 020（学前教育）。ISCED 010 包含有计划的教育内容，是为更小一点的儿童（通常是 0—2 岁）设计的，而 ISCED 020 则是为 3 岁至小学（ISCED 1）入学年龄的儿童设计的。

ISCED 0 课程在一个国家里有很多分类方法，例如，早期儿童教育与发展、幼稚园、托儿所、学前班、幼儿园等。在托儿所、日护中心、私人看护、保育所等机构提供的课程中，有一点是非常重要的，它们要符合 ISCED 0 指定的分类标准。出于国际可比性的考虑，“儿童早期教育”的概念都用 ISCED 0 表示（参见专栏 1 和《ISCED 2011 操作手册》）。

除上述内容之外，ISCED 0 课程的教育属性可以被进一步描述为：

■ ISCED 010—早期儿童教育发展

学习环境充满视觉刺激并有丰富的语言，要培养儿童以语言为重点的自我表达能力和能够进行有意义交流的语言使用能力。学习环境中有主动游戏的机会，以便儿童在工作人员的监护之下和与工作人员的互动中锻炼其协调和运动能力。这个阶段通常针对的是 0—2 岁的低龄儿童。

■ ISCED 020—学前教育

通过与同龄人和教育者的互动，孩子增强了语言使用能力和社交技能，开始发展逻辑和推理分析能力并讨论他们的思维过程。同时他们接受了字母和数字的概念，会理解、运用语言，并被鼓励探索自己周围的世界和环境。在指导下的大肌肉活动（如通过游戏或其他活动进行的身体锻炼）和以游戏为基础的活动都可以被当作一种学习机会，通过这样的机会儿童可以促进同辈交往，提高技能、自理能力，以及做好入学准备。这个阶段通常针对的是 3—5 岁即将进入义务教育阶段的孩子。

方　法

ISCED 0 课程通常是以学校为基础的或者在其他机构中为一群学生提供的课程。经授权可提供 ISCED 0 课程的机构因不同辖区而异（如有以中心为基础的、以社区为基础的、以家庭为基础的），为了能够将其纳入 UOE 数据收集中，这些课程、课程提供机构和模式都应该得到儿童早期教育系统的认可。特别看护服务应当由基于家庭的早期儿童教育来提供。如果这些课程达到了上述标准，并且符合相应的规定，那么这些课程就应该被包含在报告之中。

为了进一步确保数据的国际可比性，一旦一个课程达到了上面提到的标准而被认定为 ISCED 0 儿童早期教育课程，在进行 UOE 数据收集时，它同样遵循以下原则。这些原则适用于所有课程（并非只适用于包含有计划的教育内容的课程）。

折合全日制入学

本概念常用来定义 ISCED 其他阶段的全日制和半日制参与的情况，如学习负担、学生参与、学习评价或学习进展。该概念并不能简单地用于 ISCED 0 课程。此外，ISCED 0 全日制课程的日学时或周学时在各国之间也存在很大差异。因此，适用于 ISCED 其他阶段的课程的全日制折算方法并不适用于 ISCED 0 课程。

对于 ISCED 0 折合全日制入学量的计算方法尚未达成共识，但是 UOE 报告建议通过统计 ISCED 0 的入学总人数（所有入学的都计算为全日制）来估计全日制早期教育的入学量。对于计算全日制入学量来说，总人数并不是一个令人满意的指标（如生均经费在入学量比较中普遍被接受），但是大多数国家支持这种解决办法，因为其他的估算方法不能提供同样的保证。

幼儿教育和保育机构

在一些国家，提供儿童早期教育的机构同时也提供额外的白天或晚上的儿童保育课程。教育性课程传统上是在白天，现在或许在白天之外也可以提供，给父母或监护人提供了更多的灵活性。这些内容在报告中被给予了特殊考虑。

如果儿童保育被明显地从儿童早期教育中分离出来（如这两个部分分别独立，儿童必须分开参加），那么儿童保育将被排除在报告之外。如果一个课程是以延长白天或者晚上的课程的形式进行的，并符合上述所列的所有标准，那么这些课程是作为教育性课程被纳入报告的。

如果教育性和非教育性课程同时存在并且孩子可以独立参加每项课程，那么只有教育性课程被纳入报告。非教育性课程超越了教育性课程的综合课程只有当教育性课程达到上述所列标准时，才会被纳入报告。例如，一个机构提供白天的教育性课程同时也提供额外的下午或者晚上的儿童保育课程，家长可以选择让孩子参加其中一项或者两项都参加，那么，只有白天的教育性课程在 UOE 数据收集中被纳入报告。

C2

关于以色列数据的说明

以色列的统计数据由以色列有关当局负责提供。在使用这些数据时，OECD 根据国际法的规定对戈兰高地、东耶路撒冷和约旦河西岸以色列定居点的地位不持偏见。

参考文献

OECD (2013a), "How Do Early Childhood Education and Care (ECEC) Policies, Systems and Quality Vary Across OECD Countries?", *Education Indicators in Focus*, No. 11, OECD Publishing, Paris, http://dx.doi.org/10.1787/5k49czkz4bq2-en.

OECD (2013b), *PISA 2012 Results: What Makes Schools Successful (Volume IV): Resources, Policies and Practices*, PISA, OECD Publishing, Paris, http://dx.doi.org/10.1787/9789264201156-en.

OECD (2011a), *How's Life?: Measuring Well-being*, OECD Publishing, Paris, http://dx.doi.org/10.1787/9789264121164-en.

OECD (2011b), *Starting Strong III: A Quality Toolbox for Early Childhood Education and Care*, OECD Publishing, Paris, http://dx.doi.org/10.1787/9789264123564-en.

OECD (2006), *Starting Strong II: Early Childhood Education and Care*, OECD Publishing, Paris, http://dx.doi.org/10.1787/9789264035461-en.

OECD/European Union (2015), *Indicators of Immigrant Integration 2015: Settling In*, OECD Publishing, Paris, http://dx.doi.org/10.1787/9789264234024-en.

OECD/Eurostat/UNESCO Institute for Statistics (2015), *ISCED 2011 Operational Manual: Guidelines for Classifying National Education Programmes and Related Qualications*, OECD Publishing, Paris, http://dx.doi.org/10.1787/9789264228368-en.

Shin, E., M. Jung and E. Park (2009), "A Survey on the Development of the Pre-school Free Service Model", Research Report of the Korean Educational Development Institute, Seoul.

表 C2.1　早期教育和初等教育入学率，按年龄划分（2005 年和 2013 年）

		入学率（2013 年）														入学率（2005 年）			
		2 岁			3 岁			4 岁			5 岁			6 岁			3 岁	4 岁		
		ISCED 010	ISCED 020	合计	ISCED 010	ISCED 020	合计	ISCED 020	ISCED 010	合计	ISCED 020	ISCED 010	合计	ISCED 020	ISCED 1	合计	ISCED 020	ISCED 020	ISCED 1	合计
		(1)	(2)	(3)	(4)	(5)	(6)	(7)	(8)	(9)	(10)	(11)	(12)	(13)	(14)	(15)	(16)	(17)	(18)	(19)
OECD 国家	澳大利亚	55	0	55	47	15	62	80	2	82	16	85	100	0	100	100	17	51	2	53
	奥地利	27	7	34	9	62	71	91	0	91	96	0	96	40	58	98	m	m	m	m
	比利时	a	51	51	a	98	98	98	0	98	97	1	98	4	93	98	m	m	0	m
	加拿大	m	m	m	m	m	m	m	0	m	92	0	92	m	99	m	m	m	m	m
	智利	27	2	29	6	45	51	83	0	83	93	0	93	13	84	97	23	30	12	42
	捷克	a	18	18	a	59	59	83	0	83	89	0	89	48	48	97	66	91	0	91
	丹麦	91	1	92	5	91	96	97	0	97	97	2	99	8	92	99	m	m	m	m
	爱沙尼亚	x(2)	67[d]	67	x(5)	87[d]	87	91[d]	0	91	90[d]	0	90	79[d]	14	92	80	84	0	84
	芬兰	52	0	52	0	68	68	75	0	75	80	0	80	97	0	98	62	69	0	69
	法国	a	11	11	a	100	100	100	0	100	100	1	100	2	99	100	101	101	0	101
	德国	59	0	59	0	92	92	96	0	96	97	0	98	34	62	96	80	89	0	89
	希腊	m	m	m	m	m	m	m	m	m	m	m	m	m	m	m	a	56	0	56
	匈牙利	m	9	m	m	75	m	93	0	93	96	0	96	69	23	92	73	91	0	91
	冰岛	95	0	95	0	96	96	97	0	97	95	0	96	0	99	99	m	m	m	m
	爱尔兰	a	0	0	a	46	46	57	37	95	3	99	100	0	100	100	m	m	44	m
	以色列	45	0	45	0	100	100	100	0	100	99	0	99	15	83	98	66	84	0	84
	意大利	a	16	16	a	94	94	98	a	98	90	9	99	1	99	100	99	102	0	102
	日本	a	a	a	a	81	81	95	a	95	97	a	97	a	100	100	69	95	a	95
	韩国	83	0	83	0	90	90	93	0	93	91	1	91	0	93	93	14	30	0	30
	卢森堡	a	5	5	a	71	71	99	0	99	95	5	100	5	91	96	62	95	a	95
	墨西哥	5	0	5	3	40	44	89	0	89	84	28	100	1	100	100	23	69	0	69
	荷兰	a	0	0	a	83	83	100	0	100	99	0	99	0	100	100	m	98	0	98
	新西兰	65	0	65	0	96	96	100	0	100	4	97	100	0	100	100	m	m	0	m
	挪威	90	0	90	0	95	95	97	0	97	98	0	98	1	100	100	m	m	0	m
	波兰	a	6	6	a	52	52	66	a	66	92	8	100	78	9	86	28	38	0	38
	葡萄牙	a	0	0	a	78	78	90	0	90	97	0	98	6	96	100	61	84	0	84
	斯洛伐克	a	12	12	a	63	63	74	0	74	81	0	81	41	50	90	m	m	0	m
	斯洛文尼亚	68	0	68	0	84	84	89	0	89	91	0	91	5	92	98	67	76	0	76
	西班牙	52	0	52	0	96	96	97	0	97	97	0	97	1	96	97	94	99	0	99
	瑞典	88	0	88	0	93	93	94	0	94	95	0	95	96	1	97	m	m	m	m
	瑞士	a	0	0	a	3	3	41	0	41	96	0	97	58	42	100	9	39	0	39
	土耳其	m	m	m	a	7	7	36	a	36	41	32	74	a	99	99	2	5	0	5
	英国	32	0	32	0	97	97	62	34	96	0	97	97	0	97	97	m	m	32	m
	美国	m	m	m	a	41	41	66	0	66	85	5	90	21	76	97	39	68	0	68
	OECD 平均	33	6	39	2	72	74	85	2	88	81	14	95	22	75	97	52	69	3	72
	欧盟 21 国平均	26	10	35	1	79	80	88	4	91	84	11	95	31	66	97	67	84	4	84
伙伴国	阿根廷	m	m	m	m	m	m	m	m	m	m	m	m	m	m	m	m	m	m	m
	巴西	31	1	32	44	9	53	70	0	70	81	7	88	10	85	95	m	m	m	m
	中国	a	m	m	a	m	m	m	m	m	m	m	m	m	m	m	m	m	m	m
	哥伦比亚	31	2	33	37	10	47	34	1	35	60	19	79	8	78	86	m	m	m	m
	印度	m	m	m	m	m	m	m	m	m	m	m	m	m	m	m	m	m	m	m
	印度尼西亚	7	0	7	9	11	21	19	0	19	23	4	27	50	70	100	m	m	m	m
	拉脱维亚	a	0	0	a	83	83	89	0	89	96	0	96	93	4	97	66	73	0	73
	俄罗斯	51	0	51	0	73	73	79	a	79	80	1	81	75	13	88	55	55	0	55
	沙特阿拉伯[1]	a	m	m	a	2	2	32	0	32	15	0	15	0	83	83	m	m	m	m
	南非[2]	a	m	m	a	m	m	m	m	m	m	m	m	m	m	m	m	m	m	m
	G20 平均	m	m	m	m	m	m	m	m	m	m	m	m	m	m	m	m	m	m	m

注：如果一个国家的分类不适用（代码 a），则用 0 表示，以便计算 OECD 国家和欧盟 21 国的平均数。早期教育的目标儿童是年龄在进入 ISCED 1 之前的儿童。ISCED 1 课程分为两类：早期儿童教育发展（ISCED 010）课程和学前教育（ISCED 020）课程。对低年龄的入学率应谨慎解释。人口数据和入学率数据统计口径不一致意味着有的国家，如卢森堡，由于是学生净输出国，学生入学率可能被低估，而在净输入国，学生入学率则可能被高估。

1. 2014 年数据。

2. 2012 年数据。

数据来源：OECD. Argentina，China，Colombia，Indonesia：UNESCO Institute for Statistics. Latvia：Eurostat. See Annex 3 for notes（www. oecd. org/education/education-at-a-glance-19991487. htm）.

缺失数据代码参见《读者指南》。

StatLink http：//dx. doi. org/10. 1787/888933285815

表 C2.2 早期儿童教育发展和学前教育数据（2013 年）

早期儿童教育发展 = ISCED 010，学前教育 = ISCED 020

		ISCED 010 学生的分布，按机构类型划分（2013 年）			ISCED 020 学生的分布，按机构类型划分（2013 年）			ISCED 010 学生与专任教师之比（2013 年）		ISCED 020 学生与专任教师之比（2013 年）		早期教育课程的特点						
	接受学前教育（ISCED 020）的学生占接受早期教育学生总数（ISCED 010+ISCED 020）的百分比	公立机构	民办公助型机构	独立型民办机构	公立机构	民办公助型机构	独立型民办机构	学生与教职工比例（专任教师和助教）	学生与专任教师之比	学生与教职工比例（专任教师和助教）	学生与专任教师之比	最早起始年龄	一般起始年龄	一般受教育年限（按年计算）	ISCED 1 一般起始年限	义务教育的入学年龄（如适用）	义务教育的年限（如适用）（按年限）	全日制（FT）/非全日制（PT）
	(1)	(2)	(3)	(4)	(5)	(6)	(7)	(8)	(9)	(10)	(11)	(12)	(13)	(14)	(15)	(16)	(17)	(18)
OECD 国家																		
澳大利亚	42	m	m	a	37	63	a	m	m	m	m	3	4	1	5	a	a	PT
奥地利	87	34	66[d]	x(3)	72	28[d]	x(6)	6	9	9	14	3	3	3	6	5	1	FT
比利时	m	a	a	a	47	53	m	a	a	m	16	3	3	3 to 4	6	a	a	FT
加拿大	m	m	m	m	93	7[d]	x(6)	m	m	m	m	m	m	m	6	m	m	m
智利	80	m	m	m	m	m	m	9	13	19	27	0	4	2	m	a	a	FT/PT
捷克	100	a	a	a	98	2	a	a	a	14[d]	14	3	3	3	6	a	a	FT
丹麦	63	43	12	45	80	20	0	m	m	m	m	0	1	5	6	m	m	FT
爱沙尼亚	m	x(5)	a	x(6)	96[d]	a	4[d]	m	x(11)	m	9[d]	0	3	4	7	m	m	FT
芬兰	79	87	13	a	91	9	a	m	m	m	10	0	1	5 to 6	7	a	a	FT
法国	100	a	a	a	87	12	0	a	a	15	22	2	2 to 3	3	6	a	a	FT
德国	77	27	73[d]	x(3)	35	65[d]	x(6)	5	5	9	10	3	3	3	6	a	a	FT
希腊	m	m	m	m	m	m	m	m	m	12	12	4	4	1 to 2	6	5	1	FT
匈牙利	m	m	m	m	91	9	a	m	m	11	11	3	3	3	7	5	1	FT
冰岛	69	81	19	0	87	13	0	3	3	6	6	0	2	4	6	a	a	FT/PT
爱尔兰	m	a	a	a	2	0	98	a	a	m	m	3	3	1	4 to 5	a	a	FT/PT
以色列	76	a	73	27	58	29	12	m	m	m	m	3	3	3	6	3	3	FT
意大利	m	a	a	a	70	a	30	a	a	14	14	m	m	m	m	a	a	FT
日本	100	a	a	a	28	a	72	a	a	14	15	3	3	3	6	a	a	FT
韩国	59	7	93	a	19	81	a	6	6	14	14	3	3 to 5	3	6	m	m	FT
卢森堡	100	a	a	a	90	0	10	a	a	11	11	3	3	3	6	4	2	FT
墨西哥	95	37	a	63	86	a	14	26	83	25	25	3	4 to 5	3	6	3	3	FT
荷兰	100	a	a	a	70	a	30	a	a	14	16	3	3 to 4	2 to 3	6	5	1	FT
新西兰	62	2	98	0	2	98	0	m	4	m	8	0	3	2	5	a	a	FT/PT
挪威	64	50	50	0	54	46	0	x(10)	x(11)	5[d]	11[d]	0	1	5	6	a	a	FT/PT

1. 2014 年数据。
2. 2012 年数据。
数据来源：OECD. Argentina，China，Colombia，Indonesia，Saudi Arabia，South Africa：UNESCO Institute for Statistics. Latvia：Eurostat. See Annex 3 for notes（www.oecd.org/education/education-at-a-glance-19991487.htm）.
缺失数据代码参见《读者指南》。
StatLink http：//dx.doi.org/10.1787/888933285821

表 C2.2（续） 早期儿童教育发展和学前教育数据（2013 年）

早期儿童教育发展 = ISCED 010，学前教育 = ISCED 020

		接受学前教育（ISCED 020）的学生占接受早期教育学生总数（ISCED 010+ISCED 020）的百分比	ISCED 010 学生的分布，按机构类型划分（2013 年）			ISCED 020 学生的分布，按机构类型划分（2013 年）			ISCED 010 学生与专任教师之比（2013 年）		ISCED 020 学生与专任教师之比（2013 年）		早期教育课程的特点						
			公立机构	民办公助型机构	独立型民办机构	公立机构	民办公助型机构	独立型民办机构	学生与教职工比例（专任教师和助教）	学生与专任教师之比	学生与教职工比例（专任教师和助教）	学生与专任教师之比	最早起始年龄	一般起始年龄	一般受教育年限（按年计算）	ISCED 1 一般起始年限	义务教育的入学年龄（如适用）	义务教育的年限（如适用）（按年限）	全日制（FT）/非全日制（PT）
		(1)	(2)	(3)	(4)	(5)	(6)	(7)	(8)	(9)	(10)	(11)	(12)	(13)	(14)	(15)	(16)	(17)	(18)
OECD 国家	波兰	100	a	a	a	82	2	17	a	a	m	16	3	2 to 3	4	7	6	1	FT
	葡萄牙	m	a	a	a	54	30	16	a	a	m	17	3	3	3	6	a	a	FT
	斯洛伐克	100	a	a	a	95	5	a	a	a	13	13	2	3	3	6	a	a	FT
	斯洛文尼亚	70	96	3	0	97	3	0	6	6	9	9	3	3	3	6	a	a	FT
	西班牙	77	52	16	32	69	27	4	m	9	m	15	0	2 to 3	3 to 4	6	a	a	FT
	瑞典	73	81	19	0	83	17	0	m	5	6	6	1	1 to 2	4 to 5	7	a	a	FT/PT
	瑞士	m	a	a	a	95	1	4	a	a	m	16	4	5	2	6	4	2	FT
	土耳其	m	m	m	m	88	a	12	m	m	m	17	3	4 to 5	1 to 3	6	a	a	FT
	英国	83	28	42	30	47	44	9	m	m	m	10	3	3	2	5	a	a	FT/PT
	美国	m	m	a	m	59	a	41	a	a	10	12	3	4	1	6	a	a	FT/PT
	OECD 平均	81	43	40	18	61	24	15	9	14	12	14							
	欧盟 21 国平均	86	52	28	20	67	18	15	6	7	11	13							
伙伴国	阿根廷	m	m	m	m	m	m	m	m	m	m	m	m	m	m	m	m	m	FT
	巴西	64	63	a	37	75	a	25	8	13	15	17	0	1	5	6	4	2	FT
	中国	100	a	a	a	50	50[d]	x(6)	a	a	17	22	m	m	m	m	m	m	FT
	哥伦比亚	42	100	0	m	64	0	36	m	16	20	20	m	m	m	m	m	m	m
	印度	m	m	m	m	m	m	m	m	m	m	m	m	m	m	m	m	m	m
	印度尼西亚	61	0	a	100	10	a	90	m	20	19	21	m	m	m	m	m	m	FT
	拉脱维亚	100	a	a	a	95	a	5	m	a	m	14	m	m	m	m	m	m	m
	俄罗斯	84	100	a	a	100	a	a	x(10)	x(11)	4[d]	10[d]	m	m	m	m	m	m	m
	沙特阿拉伯[1]	100	a	a	a	58	m	m	m	m	m	m	m	m	m	m	m	m	m
	南非[2]	100	a	a	a	94	m	m	m	m	m	m	m	m	m	m	m	m	m
	G20 平均	82	23	42	35	44	33	23	11	23	14	16							

1. 2014 年数据。
2. 2012 年数据。
数据来源：OECD. Argentina，China，Colombia，Indonesia，Saudi Arabia，South Africa：UNESCO Institute for Statistics. Latvia：Eurostat. See Annex 3 for notes （www.oecd.org/education/education-at-a-glance-19991487.htm）.
缺失数据代码参见《读者指南》。
StatLink http：//dx.doi.org/10.1787/888933285821

C2

表 C2.3 早期教育机构经费（2012 年）

		教育支出占GDP的百分比			所有经费来源于公共资源的比例			教育机构中所有服务的年生均经费		
		早期儿童教育发展	学前教育	早期教育总和	早期儿童教育发展	学前教育	早期教育总和	早期儿童教育发展	学前教育	早期教育总和
		(1)	(2)	(3)	(4)	(5)	(6)	(7)	(8)	(9)
OECD国家	澳大利亚[1]	0.3	0.2	0.4	4	47	21	10 054	10 298	10 146
	奥地利	0.1	0.5	0.6	69	87	84	9 434	7 716	7 954
	比利时	m	0.7	m	m	96	m	m	6 975	m
	加拿大	m	m	m	m	m	m	m	m	m
	智利[2]	x(3)	x(3)	0.9	x(6)	x(6)	82	x(9)	x(9)	4 599
	捷克	a	0.5	0.5	a	92	92	a	4 447	4 447
	丹麦[1]	x(3)	x(3)	1.4	x(6)	x(6)	81	x(9)	x(9)	10 911
	爱沙尼亚	x(3)	x(3)	0.4	x(6)	x(6)	99	x(9)	x(9)	2 193
	芬兰	0.4	0.8	1.2	90	89	89	17 860	9 998	11 559
	法国	a	0.7	0.7	a	93	93	a	6 969	6 969
	德国	0.3	0.5	0.8	70	79	76	13 720	8 568	9 744
	希腊	m	m	m	m	m	m	m	m	m
	匈牙利[1]	m	0.7	m	m	92	m	m	4 539	m
	冰岛	0.6	1.1	1.7	88	85	86	12 969	10 250	11 096
	爱尔兰	m	m	m	m	m	m	m	m	m
	以色列[1]	m	0.7	m	m	85	m	m	3 416	m
	意大利[3]	a	0.4	0.4	a	91	91	a	7 892	7 892
	日本	a	0.2	0.2	a	44	44	a	5 872	5 872
	韩国	m	0.3	m	m	62	m	m	5 674	m
	卢森堡	m	0.7	m	m	99	m	m	19 719	m
	墨西哥	x(3)	x(3)	0.6	x(6)	x(6)	83	x(9)	x(9)	2 445
	荷兰	a	0.4	0.4	a	87	87	a	8 176	8 176
	新西兰	0.4	0.6	1.0	72	87	80	12 656	9 670	10 726
	挪威	1.0	1.1	2.1	86	86	86	15 604	9 050	11 383
	波兰[3]	a	0.7	0.7	a	76	76	a	6 505	6 505
	葡萄牙[3]	m	0.6	m	m	61	m	m	5 713	m
	斯洛伐克	a	0.5	0.5	a	83	83	a	4 694	4 694
	斯洛文尼亚[1]	0.4	0.8	1.3	75	79	78	11 665	7 472	8 726
	西班牙	0.2	0.7	0.9	62	73	70	7 924	6 182	6 588
	瑞典	0.5	1.2	1.8	m	m	m	14 180	12 212	12 752
	瑞士[3]	a	0.2	0.2	a	m	m	a	5 457	5 457
	土耳其	m	m	m	m	m	m	m	m	m
	英国	0.1	0.5	0.6	64	63	63	9 495	10 699	10 548
	美国[1]	m	0.5	m	m	75	m	m	10 042	m
	OECD 平均	0.4	0.6	0.8	68	80	78	12 324	8 008	7 886
	欧盟 21 国平均	0.3	0.7	0.8	72	84	83	12 040	8 146	7 977
伙伴国	阿根廷	m	m	m	m	m	m	m	m	m
	巴西[1,3]	x(3)	x(3)	0.6	m	m	m	x(9)	x(9)	2 939
	中国	m	m	m	m	m	m	m	m	m
	哥伦比亚[2]	x(3)	x(3)	0.5	x(6)	x(6)	57	x(9)	x(9)	1 236
	印度	m	m	m	m	m	m	m	m	m
	印度尼西亚[2]	m	0.1	m	m	88	m	m	m	m
	拉脱维亚	a	0.8	0.8	a	98	98	a	3 067	3 067
	俄罗斯	x(3)	x(3)	0.8	x(6)	x(6)	89	x(9)	x(9)	4 887
	沙特阿拉伯	m	m	m	m	m	m	m	m	m
	南非[3]	a	0.1	0.1	a	m	m	a	806	806
	G20 平均	m	m	m	m	m	m	m	m	m

1. 包括幼儿保育项目的支出。
2. 2013 年数据。
3. 仅包括公立机构。

数据来源：OECD. Argentina，China，Colombia，India，Indonesia，Saudi Arabia，South Africa：UNESCO Institute for Statistics. Latvia：Eurostat. See Annex 3 for notes（www.oecd.org/education/education-at-a-glance-19991487.htm）.

缺失数据代码参见《读者指南》。

StatLink http：//dx.doi.org/10.1787/888933285830

表 C2.4 单一早期教育课程和综合早期教育课程的特征（2013 年）

		单一早期教育课程			综合早期教育课程（包括教育和保育服务）			在《教育概览》中报告的相对入学率比例（%）		
		在国家层面存在	由合格教师提供	有正规课程	在国家层面存在	由合格教师提供	有正式课程	单一早期教育课程	综合早期教育课程	合计
		(1)	(2)	(3)	(4)	(5)	(6)	(7)	(8)	(9)
OECD国家	澳大利亚	是	是	是	是	是	是	x(9)	x(9)	100
	奥地利	是	是	是	是	是	否	3	97	100
	比利时	是	是	是	否	a	a	100	a	100
	加拿大	是	是	是	是	是	是	m	m	m
	智利	是	是	是	是	是	是	x(9)	x(9)	100
	捷克	是	是	是	否	a	a	100	a	100
	丹麦	否	a	a	是	是	是	a	100	100
	爱沙尼亚	否	a	a	是	是	是	a	100	100
	芬兰	是	是	是	是	是	是	31	69	100
	法国	是	是	是	否	a	a	100	a	100
	德国	是	是	是	否	a	a	100	a	100
	希腊	是	是	是	是	m	m	100	m	100
	匈牙利	否	a	a	是	是	是	a	100	100
	冰岛	是	是	是	是	是	是	1	99	100
	爱尔兰	否	a	a	是	a	a	a	100	100
	以色列	是	是	是	是	是	是	98	2	100
	意大利	否	a	a	是	m	m	a	100	m
	日本	是	是	是	是	有差别	有差别	x(9)	x(9)	100
	韩国	是	是	是	是	是	是	x(9)	x(9)	100
	卢森堡	是	是	是	否	a	a	100	a	100
	墨西哥	是	是	是	是	是	是	99	1	100
	荷兰	是	是	是	是	否	有差别	70	30	100
	新西兰	否	a	a	是	是	是	a	100	100
	挪威	否	a	a	是	是	是	a	100	100
	波兰	是	是	是	否	a	a	100	a	100
	葡萄牙	否	a	a	是	是	是	a	100	100
	斯洛伐克	是	是	是	否	a	a	100	a	100
	斯洛文尼亚	否	a	a	是	是	是	a	100	100
	西班牙	是	是	是	否	a	a	100	a	100
	瑞典	是	是	是	是	是	是	17	83	100
	瑞士	是	是	是	是	是	m	100	m	100
	土耳其	是	是	是	否	a	a	100	a	100
	英国	是	是	是	是	有差别	是	x(9)	x(9)	100
	美国	是	有差别	有差别	是	有差别	有差别	x(9)	x(9)	100
伙伴国	阿根廷	m	m	m	m	m	m	m	m	m
	巴西	是	是	否	是	是	否	x(9)	x(9)	100
	中国	m	m	m	m	m	m	m	m	m
	哥伦比亚	m	m	m	m	m	m	m	m	m
	印度	m	m	m	m	m	m	m	m	m
	印度尼西亚	m	m	m	m	m	m	m	m	m
	拉脱维亚	m	m	m	m	m	m	m	m	m
	俄罗斯	m	m	m	m	m	m	m	m	m
	沙特阿拉伯	m	m	m	m	m	m	m	m	m
	南非	m	m	m	m	m	m	m	m	m

数据来源：OECD，INES Working Party special data collection on early childhood education programmes. See Annex 3 for notes（www. oecd. org/education/education-at-a-glance-19991487. htm）.
缺失数据代码参见《读者指南》。
StatLink http：//dx. doi. org/10. 1787/888933285840

C2

表 C2.5 OECD 国家及邻近国家早期教育（ISCED 010 和 020）课程的覆盖范围

ISCED 010 和 ISCED 020，基于 ISCED 2011

		ISCED 010——早期儿童教育发展				ISCED 020——学前教育			
		本土语言的课程名称	英语的课程名称	理论上的起始年龄	理论上的课程持续时间	本土语言的课程名称	英语的课程名称	理论上的起始年龄	理论上的课程持续时间
OECD 国家	澳大利亚	Early childhood education	Early childhood education	0	2—4	Pre-primary, preschool	Preschool programs delivered in educational institution settings or educational long-day care settings	4	1
	奥地利	Kinderkrippe	Crèche	0	3	Kindergarten	Kindergarten	3	3
						Vorschulstufe	Pre-primary stage (of primary school)	6	1
	比利时弗兰芒语区	Kinderopvang	Childcare	0	2. 5—3	Gewoon kleuteronderwijs	Regular nursery education	2. 5—3	3
						Buitengewoon kleuteronderwijs	Special nursery education	2. 5—3	3
	比利时法语区	a				Enseignement maternel ordinaire	Regular pre-primary education	2. 5—3	3
						Enseignement maternel spécialisé	Special pre-primary education	2. 5—3	3
	加拿大	Early childhood development or equivalent	Pre-elementary education or equivalent-Early childhood development	3—4	1—2	Kindergarten	Pre-elementary education or equivalent-Kindergarten	4—5	1
	智利	Educación Parvularia (Sala Cuna y Nivel Medio Menor)	Pre-primary education (Day care and Lower Middle Level)	0—2	3	Educación Parvularia (Nivel Medio Mayor, Nivel de Transición 1y Nivel de Transición 2)	Pre-primary education (Upper middle level, 1st transition level and 2nd transition level)	3—5	3
	捷克	a				Materská škola	Kindergarten	3	3
						Prípravné trídy pro deti se sociálním znevýhodnením	Preparatory classes for socially disad vantaged children	6	1
						Prípravný stupen základní školy speciální	Preparatory stage of special basic school	6	3
	丹麦	Vuggestue	Nursery school	0—2	3	Børnehave	Kindergarten	3—5	2
	爱沙尼亚	Included with ISCED-020				Alusharidus (alushariduse raamõppekava)	Pre-primary education (general study programme of pre-primary education)	0	6
	芬兰	0-2-v. lapset päiväkodeissa	Kindergartens (0 to 2-year-old children), including special education programmes	0—2	1—3	3-5-v. lapset päiväkodeissa	Kindergartens (3 to 5-year-old children), including special education programmes	3—5	1—3
		0-2-v. lapset perhepäivä hoidossa	Family day care (0 to 2-year-old children), including special education programmes	0—2	1—3	6-v. lasten esiopetus	Pre-primary education for 6-year-old children in kindergartens and comprehensive schools, including special education programmes	6	1
						3-5-v. lapset perhepäivä hoidossa	Family day care (3 to 5-year-old children), including special education programmes	3—5	1—3

数据来源：ISCED 2011 mappings. For more details, see Annex 3 for notes (www. oecd. org/education/education-at-a-glance-19991487. htm).

缺失数据代码参见《读者指南》。

StatLink http://dx. doi. org/10. 1787/888933285850

表 C2.5（续）　OECD 国家及邻近国家早期教育（ISCED 010 和 020）课程的覆盖范围

ISCED 010 和 ISCED 020，基于 ISCED 2011

		ISCED 010——早期儿童教育发展				ISCED 020——学前教育			
		本土语言的课程名称	英语的课程名称	理论上的起始年龄	理论上的课程持续时间	本土语言的课程名称	英语的课程名称	理论上的起始年龄	理论上的课程持续时间
OECD 国家	法国	a				Enseignement préélémentaire	Pre-elementary education	2—3	3
	德国	Krippen	Crèche, Day nursery	0	2—3	01 Kindergärten	Kindergarten	3	3
						02 Schulkindergärten	School kindergarten	6	1
						03 Vorklassen	Pre-school classes	5	1
	希腊	Vrefonipiakos stathmos	Kindergarten Early childhood	0	1—3	Nipiagogio	Pre-primary	4—5	1—2
	匈牙利	Bölcsode (2 évestol)	Créche	2	1	Óvoda	Kindergarten (of which one year pre-school education)	3	3
	冰岛	Leikskóli I	Pre-primary schools I	0	1—3	Leikskóli II	Pre-primary schools II	3	0 to 3 years, variable
						5 úra bekkur	0 grade for 5-year-olds	5	1
	爱尔兰	a				Early start	Early start	3—4	1
						Traveller Pre-School Programmes	Traveller Pre-School Programmes	3—4	1
						Privately provided Pre-Primary education-Early Childhood Care and Education (ECCE) Scheme and the Community Childcare Subvention (CCS) Programme	Privately provided Pre-Primary education-Early Childhood Care and Education (ECCE) Scheme and the Community Childcare Subvention (CCS) Programme	3 岁 2 个月—4 岁 6 个月	1
	以色列	Hinuh be ganey misrad ha kalkala or harevacha	Early childhood education supervised by Ministry of Economy or by Ministry of Welfare	0	3	Hinuh kdam yesody ganey yeladim-ziburi (misrad ha kalkala, misrad ha revacha ve misrad ha hinuh)	Pre-primary education public (supervised by Ministry of Economy, Ministry of Welfare or by MoE)	3	3
						Hinuh kdam yesody-ganey yeladim-prati	Pre-primary education-independent private	3	3
	意大利	a				Scuola dell'infanzia	Pre-primary school	3	3
	日本	a				Yochien	Kindergarte	3—5	1—3
						Tokubetsu-shien-gakko Yochi-bu	School for special needs education, kindergarten department	3—5	1—3
						Hoikusho	Day nursery	3—5	1—3
	韩国	어린이집(0—2 세)(Eorinyijip, age 0—2)	Infant course, Childcare centre	0—2	1—3	어린이집(3—5 세)(Eorinyijip, age 3—5)	Kindergarten course, Childcare centre	3—5	1—3
		특수학교(Teuksu-hakgyo), 영아과정(Younga kwajeong)	Infant course, Special school	0—2	1—3	유치원(Yuchiwon)	Kindergarten	3—5	1—3
						특수학교(Teuksu-hakgyo), 유치원과정(Yuchiwon-kwajeong)	Kindergarten course, Special school	3—5	1—3

数据来源：ISCED 2011 mappings. For more details, see Annex 3 for notes (www.oecd.org/education/education-at-a-glance-19991487.htm).

缺失数据代码参见《读者指南》。

StatLink http://dx.doi.org/10.1787/888933285850

C2

表 C2.5（续） OECD 国家及邻近国家早期教育（ISCED 010 和 020）课程的覆盖范围

ISCED 010 和 ISCED 020，基于 ISCED 2011

	ISCED 010——早期儿童教育发展				ISCED 020——学前教育			
	本土语言的课程名称	英语的课程名称	理论上的起始年龄	理论上的课程持续时间	本土语言的课程名称	英语的课程名称	理论上的起始年龄	理论上的课程持续时间
OECD 国家								
卢森堡	a				Enseignement fondamental/cycle 1-éducation précoce	Early maturity education	3	1
					éducation précoce	Early maturity education(independent private institutions)	<4	1
					Enseignement fondamental/cycle 1-éducation préscolaire(Spillschoul)	Pre-primary education	4	2
					éducation préscolaire	Pre-primary education (independent private institutions)	4	2
墨西哥	Educación Inicial	Early Childhood Education	0	3	Educación Preescolar	Pre-primary Education	3	2—3
荷兰	Early childhood education	Early childhood education	0	<=3	Voorschools onderwijs	Pre-school education in day care centres and play groups	3	1
	Barnehage, 0—2åringer	Kindergarten	0	2	Basisonderwijs en speciaal basisonderwijs, groep1en2	Pre-primary education in school settings, including pre-primary special needs education group(class)1 and 2	4	2
新西兰	Early childhood education	Early childhood education	0	<=3	Early childhood education	Early childhood education	3	2
挪威	Barnehage,0—2 åringer	Kindergarten	0	2	Barnehage, 3—5 åringer	Kindergarten	3	3
波兰	a				Wychowanie przedszkolne	Pre-school education	3	4
					Wychowanie przedszkolne specjalne	Special pre-school education	3	4
葡萄牙	a				Educação pré-escolar	Pre-primary education	3—5	3
斯洛伐克	a				Materská škola	Kindergarten	3	3
					Špeciálna materská škola	Special Kindergarten	3	3
					Prípravné triedy na základnej škole	Preparatory classes in basic school	6	1
					Prípravné triedy v špeciálnej škole	Preparatory classes in special school	6	1
斯洛文尼亚	Pedšolska vzgoja (1. starostno obdobje)	Pre-school education (1st age period)	1	2	Predšolska vzgoja (2. starostno obdobje)	Pre-school education (2nd age period)	3	3
西班牙	Educación Infantil Primer ciclo (0—2 años)	Early childhood education	0	3	Educación infantil segundo ciclo (3+ años)	Pre-primary education	3	3
瑞典	Förskola för barn/elever under 3 år	Pre-school, for children/pupils younger than 3 years	0	0—2	Förskola för barn/elever 3 år eller äldre	Pre-school, for children/pupils 3 years of age or older	3	3
					Förskoleklass	Pre-school classes	6	1

数据来源：ISCED 2011 mappings. For more details, see Annex 3 for notes (www.oecd.org/education/education-at-a-glance-19991487.htm).
缺失数据代码参见《读者指南》。
StatLink http://dx.doi.org/10.1787/888933285850

表 C2.5（续） OECD 国家及邻近国家早期教育（ISCED 010 和 020）课程的覆盖范围

ISCED 010 和 ISCED 020，基于 ISCED 2011

		ISCED 010——早期儿童教育发展				ISCED 020——学前教育			
		本土语言的课程名称	英语的课程名称	理论上的起始年龄	理论上的课程持续时间	本土语言的课程名称	英语的课程名称	理论上的起始年龄	理论上的课程持续时间
OECD 国家	瑞士	a				Vorschule, préscolarité, prescolarità	Kindergarten	4—6	2
						Besonderer Lehrplan, programme d'enseignement spécial, programma scolastico speciale	Special needs education programmes	4—6	2
	土耳其	Erken çocukluk dönemi egitimi (0—2 yas)	Early childhood care and education (ages 0—2)	0—2	1—2	Okul öncesi egitimi (3—5 yas)	Pre-primary education (ages 3—5)	3—5	1—3
	英国	Children's Centres (including Sure Start centres)	Children's Centres (including Sure Start centres)	1	2	Reception and nursery classes in schools	Reception and nursery classes in schools	3	1—2
		Registered childminders	Registered childminders	1	2	Preschool or pre-kindergarten	Preschool or pre-kindergarten	2—4	1—2
		Day nurseries	Day nurseries	1	2	Kindergarten	Kindergarten	4—6	1
	美国	m				Preschool or pre-kindergarten	Preschool or pre-kindergarten	2—4	1—2
						Kindergarten	Kindergarten	4—6	1
伙伴国	巴西	Educação Infantil-creche	Nursery schools/daycare centres	0	3	Educação Infantil-pré-escola	Pre-school	4	2
	哥伦比亚	Atención integral a la primera infnacia	Early childhood educational development	0	3	Pre-jardin (3 year-olds), Jardin (4 year-olds), and Transicicón (5-year-olds)	Pre-primary education	3—5	1—3
	拉脱维亚	Pirmskolas izglitibas programmas (lidz 2 gadu vecumam)	Pre-primary education programmes (part of the programme up until the age of 2 years) (early childhood education)	0	1—2	Pirmskolas izglitibas programmas (no 3 gadu vecuma)	Pre primary education programmes (part of the programme from the age of 3 years on)	3	1—4
	俄罗斯	Программы развития детей младшего возраста	Early childhood educational development	0	2	Дошкольное образование	Pre-primary education	3	3

数据来源：ISCED 2011 mappings. For more details, see Annex 3 for notes (www. oecd. org/education/education-at-a-glance-19991487. htm).

缺失数据代码参见《读者指南》。

StatLink http：//dx. doi. org/10. 1787/888933285850

指标 C3

预期多少学生升入大学?

- OECD 国家预期约有 57%的青年人在其有生之年会接受本科或同等水平的高等教育，预期有 22%的青年人进入硕士或同等水平的阶段学习。
- 在所有 OECD 国家中（韩国除外），最受高等教育新生欢迎的专业是社会科学、商业与法律。
- 就 OECD 国家平均而言，高等教育新生中，女性占 54%，25 岁以下的青年人占 82%，国际留学生占 13%。

图 C3.1　初次高等教育入学率（2013 年）

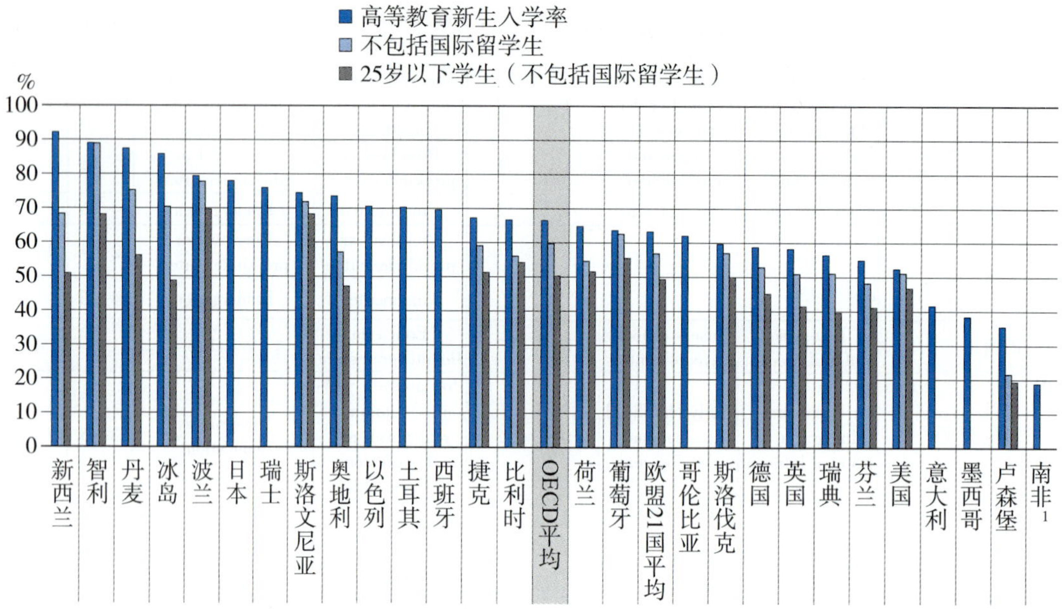

注：人口数据与新生数据的不匹配意味着净输出学生国家的入学率可能被低估，而净输入学生国家的入学率可能被高估。调整后的入学率试图弥补这一点。关于具体的国家信息，请参见附录 3 说明。

1. 2012 年数据。

国家按照高等教育的入学率降序排列。

数据来源：OECD. Tables C3.1. See Annex 3 for notes（www.oecd.org/education/education-at-a-glance-19991487.htm).

StatLink http://dx.doi.org/10.1787/888933284214

背　景

入学率估算的是能在有生之年进入某种特定高等教育专业学习的人口比例。入学率也反映了接受高等教育的机会、对高等教育价值的认识，以及人们所获得的创造和推动知识经济发展所需要的高端技能和知识的程度。较高的高等教育入学率意味着一支受过良好教育的劳动力队伍正在得到培养和发展。

在 OECD 国家，人们认为通过高等教育获得的技能比学历较低的人所掌握的技能更有价值，这一认识源于低收入国家的“常规”工作可能将被机器所取代这样一种现实及担心，也源于对知识与创新是维持国家经济增长的关键这一共识。高等院校不仅需要通过扩招来满足增长的需求，而且还要调整专业与教学方法以满足新一代学生的多元化需求。

其他发现

- 在奥地利、德国、瑞士和英国，预期有 1/25 的学生可以在其有生之年进入博士研究生课程进行学习。然而在智利、中国、哥伦比亚、印度尼西亚、墨西哥以及沙特阿拉伯等国家，这一比率很低，尚不足 1/200。
- 基于当前模式，预计 OECD 国家平均有 18%的青年人将会在其有生之年进入周期较短的高等教育阶段学习，约有 57%的青年人将会接受本科或同等水平的高等教育。
- 在奥地利、卢森堡与新西兰，高等教育新生中国际留学生占比超过 1/5，远远超过 OECD 国家 9%的平均水平。
- 平均而言，OECD 国家约有 23%的学生把接受硕士阶段的高等教育视为其第一学位的一部分，在瑞典，这一比例超过了 90%。

说　明

入学率反映了某个年龄群体在其有生之年预期进入高等教育就读的人数所占的比率。本部分的入学率是在 2013 年的入学新生及其年龄分布的基础上进行估值的。所以，入学率是基于一个“复合群组”的假设，根据这一假设和当前的入学模式，可很好地预测青年人一生的发展轨迹。

入学率对教育体系的变化比较敏感，例如新课程的引进就会对其产生明显影响。举例来说，随着“博洛尼亚进程”的实施，欧洲国家的一些学生延长了待在大学校园的年限，还有一些学生推迟了入学时间，以便获得根据新标准所授予的学位证书，从而使得这些国家的入学率偏高。而且在某段时间出现预期外的入学群体时，入学率甚至高于 100%（由此也清楚地表明，“复合群组”的假设往往是不符合实际的）。

在某些国家，高入学率有可能会反映出一些暂时的现象，即经济周期和金融危机效应，使得面临升学的学生群体将接受未来生涯规划和就业市场或政府激励措施等联系起来考虑。再比如一些国家实施的“再教育计划”，也会鼓励一些年龄偏大的人群重返高校接受教育，从而使入学率升高。

另外，国际留学生的增长也会带来入学率一时的激增。如果不将国际留学生考虑在内，高等教育入学率将会发生显著变化。在一些国家，大龄学生和国际留学生是其大学生群体的重要组成部分，这类群体数量的改变会显著影响到高等教育新生入学比例的变化。如果不将大龄学生和国际留学生列入统计范畴，一些国家较高的高等教育入学率将会受到显著影响。

C3

分 析

高等教育入学机会的总体情况

ISCED 2011 的出台与实施，有助于更清晰地区分不同层次的高等教育——诸如短期高等教育、本科教育、硕士教育以及博士教育等。本年度的《教育概览》将采取 ISCED 2011 分类标准。

在当前高等教育的入学模式下，OECD 国家约有 67%的青年人在其有生之年至少会有一次接受高等教育的机会。如果不将国际留学生列入统计范畴，这一比例将会降至 60%，而如果只考虑 25 岁以下的国内青年学生，则这一比例将会降至 51%（图 C3. 1）。有些国家的高等教育入学率偏高，是由于其广受欢迎的短期高等教育课程所致。例如在智利，约有 89%的青年人在其有生之年至少会有一次接受高等教育的机会，其中，接受短期高等教育课程的学生占比则高达 45%（表 C3. 1 和表 C3. 2）。

在 OECD 国家，接受短期高等教育课程的学生占比约为 18%。在 21 个属于欧盟成员国的 OECD 国家中，这一比例约为 12%。在一些国家，如智利，40%以上的学生将会接受短期高等教育课程。在数据可得的 30 个国家中，有 6 个国家的这一比例甚至不到 1%。另外，在爱沙尼亚、芬兰、希腊和葡萄牙的高等教育体系中，并不存在这种短期高等教育课程（表 C3. 1 和表 C3. 2）。

在大多数国家，大多数入学新生会进入本科层次的高等教育阶段（ISCED 6）学习。就 OECD 国家总体而言，约有 57%的青年人在其有生之年会接受这一层次的高等教育。这一比例在国与国之间差别很大，例如在卢森堡，如果将赴他国留学的国民计算在内，本科阶段入学率也只有 22%。但在澳大利亚，该国有着庞大的国际留学生队伍，本科阶段入学率达到了 91%，如果不将国际留学生计算在内，这一比例会降至 76%。

许多 OECD 国家重视本科以上的高等教育且投入甚多。在有的国家，如波兰，硕士阶段的新生入学率高达 46%，在德国与瑞士，博士阶段的新生入学率则达到了 5%。

在 OECD 国家，预计约有 22%的大学生在其有生之年会接受硕士教育，其中，预计 30 岁以下的本国学生接受硕士教育的比例约为 14%。如果不将国际留学生列入统计范畴，这一比例在国与国之间差别甚大，在冰岛为 35%，在斯洛伐克为 37%，在中国则仅为 3%。

只有约 2%的青年人将会在其有生之年进入博士阶段学习，其中，30 岁以下的本国学生进入博士阶段学习的比例约为 1%。

国际留学生

如前所述，国际留学生群体与一个国家教育系统的入学率统计密切相关。接受某一特定阶段教育的外国留学生，或者本国学生事先在国外接受过此前阶段的教育，都会影响到入学率统计指标的变化。例如，如果将 OECD 国家的国际留学生群体排除在统计范畴之外，本科层次高等教育入学率将会平均下降 2 个百分点。

在硕士、博士阶段，国际留学生群体也与入学率密切相关。如果不将留学生群体计算在内，硕士阶段的入学率将比总体入学率平均下降 3 个百分点，博士阶段的入学率将由 2. 5%下降到 1. 8%。指标 C4 将会具体讨论高等教育阶段特别是硕士、博士阶段学生的学习动机。

大龄学生群体（大于特定年龄的学生群体）

“特定年龄”就是处于某个教育阶段的学生的一般年龄。如果将大龄学生群体排除在外，对于本国学生群体而言，高等教育的新生入学率将会发生显著变化，平均而言，大约会从60%下降到50%。这也就意味着，OECD 国家 25 岁以下的适龄青年约有一半会进入高等教育阶段学习（表 C3.1）。但是在其他一些国家中，高等教育新生的年龄偏大。例如在冰岛、以色列和瑞士，至少有 30%的高等教育入学新生的年龄在 25 岁以上（表 C3.2）。

博士群体也不例外，平均而言，OECD 国家本国博士入学率约为 1.8%，其中，30 以下的博士入学率仅为 1.1%。

高等教育入学新生概况

高等教育的不同层次

明确高等教育的不同层次，有助于确定学生求学的程度和年限。大多数 OECD 国家的高等教育系统是从本科层次开始的。

如图 C3.2 所示，在 OECD 国家，本科新生入学率为 72%，硕士新生入学率为 10%。平均而言，短期高等教育新生入学率为 18%，在土耳其，这一比例达到了 50%或更高。在卢森堡、葡萄牙、瑞典和瑞士，有 1/5 以上的新生进入硕士阶段学习（表 C3.2）。

图 C3.2　高等教育新生的分布，按教育阶段划分（2013 年）

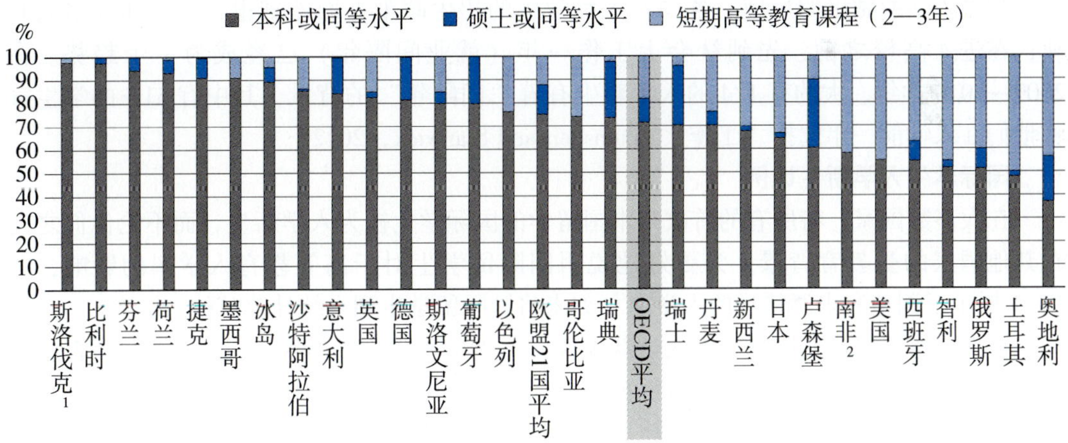

1. 硕士层次包含了本科生层次。
2. 2012 年数据。
国家按照高等教育本科或同等水平的新生入学率降序排列。
数据来源：OECD. Table C3.2. See Annex 3 for notes（www.oecd.org/education/education-at-a-glance-19991487.htm）.
StatLink http://dx.doi.org/10.1787/888933284224

女性的高等教育入学情况

除墨西哥、沙特阿拉伯、瑞士和土耳其外，在所有国家的高等教育入学新生中，女生占了大多数。就 OECD 国家平均而言，女生在高等教育新生中占比为 54%。在捷克、冰岛和瑞典等国，高等教育新生中女生占比高达 58%。然而，特定教育阶段男女生均等的入学率并不意味着在就读专业领域的均等。往往在一些收入较低职业（如教师、护士等）的相关专业中，女生占比偏高。与之相反，在一些收入较高职业（主要是科学、技术、工程与数学，即 STEM 专业领域）的相关专业中，男生占比偏高。表 C3.3 展示了本科层次专业分布的性别差距（见后文）。

大龄新生比例

OECD 各国高等教育新生入学年龄各不相同，这主要是由各国规定的高中毕业生年龄、高校容量（往往由招生名额限制，这也是限制高等教育规模的一个最主要方法）、劳动力市场的机会成本以及文化环境等因素所致。

在最近的金融危机期间，一些青年人推迟了走向劳动力市场的时间，而选择了留在大学校园。一些国家由此设置了“再教育计划”，该计划面向那些很早离开校园、学历尚浅的人群，让他们重返校园，为他们提供一些劳动力市场所需要的应用技能培训，从而提高就业竞争力。不过，无论对于个人还是对于社会，大龄青年重返校园都要花费高昂的成本。也就是说，在相当长一段时间内，个体的生产潜能并未得到利用。其结果是国家税收收入会降低，而公共支出将会随之升高（参见指标 B7）。大龄学生也会面临着兼顾工作与学习等方面的困难，从而难以及时完成其学业。应该认识到，政府往往会采取多种相关措施，帮助这些大龄学生尽早、及时完成学业。

高等教育入学新生中大龄学生的比例，可以体现出高等教育课程的灵活性以及大龄学生的适应性，这也揭示了高等教育入学前的工作经验的价值。在某些国家，如哥伦比亚、丹麦、冰岛、以色列、卢森堡和瑞士，低于入学常规年龄的入学比例限制在 75%以内。高校大龄学生的存在，也可以反映出一个国家在政策层面对于终身学习理念以及更为灵活的高等教育入学所做出的反应。各国在大龄学生的招生政策方面差别很大，例如在澳大利亚，在进入高校之前，先到社会上工作一年（就业间隔年）已经成为一个趋势。在 2009—2010 学年，大约有 1/4 的入学新生有着“间隔年”的背景，其中有 51%的学生宣称他们在入学前一年选择“工作”（Lumsden and Stanwick，2012）。

国际学生入学新生比例

在大多数国家，将所有的首次来本国留学的国际学生视为入学新生，而不论他们之前在其他国家的受教育背景。为更好地说明国际留学生对于高等教育入学率的影响，图 C3.1 展示了调整和未调整过的入学率（如未将国际留学生列入统计范畴的入学率）。

首次来本国留学的国际学生入学新生所占比例的范围，从智利的几近 0%到卢森堡的 40%以上。在奥地利与新西兰，国际学生入学新生也占有较高的比例（约为 25%）。OECD 国家高等教育国际学生入学新生的比例平均为 13%（表 C3.2）。

高等教育入学新生的专业分布

在数据可得的所有国家中，除韩国外，社会科学、商业与法律专业最受高等教育入学新生青睐。在韩国，约有 25%的新生选择从事工程、制造与建筑专业的学习。

自然科学相关专业领域，包括科学与工程、制造与建筑等，受欢迎程度较低。平均而言，最不受欢迎的专业为农学（2%）和社会服务（6%）（表 C3.2）。

本科教育

学士学位是所有 OECD 国家高等教育中最为普遍的学位，这也意味着高等教育中的大多数学生更有可能接受本科层次的高等教育。将近 3/4 的高等教育入学新生在本科专业进行学习（表 C3.2）。在 OECD 国家的青年人中，约有 57%的人将获得学士学位作为在其有生之年接受高等教育的追求（表 C3.1）。

在数据可得的 35 个国家中，有 31 个国家的本科学生中女生多于男生。在瑞典，女性本科生占 61%，而在日本，女性本科生则仅占 44%（表 C3.3）。

一般来说，学生在高中学业之后就会立即选择进入本科阶段学习，在许多国家均是如此。平均而言，83%的本科阶段入学新生年龄在 25 岁以下。在有高等教育入学新生年龄的 26 个国家中，有 6 个国家的 90%或以上的本科阶段入学新生年龄在 25 岁以下。然而，在有些国家，由于高中毕业生选择先就业或服兵役等，从而推迟了高等教育入学时间。一些国家规定年轻人必须服兵役，这就推迟了他们进入高等教育学习的时间。例如，在以色列和瑞士，这两个国家都实行强制兵役制度，两国年龄在 25 岁以下的本科阶段新生比例分别为 68%和 67%。

有一半以上（54%）的高校本科新生选择教育、人文和社会科学等专业。平均而言，约有 27%的本科新生选择工程和科学专业。另外约有 12%的本科新生选择卫生与福利专业。在以色列和卢森堡，有 70%或更多的本科新生选择教育、人文和社会科学专业，而在德国，约有 40%的本科新生选择科学与工程专业（表 C3.3）。

本科生中选择教育、人文与社会科学专业的女生多于男生（日本除外，只有 15%的女性本科新生选择此类专业），但在工程和科学专业领域男生多于女生。另外，选择卫生与福利专业的本科新生中，女生平均占 78%（表 C3.3）。

OECD 各国的国际留学生占比差异很大。该比例在卢森堡高达 25%，在奥地利高达 24%，而在智利和中国则不到 1%（表 C3.3）。对那些国际学生比例较高的国家而言，如果不将国际学生纳入统计范畴的话，其高等教育入学率将会大大降低。在澳大利亚，如果将国际学生纳入统计范畴，其高等教育新生入学率为 91%，反之，入学率则仅为 76%（表 C3.1）。

短期高等教育课程

与其他层次的高等教育相比，短期高等教育课程可谓种类繁多。总体而言，OECD 国家短期高等教育课程入学新生中，女生占比平均约为 54%，但各国之间差别甚大，变化范围从意大利、沙特阿拉伯的不到 25%，到波兰的 81%。

平均而言，在 OECD 国家，68%的短期高等教育课程（ISCED 5）的入学新生年龄不到 25 岁，其中有 7 个国家的这一比例超过了 80%。相比较而言，在丹麦、冰岛、瑞典和英国，短期高等教育课程中 25 岁以下的入学新生占比不到 1/2。

另外也有少量的国际学生选择短期高等教育课程，在新西兰和在英国，这一比例约为 20%；在冰岛，这一比例约为 30%。

硕士教育

本次数据搜集比往年更完整，《教育概览》得以就本科和硕士教育分别展开分析。从世界范围来看，近些年本科教育、硕士教育发展都很快，尤其是在 OECD 国家。

硕士教育吸引的国际学生比例要大于本科教育（参见指标 C4）。平均而言，硕士层次入学新生中，国际学生约占 21%。

在所有的硕士层次入学新生中，30 岁以上的占 27%，30 岁是获得硕士学位的“常规年龄”。30 岁以上的硕士层次入学新生所占比例的变化范围从智利和哥伦比亚的 50%以上，到比利时和印度尼西亚的 5%以下。

图 C3.3 低于常规年龄的新生比例（2013 年）

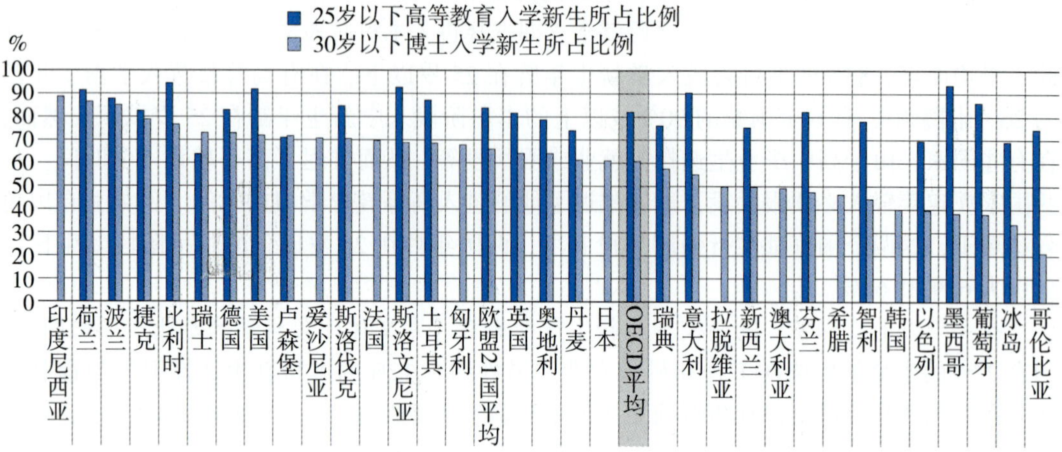

国家按照 30 岁以下的博士入学新生比例降序排列。

数据来源：OECD. Table C3.2 and C3.4. See Annex 3 for notes（www.oecd.org/education/education-at-a-glance-19991487.htm）.

StatLink http：//dx.doi.org/10.1787/888933284233

OECD 各国硕士或同等水平的高等教育新生，在选择将硕士作为其长时期修习的第一学位方面，差距很大。在瑞典，94%的硕士入学新生将硕士学位（ISCED 7）作为长时期修习的第一学位。相比较而言，在丹麦、墨西哥和瑞士，很少有人这样做。而在印度尼西亚、韩国与荷兰，并不如此设置硕士学位。

就 OECD 国家平均而言，56%的硕士入学新生是女生。女生占比低于平均水平的国家有：中国（47%）、印度尼西亚（48%）、日本（33%）、沙特阿拉伯（43%）、瑞士（48%）和土耳其（44%）。

博士教育

研究生教育，尤其是博士层次的研究，在促进创新与经济增长方面发挥着重要作用，为一国乃至人类知识的增长做出了卓越贡献。能够提供这一阶段研究的国家可吸引到更多商业（Halse and Mowbray，2011；Smith，2010），而那些接受博士阶段教育的个体也容易获得更高的薪水和更高的就业率（参见指标 A5 和指标 A6）。

目前有不少国家致力于发展博士教育，或改变资助政策以吸引更多的国际学生。吸引全世界的优秀生源来本国学习，可以确保本国在科研与创新领域处于领先位置（Smith，2010）。由此也不难理解，在数据可得的 22 个国家中，有 8 个国家 40%以上的博士生是国际学生，在卢森堡，这一比例达到了 90%以上。

就 OECD 国家平均而言，61%的博士入学新生年龄在 30 岁以下（表 C3.4）。博士生群体中年轻人占如此高比重，足以说明辍学率之低，以及他们对于通过攻读博士学位以获得高深专业技能的重视。一些国家通过提供助学金、奖学金、国际学生流动项目、在职学习以及远程学习等诸项措施，来鼓励学生毕业后攻读研究生。相对来说，学费、奖学金的获取情况，重视就业资历、专业工作经历等因素，或许可以解释为什么一部分博士入学新生年龄偏大。

定　义

入学率是指特定年龄段学生的入学率之和，面向特定年龄段的人群，根据进入不同层次高等教育阶段学习来划分不同的群体，并分别统计这些群体在不同层次高等教育的入学率，最终汇总得来。

基于国际学生调整后的入学率，是指在计算某个特定年龄段的入学率时，不将国际学生列入统计范畴，从而得到的入学率。

常规年龄以下的入学率，是指低于常规年龄群体各年龄段入学率的总和。

国际学生是指那些离开本国去另一国家继续深造的学生。初次注册课程的国际学生也被认为是新生。

新生指的是首次进入相关教育阶段接受教育的学生。

高等教育入学率是指在当前入学模式下青年人在其有生之年进入高等教育的概率估值。

方　法

数据统计期为 2012—2013 年，来源于 2014 年 OECD 组织的 UOE 教育统计数据收集（详见附录 3，www. oecd. org/education/education-at-a-glance-19991487. htm）。在 UOE 数据采集工具中，教育领域划分依据 ISCED 2011 进行分类。该分类标准适用于所有教育阶段。

表 C3. 1 与表 C3. 5 可在线查询，显示了所有年龄净入学率的总和。表 C3. 2、表 C3. 3 和表 C3. 4 显示了不同类型学生群体的入学率情况。

特定年龄的净入学率由该年龄段的各类高等教育新生数量除以同龄人口总数而得。净入学率之和是将每个年龄段的入学率相加获得的。这一结果体现的是在当前特定年龄段入学率保持不变的情况下，青年人进入高等教育的概率估值。

关于以色列数据的说明

以色列的统计数据由以色列有关当局负责提供。在使用这些数据时，OECD 根据国际法的规定对戈兰高地、东耶路撒冷和约旦河西岸以色列定居点的地位不持偏见。

参考文献

Halse C. and S. Mowbray (2011), "The Impact of the Doctorate", *Studies in Higher Education*, 36: 5, pp. 513—525, http: //dx. doi. org/ 10. 1080/03075079. 2011. 594590.

Lumsden, M. and J. Stanwick (2012), "Who Takes A Gap Year And Why?" Longitudinal Surveys of Australian Youth, *Briefing Paper* 28. National Centre for Vocational Education Research (NCVER), Adelaide, Australia.

OECD (2013), *Education at a Glance* 2013: *OECD Indicators*, OECD Publishing, Paris, http：//dx. doi. org/10. 1787/eag-2013-en.

Smith, A.（2010）, *One Step Beyond*：*Making the Most of Postgraduate Education*, Report for the UK Department for Business, Innovation and Skills.

表 C3.1　高等教育新生入学率，按 ISCED 级别划分（2013 年）

根据人口群体计算特定年龄段入学率总和

		短期高等教育课程（2—3 年，ISCED 5）			本科或同等水平（ISCED 6）			硕士或同等水平（ISCED 7）			博士或同等水平（ISCED 8）			入学新生		
		合计	不包括国际学生		合计	不包括国际学生		合计	不包括国际学生		合计	不包括国际学生		合计	不包括国际学生	
			合计	25 岁以下		合计	25 岁以下		合计	25 岁以下		合计	25 岁以下		合计	25 岁以下
		(1)	(2)	(3)	(4)	(5)	(6)	(7)	(8)	(9)	(10)	(11)	(12)	(13)	(14)	(15)
OECD 国家	澳大利亚	m	m	m	91	76	60	28	15	7	3.6	2.2	0.9	m	m	m
	奥地利	35	35	29	45	34	26	28	20	17	4.0	2.6	1.7	74	57	47
	比利时	m	m	m	69	62	60	26	21	20	1.0	0.5	0.5	67	56	54
	加拿大	m	m	m	m	m	m	m	m	m	m	m	m	m	m	m
	智利	49	49	34	58	58	45	13	12	6	0.4	0.4	0.2	89	89	68
	捷克	0	0	0	64	58	49	31	27	24	3.5	3.0	2.4	67	59	51
	丹麦	32	29	11	71	66	50	32	25	21	3.7	2.5	1.4	87	75	56
	爱沙尼亚	a	a	a	70	68	55	25	24	19	2.0	1.8	1.2	m	m	m
	芬兰	a	a	a	55	51	41	11	8	4	2.6	1.9	0.9	55	48	41
	法国	m	m	m	m	m	m	m	m	m	2.5	m	m	m	m	m
	德国	0	0	0	48	46	38	25	18	17	5.4	3.9	4.0	59	53	45
	希腊	a	a	a	66	m	m	11	m	m	2.1	m	m	m	m	m
	匈牙利	13	m	m	41	m	m	14	m	m	1.7	m	m	m	m	m
	冰岛	6	4	1	80	68	48	39	35	17	2.5	1.8	0.5	86	70	49
	爱尔兰	20	20	17	59	57	53	m	m	m	m	m	m	m	m	m
	以色列	23	m	m	57	55	37	21	20	9	1.8	1.7	0.6	71	m	m
	意大利	0	m	m	37	m	m	23	m	m	1.7	m	m	42	m	m
	日本	28	m	m	48	m	m	9	8	7	1.2	1.0	m	78	m	m
	韩国	34	m	m	55	m	m	14	m	m	3.3	m	m	m	m	m
	卢森堡	4	3	3	22	17	16	30	10	7	0.7	0.1	0.0	36	22	19
	墨西哥	3	m	m	35	m	m	4	m	m	0.4	m	m	38	m	m
	荷兰	1	1	0	60	54	51	17	13	12	1.2	0.7	0.7	65	55	52
	新西兰	38	30	13	74	58	43	9	7	3	2.7	1.3	0.5	92	68	51
	挪威	m	m	m	m	m	m	m	m	m	m	m	m	m	m	m
	波兰	1	1	1	73	m	m	46	m	m	3.0	m	m	79	78	70
	葡萄牙	a	a	a	52	51	45	36	34	27	3.3	2.7	1.2	64	63	56
	斯洛伐克	1	1	1	56	54	m	39	37	m	2.9	2.7	2.0	60	57	50
	斯洛文尼亚	28	28	19	79	77	71	28	27	23	2.7	2.5	1.8	75	72	68
	西班牙	26	m	m	46	46	42	10	8	7	m	m	m	70	m	m
	瑞典	9	9	4	47	45	33	29	24	18	2.7	1.6	0.7	56	51	40
	瑞士	5	m	m	60	m	m	21	m	m	4.9	m	m	76	m	m
	土耳其	35	m	m	34	m	m	8	m	m	1.5	m	m	70	m	m
	英国	9	7	3	58	48	40	28	15	8	4.0	2.2	1.4	58	51	42
	美国	39	38	27	m	m	m	13	12	7	1.2	0.7	0.4	52	51	47
	OECD 平均	18	m	m	57	55	45	22	20	14	2.5	1.8	1.1	67	60	50
	欧盟 21 国平均	12	m	m	56	52	45	26	21	16	2.7	2.0	1.4	63	57	49
伙伴国	阿根廷	m	m	m	m	m	m	m	m	m	m	m	m	m	m	m
	巴西	m	m	m	m	m	m	m	m	m	m	m	m	m	m	m
	中国	25	25	m	25	25	m	3	3	m	0.3	0.3	m	m	m	m
	哥伦比亚	16	m	m	46	m	m	11	m	m	0.1	m	m	62	m	m
	印度	m	m	m	m	m	m	m	m	m	m	m	m	m	m	m
	印度尼西亚	m	m	m	29	m	m	2	m	m	0.1	m	m	m	m	m
	拉脱维亚	26	m	m	77	m	m	18	m	m	2.3	m	m	m	m	m
	俄罗斯	38	m	m	72	m	m	11	m	m	2.0	m	m	m	m	m
	沙特阿拉伯	12	m	m	72	m	m	3	m	m	0.2	m	m	m	m	m
	南非[1]	m	m	m	m	m	m	m	m	m	m	m	m	19	m	m
	G20 平均	20	m	m	50	m	m	13	m	m	2	m	m	m	m	m

注：人口数据与新生数据的不匹配是指净输出学生国家的入学率可能被低估，而净输入学生国家的入学率可能被高估。调整后的入学率力图弥补这一点。关于具体的国家信息，参见附录 3。

1. 2012 年数据。

数据来源：OECD. Argentina, China, Colombia, India, Indonesia, Saudi Arabia, South Africa: UNESCO Institute for Statistics. Latvia: Eurostat. See Annex 3 for notes (www. oecd. org/education/education-at-a-glance-19991487. htm).

缺失数据代码参见《读者指南》。

StatLink http://dx. doi. org/10. 1787/888933285873

表 C3.2　高等教育入学新生概况（2013 年）

		新入学女性占比	25 岁以下的入学新生占比	国际学生入学新生占比	不同层次入学新生占比			所有高等教育层次不同专业领域入学新生占比							
					短期高等教育课程(2—3 年)	本科或同等水平	硕士或同等水平	教育	人文与艺术	社会科学、商业与法律	科学	工程、制造与建筑	农学	卫生与福利	社会服务
		(1)	(2)	(3)	(4)	(5)	(6)	(7)	(8)	(9)	(10)	(11)	(12)	(13)	(14)
OECD 国家	澳大利亚	m	m	m	m	m	m	m	m	m	m	m	m	m	m
	奥地利	54	79	23	44	37	19	13	10	33	11	19	2	6	7
	比利时	56	94	17	m	97	3	m	m	m	m	m	m	m	m
	加拿大	m	m	m	m	m	m	m	m	m	m	m	m	m	m
	智利	52	78	0	45	52	3	10	4	25	6	20	2	19	14
	捷克	58	83	12	1	91	8	9	9	32	13	15	5	12	6
	丹麦	54	74	14	24	70	6	7	11	42	9	11	1	17	2
	爱沙尼亚	m	m	m	m	m	m	7	13	29	15	16	2	10	8
	芬兰	55	82	12	a	94	6	4	10	23	9	23	2	20	8
	法国	m	m	m	m	m	m	m	m	m	m	m	m	m	m
	德国	50	83	10	0	81	18	10	11	30	16	22	2	6	3
	希腊	m	m	m	m	m	m	8	14	29	14	19	4	11	2
	匈牙利	m	m	m	m	m	m	6	11	37	10	14	3	9	11
	冰岛	58	69	18	5	89	6	11	16	36	12	10	1	12	3
	爱尔兰	m	m	m	m	m	m	m	m	m	m	m	m	m	m
	以色列	56	69	m	24	76	a	18	9	35	9	20	0	8	0
	意大利	56	90	m	1	84	15	4	17	33	11	19	3	10	3
	日本	50	m	m	36	62	2	9	15	27	3	17	3	16	9
	韩国	m	m	m	m	m	m	7	18	20	7	25	1	14	7
	卢森堡	53	71	41	10	60	29	16	11	49	10	5	1	9	0
	墨西哥	49	94	m	9	91	m	10	5	41	5	26	2	10	1
	荷兰	52	91	16	1	93	6	9	8	40	8	9	1	18	6
	新西兰	55	76	26	30	68	2	8	16	34	17	8	1	12	5
	挪威	m	m	m	m	m	m	m	m	m	m	m	m	m	m
	波兰	56	88	2	a	m	m	10	10	34	9	17	2	8	9
	葡萄牙	56	86	2	a	80	20	8	11	34	8	18	2	13	7
	斯洛伐克	57	85	5	2	98^{d}	x(6)	13	7	31	10	16	2	14	7
	斯洛文尼亚	53	93	4	15	80	5	6	8	33	11	21	4	7	11
	西班牙	53	84	m	37	55	8	m	m	m	m	m	m	m	m
	瑞典	58	76	9	2	74	24	11	14	28	10	18	1	16	3
	瑞士	49	64	m	4	70	26	8	9	37	9	16	1	12	6
	土耳其	49	87	m	50	48	2	7	13	39	7	16	3	9	5
	英国	55	82	13	15	82	2	10	16	29	18	9	1	15	1
	美国	53	92	2	45	55	a	m	m	m	m	m	m	m	m
	OECD 平均	54	82	13	18	72	10	9	11	33	10	17	2	12	6
	欧盟 21 国平均	55	84	13	12	75	13	9	11	33	11	16	2	12	5
伙伴国	阿根廷	m	m	m	m	m	m	m	m	m	m	m	m	m	m
	巴西	m	m	m	m	m	m	m	m	m	m	m	m	m	m
	中国	m	m	m	m	m	m	m	m	m	m	m	m	m	m
	哥伦比亚	51	74	m	26	74	a	9	4	48	4	24	2	7	3
	印度	m	m	m	m	m	m	m	m	m	m	m	m	m	m
	卢森堡	m	m	m	m	m	m	m	m	m	m	m	m	m	m
	拉脱维亚	m	m	m	m	m	m	6	9	40	8	16	2	12	7
	俄罗斯	m	m	m	40	51	8	8	4	38	8	27	2	7	7
	沙特阿拉伯	45	m	m	14	85	1	m	m	m	m	m	m	m	m
	南非[1]	57	78	m	42	58	a	m	m	m	m	m	m	m	m
	G20 平均	m	m	m	m	m	m	m	m	m	m	m	m	m	m

注：第 1—6 列是高等教育入学新生的情况，第 7—14 列是特定高等教育阶段所有入学新生的情况。

1. 2012 年数据。

数据来源：OECD. Argentina，China，Colombia，India，Indonesia，Saudi Arabia，South Africa：UNESCO Institute for Statistics. Latvia：Eurostat. See Annex 3 for notes（www. oecd. org/education/education-at-a-glance-19991487. htm）.

缺失数据代码参见《读者指南》。

StatLink http：//dx. doi. org/10. 1787/888933285889

表 C3.3 高等教育本科新生概况（2013 年）

		新入学女性占比	25 岁以下的入学新生占比	国际学生入学新生占比	本科不同专业领域入学新生占比				本科不同专业领域女性入学新生占比			
					教育、人文与社会科学	科学与工程	卫生与福利	其他	教育、人文与社会科学	科学与工程	卫生与福利	其他
		(1)	(2)	(3)	(4)	(5)	(6)	(7)	(8)	(9)	(10)	(11)
OECD 国家	澳大利亚	57	78	16	57	19	18	5	60	31	73	57
	奥地利	55	76	24	61	33	3	3	65	35	81	45
	比利时	55	96	11	53	16	26	5	59	19	74	52
	加拿大	m	m	m	m	m	m	m	m	m	m	m
	智利	51	79	0	44	27	18	11	60	23	77	47
	捷克	58	82	9	47	29	12	12	68	33	86	48
	丹麦	56	76	8	50	20	26	4	57	31	78	29
	爱沙尼亚	55	78	4	47	31	11	11	67	29	90	43
	芬兰	56	80	8	38	32	20	11	67	23	87	63
	法国	m	m	m	m	m	m	m	m	m	m	m
	德国	47	81	5	51	40	4	5	63	24	79	41
	希腊	54	90	m	52	33	10	5	65	34	72	47
	匈牙利	50	84	m	49	32	6	13	64	23	84	51
	冰岛	59	71	14	59	25	12	4	64	36	85	64
	爱尔兰	53	91	4	49	26	21	4	56	30	75	48
	以色列	58	68	4	70	24	6	1	64	34	79	44
	意大利	55	89	m	53	31	8	8	63	38	72	46
	日本	44	m	m	67	20	7	6	48	15	70	69
	韩国	47	98	m	48	35	9	7	57	30	68	37
	卢森堡	51	90	25	72	20	8	0	57	22	70	a
	墨西哥	50	94	m	55	31	10	4	59	29	66	33
	荷兰	52	94	12	56	16	20	8	54	21	75	48
	新西兰	59	75	22	58	27	13	2	63	41	78	49
	挪威	m	m	m	m	m	m	m	m	m	m	m
	波兰	55	88	m	47	32	8	13	65	34	82	50
	葡萄牙	57	84	2	56	21	13	9	61	34	82	46
	斯洛伐克	56	m	4	51	27	13	9	67	31	78	39
	斯洛文尼亚	54	90	3	50	31	7	12	66	30	78	53
	西班牙	55	87	1	60	24	10	5	62	30	75	45
	瑞典	61	73	4	58	23	15	4	65	36	84	50
	瑞士	48	67	m	54	25	14	7	55	20	77	45
	土耳其	50	92	m	67	23	5	5	54	37	75	36
	英国	55	84	16	53	31	14	2	59	37	79	66
	美国	m	m	m	m	m	m	m	m	m	m	m
	OECD 平均	54	83	9	54	27	12	7	61	30	78	48
	欧盟 21 国平均	55	85	9	53	27	13	7	62	30	79	48
伙伴国	阿根廷	m	m	m	m	m	m	m	m	m	m	m
	巴西	m	m	m	m	m	m	m	m	m	m	m
	中国	54	m	0	m	m	m	m	m	m	m	m
	哥伦比亚	54	75	m	60	29	8	2	61	34	74	43
	印度	m	m	m	m	m	m	m	m	m	m	m
	印度尼西亚	51	100	m	61	21	12	6	54	36	71	36
	拉脱维亚	55	73	m	56	25	11	9	65	23	78	54
	俄罗斯	m	m	m	63	29	1	7	m	m	m	m
	沙特阿拉伯	48	m	m	m	m	m	m	m	m	m	m
	南非	m	m	m	m	m	m	m	m	m	m	m
	G20 平均	51	m	m	m	m	m	m	m	m	m	m

数据来源：OECD. Argentina, China, Colombia, India, Indonesia, Saudi Arabia, South Africa: UNESCO Institute for Statistics. Latvia: Eurostat. See Annex 3 for notes (www.oecd.org/education/education-at-a-glance-19991487.htm).
缺失数据代码参见《读者指南》。
StatLink http://dx.doi.org/10.1787/888933285893

表 C3.4 高等教育不同层次入学新生概况（2013 年）

不同高等教育层次（ISCED 5、7 和 8）入学新生的描述指标

	短期高等教育课程(2—3 年) ISCED 5			硕士或同等水平 ISCED 7			博士或同等水平 ISCED 8			
	新入学女性占比	25 岁以下的入学新生占比	国际学生入学新生占比	新入学女性占比	30 岁以下的入学新生占比	国际学生入学新生占比	长期修习第一学位占比	新入学女性占比	30 岁以下的入学新生占比	国际学生入学新生占比
	(1)	(2)	(3)	(4)	(5)	(6)	(7)	(8)	(9)	(10)
OECD 国家										
澳大利亚	m	m	m	54	66	47	m	50	49	38
奥地利	53	82	2	54	83	28	41	48	64	36
比利时	m	m	m	53	95	21	65	48	77	48
加拿大	m	m	m	m	m	m	m	m	m	m
智利	50	70	0	58	48	6	10	46	44	10
捷克	62	82	4	59	85	12	14	46	79	15
丹麦	51	41	11	56	84	20	0	49	61	32
爱沙尼亚	a	a	a	61	79	5	15	53	71	13
芬兰	a	a	a	57	56	30	10	54	47	27
法国	m	m	m	m	m	m	m	46	70	m
德国	77	50	a	53	91	25	42	42	73	28
希腊	a	a	a	58	53	m	m	50	46	m
匈牙利	63	77	m	59	82	m	m	49	68	m
冰岛	50	24	30	67	52	9	2	55	34	29
爱尔兰	38	83	2	m	m	m	m	m	m	m
以色列	51	63	m	61	51	5	m	50	40	6
意大利	23	75	m	59	92	m	29	51	55	m
日本	61	m	m	33	m	m	21	31	m	14
韩国	51	91	m	50	57	m	a	40	40	m
卢森堡	65	90	10	51	61	66	a	47	72	91
墨西哥	38	93	m	53	65	m	a	48	38	m
荷兰	53	62	0	54	94	24	a	49	86	40
新西兰	53	53	21	58	56	26	m	53	50	52
挪威	m	m	m	m	m	m	m	m	m	m
波兰	81	75	a	65	88	m	12	53	85	m
葡萄牙	a	a	a	56	75	6	27	54	38	21
斯洛伐克	68	77	1	61	m	5	7	48	70	8
斯洛文尼亚	46	62	1	61	86	5	12	54	69	7
西班牙	49	79	m	55	78	19	45	m	m	m
瑞典	49	49	0	58	76	15	94	48	58	43
瑞士	60	53	m	48	80	m	0	47	73	m
土耳其	47	82	m	44	78	m	20	44	68	m
英国	57	49	19	59	70	47	m	47	64	44
美国	54	71	1	62	66	13	m	53	72	42
OECD 平均	54	68	m	56	73	21	23	48	61	31
欧盟 21 国平均	56	69	m	57	79	22	29	49	66	32
伙伴国										
阿根廷	m	m	m	m	m	m	m	m	m	m
巴西	m	m	m	m	m	m	m	m	m	m
中国	49	m	0	47	m	13	m	38	m	3
哥伦比亚	44	72	m	56	36	m	m	35	21	m
印度	m	m	m	m	m	m	m	m	m	m
印度尼西亚	m	m	m	48	100	m	a	41	89	m
拉脱维亚	60	64	m	62	87	m	4	57	50	m
俄罗斯	m	m	m	m	m	m	m	42	m	m
沙特阿拉伯	24	m	m	43	m	m	m	33	m	m
南非	m	m	m	m	m	m	m	m	m	m
G20 平均	48	m	m	50	m	m	m	43	m	m

数据来源：OECD. Argentina, China, Colombia, India, Indonesia, Saudi Arabia, South Africa: UNESCO Institute for Statistics. Latvia: Eurostat. See Annex 3 for notes (www.oecd.org/education/education-at-a-glance-19991487.htm).

缺失数据代码参见《读者指南》。

StatLink http://dx.doi.org/10.1787/888933285907

指标 C4

谁在国外学习，在哪些国家学习？

- 2013 年，高等教育阶段外国留学人数超过了 400 万人。高等教育在校生中国际学生比例最高的国家为澳大利亚、奥地利、卢森堡、新西兰、瑞士和英国。
- 来自亚洲的学生占全世界外国留学生总数的 53%。中国是输出留学生人数最多的国家，其次是印度与德国。
- 高等教育最高阶段的国际学生占总入学人数的比重较高。就 OECD 国家平均而言，博士或同等水平的国际学生占比为 24%，而高等教育所有阶段国际学生平均占比为 9%。

图 C4.1 高等教育阶段的学生流动（2013 年）

高等教育在校生中国际学生或外国留学生的百分比

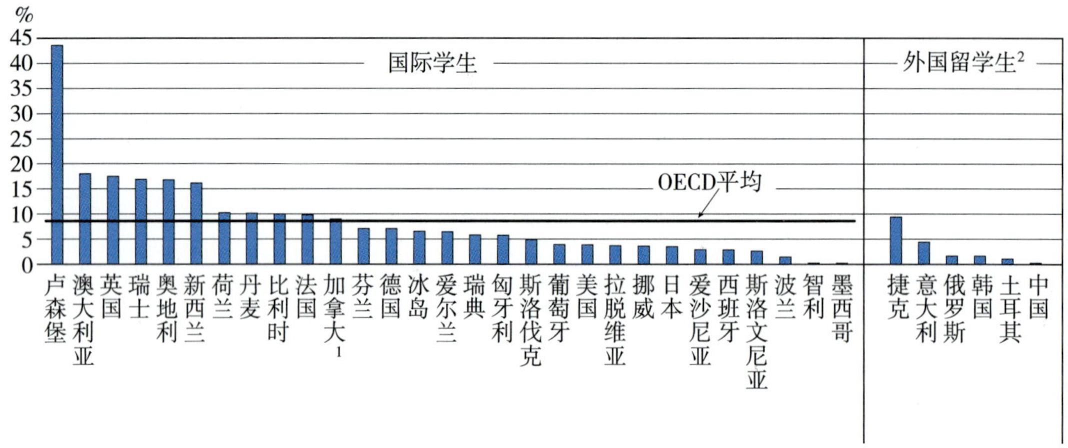

1. 2012 年数据。
2. 外国留学生基于国籍定义。这些数据与国际学生数据不可比，因此在图中单独呈现。
国家按照国际学生或者外国留学生在全部高等教育在校生中的百分比降序排列。
数据来源：OECD. Table C4. 1. See Annex 3 for notes（www. oecd. org/education/education-at-a-glance-19991487. htm）.
StatLink http：//dx. doi. org/10. 1787/888933284241

背 景

随着各国经济相互依赖程度加深，教育参与不断扩大，高等教育开始成为开阔学生视野、帮助他们更好地理解世界上不同的语言、文化及商业模式的一种方式。高等教育正通过一系列途径变得更为国际化，例如，远程教育、与教育有关的国际实习和培训机会、跨境学术项目以及海外分校等。在高等教育国际化的各种活动中，赴外留学备受学生和政策制定者关注。赴外留学为学生提供了丰富其他社会知识、提高外语水平的机会，是非常重要的文化经历和个人经历，也是一种提升其在全球劳动力市场就业前景的方式。

近年来促使学生流动性大幅提高的因素有很多。世界范围内对高等教育需求的激增、对国外知名中等后教育机构就读价值的认同，都促进了更为庞大与多元的国际学生群体的出现，这些学生群体既包括无法在本国中等后教育机构入学的学生，也包括那些在知名学校和优质专业学习的优秀学生。此外，多元化的学生群体带来的教育价值，招收更多国际学生带来的丰厚收入，加上政治与经济上的考量，促使一些政府和大学竭力吸引国外的学生来本国留学（Altbach and Knight，2007；Knight，2008）。

国际学生接收国的一个重要经济考量就是，这些学生之后可能会成为高技能的劳动力。那些“出口”学生到其他国家的流出国将面临本国众多人才永久流失的风险（通常称为“人才外流”），但是很多发展中国家通过资助一批学生赴外留学，至少会有一部分人回到流出国，或者在流出国与流入国之间建立各种社会与经济联系，发展成为一些作者（如，Solimano，2002）所描述的“人才环流”。

在当前的经济背景下，奖学金和助学金缩减以及个人预算支出的紧缩都可能使得学生流动速度放缓。另一方面，学生来源国劳动力市场机会的有限性也提高了通过出国留学获得竞争优势的吸引力，从而促进学生流动。

在本指标中，“国际学生”是指离开来源国去他国学习的学生（根据之前受教育所在国或者常住地点来确定，参见本指标定义部分）；“外国留学生”是指那些不是留学目的地公民但在当地注册入学，而且有时候可能是该国长期居民，抑或确实生于该国的学生。总体而言，国际学生包含在外国留学生之内（参见本指标后面定义部分）。

其他发现

- 澳大利亚、加拿大、法国、德国、日本、英国和美国接收了全世界超过 50%的国际学生。
- 平均而言，2013 年在 OECD 国家高等教育注册的国际学生人数是 OECD 国家学生在国外留学人数的三倍。
- 在一些国家，国际学生集中于某些特定专业。例如，斯洛伐克 53%的国际学生在卫生与福利专业学习，冰岛 40%的国际学生在人文与艺术专业学习，智利 23%的国际学生在教育专业学习。

趋　势

2013 年世界范围内以留学为目的出国人数（如国际学生）估值与前几年不可比，因为过去只有极少数国家提供上述信息。但是，在国外注册的学生（外国留学生）总数的时间序列能构建至 2012 年（专栏 C4.3）。这些时间序列数据表明，2005—2012 年世界范围内高等教育阶段的外国留学生人数增长了 50%。

分 析

高等教育学生的国际流动程度

C4

在国际学生数据可得的国家中，澳大利亚、奥地利、卢森堡、新西兰、瑞士和英国的高等教育国际学生比例最高。在卢森堡，44%的高等教育在校生来自其他国家。与其相似，澳大利亚、奥地利、新西兰、瑞士和英国高等教育在校生中的国际学生比例为16%或更高。相比之下，在智利、爱沙尼亚、墨西哥、波兰、斯洛文尼亚和西班牙，高等教育国际学生的比例为3%或更低（表C4.1和图C4.1）。

那些根据学生国籍来定义国际学生的国家中，捷克是高等教育阶段外国留学生比例最高的国家（9%）。相比之下，在中国、韩国、俄罗斯和土耳其，高等教育阶段外国留学生的比例不到2%（表C4.1和图C4.1）。

不同高等教育层次的国际学生比例

不同高等教育层次的国际学生的比例不同。硕士或博士或者同等水平的国际学生的比例最高。这可能是由于来源国的这些层次的教育资源特别紧张；在国外更知名的大学获取硕士或者博士学位所得回报要比获取低层次的高等教育学位的回报更高；与教育选择无关，在高等教育较高层次（硕士或博士）学习者仅占国外旅行或者生活群体的一小部分。对流入国而言，吸引国际学生就读博士或者同等水平的课程对自己非常有益，因为这些人无论是作为学生还是之后的高层次移民，都会对流入国的科技研发做出贡献。

对比国际学生和外国留学生在不同层次高等教育中的分布，就可以清晰地判断各国的哪些课程相对更具吸引力。

就OECD国家平均而言，2013年短期高等教育课程（通常为职业性课程）中的国际学生比例（5%）要低于其他层次高等教育中的国际学生比例。但是，在有些国家，国际学生在这些短期高等教育课程中所占的比例要比在本科或者硕士（或同等水平）课程中的高。冰岛和新西兰都是如此，国际学生占这些课程学生总数的21%。该比例在西班牙为6%，在意大利为5%（表C4.1和图C4.2）。

就OECD国家平均而言，本科层次的国际学生的比例也相对较低（6%）。在数据可得的国家中，只有奥地利和拉脱维亚的本科层次的国际学生比例超过了研究生层次，分别为20%和4%。

高等教育最高阶段的国际学生比例要高得多：就OECD国家平均而言，在硕士或同等水平课程中，国际学生的比例为14%，博士或同等水平课程中的国际学生的比例为24%。卢森堡在硕士或同等水平课程中的国际学生的比例最高（67%），其次是澳大利亚（38%）、英国（36%）和瑞士（27%）（表C4.1和图C4.2）。

在数据可得的国家中，除澳大利亚、德国、匈牙利和波兰外，国际学生比例最高的都是博士或同等水平的课程。在卢森堡和瑞士，这个层次的大多数学生都是国际学生。在比利时、法国、荷兰、新西兰和英国，博士或同等水平的课程中的国际学生比例也很高（高于35%）。相比而言，在智利、墨西哥和波兰，以及以国籍为基础报告数据的国家（如中国、以色列、俄罗斯和土耳其），这一比例为5%或更低。

图 C4.2 高等教育中的学生流动，按照 ISCED 级别划分（2013 年）

高等教育在校生中国际学生或外国留学生的百分比

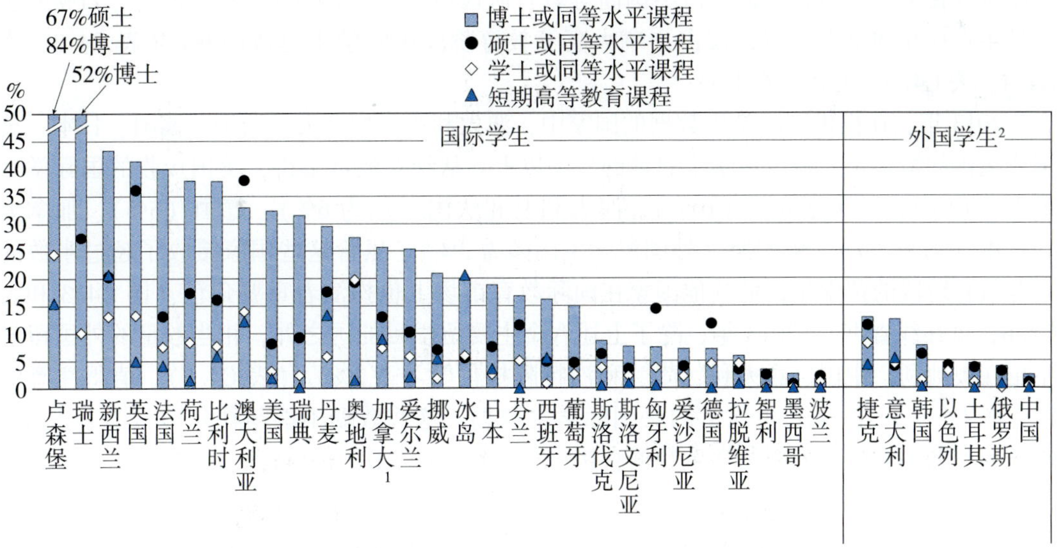

1. 2012 年数据。
2. 外国留学生基于国籍定义。这些数据与国际学生数据不可比，因此在图中单独呈现。
国家按照博士或者同等水平课程中国际学生或外国留学生的百分比降序排列。
数据来源：OECD. Table C4. 1. See Annex 3 for notes (www. oecd. org/education/education-at-a-glance-19991487. htm).
StatLink http://dx. doi. org/10. 1787/888933284253

不同高等教育专业领域的国际学生比例

就数据可得的 OECD 国家平均而言，超过 1/3 的国际学生就读于社会科学、商业和法律专业。其他受欢迎的专业领域包括工程、制造和建筑（14%）、卫生与福利（13%）、人文与艺术（13%）、科学（11%）。平均而言，招收国际学生比例最低的专业领域是农业（2%）、教育和服务（均为 4%）（表 C4. 2）。

但是，各国间有明显的差异。例如，在澳大利亚、爱沙尼亚和卢森堡，大多数国际学生就读于社会科学、商业和法律专业，但是斯洛伐克的大多数国际学生就读于卫生与福利专业。其他国家在下面某一专业领域有特别庞大的国际学生份额：智利有 23%的国际学生就读于教育专业；冰岛有 40%的国际学生就读于人文与艺术专业；瑞典有 20%的国际学生就读于科学专业；芬兰有 31%的国际学生就读于工程专业。就读于某国特定学科领域的国际学生比例相对较大，可能表明该国在特定学科领域具有比较优势，在相关工作领域具有优质就业机会，或者该国这一学科领域的录取政策与其他国家相比限制性较低。

按照高等教育的不同级别，指标 A3 对某一学科领域国际学生的数量占该学科领域学生总数的比例进行了详尽的分析。

国际学生的主要目的国

在向 OECD 或者联合国教科文组织统计所提供数据的国家中，OECD 国家吸引了全部留学生总数的 73%。在 OECD 区域内，欧盟 21 国接纳的国际学生比例最大（35%）。在欧盟 21 国的国际学生中，大约有 71%来自欧盟 21 国中的其他国家，这一情况部分受到欧盟

C4

移民政策的影响。北美是国际学生青睐的另一个区域，美国和加拿大共吸引了23%的国际学生。但与欧盟相比，北美地区的留学生群体要更为多元化。例如，55%的加拿大赴外留学生选择在美国学习，但也只占美国高等教育阶段国际学生的3%。相似的是，11%的美国学生选择在加拿大学习，仅占加拿大高等教育阶段国际学生总数的6%（表C4.3、表C4.4、表C4.6，可在线查询）。

2013年，在提供国际学生数据的国家中，澳大利亚、加拿大、法国、德国、日本、英国或美国的留学生人数占留学生总数的一半以上。从绝对数量来讲，美国接收的国际学生最多（19%），其次是英国（10%）、澳大利亚和法国（均为6%）、德国（5%）、加拿大和日本（均为3%）、俄罗斯（外国留学生比例为3%）。尽管这些国家接收了超过半数的高等教育阶段的留学生，但其他国家在国际教育市场上也扮演着重要角色（图C4.3和表C4.6，可在线查询）。2013年，除了上述八个主要留学目的国之外，相当数量的外国留学生也在奥地利、中国、意大利、荷兰和沙特阿拉伯学习（2%）（表C4.6）。值得注意的是，图C4.3和表C4.6中显示的是国际学生数据，这些数据不能与往年的《教育概览》中按照目的国划分的外国留学生数据直接进行比较（OECD，2014a）。

图C4.3 高等教育国际学生和外国留学生的分布，按留学目的国划分（2013年）

在留学目的国注册的高等教育国际学生和外国留学生百分比

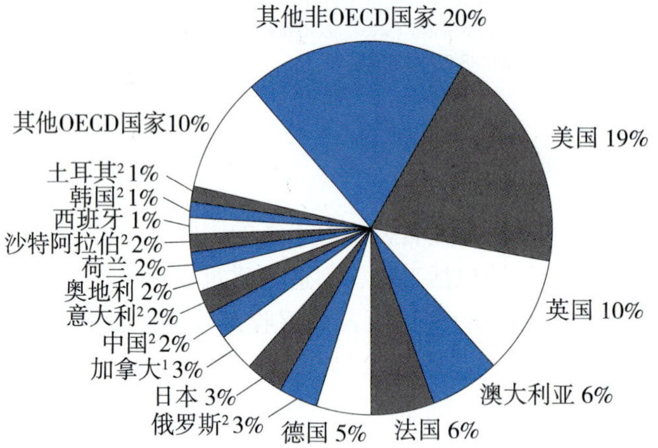

1. 2012年数据。
2. 国际学生数据而非外国留学生数据。

数据来源：OECD. Table C4.4, and Table C4.6, available on line. See Annex 3 for notes (www.oecd.org/education/education-at-a-glance-19991487.htm).

StatLink http://dx.doi.org/10.1787/888933284267

影响学生选择留学目的国的因素

教学语言

日常生活语言及教学语言可能影响国际学生对潜在留学目的国的选择。采用广泛使用的语言，如英语、法语、德语、俄语和西班牙语作为教学语言的国家，对国际学生有特别的吸引力，不论是从国际学生绝对数量还是所占比例来看均是如此。但日本例外：尽管其教学语言并非广泛使用的语言，但是也招收了大量的国际学生，其中93%来自亚洲（表C4.3）。

英语国家，如澳大利亚、加拿大、新西兰、英国和美国在留学目的国中占主导地位，部分反映了英语作为一种世界性语言正逐渐被人们接受。这也可能是因为有意出国留学的学生在国内学习的是英语，或者希望通过英语母语国家的熏陶而提高英语水平。

在非英语国家，使用英语授课的高等教育专业数量日益增多。这种趋势在广泛使用英语的北欧国家尤为明显（专栏 C4. 1）。

专栏 C4. 1　高等教育阶段用英语授课的欧洲国家

在欧洲国家，ISCED 5 或 6 阶段用英语授课的高等教育机构的比例差异很大。根据学术合作协会（Academic Cooperation Association）调研样本数据（Wächter and Maiworm，2014），有三个国家的大多数高等教育机构至少有一门专业完全用英语授课，这三个国家是芬兰（83%）、瑞典（81%）和荷兰（65%）。这些国家在国际学生入学方面得分也很高（图 C4. 3）。总体而言，用英语授课的高等教育机构比例高于平均水平的国家，是韦希特和迈沃姆（2014）定义的那些“北欧国家”和“中-西欧国家”；该比例低于平均水平的是南欧和东欧国家，其中斯洛文尼亚（9%）和克罗地亚（7%）的比例非常低。

用英文授课院校的比例可能不是衡量高等教育体系中英文授课专业推广程度的最佳指标。将这个指标与其他指标，如英文授课专业注册学生的比例相比较，可发现两个指标并无显著相关性（r=0. 54）。但是，用英文授课院校的比例是目前国际数据中较为可靠的数据（Wächter and Maiworm，2014，p. 36）。

图 C4. a　2013—2014 学年 ISCED 5 或 6 阶段用英语授课的高等教育机构百分比

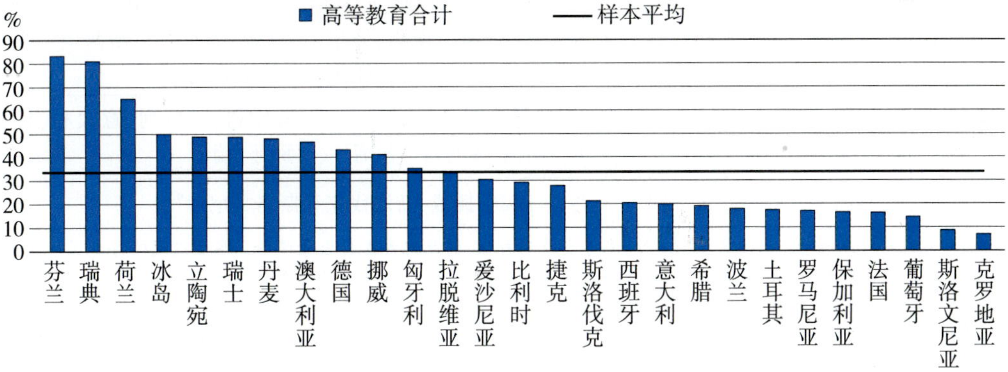

国家按 ISCED 5 或 6 阶段用英语授课的高等教育机构的百分比降序排列。

数据来源：Wächter and Maiworm（2014），Table 1. 4，www. aca-secretariat. be/index. php？ id=792.

StatLink http：//dx. doi. org/10. 1787/888933284288

课程质量

在某种程度上，国际学生会根据教育质量来选择留学目的国。他们从印刷品和网络上获取有关高等教育专业设置和排名的大量信息，以此来判断教育质量。在主要留学目的国，名牌大学所占比例很大，前往这些名牌大学留学的学生数量也越来越多，这都使得人们更加关注质量的重要性。大学国际排名和它们对国际学生的吸引力之间似乎存在一种相关关系（如，Marconi，2013）。除排名之外，其他信息来源及特定高校或者专业的总体学

C4

术声望也可能起重要作用。

学 费

学费是学习成本中重要的组成部分（参见指标 A7），将学费纳入留学目的国的考量范围是在情理之中的。各国的教育花费有很大差异，其公共教育补贴和资助也有所不同（参见指标 B3 和 B5）。此外，有些国家的公共教育补贴和资助主要针对本国学生，所以本国学生和国际学生的学费是有所区别的（专栏 C4.2）。在有些情况下，一些国家会对来自特定国家的学生收取与本国学生相同的学费。例如，在欧盟范围内，来自其他欧盟国家的国际学生在学费上享受本国学生待遇（European Commission，2010）。在有些国家，本国学生和来自任何国家的国际学生在学费上没有差异。所有这些因素使得国际学生必须支付的学费存在巨大差异（专栏 C4.2）。

专栏 C4.2 国际学生的学费

国际学生在不同国家的高等教育注册学习必须支付的学费可能大不相同。例如，2013 年，在芬兰、冰岛、挪威、斯洛伐克或者斯洛文尼亚的公立大学，本科或同等水平课程的国际学生不交学费。相反，在澳大利亚、加拿大、爱沙尼亚（仅限于部分教育专业）、新西兰和美国，本科或同等水平课程的国际学生平均需要支付 15 000 美元（按购买力平价折算）或更高的学费（参见指标 B5）。在很多国家，国际学生支付的学费要比本国学生高（表 C.4a）。

表 C4.a 本国学生和国际学生的学费差异

学费结构	OECD 国家和其他 G20 国家
国际学生学费与本国学生不同	澳大利亚[1]、奥地利[2]、比利时[2,3]、加拿大 、智利、捷克[2]、丹麦[2]、爱沙尼亚[2]、希腊、爱尔兰、卢森堡、荷兰[2]、新西兰[4]、波兰[2]、俄罗斯、瑞典[5]、土耳其、英国[2]和美国[6]
国际学生学费与本国学生相同	巴西、哥伦比亚、法国、德国、匈牙利、以色列、意大利、日本[7]、韩国、墨西哥[8]、葡萄牙、西班牙、瑞士
国际学生与本国学生都不支付学费	芬兰、冰岛、挪威、斯洛伐克和斯洛文尼亚[9]

1. 在澳大利亚，国际学生（新西兰学生除外）不享受政府补贴，因此需要支付全额学费。尽管这通常导致国际学生要支付比本国学生更高的学费，但他们通常会获得奖学金资助。一些在公立大学就读的本国学生以及在私立大学就读的所有学生都要全额缴纳学费，且学费数量与国际学生相同。
2. 针对非欧盟或非欧盟经济区的学生。对于信息缺失的其他欧盟国家，根据欧盟的规定，来自其他欧盟国家的国际学生与本国学生在学费上同等对待（European Commission，2010）。
3. 在比利时弗兰芒语区，对于非欧盟经济区的学生，教育机构自主确定学费全额，特定群体的学生除外（难民、寻求避难者等）。
4. 不包括就读研究生课程的学生或来自澳大利亚的学生。
5. 瑞典本国学生不支付学费。只针对欧盟经济区之外的学生与来自瑞士的学生。
6. 在公立院校，国际学生支付与国内跨州就读的学生同样的学费。然而，由于大部分国内学生在本州上学，实际上国际学生支付的学费比大多数国内学生高。私立高校对国内外学生同等收费。
7. 仅针对公立院校。
8. 有些院校向国际学生收取更高的学费。
9. 本科和硕士课程对欧盟学生以及与斯洛文尼亚签署了双边或者多边教育协议的非欧盟国家的学生不收取学费，学生本人或者父母为斯洛文尼亚居民（仅以纳税为目的的居民）的学生也不收学费，其他人支付与非全日制学生同等的学费。攻读博士学位的国际学生支付与其他学生类似的学费。

数据来源：OECD. Indicator B5. See Annex 3 for notes（www.oecd.org/education/education-at-a-glance-19991487.htm）.

让国际学生支付全部教育成本的国家获得了可观的经济收益。亚太地区的一些国家实际上将国际教育明确作为他们经济社会发展战略的组成部分，实施了基于创收或经费自足以吸引国际学生的政策。新西兰对国际学生（攻读博士学位的除外）成功地采用了差别化收费政策，继续吸引大量国际学生（表 C4.1）。这表明，只要能提供优质的教育，并且出国留学的投资能带来物有所值的收益，那么，收取学费不一定会影响潜在的国际学生前来留学。

移民政策

近年来，一些 OECD 国家放宽了移民政策，鼓励国际学生成为短期或永久性移民（OECD，2014b）。这些政策提升了留学生的就业前景，也增加了本国经济发展需要的人才，使得这些国家对留学生更具吸引力。例如，加拿大和澳大利亚允许国际学生在结束学业后分别有最长三年和四年的时间继续留在本国寻找工作。大多数 OECD 国家为国际学生颁发类似的短期的找工作许可证。国际学生只有在该许可证的有效期内，按照某些标准找到与其资质相符的工作，该国才为其颁发工作许可。在有些国家，这些标准曾经十分严格。法国近期也放松了相关政策（OECD，2014b），以便吸引和留住国际学生。

其他因素

是否留学、去哪里留学通常是个复杂的决定，学生们可能考虑很多因素：对国外学位的认可度，国外的课业量，包括政府促进本国与国外机构间学分转移的政策；本国高等教育的质量和入学政策；未来回国的就业机会；学习不同文化的愿望。此外，国家之间的地缘、贸易和移民等联系往来也发挥着重要作用，比如，如今的地缘区域，如欧盟和北美自由贸易协定区，以及那些有历史联系的地域，如苏联、英联邦国家或法语国家。

各国接收国际学生情况

OECD 国家学生流动的全球对比情况

在高等教育阶段，OECD 国家流入的国际学生要多于流出的学生。2013 年，OECD 国家每输出 1 名本国学生就会接收 3 名国际学生。从绝对数来讲，OECD 国家接收了 290 万名国际学生，与之相比，OECD 国家在国外学习的学生人数不到 100 万名。OECD 国家 89%的留学生在另一个 OECD 国家学习，且 OECD 国家约有 7/10 的国际学生来自非 OECD 国家（表 C4.4 和表 C4.5）。

在国家层面，这种对比差异巨大。在澳大利亚，每接收 20 多名国际学生，才输出 1 名本国学生。在智利、爱沙尼亚、冰岛、爱尔兰、拉脱维亚、卢森堡、墨西哥、挪威、斯洛伐克和斯洛文尼亚，以及基于外国留学生数据的阿根廷、巴西、以色列、韩国和沙特阿拉伯，该比值不足 20∶1。5 个该比值较高（≥6∶1）的国家都是以英语为官方语言（法定的或事实上的）的国家：澳大利亚、新西兰、南非、英国和美国（表 C4.5）。

主要来源地区

在向 OECD 和联合国教科文组织统计所提供数据的国家中，来自亚洲的国际学生最多，占这些国家国际学生总数的 53%（图 C4.4）。尤为突出的是，中国学生占在 OECD 国家高等教育注册学习国际学生总数的 22%，居上述提供数据的国家之首（表 C4.3）。约 31%的中国留学生选择了去美国学习，超过 45%的中国学生选择了去澳大利亚、加拿大、日本、韩国或英国学习（表 C4.4）。在 OECD 国家中，国际学生的第二大来源国为印度（6%），几乎一半的印度留学生在美国学习。

图 C4.4 高等教育中外国留学生与国际学生的分布，按来源国地区划分（2013 年）

在 OECD 国家和伙伴国注册学习的外国留学生和国际学生的百分比

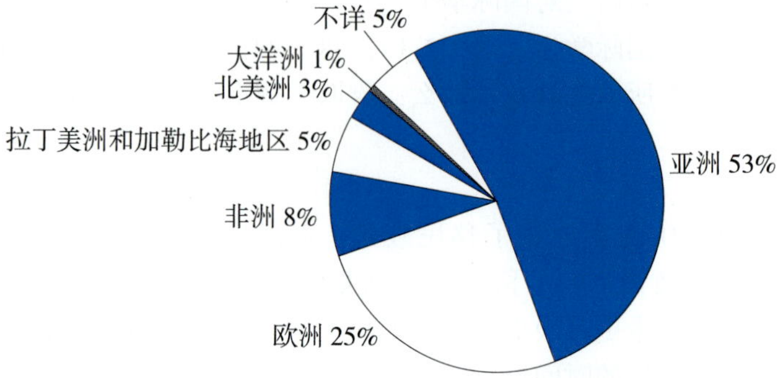

数据来源：OECD. Table C4.3. See Annex 3 for notes (www.oecd.org/education/education-at-a-glance-19991487.htm).
StatLink http://dx.doi.org/10.1787/888933284277

在 OECD 国家中，德国是输出学生最多的国家，约占 OECD 区域高等教育国际学生总数的 3.9%，其次是韩国（3.6%）、法国（2.4%）和美国（1.7%）。

2013 年，在所有 OECD 国家中，来自陆地或海洋邻国的国际学生比例平均为 19%（表 C4.5 和表 C4.6，可在线查询）。在 OECD 国家和伙伴国中，来自邻国的国际学生或外国留学生的比例超过 60%的国家有：捷克、爱沙尼亚、日本、韩国、卢森堡、波兰、斯洛伐克和俄罗斯。

在某些情况下，来自邻国的流动性也反映了流动性的地区模式，即生活在边境地区的学生赴外留学，离家也相对较近。例如，尽管无相关数据，很多在卢森堡学习的保加利亚、法国和德国学生的家可能仅与其留学地点相距几百公里。在另一些情况下，来自邻国的流动性也反映了曾经的联邦国家分裂成两个或更多国家后的历史联系。例如，捷克 74%的外国学生来自斯洛伐克（表 C4.4）。

专栏 C4.3 全球范围外国留学生数量的长期趋势

鉴于很多国家自 2012 年才开始提供外国留学生数据，所以全球外国留学生数量的可比数据仅始于 2012 年。因此，全球范围外国留学生数量的趋势数据仅基于 2012 年以来发表的《教育概览》（OECD，2014a）。这些数据显示，在过去 30 年里，在本国之外注册的学生数量大幅上升，从 1975 年全球的 80 万人上升到了 2012 年的 450 万人，增长五倍多（图 C4.b）。高等教育全球性需求的增长、交通和通信成本的下降以及劳动力市场高技能人才的国际化等因素，促使学生们将赴外留学作为其接受高等教育的一部分。此外，很多政府和国际组织也对促进各国间的学术、文化、社会和经济联系显现出浓厚的兴趣。最为明显的是欧盟 2011 年设定的宏伟目标，即截至 2020 年，其 20%的高等教育毕业生有在国外接受高等教育学习或者培训的经历（Council of the European Union，2011）。

图 C4. b 外国国籍学生数量的长期增长趋势（1975—2012 年）

高等教育国际化增长（1975—2012 年，以百万计）

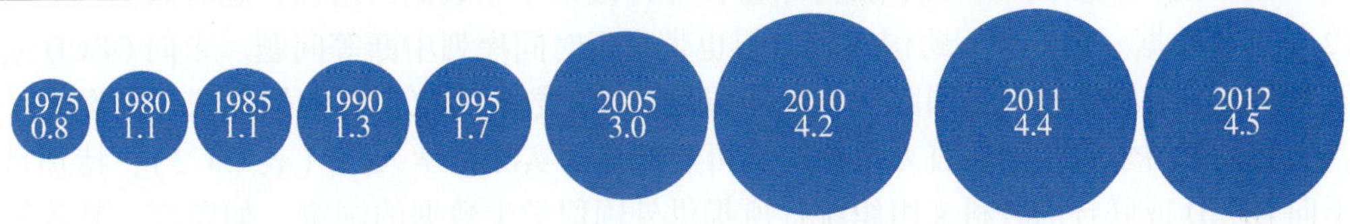

全球外国留学生的数据来自 OECD 和联合国教科文组织统计所。后者提供所有国家 1975—1995 年的数据，以及大多数非 OECD 国家 2000 年、2005 年、2010 年、2011 年和 2012 年的数据。OECD 提供了 OECD 国家及某些非 OECD 国家 2000 年和 2012 年的数据。由于两组数据来源采用了相似的定义，因此可以合并。缺失的数据用最相近的数据填补，以确保数据覆盖中断不会引致时间序列中断。

数据来源：OECD（2014a），*Education at a Glance 2014*.

StatLink http：//dx. doi. org/10. 1787/888933291298

定 义

留学前教育所在国是指学生获得在当前教育阶段入学资格的国家。各国对国际学生的操作性定义参见表格及附录 3（www. oecd. org/education/education-at-a-glance-19991487. htm）。

外国留学生是指非数据采集国公民的学生。尽管这种归类方法实用且便于操作，但却因各国移民入籍政策的差异不能准确反映学生的流动性。例如，澳大利亚比瑞士更倾向于授予移民者永久居留权。这说明，即使两国高等教育学生中的外国留学生的比例相近，但瑞士高等教育学生中的国际学生的比例却低于澳大利亚。因此，对以外国留学生概念为基础的学生流动与两国比较数据进行解释时应审慎。

国际学生是指以学习为目的离开来源国而前往另一个国家的学生。依据各国的移民法、流动规定（如欧盟和欧洲经济区内可自由流动）以及现有数据，国际学生可定义为非留学所在国的永久或常住居民的学生，或者是在其他国家接受先前教育的学生。

永久或常住居民的定义取决于所在国的法律，现实中，是指在进入数据报告国教育体系前持有学生签证或许可，或者选择另一国家作为居住国的人。

方 法

除非另有说明，国际学生和外国留学生的数据统计期为 2012—2013 学年，均来源于 2013 年 OECD 组织的 UOE 教育统计数据收集。

UOE 在收集数据时采用的是更新后的 ISCED 教育分类方法。所有等级的教育都按此分类（详见 www. oecd. org/education/education-at-a-glance-19991487. htm 的附录 3）。联合国教科文组织统计所的其他数据也涵盖在其中。

国际学生与外国留学生的数据来源于目的国的注册信息。获取国际学生与外国留学生数据的方法与获取在校生总数的方法相同，也就是某个教育课程定期录取学生的记录。

在每年某一特定日期或时段对本国学生和国际学生数量进行统计。通过这样的程序就可以计算某一教育体系内国际学生的比例。但是，实际留学生人数可能要比统计数据高得多，因为很多学生出国学习不满一学年或只是参加不需要正式注册的交换课程，比如大学间的交换课程或者短期的研究生课程。

2012 年前，很多国家仅提供国际学生而非外国留学生数据，所以，趋势数据只能采用 2012 年后的数据。这有利于跨国比较，但也带来了时间序列中断等问题。未向 OECD 或联合国教科文组织统计所报告国际学生或外国留学生人数的国家，其数据并未包括在内。因此，所有关于留学生数量的官方数据很有可能低估了实际留学人数（表 C4.3），特别是那些不向 OECD 或联合国教科文组织统计所提供外国留学生数据的国家，如印度，其数据并未包括在内。

国外学习的学生总数基于国际学生数计算，对于那些国际学生数据不可得的国家，基于外国留学生数计算。未向 OECD 或联合国教科文组织统计所提供外国留学生人数的国家，其留学生数不包括在内。根据这些推算的总数，可以了解特定国家国际学生的总数、市场份额以及所占比例（表 C4.4、表 C4.5 和表 C4.6，可在线查询；图 C4.3 和图 C4.4）。

关于以色列数据的说明

以色列的统计数据由以色列有关当局负责提供。在使用这些数据时，OECD 根据国际法的规定对戈兰高地、东耶路撒冷和约旦河西岸以色列定居点的地位不持偏见。

参考文献

Altbach, P. G. and J. Knight (2007), "The Internationalization of Higher Education: Motivations and Realities", *Journal of Studies in International Education*, Vol. 11, pp. 290—305.

Council of the European Union (2011), "Council Conclusions on the Modernisation of Higher Education", 3128th Education, Youth, Culture and Sport Council Meeting, Brussels, 28 and 29 November 2011, Council of the European Union, Brussels.

European Commission (2010), *A Guide to the Rights of Mobile Students in the European Union*, European Commission, Brussels.

Knight, J. (2008), *Higher Education in Turmoil: The Changing World of Internationalization*, Sense Publishers, Rotterdam.

Marconi, G. (2013), "Rankings, Accreditations and International Exchange Students", *IZA Journal of European Labor Studies*, Vol. 2, No. 5, http://www.izajoels.com/content/2/1/5.

OECD (2014a), *Education at a Glance 2014: OECD Indicators*, OECD Publishing, Paris, http://dx.doi.org/10.1787/eag-2014-en.

OECD (2014b), *International Migration Outlook 2014*, OECD Publishing, Paris, http://dx.doi.org/10.1787/migr_outlook-2014-en.

Solimano, A. (2002), *Globalizing Talent and Human Capital: Implications for Developing Countries*, United Nations, Santiago.

Wächter, B. and F. Maiworm (eds.) (2014), *English-Taught Programmes in European Higher Education: The State of Play in 2014*, ACA Papers on International Cooperation in Education, Lemmens, Bonn.

表 C4.1　高等教育阶段国际学生流动与外国留学生（2013 年）

国际学生和外国留学生占学生总数的百分比（国际与国内之和）

本表上部分第 1 列(国际学生)：澳大利亚高等教育中 18%的学生为国际学生，瑞士高等教育中 17%的学生为国际学生。本表中有关学生流动的数据是各国关于学生流动现有数据中最佳的代表性数据。
本表下部分第 1 列(外国留学生)：捷克高等教育中 9%的学生不是捷克公民，韩国高等教育中 2%的学生不是韩国公民。

		国际学生或外国留学生占高等教育不同阶段学生总数的百分比				
		高等教育合计	短期高等教育课程	本科或同等水平	硕士或同等水平	博士或同等水平
		(1)	(2)	(3)	(4)	(5)
		国际学生				
OECD 国家	澳大利亚	18	12	14	38	33
	奥地利	17	1	20	19	28
	比利时	10	6	8	16	38
	加拿大[1]	9	9	7	13	26
	智利	0	0	0	2	3
	丹麦	10	13	6	18	30
	爱沙尼亚	3	a	2	4	7
	芬兰	7	0	5	11	17
	法国	10	4	8	13	40
	德国	7	0	4	12	7
	匈牙利	6	0	4	14	7
	冰岛	7	21	6	6	20
	爱尔兰	6	2	6	10	25
	日本	4	4	3	8	19
	卢森堡	44	16	24	67	84
	墨西哥	0	0	0	1	3
	荷兰	10	1	8	17	38
	新西兰	16	21	13	20	43
	挪威	4	5	2	7	21
	波兰	1	0	1	2	2
	葡萄牙	4	a	3	5	15
	斯洛伐克	5	0	4	6	9
	斯洛文尼亚	3	1	2	4	8
	西班牙	3	6	1	5	16
	瑞典	6	0	2	9	32
	瑞士	17	a	10	27	52
	英国	17	5	13	36	41
	美国	4	2	3	8	32
	OECD 平均	9	5	6	14	24
伙伴国	拉脱维亚	4	1	4	3	6
		外国留学生[2]				
OECD 国家	捷克	9	4	8	11	13
	希腊	m	m	m	m	m
	以色列	m	m	3	4	5
	意大利	4	5	4	4	12
	韩国	2	0	1	6	8
	土耳其	1	0	1	4	4
伙伴国	阿根廷	m	m	m	m	m
	印度	m	m	m	m	m
	巴西	m	0	0	m	m
	中国	0	0	0	1	2
	哥伦比亚	m	m	m	m	m
	印度尼西亚	m	m	m	m	m
	俄罗斯	2	1	x(4)	3[d]	4
	沙特阿拉伯	m	m	m	m	m
	南非	m	m	m	m	m

注：使用外国留学生数据的国家未计算在 OECD 平均之内。
1. 2012 年数据。
2. 外国留学生基于国籍定义，这些数据与国际学生的数据不可比，因此在表中分列。
数据来源：OECD. Argentina，China，Colombia，India，Indonesia，Saudi Arabia and South Africa：UNESCO Institute for Statistics. Latvia：Eurostat. See Annex 3 for notes（www. oecd. org/education/education-at-a-glance-19991487. htm）.
缺失数据代码参见《读者指南》。
StatLink http：//dx. doi. org/10. 1787/888933285923

表 C4.2 高等教育中国际学生和外国留学生的分布，按学科领域划分（2012 年）

		教育	人文与艺术	社会科学、商业与法律	科学					工程、制造与建筑	农业	卫生与福利	服务	不详或未标示	所有学科领域之和
					科学合计	生命科学	物理	数学与统计	计算						
		(1)	(2)	(3)	(4)	(5)	(6)	(7)	(8)	(9)	(10)	(11)	(12)	(13)	(14)
		国际学生													
OECD 国家	澳大利亚	2	6	52	12	3	2	1	7	13	1	10	2	0	100
	奥地利	6	17	38	12	4	3	1	4	15	2	8	2	0	100
	比利时	4	14	23	7	2	3	1	1	11	5	34	2	1	100
	加拿大[1]	1	6	41	15	4	3	3	5	18	1	5	2	10	100
	智利	23	6	32	4	1	1	0	1	14	2	7	13	0	100
	丹麦	3	10	41	11	1	1	2	7	20	3	11	1	0	100
	爱沙尼亚	0	16	55	9	1	1	0	6	7	8	5	1	0	100
	芬兰	2	11	27	11	2	2	0	6	31	2	10	6	0	100
	法国	1	17	38	18	3	5	3	6	14	0	7	2	2	100
	德国[2]	5	19	26	15	m	m	m	m	25	2	6	2	1	100
	匈牙利	3	11	21	4	1	1	0	2	9	8	40	4	0	100
	冰岛	7	40	25	14	5	7	0	2	6	2	5	1	0	100
	爱尔兰	m	m	m	m	m	m	m	m	m	m	m	m	m	m
	日本	2	21	38	2	m	m	m	m	17	2	2	2	13	100
	卢森堡	6	9	62	12	4	2	1	5	5	1	3	0	3	100
	墨西哥	m	m	m	m	m	m	m	m	m	m	m	m	m	m
	荷兰	3	12	43	7	m	m	m	m	11	2	13	8	2	100
	新西兰	4	9	39	18	4	3	3	9	9	1	7	7	6	100
	挪威	5	17	26	14	3	4	1	6	12	2	10	5	10	100
	波兰	2	11	42	7	1	1	0	5	7	1	22	8	0	100
	葡萄牙	6	13	35	11	4	4	1	2	18	1	10	6	0	100
	斯洛伐克	11	5	18	2	1	0	0	1	6	2	53	2	0	100
	斯洛文尼亚	5	13	39	13	3	2	1	6	15	3	7	5	0	100
	西班牙	4	9	30	8	1	1	0	5	15	1	26	7	0	100
	瑞典	3	11	25	20	6	6	2	6	27	1	11	2	0	100
	瑞士	5	16	33	18	5	7	2	3	17	1	7	2	1	100
	英国	2	13	45	15	5	3	2	5	15	1	8	2	0	100
	美国	2	13	33	18	6	4	2	6	16	1	9	3	4	100
	OECD 平均	4	13	36	11	3	3	1	5	14	2	13	4	2	100
伙伴国	拉脱维亚	1	8	42	4	0	0	0	4	5	0	27	12	0	100
		外国留学生[2]													
OECD 国家	捷克	2	10	38	16	3	3	1	9	11	3	17	4	0	100
	希腊	m	m	m	m	m	m	m	m	m	m	m	m	m	m
	以色列	m	m	m	m	m	m	m	m	m	m	m	m	m	m
	意大利	2	21	31	7	2	2	1	2	21	2	15	2	0	100
	韩国	2	22	45	5	2	1	0	2	16	1	4	4	0	100
	土耳其	6	13	38	9	2	3	1	3	16	2	12	5	0	100
伙伴国	阿根廷[1]	m	m	m	m	m	m	m	m	m	m	m	m	m	m
	印度	m	m	m	m	m	m	m	m	m	m	m	m	m	m
	巴西	m	m	m	m	m	m	m	m	m	m	m	m	m	m
	中国	m	m	m	m	m	m	m	m	m	m	m	m	m	m
	哥伦比亚	m	m	m	m	m	m	m	m	m	m	m	m	m	m
	印度尼西亚	m	m	m	m	m	m	m	m	m	m	m	m	m	m
	俄罗斯	m	m	m	m	m	m	m	m	m	m	m	m	m	m
	沙特阿拉伯	m	m	m	m	m	m	m	m	m	m	m	m	m	m
	南非	m	m	m	m	m	m	m	m	m	m	m	m	m	m

注：使用外国留学生数据的国家未计算在 OECD 平均之内。

1. 2012 年数据。

2. 外国留学生基于国籍定义，这些数据与国际学生的数据不可比，因此在表中分列。

数据来源：OECD. Argentina, China, Colombia, India, Indonesia, Saudi Arabia and South Africa: UNESCO Institute for Statistics. Latvia: Eurostat. See Annex 3 for notes (www.oecd.org/education/education-at-a-glance-19991487.htm).

缺失数据代码参见《读者指南》。

StatLink http://dx.doi.org/10.1787/888933285934

表 C4.3［1/2］　高等教育中国际学生和外国留学生的分布，按来源国划分（2013 年）

某一来源国的高等教育国际学生和外国留学生数占目的国的所有国际学生或外国留学生的百分比，按人头计算

本表显示的是各国高等教育中有来源国居留权或此前在来源国接受教育的国际学生的比例。当学生流动数据不可得时，表中显示有来源国国籍的外国留学生的比例。
第 1 列：澳大利亚高等教育中 2.7%的国际学生来自韩国，1.2%的国际学生来自美国，等等。
第 7 列：爱沙尼亚高等教育中 49.3%的国际学生来自芬兰，3.0%的国际学生来自土耳其，等等。
第 29 列：捷克高等教育中 60.5%的外国留学生是斯洛伐克公民，0.8%的外国留学生是挪威公民，等等。

		OECD 目的国																			
		国际学生																			
	来源国	澳大利亚	奥地利	比利时	加拿大[1]	智利	丹麦	爱沙尼亚	芬兰	法国	德国[2]	匈牙利	冰岛	爱尔兰	日本	卢森堡	墨西哥	荷兰	新西兰	挪威	波兰
		(1)	(2)	(3)	(4)	(5)	(6)	(7)	(8)	(9)	(10)	(11)	(12)	(13)	(14)	(15)	(16)	(17)	(18)	(19)	(20)
OECD 国家	澳大利亚	a	0.2	0.1	0.3	0.0	0.5	0.2	0.2	0.1	0.2	0.1	0.2	0.5	0.2	0.1	m	0.1	6.4	0.4	0.1
	奥地利	0.1	a	0.1	0.1	0.0	0.5	0.1	0.3	0.2	4.2	0.8	2.3	0.4	0.0	0.5	m	0.5	0.1	0.4	0.2
	比利时	0.0	0.3	a	0.2	0.1	0.6	0.2	0.2	0.9	0.6	0.2	1.0	0.7	0.0	14.9	m	3.4	0.0	0.2	0.1
	加拿大	1.5	0.2	0.3	a	0.1	0.5	0.4	0.6	0.6	0.3	1.0	2.6	7.5	0.2	0.4	m	0.3	0.9	0.5	1.6
	智利	0.3	0.1	0.2	0.2	a	0.1	0.1	0.1	0.3	0.3	0.0	0.2	0.1	0.0	0.1	m	0.1	0.3	0.2	0.0
	捷克	0.0	0.9	0.1	0.1	0.0	0.6	1.6	0.3	0.3	0.7	0.2	1.8	0.1	0.0	0.5	m	0.3	0.0	0.5	2.9
	丹麦	0.1	0.1	0.1	0.1	0.0	a	0.3	0.2	0.1	0.2	0.1	6.0	0.1	0.0	0.1	m	0.3	0.3	2.3	0.2
	爱沙尼亚	0.0	0.1	0.1	0.0	0.0	1.5	a	2.5	0.0	0.2	0.1	0.5	0.1	0.0	0.1	m	0.3	0.0	0.4	0.0
	芬兰	0.0	0.3	0.1	0.1	0.0	0.9	49.3	a	0.1	0.4	0.4	2.5	0.2	0.1	0.2	m	0.5	0.1	0.9	0.1
	法国	0.5	0.9	34.9	7.2	0.6	1.7	0.4	0.9	a	2.9	1.6	5.4	3.5	0.5	31.6	m	1.7	0.9	1.1	1.1
	德国	0.6	39.8	1.5	0.7	0.4	11.0	1.8	2.5	2.8	a	12.2	12.7	4.0	0.4	16.2	m	35.8	1.4	5.2	2.2
	希腊	0.0	0.6	0.7	0.1	0.0	1.6	0.2	0.5	0.9	1.2	0.8	0.4	0.6	0.0	1.7	m	2.8	0.0	0.6	0.1
	匈牙利	0.0	2.3	0.2	0.0	0.0	1.9	0.4	0.8	0.2	0.8	a	1.2	0.2	0.1	0.5	m	0.7	0.0	0.4	0.2
	冰岛	0.0	0.0	0.0	0.0	0.0	4.0	0.2	0.1	0.0	0.0	0.6	a	0.0	0.0	0.0	m	0.2	0.0	1.4	0.0
	爱尔兰	0.1	0.1	0.1	0.1	0.0	0.3	0.2	0.2	0.2	0.2	1.1	0.4	a	0.0	0.1	m	0.3	0.1	0.1	0.3
	以色列	0.1	0.2	0.1	0.7	0.0	0.2	0.1	0.1	0.1	0.8	3.6	0.2	0.1	0.0	0.1	m	0.1	0.0	0.1	0.2
	意大利	0.2	11.0	1.7	0.3	0.2	2.7	1.1	1.2	2.7	2.2	1.2	3.8	1.8	0.1	2.7	m	2.2	0.2	1.4	1.0
	日本	0.7	0.4	0.1	0.6	0.0	0.2	0.4	0.6	0.6	0.8	1.3	1.5	0.2	a	0.1	m	0.2	1.8	0.8	0.2
	韩国	2.7	0.3	0.1	1.3	0.2	0.0	0.4	0.5	0.8	1.8	0.1	0.2	0.4	12.2	0.0	m	0.4	3.4	0.0	0.2
	卢森堡	0.0	1.2	3.6	0.0	0.0	0.3	0.0	0.0	0.6	1.6	0.0	0.1	0.1	0.0	a	m	0.2	0.0	0.0	0.0
	墨西哥	0.2	0.2	0.2	1.0	2.3	0.4	0.2	0.7	0.9	0.9	0.4	0.6	0.2	0.1	0.4	a	0.5	0.2	0.6	0.1
	荷兰	0.1	0.4	7.7	0.1	0.0	1.2	0.4	0.5	0.2	0.4	0.3	1.4	0.8	0.1	0.7	m	a	0.3	0.9	0.0
	新西兰	1.1	0.0	0.0	0.1	0.0	0.1	0.1	0.1	0.0	0.1	0.1	0.1	0.2	0.1	0.0	m	0.0	a	0.1	0.0
	挪威	0.5	0.1	0.1	0.0	0.0	12.1	0.3	0.3	0.1	0.2	4.1	2.9	0.3	0.1	0.0	m	0.6	0.5	a	4.9
	波兰	0.1	1.6	0.7	0.2	0.0	3.7	0.4	1.1	0.8	2.9	0.5	7.0	1.3	0.1	1.4	m	1.4	0.1	2.2	a
	葡萄牙	0.0	0.2	0.4	0.1	0.1	0.7	0.2	0.3	0.7	0.2	0.5	0.4	0.4	0.0	1.7	m	0.6	0.1	0.4	0.6
	斯洛伐克	0.0	1.9	0.1	0.0	0.0	1.2	0.2	0.2	0.2	0.4	11.8	1.0	0.2	0.0	0.2	m	0.4	0.0	0.5	0.4
	斯洛文尼亚	0.0	0.9	0.0	0.0	0.0	0.2	0.1	0.1	0.0	0.1	0.1	0.6	0.1	0.0	0.1	m	0.2	0.0	0.1	0.1
	西班牙	0.1	0.9	1.0	0.1	0.4	2.3	0.8	1.0	1.9	2.7	2.2	4.6	1.4	0.1	1.0	m	1.4	0.1	1.6	3.5
	瑞典	0.3	0.3	0.1	0.1	0.1	8.5	0.5	2.0	0.2	0.3	2.2	5.4	0.2	0.2	0.2	m	0.4	0.3	8.2	3.8
	瑞士	0.1	1.1	0.3	0.2	0.0	0.4	0.1	0.1	0.5	1.2	0.2	0.6	0.3	0.0	0.3	m	0.4	0.1	0.4	0.1
	土耳其	0.2	4.4	0.4	0.5	0.0	0.5	3.0	0.8	0.8	2.8	2.8	0.3	0.2	0.1	0.6	m	0.8	0.1	0.6	2.0
	英国	0.7	0.9	0.5	0.8	0.0	2.2	0.6	1.0	0.9	0.8	1.6	4.0	16.4	0.3	0.7	m	1.9	1.3	1.1	0.7
	美国	1.2	1.1	0.5	5.5	0.5	2.1	1.8	1.5	1.4	2.0	2.2	6.5	9.0	1.5	1.2	m	0.9	5.4	2.2	3.1
	OECD 合计	11.6	73.1	56.2	20.7	4.9	64.8	65.8	21.4	20.1	34.4	54.2	78.2	52.0	16.9	78.2	m	59.9	24.4	35.7	30.2

1. 2012 年数据。
2. 不包括博士或同等水平课程（德国的这些课程仅包含在主要地理区域中）。
3. 外国留学生基于国籍定义，这些数据与国际学生的数据不可比，因此在表中分列。
4. 不包括短期高等教育课程中的学生。

数据来源：OECD. Argentina, China, Colombia, India, Indonesia, Saudi Arabia and South Africa: UNESCO Institute for Statistics. Latvia: Eurostat. See Annex 3 for notes (www.oecd.org/education/education-at-a-glance-19991487.htm).
缺失数据代码参见《读者指南》。
StatLink http://dx.doi.org/10.1787/888933285949

C4

表 C4.3 [1/2](续) 高等教育中国际学生和外国留学生的分布，按来源国划分（2013 年）

某一来源国的高等教育国际学生和外国留学生数占目的国的所有国际学生或外国留学生的百分比，按人头计算

本表显示的是各国高等教育中有来源国居留权或此前在来源国接受教育的国际学生的比例。当学生流动数据不可得时，表中显示有来源国国籍的外国留学生的比例。
第 1 列：澳大利亚高等教育中 2.7%的国际学生来自韩国，1.2%的国际学生来自美国，等等。
第 7 列：爱沙尼亚高等教育中 49.3%的国际学生来自芬兰，3.0%的国际学生来自土耳其，等等。
第 29 列：捷克高等教育中 60.5%的外国留学生是斯洛伐克公民，0.8%的外国留学生是挪威公民，等等。

	来源国	OECD 目的国																			
		国际学生																			
		澳大利亚	奥地利	比利时	加拿大[1]	智利	丹麦	爱沙尼亚	芬兰	法国	德国[2]	匈牙利	冰岛	爱尔兰	日本	卢森堡	墨西哥	荷兰	新西兰	挪威	波兰
		(1)	(2)	(3)	(4)	(5)	(6)	(7)	(8)	(9)	(10)	(11)	(12)	(13)	(14)	(15)	(16)	(17)	(18)	(19)	(20)
伙伴国	阿根廷	0.1	0.1	0.1	0.1	2.2	0.1	0.0	0.1	0.3	0.2	0.0	0.2	0.0	0.0	0.2	m	0.0	0.1	0.2	0.0
	巴西	0.4	0.3	0.3	0.5	9.5	0.5	0.4	0.4	1.7	1.3	0.1	0.2	0.3	0.2	0.2	m	0.3	0.3	1.0	0.1
	中国	35.2	1.1	1.1	25.6	0.1	4.1	3.4	9.8	11.0	9.9	1.8	2.6	12.6	66.1	2.0	m	7.0	29.5	7.9	2.2
	哥伦比亚	0.6	0.2	0.3	0.5	44.6	0.2	0.2	0.2	1.1	0.7	0.0	0.6	0.1	0.0	0.3	m	0.3	0.2	0.5	0.1
	印度	6.5	0.5	0.5	7.1	0.1	0.9	1.0	2.9	0.8	2.9	0.4	1.3	4.2	0.4	0.9	m	1.3	16.6	2.6	0.8
	印度尼西亚	3.8	0.1	0.2	0.4	0.0	0.1	0.3	0.2	0.3	0.8	0.0	0.2	0.1	1.7	0.1	m	1.4	1.0	0.8	0.1
	拉脱维亚	0.0	0.1	0.1	0.0	0.0	2.8	5.9	0.6	0.1	0.3	0.1	1.4	0.2	0.0	0.2	m	0.7	0.0	0.7	0.2
	俄罗斯	0.4	1.4	0.6	0.4	0.0	0.6	9.0	10.1	1.6	4.8	1.0	2.2	0.5	0.2	1.3	m	0.9	0.8	6.8	2.1
	沙特阿拉伯	2.0	0.1	0.0	3.4	0.0	0.0	0.1	0.0	0.2	0.1	1.1	0.0	3.9	0.2	0.0	m	0.1	2.4	0.1	1.7
	南非	0.3	0.1	0.1	0.2	0.0	0.2	0.1	0.1	0.0	0.1	0.0	0.1	0.4	0.0	0.1	m	0.2	0.2	0.3	0.1
	其他 G20 国家和伙伴国合计	49.1	3.9	3.4	38.1	56.5	9.5	20.3	24.3	17.1	21.1	4.6	8.7	22.3	68.9	5.2	m	12.2	51.1	20.9	7.5
	主要地理区域																				
	非洲合计	2.9	1.3	12.0	9.5	0.2	2.5	1.4	11.9	40.9	8.3	4.6	1.7	4.6	0.8	8.0	m	1.6	1.0	12.6	2.2
	亚洲合计	85.2	10.8	5.6	56.7	0.5	11.2	15.5	35.2	23.2	32.7	22.0	10.7	41.2	93.5	6.9	m	14.5	69.5	34.7	16.2
	欧洲合计	4.3	82.0	57.4	11.9	2.0	81.4	79.1	30.0	20.1	43.6	69.5	75.2	35.7	2.9	82.1	m	64.2	7.0	46.1	76.0
	其中，欧盟 21 国合计	3.1	64.9	57.5	10.2	1.8	43.7	58.6	15.7	13.8	23.1	37.8	62.4	32.8	2.3	74.9	m	55.3	5.4	28.6	17.5
	北美洲合计	2.6	1.3	0.8	5.8	0.6	2.6	2.2	2.1	2.0	2.4	3.2	9.2	16.5	1.8	1.6	m	1.2	6.3	2.7	4.8
	大洋洲合计	2.0	0.2	0.1	0.5	0.0	0.6	0.3	0.3	0.2	0.3	0.2	0.3	0.7	0.4	0.1	m	0.1	9.2	0.4	0.1
	拉丁美洲和加勒比海地区合计	2.0	1.2	2.0	6.0	95.4	1.8	1.4	2.1	6.0	5.1	0.6	2.8	1.3	0.7	1.3	m	2.5	1.2	3.4	0.6
	不确定数据	0.8	3.2	22.2	9.6	1.3	0.0	0.1	18.4	7.6	7.6	0.0	0.1	0.0	0.0	0.0	m	15.7	5.9	0.0	0.1
	所有国家合计	100.0	100.0	100.0	100.0	100.0	100.0	100.0	100.0	100.0	m	100.0	100.0	100.0	100.0	100.0	100.0	m	100.0	100.0	100.0

1. 2012 年数据。
2. 不包括博士或同等水平课程（德国的这些课程仅包含在主要地理区域中）。
3. 外国留学生基于国籍定义，这些数据与国际学生的数据不可比，因此在表中分列。
4. 不包括短期高等教育课程中的学生。
数据来源：OECD. Argentina，China，Colombia，India，Indonesia，Saudi Arabia and South Africa：UNESCO Institute for Statistics. Latvia：Eurostat. See Annex 3 for notes（www. oecd. org/education/education-at-a-glance-19991487. htm).
缺失数据代码参见《读者指南》。
StatLink http：//dx. doi. org/10. 1787/888933285949

表 C4.3［2/2］　高等教育中国际学生和外国留学生的分布，按来源国划分（2013 年）

某一来源国的高等教育国际学生和外国留学生数占目的国的所有国际学生或外国留学生的百分比，按人头计算

本表显示的是各国高等教育中有来源国居留权或此前在来源国接受教育的国际学生的比例。当学生流动数据不可得时，表中显示有来源国国籍的外国留学生的比例。
第 1 列：澳大利亚高等教育中 2.7%的国际学生来自韩国，1.2%的国际学生来自美国，等等。
第 7 列：爱沙尼亚高等教育中 49.3%的国际学生来自芬兰，3.0%的国际学生来自土耳其，等等。
第 29 列：捷克高等教育中 60.5%的外国留学生是斯洛伐克公民，0.8%的外国留学生是挪威公民，等等。

		目的国																			
		OECD 国家															其他 G20 国家			非 OECD 目的国合计	所有报告目的国合计
		国际学生								外国留学生[3]						OECD 目的国合计	国际	外国[3]			
	来源国	葡萄牙	斯洛伐克	斯洛文尼亚	西班牙	瑞典	瑞士	英国	美国	捷克	希腊	以色列[4]	意大利	韩国	土耳其		拉脱维亚	巴西	俄罗斯		
		(21)	(22)	(23)	(24)	(25)	(26)	(27)	(28)	(29)	(30)	(31)	(32)	(33)	(34)	(35)	(36)	(37)	(38)	(39)	(40)
OECD 国家	澳大利亚	0.1	0.0	0.0	0.1	0.2	0.3	0.4	0.5	0.0	m	0.6	0.1	0.1	0.2	**0.4**	0.1	m	0.0	**0.0**	**0.4**
	奥地利	0.1	0.9	1.7	0.3	0.5	2.6	0.4	0.1	0.2	m	0.2	0.2	0.0	0.3	**0.5**	0.9	m	0.0	**0.0**	**0.5**
	比利时	1.2	0.0	0.2	0.6	0.3	0.7	0.7	0.1	0.0	m	0.7	0.2	0.0	0.2	**0.4**	0.3	m	0.0	**0.0**	**0.4**
	加拿大	0.3	0.1	0.2	0.2	0.5	0.9	1.5	3.3	0.1	m	2.2	0.1	0.9	0.0	**1.5**	0.2	m	0.0	**0.0**	**1.4**
	智利	0.1	0.0	0.0	2.3	0.1	0.3	0.2	0.3	0.0	m	0.2	0.4	0.0	0.0	**0.3**	0.0	m	0.0	**0.2**	**0.3**
	捷克	0.2	54.0	0.4	0.2	0.3	0.4	0.3	0.1	a	m	0.1	0.2	0.0	0.0	**0.4**	0.4	m	0.0	**0.0**	**0.4**
	丹麦	0.1	0.0	0.5	0.1	1.1	0.2	0.3	0.2	0.0	m	0.2	0.1	0.0	0.1	**0.2**	0.3	m	0.0	**0.0**	**0.2**
	爱沙尼亚	0.0	0.0	0.0	0.1	0.5	0.1	0.3	0.0	0.0	m	0.0	0.1	0.0	0.0	**0.1**	2.0	m	0.3	**0.3**	**0.1**
	芬兰	0.1	0.2	0.3	0.2	6.0	0.2	0.4	0.1	0.0	m	0.2	0.1	0.0	0.0	**0.3**	1.6	m	0.0	**0.0**	**0.3**
	法国	2.5	0.3	0.5	5.0	2.1	17.4	2.8	1.0	0.3	m	6.8	1.4	0.1	0.4	**2.4**	1.9	m	0.0	**0.2**	**2.3**
	德国	1.8	4.3	1.0	2.7	6.4	25.5	3.4	1.2	1.0	m	1.8	1.7	0.2	3.0	**3.9**	16.2	m	0.0	**0.5**	**3.8**
	希腊	0.2	10.4	0.2	0.3	2.3	1.4	2.6	0.2	0.9	a	0.1	3.7	0.0	2.5	**1.0**	0.2	m	0.0	**0.0**	**0.9**
	匈牙利	0.1	0.9	0.4	0.2	0.3	0.5	0.3	0.1	0.1	m	0.4	0.4	0.0	0.0	**0.3**	0.5	m	0.0	**0.0**	**0.3**
	冰岛	0.0	0.1	0.0	0.0	1.1	0.1	0.1	0.0	0.0	m	0.0	0.0	0.0	0.0	**0.1**	0.1	m	0.0	**0.0**	**0.1**
	爱尔兰	0.1	0.5	0.1	0.2	0.3	0.1	3.0	0.1	0.1	m	0.1	0.0	0.0	0.0	**0.5**	0.1	m	0.0	**0.0**	**0.5**
	以色列	0.0	1.1	0.0	0.1	0.1	0.2	0.1	0.3	0.3	m	a	1.8	0.0	0.1	**0.3**	0.2	m	0.0	**0.0**	**0.3**
	意大利	2.3	0.5	6.9	8.4	1.9	8.8	2.0	0.5	0.4	m	1.2	a	0.0	0.1	**1.6**	1.6	m	0.0	**0.2**	**1.5**
	日本	0.1	0.0	0.1	0.2	0.3	0.6	0.7	2.4	0.1	m	0.2	0.4	2.1	0.2	**1.1**	0.1	m	0.0	**0.3**	**1.0**
	韩国	0.0	0.0	0.0	0.1	0.2	0.3	1.1	8.6	0.1	m	1.3	0.7	a	0.0	**3.6**	0.1	m	0.0	**0.1**	**3.4**
	卢森堡	0.5	0.0	0.1	0.1	0.0	1.0	0.3	0.0	0.0	m	0.0	0.0	0.0	0.0	**0.3**	0.0	m	0.0	**0.0**	**0.3**
	墨西哥	0.3	0.1	0.1	4.4	0.5	0.6	0.4	1.7	0.1	m	0.5	0.4	0.1	0.0	**0.9**	0.0	m	0.0	**0.1**	**0.8**
	荷兰	0.9	0.1	0.3	0.5	1.1	0.6	0.8	0.2	0.1	m	0.7	0.2	0.0	0.0	**0.4**	0.7	m	0.0	**0.0**	**0.4**
	新西兰	0.0	0.0	0.0	0.0	0.0	0.1	0.1	0.2	0.0	m	0.1	0.0	0.1	0.0	**0.2**	0.0	m	0.0	**0.0**	**0.2**
	挪威	0.1	4.4	0.1	0.2	1.7	0.2	1.2	0.3	0.8	m	0.2	0.1	0.0	0.2	**0.6**	3.8	m	0.0	**0.1**	**0.6**
	波兰	1.1	2.6	0.6	1.0	1.2	1.1	1.3	0.2	1.0	m	0.4	1.7	0.1	0.4	**0.8**	1.7	m	0.0	**0.0**	**0.8**
	葡萄牙	a	0.7	0.1	3.2	0.5	0.5	0.6	0.1	1.1	m	0.0	0.2	0.0	0.0	**0.3**	0.8	m	0.0	**0.4**	**0.3**
	斯洛伐克	0.1	a	0.3	0.2	0.2	0.2	0.3	0.0	60.5	m	0.1	0.3	0.0	0.3	**1.1**	0.5	m	0.0	**0.0**	**1.1**
	斯洛文尼亚	0.1	0.1	a	0.1	0.1	0.1	0.1	0.0	0.0	m	0.0	0.3	0.0	0.0	**0.1**	0.0	m	0.0	**0.0**	**0.1**
	西班牙	5.8	1.1	0.5	a	1.4	1.5	1.4	0.6	0.1	m	0.4	0.9	0.0	0.0	**1.0**	2.8	m	0.0	**0.2**	**0.9**
	瑞典	0.2	0.6	0.2	0.2	a	0.4	0.8	0.5	0.4	m	0.3	0.2	0.0	0.1	**0.6**	4.7	m	0.0	**0.1**	**0.5**
	瑞士	0.4	0.1	0.2	0.4	0.3	a	0.7	0.2	0.0	m	0.7	1.0	0.0	0.1	**0.4**	0.3	m	0.0	**0.0**	**0.4**
	土耳其	0.4	0.2	0.3	0.4	1.1	1.3	0.8	1.4	0.2	m	0.3	1.1	0.2	a	**1.0**	3.3	m	0.0	**0.1**	**1.0**
	英国	2.6	1.2	0.3	1.0	1.3	1.0	a	1.2	1.1	m	2.4	0.4	0.2	0.2	**0.9**	1.2	m	0.0	**0.1**	**0.8**
	美国	1.9	0.2	0.5	1.5	1.8	1.9	3.5	a	0.5	m	19.5	0.7	2.6	0.5	**1.7**	0.8	m	0.0	**0.3**	**1.6**
	OECD 合计	23.5	84.8	15.8	34.5	35.6	71.1	32.7	25.9	70.0	m	42.1	19.3	7.0	9.2	**28.9**	47.5	m	0.3	**3.8**	**27.7**

1. 2012 年数据。
2. 不包括博士或同等水平课程（德国的这些课程仅包含在主要地理区域中）。
3. 外国留学生基于国籍定义，这些数据与国际学生的数据不可比，因此在表中分列。
4. 不包括短期高等教育课程中的学生。

数据来源：OECD. Argentina，China，Colombia，India，Indonesia，Saudi Arabia and South Africa：UNESCO Institute for Statistics. Latvia：Eurostat. See Annex 3 for notes（www. oecd. org/education/education-at-a-glance-19991487. htm）.
缺失数据代码参见《读者指南》。
StatLink http：//dx. doi. org/10. 1787/888933285949

表 C4.3［2/2］（续） 高等教育中国际学生和外国留学生的分布，按来源国划分（2013 年）

某一来源国的高等教育国际学生和外国留学生数占目的国的所有国际学生或外国留学生的百分比，按人头计算

本表显示的是各国高等教育中有来源国居留权或此前在来源国接受教育的国际学生的比例。当学生流动数据不可得时，表中显示有来源国国籍的外国留学生的比例。
第 1 列：澳大利亚高等教育中 2.7%的国际学生来自韩国，1.2%的国际学生来自美国，等等。
第 7 列：爱沙尼亚高等教育中 49.3%的国际学生来自芬兰，3.0%的国际学生来自土耳其，等等。
第 29 列：捷克高等教育中 60.5%的外国留学生是斯洛伐克公民，0.8%的外国留学生是挪威公民，等等。

		目的国																			
		OECD 国家															其他 G20 国家			非 OECD 目的国合计	所有报告目的国合计
		国际学生								外国留学生[3]						OECD 目的国合计	国际	外国[3]			
来源国		葡萄牙	斯洛伐克	斯洛文尼亚	西班牙	瑞典	瑞士	英国	美国	捷克	希腊	以色列[4]	意大利	韩国	土耳其		拉脱维亚	巴西	俄罗斯		
		(21)	(22)	(23)	(24)	(25)	(26)	(27)	(28)	(29)	(30)	(31)	(32)	(33)	(34)	(35)	(36)	(37)	(38)	(39)	(40)
伙伴国	阿根廷	0.2	0.0	0.2	2.4	0.1	0.4	0.0	0.2	0.0	m	1.9	0.4	0.1	0.0	**0.2**	0.0	m	0.0	**0.5**	**0.2**
	巴西	32.8	0.1	0.1	2.4	0.4	1.2	0.4	1.3	0.1	m	1.3	1.1	0.1	0.0	**1.0**	0.1	a	0.0	**0.0**	**1.0**
	中国	1.7	0.2	0.8	2.2	10.0	2.6	19.6	28.7	0.3	m	0.6	11.9	68.6	0.6	**21.9**	0.3	m	0.0	**0.2**	**20.8**
	哥伦比亚	0.3	0.0	0.0	10.2	0.4	0.7	0.2	0.8	0.1	m	0.4	1.0	0.1	0.0	**0.8**	0.0	m	0.0	**0.2**	**0.7**
	印度	0.4	0.0	0.5	0.5	4.2	1.5	5.3	11.8	0.4	m	0.7	1.2	1.1	0.6	**5.6**	2.7	m	0.0	**0.1**	**5.3**
	印度尼西亚	0.2	0.0	0.1	0.1	0.2	0.1	0.4	0.9	0.0	m	0.0	0.2	1.3	2.1	**0.9**	0.1	m	0.0	**0.0**	**0.9**
	拉脱维亚	0.0	0.0	0.1	0.1	0.5	0.1	0.5	0.0	0.0	m	0.2	0.1	0.0	0.0	**0.2**	a	m	0.5	**0.4**	**0.2**
	俄罗斯	0.7	0.6	1.5	1.3	1.7	2.0	0.9	0.6	8.6	m	8.4	2.6	0.6	0.1	**1.3**	11.0	m	a	**0.3**	**1.3**
	沙特阿拉伯	0.0	0.9	0.0	0.1	0.1	0.1	2.2	5.4	0.2	m	0.0	0.0	0.3	0.1	**2.2**	0.0	m	0.0	**0.0**	**2.1**
	南非	0.4	0.0	0.1	0.0	0.1	0.2	0.3	0.2	0.0	m	0.9	0.0	0.1	0.0	**0.2**	0.0	m	0.0	**0.2**	**0.2**
	其他 G20 国家和伙伴国合计	36.9	2.0	3.4	19.3	17.6	8.8	29.9	50.1	9.9	m	14.3	18.5	72.2	3.6	**34.2**	14.2	m	0.5	**1.8**	**32.6**
	主要地理区域																				
	非洲合计	29.1	1.1	0.8	8.2	4.5	4.6	8.2	4.4	1.3	m	2.7	12.6	2.2	5.0	**8.2**	2.7	m	0.0	**2.7**	**8.0**
	亚洲合计	8.0	6.0	3.2	5.6	33.5	10.8	53.6	74.4	11.4	m	8.5	27.5	91.5	48.6	**52.5**	25.8	m	59.9	**55.1**	**52.6**
	欧洲合计	24.2	92.1	94.7	35.3	37.6	73.1	30.6	8.9	85.4	m	49.7	50.1	1.7	16.6	**25.2**	70.3	m	30.6	**30.4**	**25.4**
	其中，欧盟 21 国合计	19.7	78.5	14.4	24.5	27.6	64.3	22.0	6.7	67.6	m	16.3	12.3	0.8	7.8	**17.1**	38.3	m	0.3	**2.4**	**16.4**
	北美洲合计	2.3	0.3	0.6	1.8	2.3	2.9	5.1	3.4	0.6	m	21.7	0.8	3.5	0.5	**3.2**	1.0	m	0.0	**0.4**	**3.0**
	大洋洲合计	0.3	0.0	0.0	0.1	0.3	0.4	0.6	0.7	0.0	m	0.6	0.1	0.3	0.2	**0.7**	0.1	m	0.0	**0.0**	**0.7**
	拉丁美洲和加勒比海地区合计	36.0	0.4	0.6	48.9	2.2	4.6	2.0	8.1	0.6	m	6.3	8.9	0.8	0.1	**5.5**	0.1	m	0.0	**3.0**	**5.4**
	不确定数据	0.0	0.0	0.0	0.1	19.6	3.5	0.0	0.0	0.0	m	10.4	0.0	0.0	29.0	**4.7**	0.0	m	9.4	**8.4**	**4.9**
	所有国家合计	100.0	100.0	100.0	100.0	100.0	100.0	100.0	100.0	100.0	m	100.0	100.0	100.0	100.0	**100.0**	100.0	m	100.0	**100.0**	**100.0**

1. 2012 年数据。
2. 不包括博士或同等水平课程（德国的这些课程仅包含在主要地理区域中）。
3. 外国留学生基于国籍定义，这些数据与国际学生的数据不可比，因此在表中分列。
4. 不包括短期高等教育课程中的学生。

数据来源：OECD. Argentina，China，Colombia，India，Indonesia，Saudi Arabia and South Africa：UNESCO Institute for Statistics. Latvia：Eurostat. See Annex 3 for notes（www.oecd.org/education/education-at-a-glance-19991487.htm）.
缺失数据代码参见《读者指南》。
StatLink http：//dx.doi.org/10.1787/888933285949

表 C4.4 [1/2]　在国外接受高等教育的学生，按目的国划分（2013 年）

到某一留学目的国高等教育注册的外国留学生和国际学生数占出国留学生总数的百分比，按人头计算

本表显示的是各国在本国以外的某留学目的国的高等教育中就读的学生比例。
第 2 列：在国外高等教育阶段留学的捷克公民中有 4.9%的人在奥地利学习，在国外高等教育阶段留学的意大利公民中有 15.9%的人在奥地利学习，等等。
第 1 行：在国外高等教育阶段留学的澳大利亚公民中有 2.4%的人在法国学习，在国外高等教育阶段留学的澳大利亚公民中有 21.8%的人在新西兰学习，等等。

	来源国	目的国																					
		OECD 国家																					
		澳大利亚	奥地利	比利时	加拿大[1]	智利	捷克[2]	丹麦	爱沙尼亚	芬兰	法国	德国[3]	希腊	匈牙利	冰岛	爱尔兰	以色列[2]	意大利[2]	日本	韩国[2]	卢森堡	墨西哥	荷兰
		(1)	(2)	(3)	(4)	(5)	(6)	(7)	(8)	(9)	(10)	(11)	(12)	(13)	(14)	(15)	(16)	(17)	(18)	(19)	(20)	(21)	(22)
OECD 国家	澳大利亚	a	1.1	0.3	2.8	0.0	0.1	1.2	0.0	0.3	2.4	3.8	m	0.1	0.0	0.6	0.5	0.5	2.8	0.6	0.0	m	0.6
	奥地利	1.4	a	0.2	0.7	0.0	0.5	0.9	0.0	0.5	2.6	51.8	m	1.1	0.2	0.3	0.1	1.2	0.4	0.1	0.1	m	2.3
	比利时	0.8	1.4	a	1.7	0.0	0.1	1.5	0.0	0.4	17.0	8.6	m	0.3	0.1	0.7	0.6	1.4	0.4	0.1	3.4	m	18.7
	加拿大	7.6	0.3	0.2	a	0.0	0.1	0.3	0.0	0.3	2.8	1.3	m	0.4	0.1	2.0	0.5	0.2	0.6	1.1	0.0	m	0.5
	智利	6.4	0.6	0.8	2.4	a	0.1	0.4	0.0	0.3	7.6	6.2	m	0.1	0.0	0.1	0.2	3.5	0.3	0.1	0.0	m	0.6
	捷克	0.9	4.9	0.3	0.6	0.0	a	1.4	0.2	0.5	5.2	10.9	m	0.3	0.2	0.1	0.1	1.0	0.4	0.1	0.1	m	1.9
	丹麦	3.3	1.5	0.4	1.4	0.0	0.1	a	0.1	0.8	3.0	8.4	m	0.3	1.4	0.3	0.4	0.8	1.0	0.1	0.1	m	3.7
	爱沙尼亚	0.8	1.7	0.5	0.2	0.0	0.2	10.1	a	12.1	2.4	11.0	m	0.3	0.1	0.3	0.1	1.3	0.5	0.0	0.0	m	4.2
	芬兰	1.3	2.6	0.5	0.9	0.0	0.1	3.2	10.9	a	3.3	9.0	m	0.9	0.4	0.3	0.2	0.9	1.6	0.1	0.1	m	3.9
	法国	1.5	0.9	20.7	12.9	0.0	0.2	0.7	0.0	0.3	a	7.5	m	0.4	0.1	0.6	0.9	1.6	1.0	0.1	1.2	m	1.5
	德国	1.2	23.4	0.6	0.8	0.0	0.3	2.7	0.0	0.5	5.3	a	m	2.1	0.1	0.4	0.2	1.2	0.5	0.1	0.4	m	20.5
	希腊	0.3	1.2	0.8	0.3	0.0	1.0	1.3	0.0	0.3	5.4	6.4	a	0.5	0.0	0.2	0.0	8.2	0.1	0.0	0.1	a	5.3
	匈牙利	1.2	18.6	1.2	0.6	0.0	0.6	6.3	0.1	1.9	5.7	18.1	m	a	0.2	0.3	0.4	4.0	1.1	0.1	0.1	m	5.1
	冰岛	1.1	0.8	0.3	1.9	0.0	0.2	41.6	0.1	0.6	1.5	3.3	m	4.4	a	0.2	0.0	0.9	0.7	0.0	0.0	m	4.1
	爱尔兰	1.6	0.6	0.2	0.7	0.0	0.2	0.4	0.0	0.2	2.5	2.1	m	1.4	0.0	a	0.0	0.2	0.1	0.1	0.0	m	1.2
	以色列	1.8	0.6	0.2	5.6	0.0	0.7	0.3	0.0	0.1	1.1	9.1	m	4.3	0.0	0.1	a	8.7	0.2	0.0	0.0	m	0.6
	意大利	1.2	15.9	1.5	0.8	0.0	0.3	1.6	0.0	0.5	12.4	8.8	m	0.5	0.1	0.5	0.2	a	0.4	0.0	0.2	m	3.0
	日本	5.2	0.8	0.2	2.5	0.0	0.2	0.2	0.0	0.4	4.1	5.0	m	0.8	0.1	0.1	0.1	1.0	a	3.5	0.0	m	0.4
	韩国	6.1	0.2	0.0	1.6	0.0	0.0	0.0	0.0	0.1	1.7	3.1	m	0.0	0.0	0.0	0.1	0.5	14.8	a	0.0	m	0.2
	卢森堡	0.1	9.3	17.7	0.3	0.0	0.0	0.9	0.0	0.1	14.5	35.2	m	0.0	0.0	0.2	0.0	0.1	0.0	0.0	a	m	1.5
	墨西哥	2.1	0.5	0.4	4.8	0.2	0.1	0.4	0.0	0.5	7.4	6.6	m	0.3	0.0	0.1	0.2	1.3	0.6	0.2	0.0	a	1.2
	荷兰	1.8	2.1	24.4	0.7	0.0	0.2	2.6	0.0	0.7	3.5	5.6	m	0.5	0.1	0.8	0.5	1.2	0.9	0.1	0.1	m	a
	新西兰	50.6	0.6	0.1	2.0	0.0	0.1	0.7	0.0	0.3	1.1	2.0	m	0.3	0.0	0.4	0.1	0.2	1.5	1.2	0.0	m	0.4
	挪威	6.4	0.4	0.2	0.2	0.0	1.8	19.8	0.0	0.3	1.8	2.0	m	4.7	0.2	0.2	0.1	0.6	0.5	0.0	0.0	m	2.1

注：出国学生的比例仅基于向 OECD 和联合国教科文组织统计所报告数据的国家的学生总数。
1. 2012 年数据。
2. 外国留学生数据而非国际学生数据。
3. 不包括博士或同等水平课程（德国的这些课程仅包含在主要地理区域中）。
数据来源：OECD. Argentina，China，Colombia，India，Indonesia，Saudi Arabia and South Africa：UNESCO Institute for Statistics. Latvia：Eurostat. See Annex 3 for notes（www. oecd. org/education/education-at-a-glance-19991487. htm）.
缺失数据代码参见《读者指南》。
StatLink http：//dx. doi. org/10. 1787/888933285958

C4

表 C4.4 [1/2]（续） 在国外接受高等教育的学生，按目的国划分（2013 年）

到某一留学目的国高等教育注册的外国留学生和国际学生数占出国留学生总数的百分比，按人头计算

本表显示的是各国在本国以外的某留学目的国的高等教育中就读的学生比例。
第 2 列：在国外高等教育阶段留学的捷克公民中有 4.9%的人在奥地利学习，在国外高等教育阶段留学的意大利公民中有 15.9%的人在奥地利学习，等等。
第 1 行：在国外高等教育阶段留学的澳大利亚公民中有 2.4%的人在法国学习，在国外高等教育阶段留学的澳大利亚公民中有 21.8%的人在新西兰学习，等等。

	来源国	目的国																					
		OECD 国家																					
		澳大利亚	奥地利	比利时	加拿大[1]	智利	捷克[2]	丹麦	爱沙尼亚	芬兰	法国	德国[3]	希腊	匈牙利	冰岛	爱尔兰	以色列[2]	意大利[2]	日本	韩国[2]	卢森堡	墨西哥	荷兰
		(1)	(2)	(3)	(4)	(5)	(6)	(7)	(8)	(9)	(10)	(11)	(12)	(13)	(14)	(15)	(16)	(17)	(18)	(19)	(20)	(21)	(22)
OECD 国家	波兰	0.8	4.9	1.3	1.2	0.0	1.6	4.6	0.0	1.0	7.7	24.3	m	0.5	0.4	0.7	0.2	5.9	0.4	0.1	0.2	m	4.0
	葡萄牙	1.1	1.3	1.7	1.5	0.0	3.9	1.7	0.0	0.5	13.4	4.1	m	0.9	0.0	0.4	0.0	1.7	0.3	0.0	0.4	m	3.7
	斯洛伐克	0.3	4.0	0.2	0.1	0.0	73.8	1.1	0.0	0.1	1.1	2.6	m	7.4	0.0	0.1	0.0	0.6	0.1	0.0	0.0	m	0.9
	斯洛文尼亚	1.0	24.9	0.7	1.0	0.0	0.7	2.3	0.0	0.7	2.8	9.9	m	0.8	0.3	0.4	0.1	10.0	0.5	0.1	0.1	m	4.9
	西班牙	0.8	2.2	1.5	0.4	0.0	0.2	2.3	0.0	0.8	14.4	17.6	m	1.5	0.2	0.6	0.1	2.5	0.5	0.1	0.1	m	3.2
	瑞典	3.9	1.1	0.4	0.8	0.0	1.0	14.0	0.1	2.4	2.3	3.1	m	2.5	0.4	0.2	0.2	0.7	1.3	0.1	0.0	m	1.7
	瑞士	3.1	6.6	1.3	1.9	0.0	0.1	0.9	0.0	0.3	9.3	18.8	m	0.3	0.1	0.4	0.6	7.1	0.5	0.1	0.1	m	2.2
	土耳其	0.9	6.1	0.4	1.4	0.0	0.2	0.3	0.1	0.3	3.5	10.5	m	1.1	0.0	0.1	0.1	1.8	0.3	0.2	0.0	m	1.1
	英国	5.7	2.1	0.8	3.6	0.0	1.5	2.2	0.0	0.8	6.9	5.1	m	1.1	0.2	7.2	0.9	1.0	1.4	0.3	0.1	m	4.5
	美国	4.3	1.2	0.3	11.3	0.0	0.3	0.9	0.1	0.5	4.8	5.9	m	0.7	0.1	1.7	3.0	0.8	3.2	2.2	0.1	m	0.9
	OECD 合计	3.1	5.4	2.6	2.9	0.0	2.9	2.0	0.1	0.5	4.8	7.1	m	1.2	0.1	0.7	0.5	1.7	2.4	0.4	0.2	m	4.3
	欧盟 21 国合计	1.4	8.5	4.5	2.6	0.0	5.0	2.4	0.2	0.6	5.9	8.4	m	1.5	0.1	0.8	0.3	1.9	0.6	0.1	0.4	m	7.1
伙伴国	阿根廷	1.6	0.5	0.3	1.4	0.8	0.0	0.4	0.0	0.2	8.2	4.2	m	0.0	0.0	0.0	2.5	4.1	0.7	0.4	0.1	m	0.4
	巴西	2.8	0.6	0.5	2.0	0.9	0.1	0.5	0.0	0.3	11.7	7.7	m	0.0	0.0	0.1	0.4	2.7	0.8	0.1	0.0	m	0.6
	中国	12.1	0.1	0.1	4.7	0.0	0.0	0.2	0.0	0.3	3.5	2.7	m	0.1	0.0	0.2	0.0	1.3	12.3	5.2	0.0	m	0.7
	哥伦比亚	5.3	0.5	0.5	2.5	5.0	0.1	0.2	0.0	0.2	9.3	5.2	m	0.0	0.0	0.0	0.1	3.2	0.2	0.1	0.0	m	0.9
	印度	8.4	0.2	0.1	5.0	0.0	0.1	0.1	0.0	0.3	1.0	2.9	m	0.0	0.0	0.3	0.0	0.5	0.3	0.3	0.0	m	0.5
	印度尼西亚	21.7	0.2	0.2	1.4	0.0	0.0	0.1	0.0	0.1	1.5	3.6	m	0.0	0.0	0.0	0.0	0.3	5.1	1.7	0.0	m	2.2
	拉脱维亚	0.4	1.4	0.6	0.3	0.0	0.1	12.1	1.6	1.8	2.5	9.9	m	0.3	0.3	0.4	0.2	1.8	0.4	0.0	0.1	m	7.3
	俄罗斯	1.7	1.8	0.5	0.9	0.0	6.2	0.3	0.3	4.0	6.5	17.0	m	0.4	0.0	0.1	1.6	3.8	0.6	0.6	0.1	m	1.1
	沙特阿拉伯	6.4	0.1	0.0	5.9	0.0	0.1	0.0	0.0	0.0	0.6	0.3	m	0.3	0.0	0.6	0.0	0.0	0.4	0.2	0.0	m	0.1
	南非	10.4	0.7	0.8	2.7	0.0	0.2	0.7	0.0	0.3	1.3	2.8	m	0.1	0.0	0.7	1.2	0.3	0.2	0.7	0.0	m	1.5
	其他 G20 国家合计	10.7	0.2	0.1	4.5	0.1	0.3	0.2	0.0	0.5	3.4	3.6	m	0.1	0.0	0.2	0.1	1.3	8.2	3.5	0.0	m	0.7
	所有国家合计	6.2	1.8	1.1	3.4	0.1	1.0	0.7	0.0	0.5	5.7	4.9	0.7	0.5	0.0	0.3	0.3	2.0	3.4	1.4	0.1	0.2	1.7

注：出国学生的比例仅基于向 OECD 和联合国教科文组织统计所报告数据的国家的学生总数。
1. 2012 年数据。
2. 外国留学生数据而非国际学生数据。
3. 不包括博士或同等水平课程（德国的这些课程仅包含在主要地理区域中）。
数据来源：OECD. Argentina，China，Colombia，India，Indonesia，Saudi Arabia and South Africa：UNESCO Institute for Statistics. Latvia：Eurostat. See Annex 3 for notes（www. oecd. org/education/education-at-a-glance-19991487. htm）.
缺失数据代码参见《读者指南》。
StatLink http：//dx. doi. org/10. 1787/888933285958

表 C4.4 [2/2] 在国外接受高等教育的学生，按目的国划分（2013 年）

到某一留学目的国高等教育注册的外国留学生和国际学生数占出国留学生总数的百分比，按人头计算

本表显示的是各国在本国以外的某留学目的国的高等教育中就读的学生比例。
第 2 列：在国外高等教育阶段留学的捷克公民中有 4.9%的人在奥地利学习，在国外高等教育阶段留学的意大利公民中有 15.9%的人在奥地利学习，等等。
第 1 行：在国外高等教育阶段留学的澳大利亚公民中有 2.4%的人在法国学习，在国外高等教育阶段留学的澳大利亚公民中有 21.8%的人在新西兰学习，等等。

	来源国	目的国																		
		OECD 国家												OECD 目的国合计	欧盟 21 国目的国合计	其他 G20 国家和伙伴国			非 OECD 目的国合计	所有报告数据的目的国合计
		新西兰	挪威	波兰	葡萄牙	斯洛伐克	斯洛文尼亚	西班牙	瑞典	瑞士	土耳其[2]	英国	美国			巴西[2]	拉脱维亚[2]	俄罗斯[2]		
		(23)	(24)	(25)	(26)	(27)	(28)	(29)	(30)	(31)	(32)	(33)	(34)	(35)	(36)	(37)	(38)	(39)	(40)	(41)
OECD 国家	澳大利亚	21.8	0.3	0.1	0.1	0.0	0.0	0.4	0.5	1.1	0.7	15.3	32.6	90.8	27.6	m	0.0	0.0	9.2	100.0
	奥地利	0.4	0.2	0.3	0.1	0.6	0.3	1.0	0.8	7.8	1.2	11.2	6.2	94.4	75.8	m	0.2	0.0	5.6	100.0
	比利时	0.1	0.1	0.2	1.4	0.0	0.0	2.6	0.6	2.5	0.8	22.8	6.8	95.2	81.2	m	0.1	0.0	4.8	100.0
	加拿大	0.8	0.1	1.0	0.1	0.0	0.0	0.3	0.3	0.9	0.1	12.9	54.9	89.7	23.0	m	0.0	0.0	10.3	100.0
	智利	1.1	0.2	0.0	0.1	0.0	0.0	13.4	0.2	1.2	0.0	6.7	22.9	75.7	40.8	m	0.0	0.0	24.3	100.0
	捷克	0.1	0.4	6.4	0.2	43.8	0.1	0.9	0.5	1.3	0.1	9.8	5.9	98.5	88.4	m	0.1	0.0	1.5	100.0
	丹麦	2.6	4.0	0.9	0.1	0.1	0.2	1.2	5.2	1.4	0.7	26.0	24.3	93.9	53.4	m	0.2	0.0	6.1	100.0
	爱沙尼亚	0.0	0.8	0.2	0.1	0.0	0.0	0.9	3.0	1.0	0.1	25.9	4.7	82.7	74.4	m	1.6	8.7	17.3	100.0
	芬兰	0.4	1.0	0.4	0.1	0.2	0.1	1.4	18.0	1.1	0.1	21.4	7.8	92.2	77.4	m	0.7	0.0	7.8	100.0
	法国	0.5	0.1	0.4	0.5	0.0	0.0	3.7	0.7	10.9	0.3	15.2	10.5	95.0	56.2	m	0.1	0.0	5.0	100.0
	德国	0.5	0.4	0.5	0.2	0.4	0.0	1.3	1.3	10.0	1.3	11.8	7.8	95.6	72.8	m	0.5	0.0	4.4	100.0
	希腊	0.0	0.2	0.1	0.1	2.9	0.0	0.5	1.6	1.8	3.8	29.5	5.3	77.2	65.4	m	0.0	0.0	22.8	100.0
	匈牙利	0.2	0.4	0.7	0.1	1.0	0.1	1.3	0.9	2.5	0.2	13.6	7.4	94.2	79.8	m	0.2	0.0	5.8	100.0
	冰岛	0.1	4.5	0.2	0.1	0.3	0.0	0.8	9.5	1.3	0.1	7.5	12.9	99.0	76.5	m	0.1	0.0	1.0	100.0
	爱尔兰	0.3	0.0	0.4	0.1	0.3	0.0	0.6	0.4	0.3	0.1	76.4	6.7	97.5	87.6	m	0.0	0.0	2.5	100.0
	以色列	0.1	0.1	0.4	0.0	0.6	0.0	0.3	0.1	0.5	0.2	2.9	13.6	52.2	30.1	m	0.0	0.0	47.8	100.0
	意大利	0.2	0.3	0.5	0.7	0.1	0.4	9.7	1.0	8.4	0.1	16.8	8.3	94.5	74.5	m	0.1	0.0	5.5	100.0
	日本	2.2	0.2	0.1	0.0	0.0	0.0	0.3	0.3	0.8	0.4	9.3	56.4	94.4	23.1	m	0.0	0.0	5.6	100.0
	韩国	1.3	0.0	0.1	0.0	0.0	0.0	0.1	0.0	0.1	0.0	4.1	60.8	95.1	10.3	m	0.0	0.0	4.9	100.0
	卢森堡	0.0	0.0	0.0	0.8	0.0	0.0	0.5	0.1	5.3	0.0	11.7	0.9	99.5	92.7	m	0.0	0.0	0.5	100.0
	墨西哥	0.3	0.2	0.1	0.1	0.0	0.0	8.9	0.4	1.1	0.0	5.6	49.0	92.8	34.1	m	0.0	0.0	7.2	100.0
	荷兰	0.7	0.6	0.1	0.9	0.0	0.0	2.0	1.9	2.1	0.0	23.3	13.2	91.1	70.3	m	0.2	0.0	8.9	100.0
	新西兰	a	0.1	0.1	0.1	0.0	0.0	0.1	0.2	0.9	0.0	8.9	22.9	94.9	15.5	m	0.0	0.0	5.1	100.0
	挪威	1.1	a	7.6	0.1	2.5	0.0	0.5	2.4	0.5	0.7	26.8	11.1	94.8	73.9	m	0.7	0.0	5.2	100.0

注：出国学生的比例仅基于向 OECD 和联合国教科文组织统计所报告数据的国家的学生总数。
1. 2012 年数据。
2. 外国留学生数据而非国际学生数据。
3. 不包括博士或同等水平课程（德国的这些课程仅包含在主要地理区域中）。
数据来源：OECD. Argentina，China，Colombia，India，Indonesia，Saudi Arabia and South Africa：UNESCO Institute for Statistics. Latvia：Eurostat. See Annex 3 for notes（www. oecd. org/education/education-at-a-glance-19991487. htm）.
缺失数据代码参见《读者指南》。
StatLink http：//dx. doi. org/10. 1787/888933285958

表 C4.4［2/2］（续） 在国外接受高等教育的学生，按目的国划分（2013 年）

到某一留学目的国高等教育注册的外国留学生和国际学生数占出国留学生总数的百分比，按人头计算

本表显示的是各国在本国以外的某留学目的国的高等教育中就读的学生比例。
第 2 列：在国外高等教育阶段留学的捷克公民中有 4.9%的人在奥地利学习，在国外高等教育阶段留学的意大利公民中有 15.9%的人在奥地利学习，等等。
第 1 列：在国外高等教育阶段留学的澳大利亚公民中有 2.4%的人在法国学习，在国外高等教育阶段留学的澳大利亚公民中有 21.8%的人在新西兰学习，等等。

	来源国	目的国																		
		OECD 国家												OECD 目的国合计	欧盟 21 国目的国合计	其他 G20 国家和伙伴国			非 OECD 目的国合计	所有报告数据的目的国合计
		新西兰	挪威	波兰	葡萄牙	斯洛伐克	斯洛文尼亚	西班牙	瑞典	瑞士	土耳其[2]	英国	美国			巴西[2]	拉脱维亚[2]	俄罗斯[2]		
		(23)	(24)	(25)	(26)	(27)	(28)	(29)	(30)	(31)	(32)	(33)	(34)	(35)	(36)	(37)	(38)	(39)	(40)	(41)
OECD 国家	波兰	0.1	0.9	a	0.6	1.1	0.1	2.4	1.3	2.1	1.0	22.0	6.4	97.7	84.1	m	0.2	0.0	2.3	100.0
	葡萄牙	0.2	0.4	1.3	a	0.7	0.0	15.5	1.1	2.0	0.1	20.7	7.9	86.6	72.9	m	0.2	0.0	13.4	100.0
	斯洛伐克	0.0	0.1	0.4	0.0	a	0.0	0.3	0.1	0.4	0.5	4.2	1.1	99.6	97.0	m	0.1	0.0	0.4	100.0
	斯洛文尼亚	0.1	0.4	0.9	0.4	0.3	a	1.2	0.7	1.9	0.4	12.7	8.1	88.4	74.5	m	0.0	0.0	11.6	100.0
	西班牙	0.2	0.5	3.3	2.8	0.4	0.0	a	1.2	2.4	0.0	19.7	16.0	95.5	74.2	m	0.3	0.0	4.5	100.0
	瑞典	0.6	4.2	5.9	0.2	0.4	0.0	0.8	a	1.2	0.2	18.3	22.9	90.6	54.9	m	0.9	0.0	9.4	100.0
	瑞士	0.5	0.3	0.1	0.5	0.1	0.0	1.9	0.6	a	0.4	23.5	11.3	92.8	74.1	m	0.1	0.0	7.2	100.0
	土耳其	0.1	0.1	1.1	0.1	0.0	0.0	0.4	0.5	1.2	a	6.4	21.0	59.6	34.3	m	0.2	0.0	40.4	100.0
	英国	1.8	0.3	0.7	1.3	0.4	0.0	1.9	1.1	1.6	0.4	a	31.0	86.0	38.8	m	0.1	0.0	14.0	100.0
	美国	3.4	0.3	1.3	0.4	0.0	0.0	1.3	0.7	1.4	0.4	22.1	a	73.6	44.0	m	0.0	0.0	26.4	100.0
	OECD 合计	1.1	0.3	0.9	0.4	0.9	0.0	2.0	0.9	3.5	0.5	14.3	21.3	89.3	53.2	m	0.2	0.0	10.7	100.0
	欧盟 21 国合计	0.4	0.5	0.9	0.5	1.5	0.1	2.6	1.3	5.6	0.8	17.1	9.8	93.4	71.1	m	0.2	0.1	6.6	100.0
伙伴国	阿根廷	0.3	0.2	0.1	0.4	0.0	0.1	17.1	0.2	2.1	0.0	2.3	22.0	70.4	38.6	m	0.0	0.0	29.6	100.0
	巴西	0.4	0.3	0.1	14.6	0.0	0.0	4.1	0.3	1.7	0.0	4.8	31.9	90.2	48.8	a	0.0	0.0	9.8	100.0
	中国	1.7	0.1	0.1	0.0	0.0	0.0	0.2	0.3	0.2	0.0	11.2	30.9	88.2	20.9	m	0.0	0.0	11.8	100.0
	哥伦比亚	0.2	0.2	0.1	0.1	0.0	0.0	21.5	0.4	1.2	0.0	3.5	23.4	84.1	45.7	m	0.0	0.0	15.9	100.0
	印度	3.6	0.1	0.1	0.0	0.0	0.0	0.2	0.6	0.4	0.2	11.5	48.2	84.9	18.5	m	0.0	0.0	15.1	100.0
	印度尼西亚	1.0	0.2	0.1	0.1	0.0	0.0	0.1	0.1	0.1	2.6	3.8	16.8	63.0	12.4	m	0.0	0.0	37.0	100.0
	拉脱维亚	0.0	1.0	1.0	0.1	0.1	0.0	0.6	1.8	0.7	0.0	30.6	4.1	81.6	74.1	m	a	9.7	18.4	100.0
	俄罗斯	0.6	1.1	1.0	0.2	0.1	0.1	1.3	0.8	1.7	0.1	6.5	8.4	69.3	52.0	m	0.7	a	30.7	100.0
	沙特阿拉伯	1.3	0.0	0.6	0.0	0.1	0.0	0.1	0.0	0.0	0.1	12.0	54.8	84.0	15.0	m	0.0	0.0	16.0	100.0
	南非	1.3	0.3	0.2	0.8	0.0	0.0	0.3	0.4	1.3	0.3	16.3	23.2	69.0	27.4	m	0.0	0.0	31.0	100.0
	其他 G20 国家合计	1.8	0.2	0.2	0.5	0.0	0.0	0.9	0.4	0.4	0.2	10.9	34.3	85.3	23.8	m	0.0	0.1	14.7	100.0
	所有国家合计	1.0	0.2	0.7	0.4	0.3	0.1	1.4	0.6	1.2	1.3	10.3	19.4	72.9	34.8	0.4	0.1	3.4	27.1	100.0

注：出国学生的比例仅基于向 OECD 和联合国教科文组织统计所报告数据的国家的学生总数。
1. 2012 年数据。
2. 外国留学生数据而非国际学生数据。
3. 不包括博士或同等水平课程（德国的这些课程仅包含在主要地理区域中）。
数据来源：OECD. Argentina，China，Colombia，India，Indonesia，Saudi Arabia and South Africa：UNESCO Institute for Statistics. Latvia：Eurostat. See Annex 3 for notes（www.oecd.org/education/education-at-a-glance-19991487.htm）.
缺失数据代码参见《读者指南》。
StatLink http://dx.doi.org/10.1787/888933285958

表 C4.5 外国留学生和国际学生流动模式（2013 年）

地区性流动与跨境流动，流动的均衡以及在来源国使用接收国官方语言的情况

		本国高等教育学生在国外注册的比例	国际学生数与本国留学生数之比	来自邻国的国际学生的比例[1]	来自官方语言相同的国家的学生比例
		(1)	(2)	(3)	(4)
OECD 国家	澳大利亚	1	21	34	21
	奥地利	4	4	58	54
	比利时	3	3	48	58
	加拿大[2]	3	3	6	32
	智利	1	0	18	84
	捷克[3]	3	3	63	0
	丹麦	2	6	43	0
	爱沙尼亚	7	0	65	0
	芬兰	3	3	15	2
	法国	3	3	15	27
	德国	4	2	16	10
	希腊	m	m	m	m
	匈牙利	3	2	38	0
	冰岛	14	0	9	0
	爱尔兰	8	1	16	45
	以色列[3]	4	1	1	0
	意大利[3]	3	2	25	4
	日本	1	4	79	0
	韩国[3]	3	0	71	0
	卢森堡	68	0	63	35
	墨西哥	1	0	m	m
	荷兰	2	5	41	4
	新西兰	2	8	9	36
	挪威	7	1	21	0
	波兰	1	1	62	0
	葡萄牙	3	1	6	62
	斯洛伐克	14	0	61	0
	斯洛文尼亚	3	1	40	7
	西班牙	2	2	24	43
	瑞典	4	1	20	6
	瑞士	5	4	56	61
	土耳其[3]	1	1	20	11
	英国	1	14	12	25
	美国[4]	0	12	6	22
	OECD 合计	2	3	19	21
	欧盟 21 国合计	3	3	23	21
伙伴国	阿根廷	m	m	m	m
	巴西[3]	0	0	m	m
	中国[3]	2	m	m	m
	哥伦比亚[3]	1	m	m	m
	印度	m	m	m	m
	印度尼西亚[3]	1	m	m	m
	拉脱维亚	7	1	m	m
	俄罗斯[3,5]	1	3	87	46
	沙特阿拉伯[3]	6	1	32	44
	南非[2,3]	1	6	48	70

1. 邻国是指与接收国在陆地或海上交界的国家。
2. 2012 年数据。
3. 外国留学生数据而非国际学生数据。
4. 尽管在美国没有官方语言，但是第 4 列用的是英语。
5. 来自邻国的外国学生比例包括来自苏联国家的数据，大多数为中亚国家。

数据来源：OECD and UNESCO Institute for Statistics for most data on non-OECD countries. Latvia：Eurostat. CIA World Factbook 2014 for worldwide official languages. See Annex 3 for notes（www.oecd.org/education/education-at-a-glance-19991487.htm）.

缺失数据代码参见《读者指南》。

StatLink http：//dx.doi.org/10.1787/888933285960

指标 C5

从学校向工作过渡：15—29 岁的青年人何去何从？

- 20—24 岁不在学人口的比例从丹麦和斯洛文尼亚的低于 40%，到巴西、哥伦比亚、以色列和墨西哥的高于 70%不等。
- 就 OECD 国家平均而言，18%的 20—24 岁青年人既不在职也不在学或接受培训（NEET）。
- 在 15—29 岁青年人既工作又学习的比例较高的国家里，每周工作 35 小时或者更长时间的学生比例通常较低。在捷克、丹麦、冰岛、荷兰和挪威，超过 25%的成人既工作又学习，但是低于 30%的成人每周工作 35 小时或者更长时间。

图 C5.1　20—24 岁青年人中既不在职也不在学或接受培训（NEET）的人口比例，按性别划分（2014 年）

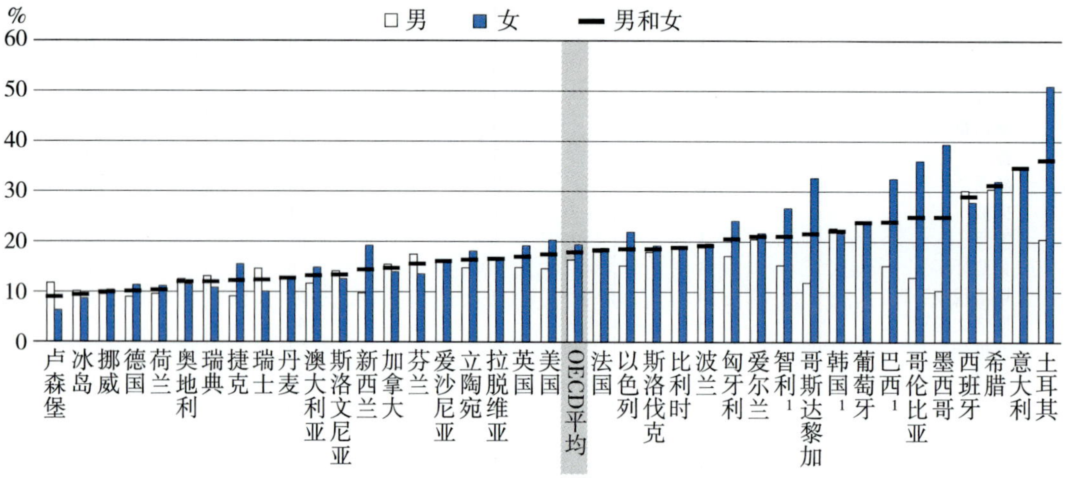

注：NEET 指既不在职也不在学或接受培训的青年人。

1. 2013 年数据。

国家按照 20—24 岁男女 NEET 人群百分比的降序排列。

数据来源：OECD. Table C5. 2a.　See　Annex　3　for　notes　（www. oecd. org/education/education-at-a-glance-19991487. htm）.

StatLink http：//dx. doi. org/10. 1787/888933284290

背　景

学生个体接受学校教育的年限和质量对其从教育过渡到工作具有影响，劳动力市场的状况、经济环境和人口结构对此同样产生影响。例如，在一些国家，青年人通常先完成学业然后再找工作；而在另外一些国家里，受教育和就业则同步进行。在一些国家里，青年女性和青年男性从学校过渡到工作的经历差别很小，但是在另外一些国家里，离开教育系统后就全职做家务而不进入劳动力市场的年轻女性比例很高。

OECD 国家的人口老龄化应该有利于青年人就业，从理论上讲，当老年人离开劳动力市场后，就业机会就可以提供给青年人。然而，在经济衰退期，由于空出来的工作岗位很少，青年人从学校过渡到工作变得更加困难，因为那些具有更多工作经验的人比新进入劳动力市场的人更受欢迎。当劳动力市场不景气时，青年人通常倾向于花更长时间在学校学习，因为高失业率会降低教育的机会成本。与此同时，大多数国家都在采用提高退休年龄的政策。延迟退休会减慢岗位轮换，这往往会使得职位空缺减少。这也许可以解释劳动力市场中青年人（入职）人数和年长者（退休）人数的差异。

为了促进青年人在任何经济气候都能从学校到工作过渡，教育系统需致力于确保个体拥有劳动力市场所需的各种技能。在经济衰退时期，对教育进行公共投入可能是一种抗衡失业和通过提高劳动者技能以投资于未来经济增长的明智之举。此外，公共投入也可能会以激励的形式投向潜在雇主，使他们雇用青年人。

其他发现

- 就 OECD 国家平均而言，2014 年有 48%的 15—29 岁青年人在学。其余 52%的青年人中，有 36%的人在职，7%的人失业，9%的人游离于劳动力市场之外。
- 通常女性既不在职也不在学或接受培训的情况要多于男性。2014 年，20—24 岁的青年人中，19. 4%的女性和 16. 4%的男性既不在职也不在学或接受培训。在墨西哥和土耳其，20—24 岁的青年人既不在职也不在学或接受培训的性别差异在 30 个百分点左右。
- 在 OECD 国家的在职且不在校的青年人中，男性比女性更容易找到全职工作。平均而言，82%的年轻男性有全职工作，而女性获得全职工作的比例为 67%。

趋　势

大多数国家都鼓励学生完成义务教育后继续就学。其结果是，义务教育后平均接受正规教育的年限显著增加。就 OECD 国家平均而言，自 2000 年以来，接受正规的教育年限增加了约一年；在捷克、荷兰、斯洛伐克和土耳其，接受正规的教育年限增加了两年或两年以上（表 C5. 1b，可在线查询）。

在过去几年里，政府在提高国民受教育程度方面付出了巨大努力，入学状况因此而发生了显著变化。2000 年，OECD 国家有平均有 35%的 20—24 岁青年人在学；到 2014 年，这一比例已经增长到了 46%（表 C5. 2b，可在线查询）。

在同一时期，20—24 岁不在学但在职的青年人的比例从 42%下降到 36%。2000—2014 年，在学人口的比例稳步提高，20—24 岁既不在学也不在职或接受培训的青年人的比例稳定在 17%—19%左右（表 C5. 2b，可在线查询）。

C5

分 析

在学或不在学的青年人及他们的就业状况

青年人往往在15—29岁完成从教育到就业的过渡。该年龄段的年长者在学的概率要比年轻人低。就OECD国家平均而言，在2014年，15—19岁青年人中有86%的人在学，20—24岁青年人中有46%的人在学，25—29岁青年人中有17%的人在学。在有些国家，青年人既在学又在职的人口比例相对较大。例如，在澳大利亚、丹麦、德国、冰岛、荷兰、挪威和瑞士，超过1/4的20—24岁青年人既在学又在职（表C5.2a）。

图 C5.2 20—24岁在学/不在学青年人的分布，按工作状态划分（2014年）

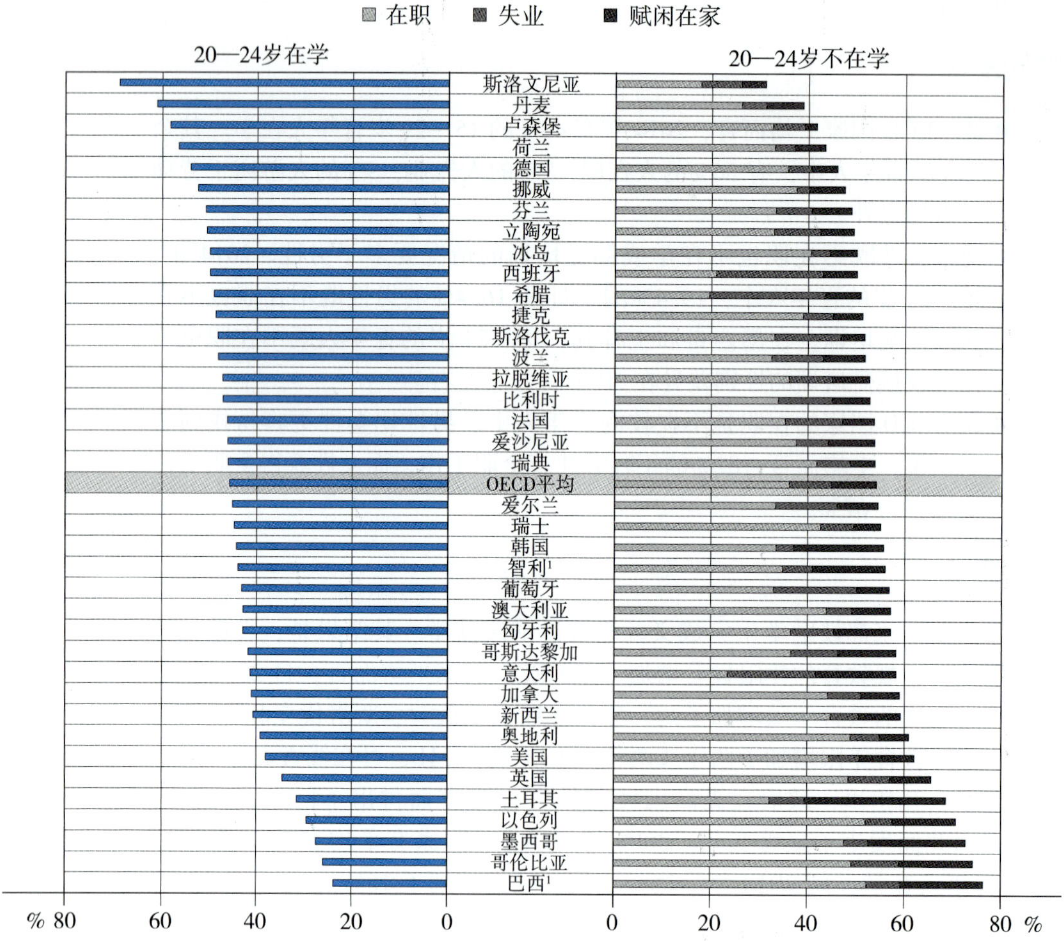

1. 2013年数据。
国家按照20—24岁不在学青年人的百分比升序排列。
数据来源：OECD. Table C5.2a. See Annex 3 for notes (www.oecd.org/education/education-at-a-glance-19991487.htm).
StatLink http://dx.doi.org/10.1787/888933284300

2014年，那些不在学的青年人（占15—19岁人群的14%，占20—24岁人群的54%，占25—29岁人群的83%）的就业状况如何呢？图C5.2显示，平均而言，所有20—24岁青年人中有 36%的人不在学但在职，9%的人既不在学也不在职，约 9%的人既不在学也不找工作。20—24 岁不在学青年人的比例的变化范围从丹麦和斯洛文尼亚的不足 40%，到巴西、哥伦比亚、以色列和墨西哥的超过 70%（表 C5. 2a）。

受教育程度往往对教育参与和就业有很大影响。那些已经完成了高等教育（高学历）并且不在学的人群通常选择就业，而既不在学又未完成高中教育的人群在就业、失业或赋闲在家三类情形中的分布大致相当。在墨西哥和土耳其，15—29 岁人口中仅有初中学历（未完成高中教育的在学人口）的比例不足 40%。在捷克、丹麦、芬兰、立陶宛、卢森堡、波兰、斯洛伐克、斯洛文尼亚、瑞典和瑞士，未完成高中教育且仍然在学的青年人比例为 80%或者更高（表 C5. 3a）。

既不在职也不在学或接受培训（NEET）的青年人

失业率和就业率是描述人口就业情况的非常有用的指标。青年人特别容易推迟就业或退出劳动力市场而不再找工作。虽然越来越多的超出义务教育年龄的青年人不急于就业而是继续接受教育，但也不能把他们视为高危人群。因此，那些既不就业也不在学或接受培训的青年人的比例是衡量青年人寻找工作时所面临困难程度的较好的指标，因为它不仅包括那些无法找到工作的人，也包括那些不找工作的人。

2014 年，就 OECD 国家平均而言，15. 5%的 15—29 岁青年人、7. 2%的 15—19 岁青年人、7. 9%的 20—24 岁青年人和 20. 5%的 25—29 岁青年人属于既不在职也不在学或接受培训的青年人（表 C5. 2a）。

分析既不在职也不在学或接受培训的青年人口时发现，20—24 岁是最重要的学习年龄。在这个年龄段，义务教育对不找工作或者失业人口的比例没有影响。然而，在分析既不在职也不在学或接受培训的青年人口时发现，20—24 岁青年人选择继续其学业的比例最大。

2014 年，希腊、意大利和土耳其的 20—24 岁青年人中既不在职也不在学或接受培训的人口比例超过了 30%。土耳其的既不在职也不在学或接受培训的人口比例最高，但它也是这三个国家中唯一出现比例下降趋势的国家。在 2005—2014 年，土耳其的既不在职也不在学或接受培训的人口比例从 2005 年的 49. 7%下降到了 2014 年的 36. 3%（表 C5. 2b，可在线查询）。

2005 年，德国 20—24 岁既不在职也不在学或接受培训的人口比例（18. 7%）高于 OECD 平均水平（17. 4%），而到了 2014 年，这一比例回落至 10. 1%，远低于 OECD 平均水平（17. 9%）。事实上，德国是 OECD 国家中 20—24 岁既不在职也不在学或接受培训的人口比例最低的国家之一，该比例比较低的国家还有冰岛（8. 2%）、卢森堡（9. 0%）、荷兰（10. 4%）和挪威（10. 0%）（表 C5. 2a）。

就 OECD 国家平均而言，2014 年 20—24 岁的男性人口中有 16. 4%的人既不在职也不在学或接受培训，而同年龄段女性的比例则为 19. 4%。在墨西哥和土耳其，2014 年 20—24 岁既不在职也不在学或接受培训的人群的性别差异约为 30 个百分点。在卢森堡，女性既不在职也不在学或接受培训的比例（6. 3%）要低于男性（11. 8%）。图 C5. 1 表明，一个国家的既不在职也不在学或接受培训的人口比例与性别差异没有直接关系。在意大利和土耳其，20—24 岁既不在职也不在学或接受培训的人口比例超过了 30%；但同时，在土耳其，该年龄段既不在职也不在学或接受培训的人口的性别差异很大，而在意大利该差异几乎不存在（表 C5. 2a）。

工作时间

15—29 岁青年人参与劳动力市场的程度不仅随就业情况而变化，同时也会随工作强度而变化。从学校向工作的过渡通常发生在青年时代，学生和非学生的工作强度也应当分开来分析。后者主要是最近已完成学业且可参加全职工作的青年人，而学生不得不将他们的时间在工作和学校之间进行分配。因此，这两个群体之间的参与程度有很大的不同。学生们表现出的就业水平较低和工作时间较少，而非学生表现出较高的就业率并投入更多的时间来工作。

工作兼顾学习：要找到平衡点

15—29 岁学生就业水平的差异可以用不同国家的文化、经济和社会差异来解释。例如，在一些国家，学生可以等到他们完成学业后再找工作，而在其他国家，青年人可能更倾向于在其学习期间就去工作以获得一些劳动力市场上的经验，或资助他们的学业（和/或其他花费）。在后一种情况下，当工作和教育/学习同时进行时，充分考虑应花多少时间用于工作且这些工作是否对学习带来了影响就显得非常重要。

对于学生合理的工作时间长度，目前国际上没有明确的建议。但是研究表明，学生在劳动力市场上获得的技能和工作经验对其学业和专业领域均有益处。工作和学业的结合能够让学生在完全就业之前尝试不同的工作。就业可以使学生在经济上独立于父母，并培养他们的责任意识，增强他们的自我成就感和社会融合，帮助他们发展学业结束后找到工作所需的知识和技能（Dundes and Marx，2006；Murier，2006；OECD，2010）。

在 15—29 岁青年人边学习边兼职工作的比例较大的国家，学生每周工作 35 小时或以上的人口比例很小。在捷克、丹麦、荷兰、挪威和瑞典，超过 25%的青年人在学习的同时也在工作，但他们中有少于 30%的人每周工作 35 个小时或更长时间。奥地利和德国的情况因工学结合项目的推广而有所不同。在这两个国家里，2014 年约 1/5 的青年人在学习的同时也在工作，且他们中有一半的人每周工作 35 小时或更长时间。因此，在许多国家，大部分学生工作时间较长，这也是学校和未来雇主协议中的一部分。与此相反，在青年人边学习边兼职工作的比例不到 10%的国家，平均约 50%的学生从事全职工作（表 C5. 4b）。

离校后找全职工作

在 OECD 国家，约 1/3 的 15—29 岁青年人不在学但在职。图 C5. 3 显示，大多数青年人完成学业之后从事全职工作。在一些国家，如荷兰和挪威，15—29 岁的不在学但在职且工作时间少于每周 35 小时的人口比例较高（分别为 47%和 43%）。青年人做兼职工作但不在学的理由多种多样。有些人决定做兼职工作是因为要兼做家务，如照顾孩子或其他家庭成员；另一些人做兼职工作是因为找不到全职工作（表 C5. 4b）。

图 C5. 4 显示，在 OECD 国家在职但不在学的青年人中，男性比女性更容易找到全职工作。平均而言，82%的青年男性有全职工作，而有全职工作的青年女性仅占 67%。调查发现，比利时、意大利、卢森堡和荷兰的在职但不在学的青年人的性别差异最大，超过了 20 个百分点。在荷兰该年龄段所有在职但不在学的青年人中，67%的男性和 37%的女性从事全职工作。捷克、匈牙利、韩国、拉脱维亚、立陶宛和斯洛伐克的在职但不在学的青年人的性别差异最小，不到 5 个百分点（表 C5. 4b）。

图 C5.3　15—29 岁不在学的青年人比例，按周工作时数划分（2014 年）

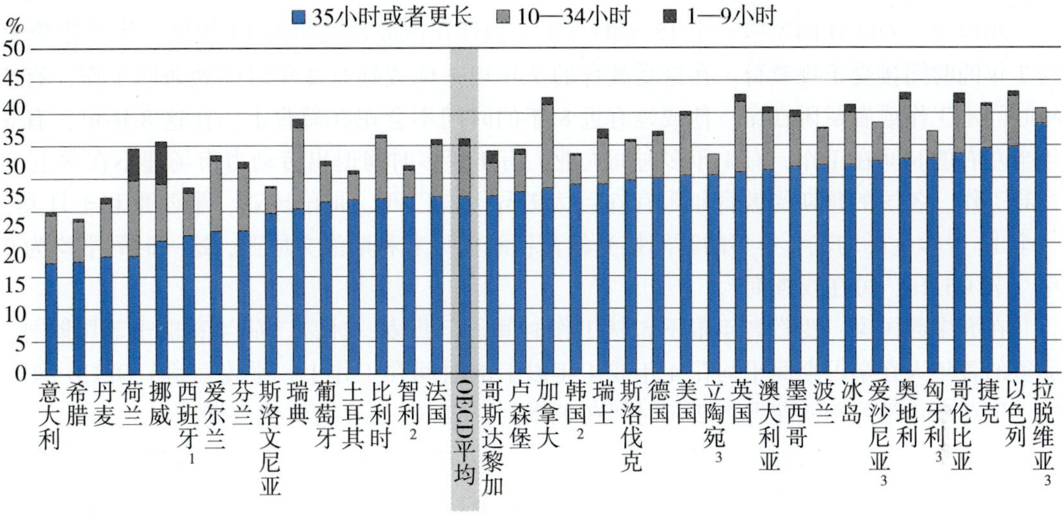

注：工作时数是每周实际的工作时间，包括加班时间。当每周实际工作时数等于零时，则用常规工作时数来代替。当一个国家不能够提供每周实际的工作时数时，则使用常规工作时数。

1. 16—29 岁青年人数据。
2. 2013 年数据。
3. 由于爱沙尼亚、匈牙利、拉脱维亚和立陶宛“1—9 小时”类别的数据不可靠，因此图中没有显示。

国家按照 15—29 岁不在学且每周工作 35 小时或者更长的青年人的百分比升序排列。

数据来源：OECD. Table C5. 4b. See Annex 3 for notes (www. oecd. org/education/education-at-a-glance-19991487. htm).

StatLink http://dx. doi. org/10. 1787/888933284314

图 C5.4　15—29 岁在职但不在学且周工作时数超过 35 小时的青年人比例，按性别划分（2014 年）

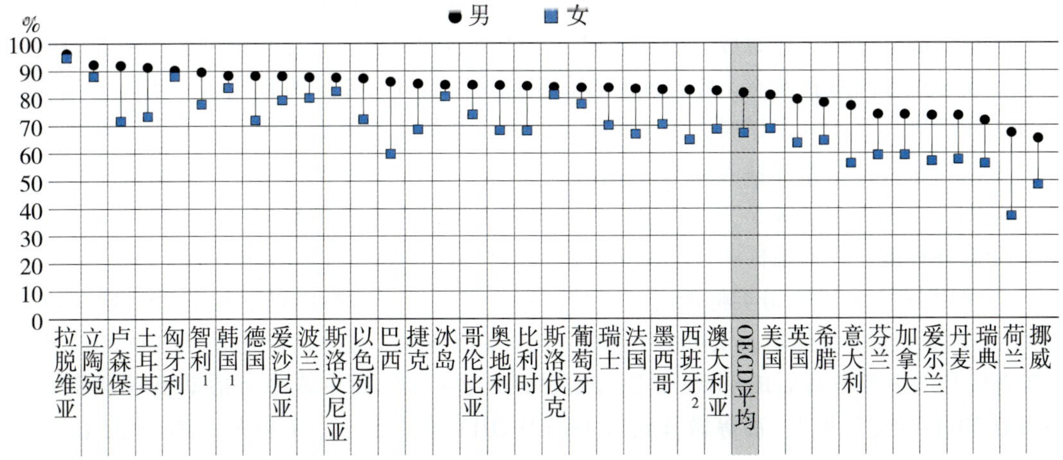

注：工作时数是每周实际的工作时间，包括加班时间。当每周实际工作时数等于零时，则用常规工作时数来代替。当一个国家不能够提供每周实际的工作时数时，则使用常规工作时数。

1. 2013 年数据。
2. 16—29 岁青年人数据。

国家按照 15—29 岁在职但不在学且周工作时数超过 35 小时的男性的百分比降序排列。

数据来源：OECD. Table C5. 4b. See Annex 3 for notes (www. oecd. org/education/education-at-a-glance-19991487. htm).

StatLink http://dx. doi. org/10. 1787/888933284323

C5

预期受教育年限

2014 年，OECD 国家中一个 15 岁的青年人预计在他或她随后的 15 年里，将再花费大约 7 年的时间接受正规教育。在这受教育的 7 年里，他或她有 2 年时间做兼职工作，有 5 年时间不工作或者赋闲在家。他或她有近 8 年的时间不会花在教育上。在这 8 年里，有 5 年半左右的时间在工作，有 1 年多时间失业，有 1 年多时间退出劳动力市场即不在学也不找寻工作。各国的预期受教育年限存在巨大差异。在巴西、哥伦比亚、墨西哥和土耳其，一个 15 岁学生平均花 5 年多的时间接受教育；而在丹麦和斯洛文尼亚，这一时间平均为 9 年（表 C5. 1a，可在线查询）。

在大多数国家，受教育年限不包括工作时间。但丹麦、冰岛、荷兰和瑞士等国除外，那里的青年人在学习期间平均花 4 年或 4 年以上的时间在工作上。平均而言，OECD 国家的学生在 7 年学习期间花费近 2 年时间在工作上（表 C5. 1a，可在线查询）。

预期受教育年限的性别差异不大，但女性比男性趋于花费更多时间接受教育，奥地利、智利、哥伦比亚、法国、德国、以色列、日本、卢森堡、荷兰、新西兰、挪威、葡萄牙、瑞士和英国除外，在这些国家里，男女预期受教育年限相近。在韩国和土耳其，男性的预期受教育年限比女性高。在其他一些国家，离校就业人口的性别差异巨大。例如，在墨西哥和土耳其，男性的工作时间比女性多 3 年以上（表 C5. 1a，可在线查询）。

定　义

从业人员是指那些在统计周内，从事有偿工作（雇员）或者获利工作（个体经营者和无报酬家庭劳动者）至少 1 小时以上的人；或有工作岗位但是暂时没有上班的人（如受伤、生病、休假、罢工或停工、脱产接受教育或培训、休产假或育儿假等）。

工作时间是实际工作时数，定义为用于生产商品和服务的直接和辅助活动所花时间的总和。实际工作时数指所有工作时间，也包括加班的时间，不论有偿与否。实际工作的统计期为统计周。当实际工作时数无法收集到时，用常规工作时数替代。

赋闲在家人群是指那些在统计期内既没有就业也没有失业的人群，如不找工作的人群。赋闲在家人群数量等于劳动年龄人群数量减去劳动力人群数量。

受教育程度：在该指标中使用了两项国际教育分类标准（ISCED 2011 和 ISCED-97）。

当使用 ISCED 2011 分类标准时，受教育程度被定义为：**高中以下**对应 ISCED 2011 等级 0、1 和 2，包括获得学历认可的 ISCED 2011 等级 3，未考虑是否完成 ISCED 2011 等级 3 或直接升入中等教育后的非高等教育或高等教育学习；**高中或中等后非高等教育**对应 ISCED 2011 等级 3 和 4；**高等教育**对应 ISCED 2011 等级 5、6、7 和 8（UNESCO Institute for Statistics，2012）。

当使用 ISCED-97 分类标准时，受教育程度被定义为：**高中以下**对应 ISCED-97 等级 0、1、2 和 3C 短期课程；**高中或中等后非高等教育**对应 ISCED-97 等级 3A、3B、3C 长期课程和 4；**高等教育**对应 ISCED-97 等级 5A、5B 和 6。

参见本书开篇关于 ISCED 2011 等级的介绍和附录 3 中关于 ISCED-97 等级的介绍。

NEET：既不在职也不在学或接受培训的人群。

失业人员是指那些在统计周内没有工作者（如既没有工作，也没有在有偿工作或者自我雇佣条件下工作到一小时或者更长时间者)，积极寻找工作者（如在统计周前四周内已采取行动寻找有偿工作或者自我雇用者)，即将开始工作者（如在统计周后两周内可获得有偿工作或者自我雇用者)。

方　法

大多数国家的人口、学历和就业状况方面的数据来源于 OECD 和欧盟统计局数据库，这些数据由 OECD LSO 网络根据一季度或前三个月全国劳动力调查数据整理而来。数据收集中可能存在某些瑕疵。例如，就业数据中某些国家使用的可能是所有工作的数据，而有些则是主要工作的数据。更多信息参见附录 3（www. oecd. org/education/education-at-a-glance-19991487. htm)。

以色列 2013 年既不在职也不在学或接受培训的人群比例与 2011 年及往年的数据不可比。以色列 2013 年将应征入伍者看作从业人员，而 2011 年和之前没有将他们算作劳动力。

关于以色列数据的说明

以色列的统计数据由以色列有关当局负责提供。在使用这些数据时，OECD 根据国际法的规定对戈兰高地、东耶路撒冷和约旦河西岸以色列定居点的地位不持偏见。

参考文献

Dundes, L. and J. Marx (2006), “Balancing Work and Academics in College: Why Do Students Working 10 to 19 Hours per Week Excel?”, *Journal of College Student Retention: Research, Theory and Practice*, Vol. 8, No. 1.

Murier, T. (2006), “L’activité professionnelle des élèves et des étudiants: Une étude basée sur les résultats de l’enquête suisse sur la population active 1996—2005”, *Actualité OFS*, No. 3, Neuchatel.

OECD (2010), “How good is part-time work?”, in *OECD Employment Outlook 2010: Moving beyond the Jobs Crisis*, OECD Publishing, Paris, http://dx. doi. org/10. 1787/empl_outlook-2010-5-en.

UNESCO Institute for Statistics (2012), *International Standard Classification of Education: ISCED 2011*, UNESCO-UIS, Montreal, Canada, www. uis. unesco. org/Education/Documents/isced-2011-en. pdf.

C5

表 C5.2a [1/2] 15—29 岁在学/不在学的青年人百分比，按工作状态、年龄组和性别划分（2014 年）

	20—24 岁青年人											
	年轻男性											
	在学						不在学					在学和不在学合计
	在职	在职		失业	赋闲在家	小计（在职+失业+赋闲在家）	在职	NEET	NEET		小计（在职+失业+赋闲在家）	
		就读工学结合课程的学生[1]	其他在职						失业	赋闲在家		
	(85)	(86)	(87)	(88)	(89)	(90)	(91)	(92)	(93)	(94)	(95)	(96)
OECD 国家												
澳大利亚	24.2	7.2	17.0	2.8	15.0	41.9	46.4	11.7	6.2	5.4	58.1	100
奥地利	15.9	3.5	12.4	1.8	19.3	37.0	50.4	12.5	7.1	5.4	63.0	100
比利时	3.8	c	2.6	c	39.4	43.9	37.3	18.8	12.9	5.9	56.1	100
加拿大	15.7	x(87)	15.7	1.5	19.4	36.6	47.9	15.5	8.6	6.8	63.4	100
智利[2]	10.7	x(87)	10.7	2.2	29.2	42.1	42.6	15.4	6.7	8.6	57.9	100
捷克	10.3	6.7	3.6	c	31.8	42.6	48.3	9.1	6.9	2.2	57.4	100
丹麦	31.8	x(87)	31.8	4.9	21.3	58.0	29.2	12.8	5.6	7.2	42.0	100
爱沙尼亚	12.6	x(87)	12.6	c	26.6	40.8	43.3	16.0	9.0	7.0	59.2	100
芬兰	14.2	x(87)	14.2	4.9	25.5	44.6	37.8	17.5	10.5	7.0	55.3	100
法国	12.4	x(87)	12.4	1.0	31.1	44.5	37.5	18.0	13.5	4.5	55.5	100
德国	26.6	15.3	11.4	0.9	25.7	53.2	37.8	9.0	5.4	3.6	46.8	100
希腊	2.6	a	2.6	2.4	41.1	46.1	23.4	30.5	24.1	6.3	53.9	100
匈牙利	2.2	a	2.2	c	37.1	39.8	43.1	17.2	9.1	8.1	60.2	100
冰岛	30.9	a	30.9	c	13.3	47.2	42.7	10.1	5.5	4.6	52.8	100
爱尔兰	12.5	a	12.5	2.0r	31.5	46.0	33.2	20.5	15.4	5.1	53.7	100
以色列	8.4	x(87)	8.4	1.2	15.8	25.4	59.4	15.2	5.7	9.5	74.6	100
意大利	1.7	a	1.7	1.3	34.0	37.0	28.0	34.6	20.0	14.6	62.5	100
日本	m	m	m	m	m	m	m	m	m	m	m	m
韩国[2]	9.4	a	9.4	0.7	38.5	48.6	28.7	22.7	3.3	19.3	51.4	100
卢森堡	3.7r	a	3.7r	c	53.3	57.7	30.6	11.8	11.0	c	42.3	100
墨西哥	9.2	a	9.2	0.8	18.1	28.1	61.6	10.3	6.1	4.2	71.9	100
荷兰	34.9	x(87)	34.9	3.6	18.4	56.8	33.6	9.6	3.9	5.6	43.2	100
新西兰	20.2	a	20.2	1.4	19.6	41.2	48.8	9.8	5.5	4.2	58.5	100
挪威	30.5	19.5	10.9	1.6	19.3	51.4	39.1	9.5	3.3	6.2	48.6	100
波兰	9.4	a	9.4	1.7	29.0	40.1	41.0	18.9	12.1	6.7	59.9	100
葡萄牙	4.3	a	4.3	3.1	34.8	42.2	34.1	23.7	17.4	6.3	57.8	100
斯洛伐克	1.9	c	c	c	37.1	39.8	42.3	17.9	16.7	1.2r	60.2	100
斯洛文尼亚	13.5	x(87)	13.5	3.2r	43.8	60.5	25.3	14.2	9.3	4.8r	39.5	100
西班牙	4.8	x(87)	4.8	8.0	34.2	46.9	22.9	30.2	24.1	6.1	53.1	100
瑞典	9.9	a	9.9	7.4	23.7	41.0	45.8	13.1	8.4	4.7	59.0	100
瑞士	24.1	10.2	13.9	c	16.7	42.0	43.1	14.6	8.6	6.0	57.7	100
土耳其	17.1	a	17.1	2.9	16.8	36.8	42.7	20.5	9.5	11.1	63.2	100
英国	14.1	3.8	10.3	2.0	18.5	34.6	50.5	14.9	10.6	4.2	65.4	100
美国	16.7	x(87)	16.7	1.1	18.8	36.6	48.7	14.7	6.2	8.4	63.4	100
OECD 平均（不包括日本）	13.9	m	12.2	2.6	27.2	43.4	40.2	16.3	10.0	6.6	56.5	100
欧盟 21 国平均	11.6	m	10.5	3.2	31.3	45.4	36.9	17.6	12.0	5.8	54.6	100
伙伴国												
阿根廷	m	m	m	m	m	m	m	m	m	m	m	m
巴西[2]	13.6	a	13.6	1.7	6.2	21.6	63.2	15.2	6.3	9.0	78.4	100
中国	m	m	m	m	m	m	m	m	m	m	m	m
哥伦比亚	12.1	a	12.1	2.7	10.0	24.7	62.4	12.9	8.6	4.3	75.3	100
哥斯达黎加	21.8	a	21.8	6.1	11.1	39.0	49.1	11.9	9.2	2.7	61.0	100
印度	m	m	m	m	m	m	m	m	m	m	m	m
印度尼西亚	m	m	m	m	m	m	m	m	m	m	m	m
拉脱维亚	17.0	a	17.0	3.0r	22.4	42.4	40.8	16.9	10.7	6.1	57.6	100
立陶宛	12.1	a	c	c	32.0	46.0	39.2	14.8	10.1	c	54.0	100
俄罗斯	m	m	m	m	m	m	m	m	m	m	m	m
沙特阿拉伯	m	m	m	m	m	m	m	m	m	m	m	m
南非	m	m	m	m	m	m	m	m	m	m	m	m
G20 平均	m	m	m	m	m	m	m	m	m	m	m	m

注：NEET 指既不在职也不在学或接受培训的人群。显示总人口和/或其他年龄组数据的各列可在线查询（参见以下 StatLink）。

1. 就读工学结合课程的学生被认为既在学又在职，不考虑国际劳工组织（ILO）对他们的劳动力市场状态的定义。

2. 2013 年数据。

数据来源：OECD. Latvia，Lithuania：Eurostat. See Annex 3 for notes（www.oecd.org/education/education-at-a-glance-19991487.htm）.

缺失数据代码参见《读者指南》。

StatLink http://dx.doi.org/10.1787/888933285989

表 C5.2a ［2/2］ 15—29 岁在学/不在学的青年人百分比，按工作状态、年龄组和性别划分（2014 年）

	20—24 岁青年人											
	年轻女性											
	在学						不在学					在学和不在学合计
	在职			失业	赋闲在家	小计（在职+失业+赋闲在家）	在职	NEET			小计（在职+失业+赋闲在家）	
	在职	就读工学结合课程的学生[1]	其他在职					NEET	失业	赋闲在家		
	(97)	(98)	(99)	(100)	(101)	(102)	(103)	(104)	(105)	(106)	(107)	(108)
OECD 国家												
澳大利亚	27.5	0.5r	27.0	2.9	13.6	43.9	41.2	14.9	4.1	10.7	56.1	100
奥地利	16.8	2.9	13.9	2.5	21.9	41.3	47.3	11.5	4.8	6.7	58.7	100
比利时	4.9	c	3.8	1.5	44.4	50.8	30.4	18.9	9.2	9.6	49.2	100
加拿大	24.4	x(99)	24.4	1.9	19.4	45.7	40.3	14.0	4.9	9.1	54.3	100
智利[2]	9.2	x(99)	9.2	3.4	33.3	46.0	27.4	26.7	5.4	21.2	54.0	100
捷克	10.1	4.9	5.2	c	44.6	55.3	29.2	15.5	5.4	10.1	44.7	100
丹麦	35.0	x(99)	35.0	4.0	25.3	64.3	23.1	12.7	4.5	8.2	35.7	100
爱沙尼亚	20.0	x(99)	20.0	c	31.0	52.2	31.5	16.3	3.9	12.4	47.8	100
芬兰	25.6	x(99)	25.6	4.9	27.1	57.6	28.4	13.6	4.1	9.5	42.0	100
法国	10.3	x(99)	10.3	1.2	36.7	48.2	33.1	18.7	10.1	8.6	51.8	100
德国	28.5	13.3	15.2	0.7	25.9	55.0	33.6	11.4	4.0	7.3	45.0	100
希腊	2.4	a	2.4	2.6	47.2	52.2	15.7	32.1	23.8	8.2	47.8	100
匈牙利	2.6	a	2.6	c	43.0	46.2	29.7	24.1	8.6	15.5	53.8	100
冰岛	39.4	a	39.4	c	11.8	53.0	38.4	8.7	c	6.6	47.0	100
爱尔兰	12.0	a	12.0	1.6r	31.0	44.5	33.5	21.7	9.7	12.0	55.2	100
以色列	16.6	x(99)	16.6	1.4	15.6	33.6	44.5	21.9	5.4	16.6	66.4	100
意大利	2.5	a	2.5	1.4	42.0	45.9	18.7	35.1	16.3	18.8	53.7	100
日本	m	m	m	m	m	m	m	m	m	m	m	m
韩国[2]	10.1	a	10.1	0.8	29.9	40.8	37.5	21.7	3.9	17.8	59.2	100
卢森堡	11.4	a	11.4	3.9r	43.7	59.0	34.7	6.3r	c	4.1r	41.0	100
墨西哥	6.6	a	6.6	0.9	19.4	26.8	33.8	39.4	3.8	35.7	73.2	100
荷兰	33.8	x(99)	33.8	4.1	18.5	56.4	32.5	11.2	4.2	7.0	43.6	100
新西兰	20.1	a	20.1	2.9	17.2	40.1	40.6	19.2	6.0	13.2	59.8	100
挪威	31.1	8.2	22.9	1.7	21.0	53.7	35.8	10.4	1.8	8.6	46.3	100
波兰	12.9	a	12.9	3.0	41.1	57.0	23.4	19.6	8.8	10.8	43.0	100
葡萄牙	4.6	a	4.6	4.2	35.3	44.2	31.8	24.1	16.9	7.2	55.8	100
斯洛伐克	3.1	c	c	c	53.5	57.4	23.4	19.2	10.3	8.9	42.6	100
斯洛文尼亚	22.5	x(99)	22.5	2.7r	52.7	77.9	9.5	12.6	7.3r	5.3r	22.1	100
西班牙	7.4	x(99)	7.4	8.7	37.0	53.1	19.0	27.9	19.9	7.9	46.9	100
瑞典	16.6	a	16.6	7.1	27.8	51.6	37.6	10.8	5.2	5.6	48.4	100
瑞士	27.5	7.4	20.0	2.7	17.7	47.8	42.1	10.1	5.0	5.1	52.2	100
土耳其	7.0	a	7.0	2.1	17.5	26.6	22.4	51.0	5.1	45.9	73.4	100
英国	15.1	1.9	13.2	1.6	17.8	34.5	46.3	19.2	6.5	12.7	65.5	100
美国	21.7	x(99)	21.7	1.2	16.6	39.4	40.2	20.3	6.2	14.2	60.6	100
OECD 平均（不包括日本）	16.3	m	15.5	2.8	29.7	48.5	32.0	19.4	7.6	12.2	51.4	100
欧盟 21 国平均	14.2	m	13.5	3.3	35.6	52.6	29.2	18.2	9.2	9.4	47.4	100
伙伴国												
阿根廷	m	m	m	m	m	m	m	m	m	m	m	m
巴西[2]	14.0	a	m	2.2	9.8	26.0	41.4	32.6	7.7	24.9	74.0	100
中国	m	m	m	m	m	m	m	m	m	m	m	m
哥伦比亚	11.8	a	m	3.2	12.0	27.1	36.8	36.1	10.9	25.2	72.9	100
哥斯达黎加	16.7	a	m	8.4	19.9	45.0	22.3	32.7	10.1	22.6	55.0	100
印度	m	m	m	m	m	m	m	m	m	m	m	m
印度尼西亚	m	m	m	m	m	m	m	m	m	m	m	m
拉脱维亚	14.6	a	m	c	36.7	52.5	31.2	16.3	7.0	9.3	47.5	100
立陶宛	13.3	a	c	c	40.1	55.7	26.2	18.1	8.9	9.2	44.3	100
俄罗斯	m	m	m	m	m	m	m	m	m	m	m	m
沙特阿拉伯	m	m	m	m	m	m	m	m	m	m	m	m
南非	m	m	m	m	m	m	m	m	m	m	m	m
G20 平均	m	m	m	m	m	m	m	m	m	m	m	m

注：NEET 指既不在职也不在学或接受培训的人群。显示总人口和/或其他年龄组数据的各列可在线查询（参见以下 StatLink）。

1. 就读工学结合课程的学生被认为既在学又在职，不考虑国际劳工组织（ILO）对他们的劳动力市场状态的定义。

2. 2013 年数据。

数据来源：OECD. Latvia，Lithuania：Eurostat. See Annex 3 for notes（www.oecd.org/education/education-at-a-glance-19991487.htm）.

缺失数据代码参见《读者指南》。

StatLink http：//dx.doi.org/10.1787/888933285989

表 C5.3a 15—29 岁在学/不在学的青年人百分比，按受教育程度、工作状态和性别划分（2014 年）

	高等教育											
	合计(年轻男性+年轻女性)											
	在学						不在学					在学和不在学合计
	在职	在职：就读工学结合课程的学生[1]	在职：其他在职	失业	赋闲在家	小计(在职+失业+赋闲在家)	在职	NEET	NEET：失业	NEET：赋闲在家	小计(在职+失业+赋闲在家)	
	(73)	(74)	(75)	(76)	(77)	(78)	(79)	(80)	(81)	(82)	(83)	(84)
OECD 国家												
澳大利亚	15.2	c	15.0	1.4	8.7	25.3	66.1	8.6	2.5	6.1	74.7	100
奥地利	20.8	c	20.5	2.4	15.0	38.2	55.9	5.9	3.1	2.9	61.8	100
比利时	5.5	c	5.2	c	16.0	22.2	68.3	9.5	6.0	3.5	77.8	100
加拿大	13.4	x(75)	13.4	1.0	9.8	24.2	65.0	10.8	5.2	5.6	75.8	100
智利[2]	5.8	a	5.8	1.0	7.0	13.8	68.2	18.0	8.6	9.4	86.2	100
捷克	11.0	m	10.9	c	20.0	31.8	56.4	11.8	4.4	7.4	68.2	100
丹麦	27.4	x(75)	27.4	2.4r	9.6	39.4	49.3	11.3	7.6	3.6	60.6	100
爱沙尼亚	16.6	x(75)	16.6	c	8.2	26.3	60.0	13.7	4.8	8.9	73.7	100
芬兰	17.7	x(75)	17.7	1.8r	6.9	26.4	60.4	13.2	5.6	7.5	73.6	100
法国	10.6	x(75)	10.6	0.5	16.2	27.4	60.9	11.7	8.1	3.6	72.6	100
德国	14.5	1.1	13.3	1.3	9.7	25.5	68.9	5.6	2.3	3.2	74.5	100
希腊	2.2	a	2.2	1.5r	5.4	9.1	50.6	40.3	35.8	4.5	90.9	100
匈牙利	3.6	a	3.6	c	9.8	13.7	71.8	14.5	5.7	8.8	86.3	100
冰岛	14.8	a	14.8	c	c	21.6	73.1	c	c	c	78.4	100
爱尔兰	7.7	a	7.7	1.2r	11.7	20.7	67.4	11.9	7.4	4.5	79.3	100
以色列	15.2	x(75)	15.2	0.7	4.2	20.0	67.6	12.3	5.3	7.1	80.0	100
意大利	4.5	a	4.5	1.7	29.4	35.5	34.5	29.2	14.0	15.2	63.7	100
日本	m	m	m	m	m	m	m	m	m	m	m	m
韩国[2]	1.4	a	1.4	0.0	1.6	3.0	72.2	24.8	5.8	18.9	97.0	100
卢森堡	11.5	a	11.5	m	19.9	31.3	59.5	9.1	7.3	c	68.7	100
墨西哥	8.0	a	8.0	0.7	12.1	20.7	63.0	16.2	7.4	8.8	79.3	100
荷兰	21.4	x(75)	21.4	1.6	8.7	31.7	62.4	5.9	3.1	2.9	68.3	100
新西兰	12.8	a	12.8	0.7	6.9	20.4	70.9	8.7	3.8	4.9	79.6	100
挪威	12.3	m	12.3	0.8	13.0	26.2	68.5	5.2	2.4	2.8	73.8	100
波兰	10.6	a	10.6	1.6	12.2	24.5	63.0	12.5	7.1	5.4	75.5	100
葡萄牙	8.8	a	8.8	3.1	18.1	30.0	51.8	18.1	13.9	4.2	70.0	100
斯洛伐克	4.5	c	c	c	26.8	31.6	52.3	16.1	9.1	7.0	68.4	100
斯洛文尼亚	17.2	x(75)	17.2	4.0r	12.4	33.6	50.5	15.9	11.6	4.3r	66.4	100
西班牙[3]	10.9	x(75)	10.9	7.4	14.3	32.6	46.7	20.7	16.7	4.0	67.4	100
瑞典	17.7	a	17.7	4.4	17.3	39.5	55.0	5.5	3.0	2.5	60.5	100
瑞士	15.8	c	15.3	1.2	7.6	24.7	67.8	7.2	4.3	3.0	75.1	100
土耳其	18.9	a	18.9	3.1	6.2	28.2	46.3	25.6	10.2	15.4	71.8	100
英国	11.8	0.9	10.8	1.3	8.9	21.9	69.8	8.3	4.1	4.2	78.1	100
美国	13.6	x(75)	13.6	0.4	8.4	22.4	66.5	11.1	3.7	7.4	77.6	100
OECD 平均(不包括日本)	12.2	m	12.4	1.8	11.9	25.6	60.9	13.7	7.5	6.4	74.4	100
欧盟 21 国平均	12.2	m	12.5	2.4	14.1	28.2	57.9	13.8	8.6	5.4	71.7	100
伙伴国												
阿根廷	m	m	m	m	m	m	m	m	m	m	m	m
比利时[2]	3.1	a	3.1	0.3	1.2	4.7	82.1	13.3	5.6	7.7	95.3	100
中国	m	m	m	m	m	m	m	m	m	m	m	m
哥伦比亚	15.5	a	15.5	2.5	4.2	22.3	61.2	16.5	10.7	5.9	77.7	100
哥斯达黎加	28.7	a	29.0	7.0	6.7	42.4	47.8	9.8	7.5	2.3	57.6	100
印度	m	m	m	m	m	m	m	m	m	m	m	m
印度尼西亚	m	m	m	m	m	m	m	m	m	m	m	m
拉脱维亚	12.3	a	12.3	c	4.7	17.8	69.8	12.4	3.4r	9.0	82.2	100
立陶宛	c	a	c	c	c	9.1	78.9	12.0	7.0	c	90.9	100
俄罗斯	m	m	m	m	m	m	m	m	m	m	m	m
沙特阿拉伯	m	m	m	m	m	m	m	m	m	m	m	m
南非	m	m	m	m	m	m	m	m	m	m	m	m
G20 平均	m	m	m	m	m	m	m	m	m	m	m	m

注：NEET 指既不在学也不在职或接受培训的人群。数据参考 ISCED 2011。巴西数据参考 ISCED-97。见定义部分对受教育程度的描述。显示按性别分组和/或其他受教育程度群体数据的各列可在线查询（参见以下 StatLink）。
1. 就读工学结合课程的学生被认为既在学又在职，不考虑国际劳工组织（ILO）对他们的劳动力市场状态的定义。
2. 2013 年数据。
3. 16—29 岁青年人数据。
数据来源：OECD. Latvia，Lithuania：Eurostat. See Annex 3 for notes（www.oecd.org/education/education-at-a-glance-19991487.htm）.
缺失数据代码参见《读者指南》。
StatLink http：//dx.doi.org/10.1787/888933285997

表 C5.4a　15—29 岁在学/不在学的青年人百分比，按工作时数和年龄组划分（2014 年）

		20—24 岁青年人													
		在学							不在学						
		在职-每周工作时数					在职	失业或赋闲在家	在职-每周工作时数					在职	失业或赋闲在家
		1—9	10—19	20—34	35+	不可知			1—9	10—19	20—34	35+	不可知		
		(15)	(16)	(17)	(18)	(19)	(20)	(21)	(22)	(23)	(24)	(25)	(26)	(27)	(28)
OECD 国家	澳大利亚	3.6	x(17)	14.0[d]	8.2	0.0	25.8	17.1	1.2	x(24)	10.7[d]	31.9	0.0	43.8	13.2
	奥地利	3.9	4.2	2.7	5.5	16.4	16.4	22.8	0.8	1.2	7.6	39.3	0.0	48.8	12.0
	比利时	1.3	c	0.8	1.2	c	4.3	43.0	c	2.2	7.5	23.8	c	33.9	18.9
	加拿大	4.4	8.3	5.2	2.2	0.0	20.0	21.0	1.2	3.1	12.5	27.4	0.0	44.2	14.8
	智利[1]	1.1	1.1	1.9	5.6	0.3	9.9	34.1	0.7	1.3	3.1	29.1	0.7	34.9	21.1
	捷克	c	0.8	1.8	1.9	5.3	10.2	38.6	c	0.9	5.0	32.6	c	38.9	12.3
	丹麦	12.4	8.9	3.3	8.6	c	33.4	27.7	1.5	2.5	6.4	15.7	0.0	26.1	12.7
	爱沙尼亚	c	1.5	7.1	5.9	c	16.2	30.1	c	c	4.2	29.8	2.4	37.6	16.1
	芬兰	5.5	5.7	4.7	3.4	c	19.7	31.2	1.3	2.2	8.5	21.1	c	33.3	15.6
	法国	1.4	2.0	1.5	6.4	0.1	11.3	35.0	0.9	1.9	6.6	25.8	0.1	35.3	18.3
	德国	4.4	3.8	2.1	17.2	0.0	27.5	26.6	0.6	1.7	3.9	29.6	0.0	35.8	10.1
	希腊	c	0.5r	0.9r	1.1	0.0	2.5	46.7	0.4r	1.1	4.7	13.4	0.0	19.5	31.3
	匈牙利	c	c	1.0	1.0	c	2.4	40.5	c	c	3.6	32.1	c	36.5	20.6
	冰岛	7.4	9.2	7.0	11.4	0.0	35.1	14.9	c	c	5.2	32.8	0.0	40.5	9.4
	爱尔兰	1.9	4.9	2.8	2.6	c	12.2	33.0	0.9r	2.3	9.2	20.7	c	33.4	21.1
	以色列	1.9	2.7	4.6	3.3	0.0	12.4	17.0	0.9	2.3	7.7	41.1	0.0	52.0	18.5
	意大利	0.4	0.4	0.7	0.5	c	2.1	39.3	0.6	1.2	6.1	15.3	0.3	23.4	34.8
	日本	m	m	m	m	m	m	m	m	m	m	m	m	m	m
	韩国[1]	1.6	x(17)	5.2[d]	2.9	0.0	9.8	34.6	0.4	x(24)	4.8[d]	28.0	0.3	33.5	22.2
	卢森堡	c	c	2.2r	3.7	c	7.6	50.8	c	3.3r	4.1	21.9	1.9r	32.6	9.0
	墨西哥	0.7	1.1	2.0	3.9	0.2	7.9	19.6	1.0	2.5	5.8	37.2	1.0	47.6	24.9
	荷兰	14.3	8.0	6.3	4.8	0.9	34.3	22.3	4.4	2.6	9.1	15.8	1.1	33.0	10.4
	新西兰	x(19)	x(19)	x(19)	x(19)	20.1[d]	20.1	20.5	x(26)	x(26)	x(26)	x(26)	44.7[d]	44.7	14.4
	挪威	9.9	5.8	5.0	7.9	0.0	30.8	21.7	6.2	3.0	7.4	21.0	0.0	37.5	10.0
	波兰	0.3	0.7	2.9	7.3	0.0	11.1	37.2	0.0	0.7	4.1	27.6	0.0	32.5	19.2
	葡萄牙	c	c	0.8	1.8	c	4.4	38.8	c	1.8	4.6	24.3	1.5	32.9	23.9
	斯洛伐克	0.0	c	0.7r	1.2	0.0	2.5	45.9	c	1.2	4.2	27.2	c	33.1	18.6
	斯洛文尼亚	2.3r	3.2r	7.2	5.0	0.0	17.8	51.1	c	1.2r	1.5r	15.0	0.0	17.7	13.4
	西班牙	1.2	x(17)	3.1[d]	1.7	0.0	6.1	43.9	0.9	x(24)	5.7[d]	14.4	0.0	21.0	29.0
	瑞典	4.8	3.5	2.9	1.9	c	13.2	33.0	1.7	3.3	11.7[d]	23.0	c	41.8	12.0
	瑞士	4.6	3.1	3.4	4.2	10.5	25.7	19.1	0.9	0.9	5.5	30.7	4.5	42.6	12.4
	土耳其	0.2	0.6	1.0	10.0	0.0	11.8	19.7	0.4	1.6	2.5	27.7	0.0	32.2	36.3
	英国	2.2	3.9	2.7	4.7	1.2	14.6	19.9	1.2	4.2	8.1	33.4	1.5	48.4	17.0
	美国	1.6	4.3	7.9	5.3	0.1	19.2	18.9	0.7	2.0	9.2	32.6	0.0	44.5	17.5
	OECD 平均(不包括日本)	3.6	3.7	3.6	4.8	2.4	15.1	30.8	1.3	2.0	6.3	26.4	2.3	36.2	17.9
	欧盟 21 国平均	3.8	3.5	2.8	4.2	2.2	12.9	36.1	1.2	2.0	6.0	24.0	0.6	33.1	17.9
伙伴国	阿根廷	m	m	m	m	m	m	m	m	m	m	m	m	m	m
	巴西[1]	x(19)	x(19)	x(19)	x(19)	13.8[d]	13.8	10.0	x(26)	x(26)	x(26)	x(26)	52.2[d]	52.2	24.0
	中国	m	m	m	m	m	m	m	m	m	m	m	m	m	m
	哥伦比亚	1.1	1.3	2.3	7.3	0.0	11.9	14.0	1.6	2.5	6.2	38.8	0.0	49.1	24.9
	哥达斯黎加	1.4	1.5	2.1	14.4	0.0	19.4	22.4	1.9	2.0	2.9	29.8	0.0	36.6	21.6
	印度	m	m	m	m	m	m	m	m	m	m	m	m	m	m
	印度尼西亚	m	m	m	m	m	m	m	m	m	m	m	m	m	m
	拉脱维亚	c	c	5.2	10.0	0.0	15.8	31.5	0.0	c	1.3r	33.2	c	36.1	16.6
	立陶宛	c	c	4.1	8.1	c	12.7	38.0	c	c	c	28.9	c	32.9	16.4
	俄罗斯	m	m	m	m	m	m	m	m	m	m	m	m	m	m
	沙特阿拉伯	m	m	m	m	m	m	m	m	m	m	m	m	m	m
	南非	m	m	m	m	m	m	m	m	m	m	m	m	m	m
	G20 平均	m	m	m	m	m	m	m	m	m	m	m	m	m	m

注：工作时间显示的是每周实际的工作时数，包括超时。当每周实际工作时数等于零，则用通常的工作时数来代替。当一个国家不能够提供每周实际的工作时数，则使用通常的工作时数。显示其他年龄组数据的各列可在线查询（参见以下 StatLink）。

1. 2013 年数据。

数据来源：OECD. Latvia，Lithuania：Eurostat. See Annex 3 for notes（www.oecd.org/education/education-at-a-glance-19991487.htm）.

缺失数据代码参见《读者指南》。

StatLink http://dx.doi.org/10.1787/888933286000

C5

表 C5.4b　15—29 岁在学/不在学的青年人百分比，按工作时数和性别划分（2014 年）

		总计(年轻男性+年轻女性)													
		在学							不在学						
		在职-每周工作时数					在职	失业或赋闲在家	在职-每周工作时数					在职	失业或赋闲在家
		1—9	10—19	20—34	35+	不可知			1—9	10—19	20—34	35+	不可知		
		(1)	(2)	(3)	(4)	(5)	(6)	(7)	(8)	(9)	(10)	(11)	(12)	(13)	(14)
OECD 国家	澳大利亚	5.5	x(3)	10.6[d]	7.3	0.0	23.5	23.0	0.9	x(10)	8.7[d]	31.2	0.0	40.9	12.6
	奥地利	3.3	2.6	2.7	9.2	0.0	17.9	27.5	1.0	1.8	7.4	32.9	0.0	43.1	11.6
	比利时	0.9	c	0.8	1.3	0.5	3.8	44.3	0.5	2.1	7.2	26.9	c	36.9	15.0
	加拿大	5.1	7.1	3.6	1.8	0.0	17.6	26.6	1.1	2.6	10.2	28.5	0.0	42.4	13.4
	智利[1]	0.7	0.8	1.4	4.6	0.2	7.6	41.0	0.7	1.1	3.0	27.1	0.7	32.7	18.8
	捷克	0.2	0.6	1.4	2.0	21.3	25.5	20.5	0.4	0.9	5.6	34.5	c	41.5	12.5
	丹麦	13.5	8.1	2.2	6.2	c	30.0	32.1	0.9	1.9	6.2	18.1	0.0	27.1	10.7
	爱沙尼亚	0.7	1.2	3.7	5.3	c	11.1	34.2	c	1.3	4.7	32.5	1.2	40.1	14.6
	芬兰	4.7	3.7	3.1	3.9	0.3[r]	15.7	38.6	0.9	1.9	7.7	22.0	c	32.6	12.9
	法国	0.8	1.0	0.9	4.5	0.0	7.2	40.5	0.8	1.7	6.2	27.2	0.0	36.0	16.3
	德国	3.5	2.6	1.8	12.4	0.0	20.3	33.4	0.7	1.7	4.7	30.0	0.0	37.2	9.2
	希腊	c	0.3[r]	0.6	1.0	0.0	1.8	45.9	0.5	1.2	4.9	17.3	0.0	23.9	28.3
	匈牙利	c	c	0.5	1.0	c	1.7	43.4	c	0.5	3.6	33.0	c	37.4	17.5
	冰岛	7.7	7.7	6.3	9.9	0.0	31.6	18.4	1.2	2.3	5.7	32.0	0.0	41.2	8.8
	爱尔兰	1.5	2.5	1.7	1.7	c	7.5	40.4	0.8	2.4	8.3	21.9	0.4	34.0	18.0
	以色列	2.2	2.5	4.1	3.9	0.0	12.6	30.2	0.7	1.9	5.9	34.8	0.0	43.3	13.8
	意大利	0.2	0.3	0.6	0.6	0.0	1.8	44.9	0.6	1.3	5.9	17.1	0.3	25.3	27.6
	日本[2]	x(5)	x(5)	x(5)	x(5)	10.8[d]	10.8	53.5	x(12)	x(12)	x(12)	x(12)	29.2[d]	29.2	6.6
	韩国[1]	0.7	x(3)	2.9[d]	1.8	0.0	5.5	42.2	0.3	x(10)	4.4[d]	29.0	0.5	34.3	18.0
	卢森堡	1.5	0.7[r]	1.9	2.9	0.7[r]	7.6	48.0	0.8[r]	1.2	4.5	27.9	1.8	36.2	8.2
	墨西哥	1.0	1.4	1.9	3.1	0.2	7.5	28.7	1.0	2.2	5.4	31.7	1.0	41.4	22.4
	荷兰	14.4	6.5	4.7	3.9	1.2	30.7	24.5	4.9	2.4	9.1	18.2	1.0	35.5	9.2
	新西兰	x(5)	x(5)	x(5)	x(5)	16.6[d]	16.6	28.5	x(12)	x(12)	x(12)	x(12)	41.8[d]	41.8	12.9
	挪威	10.0	4.4	3.6	6.4	0.0	25.8	30.0	6.6	2.4	6.3	20.5	0.0	35.7	8.5
	波兰	0.1	0.5	1.5	4.3	0.0	6.5	39.9	0.2	0.8	4.8	32.0	0.0	37.7	15.8
	葡萄牙	0.5	0.3	0.7	1.7	0.3	3.6	44.4	0.7	1.3	4.2	26.4	1.7	34.3	17.7
	斯洛伐克	0.0	0.3	0.5	1.1	0.0	2.0	43.1	0.3	1.3	4.6	29.7	0.3	36.2	18.7
	斯洛文尼亚	1.5	1.8	3.5	5.6	0.0	12.3	45.2	0.2[r]	0.9[r]	3.0	24.7	0.0	28.8	13.7
	西班牙[3]	0.8	x(3)	2.2[d]	2.2	0.0	5.1	40.4	0.9	x(10)	6.5[d]	21.3	0.0	28.6	25.8
	瑞典	4.6	2.7	2.3	2.2	c	11.9	39.4	1.3	2.6	9.8	25.4	0.1[r]	39.3	9.4
	瑞士	3.3	1.9	2.4	3.4	16.2	27.2	21.7	1.5	1.8	5.2	29.1	3.6	41.2	9.9
	土耳其	0.2	0.6	1.4	7.1	0.0	9.2	28.0	0.5	1.3	2.6	26.7	0.0	31.2	31.6
	英国	3.0	3.1	2.1	4.1	1.1	13.3	28.2	1.1	3.6	7.2	30.9	1.3	44.1	14.4
	美国	1.7	3.7	5.4	3.8	0.1	14.6	30.1	0.6	1.6	7.6	30.4	0.0	40.3	15.0
	OECD 平均(不包括日本)	3.1	2.5	2.6	4.1	2.1	13.2	34.8	1.1	1.7	6.0	27.2	1.9	36.4	15.5
	欧盟 21 国平均	2.9	2.1	1.9	3.7	1.6	11.3	38.1	0.9	1.6	6.0	26.2	0.5	35.0	15.6
伙伴国	阿根廷	m	m	m	m	m	m	m	m	m	m	m	m	m	m
	巴西[1]	x(5)	x(5)	x(5)	x(5)	13.0[d]	13.0	22.7	x(12)	x(12)	x(12)	x(12)	44.0[d]	44.0	20.3
	中国	m	m	m	m	m	m	m	m	m	m	m	m	m	m
	哥伦比亚	1.3	1.6	2.1	5.8	0.0	10.9	24.7	1.5	2.3	5.5	33.7	0.0	43.0	21.4
	哥斯达黎加	1.1	1.4	2.0	10.8	0.0	15.3	31.7	1.9	1.7	3.3	27.3	0.0	34.2	18.8
	印度	m	m	m	m	m	m	m	m	m	m	m	m	m	m
	印度尼西亚	m	m	m	m	m	m	m	m	m	m	m	m	m	m
	拉脱维亚	c	c	2.0	6.5	0.0	8.9	35.2	0.0	0.6[r]	1.7	38.4	0.6[r]	41.3	14.5
	立陶宛	c	c	2.0	4.7	c	7.0	44.0	c	c	3.2	30.4	c	34.8	14.2
	俄罗斯	m	m	m	m	m	m	m	m	m	m	m	m	m	m
	沙特阿拉伯	m	m	m	m	m	m	m	m	m	m	m	m	m	m
	南非	m	m	m	m	m	m	m	m	m	m	m	m	m	m
	G20 平均	m	m	m	m	m	m	m	m	m	m	m	m	m	m

注：工作时间显示的是每周实际的工作时数，包括超时。当每周实际工作时数等于零，则用通常的工作时数来代替。当一个国家不能够提供每周实际的工作时数，则使用通常的工作时数。显示按性别分组的数据的各列可在线查询（参见以下 StatLink）。

1. 2013 年数据。

2. 15—24 岁青年人数据。

3. 16—19 岁青年人数据。

数据来源：OECD. Latvia，Lithuania：Eurostat. See Annex 3 for notes（www.oecd.org/education/education-at-a-glance-19991487.htm）.

缺失数据代码参见《读者指南》。

StatLink http：//dx.doi.org/10.1787/888933286011

多少成人参与教育和学习？

指标 C6

- 在参与2012年成人技能调查（PIAAC）的OECD国家和地区中，有大约50%的从业成人参与了雇主资助的正规和/或非正规教育。参与比例从丹麦、芬兰、荷兰和挪威的超过60%，到法国、意大利、波兰、俄罗斯和斯洛伐克的不到40%不等。
- 大约有60%的掌握信息与通信技术（ICT）及问题解决技能的成人参与了雇主资助的正规和/或非正规教育，不具备计算机使用能力的成人的参与率只有18%。
- 大约60%的熟练工人参与了雇主资助的正规和/或非正规教育，非熟练工人的参与率只有25%。

图 C6.1 雇主资助的正规和/或非正规教育的参与情况，按使用信息与通信技术解决问题的技能划分（2012年）

成人技能调查，25—64岁从业人员

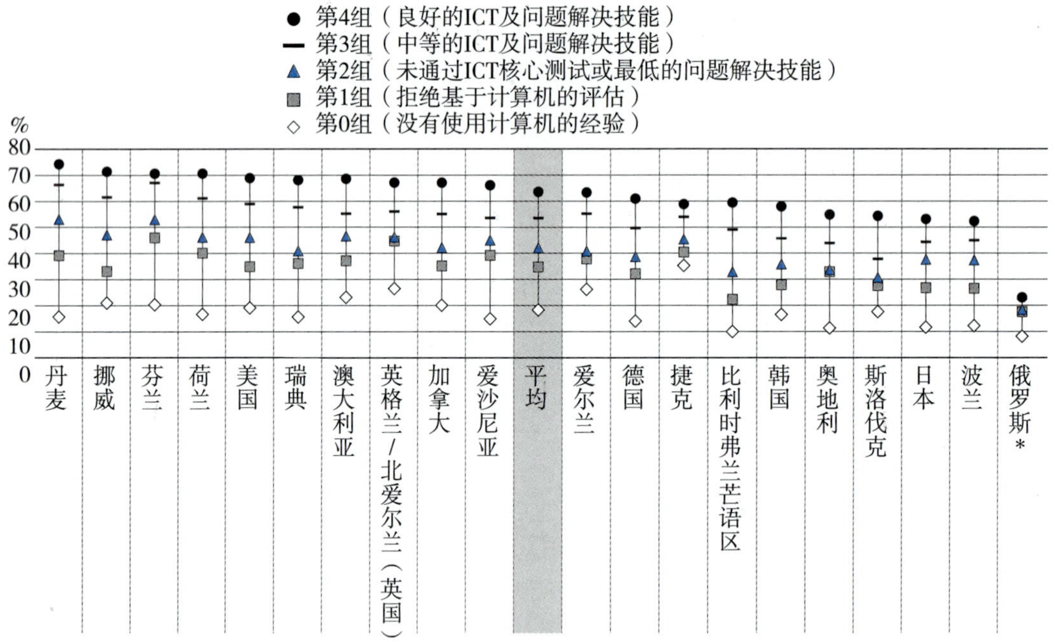

* 参见方法部分关于俄罗斯数据的说明。

国家按照第4组（拥有良好的ICT及问题解决技能）参与雇主资助的正规和/或非正规教育的比例降序排列。

数据来源：OECD. Table C6.1 (P). See Annex 3 for notes (www.oecd.org/education/education-at-a-glance-19991487.htm).

StatLink http://dx.doi.org/10.1787/888933284339

背 景

成人学习在帮助成人在一生中培养和维持诸如信息处理这样的关键技能、获取其他知识和技能方面发挥着重要作用。为那些接受过初始正规教育的成人，特别是为那些需要不断适应整个职业生涯变化的从业人员提供有组织的学习机会并确保他们能享受到这些机会非常重要。继续学习的机会对高技能岗位和低技能岗位的成人都很重要。在高技术领域，员工需要不断提升自己的能力以适应快速发展的技术变革。在低技术领域，由于常规工作正日益被机器所取代，而且工厂也可能迁移到劳动力成本较低的国家，低技术领域的员工以及低技能岗位的员工面临着更高的失业风险，因此，他们必须通过学习来提高适应性。一般来说，员工的劳动生产率越高，雇主越愿意投资于员工的教育。

其他发现

- 在所有国家中，员工参与雇主资助的正规和/或非正规教育的比例与一些关键技能如识字、计算能力及学历水平有很强的相关关系。这些因素共同作用，为那些高技能和高学历且趋向通过参与成人教育活动以获得更多技能的人群创造了良性循环。这些因素的结合，也使得低学历、低技能及缺乏机会接受正规教育以补偿技能缺失的群体陷入了恶性循环。
- 在工作中经常使用读、写和计算技能的员工在雇主资助的正规和/或非正规教育中的参与率最高。
- 在所有参与成人技能调查的 OECD 国家和地区中，有 57%的全职员工参与了雇主资助的正规和/或非正规教育，而兼职员工的参与率只有 33%。
- 在所有国家中，25—34 岁的员工比 55—64 岁的员工更可能参与雇主资助的正规和/或非正归教育。

C6

分 析

雇主资助的正规和/或非正规教育

当雇主有兴趣投资于员工的人力资本时，雇主就会支持员工参与教育培训活动。这种支持或体现在时间上，如工作期间提供教育培训活动；或体现在财政支持上，如向员工发放助学金。

在参与成人技能调查的OECD国家和地区中，有大约50%的从业成人参与了雇主资助的正规和/或非正规教育。参与比例从丹麦、芬兰、荷兰和挪威的超过60%，到法国、意大利、波兰、俄罗斯和斯洛伐克的不到40%不等［表C6.1（p）］。

各国成人参与学习活动的巨大差异表明，各国在职学习的文化背景、机会和成人教育结构等方面也存在着显著差异。成人技能调查（PIAAC）的结果显示，在某一特定国家，有组织的学习活动的参与程度与关键信息处理技能之间存在明显的关系。

教育参与和ICT技能以及学历的关系

2012年成人技能调查对成人运用ICT解决问题的能力进行了测量。图C6.1显示，在所有参与该调查的OECD国家和地区，能够很好地运用ICT解决问题的成人中有63%的人参与了雇主资助的正规和/或非正规教育；而不具备计算机使用能力的成人中只有18%的人参与了此种教育。因此，高技能成人参与雇主资助的正规和/或非正规教育的比例是低技能成人的三倍多［表C6.1（P）］。

在所有参与该调查的OECD国家和地区，参与度随熟练水平的提高而提高。除澳大利亚、捷克、英格兰、爱尔兰、北爱尔兰（英国）和俄罗斯外，熟练工参与雇主资助的正规和/或非正规教育的比例是非熟练工的三倍多。澳大利亚、捷克、英国、爱尔兰、北爱尔兰和俄罗斯的熟练工参与雇主资助的正规和/或非正规教育的概率是非熟练工的两倍或近三倍。在捷克、英格兰（英国）、爱尔兰和北爱尔兰（英国）至少有25%的不具备计算机使用能力的人参与了雇主资助的正规和/或非正规教育。在澳大利亚、丹麦、英格兰（英国）、芬兰、荷兰、挪威、瑞典和美国，大约2/3（67%或更多）的能够很好地运用ICT解决问题的员工从雇主处得到了进一步学习培训的支持［表C6.1（P）］。

成人在工作中运用ICT解决问题的频率也与参与雇主资助的正规和/或非正规教育的情况相关。ICT活动调查包括：使用e-mail、互联网、电子表格、文字处理、程序语言、网上交易、在线讨论（会议、聊天）等活动。受访者回答了他们参与每项活动的情况：从不参加、一个月少于一次、一周少于一次但至少一月一次、一周至少一次但不是每天、每天。通过建立使用频率的测量指标，从而对受访者的活动频率与所有成人的活动频率进行比较。

在所有参与成人技能调查的OECD国家和地区，从不参与ICT活动的人群中参与正规和/或非正规教育的比例为36%，而经常参与ICT活动的人群中参与正规和/或非正规教育的比例为67%。同时，至少60%的人适度或经常（如一周少于一次但至少一月一次、一周至少一次但不是每天、每天）参与正规和/或非正规教育（表C6.3e，可在线查询）。

员工的受教育程度也与参与雇主资助的正规和/或非正规教育的情况紧密相关。在所有参与成人技能调查的OECD国家和地区中，高学历员工参与上述活动的概率大约是低学历员工的两倍（接受过高等教育的员工中有 62%的人参与，而高中以下学历的员工中只有 29%的人参与）。总体而言，在参与度较低的国家这种差别更大（相关系数为 0.86）（表 C6.2a）。

教育参与和工作环境的关系

工作岗位需求也影响员工参与教育培训的需求和愿望。工作岗位体现了该工作所需要的技能水平。成人技能调查将工作岗位分为四类：熟练岗位（管理者、专业人员、技术人员和助理人员）、半熟练白领岗位（文职人员、服务和销售人员）、半熟练蓝领岗位（熟练体力劳动者）和基础岗位。

图 C6.2 包括未参与成人技能调查的国家的成人技能调查信息和成人教育调查信息。由于它们之间不能直接比较，因此结果单列。图的左侧数据来源于 2012 年成人技能调查，为参与雇主资助的正规/非正规教育培训的情况。图的右侧数据来源于 2011 年成人教育调查，为雇主资助的、与工作有关的非正规教育和培训的参与情况。

就 OECD 国家和地区平均而言，熟练岗位的员工中有 62%的人参与了正规和/或非正规教育，基础岗位的员工中只有 26%的人参与。熟练岗位的员工参与正规和/或非正规教育的概率是基础岗位员工的两倍多（表 6.2c）。这个结果支持这样一个论点：更高技能岗位的员工更有可能参与正规和/或非正规教育。工作岗位已经被看作影响员工使用技能的重要影响因素（OECD，2013，p.181）。

图 C6.2　雇主资助的教育的参与情况，按岗位划分（2011 年和 2012 年）

成人技能调查和成人教育调查，25—64 岁从业人员

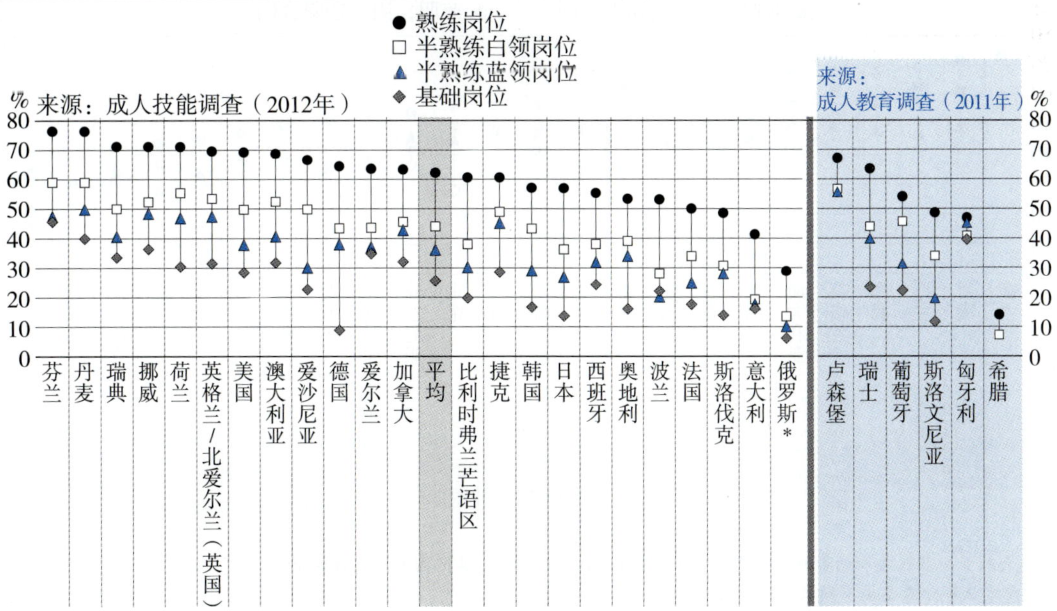

注：参与成人技能调查的国家数据涉及的是“雇主资助的正规和/或非正规教育”。参与欧盟统计所成人教育调查的数据涉及的是“雇主资助的、与工作相关的非正规教育和培训”。

* 参见方法部分关于俄罗斯数据的说明。

国家按照熟练岗位的员工参与雇主资助的正规和/或非正规教育的比例降序排列。

数据来源：OECD. Table C6.2c. See Annex 3 for notes (www.oecd.org/education/education-at-a-glance-19991487.htm).

StatLink http://dx.doi.org/10.1787/888933284342

熟练岗位员工参与正规和/或非正规教育最多，基础岗位员工参与最少。就参与成人技能调查的国家而言，意大利和波兰非熟练岗位员工的参与率大致相同，且相对较低。澳大利亚、加拿大、捷克、德国、挪威和斯洛伐克的半熟练蓝领员工和白领员工的参与率稍有不同，而绝大多数其他国家白领员工的参与率更高。在丹麦、芬兰和挪威，有超过35%的基础岗位员工参与正规和/或非正规教育，同时，熟练岗位员工的参与率超过了70%。熟练岗位员工参与率最低的国家有奥地利、法国、意大利、日本、韩国、波兰、俄罗斯、斯洛伐克和西班牙，这些国家只有不到60%的熟练岗位员工参与学习活动。在参与成人教育调查的国家中，基础岗位员工参与率最高的国家是匈牙利，为40%；熟练岗位员工参与率最高的是卢森堡，大约为67%（表C6.2c）。

教育参与和劳动合同类型以及行业的关系

或许不足为奇，每周工作不超过30小时的兼职员工参与正规和/或非正规教育特别是雇主资助的正规和/或非正规教育的概率要比全职员工低。在所有参与成人技能调查的OECD国家和地区中，有52%的每周工作30小时以上的全职员工参与教育培训，而兼职员工的参与率仅为35%。持有限合同的员工（43%）要比持无限合同的员工（55%）参与教育活动的机会少（表C6.2d）。

图C6.3 雇主资助的正规和/或非正规教育的参与情况，按工作时间和合同类型划分（2012年）

成人技能调查，25—64岁从业人员

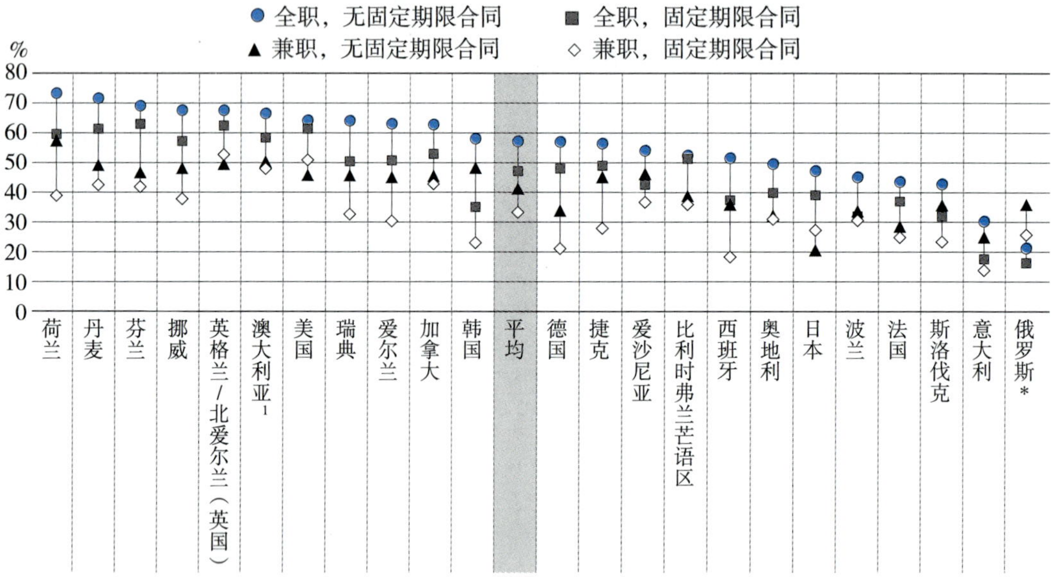

1. 澳大利亚全职或兼职的数据为每周工作不超过60小时的数据，其他国家没有规定上限。

* 参见方法部分关于俄罗斯数据的说明。

国家按照全职并持有无固定期限合同的员工参与雇主资助的正规和/或非正规教育的比例降序排列。

数据来源：OECD. Table C6.2d. See Annex 3 for notes (www.oecd.org/education/education-at-a-glance-19991487.htm).

StatLink http://dx.doi.org/10.1787/888933284355

图C6.3显示了上述两个变量的参与效果。雇主将全职且持有无固定期限合同的员工的教育投资看作低风险投资，因为他们待在公司的时间更长，会用更高的生产率回报投资。持无固定期限合同的兼职员工的情况则相反。这个结果证实：在 OECD 国家和地区，持无固定期限合同的全职员工中有 57%的人参与了雇主资助的正规和/或非正规教育，而持固定期限合同的兼职员工中只有 33%的人参与（表 6. 2d）。

在成人技能调查中所使用的行业分类（如资源业、制造业、低端服务业和高端服务业）反映了范围更广的技能需求。就像预期的一样，所有 OECD 国家和地区从事高端服务业的人群的参与率最高，为 59%；绝大多数国家资源行业的人群的参与率最低，为 36%。制造业和低端服务业人群的参与率的不同大致反映了制造业的技能需求情况（表 C6. 2e，可在线查询）。有关行业分类的更多详细内容请见附录 3（www. oecd. org/education/education-at-a-glance-19991487. htm）。

教育参与和在工作中学习的情况的关系

工作环境也是学习环境，在工作场所能否开展其他学习活动可作为衡量参与情况的指标。测量该变量的指标包括：从管理者或合作者身上学习新事物；做中学；紧跟新产品或新服务的要求。图 C6. 4 显示，在工作中从其他活动中学到更多知识的员工也是参与雇主资助的培训最多的员工。该图也显示出天花板效应：那些从不在工作中学习的员工与偶尔学习的员工的参与率直线上升，而那些经常通过其他活动在工作中学习的员工的参与率却很平稳。这种天花板效应也被指标中的其他三个独立变量所证明（表 C6. 3a）。

图 C6. 4 雇主资助的正规和/或非正规教育的参与情况，按在工作中学习的情况划分（2012 年）

成人技能调查，25—64 岁从业人员

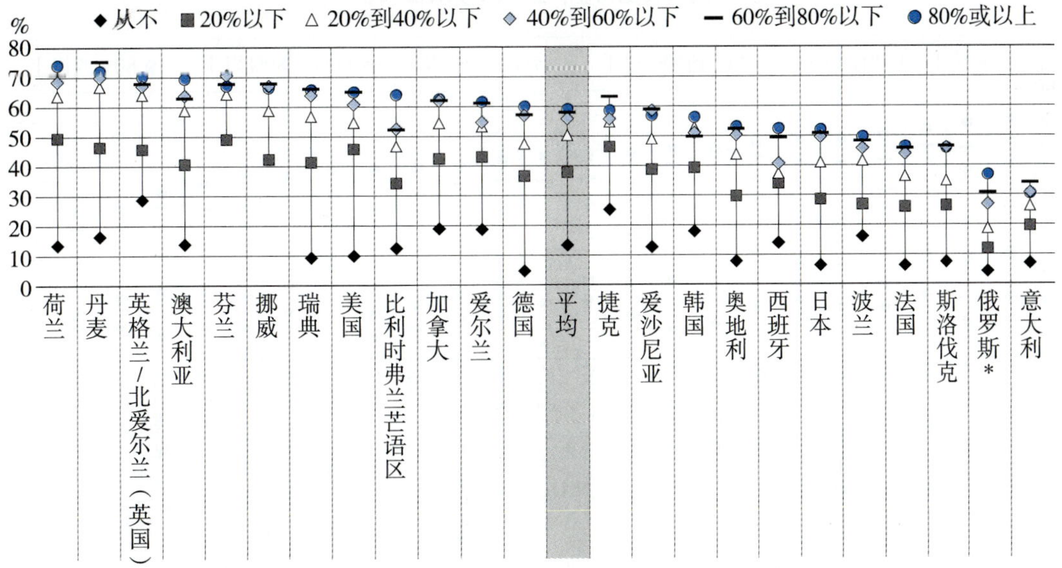

* 参见方法部分关于俄罗斯数据的说明。

国家按照在工作中学习的指数为 80%或以上的员工参与雇主资助的正规和/或非正规教育的比例降序排列。

数据来源：Table C6. 3a. See Annex 3 for notes（www. oecd. org/education/education-at-a-glance-19991487. htm）.

StatLink http：//dx. doi. org/10. 1787/888933284364

在所有参与成人技能调查的 OECD 国家和地区，从不参加任何学习活动的人群中仅有13%的人参与雇主资助的正规和/或非正规教育，而参加其他学习活动的人群中有59%的人参与。后者是前者的四倍多。在法国、德国、日本、俄罗斯和瑞典，根据参与工作中其他活动的情况，两者的差异在七倍以上。这些国家从不参与其他学习活动的人群的参与率很低。相反，那些从不参与其他学习活动的人群参与正规和/或非正规教育的比例（超过16%）相对较高的国家和地区，其差异较小（少于四倍）。这些国家和地区包括加拿大、捷克、英格兰（英国）、爱尔兰、韩国、北爱尔兰（英国）和波兰（表C6.3a）。

教育参与和在工作中使用信息处理技能的情况的关系

成人技能调查询问了员工在工作中使用各种技能的情况。这些技能被分成信息处理技能（包括读、写、算、ICT和解决问题的技能）以及其他一般性技能（包括任务辨识、在工作中学习、影响力、合作技能、自我管理能力、灵活性和身体技能）（OECD，2013）。

结果显示，被测量的所有信息处理技能都显示出与参与正规和/或非正规教育之间有强相关。这些结果证实了技能应用频率较高的群体具有较高的教育参与率这一假设（表C6.3b至表C6.3e，可在线查询）。

在工作中的阅读指数可用来测量八个不同的任务。图C6.5显示，在参与成人技能调查的所有OECD国家和地区，经常读书的成人中有67%的人参与正规和/或非正规教育。相反，从不读书的成人中只有14%的人参与。参与率随着读书频率的提高而稳步提高（表C6.3b，可在线查询）。

图C6.5 雇主资助的正规和/或非正规教育的参与情况，按在工作中使用阅读技能的情况划分（2012年）

成人技能调查，25—64岁从业人员

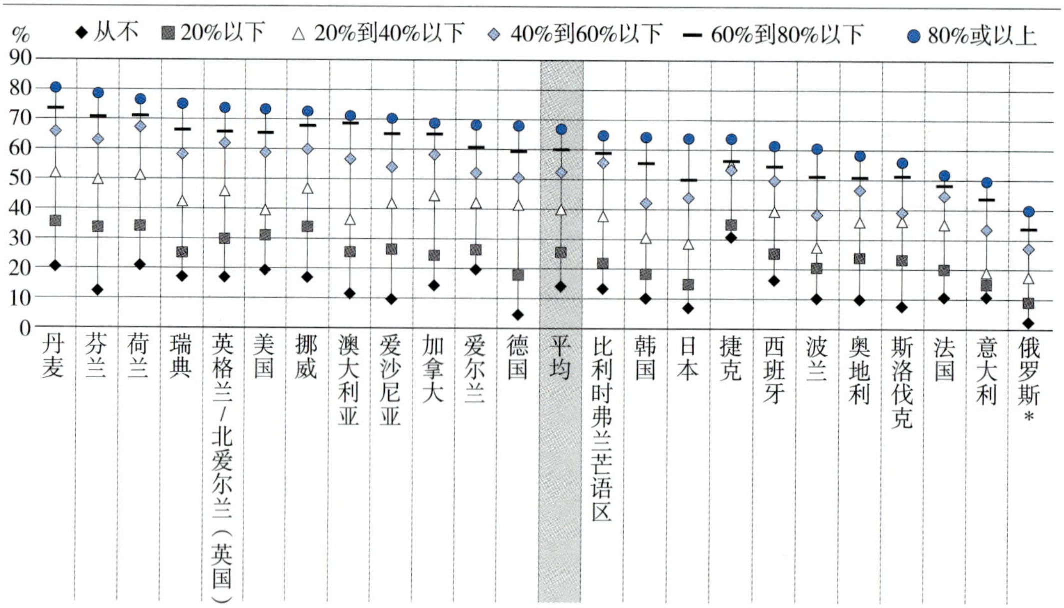

*参见方法部分关于俄罗斯数据的说明。

国家按照在工作中阅读技能的使用指数为80%或以上的员工参与雇主资助的正规和/或非正规教育的比例降序排列。

数据来源：OECD. Table C6.3b, available on line. See Annex 3 for notes (www.oecd.org/education/education-at-a-glance-19991487.htm).

StatLink http://dx.doi.org/10.1787/888933284377

在丹麦、芬兰、荷兰和瑞典，经常阅读的员工中有超过 3/4 的人参与正规和/或非正规教育（75%或更多）。在奥地利、爱沙尼亚、德国、日本、俄罗斯和斯洛伐克，在工作中从不阅读书的员工中只有不到 1/10（少于 10%）的人参与了这样的学习活动（表 C6. 3b，可在线查询）。

在参与成人技能调查的所有 OECD 国家和地区，在工作中从不写作的员工中有 19%的人参与雇主资助的正规和/或非正规教育，而经常写作的员工中有 67%的人参与。在工作中使用写作技能的频率越高，其参与率越高（表 C6. 3c，可在线查询）。

在计算技能的使用方面，结果也相似。从 OECD 国家和地区的平均情况看，在工作中经常使用计算技能的员工中，有 63%的人参与雇主资助的正规和/或非正规教育；在从不使用计算技能的员工中，只有 33%的人参与（表 6. 3d，可在线查询）。

教育参与和在工作使用一般技能的关系

图 C6. 6 显示，在工作中使用影响力技能与参与雇主资助的正规和/或非正规教育之间有强相关。随着这些技能的使用，参与率呈现出稳定增长的态势——从不使用影响力技能的员工的 33%的参与率到经常使用影响力技能的员工的 63%的参与率。后者是前者的近两倍（表 C6. 3f，可在线查询）。

图 C6. 6 雇主资助的正规和/或非正规教育的参与情况，按在工作中使用影响力技能的情况划分（2012 年）

成人技能调查，25—64 岁从业人员

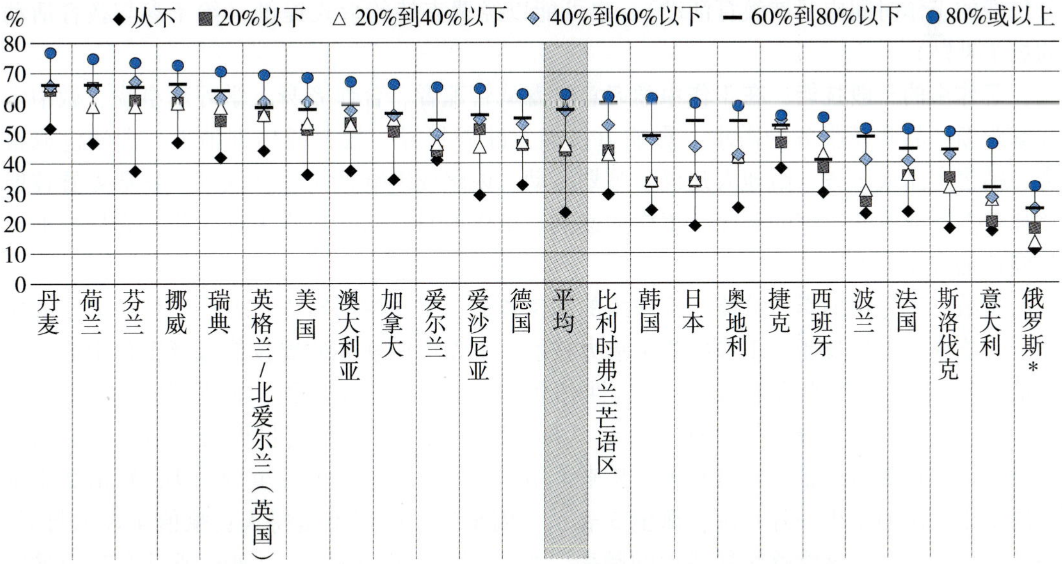

* 参见方法部分关于俄罗斯数据的说明。

国家按照在工作中影响力技能的使用指数为 80%或以上的员工参与雇主资助的正规和/或非正规教育的比例降序排列。

数据来源：Table C6. 3f, available on line. See Annex 3 for notes (www. oecd. org/education/education-at-a-glance-19991487. htm).

StatLink http://dx. doi. org/10. 1787/888933284386

在大多数国家，参与率随着员工使用影响力技能频率的增长而稳定增长。在奥地利、捷克、比利时弗兰芒语区、德国和波兰，使用影响力技能频率最高的两组员工的参

C6

与率接近（相差5个百分点或以下），这显示出一种温和的天花板效应（表C6.3f，可在线查询）。

从来不用任务处置技能（选择或改变工作任务的顺序、工作的速度、工作的时间以及决定怎样工作）的员工参与雇主资助的正规和/或非正规教育的比率最低。从OECD国家和地区的平均情况看，这样的员工的参与率只有29%。在绝大多数国家中，参与率在从不使用任务处置技能到偶尔使用之间稳步提升，但是最常使用任务处置技能的员工的参与率呈回落态势（表C6.3g，可在线查询）。

定 义

成人指25—64岁人口。

教育和培训：正规教育指由学校、学院、大学和其他正规教育机构提供的有计划的教育，通常为儿童和年轻人提供一个连续的“阶梯式”全日制教育。其举办者既可以是公共机构也可以是私人机构。**非正规教育**指不符合上述正规教育定义的持久的教育活动。非正规教育可以在教育机构内和教育机构外举办，且面向所有年龄阶段的个体。根据国情的不同，非正规教育可以涵盖成人识字、为辍学儿童提供的基础教育、生活技能、工作技能和一般文化陶冶等方面的课程。为了提示受访者列出其在调查前12个月内所有的学习活动，成人技能调查列出了非正规教育可能包含的各项活动，包括开放或远程学习课程、私人课程、有组织的在岗培训、报告会以及专题研讨会。其中有些学习活动可能是短期的。

雇主资助的正规和/或非正规教育：雇主资助可能以时间的形式提供（如在全部或部分付费的工作时间内开展教育活动），也可能以经费支持的形式提供（给予参与教育活动的员工补贴）。

工作中的一般技能：在工作中学习意味着从管理者、合作者身上学习新事物、做中学并紧跟新产品和新服务的需求。**影响力技能**意味着指导、教育或培训他人、做演讲或报告、销售产品或服务、给他人建议、策划活动、说服或影响他人以及谈判。**任务处置技能**意味着选择或改变工作的顺序、工作的速度、工作的时间以及决定怎样工作。**合作技能**指与同伴的合作能力。

指数：工作中的学习技能、工作中的阅读技能、工作中的写作技能、工作中的计算技能、工作中的ICT技能、工作中的影响力技能、工作中的任务处置技能以及工作中的合作技能的指数按照沃姆加权平均似然性估值（WLE）进行归类。该指数按照李克特（Likert）量表将变量分为从“从不”到“每天”五级。对这些变量而言，不同技能的使用情况可进行数量比较：赋值0表示从来不用；赋值1表示一个月至少一次；赋值2表示一周少于一次但至少一月一次；赋值3表示一周至少一次但不是每天；赋值4表示每天。因此，这种分类应该能够解释活动的频率，“从不”为最小频率，“80%或以上”为最大频率。关于指数的更多细节，请见《OECD技能概览2013：来自成人技能调查的初步结果》（*OECD Skills Outlook 2013：First Results from the Survey of Adult Skills*）第143页（OECD，2013）。

产业分类：资源业、制造业、低端服务业、高端服务业是按照ISIC2C分类标准界定的。每一类别所包含的具体信息参见附录3。

信息处理技能：读指阅读文件（指令、指南、信件、备忘录、电子邮件、论文、书籍、说明书、账单、发票、图示、地图)；**写**指写作文件（信件、备忘录、电子邮件、论文、报告、表格)；**计算**指统计价格、成本或预算，运用分数、小数或百分比，运用计算器，准备图或表，运用代数或公式，运用先进的数学或统计数据（微积分、三角函数、回归)；**ICT 技能**指使用电子邮件、互联网、电子表格、文字处理软件、编程语言、在线交易以及参与在线讨论（会议、聊天)。

受教育程度：高中以下教育对应 ISCED-97 的 0、1、2 以及 3C 短期课程；**高中或中等后非高等教育**对应 ISCED-97 的 3A、3B、3C 长期课程，以及 ISCED 4；**高等教育**对应 ISCED-97 的 5A、5B 和 6。

岗位：熟练岗位包括议员、高级官员和经理（ISCO 1)、专业技术人员（ISCO 2)、技术和助理人员（ISCO 3)；**半熟练白领岗位**包括职员（ISCO 4)、服务人员以及商场售货员（ISCO 5)；**半熟练蓝领岗位**包括熟练农业和渔业人员（ISCO 6)、手工艺及相关行业人员（ISCO 7)，以及厂房和机器操作员与装配工（ISCO 8)；**基础岗位**包括低技能岗位（ISCO 9)。

技能组反映了在技术环境下使用 ICT 解决问题的技能与意愿。在成人技能调查中，根据在技术环境下问题解决评估中成人成功完成的任务类型的特征及其得分，对每个组别进行描述。

- 第 0 组（没有使用计算机的经验)
- 第 1 组（拒绝基于计算机的评估)
- 第 2 组（未通过 ICT 核心测试或最低的问题解决技能——技术环境下的问题解决评估得分低于水平 1)
- 第 3 组（中等的 ICT 及问题解决技能——技术环境下的问题解决评估得分为水平 1)
- 第 4 组（良好的 ICT 及问题解决技能——技术环境下的问题解决评估得分为水平 2 或水平 3)

工作时间和合同类型：全职是指每周工作超过 30 小时；**固定期限合同**包括固定合同、临时就业代理合同以及学徒或其他培训计划。

方 法

所有的数据均来源于 2012 年成人技能调查（PIAAC)。许多技能变量直接取自成人技能调查问卷，其他变量取自背景调查问卷中的多个问题。这些变量已经进行了处理，所有国家的样本数据的平均值为 2、标准差为 1，因此各国之间可以进行有意义的比较（OECD，2013，p143)。更多信息参见《成人技能调查技术报告》(*Technical Report of the Survey of Adult Skills*)（OECD，2014，Chapter 20）以及附录 3（www. oecd. org/education/education-at-a-glance-19991487. htm)。

关于俄罗斯成人技能调查（PIAAC）数据的说明

读者应当注意到，俄罗斯样本中不包含莫斯科市区的人口。因此，公布的数据不能代表 16—65 岁的全体俄罗斯居民，而是除莫斯科市区人口之外该年龄段的俄罗斯居民。关于俄罗斯及其他国家数据的更多信息请参见成人技能调查技术报告（OECD，2014)。

C6

参考文献

OECD (2014), *Technical Report of the Survey of Adult Skills*, www. oecd. org/site/piaac/_Technical%20Report_17OCT13. pdf, pre-republication copy.

OECD (2013), *OECD Skills Outlook 2013: First Results from the Survey of Adult Skills*, OECD Publishing, Paris, http://dx. doi. org/10. 1787/9789264204256-en.

表 C6.1（P）　雇主资助的正规和/或非正规教育的参与情况，按使用信息与通信技术解决问题的技能划分（2012 年）

成人技能调查，25—64 岁从业人员

	第 0 组（没有使用计算机的经验）		第 1 组（拒绝基于计算机的评估）		第 2 组（未通过 ICT 核心测试或最低的问题解决技能）		第 3 组（中等的 ICT 及问题解决技能）		第 4 组（良好的 ICT 及问题解决技能）		所有技能组	
	%	S. E.	%	S. E.	%	S. E.	%	S. E.	%	S. E.	%	S. E.
	(1)	(2)	(3)	(4)	(5)	(6)	(7)	(8)	(9)	(10)	(11)	(12)
OECD 国家												
澳大利亚	23	(5.6)	37	(2.3)	46	(2.7)	55	(1.8)	68	(1.5)	56	(1.0)
奥地利	11	(2.6)	33	(2.6)	34	(2.6)	44	(2.0)	55	(1.9)	43	(0.8)
加拿大	20	(2.7)	35	(2.6)	42	(1.4)	55	(1.2)	67	(1.1)	54	(0.6)
捷克	35	(5.6)	40	(3.3)	45	(3.5)	54	(2.7)	59	(2.5)	51	(1.4)
丹麦	16	(5.3)	39	(3.1)	53	(2.3)	66	(1.5)	74	(1.2)	65	(0.8)
爱沙尼亚	15	(2.1)	39	(1.8)	45	(2.1)	53	(1.5)	66	(1.5)	50	(0.8)
芬兰	20	(6.2)	46	(2.8)	53	(2.4)	67	(1.6)	70	(1.2)	64	(0.8)
法国	m	m	m	m	m	m	m	m	m	m	37	(0.7)
德国	14	(2.4)	32	(3.7)	39	(2.3)	50	(2.0)	61	(1.6)	48	(1.1)
爱尔兰	26	(3.3)	38	(2.3)	41	(2.7)	55	(2.0)	63	(2.0)	50	(0.9)
意大利	m	m	m	m	m	m	m	m	m	m	26	(1.1)
日本	12	(1.9)	27	(2.2)	37	(2.4)	44	(2.4)	53	(1.6)	41	(0.9)
韩国	16	(1.6)	28	(2.7)	36	(2.1)	46	(1.9)	58	(2.5)	41	(0.9)
荷兰	17	(5.3)	40	(5.0)	46	(3.0)	61	(1.6)	70	(1.4)	62	(0.9)
挪威	21	(8.5)	33	(3.1)	47	(2.7)	61	(1.9)	71	(1.3)	61	(0.9)
波兰	12	(1.8)	26	(1.9)	37	(2.4)	45	(2.5)	52	(2.5)	35	(1.0)
斯洛伐克	18	(2.0)	27	(2.7)	31	(3.0)	38	(2.0)	54	(2.1)	37	(1.0)
西班牙	m	m	m	m	m	m	m	m	m	m	41	(0.9)
瑞典	16	(7.8)	36	(3.8)	41	(2.4)	58	(2.1)	68	(1.3)	58	(0.8)
美国	19	(4.5)	35	(3.8)	46	(3.0)	59	(2.1)	69	(1.6)	56	(1.3)
地区												
比利时弗兰芒语区	10	(2.6)	22	(3.4)	33	(2.3)	49	(1.7)	59	(1.5)	47	(0.9)
英格兰(英国)	27	(5.9)	45	(4.0)	46	(2.4)	56	(2.1)	67	(1.6)	57	(1.1)
北爱尔兰(英国)	25	(4.5)	42	(9.4)	43	(3.1)	57	(2.4)	64	(2.7)	53	(1.3)
英格兰/北爱尔兰(英国)	26	(5.4)	45	(3.9)	46	(2.4)	56	(2.0)	67	(1.6)	57	(1.1)
平均	18	(1.0)	35	(0.7)	42	(0.6)	53	(0.4)	63	(0.4)	49	(0.2)
伙伴国												
俄罗斯*	8	(1.8)	18	(6.7)	18	(2.8)	23	(2.0)	23	(2.3)	19	(1.5)

注：调查前 12 个月内参与教育或培训的情况。所有技能组指各组参与雇主资助的正规和非正规教育情况的平均值。
* 参见方法部分关于俄罗斯数据的说明。

数据来源：OECD. Survey of Adult Skills (PIAAC) (2012). See Annex 3 for notes (www.oecd.org/education/education-at-a-glance-19991487.htm).

缺失数据代码参见《读者指南》。

StatLink http://dx.doi.org/10.1787/888933286032

C6

表 C6.2a　雇主资助的教育的参与情况，按受教育程度划分（2011 年和 2012 年）

25—64 岁从业人员

		正规和/或非正规教育，成人技能调查（2012 年）							
		高中以下教育		高中或中等后非高等教育		高等教育		所有教育程度	
		%	S. E.	%	S. E.	%	S. E.	%	S. E.
		(1)	(2)	(3)	(4)	(5)	(6)	(7)	(8)
OECD	国家								
	澳大利亚	37	(1.9)	52	(1.4)	70	(1.2)	56	(1.0)
	奥地利	25	(2.1)	42	(1.1)	57	(2.1)	43	(0.8)
	加拿大	30	(1.9)	48	(1.0)	62	(0.8)	54	(0.6)
	捷克	33	(3.8)	50	(1.6)	59	(3.2)	51	(1.4)
	丹麦	46	(2.2)	61	(1.3)	76	(1.0)	65	(0.8)
	爱沙尼亚	30	(2.2)	41	(1.2)	63	(1.0)	50	(0.8)
	芬兰	39	(3.0)	57	(1.3)	74	(1.1)	64	(0.8)
	法国	21	(1.4)	34	(1.1)	51	(1.2)	37	(0.7)
	德国	20	(2.9)	43	(1.4)	61	(1.6)	48	(1.1)
	爱尔兰	32	(2.2)	43	(1.4)	64	(1.5)	50	(0.9)
	意大利	15	(1.8)	28	(1.4)	48	(2.4)	26	(1.1)
	日本	22	(2.5)	32	(1.4)	52	(1.2)	41	(0.9)
	韩国	18	(1.4)	33	(1.3)	58	(1.4)	41	(0.9)
	荷兰	44	(1.7)	60	(1.5)	74	(1.2)	62	(0.9)
	挪威	43	(2.2)	58	(1.7)	72	(1.1)	61	(0.9)
	波兰	18	(3.2)	25	(1.2)	53	(1.8)	35	(1.0)
	斯洛伐克	12	(2.1)	33	(1.4)	55	(1.7)	37	(1.0)
	西班牙	25	(1.4)	40	(2.4)	56	(1.3)	41	(0.9)
	瑞典	38	(2.9)	56	(1.2)	69	(1.2)	58	(0.8)
	美国	25	(3.2)	49	(1.7)	70	(1.3)	56	(1.3)
	地区								
	比利时弗兰芒语区	24	(2.5)	38	(1.5)	61	(1.5)	47	(0.9)
	英格兰(英国)	41	(2.6)	55	(1.5)	67	(1.6)	57	(1.1)
	北爱尔兰(英国)	31	(2.5)	54	(2.4)	67	(1.8)	53	(1.3)
	英格兰/北爱尔兰(英国)	41	(2.5)	55	(1.5)	67	(1.5)	57	(1.1)
	平均	29	(0.5)	44	(0.3)	62	(0.3)	49	(0.2)
伙伴国	俄罗斯*	11	(7.6)	9	(1.6)	23	(1.5)	19	(1.5)

		与工作相关的非正规教育，成人教育调查（2011 年）							
		高中以下教育		高中或中等后非高等教育		高等教育		所有教育程度	
		%	S. E.	%	S. E.	%	S. E.	%	S. E.
		(1)	(2)	(3)	(4)	(5)	(6)	(7)	(8)
OECD	希腊	0	m	3	m	12	m	5	m
	匈牙利	17	m	29	m	40	m	29	m
	卢森堡	36	m	49	m	55	m	48	m
	葡萄牙	21	m	41	m	50	m	29	m
	斯洛文尼亚	6	m	20	m	46	m	23	m
	瑞士	17	m	42	m	60	m	45	m

注：调查前 12 个月内参与教育或培训的情况。所有教育程度指各受教育程度的员工参与雇主资助的正规和/或非正规教育情况的平均值。

＊参见方法部分关于俄罗斯数据的说明。

数据来源：OECD. Survey of Adult Skills（PIAAC）（2012）and Adult Education Survey（AES）（2011）. See Annex 3 for notes（www.oecd.org/education/education-at-a-glance-19991487.htm）.

缺失数据代码参见《读者指南》。

StatLink http://dx.doi.org/10.1787/888933286042

表 C6.2c　雇主资助的教育的参与情况，按岗位划分（2011 年和 2012 年）

成人技能调查，25—64 岁从业人员

		正规和/或非正规教育，成人技能调查（2012 年）							
		熟练岗位		半熟练白领岗位		半熟练蓝领岗位		基础岗位	
		%	S. E.	%	S. E.	%	S. E.	%	S. E.
		(1)	(2)	(3)	(4)	(5)	(6)	(7)	(8)
OECD	国家								
	澳大利亚	69	(1.3)	52	(2.1)	41	(2.0)	32	(2.8)
	奥地利	53	(1.4)	39	(1.6)	34	(2.2)	16	(2.7)
	加拿大	63	(0.8)	46	(1.4)	43	(1.5)	32	(2.7)
	捷克	61	(2.4)	49	(3.2)	45	(2.3)	29	(5.6)
	丹麦	76	(0.9)	59	(1.7)	50	(2.2)	40	(3.0)
	爱沙尼亚	67	(1.0)	50	(2.0)	30	(1.2)	23	(2.2)
	芬兰	76	(1.0)	59	(1.7)	47	(1.6)	46	(4.4)
	法国	50	(1.1)	34	(1.3)	25	(1.4)	18	(1.7)
	德国	64	(1.5)	43	(1.8)	38	(2.0)	9	(1.9)
	爱尔兰	64	(1.3)	44	(1.8)	37	(2.5)	35	(3.6)
	意大利	41	(1.8)	19	(2.1)	18	(2.3)	16	(3.2)
	日本	57	(1.4)	36	(1.5)	27	(2.0)	14	(3.3)
	韩国	57	(1.8)	43	(1.6)	29	(1.7)	17	(2.0)
	荷兰	71	(0.9)	55	(1.9)	47	(2.6)	30	(3.6)
	挪威	71	(1.2)	52	(2.1)	48	(2.5)	36	(4.7)
	波兰	53	(1.6)	28	(2.1)	20	(1.5)	22	(3.8)
	斯洛伐克	49	(1.3)	31	(2.2)	28	(1.7)	14	(2.4)
	西班牙	55	(1.6)	38	(1.7)	32	(1.6)	24	(2.6)
	瑞典	71	(1.2)	50	(1.7)	41	(2.2)	34	(5.5)
	美国	69	(1.4)	50	(2.1)	38	(2.7)	28	(3.9)
	地区								
	比利时弗兰芒语区	61	(1.4)	38	(1.8)	30	(2.3)	20	(2.7)
	英格兰（英国）	70	(1.5)	53	(1.8)	48	(2.7)	31	(3.5)
	北爱尔兰（英国）	66	(2.2)	55	(2.0)	34	(3.5)	34	(4.1)
	英格兰/北爱尔兰（英国）	70	(1.5)	53	(1.8)	47	(2.6)	32	(3.4)
	平均	62	(0.3)	44	(0.4)	36	(0.4)	26	(0.7)
伙伴国	俄罗斯*	29	(2.9)	13	(2.0)	10	(2.2)	6	(4.6)

		与工作相关的非正规教育，成人教育调查（2011 年）							
		熟练岗位		半熟练白领岗位		半熟练蓝领岗位		基础岗位	
		%	S. E.	%	S. E.	%	S. E.	%	S. E.
		(1)	(2)	(3)	(4)	(5)	(6)	(7)	(8)
OECD	希腊	14	m	7	m	0	m	0	m
	匈牙利	47	m	41	m	45	m	40	m
	卢森堡	67	m	57	m	56	m	0	m
	葡萄牙	54	m	46	m	31	m	22	m
	斯洛文尼亚	49	m	34	m	20	m	12	m
	瑞士	64	m	44	m	40	m	24	m

注：调查前 12 个月内参与教育或培训的情况。

*参见方法部分关于俄罗斯数据的说明。

数据来源：OECD. Survey of Adult Skills（PIAAC）（2012）and Adult Education Survey（AES）（2011）. See Annex 3 for notes（www. oecd. org/education/education-at-a-glance-19991487. htm）.

缺失数据代码参见《读者指南》。

StatLink http：//dx. doi. org/10. 1787/888933286050

表 C6.2d　雇主资助的正规和/或非正规教育的参与情况，按工作时间和合同类型划分（2012 年）

成人技能调查，25—64 岁从业人员

	合同类型，工作时间							
	全职，无固定期限合同		全职，固定期限合同		兼职，无固定期限合同		兼职，固定期限合同	
	%	S. E.	%	S. E.	%	S. E.	%	S. E.
	(9)	(10)	(11)	(12)	(13)	(14)	(15)	(16)
OECD　国家								
澳大利亚[1]	67	(1.3)	58	(1.9)	50	(2.5)	48	(3.0)
奥地利	50	(1.1)	40	(3.8)	32	(2.4)	31	(5.4)
加拿大	63	(0.9)	53	(2.2)	46	(2.9)	43	(3.9)
捷克	56	(1.8)	49	(4.7)	45	(7.7)	28	(7.3)
丹麦	72	(0.9)	61	(2.9)	49	(2.8)	42	(6.8)
爱沙尼亚	54	(1.0)	43	(2.4)	46	(3.2)	37	(4.4)
芬兰	69	(0.8)	63	(2.6)	47	(3.7)	42	(5.8)
法国	44	(0.9)	37	(3.1)	29	(2.0)	25	(4.0)
德国	57	(1.3)	48	(3.7)	34	(2.5)	21	(3.3)
爱尔兰	63	(1.5)	51	(2.9)	45	(3.3)	30	(3.0)
意大利	30	(1.5)	18	(3.0)	25	(3.4)	14	(4.9)
日本	47	(1.2)	39	(3.2)	21	(2.1)	27	(3.0)
韩国	58	(1.4)	35	(1.6)	48	(5.2)	23	(3.3)
荷兰	73	(1.2)	60	(3.5)	57	(1.8)	39	(3.8)
挪威	68	(1.1)	57	(3.7)	48	(3.0)	38	(4.9)
波兰	45	(1.5)	32	(2.0)	34	(4.7)	31	(4.7)
斯洛伐克	43	(1.2)	32	(2.9)	36	(6.7)	23	(7.5)
西班牙	52	(1.1)	37	(2.5)	36	(4.0)	18	(3.5)
瑞典	64	(0.9)	51	(3.8)	46	(4.1)	33	(5.1)
美国	64	(1.8)	61	(1.8)	46	(6.6)	51	(3.7)
地区								
比利时弗兰芒语区	52	(1.3)	51	(5.4)	39	(2.3)	36	(8.9)
英格兰(英国)	68	(1.4)	63	(3.4)	50	(2.7)	53	(5.2)
北爱尔兰(英国)	65	(1.9)	49	(3.7)	48	(3.1)	40	(5.3)
英格兰/北爱尔兰(英国)	68	(1.3)	62	(3.3)	50	(2.6)	53	(5.0)
平均	57	(0.3)	47	(0.7)	41	(0.8)	33	(1.1)
伙伴国								
俄罗斯*	21	(1.8)	16	(2.7)	36	(5.2)	26	(2.8)

注：调查前 12 个月内参与教育或培训的情况。有关工作时间和合同类型的其他列可在线查询（参见以下 StatLink）。

1. 对于澳大利亚，基于全职/兼职的数据的上限是每周 60 小时，而其他国家没有上限。

* 参见方法部分关于俄罗斯数据的说明。

数据来源：OECD. Survey of Adult Skills (PIAAC) (2012). See Annex 3 for notes (www.oecd.org/education/education-at-a-glance-19991487.htm).

缺失数据代码参见《读者指南》。

StatLink http://dx.doi.org/10.1787/888933286060

表 C6.3a 雇主资助的正规和/或非正规教育的参与情况，按在工作中学习的情况划分（2012 年）

成人技能调查，25—64 岁从业人员

		在工作中学习的指数											
		从不		20%以下		20%到40%以下		40%到60%以下		60%到80%以下		80%或以上	
		%	S. E.	%	S. E.	%	S. E.	%	S. E.	%	S. E.	%	S. E.
		(1)	(2)	(3)	(4)	(5)	(6)	(7)	(8)	(9)	(10)	(11)	(12)
OECD	国家												
	澳大利亚	14	(4.3)	41	(2.6)	59	(2.5)	64	(1.8)	63	(2.2)	69	(2.1)
	奥地利	8	(4.4)	30	(1.9)	44	(1.8)	50	(1.9)	52	(2.3)	53	(3.1)
	加拿大	19	(3.3)	42	(1.9)	54	(1.5)	62	(1.2)	62	(1.3)	62	(1.4)
	捷克	25	(7.0)	46	(2.8)	55	(3.2)	56	(2.9)	63	(3.6)	59	(4.3)
	丹麦	16	(6.1)	46	(2.2)	67	(1.6)	70	(1.7)	75	(1.6)	72	(1.8)
	爱沙尼亚	13	(3.0)	39	(1.8)	49	(1.7)	59	(1.5)	59	(2.1)	57	(1.8)
	芬兰	c	c	49	(2.4)	64	(2.1)	71	(1.6)	68	(1.9)	67	(2.0)
	法国	6	(1.9)	26	(1.7)	36	(1.7)	44	(1.8)	46	(1.7)	46	(1.6)
	德国	5	(2.8)	37	(2.1)	47	(2.0)	57	(1.9)	57	(2.6)	60	(3.1)
	爱尔兰	19	(4.6)	43	(2.1)	53	(2.5)	55	(2.5)	61	(2.2)	62	(2.1)
	意大利	7	(3.1)	20	(2.2)	26	(2.2)	31	(2.6)	34	(3.0)	30	(2.9)
	日本	6	(2.2)	29	(1.7)	41	(2.0)	50	(1.7)	51	(2.1)	52	(3.5)
	韩国	18	(2.1)	39	(1.6)	53	(2.0)	51	(2.4)	50	(2.9)	56	(4.1)
	荷兰	13	(4.0)	50	(2.1)	64	(2.0)	69	(1.9)	71	(2.0)	74	(2.5)
	挪威	c	c	42	(3.0)	59	(2.0)	67	(1.4)	68	(1.7)	66	(1.9)
	波兰	16	(3.6)	27	(1.7)	42	(2.4)	46	(3.3)	48	(2.4)	50	(2.8)
	斯洛伐克	8	(2.8)	26	(1.9)	35	(2.4)	46	(2.2)	46	(2.4)	46	(2.6)
	西班牙	14	(3.4)	34	(2.7)	37	(2.6)	41	(2.8)	49	(2.5)	52	(1.5)
	瑞典	9	(5.8)	41	(2.6)	57	(2.2)	64	(1.7)	66	(1.9)	66	(2.1)
	美国	10	(4.4)	46	(3.1)	55	(2.7)	61	(2.2)	65	(2.1)	65	(1.7)
	地区												
	比利时弗兰芒语区	12	(4.1)	34	(2.1)	47	(1.8)	53	(1.7)	52	(2.6)	64	(2.4)
	英格兰(英国)	29	(5.9)	46	(2.4)	64	(2.6)	67	(2.1)	68	(2.3)	70	(2.5)
	北爱尔兰(英国)	20	(5.5)	44	(2.8)	60	(2.9)	65	(3.1)	66	(3.5)	62	(3.9)
	英格兰/北爱尔兰(英国)	29	(5.6)	46	(2.4)	64	(2.5)	67	(2.0)	68	(2.2)	70	(2.4)
	平均	13	(0.9)	38	(0.5)	50	(0.5)	56	(0.4)	58	(0.5)	59	(0.5)
伙伴国	俄罗斯*	4	(2.0)	12	(2.3)	19	(2.2)	27	(3.3)	31	(3.4)	37	(4.1)

注：调查前 12 个月内参与教育或培训的情况。

1. 在工作中的学习指数按照沃姆加权平均似然性估值（WLE）进行归类。该指数按照李克特（Likert）量表将变量分为从“从不”到“每天”五级。因此，这些类别应根据活动的频率进行解释，“从不”意味着最不经常，“80%或以上”意味着最经常。有关指数的更多细节参见《OECD 技能概览 2013：第一次成人技能调查的结果》第 143 页。

* 参见方法部分关于俄罗斯数据的说明。

数据来源：OECD. Survey of Adult Skills（PIAAC）（2012）. See Annex 3 for notes（www.oecd.org/education/education-at-a-glance-19991487.htm）.

缺失数据代码参见《读者指南》。

StatLink http://dx.doi.org/10.1787/888933286070

第四章

学习环境与学校的组织

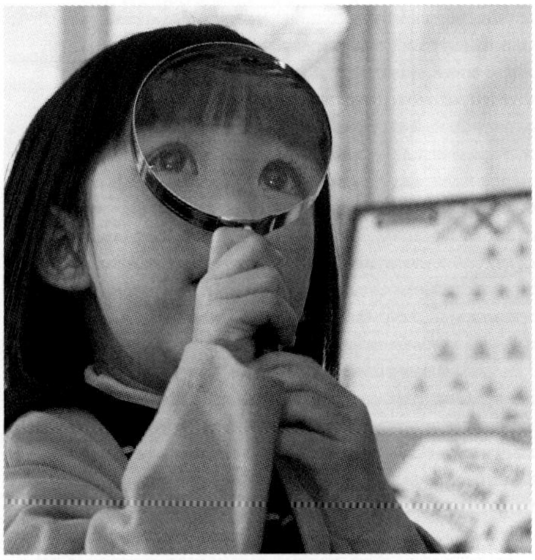

学生有多少时间用于课堂学习？

- OECD 国家小学和初中必修课时数平均为 7 570 小时。
- 从所有 OECD 国家平均水平来看，语文、数学、艺术的课时占小学生必修课时的 46%，语文、第二语言和其他语言、数学的课时占初中生必修课时的 38%。

图 D1.1 普通教育的必修课时（2015 年）

小学和初中

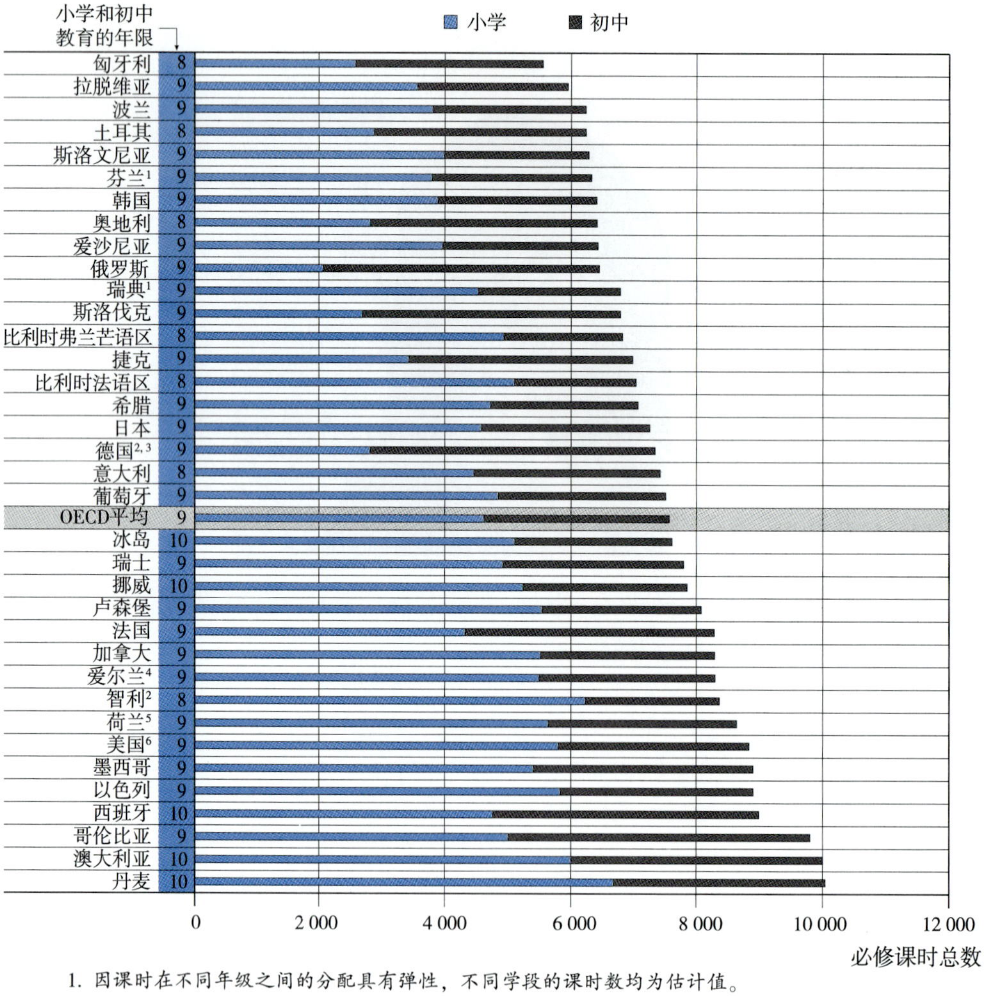

1. 因课时在不同年级之间的分配具有弹性，不同学段的课时数均为估计值。
2. 2014 年数据。
3. 不包括义务教育最后一年（可分为初中或高中阶段）。
4. 初中教育的实际课时。
5. 初中阶段为 3 年或 4 年依学制而定。职前中等教育（VMBO）第四年不计在内。
6. 2012 年数据。

国家按照必修课时总数升序排序。

数据来源：OECD. Table D1. 1. See Annex 3 for notes（www. oecd. org/education/education-at-a-glance-19991487. htm）

StatLink http：//dx. doi. org/10. 1787/888933284394

指标 D1

背　景

在正规课堂环境中开展教学活动所需的费用占到了教育公共投资中的很大一部分。各个国家在规定教学时数以及必修课设置方面有不同的选择。这些选择反映了不同国家和/或地区对各年龄段教学内容安排的重视程度和偏好。各国通常对授课时数都有法定或规定性要求。大多情况下，各国规定了学校必须提供的最低课时数，它是根据“充足的教学时间是有效学习的前提”的理念提出的。根据学生的需要配置资源并优化时间利用是教育政策的核心。教育经费主要用于教师工资、学校运转以及其他教育资源。这些教育资源对学生开放的时长（部分反映在指标 D1 上）是决定教育资金配置的重要因素（参见指标 B7，这也表明这些因素会影响到生均教师工资成本）。

其他发现

- 在 OECD 国家中，小学生每年必修课时平均为 804 小时，初中生每年必修课时平均比小学生多 112 小时。
- 语文在小学必修课程中所占比例差异很大，从波兰的 18% 到法国的 38%；对初中来说，其比例从澳大利亚、捷克、芬兰、爱尔兰和日本的 12% 到意大利的 33%。
- 数学在小学必修课程中所占比例差异很大，从丹麦、希腊的 13% 到葡萄牙的 27%；对初中来说，其比例从希腊的 11% 到意大利的 20%。
- 在 OECD 国家中，必修课时中用于具有弹性课时的必修学科的比例，小学平均为 12%，初中平均为 6%。必修课时中用于学校选择的必修弹性学科的比例，在小学和初中均为 5%。
- 在 1/3 的数据可得的国家和地区中，课时在不同年级的分配很灵活，如对于某些特定课程在某些年级或甚至是整个义务教育阶段的教学时间做了规定，但并没有规定每个年级的课时数。

D1

分　析

义务教育

对年度课时数的考查应与义务教育的年限相结合。在有些国家，义务教育的年限较短，学生课业负担较重；而在另一些国家，义务教育的年限较长，课业负担被分散，这意味着教学总课时更长。

在 3/4 的数据可得的国家和地区中，小学入学年龄为 6 岁。但在爱沙尼亚、芬兰、拉脱维亚、俄罗斯和瑞典，小学入学年龄为 7 岁。在波兰，小学入学年龄为 7 岁，2008 年上半年出生的孩子则是 6 岁入学。只有在澳大利亚、英格兰、新西兰和苏格兰，小学入学年龄为 5 岁。小学教育年限也有较大差异。小学教育年限平均为 6 年，但在奥地利、德国、匈牙利、斯洛伐克和土耳其，小学教育年限为 4 年，而丹麦、冰岛、挪威和苏格兰则为 7 年。初中教育年限平均为 3 年，但比利时（弗兰芒语区和法语区）和智利为 2 年，而俄罗斯和斯洛伐克为 5 年。在近 2/3 数据可得的国家中，至少 1 年的高中教育为全日制义务教育的一部分（表 D1. 2）。

不同国家对于年度教学时数的分配存在差异。就 OECD 国家平均水平而言，小学生和初中生每年分别有 185 个和 183 个教学日。但是，法国（小学和初中）、希腊（初中）、冰岛（小学和初中）、爱尔兰（初中）、拉脱维亚（小学）、卢森堡（初中）以及俄罗斯（小学）每年的教学日最多为 170 个。相比而言，巴西、哥伦比亚、以色列、意大利、日本和墨西哥的小学与初中每年至少有 200 个教学日（表 D1. 2）。

必修课时

必修课时是指几乎所有公立学校必须提供的、几乎所有公立学校学生必须接受的教学课时的总量和分配，也是必须遵守的规定。

OECD 国家小学必修课时平均为 4 614 个学时，初中平均为 2 957 个学时。OECD 国家的小学和初中必修总课时平均为 7 570 个学时。在匈牙利，正规学校的必修课时为 5 553 个学时；在丹麦，正规学校的必修课时为 10 040 个学时（表 D1. 1）。

英格兰和苏格兰并没有对学校必修教学时数做出规定，但要求学校安排足够的教学时间，以便开设包括所有法定要求在内的广泛而平衡的课程。

必修课时仅仅指学生在正式课堂中接受教学的时数，其与实际教学时数相差较大。必修课时也仅仅是学生所接受的总教学时数的一部分。而在课堂或学校之外也会有教学。一些国家则鼓励中学生参加校外补习班以帮助他们提高学业成绩。学生可参加校外补习班、提高班，或者接受个别辅导或集体授课。这些课程费用由公共财政或学生及其家庭来负担（参见专栏 D1. 1，OECD，2011）。

该指标反映的是公共规定所要求的计划课时，是一种对正式教学环境下的学习测量。但它并没有显示学生接受的实际课时，也不包括正式教学环境之外的学习。

计划课时

总计划课时是估计课时数，是学校必须为必修课安排的教学时数，在某些情况下也包括非必修课程的教学时数。

在 3/4 的数据可得的国家，小学和初中计划课时和必修课时完全一样（即计划课时完全是强制性的）。但在丹麦、芬兰、法国（初中）、希腊（小学）、波兰、葡萄牙和斯洛文尼亚，计划课时至少比必修课时多出 4%。

学科课时

就小学而言，平均 46%的必修课时分配给了三个学科：语文（22%）、数学（15%）、艺术（9%）。与体育和健康（8%）、自然科学（7%）及社会研究（6%）一并，这六个学科构成了 OECD 国家课程教学时数的主要部分。第二语言和其他语言、宗教、信息与通信技术（ICT）、技术、实践和职业技能及其他学科构成了小学生非弹性必修课程的其余部分（15%）（表 D1. 3a 和图 D1. 2a）。

图 D1. 2a　小学各学科课时（2015 年）

占总必修课时的比例

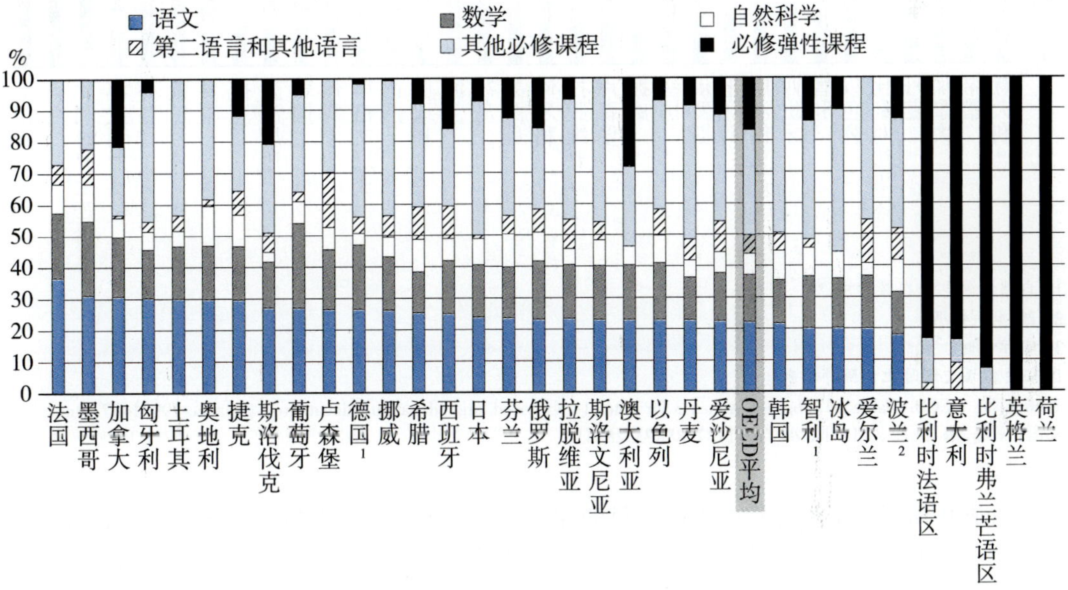

1. 2014 年数据。
2. 不包括必修弹性课程课时比例较大的小学前三年。
国家按照语文课时比例降序排列。
数据来源：OECD. Table D1. 3a. See Annex 3 for notes (www. oecd. org/education/education-at-a-glance-19991487. htm).
StatLink http: //dx. doi. org/10. 1787/888933284408

就初中而言，平均 38%的必修课时分配给了三个学科：语文（14%）、第二语言和其他语言（13%）及数学（12%）。另外的 11%分配给了自然科学，10%分配给了社会研究，再加上体育和健康（7%）及艺术（6%），这七个学科构成了所有 OECD 国家该年龄组学生课程教学时数的主要部分。宗教、信息与通信技术、技术、实践和职业技能及其他学科构成了这一阶段初中非弹性必修课程的其余部分（11%）（表 D1. 3b 和图 D1. 2b）。

必修课程课时分配从小学到初中有很大变化。语文所占必修课时的比例从 22%下降到 14%。数学所占必修课时的比例从 15%下降到 12%。相反，自然科学和社会研究所占必修课时比例则分别从 7%和 6%攀升到 11%和 10%。而外语（第二语言和其他语言）所占比例则从 6%上升到 13%。就国家层面而言，在芬兰（与自然科学一起）、法国、德国、以

D1

色列、日本、拉脱维亚、卢森堡、挪威、波兰（与语文一起），初中阶段第二语言和其他语言课占总必修核心课程的比例最高（见表 D1. 3a 和表 D1. 3b）。

图 D1. 2b　初中各学科课时（2015 年）

占总必修课时比例

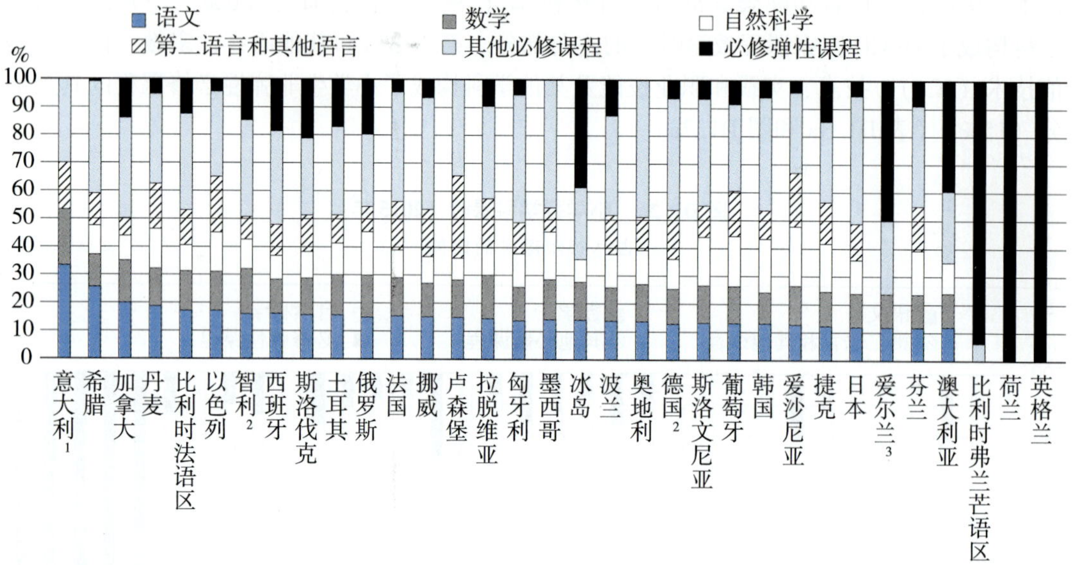

1. 自然科学包含在数学中。
2. 2014 年数据。
3. 实际课时。
国家按照语文课时比例降序排列。
数据来源：OECD. Table D1. 3b. See Annex 3 for notes（www. oecd. org/education/education-at-a-glance-19991487. htm）.
StatLink http：//dx. doi. org/10. 1787/888933284418

在初中阶段，必修课程中不同学科的课时分配在各国间存在较大差异。如，语文所占比例在澳大利亚、捷克、芬兰和日本为 12%，而在希腊和意大利则高于 25%。在爱尔兰，语文要用两种国家语言教授，两者之和的比例估计能够达到总必修课时的 24%。在加拿大和希腊，第二语言所占比例为 7%甚至更低；在卢森堡，该比例为 17%。另外，在近一半数据可得的国家，学习其他语言和一门第二语言已成为初中学生的必修课程。

随着学生年龄的增长，小学和初中阶段不同学科间课时分配存在很大差异。在 OECD 国家，对 7 岁学生来说，25%的课时分配给了语文；对 11 岁学生而言，这一比例为 17%；对 15 岁学生来说，这一比例为 12%。相比之下，对 7 岁学生而言，第二语言的课时比例平均为 3%；对 11 岁学生而言，第二语言的课时比例为 9%，其他语言的课时比例为 2%；对 15 岁学生而言，这两个比例分别为 9%和 4%。自然科学的课时比例随年级的提高而有所提高，对 7 岁、11 岁和 15 岁学生而言，这一比例分别为 6%、8%和 11%；社会研究的课时比例也随年级的提高而提高，对 7 岁、11 岁和 15 岁而言提高这一比例分别为 5%、8%和 9%。艺术的课时比例则随年级的提高而有所下降，对 7 岁、11 岁和 15 岁学生而言，这一比例分别为 9%、8%和 4%。体育的课时比例随年级的提高也有所下降，对 7 岁、11 岁学生而言，这一比例分别持续保持在 9%和 8%，而对 15 岁学生而言，这一比例则下降至了 6%（表 D1. 5b、表 D1. 5f 和表 D1. 5j，可在线查询）。

专栏 D1.1 课间休息

课堂学习要求学生能够集中注意力并保持很长一段时间。研究发现，上课期间适当在课堂外留出一段时间来开展活动有助于提高学生的学习成绩。在小学阶段，利用课间休息让学生玩耍、休息并与同伴自由交流，有利于进一步发展学生的认知、情感和社会技能。研究表明，学生可以将这些技能应用于课堂学习从而改善他们的学习效果（Pellegrini & Bohn，2005；Pellegrini et al.，2002）。OECD 国家越来越认识到，课间休息是学校日的重要组成部分。

在 OECD 国家，如何组织安排课间休息取决于教育体系如何管理以及每所学校所享有的自主权。课间休息时间的长短或者什么时候可以安排课间休息，一般由负责整体课时安排的决策机构来确定。在那些学校或学校管理机构具有较大自主权的国家，如澳大利亚、加拿大、英格兰（英国）、意大利、荷兰和瑞士，学校对于课间休息的组织安排具有自由决策权。而在其他国家，如哥伦比亚，课间休息的组织安排由校长和班主任决定。

在一些国家，尽管由中央统一确定课间休息的安排，但如何实施则由学校和/或学校管理机构决定。在比利时弗兰芒语区，法律对小学生（至少一小时的午餐休息时间）和中学生（至少 50 分钟的午餐休息时间）应该休息多长时间做出了规定。但是，学校和学校协会有自主权来确定他们认为合适的课间休息时间。

在大多数 OECD 国家，一般来说课间休息的组织安排会依据每天的必修课时来定。学生在学校度过的时间依据他们每天和每周的课时总量来定。在大多数国家，学校日会被分成时长为 45—50 分钟的若干课时，允许课时之间有短暂休息，总计达到一个小时。在 OECD 国家，10—15 分钟的课间休息也足以让学生换教室或上厕所。在大多数国家，这些短暂休息在时间长短和目的上与长时间的休息存在差异。在长时间的休息中，学生可以吃早餐或午餐，通常由一位教师或教师组监管。

在小学，长时间的课间休息很常见，一些情况下甚至是必需的。比如在西班牙，小学课间休息被视为必修课时的一部分。西班牙的小学生每天上午会有半个小时的休息，这也是每天五个小时的教学时间的一部分。在一些国家，午餐时间被设为学习过程的一部分，学生可以学习卫生保健、健康饮食的习惯和/或垃圾循环方面的知识。

在一些国家，不同学段都设有较长时间的课间休息。在澳大利亚，不同学段的学校都倾向于在早上安排大约 20 分钟的休息，然后安排更长时间的午餐休息。在加拿大，从小学到高中都安排了午餐休息时间。在以上两个国家，长时间的课间休息可以持续40—60 分钟。一整天中还有课间休息。在瑞士，学校通常会安排两次长时间的课间休息，上午一次，下午一次。在智利，规模较大的学校会将学生按年级或年龄分成两个或多个组来安排课间休息。

学校安排休息和课间休息有不同的目的。他们安排课间休息是为了帮助那些家校距离较远的学生，或者是为了在不同年级课时不同的情况下调节课程结束时间。比如捷克，10 分钟的课间休息时间会缩短为 5 分钟。在丹麦，市政当局建议将课间休息和休息作为各年级学生日常锻炼和体育活动不可分割的部分。在斯洛文尼亚也如此，学校有时会组织长时间的课间休息，让学生在体育馆和操场开展体育活动。

D1

课程的弹性

在大多数国家，中央或省（州）政府对于课程和课时的安排做出规定或建议。但是，地方政府、学校、教师和/或学生在课时安排或课程选择方面有较大的自由度。

在 1/3 的数据可得的国家，各年级的课时分配具有弹性，如针对几个年级，或者甚至针对整个义务教育阶段规定某门课程的课时，而并不是针对每个年级来分配课时。在这种情况下，学校或地方政府有自主权来确定每个年级分配多少课时（表 D1. 2）。

小学阶段在弹性时间内安排必修课程是较为普遍的做法。就 OECD 国家平均而言，具有弹性课时的必修课程占必修课时的 12%。在这种情况下，必修课程和总课时都是确定的，但对每门课程的课时没有进行具体的分配。地方政府、学校和/或教师有自主权来确定每门必修课程的课时分配。在比利时（弗兰芒语区和法语区）和意大利，具有弹性课时的必修课程占小学阶段课时的 80%以上。在小学和初中阶段，英格兰和荷兰的所有必修课均为弹性课时。而苏格兰的小学和初中，部分必修课程由国家确定，但对于总课时却没有统一规定，由地方政府和学校自主决定。

在 OECD 国家，课程选择的弹性并不常见。平均来看，小学阶段有 5%的必修课时安排给了学校选择的课程。初中阶段有 5%的必修课时安排给了学校选择的课程，另外 5%安排给了学生选择的课程。然而，有些国家将很大部分的必修课时分配给了弹性课程。例如，在澳大利亚（小学）、比利时法语区和弗兰芒语区（初中）、加拿大（初中）、智利、捷克、爱沙尼亚（小学）和波兰，至少有 10%的必修课时分配给了由学校选择的课程，而斯洛伐克的这一比例高达 21%。澳大利亚、冰岛、爱尔兰、西班牙和土耳其至少有 17%的必修课时分配给了由初中学生选择的课程（表 D1. 3a 和表 D1. 3b）。

非必修课时

在 OECD 国家，非必修课时非常少。仅有 6 个国家在小学会安排一定的非必修课时，有 7 个国家在初中会安排一定的非必修课时。在这些国家中，非必修课时占总必修课时的平均比例，小学为 3%，初中为 2%。不过，有些国家会安排相当多的额外的非必修课时。在小学阶段，希腊额外的非必修课时占总必修课时的比例高达 35%，葡萄牙的这一比例为 23%。在初中阶段，斯洛文尼亚额外的非必修课时占总必修课时的比例为 19%，法国的这一比例为 10%（表 D1. 3a 和表 D1. 3b）。

专栏 D1. 2 学校的课外活动

在正规教学时间外，学生在上学前或放学后或学校假期期间，可以参与学校内的一些课外活动。

在 OECD 国家和伙伴国，课前或课后的课外活动比假期的活动更为普遍。尽管学校有自主权来决定是否提供这些活动，但有时提供课外活动已成为所有学校的义务。例如，波兰和斯洛文尼亚就是这种情况。在匈牙利，小学和初中学校必须组织下午 4 点之前的课外活动，而且学生也必须参与。

在巴西和匈牙利，这些课外活动是由学校来组织；在以色列，则是由市政当局来组织；在爱尔兰，是由学校教职员工中的志愿者来组织。另外，一些私人利益相关者作为社会力量也可以参与校内课外活动的组织，但这种情况并不普遍。例如，在葡萄牙，家长联合会、非政府机构会组织这些课外活动。在捷克、爱沙尼亚、冰岛、意大利、日本和斯洛文尼亚，在小学和初中，偶尔会支付给教师额外的报酬以鼓励他们参与这些课外活动（参见指标 D3）。

此类校内课外活动通常包括：儿童管护（小学阶段）、辅导课程、补习班、体育和/或艺术和文化活动等。在匈牙利（高中阶段）和土耳其，此类活动也包括社区服务；在西班牙，会提供外语、信息技术和阅读写作培训班等。

定 义

必修课程是指几乎每所公立学校必须提供、几乎每个公立学校的学生必须参加的课程。必修课程可以是弹性的，地方政府、学校、教师和/或学生对于选择课程和/或分配必修课时有不同程度的自主权。

学校选择的必修弹性课程是指由中央政府规定总的必修课程时数，但地方政府、学校或教师有权自主选择课程及课时分配（从中央政府指定的系列课程中选择）的课程。学校必须开设这些课程，学生也必须学习这些课程。

学生选择的必修课程是指由学生选择的一门或多门必修课程（从学校提供的一套必修课程中选择），该课程包含在必修课时之内。

弹性必修课程是指由中央政府规定课程和总课时数，地方政府、学校或教师有权分配每门课程的课时数的课程。每门课程的课时安排有灵活性，但课程选择没有灵活性。

对年级课时的弹性分配是指仅仅明确了某些年级甚至整个义务教育阶段某一课程的总课时数，但并没有明确每个年级的课时分配。在这种情况下，学校、地方政府有权确定每个年级的课时分配。

课时是指一所公立学校每学年要为学生提供的包括必修和非必修课程在内的所有课程教学总小时数，也包括在校内开展的属于必修课程组成部分的课前或课后活动时间，但不包括课间休息或其他形式的间歇时间、节假日学习时间、家庭作业时间、个别辅导或私人学习时间。

计划课时是指每年公立学校计划开设的必修课程和非必修课程的小时数。计划课时可依据中央（或顶级）教育机构的标准或规范来确定，或根据地区层面的一系列建议而确立。

非必修课程是指每所公立学校自行决定的、不要求每个学生必须参与的课程。不同学校、地区提供的课程有很大差异，主要采用选修的形式。所有公立学校都要提供这些可供选修的课程，但不要求学生必须选择其中一门选修课程。

方 法

课时数据来自 2014 年 Eurydice-OECD 联合课时数据收集，是指 2014—2015 学年初等义务教育和全日制普通中等教育阶段的课时数。

在 2014 年之前的几版《教育概览》中，课时数据来源于其他调查，其数据收集的范围、方法和界定与2013年的Eurydice-OECD联合课时数据收集不同。2013年收集的数据已经在2014年《教育概览》中首次公布。因此，本辑《教育概览》中关于课时的数据与前几版《教育概览》中的数据不具有可比性。

该指标反映了政府规定的计划课时数，用以测量在正规课堂教学环境中的学习时间。它并不反映学生实际上课时间，也不包括在正规课堂环境之外的学习。在规定的最低授课时间和学生实际上课时间方面，各国之间存在差异。在荷兰，区域规划政策研究所开展的研究表明，由于一些因素，如学校课表安排、课程的取消以及教师的缺勤，学校并不总能达到规定的最低课时数（参见《教育概览2007》专栏D1.1）。

该指标也反映了最低课时数在不同课程领域之间的分配，显示了全日制普通义务教育阶段的年级计划净课时数。由于课程政策不同，很难在国家之间进行数据比较，但这些数据还是反映了学生要达到既定教育目标所必需的正规课时。

各年级之间的课时分配比较灵活。如对于几个年级甚至是整个义务教育阶段某一课程的课时数有具体规定，并没有明确规定每个年级的课时分配。通常通过将总课时数除以年级数的方式来估计每一年龄或年级的课时数。

关于各国该指标的相关定义和方法的说明参见附录3，可在线查询（www.oecd.org/education/education-at-a-glance-19991487.htm）。

关于以色列数据的说明

以色列的统计数据由以色列有关当局负责提供。在使用这些数据时，OECD根据国际法的规定对戈兰高地、东耶路撒冷和约旦河西岸以色列定居点的地位不持偏见。

参考文献

OECD (2011), *Education at a Glance* 2011: *OECD Indicators*, OECD Publishing, Paris, http://dx.doi.org/10.1787/eag-2011-en.

OECD (2007), *Education at a Glance* 2007: *OECD Indicators*, OECD Publishing, Paris, http://dx.doi.org/10.1787/eag-2007-en.

Pellegrini, A. D. and C. Bohn (2005), "The role of recess in Children's Cognitive performance and school adjustment", *Educational Researcher*, Vol. 34/1, pp. 13—19.

Pellegrini, A. D., K. Kato, P. Blatchford and E. Baines (2002), "A short-term longitudinal study of children's playground games across the first year of school: Implications for social competence and adjustment to school", *American Educational Research Journal*, Vol. 39/4, pp. 991—1015.

表 D1.1 义务教育阶段的课时[1]（2015 年）

公共教育机构的不同学段

	小学							初中							小学和初中			
	属于义务教育的年级数	每年的平均课时			总课时			义务教育部分的年级数	每年的平均课时			总课时			理论上的教育年限	总课时		
		必修课时	非必修课时	计划课时	必修课时	非必修课时	计划课时		必修课时	非必修课时	计划课时	必修课时	非必修课时	计划课时		必修课时	非必修课时	计划课时
	(1)	(2)	(3)	(4)=(2)+(3)	(5)	(6)	(7)=(5)+(6)	(8)	(9)	(10)	(11)=(9)+(10)	(12)	(13)	(14)=(12)+(13)	(15)	(16)	(17)	(18)
OECD 国家 澳大利亚	6	1 000	m	m	6 000	m	m	4	1 000	m	m	4 000	m	m	**10**	**10 000**	**m**	**m**
奥地利	4	705	m	m	2 820	m	m	4	899	m	m	3 597	m	m	**8**	**6 417**	**m**	**m**
比利时弗兰芒语区[2]	6	821	a	821	4 928	a	4 928	2	947	a	947	1 893	a	1 893	**8**	**6 821**	**a**	**6 821**
比利时法语区[2]	6	849	m	m	5 096	m	m	2	971	m	m	1 941	m	m	**8**	**7 037**	**m**	**m**
加拿大	6	919	a	919	5 516	a	5 516	3	924	6	930	2 773	17	2 790	**9**	**8 289**	**17**	**8 306**
智利[3]	6	1 039	a	1 039	6 231	a	6 231	2	1 067	a	1 067	2 134	a	2 134	**8**	**8 365**	**a**	**8 365**
捷克	5	687	m	m	3 434	m	m	4	888	m	m	3 550	m	m	**9**	**6 984**	**m**	**m**
丹麦	7	954	97	1 051	6 680	680	7 360	3	1 120	80	1 200	3 360	240	3 600	**10**	**10 040**	**920**	**10 960**
英格兰[4]	6	a	a	a	a	a	a	3	a	a	a	a	a	a	**9**	**a**	**a**	**a**
爱沙尼亚	6	661	a	661	3 964	a	3 964	3	823	a	823	2 468	a	2 468	**9**	**6 431**	**a**	**6 431**
芬兰[5]	6	632	29	661	3 794	171	3 965	3	844	57	901	2 533	171	2 704	**9**	**6 327**	**342**	**6 669**
法国	5	864	a	864	4 320	a	4 320	4	991	99	1 090	3 964	396	4 360	**9**	**8 284**	**396**	**8 680**
德国[3,6]	4	703	a	703	2 814	a	2 814	5	906	a	906	4 531	a	4 531	**9**	**7 345**	**a**	**7 345**
希腊	6	786	279	1 065	4 715	1 672	6 387	3	785	n	785	2 356	n	2 356	**9**	**7 071**	**1 672**	**8 744**
匈牙利	4	646	a	646	2 583	a	2 583	4	743	a	743	2 970	a	2 970	**8**	**5 553**	**a**	**5 553**
冰岛	7	729	a	729	5 100	a	5 100	3	839	a	839	2 516	a	2 516	**10**	**7 616**	**a**	**7 616**

注：显示义务教育高中阶段课时的各列（第 19—25 列）可在线查询（参见以下 Statlink）。
1. 指全日制义务教育，不包括学前教育。
2. 15 或 16 岁以下学生必须接受全日制义务教育，但普通教育要延伸到 18 岁。
3. 2014 年数据。
4. 平均值中不包含英格兰和苏格兰。
5. 因课时在不同年级之间的分配具有弹性，不同学段的课时数均为基于每年的平均课时的估计值。
6. 不包括义务教育最后一年（可分为初中或高中阶段）。
7. 初中和高中的实际课时。
8. 初中为 3 年或 4 年依学制而定，职前中等教育（VMBO）的第四年不计在内。
9. 2012 年数据。
数据来源：OECD. See Annex 3 for note (www. oecd. org/education/education-at-ε-glance-19991487. htm).
缺失数据代码参见《读者指南》。
StatLink http://dx. doi. org/10. 1787/888933286093

D1

表 D1.1（续） 义务教育阶段的课时[1]（2015 年）

公共教育机构的不同学段

		小学							初中							小学和初中			
		属于义务教育的年级数	每年的平均课时			总课时			义务教育部分的年级数	每年的平均课时			总课时			理论上的教育年限	总课时		
			必修课时	非必修课时	计划课时	必修课时	非必修课时	计划课时		必修课时	非必修课时	计划课时	必修课时	非必修课时	计划课时		必修课时	非必修课时	计划课时
		(1)	(2)	(3)	(4)=(2)+(3)	(5)	(6)	(7)=(5)+(6)	(8)	(9)	(10)	(11)=(9)+(10)	(12)	(13)	(14)=(12)+(13)	(15)	(16)	(17)	(18)
OECD 国家	爱尔兰[7]	6	915	a	915	5 490	a	5 490	3	935	a	935	2 806	a	2 806	**9**	**8 296**	**a**	**8 296**
	以色列	6	972	n	972	5 831	n	5 831	3	1 023	n	1 023	3 070	n	3 070	**9**	**8 901**	**n**	**8 901**
	意大利	5	891	a	891	4 455	a	4 455	3	990	a	990	2 970	a	2 970	**8**	**7 425**	**a**	**7 425**
	日本	6	763	a	763	4 575	a	4 575	3	895	a	895	2 684	a	2 684	**9**	**7 260**	**a**	**7 260**
	韩国	6	648	a	648	3 885	a	3 885	3	842	a	842	2 525	a	2 525	**9**	**6 410**	**a**	**6 410**
	卢森堡	6	924	a	924	5 544	a	5 544	3	845	a	845	2 535	a	2 535	**9**	**8 079**	**a**	**8 079**
	墨西哥	6	900	a	900	5 400	a	5 400	3	1 167	a	1 167	3 500	a	3 500	**9**	**8 900**	**a**	**8 900**
	荷兰[8]	6	940	m	m	5 640	m	m	3	1 000	m	m	3 000	m	m	**9**	**8 640**	**m**	**m**
	新西兰	6	m	m	m	m	m	m	4	m	m	m	m	m	m	**10**	**m**	**m**	**m**
	挪威	7	748	a	748	5 234	a	5 234	3	874	a	874	2 622	a	2 622	**10**	**7 856**	**a**	**7 856**
	波兰	6	635	58	693	3 807	349	4 156	3	810	65	875	2 430	194	2 624	**9**	**6 237**	**542**	**6 779**
	葡萄牙	6	806	189	995	4 838	1 133	5 971	3	892	27	919	2 675	80	2 756	**9**	**7 513**	**1 214**	**8 726**
	苏格兰[4]	7	a	a	a	a	a	a	3	a	a	a	a	a	a	**10**	**a**	**a**	**a**
	斯洛伐克	4	673	a	673	2 693	a	2 693	5	819	a	819	4 095	a	4 095	**9**	**6 788**	**a**	**6 788**
	斯洛文尼亚	6	664	114	778	3 986	683	4 669	3	766	145	911	2 298	435	2 733	**9**	**6 284**	**1 118**	**7 401**
	西班牙	6	793	a	793	4 757	a	4 757	4	1 059	a	1 059	4 234	a	4 234	**10**	**8 991**	**a**	**8 991**

注：显示义务教育高中阶段课时的各列（第 19—25 列）可在线查询（参见以下 Statlink）。
1. 指全日制义务教育，不包括学前教育。
2. 15 或 16 岁以下学生必须接受全日制义务教育，但普通教育要延伸到 18 岁。
3. 2014 年数据。
4. 平均值中不包含英格兰和苏格兰。
5. 因课时在不同年级之间的分配具有弹性，不同学段的课时数均为估计值。
6. 不包括义务教育最后一年（可分为初中或高中阶段）。
7. 初中和高中的实际课时。
8. 初中为 3 年或 4 年依学制而定，职前中等教育（VMBO）的第四年不计在内。
9. 2012 年数据。
数据来源：OECD. See Annex 3 for note（www. oecd. org/education/education-at-a-glance-19991487. htm）.
缺失数据代码参见《读者指南》。
StatLink http：//dx. doi. org/10. 1787/888933286093

表 D1.1（续） 义务教育阶段的课时[1]（2015 年）

公共教育机构的不同学段

		小学							初中							小学和初中			
		属于义务教育的年级数	每年的平均课时			总课时			义务教育部分的年级数	每年的平均课时			总课时			理论上的教育年限	总课时		
			必修课时	非必修课时	计划课时	必修课时	非必修课时	计划课时		必修课时	非必修课时	计划课时	必修课时	非必修课时	计划课时		必修课时	非必修课时	计划课时
		(1)	(2)	(3)	(4)=(2)+(3)	(5)	(6)	(7)=(5)+(6)	(8)	(9)	(10)	(11)=(9)+(10)	(12)	(13)	(14)=(12)+(13)	(15)	(16)	(17)	(18)
OECD 国家	瑞典[5]	6	754	m	m	4 523	m	m	3	754	m	m	2 262	m	m	**9**	**6 785**	**m**	**m**
	瑞士	6	819	m	m	4 912	m	m	3	963	m	m	2 888	m	m	**9**	**7 800**	**m**	**m**
	土耳其	4	720	a	720	2 880	a	2 880	4	840	a	840	3 360	a	3 360	**8**	**6 240**	**a**	**6 240**
	美国[9]	6	967	m	m	5 802	m	m	3	1 011	m	m	3 033	m	m	**9**	**8 835**	**m**	**m**
	OECD 平均	6	804	31	~	4 614	188	~	3	916	19	~	2 957	61	~	**9**	**7 570**	**249**	**~**
	欧盟 21 国平均	6	776	48	~	4 328	293	~	3	895	30	~	2 975	95	~	**9**	**7 302**	**388**	**~**
伙伴国	阿根廷	m	m	m	m	m	m	m	m	m	m	m	m	m	m	**m**	**m**	**m**	**m**
	巴西	5	m	m	m	m	m	m	4	m	m	m	m	m	m	**9**	**m**	**m**	**m**
	中国	m	m	m	m	m	m	m	m	m	m	m	m	m	m	**m**	**m**	**m**	**m**
	哥伦比亚	5	1 000	m	m	5 000	m	m	4	1 200	m	m	4 800	m	m	**9**	**9 800**	**m**	**m**
	印度	m	m	m	m	m	m	m	m	m	m	m	m	m	m	**m**	**m**	**m**	**m**
	印度尼西亚	m	m	m	m	m	m	m	m	m	m	m	m	m	m	**m**	**m**	**m**	**m**
	拉脱维亚	6	594	m	m	3 566	m	m	3	794	m	m	2 381	m	m	**9**	**5 947**	**m**	**m**
	俄罗斯	4	517	m	m	2 068	m	m	5	877	m	m	4 384	m	m	**9**	**6 452**	**m**	**m**
	沙特阿拉伯	m	m	m	m	m	m	m	m	m	m	m	m	m	m	**m**	**m**	**m**	**m**
	南非	m	m	m	m	m	m	m	m	m	m	m	m	m	m	**m**	**m**	**m**	**m**
	G20 平均	m	m	m	m	m	m	m	m	m	m	m	m	m	m	**m**	**m**	**m**	**m**

注：显示义务教育高中阶段课时的各列（第 19—25 列）可在线查询（参见以下 Statlink）。
1. 指全日制义务教育，不包括学前教育。
2. 15 或 16 岁以下学生必须接受全日制义务教育，但普通教育要延伸到 18 岁。
3. 2014 年数据。
4. 平均值中不包含英格兰和苏格兰。
5. 因课时在不同年级之间的分配具有弹性，不同学段的课时数均为估计值。
6. 不包括义务教育最后一年（可分为初中或高中阶段）。
7. 初中和高中的实际课时。
8. 初中为 3 年或 4 年依学制而定，职前中等教育（VMBO）的第四年不计在内。
9. 2012 年数据。

数据来源：OECD. See Annex 3 for note (www.oecd.org/education/education-at-a-glance-19991487.htm).
缺失数据代码参见《读者指南》。
StatLink http://dx.doi.org/10.1787/888933286093

D1

D1

表 D1.2 普通义务教育的组织[1]（2015 年）

公共教育机构的不同学段

		小学					初中				
		属于义务教育的年级数	理论上的入学年龄	每年平均教学天数	每周平均教学天数	不同年级课时的弹性分配	义务教育部分的年级数	理论上的入学年龄	每年平均教学天数	每周平均教学天数	不同年级课时的弹性分配
		(1)	(2)	(3)	(4)	(5)	(6)	(7)	(8)	(9)	(10)
OECD国家	澳大利亚	6	5	196	5	No	4	11	196	5	否
	奥地利	4	6	180	5	否	4	10	180	5	否
	比利时弗兰芒语区[2]	6	6	176	5	否	2	12	178	5	否
	比利时法语区[2]	6	6	182	5	否	2	12	182	5	否
	加拿大	6	6	183	5	否	3	12	183	5	否
	智利[3]	6	6	182	5	否	2	12	182	5	否
	捷克	5	6	194	5	是	4	11	194	5	是
	丹麦	7	6	a	5	否	3	13	a	5	否
	英格兰[4]	6	5	190	5	是	3	11	190	5	是
	爱沙尼亚	6	7	175	5	是	3	13	175	5	是
	芬兰	6	7	187	5	是	3	13	187	5	是
	法国	5	6	162	5	否	4	11	162	5	否
	德国[3,5]	4	6	188	5	否	5	10	188	5	否
	希腊	6	6	171	5	否	3	12	152	5	否
	匈牙利	4	6	181	5	否	4	10	181	5	否
	冰岛	7	6	170	5	是	3	13	170	5	是
	爱尔兰	6	6	183	5	否	3	12	167	5	否
	以色列	6	6	223	6	否	3	12	214	6	是
	意大利	5	6	200	5	否	3	11	200	6	否
	日本	6	6	201	5	否	3	12	202	5	否
	韩国	6	6	190	5	是	3	12	190	5	是
	卢森堡	6	6	180	5	是	3	12	169	5	否
	墨西哥	6	6	200	5	否	3	12	200	5	否
	荷兰[6]	6	6	m	5	是	3	12	m	5	是
	新西兰	6	5	193	5	m	4	11	192	5	m
	挪威	7	6	190	5	是	3	13	190	5	是
	波兰[7]	6	7	182	5	是	3	13	180	5	是
	葡萄牙	6	6	179	5	否	3	12	178	5	否
	苏格兰[4]	7	5	190	5	是	3	12	190	5	是
	斯洛伐克	4	6	187	5	是	5	10	187	5	是
	斯洛文尼亚	6	6	190	5	否	3	12	185	5	否
	西班牙	6	6	175	5	否	4	12	175	5	否
	瑞典	6	7	178	5	是	3	13	178	5	是
	瑞士	6	6	189	5	m	3	12	189	5	m
	土耳其	4	6	180	5	否	4	10	180	5	否
	美国	6	6	180	5	m	3	12	180	5	m
	OECD 平均[4]	6	6	185	5	~	3	12	183	5	~
	欧盟 21 国平均[4]	6	6	182	5	~	3	12	179	5	~
伙伴国	阿根廷	m	m	m	m	m	m	m	m	m	m
	巴西	5	6	200	5	m	4	11	200	5	m
	中国	m	m	m	m	m	m	m	m	m	m
	哥伦比亚	5	6	200	5	m	4	11	200	5	m
	印度	m	m	m	m	m	m	m	m	m	m
	印度尼西亚	m	m	m	m	m	m	m	m	m	m
	拉脱维亚	6	7	169	5	否	3	13	173	5	否
	俄罗斯	4	7	169	5	否	5	11	175	5	否
	沙特阿拉伯	m	m	m	m	m	m	m	m	m	m
	南非	m	m	m	m	m	m	m	m	m	m
	G20 平均	m	m	m	m	m	m	m	m	m	m

注：显示义务教育高中阶段组织的各列（第 11—15 列）可在线查询（参见以下 Statlink）。
1. 指全日制义务教育，不包括学前教育。
2. 15 或 16 岁以下学生必须接受全日制义务教育，但普通教育要延伸到 18 岁。
3. 2014 年数据。
4. 平均值中不包含英格兰和苏格兰。
5. 不包括义务教育最后一年（可分为初中或高中阶段）。
6. 初中为 3 年或 4 年依学制而定，职前中等教育（VMBO）的第四年不计在内。
7. 在 2014—2015 学年，2008 年上半年出生的 6 岁学生接受小学义务教育。
来源：OECD. See Annex 3 for notes (www.oecd.org/education/education-at-a-glance-19991487.htm).
缺失数据代码参见《读者指南》。
StatLink http://dx.doi.org/10.1787/888933286104

表 D1.3a　小学各学科课时（2015 年）

占总必修课时的比例

		语文	数学	自然科学	社会研究	第二语言	其他语言	体育和健康	艺术	宗教、伦理和道德教育	信息与通信技术(ICT)	技术	实践和职业技能	其他学科	具有弹性时间表的必修学科	学生选择的必修项目	学校选择的必修弹性学科	总必修课程	非必修课程
		(1)	(2)	(3)	(4)	(5)	(6)	(7)	(8)	(9)	(10)	(11)	(12)	(13)	(14)	(15)	(16)	(17)	(18)
OECD 国家	澳大利亚	23	17	6	9	x(16)	x(16)	8	5	x(4)	x(11)	4	x(11)	x(16)	x(16)	m	28	**100**	m
	奥地利	30	17	13	x(3)	2	n	11	9	9	x(17)	x(3)	6	4	a	n	a	**100**	m
	比利时弗兰芒语区[1]	x(14)	x(14)	x(14)	x(3)	n	a	x(14)	x(14)	7	a	x(3)	a	a	93	n	x(14)	**100**	a
	比利时法语区[1]	x(14)	x(14)	x(14)	x(14)	2	a	7	x(14)	7	a	x(14)	a	a	83	a	n	**100**	m
	加拿大	31	19	6	5	1	a	10	6	n	a	n	n	1	17	a	4	**100**	a
	智利[2]	20	16	9	9	3	x(16)	9	10	5	x(16)	3	x(16)	2	a	a	14	**100**	a
	捷克	30	17	10	x(3)	8	a	8	10	x(13)	1	4	x(11)	x(16)	a	x(16)	12	**100**	m
	丹麦	23	13	5	3	5	1	7	9	4	a	a	5	16	9	n	n	**100**	10
	英格兰[3]	x(14)	x(14)	x(14)	x(14)	x(14)	a	x(14)	x(14)	x(14)	x(14)	x(14)	a	a	100	a	a	**a**	a
	爱沙尼亚	23	15	7	5	8	2	11	15	x(16)	x(16)	3	a	a	a	a	12	**100**	a
	芬兰	24	16	11	2	6	n	10	13	5	a	a	a	n	6	a	7	**100**	5
	法国	37	21	9	5	6	a	13	9	x(17)	x(3)	n	a	a	n	a	n	**100**	a
	德国[2]	26	20	4	6	5	n	11	14	7	n	1	n	3	a	2	a	**100**	a
	希腊	25	13	10	7	8	2	8	10	4	3	a	a	a	a	a	8	**100**	35
	匈牙利	30	15	6	a	3	a	19	15	2	1	4	a	a	a	a	4	**100**	a
	冰岛	20	16	8	13	x(14)	x(14)	9	19	x(4)	3	a	x(8)	x(15)	5	5	a	**100**	a
	爱尔兰[4]	20	17	4	8	14	a	4	12	10	x(17)	x(3)	a	11	a	a	m	**100**	a
	以色列	23	18	9	8	6	2	6	5	11	a	x(3)	4	n	n	n	7	**100**	n
	意大利	x(14)	x(14)	x(14)	x(14)	9	a	x(14)	x(14)	7	a	x(14)	a	a	84	a	x(17)	**100**	a
	日本	24	17	8	8	1	a	10	12	3	a	a	a	10	7	a	a	**100**	a
	韩国	22	14	9	9	6	a	7	9	x(4)	x(13)	x(12)	x(3)	24	a	a	a	**100**	a
	卢森堡[4]	26	19	7	2	x(1)	18	10	11	7	a	a	a	a	a	a	a	**100**	a
	墨西哥	31	24	12	9	11	a	4	4	4	a	a	a	a	a	a	a	**100**	a
	荷兰	x(14)	x(14)	x(14)	x(14)	x(14)	a	x(14)	x(14)	x(14)	x(14)	x(14)	x(14)	a	100	a	a	**100**	m
	新西兰	m	m	m	m	m	m	m	m	m	m	m	m	m	m	m	m	**m**	m
	挪威	26	17	6	7	7	a	11	15	8	a	a	2	a	a	a	1	**100**	a

注：每个年龄各学科的课时请参见表 D1.5a 至表 D1.5l（可在线查询）（参见以下 Statlink）。
均值调整到 100%，并没有精确地对应每列均值。
1. 15 或 16 岁以下学生必须接受全日制义务教育，但普通教育要延伸到 18 岁。
2. 2014 年数据。
3. 平均值中不含英格兰和苏格兰。
4. 学校的第二语言包括所教授的其他国家语言。
5. 不包括必修课弹性课时比例较大的小学前三年。
数据来源：OECD. See Annex 3 for notes (www.oecd.org/education/education-at-a-glance-19991487.htm).
缺失数据代码参见《读者指南》。
StatLink http://dx.doi.org/10.1787/888933286110

表 D1. 3a（续） 小学各学科课时（2015 年）

占总必修课时的比例

		语文	数学	自然科学	社会研究	第二语言	其他语言	体育和健康	艺术	宗教、伦理和道德教育	信息与通信技术(ICT)	技术	实践和职业技能	其他学科	具有弹性时间表的必修学科	学生选择的必修项目	学校选择的必修弹性学科	总必修课程	非必修课程
		(1)	(2)	(3)	(4)	(5)	(6)	(7)	(8)	(9)	(10)	(11)	(12)	(13)	(14)	(15)	(16)	(17)	(18)
OECD 国家	波兰[5]	18	14	10	5	10	a	14	7	x(18)	3	3	a	3	n	a	13	**100**	9
	葡萄牙	27	27	7	8	3	a	8	9	x(18)	x(18)	2	a	4	a	a	5	**100**	23
	苏格兰[3]	x(14)	x(14)	x(14)	x(14)	x(14)	x(14)	x(14)	x(14)	x(14)	x(14)	x(14)	x(14)	a	a	a	a	**a**	a
	斯洛伐克	27	15	3	3	6	x(16)	8	8	4	3	a	1	x(16)	a	x(16)	21	**100**	a
	斯洛文尼亚	23	17	8	7	6	x(18)	15	16	x(4)	x(17)	6	2	1	a	a	a	**100**	17
	西班牙	25	17	7	7	10	n	9	9	x(15)	a	a	a	n	a	7	9	**100**	a
	瑞典	m	m	m	m	m	m	m	m	m	m	m	m	m	m	m	m	**m**	m
	瑞士	m	m	m	m	m	m	m	m	m	m	m	m	m	m	m	m	**m**	m
	土耳其	30	17	5	13	5	a	14	7	2	a	a	1	7	a	a	a	**100**	a
	美国	m	m	m	m	m	m	m	m	m	m	m	m	m	m	m	m	**m**	m
	OECD 平均[3]	22	15	7	6	5	1	8	9	5	1	1	1	3	12	n	5	**100**	3
	欧盟 21 国平均[3]	21	14	6	4	5	1	8	9	5	1	1	1	2	16	n	4	**100**	5
伙伴国	阿根廷	m	m	m	m	m	m	m	m	m	m	m	m	m	m	m	m	**m**	m
	巴西	m	m	m	m	m	a	m	m	m	m	a	a	m	m	m	m	**m**	m
	中国	m	m	m	m	m	m	m	m	m	m	m	m	m	m	m	m	**m**	m
	哥伦比亚	m	m	m	m	m	m	m	m	m	m	m	m	m	m	m	m	**m**	m
	印度	m	m	m	m	m	m	m	m	m	m	m	m	m	m	m	m	**m**	m
	印度尼西亚	m	m	m	m	m	m	m	m	m	m	m	m	m	m	m	m	**m**	m
	拉脱维亚	23	17	5	6	8	1	8	13	2	1	a	4	4	a	a	7	**100**	m
	俄罗斯	23	19	9	a	7	a	9	9	a	a	7	a	a	16	a	m	**100**	m
	沙特阿拉伯	m	m	m	m	m	m	m	m	m	m	m	m	m	m	m	m	**m**	m
	南非	m	m	m	m	m	m	m	m	m	m	m	m	m	m	m	m	**m**	m
	G20 平均	m	m	m	m	m	m	m	m	m	m	m	m	m	m	m	m	**m**	m

注：每个年龄各学科的课时请参见表 D1. 5a 至表 D1. 5l（可在线查询）（参见以下 Statlink）。
均值调整到 100%，并没有精确地对应每列均值。
1. 15 或 16 岁以下学生必须接受全日制义务教育，但普通教育要延伸到 18 岁。
2. 2014 年数据。
3. 平均值中不含英格兰和苏格兰。
4. 学校的第二语言包括所教授的其他国家语言。
5. 不包括必修课弹性课时比例较大的小学前三年。
数据来源：OECD. See Annex 3 for notes (www. oecd. org/education/education-at-a-glance-19991487. htm).
缺失数据代码参见《读者指南》。
StatLink http://dx. doi. org/10. 1787/888933286110

表 D1. 3b 初中各学科课时（2015 年）

占总必修课时的比例

		语文	数学	自然科学	社会研究	第二语言	其他语言	体育和健康	艺术	宗教、伦理和道德教育	信息与通信技术（ICT）	技术	实践和职业技能	其他学科	具有弹性时间表的必修学科	学生选择的必修项目	学校选择的必修弹性学科	总必修课程	非必修课程
		(1)	(2)	(3)	(4)	(5)	(6)	(7)	(8)	(9)	(10)	(11)	(12)	(13)	(14)	(15)	(16)	(17)	(18)
OECD 国家	澳大利亚[1]	12	12	11	10	x(16)	x(16)	8	4	x(4)	x(11)	4	x(11)	x(16)	x(16)	18	22	**100**	m
	奥地利	14	13	12	11	12	n	11	12	7	x(17)	n	8	n	a	n	a	**100**	m
	比利时弗兰芒语区[2]	x(14)	x(14)	x(14)	x(14)	x(14)	x(14)	x(14)	x(14)	6	a	x(14)	a	a	73	n	20	**100**	a
	比利时法语区[2]	17	14	9	13	13	a	9	3	6	m	3	m	x(15)	n	x(16)	13	**100**	m
	加拿大	20	15	9	13	6	a	10	6	2	a	3	1	1	2	1	11	**100**	1
	智利[3]	16	16	11	11	8	x(16)	5	8	5	x(16)	3	x(16)	3	a	a	15	**100**	a
	捷克	12	12	17	9	10	5	8	8	x(13)	1	2	x(11)	x(16)	a	x(16)	15	**100**	m
	丹麦	19	13	14	8	8	8	5	x(15)	2	x(15)	x(15)	2	15	a	5	n	**100**	7
	英格兰[4]	x(14)	x(14)	x(14)	x(14)	x(14)	a	x(14)	x(14)	x(14)	x(14)	x(14)	x(15)	a	100	x(14)	a	**a**	a
	爱沙尼亚	13	14	21	11	10	10	6	6	x(16)	x(16)	5	a	a	a	a	4	**100**	a
	芬兰	12	12	16	8	9	7	9	9	4	a	a	a	6	4	a	5	**100**	7
	法国	15	14	10	11	12	5	12	7	x(4)	x(11)	6	x(15)	3	n	4	1	**100**	10
	德国[3]	13	12	11	11	12	6	9	9	5	1	2	2	1	a	7	a	**100**	a
	希腊	26	11	10	12	6	6	7	6	6	3	2	5	a	a	a	1	**100**	n
	匈牙利	14	12	12	11	11	a	16	7	3	3	3	a	3	a	a	5	**100**	a
	冰岛	14	14	8	8	x(14)	x(14)	8	8	x(4)	2	a	x(8)	x(15)	19	20	a	**100**	a
	爱尔兰[5,6]	12	12	x(15)	17	x(15)	x(15)	7	x(15)	2	x(15)	x(15)	x(15)	x(14)	10	40	m	**100**	a
	以色列	17	14	14	15	11	9	5	x(16)	9	x(3)	x(3)	1	n	3	n	2	**100**	n
	意大利	33	20	x(2)	x(1)	10	7	7	13	3	a	7	a	a	n	a	x(17)	**100**	a
	日本	12	12	12	11	13	a	10	7	3	a	3	a	12	5	a	a	**100**	a
	韩国	13	11	19	15	10	a	8	8	x(4)	x(12)	x(12)	x(3)	9	a	x(16)	6	**100**	a
	卢森堡[6]	15	13	8	11	17	13	8	9	7	a	a	a	a	a	a	a	**100**	a
	墨西哥	14	14	17	12	9	a	6	6	8	a	11	a	3	a	a	a	**100**	a
	荷兰	x(14)	x(14)	x(14)	x(14)	x(14)	x(14)	x(14)	x(14)	x(14)	x(14)	x(14)	x(14)	a	100	a	a	**100**	m
	新西兰	m	m	m	m	m	m	m	m	m	m	m	m	m	m	m	m	**m**	m
	挪威	15	12	9	9	8	8	9	9	6	a	a	7	a	a	7	a	**100**	a

注：每个年龄各学科的课时请参见表 D1. 5a 至表 D1. 5l（可在线查询）（参见以下的 Statlink）。
均值调整到 100%，并没有精确地对应每列均值。
1. 计划课时源于澳大利亚假设的特定学科，在 7、8 岁是必修课时，但到 9、10 岁可能作为选修课时。
2. 15 或 16 岁以下学生必须接受全日制义务教育，但普通教育要延伸到 18 岁。
3. 2014 年数据。
4. 平均值中不含英格兰和苏格兰。
5. 实际课时。
6. 学校的第二语言包括所教授的其他国家语言。
数据来源：OECD. See Annex 3 for notes（www. oecd. org/education/education-at-a-glance-19991487. htm）.
缺失数据代码参见《读者指南》。
StatLink http：//dx. doi. org/10. 1787/888933286121

表 D1.3b（续） 初中各学科课时（2015 年）

占总必修课时的比例

		语文	数学	自然科学	社会研究	第二语言	其他语言	体育和健康	艺术	宗教、伦理和道德教育	信息与通信技术（ICT）	技术	实践和职业技能	其他学科	具有弹性时间表的必修学科	学生选择的必修项目	学校选择的必修弹性学科	总必修课程	非必修课程
		(1)	(2)	(3)	(4)	(5)	(6)	(7)	(8)	(9)	(10)	(11)	(12)	(13)	(14)	(15)	(16)	(17)	(18)
OECD 国家	波兰	14	12	12	12	14	x(5)	12	4	x(18)	2	2	a	4	a	a	13	**100**	8
	葡萄牙	13	13	18	14	8	8	7	7	x(18)	2	n	a	n	a	a	9	**100**	3
	苏格兰[4]	x(14)	x(14)	x(14)	x(14)	x(14)	x(14)	x(14)	x(14)	x(14)	x(14)	x(14)	x(14)	a	a	a	a	**a**	a
	斯洛伐克	16	13	10	10	10	3	7	5	3	1	x(16)	1	x(16)	a	x(16)	21	**100**	a
	斯洛文尼亚	13	13	17	15	11	x(15)	9	8	x(4)	x(17)	4	a	2	a	7	a	**100**	19
	西班牙	16	12	8	11	11	n	7	7	x(15)	x(11)	5	a	3	a	18	a	**100**	a
	瑞典	m	m	m	m	m	m	m	m	m	m	m	m	m	m	m	m	**m**	m
	瑞士	m	m	m	m	m	m	m	m	m	m	m	m	m	m	m	m	**m**	m
	土耳其	16	14	11	8	10	a	6	6	6	3	3	1	a	a	17	a	**100**	a
	美国	m	m	m	m	m	m	m	m	m	m	m	m	m	m	m	m	**m**	m
	OECD 平均[4]	14	12	11	10	9	4	7	6	4	1	3	1	2	6	5	5	**100**	2
	欧盟 21 国平均[4]	14	11	11	10	9	4	7	6	4	1	2	1	2	8	4	5	**100**	3
伙伴国	阿根廷	m	m	m	m	m	m	m	m	m	m	m	m	m	m	m	m	**m**	m
	巴西	m	m	m	m	m	a	m	m	m	m	a	m	m	m	m	m	**m**	m
	中国	m	m	m	m	m	m	m	m	m	m	m	m	m	m	m	m	**m**	m
	哥伦比亚	m	m	m	m	m	m	m	m	m	m	m	m	m	m	m	m	**m**	m
	印度	m	m	m	m	m	m	m	m	m	m	m	m	m	m	m	m	**m**	m
	印度尼西亚	m	m	m	m	m	m	m	m	m	m	m	m	m	m	m	m	**m**	m
	拉脱维亚	15	16	10	14	9	9	6	6	a	1	a	4	3	a	a	10	**100**	m
	俄罗斯	15	15	16	8	9	a	6	5	a	2	4	1	a	20	m	m	**100**	m
	沙特阿拉伯	m	m	m	m	m	m	m	m	m	m	m	m	m	m	m	m	**m**	m
	南非	m	m	m	m	m	m	m	m	m	m	m	m	m	m	m	m	**m**	m
	G20 平均	m	m	m	m	m	m	m	m	m	m	m	m	m	m	m	m	**m**	m

注：每个年龄各学科的课时请参见表 D1.5a 至表 D1.5l（可在线查询）（参见以下的 Statlink）。
均值调整到 100%，并没有精确地对应每列均值。
1. 计划课时源于澳大利亚假设的特定学科，在 7、8 岁是必修课时，但到 9、10 岁可能作为选修课时。
2. 15 或 16 岁以下学生必须接受全日制义务教育，但普通教育要延伸到 18 岁。
3. 2014 年数据。
4. 平均值中不含英格兰和苏格兰。
5. 实际课时。
6. 学校的第二语言包括所教授的其他国家语言。
数据来源：OECD. See Annex 3 for notes (www.oecd.org/education/education-at-a-glance-19991487.htm).
缺失数据代码参见《读者指南》。
StatLink http://dx.doi.org/10.1787/888933286121

生师比是什么？班额有多大？

指标 D2

- 在 OECD 国家中，小学阶段平均班额为 21 个学生，到初中阶段则增加到 24 个学生。
- OECD 国家公立小学与私立小学之间的平均班额差异很大，而伙伴国中这种差异甚至更大。
- OECD 国家平均一个小学教师教 15 个学生。

图 D2. 1　平均班额，按教育阶段划分（2013 年）

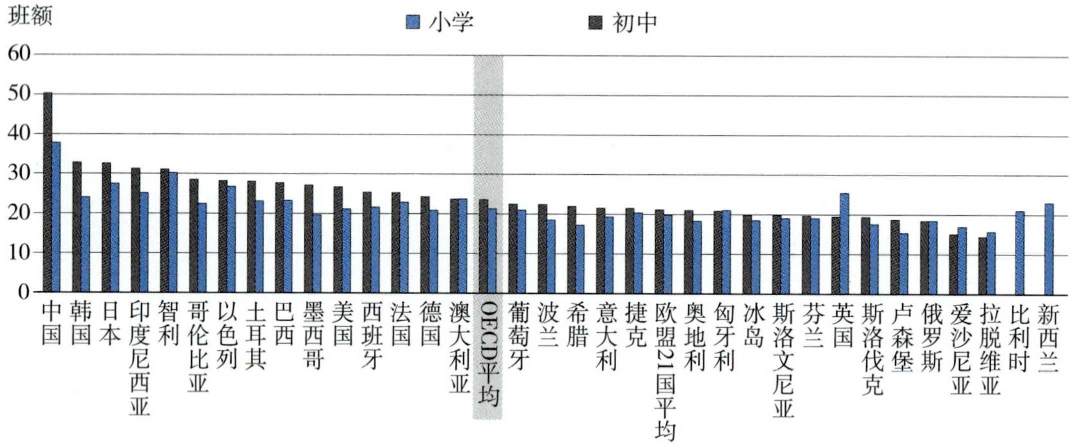

国家按照初中阶段的平均班额降序排列。

数据来源：OECD. Table D2. 1. See Annex 3 for notes (www. oecd. org/education/education-at-a-glance-19991487. htm).

StatLink http://dx. doi. org/10. 1787/888933284429

背　景

班额、生师比、学生课时（参见指标 D1）、教师工作时间（参见指标 D4）以及教师在教学和其他任务上的时间分配等，这些都是教育界的热点话题，也是决定教师需求的重要因素。班额和生师比同教师工资（参见指标 D3）、教师年龄结构（参见指标 D5）一起，对当前的教育支出水平（参见指标 B6 和指标 B7）产生重要的影响。

小班额经常被认为有诸多好处，因为这能让教师更加关注学生的个体需求，减少在课堂上处理各种干扰的时间。虽然有一些证据表明小班额对于特殊学生群体，比如处境不利的学生有好处（Finn，1998；Krueger，2002；Piketty and Valdenaire，2006），但从总体来看，有关班额差异影响学生成绩的证据还很薄弱。2013 年 OECD 教与学国际调查（TALIS）的最新发现表明，大班额与较高比例的学生有行为问题相关联，同时也与教师需要花更多的时间来维持课堂秩序而非开展教学相关联（参见专栏 D2. 1）。

生师比可以体现教育资源的分配情况。较低的生师比常常不利于更高的教师工资、更多的专业发展投入、更多的教育技术投资，或者更加普遍地使用工资显著低于正式教师的助教及其他辅助专职人员。而且，当大量有特殊需求的学生随班就读时，需要雇用更多的专业人员和提供更多的辅助服务，这会限制用于降低生师比的资源。

其他发现

- 在所有数据可得的国家中，除智利、哥伦比亚、韩国、卢森堡和墨西哥外，从小学阶段到初中阶段平均班额在增大，但生师比却在下降或保持不变。
- 就 OECD 国家的平均水平而言，私立中学的生师比略低于公立中学。这在墨西哥最为突出，其中学阶段每个公立学校教师至少要比私立学校教师多教 17 个学生。
- 各国的班额差异非常大。智利和中国小学阶段的班额最大，分别为 30 个学生和 38 个学生。而在拉脱维亚和卢森堡，小学阶段每班平均不足 17 个学生。

分 析

小学与初中平均班额

2013 年，OECD 国家小学平均班额超过 21 个学生。除智利、中国、以色列和日本外，几乎所有数据可得的国家小学平均班额都不足 26 个学生。

在初中阶段，OECD 国家平均班额为 24 个学生。在所有数据可得的国家之间，班额差异较大，从爱沙尼亚、拉脱维亚、卢森堡、俄罗斯、斯洛伐克以及英国的不足 20 个学生，到日本、韩国的大约 33 个学生，乃至中国的 50 个学生以上不等（表 D2. 1）。

从小学到初中阶段，平均班额趋于增加。在中国和韩国，初中班额要比小学平均多 7 个学生以上；英国的初中班额比小学小；而在爱沙尼亚和拉脱维亚，初中班额略小于小学（图 2. 1）。

班额指标仅限于小学和初中。在更高的教育阶段，学生往往会根据自己的专业领域参加不同班级的课程，因此很难对班额进行界定和比较。

专栏 D2. 1 班额与班级环境的关系

尽管分析班额对教育教学的影响的文献有很多，但由研究得出的证据却莫衷一是。比如，人们经常引用的班额和学生成绩之间的关系，已经被证明只是针对特定背景下的特定群体，如学困生。总之，几乎没有证据能够证明班额决定着学习成绩。OECD 国际学生评价项目（PISA）的研究结果，也没有就班额对 15 岁学生成绩的影响提供有力的证据。相反，PISA 提出，即使是以大班额为代价，国家也应该优先出台政策来提高教师质量，包括提高教师待遇以吸引优秀人才从教，留住骨干教师。2013 年 OECD 教与学国际调查（TALIS）也显示，不论教师是否采用小组教学、项目任务或信息与通信技术，班额都不是教师工作满意度的一个重要影响因素。无论如何，班额和班级环境的关系都是一个值得深入调查研究的课题。

一般而言，小班化教学能使教师在班级管理上花较少的时间，而将更多的时间用在每个学生身上（OECD，2012）。TALIS 的调查结果印证了这个关系。在询问教师课堂上的教学活动时间与管理任务和维持秩序（或学生课堂行为管理）所花时间的比例关系时，TALIS 发现，平均而言教师会将 79%的时间花在教学上，但这个比例差异较大，从保加利亚的 87%到巴西的 67%不等。这些差异在某种程度上是由班额差异造成的。

图 D2. a 表明，班额越大，用于教学的时间就越少，而花在维持课堂秩序上的时间就越多（尽管图中并没有显示班额与管理任务相关联）。尤其是，在平均班额基础上每增加一个学生，就意味着花在教学活动上的时间将减少 0. 5 个百分点。

该图也揭示了班额大小对课堂教学时间产生影响的一个重要机制。每个圆圈的大小代表报告其班上超过 10%的学生有行为问题的初中教师比例（OECD，2014）。圆圈越大，报告其班上超过 10%的学生有行为问题的初中教师比例就越高。平均班额与有行为问题学生的比例呈现出正相关关系。这个相关关系是非常重要的，因为教师在超过 10%的学生有行为问题的班级任教，相比在这种学生的比例低于 10%的班级任教，要多花一倍的时间来维持课堂秩序（OECD，2015）。换言之，班级越大，就会有越多的学生有行为问题，而教师的教学时间也就越少。

教学时间是营造有效教育环境不可或缺的要素。花在维持课堂秩序和管理任务上的时间都与教师较低的自我效能感和工作满意度密切相关。所以，这些发现表明，在班额较大、班级构成更具挑战性的国家和学校中，教师可能急需获得指导和干预，以更有效地利用课堂时间。

图 D2. a　初中阶段平均班额与用于教学活动和维持课堂秩序的时间的关系（2013 年）

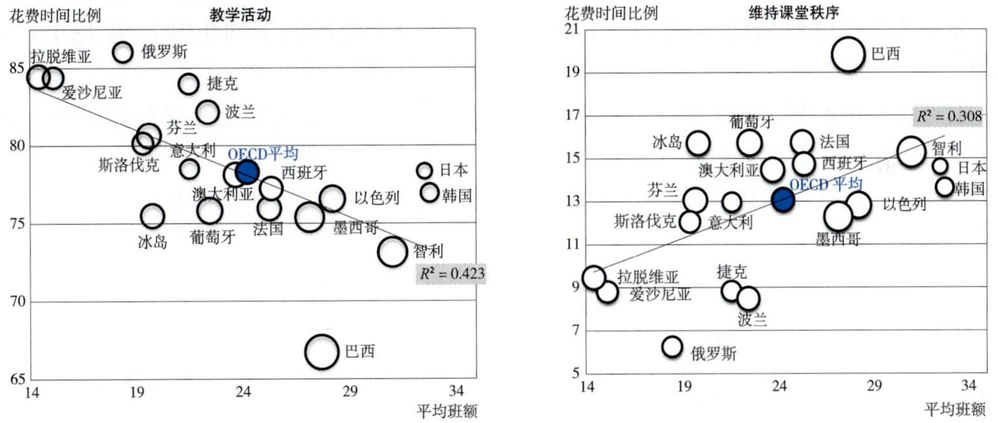

注：圆圈大小代表报告其班上超过 10%的学生有行为问题的初中教师比例（OECD，2014）。
数据来源：OECD. Data on average class size：Table D2. 1. Data on use of class time：（OECD，2014），*TALIS 2013 Results：An International Perspective on Teaching and Learning*，TALIS，http：//dx. doi. org/10. 1787/9789264196261-en.
StatLink http：//dx. doi. org/10. 1787/888933284447

公立学校与私立学校的班额

班额是家长在为孩子选择学校时可能考虑的一个因素，公立学校和私立学校之间（以及不同类型的私立学校之间）平均班额的差异也会影响招生。

在多数 OECD 国家里，不管是中学还是小学，公立学校和私立学校的平均班额差异不会多于两个学生（表 D2. 1）。然而，不同国家之间存在巨大差异。例如，在巴西、哥伦比亚、捷克、拉脱维亚、波兰、俄罗斯以及英国，公立学校的平均班额要比私立学校至少多 4 个学生。然而，在这几个国家（除了巴西、哥伦比亚和英国），小学阶段在私立学校就学的学生相对较少，最多也仅占 5%（表 C1. 4a）。而在中国和卢森堡，私立学校的平均班额要比公立学校至少多 4 个学生。

初中阶段公立学校和私立学校班额的对比结果不尽一致。在 8 个国家，私立初中的平均班额比公立学校大；在 18 个国家，私立初中的平均班额比公立学校小；在 4 个国家，两者一样大。然而，公立学校和私立学校班额的差异，在初中阶段比在小学阶段小。

在私立小学（包括独立型私立学校和民办公助型私立学校）比较普及的国家（超过 15%的学生在私立小学就读），如澳大利亚、巴西、哥伦比亚、印度尼西亚、以色列以及西班牙等，公立学校和私立学校平均班额的差异可能会更大。在澳大利亚和西班牙，私立学校平均班额一般都比公立学校大（表 C1. 4a 和表 D2. 1）。这意味着，有些国家有相当一部分家长和学生选择了私立学校，班额并不是他们择校时的一个决定性因素。

生师比

生师比是某一教育阶段和某类教育机构中学生数（折合成全日制）与教师数（折合成全职）的比例。然而，这个比率并没有将学生的上课时长与教师的工作时长纳入考虑，也没有考虑到教师花在教学上的时间，因此不宜根据班额来解释（专栏 D2.2）。

OECD 国家小学阶段的平均生师比为 15：1。生师比的范围从墨西哥的 28：1 到希腊、冰岛、卢森堡和挪威的 10：1 甚至更低（图 D2.2）。

初中阶段的生师比也差距甚大，从墨西哥的 30：1 到奥地利、希腊、拉脱维亚、卢森堡、葡萄牙以及俄罗斯的不到 10：1。OECD 国家初中阶段的平均生师比为 13：1（表 D2.2）。

生师比差异表明，中学阶段每个全职教师负担的全日制学生数比小学阶段要少。在除智利、哥伦比亚、韩国、卢森堡和墨西哥 5 个国家外的大多数国家，尽管从小学到初中班额在增大，但生师比却在下降。卢森堡小学阶段和中学阶段的生师比都非常低。

图 D2.2 生师比，按教育阶段划分（2013 年）

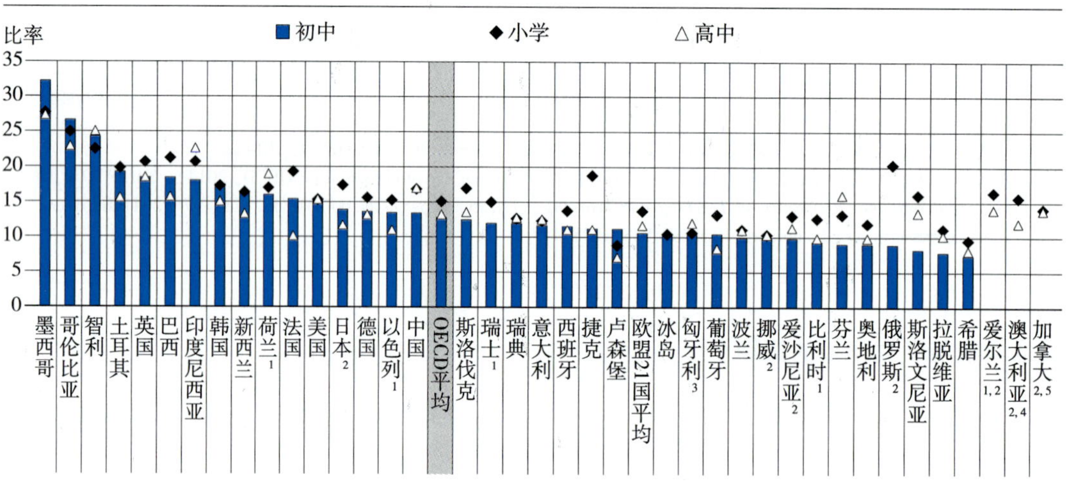

1. 仅包括公立学校。以色列的公立学校仅包括高中。比利时的数据不包括独立型私立学校。
2. 一些教育阶段包含在其他类别内。参见表 D2.2 中的代码“x”。
3. 包括管理人员数据。
4. 仅包括普通高中课程。
5. 2012 年数据。

国家按照 2013 年初中阶段的生师比降序排列。

数据来源：OECD. Table D2.2. See Annex 3 for notes (www.oecd.org/education/education-at-a-glance-19991487.htm).

StatLink http://dx.doi.org/10.1787/888933284432

生师比的降低反映了年度课时的差异，年度课时往往随着教育阶段的升高而增加（参见指标 D1），教师数量也是如此。这可能是由教师队伍跟不上人口变化所致，也可能是由不同教育阶段的教师教学时数的差异所致（教育阶段越高，由于学科专业性增强，教师教学时数越少）。在这点上，不同国家是一致的，但至于是不是越高级的教育阶段越期望小的生师比，从教育学的视角观察尚无定论。

在高等教育阶段，生师比从比利时、巴西、哥伦比亚、捷克、印度尼西亚以及土耳其的 20∶1 到挪威的 10∶1 不等（表 D2.2）。但这个学段的比较应该慎重，因为很难在一个可比的基础上去计算全日制学生数量和全职教师数量。在 18 个有高等教育阶段可比数据的国家中，6 个国家短期高等教育的生师比低于学士、硕士和博士或同等水平的高等教育。只有在土耳其，短期高等教育的生师比（55∶1）高于后者（17∶1）（表 D2.2）。

公立学校和私立学校之间生师比的差异与班额的差异相似。从数据可得国家的平均水平来看，在初中和高中阶段，私立学校的生师比略低于公立学校（表 D2.3）。公立学校和私立学校之间生师比差距最大的国家有巴西、哥伦比亚、墨西哥、土耳其和英国。在这些国家，初中阶段一个公立学校教师至少要比私立学校教师多教 7 个学生。在墨西哥的高中阶段（差距为一个教师多教 18 个学生），公立学校和私立学校的生师比差距甚至比初中阶段（一个教师多教 16 个学生）更大。

然而，在有些国家的小学阶段，公立学校的生师比低于私立学校。在初中阶段，这种差异在卢森堡最为明显，私立学校的生师比甚至达到了 24∶1，而公立学校仅为 10∶1。

专栏 D2.2　班额和生师比的关系

生师比是根据某一教育阶段和某类教育机构中的折合全日制学生数和折合全职教师数计算而来的。而班额则要考虑诸多不同因素：生师比、班级数或一个教师负责的学生数、教师的工作日时长与课时数、教师花在教学上的时间、班级内部学生是如何分组的以及小组教学的安排等。

例如，在一所有 100 个全日制学生和 10 个全职教师的学校，生师比是 10∶1。如果教师一周的工作估计为 20 个小时的教学，每个学生每周的课时数是 30 个小时，那么不管学生在校内如何分组，计算平均班额大小的方法之一是：

班额估计值 = 每个教师教 10 个学生 ×（每个学生 30 小时课时/每个教师 20 小时教学时间）= 15 个学生

表 D2.1 中的班额是另外一种计算方法，它把班额定义为学习某一公共课程的学生数（基于各门公共课程中的最高数值，通常为必修课程），不包括小组教学。因而在不经常开展小组教学的情况下（如在小学和初中阶段），班额估计值会接近表 D2.1 中的平均班额。

考虑到生师比和班额之间存在差异，生师比类似的国家之间在班额上可能会存在差异。例如，以色列和美国小学阶段的生师比接近（15∶1，表 D2.2），但是二者的班额差异巨大（美国为 21 个学生，以色列为 27 个学生，表 D2.1）。

定　义

教学人员（教职工）包括两类：

教学辅助人员和教学/研究助理指的是协助教师教学的非专业人员或学生。

教职工指的是直接参与教学的专业人员。主要包括：课堂教师、特殊教育教师及在教室协助学生工作的教师、实验室教师，以及在常规课堂内外进行一对一教学的其他教师。教职工也包括部门主任（其职责包括教学），但是不包括协助教师教学的非专业人员，比如教学辅助人员和其他辅助专职人员。

方　法

数据统计期为2012—2013学年，来源于2013年OECD组织的UOE教育统计数据收集（参见附录3，www. oecd. org/education/education-at-a-glance-19991487. htm）。

班额通过入学的学生数除以班级数计算得出，为了确保各国数据的可比性，特殊教育课程未包括在内。数据仅包括小学和初中常规课程，不包括常规课堂之外的小组教学。

生师比通过某一教育阶段同类（近似）教育机构中折合全日制学生数除以折合全职教师数计算得出。

关于各国定义和方法的说明，参见附录3（www. oecd. org/education/education-at-a-glance-19991487. htm）。

关于以色列数据的说明

以色列的统计数据由以色列有关当局负责提供。在使用这些数据时，OECD根据国际法的规定对戈兰高地、东耶路撒冷和约旦河西岸的以色列定居点的地位不持偏见。

参考文献

Finn, J. (1998), *Class Size and Students at Risk: What is Known? What is Next?*, US Department of Education, Office of Educational Research and Improvement, National Institute on the Education of At-Risk Students, Washington, DC.

Krueger, A. B. (2002), "Economic Considerations and Class Size", *National Bureau of Economic Research Working Paper*, No. 8875.

OECD (2015), "Improving School Climate and Students' Opportunities to Learn", *Teaching in Focus*, No. 9, OECD Publishing, Paris, http://dx. doi. org/10. 1787/5js7sf14gd7b-en.

OECD (2014), *TALIS 2013 Results: An International Perspective on Teaching and Learning*, OECD Publishing, Paris, http://dx. doi. org/10. 1787/9789264196261-en.

OECD (2012), "How Does Class Size Vary Around the World?", *Education Indicators in Focus*, No. 9, OECD Publishing, Paris, http://dx. doi. org/10. 1787/5k8x7gvpr9jc-en.

Piketty, T. and M. Valdenaire (2006), *L'Impact de la taille des classes sur la réussite scolaire dans les écoles, collèges et lycées français: Estimations à partir du panel primaire 1997 et du panel secondaire 1995*, Ministère de l'Éducation nationale, de l'Enseignement supérieur et de la Recherche, Direction de l'évaluation et de la prospective, Paris.

表 D2. 1 平均班额，按学校类型和教育阶段划分（2013 年）

基于学生数和班级数计算

		小学					初中(普通课程)				
			私立学校					私立学校			
		公立学校	私立学校总和	民办公助型私立学校	独立型私立学校	公立与私立学校总和	公立学校	私立学校总和	民办公助型私立学校	独立型私立学校	公立与私立学校总和
		(1)	(2)	(3)	(4)	(5)	(6)	(7)	(8)	(9)	(10)
OECD 国家	澳大利亚	23	25	25	a	24	23	25	25	a	24
	奥地利	18	19	19	x(3)	18	21	22	22[d]	x(8)	21
	比利时法语区	20	22	22	a	21	m	m	m	m	m
	加拿大	m	m	m	m	m	m	m	m	m	m
	智利	29	31	32	24	30	31	31	33	25	31
	捷克	20	15	15	a	20	22	19	19	a	22
	丹麦	21	m	18	m	21	21	m	20	m	m
	爱沙尼亚	17	16	a	16[d]	17	15	12	x(9)	12[d]	15
	芬兰	19	17	18	a	19	20	20	20	a	20
	法国	23	23	x(2)	x(3)	23	25	26	26	14	25
	德国	21	21	21	x(2)	21	24	24	x(7)	x(7)	24
	希腊	17	19	a	19	17	22	23	a	23	22
	匈牙利	21	20	20	a	21	21	20	20	a	21
	冰岛	19	16	15	a	18	20	13	13	a	20
	爱尔兰	25	m	a	m	m	m	m	a	m	m
	以色列	28	24	24	a	27	29	24	24	a	28
	意大利	19	20	a	20	19	22	22	a	22	22
	日本	27	30	a	30	27	32	34	a	34	33
	韩国	24	29	a	29	24	33	32	32	a	33
	卢森堡	15	19	17	19	15	19	18	20	17	19
	墨西哥	20	19	a	19	20	28	24	a	24	27
	荷兰	23[d]	m	x(5)	m	23	m	m	a	m	m
	新西兰	m	m	m	m	m	m	m	m	m	m
	挪威[1]	m	m	a	m	m	m	m	m	m	m
	波兰	19	11	11	12	18	23	17	23	16	22
	葡萄牙	21	21	23	20	21	22	23	25	22	22
	斯洛伐克	18	17	16	a	18	19	18	18	a	19
	斯洛文尼亚	19	22	22	a	19	20	19	19	a	20
	西班牙	21	24	24	22	22	25	26	27	22	25
	瑞典	m	m	m	m	m	m	m	m	m	m
	瑞士	m	m	m	m	m	m	m	m	m	m
	土耳其	23	20	a	20	23	28	20	a	20	28
	英国	27	18	26	12	25	20	19	21	12	19
	美国	22	18	a	18	21	28	20	a	20	27
	OECD 平均	21	21	21	20	21	24	22	23	20	24
	欧盟 21 国平均	20	19	19	17	20	21	21	21	18	21
伙伴国	阿根廷	m	m	m	m	m	m	m	m	m	m
	巴西	25	18	a	18	23	28	24	a	24	28
	中国	37	44	x(2)	x(3)	38	50	52	52[d]	x(8)	50
	哥伦比亚	24	19	m	19	22	30	25	a	25	29
	印度	m	m	m	m	m	m	m	m	m	m
	印度尼西亚	26	22	a	22	25	31	31	a	31	31
	拉脱维亚	16	8	a	8	16	15	9	a	9	14
	俄罗斯	18	13	a	13	18	19	11	a	11	18
	沙特	m	m	m	m	m	m	m	m	m	m
	南非	m	m	m	m	m	m	m	m	m	m
	G20 平均	24	23	30	20	24	28	26	31	21	28

1. 学生被分成小组，人数可变。

数据来源：OECD. Argentina, China, Colombia, India, Indonesia, Saudi Arabia, South Africa: UNESCO Institute for Statistics. Latvia: Eurostat. See Annex 3 for notes (www.oecd.org/education/education-at-a-glance-19991487.htm).

缺失数据代码参见《读者指南》。

StatLink http://dx.doi.org/10.1787/888933286142

D2

表 D2.2 学校生师比，按教育阶段划分（2013 年）

折合成全日制计算

		小学	中学			中等后非高等教育	高等教育		
			初中	高中	所有中等教育		短期高等教育	学士、硕士和博士或同等水平	所有高等教育
		(1)	(2)	(3)	(4)	(5)	(6)	(7)	(8)
OECD 国家	澳大利亚[1]	16	x(3)	12[d]	12	m	m	14	14
	奥地利	12	9	10	9	10	9	17	15
	比利时[2]	13	9	10	10	15	x(7)	21[d]	21
	加拿大[3,4]	14[d]	x(1)	14	14	m	m	m	m
	智利	23	24	25	25	a	m	m	m
	捷克	19	11	11	11	31	13	22	22
	丹麦	m	m	m	m	m	m	m	m
	爱沙尼亚	13	10	11[d]	11[d]	x(3)	m	m	m
	芬兰	13	9	16	13	17	a	14	14
	法国	19	15	10	13	x(6)	17[d]	17[d]	17[d]
	德国	16	14	13	13	13	15	12	12
	希腊	9	7	8	8	m	a	m	m
	匈牙利[5]	11	10	12	11	13	19	14	15
	冰岛	10	10	m	m	m	m	m	m
	爱尔兰[2]	16	x(3)	14[d]	14	m	x(8)	20[d]	20
	以色列[2]	15	13	11	12	m	m	m	m
	意大利	12	12	13	12	m	a	19	19
	日本[6]	17	14	12[d]	13[d]	m	m	m	m
	韩国	17	18	15	16	m	m	m	m
	卢森堡	9	11	7	9	m	m	m	m
	墨西哥	28	32	27	30	a	17	14	14
	荷兰[2]	17	16	19	17	20	15	15	15
	新西兰	16	16	13	15	21	16	17	17
	挪威	10	10	10[d]	10[d]	x(3)	x(3)	10	10
	波兰	11	11	11	10	16	8	15	15
	葡萄牙	13	12	8[d]	9[d]	x(3)	a	14[d]	14[d]
	斯洛伐克	17	17	14	13	13	9	14	14
	斯洛文尼亚	16	16	13	11	a	21	18	18
	西班牙	14	13	11	11	m	12	12	12
	瑞典	13	12	13	12	11	10	11	11
	瑞士[2]	15	m	m	m	m	m	m	m
	土耳其	20	20	16	17	a	55	17	22
	英国	21	21	19	18	a	20	18	18
	美国	15	15	15	15	x(8)	x(8)	x(8)	15[d]
	OECD 平均	15	13	13	13	16	17	16	15
	欧盟 21 国平均	14	11	12	12	16	14	16	16
伙伴国	阿根廷	m	18	m	m	m	m	m	m
	巴西	21	13	16	17	17	57	27	27
	中国	17	27	17	15	m	m	m	m
	哥伦比亚	25	m	23	25	12	x(7)	24[d]	35
	印度	m	m	m	m	m	m	m	m
	印度尼西亚	21	18	23	20	a	x(7)	31[d]	31
	拉脱维亚	11	8	10	9	16	25	19	20
	俄罗斯	20	9[d]	x(2)	9	17	11	11	11
	沙特	m	m	m	m	m	m	m	m
	南非	m	m	m	m	m	m	m	m
	G20 平均	18	17	16	16	m	m	m	m

1. 仅包括初中和高中阶段的普通课程。
2. 仅包括公立学校。以色列的公立学校仅包括高中。比利时的数据不包括独立型私立学校。
3. 2012 年数据。
4. 小学阶段包括学前教育。
5. 包括管理人员数据。
6. 高中阶段包括中等后非高等教育课程。

数据来源：OECD. Argentina, China, Colombia, India, Indonesia, Saudi Arabia, South Africa: UNESCO Institute for Statistics. Latvia: Eurostat. See Annex 3 for notes (www.oecd.org/education/education-at-a-glance-19991487.htm).

缺失数据代码参见《读者指南》。

StatLink http://dx.doi.org/10.1787/888933286152

表 D2.3　生师比，按学校类型划分（2013 年）

折合成全日制计算

		初中				高中				所有中等教育			
			私立学校				私立学校				私立学校		
		公立学校	私立学校总和	民办公助型私立学校	独立型私立学校	公立学校	私立学校总和	民办公助型私立学校	独立型私立学校	公立学校	私立学校总和	民办公助型私立学校	独立型私立学校
		(1)	(2)	(3)	(4)	(5)	(6)	(7)	(8)	(9)	(10)	(11)	(12)
OECD国家	澳大利亚[1]	x(5)	x(6)	x(7)	a	12[d]	12[d]	12[d]	a	12	12	12	a
	奥地利	9	11	11[d]	x(3)	10	9	9[d]	x(7)	9	10	10[d]	x(11)
	比利时	9	m	9	m	10	m	10	m	10	m	10	m
	加拿大[2]	m	m	m	m	14	12	12[d]	x(7)	14	12	12[d]	x(11)
	智利	21	27	29	22	24	26	28	16	23	26	28	18
	捷克	11	10	10	a	11	12	12	a	11	12	12	a
	丹麦	m	m	m	m	m	m	m	m	m	m	m	m
	爱沙尼亚[3]	10	8	a	8	11[d]	8[d]	a	8[d]	11[d]	8[d]	a	8[d]
	芬兰	9	9	9	a	16	16	16	a	12	15	15	a
	法国	15	m	18	m	10	m	11	m	12	m	14	m
	德国	14	13	x(2)	x(2)	13	12	x(6)	x(6)	14	13	x(11)	x(11)
	希腊	7	7	m	7	8	8	m	8	8	8	m	8
	匈牙利[4]	10	10	10	a	12	12	12	a	11	11	11	a
	冰岛	11	3	3	a	m	m	m	m	m	m	m	m
	爱尔兰	x(5)	m	m	m	14[d]	m	a	m	14	m	m	m
	以色列	14	7	7	a	11	m	m	a	12	m	m	a
	意大利	12	11	a	11	13	7	a	7	12	8	a	8
	日本[3]	14	12	a	12	11[d]	13[d]	a	13[d]	13[d]	13[d]	a	13[d]
	韩国	18	18	18	a	14	16	16	a	16	17	17	a
	卢森堡	10	24	12	a	9	4	12	2	9	6	12	4
	墨西哥	35	19	a	19	33	15	a	15	34	17	a	17
	荷兰	16	m	a	m	19	m	a	m	17	m	a	m
	新西兰	17	13	a	13	14	12	13	10	15	12	13	11
	挪威[5]	10	9	9[d]	x(3)	10[d]	16[d]	16[d]	x(7)	10[d]	14[d]	14[d]	x(11)
	波兰	10	9	11	8	11	11	13	11	10	10	12	10
	葡萄牙[3]	10	12	14	10	8[d]	9[d]	16[d]	8[d]	9[d]	10[d]	15[d]	8[d]
	斯洛伐克	13	12	12	a	14	12	12	a	13	12	12	a
	斯洛文尼亚	8	8	8	a	14	13	10	32	11	13	10	32

1. 仅包括初中和高中阶段的普通课程。
2. 2012 年数据。
3. 高中阶段包括中等后教育课程。
4. 包括管理人员数据。
5. 高中阶段包括中等后非高等教育和短期高等教育课程。

数据来源：OECD. Argentina, China, Colombia, India, Indonesia, Saudi Arabia, South Africa: UNESCO Institute for Statistics. Latvia: Eurostat. See Annex 3 for notes（www.oecd.org/education/education-at-a-glance-19991487.htm）.

缺失数据代码参见《读者指南》。

StatLink http://dx.doi.org/10.1787/888933286160

表 D2.3（续） 生师比，按学校类型划分（2013 年）

折合成全日制计算

		初中				高中				所有中等教育			
			私立学校				私立学校				私立学校		
		公立学校	私立学校总和	民办公助型私立学校	独立型私立学校	公立学校	私立学校总和	民办公助型私立学校	独立型私立学校	公立学校	私立学校总和	民办公助型私立学校	独立型私立学校
		(1)	(2)	(3)	(4)	(5)	(6)	(7)	(8)	(9)	(10)	(11)	(12)
OECD国家	西班牙	10	15	15	14	10	14	15	13	10	14	15	13
	瑞典	11	17	17	a	12	14	14	a	12	15	15	a
	瑞士	12	m	m	m	m	m	m	m	m	m	m	m
	土耳其	20	9	a	9	16	7	a	7	18	8	a	8
	英国	27	14	16	7	22	18	19	9	24	16	18	8
	美国	16	11	a	11	16	11	a	11	16	11	a	11
	OECD 平均	14	12	13	12	14	12	14	11	14	12	14	12
	欧盟 21 国平均	12	12	12	9	12	11	13	11	12	11	13	11
伙伴国	阿根廷	m	m	m	m	m	m	m	m	m	m	m	m
	巴西	20	12	a	13	17	10	a	10	19	11	a	12
	中国	13	18	18[d]	x(3)	18	10	10[d]	x(3)	15	13	13[d]	x(10)
	哥伦比亚	31	17	a	17	27	16	a	16	30	17	a	m
	印度	m	m	m	m	m	m	m	m	m	m	m	m
	印度尼西亚	20	16	a	16	18	28	a	28	19	21	a	25
	拉脱维亚	8	4	a	4	10	7	a	7	9	6	a	m
	俄罗斯	9[d]	4[d]	a	4[d]	x(1)	x(2)	a	x(4)	m	4	a	6
	沙特	m	m	m	m	m	m	m	m	m	m	m	x(10)
	南非	m	m	m	m	m	m	m	m	m	m	m	m
	G20 平均	18	13	18	11	16	13	13	13	17	13	14	11

1. 仅包括初中和高中阶段的普通课程。
2. 2012 年数据。
3. 高中阶段包括中等后教育课程。
4. 包括管理人员数据。
5. 高中阶段包括中等后非高等教育和短期高等教育课程。

数据来源：OECD. Argentina, China, Colombia, India, Indonesia, Saudi Arabia, South Africa: UNESCO Institute for Statistics. Latvia: Eurostat. See Annex 3 for notes (www.oecd.org/education/education-at-a-glance-19991487.htm).

缺失数据代码参见《读者指南》。

StatLink http://dx.doi.org/10.1787/888933286160

● 就OECD国家的平均水平而言，学前和小学教师的工资是25—64岁受过高等教育的全职全年劳动者收入的78%，初中教师的工资是这一基准的80%，高中教师的工资是这一基准的82%。

● 15年教龄的学前教师法定工资平均为35 653美元；小学教师平均为41 245美元，初中教师平均为42 825美元，高中教师平均为44 600美元。

图D3.1. 教师工资与同等学历劳动者的收入比（2013年）

公立学校中教师工资

背景

教师工资在其教育总支出中所占比例很大，并且对教师职业的吸引力有着直接影响。教师工资会影响学生是否就读师范专业，毕业后是否当教师（毕业生的选择，与教师职业和非教师职业的相对收入以及今后可能的收入增长相关），以及教师中断职业后是否重返教师岗位（因为从总体上讲，工资越高，选择离开教师岗位的教师就越少）（OECD，2005）。各国政府为应对2008年开始的经济危机而采取的措施，导致国家债务增长，其结果是政府普遍面临越来越大的"减少政府支出"的压力，特别是面临减少公共部门薪酬支出的压力。由于教师工资与工作条件对吸引、培养和留住熟练的高素质教

指标 D3

教师工资是多少?

- 就 OECD 国家的平均水平而言，学前和小学教师的工资是 25—64 岁受过高等教育的全职全年劳动者收入的 78%，初中教师的工资是这一基准的 80%，高中教师的工资是这一基准的 82%。
- 15 年教龄的学前教师法定工资平均为 38 653 美元，小学教师平均为 41 245 美元，初中教师平均为 42 825 美元，高中教师平均为 44 600 美元。

图 D3.1 教师工资与同等学历劳动者的收入比（2013 年）

公立普通初中教师工资

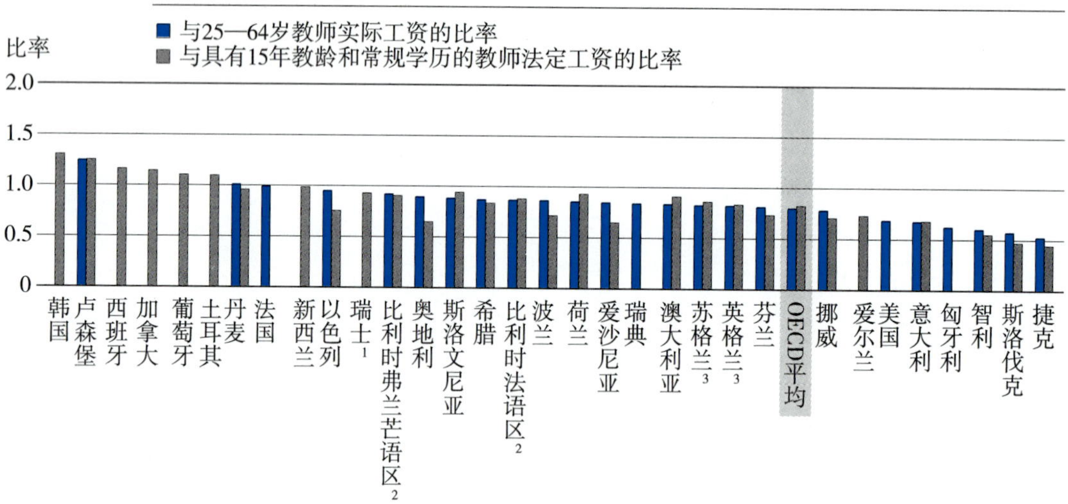

注：教师常规学历的定义基于一个广泛的概念，包括常规国际教育标准分类（ISCED）学历水平和其他标准，参见专栏 D3.2 中的讨论。有关计算这些比率所使用的不同指标的更多信息，参见方法部分。

1. 具有 11 年教龄和最低学历而非 15 年教龄和常规学历的教师法定工资。
2. 比利时受过高等教育的全职全年劳动者的收入数据。
3. 英国受过高等教育的全职全年劳动者的收入数据。

国家按照教师工资与 25—64 岁受过高等教育的全职全年劳动者收入的比率降序排列。

数据来源：OECD. Table D3.2a, and Table D3.2b, available on line. See Annex 3 for notes (www.oecd.org/education/education-at-a-glance-19991487.htm).

StatLink http://dx.doi.org/10.1787/888933284456

背 景

教师工资在正规教育经费支出中所占比例最大，并且对教师职业的吸引力有着直接影响。教师工资会影响学生是否就读师范专业，毕业后是否当教师（毕业生的选择，与教师职业和非教师职业的相对收入以及今后可能的收入增长相关），以及职业中断后重返教师岗位或继续当教师（因为从总体上说，工资越高，选择离开教师岗位的教师就越少）（OECD，2005）。各国政府为应对 2008 年年末的经济危机而采取的措施，导致国家债务增长，其结果是决策者面临越来越大的“减少政府支出”的压力，特别是面临减少公共部门薪酬支出的压力。由于薪酬与工作条件对吸引、培养和留住熟练的高素质教师至关重要，因此决策者在确保教学质量和平衡教育经费时，应该认真考虑教师的工资问题（参见指标 B6 和指标 B7）。

其他发现

- 在大多数 OECD 国家，教师工资随着教师任教学段的升高而增长。例如，在比利时、芬兰、匈牙利、斯洛伐克，15 年教龄的高中教师工资比相同教龄的学前教师至少高出 25%。
- 学前、小学、初中和高中学校最低学历教师的最高工资分别比起点工资平均高出 64%、66%、65%和 66%，而且当达到最高工资水平需要很多年时，最高工资与起点工资之间的差距会很大。在有些国家，最高工资平均比起点工资高出 90%，需要 30 年或者更长时间才能达到最高工资水平。
- 学历最高的学前教师最高工资平均是 49 176 美元，学历最高的小学教师最高工资平均是 51 177 美元，学历最高的初中教师最高工资平均是 53 786 美元，学历最高的高中教师最高工资平均是 54 666 美元。
- 在数据可得的 28 个国家中，有 11 个国家的高中教师平均年薪（包括奖金和津贴）比具有 15 年教龄和常规学历的高中教师法定工资至少高出 10%。
- 在 17 个数据可得的国家中，高等学校全职教师的平均年薪因国家而异，从拉脱维亚的 13 348 美元，到德国的 74 305 美元不等。在 12 个数据可得的国家中，男性的平均年薪高于女性。

趋 势

2000—2013 年，在数据可得的国家，除丹麦（高中）、英格兰、法国和意大利外，教师的实际工资有所增长。但是在大部分国家，2005 年以来的工资增长比 2000—2005 年的工资增长少，并且 2008 年的经济低迷直接影响到教师工资，一些国家的教师工资不是停止增长就是被削减。因此，2008—2013 年，教师实际工资呈现增长的国家数量缩减到 OECD 国家数量的一半左右。

分 析

教师法定工资

教师工资是教师全部薪酬的一部分。其他收入，比如边远地区津贴、家庭津贴、公共交通优惠、购买文化产品的纳税津贴，也可能构成教师薪酬的一部分。此外，OECD 国家的税务和社会福利系统存在很大差异。在跨国比较教师工资时要考虑这些因素。

教师工资在不同国家差异很大。15 年教龄的初中教师工资在爱沙尼亚、匈牙利为 15 000美元以下，在加拿大、德国、荷兰和美国为 60 000 美元以上，在卢森堡则超过 100 000美元（表 D3. 1a 和图 D3. 2）。

在大多数国家，教师工资随着教师任教学段的升高而增长。在比利时、丹麦、匈牙利、荷兰、挪威和斯洛伐克，15 年教龄高中教师的工资比同样教龄的学前教师高 20%—40%；在芬兰，高中教师大约多挣 55%。在芬兰和斯洛伐克，这一差异可能主要是学前教师和小学教师的工资差距。在比利时，高中教师的工资明显高于其他教育阶段的教师。在匈牙利，工资差距主要存在于高中教师和初中教师之间，而初中教师和小学教师的工资没有差别。不同教育阶段教师工资的差异，可依据教师从业资格要求进行解释［参见《教育概览 2014》（OECD，2014），指标 D6］。

在澳大利亚、韩国、斯洛文尼亚、土耳其和美国，15 年教龄的高中教师与学前教师的工资差距小于 5%。在英格兰、希腊、波兰、葡萄牙和苏格兰，不同教育阶段教师的工资是一样的。在捷克、爱沙尼亚、日本、斯洛文尼亚和斯洛伐克的小学、初中和高中阶段，也是如此。在以色列，高中教师和学前教师的工资差距是 17%，而且学前教师的工资要高于高中教师。这是以色列 2008 年以来逐步推行的“新视野”改革的结果。这项改革在 2013 年部分地完成，提高了学前、小学和初中教师的工资。2012 年推行的另一项改革旨在提高高中教师的工资。卢森堡在 2009 年的改革以前，15 年教龄的小学教师工资比同样教龄的中学教师低约 50%。现在，二者的工资差距小于 10%。

不同教育阶段的教师工资差异也许会影响学校以及学校系统吸引和留住教师的能力，也可能会影响教师在不同教育阶段间的流动程度。

专栏 D3. 1 高校教师工资

在过去的 20 年里，高等教育入学率出现了大幅增加。为了满足新增学生的需求，随之而来的是高等教育经费的增长、设施的增加和人员的扩编。OECD 国家的决策者和公众，越来越重视高等教育机构持续招募足够数量的优质教师的能力。

一种吸引和留住优质教师的方式是提供具有竞争力的薪酬。2015 年的调查初步收集到一些影响公立和民办公助型高等院校教师工资结构的数据（更多信息参见附录 3）。调查发现，许多国家高校教师工资结构的影响因素与中小学教师工资结构的影响因素有显著不同。多数国家使用国家工资表作为高校教师的基础工资，同时也依据它来确定中小学教师工资。但是在多数国家，高等院校可以自行调整薪酬水平，而中小学却不行。高校确定教职工工资水平的标准包括学历和教龄，这些标准同样适用于中小学。除此之外，高校的标准还包括职称、教学领域和研究经验，但这些通常不适用于中小学。例如，在 32 个数据可得的国家中，有 25 个国家在确定教师工资时将研究经验纳入考虑范畴。

2015 年的调查也包含最近一年（大部分是 2012—2013 年）对所有高等教育全职教师的实际平均年薪的估计。虽然是初步的，但这些结果获得了一些有趣的发现。17 个 OECD 成员国和伙伴国中，高等教育全职教师的平均工资差异很大，从拉脱维亚的 13 348 美元，到德国的 74 305 美元不等（高校教师工资数据来源于 OECD 国民账户数据库，以个人消费购买力平价进行折算）。在分别提供男性和女性数据的 12 个国家中，男性的平均工资一直高于女性。有 12 个国家也提供了全职教授的实际平均年薪。在 OECD 成员国和伙伴国中，这些高级教员的平均工资始终高于本国高校全职教师的平均工资，平均来看，高出的幅度从挪威的 18%，到捷克的 105%不等。在所有报告了数据的国家中，全职教授工资最高的有德国（107 889 美元）、美国（101 685 美元）和英国（97 079 美元）。在除葡萄牙以外的其他报告了数据的国家中，男教授的工资比女教授高。然而，男教授和女教授之间的工资差异比全体教职工之间的工资差异小。在冰岛和挪威，这一差异不到 2%。

最低学历和常规学历

各国法定工资之间的差异应根据常规学历和最低学历的概念来解释。最低学历要求教师接受过进入该行业所必需的教育和培训［参见《教育概览 2014》（OECD，2014），指标 D6］，不包括公立学校系统中成为持证教师的其他要求，如试用期。

教师常规学历的定义因国家而异（专栏 D3.1）。常规学历是指教师通常拥有的学历和培训，可能包括在教育行业获得的学历证书。教师的常规学历之所以是“常规”的，是因为它是在某个特定年份大多数教师所具有的学历。

然而，教师的最低学历和常规学历之间存在差别并不是普遍规律。在数据可得的 36 个国家中，有 17 个国家的教师最低学历和常规学历之间没有差别。其余 19 个国家中，教师法定工资的差异可能反映了教师所具有的常规学历和最低学历的差异，至少是在某一教育阶段或者教师职业生涯的某个节点上的差异（起点工资、10 年教龄工资、15 年教龄工资或最高工资）。然而，与学历有关的工资差异，各国不尽相同。

在智利、英格兰、冰岛、以色列和墨西哥，所有教师的起点工资都是相同的。只有当教师在学校工作一段时间后，具有最低学历和常规学历的教师的薪酬才开始出现差异。在比利时法语区、哥伦比亚、加拿大、捷克、爱尔兰和美国，在教师职业生涯的所有阶段，具有常规学历的教师的法定工资要比具有最低学历的教师的法定工资高。在澳大利亚也是如此，除了最高工资等级外，最高工资一般并不完全取决于教师的学历。在挪威，教师职业生涯的所有阶段和所有教育阶段（学前教育除外），具有常规学历的教师的法定工资更高，而在学前教育阶段，教师的最低学历和常规学历没有区别。相反，在波兰，除高中以外的各个教育阶段，具有常规学历的教师的法定工资要比具有最低学历的教师的法定工资高。因为波兰的大多数教师拥有硕士或同等水平的学位（ISCED 7），这是高中教师所需具备的学历，但并不是其他教育阶段的教师所需具备的

（表 D3. 1a 和表 D3. 1b，可在线查询）。

在波兰，执教 15 年后，具有最低学历和常规学历的教师的法定工资之间有巨大差异，从初中教师的 13%到学前和小学教师的 26%不等。在墨西哥，二者的差异也很大，在各个教育阶段都超过了 24%。在比利时法语区，具有 15 年教龄的教师的工资差异，从学前教育阶段到初中阶段为 5%，在高中阶段为 30%。捷克的情况正好相反，具有 15 年教龄及不同学历的教师的法定工资差异，从小学阶段到高中阶段约为 4%，在学前教育阶段为 24%（表 D3. 1a 和表 D3. 1b，可在线查询）。

专栏 D3. 2　教师的常规学历

在大多数 OECD 国家，要求教师具有特定的学历或文凭才能进入教师行列，有的国家甚至要求教师具有多种资格。常规学历通常超过了对教师的常规教育程度的要求（表 D3. 2a 和表 D3. 2b，可在线查询）。很多时候，教师在试用期要接受培训，以获得实践经验和/或展示他们的能力，从而成为完全合格的教师。有时，他们必须满足一些额外的条件，如通过竞争性的考试，才能参与教学或者使工资等级和在学校的职位达到更高的水平。标准随着他们所教的学段而变化［更多信息参见《教育概览 2014》（OECD，2014），指标 D6］。

这样一来，从事教师职业所要求的最低学历可能不是教师队伍所拥有的最常见的学历。在某些教育体系中，大多数教师所具有的学历已经超过了从事教师职业的最低要求，工资达到了特定的等级。这就是所谓的教师的常规学历，它随国家和教育体系的不同而变化。

在教育政策或立法近期发生了改变以及教师入职门槛有所提高或降低的国家，教师的最低学历和常规学历之间普遍存在差异。在一些国家，教师生涯起始阶段的最低学历和常规学历之间没有差异，但该差异存在于有一定教学年限的教师中间。

在智利、冰岛和以色列，教师专业发展活动对教师学历及工资都有影响。例如在冰岛，大多数在职教师都拥有硕士或同等水平的学位（ISCED 7），他们每学年花 150 个小时在专业发展活动上，包括相当于欧洲学分转换系统（ECTS）的正规教育。因此，冰岛拥有 15 年教龄的教师的常规学历，包括他们在任教期间通过专业发展活动而获得的额外学分（ECTS）。

在依据多条件（文凭类型、学位等级）或多途径遴选教师的国家，最低学历和常规学历之间出现差异的可能性会增大。例如在澳大利亚，从 2013 年开始，新教师的最低学历是 4 年高等教育或同等水平的学历（ISCED 6）。师范生必须具备国家对新教师所要求的学历才能入职。然而，师范教育的层次不尽相同，如 4 年或 4 年以上的全日制高等教育（ISCED 6 或 ISCED 7）。这使得进入教师行业有多种可选择的途径，并且都能满足澳大利亚学历框架（AQF）的要求。学历的差异可能带来工资的差异，这种差异甚至在教师职业生涯的起点就已存在，同样，接受培训的年限也会对教师的入职薪酬产生影响。

相反，在比利时法语区，所要求的最低学历和常规学历文凭通常在师范教育结束时直接颁发，它是从事特定教育阶段的教学所要求具备的。但是某些教育阶段教师的短缺会导致具有不同学历的教师得到重新分配。例如，初中教师被分配到高中去缓解高中教师的短缺，导致高中阶段教师的常规学历发生变动。

最低学历和常规学历之间的差异可以作为考量教师职业生涯发展的指标，或者作为某一时期教育体系变化的指标。这些例子表明，在 OECD 国家中，教师队伍在不断发展，教师入职标准和晋级标准并不是一成不变的。

在数据可得的 OECD 国家里，有约 2/3 的国家的教师常规学历是学士或同等水平（ISCED 6），有超过 1/3 的国家的教师常规学历是硕士或同等水平（ISCED 7）。然而，在极少数国家，学前教师的常规学历低于学士（ISCED 6）。在澳大利亚、智利、英格兰、法国、希腊、冰岛、以色列、韩国、墨西哥和苏格兰，从学前教育阶段到高中阶段，教师的常规学历都是一样的。然而在另一些国家，教师的常规学历只在一个教育阶段有差别，如捷克、芬兰、德国、日本和斯洛伐克的学前教育，或者比利时、丹麦、匈牙利和挪威的高中教育（表 D3. 2a 和表 D3. 2b，可在线查询）。

教师的起点工资和最高工资

为吸引高素质的毕业生成为教师，教育体系要与其他经济部门竞争。研究表明，工资和其他就业机会对教育行业的吸引力有重要影响（Santiago，2004）。教师相对于其他非教学行业的起点工资和可能的收入增长，对毕业生决定成为一名教师有巨大的影响力。那些想增加教师数量的国家，尤其是教师队伍老龄化和/或学龄人口增长的国家，可以考虑提供更具吸引力的起点工资和职业前景。但是，为了确保拥有合格的教师队伍，必须努力招募和选择最有能力的、称职的教师，更要留住现有的骨干教师。

在初中阶段，具有常规学历的新入职教师的平均收入是 31 013 美元。从爱沙尼亚、匈牙利和斯洛伐克的不足 15 000 美元，到丹麦、德国、卢森堡、挪威、西班牙和美国的超过 40 000 美元不等。拥有最高学历且处于最高工资等级的教师，其平均工资为 53 786 美元。最高工资从爱沙尼亚、匈牙利和斯洛伐克的不足 20 000 美元，到奥地利和韩国的高于 75 000美元，甚至卢森堡的 130 000 美元以上不等。

在大多数起点工资低于 OECD 平均值的国家，其最高工资也较低。在初中阶段，日本、韩国和墨西哥的起点工资比 OECD 平均值至少低 6%，但是最高工资却高出 OECD 平均值许多。在苏格兰，尽管起点工资比 OECD 平均值低约 10%，但是最高工资却与 OECD 平均值持平。丹麦正好相反，该国的起点工资比 OECD 平均值至少高 30%，但是最高工资与 OECD 平均值持平。在瑞典，起点工资略高于 OECD 平均值，但是最高工资比 OECD 平均值低 20%以上（图 D3. 2 和表 D3. 6a，可在线查询）。

D3

图 D3.2 初中教师在职业生涯不同节点上的工资（2013 年）

公立机构教师的法定年薪，以购买力平价转换后的等值美元表示

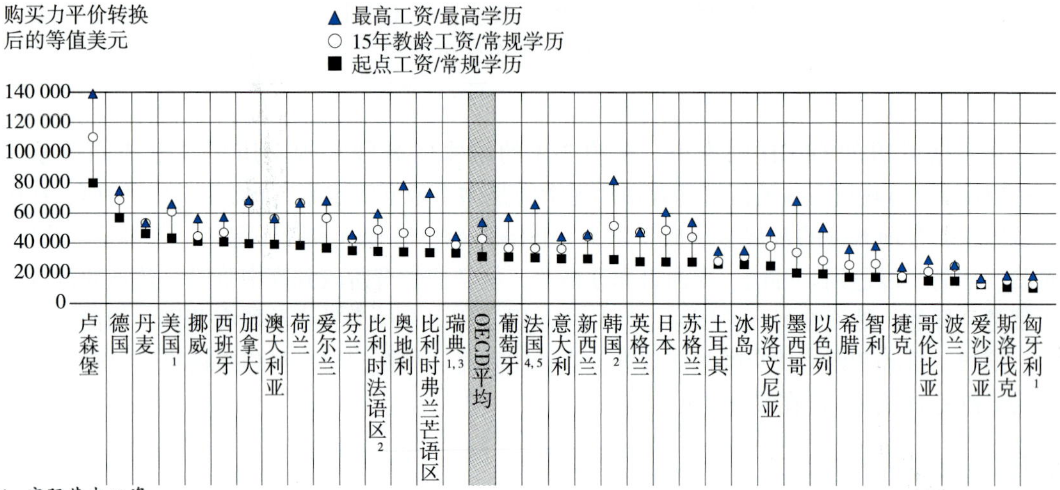

1. 实际基本工资。
2. 最高等级和常规学历的工资，而不是最高学历的工资。
3. 最高等级和最低学历的工资，而不是最高学历的工资。
4. 包括加班补贴。
5. 新教师的常规学历与现有教师的常规学历有很大不同。

国家按照具有常规学历的初中教师的起点工资降序排列。

数据来源：OECD. Table D3.1a, and Table D3.6a, available on line. See Annex 3 for notes (www.oecd.org/education/education-at-a-glance-19991487.htm).

StatLink http://dx.doi.org/10.1787/888933284469

许多国家的工资级差相对较小。例如，在捷克（学前阶段）、丹麦、芬兰（学前阶段）、挪威（学前和高中阶段）、瑞典（学前阶段），教师最高工资和最低工资之间的差距小于 30%。

较弱的经济激励可能很难留住工资水平接近最高值的教师。然而，缩小工资级差可能是有益的。例如，有观点认为，在那些员工工资差异较小的单位，同事之间拥有更多的信任、更自由的信息流和更强的凝聚力。

相反，在奥地利、智利、希腊、以色列和韩国的所有教育阶段，在比利时法语区的学前、小学和初中阶段，在法国的初中和高中阶段，在匈牙利的高中阶段以及在日本的小学和中学阶段，最高工资至少是起点工资的两倍；在墨西哥的学前、小学和初中阶段，最高工资是起点工资的三倍多（图 D3.2 和表 D3.6a，可在线查询）。

在分析起点工资和最高工资时应该注意，“常规”学历是指在某个特定年份整个教师队伍中最广泛拥有的学历，并且这类学历对于目前系统中的所有教师来说并不是必需的。出于这个原因，就当前教师队伍中的所有常规学历来说，拥有起点工资和最高工资的教师的常规学历可能会有很大差异。

在最高工资等级，各国间高学历教师的工资溢价也不相同。在初中阶段，在 36 个数据可得的国家中，13 个国家的最高学历教师和最低学历教师的最高工资没有差别，而在比利时法语区、哥伦比亚、捷克、法国、以色列、挪威和斯洛文尼亚，最高学历教师的最高工资比教龄相同但只接受过最低程度培训的教师的最高工资至少高出 25%。这种工资差

距在墨西哥最大，其最高学历教师的工资是教龄相同但只拥有所要求的最低学历教师的两倍多。高中阶段的情况与此类似（表 D3. 1b 和表 D3. 6b，可在线查询）。

考虑教师工资结构时要记住，不是所有教师都能达到最高工资等级，只有一小部分教师拥有最高学历。例如，在希腊和意大利，2013 年只有不到 5%的教师能拿到最高工资；在法国的初中阶段，拥有最高学历的教师比例只有 5%。

教学经验和工资等级

工资结构对在教师职业生涯的不同阶段支付给教师的工资进行了界定。递延补偿也运用于教师工资结构中，以奖励工作满一段时期的教师以及达到既定业绩标准的教师。OECD 关于教师工资的数据仅限于四个工资等级的信息：起点工资、10 年教龄工资、15 年教龄工资以及最高工资。这里讨论的工资是受过最低程度培训的教师工资。如前所述，在有些国家，学历越高，工资越高。

在 OECD 国家，教师工资在其职业生涯的不同阶段会逐步提升，但各国的提升速度各不相同。10 年教龄和 15 年教龄的初中教师法定工资平均分别比起点工资高 26%和 39%，而且，平均经过 24 年即可达到最高工资等级（比起点工资高 65%）。在匈牙利、以色列、意大利、韩国和西班牙，初中教师在服务至少 35 年之后才能达到最高工资等级；在希腊，最高工资等级要在服务 45 年后才能达到。相反，在澳大利亚、哥伦比亚、爱沙尼亚、新西兰和苏格兰，初中教师在服务 6—9 年后就能达到最高工资等级（表 D3. 1a 和表 D3. 3a）。

净教学时间每小时法定工资

在普通教育中，具有 15 年教龄和常规学历的小学教师每教学小时的法定工资为 53 美元，初中教师为 63 美元，高中教师为 71 美元。在智利、捷克（小学和初中阶段）、爱沙尼亚、匈牙利和斯洛伐克，教师每教学小时工资最低，少于 30 美元。相比之下，在加拿大、德国和韩国的初中和高中阶段，比利时、丹麦、日本和挪威的高中阶段，教师每教学小时工资至少为 90 美元。而在卢森堡的所有教育阶段，教师每教学小时工资超过 115 美元。具有 15 年教龄和常规学历的学前教师，平均每教学小时法定工资是 43 美元。但是，在 1/3 的国家，具有 15 年教龄和常规学历的学前教师每教学小时工资少于 30 美元（表 D3. 3a）。

由于中学教师的规定教学时数少于小学教师，所以中学教师每教学小时的工资通常比小学教师高，甚至在那些法定工资相近的国家也是如此（参见指标 D4）。就 OECD 国家平均水平而言，高中教师每教学小时工资比小学教师高 34%。在苏格兰，二者没有差别。而在丹麦，高中教师每教学小时工资是小学教师的 87%（表 D3. 3a）。

但是，在比较工作时间的每小时工资时，小学教师和中学教师之间不一定存在差别。例如，在葡萄牙，小学教师和高中教师每教学小时的工资差异为 23%，但这两个阶段的法定工资和在校工作时间是相同的。小学教师花在教学活动上的时间比高中教师多，这一事实可以解释上述差异（表 D4. 1）。

2000 年以来的趋势

2000—2013 年，在大部分数据可得的国家中，教师的实际工资均有所增长，但同期丹麦（高中阶段）、英格兰和法国的教师实际工资却下降了8%—10%。在意大利（中学阶段），教师实际工资略有下降。在爱沙尼亚（小学到高中阶段）、芬兰（小学阶段）、爱尔兰、以色列（学前到初中阶段）、墨西哥（学前到初中阶段）和苏格兰（学前阶段），这一时期教师的工资增长了至少20%（表D3.5a）。

然而，2005—2013年，在数据可得的OECD国家中，只有略多于一半的国家教师的实际工资增加了。在比利时法语区、爱沙尼亚（小学到高中阶段）、以色列和土耳其，教师工资的增长主要发生在2005年以后。在波兰，各个教育阶段教师的工资也是从2005年开始增长了至少20%，这是2007年起政府实施"教师工资提升计划"的结果。该计划旨在于2008—2013年逐渐提高教师工资。政府实施教育改革，通过增加教育经费来吸引高素质的教师，从而提高教育质量。

相反，在希腊和匈牙利，2005年以来教师工资下降了至少26%（图D3.3）。这种下降主要发生在2008—2013年。这反映了2008年经济下行对教师工资的影响，这些国家的教师工资不是停止增长就是被削减（专栏3.3）。2008—2013年，教师实际工资有所增加的国家数量，缩减到OECD国家数量的一半以下。在英格兰、冰岛、葡萄牙、苏格兰和西班牙，教师工资在2008—2013年降低了至少5%（表D3.5a）。

图D3.3 初中教师工资变化（2000年、2005年和2013年）

2000—2013年变化指数（2005年=100，不变价格），具有15年教龄和常规学历的教师

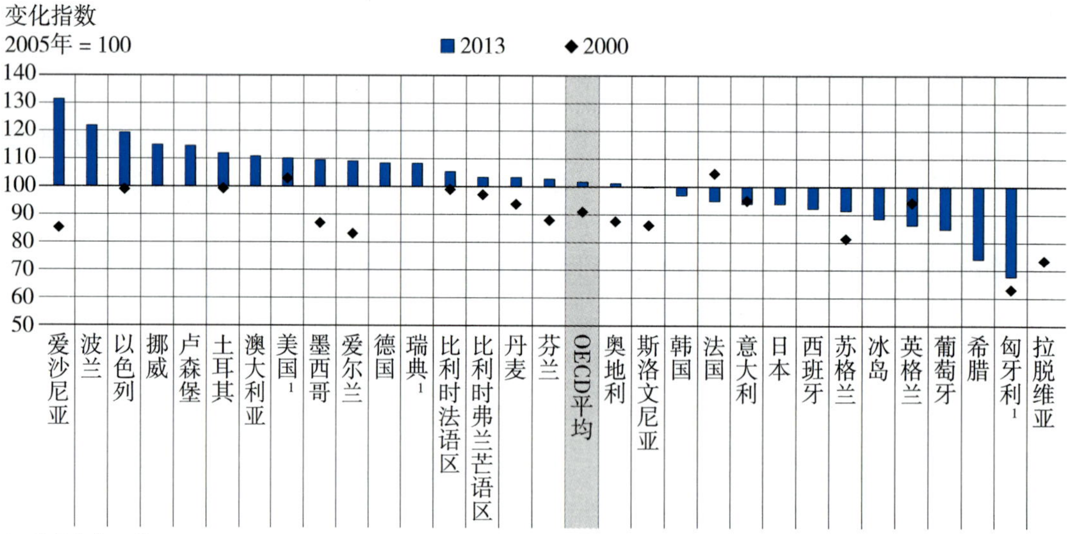

1. 实际基本工资。

国家按照2005—2013年具有15年教龄的初中教师工资变化指数降序排列。

数据来源：OECD. Table D3.5a. See Annex 3 for notes (www.oecd.org/education/education-at-a-glance-19991487.htm).

StatLink http://dx.doi.org/10.1787/888933284478

上述对工资趋势的分析是以具有15年教龄和常规学历的教师（替代处于职业中期的教师）为基础的。然而，教师在某一职业阶段的工资增长速度可能高于其他阶段。例如，某些教师短缺的国家可能会出台特殊政策，以提高刚入职教师的工资，从而增加职业吸引力（OECD，2005）。在法国，2010—2011年刚入职的教师工资有所增加。

在大多数国家，小学、初中和高中教师工资的增幅或减幅相类似。但是，在以色列

和卢森堡，2005—2013 年小学教师工资比中学教师工资有更为明显的增加。在这两个国家，小学和中学教师工资变化指数的差异源于旨在增加小学教师工资的改革。在以色列，这在很大程度上是“新视野”改革在小学和初中逐步实施的结果，这项改革是在教育当局与（面向小学和初中的）以色列教师协会达成一致的基础上，于 2008 年启动的，提出以更高的教师工资换取更长的工作时间（参见指标 D4）。例如 2012—2013 学年，改革涉及 77%的学前全职教师，91%的小学全职教师和 49%的初中全职教师。同一学年，一项类似的改革（“Oz Letmura”）开始在高中阶段实施，影响到 25%的全职教师。

专栏 D3. 3　经济危机的影响

在 2008 年年底爆发的对世界经济造成巨大冲击的金融和经济危机，极大地影响了公务员和公共部门一般工作人员的工资。越来越多的国家为了减少国家债务而调整政府支出，这种压力造成了教师和公务员工资的削减。就数据可得的 OECD 国家平均水平而言，2000 年教师首次减薪，2009—2013 年，教师工资降低了约 5%。

图 D3. a　OECD 国家教师工资变化（2005—2013 年）

所有年份数据可得的 OECD 国家具有 15 年教龄和最低学历教师工资的平均变化指数

（2005 年 = 100，不变价格）

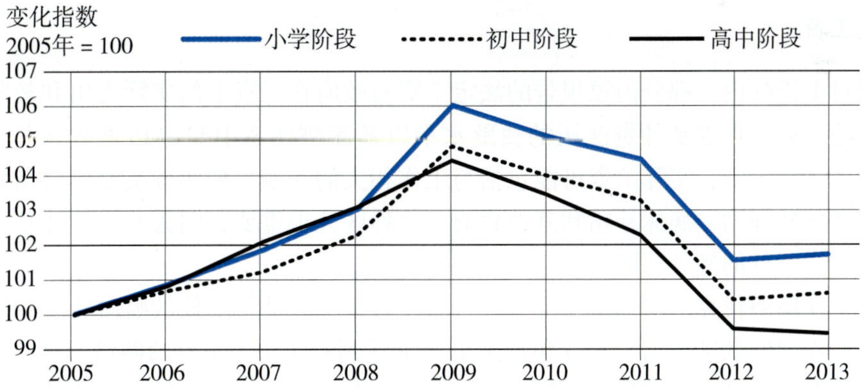

数据来源：OECD. Table D3. 5b, available on line. See Annex 3 for notes（www. oecd. org/education/education-at-a-glance-19991487. htm）.

StatLink http：//dx. doi. org/10. 1787/888933284483

在英格兰、爱沙尼亚、希腊、匈牙利、爱尔兰、意大利、葡萄牙、苏格兰和西班牙，经济危机极大地影响了教师工资。在爱沙尼亚，2010 年教师最低工资降低到 2008 年的水平，并且自此停滞在这一水平上。在希腊，教师福利和津贴的各种削减影响了 2010 年以后的教师工资。2009—2013 年扣除物价因素后，教师总工资降低了 25%以上。此外，因为增添了附加税，希腊教师的净工资也已缩水。这一税项提高了教师本已减少的总收入的缴税水平，而由教师缴纳的保险费仍然按照他们早先较高的工资进行计算。在匈牙利，第 13 个月工资（一种所有雇员都可以获得的额外奖金）在 2009 年停发。虽然公共部门对工资低于某一特定值的雇员发放了补偿性奖金，但是教师的基本工资仍然受到很大影响。教师工资的持续下降是由于额外薪酬（例如额外的课时费）的减少。这些基本工资之外的额外薪酬是教师总收入的重要组成部分。

2010 年 7 月，西班牙削减了所有公务员的工资。虽然削减幅度依据的是年收入，但基本工资和奖金都受到了影响。在爱尔兰，自 2010 年 1 月 1 日起削减全体公务人员的薪水，教师工资也被削减。此外，2011 年 1 月 1 日之后入职的教师，依据新的工资等级领取工资，比之前聘用的教师所使用的工资等级低 10%。2011 年，葡萄牙一项新法律规定，凡高于 1 500 欧元的工资均会被削减。2012 年，西班牙再一次降薪，将公务员过去的 14 个月工资制度改为 12 个月。在英格兰，2011—2012 年所有教育阶段的教师工资均停止增长，次年按照低于通货膨胀率 1%的水平增长。所有这一切都是由经济危机所导致的。由于教师处在为期三年的支付结算期，工资停止增长比其他公共部门的雇员来得晚。类似地，苏格兰教师事务委员会（SNCT）同意从 2011 年 4 月到 2013 年 3 月停止增长教师的工资。尽管苏格兰的教师不属于公务员，然而此项协议可以反映苏格兰的其他公共服务人员和公务员工资停止增长的情况。在意大利，教师工资从 2011 年开始停止增长。为应对国际经济情势和达到欧盟设定的公共财政目标，意大利采取了减薪措施，对所有公务员（包括教师）的工资均造成了影响。

经济低迷也可能影响师资的供给。一般来说，经济总体不景气的时期，毕业生就业率低、收入低，此时教师职业可能被视为比其他职业更具吸引力（OECD，2005）。

实际平均工资

必须对本指标内大部分国家报告的法定工资与政府在工资上的实际支出和教师平均工资加以区分，后两项受到师资队伍的教龄水平以及薪酬体系中奖金和津贴所占份额的影响。不同于法定工资，实际工资可能包括与工作相关的薪酬，如年度奖金、与绩效相关的奖金、假期额外补贴、病休补贴和其他薪资。这种区分很重要，因为奖金和津贴可以代表除了基本工资以外的额外薪酬。

例如，在斯洛伐克，大部分教师每月可获得考核奖。基于学校的财政资源和对教师个人的考核，该国的教师平均工资（包括奖金）能达到基本法定工资的两倍。

25—64 岁具有 15 年教龄和常规学历的教师的法定工资与实际年薪的比较显示，在奥地利、捷克（高中阶段）、爱沙尼亚（小学和中学阶段）、法国（高中阶段）、匈牙利、冰岛（高中阶段）、以色列（小学和中学阶段）、波兰（初中阶段）和斯洛伐克，教师平均实际工资（包括奖金和津贴）至少比 15 年教龄教师的法定工资高 20%。相反，在澳大利亚、荷兰和美国的各个教育阶段，在斯洛文尼亚的学前、小学和初中阶段，以及英格兰和卢森堡的学前和小学阶段，25—64 岁教师的实际工资至少比具有 15 年教龄和常规学历的教师法定工资低 5%（表 D3. 1a 和表 D3. 4）。

在有些国家，教师实际平均工资在各个教育阶段间的差异，比具有 15 年教龄和常规学历的教师法定工资在各个教育阶段间的差异更大。在捷克、丹麦、芬兰、法国和以色列，高中教师与学前教师的实际平均工资差距比其法定工资差距大 15%以上。在波兰，学前教师和小学教师的实际平均工资相差约 15%，但是这两个阶段教师的法定工资是相同的。不同教育阶段可获得的奖金的差异，可以部分地解释这些差别（参见附录 3，可在线查询)。

25—64 岁教师的实际平均工资，学前阶段为 37 798 美元，小学阶段为 41 248 美元，初中阶段为43 626美元，高中阶段为 47 702 美元。同一个教育阶段内的教师工资增长模式，在 25—64 岁这一年龄范围内的不同年龄组之间，以及男性和女性之间，都相类似。

专栏 D3.4　分年龄和分性别的实际平均工资

在各个教育阶段，年龄较大教师（55—64 岁）的实际平均工资分别比年轻教师（25—34 岁）高出 40%（学前阶段）、41%（小学阶段）、41%（初中阶段）和 43%（高中阶段）。

将教师工资与 25—64 岁受过高等教育的全职全年劳动者的工资根据年龄分组进行比较，二者的比率在各年龄组之间存在差异。25—34 岁组教师的相对工资比 55—64 岁组多出约 10 个百分点。青年组的高比率说明了教师行业具有吸引力。然而，这个比率随着教师年龄的增长而缩小，表明教师工资的增长速度与其他行业相比较慢，其他具有同等学历的专业人员的薪酬随着工龄的增加而变得更具吸引力。

男女教师的实际工资的比较表明，实际薪金的性别差异非常小，低于 3%。学前阶段女教师的平均收入比男教师略高，而小学、初中和高中阶段女教师的平均收入比男教师略低。

教师工资与 25—64 岁受过高等教育劳动者收入的比率，呈现出较大的性别差异。就所有教育阶段的平均水平而言，25—64 岁男教师的工资不足 25—64 岁受过高等教育的全职全年男性劳动者工资的 75%。25—64 岁女教师的工资超过了基准薪金的 90%，甚至高达 93%（中学阶段）。女教师的这种高比率表明劳动力市场在薪金方面存在性别差异，和其他行业相比，教育行业对女性具有特别的吸引力（表 D3.2a 和表 D3.4）。

基本工资和额外薪酬：奖金和津贴

法定工资提供了有关教师基本工资的信息。然而，基于工资标准的教师法定工资，只是教师总收入的一个组成部分。除了基本工资，学校系统还提供额外的薪酬，如津贴、奖金或其他奖励。这些可能以经济报酬或减少教学课时的形式体现。额外薪酬的发放标准因国家而异。这些额外薪酬可以部分地解释法定工资标准和实际平均工资之间的差异。

新数据提供了一些关于教师工资所依据的条件和标准的解读（表 D3.7c，以及表 D3.7a、表 D3.7b、表 D3.7d 和表 D3.8a 至表 D3.8d，可在线查询）。这些数据表明，在大多数国家，像教学、备课、批改作业、参与一般管理工作、与家长交流、监管学生、与同事合作这类的核心任务，是教师必须完成的工作，很少被认为应该获得额外薪酬。

但是，对于教师肩负的其他责任往往要给予额外的补偿。在大约一半的数据可得的国家，初中教师在履行教学任务以外参与学校管理活动，也可以获得一些经济补贴或者减少教学课时，如在丹麦、芬兰、卢森堡、葡萄牙和斯洛伐克便是如此。也有以年终奖方式支付额外薪酬的，如英格兰、法国、匈牙利、爱尔兰、意大利、日本、韩国、挪威和西班牙。当教师教授的班级或课时比全职合同中要求得多，或者担任班主任、承担诸如培训实习教师等特殊任务时，通常会得到年度或不定期的额外薪酬（表 D3.7c）。

当教师业绩突出时也能获得额外的薪酬，例如在捷克、爱沙尼亚、以色列、日本、韩国、波兰、斯洛伐克、斯洛文尼亚和土耳其的初中阶段。额外薪酬还可以包括在特殊条件下任教，教授普通学校里有特殊需求的学生，以及在贫困、偏远或高成本地区教学的奖金。

教师的工作任务补贴可以通过多种方式来确定。在大多数国家，教师的工作任务，特别是一些核心任务如教学、备课、批改作业等是否为必须完成的任务，是由中央或州政府部门确定的。在确定基本工资或额外薪酬时，这些部门通常也会决定是否要考虑核心任务的完成情况。在一些学校有高度自主权的国家，如荷兰、瑞典和美国，有关教学这类的核心任务的决定，是在学校层面由学校校长或学校董事会来做出的（表 D3.8c，可在线查询）。

其他的教师职责，如教授超出全职合同要求的班级或课时、参加课外活动或担任班主任等，通常也是由学校来确定的。在许多国家，上述任务是否是必须完成的，以及由谁来执行等，均由学校校长或学校董事会决定。而这些任务是否应该包含在基本工资内或给予额外薪酬，以及执行这些任务的教师应得的额外薪酬数量等问题，均由其上级部门来决定。例如，在一半以上的数据可得的国家，初中阶段超过全职合同要求的教学课时由学校层面确定；但在 7 个国家，学校有权决定完成这些任务应该发基本工资还是给予额外薪酬；只有 5 个国家的学校能决定支付给这些教师的额外薪酬的金额。在其他国家，这些均由中央、州、省或地方政府部门来决定。

教师工资与受过高等教育劳动者的收入比较

青年人接受教师培训以及师范教育的毕业生进入或留在教师职业中的倾向性，将受到教师与学历相当的其他行业从业者工资差异的影响，以及可能的工资增长的影响。在大部分的 OECD 国家，要成为教师就必须受过高等教育（表 D3.2a 和表 D3.2b，可在线查询），如果没有师范教育的学历，其他高等教育专业的学历也可以。因此，为了解释不同国家的工资水平并反映劳动市场的相对条件，需要对教师工资与其他具有相同教育程度的专业人士（25—64 岁受过高等教育的全职全年劳动者）的工资进行比较（表 D3.2a）。

对公立学校的教师和其他具有相同教育程度的劳动者的平均年薪（包括奖金和津贴）进行比较，以教师的常规学历水平为基准，结果表明，学前教师和小学教师的平均工资为 25—64 岁具有相同教育程度的全职全年劳动者平均工资的 78%，初中教师为 80%，高中教师为 82%。

第二个基准是所有教师相对于受过高等教育（ISCED 5—8）的全职全年劳动者的实际工资。在这一基准下，学前教师工资为 25—64 岁受过高等教育的全职全年劳动者平均工资的 73%，小学教师为 80%，初中教师为 86%，高中教师为 91%（表 D3.2a 和图 D3.1）。

在数据可得的 25 个国家中，有 5 个国家高中教师的工资等于或高于受过高等教育劳动者的工资。几乎在所有数据可得的国家的所有教育阶段，教师的工资都比具有相同教育程度的劳动者的工资低。教师相对工资最高的国家是比利时（高中阶段）、卢森堡、瑞士（高中阶段），这些国家的教师工资比具有相同教育程度的劳动者的工资至少高 8%。与其他具有相同教育程度的专业人士的工资相比，教师相对工资最低的是捷克的小学教师和初中教师，以及匈牙利的高中教师。在这些国家的这些教育阶段，教师工资比其他具有相同教育程度的全职全年劳动者的工资低 55%（表 D3. 2a 和图 D3. 1）。

定 义

25—64 岁教师的实际工资指 25—64 岁全职教师税前的年平均收入，包括与工作相关的薪酬，例如年度奖金、与绩效相关的奖金、假期额外补贴和病休补贴等。其他来源的收入如政府提供的社会福利、投资收入及任何其他与其职业没有直接关系的收入不包括在内。

对基本工资的调整被定义为一名教师因为在一所学校工作而实际得到的工资与其预期获得的基于经验（教龄）的工资数额之间的差异。调整可能是暂时的，也可能是永久性的，能够使教师从一种工资等级转换到另一种工资等级，或者转换到同一个工资等级上某个更高的水平。

受过高等教育的劳动者收入是年龄在 25—64 岁受过 ISCED 5/6/7 或 8 等级教育的全职劳动者全年的平均收入。相对工资指标是根据收入数据可得的最近年份计算的。对于没有同一年的教师工资和劳动者收入信息的国家（如澳大利亚、加拿大、智利、芬兰、法国、意大利、荷兰、波兰、西班牙和瑞典），则根据通货膨胀情况，运用个人消费物价平减指数对指标进行了调整。受过高等教育的劳动者收入的参考统计数据参见附录 3。

15 年教龄工资是指专职教师的年度计划工资。法定工资是指接受过成为一名完全合格的教师所必需的最低程度培训或者具有常规学历且有 15 年工作经验的教师的工资。

起点工资是指入职时接受过成为一名完全合格的教师所必需的最低程度培训的专职教师每年的平均计划总工资。最高工资是指具有最高学历的专职教师的最高年度工资（最高工资等级）。

法定工资是指根据官方薪级确定的计划工资。各国报告的工资是根据目前的工资等级，用总数（雇主支付的总数）减去雇主缴纳的社会保障和养老金而获得的。该工资为“税前”工资，也就是扣除所得税之前的工资额。在表 D3. 3a 和表 D3. 3b（可在线查询）中，课堂教学的每小时工资是用教师每年的法定工资除以每年以小时计的净教学时间得出的（表 D4. 1）。

常规学历是对应以下 ISCED 2011 学历代码的教师常规文凭：

ISCED-A 343/353/344/354：高中

ISCED-A 443/453/444/454：中等后非高等教育

ISCED-A 540/550：短期高等教育

ISCED-A 660：学士或同等水平

ISCED-A 760：硕士或同等水平

方 法

有关法定教师工资和奖金的数据来源于 2014 年 OECD-INES 教师与课程调查。统计期为 2012—2013 学年，依据关于公立机构的正式政策。

高中教师的工资数据仅涉及普通高中。

计算相对于教师年规定教学时数的全职教师法定工资时，并未根据教师用于其他与教学相关的各种活动的时间对工资进行调整。OECD 国家之间教师用于教学的工作时间的比例不同，因此，必须谨慎地解释净教学时间每小时法定工资（参见指标 D4）。然而，它能提供教师在课堂内教学的实际时间成本的估计值。

教师总工资使用 OECD 国家账户数据库的个人消费购买力平价转换得出。在 2012 年版之前的《教育概览》（OECD，2012）中，运用 GDP 购买力平价转换得出工资数。因此，折合美元的教师工资（表 D3. 1a 和表 D3. 1b，可在线查询）与 2012 年版之前的《教育概览》中的数据不能直接比较。教师工资趋势信息见表 D3. 5a 和表 D3. 5b，可在线查询。表 D3. 1a 和表 D3. 1b 提供了折合美元的教师工资，作为补充，附录 2 提供了运用购买力平价转换的本国货币的教师工资。教师工资的统计期是 2012 年 7 月 1 日至 2013 年 6 月 30 日。购买力平价的统计期是 2012—2013 年，一些学年从 1 月到 12 月的南半球国家（如澳大利亚、新西兰）除外。在这些国家，统计年份以日历年为准（如 2013 年）。

为了计算教师工资的变化（表 D3. 5a 和表 D3. 5b，可在线查询），运用个人消费物价平减指数把工资转换成 2005 年的价格。

在大多数国家，确定教师常规学历和资格的标准基于绝对多数的原则，即系统中一半以上的现任教师所拥有的学历水平。

在表 D3. 2a 中，对于数据可得的国家，教师工资与 25—64 岁受过高等教育的全职全年劳动者收入的比率，使用 25—64 岁教师年平均工资（包括奖金和津贴）进行计算（表 D3. 4）。当根据 ISCED 学历水平统计的劳动者工资数据（即全职全年劳动者的收入）可得时，教师的常规学历水平信息被用来定义计算比率的分母。对于没有根据 ISCED 学历水平统计的劳动者工资数据的国家，则使用受过高等教育的劳动者数据。表 D3. 2b 用了同样的计算方法，可在线查询，但是计算比率使用的是具有 15 年教龄的教师的法定工资，而不是实际工资。该表显示了法定工资数据可得的国家的相关信息。表 D3. 2a 和表 D3. 2b 提供了计算教师相对工资时所参考的常规学历水平的信息，可在线查询。对 ISCED 各个等级的描述参见定义部分。

关于各国定义和方法的说明，参见附录 3（www. oecd. org/education/education-at-a-glance-19991487. htm）。

关于以色列数据的说明

以色列的统计数据由以色列有关当局负责提供。在使用这些数据时，OECD 根据国际法的规定对戈兰高地、东耶路撒冷和约旦河西岸的以色列定居点的地位不持偏见。

参考文献

OECD（2014），*Education at a Glance 2014：OECD Indicators*，OECD Publishing，Paris，http：//dx. doi. org/10. 1787/eag-2014-en.

OECD（2012），*Education at a Glance 2012：OECD Indicators*，OECD Publishing，Paris，http：//dx. doi. org/10. 1787/eag-2012-en.

OECD (2005), *Teachers Matter: Attracting, Developing and Retaining Effective Teachers*, OECD Publishing, Paris, http://dx.doi.org/10.1787/9789264018044-en.

Santiago, P. (2004), "The Labour Market for Teachers", in G. Johnes and J. Johnes (eds), *International Handbook on the Economics of Education*, Edward Elgar, Cheltenham.

D3

表 D3.1a［1/2］ 具有常规学历的教师在职业生涯不同节点上的法定工资（2013 年）

公立机构教师年薪，以个人消费购买力平价转换后的等值美元表示

		学前				小学			
		起点工资	10 年教龄工资	15 年教龄工资	最高工资	起点工资	10 年教龄工资	15 年教龄工资	最高工资
		(1)	(2)	(3)	(4)	(5)	(6)	(7)	(8)
OECD 国家	澳大利亚[1]	39 776	56 782	56 782	57 025	39 177	56 335	56 335	56 521
	奥地利[2]	32 610	38 376	43 015	64 014	32 610	38 376	43 015	64 014
	比利时弗兰芒语区	34 411	43 219	48 690	59 633	34 411	43 219	48 690	59 633
	比利时法语区	33 648	42 081	47 381	57 981	33 648	42 081	47 381	57 981
	加拿大	m	m	m	m	39 608	63 557	66 702	66 702
	智利[1,3]	17 733	23 736	26 610	37 110	17 733	23 736	26 610	37 110
	捷克	16 537	16 743	17 099	18 232	17 033	17 529	18 273	20 795
	丹麦[3]	40 284	45 724	45 724	45 724	45 860	50 958	52 672	52 672
	英格兰	27 768	45 595	47 279	47 279	27 768	45 595	47 279	47 279
	爱沙尼亚	m	m	m	m	13 004	13 233	13 233	17 015
	芬兰[4]	27 645	29 857	29 857	29 857	32 356	37 453	39 701	42 083
	法国[5,6]	27 254	31 229	33 500	49 398	27 254	31 229	33 500	49 398
	德国	m	m	m	m	51 389	60 449	63 221	67 413
	希腊	17 760	22 460	25 826	34 901	17 760	22 460	25 826	34 901
	匈牙利[7]	10 295	11 498	12 305	16 306	10 647	12 177	13 061	17 362
	冰岛[3]	24 906	24 906	28 459	28 459	26 046	29 165	31 145	31 145
	爱尔兰	m	m	m	m	34 899	50 248	56 057	63 165
	以色列	22 368	27 298	30 960	57 513	19 806	25 732	29 869	51 855
	意大利	27 509	30 262	33 230	40 437	27 509	30 262	33 230	40 437
	日本[3]	m	m	m	m	27 627	41 036	48 546	60 878
	韩国	29 357	44 193	51 594	82 002	29 357	44 193	51 594	82 002
	卢森堡	68 873	91 203	102 956	123 406	68 873	91 203	102 956	123 406
	墨西哥	15 944	20 779	26 533	34 048	15 944	20 779	26 533	34 048
	荷兰	36 456	45 228	54 001	54 001	36 456	45 228	54 001	54 001
	新西兰	m	m	m	m	29 124	43 292	43 292	43 292
	挪威	35 685	40 882	40 882	40 882	41 177	44 538	44 538	48 662
	波兰	15 220	20 402	24 921	25 980	15 220	20 402	24 921	25 980
	葡萄牙	30 806	33 740	36 663	57 201	30 806	33 740	36 663	57 201
	苏格兰	27 576	43 991	43 991	43 991	27 576	43 991	43 991	43 991
	斯洛伐克	9 938	10 936	11 437	12 332	11 116	13 351	15 650	16 869
	斯洛文尼亚	25 134	29 905	36 818	42 333	25 134	31 077	38 261	45 764
	西班牙	36 422	39 468	42 187	51 265	36 422	39 468	42 187	51 265
	瑞典[7]	33 383	35 822	36 885	38 714	32 991	36 817	38 175	43 595
	瑞士	m	m	m	m	m	m	m	m
	土耳其	25 295	26 107	27 139	29 342	25 295	26 107	27 139	29 342
	美国[7]	42 590	51 275	58 202	70 978	41 606	53 799	59 339	66 938
	OECD 平均	28 730	35 300	38 653	46 564	29 807	37 795	41 245	48 706
	欧盟 21 国平均	28 976	35 387	38 688	45 649	30 032	36 980	40 519	47 662
伙伴国	阿根廷	m	m	m	m	m	m	m	m
	巴西	m	m	m	m	m	m	m	m
	中国	m	m	m	m	m	m	m	m
	哥伦比亚	15 324	19 661	19 661	19 661	15 416	20 807	20 807	20 807
	印度	m	m	m	m	m	m	m	m
	印度尼西亚	m	m	m	m	m	m	m	m
	拉脱维亚	a	m	m	a	a	m	m	a
	俄罗斯	m	m	m	m	m	m	m	m
	沙特阿拉伯	m	m	m	m	m	m	m	m
	南非	m	m	m	m	m	m	m	m
	G20 平均	m	m	m	m	m	m	m	m

注：教师常规学历的定义基于一个广泛的概念，包括 ISCED 常规学历水平和其他标准。详细信息参见专栏 D3.2。
1. 法定工资不包括由雇员缴纳的社会保险和养老金的部分。
2. 学前教育阶段的数据指教学前班的小学教师。
3. 法定工资包括由雇主缴纳的社会保险和养老金的部分。
4. 包括大多数数据，幼儿园教师仅含学前教师。
5. 包括初中和高中教师加班的平均奖金。
6. 新教师的常规学历与所有现任教师的常规学历有很大不同。
7. 实际基本工资。
数据来源：OECD. See Annex 3 for notes (www.oecd.org/education/education-at-a-glance-19991487.htm).
缺失数据代码参见《读者指南》。
StatLink http://dx.doi.org/10.1787/888933286182

表 D3.1a ［2/2］　具有常规学历的教师在职业生涯不同节点上的法定工资（2013 年）

公立机构教师年薪，以个人消费购买力平价转换后的等值美元表示

		普通初中				普通高中			
		起点工资	10 年教龄工资	15 年教龄工资	最高工资	起点工资	10 年教龄工资	15 年教龄工资	最高工资
		(9)	(10)	(11)	(12)	(13)	(14)	(15)	(16)
OECD 国家	澳大利亚[1]	39 125	56 315	56 315	56 474	39 125	56 315	56 315	56 474
	奥地利[2]	34 143	41 509	46 631	66 378	35 794	44 029	50 183	74 195
	比利时弗兰芒语区	34 411	43 219	48 690	59 633	42 996	54 874	62 614	75 514
	比利时法语区	33 648	42 081	47 381	57 981	41 866	53 371	60 868	73 365
	加拿大	39 608	63 557	66 702	66 702	39 775	63 878	67 022	67 022
	智利[1,3]	17 733	23 736	26 610	37 110	18 838	25 155	28 179	39 229
	捷克	17 033	17 529	18 273	20 795	17 033	17 529	18 273	20 795
	丹麦[3]	46 144	51 640	53 431	53 431	46 218	54 979	54 979	54 979
	英格兰	27 768	45 595	47 279	47 279	27 768	45 595	47 279	47 279
	爱沙尼亚	13 004	13 233	13 233	17 015	13 004	13 233	13 233	17 015
	芬兰[4]	34 945	40 450	42 877	45 449	37 056	44 504	46 284	49 061
	法国[5,6]	30 343	34 317	36 589	52 661	30 651	34 626	36 897	53 001
	德国	56 757	65 843	68 698	74 744	61 317	70 474	73 644	84 648
	希腊	17 760	22 460	25 826	34 901	17 760	22 460	25 826	34 901
	匈牙利[7]	10 647	12 177	13 061	17 362	11 617	13 978	15 491	21 738
	冰岛[3]	26 046	29 165	31 145	31 145	25 181	28 864	31 425	32 840
	爱尔兰	36 612	52 257	56 667	63 774	36 612	52 257	56 667	63 774
	以色列	19 917	25 481	28 715	44 106	19 302	22 861	25 681	40 241
	意大利	29 655	32 851	36 207	44 408	29 655	33 649	37 221	46 425
	日本[3]	27 627	41 036	48 546	60 878	27 627	41 036	48 546	62 542
	韩国	29 252	44 088	51 489	81 897	29 252	44 088	51 489	81 897
	卢森堡	79 920	99 900	110 243	138 920	79 920	99 900	110 243	138 920
	墨西哥	20 492	26 581	34 083	43 506				
	荷兰	38 473	55 697	66 831	66 831	38 473	55 697	66 831	66 831
	新西兰	29 635	44 509	44 509	44 509	30 145	45 726	45 726	45 726
	挪威	41 177	44 538	44 538	48 662	45 601	50 289	50 289	56 452
	波兰	15 220	20 402	24 921	25 980	15 220	20 402	24 921	25 980
	葡萄牙	30 806	33 740	36 663	57 201	30 806	33 740	36 663	57 201
	苏格兰	27 576	43 991	43 991	43 991	27 576	43 991	43 991	43 991
	斯洛伐克	11 116	13 351	15 650	16 869	11 116	13 351	15 650	16 869
	斯洛文尼亚	25 134	31 077	38 261	45 764	25 134	31 077	38 261	45 764
	西班牙	40 752	44 124	46 907	57 398	40 752	44 124	46 907	57 398
	瑞典[7]	33 383	37 442	38 852	44 398	34 692	38 997	40 733	46 566
	瑞士	m	m	m	m	m	m	m	m
	土耳其	26 266	26 730	28 110	30 313	26 266	26 730	28 110	30 313
	美国[7]	43 324	53 758	60 965	66 022	42 695	54 843	59 948	67 016
	OECD 平均	31 013	39 268	42 825	50 414	32 260	41 077	44 600	52 822
	欧盟 21 国平均	31 533	38 908	42 485	50 138	32 741	40 732	44 507	52 879
伙伴国	阿根廷	m	m	m	m	m	m	m	m
	巴西	m	m	m	m	m	m	m	m
	中国	m	m	m	m	m	m	m	m
	哥伦比亚	15 331	21 499	21 499	21 499	15 331	21 499	21 499	21 499
	印度	m	m	m	m	m	m	m	m
	印度尼西亚	m	m	m	m	m	m	m	m
	拉脱维亚	a	m	m	a	a	m	m	a
	俄罗斯	m	m	m	m	m	m	m	m
	沙特阿拉伯	m	m	m	m	m	m	m	m
	南非	m	m	m	m	m	m	m	m
	G20 平均	m	m	m	m	m	m	m	m

注：教师常规学历的定义基于一个广泛的概念，包括 ISCED 常规学历水平和其他标准。详细信息参见专栏 D3.2。

1. 法定工资不包括由雇员缴纳的社会保险和养老金的部分。
2. 学前教育阶段的数据指教学前班的小学教师。
3. 法定工资包括由雇主缴纳的社会保险和养老金的部分。
4. 包括大多数数据，幼儿园教师仅含学前教师。
5. 包括初中和高中教师加班的平均奖金。
6. 新教师的常规学历与所有现任教师的常规学历有很大不同。
7. 实际基本工资。

数据来源：OECD. See Annex 3 for notes（www.oecd.org/education/education-at-a-glance-19991487.htm）.

缺失数据代码参见《读者指南》。

StatLink http：//dx.doi.org/10.1787/888933286182

表 D3.2a　教师实际工资与同等学历劳动者收入的比率（2013 年）

公立机构教师的平均年薪（包括奖金和津贴）与同等学历劳动者收入的比率，按年龄和性别划分

		参考年份	常规学历(ISCED 2011-A)				25—64 岁			
			学前	小学	普通初中	普通高中	学前	小学	普通初中	普通高中
		(1)	(2)	(3)	(4)	(5)	(6)	(7)	(8)	(9)
		所有教师的实际工资与同等学历全职全年劳动者(ISCED 2011-A)收入的比率								
OECD 国家	澳大利亚	2013	660	660	660	660	0.80	0.82	0.83	0.83
	比利时弗兰芒语区[1]	2013	660	660	660	760	0.92	0.93	0.92	1.20
	比利时法语区[1]	2013	660	660	660	760	0.87	0.87	0.86	1.10
	加拿大	m	m	660	660	660	m	m	m	m
	智利	2013	660	660	660	660	0.55	0.59	0.60	0.63
	捷克	2013	354	760	760	760	m	0.52	0.52	0.56
	丹麦[2]	2013	660	660	660	760	0.82	0.99	1.01	0.83
	英格兰[3]	2013	760	760	760	760	0.75	0.75	0.82	0.82
	芬兰[4]	2012	660	760	760	760	0.73	0.74	0.81	0.91
	法国[5]	2013	660	660	660	660	0.84	0.84	0.99	1.08
	德国	m	650	740	740	740	m	m	m	m
	希腊	2013	660	660	660	660	0.86	0.86	0.87	0.87
	匈牙利	2013	660	660	660	760	0.57	0.62	0.62	0.48
	冰岛	m	760	760	760	760	m	m	m	m
	爱尔兰	m	m	665	667	667	m	m	m	m
	以色列	2013	660	660	660	660	0.91	0.96	0.95	0.91
	日本	m	540/660	660	660	660	m	m	m	m
	韩国	m	660	660	660	660	m	m	m	m
	墨西哥	m	665	665	665	665	m	m	m	m
	新西兰	m	m	m	m	m	m	m	m	m
	挪威	2013	660	660	660	760	0.69	0.78	0.78	0.65
	苏格兰[3,6]	2013	660	660	660	660	0.82	0.82	0.82	0.82
	斯洛伐克[7]	2013	354/660	760	760	760	0.75	0.57	0.57	0.57
	OECD 平均	~	~	~	~	~	0.78	0.78	0.80	0.82
		所有教师的实际工资与受过高等教育的全职全年劳动者(ISCED 5—8)收入的比率								
OECD 国家	奥地利[8,9]	2013	~	~	~	~	0.77	0.77	0.89	0.97
	爱沙尼亚	2013	~	~	~	~	0.59	0.84	0.84	0.84
	意大利	2013	~	~	~	~	0.63	0.63	0.67	0.73
	卢森堡	2013	~	~	~	~	1.09	1.09	1.24	1.24
	荷兰	2013	~	~	~	~	0.69	0.69	0.85	0.85
	波兰	2013	~	~	~	~	0.74	0.85	0.86	0.84
	葡萄牙	m	~	~	~	~	m	m	m	m
	斯洛文尼亚[10]	2013	~	~	~	~	0.65	0.86	0.88	0.94
	西班牙	m	~	~	~	~	m	m	m	m
	瑞典	2013	~	~	~	~	0.76	0.82	0.84	0.88
	瑞士	2013	~	~	~	~	m	m	m	1.08
	土耳其	m	~	~	~	~	m	m	m	m
	美国	2013	~	~	~	~	0.65	0.67	0.68	0.71
	OECD 平均	~	~	~	~	~	0.73	0.80	0.86	0.91
伙伴国	阿根廷	m	~	~	~	~	m	m	m	m
	巴西	m	~	~	~	~	m	m	m	m
	中国	m	~	~	~	~	m	m	m	m
	哥伦比亚	m	~	~	~	~	m	m	m	m
	印度	m	~	~	~	~	m	m	m	m
	印度尼西亚	m	~	~	~	~	m	m	m	m
	拉脱维亚	m	~	~	~	~	m	m	m	m
	俄罗斯	m	~	~	~	~	m	m	m	m
	沙特阿拉伯	m	~	~	~	~	m	m	m	m
	南非	m	~	~	~	~	m	m	m	m
	G20 平均	~	~	~	~	~	m	m	m	m

注：显示按年龄和性别分组的教师实际工资与同等学历劳动者收入比率的各列（第 10—33 列）可在线查询（参见以下 StatLink）。教师常规学历（第 2—5 列）指教师的常规文凭，依据为 ISCED 2011 学历水平分级（相关描述参见定义部分）。

1. 比利时受过高等教育的全职全年劳动者的收入数据。
2. 也包括学前教育阶段早期儿童教育发展课程教师的实际工资数据。
3. 英国受过高等教育的全职全年劳动者的收入数据。
4. 包括大多数数据，幼儿园教师仅含学前教师。
5. 中学教师拥有更高学历（ISCED 7）的比例被高估了。
6. 包括所有教师，不论他们的年龄。
7. 数据指学前教育阶段具有常规 ISCED 354 学历的教师比率。
8. 学前教育阶段的数据指教学前班的小学教师。
9. 也包括校长、副校长和助理的实际工资数据。
10. 也包括学前教育阶段学前助教的实际工资数据。

数据来源：OECD. See Annex 3 for notes (www.oecd.org/education/education-at-a-glance-19991487.htm).

缺失数据代码参见《读者指南》。

StatLink http://dx.doi.org/10.1787/888933286198

表 D3.3a 基于常规学历的教师法定工资比较（2013 年）

教师职业生涯不同节点上的工资比率，以个人消费购买力平价转换后的等值美元表示的小时工资

		最高工资与起点工资之比				从起点工资到最高工资的年数(初中)	具有 15 年教龄的净教学时薪				具有 15 年教龄的高中教师与小学教师的小时工资比
		学前	小学	普通初中	普通高中		学前	小学	普通初中	普通高中	
		(1)	(2)	(3)	(4)	(5)	(6)	(7)	(8)	(9)	(10)
OECD国家	澳大利亚	1.43	1.44	1.44	1.44	8	63	64	69	69	1.08
	奥地利[1]	1.96	1.96	1.94	2.07	34	55	55	77	85	1.54
	比利时弗兰芒语区	1.73	1.73	1.73	1.76	27	66	65	73	100	1.55
	比利时法语区	1.72	1.72	1.72	1.75	27	60	66	72	101	1.54
	加拿大	m	1.68	1.68	1.69	11	m	84	90	90	1.07
	智利	2.09	2.09	2.09	2.08	30	24	24	24	25	1.06
	捷克	1.10	1.22	1.22	1.22	27	15	22	29	31	1.40
	丹麦	1.14	1.15	1.16	1.19	12	m	80	81	149	1.87
	英格兰	1.70	1.70	1.70	1.70	12	65	65	63	63	0.97
	爱沙尼亚	m	1.31	1.31	1.31	7	m	21	21	23	1.09
	芬兰[2]	1.08	1.30	1.30	1.32	20	m	59	72	84	1.43
	法国[3]	1.81	1.81	1.74	1.73	29	36	36	56	57	1.57
	德国	m	1.31	1.32	1.38	28	m	79	91	103	1.30
	希腊	1.97	1.97	1.97	1.97	45	38	45	62	62	1.37
	匈牙利[4]	1.58	1.63	1.63	1.87	40	11	22	22	26	1.19
	冰岛	1.34	1.20	1.20	1.30	18	19	50	50	58	1.16
	爱尔兰	m	1.81	1.74	1.74	22	m	61	77	77	1.26
	以色列	2.57	2.62	2.21	2.08	36	30	36	45	45	1.27
	意大利	1.47	1.47	1.50	1.57	35	36	44	59	60	1.37
	日本	m	2.20	2.20	2.26	34	m	66	80	95	1.43
	韩国	2.79	2.79	2.80	2.80	37	90	77	92	94	1.21
	卢森堡	1.79	1.79	1.74	1.74	30	117	127	149	149	1.17
	墨西哥	2.14	2.14	2.12	m	14	50	33	33	m	m
	荷兰	1.48	1.48	1.74	1.74	13	58	58	89	89	1.53
	新西兰	m	1.49	1.50	1.52	7	m	47	53	60	1.28
	挪威	1.15	1.18	1.18	1.24	16	27	60	67	96	1.60
	波兰	1.71	1.71	1.71	1.71	20	23	43	51	52	1.20
	葡萄牙	1.86	1.86	1.86	1.86	34	38	49	60	60	1.23
	苏格兰	1.60	1.60	1.60	1.60	6	51	51	51	51	1.00
	斯洛伐克	1.24	1.52	1.52	1.52	32	10	19	24	25	1.35
	斯洛文尼亚	1.68	1.82	1.82	1.82	25	28	61	61	67	1.10
	西班牙	1.41	1.41	1.41	1.41	38	48	48	66	68	1.41
	瑞典[4]	1.16	1.32	1.33	1.34	a	m	m	m	m	m
	瑞士	m	m	m	m	26	m	m	m	m	m
	土耳其	1.16	1.16	1.15	1.15	27	25	38	56	56	1.48
	美国[4]	1.67	1.61	1.52	1.57	m	m	m	62	m	m
	OECD 平均	1.64	1.66	1.65	1.66	24	43	53	63	71	1.32
	欧盟 21 国平均	1.56	1.59	1.60	1.62	26	44	54	64	72	1.34
		m	m	m	m	m	m	m	m	m	m
伙伴国	阿根廷	m	m	m	m	m	m	m	m	m	m
	巴西	m	m	m	m	m	m	m	m	m	m
	中国	m	m	m	m	m	m	m	m	m	m
	哥伦比亚	1.28	1.35	1.40	1.40	9	m	m	m	m	m
	印度	m	m	m	m	m	m	m	m	m	m
	印度尼西亚	m	m	m	m	m	m	m	m	m	m
	拉脱维亚	a	a	a	a	10	m	m	m	m	m
	俄罗斯	m	m	m	m	m	m	m	m	m	m
	沙特阿拉伯	m	m	m	m	m	m	m	m	m	m
	南非	m	m	m	m	m	m	m	m	m	m
	G20 平均	m	m	m	m	m	m	m	m	m	m

注：教师常规学历的定义基于一个广泛的概念，包括 ISCED 常规学历水平和其他标准。详细信息参见专栏 D3.2。
1. 学前教育阶段的数据指教学前班的小学教师。
2. 包括大多数数据，幼儿园教师仅含学前教师。
3. 新教师的常规学历与所有现任教师的常规学历有很大不同。
4. 实际基本工资。
数据来源：OECD. See Annex 3 for notes（www.oecd.org/education/education-at-a-glance-19991487.htm）.
缺失数据代码参见《读者指南》。
StatLink http://dx.doi.org/10.1787/888933286208

D3

表 D3.4 教师实际平均工资（2013 年）

公立机构教师的平均年薪（包括奖金和津贴），

以个人消费购买力平价转化后的等值美元表示，按年龄和性别划分

		25—64 岁			
		学前	小学	普通初中	普通高中
		(1)	(2)	(3)	(4)
OECD 国家	澳大利亚	49 535	50 737	51 417	51 457
	奥地利[1,2]	55 346	55 346	63 863	69 632
	比利时弗兰芒语区	49 573	50 162	49 268	64 471
	比利时法语区	46 924	46 881	46 429	59 375
	加拿大	m	m	m	m
	智利	26 520	28 573	28 849	30 512
	捷克	18 557	21 479	21 426	23 032
	丹麦[3]	45 867	55 305	56 025	62 390
	英格兰	42 399	42 399	46 327	46 327
	爱沙尼亚	12 009	17 141	17 141	17 141
	芬兰[4]	31 907	43 538	47 898	54 128
	法国	36 440	36 120	42 702	46 864
	德国	m	60 618	66 510	72 521
	希腊	26 466	26 466	26 717	26 717
	匈牙利	15 674	17 062	17 062	19 327
	冰岛	m	m	m	41 283
	爱尔兰	m	m	m	m
	以色列	34 581	36 394	35 949	34 527
	意大利	33 379	33 379	35 757	38 675
	日本	m	m	m	m
	韩国	m	m	m	m
	卢森堡	96 140	96 140	109 420	109 420
	墨西哥	m	m	m	m
	荷兰	49 533	49 533	61 078	61 078
	新西兰	m	m	m	m
	挪威	43 082	48 923	48 923	52 072
	波兰	25 681	29 434	29 912	29 252
	葡萄牙	m	m	m	m
	苏格兰[5]	42 012	42 012	42 012	42 012
	斯洛伐克	14 063	18 918	18 918	18 859
	斯洛文尼亚[6]	26 385	35 044	35 688	38 378
	西班牙	m	m	m	m
	瑞典[7]	35 290	38 258	39 026	41 013
	瑞士	m	m	m	83 412
	土耳其	m	m	m	m
	美国	49 800	51 334	52 343	54 083
	OECD 平均	37 798	41 248	43 626	47 702
伙伴国	阿根廷	m	m	m	m
	巴西	m	m	m	m
	中国	m	m	m	m
	哥伦比亚	m	m	m	m
	印度	m	m	m	m
	印度尼西亚	m	m	m	m
	拉脱维亚	m	m	m	m
	俄罗斯[8]	24 995	25 648	25 648	25 648
	沙特阿拉伯	m	m	m	m
	南非	m	m	m	m
	G20 平均	m	m	m	m

注：显示按年龄和性别分组的教师实际工资与受过高等教育的全职全年劳动者收入比率的各列（第 5—28 列）可在线查询（参见以下 StatLink）。

1. 学前教育阶段的数据指教学前班的小学教师。
2. 也包括校长、副校长和助理的实际工资数据。
3. 也包括学前教育阶段早期儿童教育发展课程教师的实际工资数据。
4. 包括大多数数据，幼儿园教师仅含学前教师。
5. 包括所有教师，不论他们的年龄。
6. 也包括学前教育阶段学前助教的实际工资数据。
7. 教师的实际平均工资，不包括奖金和津贴。
8. 所有教师的实际平均工资，不论他们所任教的教育阶段。

数据来源：OECD. See Annex 3 for notes (www.oecd.org/education/education-at-a-glance-19991487.htm).

缺失数据代码参见《读者指南》。

StatLink http://dx.doi.org/10.1787/888933286213

表 D3.5a 2000—2013 年基于常规学历的教师工资趋势

具有 15 年教龄的教师法定工资变化指数（2015 年 = 100），以个人消费物价平减指数转化为可比价格，按教育阶段划分

		学前					小学					普通初中					普通高中				
		2000	2005	2011	2012	2013	2000	2005	2011	2012	2013	2000	2005	2011	2012	2013	2000	2005	2011	2012	2013
		(1)	(2)	(8)	(9)	(10)	(11)	(12)	(18)	(19)	(20)	(21)	(22)	(28)	(29)	(30)	(31)	(32)	(38)	(39)	(40)
OECD 国家	澳大利亚	m	100	105	106	112	m	100	106	107	111	m	100	107	107	111	m	100	107	107	111
	奥地利[1,2]	m	100	103	102	101	91	100	103	102	101	88	100	103	102	101	95	100	109	108	107
	比利时弗兰芒语区	m	100	102	101	103	92	100	102	101	103	97	100	102	101	103	97	100	102	102	104
	比利时法语区	94	100	105	104	107	94	100	105	104	107	99	100	103	103	105	99	100	103	103	105
	加拿大	m	m	m	m	m	m	m	m	m	m	m	m	m	m	m	m	m	m	m	m
	智利	m	m	m	m	m	m	m	m	m	m	m	m	m	m	m	m	m	m	m	m
	捷克	m	m	m	m	m	m	m	m	m	m	m	m	m	m	m	m	m	m	m	m
	丹麦	88	100	99	98	97	94	100	103	100	102	94	100	104	102	103	107	100	101	98	97
	英格兰	94	100	90	88	86	94	100	90	88	86	94	100	90	88	86	94	100	90	88	86
	爱沙尼亚	m	m	m	m	m	85	100	132	126	131	85	100	132	126	131	85	100	132	126	131
	芬兰	92	100	109	108	106	87	100	110	109	107	88	100	106	104	103	92	100	106	107	105
	法国	105	100	97	95	94	105	100	97	95	94	105	100	98	96	95	104	100	97	96	95
	德国	m	m	m	m	m	m	100	106	107	108	m	100	108	108	108	m	100	103	102	103
	希腊	m	100	86	78	74	m	100	86	78	74	m	100	86	78	74	m	100	86	78	74
	匈牙利[3]	59	100	79	75	71	63	100	76	71	68	63	100	76	71	68	63	100	71	66	64
	冰岛	m	100	93	97	89	m	100	92	89	89	m	100	92	89	89	m	100	86	88	87
	爱尔兰	m	m	m	m	m	83	100	113	111	109	83	100	113	111	109	83	100	113	111	109
	以色列	95	100	122	131	131	99	100	130	130	126	99	100	116	115	119	100	100	101	112	110
	意大利	m	100	98	96	94	94	100	98	96	94	95	100	99	96	94	95	100	99	96	94
	日本	m	m	m	m	m	m	100	93	93	94	m	100	93	93	94	m	100	93	93	94
	韩国	m	100	98	98	100	m	100	95	96	97	m	100	95	96	97	m	100	95	96	97
	卢森堡	m	100	134	138	140	m	100	134	138	140	m	100	110	113	115	m	100	110	113	115
	墨西哥	87	100	107	108	109	87	100	107	108	109	87	100	107	109	109	m	m	m	m	m
	荷兰	m	m	m	m	m	m	m	m	m	m	m	m	m	m	m	m	m	m	m	m
	新西兰	m	m	m	m	m	m	m	m	m	m	m	m	m	m	m	m	m	m	m	
	挪威	m	100	116	116	120	m	100	110	111	115	m	100	110	111	115	m	100	112	112	117
	波兰	m	100	117	120	122	m	100	117	120	122	m	100	117	120	122	m	100	117	120	122
	葡萄牙	m	100	100	86	85	m	100	100	86	85	m	100	100	86	85	m	100	100	86	85

注：2006 年、2007 年、2008 年、2009 年、2010 年数据（第 3—7、第 13—17、第 23—27、第 33—37 列）可在线查询（参见以下 StatLink）。教师常规学历的定义基于一个广泛的概念，包括 ISCED 常规学历水平和其他标准。详细信息参见专栏 D3.2。

1. 2007 年方法改变后，高中阶段年度数据中断。
2. 学前教育阶段的数据指教学前班的小学教师。
3. 实际基本工资。

数据来源：OECD. See Annex 3 for notes (www.oecd.org/education/education-at-a-glance-19991487.htm).

缺失数据代码参见《读者指南》。

StatLink http://dx.doi.org/10.1787/888933286220

表 D3.5a（续） 2000—2013 年基于常规学历的教师工资趋势

具有 15 年教龄的教师法定工资变化指数（2015 年＝100），以个人消费物价平减指数转化为可比价格，按教育阶段划分

		学前					小学					普通初中					普通高中				
		2000	2005	2011	2012	2013	2000	2005	2011	2012	2013	2000	2005	2011	2012	2013	2000	2005	2011	2012	2013
		(1)	(2)	(8)	(9)	(10)	(11)	(12)	(18)	(19)	(20)	(21)	(22)	(28)	(29)	(30)	(31)	(32)	(38)	(39)	(40)
OECD 国家	苏格兰	50	100	96	93	91	81	100	96	93	91	81	100	96	93	91	81	100	96	93	91
	斯洛伐克	m	m	m	m	m	m	m	m	m	m	m	m	m	m	m	m	m	m	m	m
	斯洛文尼亚	m	m	m	m	m	86	100	109	105	100	86	100	109	105	100	86	100	109	105	100
	西班牙	m	100	102	98	95	m	100	102	98	95	m	100	100	95	92	m	100	100	95	92
	瑞典[3]	m	100	109	m	114	m	100	102	m	109	m	100	103	m	108	m	100	101	m	105
	瑞士	m	m	m	m	m	m	m	m	m	m	m	m	m	m	m	m	m	m	m	m
	土耳其	99	100	112	112	114	99	100	112	112	114	99	100	109	110	112	99	100	109	110	112
	美国[3]	98	100	m	119	120	82	100	93	98	98	103	100	107	110	110	98	100	102	103	103
	OECD 平均	87	100	103	103	103	89	100	104	103	103	91	100	103	101	102	93	100	102	100	101
	所有参考年份数据可得的 OECD 国家平均	86	100	101	101	101	89	100	104	103	102	91	100	104	103	102	87	94	96	96	95
	所有参考年份数据可得的欧盟 21 国平均	83	100	96	95	93	89	100	102	100	100	89	100	102	100	99	91	100	102	100	99
伙伴国	阿根廷	m	m	m	m	m	m	m	m	m	m	m	m	m	m	m	m	m	m	m	m
	巴西	m	m	m	m	m	m	m	m	m	m	m	m	m	m	m	m	m	m	m	m
	中国	m	m	m	m	m	m	m	m	m	m	m	m	m	m	m	m	m	m	m	m
	哥伦比亚	m	m	m	m	m	m	m	m	m	m	m	m	m	m	m	m	m	m	m	m
	印度	m	m	m	m	m	m	m	m	m	m	m	m	m	m	m	m	m	m	m	m
	印度尼西亚	m	m	m	m	m	m	m	m	m	m	m	m	m	m	m	m	m	m	m	m
	拉脱维亚	74	100	125	128	m	74	100	125	128	m	74	100	125	128	m	74	100	125	128	m
	俄罗斯	m	m	m	m	m	m	m	m	m	m	m	m	m	m	m	m	m	m	m	m
	沙特阿拉伯	m	m	m	m	m	m	m	m	m	m	m	m	m	m	m	m	m	m	m	m
	南非	m	m	m	m	m	m	m	m	m	m	m	m	m	m	m	m	m	m	m	m
	G20 平均	m	m	m	m	m	m	m	m	m	m	m	m	m	m	m	m	m	m	m	m

注：2006 年、2007 年、2008 年、2009 年、2010 年数据（第 3—7、第 13—17、第 23—27、第 33—37 列）可在线查询（参见以下 StatLink）。教师常规学历的定义基于一个广泛的概念，包括 ISCED 常规学历水平和其他标准。详细信息参见专栏 D3.2。

1. 2007 年方法改变后，高中阶段年度数据中断。
2. 学前教育阶段的数据指教学前班的小学教师。
3. 实际基本工资。

数据来源：OECD. See Annex 3 for notes (www.oecd.org/education/education-at-a-glance-19991487.htm).

缺失数据代码参见《读者指南》。

StatLink http://dx.doi.org/10.1787/888933286220

表 D3. 7c ［1/4］　初中阶段与教师基本工资和额外薪酬有关的教师任务和其他标准（2013 年）

公立机构教师的基本工资和额外薪酬标准

	任务																				
	教学			校内外的个人规划或备课			批改学生作业			一般管理工作（包括沟通和文书等文职工作）			与家长或监护人交流合作			休息时监管学生			校内外与同事交流合作		
	教师必须完成的工作	包含在基本工资或额外薪酬中	补偿性质	教师必须完成的工作	包含在基本工资或额外薪酬中	补偿性质	教师必须完成的工作	包含在基本工资或额外薪酬中	补偿性质	教师必须完成的工作	包含在基本工资或额外薪酬中	补偿性质	教师必须完成的工作	包含在基本工资或额外薪酬中	补偿性质	教师必须完成的工作	包含在基本工资或额外薪酬中	补偿性质	教师必须完成的工作	包含在基本工资或额外薪酬中	补偿性质
	(1)	(2)	(3)	(4)	(5)	(6)	(7)	(8)	(9)	(10)	(11)	(12)	(13)	(14)	(15)	(16)	(17)	(18)	(19)	(20)	(21)
OECD 国家																					
澳大利亚	m	m	m	m	m	m	m	m	m	m	m	m	m	m	m	m	m	m	m	m	m
奥地利	m	m	m	m	m	m	m	m	m	m	m	m	m	m	m	m	m	m	m	m	m
比利时弗兰芒语区	是	是	1	是	否	a	DoS	否	a	DoS	否	a	DoS	否	a	DoS	否	a	DoS	否	a
比利时法语区	是	否	a	是	否	a	是	否	a	是	否	a	是	否	a	否	否	a	否	否	a
加拿大	m	m	m	m	m	m	m	m	m	m	m	m	m	m	m	m	m	m	m	m	m
智利	m	m	m	m	m	m	m	m	m	m	m	m	m	m	m	m	m	m	m	m	m
捷克	是	是	1	否	否	a	否	否	a	DoS	是	5	否	否	a	DoS	否	a	DoS	否	a
丹麦	是	否	a	是	否	a	是	否	a	是	否	a	是	否	a	m	否	a	是	否	a
英格兰	是	是	1	是	是	1	是	是	1	DoS	DoS	1	是	是	1	DoS	DoS	1	是	是	1
爱沙尼亚	是	是	1	是	是	1	是	是	1	是	是	1	是	是	1	DoS	是	3	是	是	1
芬兰	是	是	1	是	是	1	是	是	1	是	是	1	是	是	1	DoS	是	1	是	是	1
法国	是	是	1	否	是	1	是	是	1	是	是	1	是	是	1	a	a	a	否	否	a
德国	是	是	1	是	是	1	是	是	1	DoS	是	1	是	是	1	DoS	是	1	否	是	1
希腊	是	是	1	是	是	1	是	是	1	是	是	1	是	是	1	m	m	1	是	是	1
匈牙利	是	否	a	是	否	a	DoS	否	a	DoS	否	a	是	否	a	否	否	a	是	否	a
冰岛	是	是	1	是	是	1	是	是	1	DoS	DoS	5	DoS	否	m	否	否	m	DoS	是	2
爱尔兰	是	是	1	是	是	1	是	是	1	是	是	1	是	是	1	是	是	1	是	是	1
以色列	是	是	1	是	是	1	是	是	1	是	是	1	是	是	1	是	是	1	是	是	1
意大利	是	a	a	是	a	a	是	a	a	是	a	a	是	a	a	是	a	a	是	a	a
日本	是	是	1	是	是	1	是	是	1	是	是	1	是	是	1	是	是	1	是	是	1
韩国	是	是	1	是	是	1	是	是	1	是	是	1	是	是	1	是	是	1	是	是	1
卢森堡	是	是	1	是	是	1	是	是	1	是	是	1	是	是	1	是	是	1	是	是	1
墨西哥	m	m	m	m	m	m	m	m	m	m	m	m	m	m	m	m	m	m	m	m	m
荷兰	DoS	是	1	DoS	是	1	DoS	是	1	DoS	是	1	DoS	是	1	DoS	是	1	DoS	是	1

任务对教师是强制性的吗？
是：是的，是强制性的
DoS：是的，由学校决定
否：不是，是自愿的，由教师决定

这一标准适用于工资吗？
是：是的，包含在基本工资和额外薪酬中
DoS：由学校决定
否：不，不包含在基本工资或额外薪酬中

补偿的性质是什么？
1：教师法定基本工资的一部分
2：通过减少教学时数来补偿
3：支付给教师的法定基本工资中的一定比例
4：年度额外薪酬
5：不定期的额外薪酬

数据来源：OECD. See Annex 3 for notes（www. oecd. org/education/education-at-a-glance-19991487. htm）.
缺失数据代码参见《读者指南》。
StatLink http：//dx. doi. org/10. 1787/888933286236

表 D3.7c［1/4］（续） 初中阶段与教师基本工资和额外薪酬有关的教师任务和其他标准（2013 年）

公立机构教师的基本工资和额外薪酬标准

		任务																				
		教学			校内外的个人规划或备课			批改学生作业			一般管理工作(包括沟通和文书等文职工作)			与家长或监护人交流合作			休息时监管学生			校内外与同事交流合作		
		教师必须完成的工作	包含在基本工资或额外薪酬中	补偿性质	教师必须完成的工作	包含在基本工资或额外薪酬中	补偿性质	教师必须完成的工作	包含在基本工资或额外薪酬中	补偿性质	教师必须完成的工作	包含在基本工资或额外薪酬中	补偿性质	教师必须完成的工作	包含在基本工资或额外薪酬中	补偿性质	教师必须完成的工作	包含在基本工资或额外薪酬中	补偿性质	教师必须完成的工作	包含在基本工资或额外薪酬中	补偿性质
		(1)	(2)	(3)	(4)	(5)	(6)	(7)	(8)	(9)	(10)	(11)	(12)	(13)	(14)	(15)	(16)	(17)	(18)	(19)	(20)	(21)
OECD 国家	新西兰	m	m	m	m	m	m	m	m	m	m	m	m	m	m	m	m	m	m	m	m	m
	挪威	是	否	a	是	否	a	是	否	a	是	否	a	是	否	a	DoS	否	a	DoS	否	a
	波兰	是	是	1	是	否	a	是	否	a	是	否	a	是	否	a	是	否	a	是	否	a
	葡萄牙	是	否	a	是	否	a	是	否	a	是	否	a	是	否	a	否	否	a	是	否	a
	苏格兰	是	是	1	是	是	1	是	是	1	否	否	a	是	是	1	否	否	a	是	是	1
	斯洛伐克	是	是	1	是	否	a	是	否	a	是	否	a	是	否	a	是	否	a	是	否	a
	斯洛文尼亚	是	是	1	是	是	1	是	是	1	是	是	1	是	是	1	DoS	是	1	是	是	1
	西班牙	是	a	a	是	a	a	是	a	a	是	a	a	是	a	a	a	a	a	是	a	a
	瑞典	是	DoS	a	是	DoS	a	是	DoS	a	是	DoS	a	是	DoS	a	DoS	DoS	a	是	DoS	a
	瑞士	是	m	m	m	m	m	m	m	m	m	m	m	m	m	m	m	m	m	m	m	m
	土耳其	是	是	1	是	是	4	是	否	a	是	否	a	是	否	a	是	否	a	是	否	a
	美国	是	是	1	DoS	m	m	DoS	m	m	DoS	m	m	DoS	m	m	DoS	m	m	DoS	m	m
伙伴国	阿根廷	m	m	m	m	m	m	m	m	m	m	m	m	m	m	m	m	m	m	m	m	m
	巴西	m	m	m	m	m	m	m	m	m	m	m	m	m	m	m	m	m	m	m	m	m
	中国	m	m	m	m	m	m	m	m	m	m	m	m	m	m	m	m	m	m	m	m	m
	哥伦比亚	是	是	1	是	是	1	是	是	1	是	是	1	是	是	1	是	是	1	是	是	1
	印度	m	m	m	m	m	m	m	m	m	m	m	m	m	m	m	m	m	m	m	m	m
	印度尼西亚	m	m	m	m	m	m	m	m	m	m	m	m	m	m	m	m	m	m	m	m	m
	拉脱维亚	是	是	1	是	是	1	是	是	1	a	m	m	是	是	1	是	是	1	是	否	m
	俄罗斯	m	m	m	m	m	m	m	m	m	m	m	m	m	m	m	m	m	m	m	m	m
	沙特阿拉伯	m	m	m	m	m	m	m	m	m	m	m	m	m	m	m	m	m	m	m	m	m
	南非	m	m	m	m	m	m	m	m	m	m	m	m	m	m	m	m	m	m	m	m	m

任务对教师是强制性的吗？
是：是的，是强制性的
DoS：是的，由学校决定
否：不是，是自愿的，由教师决定

这一标准适用于工资吗？
是：是的，包含在基本工资和额外薪酬中
DoS：由学校决定
否：不，不包含在基本工资或额外薪酬中

补偿的性质是什么？
1：教师法定基本工资的一部分
2：通过减少教学时数来补偿
3：支付给教师的法定基本工资中的一定比例
4：年度额外薪酬
5：不定期的额外薪酬

数据来源：OECD. See Annex 3 for notes（www.oecd.org/education/education-at-a-glance-19991487.htm）.
缺失数据代码参见《读者指南》。
StatLink http：//dx.doi.org/10.1787/888933286236

表 D3. 7c ［2/4］ 初中阶段与教师基本工资和额外薪酬有关的教师任务和其他标准（2013 年）

公立机构教师的基本工资和额外薪酬标准

	其他职责																	
	参与除教学任务外的学校或其他管理活动（如担任部门主任或统筹教师）			教授超出全职合同要求的班级或课时（如加班）			学生咨询（包括学生监督、模拟咨询、职业指导和犯罪预防）			参加课外活动（如家庭作业俱乐部、体育运动或戏剧俱乐部、暑期学校）			特殊任务（如培训实习教师、指导咨询）			班主任		
	教师必须完成的工作	包含在基本工资或额外薪酬中	补偿性质	教师必须完成的工作	包含在基本工资或额外薪酬中	补偿性质	教师必须完成的工作	包含在基本工资或额外薪酬中	补偿性质	教师必须完成的工作	包含在基本工资或额外薪酬中	补偿性质	教师必须完成的工作	包含在基本工资或额外薪酬中	补偿性质	教师必须完成的工作	包含在基本工资或额外薪酬中	补偿性质
	(22)	(23)	(24)	(25)	(26)	(27)	(28)	(29)	(30)	(31)	(32)	(33)	(34)	(35)	(36)	(37)	(38)	(39)
OECD 国家																		
澳大利亚	m	m	m	m	m	m	m	m	m	m	m	m	m	m	m	m	m	m
奥地利	m	m	m	m	m	m	m	m	m	m	m	m	m	m	m	m	m	m
比利时弗兰芒语区	否	是	1	否	是	3	a	a	a	否	否	a	否	否	a	否	否	a
比利时法语区	否	否	a	否	是	3	否	否	a	否	否	a	否	是	5	否	否	a
加拿大	m	m	m	m	m	m	m	m	m	m	m	m	m	m	m	m	m	m
智利	m	m	m	m	m	m	m	m	m	m	m	m	m	m	m	m	m	m
捷克	DoS	DoS	3	DoS	是	3	否	DoS	5	否	DoS	5	DoS	DoS	5	DoS	DoS	5
丹麦	否	是	2	否	是	4	否	是	2	否	是	2	否	是	m	DoS	是	2
英格兰	DoS	DoS	4	DoS	否	a	DoS	否	a	否	否	a	DoS	DoS	4	DoS	否	a
爱沙尼亚	DoS	DoS	3	否	是	5	DoS	DoS	3	DoS	DoS	5	DoS	DoS	5	DoS	是	3
芬兰	否	是	2	否	是	4	否	是	4	否	是	4	否	是	4	DoS	是	4
法国	否	是	4	否	是	4,5	是	是	4	否	否	a	否	是	4	否	是	4
德国	否	是	1	否	是	1	否	否	a	否	否	a	否	否	a	DoS	否	a
希腊	a	否	a	否	是	5	是	是	1	a	否	a	a	否	a	a	否	a
匈牙利	是	是	4	是	否	a	是	否	a	DoS	否	a	DoS	否	a	DoS	是	4
冰岛	DoS	DoS	1	DoS	是	3	DoS	否	a	否	DoS	5	否	DoS	5	DoS	否	a
爱尔兰	是	是	4	a	a	a	a	a	a	否	a	a	否	a	a	是	是	4
以色列	否	是	3	否	是	3	DoS	是	3	a	a	a	否	是	5	DoS	是	3
意大利	DoS	DoS	4	否	DoS	3	否	DoS	5	否	DoS	5	否	a	a	a	a	a
日本	是	是	4	是	是	1	是	是	1	是	是	5	是	是	1	是	是	1
韩国	DoS	是	4	否	是	3	是	是	1	DoS	是	1	否	否	a	DoS	是	4
卢森堡	否	否	2	否	是	5	DoS	否	a	否	否	a	否	否	a	DoS	否	a

任务对教师是强制性的吗？
是：是的，是强制性的
DoS：是的，由学校决定
否：不是，是自愿的，由教师决定

这一标准适用于工资吗？
是：是的，包含在基本工资和额外薪酬中
DoS：由学校决定
否：不，不包含在基本工资或额外薪酬中

补偿的性质是什么？
1：教师法定基本工资的一部分
2：通过减少教学时数来补偿
3：支付给教师的法定基本工资中的一定比例
4：年度额外薪酬
5：不定期的额外薪酬

数据来源：OECD. See Annex 3 for notes（www.oecd.org/education/education-at-a-glance-19991487.htm）.
缺失数据代码参见《读者指南》。
StatLink http：//dx.doi.org/10.1787/888933286236

表 D3.7c [2/4] (续)　初中阶段与教师基本工资和额外薪酬有关的教师任务和其他标准 (2013 年)

公立机构教师的基本工资和额外薪酬标准

		其他职责																	
		参与除教学任务外的学校或其他管理活动(如担任部门主任或统筹教师)			教授超出全职合同要求的班级或课时(如加班)			学生咨询(包括学生监督、模拟咨询、职业指导和犯罪预防)			参加课外活动(如家庭作业俱乐部、体育运动或戏剧俱乐部、暑期学校)			特殊任务(如培训实习教师、指导咨询)			班主任		
		教师必须完成的工作	包含在基本工资或额外薪酬中	补偿性质	教师必须完成的工作	包含在基本工资或额外薪酬中	补偿性质	教师必须完成的工作	包含在基本工资或额外薪酬中	补偿性质	教师必须完成的工作	包含在基本工资或额外薪酬中	补偿性质	教师必须完成的工作	包含在基本工资或额外薪酬中	补偿性质	教师必须完成的工作	包含在基本工资或额外薪酬中	补偿性质
		(22)	(23)	(24)	(25)	(26)	(27)	(28)	(29)	(30)	(31)	(32)	(33)	(34)	(35)	(36)	(37)	(38)	(39)
OECD 国家	墨西哥	m	m	m	m	m	m	m	m	m	m	m	m	m	m	m	m	m	m
	荷兰	DoS	DoS	m	否	DoS	5	DoS	DoS	1	DoS	DoS	1	否	DoS	1	DoS	DoS	1
	新西兰	m	m	m	m	m	m	m	m	m	m	m	m	m	m	m	m	m	m
	挪威	DoS	DoS	4	DoS	是	3	DoS	是	4	否	m	m	否	DoS	4	DoS	是	4
	波兰	DoS	否	a	DoS	是	a	否	否	a	是	否	a	DoS	是	5	是	是	4
	葡萄牙	是	是	2	是	是	5	是	否	a	是	否	a	是	否	a	是	否	a
	苏格兰	a	否	a	否	否	a	是	是	1	否	否	a	DoS	是	1	DoS	是	1
	斯洛伐克	否	是	2	DoS	DoS	1,2	否	DoS	2,3	否	DoS	3,4	否	是	3	是	是	3
	斯洛文尼亚	DoS	是	3	是	是	3,5	是	是	1	是	是	5	是	是	1	是	是	2,3
	西班牙	是	是	4	a	a	a	a	a	a	a	a	a	a	a	a	a	a	a
	瑞典	否	DoS	a	否	DoS	a	DoS	DoS	a	否	DoS	a	否	DoS	a	DoS	DoS	a
	瑞士	m	m	m	m	m	m	m	m	m	m	m	m	m	m	m	m	m	m
	土耳其	否	否	a	是	是	4	是	否	a	否	是	4	是	是	4	是	是	4
	美国	DoS	m	m	DoS	m	m	DoS	m	m	DoS	m	m	DoS	m	m	DoS	m	m
伙伴国	阿根廷	m	m	m	m	m	m	m	m	m	m	m	m	m	m	m	m	m	m
	巴西	m	m	m	m	m	m	m	m	m	m	m	m	m	m	m	m	m	m
	中国	m	m	m	m	m	m	m	m	m	m	m	m	m	m	m	m	m	m
	哥伦比亚	是	是	3	是	是	5	否	a	a	a	否	a	a	否	a	a	否	a
	印度	m	m	m	m	m	m	m	m	m	m	m	m	m	m	m	m	m	m
	印度尼西亚	m	m	m	m	m	m	m	m	m	m	m	m	m	m	m	m	m	m
	拉脱维亚	a	m	m	否	是	5	否	是	1	DoS	是	1	DoS	是	1	否	是	1
	俄罗斯	m	m	m	m	m	m	m	m	m	m	m	m	m	m	m	m	m	m
	沙特阿拉伯	m	m	m	m	m	m	m	m	m	m	m	m	m	m	m	m	m	m
	南非	m	m	m	m	m	m	m	m	m	m	m	m	m	m	m	m	m	m

任务对教师是强制性的吗?
是: 是的,是强制性的
DoS:是的,由学校决定
否:不是,是自愿的,由教师决定

这一标准适用于工资吗?
是: 是的,包含在基本工资和额外薪酬中
DoS:由学校决定
否: 不,不包含在基本工资或额外薪酬中

补偿的性质是什么?
1:教师法定基本工资的一部分
2:通过减少教学时数来补偿
3:支付给教师的法定基本工资中的一定比例
4:年度额外薪酬
5:不定期的额外薪酬

数据来源: OECD. See Annex 3 for notes (www.oecd.org/education/education-at-a-glance-19991487.htm).
缺失数据代码参见《读者指南》。
StatLink http://dx.doi.org/10.1787/888933286236

表 D3.7c［3/4］　初中阶段与教师基本工资和额外薪酬有关的教师任务和其他标准（2013 年）

公立机构教师的基本工资和额外薪酬标准

	资格、培训和绩效												经验和人口学特征					
	初始学历高于进入教师职业所需的最低学历		资格考试获得高分		拥有多学科学历		已完成的专业发展活动		职业生涯中拥有高于最低要求的教师资格或受过高于最低要求的培训		教学中的突出表现		教龄		家庭状况（如婚否、子女数）		年龄（独立教学的年数）	
	包含在基本工资或额外薪酬中	补偿性质	包含在基本工资或额外薪酬中	补偿性质	包含在基本工资或额外薪酬中	补偿性质	包含在基本工资或额外薪酬中	补偿性质	包含在基本工资或额外薪酬中	补偿性质	包含在基本工资或额外薪酬中	补偿性质	包含在基本工资或额外薪酬中	补偿性质	包含在基本工资或额外薪酬中	补偿性质	包含在基本工资或额外薪酬中	补偿性质
	(40)	(41)	(42)	(43)	(44)	(45)	(46)	(47)	(48)	(49)	(50)	(51)	(52)	(53)	(54)	(55)	(56)	(57)
OECD 国家																		
澳大利亚	m	m	m	m	m	m	m	m	m	m	m	m	m	m	m	m	m	m
奥地利	m	m	m	m	m	m	m	m	m	m	m	m	m	m	m	m	m	m
比利时弗兰芒语区	否	a	否	a	否	a	否	a	是	4	否	a	是	1	否	a	否	a
比利时法语区	是	1	否	a	否	a	否	a	否	a	否	a	是	1	否	a	否	a
加拿大	m	m	m	m	m	m	m	m	m	m	m	m	m	m	m	m	m	m
智利	m	m	m	m	m	m	m	m	m	m	m	m	m	m	m	m	m	m
捷克	DoS	3	a	a	DoS	3	DoS	5	a	a	DoS	5	是	1	否	a	否	a
丹麦	m	m	m	m	m	m	m	m	m	m	m	m	是	1	否	a	否	a
英格兰	DoS	1	否	a	DoS	1	DoS	4	DoS	1	DoS	1	是	1	否	a	否	a
爱沙尼亚	否	a	a	a	否	a	否	a	是	1	DoS	5	否	a	否	a	否	a
芬兰	a	a	a	a	a	a	a	a	m	m	是	4	是	3,4	否	a	否	a
法国	否	a	否	a	a	a	否	a	是	1	是	1	是	1	是	4	否	a
德国	否	a	否	a	否	a	否	a	否	a	否	a	是	1	是	1	是	1
希腊	否	a	否	a	否	a	否	a	否	a	否	a	是	m	是	m	否	a
匈牙利	是	1	否	a	否	a	否	a	否	a	否	a	是	1	是	1	否	a
冰岛	是	1	否	a	否	a	DoS	3	a	a	m	m	是	1	否	a	是	2
爱尔兰	否	a	否	a	否	a	否	a	否	a	否	a	是	1	否	a	否	a
以色列	a	a	否	a	否	a	是	3	是	3	是	5	是	1	是	2	是	2
意大利	a	a	a	a	a	a	a	a	a	a	a	a	是	1	是	4	否	a
日本	是	1	a	a	a	a	a	a	a	a	是	5	是	1	是	4	a	a
韩国	是	1	否	a	否	a	否	a	是	1	是	5	是	1	是	4	否	a
卢森堡	否	a	否	a	否	a	是	1	是	1	否	a	是	1	a	a	是	1

任务对教师是强制性的吗？
是：是的，是强制性的
DoS：是的，由学校决定
否：不是，是自愿的，由教师决定

这一标准适用于工资吗？
是：是的，包含在基本工资和额外薪酬中
DoS：由学校决定
否：不，不包含在基本工资或额外薪酬中

补偿的性质是什么？
1：教师法定基本工资的一部分
2：通过减少教学时数来补偿
3：支付给教师的法定基本工资中的一定比例
4：年度额外薪酬
5：不定期的额外薪酬

数据来源：OECD. See Annex 3 for notes（www.oecd.org/education/education-at-a-glance-19991487.htm）.
缺失数据代码参见《读者指南》。
StatLink http://dx.doi.org/10.1787/888933286236

表 D3.7c [3/4]（续） 初中阶段与教师基本工资和额外薪酬有关的教师任务和其他标准（2013 年）

公立机构教师的基本工资和额外薪酬标准

		资格、培训和绩效												经验和人口学特征					
		初始学历高于进入教师职业所需的最低学历		资格考试获得高分		拥有多学科学历		已完成的专业发展活动		职业生涯中拥有高于最低要求的教师资格或受过高于最低要求的培训		教学中的突出表现		教龄		家庭状况（如婚否、子女数）		年龄（独立教学的年数）	
		包含在基本工资或额外薪酬中	补偿性质	包含在基本工资或额外薪酬中	补偿性质	包含在基本工资或额外薪酬中	补偿性质	包含在基本工资或额外薪酬中	补偿性质	包含在基本工资或额外薪酬中	补偿性质	包含在基本工资或额外薪酬中	补偿性质	包含在基本工资或额外薪酬中	补偿性质	包含在基本工资或额外薪酬中	补偿性质	包含在基本工资或额外薪酬中	补偿性质
		(40)	(41)	(42)	(43)	(44)	(45)	(46)	(47)	(48)	(49)	(50)	(51)	(52)	(53)	(54)	(55)	(56)	(57)
OECD 国家	墨西哥	是	1	是	1	a	a	是	1	是	1	是	1	是	1	a	a	a	a
	荷兰	DoS	m	a	a	DoS	m	DoS	m	DoS	m	DoS	m	DoS	1	否	a	否	a
	新西兰	m	m	m	m	m	m	m	m	m	m	m	m	m	m	m	m	m	m
	挪威	是	1	否	a	DoS	4	DoS	4	否	a	DoS	4	是	1	否	a	否	a
	波兰	是	1	否	a	否	a	否	a	否	a	是	5	否	a	否	a	否	a
	葡萄牙	否	a	否	a	否	a	是	a	是	a	否	a	是	a	是	4	否	a
	苏格兰	否	a	a	a	否	a	否	a	否	a	否	a	是	1	否	a	否	a
	斯洛伐克	DoS	1	否	a	否	a	是	1	是	3	DoS	5	是	1	否	a	否	a
	斯洛文尼亚	是	4	a	a	是	3	是	1	是	1	是	5	是	1	否	a	否	a
	西班牙	a	a	a	a	a	a	否	a	否	a	a	a	是	4	a	a	a	a
	瑞典	DoS	a	DoS	a	DoS	a	DoS	a	DoS	a	DoS	a	DoS	a	否	a	否	a
	瑞士	a	a	a	a	a	a	a	a	a	a	a	a	是	m	是	m	a	a
	土耳其	是	4	否	a	否	a	是	4	是	4	是	5	是	1	是	4	否	a
	美国	m	m	m	m	m	m	m	m	m	m	m	m	m	m	m	m	m	m
伙伴国	阿根廷	m	m	m	m	m	m	m	m	m	m	m	m	m	m	m	m	m	m
	巴西	m	m	m	m	m	m	m	m	m	m	m	m	m	m	m	m	m	m
	中国	m	m	m	m	m	m	m	m	m	m	m	m	m	m	m	m	m	m
	哥伦比亚	是	1	否	a	否	a	否	a	是	1	否	a	是	1	否	a	否	a
	印度	m	m	m	m	m	m	m	m	m	m	m	m	m	m	m	m	m	m
	印度尼西亚	m	m	m	m	m	m	m	m	m	m	m	m	m	m	m	m	m	m
	拉脱维亚	否	m	否	m	否	m	否	m	否	m	否	m	是	1	否	m	否	m
	俄罗斯	m	m	m	m	m	m	m	m	m	m	m	m	m	m	m	m	m	m
	沙特阿拉伯	m	m	m	m	m	m	m	m	m	m	m	m	m	m	m	m	m	m
	南非	m	m	m	m	m	m	m	m	m	m	m	m	m	m	m	m	m	m

任务对教师是强制性的吗？
是：是的，是强制性的
DoS：是的，由学校决定
否：不是，是自愿的，由教师决定

这一标准适用于工资吗？
是：是的，包含在基本工资和额外薪酬中
DoS：由学校决定
否：不，不包含在基本工资或额外薪酬中

补偿的性质是什么？
1：教师法定基本工资的一部分
2：通过减少教学时数来补偿
3：支付给教师的法定基本工资中的一定比例
4：年度额外薪酬
5：不定期的额外薪酬

数据来源：OECD. See Annex 3 for notes (www.oecd.org/education/education-at-a-glance-19991487.htm).
缺失数据代码参见《读者指南》。
StatLink http://dx.doi.org/10.1787/888933286236

表 D3. 7c ［4/4］ 初中阶段与教师基本工资和额外薪酬有关的教师任务和其他标准（2013 年）

公立机构教师的基本工资和额外薪酬标准

	教学条件						福利			
	教授特殊领域的课程（如数学或科学）		教授有特殊需求的学生（在普通学校）		在贫困、偏远或高成本地区教学（地区津贴）		假期（如宗教和/或法定假日）		第 13 个月工资	
	包含在基本工资或额外薪酬中	补偿性质	包含在基本工资或额外薪酬中	补偿性质	包含在基本工资或额外薪酬中	补偿性质	包含在基本工资或额外薪酬中	补偿性质	包含在基本工资或额外薪酬中	补偿性质
	(58)	(59)	(60)	(61)	(62)	(63)	(64)	(65)	(66)	(67)
OECD 国家										
澳大利亚	m	m	m	m	m	m	m	m	m	m
奥地利	m	m	m	m	m	m	m	m	m	m
比利时弗兰芒语区	否	a	否	a	否	a	否	a	否	a
比利时法语区	否	a	否	a	否	a	是	4	否	a
加拿大	m	m	m	m	m	m	m	m	m	m
智利	m	m	m	m	m	m	m	m	m	m
捷克	否	a	是	1	否	a	否	a	否	a
丹麦	m	m	是	2	m	m	m	m	m	m
英格兰	是	4	DoS	4	是	4	否	a	a	a
爱沙尼亚	否	a	是	2	否	a	否	a	DoS	5
芬兰	否	a	否	a	是	1	是	4	m	m
法国	a	a	是	4	是	4	否	a	否	a
德国	否	a	否	a	否	a	否	a	是	4
希腊	a	a	a	a	是	m	否	a	否	a
匈牙利	否	3	否	3	是	4	否	a	否	a
冰岛	否	a	是	1	否	a	是	4	否	a
爱尔兰	否	a	否	a	否	a	否	a	否	a
以色列	否	a	是	4	是	4	否	a	否	a
意大利	a	a	a	a	否	a	a	a	是	4
日本	a	a	是	4	是	4	否	a	否	a
韩国	是	4	是	4	是	4	是	3	a	a
卢森堡	否	a	否	a	a	a	否	a	是	4
墨西哥	a	a	a	a	是	1	a	a	a	a
荷兰	DoS	m	DoS	m	DoS	m	是	1	是	1
新西兰	m	m	m	m	m	m	m	m	m	m
挪威	DoS	4	DoS	4	DoS	4	否	a	否	a

任务对教师是强制性的吗？
是：是的，是强制性的
DoS：是的，由学校决定
否：不是，是自愿的，由教师决定

这一标准适用于工资吗？
是：是的，包含在基本工资和额外薪酬中
DoS：由学校决定
否：不，不包含在基本工资或额外薪酬中

补偿的性质是什么？
1：教师法定基本工资的一部分
2：通过减少教学时数来补偿
3：支付给教师的法定基本工资中的一定比例
4：年度额外薪酬
5：不定期的额外薪酬

数据来源：OECD. See Annex 3 for notes (www. oecd. org/education/education-at-a-glance-19991487. htm).
缺失数据代码参见《读者指南》。
StatLink http：//dx. doi. org/10. 1787/888933286236

表 D3.7c［4/4］（续）　初中阶段与教师基本工资和额外薪酬有关的教师任务和其他标准（2013 年）

公立机构教师的基本工资和额外薪酬标准

		教学条件						福利			
		教授特殊领域的课程（如数学或科学）		教授有特殊需求的学生（在普通学校）		在贫困、偏远或高成本地区教学（地区津贴）		假期（如宗教和/或法定假日）		第 13 个月工资	
		包含在基本工资或额外薪酬中	补偿性质	包含在基本工资或额外薪酬中	补偿性质	包含在基本工资或额外薪酬中	补偿性质	包含在基本工资或额外薪酬中	补偿性质	包含在基本工资或额外薪酬中	补偿性质
		(58)	(59)	(60)	(61)	(62)	(63)	(64)	(65)	(66)	(67)
OECD 国家	波兰	否	a	是	4	是	3	是	1	是	1
	葡萄牙	否	a	否	a	a	a	否	a	否	a
	苏格兰	否	a	否	a	是	4	a	a	否	a
	斯洛伐克	是	1	是	1	a	a	否	a	否	a
	斯洛文尼亚	否	a	是	1	否	a	是	3	否	a
	西班牙	a	a	a	a	是	4	a	a	a	a
	瑞典	DoS	a	DoS	a	DoS	a	否	a	a	a
	瑞士	a	a	是	m	a	a	m	m	m	m
	土耳其	否	a	否	a	是	1	否	a	否	a
	美国	m	m	m	m	m	m	m	m	a	a
伙伴国	阿根廷	m	m	m	m	m	m	m	m	m	m
	巴西	m	m	m	m	m	m	m	m	m	m
	中国	m	m	m	m	m	m	m	m	m	m
	哥伦比亚	否	a	否	a	是	3	否	a	否	a
	印度	m	m	m	m	m	m	m	m	m	m
	印度尼西亚	m	m	m	m	m	m	m	m	m	m
	拉脱维亚	否	m	是	3	是	3	是	m	否	m
	俄罗斯	m	m	m	m	m	m	m	m	m	m
	沙特阿拉伯	m	m	m	m	m	m	m	m	m	m
	南非	m	m	m	m	m	m	m	m	m	m

任务对教师是强制性的吗?
是：是的，是强制性的
DoS：是的，由学校决定
否：不是，是自愿的，由教师决定

这一标准适用于工资吗?
是：是的，包含在基本工资和额外薪酬中
DoS：由学校决定
否：不，不包含在基本工资或额外薪酬中

补偿的性质是什么?
1：教师法定基本工资的一部分
2：通过减少教学时数来补偿
3：支付给教师的法定基本工资中的一定比例
4：年度额外薪酬
5：不定期的额外薪酬

数据来源：OECD. See Annex 3 for notes (www.oecd.org/education/education-at-a-glance-19991487.htm).
缺失数据代码参见《读者指南》。
StatLink http://dx.doi.org/10.1787/888933286236

教师有多少时间用于教学？

- 公立学校教师的年平均教学时数为学前 1 005 个小时，小学 772 个小时，初中 694 个小时，高中 643 个小时。
- 在大多数数据可得的国家，2000—2013 年小学、初中和/或高中的教学时间在很大程度上没有改变。

图 D4.1　2000 年、2005 年和 2013 年普通初中的年教学时数

公立学校法定净课堂教学时间

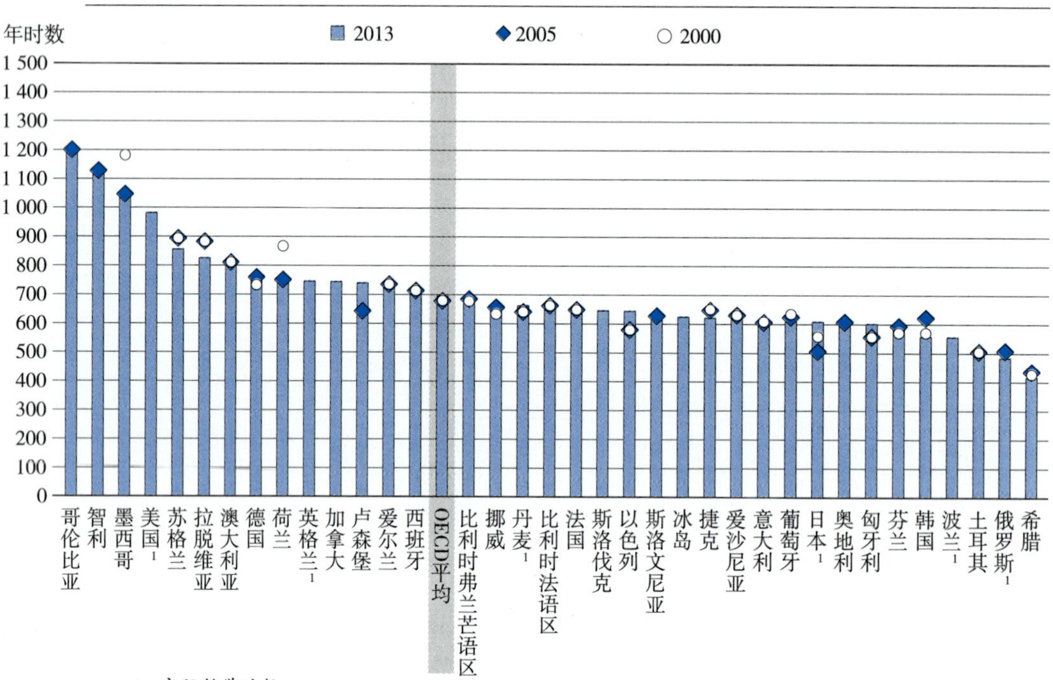

1. 实际教学时数。

国家按照 2013 年初中年教学时数降序排列。

数据来源：OECD. Table D4.2. See Annex 3 for notes（www.oecd.org/education/education-at-a-glance-19991487.htm）.

StatLink http：//dx.doi.org/10.1787/888933284491

背　景

法定工作时数和教学时数尽管只能部分地决定教师实际的工作量，但是有助于理解不同国家对教师的不同要求。教学时间和非教学任务量也可能影响教师职业的吸引力。结合教师的工资（参见指标 D3）和平均班额（参见指标 D2），这个指标给出了测量教师日常工作的主要方法。

教学时间占法定工作时间的比例，表明了教师可用于诸如备课、批改作业、在职培训和教职工会议等非教学活动的时间量。教学时间占法定工作时间的比例高，可能意味着教师用于学生评价和备课的时间相对较少。这也意味着教师必须占用自己的时间来完成这些任务，他们的工作时间要多于法定的工作时间。

除了班额和生师比（参见指标 D2）、学生的课时数（参见指标 D1）以及教师工资（参见指标 D3），教师教学时间的多少也会影响国家需要投入教育领域的经费资源（参见指标 B7）。

其他发现

- 在各个教育阶段，不同国家普通公立学校的年教学时数相差很大，随着教育阶段的升高，年教学时数呈下降趋势。
- 学前教师的规定教学时间平均比小学教师多出约 30%，但是学前和小学的规定在校工作时间或总工作时间往往是一样的。
- 在不同国家之间，公立学前机构教学时间的差异，要大于其他教育阶段教学时间的差异。
- 公立学前机构的平均教学时数为每年 1 005 个小时，变化范围从墨西哥的每学年 532 个小时，到瑞典的每学年 1 792 个小时。
- 公立小学平均教学时数为每年 772 个小时，变化范围从希腊、俄罗斯的低于 570 个小时，到智利的高于 1 000 个小时。
- 公立初中平均教学时数为每年 694 个小时，变化范围从希腊的 415 个小时，到智利、哥伦比亚和墨西哥的高于 1 000 个小时。
- 公立高中教师平均教学时数为每年 643 个小时，变化范围从丹麦的 369 个小时，到智利和哥伦比亚的高于 1 000 个小时。
- 在多数国家，对教师每年具体工作多少小时有正式要求，包括教学和非教学活动。有些国家规定了在校的具体小时数，而其他国家则设置了总工作时间，包括在校内和别处工作的小时数。

趋 势

近 10 年来平均教学时数变化不大，一些数据可得的国家报告了 2000—2013 年学前教育、小学、初中和高中在教学时间上 10%或以上的增幅或减幅。然而，2000—2013 年韩国小学的净教学时间急剧减少了 20%多。

分 析

教学时间

在各个教育阶段，各国对普通公立学校教师所要求的年教学时数差异很大。

公立学前教育机构对教学时间的规定在各国间差异很大，超过其他任何教育阶段。教学天数的变化范围从法国的 144 天到冰岛的 227 天；年教学时数的变化范围从希腊、韩国和墨西哥的低于 700 个小时，到挪威和瑞典的高于1 500个小时。就 OECD 国家平均而言，学前教育机构规定教师 40 周或 191 天内的教学时间要达到 1 005 个小时（表 D4. 1 和图 D4. 2）。

图 D4. 2 年教学时数，按教育阶段划分（2013 年）

公立学校法定净课堂教学时间

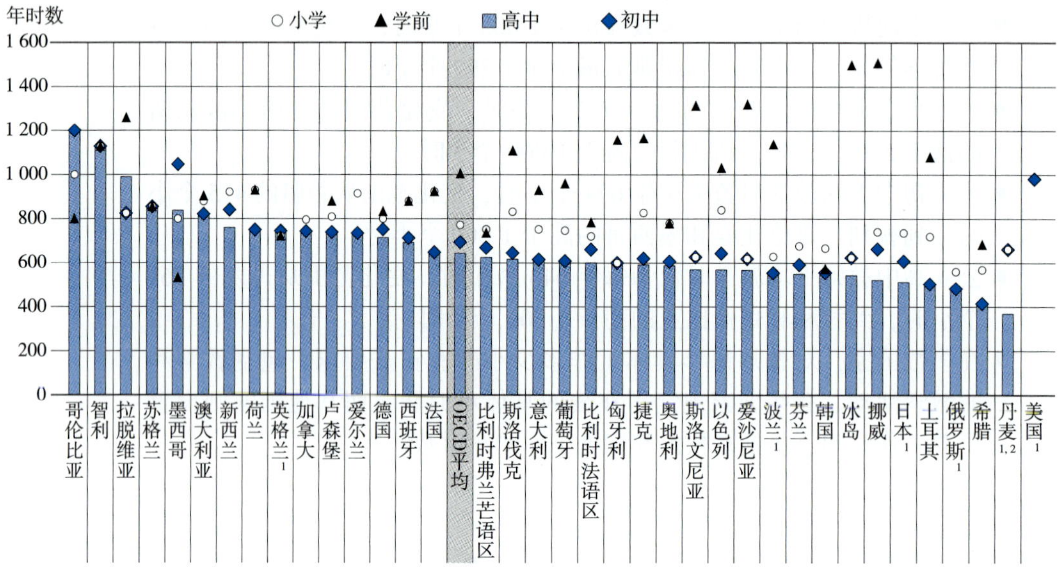

1. 实际教学时数。
2. 高中为 2011 年数据。

国家按照高中年教学时数降序排列。

数据来源：OECD. Table D4. 1. See Annex 3 for notes (www. oecd. org/education/education-at-a-glance-19991487. htm).

StatLink http: //dx. doi. org/10. 1787/888933284507

小学教师的年平均教学时间是 772 个小时。在多数数据可得的国家，教师每天教学时间为 3—6 个小时。也有例外，智利和法国每天教学时间超过 6 个小时（智利每周 5 天，法国每周 4. 5 天）。对于一年中如何安排教学时间没有硬性规定。例如，在西班牙，小学教师每年的规定教学时数为 880 个小时，比 OECD 国家的平均水平高出大约 100 个小时。然而，其平均教学天数却低于 OECD 国家的平均水平，因为西班牙小学教师平均每天的教学时数为 5 个小时，而 OECD 国家平均为 4. 22 个小时。

普通初中的年平均教学时间为 694 个小时。初中教学时间的变化范围从芬兰、希腊、韩国、波兰、俄罗斯和土耳其的低于 600 个小时，到智利、哥伦比亚和墨西哥的高于1 000个小时。

普通高中教师的年平均教学时间为 643 个小时。只有澳大利亚、智利、哥伦比亚、拉脱维亚、墨西哥和苏格兰等 6 个国家的教学时间超过 800 个小时。但在智利和苏格兰，该时间是指规定的教学时间上限，而非常规教学时间。相反，丹麦、希腊和俄罗斯的年教学时间少于500小时。芬兰、希腊、日本、韩国、挪威、俄罗斯、斯洛文尼亚和土耳其的教师平均每天教学3个小时或更少，而智利、哥伦比亚和拉脱维亚的教师每天教学5个小时以上。

这里提到的教学时间指净教学时间，不包括每两节或几节课之间的休息时间和准备时间。有些国家剔除了休息时间，但有些国家没有。因此这或许可以解释一些差异。明确各国在报告教学时间（最小、常规或最大）上的区别，或许也能够解释一些差异。

不同教育阶段教学时间的差异

在多数国家，高中教学时间少于学前教学时间。也有例外：智利和苏格兰规定，各教育阶段教学时间相同，与教育阶段无关；哥伦比亚、英格兰和墨西哥规定，中学的教学时数多于学前教育（表 D4.1 和图 D4.2）。

学前教育和小学的规定教学时间差异最大。就 OECD 国家平均水平而言，规定用于课堂的教学时间，学前教师要比小学教师多出 30%。爱沙尼亚、冰岛、挪威和斯洛文尼亚规定，学前教育的教学时间至少是小学的两倍。

在捷克、法国、希腊、以色列和土耳其，小学教师的年规定教学时间比初中教师至少多11%。相比之下，在智利、丹麦、爱沙尼亚、匈牙利、冰岛、拉脱维亚、苏格兰和斯洛文尼亚，二者则没有差异。哥伦比亚、英格兰和墨西哥是仅有的几个小学教师教学工作量少于初中教师的国家。

多数国家的初中教师和高中教师教学时间大体相当。然而，在墨西哥和挪威，初中教师年规定教学时间至少要比高中教师多出 20%，在丹麦则多出 80%。在拉脱维亚，高中教师年规定教学时间比初中教师大约多 15%。

实际教学时间

大多数国家报告的法定教学时间必然和实际教学时间存在区别。实际教学时间是指全职教师教一个组或一个班的学生的年平均教学时数，包括加班时间，因此它可以描绘教师实际教学工作量。

只有极少数国家同时报告了法定教学时间和实际教学时间，这些数据表明，实际教学时间有时与法定要求存在显著差异。以斯洛文尼亚为例，初中教师的实际工作时间要比法定基准时间多 5%；而在波兰，实际教学时间要比法定要求多 13%。相反，在爱沙尼亚，初中的实际教学时间比法定教学时间少 5%（图 D4.4，可在线查询）。

判定法定教学时间和实际教学时间为什么存在差异是很难的。由教师旷工或者师资短缺而带来的加班可以解释一部分差异。数据的性质也可以解释一部分差异：法定教学时间是由官方规定或认可的，然而实际教学时间却是基于行政登记、统计数据库、典型抽样调查或其他有代表性的来源。

教学时间趋势

近 10 年来，平均教学时间几乎没什么变化。在一些数据可得的国家，2000—2013 年学前、小学、初中和/或高中教学时间的降幅或增幅为 10%或更多（表 D4.2 和图 D4.1）。

2000—2013 年，德国学前教育的教学时间增加了 11%，而苏格兰则减少了 10%。

2000—2013 年，以色列和日本的小学教学时间增加了 15%。在以色列，教学和工作时间的增加成为自2008年开始逐步实施的“新视野”改革的一部分。这次改革一个主要的测量标准就是为了适应小组教学而延长教师每周的工作时间，并大幅增加教师的补贴。现在小学教师工作时间由每周30个小时增加到36个小时，还包括5个小时的小组教学时间。作为补偿，教师工资有了大幅度增加（参见指标D3）。

在冰岛，2005年高中的规定教学时间比2000年多20%，2005—2013年，教学时间略有减少，由每年560个小时降到544个小时。在卢森堡，2013年中学的规定教学时间比2005年多15%，同期日本中学的教学时间增加了约20%。

相比之下，2000—2013年，韩国（小学阶段）净教学时间减少了25%左右，墨西哥（初中阶段）、荷兰（初中和高中阶段）、苏格兰（学前和小学阶段）和土耳其（高中阶段）的净教学时间减少了10%或更多。在苏格兰，小学教学时间的减少已成为教师协定——《21世纪的教师职业》的一部分。该协定要求所有教师每周工作35个小时，2001年小学、中学和特殊学校教师的每周最高教学时间逐步减少到22.5个小时。尽管净教学时间有所减少，苏格兰这些教育阶段的最高规定教学时间还是超过了OECD国家的平均水平。

在土耳其，2013年高中教学和工作时间的减少与ISCED 3课堂时间的缩短有关。2013年普通高中的课堂时间从45分钟减到40分钟。结果，与前些年相比，教师的年总教学时间也相应减少。

教师的工作时间

在多数国家，根据集体约定或其他合同约定，教师每周要在完成一定小时数（包括教学时间和非教学时间）的工作量后才能获得全额工资。有些国家还对教师的在校时间做出了规定。然而，在这一框架内，各国对每一类活动时间的分配也是不同的（图D4.3）。

超过一半的OECD国家对某个或者多个教育阶段的教师在校时间（包括教学时间和非教学时间）做出了规定。在超过一半的OECD国家中，高中教师和学前教师的规定在校时间差异小于10%。在以色列、挪威、瑞典和土耳其，学前教师的规定在校时间至少比高中教师多30%（表D4.1）。

奥地利（学前、小学和初中阶段）、比利时法语区（学前和小学阶段）、捷克、丹麦、法国（中学阶段）、德国、日本（小学和中学阶段）、拉脱维亚、荷兰和斯洛文尼亚对教师年总工作时间（在校内或校外）做出了规定，但是，对教师在校内或校外工作的时间分配却没有具体规定。

在瑞典，年总工作时间通过集体决议确定，周工作小时数和教师时间的分配（教学或者非教学活动）由校长决定。

此外，工作量和教学量在教师职业生涯中的不同阶段会有所不同。在一些国家，比如德国，作为入职培训的一部分，一些新教师的教学工作量有所减少，一些国家还通过赋予老教师多种职责并减少教学时数的做法，鼓励他们继续从事教学工作。例如，希腊规定，随着教龄的增长，教学时数相应减少。中学教师每周教21节课，教龄满6年后，减少到19节课，满12年后，减少到18节课。20年后，教师每周教16节课，比新入职教师少25%以上。但要求教师余下的工作时间都必须花在学校里。

非教学时间

尽管教学时间是教师工作量的一个重要组成部分，但在分析不同国家对教师工作量的要求时，应该将用于诸如学生评价、备课、批改作业、在职培训和教职工会议等活动的非教学时间也纳入考虑。各国非教学活动时数很不一样，教学时间占法定工作时间的比例大，意味着用于评价学生和备课的时间较少。

在多数国家，教师工作时间取决于教师工作章程中规定的教学时间。此外，多数国家都正式规定了具体的年工作时数。这可以体现为教师在学校内按规定必须用于教学和非教学活动的小时数，也可以体现为总体的工作小时数。这与合同中约定的正式工作时间是一致的。例如，以色列近年的改革更多地考虑在校工作时间，而不是教学时间。现在，对于在校工作时间（包括教学时间和非教学时间）而非总工作时间有了明确规定。原先教师在家完成的所有非教学任务现在都要求在学校完成。

在 25 个规定了初中教学时数和总工作时数的国家中，教师用于教学的时间占工作时间的百分比变化范围，从奥地利、匈牙利、冰岛、日本和土耳其的低于 35%，到以色列的 65%（图 D4.3）。

图 D4.3 初中教师教学时间占工作时间的百分比（2013 年）

净教学时间占总法定工作时间和规定在校工作时间的百分比

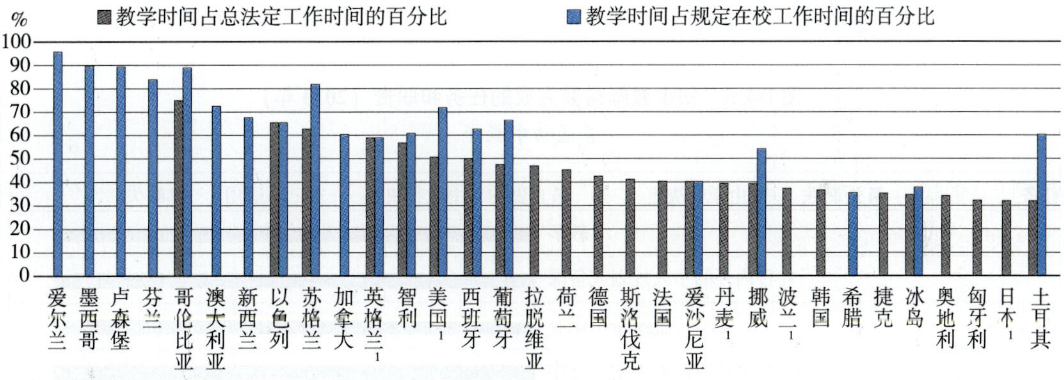

1. 实际教学时间。

国家按照初中教师教学时间占总法定工作时间的百分比降序排列。

数据来源：OECD. Table D4.1. See Annex 3 for notes (www.oecd.org/education/education-at-a-glance-19991487.htm).

StatLink http://dx.doicrg/10.1787/888933284511

在 20 个规定了初中教学时数和教师在校时间量的国家中，教师用于教学的时间占法定工作时间的百分比变化范围，从爱沙尼亚、希腊和冰岛的不足 40%，到爱尔兰的 90%以上。

在奥地利（高中阶段）、比利时（弗兰芒语区和法语区，中学阶段）、意大利和日本（学前阶段），对非教学活动时间没有做出正式规定。然而，这并不意味着教师完全可以自由地从事其他事务。在比利时弗兰芒语区，并没有对备课、阅卷、批改作业的时间做出规定，但对教师在校额外的非教学时间有规定。在意大利，学校规定每年计划的非教学活动时间最多可达 80 个小时。在这 80 个小时中，每年有 40 个小时的强制性工作时间用于教师集体会议、员工计划会议和家长会，剩下的 40 个小时必须用于召开班委会（表 D4.1）。

专栏 D4.1 初中教师的非教学任务规定（2013 年）

非教学任务是教师工作量和工作条件的一部分。非教学活动是由法律、法规或者利益相关者间的协议（如教师协会、地方政府、学校董事会等）规定的，不仅反映了教师对非教学活动的实际参与情况，而且有助于深入了解教师角色的广度和复杂性。

《教育概览2014》（OECD，2014）的研究发现，依据相关章程，个人规划或备课、与同事的合作和交流、与家长的交流和合作等，是初中教师在法定在校工作时间或者法定总工作时间之内需要完成的最常见的非教学任务。在数据可得的34个国家中，至少有20个国家规定了这些任务。约一半的数据可得的国家对批改学生作业、参与一般的管理、文书工作和专业发展活动也做了规定。约1/3的国家规定，初中教师要在课间休息时监管学生、为学生提供辅导和咨询或者参与学校管理活动，仅有8个国家要求初中教师放学后参与课外活动。

在最近的一项专项调查中，教师需要回答规定任务和额外的职责是强制性的还是自愿的。结果表明，教师经常自愿地参与课外活动、培养学生教师、为学生提供辅导和咨询以及参与学校或其他的管理活动。在近半数的国家中，教师自行决定是否参与这些活动。当班主任或者在课间休息时监管学生等职责在各个学校中非常普遍。超过半数的国家规定，教师必须完成与同事的合作交流以及一般的管理工作。几乎所有国家都规定，教学、备课、批改学生作业以及与其他教师的沟通等是教师必须完成的任务。在多数国家，由中央或州政府部门规定教师必须完成的任务；有4个国家由学校校长决定教师需要完成的任务。

图 D4. a 初中教师需要完成的任务和职责（2013年）

普通初中教师

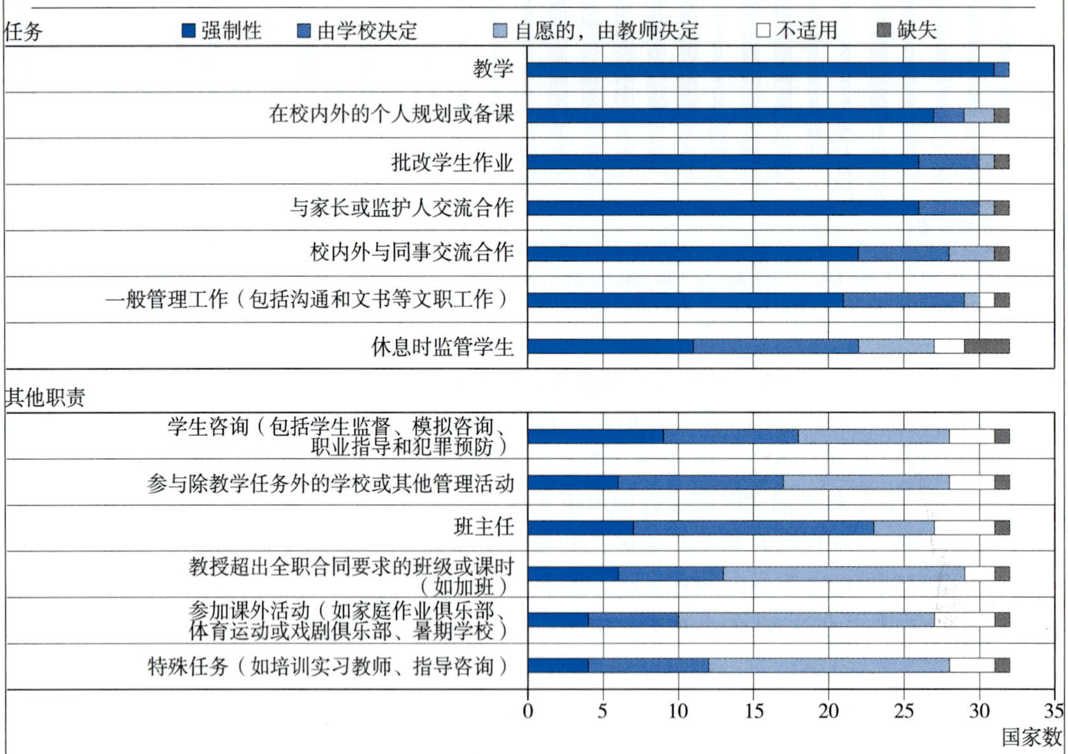

数据来源：OECD，Table D3. 7c. See Annex 3 for notes（www. oecd. org/education/education-at-a-glance-19991487. htm）.
StatLink http：//dx. doi. org/10. 1787/888933284521

定 义

实际教学时间是指全职教师教一个组或一个班的学生的年平均教学时数（包括额外的时间如加班时间）。该数据通常来自行政登记、统计数据库、抽样调查和其他来源。

教学天数是指一个教师的教学周数乘以每周的教学天数，不包括学校放假关闭的天数。

教学周数是指除了休假周之外的教学周数。

法定教学时间是指根据政策规定、教师雇佣合同或者其他官方文件，一位全职教师一年教一个组或一个班的学生的计划小时数。教学时间可以以周或年为单位计算。年教学时间通常的计算方式是每年的教学天数乘以一个教师每天的教学时数（不包括准备时间和规定的在每两节或几节课之间的休息时间）。在小学阶段，如果班级教师在课间休息时对这个班级负有责任，课间的短暂休息也被包括在内。

总法定工作时间是指根据政策规定一位全职教师的常规工作时数，可以以周或年为单位来定义。不包括带薪加班时间。根据国家政策，工作时间指：

- 与教学和其他课程活动（如作业和考试）直接相关的时间；
- 与教学直接相关的时间以及用于其他与教学相关活动的时间，如备课、辅导学生、批改作业、阅卷、专业发展、家长会、教职工会议和学校日常事务。

在校工作时间是指要求教师在校内工作的时间，包括教学和非教学时间。

方 法

数据来源于 2014 年 OECD-INES 教师与课程调查，统计期为 2012—2013 学年。

在解释各国间教学时数的差异时所使用的净课堂教学时间（net contact time）并不等同于教学量。尽管课堂教学时间（contact time）是教师工作量中一个很重要的部分，但是在比较教学量时，备课和必要的后续工作，包括批改学生的作业也需要被包括在内。其他的相关要素如教授学科的数量、教授学生的数量以及教师教同一批学生的年数等也应该被考虑在内。

关于各国定义和方法的说明，参见附录 3（www. oecd. org/education/education-at-a-glance-19991487. htm）。

关于以色列数据的说明

以色列的统计数据由以色列有关当局负责提供。在使用这些数据时，OECD 根据国际法的规定对戈兰高地、东耶路撒冷和约旦河西岸的以色列定居点的地位不持偏见。

参考文献

OECD（2014），*Education at a Glance 2014：OECD Indicators*，Indicator D4，OECD Publishing，Paris，http：//dx. doi. org/10. 1787/eag-2014-en.

表 D4.1 教师工作时间安排（2013 年）

公立学校学年内的法定教学周数、天数、净教学时数以及教师工作时间

	教学周数				教学天数				净教学时数				规定在校工作时数				总法定工作时数			
	学前	小学	初中	高中	学前	小学	初中	高中	学前	小学	初中	高中	学前	小学	初中	高中	学前	小学	初中	高中
	(1)	(2)	(3)	(4)	(5)	(6)	(7)	(8)	(9)	(10)	(11)	(12)	(13)	(14)	(15)	(16)	(17)	(18)	(19)	(20)
OECD 国家 澳大利亚[1]	40	40	40	40	196	196	196	194	904	879	821	812	1 227	1 117	1 133	1 133	a	a	a	a
奥地利[1,2]	38	38	38	38	180	180	180	180	779	779	607	589	a	a	a	a	1 776	1 776	1 776	a
比利时弗兰芒语区[1]	37	37	37	37	177	177	179	179	736	752	669	625	920	920	a	a	a	a	a	a
比利时法语区[1]	37	37	37	37	181	181	181	181	784	721	661	601	a	a	a	a	962	962	a	a
加拿大[1]	m	37	37	37	m	183	183	183	m	796	743	745	m	1 227	1 232	1 236	m	a	a	a
智利[3]	38	38	38	38	181	181	181	181	1 129	1 129	1 129	1 129	1 857	1 857	1 857	1 857	1 989	1 989	1 989	1 989
捷克[1]	39	39	39	39	188	188	188	188	1 166	827	620	592	a	a	a	a	1 760	1 760	1 760	1 760
丹麦[4,6]	a	a	a	a	a	a	a	a	a	662	662	369	a	a	a	a	1 680	1 680	1 680	1 680
英格兰[4]	38	38	38	38	190	190	190	190	722	722	745	745	1 265	1 265	1 265	1 265	1 265	1 265	1 265	1 265
爱沙尼亚[3]	46	35	35	35	220	172	172	172	1 320	619	619	568	1 610	1 540	1 540	1 540	1 610	1 540	1 540	1 540
芬兰[5]	m	38	38	38	m	188	188	188	m	677	592	550	m	791	706	645	a	a	a	a
法国[1]	36	36	36	36	144	144	a	a	924	924	648	648	972	972	a	a	1 607	1 607	1 607	1 607
德国[1]	40	40	40	40	193	193	193	193	834	800	752	715	a	a	a	a	1 768	1 768	1 768	1 768
希腊[1]	35	35	31	31	171	171	152	152	684	569	415	415	1 140	1 140	1 170	1 170	a	a	a	a
匈牙利[5]	36	36	36	36	182	182	182	181	1 158	601	601	597	m	m	m	m	1 864	1 864	1 864	1 864
冰岛[1]	48	37	37	35	227	180	180	170	1 498	624	624	544	1 800	1 650	1 650	1 720	1 800	1 800	1 800	1 800
爱尔兰[1]	m	37	33	33	m	183	167	167	m	915	735	735	m	1 073	768	768	a	a	a	a
以色列[1]	38	38	36	36	182	182	175	175	1 032	840	644	570	1 054	1 225	985	811	1 054	1 225	985	811
意大利[1]	42	39	39	39	186	171	171	171	930	752	616	616	a	a	a	a	m	m	m	m
日本[4]	39	40	40	39	m	201	202	197	m	736	608	513	a	a	a	a	a	1 899	1 899	1 899
韩国[5]	36	38	38	38	180	190	190	190	574	667	557	549	a	a	a	a	1 520	1 520	1 520	1 520
卢森堡[1]	36	36	36	36	176	176	176	176	880	810	739	739	1 060	990	828	828	a	a	a	a
墨西哥[1]	42	42	42	36	200	200	200	171	532	800	1 047	838	772	800	1 167	971	a	a	a	a
荷兰[3]	40	40	m	m	195	195	m	m	930	930	750	750	a	a	a	a	1 659	1 659	1 659	1 659
新西兰[1]	m	38	38	38	m	192	191	190	m	922	841	760	m	1 536	1 243	950	a	a	a	a
挪威[3]	45	38	38	38	225	190	190	190	1 508	741	663	523	1 508	1 300	1 225	1 150	a	1 688	1 688	1 688

1. 常规教学时间。
2. 学前教育阶段的数据指教学前班的小学教师。
3. 最大教学时间。
4. 实际教学时间。
5. 最小教学时间。
6. 高中为 2011 年数据。

数据来源：OECD. See Annex 3 for notes（www. oecd. org/education/education-at-a-glance-19991487. htm）.

缺失数据代码参见《读者指南》。

http：//dx. doi. org/10. 1787/888933286256

表 D4.1（续） 教师工作时间安排（2013 年）

公立学校学年内的法定教学周数、天数、净教学时数以及教师工作时间

		教学周数				教学天数				净教学时数				规定在校工作时数				总法定工作时数			
		学前	小学	初中	高中	学前	小学	初中	高中	学前	小学	初中	高中	学前	小学	初中	高中	学前	小学	初中	高中
		(1)	(2)	(3)	(4)	(5)	(6)	(7)	(8)	(9)	(10)	(11)	(12)	(13)	(14)	(15)	(16)	(17)	(18)	(19)	(20)
OECD国家	波兰[4]	45	38	37	37	216	184	182	179	1 138	629	555	551	m	m	m	m	1 800	1 504	1 488	1 472
	葡萄牙[3]	41	36	36	36	192	166	166	166	960	747	609	609	1 105	1 016	917	917	1 412	1 282	1 282	1 282
	苏格兰[3]	38	38	38	38	190	190	190	190	855	855	855	855	1 045	1 045	1 045	1 045	1 365	1 365	1 365	1 365
	斯洛伐克[1]	42	38	38	38	198	187	187	187	1 109	832	645	617	m	m	m	m	1 568	1 568	1 568	1 568
	斯洛文尼亚[1]	46	40	40	40	219	190	190	190	1 314	627	627	570	a	a	a	a	m	m	m	m
	西班牙[1]	37	37	37	36	176	176	176	171	880	880	713	693	1 140	1 140	1 140	1 140	1 425	1 425	1 425	1 425
	瑞典[1]	47	a	a	a	224	a	a	a	1 792	a	a	a	1 792	1 360	1 360	1 360	a	1 767	1 767	1 767
	瑞士	m	m	m	m	m	m	m	m	m	m	m	m	m	m	m	m	m	m	m	m
	土耳其[1]	38	38	38	38	180	180	180	180	1 080	720	504	504	1 160	980	836	836	1 576	1 576	1 576	1 576
	美国[4]	36	36	36	36	180	180	180	180	m	m	981	m	1 365	1 362	1 366	1 365	1 890	1 922	1 936	1 960
	OECD 平均	40	38	37	37	191	183	182	181	1 005	772	694	643	1 266	1 196	1 172	1 135	1 588	1 600	1 618	1 603
	欧盟 21 国平均	40	38	37	37	190	180	179	179	995	756	656	625	1 205	1 104	1 074	1 068	1 568	1 549	1 588	1 573
伙伴国	阿根廷	m	m	m	m	m	m	m	m	m	m	m	m	m	m	m	m	m	m	m	m
	巴西	42	42	42	42	203	203	203	203	m	m	m	m	a	a	a	a	m	m	m	m
	中国	m	m	m	m	m	m	m	m	m	m	m	m	m	m	m	m	m	m	m	m
	哥伦比亚[1]	40	40	40	40	200	200	200	200	800	1 000	1 200	1 200	1 350	1 350	1 350	1 350	1 600	1 600	1 600	1 600
	印度	m	m	m	m	m	m	m	m	m	m	m	m	m	m	m	m	m	m	m	m
	印度尼西亚	m	m	m	m	m	m	m	m	m	m	m	m	m	m	m	m	m	m	m	m
	拉脱维亚	44	35	35	35	210	165	165	165	1 260	825	825	990	a	a	a	a	1 760	1 760	1 760	1 760
	俄罗斯[4]	m	34	35	35	m	170	210	210	m	561	483	483	m	m	m	m	m	m	m	m
	沙特阿拉伯	m	m	m	m	m	m	m	m	m	m	m	m	m	m	m	m	m	m	m	m
	南非	m	m	m	m	m	m	m	m	m	m	m	m	m	m	m	m	m	m	m	m
	G20 平均	m	m	m	m	m	m	m	m	m	m	m	m	m	m	m	m	m	m	m	m

1. 常规教学时间。
2. 学前教育阶段的数据指教学前班的小学教师。
3. 最大教学时间。
4. 实际教学时间。
5. 最小教学时间。
6. 高中为 2011 年数据。

数据来源：OECD. See Annex 3 for notes (www. oecd. org/education/education-at-a-glance-19991487. htm).
缺失数据代码参见《读者指南》。
http：//dx. doi. org/10. 1787/888933286256

D4

表 D4.2 年教学时数（2000 年、2005 年、2010 年和 2013 年）

公立学校年法定净教学时数，按教育阶段划分

		小学				初中				高中			
		2000	2005	2010	2013	2000	2005	2010	2013	2000	2005	2010	2013
		(11)	(12)	(17)	(20)	(21)	(22)	(27)	(30)	(31)	(32)	(37)	(40)
OECD 国家	澳大利亚	882	888	868	879	811	810	819	821	803	810	803	812
	奥地利[1]	m	774	779	779	m	607	607	607	m	589	589	589
	比利时弗兰芒语区	758	752	752	752	677	684	669	669	633	645	625	625
	比利时法语区	722	722	732	721	662	662	671	661	603	603	610	601
	加拿大	m	m	799	796	m	m	740	743	m	m	744	745
	智利	m	1 128	1 105	1 129	m	1 128	1 105	1 129	m	1 128	1 105	1 129
	捷克	m	813	862	827	650	647	647	620	621	617	617	592
	丹麦[2,3]	640	640	650	662	640	640	650	662	m	m	377	369
	英格兰[2]	m	m	684	722	m	m	703	745	m	m	703	745
	爱沙尼亚	630	630	630	619	630	630	630	619	578	578	578	568
	芬兰	656	677	680	677	570	592	595	592	527	550	553	550
	法国	924	924	924	924	648	648	648	648	648	648	648	648
	德国	783	808	805	800	732	758	756	752	690	714	713	715
	希腊	609	604	589	569	426	434	415	415	429	430	415	415
	匈牙利	583	583	604	601	555	555	604	601	555	555	604	597
	冰岛	629	671	624	624	629	671	624	624	464	560	544	544
	爱尔兰	915	915	915	915	735	735	735	735	735	735	735	735
	以色列	731	731	820	840	579	579	598	644	524	524	521	570
	意大利	744	739	770	752	608	605	630	616	608	605	630	616
	日本[2]	635	578	707	736	557	505	602	608	478	429	500	513
	韩国	865	883	807	667	570	621	627	557	530	605	616	549
	卢森堡	m	774	739	810	m	642	634	739	m	642	634	739
	墨西哥	800	800	800	800	1 182	1 047	1 047	1 047	m	848	843	838
	荷兰	930	930	930	930	867	750	750	750	867	750	750	750
	新西兰	m	m	m	922	m	m	m	841	m	m	m	760
	挪威	713	741	741	741	633	656	654	663	505	524	523	523
	波兰[2]	m	m	644	629	m	m	572	555	m	m	571	551
	葡萄牙	779	765	779	747	634	623	634	609	577	567	634	609
	苏格兰	950	893	855	855	893	893	855	855	893	893	855	855
	斯洛伐克	m	m	841	832	m	m	652	645	m	m	624	617
	斯洛文尼亚	m	627	627	627	m	627	627	627	m	570	570	570
	西班牙	880	880	880	880	713	713	713	713	693	693	693	693
	瑞典	m	m	m	a	m	m	m	a	m	m	m	a
	瑞士	884	m	m	m	859	m	m	m	674	m	m	m
	土耳其	720	720	720	720	504	504	504	504	567	567	567	504
	美国[2,4]	m	m	m	m	m	m	m	981	m	m	m	m
	OECD 平均	765	771	771	772	679	677	679	694	617	644	640	643
	2000 年、2005 年、2010 年和 2013 年数据可得的 OECD 国家平均	760	760	764	757	671	665	670	666	564	567	572	566
	2000 年、2005 年、2010 年和 2013 年数据可得的欧盟 21 国平均	677	674	676	671	626	622	624	619	604	599	604	598
伙伴国	阿根廷	m	m	m	m	m	m	m	m	m	m	m	m
	巴西	m	m	m	m	m	m	m	m	m	m	m	m
	中国	m	m	m	m	m	m	m	m	m	m	m	m
	哥伦比亚	m	1 000	1 000	1 000	m	1 200	1 200	1 200	m	1 200	1 200	1 200
	印度	m	m	m	m	m	m	m	m	m	m	m	m
	印度尼西亚	m	m	m	m	m	m	m	m	m	m	m	m
	拉脱维亚	882	882	882	825	882	882	882	825	882	882	882	990
	俄罗斯[2]	m	615	615	561	m	507	507	483	m	507	507	483
	沙特阿拉伯	m	m	m	m	m	m	m	m	m	m	m	m
	南非	m	m	m	m	m	m	m	m	m	m	m	m
	G20 平均	m	m	m	m	m	m	m	m	m	m	m	m

注：2000—2013 年的学前数据（第 1—10 列）可在线查询。2006 年、2007 年、2008 年、2009 年、2011 年、2012 年的小学、初中和高中数据（第 13—16、第 18—19、第 23—26、第 28—29、第 33—36、第 38—39 列）可在线查询（参见以下 StatLink）。

1. 学前教育阶段的数据为教学前班的小学教师。
2. 实际教学时间。
3. 高中为 2011 年数据。

数据来源：OECD. See Annex 3 for notes (www.oecd.org/education/education-at-a-glance-19991487.htm).

缺失数据代码参见《读者指南》。

StatLink http://dx.doi.org/10.1787/888933286263

指标 D5

哪些人从事教师职业？

- 2013 年，OECD 国家平均有 30%的小学教师年龄在 50 岁以上，初中教师的这一比例增长到 34%，高中教师则为 38%。
- OECD 国家平均有 2/3 的教职工是女性；但是女教师的比例随着教育阶段的升高而降低：学前教育阶段女教师占 96%，小学阶段女教师占 82%，初中阶段女教师占 68%，高中阶段女教师占 58%，高等教育阶段女教师占 42%。
- 平均有 80%的教师具备一般或良好的使用信息与通信技术（ICT）解决问题的技能。

图 D5.1 小学教师年龄结构（2013 年）

教育机构教师分布，按年龄划分

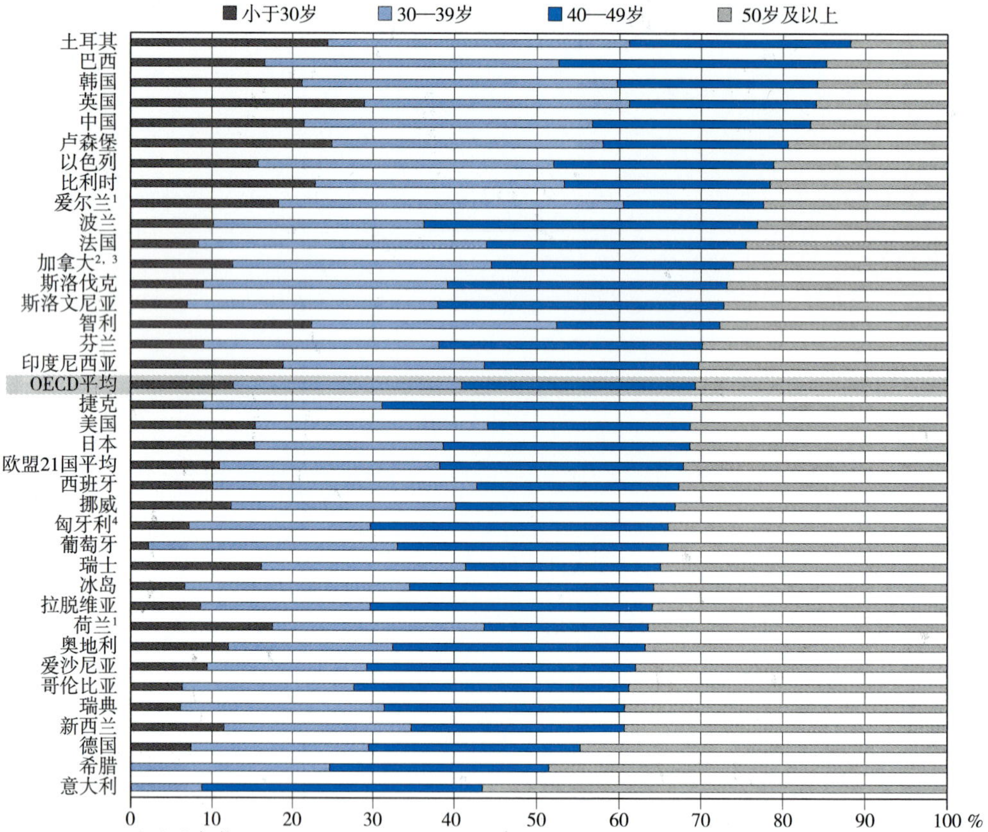

1. 仅公立机构。
2. 2012 年数据。
3. 小学阶段包括学前教育和初中阶段。
4. 包括管理人员数据。

国家按照小学 50 岁及以上教师的比例升序排列。

数据来源：OECD. Table D5. 1. See Annex 3 for notes（www. oecd. org/education/education-at-a-glance-19991487. htm）.

StatLink http：//dx. doi. org/10. 1787/888933284530

背　景

对于教师的需求取决于一系列的因素，包括学龄人口的年龄结构、平均班额、教学时数、教学助理及非教学人员的使用、不同教育阶段的入学率以及义务教育的起始与结束年龄。在今后 10 年，随着许多 OECD 国家大批的教师到达退休年龄和预期的学龄人口规模的增长，政府将面临招聘和培训新教师的压力。令人信服的证据证明，教师质量是决定学生成绩最为重要的因素，因此必须下大力气吸引高水平的学术人才从事教学工作，并为他们提供高水平的培训（Hiebert and Stigler，1999；OECD，2005）。

教师政策必须为教师营造一种环境，鼓励高水平的教师留在教学岗位上。另外，在学前、小学和初中阶段，主要是女性从事教学工作，这种教学岗位上性别的失衡对于学生学习的影响值得进行深入的研究。

其他发现

- 除芬兰、拉脱维亚和俄罗斯之外，在几乎所有的国家中，大多数的高等教育教师都是男性。
- 在所有数据可得的国家中，英国 30 岁以下小学教师占比（29%）最大。相比之下，希腊和意大利小学教师的年龄均在 30 岁以上。
- 在参加成人技能调查（PIAAC）的国家或地区中，韩国在工作中使用 ICT 技能的教师最多。同时，韩国也是能够熟练地使用 ICT 解决问题的教师比例最高的国家或地区之一。

趋　势

2005—2013 年，在有可比数据的国家中，50 岁或以上的中学教师比例上升了 3 个百分点。在希腊、韩国、葡萄牙和斯洛文尼亚，这一比例至少上升了 10 个百分点。特别是在奥地利，50 岁或以上的中学教师比例上升了 19 个百分点。在那些有大量的教师退休且学龄人口保持不变甚至增长的国家，政府将不得不提高高中和高等教育的教学要求，扩大教师培训项目。如果需要的话，还可以为那些有变更职业意愿的人提供职业中期的变更认证。由于财政限制——特别是因为退休后养老金和医疗费用的影响，政府可能会面临更大的压力，从而通过减少课程、扩大班额、整合自学和在线学习或者将上述措施结合起来应用以减轻财政压力（Abrams，2011；Peterson，2010）。

D5

分 析

教师的年龄结构

各国教师的年龄结构差异很大，而且受人口规模、人口年龄结构、高等教育学制、教师薪水和工作条件等因素的影响。出生率的下降会减少对新教师的需求；较长的高等教育学制也会延迟教师就业。有些国家通过富有竞争力的工资和良好的工作条件来吸引年轻人从事教师职业，同时又采取措施将骨干教师留在教学岗位上。

在中学阶段，教师的年龄结构与小学相类似：大约 82%的教师年龄介于 30—59 岁。就 OECD 国家平均而言，50 岁或以上的小学教师比例达 30%；在德国、希腊和意大利，这一比例超过了 40%。多数国家的数据显示，30 岁以下的小学教师比例只有 15%或以下。只有在比利时、智利、中国、韩国、卢森堡、土耳其和英国，30 岁以下小学教师的比例达到或超过了 20%（图 D5.1）。

图 D5.2 高中教师年龄结构（2013 年）

教育机构教师分布，按年龄划分

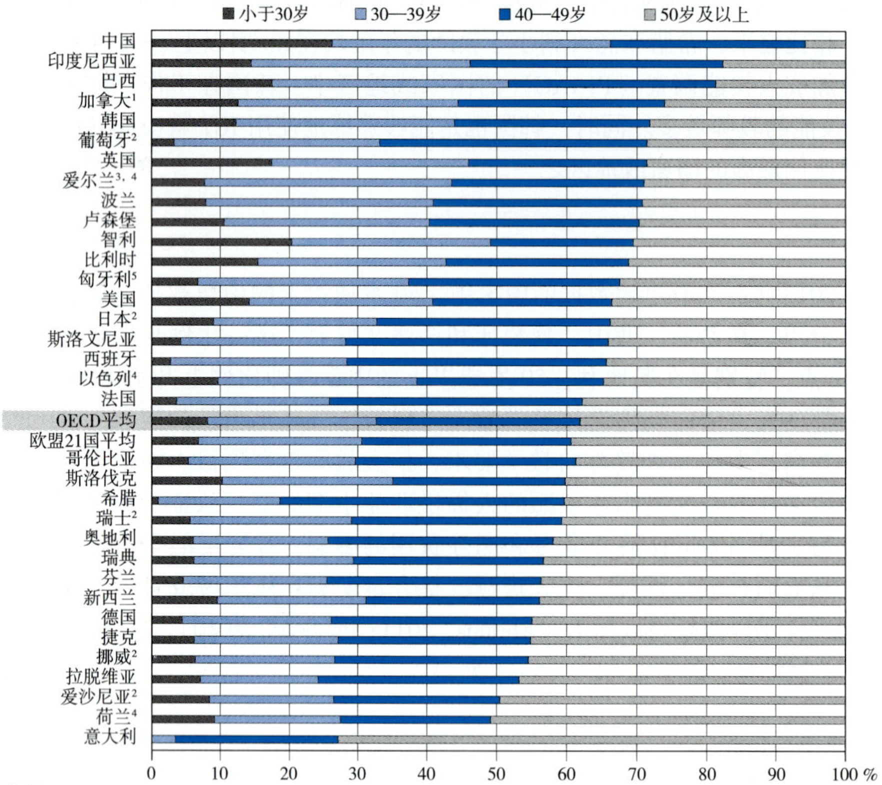

1. 2012 年数据。
2. 高中阶段包括中等后非高等教育课程。
3. 高中阶段包括初中阶段。
4. 仅公立机构。
5. 包括管理人员数据。

国家按照高中 50 岁及以上教师的比例升序排列。

数据来源：OECD. Table D5.1. See Annex 3 for notes (www.oecd.org/education/education-at-a-glance-19991487.htm).

StatLink http://dx.doi.org/10.1787/888933284546

在初中阶段，OECD 国家平均有 34%的教师年龄在 50 岁或以上，7%的教师年龄在 60 岁或以上。60 岁或以上教师比例的变化范围，从中国、印度尼西亚、日本、韩国和土耳其的不足 1%，到爱沙尼亚和意大利的 19%。在高中阶段，50 岁或以上教师的比例比初中阶段高 4 个百分点。在巴西（52%）和中国（66%），大多数高中教师的年龄不到 40 岁。

教师队伍老龄化对一个国家的教育体系会产生一系列的影响。此外，通过教师招募和培训来替代退休教师，又会对经费预算带来影响。在大多数教育制度下，教龄和工资呈正相关关系。因此，教师老龄化增加了学校的成本，限制了其他激励机制的实施（参见指标 D3）。

教师的性别结构

就 OECD 国家平均而言，各级教育中有 2/3 的教职工是女性。在 OECD 国家中，女教师的比例随着教育阶段的升高而下降。事实上，高等教育阶段的教学人员中只有 42%是女性。

在 36 个 OECD 国家与 G20 国家中，有 33 个国家 93%及以上的学前教师是女性。但法国、荷兰和英国是例外，其学前教育中女教师的比例分别为 83%、87%和 90%。就 OECD 国家平均而言，女教师在小学阶段占到了 82%。在 OECD 国家中，各国小学女教师的比例存在很大差异，如最低的土耳其为 58%，最高的俄罗斯则达到 99%（图 D5.3）。

尽管在初中与高中阶段女教师占大多数，但这两个阶段男教师的比例仍高于学前和小学阶段。就 OECD 国家平均而言，68%的初中教师是女性。绝大多数国家初中阶段女教师占比超过一半，只有日本不到一半（42%）。在高中阶段，OECD 国家中女教师的平均比例降到了 58%。其中，日本最低，为 28%，拉脱维亚最高，为 81%。

在高等教育阶段，教师的性别结构正好相反。就 OECD 国家平均而言，58%的高等教育教师是男性。与初中和高中阶段的情况相类似，日本高校女教师比例最低，为 25%。在数据可得的 26 个 OECD 国家中，只有芬兰高校女教师占比（51%）高于男教师。

教师性别结构的不平衡对学生学习成绩、学习动机及教师职业的潜在影响非常值得研究，特别是在教师职业对男性吸引力较低的国家（Drudy，2008；OECD，2005，2009）。虽然没有足够的证据表明教师性别影响学生学习成绩（如 Antecol，Eren and Ozbeklik，2012；Holmlund and Sund，2008），但部分研究表明，女教师对某些学科如数学的态度会影响女生的成绩（Beilock et al.，2009；OECD，2014a）。

此外，学校领导层与教师性别平衡没有必然的联系（OECD，2014a）。许多国家虽然男教师比例相对较低，但小学阶段男校长的比例反而较高。这表明男教师比女教师更有可能被提拔为校长——这一现象令人奇怪：大多数男校长之前就是教师，而现在学校里大多数教师却是女性。

图 D5.3 教师性别结构（2013 年）

公立和私立机构中女教师所占比例，按教育阶段划分

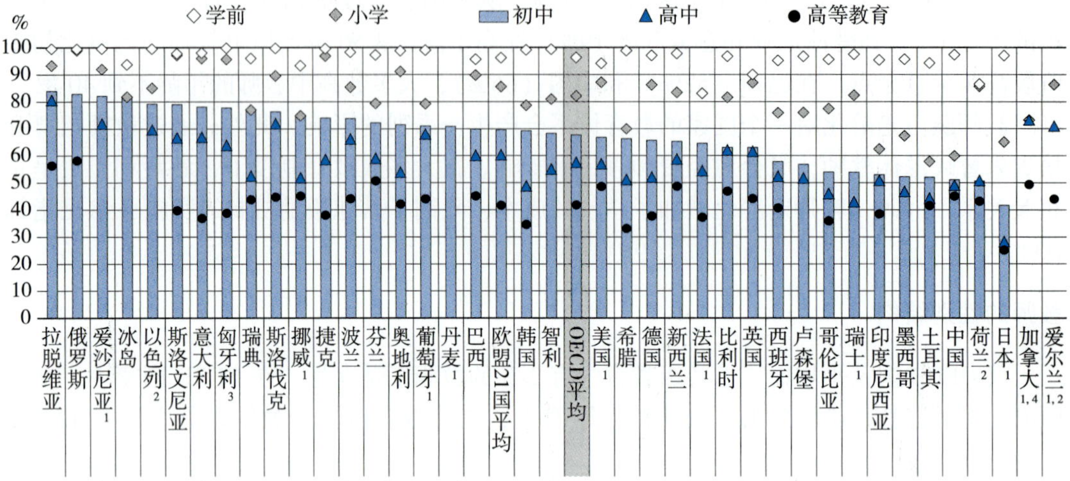

1. 一些教育阶段包含在其他类别内，参见表 D5.2 中的“x”代码。
2. 仅公立机构。荷兰学前教育阶段包括私立机构数据。以色列公立机构仅包括学前教育和高中阶段。
3. 包括管理人员数据。
4. 2012 年数据。

国家按照初中女教师的比例降序排列。

数据来源：OECD. Table D5.3. See Annex 3 for notes (www.oecd.org/education/education-at-a-glance-19991487.htm).

StatLink http://dx.doi.org/10.1787/888933284558

2005—2013 年教师年龄结构的变化

2005—2013 年，年龄在 50 岁或以上的中学教师比例的年均增长率在各国之间差别很大。在奥地利、韩国、葡萄牙和斯洛文尼亚，年龄在 50 岁或以上的中学教师年均增长率超过了 4%；韩国增长最快，年均增长率达 8.5%。在法国、德国、爱尔兰、卢森堡和英国，年龄在 50 岁或以上的中学教师比例平均每年减少 1%或更多（表 D5.2）。

在所有国家中，教师数量的变化应当同学龄人口的数量变化相对应。学龄人口增加的国家（参见指标 C1）需要大量补充新教师，以弥补 20 世纪六七十年代聘用的将在未来 10 年达到退休年龄的老教师退休之后留下的空缺。这些国家可能会增加教师培训项目，鼓励毕业生选择教师职业［参见《教育概览 2014》（OECD，2014b），指标 D6］。

使用信息与通信技术（ICT）解决问题的技能与意愿

2012 年成人技能调查（PIAAC）主要测量成人在技术环境下解决问题的技能，评估人们在职场和家庭中使用这些技能的情况。调查结果显示，人们在技术环境下较熟练地解决问题的技能，反映了人们拥有较强的解决问题的能力，也显示现代人更擅长于使用数字技术、通信工具及网络媒介以获取与评估信息，同他人交流及执行实际任务（PIAAC Expert Group in Problem Solving in Technology-Rich Environments，2009）。

成人技能调查所获得的数据，为测量成人使用 ICT 解决问题的技能与意愿提供了创建专项指标的条件。该指标包含两个数据观测项：一是问题解决的表现，二是没有参加基于计算机的评估进而未得分的原因（参见本章末尾的定义部分）。

教师的技能

基于成人技能调查的数据，图 D5.4 显示，平均有 47%的教师（学前与小学、小学与中学教师）拥有良好的 ICT 及问题解决技能（第 4 组）。这一比例在各国之间差异较大，从韩国的 64%和英格兰/北爱尔兰（英国）的 62%，到俄罗斯的 30%、爱沙尼亚的 27%和波兰的 25%不等。就参与调查的所有国家和地区平均而言，83%的教师拥有一般或良好的 ICT 及问题解决技能（表 D5.4a）。

图 D5.4 教师使用信息与通信技术（ICT）解决问题的技能与意愿（2012 年）

成人技能调查，25—64 岁的学前与小学、小学与中学教师

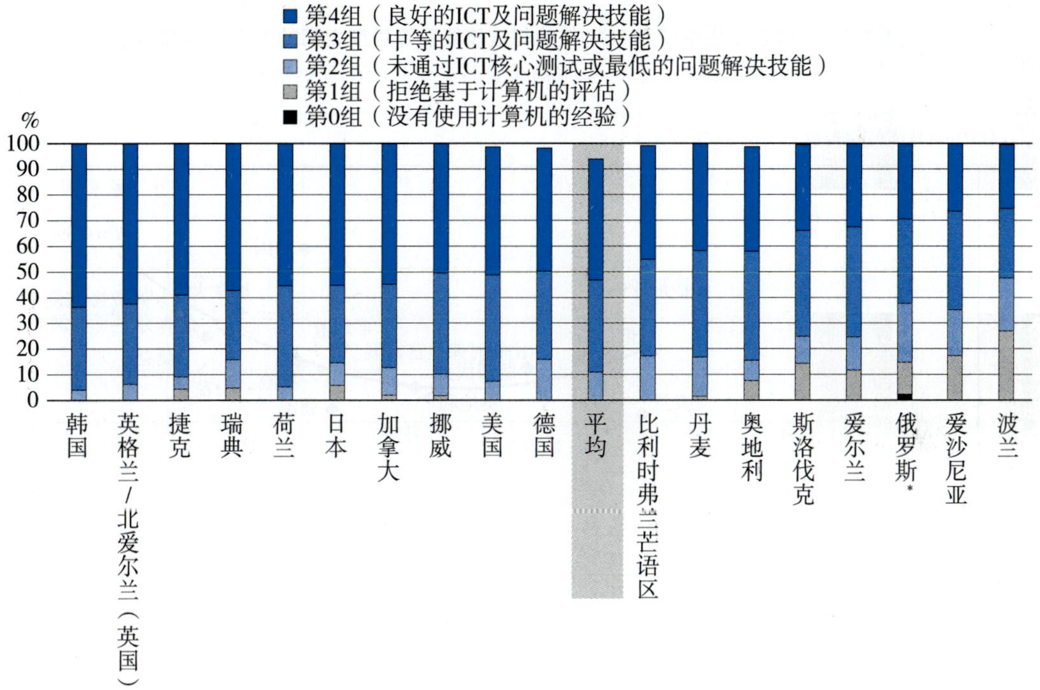

注：学前与小学、小学与中学教师指调查时的在岗教师。柱状图中个别项目的总和可能达不到 100%，这是因为当时条件有限，无法为调查项提供充分而又可靠的估值。

*参见方法部分关于俄罗斯数据的说明。

国家按照拥有良好的 ICT 及问题解决技能（第 4 组）的教师比例降序排列。

数据来源：OECD. Table D5.4a. See Annex 3 for notes (www.oecd.org/education/education-at-a-glance-19991487.htm).

StatLink http://dx.doi.org/10.1787/888933284562

教师在工作中使用 ICT 的情况

在成人技能调查中，受调查者被询问是否拥有工作所需的计算机技能。在参加调查的所有国家和地区中，87%的教师回答他们拥有这项技能。在捷克（99%）和韩国（97%），超过 95%的教师做了肯定性回答。总体来看，捷克教师在工作中使用 ICT 技能的得分居中（指数分值为 1.9），而韩国教师得分最高（指数分值为 2.5）。相比较而言，日本（63%）与挪威（72%）教师回答拥有工作所需的计算机技能的比例较低（表 D5.4b）。

图 D5.5 显示，教师在工作中使用 ICT 技能与教师拥有良好的 ICT 及问题解决技能

（第4组）这两者之间存在正相关关系。拥有良好的ICT及问题解决技能教师的比例（第4组），随着教师在工作场所使用这些技能频率的增加而升高。例如，21%的教师拥有良好的ICT及问题解决技能（第4组），他们在工作中使用这些技能的频率得分低于平均值（分值为1.6，平均值为1.9）。相比较而言，韩国有64%的教师拥有良好的ICT及问题解决技能（第4组），他们在工作中使用这些技能的频率得分远高于平均值（分值为2.5），在参与调查的所有国家和地区中是最高的。爱沙尼亚和日本在图中的数据出现了异常。爱沙尼亚教师虽然在工作中使用ICT技能的频率较高（分值为2.1），但拥有良好的ICT及问题解决技能的教师比例（27%）却不高。日本的情况恰恰相反，教师在工作中使用ICT技能的频率（分值为1.6）低于平均值，但多数教师（55%）拥有良好的ICT及问题解决技能（表D5.4a和表D5.4b）。

图 D5.5 教师在工作中使用 ICT 技能与该技能熟练程度之间的关系（2012 年）

成人技能调查，25—64 岁的学前与小学、小学与中学教师

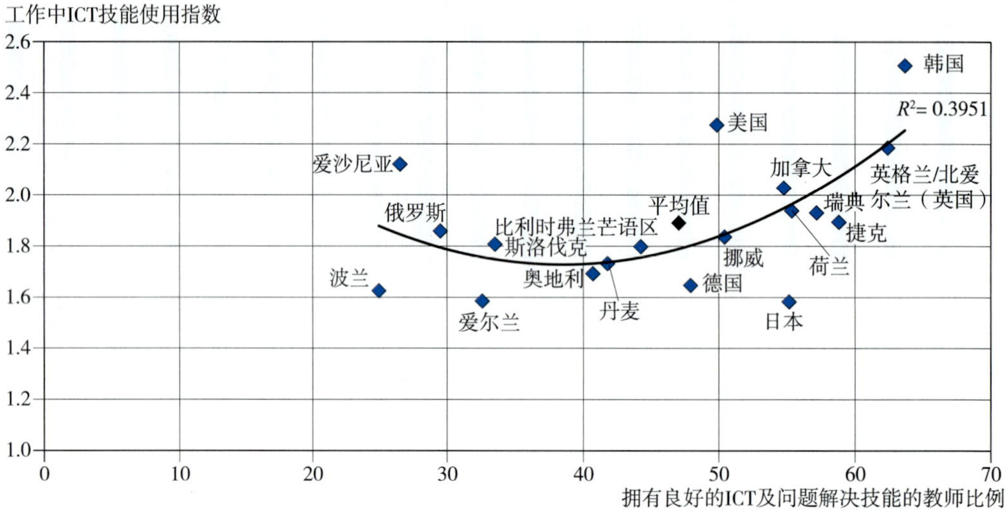

注：学前与小学、小学与中学教师指调查时的在岗教师。ICT技能使用指数是指在工作中使用ICT技能的频率。分值越高，工作中ICT技能的使用就越频繁。参见定义部分。

*参见方法部分关于俄罗斯数据的说明。

数据来源：OECD. Tables D5.4a and D5.4b. See Annex 3 for notes（www.oecd.org/education/education-at-a-glance-19991487.htm）.

StatLink http://dx.doi.org/10.1787/888933284572

定 义

工作所需的ICT技能指的是工作中对计算机的使用。技能水平可分为四个层级："工作中不需要ICT技能"反映的是受调查者回答他们在工作中不需要使用计算机的情况；"简单使用"指的是日常工作都会用到计算机的情况，如数据录入、收发电子邮件；"熟练使用"指的是使用计算机进行文本编辑、电子表格制作或数据库管理；"复杂使用"指的是开发软件，制作电子游戏，使用java、sql、php或perl等语言编程及维护计算机网络系统等。

工作中 ICT 技能使用指数指的是在工作中使用 ICT 技能的频率。指数分值越高，工作中 ICT 技能的使用就越频繁。此变量来自成人技能调查问卷中的背景性问题，并被转化为调查样本库中均值为 2 且标准差为 1 的标准数值。详见《OECD 技能概览 2013：来自成人技能调查的初步结果》第 143 页（OECD，2013）。

最后学历类型是指在公立普通小学、初中或者高中任教的新教师必须具备的学历类型。

技能组反映了在技术环境下使用 ICT 解决问题的技能与意愿。在成人技能调查中，根据在技术环境下问题解决评估中成人成功完成的任务类型的特征及其得分，对每个组别进行描述。

- 第 0 组（没有使用计算机的经验）
- 第 1 组（拒绝基于计算机的评估）
- 第 2 组（未通过 ICT 核心测试或最低的问题解决技能——技术环境下的问题解决评估得分低于水平 1）
- 第 3 组（中等的 ICT 及问题解决技能——技术环境下的问题解决评估得分为水平 1）
- 第 4 组（良好的 ICT 及问题解决技能——技术环境下的问题解决评估得分为水平 2 或水平 3）

方　法

数据统计期为 2012—2013 学年，来源于 2013 年 OECD 组织的 UOE 教育统计数据收集（参见附录 3，可在线查询，www. oecd. org/edu/eag. htm）。2015 年对 2005 年分年龄的教师数据进行了修正，以保证其与 2013 年数据的一致性。

使用 ICT 解决问题的技能与意愿数据来源于成人技能调查（PIAAC）（2012），该调查并非专为教师群体设计。其样本量小于使用全样本的其他指标，这解释了标准误略高的原因。数据使用中应当特别注意这一点。

关于以色列数据的说明

以色列的统计数据由以色列有关当局负责提供。在使用这些数据时，OECD 根据国际法的规定对戈兰高地、东耶路撒冷和约旦河西岸以色列定居点的地位不持偏见。

关于俄罗斯成人技能调查（PIAAC）数据的说明

读者应当注意到，俄罗斯样本中不包含莫斯科市区的人口。因此，公布的数据不能代表 16—65 岁的全体俄罗斯居民，而是除莫斯科市区人口之外该年龄段的俄罗斯居民。关于俄罗斯及其他国家数据的更多信息请参见成人技能调查技术报告（OECD，2014c）。

参考文献

Abrams，S. E.（2011），“Technology in Moderation”，*The Teachers College Record*，www. tcrecord. org/content. asp? contentid = 16584.

Antecol, H. , O. Eren and S. Ozbeklik (2012), "The Effect of Teacher Gender on Student Achievement in Primary School: Evidence from a Randomized Experiment", *IZA Discussion Paper*, No. 6453, http: //ftp. iza. org/dp6453. pdf.

Beilock, S. L. , et al. (2009), "Female Teachers' Math Anxiety Affects Girls' Math Achievement", Proceedings of the National Academy of Science of the United States of America-PNAS, Vol. 107/5, pp . 1860-1863.

Drudy, S. (2008), "Gender Balance/Gender Bias: The Teaching Profession and the Impact of Feminisation", *Gender and Education*, Vol. 20/4, pp. 309-323.

Hiebert, J. and J. Stigler (1999), *The Teaching Gap: Best Ideas from the World's Teachers for Improving Education in the Classroom*, Free Press, New York.

Holmlund, H. and K. Sund (2008), "Is the Gender Gap in School Performance Affected by the Sex of the Teacher?", *Labour Economics*, Vol. 15, pp. 37-53.

OECD (2014a), *TALIS 2013 Results: An International Perspective on Teaching and Learning*, OECD Publishing, Paris, http: //dx. doi. org/10. 1787/9789264196261-en.

OECD (2014b), *Education at a Glance 2014: OECD Indicators*, OECD Publishing, Paris, http: //dx. doi. org/10. 1787/eag-2014-en.

OECD (2014c), *Technical Report of the Survey of Adult Skills*, www. oecd. org/site/piaac/_Technical%20Report_17OCT13. pdf, pre-publication copy.

OECD (2013), *OECD Skills Outlook 2013: First Results from the Survey of Adult Skills*, OECD Publishing, Paris, http: //dx. doi. org/10. 1787/9789264204256-en.

OECD (2009), *Creating Effective Teaching and Learning Environments: First Results from TALIS*, OECD Publishing, Paris, http: //dx. doi. org/10. 1787/9789264068780-en.

OECD (2005), *Teachers Matter: Attracting, Developing and Retaining Effective Teachers*, Education and Training Policy, OECD Publishing, Paris, http: //dx. doi. org/10. 1787/9789264018044-en.

Peterson, P. (2010), *Saving Schools: From Horace Mann to Virtual Learning*, Harvard University Press, Cambridge.

PIAAC Expert Group in Problem Solving in Technology-Rich Environments (2009), "PIAAC problem solving in technology-rich environments: a conceptual framework", *OECD Education Working Papers*, No. 36, OECD Publishing, Paris, http: //dx. doi. org/10. 1787/220262483674.

表 D5.1　教师年龄结构（2013 年）

公立和私立机构教师的百分比，按教育阶段和年龄组划分，基于人头计算

		小学					初中					高中				
		<30 年	30—39 年	40—49 年	50—59 年	>= 60 年	<30 年	30—39 年	40—49 年	50—59 年	>= 60 年	<30 年	30—39 年	40—49 年	50—59 年	>= 60 年
		(1)	(2)	(3)	(4)	(5)	(6)	(7)	(8)	(9)	(10)	(11)	(12)	(13)	(14)	(15)
OECD 国家	澳大利亚	m	m	m	m	m	m	m	m	m	m	m	m	m	m	m
	奥地利	12	20	31	34	3	7	17	27	45	4	6	20	32	37	5
	比利时	23	30	25	21	1	18	28	25	26	3	15	27	26	28	3
	加拿大[1,2]	13[d]	32[d]	29[d]	22[d]	5[d]	x(1)	x(2)	x(3)	x(4)	x(5)	13	32	29	22	5
	智利	22	30	20	20	7	21	28	19	21	9	20	29	20	22	9
	捷克	9	22	38	27	4	9	25	35	27	5	6	21	28	35	10
	丹麦	x(6)	x(7)	x(8)	x(9)	x(10)	5[d]	30[d]	29[d]	25[d]	11[d]	m	m	m	m	m
	爱沙尼亚[3]	9	20	33	27	11	8	17	26	31	19	8[d]	18[d]	24[d]	31[d]	19[d]
	芬兰	9	29	32	26	4	9	31	31	25	5	5	21	31	31	12
	法国	8	36	32	23	1	9	33	31	23	5	4	22	36	29	8
	德国	7	22	26	31	14	7	19	23	35	15	4	22	29	32	13
	希腊	0	25	27	46	3	1	20	41	34	3	1	18	41	36	4
	匈牙利[4]	7	23	36	33	1	6	23	33	36	2	7	31	30	28	5
	冰岛	7	28	30	24	12	7	28	30	24	12	m	m	m	m	m
	爱尔兰[5]	18	42	17	19	3	x(11)	x(12)	x(13)	x(14)	x(15)	8[d]	36[d]	27[d]	24[d]	5[d]
	以色列[5]	16	36	27	18	3	11	31	31	22	6	10	29	27	23	12
	意大利	0	9	35	43	13	0	8	29	44	19	0	3	24	57	16
	日本[3]	15	23	30	30	1	13	25	34	26	1	9[d]	24[d]	33[d]	30[d]	4[d]
	韩国	21	39	24	13	2	13	33	32	22	1	12	32	28	27	1
	卢森堡	25	33	23	18	1	22	39	22	15	2	11	30	30	25	4
	墨西哥	m	m	m	m	m	m	m	m	m	m	m	m	m	m	m
	荷兰[5]	18	26	20	29	8	14	23	21	31	11	9	18	22	37	14
	新西兰	12	23	26	27	13	11	23	24	28	14	10	22	25	29	15
	挪威[3]	12	28	27	21	12	12	28	27	21	12	6[d]	20[d]	28[d]	27[d]	18[d]
	波兰	10	26	41	22	2	10	36	33	20	2	8	33	30	23	7
	葡萄牙[3]	2	31	33	31	3	1	25	41	30	3	3[d]	30[d]	38[d]	25[d]	3[d]
	斯洛伐克	9	30	34	23	4	14	28	22	29	7	10	25	25	32	9
	斯洛文尼亚	7	31	35	27	1	6	34	28	30	2	4	24	38	28	6
	西班牙	10	33	25	28	5	3	26	37	29	5	3	26	37	30	5
	瑞典	6	25	29	24	15	6	25	29	24	16	6	23	27	27	17
	瑞士[3]	16	25	24	29	6	11	28	25	28	8	6[d]	23[d]	30[d]	31[d]	10[d]
	土耳其	24	37	27	11	1	35	41	16	7	0	m	m	m	m	m
	英国	29	32	23	13	3	22	33	24	18	4	17	29	25	21	7
	美国	15	29	25	24	8	17	29	25	22	8	14	27	26	23	10
	OECD 平均	13	28	28	25	5	11	27	28	27	7	8	25	29	29	9
	欧盟 21 国平均	11	27	30	27	5	9	26	29	29	7	7	24	30	31	9
伙伴国	阿根廷	m	m	m	m	m	m	m	m	m	m	m	m	m	m	m
	巴西	17	36	33	13	2	18	35	30	15	3	18	34	30	16	3
	中国	21	35	27	17	0	22	42	28	8	0	26	40	28	6	0
	哥伦比亚	6	21	34	30	9	5	24	32	30	9	5	24	32	29	9
	印度	m	m	m	m	m	m	m	m	m	m	m	m	m	m	m
	印度尼西亚	19	25	26	30	0	14	26	41	19	0	14	32	36	18	0
	拉脱维亚	9	21	34	28	8	6	18	32	34	10	7	17	29	33	13
	俄罗斯	m	m	m	m	m	m	m	m	m	m	m	m	m	m	m
	沙特阿拉伯	m	m	m	m	m	m	m	m	m	m	m	m	m	m	m
	南非	m	m	m	m	m	m	m	m	m	m	m	m	m	m	m
	G20 平均	16	29	28	23	4	16	30	28	22	5	12	27	30	25	6

1. 2012 年数据。
2. 小学阶段包括学前教育阶段。
3. 高中阶段包括中等后非高等教育课程。
4. 包括管理人员数据。
5. 仅公立机构。以色列公立机构仅包括高中阶段。

数据来源：OECD. Argentina, China, Colombia, India, Indonesia, Saudi Arabia, South Africa: UNESCO Institute for Statistics. Latvia: Eurostat. See Annex 3 for notes (www.oecd.org/education/education-at-a-glance-19991487.htm).

缺失数据代码参见《读者指南》。

StatLink http://dx.doi.org/10.1787/888933284530

表 D5.2　教师年龄结构（2005 年和 2013 年）

公立和私立机构教师的百分比，按教育阶段和年龄组划分，基于人头计算

		中学（2013 年）					中学（2005 年）					50 岁或以上教师百分比
		<30 年	30—39 年	40—49 年	50—59 年	>= 60 年	<30 年	30—39 年	40—49 年	50—59 年	>= 60 年	年均增长率（2005—2013 年）
		(1)	(2)	(3)	(4)	(5)	(6)	(7)	(8)	(9)	(10)	(11)
OECD 国家	澳大利亚	m	m	m	m	m	m	m	m	m	m	m
	奥地利	7	18	30	41	4	7	22	45	25	1	7.2
	比利时	17	28	26	28	3	17	23	31	27	2	0.2
	加拿大[1]	13	32	29	22	5	m	m	m	m	m	m
	智利	21	29	20	22	9	12	25	30	25	7	-0.8
	捷克	7	23	31	31	8	m	m	m	m	m	m
	丹麦	m	m	m	m	m	m	m	m	m	m	m
	爱沙尼亚[2]	8[d]	17[d]	25[d]	31[d]	19[d]	m	m	m	m	m	m
	芬兰	7	25	31	28	9	8	25	30	32	5	0.1
	法国	6	28	34	26	7	12	29	24	34	1	-1.0
	德国[3]	6	20	25	34	14	3	18	26	44	9	-1.0
	希腊	1	19	41	35	4	6	24	41	27	2	3.8
	匈牙利[4]	6	27	31	32	3	15	26	30	24	4	2.6
	冰岛[5]	m	m	m	m	m	11[d]	27[d]	30[d]	25[d]	8[d]	m
	爱尔兰[6]	8	36	27	24	5	11	25	27	29	7	-2.8
	以色列[6]	10	30	28	23	10	10	29	30	26	5	0.6
	意大利	0	5	26	51	18	0	6	32	55	8	1.3
	日本[2,7]	11[d]	24[d]	34[d]	28[d]	3[d]	9	28	40	21	2	3.7
	韩国	13	32	30	24	1	17	30	40	12	1	8.5
	卢森堡[8]	15	33	27	22	3	18	25	26	29	2	-2.6
	墨西哥	m	m	m	m	m	m	m	m	m	m	m
	荷兰[6,8]	12	21	21	34	12	m	m	m	m	m	m
	新西兰	10	22	25	28	15	14	21	29	29	8	2.0
	挪威[2]	9[d]	24[d]	27[d]	25[d]	15[d]	m	m	m	m	m	m
	波兰	9	34	31	21	5	16	33	29	19	3	2.1
	葡萄牙[2]	2[d]	28[d]	39[d]	27[d]	3[d]	16	35	31	16	2	6.2
	斯洛伐克	12	27	23	30	8	16	21	25	30	7	0.1
	斯洛文尼亚	5	29	33	29	4	11	33	34	20	2	5.0
	西班牙	3	26	37	29	5	8	32	35	21	4	3.8
	瑞典	6	24	28	26	16	10	24	24	30	13	-0.3
	瑞士[2]	9[d]	26[d]	27[d]	29[d]	9[d]	13	24	30	28	5	1.7
	土耳其	35	41	16	7	0	m	m	m	m	m	m
	英国	19	30	25	20	6	15	24	28	31	2	-2.9
	美国	16	28	25	23	9	17	26	23	26	8	-0.8
	OECD 平均	10	26	28	28	8	12	25	31	27	5	~
	参考年份数据可得国家平均	9	26	29	28	7	12	25	30	28	5	1.5
	欧盟 21 国平均	8	25	30	30	8	11	25	30	29	4	~
伙伴国	阿根廷	m	m	m	m	m	m	m	m	m	m	m
	巴西	18	34	30	15	3	m	m	m	m	m	m
	中国	24	41	28	7	0	m	m	m	m	m	m
	哥伦比亚	5	24	32	30	9	m	m	m	m	m	m
	印度	m	m	m	m	m	m	m	m	m	m	m
	印度尼西亚	14	29	39	18	0	m	m	m	m	m	m
	拉脱维亚	7	18	30	34	12	m	m	m	m	m	m
	俄罗斯	m	m	m	m	m	m	m	m	m	m	m
	沙特阿拉伯	m	m	m	m	m	m	m	m	m	m	m
	南非	m	m	m	m	m	m	m	m	m	m	m
	G20 平均	15	29	28	23	5	m	m	m	m	m	m

1. 2012 年数据。
2. 高中阶段包括中等后非高等教育课程。
3. 2006 年数据。
4. 包括管理人员数据。
5. 中学阶段包括小学阶段。
6. 仅公立机构。以色列公立机构仅包括高中阶段。
7. 2004 年数据。
8. 2005 年中学阶段数据仅包括高中阶段。

数据来源：OECD. Argentina, China, Colombia, India, Indonesia, Saudi Arabia, South Africa: UNESCO Institute for Statistics. Latvia: Eurostat. See Annex 3 for notes (www.oecd.org/education/education-at-a-glance-19991487.htm).

缺失数据代码参见《读者指南》。

StatLink http://dx.doi.org/10.1787/888933284546

表 D5.3 教师性别结构（2013 年）

公立和私立教育机构女教师的百分比，按教育阶段划分，基于人头计算

		学前	小学	初中	高中			中等后非高等教育	高等教育			所有教育阶段
					普通教育	职业教育	全部		短期高等教育	学士、硕士、博士或同等水平	全部	
		(1)	(2)	(3)	(4)	(5)	(6)	(7)	(8)	(9)	(10)	(11)
OECD 国家	澳大利亚	m	m	m	m	m	m	m	m	44	44	m
	奥地利	99	91	72	62	49	54	68	53	40	42	65
	比利时	97	82	63	62	62	62	46	x(10)	x(10)	47	70
	加拿大[1]	x(2)	73[d]	x(2)	73[d]	x(4)	73	m	54	43	49	m
	智利	99	81	68	57	50	55	a	m	m	m	m
	捷克	100	97	74	59	59	59	96	81	38	38	75
	丹麦	m	x(3)	71[d]	m	m	m	m	m	m	m	m
	爱沙尼亚[2]	100[d]	92	82	78	64[d]	72[d]	x(5)	m	m	m	m
	芬兰	97	79	72	69	54	59	53	a	51	51	71
	法国	83	83	65	56	52	54	x(10)	39[d]	37[d]	37[d]	66
	德国	97	86	66	54	47	52	56	43	38	38	65
	希腊	99	70	66	54	47	51	56	a	33	33	63
	匈牙利[3]	100	96	78	68	49	64	53	50	37	39	76
	冰岛	94	82	82	m	m	m	m	m	m	m	m
	爱尔兰[4]	m	86	x(4)	71[d]	m	71[d]	m	x(9)	44[d]	44	m
	以色列[4]	99	85	79	70[d]	x(4)	70	m	m	m	m	m
	意大利	98	96	78	74	62	67	m	a	37	37	m
	日本[5]	97	65	42	m	m	28[d]	x(6,10)	47[d]	19[d]	25[d]	48
	韩国	99	79	69	50	43	49	m	43	32	35	60
	卢森堡	97	76	57	57	45	52	m	m	m	m	m
	墨西哥	96	67	52	48	45	47	a	m	m	m	m
	荷兰[4]	87	86	51	51	51	51	51	x(9)	43[d]	43	66
	新西兰	98	83	65	60	54	59	54	49	49	49	70
	挪威[2]	93[d]	75	75	x(6)	x(6)	52[d]	x(6)	x(6)	45	45	69
	波兰	98	85	74	71	62	66	65	69	44	44	74
	葡萄牙	99	79	71	68[d]	x(4)	68[d]	x(4,9)	a	44[d]	44[d]	70
	斯洛伐克	100	90	76	74	71	72	67	64	44	45	76
	斯洛文尼亚	98	97	79	70	64	67	a	47	38	40	75
	西班牙	95	76	58	55	47	52	m	45	40	41	m
	瑞典	96	77	77	52	54	53	43	43	44	44	74
	瑞士	97	82	54	45	42[d]	43[d]	x(5)	m	33	m	60
	土耳其	94	58	52	45	44	44	a	34	43	42	53
	英国	90	87	63	63	59	62	a	48	44	44	69
	美国	94	87	67	57[d]	x(4)	57	x(10)	x(10)	x(10)	49[d]	70
	OECD 平均	96	82	68	61	53	58	59	51	40	42	67
	欧盟 21 国平均	96	86	70	63	55	60	60	53	41	42	70
伙伴国	阿根廷	m	m	m	m	m	m	m	m	m	m	m
	巴西	96	90	70	62	51	60	46	43	45	45	72
	中国	97	60	51	49	49	49	x(10)	47[d]	44[d]	45[d]	58
	哥伦比亚	96	77	54	46[d]	x(4)	46	64	x(9)	36[d]	36	61
	印度	m	m	m	m	m	m	m	m	m	m	m
	印度尼西亚	95	62	53	52	49	51	a	x(9)	39[d]	39	60
	拉脱维亚	99	93	84	85	70	81	70	68	54	56	83
	俄罗斯	99	99	83[d]	x(3)	x(7,8)	x(3,7,8)	63[d]	73[d]	52	58[d]	82
	沙特阿拉伯	m	m	m	m	m	m	m	m	m	m	m
	南非	m	m	m	m	m	m	m	m	m	m	m
	G20 平均	95	78	62	57	50	53	55	47	40	42	64

注：“所有教育阶段”数据不包括早期儿童教育发展（ISCED 010）阶段。
1. 2012 年数据。
2. 学前教育阶段包括早期教育阶段。
3. 包括管理人员数据。
4. 仅公立机构。荷兰学前教育阶段包括私立机构数据。以色列公立机构仅包括学前教育和高中阶段。
5. 高中阶段包括中等后非高等教育课程。

数据来源：OECD. Argentina, China, Colombia, India, Indonesia, Saudi Arabia, South Africa: UNESCO Institute for Statistics. Latvia: Eurostat. See Annex 3 for notes (www.oecd.org/education/education-at-a-glance-19991487.htm).
缺失数据代码参见《读者指南》。
StatLink http://dx.doi.org/10.1787/888933284558

表 D5.4a 教师使用 ICT 解决问题的技能与意愿（2012 年）

25—64 岁的学前与小学、小学与中学教师

		第 0 组（没有使用计算机的经验）		第 1 组（拒绝基于计算机的评估）		第 2 组（未通过 ICT 核心测试或最低的问题解决技能）		第 3 组（中等的 ICT 及问题解决技能）		第 4 组（良好的 ICT 及问题解决技能）	
		%	S. E	%	S. E	%	S. E	%	S. E	%	S. E
		(1)	(2)	(3)	(4)	(5)	(6)	(7)	(8)	(9)	(10)
OECD 国家	国家										
	澳大利亚	m	m	m	m	m	m	m	m	m	m
	奥地利	c	c	8	(2.7)	8	(2.9)	43	(5.6)	41	(5.7)
	加拿大	c	c	2	(1.2)	11	(3.0)	33	(4.7)	55	(5.2)
	捷克	c	c	4	(2.5)	5	(3.0)	32	(10.4)	59	(11.0)
	丹麦	c	c	1	(0.5)	15	(2.7)	42	(4.1)	42	(4.1)
	爱沙尼亚	c	c	17	(3.5)	18	(4.3)	38	(5.2)	27	(4.5)
	芬兰	m	m	m	m	m	m	m	m	m	m
	法国	m	m	m	m	m	m	m	m	m	m
	德国	c	c	c	c	16	(5.4)	34	(6.6)	48	(7.3)
	爱尔兰	c	c	12	(2.9)	13	(3.6)	43	(5.5)	33	(5.7)
	意大利	m	m	m	m	m	m	m	m	m	m
	日本	c	c	6	(3.0)	9	(4.1)	30	(7.4)	55	(7.5)
	韩国	c	c	c	c	4	(2.9)	32	(8.3)	64	(8.3)
	荷兰	c	c	c	c	5	(2.6)	39	(6.7)	55	(7.0)
	挪威	c	c	2	(0.8)	8	(2.6)	39	(4.1)	50	(4.5)
	波兰	c	c	27	(5.0)	21	(4.4)	27	(5.3)	25	(5.1)
	斯洛伐克	c	c	14	(4.8)	11	(4.4)	41	(8.6)	33	(7.8)
	西班牙	m	m	m	m	m	m	m	m	m	m
	瑞典	c	c	5	(2.2)	11	(3.3)	27	(5.9)	57	(6.1)
	美国	c	c	c	c	7	(3.8)	41	(7.9)	50	(7.3)
	地区										
	比利时弗兰芒语区	c	c	c	c	17	(3.7)	38	(5.3)	44	(5.3)
	英格兰(英国)	c	c	c	c	6	(2.8)	31	(5.8)	63	(6.2)
	北爱尔兰（英国）	c	c	c	c	6	(3.4)	36	(6.4)	57	(6.6)
	英格兰/北爱尔兰(英国)	c	c	c	c	6	(2.7)	31	(5.6)	62	(5.9)
	平均	m	m	m	m	11	(0.9)	36	(1.6)	47	(1.6)
伙伴国	俄罗斯 *	2	(1.4)	12	(6.1)	23	(7.4)	33	(9.6)	29	(8.3)

注：学前与小学、小学与中学教师指调查时的在岗教师。

* 参见方法部分关于俄罗斯数据的说明。

数据来源：OECD. Survey of Adult Skills (PIAAC) (2012). See Annex 3 for notes (www. oecd. org/education/education-at-a-glance-19991487. htm).

缺失数据代码参见《读者指南》。

StatLink http://dx. doi. org/10. 1787/888933286310

表 D5.4b 教师在工作中使用 ICT 技能、工作所需的 ICT 技能及教师对自身计算机技能的自信水平（2012 年）

20—64 岁的学前与小学、小学与中学教师

		工作中 ICT 技能使用指数[1]		工作所需的 ICT 技能（熟练使用或复杂使用）[2]		我拥有工作所需的计算机技能	
		指数	S.E	%	S.E	%	S.E
		(1)	(2)	(3)	(4)	(5)	(6)
OECD 国家	国家						
	澳大利亚	m	m	m	m	m	m
	奥地利	1.7	(0.1)	56	(4.5)	90	(3.0)
	加拿大	2.0	(0.1)	73	(3.3)	94	(2.0)
	捷克	1.9	(0.1)	72	(6.5)	99	(0.8)
	丹麦	1.7	(0.0)	63	(3.3)	83	(2.1)
	爱沙尼亚	2.1	(0.1)	89	(2.6)	86	(3.0)
	芬兰	m	m	m	m	m	m
	法国	m	m	m	m	m	m
	德国	1.6	(0.1)	66	(5.1)	93	(2.7)
	爱尔兰	1.6	(0.1)	55	(4.2)	85	(3.3)
	意大利	m	m	m	m	m	m
	日本	1.6	(0.1)	88	(4.0)	63	(6.4)
	韩国	2.5	(0.1)	85	(4.4)	97	(2.0)
	荷兰	1.9	(0.1)	87	(3.8)	91	(3.0)
	挪威	1.8	(0.0)	83	(2.6)	72	(2.7)
	波兰	1.6	(0.1)	50	(5.2)	85	(3.5)
	斯洛伐克	1.8	(0.1)	74	(4.9)	93	(3.4)
	西班牙	m	m	m	m	m	m
	瑞典	1.9	(0.0)	70	(3.9)	91	(2.5)
	美国	2.3	(0.1)	75	(5.3)	89	(4.5)
	地区						
	比利时弗兰芒语区	1.8	(0.0)	80	(3.6)	88	(2.6)
	英格兰(英国)	2.2	(0.1)	79	(5.0)	89	(2.9)
	北爱尔兰（英国）	2.2	(0.1)	85	(3.9)	94	(2.5)
	英格兰/北爱尔兰(英国)	2.2	(0.1)	80	(4.8)	89	(2.8)
	平均	1.9	(0.0)	73	(1.1)	87	(0.8)
伙伴国	俄罗斯 *	1.9	(0.1)	51	(8.6)	88	(5.4)

注：学前与小学、小学与中学教师指调查时的在岗教师。

* 参见方法部分关于俄罗斯数据的说明。

1. ICT 使用指数指的是在工作中使用 ICT 技能的频率。分值越高，工作中 ICT 技能的使用就越频繁。参见定义部分。
2. 其他项包括"工作中不需要 ICT 技能"和"工作中需要简单的 ICT 技能"。

数据来源：OECD. Survey of Adult Skills (PIAAC) (2012). See Annex 3 for notes (www.oecd.org/education/education-at-a-glance-19991487.htm).

缺失数据代码参见《读者指南》。

StatLink http://dx.doi.org/10.1787/888933286328

已经建立了什么样的教育评价机制？

指标 D6

- 高中阶段的全国性考试最为普遍（31 个国家），与此同时，小学（32 个国家）和初中（28 个国家）阶段的国家评估也较为常见。
- 学校评价通常最易受到学校督导的影响，但实际上，学校督导在不同国家的实践差异很大。
- 有 30 个国家通过立法规定开展教师评估；有 22 个国家通过立法规定开展学校领导评估；一些国家虽然没有法律规定，但是也开展类似的评估。

图 D6.1　公立学校评价和评估机制（2015 年）

普通教育

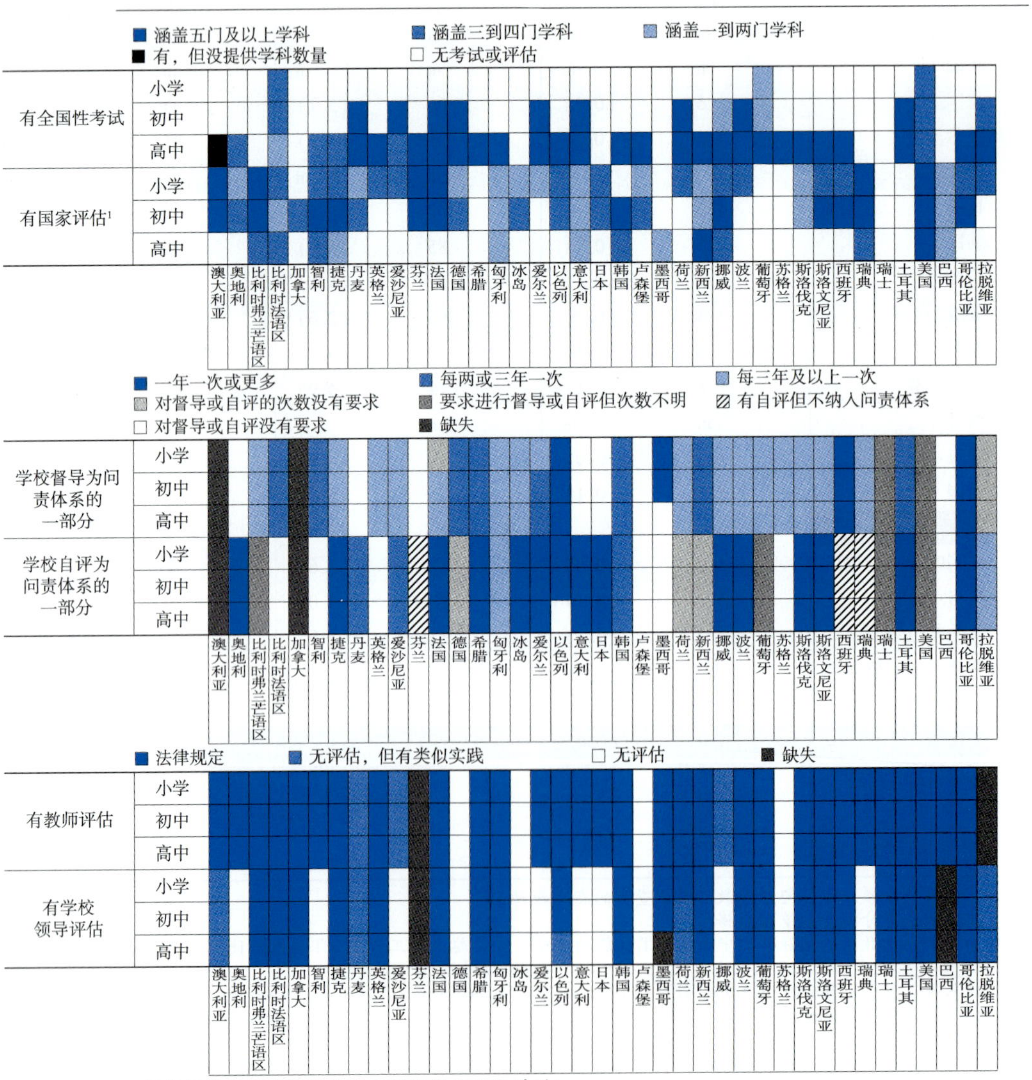

1. 评估框架涵盖的学科数量（可能轮换测试学科）。

数据来源：OECD. Table D6.2a，b，and c，D6.6a，b，and c，D6.10a，b，and c，D6.12a，b，and c，D7.2 and D7.7，available on line. See Annex 3 for notes（www.oecd.org/education/education-at-a-glance-19991487.htm）.

StatLink http：//dx.doi.org/10.1787/888933284582

背景

起初，教育部门开展的评价侧重于一些具体项目。随着评价领域的不断拓展，教育体系中越来越多的要素成为评价对象。现今，教育评价主要基于定期系统收集的数据，对计划或项目、教育工作者（包括教师、学校领导）、学校、学区和学校系统的质量与效益进行评估。

在教育体系中，评价所需数据的收集方式多种多样：学生考试和评估、学校督导检查、学校自评、学校提供的有关执行国家或地区的规章制度的情况报告。大多数国家综合运用以上机制，有时将其视为问责体系的一部分。

其他发现

- 有 3 个国家在小学阶段进行全国性考试，有 14 个国家在初中阶段进行全国性考试，有 31 个国家在高中阶段进行全国性考试。
- 高中阶段的全国性考试通常有两种目的：有 27 个国家是为了让高中生升入大学；有 24 个国家将其用于颁证、毕业或升级等。
- 有 28 个国家在初中阶段进行国家或中央一级的评估，11 个国家在该阶段没有国家评估。国家评估在小学阶段（32 个国家）较为常见，但在初中阶段涉及的学科数量较多。
- 在国家评估中最为常见的两个学科是语文（阅读、写作和文学）和数学。
- 初中阶段的国家评估有三个主要用途：为教师提供学生诊断信息（17 个国家），对学校绩效进行评价（16 个国家），为家长提供反馈信息（14 个国家）。
- 在 30 个国家中，学校督导是初中问责体系的一个组成部分。
- 在 27 个国家中，学校自评是问责体系的一个组成部分。7 个国家开展学校自评，但并没有将其纳入正式问责体系。
- 在很多国家，考试、评估、学校督导和学校自评在学校绩效评价中发挥着重要作用，但这些活动在教师和学校管理人员评价方面运用得并不多。

趋势

2009—2015 年，在小学、初中阶段开展全国性考试的国家比例变化不大，2015 年开展高中阶段全国性考试的国家要多于 2009 年。

在同一时期，在初中阶段开展国家评估的国家数量略有增加，在小学和高中阶段开展国家评估的学校比例变化不大。

要求开展学校督导的国家比例近几年没有变化，要求学校必须开展自评的国家比例略有上升。

分　析

本指标呈现了各国用于评价其教育教育体系的多种机制。这一指标是在《教育概览2011》(OECD，2011）中的指标D5（聚焦问责机制）基础上发展而来的。指标的范围是在“OECD教育评价和评估综述”(OECD，2013）描述的概念框架及“收集与调整教育结构、政策及实践的系统层面描述性信息的INES网络（NESLI）”指导下确定的。教师评估和学校领导评估将在指标D7中讨论，这些也被看作适用于OECD评价框架的活动。

全国性考试

国家或中央级考试为标准化考试，面向几乎所有学生，用于测试学生的知识和能力，并对学生产生重要影响，如学生进入下一阶段学习的资格认定，或者获得官方认可学位的资格认定。高中阶段的全国性考试最为普遍，小学阶段的国家评估最为常见（图D6.1)。本指标所收集的数据涵盖小学、初中和高中阶段，但以下内容将重点讨论高中阶段的考试。

在数据可得的39个国家中，有3个国家在小学阶段进行全国性考试，有14个国家在初中阶段进行全国性考试，有31个国家在高中阶段进行全国性考试，仅8个国家在高中阶段没有全国性考试。

23个国家高中阶段的公立学校必须参加全国性考试，17个国家的民办公助型私立学校也需要参加该阶段的全国性考试。24个国家要求所有公立学校参加全国性考试，其他5个国家中76%—99%的学校须参加全国性考试。17个国家中所有民办公助型私立学校均参加全国性考试，3个国家中76%—99%的民办公助型私立学校参加全国性考试。有些国家如英格兰、芬兰和波兰报告，没有规定学校和/或学生必须参加全国性考试，但大部分学校和学生倾向于参加此类考试（表D6.1c)。

全国性考试的标准化层级不尽相同。大部分国家（26个国家）的全国性考试是中央一级的标准化考试，仅有5个国家是州一级的标准化考试。

大部分国家举办国家级考试，联邦制国家举办州级或省级考试。在英格兰，私营公司参与组织国家级考试。相反，升学考试主要由地方负责。

全国性考试涵盖了一大批学科或学科领域。在高中阶段，最常见的统考学科为：语文（阅读、写作和文学）（30个国家)、数学（29个国家，仅比利时法语区不测试数学)、其他语言（27个国家)、自然科学（26个国家）和社会研究（26个国家)。艺术(17个国家)、信息与通信技术（ICT）和技术（14个国家）通常也被列入统考学科。宗教（10个国家)、体育、实践和职业技能（9个国家）以及其他学科（6个国家）等不常安排统考。

全国性考试学科数量在各国间差异较大。在丹麦、英格兰、法国、德国、希腊、爱尔兰、以色列、卢森堡、新西兰、苏格兰、斯洛伐克和斯洛文尼亚，统考学科达9—12门；在奥地利、比利时法语区、捷克、爱沙尼亚和美国，统考学科只有2—3门（图D6.1、表D6.1c和表D6.2c，可在线查询)。

在数据可得的30个国家中，22个国家的所有学生参加语文（阅读、写作和文学）考试；在其他6个国家中，学生可选择参加该学科考试；而在挪威，仅仅抽取部分学生参加该学科参试。相比之下，在举行自然科学考试的26个国家中，有16个国家允许学生选择是否参加自然科学考试。在 6 个国家，所有学生都要求参加该学科考试；而在丹麦、意大利和挪威，仅抽取部分学生参加该学科考试。在 29 个国家中，有 12 个国家要求所有学生参加数学考试；12 个国家由学生自己选择；4 个国家通过抽样安排考试（表 D6. 2c，可在线查询）。

图 D6. 2 国家或中央级考试与评估的主要目的和用途（2015 年）

普通教育

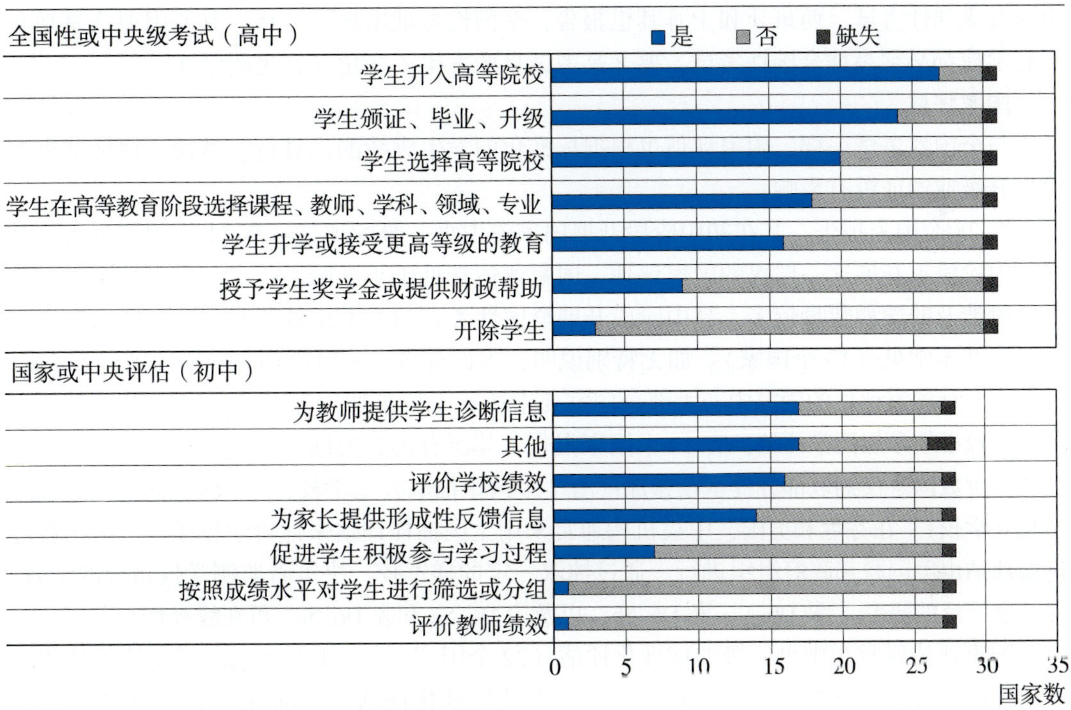

目的和决定按照为此使用考试或评估的国家数降序排列。

数据来源：OECD. Table D6. 1c and D6. 5b. See Annex 3 for notes（www. oecd. org/education/education-at-a-glance-19991487. htm）.

StatLink http：//dx. doi. org/10. 1787/888933284598

高中阶段全国性考试的主要目的在于确定学生能否升入高等院校（27 个国家），也作为颁证、毕业或升级的依据（24 个国家）（图 D6. 2 和表 D6. 1c）。

各国报告全国性考试结果的方式各不相同。由于学校成绩和学生人口特征相关联（OECD，2013），因此，许多国家除报告学生的考试成绩外，通常还报告一些背景信息，这样就可以根据总体水平或学校及学生人口特征进行比较分析。具体而言，10 个国家的结果表明，学生成绩易受到背景因素影响；27 个国家的结果显示了最近几年的学业水平；16 个国家进行了不同学生群体的比较研究。除芬兰和斯洛伐克（高中阶段）以外，没有国家报告学校排名。事实上，一些国家的政府或教育部门采取措施，禁止或防止进行学校排名。然而，在数据可得的 29 个国家中，有 18 个国家报告，媒体或其他组织会公布高中学校排名（表 D6. 1c 和 表 D6. 4，可在线查询）。

有 30 个国家报告，除教育部门之外，全国性考试成绩还与其他受众直接共享（比如，不用申请就可得到信息）。其他受众包括学校管理人员（28 个国家）、教师（22 个国家）、家长（20 个国家）和学生（29 个国家）。有 25 个国家报告，其将考试成绩与媒体和公众直接共享（表 D6.3，可在线查询）。

2009—2015 年，在小学阶段开展全国性考试的国家数量没有明显变化［参见《教育概览 2011》（OECD，2011）］。比利时法语区在 2011 年就已建立了初中考试制度，但直到 2013 年才开始强制执行。

2015 年在高中阶段实施全国性考试的国家数量要比《教育概览 2011》中提到的 2009 年的国家数量多（OECD，2011）。奥地利在 2014—2015 学年实施普通高中全国性考试，并将于 2015—2016 学年实施职业教育全国性考试。2011 年，比利时法语区和捷克推行高中阶段全国性考试。西班牙和土耳其也报告，全国性考试出现了变化，其原因要么是现在所有学校都必须参加全国性考试，要么是考试目的发生了变化（详见附录 3）。

国家评估

与全国性考试一样，国家评估也根据标准化的学生成绩测试进行。然而，评估结果对学生升级或颁证没有影响。

有 28 个国家报告，其在初中阶段开展国家或中央一级的评估；有 11 个国家报告，其在初中阶段不开展这一层次的国家评估。国家评估常见于小学阶段（32 个国家），但在初中阶段涉及的学科数量较多。高中阶段开展全国性考试的国家比较普遍，但开展国家评估的国家并不常见（13 个国家）。如无特别说明，本部分将主要讨论初中阶段的国家评估。

在开展国家评估的国家中，大部分国家要求所有学校参加。有 17 个国家报告，其所有公立学校必须参加国家评估；有 14 个国家报告，其所有民办公助型私立学校必须参加国家评估。少数国家仅抽取部分样本校参加（有 7 个国家抽取公立学校，5 个国家抽取民办公助型私立学校）。在芬兰和美国，中央机构通常采用全国抽样评估来评价学校绩效。美国教育进展评估由美国联邦政府组织进行。通过抽取一定的样本校，决策者监测学校系统的绩效，并开展广泛的研究（图 D6.1、表 D6.5b，以及表 D6.5a 和表 D6.5c，可在线查询）。

国家评估通常为中央一级的标准化评估（22 个国家），有 4 个国家的国家评估是州一级的标准化评估，在加拿大则是省和地区一级的标准化评估。大部分国家（23 个）实行国家级标准化评估；在联邦制国家（3 个国家），由州或省一级进行标准化评估。有 21 个国家报告，由中央或州一级划分评估等级；有 4 个国家报告，评估由地方甚至学校划分等级；有 2 个国家报告，中央和学校都有责任划分评估等级。

国家评估所覆盖的学科范围广泛。但在所有学段，最常见的两门学科是语文（阅读、写作和文学）和数学。所有国家小学阶段的国家评估中都包括这两门学科，90%的国家在初中和高中阶段的国家评估中也包括这两门学科。国家评估中还涉及其他学科，通常为自然科学（2/3 的国家在初中阶段有该学科评估），其他语言（3/5 的国家在初中阶段有该学科评估，一半国家在高中阶段有该学科评估）（表 D6.5b，以及表 D6.5a 和表 D6.5c，表 D6.6a、表 D6.6b 和表 D6.6c，可在线查询）

大约 3/4 的国家在初中阶段的国家评估中，对所有学生进行语文（阅读、写作和文学，25 个国家中的 19 个国家）和数学（26 个国家中的 18 个国家）测试，另有 1/4 的国家仅抽测一少部分学生。与此相反，大约 1/3 的国家对所有学生进行自然科学（19 个国家中的 7 个国家）测试（表 D6.6b，可在线查询）。

许多国家报告，每年都对初中生的语文（阅读、写作和文学，25 个国家中的 16 个国家）和数学（25 个国家中的 15 个国家）进行测试；25 个国家中有 8 个国家报告，对以上学科进行轮换测试。16 个国家中有 9 个国家报告，每年对其他语言进行测试。16 个国家中有 4 个国家对其他语言进行轮换测试，有 3 个国家基于其他基础进行测试。其余学科通常都进行轮换测试。

初中阶段的国家评估有三个主要用途：为教师提供学生诊断信息（17 个国家），对学校绩效进行评价（16 个国家），为家长提供反馈信息（14 个国家）（图 D6.2 和表 D6.5b）。

各个国家以不同方式报告初中阶段的评估结果。25 个国家报告近几年的成绩，26 个国家将评估结果与其他学生群体进行比较，11 个国家报告评估结果以及与学校质量相关的其他指标（表 D6.5b）。

在 27 个国家中，有 26 个国家的评估结果与除教育部门以外的其他受众共享。所有 26 个国家的评估结果直接与学校管理人员共享，22 个国家的评估结果直接与任课教师共享。学校管理人员和教师都能获得总的评估结果。在 1/3 的国家，学校管理人员和教师还能获得学生个体成绩信息。23 个国家将国家评估结果与家长和/或学校直接共享。24 个国家将总的评估结果与媒体直接共享（表 D6.7，可在线查询）。

尽管教育部门不报告学校排名情况，但在数据可得的 25 个国家中，有 10 个国家报告，媒体或其他组织会按照国家评估中学生的平均成绩公布学校排名（表 D6.8，可在线查询）。

仅少数国家报告，2011—2015 年国家评估发生了变化。奥地利在 2013 年引入小学和初中阶段的国家评估。捷克在 2011—2012 学年建立了小学和初中国家评估制度。德国也将国家评估（Ländervergleich）扩展到小学和初中阶段。斯洛伐克报告，其于 2012 年建立了小学阶段的国家评估制度，但仅有少部分学校参与。韩国报告，其小学评估随着年份推移变化很大：1993 年对所有学生进行评估，1998 年进行抽样评估，2008 年又恢复为对所有学生进行评估，2013 年起停止实施小学评估。墨西哥于 2013—2014 学年停止了小学和初中阶段的评估，2014—2015 学年又在一项名为 PLANEA 的新计划下重新启动了评估，目前该计划正在实施中。有关近期国家评估的变化的更多信息，请参见附录 3。

学校督导

学校督导是经特别授权的正式的外部评价过程，其目的在于督促学校履行职责。由一个或多个训练有素的督学按照标准程序对学校教育质量进行评价。学校督导的结果以正式报告的形式反馈给学校，用于甄别学校的优势和不足。督导报告常常被上级教育部门用于评价学校，并对学校所得公共资源的使用情况进行问责。在一些国家，督导报告也对家长和公众开放。

在学校督导的执行、程序和内容方面，各国存在很大差异（表 D6.9、表 D6.10a、表 D6.10b 和表 D6.10c，可在线查询）。督导内容一般涉及规章制度的执行情况、学生成绩、教职工、学校管理、课程和学校环境等方面。国家可能会按照督导结果给予学校奖励和处罚。

在 30 个国家中，初中学校督导是学校问责体系的一个组成部分（图 D6.1）。在 9 个国家中，学校督导是学校认证过程的一个组成部分，学校如果达到或超过最低标准，可得到表彰或认证。学校督导通常涵盖所有学校。然而在 13 个国家中，学校督导仅针对薄弱学校。匈牙利正在开发学校督导体系，拟于 2014—2015 学年投入使用。

有 12 个国家报告，其初中公立学校每隔三年至少被督导一次。有 6 个国家报告，其民办公助型私立学校被督导的频率与公立学校一样。有 8 个国家报告，公立学校每两或三年被督导一次；有 4 个国家报告，其学校督导更为频繁。有 15 个国家报告，公立学校每三年甚至更长时间被督导一次。在荷兰，虽然学校每四年被督导一次，但是每年的风险分析会导致督导更为频繁。

有 20 个国家报告，学校督导被高度结构化；有 6 个国家报告，学校督导被部分结构化；有 2 个国家报告，学校督导没有被结构化。有 16 个国家报告，学校督导仅在国家层面开展；有 6 个国家报告，学校督导仅在州层面开展。大部分学校督导由督导组负责执行（19 个国家），但是在 6 个国家，学校督导由某个人负责执行。学校督导的主题较广，最常见的有规章制度的执行情况及教学质量等，财务管理方面涉及得最少（图 D6.3 和表 D6.10b）。

学校督导结果通常被用于学校绩效评价、学校行政管理评价、决定是否关闭学校以及教师个体评价等。学校督导极少影响教师薪酬、奖金或学校预算（图 D6.4 和表 D6.16，可在线查询）。

有 26 个国家报告，初中学校督导结果将对外公布；仅 2 个国家报告，督导结果不对外公布。表 D6.10b（可在线查询）显示，公众可直接或间接获取学校督导结果。

图 D6.3　学校督导和学校自评涉及的领域（2015 年）

普通初中教育

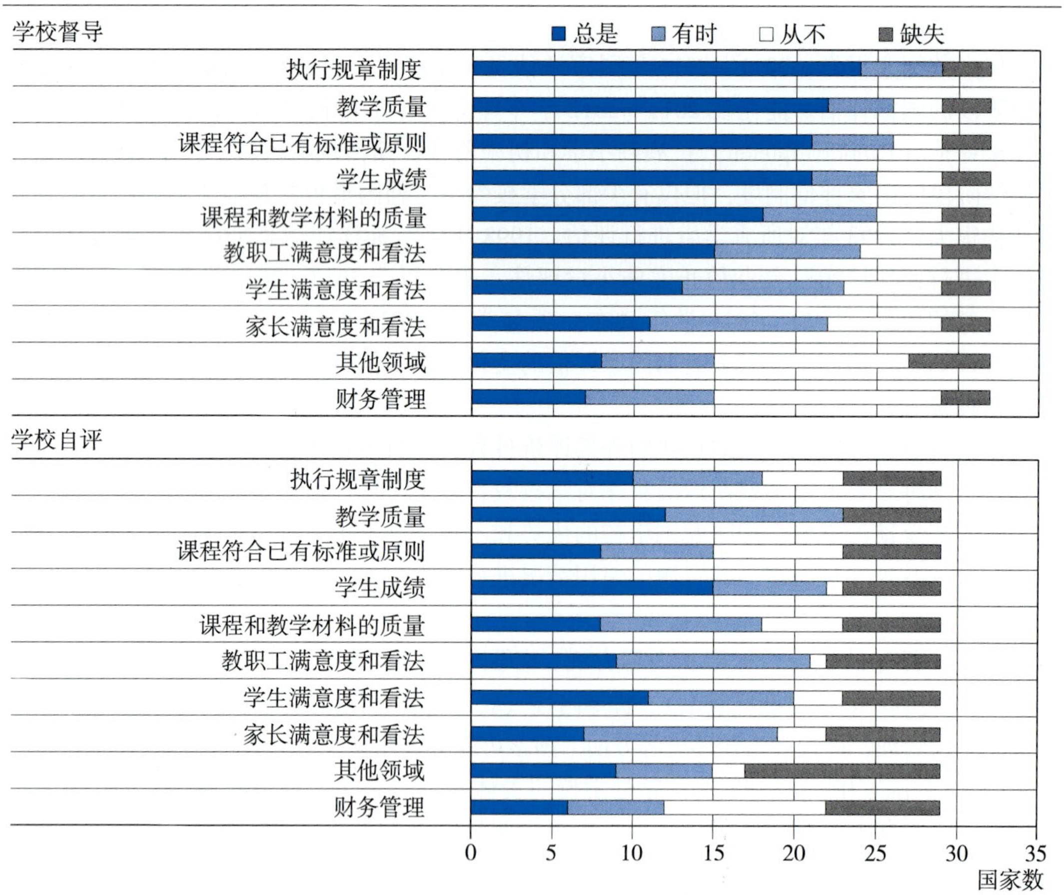

领域按照报告学校督导总是涉及该领域的国家数降序排列。

数据来源：OECD. Tables D6.10b and D6.12b, available on line. See Annex 3 for notes (www.oecd.org/education/education-at-a-glance-19991487.htm).

StatLink http://dx.doi.org/10.1787/888933284602

学校自评

在自我评估中，学校可以系统地审查自身所提供的教育服务和教学的质量以及学校的成果。正式的自评活动一般经上一级主管部门授权开展。当要求学校开展自评时，通常要提供一套问卷或评估工具以指导学校开展自评活动。自评结果可告知内部受众或者学校督导员或认证组。事实上，学校自评往往和外部评估活动（如学校督导检查或学校认证考察）相关联。自评结果更适合用作学校改进的基础。自评还有其他优势，如成本较低，且可根据当地情况解释结果。其主要缺点是，自评结果往往不被外界认可（缺乏可信度），也不适用于问责。

有 27 个国家报告，学校自评是初中问责体系的一部分；有 3 个国家报告，尽管自评并非正式问责体系的一部分，但学校仍开展自评。有 4 个国家报告，学校自评既是问责体系的一部分，又在问责体系之外开展。由于中央主管部门较少监督学校自评活动，大部分国家未能报告学校自评的频次（图 D6. 1、表 D6. 9 和表 D6. 12b，可在线查询）。

要求公立学校开展自评的次数通常要比要求民办公助型私立学校开展自评的次数多。有 15 个国家报告，其公立学校至少一年开展一次自评；有 8 个国家报告，其民办公助型私立学校每年都进行自评。大部分学校将自评作为学校发展提升的基础；有 14 个国家报告，学校自评是学校督导过程的一个组成部分；有 2 个国家报告，自评是学校认证过程的一个组成部分。图 D6. 3 显示，学校自评最常见的领域是：学生成绩、教学质量、学生满意度和规章制度执行情况（表 D6. 12b，可在线查询）。

将学校自评作为问责体系一个必要组成部分的国家数量近年来呈增长趋势。从 2009 年开始，比利时法语区的学校被要求开展自评；从 2013—2014 学年开始，奥地利和希腊在初中阶段开展学校自评。英格兰虽然于 2010 年取消了提交标准化自评表的法定要求，但仍鼓励所有学校开展自评。苏格兰地方当局有依法确保不断改进学校的义务，并期望所有学校开展自评，但这些程序并不被看作正式的学校自评。与其他许多国家样，瑞典期望或要求学校定期开展自评，但并未对自评结果进行系统收集或集中分析。

在芬兰，市政当局负有参与国家评估的法定义务，并对自身所提供的教育进行评估。地方评估的形式和程序可由地方自己决定。教育提供者和学校所开展的自评以及对学习成果的国家级抽样评估，在芬兰评价体系（或质量保障体系）中发挥着重要作用。

在 22 个国家中，有 19 个国家报告，其学校自评结果与外部受众（如上级教育部门、学校督学、家长或公众）共享。有 12 个国家将学校自评结果直接与上级部门共享；有 7 个国家报告，其自评结果不与这些部门共享（表 D6. 12b，可在线查询）。

执行报告

学校有责任向上级部门提交数据和信息。在某种程度上，家长和学生以及普通民众也需要了解他们的学校在何种程度上遵循既定法律法规以及政策的执行情况。执行报告旨在确保学校能够很好地遵循法律法规并贯彻执行国家的教育政策。

虽然学校在报告中提交的一些信息可公布给家长、学生以及公众，但鉴于该报告属于内部报告，有相当一部分监管责任的内容仍然无法对外公布和接受公众监督。

国家被问及学校是否向教育部门报告八项具体领域的数据（表 D6. 13 和表 D6. 13a、表 D6. 13b，可在线查询）。几乎所有国家（33 个国家）都表示，公立学校向国家或地区主管部门报告学生数量数据。公立学校还向国家或地区主管部门报告以下领域的数据：设施和场地（27 个国家）、教师资格或证书（25 个国家）、课程（24 个国家）、上年期末预算或财务审计（23 个国家）、校园安全（23 个国家）、学校管理（20 个国家）以及下年预算（19 个国家）。

学校通常也会向当地学校董事会提供数据和信息报告；家长、学生和普通民众很少能得到这些信息。鉴于该报告主要是向上级部门展示学校的履责情况，因此，出现家长、学生和民众很少能获得相关信息这种现象也就不足为奇。国家和地区教育部门通常也会收到有关教师和学生的数据，它们很少索要有关学校管理和未来预算的数据，而后者对于地方当局或学校董事会而言更加重要。有关校园安全问题的数据通常被报告给较低级别教育部门，而非国家或地区主管部门。

与公立学校相比，民办公助型私立学校更可能向其学校董事会提交执行报告，而公立学校还要向当地、地区或国家教育部门提交执行报告。

虽然一些国家仍然延用纸质的执行报告，但大多数国家现在都是基于互联网提交相关数据。32 个国家中有 31 个国家报告，至少一些学生数据是基于互联网提交的，有 20 个国家报告，其运用互联网提交公立学校教师资格、课程、设施和场地等数据（表 D6. 14a 和表 D6. 14b，可在线查询）。

学校对评价活动的影响或控制

一般情况下，学校对全国性考试很少有影响或根本没有影响。在某些国家，学校对国家评估仅有微弱影响。学校对学校督导的设计或控制很少有或根本没有影响。这些督导由上级部门设计并通过外部督导人员实施。按照定义，学校自评很大程度上由学校自己控制。当地学校对教师和学校领导评估的影响在各国之间差异很大（参见指标 D7）（表 D6. 17，可在线查询）。

评价机制的运用及其影响

图 D6. 4 展示了四种主要评价活动的相对影响力以及这些活动是如何影响五项总体决定的。表 D6. 16 呈现了各个国家的评价活动是如何影响学校预算和教师薪酬的（可在线查询）。

各国共同报告，考试、评估、学校督导和学校自评对学校绩效评价有较大影响，但这些机制和活动很少被用于评估教师和行政人员。

学校督导直接关系到学校绩效评价：有 13 个国家报告，学校督导对学校绩效评价有较大影响。有 10 个国家报告，考试和评估结果对学校评价没有影响。有 7 个国家报告，学校督导结果对决定是否关闭学校有很大影响，其他评价活动似乎对决定是否关闭学校仅有很少或根本没有影响。以上评价机制对教师个体评价没有多大影响。

图 D6.4 不同评价机制的影响程度（2015 年）

各级普通教育

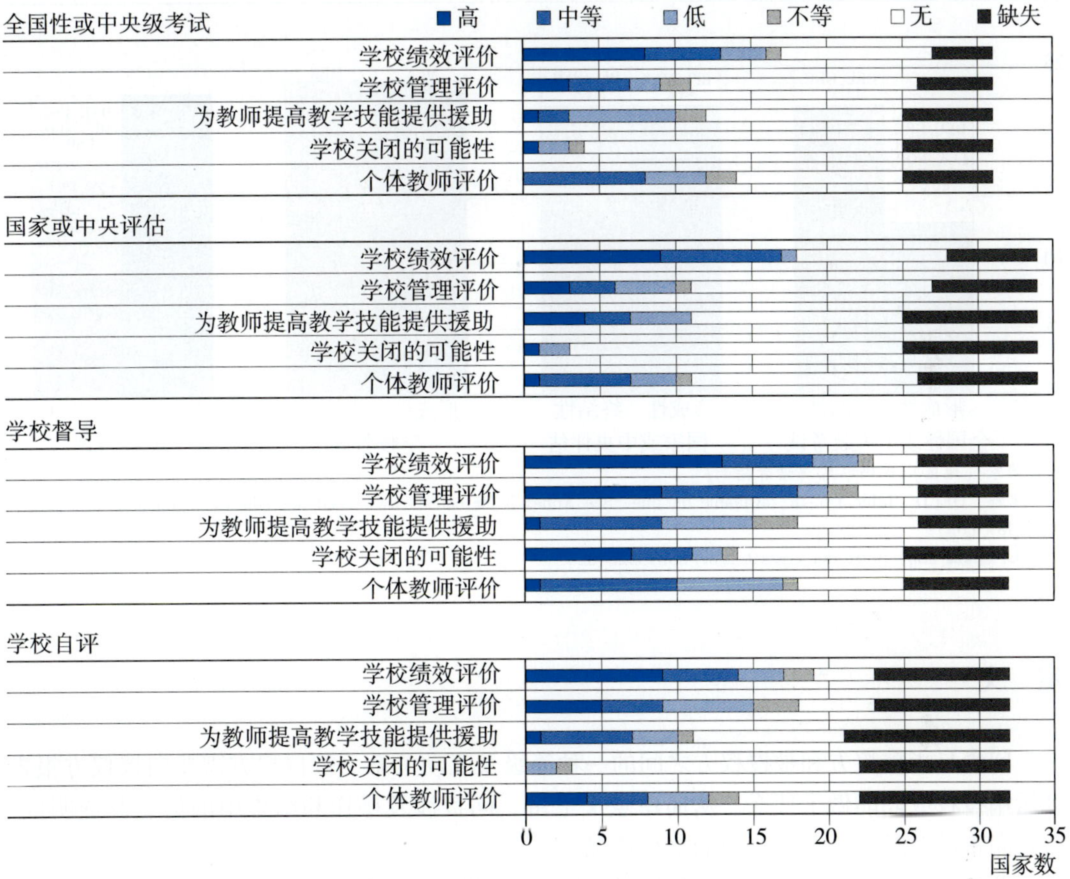

行动、奖励、处罚按照报告全国性或中央级考试对这些决定有高程度影响的国家数降序排列。

数据来源：OECD. Table D6.16, available on line. See Annex 3 for notes (www.oecd.org/education/education-at-a-glance-19991487.htm).

StatLink http://dx.doi.org/10.1787/888933284612

终结性评价和/或形成性评价

图 D6.5 对不同国家的四种评价活动的性质（终结性评价或形成性评价）进行了对比。形成性评价是为了"改进和提高"，而终结性评价是为了"证明"。形成性评价用于检验执行情况，旨在获取有助于提高教师、课程或学校效能的信息，更多地和系统内部受众有关。终结性评价常在项目完成后进行或至少在产生长期成果时进行，与上级教育部门及学校外部受众的问责联系紧密。

全国性考试明显被视为终结性评价，用于决定学生入学、升学或毕业安置。国家评估既可看作形成性评价，又可看作终结性评价。学校督导既可以是形成性评价（18 个国家），也可以是终结性评价（14 个国家）。与此同时，有 20 个国家报告，其学校自评为形成性评价；仅 7 个国家报告，其学校自评为终结性评价（表 D6.18，可在线查询）。

D6

图 D6.5 形成性评价和终结性评价在各种评价活动中的应用程度（2015 年）

各级普通教育

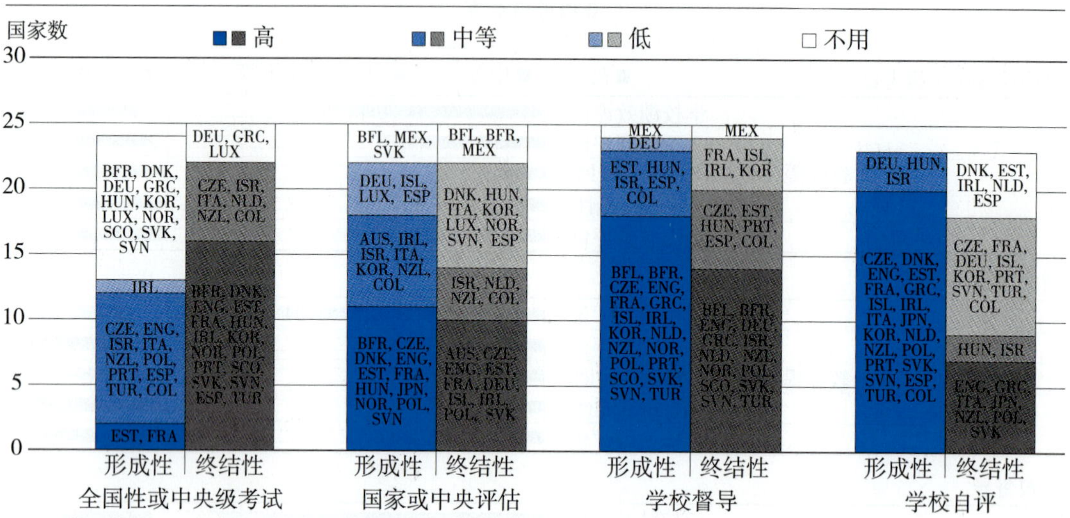

注：国家（地区）代码参见《读者指南》。

数据来源：OECD. Table D6.18, available on line. See Annex 3 for notes (www.oecd.org/education/education-at-a-glance-19991487.htm).

StatLink http://dx.doi.org/10.1787/888933284624

定 义

问责是指授权方和被授权方之间的一种等级及互动关系。被授权方需要向授权方报告其运用授权或职能做了什么。从简单意义上讲，问责涉及操作和结果中的信息及透明度。监管问责涉及对相关法律法规的执行情况。

评价是指对某事物的优点、价值或成绩做出判断的过程。

国家评估的基础是标准化的学生成绩测试。然而，国家评估结果对学生升级或颁证没有影响。

全国性考试是标准化的考试，它对学生进入下一阶段学习或获得官方认可的学位均有影响。

学校督导是经特别授权的正式的外部评价过程，其目的在于督促学校履行职责。正式的学校督导并不由内部人员、家长、社区或媒体组织开展。

学校自评是指学校系统地审查自身所提供的教育服务和教学的质量以及学校的成果。学校自评是内部评价，属于形成性评价。

方 法

数据来源于 2014 年 OECD-INES 评价调查，统计期为 2014—2015 学年。

关于各国定义和方法的说明，参见附录 3（www.oecd.org/education/education-at-a-glance-19991487.htm）。

关于以色列数据的说明

以色列的统计数据由以色列有关当局负责提供。在使用这些数据时，OECD 根据国际法的规定对戈兰高地、东耶路撒冷和约旦河西岸的以色列定居点的地位不持偏见。

参考文献

OECD（2013），*Synergies for Better Learning: An International Perspective on Evaluation and Assessment*，OECD Reviews of Evaluation and Assessment in Education，OECD Publishing，Paris，http://dx.doi.org/10.1787/9789264190658-en.

OECD（2011），*Education at a Glance 2011: OECD Indicators*，OECD Publishing，Paris，http://dx.doi.org/10.1787/eag-2011-en.

Scriven，M.（1991），*Evaluation Thesaurus*，4th edition，Sage Publications，Inc.，Newbury Park，California.

Worthen，B. R.，J. Sanders and J. Fitzpatrick（1997），*Program Evaluation: Alternative Approaches and Practical Guidelines*，Longman Publishers，White Plains，New York.

表 D6.1c 高中阶段的全国性考试（2015 年）

普通教育

	有无	中央(C)、州(S)或学校(SC)层级的标准化	设计或开发考试的部门	为考试划分等级或打分的部门	如果在学校层面打分，确保为学生打分有可信的机制	基于常模(N)或标准(C)测试	首建年份	要求学校参加考试		参加考试的学校比例		学生不参加考试的比例(%)	涵盖学科：数学(MAT) 自然科学(NS) 语文(阅读、写作和文学)(RWL) 社会研究(SS) 其他语言(OL) 体育和健康(PE) 信息与通信技术(ICT) 技术(TEC) 艺术(ART) 宗教、伦理和道德教育(REL) 实践和职业技能(PVS)或其他学科(OTH)
								公立学校	民办公助型私立学校	公立学校	民办公助型私立学校		
	(1)	(2)	(3)	(4)	(5)	(6)	(7)	(8)	(9)	(10)	(11)	(12)	(13)
OECD 国家													
澳大利亚	是	S	m	m	a	m	m	m	m	m	m	m	m
奥地利	是	C	2	6,12	G	C	2014/15	是	是	1	1	0	MAT,RWL,OL
比利时弗兰芒语区	否	a	a	a	a	a	a	a	a	a	a	a	a
比利时法语区	是	S	3	12	G	C	2011	是	是	1	1	0	RWL,SS
加拿大	否	a	a	a	a	a	a	a	a	a	a	a	a
智利	是	C	12	12	a	N	1966	否	否	m	m	m	MAT,NS,RWL,SS
捷克	是	C	2	2,5	M	C	2011	是	是	1	1	0	MAT,RWL,OL
丹麦	是	C	1	1	a	N	m	是	是	1	1	0	MAT,NS,RWL,SS,OL,PE,ICT,TEC,ART,REL
英格兰	是	C	1,2,10	2,10	G,M	C	1988	否	否	1	1	a	MAT,NS,RWL,SS,OL,PE,ICT,TEC,ART,REL,PVS
爱沙尼亚	是	C	2	2	a	C	1996/97	是	是	1	1	0	MAT,RWL,OL
芬兰	是	C	2	2,6	G,M	N	1852	是	是	1	1	a	MAT,NS,RWL,SS,OL,PE,REL
法国	是	C	1	1,8	G	C	1808	是	否	1	m	0	MAT,NS,RWL,SS,OL,PE,ICT,TEC,ART,PVS,OTH
德国	是	S	3	5,6,7,8	G,M	C	m	是	是	1	1	0	MAT,NS,RWL,SS,OL,PE,ICT,ART,REL
希腊	是	C	1	12	a	N	2000	是	a	1	a	18	MAT,NS,RWL,SS,OL,PE,ICT,TEC,ART
匈牙利	是	C	1	1	a	C	2005	是	是	1	1	0	MAT,NS,RWL,SS,OL
冰岛	否	a	a	a	a	a	a	a	a	a	a	a	a
爱尔兰	是	C	2	2	a	C	1924	是	a	1	a	1	MAT,NS,RWL,SS,OL,TEC,ART,REL,PVS
以色列	是	C	1	1,8	G	C	1948	否	否	2	m	a	MAT,NS,RWL,SS,OL,TEC,ART,REL,PVS,OTH
意大利	是	C	1,12	5,8	O	C	1923	是	a	1	a	m	MAT,NS,RWL,SS,OL,PE,ICT,TEC,ART
日本	否	a	a	a	a	a	a	a	a	a	a	a	a

开发考试或者为考试划分等级或打分的部门

1:中央部门或政府
2:负责评估或认证的中央机构
3:州教育部门或政府
4:省、地区教育部门或政府
5:学校、学校董事会或委员会
6:学生自己的教师
7:校内另一名教师
8:其他学校的教师
9:学科或专业协会
10:私营公司
11:取决于学科
12:其他

确保为学生打分有可信的机制

G:提供国家指导材料,用于为学生的表现打分
M:适度打分
O:其他

参加考试的学校比例

1:所有学校
2:76%—99%的学校
3:51%—75%的学校
4:26%—50% 的学校
5:11%—25%的学校
6:不足 10%的学校

注：学校系统高度分权的联邦国家，各州、省或地区可能有不同的法规。更多信息参见附录 3。
显示全国性或中央级考试的主要目的和用途（第 14—21 列）以及特征（第 22—28 列）的各列可在线查询（参见以下 StatLink）。
数据来源：OECD. See Annex 3 for notes (www.oecd.org/education/education-at-a-glance-19991487.htm).
缺失数据代码参见《读者指南》。
StatLink http://dx.doi.org/10.1787/888933286347

表 D6.1c（续）　高中阶段的全国性考试（2015 年）

普通教育

		有无	中央（C）、州（S）或学校（SC）层级的标准化	设计或开发考试的部门	为考试划分等级或打分的部门	如果在学校层面打分，确保为学生打分有可信的机制	基于常模（N）或标准（C）测试	首建年份	要求学校参加考试：公立学校	要求学校参加考试：民办公助型私立学校	参加考试的学校比例：公立学校	参加考试的学校比例：民办公助型私立学校	学生不参加考试的比例（%）	涵盖学科：数学（MAT） 自然科学（NS） 语文（阅读、写作和文学）（RWL） 社会研究（SS） 其他语言（OL） 体育和健康（PE） 信息与通信技术（ICT） 技术（TEC） 艺术（ART） 宗教、伦理和道德教育（REL） 实践和职业技能（PVS）或其他学科（OTH）
		(1)	(2)	(3)	(4)	(5)	(6)	(7)	(8)	(9)	(10)	(11)	(12)	(13)
OECD 国家	韩国	是	C	1,2	1,2	a	N	1994	否	否	2	2	m	MAT,NS,RWL,SS,OL,TEC,REL
	卢森堡	是	C	1	6,7	G	C	1848	是	是	1	1	0	MAT,NS,RWL,SS,OL,ICT,TEC,ART,PVS
	墨西哥	否	a	a	a	a	a	a	a	a	a	a	a	a
	荷兰	是	C	1	11	G	N	1968	是	是	1	1	0	MAT,NS,RWL,SS,OL,ART
	新西兰	是	C	2	2,5,6,7	G,M	C	2002	否	a	2	a	0	MAT,NS,RWL,SS,OL,PE,ICT,TEC,ART,REL,PVS,OTH
	挪威	是	C	1	1	a	C	2007	是	否	1	2	m	MAT,NS,RWL,SS,OL,ICT,TEC
	波兰	是	C	1,4	1,4	a	N	2005	是	是	2	2	a	MAT,NS,RWL,SS,OL,ICT,ART,OTH
	葡萄牙	是	C	2	1,2	a	C	1996	是	是	1	1	0.07	MAT,NS,RWL,SS,OL,ART,OTH
	苏格兰	是	C	2	2,5	G,M	C	1999/2000	否	a	1	a	0	MAT,NS,RWL,SS,OL,PE,ICT,TEC,ART,REL,PVS
	斯洛伐克	是	C	1,2	1,5	M	N	1868	是	是	1	1	0	MAT,NS,RWL,SS,OL,ICT,ART,REL,OTH
	斯洛文尼亚	是	C	2	2	a	N,C	1995	是	是	1	1	0	MAT,NS,RWL,SS,OL,ICT,TEC,ART,PVS
	西班牙	是	S	3	12	O	C	1975	是	是	1	1	m	MAT,NS,RWL,SS,OL,TEC,ART
	瑞典	否	a	a	a	a	a	a	a	a	a	a	a	a
	瑞士	否	a	a	a	a	a	a	a	a	a	a	a	a
	土耳其	是	C	2	2	a	N	1974	否	a	2	a	0	MAT,NS,RWL,SS,OL
	美国	是	S	3	3	a	m	2001	是	a	1	a	0—5	MAT,NS,RWL
伙伴国	巴西	否	a	a	a	a	a	a	a	a	a	a	a	a
	哥伦比亚	是	C	2	2	a	C	1968	是	是	1	1	0	MAT,NS,RWL,SS,OL
	拉脱维亚	是	C	2	2	a	N	1999	是	是	1	1	10	MAT,NS,RWL,SS,OL,ICT,PVS

开发考试或者为考试划分等级或打分的部门
1：中央部门或政府
2：负责评估或认证的中央机构
3：州教育部门或政府
4：省、地区教育部门或政府
5：学校、学校董事会或委员会
6：学生自己的教师
7：校内另一名教师
8：其他学校的教师
9：学科或专业协会
10：私营公司
11：取决于学科
12：其他

确保为学生打分有可信的机制
G：提供国家指导材料，用于为学生的表现打分
M：适度打分
O：其他

参加考试的学校比例
1：所有学校
2：76%—99%的学校
3：51%—75%的学校
4：26%—50% 的学校
5：11%—25%的学校
6：不足 10%的学校

注：学校系统高度分权的联邦国家，各州、省或地区可能有不同的法规。更多信息参见附录 3。
显示全国性或中央级考试的主要目的和用途（第 14—21 列）以及特征（第 22—28 列）的各列可在线查询（参见以下 StatLink）。
数据来源：OECD. See Annex 3 for notes (www.oecd.org/education/education-at-a-glance-19991487.htm).
缺失数据代码参见《读者指南》。
StatLink http://dx.doi.org/10.1787/888933286347

表 D6.5b 初中阶段的国家评估（2015 年）

普通教育

		有无	中央(C)、州(S)或学校(SC)层级的标准化	设计或开发的部门	为评估划分等级或打分的部门	如果在学校层面打分，确保为学生打分有可信的机制	基于常模(N)或标准测试(C)	首建年份	要求学校参加评估：公立学校	要求学校参加评估：民办公助型学校	参加评估的学校比例：公立学校	参加评估的学校比例：民办公助型学校	学生不参加评估的比例(%)	涵盖学科：数学(MAT) 自然科学(NS) 语文(阅读、写作和文学)(RWL) 社会研究(SS) 其他语言(OL) 体育和健康(PE) 信息与通信技术(ICT) 技术(TEC) 艺术(ART) 宗教、伦理和道德教育(REL) 实践和职业技能(PVS)或其他学科(OTH)
		(1)	(2)	(3)	(4)	(5)	(6)	(7)	(8)	(9)	(10)	(11)	(12)	(13)
OECD 国家	澳大利亚	是	C	11	2,10	a	C	2004	全部	全部	1	1	2	MAT,NS,RWL,SS,ICT
	奥地利	是	C	2	2	a	C	2012	全部	全部	1	1	3.5	MAT,RWL,OL
	比利时弗兰芒语区	是	S	3,11	3,11	a	C	2004	样本*	样本*	5	x(10)	m	MAT,NS,OL,ICT,OTH
	比利时法语区	是	S	3	11	G	C	2009	全部	全部	1	1	0	SS
	加拿大	是	C,S	1	1	a	C	2007	样本	样本	5	6	3	MAT,NS,RWL
	智利	是	C	2	2	a	C	1988	全部	全部	1	1	8	MAT,NS,RWL,SS,PE,TEC
	捷克	是	C	2	2	a	C	2011/12	样本	样本	4	4	2	MAT,NS,RWL,SS,OL
	丹麦	是	C	1	1	a	C	2010	全部	不是全部	1	2	m	NS,RWL,OL
	英格兰	否	a	a	a	a	a	a	a	a	a	a	a	a
	爱沙尼亚	否	a	a	a	a	a	a	a	a	a	a	a	a
	芬兰	是	C	2	7	G	C	1998	样本	样本	6	6	a	MAT,NS,RWL,SS,OL,PE,ART,REL,PVS,OTH
	法国	是	C	1	1	a	C	2003,2007	样本	样本	6	6	2	MAT,NS,RWL,SS,OL
	德国	是	S	2	4	a	C	2009	样本	不是全部	6	m	< 1	MAT,NS,RWL,OL
	希腊	否	a	a	a	a	a	a	a	a	a	a	a	a
	匈牙利	是	C	1	1	a	C	2001	全部	全部	1	1	0	MAT,RWL
	冰岛	是	C	2	2	a	N	2009	全部	全部	1	1	8	MAT,RWL,OL

开发评估或者为评估划分等级或打分的部门
1:中央部门或政府
2:负责评估或认证的中央机构
3:州教育部门或政府
4:负责评估或认证的州机构
5:省、地区教育部门或政府
6:学校、学校董事会或委员会
7:学生自己的教师
8:校内另一名教师
9:另一所学校的教师
10:私营公司
11:其他

确保为学生打分有可信的机制
G:提供国家指导材料，用于为学生的表现打分
M:适度打分
O:其他

要求学校参加评估
全部：是，针对所有学校
样本：是，针对样本学校
不是全部：不，不是所有学校
样本*：不，不是所有样本学校

开展评估的学校比例
1:全部学校
2:76%—99%的学校
3:51%—75%的学校
4:26%—50%的学校
5:11%—25%的学校
6:不足 10%的学校

注：学校系统高度分权的联邦国家，各州、省或地区可能有不同的法规。更多信息参见附录 3。
显示国家或中央评估的主要目的和用途（第 14—20 列）以及特征（第 22—28 列）的各列可在线查询（参见以下 StatLink）。
数据来源：OECD. See Annex 3 for notes (www.oecd.org/education/education-at-a-glance-19991487.htm).
缺失数据代码参见《读者指南》。
StatLink http://dx.doi.org/10.1787/888933286352

表 D6.5b（续） 初中阶段的国家评估（2015 年）

普通教育

		有无	中央(C)、州(S)或学校(SC)层级的标准化	设计或开发的部门	为评估划分等级或打分的部门	如果在学校层面打分，确保为学生打分有可信的机制	基于常模(N)或标准测试(C)	首建年份	要求学校参加评估		参加评估的学校比例		学生不参加评估的比例(%)	涵盖学科：数学(MAT) 自然科学(NS) 语文(阅读、写作和文学)(RWL) 社会研究(SS) 其他语言(OL) 体育和健康(PE) 信息与通信技术(ICT) 技术(TEC) 艺术(ART) 宗教、伦理和道德教育(REL) 实践和职业技能(PVS)或其他学科(OTH)
									公立学校	民办公助型学校	公立学校	民办公助型学校		
		(1)	(2)	(3)	(4)	(5)	(6)	(7)	(8)	(9)	(10)	(11)	(12)	(13)
OECD 国家	爱尔兰	否	a	a	a	a	a	a	a	a	a	a	a	a
	以色列	是	C	1	1	a	N	2001/02	全部	全部	4	4	5	MAT,NS,RWL,OL
	意大利	是	C	2	2	a	N	2007	全部	a	1	a	0	MAT,RWL
	日本	是	C	1	1	a	N	2007	不是全部	a	1	a	0	MAT,NS,RWL
	韩国	是	C	1,2	1,2	a	C	1986	全部	全部	1	1	m	MAT,NS,RWL,SS,OL
	卢森堡	是	C	1,11	1,11	a	C	2007	全部	全部	1	1	0	MAT,NS,RWL,OL
	墨西哥	是	m	m	m	m	m	m	m	m	m	m	m	m
	荷兰	否	a	a	a	a	a	a	a	a	a	a	a	a
	新西兰	是	C	1	7,8	G,M	C	2010	全部	a	1	a	0	MAT,RWL
	挪威	是	C	1	1,7	G	N	2004	全部	全部	1	1	3	MAT,NS,RWL,SS,OL
	波兰	否	a	a	a	a	a	a	a	a	a	a	a	a
	葡萄牙	否	a	a	a	a	a	a	a	a	a	a	a	a
	苏格兰	否	a	a	a	a	a	a	a	a	a	a	a	a
	斯洛伐克	是	C	2	2	a	N	2003	全部	全部	1	1	5	MAT,RWL
	斯洛文尼亚	是	C	2	2,6	O	N,C	2006	全部	全部	1	1	0	MAT,NS,RWL,SS,OL,PE,TEC,ART,REL
	西班牙	是	S	3	3	G	C	2008	不是全部	不是全部	m	m	0	MAT,NS,RWL,SS,OL,TEC,ART,OTH

开发评估或者为评估划分等级或打分的部门
1：中央部门或政府
2：负责评估或认证的中央机构
3：州教育部门或政府
4：负责评估或认证的州机构
5：省、地区教育部门或政府
6：学校、学校董事会或委员会
7：学生自己的教师
8：校内另一名教师
9：另一所学校的教师
10：私营公司
11：其他

确保为学生打分有可信的机制
G：提供国家指导材料，用于为学生的表现打分
M：适度打分
O：其他

要求学校参加评估
全部：是，针对所有学校
样本：是，针对样本学校
不是全部：不，不是所有学校
样本*：不，不是所有样本学校

开展评估的学校比例
1：全部学校
2：76%—99%的学校
3：51%—75%的学校
4：26%—50%的学校
5：11%—25%的学校
6：不足 10%的学校

注：学校系统高度分权的联邦国家，各州、省或地区可能有不同的法规。更多信息参见附录 3。
显示国家或中央评估的主要目的和用途（第 14—20 列）以及特征（第 22—28 列）的各列可在线查询（参见以下 StatLink）。
数据来源：OECD. See Annex 3 for notes (www.oecd.org/education/education-at-a-glance-19991487.htm).
缺失数据代码参见《读者指南》。
StatLink http://dx.doi.org/10.1787/888933286352

表 D6.5b（续） 初中阶段的国家评估（2015 年）

普通教育

		有无	中央(C)、州(S)或学校(SC)层级的标准化	设计或开发的部门	为评估划分等级或打分的部门	如果在学校层面打分，确保为学生打分有可信的机制	基于常模(N)或标准测试(C)	首建年份	要求学校参加评估		参加评估的学校比例		学生不参加评估的比例(%)	涵盖学科：数学(MAT) 自然科学(NS) 语文(阅读、写作和文学)(RWL) 社会研究(SS) 其他语言(OL) 体育和健康(PE) 信息与通信技术(ICT) 技术(TEC) 艺术(ART) 宗教、伦理和道德教育(REL) 实践和职业技能(PVS)或其他学科(OTH)
									公立学校	民办公助型学校	公立学校	民办公助型学校		
		(1)	(2)	(3)	(4)	(5)	(6)	(7)	(8)	(9)	(10)	(11)	(12)	(13)
OECD 国家	瑞典	是	C	2	7,8,9	G	C	1998	全部	全部	1	1	m	MAT,NS,RWL,SS,OL
	瑞士	否	a	a	a	a	a	a	a	a	a	a	a	a
	土耳其	否	a	a	a	a	a	a	a	a	a	a	a	a
	美国	是	C	1,2	1,2	a	C	1969	样本	a	5	a	a	MAT,NS,RWL,SS,ICT,TEC,ART
伙伴国	巴西	是	C	1	1	a	C	1990,2005	不是全部	a	3	a	20	MAT,RWL
	哥伦比亚	是	C	2	2	a	C	2009	全部	全部	1	1	0	MAT,NS,RWL,SS,OL
	拉脱维亚	否	a	a	a	a	a	a	a	a	a	a	a	a

开发评估或者为评估划分等级或打分的部门
1:中央部门或政府
2:负责评估或认证的中央机构
3:州教育部门或政府
4:负责评估或认证的州机构
5:省、地区教育部门或政府
6:学校、学校董事会或委员会
7:学生自己的教师
8:校内另一名教师
9:另一所学校的教师
10:私营公司
11:其他

确保为学生打分有可信的机制
G:提供国家指导材料，用于为学生的表现打分
M:适度打分
O:其他

要求学校参加评估
全部：是，针对所有学校
样本：是，针对样本学校
不是全部：不，不是所有学校
样本*：不，不是所有样本学校

开展评估的学校比例
1:全部学校
2：76%—99%的学校
3：51%—75%的学校
4：26%—50%的学校
5：11%—25%的学校
6：不足 10%的学校

注：学校系统高度分权的联邦国家，各州、省或地区可能有不同的法规。更多信息参见附录 3。
显示国家或中央评估的主要目的和用途（第 14—20 列）以及特征（第 22—28 列）的各列可在线查询（参见以下 StatLink）。
数据来源：OECD. See Annex 3 for notes (www. oecd. org/education/education-at-a-glance-19991487. htm).
缺失数据代码参见《读者指南》。
StatLink http：//dx. doi. org/10. 1787/888933286352

D6.9 ［1/2］ 初中阶段的学校督导和学校自评（2015 年）

普通教育

	学校督导									
	学校督导是问责体系的一部分	学校督导频率		每年接受督导的学校比例(%)		是学校认证过程的一部分	结构化程度	瞄准绩效差的学校	设计和组织学校督导的政府级别	学校督导队伍构成
		公立学校	民办公助型私立学校	公立学校	民办公助型私立学校					
	(1)	(2)	(3)	(4)	(5)	(6)	(7)	(8)	(9)	(10)
OECD 国家										
澳大利亚	m	m	m	m	m	m	m	m	m	m
奥地利	否	a	a	a	a	a	a	a	a	a
比利时弗兰芒语区	是	6	6	12.5	12.5	是	H	是	2	团队
比利时法语区	是	5	5	33	33	是	H	否	2	单独
加拿大	m	m	m	m	m	m	m	m	m	m
智利	是	4	4	m	m	否	H	是	1	团队
捷克	是	6	6	25	25	是	H	是	1	团队
丹麦	否	a	a	a	a	a	a	a	a	a
英格兰	是	6	6	25	25	否	H	是	1	团队
爱沙尼亚	是	6	6	m	m	否	H	否	1	单独
芬兰	否	a	a	a	a	a	a	a	a	a
法国	是	6	6	m	m	否	P	否	1	单独
德国	是	4	1	50	m	否	H	否	2	团队
希腊	是	4	a	m	a	否	U	是	3	团队
匈牙利	是	6	6	m	m	否	H	否	1	团队
冰岛	是	6	6	7	m	否	H	否	5	团队
爱尔兰	是	4	a	81	a	是	H	是	1	混合
以色列	是	2	3	100	100	是	H	是	1	单独
意大利	否	a	a	a	a	a	a	a	a	a
日本	否	a	a	a	a	a	a	a	a	a
韩国	是	5	5	33	33	否	P	否	1,3	团队
卢森堡	否	a	a	a	a	a	a	a	a	a
墨西哥	是	2	a	50	a	是	U	否	2	单独
荷兰	是	6	6	100	100	否	P	是	1	团队
新西兰	是	5	a	33	a	否	P	是	1	团队
挪威	是	6	6	15—20	5	否	P	否	1	团队
波兰	是	6	6	20	20	否	H	是	1,3	团队
葡萄牙	是	6	1	25	a	否	H	否	1	团队
苏格兰	是	6	a	10	a	否	H	否	1	团队
斯洛伐克	是	6	6	20	20	否	H	否	1	团队
斯洛文尼亚	是	6	6	35	m	否	H	否	1	混合
西班牙	是	2	2	100	100	否	H	否	2	单独
瑞典	是	6	6	33	33	否	P	是	1	混合
瑞士	是	m	m	m	m	m	m	m	m	m
土耳其	是	5	a	33	a	否	H	否	3	团队
美国	是	m	a	m	a	是	m	是	2,5,6	团队
伙伴国										
巴西	否	a	a	a	a	a	a	a	a	a
哥伦比亚	是	3	3	25	100	是	H	是	3	团队
拉脱维亚	是	1	1	a	a	是	H	否	2	混合

学校督导或自评频率
1:不需要学校督导或自评
2:高于一年一次
3:一年一次
4:两年一次
5:三年一次
6:三年或以上一次

政府层级
1:中央部门或政府
2:州部门或政府
3:省或地区部门或政府
4:次级区域或市际部门或政府
5:地方部门或政府
6:学校、学校董事或委员会

结构化程度
H:高度结构化
P:部分结构化
U:非结构化

注：学校系统高度分权的联邦国家，各州、省或地区可能有不同的法规。更多信息参见附录 3。
1. 学校督导年份为 2014 年。
数据来源：OECD. See Annex 3 for notes (www.oecd.org/education/education-at-a-glance-19991487.htm).
缺失数据代码参见《读者指南》。
StatLink http://dx.doi.org/10.1787/888933286369

D6

D6.9［2/2］　初中阶段的学校督导和学校自评（2015 年）

普通教育

		学校自评										
		学校自评是问责体系的一部分	有学校自评，但不作为问责体系的一部分	学校自评频率		按要求每年进行自评的学校比例(%)		是学校督导的一部分	是学校认证过程的一部分	结构化程度	瞄准绩效差的学校	设计和组织学校自评的政府级别
				公立学校	民办公助型私立学校	公立学校	民办公助型私立学校					
		(11)	(12)	(13)	(14)	(15)	(16)	(17)	(18)	(19)	(20)	(21)
OECD 国家	澳大利亚	m	m	m	m	m	m	m	m	m	m	m
	奥地利	是	否	3	3	100	100	否	否	P	否	1
	比利时弗兰芒语区	是	是	m	m	m	m	是	否	U	否	6
	比利时法语区	否	否	a	a	a	a	a	a	a	a	a
	加拿大	m	m	m	m	m	m	m	m	m	m	m
	智利	否	否	a	a	a	a	a	a	a	a	a
	捷克	是	否	3	3	100	100	否	否	P	否	6
	丹麦	是	否	5	5	33	33	否	否	P	否	5
	英格兰	否	否	a	a	a	a	a	a	a	a	a
	爱沙尼亚	是	否	5	5	33	33	否	否	U	否	6
	芬兰	否	是	a	a	a	a	a	a	a	a	a
	法国	是	否	3	6	100	m	是	否	P	否	1
	德国	是	m	1	1	m	m	否	否	m	否	m
	希腊	是	否	3	3	100	100	是	否	H	否	1
	匈牙利	是	否	6	4	0	0	是	否	H	否	6
	冰岛	是	否	3	3	100	100	是	否	U	否	6
	爱尔兰	是	是	3	a	100	a	是	否	P	否	1
	以色列	是	否	3	3	100	100	是	否	P	否	1,4,6
	意大利	是	否	3	a	100	a	否	否	P	否	1
	日本	是	否	2	a	100	a	否	否	m	否	6
	韩国	是	否	5	5	33	33	否	否	P	否	1,3
	卢森堡	否	否	a	a	a	a	a	a	a	a	a
	墨西哥	否	否	a	a	a	a	a	a	a	a	a
	荷兰	是	m	1	1	a	a	是	否	U	否	6
	新西兰	是	否	1	a	100	a	否	否	U	否	6
	挪威	是	否	3	3	100	100	是	否	P	否	1,5,6
	波兰	是	否	3	3	100	100	是	否	U	是	6
	葡萄牙	是	是	m	m	m	m	是	否	P	否	6
	苏格兰	否	否	a	a	a	a	a	a	a	a	a
	斯洛伐克	是	否	3	3	100	100	是	否	P	否	1
	斯洛文尼亚	是	否	3	m	100	m	是	否	U	否	6
	西班牙	否	是	a	a	a	a	a	a	a	a	a
	瑞典	否	是	a	a	a	a	a	a	a	a	a
	瑞士	是	否	m	m	m	m	m	m	m	m	m
	土耳其	是	否	3	a	100	a	否	否	H	否	1
	美国	是	是	m	a	m	a	m	是	m	m	2,5,6
伙伴国	巴西	否	m	a	a	a	a	a	a	a	a	a
	哥伦比亚	是	否	3	m	100	m	是	否	H	否	6
	拉脱维亚	是	否	6	6	100	100	否	是	H	否	6

学校督导或自评频率
1:不需要学校督导或自评
2:高于一年一次
3:一年一次
4:两年一次
5:三年一次
6:三年或以上一次

政府层级
1:中央部门或政府
2:州部门或政府
3:省或地区部门或政府
4:次级区域或市际部门或政府
5:地方部门或政府
6:学校、学校董事或委员会

结构化程度
H:高度结构化
P:部分结构化
U:非结构化

注：学校系统高度分权的联邦国家，各州、省或地区可能有不同的法规。更多信息参见附录 3。
1. 学校督导年份为 2014 年。
数据来源：OECD. See Annex 3 for notes (www.oecd.org/education/education-at-a-glance-19991487.htm).
缺失数据代码参见《读者指南》。
StatLink http://dx.doi.org/10.1787/888933286369

表 D6.13 公立学校的执行报告，按评估领域和接受群体划分（2015 年）

普通教育

下表显示各个国家的公立学校须按要求在规定领域提交执行报告

阅读第 1、9 和 17 列：在以色列，公立学校按要求向学校董事(S)、地方政府或教育部门(L)，地区和国家政府或教育部门(R,N)，以及父母和学生(P)、一般公众(G)提交学生数据报告。

		学校董事(S)、地方政府或教育部门(L)								地区政府或教育部门(R)、国家政府或教育部门(N)								父母和学生(P)、一般公众(G)							
		学生数据	教师资格或证书	课程	安全事宜	设施和场地	下年预算	上年期末预算或财务审计	治理相关事宜	学生数据	教师资格或证书	课程	安全事宜	设施和场地	下年预算	上年期末预算或财务审计	治理相关事宜	学生数据	教师资格或证书	课程	安全事宜	设施和场地	下年预算	上年期末预算或财务审计	治理相关事宜
		(1)	(2)	(3)	(4)	(5)	(6)	(7)	(8)	(9)	(10)	(11)	(12)	(13)	(14)	(15)	(16)	(17)	(18)	(19)	(20)	(21)	(22)	(23)	(24)
OECD 国家	澳大利亚	m	m	m	m	m	m	m	m	m	m	m	m	m	m	m	m	m	m	m	m	m	m	m	m
	奥地利	L	L	S,L	No	L	L	L	No	R,N	R,N	R,N	No	R,N	R,N	R,N	No	m	m	m	No	m	m	m	No
	比利时弗兰芒语区	S	S	S	S,L	S,L	S	S	S	N	N	N	N	N	No	N	N	No	No	P	No	No	P	No	P,G
	比利时法语区	S,L	L	No	S,L	S,L	S,L	S,L	No	R,N	R,N	No	R,N	R,N	R,N	R,N	No	No	No	No	No	No	No	No	No
	加拿大	m	m	m	m	m	m	m	m	m	m	m	m	m	m	m	m	m	m	m	m	m	m	m	m
	智利	L	L	L	L	L	L	L	L	N	N	N	N	N	No	No	No	No	No	No	No	No	No	No	No
	捷克	S,L	S,L	S,L	S,L	S,L	S,L	S,L	S,L	R	R	R	R	R	R	R	R	P,G	No	P,G	No	No	P	P	No
	丹麦	S,L	L	S,L	m	m	S,L	S,L	S,L	R,N	No	N	No	N	N	N	N	G	No	P,G	No	No	No	No	No
	英格兰	S,L	S	S	S,L	S,L	S,L	S,L	S,L	N	No	No	No	No	No	No	No	No	No	No	No	No	No	No	No
	爱沙尼亚	L	S	S	S	S	S,L	S	S	N	No	N	No	No	No	No	No	G	G	No	No	No	No	No	No
	芬兰	L	L	m	m	m	m	m	m	No	No	No	No	No	No	No	No	m	m	m	m	m	m	m	m
	法国	No	No	L	S,L	No	No	No	No	R,N	R,N	R,N	R	R,N	R,N	R,N	R,N	No	No	P,G	No	No	No	No	No
	德国	S,L	S,L	S,L	S,L	S,L	S,L	S,L	m	R	R	R	R	R	R	No	m	P,G	No	P,G	P,G	No	No	No	m
	希腊	L	S,L	S,L	S,L	S,L	No	S,L	S,L	R,N	R,N	R,N	R,N	R,N	No	R,N	R,N	No	No	P	P,G	P,G	No	No	No
	匈牙利	No	No	No	No	No	No	No	No	N	No	No	No	No	No	No	No	No	No	No	No	No	No	No	No
	冰岛	S,L	S,L	S,L	S,L	S,L	S,L	S,L	S,L	N	N	N	No	No	No	No	N	No	No	P,G	No	No	No	No	No
	爱尔兰	S	S	S	S	S	S	S	S	R,N	R,N	R,N	R	R	R	R,N	R,N	No	No	No	No	No	No	No	P
	以色列	S,L	S,L	S,L	L	S,L	S,L	S,L	No	R,N	R,N	R,N	R,N	R,N	R,N	R,N	No	P,G	No	P	P	P	No	P	No
	意大利	L	No	S	S,L	L	S	S	No	R,N	R,N	R,N	N	R	No	No	No	No	No	No	No	No	No	No	No
	日本	m	m	m	m	m	m	m	m	N	No	No	N	N	No	No	No	m	m	m	m	m	m	m	m
	韩国	L	L	S,L	S,L	L	S,L	S,L	S,L	R,N	R,N	R,N	R,N	R,N	R,N	R,N	R,N	G	G	G	G	G	G	G	G
	卢森堡	No	No	No	No	No	No	No	No	N	N	N	N	N	N	No	N	No	No	No	No	No	No	No	No
	墨西哥	S	S	No	No	S	No	No	No	R,N	R,N	No	No	R,N	No	No	No	G	No	No	No	No	No	No	No
	荷兰	S	S	S	S	S	S	S	S	N	No	No	N	N	No	N	N	No	No	P	P	No	No	No	No

注：学校系统高度分权的联邦国家，各州、省或地区可能有不同的法规。更多信息参见附录 3。

数据来源：OECD. See Annex 3 for notes (www.oecd.org/education/education-at-a-glance-19991487.htm).

缺失数据代码参见《读者指南》。

StatLink http://dx.doi.org/10.1787/888933286378

表 D6.13（续） 公立学校的执行报告，按评估领域和接受群体划分（2015 年）

普通教育

下表显示各个国家的公立学校须按要求在规定领域提交执行报告

阅读第 1、9 和 17 列：在以色列，公立学校按要求向学校董事（S）、地方政府或教育部门（L），地区和国家政府或教育部门（R，N），以及父母和学生（P）、一般公众（G）提交学生数据报告。

		学校董事(S)、地方政府或教育部门(L)								地区政府或教育部门(R)、国家政府或教育部门(N)								父母和学生(P)、一般公众(G)							
		学生数据	教师资格或证书	课程	安全事宜	设施和场地	下年预算	上年期末预算或财务审计	治理相关事宜	学生数据	教师资格或证书	课程	安全事宜	设施和场地	下年预算	上年期末预算或财务审计	治理相关事宜	学生数据	教师资格或证书	课程	安全事宜	设施和场地	下年预算	上年期末预算或财务审计	治理相关事宜
		(1)	(2)	(3)	(4)	(5)	(6)	(7)	(8)	(9)	(10)	(11)	(12)	(13)	(14)	(15)	(16)	(17)	(18)	(19)	(20)	(21)	(22)	(23)	(24)
OECD 国家	新西兰	S	S	S	S	S	No	S	S	N	N	No	No	No	No	N	No	No	No	No	No	No	No	No	No
	挪威	m	m	m	m	m	m	m	m	m	m	m	m	m	m	m	m	m	m	m	m	m	m	m	m
	波兰	L	L	No	L	L	L	L	L	N	N	No	N	N	No	N	N	m	m	m	m	m	m	m	m
	葡萄牙	S	No	S,L	S,L	S	S	S	S,L	R,N	R,N	R,N	R,N	R,N	R,N	R,N	R,N	No	No	P	P	No	No	No	P
	苏格兰	L	No	L	L	No	No	L	No	N	No	No	No	No	No	No	No	G	No	P,G	No	No	No	No	No
	斯洛伐克	S,L	No	S,L	S,L	S,L	S,L	S,L	S,L	R,N	N	R,N	R,N	R,N	R,N	R,N	R,N	No	No	No	No	No	No	No	No
	斯洛文尼亚	S,L	S,L	S,L	S	S,L	S,L	S	S,L	N	N	N	No	N	N	N	N	P,G	No	P,G	P	P,G	No	G	G
	西班牙	S,L	S,L	S,L	S,L	S,L	S,L	S,L	S,L	R,N	R,N	R,N	R,N	R,N	R,N	R,N	R,N	P	P	P	P	P	P	P	P
	瑞典	m	m	m	m	m	m	m	m	N	No	m	No	No	No	N	No	m	m	m	m	m	m	m	m
	瑞士	m	m	m	m	m	m	m	m	m	m	m	m	m	m	m	m	m	m	m	m	m	m	m	m
	土耳其	L	No	L	L	L	L	L	L	R,N	No	R,N	R,N	R,N	R,N	R,N	R,N	No	No	No	No	No	No	No	No
	美国	S,L	S,L	S,L	S,L	S,L	S,L	S,L	S,L	R,N	R	R,N	R,N	R	R	R	R	P,G	No	No	P	No	P,G	P,G	No
伙伴国	巴西	L	L	L	L	L	L	L	L	R,N	R,N	R	R	R,N	R	R	R	No	No	No	No	No	P	P	No
	哥伦比亚	S,L	S,L	S,L	S,L	S,L	S,L	S,L	S,L	R,N	R,N	R,N	R,N	R,N	R,N	R,N	R,N	No	P	P,G	P,G	P	No	P,G	No
	拉脱维亚	S,L	S,L	S,L	S,L	S,L	S,L	S,L	S,L	R,N	R,N	R,N	R,N	R,N	R,N	R,N	R,N	No	No	P,G	P,G	No	No	No	No

注：学校系统高度分权的联邦国家，各州、省或地区可能有不同的法规。更多信息参见附录 3。

数据来源：OECD. See Annex 3 for notes (www. oecd. org/education/education-at-a-glance-19991487. htm).

缺失数据代码参见《读者指南》。

StatLink http：//dx. doi. org/10. 1787/888933286378

已经建立了什么样的教师与学校领导评价体系？

指标 D7

- 在数据可得的 37 个 OECD 成员国及伙伴国中，有 30 个国家通过法律或政策对教师评价做出了规定。
- 在数据可得的 37 个 OECD 成员国及伙伴国中，有 21 个国家通过法律或政策对初中学校的领导评价做出了规定。在波兰，学校领导评价属于自愿行为，但在其他国家，学校领导评价则是强制施行的。

图 D7.1　政策框架下不同类型的教师与学校领导评价频率（2015 年）

普通初中教育

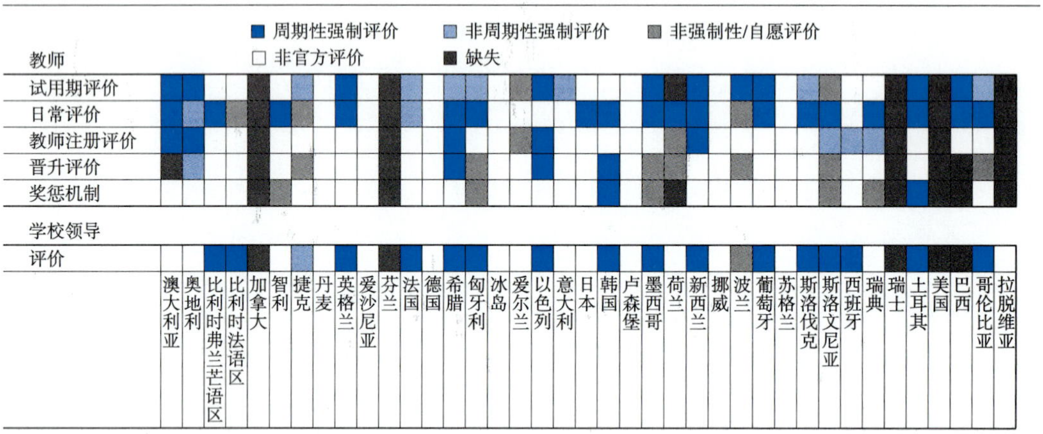

数据来源：OECD. Tables D7. 3b and D7. 8b. See Annex 3 for notes (www. oecd. org/education/education-at-a-glance-19991487. htm).

StatLink http://dx. doi. org/10. 1787/888933284638

背　景

教师监测与评价对于改善学校与学习环境至关重要。设计良好的教师评价与反馈系统，能够有效提高教师的工作效能，从而提高学生的学习成绩。教师评价有助于提升教师的教学水平，促进教师更有效地进行专业学习。教师评价与反馈系统同样可以通过对教师表现的可靠评价来帮助教师实现专业发展，更好地履行责任并适应职业角色变换，从而创设更好的学校组织系统。另外，教师评价与反馈系统也为遴选和奖励教学成绩优异的教师创造了机会（OECD，2013）。

越来越多的研究证实，各国的教育决策者逐步认识到了学校领导力对于改善教学效能的重要性。许多国家已经制订出台了相应的计划，以此来加强本国学校的领导力建设。对于不同的评价方案所带来影响的研究毕竟有限，一些证据表明，积极开展对学校领导的评价，对于增强学校领导力，进而改善学校的管理实践大有裨益。

其他发现

- 在大多数数据可得的国家中，教师的日常评价、试用期评价以及教师注册评价等都是强制性评价，而晋升与奖励方面的评价却往往是自愿性评价。
- 根据评价的目的，许多国家采取两种或两种以上不同的教师评价方式。
- 在数据可得的国家中，至少有 9/10 国家的公立初中、7/10 国家的民办公助型私立初中以及一半国家的独立型私立初中的教师符合条件且被纳入教师评价政策的框架内。
- 教师的评价常常与教师的职位聘用联系起来，教师的日常评价与试用期评价则常常注重教师的教学表现。
- 在数据可得的 28 个国家中，有 24 个国家的教师日常评价方案由教育部门决定。其中，有 19 个国家由中央教育部门决定，有 7 个国家由州教育部门决定。
- 负责教师评价的人员有很多，但是最普遍的是学校的校长或主任。
- 教师评价所关注的内容主要集中在教学计划、备课、课堂教学以及课堂环境等方面。
- 在至少 4/5 的国家，课堂观察以及与教师的谈话被纳入教师日常评价与教师试用期评价中。在数据可得的 19 个国家中，有 8 个国家的学生成绩被纳入教师日常评价，但学生成绩很少用于教师聘任以及教师试用期评价。
- 在数据可得的 37 个国家中，有 19 个国家的政策法规明文规定在全国范围内开展对学校领导的评价。
- 在数据可得的所有国家中，除了 2 个国家之外，其余国家的学校领导评价方案均由中央或州教育部门出台实施。
- 在数据可得的所有国家中，对学校领导的评价通常从一般领导能力和教育教学领导能力两个方面进行。除一个国家外，其他各国均对学校领导的教育资源管理与学校发展组织能力开展评价。至少有 4/5 的国家在学校领导评价中关注学校环境、与社区的关系、人际交往能力以及评价和问责等多项内容。
- 在数据可得的 18 个国家中，有 11 个国家将学校领导评价作为职业晋升的决策参考；在数据可得的 19 个国家中，有 11 个国家将学校领导评价结果作为学校领导专业发展活动的决策参考。
- 在数据可得的 15 个国家中，有 11 个国家会对学校领导的良好表现给予奖励。
- 在绝大多数国家所开展的教师评价与学校领导评价中，既包括形成性评价，也包括终结性评价。

分　析

教师评价

教师评价是指对教师个体的能力与表现的判断与评估。传统上，教师评价主要关注日常性的反馈。近年来，越来越多的国家开始改革教师评价系统，并考虑将一些终结性的评估作为职业任期、职称晋升和薪水待遇等方面的决策参考。例如在美国，有好几种教师评价模型均试图将学生标准化测试成绩的提高作为教师职业表现的重要参考。然而，当前的数据系统与教学实践却难以支持这种目的。下文将围绕初中教师评价来进行讨论。

教师评价的性质与实施范围

在数据可得的37个国家中，有30个国家有着较为完整的政策框架（国家或州的法律规章），管控着一套或多套教师评价系统。在这30个国家中，有26个国家在全国范围内实施教师评价政策框架。在加拿大，教师评价政策框架在省或地区一级实施；在美国，在州一级实施教师评价政策框架。在英格兰，虽然仅要求公立学校开展教师评价，但民办公助型私立学校和独立型私立学校也广泛开展教师评价。在丹麦、爱沙尼亚和挪威，尽管政府并未出台相应的教师评价政策，但也进行一些类似的教师评价实践。只有在德国、冰岛、卢森堡和苏格兰，教师不参与评价（图D6.1）。有8个国家报告本国所有的教师（100%）都参与评价，有4个国家报告本国参与评价的教师占比在80%—99%。在荷兰和西班牙，约70%的教师参与专业评价；在比利时法语区、匈牙利和以色列，每年参与评价的教师占比不足30%（表D7.1和D7.2，可在线查询）。

根据评价目的的不同，各国采取了不同的教师评价方式。在调查中，各国需要描述和回答与以下五种教师评价类型相关的问题：

(i) **试用期评价**：指教师入职之际的评价。

(ii) **日常评价**：通常是根据劳动法的一般规定，在学校内部自行操作，由教师雇佣方来评价教师的日常工作表现和工作成绩。

(iii) **教师注册评价**：主要是确定教师能否胜任教学工作，并出具相应的官方证明。

(iv) **晋升评价**：常常是自愿开展的，并且评价结果与教师的聘任相联系（许多国家将这种评价与教师日常评价结合起来）。

(v) **奖惩性评价**：主要是通过相应的评价标准，遴选出一部分工作业绩突出的教师，承认他们做出的贡献并给予相应的奖励或激励。

为形成全面、合理且清晰连贯的教师评价框架，从而为教师个体在其职业生涯中不断学习提供良好的支持，最终促进教师专业化（Darling-Hammond，2012），政府通常在其政策框架中综合使用两种或两种以上的教师评价类型。尽管日常评价最为普遍，许多国家还是采取了两种或两种以上的教师评价类型。

现有政策框架内最普遍的教师评价类型是日常评价（28个国家中的24个国家）。其中，有20个国家的教师日常评价是强制性的；18个国家定期或周期性地对教师开展日常评价。在比利时法语区、捷克和波兰，尽管对于教师日常评价有相关法律规定，但这类评价往往是在教师自愿的基础上实施的。

另外两种基于教师表现的评价类型（教师注册评价与晋升评价）应用得比较少（分

别在 11 个国家和 12 个国家实施)。在数据可得的 10 个国家中，有 8 个国家的教师注册必须通过评价考核；在数据可得的 11 个国家中，有 4 个国家的教师晋升也必须通过相应的评价考核。

另一类普遍开展的教师评价是教师试用期评价，在数据可得的 28 个国家中，有 21 个国家采取此种评价方式。在数据可得的 19 个国家中，有 17 个国家的试用期评价是强制性的，另外 2 个国家是自愿性的。在强制实施试用期评价的国家中，有 10 个国家采取了周期性的评价，通常是年度评价。在数据可得的 27 个国家中，只有 9 个国家有政策明文规定开展奖惩性教师评价。

教师评价的管理与责任

在数据可得的国家中，至少有 9/10 国家的公立初中、7/10 国家的民办公助型私立初中以及一半国家的独立型私立初中，其符合条件的初中教师均被纳入教师评价政策的框架内。教师群体是否被纳入评价政策框架内，取决于评价类型。教师评价政策框架通常会将公立学校的教师（所有 24 个国家)、终身教师（23 个国家中的 22 个国家)、固定期限合同教师（22 个国家中的 18 个国家）以及全体教师（无论是否签订合同）（21 个国家中的 16 个国家）纳入日常评价。根据定义，试用期评价主要针对教师在试用或实习期间的表现开展评价（20 个国家中的 18 个国家)，教师注册评价主要针对固定期限合同教师（10 个国家中的 8 个国家)、终身教师（10 个国家中的 6 个国家）以及临时注册的教师（10 个国家中的 6 个国家)。在数据可得的 11 个国家中，有 10 个国家开展终身教师的晋升评价，有 8 个国家开展终身教师的奖惩性评价（表 D7. 3b)。

各国开展教师评价的情形各不相同。通常情况下，教师评价与职位聘任联系密切。就教师试用期评价和日常评价的动机而言，其他最常见的评价动机不外乎如下几种：应对教学问题、校长决定开展、教师自愿开展、回应外界的投诉等。教师注册评价通常与职位聘任联系起来，这类评价常常是出于对教师是否胜任的考虑，以及回应外界的投诉、应对教学问题等。教师晋升评价往往与职位聘任联系起来，通常是应教师之需而开展的；与之类似，奖惩性评价也常常是教师自愿开展的。

教师是否必须参与评价，与评价的类型密切相关。在大多数国家，日常评价、试用期评价与教师注册评价是强制实施的，而晋升评价与奖惩性评价则是教师自愿实施的。有 20 个国家强制实施日常评价，另外还有 3 个国家自愿实施日常评价。在这 20 个国家中，有 18 个国家周期性地开展日常评价，有 17 个国家强制实施试用期评价（其中有 10 个国家强制实施周期性的试用期评价)，有 2 个国家自愿实施试用期评价。与之类似，有 8 个国家强制实施教师注册评价（其中有 5 个国家强制实施周期性的教师注册评价)，有 2 个国家自愿实施教师注册评价。与之相反，有 7 个国家的晋升评价是教师自愿参与的，有 4 个国家强制实施晋升评价；有 5 个国家的奖惩性评价是教师自愿参与的，有 2 个国家强制实施奖惩性评价。在国与国之间，教师评价开展的频次有所不同，但大多数实施周期性评价的国家，是每年实施一次。

在大多数国家（28 个国家中的 24 个国家)，由中央教育部门（19 个国家）和/或州教育部门（7 个国家）制定教师评价的方案。一些国家的教师评价方案由中央和州教育部门同地区教育部门（韩国)、次级区域教育部门（2 个国家）和地方教育部门（4 个国家）共同负责制定。在日本，地区与地方教育部门负责制定教师评价方案等。除教育部门外，学校校长（7 个国家)、学校委员会（7 个国家)、学校组织机构

(4 个国家)、教师专业组织（3 个国家）甚至副校长（2 个国家）也参与制定教师评价方案。在爱尔兰，主要由教师专业组织确定教师评价方案；在荷兰，则主要由学校委员会确定评价方案。

教师评价关涉许多责任方。对各类教师评价而言，校长与各级教育部门是最主要的评价实施者（20 个国家中的 10 个国家），也有不少国家是由督学来负责试用期评价与教师注册评价（10 个国家中的 4 个国家）。日常评价由学校其他领导（23 个国家中的 8 个国家）和督学（22 个国家中的 6 个国家）负责。在一些国家，获得认证的外部评价人员或校内同行评价人员也参与到教师评价中。

教师评价的一般方法与信息来源

至少有 75%的国家依据国家或州的教学标准开展教师评价工作。教师的一般职责和专业职责常常被纳入各类教师评价的范畴，但教师注册评价除外（只有 20%的国家运用）。另外，一些国家所采用的教师评价参照标准包括教师的行为准则、学校发展规划、学校项目以及学校规章制度等（表 D7. 4b）。

教师评价所涉及的主要内容包括教学计划、备课、课堂教学以及课堂氛围。此外，评价内容也包括教师专业发展、对学校发展的贡献以及与社区的联系等方面。本部分所述五类教师评价均涉及上述几个方面。

教师评价有着丰富的评价方法、工具以及信息资源。各国采用不同的评价方法、工具以及信息资源来开展教师评价工作。其中，在日常评价、试用期评价以及教师注册评价中，课堂观察与教师访谈是最常用的方法（至少有 4/5 的国家采用这些方法）。另外，教师档案与教师自评也经常被采用，而学生和/或家长调查在这三类评价中采用得较少。在教师日常评价中会用到学生成绩（19 个国家中的 8 个国家），但这种方法在教师注册评价与试用期评价中很少被采用。在晋升评价与奖惩性评价中应用最为广泛的信息来源是教师档案与课堂观察，其次是教师自评与教师访谈。

在 18 个国家中，有 15 个国家在试用期评价中对教师的绩效进行排名；11 个国家中，有 9 个国家在晋升评价中对教师的绩效进行排名；20 个国家中，有 13 个国家在日常评价中对教师的绩效进行排名；6 个国家中，有 3 个国家在奖惩性评价中对教师的绩效进行排名。在教师注册评价方面，所有数据可得的国家均设有相关的申诉机制；在试用期评价与晋升评价方面，5 个国家中的 4 个国家设有相关的申诉机制；在日常评价方面，3 个国家中的 2 个国家设有相关的申诉机制。

图 D7.2 教师日常评价结果的使用（2015 年）

普通初中

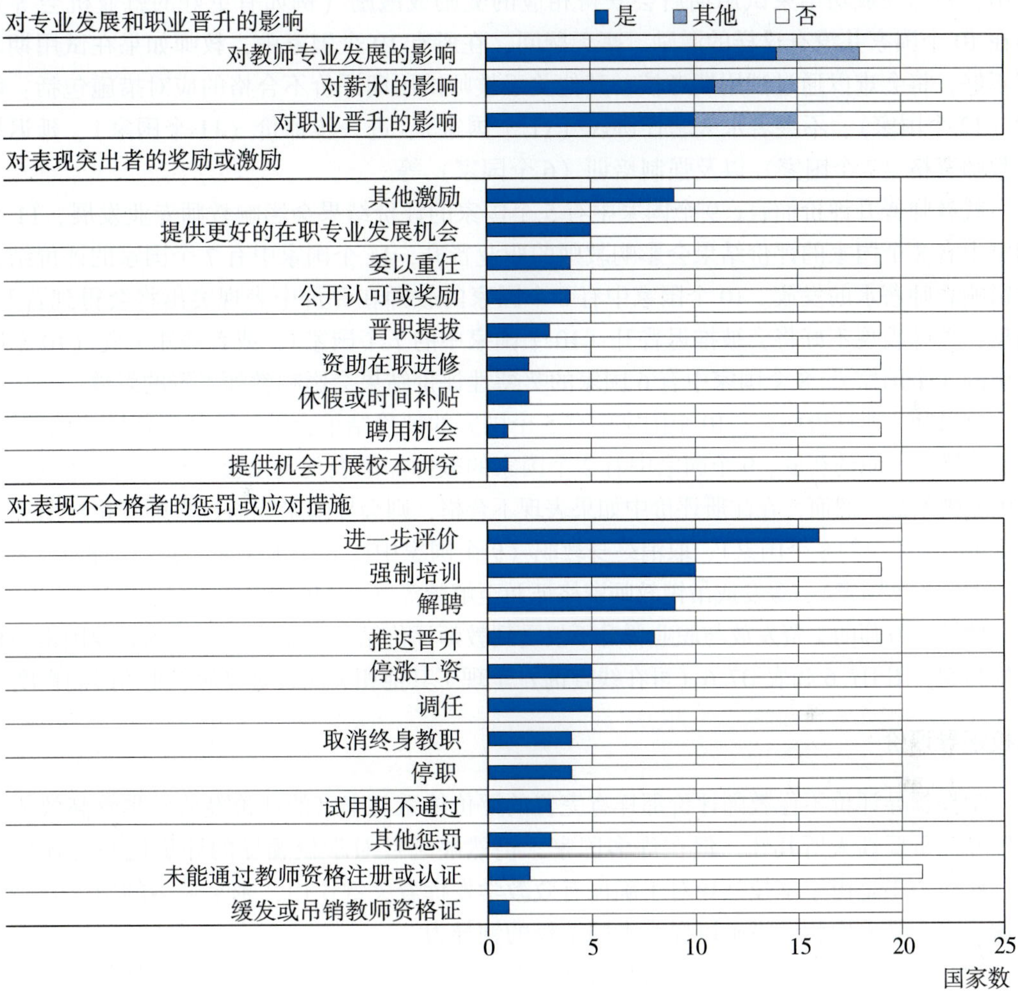

应对措施、奖励、惩罚按照报告为此使用教师评价结果的国家数降序排列。

数据来源：OECD. Table D7.5b, available on line. See Annex 3 for notes (www.oecd.org/education/education-at-a-glance-19991487.htm).

StatLink http://dx.doi.org/10.1787/888933284648

教师评价结果的使用

在 20 个国家中，有 14 个国家的教师日常评价结果被用于教师专业发展活动的决策。教师日常评价的结果同样也会影响教师的薪水（11 个国家）与职业晋升（10 个国家）。就教师日常评价而言，在 19 国家中，有 9 个国家的教师或许不会因表现突出而获得奖励，但是在另外 10 个国家却会获得奖励。最常见的奖励包括：更多的在职专业发展机会、公开认可以及工作责任的改变等。至于对日常评价中表现不合格者的应对措施，有 16 个国家会开展进一步评价，有 10 个国家要求教师接受强制培训。其他措施包括：解聘（9 个国家）、推迟晋升（8 个国家）、停涨工资（5 个国家）、调任其他学校（5 个国家）以及停职（4 个国家）等（图 D7.2 和表 D7.5b，可在线查询）。

就教师试用期评价而言，在数据可得的 20 个国家中，有 12 个国家的评价结果关系到教师是否留任，有9个国家的评价结果关系到教师薪水的高低，另外有9个国家的评价结果不会产生任何影响。在11个国家中，教师试用期评价会影响教师专业发展。在9个国家中，教师在成功结束试用期后会获得相应的奖励或激励（例如有更好的就业机会等），但在10个国家并没有这样的激励。毫无疑问，在所有19个国家中，教师如果在试用期表现不好，将会难以通过试用期考核。其他关于教师试用期评价不合格的应对措施包括：解聘（12个国家）、不签署永久聘任协议（11个国家）、进一步评价（11个国家）、延迟授予教师资格（7个国家）以及强制培训（6个国家）等。

就教师晋升评价而言，9个国家中有5个国家的评价结果会影响教师专业发展，11个国家中有8个国家的评价结果会影响教师的职业晋升，11个国家中有7个国家的评价结果会影响教师薪水的发放。10个国家中有8个国家的教师在评价中表现突出将会得到晋升；相反，教师表现不好将会被推迟晋升（10个国家中的7个国家），或者停涨工资（10个国家中的4个国家）。8个国家中有6国家的奖惩性评价结果会影响教师工资的发放。

就教师注册评价而言，10个国家中有5个国家的评价结果会影响教师聘任协议的签订、续签或终身教职的获取。9个国家中有2个国家的教师如果表现突出会获得晋升，在另外7个国家则不会。然而，在注册评价中如果表现不合格，则会导致未能通过教师资格注册或认证（9个国家中的8个国家）、取消终身教职（9个国家中的6个国家）、进一步评价（8个国家中的4个国家）、缓发或吊销教师资格证乃至解聘等（9个国家中的4个国家）。

此外，教师的工资发放与职业晋升不仅受到教师评价结果的影响，也受到其他因素或标准的影响。图D7.6和表D7.6（可在线查询）呈现了其他相关因素对教师职业的影响程度。

学校领导评价

学校领导评价不像教师评价那样有完善的评价体系与丰富的评价经验。尽管高效能学校领导的重要性人所共知，但在许多国家，仍然缺乏针对学校领导的评价机制与评价工具。然而，正是由于学校领导对于确保有效教学发挥着关键作用，越来越多的国家开始注重这一点，并采取相应措施以提升本国学校的领导力。

学校领导主要负责学校的行政与管理。在一所学校内部，学校领导（诸如校长以及中层领导如副校长、部门主任等）有着很高的行政地位。但通常情况下，一所学校的正校长只有一个。

下文将围绕初中学校领导评价展开讨论。

学校领导评价的实施范围与性质

在数据可得的37个国家中，约有19个国家的政策法规明文规定要开展学校领导评价，并在全国范围内实施。在英格兰，虽然仅要求公立学校开展学校领导评价，但私立学校也广泛开展学校领导评价。在加拿大，各省、地区对学校领导评价的要求不尽相同。在美国，学校领导评价仅在某些州开展。在以色列，仅要求小学和初中开展学校领导评价，但实际上许多高中也开展学校领导评价。在荷兰，只要求小学开展学校领导评价，但实际上许多中学也开展学校领导评价。

在澳大利亚、丹麦与拉脱维亚，虽然并没有明文规定要开展学校领导评价，但却有类似的实践。比如在芬兰，中央政府赋予地方广泛的教育评价（包括学校领导评价）自治权。在拉脱维亚，在对学校与项目开展认证的过程中也对学校领导开展评价。在其余数据可得的国家，对学校领导评价并没有做出规定（图表D6.1和表D7.7，可在线查询）。在9个国家，所有学校领导都接受了相应的评价。在斯洛伐克，至少有99%的学校领导都接受了相应的评价；在英格兰，所有公立学校的学校领导以及大部分私立学校的学校领导都接受了相应的评价。在西班牙，70%的学校领导接受了评价；而在哥伦比亚，只有大约20%的学校领导接受评价 。

学校领导评价的管理与责任

在数据可得的19个国家中，符合条件的学校校长均被纳入学校领导评价政策的框架。在这些国家中，有7个国家仅将校长纳入了政策框架。有11个国家将副校长甚至校长助理（英格兰）也纳入了政策框架。在墨西哥、新西兰和葡萄牙，校长、副校长、部门主任等均被纳入了政策框架。

各国开展学校领导评价的背景差别很大。但有一点最为普遍，即学校领导评价和职位聘任有关（13个国家）。学校领导评价也取决于学校董事会（6个国家）或校长（5个国家）。有4个国家的学校领导评价会应外界的投诉而开展，有6个国家的学校领导评价是自愿进行的（表 D7. 8b）。

在所有数据可得的国家中，波兰是自愿开展学校领导评价的（即学校领导开展自我评价），其他国家的学校领导评价都是强制性的。除了捷克和法国（小学阶段）之外，其他国家均定期开展强制性的学校领导评价。学校领导评价的频次在国与国之间有所不同。在16个实施周期性学校领导评价的国家中，哥伦比亚、英格兰、韩国、新西兰、斯洛伐克、斯洛文尼亚和西班牙每年开展一次评价，而法国（中学阶段）和以色列（小学和初中阶段）则是每三年开展一次。另外，有些国家开展学校领导评价的间隔期更长，如比利时弗兰芒语区、希腊、墨西哥、葡萄牙和土耳其（小学与初中阶段）每四年开展一次，比利时法语区与匈牙利每五年开展一次（表 D7. 8b，以及表 D7. 8a 与表 D7. 8c，可在线查询）。

学校领导评价的方案由各级政府或教育部门出台，或是由教育部门与其他相关机构联合出台。在所有数据可得的国家（捷克、斯洛伐克除外），通常由中央或州教育部门确定学校领导评价方案。在捷克，通常由地区教育部门决定评价方案；而在美国，通常由州和地方教育部门决定。在韩国，学校领导评价方案更是丰富多样，中央、地区以及地方教育部门齐上阵，在各种学校领导评价方案的制定过程中发挥着各自的作用。除教育部门之外，学校组织机构（5个国家）、学校董事会（3个国家）以及中央机构（3个国家）也在学校领导评价方案的制定中发挥了重要作用。在斯洛伐克，往往由学校创建方（而不是中央教育部门）来制定学校领导评价方案，并且由校长负责制定副校长评价方案（表 D7. 8b）。

评价关涉许多责任方。通常情况下，学校领导评价的实施囊括了各级教育部门、学校校长、获得认证的外部评价人员、学校组织机构的成员、学校董事会和/或中介机构等。

学校领导评价的一般方法与信息来源

所有国家依据某项或多项标准对学校领导进行评价。这些标准对学校领导应该知晓什么并且做什么有明确规定。除比利时弗兰芒语区、捷克和葡萄牙以外，所有数据可得的国家均采用国家或州和/或地区的学校领导评价标准。另一种普遍采用的标准是对学校领导一般职责和专业职责的描述（12个国家），比利时弗兰芒语区和捷克采用的就是此类标准。在有些国家，还会用到行为准则（5个国家）、学校发展规划或学校项目（5个国家）以及学校规章制度（4个国家）（表 D7. 9b）。

学校领导评价的内容很丰富，涉及能力、职责等多种范畴。在所有数据可得的国家，学校领导评价都会关注一般管理能力和教育教学管理能力；除匈牙利外，这些国家的学校领导评价同样也会关注学校的组织、发展规划以及资源管理。至少在 4/5 的国家，其学校领导评价还会关注学校环境、社区的关系、人际交往能力以及评价和问责等。

为了能够对学校领导的工作进行准确、公正、可靠的描绘，各国采取多种方式来获取相关信息。在数据可得的 18 个国家中，学校领导评价最常采用的信息获取方式有学校领导访谈（15 个国家）、学校领导档案（13 个国家）以及学校领导自评（12 个国家）。其他较为常见的信息源包括学校视察（10 个国家）、学生成绩（9 个国家）。大约有 1/3 的国家还会通过调查了解学生、家长以及教师等利益相关者的意见，以获取评价信息。

2/3 的国家会对学校领导评价的结果进行排名，也就是对学校领导日常工作的绩效进行排名。另外，约有 4/5 的国家设有相关的申诉机制，学校领导如果对其评价结果不满意，可以通过这样的机制进行申诉。

学校领导评价结果的使用

在数据可得的 18 个国家中，有 11 个国家将学校领导评价结果作为学校领导职业晋升的决策参考，有 9 个国家将其作为促进学校领导专业发展的措施，有 6 个国家并不采取这样的做法（图 D7.3 和表 D7.10b，可在线查询）。

一些国家的学校领导评价结果会影响职业晋升，有 3 个国家的评价结果会影响在职业结构或工资等级中提升的速度。在哥伦比亚，评价结果在上述两个方面都会发挥影响。在剩余的 7 个数据可得的国家中，有 4 个国家的评价结果会影响其他相关的职业晋升，另外 3 个国家的评价结果不会带来任何影响。

图 D7.3 学校领导日常评价结果的使用（2015 年）

普通初中

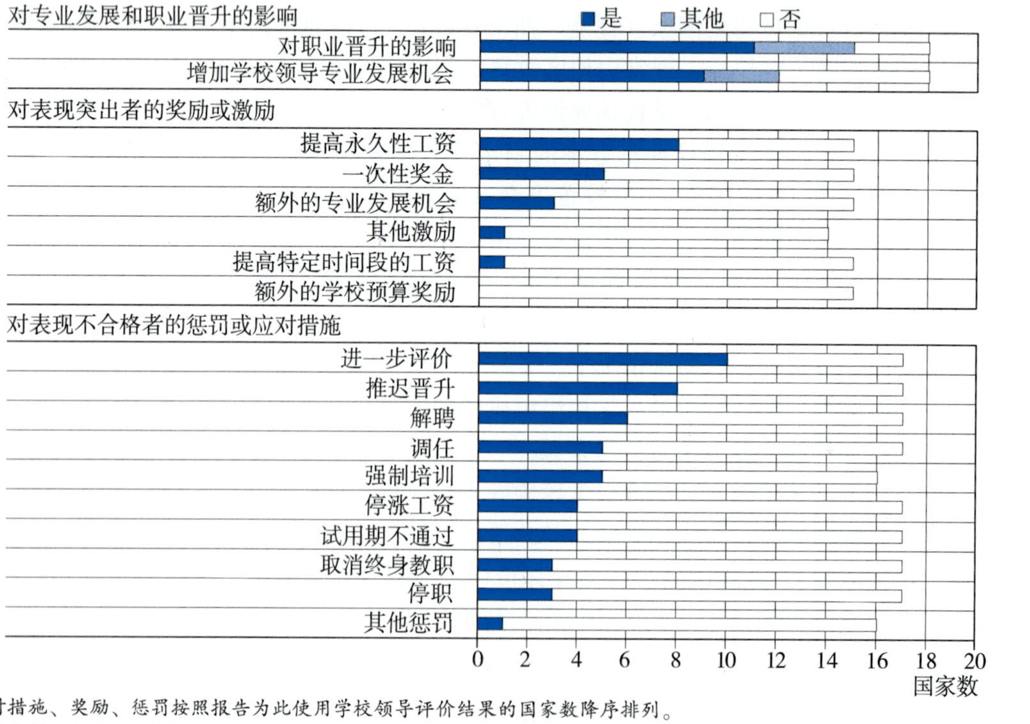

应对措施、奖励、惩罚按照报告为此使用学校领导评价结果的国家数降序排列。

数据来源：OECD. Table D7.10b, available on line. See Annex 3 for notes（www.oecd.org/education/education-at-a-glance-19991487.htm）.

StatLink http://dx.doi.org/10.1787/888933284655

在数据可得的 15 个国家中，有 11 个国家会对那些在评价中表现突出的初中学校领导予以奖励，剩余 4 个国家则不这样做。这种奖励可能是一种或多种经济奖励或刺激，如永久性地提高工资（8 个国家）、给予一次性奖金（5 个国家），或者提高特定时间段的工资（1 个国家）。在韩国和墨西哥，对那些表现突出者还会额外提供专业发展机会。在捷克，则是由学校和相关组织来确定奖励的形式。

对于那些在评价中表现不合格的学校领导，最普遍的应对措施是开展进一步的评价，在数据可得的 17 个国家中，有 10 个国家采取这种方式。有 8 个国家会推迟晋升。在一些国家，在评价中表现不合格或许会导致解雇（6 个国家）、调任其他学校（5 个国家）、试用期不通过（4 个国家）或停职（3 个国家）。英格兰、斯洛伐克与西班牙对那些表现突出者给予经济奖励，同样也会采取停涨工资的方式来对那些表现不合格者予以经济处罚。而在哥伦比亚、希腊、韩国、墨西哥和葡萄牙，表现不合格的学校领导必须参加相应的培训。

此外，学校领导的工资发放与职业晋升不仅受到评价结果的影响，也受到其他因素或标准的影响。图 D7. 6 和表 D7. 11（可在线查询）呈现了其他相关因素对学校领导职业的影响程度。

学校对教师评价与学校领导评价的影响与控制

学校对教师评价与学校领导评价的影响在不同国家之间差异相当大。就初中阶段而言，在数据可得的 22 个国家中，有 16 个国家的学校在本校教师评价中发挥着中等或高层次影响，在剩余的 6 个国家中，学校施加的影响很小甚至没有影响。相对而言，在数据可得的 18 个国家中，有 10 个国家的学校在本校学校领导评价中发挥的影响很小甚至没有影响，5 个国家的学校在本校学校领导评价中发挥着高层次影响，3 个国家的学校在本校学校领导评价中发挥着中等层次的影响（表 D7. 13，可在线查询）。

教师评价与学校领导评价对决策的影响

正如所预期的，在数据可得的 24 个国家中，有 15 个国家的教师评价对教师个体带来中等或高层次的影响；在数据可得的 23 个国家中，有 14 个国家借助教师评价来提升教师的教学技能。相对而言，教师和学校领导评价对学校关闭的可能性没有影响（23 个国家中的 22 个国家），对学校预算规模、学校管理评价（25 个国家中的 21 个国家）或学校绩效评价（25 个国家中的 19 个国家）没有或仅有很小的影响（22 个国家中的 21 个）。在大多数国家，教师评价对教师薪水或奖金的发放影响很小，甚至没有影响；但在有的国家，教师或学校领导的突出表现会带来工资的提高和/或一次性奖金（图 D7. 4 和表 D7. 12，可在线查询）。

在数据可得的 19 个国家中，有 7 个国家的学校领导评价会对学校管理带来较大影响，在另外 9 个国家则没有影响。除哥伦比亚、捷克、墨西哥、波兰、葡萄牙、斯洛伐克和土耳其之外，学校领导评价对学校评价或教师个体没有影响或影响很小。在数据可得的大多数国家，学校领导评价对学校预算、教师工资或奖金以及学校关闭的可能性没有影响；在少数国家有影响，但影响很小。

对教师和学校领导的形成性评价与终结性评价的用途

教师评价和学校领导评价本身有着丰富的意义，同时它们也是学校评价系统的重要组成部分。评价的总体意图是为教师和校长提供反馈。例如，教师需要获得关于自己工作表现的反馈，以改进自己的教学实践，并且在高效能的学校领导环境下，创设更好、更专业的学习共同体。教师和学校领导的形成性评价旨在对他们的工作效能进行判断，以便做出相应的决策并采取行动（如职业晋升、工资提高以及奖励或惩罚措施等）。

在 16 个国家，对教师的评价同时存在形成性评价和终结性评价。其中，有 8 个国家对这两种评价的应用程度较高，3 个国家的应用程度中等，2 个国家的应用程度较低。韩国和土耳其对形成性评价的应用程度中等，而对终结性评价的应用程度较低。相反，捷克对终结性评价的应用程度较高，而对形成性评价的应用程度较低。有 3 个国家对教师只使用形成性评价：比利时法语区和意大利对形成性评价的应用程度较高，而澳大利亚对形成性评价的应用程度中等（图 D7.5 和表 D7.14，可在线查询）。

图 D7.4 教师评价与学校领导评价对决策的影响程度（2015 年）

普通学校

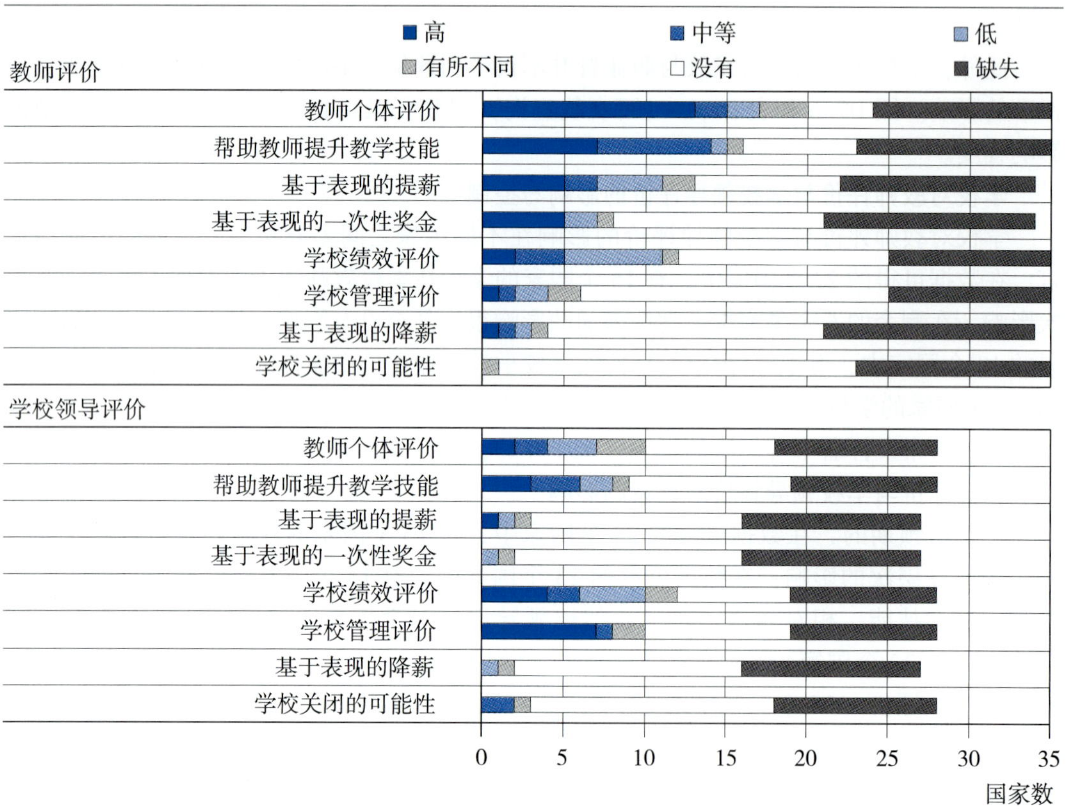

应对措施、奖励、惩罚按照报告教师评价对其有高程度影响的国家数降序排列。

数据来源：OECD. Table D7.12, available on line. See Annex 3 for notes (www.oecd.org/education/education-at-a-glance-19991487.htm).

StatLink http://dx.doi.org/10.1787/888933284666

图 D7.5　对教师和学校领导的形成性评价与终结性评价的应用程度（2015 年）

普通学校

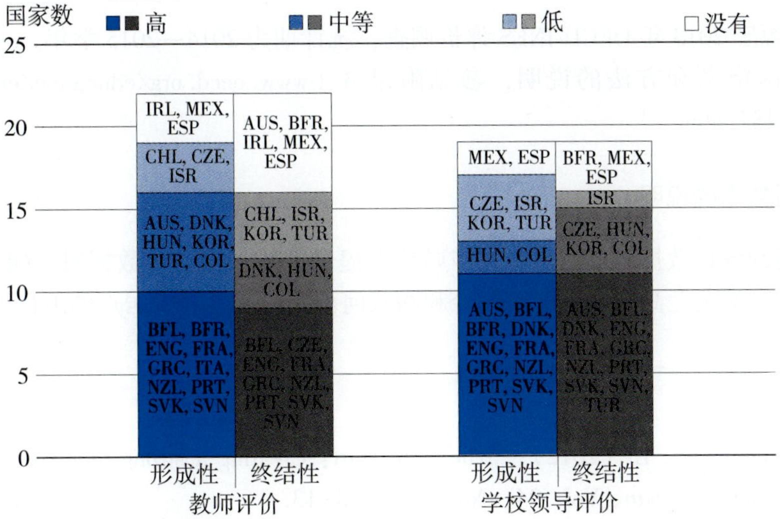

注：国家（地区）代码参见《读者指南》。

数据来源：OECD. Table D7. 14, available on line. See Annex 3 for notes (www. oecd. org/education/education-at-a-glance-19991487. htm).

StatLink http://dx. doi. org/10. 1787/888933284674

学校领导评价与此类似。在所有数据可得的国家（墨西哥、西班牙除外），学校领导评价既采用形成性评价又采用终结性评价，或者至少二者选其一。在数据可得的国家中，约有一半的国家（10 个国家）针对校长的形成性评价和终结性评价应用程度较高，2 个国家的应用程度中等，2 个国家的应用程度较低。此外，土耳其针对学校领导的终结性评价应用程度较高，而形成性评价应用程度较低。相反，在比利时法语区，针对学校领导的形成性评价应用程度较高。

定　义

专业发展是指通过对在职教师与学校领导的培训来更新、发展和拓宽他们的专业知识。专业发展包括通过个体学习和反思、参加正规课程等来发展个体技能、知识、专长及其他特质的各种活动。

参考标准是指为评估标准提供基础的文件。标准明确了教师和学校领导应该掌握的基本知识和技能、应该完成的工作任务以及应该遵循的规章制度等。

学校领导或行政人员评价主要是指对学校领导或行政人员个体的外部评价，是根据客观标准，对学校领导或行政人员的工作和表现做出判断。学校领导评价的结果可作为职业晋升、专业发展以及相应奖励的决策参考。

教师评价也称为教师考核，是指根据客观标准对教师个体的工作和表现做出判断。教师评价的结果可作为职业晋升、教职资格、专业发展以及相应奖励的决策参考。教师评价中的“教师”涵盖了所有直接参与课堂教学、学生辅导、小班教学乃至课内外一对一教学的教师群体。

方 法

数据来源于2013年OECD-INES评价调查，统计期为2014—2015学年。

关于各国定义和方法的说明，参见附录3（www.oecd.org/education/education-at-a-glance-19991487.htm）。

关于以色列数据的说明

以色列的统计数据由以色列有关当局负责提供。在使用这些数据时，OECD根据国际法的规定，对戈兰高地、东耶路撒冷和约旦河西岸的以色列定居点的地位不持偏见。

参考文献

Darling-Hammond, L.（2012），"The right start: Creating a strong foundation for teaching career", *Phi Delta Kappan*, Vol. 94, No. 3, pp. 8-13.

OECD（2013）, *Synergies for Better Learning: An International Perspective on Evaluation and Assessment*, OECD Reviews of Evaluation and Assessment in Education, OECD Publishing, Paris, http://dx.doi.org/10.1787/9789264190658-en.

表 D7.1 初中教师评价与学校领导评价（2015 年）

普通教育

		教师评价								学校领导评价		
		有无教师评价	虽无法律规定，但有类似的政策与实践		政策框架涵盖的教师评价类型					有无学校领导评价	虽无法律规定，但有类似的政策与实践	
			范围	参评教师百分比	试用期评价	日常评价	教师注册评价	晋升评价	奖惩性评价		范围	参评学校领导百分比
		(1)	(2)	(3)	(4)	(5)	(6)	(7)	(8)	(9)	(10)	(11)
OECD国家	澳大利亚	L	全国	m	是	是	是	m	否	P	全国	m
	奥地利	L	全国	m	是	是	是	是	否	N	a	a
	比利时弗兰芒语区	L	全国	m	否	是	否	否	否	L	全国	m
	比利时法语区	L	全国	5	否	是	否	否	否	L	全国	100
	加拿大	L	部分地区	m	m	m	m	m	m	L	部分地区	m
	智利	L	全国	82.5	否	是	否	否	是	N	a	a
	捷克	L	全国	100	是	是	否	是	否	L	全国	100
	丹麦	P	全国	95	a	a	a	a	a	P	全国	100
	英格兰[1]	L	部分学校	90	是	是	否	否	否	L	部分学校	90
	爱沙尼亚	P	全国	80	a	a	a	a	a	N	a	a
	芬兰	m	m	m	m	m	m	m	m	m	m	m
	法国	L	全国	100	是	是	否	否	否	L	全国	m
	德国	N	a	a	a	a	a	a	a	N	a	a
	希腊	L	全国	100	是	是	是	是	否	L	全国	100
	匈牙利	L	全国	15	是	是	否	是	是	L	全国	m
	冰岛	N	a	a	a	a	a	a	a	N	a	a
	爱尔兰	L	全国	m	是	否	是	否	否	N	a	a
	以色列	L	全国	25	是	否	是	是	否	L	全国	100
	意大利	L	全国	5	是	否	否	否	否	N	a	a
	日本	L	全国	m	否	是	否	否	否	N	a	a
	韩国	L	全国	m	否	是	否	是	是	L	全国	m
	卢森堡	N	a	a	a	a	a	a	a	N	a	a
	墨西哥	L	全国	m	是	是	否	是	是	L	全国	m
	荷兰	L	全国	68	是	是	是	是	是	P	m	m

有无教师/学校领导评价

L：法律规定实施

P：无教师/学校领导评价，但有类似的实践

N：无教师/学校领导评价，也没有类似的实践

注：学校系统高度分权的联邦国家，各州、省或地区可能有不同的法规。更多信息参见附录 3。

1. 公立学校的教师评价有相应的法律规定，私立学校的教师评价虽无法律规定，但也广泛实施。

数据来源：OECD. See Annex 3 for notes (www. oecd. org/education/education-at-a-glance-19991487. htm).

缺失数据代码参见《读者指南》。

StatLink http://dx. doi. org/10. 1787/888933286394

D7

表 D7.1（续） 初中教师评价与学校领导评价（2015 年）

普通教育

		教师评价								学校领导评价		
		有无教师评价	虽无法律规定，但有类似的政策与实践		政策框架涵盖的教师评价类型					有无学校领导评价	虽无法律规定，但有类似的政策与实践	
			范围	参评教师百分比	试用期评价	日常评价	教师注册评价	晋升评价	奖惩性评价		范围	参评学校领导百分比
		(1)	(2)	(3)	(4)	(5)	(6)	(7)	(8)	(9)	(10)	(11)
OECD 国家	新西兰	L	全国	100	是	是	是	否	否	L	全国	100
	挪威	P	m	m	a	a	a	a	a	N	a	a
	波兰	L	全国	m	是	是	否	是	否	L	全国	m
	葡萄牙	L	全国	m	是	是	否	否	否	L	全国	100
	苏格兰	N	a	a	a	a	a	a	a	N	a	a
	斯洛伐克	L	全国	100	是	是	否	否	否	L	全国	99
	斯洛文尼亚	L	全国	100	是	是	是	是	是	L	全国	100
	西班牙	L	全国	74	否	否	是	否	否	L	全国	70
	瑞典	L	全国	100	否	是	是	否	是	N	a	a
	瑞士	L	全国	m	m	m	m	m	m	L	全国	m
	土耳其	L	全国	100	是	是	否	否	是	L	全国	100
	美国	L	部分地区	m	是	是	是	是	是	L	部分地区	m
伙伴国	巴西	L	m	m	是	是	否	m	m	m	m	m
	哥伦比亚	L	全国	48	是	是	否	是	否	L	全国	20
	拉脱维亚	m	m	m	m	m	m	m	m	P	全国	m

有无教师/学校领导评价

L:法律规定实施

P:无教师/学校领导评价，但有类似的实践

N:无教师/学校领导评价，也没有类似的实践

注：学校系统高度分权的联邦国家，各州、省或地区可能有不同的法规。更多信息参见附录 3。

1. 公立学校的教师评价有相应的法律规定，私立学校的教师评价虽无法律规定，但也广泛实施。

数据来源：OECD. See Annex 3 for notes (www. oecd. org/education/education-at-a-glance-19991487. htm).

缺失数据代码参见《读者指南》。

StatLink http：//dx. doi. org/10. 1787/888933286394

表 D7.3b 初口教师评价：资格、管理与责任（2015 年）

普通教育

		政策框架涵盖的教师评价类型	政策框架涵盖的符合条件的教师：公立学校教师	民办公助型私立学校教师	独立型私立学校教师	全体教师（无论是否签订合同）	所有注册教师	所有临时注册教师	终身教师	固定期限合同教师	试用期教师	其他	义务参与评价	评价频率	在何种情况下开展评价：决定职位聘任	回应外界的投诉	应对教学问题	取决于学校董事会	取决于学校领导	自愿	其他	由谁来制定评价方案	由谁来评价
		(1)	(2)	(3)	(4)	(5)	(6)	(7)	(8)	(9)	(10)	(11)	(12)	(13)	(14)	(15)	(16)	(17)	(18)	(19)	(20)	(21)	(35)
OECD 国家	澳大利亚	试用期评价	是	m	m	m	否	m	是	m	是	否	MP	m	m	m	m	m	m	m	m	S,SR,SB,P	S,P,SL,SU
		日常评价	是	m	m	m	否	m	是	m	否	否	MP	4	m	m	是	m	是	m	是	S,SR,SB,P	P,SL,SU
		教师注册评价	是	是	是	是	是	是	是	是	是	否	MP	m	是	m	否	否	否	否	否	S	S
		晋升评价	m	m	m	m	m	m	m	m	m	m	m	m	m	m	m	m	m	m	m	m	m
	奥地利	试用期评价	否	否	否	否	否	否	否	是	是	否	MP	1	是	否	否	否	否	否	否	C	S,R,P
		日常评价	是	是	是	是	是	是	是	是	否	否	MN	a	是	是	是	否	是	是	否	C	S,R,P,IA
		教师注册评价	否	否	否	否	否	否	否	是	否	否	MP	4	是	否	否	否	否	否	否	C	S,R,P,IA
		晋升评价	是	是	是	是	是	是	是	是	否	否	MN	a	是	否	否	否	否	是	否	C	S,R,IA
	比利时弗兰芒语区	日常评价	是	是	否	是	a	a	是	是	a	否	MP	7	是	否	否	是	是	否	否	S,SO,P	SO,P,SL
	比利时法语区	日常评价	是	是	否	是	是	是	是	是	是	否	VO	a	是	是	是	是	是	否	否	S	S
	加拿大	m	m	m	m	m	m	m	m	m	m	m	m	m	m	m	m	m	m	m	m	m	m
	智利	日常评价	是	是	是	是	a	a	是	是	a	否	MP	7	否	否	否	否	否	是	否	C	C
		奖惩性评价	是	是	否	是	a	a	是	是	a	否	VO	a	否	否	否	否	否	是	否	C	C
	捷克	试用期评价	是	是	a	否	a	a	是	是	是	否	MN	a	是	否	否	否	否	否	否	P	P,SU
		日常评价	是	是	a	是	a	a	是	是	是	否	VO	a	是	否	否	否	是	否	否	C,P	P,O
		晋升评价	是	是	a	是	a	a	是	是	是	否	VO	a	是	否	否	否	是	否	否	C,P	P,O

义务参与评价
MP：强制性定期
MN：强制性非定期
VO：非强制性/义务

评价频率
1：至少每月一次
2：每年三次或更多
3：每年两次
4：每年一次
5：每两年一次
6：每三年一次
7：每四年一次

由谁来制定评价方案，或谁来评价
C：中央教育部门或政府
CA：中央机构
S：州教育部门或政府
SA：州机构
R：省、地区教育部门或政府
SR：次级区域教育部门或政府
L：地方教育部门或政府
SB：学校董事会或委员会
SO：学校组织机构
P：学校校长
DP：学校副校长
SP：学校领导专业组织
SL：学校领导成员（不包括校长）
TP：教师专业组织
SU：督学
PS：校内同行评价人员
PE：其他学校的同行评价人员
IA：中介机构
EE：获得认证的外部评价人员
O：其他

注：学校系统高度分权的联邦国家，各州、省或地区可能有不同的法规。更多信息参见附录 3。
关于“由谁来制定评价方案”（第 22—33 列）与“由谁来评价”（第 35—50 列）方面的详细信息可在线查询（参见以下 StatLink）。
数据来源：OECD. See Annex 3 for notes (www.oecd.org/education/education-at-a-glance-19991487.htm).
缺失数据代码参见《读者指南》。
StatLink http://dx.doi.org/10.1787/888933286404

表 D7.3b（续） 初中教师评价：资格、管理与责任（2015 年）

普通教育

	政策框架涵盖的教师评价类型	政策框架涵盖的符合条件的教师：公立学校教师	民办公助型私立学校教师	独立型私立学校教师	全体教师（无论是否签订合同）	所有注册教师	所有临时注册教师	终身教师	固定期限合同教师	试用期教师	其他	义务参与评价	评价频率	在何种情况下开展评价：决定职位聘任	回应外界的投诉	应对教学问题	取决于学校董事会	取决于学校领导	自愿	其他	由谁来制定评价方案	由谁来评价
	(1)	(2)	(3)	(4)	(5)	(6)	(7)	(8)	(9)	(10)	(11)	(12)	(13)	(14)	(15)	(16)	(17)	(18)	(19)	(20)	(21)	(35)
OECD 国家 丹麦	a	a	a	a	a	a	a	a	a	a	a	a	a	a	a	a	a	a	a	a	a	a
英格兰	试用期评价	是	m	m	m	m	m	是	是	是	否	MP	2	否	否	是	否	否	是	否	C,S	L,P
	日常评价	是	m	m	m	m	m	是	是	是	否	MP	4	否	否	是	否	否	是	否	C	L,P
爱沙尼亚	a	a	a	a	a	a	a	a	a	a	a	a	a	a	a	a	a	a	a	a	a	a
芬兰	m	m	m	m	m	m	m	m	m	m	m	m	m	m	m	m	m	m	m	m	m	m
法国	试用期评价	是	是	否	否	否	否	否	否	是	否	MN	a	是	是	是	否	否	否	否	C	C,P,SU,IA
	日常评价	是	是	否	否	否	否	是	否	否	否	MN	a	是	是	是	否	否	是	否	C	C,P,IA
德国	a	a	a	a	a	a	a	a	a	a	a	a	a	a	a	a	a	a	a	a	a	a
希腊	试用期评价	是	a	是	是	是	是	是	是	是	否	MN	a	是	否	否	否	否	否	否	C	C,P,EE
	日常评价	是	a	是	是	是	是	是	是	否	否	MP	7	是	否	否	否	否	是	否	C,CA,SB,SO	C,SB,P,EE
	教师注册评价	是	a	是	是	否	是	是	是	否	否	MP	7	是	否	否	否	否	是	否	C,CA,SB,SO	C,SB,P,EE
	晋升评价	是	a	是	是	是	是	是	是	否	否	MP	7	是	否	否	否	否	是	否	C,CA,SB,SO	C,SB,P,EE
匈牙利	试用期评价	是	是	是	是	a	a	是	是	是	否	MN	a	是	否	否	否	否	否	否	C,CA	P,O
	日常评价	是	是	是	是	a	a	是	是	否	否	MP	5	是	是	是	否	否	是	否	C,CA	R,P
	晋升评价	是	是	是	是	a	a	是	是	否	否	VO	a	是	否	否	否	否	是	否	C,CA	R,P
	奖惩性评价	是	是	是	是	a	a	是	是	否	否	VO	a	是	否	否	否	否	是	否	C,CA	R,P

义务参与评价
MP:强制性定期
MN:强制性非定期
VO:非强制性/义务

评价频率
1:至少每月一次
2:每年三次或更多
3:每年两次
4:每年一次
5:每两年一次
6:每三年一次
7:每四年一次

由谁来制定评价方案,或谁来评价
C:中央教育部门或政府
CA:中央机构
S:州教育部门或政府
SA:州机构
R:省、地区教育部门或政府
SR:次级区域教育部门或政府
L:地方教育部门或政府
SB:学校董事会或委员会
SO:学校组织机构
P:学校校长
DP:学校副校长
SP:学校领导专业组织
SL:学校领导成员(不包括校长)
TP:教师专业组织
SU:督学
PS:校内同行评价人员
PE:其他学校的同行评价人员
IA:中介机构
EE:获得认证的外部评价人员
O:其他

注：学校系统高度分权的联邦国家，各州、省或地区可能有不同的法规。更多信息参见附录 3。
关于“由谁来制定评价方案”（第 22—33 列）与“由谁来评价”（第 35—50 列）方面的详细信息可在线查询（参见以下 StatLink）。
数据来源：OECD. See Annex 3 for notes (www. oecd. org/education/education-at-a-glance-19991487. htm).
缺失数据代码参见《读者指南》。
StatLink http://dx. doi. org/10. 1787/888933286404

表 D7.3b（续） 初中教师评价：资格、管理与责任（2015 年）

普通教育

	政策框架涵盖的教师评价类型	政策框架涵盖的符合条件的教师：公立学校教师	民办公助型私立学校教师	独立型私立学校教师	全体教师（无论是否签订合同）	所有注册教师	所有临时注册教师	终身教师	固定期限合同教师	试用期教师	其他	义务参与评价	评价频率	在何种情况下开展评价：决定职位聘任	回应外界的投诉	应对教学问题	取决于学校董事会	取决于学校领导	自愿	其他	由谁来制定评价方案	由谁来评价
	(1)	(2)	(3)	(4)	(5)	(6)	(7)	(8)	(9)	(10)	(11)	(12)	(13)	(14)	(15)	(16)	(17)	(18)	(19)	(20)	(21)	(35)
OECD 国家 冰岛	a	a	a	a	a	a	a	a	a	a	a	a	a	a	a	a	a	a	a	a	a	a
爱尔兰	试用期评价	是	a	a	是	否	是	是	是	是	否	VO	a	否	否	是	否	否	否	否	TP	P,SL,SU,PE
	教师注册评价	是	a	a	是	否	是	是	是	是	否	VO	a	否	否	是	否	否	否	否	TP	P,SL,SU,PE
以色列	试用期评价	是	是	否	否	否	否	否	否	是	否	MP	6	是	否	是	否	是	否	否	C	C,P
	教师注册评价	是	是	否	否	否	否	否	否	是	否	MP	m	是	否	否	否	否	否	否	C	C,P,O
	晋升评价	是	否	否	是	否	否	是	否	是	否	MP	6	是	否	否	否	否	否	否	C	C,P,O
意大利	试用期评价	是	a	否	否	否	否	是	否	是	否	MN	a	是	否	否	否	否	否	否	SB	O
日本	日常评价	是	a	否	否	a	a	是	否	a	否	MP	m	否	否	是	a	否	否	m	R,L	R,L,P,SL
韩国	日常评价	是	是	是	是	a	a	是	是	a	否	MP	4	否	否	否	否	否	否	是	C,R,L,SB	P,SL,PS,O
	晋升评价	是	是	是	否	a	a	是	否	a	否	MP	4	否	否	否	否	否	否	是	C,R	P,PS
	奖惩性评价	是	是	是	否	a	a	是	否	a	否	MP	4	否	否	否	否	否	否	是	C,R,L,SB	P,PS
卢森堡	a	a	a	a	a	a	a	a	a	a	a	a	a	a	a	a	a	a	a	a	a	a
墨西哥	试用期评价	是	a	否	是	否	是	是	是	否	否	MP	4	是	否	否	否	否	否	否	C	C
	日常评价	是	a	否	是	是	否	是	是	否	否	MP	7	是	否	否	否	否	否	否	C	C
	晋升评价	是	a	否	是	否	否	是	是	否	否	VO	7	是	否	否	否	否	是	否	C	C,P,PS
	奖惩性评价	是	a	否	是	否	否	是	是	是	否	VO	a	是	否	否	否	否	是	否	C	C

义务参与评价
MP：强制性定期
MN：强制性非定期
VO：非强制性/义务

评价频率
1：至少每月一次
2：每年三次或更多
3：每年两次
4：每年一次
5：每两年一次
6：每三年一次
7：每四年一次

由谁来制定评价方案，或谁来评价
C：中央教育部门或政府
CA：中央机构
S：州教育部门或政府
SA：州机构
R：省、地区教育部门或政府
SR：次级区域教育部门或政府
L：地方教育部门或政府
SB：学校董事会或委员会
SO：学校组织机构
P：学校校长
DP：学校副校长
SP：学校领导专业组织
SL：学校领导成员（不包括校长）
TP：教师专业组织
SU：督学
PS：校内同行评价人员
PE：其他学校的同行评价人员
IA：中介机构
EE：获得认证的外部评价人员
O：其他

注：学校系统高度分权的联邦国家，各州、省或地区可能有不同的法规。更多信息参见附录 3。
关于“由谁来制定评价方案”（第 22—33 列）与“由谁来评价”（第 35—5C 列）方面的详细信息可在线查询（参见以下 StatLink）。
数据来源：OECD. See Annex 3 for notes（www.oecd.org/education/education-at-a-glance-19991487.htm）.
缺失数据代码参见《读者指南》。
StatLink http：//dx.doi.org/10.1787/888933286404

表 D7.3b（续） 初中教师评价：资格、管理与责任（2015 年）

普通教育

	政策框架涵盖的教师评价类型	政策框架涵盖的符合条件的教师：公立学校教师	民办公助型私立学校教师	独立型私立学校教师	全体教师（无论是否签订合同）	所有注册教师	所有临时注册教师	终身教师	固定期限合同教师	试用期教师	其他	义务参与评价	评价频率	在何种情况下开展评价：决定职位聘任	回应外界的投诉	应对教学问题	取决于学校董事会	取决于学校领导	自愿	其他	由谁来制定评价方案	由谁来评价
	(1)	(2)	(3)	(4)	(5)	(6)	(7)	(8)	(9)	(10)	(11)	(12)	(13)	(14)	(15)	(16)	(17)	(18)	(19)	(20)	(21)	(35)
OECD 国家																						
荷兰	试用期评价	是	是	是	是	是	是	是	是	是	否	m	m	m	m	m	m	m	m	m	SB	m
	日常评价	是	是	是	是	是	是	是	是	是	否	MP	6	m	m	m	m	m	m	m	SB	m
	教师注册评价	是	是	是	是	是	是	是	是	是	否	VO	m	m	m	m	m	m	m	m	SB	m
	晋升评价	是	是	是	否	是	是	是	否	否	否	VO	m	m	m	m	m	m	m	m	SB	m
	奖惩性评价	是	是	是	m	是	是	是	m	m	否	m	m	m	m	m	m	m	m	m	SB	m
新西兰	试用期评价	是	a	是	否	否	是	是	否	是	否	MP	4	是	是	是	是	是	是	否	C, CA, TP	C, SB, P, SL, TP, SU, PS
	日常评价	是	a	是	是	是	是	是	是	否	否	MP	4	是	是	是	是	是	是	否	C, CA, TP	C, SB, P, SL, TP, SU, PS
	教师注册评价	是	a	是	是	是	是	是	是	否	否	MP	4	是	是	是	是	是	是	否	C, CA, TP	C, SB, P, SL, TP, SU, PS
挪威	a	a	a	a	a	a	a	a	a	a	a	a	a	a	a	a	a	a	a	a	a	a
波兰	试用期评价	是	是	否	否	a	a	否	是	是	否	MP	4	是	否	否	否	否	否	否	C	P
	日常评价	是	否	否	否	a	a	是	是	否	否	VO	a	否	否	否	否	是	是	否	C	P
	晋升评价	是	是	否	否	a	a	是	是	否	否	VO	a	是	否	否	否	否	否	否	C	P
葡萄牙	试用期评价	是	否	否	否	a	a	否	否	是	否	MP	4	否	否	是	否	否	否	否	C	SB, SO, P, SU, EE
	日常评价	是	否	否	否	a	a	是	是	否	否	MP	7	否	否	是	否	否	否	是	C	SB, SO, P, SU, EE
苏格兰	a	a	a	a	a	a	a	a	a	a	a	a	a	a	a	a	a	a	a	a	a	a
斯洛伐克	试用期评价	是	是	a	是	a	a	是	是	是	否	MN	a	否	否	是	是	是	是	否	C, CA, SB, P, DP, TP	P, TP, SU, PS
	日常评价	是	是	a	是	a	a	是	是	是	是	MP	4	否	否	是	是	是	是	否	C, CA, SB, P, DP, TP	P, TP, SU, PS

义务参与评价
MP：强制性定期
MN：强制性非定期
VO：非强制性/义务

评价频率
1：至少每月一次
2：每年三次或更多
3：每年两次
4：每年一次
5：每两年一次
6：每三年一次
7：每四年一次

由谁来制定评价方案，或谁来评价
C：中央教育部门或政府
CA：中央机构
S：州教育部门或政府
SA：州机构
R：省、地区教育部门或政府
SR：次级区域教育部门或政府
L：地方教育部门或政府
SB：学校董事会或委员会
SO：学校组织机构
P：学校校长
DP：学校副校长
SP：学校领导专业组织
SL：学校领导成员（不包括校长）
TP：教师专业组织
SU：督学
PS：校内同行评价人员
PE：其他学校的同行评价人员
IA：中介机构
EE：获得认证的外部评价人员
O：其他

注：学校系统高度分权的联邦国家，各州、省或地区可能有不同的法规。更多信息参见附录 3。
关于“由谁来制定评价方案”（第 22—33 列）与“由谁来评价”（第 35—50 列）方面的详细信息可在线查询（参见以下 StatLink）。
数据来源：OECD. See Annex 3 for notes (www. oecd. org/education/education-at-a-glance-19991487. htm).
缺失数据代码参见《读者指南》。
StatLink http：//dx. doi. org/10. 1787/888933286404

表 D7.3b（续） 初中教师评价：资格、管理与责任（2015 年）

普通教育

		政策框架涵盖的教师评价类型	政策框架涵盖的符合条件的教师										义务参与评价	评价频率	在何种情况下开展评价							由谁来制定评价方案	由谁来评价
			公立学校教师	民办公助型私立学校教师	独立型私立学校教师	全体教师（无论是否签订合同）	所有注册教师	所有临时注册教师	终身教师	固定期限合同教师	试用期教师	其他			决定职位聘任	回应外界的投诉	应对教学问题	取决于学校董事会	取决于学校领导	自愿	其他		
		(1)	(2)	(3)	(4)	(5)	(6)	(7)	(8)	(9)	(10)	(11)	(12)	(13)	(14)	(15)	(16)	(17)	(18)	(19)	(20)	(21)	(35)
OECD 国家	斯洛文尼亚	试用期评价	是	是	a	是	否	否	否	否	是	否	VO	a	是	否	否	否	否	否	否	C,O	PS
		日常评价	是	是	a	是	是	是	是	是	是	否	MP	4	是	否	否	否	否	否	否	C	P
		教师注册评价	是	是	a	否	否	是	否	是	否	否	MN	a	是	否	否	否	否	是	否	C,P	C,P,PS
		晋升评价	是	是	a	是	是	否	是	是	是	否	VO	a	是	否	否	否	否	是	否	C	C,SO,P
		奖惩性评价	是	是	a	是	是	是	是	是	是	否	VO	a	否	否	否	否	是	否	否	P	P
	西班牙	教师注册评价	是	否	否	否	否	否	否	否	否	否	MN	a	否	是	是	否	否	否	否	C,S	S,P,SU,IA
	瑞典	日常评价	是	是	a	是	是	是	是	是	是	否	MP	m	是	是	是	是	是	m	m	C,SR,L,SO,P,DP	C,SO,P,SL
		教师注册评价	是	是	a	否	否	否	是	是	是	否	MN	a	否	是	否	否	否	是	m	C,CA	C
		奖惩性评价	是	是	a	否	是	否	是	否	否	否	VO	a	是	否	否	否	是	是	m	C,SR,L,SO	L,SO
	瑞士	m	m	m	m	m	m	m	m	m	m	m	m	m	m	m	m	m	m	m	m	m	
	土耳其	试用期评价	是	a	是	否	a	a	否	否	是	否	MP	4	是	是	否	否	是	否	否	C	R,L,P,SU,EE
		日常评价	是	a	是	是	a	a	是	否	否	否	MP	4	否	是	否	否	是	否	否	C	R,L,P,EE
		奖惩性评价	是	a	否	否	a	a	是	否	否	否	MP	4	否	否	否	否	否	否	否	C	R,L,P
	美国	试用期评价	是	a	m	m	m	m	m	m	m	m	m	m	是	是	是	是	是	是	m	S,L,SB,SO,P	P,SL,TP,SU,PS,EE
		日常评价	是	a	m	m	m	m	m	m	m	m	m	m	是	是	是	是	是	是	m	S,L,SB,SO,P	P,SL,TP,SU,PS,EE
		教师注册评价	是	a	m	m	m	m	m	m	m	m	m	m	是	是	是	是	是	是	m	S,L,SB,SO,P	P,SL,TP,SU,PS,EE
		晋升评价	是	a	m	m	m	m	m	m	m	m	m	m	是	是	是	是	是	是	m	S,L,SB,SO,P	P,SL,TP,SU,PS,EE
		奖惩性评价	是	a	m	m	m	m	m	m	m	m	m	m	是	是	是	是	是	是	m	S,L,SB,SO,P	P,SL,TP,SU,PS,EE

义务参与评价
MP：强制性定期
MN：强制性非定期
VO：非强制性/义务

评价频率
1：至少每月一次
2：每年三次或更多
3：每年两次
4：每年一次
5：每两年一次
6：每三年一次
7：每四年一次

由谁来制定评价方案，或谁来评价
C：中央教育部门或政府
CA：中央机构
S：州教育部门或政府
SA：州机构
R：省、地区教育部门或政府
SR：次级区域教育部门或政府
L：地方教育部门或政府
SB：学校董事会或委员会
SO：学校组织机构
P：学校校长
DP：学校副校长
SP：学校领导专业组织
SL：学校领导成员（不包括校长）
TP：教师专业组织
SU：督学
PS：校内同行评价人员
PE：其他学校的同行评价人员
IA：中介机构
EE：获得认证的外部评价人员
O：其他

注：学校系统高度分权的联邦国家，各州、省或地区可能有不同的法规。更多信息参见附录 3。
关于“由谁来制定评价方案”（第 22—33 列）与“由谁来评价”（第 35—50 列）方面的详细信息可在线查询（参见以下 StatLink）。
数据来源：OECD. See Annex 3 for notes (www.oecd.org/education/education-at-a-glance-19991487.htm).
缺失数据代码参见《读者指南》。
StatLink http://dx.doi.org/10.1787/888933286404

表 D7.3b（续） 初中教师评价：资格、管理与责任（2015 年）

普通教育

		政策框架涵盖的教师评价类型	政策框架涵盖的符合条件的教师										义务参与评价	评价频率	在何种情况下开展评价							由谁来制定评价方案	由谁来评价
			公立学校教师	民办公助型私立学校教师	独立型私立学校教师	全体教师（无论是否签订合同）	所有注册教师	所有临时注册教师	终身教师	固定期限合同教师	试用期教师	其他			决定职位聘任	回应外界的投诉	应对教学问题	取决于学校董事会	取决于学校领导	自愿	其他		
		(1)	(2)	(3)	(4)	(5)	(6)	(7)	(8)	(9)	(10)	(11)	(12)	(13)	(14)	(15)	(16)	(17)	(18)	(19)	(20)	(21)	(35)
伙伴国	巴西	试用期评价	是	是	是	否	a	a	是	否	是	否	MP	3	是	否	否	否	否	否	否	S,L	L,SL,SU,PS
		日常评价	是	是	是	是	a	a	是	是	是	否	MP	2	是	否	是	否	是	否	否	S,L	L,SL,SU
	哥伦比亚	试用期评价	是	否	否	否	否	否	否	否	否	否	MN	a	是	否	否	否	否	否	否	C,CA	P
		日常评价	是	否	否	否	否	否	否	否	否	否	MP	4	是	否	否	否	否	否	否	C,CA	P
		晋升评价	是	否	否	否	否	否	否	否	否	否	VO	a	是	否	否	否	否	是	否	C,CA	S

义务参与评价
MP：强制性定期
MN：强制性非定期
VO：非强制性/义务

评价频率
1：至少每月一次
2：每年三次或更多
3：每年两次
4：每年一次
5：每两年一次
6：每三年一次
7：每四年一次

由谁来制定评价方案，或谁来评价
C：中央教育部门或政府
CA：中央机构
S：州教育部门或政府
SA：州机构
R：省、地区教育部门或政府
SR：次级区域教育部门或政府
L：地方教育部门或政府
SB：学校董事会或委员会
SO：学校组织机构
P：学校校长
DP：学校副校长
SP：学校领导专业组织
SL：学校领导成员（不包括校长）
TP：教师专业组织
SU：督学
PS：校内同行评价人员
PE：其他学校的同行评价人员
IA：中介机构
EE：获得认证的外部评价人员
O：其他

注：学校系统高度分权的联邦国家，各州、省或地区可能有不同的法规。更多信息参见附录 3。
关于“由谁来制定评价方案”（第 22—33 列）与“由谁来评价”（第 35—50 列）方面的详细信息可在线查询（参见以下 StatLink）。
数据来源：OECD. See Annex 3 for notes (www.oecd.org/education/education-at-a-glance-19991487.htm).
缺失数据代码参见《读者指南》。
StatLink http://dx.doi.org/10.1787/888933286404

表 D7.4b 初中教师评价的特征（2015 年）

普通教育

	政策框架涵盖的教师评价类型	评价内容							评价工具与信息来源									教师评价的参照标准	评价结果排名	评价结果申诉机制
		教学计划和备课	课堂教学	课堂氛围	专业发展	对学校发展的贡献	与社区的关系	其他	课堂观察	评价者访谈教师	教师自评	教师档案袋	教师测试	学生成绩	学生调查	家长调查	其他			
	(1)	(2)	(3)	(4)	(5)	(6)	(7)	(8)	(9)	(10)	(11)	(12)	(13)	(14)	(15)	(16)	(17)	(18)	(27)	(28)
OECD 国家																				
澳大利亚	试用期评价	是	是	是	是	m	是	m	是	是	是	是	m	否	否	否	m	NTS,DUT,CC	是	是
	日常评价	是	是	是	是	m	是	m	是	是	是	是	m	m	否	否	m	NTS,DUT,CC	是	是
	教师注册评价	是	是	是	是	否	是	否	m	是	否	是	m	否	否	否	m	NTS	否	是
	晋升评价	m	m	m	m	m	m	m	m	m	m	m	m	m	m	m	m	m	m	m
奥地利	试用期评价	是	是	是	是	是	否	否	是	是	否	是	否	否	否	否	否	注	是	m
	日常评价	是	是	是	是	是	否	否	是	是	否	否	否	否	否	否	否	注	否	m
	教师注册评价	否	否	否	否	否	否	是	是	是	否	否	否	否	否	否	否	注	是	m
	晋升评价	是	是	是	否	是	否	否	是	是	否	否	否	否	否	否	否	注	是	m
比利时弗兰芒语区	日常评价	是	是	是	是	是	是	否	m	是	m	m	m	m	m	m	m	DUT	是	是
比利时法语区	日常评价	是	是	是	是	否	否	是	是	是	否	是	否	是	否	否	否	NTS	否	否
加拿大	m	m	m	m	m	m	m	m	m	m	m	m	m	m	m	m	m	m	m	m
智利	日常评价	是	是	是	是	否	否	否	是	否	是	是	是	否	否	否	否	NTS,DUT	是	否
	奖惩性评价	是	是	是	是	否	否	否	是	否	是	是	是	否	否	否	否	NTS,DUT	否	否
捷克	试用期评价	是	是	否	否	否	否	否	是	是	否	否	否	否	否	否	否	DUT,SIR	m	否
	日常评价	是	是	是	是	是	是	是	是	是	否	是	否	否	是	是	是	SIR	否	否
	晋升评价	是	是	是	是	是	是	否	否	否	否	是	否	否	否	否	否	SIR	否	否
丹麦	a	a	a	a	a	a	a	a	a	a	a	a	a	a	a	a	a	a	a	a
英格兰	试用期评价	是	是	是	是	是	是	否	是	是	是	否	否	是	否	否	否	NTS,OTH	否	是
	日常评价	是	是	是	是	是	是	否	是	是	是	否	否	是	否	否	否	NTS,OTH	否	是
爱沙尼亚	a	a	a	a	a	a	a	a	a	a	a	a	a	a	a	a	a	a	a	a
芬兰	m	m	m	m	m	m	m	m	m	m	m	m	m	m	m	m	m	m	m	m
法国	试用期评价	是	是	是	是	是	是	是	是	是	是	是	否	否	否	否	否	NTS,DUT,CC	是	是
	日常评价	是	是	是	是	是	是	是	是	是	是	是	否	否	否	否	否	NTS,DUT,CC	是	是
德国	a	a	a	a	a	a	a	a	a	a	a	a	a	a	a	a	a	a	a	a

教师评价的参照标准

None：无　　RTS：地区或中介机构教学标准　　CC：行为准则　　SIR：学校规章制度

NTS：国家或州教学标准　　DUT：教师的一般职责与专业职责　　SDP：学校发展规划或学校项目　　OTH：其他

注：学校教育系统高度分权的联邦国家，各州、省或地区可能有不同的法规。更多信息参见附录 3。

关于“教师评价的参照标准”（第 19—26 列）等方面的详细信息可在线查询（参见以下 StatLink）。

数据来源：OECD. See Annex 3 for notes (www.oecd.org/education/education-at-a-glance-19991487.htm).

缺失数据代码参见《读者指南》。

StatLink http://dx.doi.org/10.1787/888933286413

D7

表 D7.4b（续） 初中教师评价的特征（2015 年）

普通教育

		政策框架涵盖的教师评价类型	评价内容							评价工具与信息来源									教师评价的参照标准	评价结果排名	评价结果申诉机制
			教学计划和备课	课堂教学	课堂氛围	专业发展	对学校发展的贡献	与社区的关系	其他	课堂观察	评价者访谈教师	教师自评	教师档案袋	教师测试	学生成绩	学生调查	家长调查	其他			
		(1)	(2)	(3)	(4)	(5)	(6)	(7)	(8)	(9)	(10)	(11)	(12)	(13)	(14)	(15)	(16)	(17)	(18)	(27)	(28)
OECD 国家	希腊	试用期评价	是	是	是	是	是	是	否	是	是	是	是	否	是	是	是	否	NTS,SDP	是	是
		日常评价	是	是	是	是	是	是	否	是	是	是	是	否	是	是	是	否	NTS,SDP	是	是
		教师注册评价	是	是	是	是	是	是	否	是	是	是	是	否	是	是	是	否	NTS,SDP	是	是
		晋升评价	是	是	是	是	是	是	否	是	是	是	是	否	是	是	是	否	NTS,SDP	是	是
	匈牙利	试用期评价	是	是	是	是	是	否	否	是	是	是	是	否	否	否	否	否	NTS,DUT	是	m
		日常评价	是	是	是	是	是	否	否	是	是	是	是	否	否	否	否	否	NTS,DUT	是	m
		晋升评价	是	是	是	是	是	否	否	是	是	是	是	否	否	否	否	否	NTS,DUT	是	m
		奖惩性评价	是	是	是	是	是	否	否	是	是	是	是	否	否	否	否	否	NTS,DUT	是	m
	冰岛	a	a	a	a	a	a	a	a	a	a	a	a	a	a	a	a	a	a	a	a
	爱尔兰	试用期评价	是	是	是	是	是	否	否	是	是	否	是	否	否	否	否	否	NTS,CC	是	是
		教师注册评价	是	是	是	是	是	否	否	是	是	否	是	否	否	否	否	否	NTS,CC	是	是
	以色列	试用期评价	是	是	是	是	是	是	否	是	是	是	是	否	否	否	否	否	NTS	是	是
		教师注册评价	是	是	是	是	是	是	否	是	是	是	是	否	否	否	否	否	NTS	是	是
		晋升评价	是	是	是	是	是	是	否	是	是	是	是	否	否	否	否	否	NTS	是	是
	意大利	试用期评价	m	m	m	m	m	m	是	m	m	m	m	m	m	m	m	是	CC,SDP	否	是
	日本	日常评价	m	m	m	m	m	m	m	m	m	m	m	m	m	m	m	m	m	m	m
	韩国	日常评价	是	是	是	否	否	是	否	是	否	否	是	否	否	是	是	是	NTS,RTS,DUT	否	是
		晋升评价	是	是	是	是	是	是	否	是	否	是	是	否	否	否	否	否	NTS,RTS,DUT,CC,SDP,SIR	是	否
		奖惩性评价	是	是	是	是	是	是	否	否	否	否	是	否	否	否	否	否	NTS,RTS,DUT,SDP,SIR	是	是
	卢森堡	a	a	a	a	a	a	a	a	a	a	a	a	a	a	a	a	a	a	a	a
	墨西哥	试用期评价	是	是	是	是	是	是	否	是	是	否	否	否	是	否	否	否	NTS	是	是
		日常评价	是	是	是	是	是	是	否	否	否	否	否	是	否	否	否	否	NTS	是	m
		晋升评价	是	是	是	是	是	是	否	否	否	否	否	是	否	否	否	否	NTS	是	是
		奖惩性评价	否	是	否	否	否	否	否	否	否	否	否	否	是	否	否	否	NTS	m	是

教师评价的参照标准

None：无　RTS：地区或中介机构教学标准　CC：行为准则　SIR：学校规章制度

NTS：国家或州教学标准　DUT：教师的一般职责与专业职责　SDP：学校发展规划或学校项目　OTH：其他

注：学校教育系统高度分权的联邦国家，各州、省或地区可能有不同的法规。更多信息参见附录 3。

关于"教师评价的参照标准"（第 19—26 列）等方面的详细信息可在线查询（参见以下 StatLink）。

数据来源：OECD. See Annex 3 for notes (www. oecd. org/education/education-at-a-glance-19991487. htm).

缺失数据代码参见《读者指南》。

StatLink http：//dx. doi. org/10. 1787/888933286413

表 D7.4b（续）　初中教师评价的特征（2015 年）

普通教育

	政策框架涵盖的教师评价类型	评价内容：教学计划和备课	评价内容：课堂教学	评价内容：课堂氛围	评价内容：专业发展	评价内容：对学校发展的贡献	评价内容：与社区的关系	评价内容：其他	评价工具与信息来源：课堂观察	评价工具与信息来源：评价者访谈教师	评价工具与信息来源：教师自评	评价工具与信息来源：教师档案袋	评价工具与信息来源：教师测试	评价工具与信息来源：学生成绩	评价工具与信息来源：学生调查	评价工具与信息来源：家长调查	评价工具与信息来源：其他	教师评价的参照标准	评价结果排名	评价结果申诉机制
	(1)	(2)	(3)	(4)	(5)	(6)	(7)	(8)	(9)	(10)	(11)	(12)	(13)	(14)	(15)	(16)	(17)	(18)	(27)	(28)
OECD 国家																				
荷兰	试用期评价	m	m	m	m	m	m	m	m	m	m	m	m	m	m	m	m	m	m	是
	日常评价	m	m	m	m	m	m	m	m	m	m	m	m	m	m	m	m	m	m	是
	教师注册评价	m	m	m	m	m	m	m	m	m	m	m	m	m	m	m	m	m	m	m
	晋升评价	m	m	m	m	m	m	m	m	m	m	m	m	m	m	m	m	m	m	是
	奖惩性评价	m	m	m	m	m	m	m	m	m	m	m	m	m	m	m	m	m	m	是
新西兰	试用期评价	是	是	是	是	是	是	否	是	是	是	是	否	否	否	否	否	NTS,DUT,CC,SDP,SIR	否	是
	日常评价	是	是	是	是	是	是	否	是	是	是	是	否	否	否	否	否	NTS,DUT,CC,SDP,SIR	否	是
	教师注册评价	是	是	是	是	是	是	否	是	是	是	是	否	否	否	否	否	NTS,DUT	否	是
挪威	a	a	a	a	a	a	a	a	a	a	a	a	a	a	a	a	a	a	a	a
波兰	试用期评价	是	是	是	是	是	是	否	是	m	是	m	否	否	否	否	否	NTS	是	是
	日常评价	是	是	是	是	是	是	否	是	m	否	否	否	否	是	否	否	NTS	是	是
	晋升评价	是	是	是	是	是	是	否	是	m	是	m	否	否	否	否	否	NTS	是	是
葡萄牙	试用期评价	是	是	是	是	是	是	否	是	否	是	否	否	否	否	否	是	NTS,SDP,SIR,OTH	是	是
	日常评价	是	是	是	是	是	是	否	否	否	是	否	否	否	否	否	是	NTS,SDP,SIR,OTH	是	是
苏格兰	a	a	a	a	a	a	a	a	a	a	a	a	a	a	a	a	a	a	a	a
斯洛伐克	试用期评价	是	是	是	是	是	是	是	是	是	否	是	是	是	是	是	否	NTS,DUT,CC,SDP,SIR	是	否
	日常评价	是	是	是	是	是	是	是	是	是	否	是	否	是	是	是	否	NTS,DUT,CC,SDP,SIR	是	否
斯洛文尼亚	试用期评价	是	是	是	是	是	是	否	m	m	m	m	m	m	m	m	m	否	是	是
	日常评价	是	是	是	是	是	是	否	是	是	否	否	否	否	否	否	m	DUT	是	是
	教师注册评价	是	是	是	是	是	是	是	是	否	否	否	是	否	否	否	m	否	是	
	晋升评价	是	是	是	是	是	是	否	否	否	否	是	否	否	否	否	m	NTS,DUT	否	是
	奖惩性评价	是	是	是	是	是	是	否	m	m	m	m	m	m	m	m	m	DUT	否	是
西班牙	教师注册评价	是	是	是	是	是	是	否	是	是	否	是	否	否	否	否	否	NTS	否	是
瑞典	日常评价	m	m	m	m	m	m	m	m	m	m	m	m	m	m	m	m	NTS,SDP,SIR	m	m
	教师注册评价	否	否	否	否	否	否	是	否	否	否	否	否	否	否	否	是	NTS	否	是
	奖惩性评价	m	m	m	m	m	m	是	m	m	m	m	m	m	m	m	m	NTS,OTH	m	m

教师评价的参照标准

None：无　　RTS：地区或中介机构教学标准　　CC：行为准则　　SIR：学校规章制度

NTS：国家或州教学标准　　DUT：教师的一般职责与专业职责　　SDP：学校发展规划或学校项目　　OTH：其他

注：学校教育系统高度分权的联邦国家，各州、省或地区可能有不同的法规。更多信息参见附录 3。

关于“教师评价的参照标准”（第 19—26 列）等方面的详细信息可在线查询（参见以下 StatLink）。

数据来源：OECD. See Annex 3 for notes (www.oecd.org/education/education-at-a-glance-19991487.htm).

缺失数据代码参见《读者指南》。

StatLink http://dx.doi.org/10.1787/888933286413

表 D7.4b（续） 初中教师评价的特征（2015 年）

普通教育

		政策框架涵盖的教师评价类型	评价内容							评价工具与信息来源									教师评价的参照标准	评价结果排名	评价结果申诉机制
			教学计划和备课	课堂教学	课堂氛围	专业发展	对学校发展的贡献	与社区的关系	其他	课堂观察	评价者访谈教师	教师自评	教师档案袋	教师测试	学生成绩	学生调查	家长调查	其他			
		(1)	(2)	(3)	(4)	(5)	(6)	(7)	(8)	(9)	(10)	(11)	(12)	(13)	(14)	(15)	(16)	(17)	(18)	(27)	(28)
OECD 国家	瑞士	m	m	m	m	m	m	m	m	m	m	m	m	m	m	m	m	m	m	m	m
	土耳其	试用期评价	是	是	是	是	是	是	否	是	是	否	是	是	否	否	否	否	NTS,CC	是	是
		日常评价	是	是	是	是	是	是	否	是	是	否	是	否	是	否	否	否	NTS,CC	否	否
		奖惩性评价	是	是	是	是	是	是	否	否	否	否	是	否	是	否	否	否	NTS,CC	否	否
	美国	试用期评价	是	是	是	m	m	m	m	是	是	是	是	m	是	是	是	是	NTS,DUT,CC,SDP,SIR	是	是
		日常评价	是	是	是	是	是	是	m	是	是	是	是	m	是	是	是	是	NTS,DUT,CC,SDP,SIR	是	是
		教师注册评价	是	是	是	是	是	是	m	是	是	是	是	m	是	是	是	是	NTS,DUT,CC,SDP,SIR	是	是
		晋升评价	是	是	是	是	是	是	m	是	是	是	是	m	是	是	是	是	NTS,DUT,CC,SDP,SIR	是	是
		奖惩性评价	是	是	是	是	是	是	m	是	是	是	是	m	是	是	是	是	NTS,DUT,CC,SDP,SIR	是	是
伙伴国	巴西	试用期评价	是	是	是	是	是	是	否	否	是	是	否	否	否	否	否	否	DUT,CC	m	m
		日常评价	是	是	是	是	是	是	否	否	是	是	否	否	是	是	否	否	DUT,CC	m	m
	哥伦比亚	试用期评价	是	是	是	是	是	是	否	否	是	否	是	否	否	否	否	否	NTS,DUT,CC,SDP,SIR	是	否
		日常评价	是	是	是	是	是	是	否	否	是	否	是	否	是	否	否	否	NTS,DUT,CC,SDP,SIR	是	否
		晋升性评价	是	是	是	是	是	是	否	否	否	否	否	是	否	否	否	否	NTS,DUT,CC	是	是
	拉脱维亚	m	m	m	m	m	m	m	m	m	m	m	m	m	m	m	m	m	m	m	m

教师评价的参照标准

None：无　　RTS：地区或中介机构教学标准　　CC：行为准则　　SIR：学校规章制度
NTS：国家或州教学标准　　DUT：教师的一般职责与专业职责　　SDP：学校发展规划或学校项目　　OTH：其他

注：学校教育系统高度分权的联邦国家，各州、省或地区可能有不同的法规。更多信息参见附录 3。
关于“教师评价的参照标准”（第 19—26 列）等方面的详细信息可在线查询（参见以下 StatLink）。
数据来源：OECD. See Annex 3 for notes (www. oecd. org/education/education-at-a-glance-19991487. htm).
缺失数据代码参见《读者指南》。
StatLink http：//dx. doi. org/10. 1787/888933286413

表 D7.8b 初中学校领导评价：资格、管理与责任（2015 年）

普通教育

		有无评价	政策框架涵盖的学校领导					义务参与评价	评价频率	在何种情况下开展评价							由谁来制定评价方案	由谁来评价
			学校校长/主任	学校副校长/副主任	中层领导	部门领导	其他			决定职位聘任	回应外界的投诉	取决于学校董事会或委员会/教育部门	需要调任	取决于学校领导	自愿	其他		
		(1)	(2)	(3)	(4)	(5)	(6)	(7)	(8)	(9)	(10)	(11)	(12)	(13)	(14)	(15)	(16)	(30)
OECD 国家	澳大利亚	P	a	a	a	a	a	a	a	a	a	a	a	a	a	a	a	a
	奥地利	N	a	a	a	a	a	a	a	a	a	a	a	a	a	a	a	a
	比利时弗兰芒语区	L	是	否	是	否	否	MP	3	是	否	是	否	是	否	否	S,SO	P,SO
	比利时法语区	L	是	否	a	a	a	MP	4	是	否	是	否	否	否	否	S,SO	S,SO,O
	加拿大	L	m	m	m	m	m	m	m	m	m	m	m	m	m	m	m	m
	智利	N	a	a	a	a	a	a	a	a	a	a	a	a	a	a	a	a
	捷克	L	是	否	否	否	否	MN	a	是	否	否	否	否	否	否	R,SO	SR,SO
	丹麦	P	a	a	a	a	a	a	a	a	a	a	a	a	a	a	a	a
	英格兰	L	是	是	否	否	是	MP	1	否	否	否	否	否	是	m	C	L,SB,EE
	爱沙尼亚	N	a	a	a	a	a	a	a	a	a	a	a	a	a	a	a	a
	芬兰	m	m	m	m	m	m	m	m	m	m	m	m	m	m	m	m	m
	法国	L	是	是	否	否	否	MP	2	否	是	否	是	否	否	否	C	C
	德国	N	a	a	a	a	a	a	a	a	a	a	a	a	a	a	a	a
	希腊	L	是	否	否	否	否	MP	3	是	否	否	否	否	是	否	C	C,IA
	匈牙利	L	是	否	否	否	否	MP	4	是	否	否	否	否	否	是	C,CA	P,EE,O
	冰岛	N	a	a	a	a	a	a	a	a	a	a	a	a	a	a	a	a
	爱尔兰	N	a	a	a	a	a	a	a	a	a	a	a	a	a	a	a	a
	以色列	L	是	是	否	否	否	MP	2	是	否	否	否	是	是	否	C,SA	R
	意大利	N	a	a	a	a	a	a	a	a	a	a	a	a	a	a	a	a
	日本	N	a	a	a	a	a	a	a	a	a	a	a	a	a	a	a	a

有无学校领导评价
L：法律规定实施
P：没有学校领导评价，但有类似的实践
N：没有学校领导评价，也没有类似的实践

义务参与评价
MP：强制性定期
MN：强制性非定期
VO：非强制性义务

评价频率
1：每年一次
2：每三年一次
3：每四年一次
4：每五年一次

由谁来制定评价方案，由谁来评价
C：中央教育部门或政府
CA：中央机构
S：州教育部门或政府
SA：州机构
R：省、地区教育部门或政府
SR：次级区域市际教育部门或政府
L：地方教育部门或政府
SB：学校董事会或委员会
SO：学校组织机构
P：学校校长/主任
DP：学校副校长/副主任
SP：学校领导专业组织
SL：学校领导成员（不包括校长/主任）
TP：教师专业组织
SU：督学
PS：校内同行评价人员
PE：其他学校的同行评价人员
IA：中介机构
EE：获得认证的外部评价人员
O：其他

注：学校系统高度分权的联邦国家，各州、省或地区可能有不同的法规。更多信息参见附录 3。
关于“由谁来制定评价方案”（第 17—29 列）与“由谁来评价”（第 31—45 列）方面的详细信息可在线查询（参见以下 StatLink）。
数据来源：OECD. See Annex 3 for notes（www.oecd.org/education/education-at-a-glance-19991487.htm）.
缺失数据代码参见《读者指南》。
StatLink http：//dx.doi.org/10.1787/888933286426

表 D7.8b（续） 初中学校领导评价：资格、管理与责任（2015 年）

普通教育

		有无评价	政策框架涵盖的学校领导					义务参与评价	评价频率	在何种情况下开展评价							由谁来制定评价方案	由谁来评价
			学校校长/主任	学校副校长/副主任	中层领导	部门领导	其他			决定职位聘任	回应外界的投诉	取决于学校董事会或委员会/教育部门	需要调任	取决于学校领导	自愿	其他		
		(1)	(2)	(3)	(4)	(5)	(6)	(7)	(8)	(9)	(10)	(11)	(12)	(13)	(14)	(15)	(16)	(30)
OECD国家	韩国	L	是	是	a	a	否	MP	1	否	否	是	否	否	否	否	C,R,L,SB	P,DP,EE,O
	卢森堡	N	a	a	a	a	a	a	a	a	a	a	a	a	a	a	a	a
	墨西哥	L	是	是	是	是	否	MP	3	是	否	否	否	否	是	否	C	C
	荷兰	P	a	a	a	a	a	a	a	a	a	a	a	a	a	a	a	a
	新西兰	L	是	是	是	是	否	MP	1	是	否	是	否	否	否	否	C,CA,SB,P,DP,SP	C,SB,P,SL,PE
	挪威	N	a	a	a	a	a	a	a	a	a	a	a	a	a	a	a	a
	波兰	L	是	否	否	否	否	VO	a	否	否	是	否	否	是	否	C	L
	葡萄牙	L	是	是	是	是	否	MP	3	否	否	否	否	否	否	是	C	SB,IA
	苏格兰	N	a	a	a	a	a	a	a	a	a	a	a	a	a	a	a	a
	斯洛伐克	L	是	是	否	否	否	MP	1	否	是	否	否	否	否	否	SO,P,O	P,SO
	斯洛文尼亚	L	是	是	a	a	否	MP	1	是	否	否	否	否	否	否	C	C,SB,P,SO,IA
	西班牙	L	是	否	否	否	否	MP	1	是	否	否	否	否	否	否	S	S,IA
	瑞典	N	a	a	a	a	a	a	a	a	a	a	a	a	a	a	a	a
	瑞士	L	m	m	m	m	m	m	m	m	m	m	m	m	m	m	m	m
	土耳其	L	是	否	否	否	否	MP	3	是	是	否	否	是	否	否	C	R,L,EE,O
	美国	L	是	是	m	m	m	m	m	是	是	是	是	是	是	是	S,L,SB,SO,SP	S,L,SB,PS,EE,PE
伙伴国	巴西	m	m	m	m	m	m	m	m	m	m	m	m	m	m	m	m	m
	哥伦比亚	L	是	是	否	否	否	MP	1	是	否	否	否	是	否	否	C,CA	S/L
	拉脱维亚	P	a	a	a	a	a	a	a	a	a	a	a	a	a	a	a	a

有无学校领导评价
L：法律规定实施
P：没有学校领导评价，但有类似的实践
N：没有学校领导评价，也没有类似的实践

义务参与评价
MP：强制性定期
MN：强制性非定期
VO：非强制性义务

评价频率
1：每年一次
2：每三年一次
3：每四年一次
4：每五年一次

由谁来制定评价方案，由谁来评价
C：中央教育部门或政府
CA：中央机构
S：州教育部门或政府
SA：州机构
R：省、地区教育部门或政府
SR：次级区域市际教育部门或政府
L：地方教育部门或政府
SB：学校董事会或委员会
SO：学校组织机构
P：学校校长/主任
DP：学校副校长/副主任
SP：学校领导专业组织
SL：学校领导成员（不包括校长/主任）
TP：教师专业组织
SU：督学
PS：校内同行评价人员
PE：其他学校的同行评价人员
IA：中介机构
EE：获得认证的外部评价人员
O：其他

注：学校系统高度分权的联邦国家，各州、省或地区可能有不同的法规。更多信息参见附录 3。
关于“由谁来制定评价方案”（第 17—29 列）与“由谁来评价”（第 31—45 列）方面的详细信息可在线查询（参见以下 StatLink）。
数据来源：OECD. See Annex 3 for notes (www. oecd. org/education/education-at-a-glance-19991487. htm).
缺失数据代码参见《读者指南》。
StatLink http：//dx. doi. org/10. 1787/888933286426

表 D7.9b　初中学校领导评价的特征（2015 年）

普通教育

	有无评价	评价内容									评价工具与信息来源									学校领导评价的参照标准	评价结果排序	评价结果申诉机制
		一般领导力	教育教学领导力	组织发展	学校环境	与社区的关系	评价和问责	资源管理	人际交往能力	其他	评价者访谈学校领导	学校领导自评	学校领导档案袋	学校视察	学生成绩	学生调查	家长调查	教师调查	其他			
	(1)	(2)	(3)	(4)	(5)	(6)	(7)	(8)	(9)	(10)	(11)	(12)	(13)	(14)	(15)	(16)	(17)	(18)	(19)	(20)	(29)	(30)
OECD 国家																						
澳大利亚	P	a	a	a	a	a	a	a	a	a	a	a	a	a	a	a	a	a	a	a	a	a
奥地利	N	a	a	a	a	a	a	a	a	a	a	a	a	a	a	a	a	a	a	a	a	a
比利时弗兰芒语区	L	m	m	m	m	m	m	m	m	m	是	m	m	m	m	m	m	m	m	DUT	是	是
比利时法语区	L	是	是	是	是	是	否	是	是	是	是	是	否	否	否	否	否	否	否	NSS,DUT,OTH	否	是
加拿大	L	m	m	m	m	m	m	m	m	m	m	m	m	m	m	m	m	m	m	m	m	m
智利	N	a	a	a	a	a	a	a	a	a	a	a	a	a	a	a	a	a	a	a	a	a
捷克	L	是	是	是	否	否	是	是	否	是	否	是	否	是	否	否	否	否	是	DUT,OTH	否	否
丹麦	P	a	a	a	a	a	a	a	a	a	a	a	a	a	a	a	a	a	a	a	a	a
英格兰	L	m	m	m	m	m	m	m	m	m	是	是	是	否	否	是	否	否	m	NSS	否	是
爱沙尼亚	N	a	a	a	a	a	a	a	a	a	a	a	a	a	a	a	a	a	a	a	a	a
芬兰	m	m	m	m	m	m	m	m	m	m	m	m	m	m	m	m	m	m	m	m	m	m
法国	L	是	是	是	是	是	是	是	是	否	是	是	是	否	是	否	否	否	是	NSS,DUT,OTH	是	是
德国	N	a	a	a	a	a	a	a	a	a	a	a	a	a	a	a	a	a	a	a	a	a
希腊	L	是	是	是	是	是	是	是	是	否	是	是	是	是	是	是	是	是	否	NSS,DUT,SDP	是	是
匈牙利	L	是	是	否	否	否	否	否	否	否	是	是	是	是	否	否	是	是	否	NSS,DUT	否	m
冰岛	N	a	a	a	a	a	a	a	a	a	a	a	a	a	a	a	a	a	a	a	a	a
爱尔兰	N	a	a	a	a	a	a	a	a	a	a	a	a	a	a	a	a	a	a	a	a	a
以色列	L	是	是	是	是	是	是	是	否	否	是	是	否	否	否	否	否	否	否	NSS,RSS,DUT,CC	是	是
意大利	N	a	a	a	a	a	a	a	a	a	a	a	a	a	a	a	a	a	a	a	a	a
日本	N	a	a	a	a	a	a	a	a	a	a	a	a	a	a	a	a	a	a	a	a	a
韩国	L	是	是	是	是	是	是	是	是	否	是	是	是	是	否	否	是	是	否	RSS,DUT	是	否
卢森堡	N	a	a	a	a	a	a	a	a	a	a	a	a	a	a	a	a	a	a	a	a	a

有无学校领导评价
L：法律规定实施
P：没有学校领导评价，但有类似的实践
N：没有学校领导评价，也没有类似的实践

学校领导评价的参照标准
None：无
NSS：国家或州学校领导标准
RSS：地区或中介机构学校领导标准
DUT：学校领导的一般职责与专业职责
CC：行为准则
SDP：学校发展规划或学校项目
SIR：学校规章制度
OTH：其他

注：学校系统高度分权的联邦国家，各州、省或地区可能有不同的法规。更多信息参见附录 3。
关于“学校领导评价的参照标准”（第 21—28 列）方面的详细信息可在线查询（参见以下 StatLink）。
数据来源：OECD. See Annex 3 for notes (www.oecd.org/education/education-at-a-glance-19991487.htm).
缺失数据代码参见《读者指南》。
StatLink http://dx.doi.org/10.1787/888933286432

表 D7.9b（续）　初中学校领导评价的特征（2015 年）

普通教育

		有无评价	评价内容									评价工具与信息来源									学校领导评价的参照标准	评价结果排序	评价结果申诉机制
			一般领导力	教育教学领导力	组织发展	学校环境	与社区的关系	评价和问责	资源管理	人际交往能力	其他	评价者访谈学校领导	学校领导自评	学校领导档案袋	学校视察	学生成绩	学生调查	家长调查	教师调查	其他			
		(1)	(2)	(3)	(4)	(5)	(6)	(7)	(8)	(9)	(10)	(11)	(12)	(13)	(14)	(15)	(16)	(17)	(18)	(19)	(20)	(29)	(30)
OECD 国家	墨西哥	L	是	是	是	是	是	是	是	是	否	否	否	是	否	是	否	否	否	否	NSS	是	是
	荷兰	P	a	a	a	a	a	a	a	a	a	a	a	a	a	a	a	a	a	a	a	a	a
	新西兰	L	是	是	是	是	是	是	是	是	否	是	是	是	是	是	是	是	是	m	NSS, DUT, CC, SDP, SIR	否	是
	挪威	N	a	a	a	a	a	a	a	a	a	a	a	a	a	a	a	a	a	a	a	a	a
	波兰	L	是	是	是	是	是	是	是	是	否	m	m	否	否	否	否	否	否	否	NSS	是	是
	葡萄牙	L	是	是	是	是	是	是	是	是	是	否	是	否	是	是	否	否	否	否	DUT, SDP, OTH	是	是
	苏格兰	N	a	a	a	a	a	a	a	a	a	a	a	a	a	a	a	a	a	a	a	a	a
	斯洛伐克	L	是	是	是	是	是	是	是	是	否	是	是	是	是	是	否	否	否	否	RSS, SIR	是	是
	斯洛文尼亚	L	是	是	是	是	是	是	是	是	否	是	否	是	否	否	否	否	否	否	NSS	是	是
	西班牙	L	是	是	是	是	是	是	是	是	否	是	否	是	是	否	否	否	否	否	NSS	否	是
	瑞典	N	a	a	a	a	a	a	a	a	a	a	a	a	a	a	a	a	a	a	a	a	a
	瑞士	L	m	m	m	m	m	m	m	m	m	m	m	m	m	m	m	m	m	m	m	m	m
	土耳其	L	是	是	是	是	是	是	是	是	是	是	否	是	是	是	是	是	是	否	NSS, CC	是	是
	美国	L	是	是	是	是	是	是	是	是	m	是	是	是	是	是	是	是	是	m	NSS, DUT, CC, SDP, SIR	是	是
伙伴国	巴西	m	m	m	m	m	m	m	m	m	m	m	m	m	m	m	m	m	m	m	m	m	m
	哥伦比亚	L	是	是	是	是	是	否	是	是	否	是	否	是	否	是	否	否	否	否	NSS, DUT, CC, SDP, SIR	是	否
	拉脱维亚	P	a	a	a	a	a	a	a	a	a	a	a	a	a	a	a	a	a	a	a	a	a

有无学校领导评价
L：法律规定实施
P：没有学校领导评价，但有类似的实践
N：没有学校领导评价，也没有类似的实践

学校领导评价的参照标准
None：无
NSS：国家或州学校领导标准
RSS：地区或中介机构学校领导标准
DUT：学校领导的一般职责与专业职责
CC：行为准则
SDP：学校发展规划或学校项目
SIR：学校规章制度
OTH：其他

注：学校系统高度分权的联邦国家，各州、省或地区可能有不同的法规。更多信息参见附录 3。
关于"学校领导评价的参照标准"（第 21—28 列）方面的详细信息可在线查询（参见以下 StatLink）。
数据来源：OECD. See Annex 3 for notes (www. oecd. org/education/education-at-a-glance-19991487. htm).
缺失数据代码参见《读者指南》。
StatLink http：//dx. doi. org/10. 1787/888933286432

信息与通信技术（ICT）在教学中的应用程度如何？

指标 D8

- 在 OECD 国家，所有 15 岁学生所在的学校都至少有一台计算机供他们使用；但生机比存在巨大差异，从澳大利亚的每台计算机仅有不足 1 名学生使用到土耳其的每台计算机有 45 名学生使用不等。
- OECD 国家平均约有 15%的学生首次接触互联网时只有 6 岁或不到 6 岁。
- OECD 国家平均只有 17%的学生在学校使用互联网达 1 小时或超过 1 小时，而超过 36%的学生在学校根本不使用互联网。

图 D8.1　15 岁学生首次接触互联网时年龄有多大？（PISA 2012）

基于学生自我报告的年龄分布

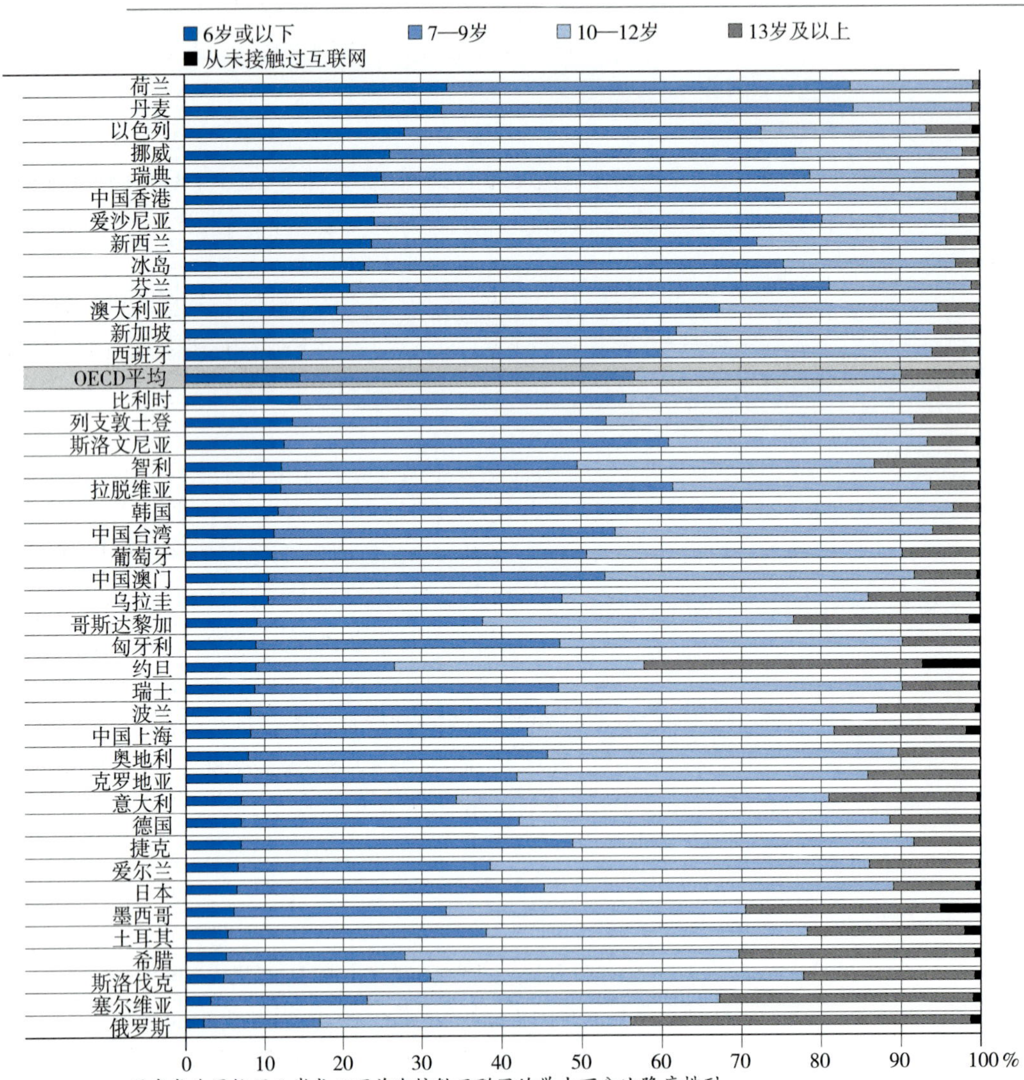

国家或地区按照 6 岁或以下首次接触互联网的学生百分比降序排列。

数据来源：OECD. Table D8.1. See Annex 3 for notes（www.oecd.org/education/education-at-a-glance-19991487.htm）.

StatLink http://dx.doi.org/10.1787/888933284683

背 景

信息与通信技术（ICT）在所有 OECD 国家都是经济增长的重要组成部分。当代年轻人作为学生、求职者、工人、消费者和负责任的公民都需要熟练使用 ICT，那些没有使用过 ICT 的人将会发现，他们要充分参与经济、社会和公民生活会变得越来越困难。然而，基础的 ICT 技能本身并不能增加价值，除非它们与认知能力和其他技能（如创造力、沟通能力、团队合作和毅力等）相结合。

学校需要充足的 ICT 资源，以便帮助学生既能学习如何使用这些技术并从中受益，又能在其他科目中通过使用 ICT 获得新的知识和技能。ICT 也可以使教师和学校管理者的工作更有效率。教育体系内部资源的分配一直以来都是关系到教育公平和质量的重要议题。考虑到技术的快速进步及目前 ICT 在生活各个方面发挥的核心作用，教育决策者需要考虑如何在教育体系内公平地为学生提供 ICT 资源并确保学生能够平等地获取这些资源。

其他发现

- 15 岁男生在 PISA 中的计算机阅读测试得分比纸笔阅读测试得分平均高 4 分。相反，15 岁女生的计算机阅读测试得分比纸笔阅读测试得分平均低 8 分。
- 在所有参加 OECD 2012 年 PISA 的国家和地区中，与纸笔阅读测试相比，计算机阅读测试成绩的性别差异更小。在计算机阅读测试中女生成绩比男生平均高 26 分，而在纸笔阅读测试中女生比男生平均高 38 分，这一分差相当于在学校多学习了一年。
- 参与 OECD 2013 年 TALIS（OECD，2014a）的教师称，他们最需要获得专业发展的领域是教育具有特殊需求的学生和发展用于教学的 ICT 技能。
- 在参加 TALIS 的初中教师中，平均只有 40%或以下的教师称，学生经常使用 ICT 做项目和课堂作业。这表明，尽管很多国家的教育体系在 ICT 方面的投入很大，但教师仍然没有完全做好将这些工具用于教学的准备。
- 考虑到教师对在教学中如何使用 ICT 的培训需求，TALIS 发现和 ICT 相关的专业发展活动与教师参与这些活动的情况并无关联。如果感觉需要进一步培训的教师不能获得这种培训，或者培训没有针对性，那么这种缺乏针对性的培训就显得非常不值当。

趋 势

- 学校校长称，2012 年认为因计算机或计算机软件缺乏而使学校授课能力受到影响的学生数要少于 2003 年。
- 根据校长的报告，OECD 国家之间的生机比（15 岁学生数对应的计算机台数）差距不大。与 2009 年一样，2012 年 OECD 国家学校的每台计算机平均可供 4—5 个学生使用。

分 析

学校的 ICT 资源

学校教育资源质量

2012 年的 PISA 要求校长报告是否由于下列资源的缺乏或不足影响了学校的授课能力，这些资源包括：科学实验室设备、教材（如课本）、教学用计算机和软件以及图书馆资料等。将所有反馈整合后，形成了学校教育资源质量指数。在 OECD 国家，该指数的平均值为 0，标准差为 1。正值表示，教育资源的缺乏对教学的影响程度小于 OECD 平均值；负值表示，教育资源的缺乏对教学的影响程度大于 OECD 平均值。

2012 年，OECD 国家只有平均不到 10%的 15 岁学生所在学校的校长报告称，学校授课能力因教育资源（如课本、图书馆资料、科学实验室、计算机和计算机软件）缺乏或不足而大受影响。例如，有 9%的学生所在学校的校长报告称，因计算机缺乏而使教学大受影响；有 5%的学生所在学校的校长称，因计算机软件缺乏而使教学大受影响。在全球范围内，尤其是在巴西、希腊、冰岛、印度尼西亚、墨西哥、瑞典、突尼斯和土耳其，计算机的缺乏对教学的影响程度更大：至少 15%的学生所在学校的校长报告称，学校授课能力因计算机缺乏而大受影响。相反，澳大利亚、捷克、法国、中国香港、匈牙利、意大利、韩国、中国澳门和斯洛伐克的校长最为乐观，他们中有 96%的人报告称，计算机缺乏对学校教学没有影响（表 D8.2）。

图 D8.2 2003—2012 年学校教育资源质量指数变化

（如课本、教学用计算机、计算机软件）

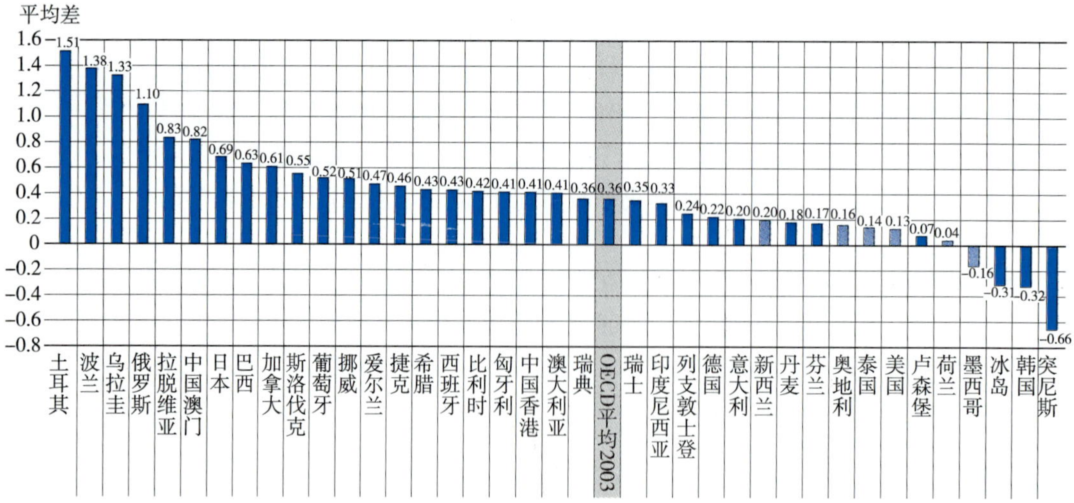

注：学校教育资源质量指数由校长对影响学校教学的潜在因素的看法计算而来（SC14，来自 2012 年 PISA 学校问卷）。指数越高，说明 2012 年教育资源质量越高。深蓝色柱状图表明在统计学上存在显著差异。为了增强可比性，将 2003 年的教育资源质量指数根据 2012 年口径进行了调整。

国家或地区按照 2003—2012 年学校教育资源质量指数变化降序排列。

数据来源：OECD. Table D8.2. See Annex 3 for notes (www.oecd.org/education/education-at-a-glance-19991487.htm).

StatLink http://dx.doi.org/10.1787/888933284698

另外，与 2003 年相比，学校在 2012 年似乎拥有了更好的新技术。校长报告称，2012

年认为学校授课能力因计算机或计算机软件缺乏而受影响的学生数要少于 2003 年。例如，在有可比数据的 38 个国家或地区中，有 26 个国家或地区的认为 2012 年学校授课能力因计算机缺乏而受影响的校长人数比 2003 年有所减少。在澳大利亚、比利时、巴西、德国、爱尔兰、荷兰、俄罗斯和乌拉圭，2003—2012 年的进步最大。相反，在冰岛、印度尼西亚、墨西哥和突尼斯（表 D8.2），与 2003 年相比，2012 年教学用计算机短缺更严重了，这意味着计算机短缺对学校教学造成影响的可能性更大。

OECD 国家的整体趋势显示，与 2003 年相比，2012 年教育资源（如传统课本、图书馆资料、科学实验室、计算机和计算机软件）缺乏对授课能力的影响程度有所减轻。在各类学校中都出现了这种趋势，包括优质学校和薄弱学校、私立学校和公立学校、初中学校和高中学校，以及城镇学校和乡村学校（表 IV.3.45）（OECD，2013）。

每台计算机对应的学生数

考虑到学生对 ICT 的使用部分取决于他们能够使用计算机的机会，获取 ICT 资源的一个重要指标就是每台计算机对应的学生数。在 OECD 国家，所有学校实际上至少有一台计算机可以使用。每台计算机对应的学生数是根据 15 岁学生数和这些学生可以获得的计算机数计算得出的。2012 年，OECD 国家平均每台计算机对应 5 名学生。在巴西、哥斯达黎加、印度尼西亚、墨西哥和土耳其，每台计算机对应的学生数最多（至少 15 名）；而在澳大利亚、捷克、中国澳门、新西兰、挪威、斯洛伐克、英国和美国，每台计算机对应的学生数最少（少于 2 名）（表 D8.1）。

根据校长的报告，总体来讲，OECD 国家的每台学校计算机对应的 15 岁学生数相差不大。和 2009 年一样，2012 年 OECD 国家平均每台计算机对应 4—5 名学生。在全球范围内，有可比数据的 49 个国家或地区中，有 12 个国家或地区的每台计算机对应的学生数均有显著下降；只有 5 个国家有所增加，增加最显著的是土耳其（从 12 名增加到 45 名），增加的部分原因可能是学生人口在此期间增加了，而不是学生可获得的计算机数减少了（表 D8.1）。

首次接触互联网及在学校使用互联网的程度

从未用过计算机的学生数

衡量学生使用 ICT 及其熟练程度的最基本方法是确定他们是否使用过计算机。2012 年 OECD 的 PISA 发现，所有参与测试的国家或地区的所有 15 岁的男生和女生，在参与 PISA 时都已接触过互联网。2012 年 OECD 国家平均只有不到 1%的学生报告说他们从未使用过计算机或接触过互联网。在墨西哥，这一比例为 5%；约旦的该比例最高，7%的学生报告从未接触过互联网（OECD，2015a）。

就 OECD 国家平均而言，约 15%的学生报告称他们在入学前就已经使用过互联网（即 6 岁或更早）；大约 40%的学生报告称他们第一次使用互联网是在 7—9 岁。男生在 6 岁前使用过互联网的概率平均比女生高出 4 个百分点（表 D8.1 和图 D8.1）（OECD，2015b）。

2012 年 OECD 的 PISA 向学生提出问题，问他们在学校的一天学习中使用计算机的时间有多长。以分钟和小时为单位来测量课堂中计算机的使用是研究人员确定 ICT 在课堂活动中的使用程度的一种方法。OECD 国家平均只有 17%的学生报告称，他们在学校每天使用互联网的时间为 1 小时或更长；超过 36% 的学生报告称，他们在学校根本不使用互联网（表 D8.1）。

根据学生自己的报告，OECD 国家学生在学校平均每天上网时间是 25 分钟。澳大利亚学生在学校平均每天上网时间是 58 分钟，丹麦学生是 46 分钟，希腊学生是 42 分钟，瑞典学生是 39 分钟。相反，在德国、意大利、日本、约旦、韩国、中国澳门、波兰、中国上海、新加坡、土耳其和乌拉圭，至少 50%的学生报告称，他们在学校根本不使用互联网（表 D8.1）。然而，在学校使用互联网的程度与 PISA 中的阅读成绩之间并不存在线性关系。PISA 结果表明，在学校有限度地使用计算机要比根本不使用计算机好；然而，当在校使用计算机的强度超过 OECD 平均水平时，计算机的使用时间往往与学生较差的成绩呈显著相关。只有在某些特定情况下，如当计算机软件和互联网有助于增加学习时间和实践时，ICT 的使用才会对学生成绩有好的影响（OECD，2015b）。

尽管在很多教室里计算机已经成为人们熟悉的硬件设施，然而大多数 15 岁学生常常是在校外的休闲时间、在周末使用计算机，一般都不是为了做学校功课。据报告，OECD 国家男生每周平均使用计算机的时间为 144 分钟，女生为 130 分钟。也许令人吃惊的是，据报告，男生在学校使用互联网的时间超过女生：在 26 个国家，男生每周在学校使用互联网的时间要比女生多（OECD，2015b）。

计算机阅读测试与纸笔阅读测试成绩的性别差异

学生熟悉智能手机和计算机未必意味着有能力使用这些设备或者懂得如何批判性地评估通过它们收集到的信息。在很大程度上，与数字技术有关的学习成果取决于学生如何使用这些技术及其使用程度。

2012 年 PISA 不仅对 15 岁学生收集和处理纸笔阅读测试信息的技能进行了评价，而且对 15 岁学生阅读数字材料时的熟练程度进行了评价。PISA 发现，在帮助学生武装自己以全面投身数字化时代方面，一些国家比另一些国家做得更为成功。例如，在澳大利亚、巴西、韩国、新加坡、瑞典和美国，15 岁男生和女生的计算机阅读测试成绩要好于纸笔阅读测试成绩；而在德国、匈牙利、以色列、波兰、中国上海、西班牙和阿拉伯联合酋长国（以下简称阿联酋），情况则刚好相反。在学生计算机阅读测试成绩更好的国家中，韩国最近制定了“智能教育”政策，内容包括建设或改进基础设施以便适应新技术，并利用这些技术开展教师培训（表 D8.3 和图 D8.3）。

PISA 还揭示了男生和女生在数字化技能方面的一些有趣差异。15 岁男生的计算机阅读测试成绩平均比纸笔阅读测试成绩高 4 分。相反，15 岁女生的计算机阅读测试成绩平均比纸笔阅读测试成绩低 8 分。结果是在计算机阅读测试和纸笔阅读测试方面女生的表现均优于男生，但在计算机阅读测试方面性别差异趋于缩小。在参与了两种阅读测试的国家和地区中，女生的纸笔阅读测试成绩平均比男生高 38 分，这相当于一年的正规学校学习；女生的计算机阅读测试成绩平均只比男生高 26 分。在计算机阅读测试成绩上女生之间的差异明显，不如纸笔阅读测试成绩的男女生之间的差异大。在所有参与测试的国家和地区，纸笔阅读测试成绩的性别差异大于计算机阅读测试；在法国、以色列、意大利、韩国、中国澳门、葡萄牙、俄罗斯、斯洛伐克、斯洛文尼亚、瑞典和中国台湾，这一差异超过了 15 分（表 D8.3 和图 D8.3）。

国家和地区间的性别差异的变化似乎与阅读成绩的绝对水平并不相关。例如，在计算机阅读测试和纸笔阅读测试成绩低于 OECD 平均水平的国家和地区中，奥地利的计算机阅读测试成绩的男女生差异（27 分）比纸笔阅读测试成绩的男女生差异（37 分）小很多；西班牙的计算机阅读测试成绩的男女生差异（24 分）和纸笔阅读测试成绩的男女生差异

（29 分）比较接近。在 2012 年参加计算机阅读测试评价的 32 个国家和地区中，那些计算机阅读测试成绩性别差异最大的国家，如爱沙尼亚、匈牙利、挪威、波兰、斯洛文尼亚、瑞典和阿联酋，其纸笔阅读测试成绩的性别差异也往往相对较大。在这些国家，造成计算机阅读测试成绩的男女生差异的因素和造成纸笔阅读测试成绩的男女生差异的因素似乎是一样的，或至少类似（表 D8. 3 和图 D8. 3）。

PISA 报告的成果——《教育中的性别平等：天资、行为、信心》（OECD，2015b）的结论表明，男生参加计算机阅读测试时得分较高在很大程度上是因为他们对计算机更为熟悉，这和他们花较多的时间玩计算机游戏有关。学生玩个人计算机游戏和联合网络游戏越频繁，他们相应的纸笔阅读测试成绩就越差；男生玩游戏的人数和频率均高于女生。玩计算机游戏过于频繁将会挤占学生写作业的时间，不利于学生提高阅读和计算技能。在计算机阅读测试中，玩计算机游戏对学生阅读的负面影响也许会和对学生计算机阅读测试的正面影响相抵消。经常玩计算机游戏的学生对于计算机阅读测试感到更自如，可能更愿意参加计算机阅读测试。

D8

图 D8. 3 纸笔阅读测试成绩和计算机阅读测试成绩之间的差异[1]（PISA 2012）

15 岁学生，按性别划分

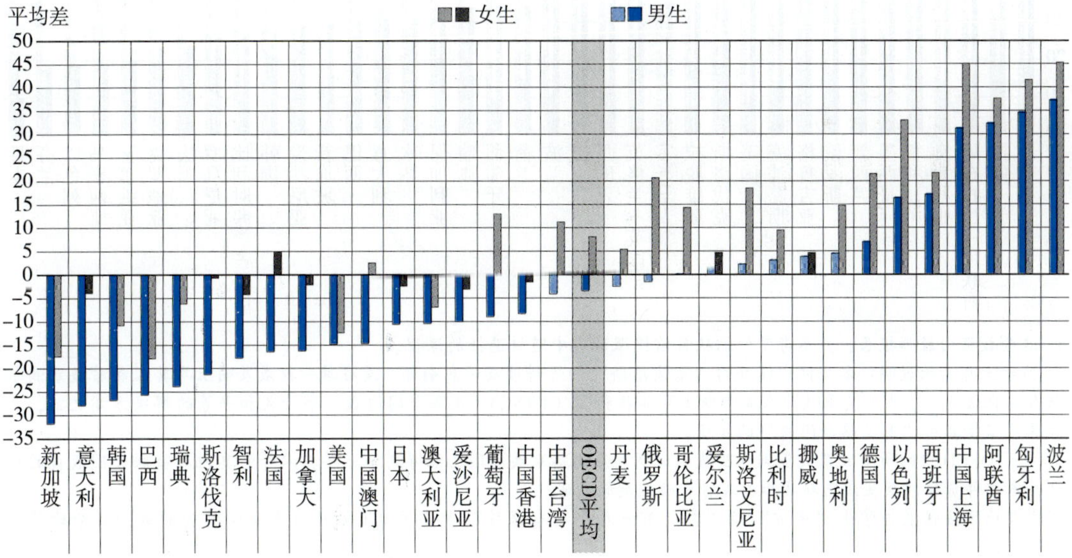

注：统计学显著差异用灰色和深蓝色标示。

1. 负数意味着 15 岁学生在计算机阅读测试中得分更高。

国家或地区按照纸笔阅读测试和计算机阅读测试成绩升序排列。

数据来源：OECD. Table D8. 3. See Annex 3 for notes（www. oecd. org/education/education-at-a-glance-19991487. htm）.

StatLink http：//dx. doi. org/10. 1787/888933284709

教师与 ICT

教学实践在学生学习中发挥着重要作用。2013 年开展的 TALIS 调查，要求初中教师从他们的课表中挑选出一节所教的课，然后就他们在这堂课中使用教学实践的次数回答一系列的问题。在参与调查的 8 个国家中，有 2 个国家的教师报告称，他们使用最频繁的两项教学实践是对新学习的内容进行总结和检查学生的练习册与家庭作业（平均约 80%的教师报告使用了这些教学实践）［参见 TALIS 调查表 6.1（OECD，2014a）］。

相比之下，40%的初中教师报告称，学生“经常”使用计算机完成项目和课堂作业，“在所有或几乎所有课程中”使用了计算机。然而这一平均值掩盖了国家间的巨大差异。例如，在澳大利亚、智利、丹麦、墨西哥、新西兰、挪威和阿布扎比（阿联酋），超过一半的教师称，学生“经常”使用 ICT 或“在所有或几乎所有课程中”使用 ICT，而在克罗地亚、芬兰、法国、以色列、日本、马来西亚、塞尔维亚和中国上海，持这种观点的教师不足 1/4（表 D8.4 和图 D8.4）。

图 D8.4 信息与通信技术：教学实践、教师专业发展需求和在专业发展活动中的参与（TALIS，2013）

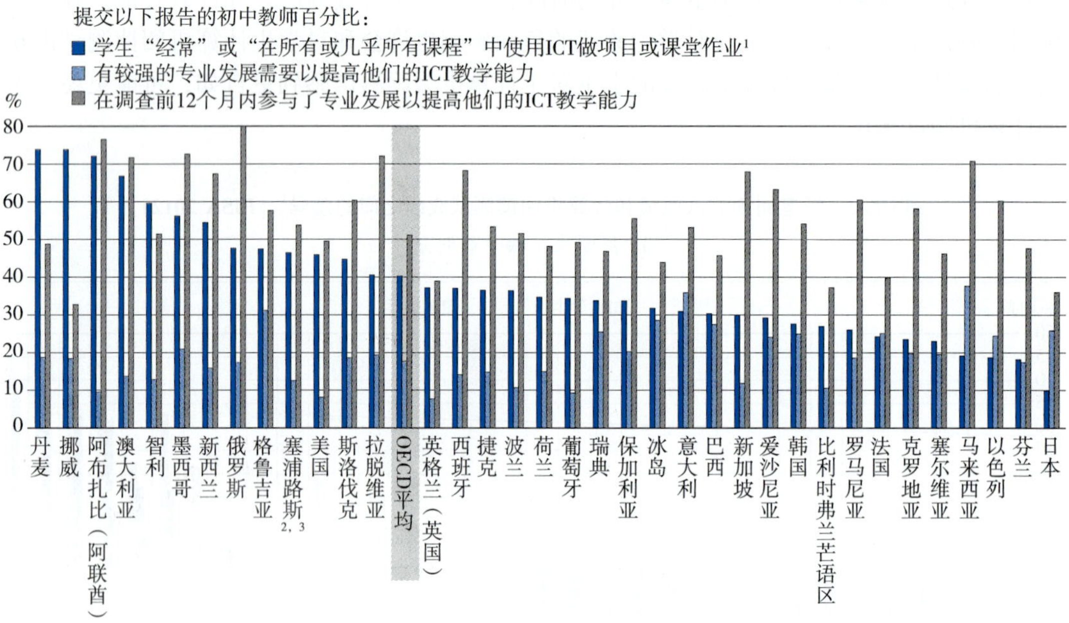

1. 这些数据由教师报告，并参考了他们从目前授课课表中随机选择的课程。
2. 关于土耳其的说明：本文件中提及的“塞浦路斯”的资料涉及该岛南部。没有单一权威表明土耳其人和希族塞浦路斯人都在该岛上。土耳其承认北塞浦路斯土耳其共和国（TRNC）。在联合国达成一个持久和平等的解决方案之前，土耳其应保持其对“塞浦路斯问题”的立场。
3. 关于 OECD 中的所有欧盟成员国和欧盟的说明：塞浦路斯共和国已经得到除土耳其以外的其他所有联合国成员的承认。本文件资料涉及塞浦路斯共和国政府有效控制的领域。
国家或地区按照报告学生“经常”或“在所有或几乎所有课程”中使用 ICT 做项目或课堂作业的教师百分比降序排列。
数据来源：OECD. Table D8.4. SeeAnnex 3 for notes（www.oecd.org/education/education-at-a-glance-19991487.htm）.
StatLink http：//dx.doi.org/10.1787/888933284717

尽管用于教学的 ICT 技能开发活动越来越多，对新技术的投入也越来越大（OECD，2015c），但数据表明，教师仍然没有在教学中系统地使用这些技术。这可能是因为，教师感觉他们自己使用 ICT 也不够熟练。PISA 的研究表明，根据学生报告（OECD，2015b），在所有教师当中，那些更愿意且为以学生为本的教学实践（如小组合作、个性化学习及项目工作）做好准备的教师，更有可能使用数字资源。另外，当被要求对教师专业发展的需求进行排序时，所有参加 2013 TALIS 调查的国家和经济体的教师认为，为有特殊需求的学生授课排第一位，接下来是采用 ICT 教学（平均 18%的教师）和在工作场所使用新技术（平均 16%的教师）。在教学中使用 ICT 和在工作场所使用新技术的教师比例更大的国家有：巴西（分别是 27%和 37%）、格鲁吉亚（分别是 31%和 39%）、意大利（分别是 36%和 32%）和马来西亚（分别是 38%和 31%）（表 D8.4）。

通过专业发展或入职教师培训向教师提供进一步的支持，鼓励他们在教学中使用 ICT 应该是工作的重点。另外，应鼓励教师并给予他们时间与同事合作。TALIS 调查发现，报告称参与过合作研究、观摩访问其他学校或教师网络等专业发展活动的教师更可能报告他们的教学实践涉及了学生小组和 ICT。

专业发展

无论入职教师教育有多好，都不可能期望它为教师在从事教师这第一份工作中面临的所有挑战做好准备。因此，在教师职业的各个方面，专业发展对于跟上始终变化的研究、工具、实践和学生需求都是必要的。

每两个教师就有一个报告称，他们在参与 TALIS 调查前的 12 个月内参加过至少一项专业发展活动以提高用于教学的 ICT 技能。尽管报告的与 ICT 有关的专业发展活动参与率的国家差异较大（从挪威的 33%到俄罗斯的 81%不等），但教师们普遍指出，专业发展活动在他们的教学中具有一定的或较大的积极影响。从英国平均 64%的教师到葡萄牙、罗马尼亚和斯洛伐克平均超过 90%的教师都报告称，提高教学 ICT 技能的专业发展活动对他们有积极的影响。

考虑到教师报告的关于专业发展需求的内容，人们期望看到在报告的需求和相关专业发展活动参与率之间存在较强的相关性。但表 D8.4 中报告的数据显示并非如此。在很多国家，专业发展活动的提供与需求并不匹配。如果感觉需要进一步培训的教师不能得到这种培训，或者培训没有针对性，那么这种缺乏针对性的培训就显得非常不值当。

例如，在意大利，36%的初中教师指出，他们对提高教学 ICT 技能的专业发展有较高需求（这是在所有参与国和经济体中第二高的教师百分比），但是平均 53%的初中教师报告称他们在参与调查前 12 个月内参加过这一领域的专业发展活动。同样，在新加坡只有 12%的初中教师指出，他们对 ICT 的专业发展有较高的需求，而 68%的初中教师在参与调查前的 12 个月内参与过这一领域的专业发展活动（表 D8.4 和图 D8.4）。

方　法

本指标中使用的所有数据都来源于 TALIS 和 PISA 的调查。

每台学校计算机对应的学生数来源于 15 岁学生数除以 15 岁学生可获得的用于教育的计算机数。

学校教育资源质量指数来源于校长认为影响学校教学的六项潜在因素（SC14，来自 2012 年 PISA 学校问卷）。这些因素包括：科学实验室设备的缺乏或不足、教材的缺乏或不足、教学用计算机的缺乏或不足、互联网连接的缺乏或不足、教学用计算机软件的缺乏或不足、图书馆资料的缺乏或不足。由于这六项内容都已转化成量化数值，因此指标数值高代表教育资源质量好。为了进行趋势分析，教育资源质量指数对 PISA 2003 的数值做了重新标定以便与 PISA 2012 数值兼容。因此，本指标中报告的 PISA 2003 教育资源质量指数的数值可能和《为未来世界学习——PISA 2003 的初步结果》（*Learning for Tomorrow's World: First Results for PISA 2003*）报告的数值不同。PISA 2012 的教育资源质量指数纳入计算的问题中有一个（互联网连接的缺乏或不足）没有包含在 PISA 2003 问卷中。假设纳入新问题后项目之间的关系保持不变，估计 PISA 2003 指数将这一问题处理为缺失，在重新标定后，教育资源质量指数中的 PISA 2003 和 PISA 2012 的数值是兼容的。关于这些指标的更多信息请参见《PISA 2012 技术报告》（OECD，2014b）。

32 个国家参加了 2012 年 PISA 计算机阅读测试。选择参加计算机阅读测试的国家，其计算机阅读测试的学生样本也应该出现在每个参与纸笔阅读测试的学校中。计算机阅读测试要求的总样本量为每个国家测试 1200 名学生。计算机阅读测试的推荐“目标集簇规模”（TCS）是每个样本校 14 名学生。由于 150 个学校（PISA 学校的代表性数量）每校 14 名学生可能会产生 2100 名学生的样本量，需要选择大的 TCS 来解释一些学校没有足够的教育资源的原因。TCS 14 这个数值也可以解释计算机阅读测试样本的缺失是由之前纸笔阅读测试样本的缺失所带来的。所有参加计算机阅读测试的学生也要参加纸笔阅读测试。计算机阅读测试学生样本的选取和纸笔阅读测试学生样本的选取是由学生抽样软件同时进行的。因此，任何一名被抽中参加两个测试的学生如果没回答纸笔阅读测试的问题，那么该样本在计算机阅读测试中自动算作缺失。

关于以色列数据的说明：

以色列的统计数据由以色列有关当局负责提供。在使用这些数据时，OECD 根据国际法的规定对戈兰高地、东耶路撒冷和约旦河西岸以色列定居点的地位不持偏见。

参考文献

OECD (2015a), *Students, Computers and Learning: Making the Connection*, PISA, OECD Publishing, Paris, http://dx.doi.org/10.1787/9789264239555-en.

OECD (2015b), *The ABC of Gender Equality in Education: Aptitude, Behaviour, Confidence*, PISA, OECD Publishing, Paris, http://dx.doi.org/10.1787/9789264229945-en.

OECD (2015c), *Education Policy Outlook 2015: Making Reforms Happen*, OECD Publishing, Paris, http://dx.doi.org/10.1787/9789264225442-en.

OECD (2014a), *TALIS 2013 Results: An International Perspective on Teaching and Learning*, OECD Publishing, Paris, http://dx.doi.org/10.1787/9789264196261-en.

OECD (2014b), *PISA 2012 Technical Report*, *PISA*, OECD, Paris, www.oecd.org/pisa/pisaproducts/pisa2012technicalreport.htm.

OECD (2013), *PISA 2012 Results: What Makes Schools Successful? (Volume IV): Resources, Policies and Practices*, PISA, OECD Publishing, Paris, http://dx.doi.org/10.1787/9789264201156-en.

表 D8.1.［1/2］ 计算机可用性，首次接触互联网及在学校使用互联网的程度（PISA 2012）

		15 岁学生与可用计算机的比例[1]（基于学生的自我报告）				15 岁学生首次接触互联网时的年龄（结果基于学生的自我报告）									
		2009		2012		6 岁或以下		7—9 岁		10—12 岁		13 岁或以上		从未接触过互联网	
		平均值	S. E.	平均值	S. E.	%	S. E.	%	S. E.	%	S. E.	%	S. E.	%	S. E.
		(1)	(2)	(3)	(4)	(5)	(6)	(7)	(8)	(9)	(10)	(11)	(12)	(13)	(14)
OECD 国家	澳大利亚	2.4	(1.1)	0.9	(0.0)	19.3	(0.4)	48.1	(0.4)	27.4	(0.4)	5.1	(0.2)	0.1	(0.0)
	奥地利	2.4	(0.4)	2.9	(0.5)	8.0	(0.4)	37.8	(0.7)	43.9	(0.7)	10.2	(0.6)	0.2	(0.1)
	比利时	3.0	(0.2)	2.8	(0.3)	14.5	(0.5)	41.1	(0.6)	37.7	(0.7)	6.4	(0.3)	0.3	(0.1)
	加拿大	2.0	(0.1)	2.8	(1.0)	m	m	m	m	m	m	m	m	m	m
	智利	6.2	(0.5)	4.7	(0.9)	12.2	(0.4)	37.4	(0.8)	37.2	(0.9)	12.9	(0.6)	0.4	(0.1)
	捷克	2.2	(0.1)	1.6	(0.1)	7.0	(0.4)	41.9	(0.9)	42.7	(1.0)	8.3	(0.5)	0.1	(0.1)
	丹麦	1.8	(0.1)	2.4	(0.3)	32.6	(0.8)	51.5	(0.7)	14.8	(0.6)	0.9	(0.1)	0.1	(0.0)
	爱沙尼亚	2.5	(0.1)	2.1	(0.1)	24.1	(0.8)	56.1	(0.9)	17.2	(0.7)	2.4	(0.3)	0.2	(0.1)
	芬兰	3.0	(0.1)	3.1	(0.1)	20.9	(0.6)	60.2	(0.6)	17.8	(0.5)	1.1	(0.2)	0.0	c
	法国	m	m	2.9	(0.2)	m	m	m	m	m	m	m	m	m	m
	德国	3.0	(0.2)	4.2	(1.3)	7.0	(0.4)	35.2	(0.8)	46.4	(0.7)	11.2	(0.5)	0.2	(0.1)
	希腊	7.8	(1.2)	8.2	(1.1)	5.1	(0.3)	22.7	(0.6)	41.8	(0.7)	29.6	(0.7)	0.8	(0.1)
	匈牙利	2.4	(0.1)	2.2	(0.1)	8.9	(0.5)	38.4	(1.0)	42.9	(0.9)	9.7	(0.6)	0.1	(0.1)
	冰岛	2.2	(0.0)	4.1	(0.0)	22.9	(0.7)	52.5	(0.8)	21.6	(0.7)	2.8	(0.3)	0.3	(0.1)
	爱尔兰	3.6	(1.2)	2.6	(0.2)	6.6	(0.4)	31.9	(0.8)	47.5	(0.8)	13.7	(0.5)	0.2	(0.1)
	以色列	5.2	(0.6)	4.7	(0.6)	27.9	(0.8)	44.7	(0.8)	20.7	(0.7)	5.7	(0.5)	0.9	(0.2)
	意大利	3.7	(0.1)	4.1	(0.5)	7.0	(0.2)	27.3	(0.4)	46.7	(0.5)	18.6	(0.4)	0.4	(0.1)
	日本	3.7	(0.1)	3.6	(0.1)	6.5	(0.4)	38.8	(0.6)	43.8	(0.7)	10.3	(0.5)	0.7	(0.1)
	韩国	4.6	(0.2)	5.3	(0.2)	11.8	(0.5)	58.3	(0.7)	26.5	(0.8)	3.3	(0.3)	0.1	(0.0)
	卢森堡	12.1	(0.0)	2.2	(0.0)	m	m	m	m	m	m	m	m	m	m
	墨西哥	20.8	(7.6)	15.5	(2.0)	6.1	(0.3)	26.9	(0.5)	37.5	(0.4)	24.4	(0.5)	5.1	(0.4)
	荷兰	2.6	(0.2)	2.6	(0.2)	33.3	(0.9)	50.5	(0.9)	15.3	(0.6)	0.8	(0.1)	0.1	(0.0)
	新西兰	1.4	(0.0)	1.2	(0.1)	23.7	(0.8)	48.3	(0.9)	23.7	(0.7)	4.0	(0.3)	0.3	(0.1)
	挪威	1.8	(0.1)	1.7	(0.1)	26.1	(0.7)	50.9	(0.9)	20.9	(0.6)	1.9	(0.2)	0.3	(0.1)
	波兰	4.9	(0.2)	4.0	(0.1)	8.3	(0.5)	37.2	(0.8)	41.6	(0.9)	12.3	(0.6)	0.7	(0.1)
	葡萄牙	2.2	(0.1)	3.7	(0.3)	11.0	(0.6)	39.7	(0.7)	39.5	(0.8)	9.7	(0.5)	0.1	(0.0)
	斯洛伐克	3.1	(0.3)	2.0	(0.2)	4.8	(0.4)	26.3	(0.8)	46.7	(0.9)	21.5	(0.8)	0.8	(0.2)
	斯洛文尼亚	4.8	(0.0)	3.3	(0.0)	12.5	(0.5)	48.4	(0.8)	32.5	(0.7)	6.1	(0.4)	0.5	(0.1)
	西班牙	2.2	(0.1)	2.2	(0.1)	14.8	(0.4)	45.3	(0.6)	34.0	(0.5)	5.8	(0.3)	0.2	(0.1)
	瑞典	3.6	(0.2)	3.7	(0.8)	25.0	(0.7)	53.7	(0.8)	18.7	(0.6)	2.1	(0.2)	0.5	(0.1)
	瑞士	2.7	(0.1)	2.7	(0.2)	8.8	(0.4)	38.4	(0.7)	43.0	(0.7)	9.6	(0.4)	0.3	(0.1)
	土耳其	12.1	(2.0)	44.9	(9.7)	5.3	(0.4)	32.7	(0.8)	40.2	(0.8)	19.7	(0.7)	2.0	(0.3)
	英国	1.4	(0.1)	1.4	(0.1)	m	m	m	m	m	m	m	m	m	m
	美国	2.5	(0.4)	1.8	(0.2)	m	m	m	m	m	m	m	m	m	m
	OECD 平均	4.2	(0.2)	4.7	(0.3)	14.6	(0.1)	42.1	(0.1)	33.5	(0.1)	9.3	(0.1)	0.5	(0.0)
伙伴国及地区	巴西	34.0	(4.6)	22.1	(2.7)	m	m	m	m	m	m	m	m	m	m
	哥伦比亚	6.1	(0.9)	3.7	(0.2)	m	m	m	m	m	m	m	m	m	m
	哥斯达黎加	19.5	(3.3)	17.7	(3.1)	9.1	(0.5)	28.6	(0.9)	38.9	(0.8)	22.0	(1.1)	1.4	(0.3)
	克罗地亚	4.2	(0.2)	5.0	(0.2)	7.2	(0.4)	34.7	(0.8)	44.0	(0.8)	13.9	(0.6)	0.2	(0.1)
	中国香港	1.9	(0.1)	2.2	(0.3)	24.5	(1.0)	51.0	(1.0)	21.6	(0.7)	2.3	(0.3)	0.5	(0.1)
	印度尼西亚	22.8	(2.8)	16.4	(2.2)	m	m	m	m	m	m	m	m	m	m
	约旦	4.3	(0.3)	5.0	(0.5)	8.9	(0.5)	17.6	(0.6)	31.2	(0.7)	34.9	(0.7)	7.3	(0.5)
	拉脱维亚	2.1	(0.1)	2.2	(0.6)	12.1	(0.7)	49.3	(1.0)	32.3	(1.0)	6.0	(0.4)	0.2	(0.1)
	列支敦士登	2.4	(0.0)	2.1	(0.0)	13.6	(2.1)	39.6	(3.0)	38.6	(2.9)	8.3	(1.5)	0.0	c
	中国澳门	2.5	(0.0)	1.3	(0.0)	10.6	(0.4)	42.3	(0.7)	38.8	(0.7)	7.9	(0.3)	0.4	(0.1)
	俄罗斯	4.0	(0.6)	3.0	(0.1)	2.3	(0.2)	14.8	(0.6)	39.0	(0.9)	42.7	(1.2)	1.3	(0.2)
	塞尔维亚	7.1	(0.9)	8.8	(2.4)	3.2	(0.3)	19.8	(0.7)	44.1	(0.8)	31.9	(0.8)	1.0	(0.1)
	中国上海	4.8	(2.2)	2.9	(0.2)	8.3	(0.5)	35.0	(0.9)	38.4	(0.6)	16.5	(0.8)	1.8	(0.3)
	新加坡	2.0	(0.0)	2.0	(0.0)	16.3	(0.5)	45.7	(0.6)	32.3	(0.7)	5.7	(0.3)	0.1	(0.0)
	中国台湾	5.0	(0.3)	5.8	(1.1)	11.2	(0.5)	43.0	(0.8)	39.8	(0.7)	5.8	(0.4)	0.1	(0.0)
	乌拉圭	13.1	(1.8)	8.7	(0.6)	10.5	(0.5)	37.1	(0.8)	38.4	(0.7)	13.5	(0.6)	0.5	(0.1)
	G20 平均	m	m	m	m	m	m	m	m	m	m	m	m	m	m

1. 每台计算机对应的学生数基于校长所报告的 15 岁所对应的年级学生数和提供给这些学生的计算机数计算而得。在没有提供计算机的学校，这一数字是在校长报告的学生数上加 1。

数据来源：OECD. PISA 2012 Database.

缺失数据代码参见《读者指南》。

StatLink http：//dx. doi. org/10. 1787/888933286450

表 D8.1. [2/2]　计算机可用性，首次接触互联网及在学校使用互联网的程度（PISA 2012）

		一天中，15 岁学生在学校有多长时间用于上网？（结果基于学生的自我报告）													
		没有时间		1—60 分钟		1—2 小时		2—4 小时		4—6 小时		6 小时以上		每日在学校使用互联网的平均时间(下限)	
		%	S. E.	%	S. E.	%	S. E.	%	S. E.	%	S. E.	%	S. E.	分钟	S. E.
		(15)	(16)	(17)	(18)	(19)	(20)	(21)	(22)	(23)	(24)	(25)	(26)	(27)	(28)
OECD 国家	澳大利亚	6.7	(0.3)	48.6	(0.7)	23.4	(0.6)	14.7	(0.5)	4.9	(0.3)	1.7	(0.1)	58	(1.1)
	奥地利	25.3	(1.0)	53.0	(1.0)	13.3	(0.6)	5.0	(0.4)	2.0	(0.3)	1.3	(0.2)	29	(1.3)
	比利时	47.8	(0.9)	36.8	(0.7)	8.6	(0.3)	4.4	(0.3)	1.3	(0.1)	1.1	(0.1)	22	(0.8)
	加拿大	m	m	m	m	m	m	m	m	m	m	m	m	m	m
	智利	40.1	(1.4)	38.6	(1.1)	12.6	(0.8)	4.8	(0.3)	1.8	(0.2)	2.1	(0.2)	30	(1.1)
	捷克	36.3	(1.3)	51.6	(1.2)	7.4	(0.6)	2.5	(0.3)	1.2	(0.2)	1.0	(0.2)	18	(1.0)
	丹麦	6.7	(0.4)	61.4	(1.2)	16.2	(0.6)	9.7	(0.8)	4.3	(0.4)	1.7	(0.3)	46	(2.1)
	爱沙尼亚	34.0	(1.0)	52.2	(1.0)	6.3	(0.4)	4.3	(0.3)	1.8	(0.2)	1.4	(0.2)	23	(1.0)
	芬兰	32.8	(0.9)	55.7	(0.9)	6.9	(0.4)	2.8	(0.3)	1.0	(0.2)	0.7	(0.1)	18	(0.8)
	法国	m	m	m	m	m	m	m	m	m	m	m	m	m	m
	德国	51.4	(1.1)	40.2	(1.1)	4.5	(0.4)	2.2	(0.2)	0.8	(0.2)	0.9	(0.2)	14	(0.9)
	希腊	36.5	(1.3)	35.4	(1.1)	13.2	(0.6)	8.2	(0.7)	3.4	(0.3)	3.2	(0.3)	42	(1.6)
	匈牙利	34.5	(1.2)	47.1	(1.2)	9.3	(0.5)	4.7	(0.4)	2.2	(0.2)	2.2	(0.2)	30	(1.3)
	冰岛	35.7	(0.8)	52.7	(0.8)	4.7	(0.4)	3.7	(0.4)	1.8	(0.2)	1.4	(0.2)	20	(1.0)
	爱尔兰	45.5	(1.3)	44.4	(1.2)	6.1	(0.4)	2.6	(0.3)	0.7	(0.1)	0.7	(0.1)	16	(0.7)
	以色列	45.6	(1.2)	39.2	(1.2)	7.2	(0.4)	3.6	(0.3)	1.8	(0.2)	2.5	(0.3)	25	(1.5)
	意大利	56.9	(0.7)	29.0	(0.6)	9.2	(0.3)	2.8	(0.1)	1.0	(0.1)	1.1	(0.1)	19	(0.5)
	日本	62.0	(1.2)	30.5	(1.2)	5.7	(0.5)	1.3	(0.2)	0.3	(0.1)	0.3	(0.1)	13	(0.5)
	韩国	68.3	(1.6)	24.7	(1.5)	4.4	(0.4)	2.3	(0.3)	0.2	(0.1)	0.1	(0.0)	9	(0.6)
	卢森堡	m	m	m	m	m	m	m	m	m	m	m	m	m	m
	墨西哥	42.6	(0.8)	38.5	(0.6)	12.1	(0.5)	4.0	(0.2)	1.4	(0.1)	1.5	(0.1)	26	(0.6)
	荷兰	17.8	(1.1)	67.3	(1.1)	8.2	(0.5)	3.5	(0.3)	1.3	(0.2)	1.9	(0.3)	26	(1.3)
	新西兰	21.8	(1.0)	62.6	(1.0)	9.1	(0.6)	4.1	(0.4)	1.3	(0.2)	1.1	(0.2)	25	(1.1)
	挪威	14.8	(1.1)	70.1	(1.1)	9.7	(0.7)	3.3	(0.4)	1.4	(0.2)	0.7	(0.1)	24	(1.4)
	波兰	50.2	(1.5)	42.8	(1.4)	3.7	(0.3)	1.7	(0.2)	0.7	(0.1)	0.9	(0.2)	13	(0.9)
	葡萄牙	40.9	(1.3)	43.0	(1.2)	8.3	(0.5)	3.9	(0.4)	2.2	(0.3)	1.5	(0.3)	24	(2.0)
	斯洛伐克	25.0	(1.2)	56.0	(1.2)	9.9	(0.6)	4.7	(0.3)	1.9	(0.2)	2.5	(0.2)	32	(1.3)
	斯洛文尼亚	26.7	(0.8)	53.3	(0.7)	12.2	(0.5)	4.5	(0.2)	1.7	(0.2)	1.7	(0.2)	28	(0.9)
	西班牙	32.7	(1.0)	45.1	(0.8)	12.0	(0.3)	5.7	(0.3)	2.3	(0.3)	2.1	(0.3)	34	(1.4)
	瑞典	16.3	(1.0)	60.1	(1.6)	11.2	(0.8)	6.4	(0.9)	3.5	(0.5)	2.5	(0.4)	39	(2.9)
	瑞士	32.3	(1.0)	56.9	(1.0)	6.9	(0.4)	2.6	(0.3)	0.7	(0.2)	0.6	(0.1)	16	(0.9)
	土耳其	63.4	(1.4)	25.7	(1.1)	6.3	(0.4)	2.5	(0.3)	1.1	(0.2)	1.1	(0.2)	15	(0.9)
	英国	m	m	m	m	m	m	m	m	m	m	m	m	m	m
	美国	m	m	m	m	m	m	m	m	m	m	m	m	m	m
	OECD 平均	36.2	(0.2)	47.0	(0.2)	9.3	(0.1)	4.4	(0.1)	1.7	(0.0)	1.4	(0.0)	25	(0.2)
伙伴国及地区	巴西	m	m	m	m	m	m	m	m	m	m	m	m	m	m
	哥伦比亚	m	m	m	m	m	m	m	m	m	m	m	m	m	m
	哥斯达黎加	45.5	(1.3)	35.3	(1.1)	10.3	(0.5)	4.5	(0.4)	2.2	(0.2)	2.2	(0.3)	29	(1.3)
	克罗地亚	39.3	(1.0)	45.4	(1.1)	8.2	(0.5)	3.6	(0.3)	1.5	(0.2)	1.9	(0.2)	23	(1.1)
	中国香港	49.6	(1.2)	43.3	(1.2)	4.0	(0.3)	1.7	(0.2)	1.0	(0.2)	0.4	(0.1)	11	(0.9)
	印度尼西亚	m	m	m	m	m	m	m	m	m	m	m	m	m	m
	约旦	50.1	(1.5)	35.5	(1.3)	8.2	(0.5)	2.8	(0.2)	1.2	(0.2)	2.2	(0.2)	23	(0.9)
	拉脱维亚	47.6	(1.1)	41.5	(0.9)	5.3	(0.5)	3.2	(0.3)	1.5	(0.2)	0.8	(0.2)	17	(1.0)
	列支敦士登	22.1	(2.6)	66.8	(3.1)	6.4	(1.4)	3.2	(1.1)	1.1	(0.6)	0.3	(0.3)	18	(2.3)
	中国澳门	56.3	(0.6)	34.4	(0.7)	5.3	(0.3)	2.6	(0.2)	0.7	(0.1)	0.7	(0.1)	14	(0.5)
	俄罗斯	38.5	(0.9)	41.2	(1.0)	8.6	(0.4)	6.0	(0.3)	2.4	(0.2)	3.3	(0.3)	34	(1.2)
	塞尔维亚	46.4	(1.7)	40.8	(1.5)	7.6	(0.5)	2.6	(0.3)	1.0	(0.2)	1.6	(0.2)	20	(1.1)
	中国上海	75.0	(1.2)	18.0	(1.0)	4.0	(0.3)	1.7	(0.2)	0.6	(0.1)	0.7	(0.1)	10	(0.8)
	新加坡	52.0	(0.7)	33.4	(0.6)	9.2	(0.4)	3.5	(0.4)	1.0	(0.1)	1.0	(0.2)	20	(1.0)
	中国台湾	49.0	(1.6)	34.2	(1.5)	10.8	(0.7)	3.5	(0.3)	1.4	(0.2)	1.1	(0.1)	23	(1.0)
	乌拉圭	50.6	(1.3)	30.1	(1.1)	9.3	(0.5)	5.1	(0.4)	2.4	(0.2)	2.5	(0.2)	30	(1.2)
	G20 平均	m	m	m	m	m	m	m	m	m	m	m	m	m	m

1. 每台计算机对应的学生数基于校长所报告的 15 岁所对应的年级学生数和提供给这些学生的计算机数计算而得。在没有提供计算机的学校，这一数字是在校长报告的学生数上加 1。

数据来源：OECD. PISA 2012 Database.

缺失数据代码参见《读者指南》。

StatLink http：//dx. doi. org/10. 1787/888933286450

表 D8.2. [1/2]　2003—2012 年学校教育资源质量的变化

结果基于 PISA 学校校长报告

		PISA 2003											
		学校教育资源质量指数[1]		所在学校校长报告学校授课能力因以下方面的缺失或不足而受到阻碍的学生百分比									
				科学实验室设备		教材（如课本）		教学用计算机		教学用计算机软件		图书馆资料	
		(1)	(2)	(3)	(4)	(5)	(6)	(7)	(8)	(9)	(10)	(11)	(12)
OECD 国家	澳大利亚	0.27	(0.07)	9.5	(1.7)	2.2	(0.9)	13.1	(1.8)	0.7	(0.5)	3.1	(0.9)
	奥地利	0.06	(0.08)	1.4	(0.9)	0.9	(0.7)	11.6	(2.7)	2.9	(1.4)	6.5	(2.1)
	比利时	-0.12	(0.06)	8.2	(1.9)	11.2	(2.2)	25.0	(3.0)	4.0	(1.3)	10.5	(2.1)
	加拿大	-0.34	(0.05)	8.0	(1.1)	2.5	(0.8)	14.6	(1.5)	4.5	(1.1)	10.8	(1.3)
	捷克	-0.41	(0.06)	19.8	(2.0)	0.6	(0.6)	5.0	(1.4)	3.8	(1.2)	22.9	(3.0)
	丹麦	-0.32	(0.07)	0.9	(0.7)	1.4	(1.0)	5.0	(1.7)	2.7	(1.2)	4.0	(1.6)
	芬兰	-0.37	(0.06)	0.7	(0.7)	0.0	(0.0)	7.9	(2.0)	0.8	(0.7)	4.6	(1.7)
	法国	m	m	m	m	m	m	m	m	m	m	m	m
	德国	-0.13	(0.08)	10.6	(2.4)	4.6	(1.4)	44.1	(3.9)	6.5	(1.6)	8.3	(1.9)
	希腊	-0.78	(0.13)	11.0	(3.2)	21.5	(5.0)	10.7	(3.9)	23.3	(4.5)	21.2	(4.2)
	匈牙利	-0.24	(0.08)	1.0	(0.6)	0.0	c	9.4	(2.4)	1.5	(1.1)	28.5	(3.6)
	冰岛	-0.03	(0.00)	2.2	(0.1)	0.6	(0.1)	7.5	(0.1)	3.4	(0.0)	1.9	(0.0)
	爱尔兰	-0.36	(0.08)	1.3	(0.9)	2.6	(0.9)	50.5	(4.6)	0.8	(0.8)	21.7	(3.7)
	意大利	-0.16	(0.07)	4.1	(1.5)	4.5	(1.3)	10.3	(2.2)	6.5	(1.9)	6.8	(2.1)
	日本	-0.25	(0.10)	8.2	(2.3)	5.5	(1.9)	0.0	c	8.9	(2.4)	9.6	(2.5)
	韩国	0.38	(0.06)	3.8	(1.6)	2.0	(1.2)	2.4	(1.2)	0.6	(0.7)	0.6	(0.7)
	卢森堡	-0.04	(0.00)	13.1	(0.0)	10.9	(0.0)	15.3	(0.0)	0.0	c	4.3	(0.0)
	墨西哥	-0.69	(0.09)	8.6	(1.9)	9.3	(2.2)	20.8	(2.8)	11.3	(2.1)	15.4	(2.4)
	荷兰	0.15	(0.06)	5.6	(2.1)	8.0	(2.5)	27.1	(3.7)	1.0	(0.7)	2.8	(1.9)
	新西兰	0.00	(0.06)	6.2	(1.4)	7.8	(1.5)	8.2	(1.6)	2.7	(1.4)	5.7	(1.8)
	挪威	-0.70	(0.05)	3.1	(1.3)	0.7	(0.7)	4.9	(1.7)	2.7	(1.3)	5.5	(1.6)
	波兰	-1.02	(0.07)	19.0	(3.3)	5.3	(1.8)	8.5	(2.1)	18.4	(2.8)	16.5	(2.8)
	葡萄牙	-0.35	(0.07)	1.2	(0.8)	5.2	(1.9)	5.4	(1.9)	1.1	(0.9)	3.8	(1.6)
	斯洛伐克	-1.10	(0.05)	11.4	(1.9)	0.8	(0.6)	5.1	(1.5)	19.9	(2.7)	53.9	(3.3)
	西班牙	-0.41	(0.07)	5.6	(1.8)	6.4	(2.1)	16.8	(2.5)	6.3	(1.8)	7.5	(1.5)
	瑞典	-0.31	(0.07)	8.9	(2.2)	3.9	(1.4)	8.2	(2.1)	4.9	(1.7)	3.9	(1.5)
	瑞士	0.20	(0.07)	3.1	(1.5)	3.9	(1.6)	7.0	(1.4)	2.6	(1.3)	2.3	(1.0)
	土耳其	-1.91	(0.11)	41.7	(4.2)	51.1	(4.4)	22.2	(4.3)	51.4	(4.4)	42.1	(3.8)
	美国	0.25	(0.09)	2.8	(1.0)	2.3	(1.2)	8.2	(1.5)	2.0	(0.9)	6.9	(2.1)
	OECD 平均	-0.31	(0.01)	7.9	(0.4)	6.3	(0.4)	13.4	(0.5)	7.0	(0.4)	11.8	(0.4)
伙伴国及地区	巴西	-1.17	(0.10)	17.9	(3.3)	11.4	(2.4)	31.9	(3.5)	20.3	(2.7)	29.5	(3.1)
	中国香港	0.03	(0.08)	2.2	(2.2)	1.4	(1.0)	3.4	(1.5)	0.8	(0.8)	1.5	(1.0)
	印度尼西亚	-1.08	(0.09)	36.2	(3.8)	43.0	(4.0)	13.2	(2.3)	47.9	(3.9)	38.9	(3.7)
	拉脱维亚	-0.80	(0.07)	4.3	(1.7)	1.0	(1.0)	9.9	(2.7)	9.4	(2.3)	16.1	(2.8)
	列支敦士登	0.52	(0.01)	0.0	c	0.0	c	9.5	(0.1)	0.0	c	1.2	(0.0)
	中国澳门	-0.46	(0.00)	2.4	(0.0)	13.0	(0.2)	3.2	(0.0)	0.3	(0.0)	0.0	c
	俄罗斯	-1.58	(0.08)	16.3	(2.7)	10.3	(2.8)	24.3	(3.9)	27.6	(3.6)	27.0	(3.2)
	泰国	-0.82	(0.10)	11.7	(2.7)	3.0	(1.4)	16.4	(2.9)	15.8	(3.0)	13.5	(2.9)
	突尼斯	-0.68	(0.07)	6.8	(2.1)	6.3	(1.9)	24.5	(3.0)	5.1	(1.8)	3.1	(1.4)
	乌拉圭	-1.21	(0.09)	18.5	(3.4)	14.3	(3.2)	29.7	(4.5)	31.8	(3.8)	46.2	(4.0)
	G20 平均	m	m	m	m	m	m	m	m	m	m	m	m

注：学校教育资源质量指数在 2003—2012 年的数值变化（PISA 2012—PISA 2003）用黑体标示，可以显著表明该国 2003—2012 年的指数变化。

仅显示 PISA 2003 和 PISA 2012 具有可比性的国家或地区的数据。

为了数据可比，PISA 2003 的学校教育资源质量指数数值已经根据 PISA 2012 的指数数值进行了重新标定。本表中报告的 PISA 2003 的结果可能与《为未来世界学习——PISA 2003 的初步结果》（OECD，2004）中的结果有所不同（更多信息参见附录 A5）。

1. 学校教育资源质量指数来自本表所列项目，衡量校长对阻碍学校教学的潜在因素的看法（SC14，来自 PISA 2012 学校问卷）。该指数的数值越高表明教育资源质量越好。

数据来源：OECD. *PISA 2012 Results（Volume IV）：What Makes Schools Successful? Resources, Policies and Practices*, Table IV.3.43.

缺失数据代码参见《读者指南》。

StatLink http://dx.doi.org/10.1787/888933286465

表 D8.2. [2/2] 2003—2012 年学校教育资源质量的变化

结果基于 PISA 学校校长报告

		PISA 2012												2003—2012 年（PISA 2012—PISA 2013）学校教育资源质量指数的变化[1]	
		学校教育资源质量指数[1]		所在学校校长报告学校授课能力因以下方面的缺失或不足而受到阻碍的学生百分比											
				科学实验室设备		教材（如课本）		教学用计算机		教学用计算机软件		图书馆资料			
		平均值	S.E.	%	S.E.	%	S.E.	%	S.E.	%	S.E.	%	S.E.	Dif.	S.E.
		(13)	(14)	(15)	(16)	(17)	(18)	(19)	(20)	(21)	(22)	(23)	(24)	(25)	(26)
OECD 国家	澳大利亚	0.68	(0.03)	1.7	(0.5)	0.9	(0.4)	0.7	(0.3)	0.8	(0.3)	0.8	(0.4)	**0.41**	(0.08)
	奥地利	0.22	(0.09)	18.5	(3.3)	1.7	(1.0)	10.2	(2.5)	2.9	(1.3)	2.4	(1.1)	0.16	(0.12)
	比利时	0.30	(0.06)	3.2	(1.1)	0.7	(0.5)	6.1	(1.6)	2.9	(1.1)	4.6	(1.2)	**0.42**	(0.09)
	加拿大	0.27	(0.04)	2.1	(0.9)	1.0	(0.6)	5.8	(1.4)	2.7	(0.8)	1.6	(0.6)	**0.61**	(0.06)
	捷克	0.05	(0.06)	7.4	(2.0)	1.6	(0.8)	2.5	(1.2)	1.7	(0.9)	6.3	(1.9)	**0.46**	(0.09)
	丹麦	-0.15	(0.05)	2.5	(1.3)	1.8	(1.5)	10.8	(2.2)	1.2	(0.8)	1.0	(0.7)	**0.18**	(0.09)
	芬兰	-0.20	(0.06)	1.5	(0.3)	3.6	(1.4)	11.4	(2.3)	6.2	(1.5)	5.4	(1.4)	**0.17**	(0.08)
	法国	0.38	(0.07)	2.6	(1.1)	0.8	(0.6)	3.7	(1.2)	2.8	(1.1)	2.4	(0.9)	m	m
	德国	0.09	(0.07)	5.8	(1.8)	0.0	c	4.3	(1.4)	2.0	(0.8)	2.4	(1.1)	**0.22**	(0.10)
	希腊	-0.35	(0.07)	13.0	(2.7)	11.7	(2.6)	17.8	(3.2)	10.4	(2.5)	20.1	(3.3)	**0.43**	(0.15)
	匈牙利	0.17	(0.06)	11.8	(2.7)	2.8	(1.3)	3.2	(1.3)	3.5	(1.5)	2.8	(1.6)	**0.41**	(0.10)
	冰岛	-0.34	(0.00)	14.4	(0.2)	0.0	c	20.0	(0.1)	5.4	(0.1)	3.0	(0.1)	**-0.31**	(0.01)
	爱尔兰	0.11	(0.08)	9.4	(2.4)	1.3	(0.9)	8.8	(2.4)	4.8	(1.9)	13.7	(2.9)	**0.47**	(0.11)
	意大利	0.05	(0.04)	8.5	(1.1)	1.2	(0.4)	3.5	(0.7)	5.0	(0.9)	5.5	(0.9)	**0.20**	(0.08)
	日本	0.44	(0.08)	5.1	(1.7)	0.5	(0.5)	5.6	(1.9)	7.7	(2.0)	2.3	(1.0)	**0.69**	(0.13)
	韩国	0.06	(0.08)	6.5	(2.2)	0.6	(0.6)	3.1	(1.4)	2.9	(1.5)	7.6	(2.4)	**-0.32**	(0.10)
	卢森堡	0.04	(0.00)	5.6	(0.1)	0.0	c	6.1	(0.0)	3.2	(0.0)	5.2	(0.1)	**0.07**	(0.00)
	墨西哥	-0.86	(0.04)	31.0	(1.7)	11.1	(1.2)	30.9	(1.9)	26.5	(1.6)	14.5	(1.0)	-0.16	(0.10)
	荷兰	0.19	(0.08)	4.6	(1.8)	0.0	c	12.4	(2.6)	7.1	(2.0)	1.3	(1.0)	0.04	(0.10)
	新西兰	0.20	(0.08)	1.2	(0.7)	0.8	(0.1)	6.4	(2.1)	0.4	(0.4)	0.1	(0.1)	0.20	(0.10)
	挪威	-0.19	(0.06)	7.8	(1.9)	1.1	(0.8)	5.0	(1.6)	1.8	(1.1)	10.9	(2.3)	**0.51**	(0.08)
	波兰	0.36	(0.08)	4.1	(1.6)	0.0	c	6.3	(1.7)	4.8	(1.5)	2.5	(1.3)	**1.38**	(0.10)
	葡萄牙	0.17	(0.08)	4.5	(1.5)	0.8	(0.8)	8.7	(2.2)	4.6	(1.8)	2.2	(1.2)	**0.52**	(0.11)
	斯洛伐克	-0.54	(0.05)	15.4	(2.5)	18.4	(2.7)	3.3	(1.1)	5.8	(1.8)	5.2	(1.6)	**0.55**	(0.07)
	西班牙	0.02	(0.05)	5.4	(1.3)	0.4	(0.2)	9.9	(1.4)	4.2	(1.0)	2.5	(0.7)	**0.43**	(0.09)
	瑞典	0.05	(0.06)	2.7	(1.2)	0.0	c	15.9	(2.7)	5.2	(1.7)	4.0	(1.2)	**0.36**	(0.09)
	瑞士	0.55	(0.07)	1.6	(0.5)	1.2	(0.7)	4.8	(1.6)	1.5	(0.7)	2.4	(1.0)	**0.35**	(0.10)
	土耳其	-0.40	(0.06)	22.1	(3.1)	8.3	(2.2)	15.0	(2.6)	9.8	(2.4)	9.8	(2.2)	**1.51**	(0.13)
	美国	0.38	(0.08)	4.2	(1.7)	3.3	(1.5)	5.5	(1.9)	2.2	(1.2)	1.1	(0.6)	0.13	(0.12)
	OECD 平均	0.05	(0.01)	7.9	(0.3)	2.7	(0.3)	8.7	(0.4)	4.9	(0.3)	5.0	(0.3)	**0.36**	(0.02)
伙伴国及地区	巴西	-0.54	(0.05)	41.2	(1.9)	2.9	(0.7)	21.6	(2.2)	25.6	(2.3)	12.5	(1.6)	**0.63**	(0.11)
	中国香港	0.44	(0.07)	1.0	(0.8)	0.9	(0.7)	2.4	(1.2)	1.9	(1.1)	1.3	(0.9)	**0.41**	(0.10)
	印度尼西亚	-0.76	(0.10)	28.8	(3.7)	9.6	(2.2)	23.1	(3.5)	21.0	(3.6)	13.8	(3.1)	**0.33**	(0.14)
	拉脱维亚	0.04	(0.05)	7.4	(1.9)	4.1	(1.6)	7.5	(2.0)	3.0	(1.3)	4.8	(1.7)	**0.83**	(0.08)
	列支敦士登	0.77	(0.01)	0.0	c	0.0	c	0.0	c	0.0	c	0.0	c	**0.24**	(0.01)
	中国澳门	0.36	(0.00)	0.0	c	2.4	(0.0)	0.1	(0.0)	0.3	(0.0)	4.0	(0.0)	**0.82**	(0.00)
	俄罗斯	-0.48	(0.07)	17.1	(2.5)	3.4	(1.1)	12.8	(2.7)	12.0	(1.7)	5.0	(1.2)	**1.10**	(0.11)
	泰国	-0.68	(0.07)	26.2	(3.4)	2.7	(1.2)	14.3	(2.5)	15.1	(2.6)	19.9	(2.5)	0.14	(0.12)
	突尼斯	-1.34	(0.08)	30.8	(3.7)	17.3	(3.1)	37.0	(4.6)	25.3	(3.9)	47.9	(3.6)	**-0.66**	(0.11)
	乌拉圭	0.12	(0.08)	8.2	(2.2)	6.9	(1.9)	12.3	(2.3)	13.1	(2.6)	6.7	(1.9)	**1.33**	(0.12)
	G20 平均	m	m	m	m	m	m	m	m	m	m	m	m	**m**	m

注：学校教育资源质量指数在 2003—2012 年的数值变化（PISA 2012—PISA 2003）用黑体标示，可以显著表明该国 2003—2012 年的指数变化。

仅显示 PISA 2003 和 PISA 2012 具有可比性的国家或地区的数据。

为了数据可比，PISA 2003 的学校教育资源质量指数数值已经根据 PISA 2012 的指数数值进行了重新标定。本表中报告的 PISA 2003 的结果可能与《为未来世界学习——PISA 2003 的初步结果》（OECD，2004）中的结果有所不同（更多信息参见附录 A5）。

1. 学校教育资源质量指数来自本表所列项目，衡量校长对阻碍学校教学的潜在因素的看法（SC14，来自 PISA 2012 学校问卷）。该指数的数值越高表明教育资源质量越好。

数据来源：OECD. *PISA 2012 Results (Volume IV): What Makes Schools Successful? Resources, Policies and Practices*, Table IV.3.43.

缺失数据代码参见《读者指南》。

StatLink http://dx.doi.org/10.1787/888933286465

表 D8.3. 15 岁学生的 PISA 阅读测试得分和纸笔阅读测试与计算机阅读测试的平均分差，按性别划分（PISA 2012）

平均分和变量

		阅读测试平均分差和性别差异(基于纸笔阅读测试)								纸笔阅读测试与计算机阅读测试的平均分差[1]					
		男生和女生		男生		女生		差值（男生-女生）		男生		女生		差值（男生-女生）	
		平均	S. E.	平均分	S. E.	平均分	S. E.	分差	S. E.	分差	S. E.	分差	S. E.	分差	S. E.
		(1)	(2)	(3)	(4)	(5)	(6)	(7)	(8)	(9)	(10)	(11)	(12)	(13)	(14)
OECD 国家	澳大利亚	512	(1.6)	495	(2.3)	530	(2.0)	**-34**	(2.9)	**-10**	(1.7)	**-7**	(1.5)	**-4**	(1.6)
	奥地利	490	(2.8)	471	(4.0)	508	(3.4)	**-37**	(5.0)	4	(3.7)	**15**	(3.3)	**-10**	(3.7)
	比利时	509	(2.3)	493	(3.0)	525	(2.7)	**-32**	(3.5)	3	(2.6)	**9**	(2.4)	**-6**	(2.5)
	加拿大	523	(1.9)	506	(2.3)	541	(2.1)	**-35**	(2.1)	**-16**	(2.4)	-2	(2.4)	**-14**	(1.3)
	智利	441	(2.9)	430	(3.8)	452	(2.9)	**-23**	(3.3)	**-18**	(2.9)	**-4**	(2.9)	**-14**	(2.5)
	丹麦	496	(2.6)	481	(3.3)	512	(2.6)	**-31**	(2.8)	-3	(2.8)	**5**	(2.5)	**-8**	(1.9)
	爱沙尼亚	516	(2.0)	494	(2.4)	538	(2.3)	**-44**	(2.4)	**-10**	(2.5)	-3	(2.4)	**-7**	(1.6)
	法国	505	(2.8)	483	(3.8)	527	(3.0)	**-44**	(4.2)	**-16**	(3.2)	5	(3.4)	**-21**	(2.4)
	德国	508	(2.8)	486	(2.9)	530	(3.1)	**-44**	(2.5)	**7**	(3.2)	**22**	(2.8)	**-15**	(2.0)
	匈牙利	488	(3.2)	468	(3.9)	508	(3.3)	**-40**	(3.6)	**35**	(3.7)	**42**	(3.5)	**-7**	(3.0)
	爱尔兰	523	(2.6)	509	(3.5)	538	(3.0)	**-29**	(4.2)	1	(4.0)	5	(2.8)	-3	(3.9)
	以色列	486	(5.0)	463	(8.2)	507	(3.9)	**-44**	(7.9)	**16**	(4.2)	**33**	(3.5)	**-17**	(4.3)
	意大利	490	(2.0)	471	(2.5)	510	(2.3)	**-39**	(2.6)	**-28**	(4.6)	-4	(3.2)	**-24**	(4.3)
	日本	538	(3.7)	527	(4.7)	551	(3.6)	**-24**	(4.1)	**-11**	(2.7)	-2	(2.4)	**-8**	(2.7)
	韩国	536	(3.9)	525	(5.0)	548	(4.5)	**-23**	(5.4)	**-27**	(3.3)	**-11**	(3.1)	**-16**	(3.6)
	挪威	504	(3.2)	481	(3.3)	528	(3.9)	**-46**	(3.3)	4	(3.7)	5	(3.9)	-1	(2.2)
	波兰	518	(3.1)	497	(3.7)	539	(3.1)	**-42**	(2.9)	**37**	(3.4)	**45**	(3.4)	**-8**	(2.0)
	葡萄牙	488	(3.8)	468	(4.2)	508	(3.7)	**-39**	(2.7)	**-9**	(3.1)	**13**	(2.7)	**-22**	(1.9)
	斯洛伐克	463	(4.2)	444	(4.6)	483	(5.1)	**-39**	(4.6)	**-21**	(2.7)	-1	(2.6)	**-21**	(2.6)
	斯洛文尼亚	481	(1.2)	454	(1.7)	510	(1.8)	**-56**	(2.7)	2	(1.4)	**18**	(1.4)	**-16**	(1.5)
	西班牙	488	(1.9)	474	(2.3)	503	(1.9)	**-29**	(2.0)	**17**	(4.2)	**22**	(3.8)	-5	(2.4)
	瑞典	483	(3.0)	458	(4.0)	509	(2.8)	**-51**	(3.6)	**-24**	(3.2)	**-6**	(2.6)	**-18**	(2.1)
	美国	498	(3.7)	482	(4.1)	513	(3.8)	**-31**	(2.6)	**-15**	(3.0)	**-12**	(2.7)	-2	(1.6)
	OECD 平均	496	(0.5)	478	(0.6)	515	(0.5)	**-38**	(0.6)	**-4**	(0.7)	**8**	(0.6)	**-12**	(0.6)
伙伴国及地区	巴西	410	(2.1)	394	(2.4)	425	(2.2)	**-31**	(1.9)	**-26**	(3.4)	**-18**	(3.5)	**-8**	(2.1)
	哥伦比亚	403	(3.4)	394	(3.9)	412	(3.8)	**-19**	(3.5)	0	(3.3)	**14**	(3.4)	**-14**	(2.7)
	中国香港	545	(2.8)	533	(3.8)	558	(3.3)	**-25**	(4.7)	**-8**	(3.3)	-2	(3.3)	**-7**	(2.8)
	中国澳门	509	(0.9)	492	(1.4)	527	(1.1)	**-36**	(1.7)	**-15**	(1.5)	**3**	(1.1)	**-17**	(1.9)
	俄罗斯	475	(3.0)	455	(3.5)	495	(3.2)	**-40**	(3.0)	-2	(3.6)	**21**	(3.1)	**-22**	(2.3)
	中国上海	570	(2.9)	557	(3.3)	581	(2.8)	**-24**	(2.5)	**31**	(2.8)	**45**	(2.3)	**-14**	(2.0)
	新加坡	542	(1.4)	527	(1.9)	559	(1.9)	**-32**	(2.6)	**-32**	(1.0)	**-17**	(1.2)	**-14**	(1.5)
	中国台湾	523	(3.0)	507	(4.3)	539	(4.3)	**-32**	(6.4)	-4	(2.3)	**11**	(2.2)	**-15**	(2.1)
	阿联酋	442	(2.5)	413	(3.9)	469	(3.2)	**-55**	(4.8)	**32**	(3.5)	**38**	(3.4)	-5	(4.9)
	G20 平均	m	m	m	m	m	m	m	m	m	m	m	m	m	m

注：有统计学意义的差异用黑体表示。仅显示参与 PISA 2012 选择性计算机阅读测试的国家。

1. 负数（第 9、11、13 列）意味着 15 岁学生在计算机阅读测试中表现更好。

数据来源：OECD. PISA 2012 Database.

缺失数据代码参见《读者指南》。

StatLink http：//dx. doi. org/10. 1787/888933286476

表 D8.4. 教师和信息与通信技术

结果来自 TALIS 2013，初中教师百分比

		"经常"或"在所有或几乎所有课程"中指导学生使用 ICT 做项目或课堂作业的初中教师百分比[1]		对以下领域有较强专业发展需求的初中教师百分比				报告在参与调查前 12 个月内参与了以下专业发展活动的初中教师百分比和报告这些专业发展有中等或大的积极影响的参与教师百分比							
				教学中的 ICT 技能		工作场所中的新技术		教学中的 ICT 技能				工作场所中的新技术			
								参与率		中等或大的积极影响		参与率		中等或大的积极影响	
		%	S. E.	%	S. E.	%	S. E.	%	S. E.	%	S. E.	%	S. E.	%	S. E.
		(1)	(2)	(3)	(4)	(5)	(6)	(7)	(8)	(9)	(10)	(11)	(12)	(13)	(14)
OECD 国家	澳大利亚	67	(1.9)	14	(0.9)	12	(0.8)	72	(1.7)	70	(1.8)	57	(1.8)	68	(2.0)
	比利时	27	(1.1)	11	(0.7)	5	(0.5)	37	(1.8)	80	(1.5)	13	(0.8)	82	(2.4)
	智利	60	(2.3)	13	(0.9)	17	(1.1)	51	(2.2)	87	(1.7)	38	(1.8)	86	(2.3)
	捷克	37	(1.1)	15	(0.7)	10	(0.7)	53	(1.6)	83	(1.3)	42	(1.4)	82	(1.5)
	丹麦	74	(1.9)	19	(1.2)	14	(1.1)	49	(1.9)	81	(1.6)	29	(2.0)	78	(2.3)
	英格兰	37	(1.4)	8	(0.7)	8	(0.6)	39	(1.7)	64	(1.5)	32	(1.7)	64	(2.1)
	爱沙尼亚	29	(1.3)	24	(0.9)	21	(1.0)	63	(1.3)	84	(1.1)	47	(1.7)	84	(1.3)
	芬兰	18	(0.9)	17	(1.0)	14	(0.8)	48	(1.9)	68	(1.9)	42	(1.7)	63	(2.3)
	法国	24	(1.0)	25	(0.9)	17	(0.7)	40	(1.4)	77	(1.7)	11	(0.8)	74	(3.1)
	冰岛	32	(1.4)	29	(1.5)	19	(1.2)	44	(1.4)	78	(1.9)	34	(1.5)	80	(2.4)
	以色列	19	(1.3)	24	(1.2)	23	(0.9)	60	(1.6)	79	(1.5)	48	(1.4)	78	(1.4)
	意大利	31	(1.4)	36	(0.8)	32	(0.9)	53	(1.3)	82	(1.4)	45	(1.4)	80	(1.6)
	日本	10	(0.6)	26	(0.9)	16	(0.7)	36	(1.4)	69	(1.9)	15	(0.9)	69	(2.5)
	韩国	28	(1.2)	25	(1.1)	19	(1.0)	54	(1.3)	90	(0.8)	37	(1.0)	91	(0.8)
	墨西哥	56	(1.2)	21	(1.0)	28	(1.1)	73	(1.0)	84	(1.0)	55	(1.4)	81	(1.1)
	新西兰	55	(1.6)	16	(0.9)	14	(0.7)	67	(1.3)	70	(1.5)	49	(1.4)	69	(1.4)
	荷兰	35	(2.1)	15	(1.1)	12	(1.2)	48	(1.9)	73	(1.9)	30	(2.1)	71	(2.6)
	挪威	74	(1.7)	18	(1.4)	9	(0.5)	33	(2.1)	78	(2.3)	7	(1.0)	77	(4.8)
	波兰	36	(1.5)	11	(0.8)	13	(0.8)	52	(1.5)	85	(1.1)	41	(1.5)	84	(1.4)
	葡萄牙	34	(0.9)	9	(0.5)	9	(0.6)	49	(1.6)	92	(0.9)	36	(1.4)	92	(1.1)
	斯洛伐克	45	(1.3)	19	(0.9)	15	(0.7)	60	(1.3)	92	(0.8)	33	(1.4)	90	(1.2)
	西班牙	37	(1.3)	14	(0.7)	14	(0.7)	68	(1.6)	87	(0.9)	56	(1.5)	86	(1.1)
	瑞典	34	(1.7)	25	(0.8)	18	(0.8)	47	(1.6)	66	(1.9)	37	(1.7)	65	(2.2)
	美国	46	(1.8)	8	(0.8)	15	(1.0)	49	(2.0)	73	(1.8)	57	(2.2)	73	(1.6)
	OECD 平均	40	(1.4)	18	(0.9)	15	(0.8)	51	(1.6)	80	(1.5)	36	(1.5)	79	(2.0)
伙伴国及地区	阿布扎比(阿联酋)	72	(1.7)	9	(0.8)	18	(1.3)	77	(1.4)	90	(1.0)	69	(1.7)	88	(1.0)
	巴西	30	(1.1)	27	(0.7)	37	(0.9)	46	(1.0)	79	(1.0)	53	(1.2)	79	(1.0)
	保加利亚	34	(1.3)	20	(0.9)	23	(1.3)	56	(1.8)	85	(1.5)	53	(1.7)	82	(1.5)
	克罗地亚	24	(0.9)	20	(0.9)	24	(0.9)	58	(1.5)	73	(1.1)	41	(1.3)	74	(1.3)
	塞浦路斯[2,3]	46	(1.4)	13	(0.7)	20	(1.0)	54	(1.6)	81	(1.9)	48	(1.4)	78	(2.1)
	格鲁吉亚	47	(1.8)	31	(1.4)	39	(1.1)	58	(1.9)	89	(1.5)	33	(1.8)	85	(1.9)
	拉脱维亚	41	(1.5)	19	(1.1)	24	(1.0)	72	(1.5)	87	(1.2)	59	(1.6)	86	(1.3)
	马来西亚	19	(1.3)	38	(1.2)	31	(1.0)	71	(1.3)	88	(0.8)	56	(1.3)	83	(1.1)
	罗马尼亚	26	(1.2)	19	(0.9)	22	(0.9)	60	(1.4)	91	(1.0)	30	(1.2)	88	(1.4)
	俄罗斯	48	(1.5)	17	(1.0)	21	(0.9)	81	(1.1)	87	(1.1)	89	(0.9)	89	(0.9)
	塞尔维亚	23	(0.9)	20	(0.8)	21	(0.8)	46	(1.2)	84	(1.2)	33	(1.3)	83	(1.3)
	新加坡	30	(0.8)	12	(0.6)	10	(0.6)	68	(0.8)	73	(1.0)	40	(0.9)	69	(1.5)
	中国上海	15	(0.9)	25	(0.9)	16	(0.8)	64	(1.1)	83	(1.0)	26	(1.1)	82	(1.3)
	G20 平均	m	m	m	m	m	m	m	m	m	m	m	m	m	m

1. 这些数据由教师报告，并参考了他们从目前授课课表中随机选择的课程。
2. 关于土耳其的说明：本文件中提及的"塞浦路斯"的资料涉及该岛南部。没有单一权威表明土耳其人和希族塞浦路斯人都在该岛上。土耳其承认北塞浦路斯土耳其共和国（TRNC）。在联合国达成一个持久和平等的解决方案之前，土耳其应保持其对"塞浦路斯问题"的立场。
3. 关于 OECD 中的所有欧盟成员国和欧盟的说明：塞浦路斯共和国已经得到除土耳其以外的其他所有联合国成员的承认。本文件资料涉及塞浦路斯共和国政府有效控制的领域。

数据来源：OECD. *TALIS* 2013 *Results*: *An International Perspective on Teaching and Learning*, Tables 4.10, 4.12 and 6.1.

缺失数据代码参见《读者指南》。

StatLink http://dx.doi.org/10.1787/888933286483

附 录 1

各国教育体系的特点

附录 1 的表格可在线查询：
StatLink http：//dx. doi. org/10. 1787/888933286494

表 X1.1a　常规毕业年龄（2013 年）

常规年龄指的是学生在学年初的年龄，通常在学年结束时，
学生的年龄比所示的年龄大一岁，常规年龄用于计算毛毕业率

		高级中等教育		中等后非高等教育		高等教育								
						短期高等教育课程		学士或同等水平（ISCED 6）			硕士或同等水平（ISCED 7）			博士或同等水平（ISCED 8）
		普通教育	职业教育	普通教育	职业教育	普通教育	职业教育	第一学历（3—4 年）	长期第一学历（4 年以上）	第二或更高学历（学士或同等水平项目之后）	长期第一学历（至少 5 年）	第二或更高学历（学士或同等水平项目之后）	第二或更高学历（硕士或同等水平项目之后）	
		(1)	(2)	(3)	(4)	(5)	(6)	(7)	(8)	(9)	(10)	(11)	(12)	(13)
OECD 国家	澳大利亚	17—18	17—28	a	18—37	19—24	18—30	20—23	22—25	22—32	23—27	22—30	29—43	26—35
	奥地利	17—18	16—18	a	19—30	a	18—19	21—24	a	a	24—28	23—28	a	27—32
	比利时	18—18	18—19	a	20—21	a	21—24	21—22	a	22—24	a	22—24	23—27	27—30
	加拿大	17—18	18—26	m	m	a	20—24	22—24	23—25	23—27	24—27	24—29	26—29	29—34
	智利	17—17	17—17	a	a	a	21—26	23—27	23—28	23—26	25—26	26—36	m	29—35
	捷克	19—20	19—20	20—22	19—20	a	21—23	22—24	a	a	25—26	24—26	a	29—33
	丹麦	18—19	19—22	a	23—27	a	20—24	22—25	a	m	m	25—28	a	27—39
	爱沙尼亚	18—18	18—19	a	19—24	a	a	21—23	a	a	23—24	23—26	a	27—32
	芬兰	19—19	19—23	a	32—46	a	m	23—26	a	a	25—27	25—29	33—39	29—36
	法国	17—18	16—19	m	m	a	m	m	m	m	m	m	m	26—30
	德国	18—20	19—20	22—22	22—22	a	22—23	22—26	a	24—30	24—27	24—26	24—27	28—32
	希腊	m	m	m	m	m	m	m	m	m	m	m	m	m
	匈牙利	18—19	17—19	a	19—20	a	19—21	21—23	a	25—38	23—26	23—25	a	28—33
	冰岛	m	m	m	m	m	m	m	m	m	m	m	m	m
	爱尔兰	18—19	a	18—19	20—26	20—26	a	22—23	m	m	22—28	m	m	26—31
	以色列	17—17	17—17	m	m	m	m	24—28	m	25—32	m	27—34	a	31—37
	意大利	18—19	18—19	a	m	a	a	22—24	m	m	24—27	24—27	m	28—31
	日本	17—17	17—17	18—18	18—18	19—19	19—19	21—21	m	m	23—23	23—23	m	26—26
	韩国	18—18	18—18	m	m	a	20—22	23—25	m	a	a	25—31	a	29—38
	卢森堡	17—19	17—20	a	20—28	a	m	m	a	a	m	m	a	m
	墨西哥	17—18	17—18	a	a	a	20—21	22—24	a	a	a	23—26	a	24—28
	荷兰	17—18	18—21	a	22—32	a	21—27	21—23	a	a	a	23—26	24—27	28—31
	新西兰	17—18	16—28	a	17—26	a	18—25	20—23	22—24	21—27	a	23—30	a	26—34
	挪威	18—18	18—21	a	20—32	22—35	21—26	21—24	a	25—31	24—26	24—28	24—28	28—35
	波兰	19—19	19—20	a	21—25	a	22—23	22—23	a	24—34	24—25	24—25	a	28—32
	葡萄牙	17—17	17—19	a	19—22	a	a	21—23	a	23—28	23—24	24—28	27—47	29—37
	斯洛伐克	18—19	17—19	19—21	19—21	a	20—22	21—22	a	m	23—24	23—25	24—29	26—29
	斯洛文尼亚	19—19	18—19	a	a	a	23—24	21—22	22—24	26—28	24—25	m	a	28—29
	西班牙	17—17	17—21	a	m	a	19—22	21—23	a	a	22—24	23—27	29—32	28—34
	瑞典	18—18	18—18	a	20—30	21—26	21—27	22—26	m	m	24—27	24—29	a	28—34
	瑞士	18—20	18—20	21—23	21—23	24—26	24—26	21—26	24—26	29—38	27—32	25—29	26—32	28—34
	土耳其	17—17	17—17	a	a	a	21	23—24	a	a	23—25	26—27	a	30—34
	英国	16—17	16—19	a	a	a	19—28	21—24	22—25	m	m	23—28	m	26—33
	美国	17—17	17—17	19—22	19—22	20—21	20—21	21—23	21—23	21—23	24—31	24—31	24—31	26—32
伙伴国	阿根廷	17—17	17—17	m	m	20—24	24	21—24	23—24	m	20—24	21—24	m	25—29
	巴西	16—17	16—18	m	18—25	m	20—28	21—25	m	m	m	21—27	m	30—39
	中国	17—17	17—17	18—18	18—18	20—20	22—22	21—21	21—21	m	22—22	22—22	m	27—27
	哥伦比亚	16—18	17—18	18—21	m	m	m	m	m	m	m	m	m	
	印度	17—17	17—17	18—18	18—18	20—20	22—22	21—21	21—21	m	22—22	22—22	m	27—27
	印度尼西亚	17—17	17—17	m	m	24—24	24—24	22—22	24—24	26—26	m	m	m	27—27
	拉脱维亚	18—18	20—20	m	20—23	m	21—26	21—24	m	24—30	25—37	29—38	m	28—35
	俄罗斯	17—17	17—18	m	18—19	m	19—20	21—21	m	m	22—23	22—23	m	25—27
	沙特阿拉伯	m	m	m	m	20—20	20—20	21—21	21—21	21—21	24—24	24—24	24—24	27—27
	南非	m	m	m	m	20—20	20—20	21—21	22—22	22—22	23—23	m	m	25—25

数据来源：OECD. Argentina, China, Colombia, India, Indonesia, Saudi Arabia, South Africa：UNESCO Institute for Statistics. Latvia：Eurostat. See annex 3 for notes (www. oecd. org/education/education-at-a-glance-19991487. htm).
缺失数据代码参见《读者指南》。
StatLink http：//dx. doi. org/10. 1787/888933286506

表 X1. 1b 不同教育阶段常规入学年龄（2013 年）

常规年龄指的是学生在学年初的年龄，通常在学年结束时，
学生的年龄比所示的年龄大一岁，常规年龄用于计算毛毕业率

		高级中等教育（ISCED 3）	中等后非高等教育（ISCED 4）	短期高等教育（ISCED 5）	学士或同等水平（ISCED 6）	硕士或同等水平（ISCED 7）	博士或同等水平（ISCED 8）
		(1)	(2)	(3)	(4)	(5)	(6)
OECD 国家	澳大利亚	m	m	m	18—20	21—26	22—30
	奥地利	14—15	17—22	17—18	19—21	19—24	24—28
	比利时	14—16	18—22	18—19	18—19	21—23	23—26
	加拿大	15	18	18—19	18—19	21—27	25—30
	智利	14—14	a	18—21	18—18	24—33	24—33
	捷克	15—16	20—29	19—21	19—20	22—24	24—26
	丹麦	16—17	a	19—27	20—22	23—25	25—29
	爱沙尼亚	16—19	19—24	a	19—22	22—26	24—28
	芬兰	16—16	31—43	33—36	19—20	22—29	25—30
	法国	15—17	m	m	m	18—19	23—26
	德国	15—18	19—21	21—25	19—21	19—24	25—29
	希腊	m	m	m	m	m	m
	匈牙利	15—15	19—20	19—21	19—20	19—24	24—27
	冰岛	m	m	m	m	m	m
	爱尔兰	15—16	18—20	18—19	18—19	20—21	20—23
	以色列	15—15	20—25	18—23	21—25	24—31	26—32
	意大利	14—14	17—18	20—21	20—20	20—20	26—29
	日本	15—15	18—18	18—18	18—18	22—22	24—24
	韩国	15—15	m	18—18	18—18	22—27	23—32
	卢森堡	15—19	a	22—22	18—18	20—20	24—24
	墨西哥	15—15	a	18—19	18—19	24—28	24—34
	荷兰	16—19	22—36	19—26	18—20	22—24	24—26
	新西兰	15—16	17—24	17—25	18—20	21—28	22—30
	挪威	16—16	19—31	19—23	19—20	19—20	25—29
	波兰	16—16	19—23	19—20	19—20	22—24	24—26
	葡萄牙	15—15	18—20	a	18—20	18—23	23—31
	斯洛伐克	15—18	18—20	19—20	19—21	22—23	24—26
	斯洛文尼亚	15—15	a	19—25	19—20	22—24	24—26
	西班牙	15—15	m	18—20	18—18	18—23	m
	瑞典	16—16	19—25	19—25	19—21	19—24	26—33
	瑞士	15—17	18—24	18—23	19—22	22—25	25—28
	土耳其	14—14	a	18—19	18—19	23—25	26—27
	英国	16—18	a	18—27	18—21	21—30	22—27
	美国	15—15	18—25	18—22	18—19	22—28	22—27
伙伴国	阿根廷	15—15	m	18—18	18	m	25—25
	巴西	m	m	m	m	m	m
	中国	15—15	m	17—17	17	m	21—21
	哥伦比亚	m	m	m	m	m	30
	印度	m	m	m	m	m	m
	印度尼西亚	16—16	a	19—19	19	23—25	25—25
	拉脱维亚	15—16	19—21	19—22	19—20	21—23	24—31
	俄罗斯	15—16	17—18	17—18	17—18	21—22	23—24
	沙特阿拉伯	m	m	m	m	m	m
	南非	m	m	m	m	m	m

数据来源：OECD. Argentina, China, Colombia, India, Indonesia, Saudi Arabia, South Africa: UNESCO Institute for Statistics. Latvia: Eurostat. See annex 3 for notes (www. oecd. org/education/education-at-a-glance-19991487. htm).
缺失数据代码参见《读者指南》。
StatLink http://dx. doi. org/10. 1787/888933286516

表 X1. 2a　OECD 国家指标计算所用的学年和财年

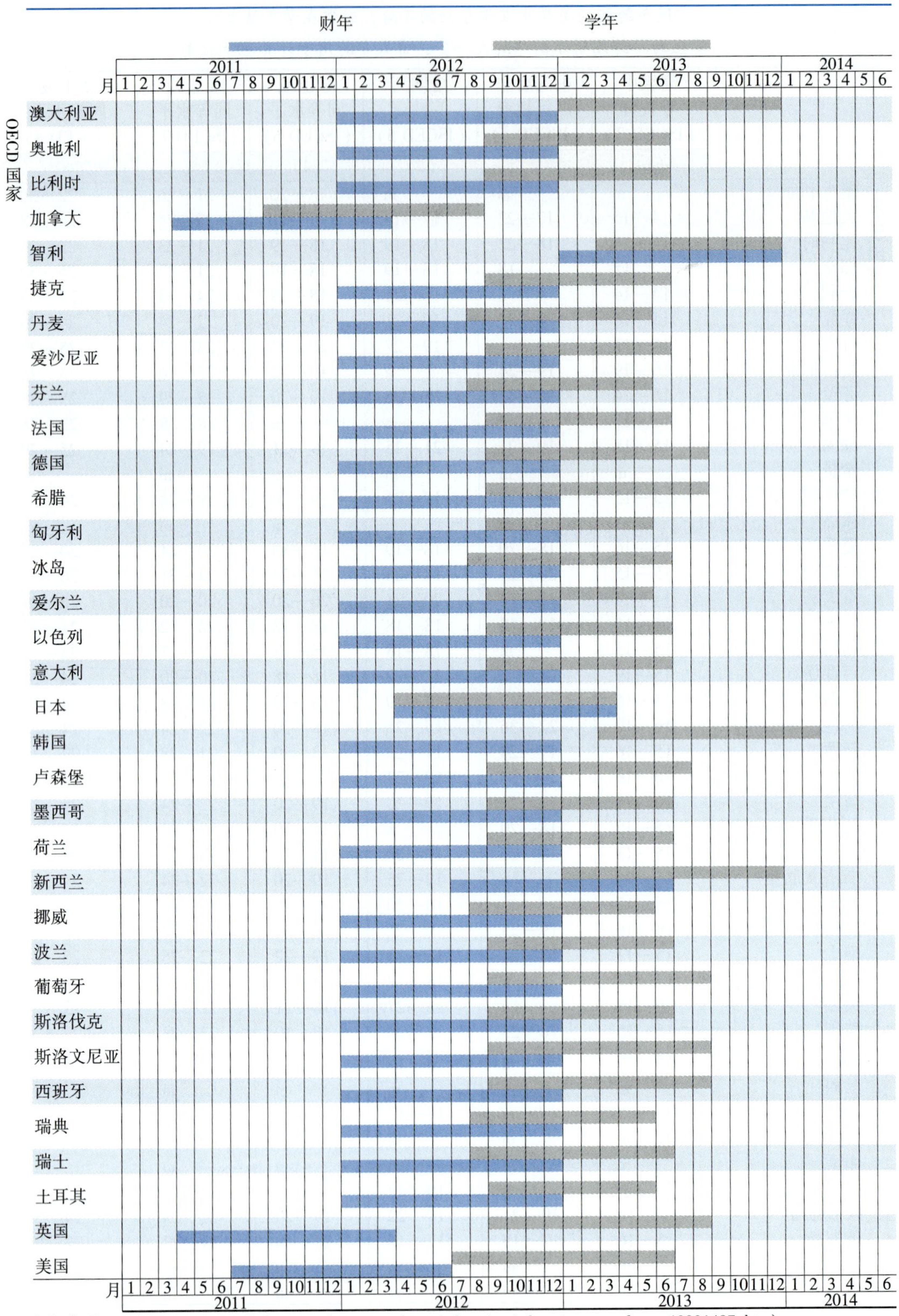

数据来源：OECD. See Annex 3 for notes (www. oecd. org/education/education-at-a-glance-19991487. htm).
StatLink http://dx. doi. org/10. 1787/888933286528

表 X1. 2b　伙伴国指标计算所用的学年和财年

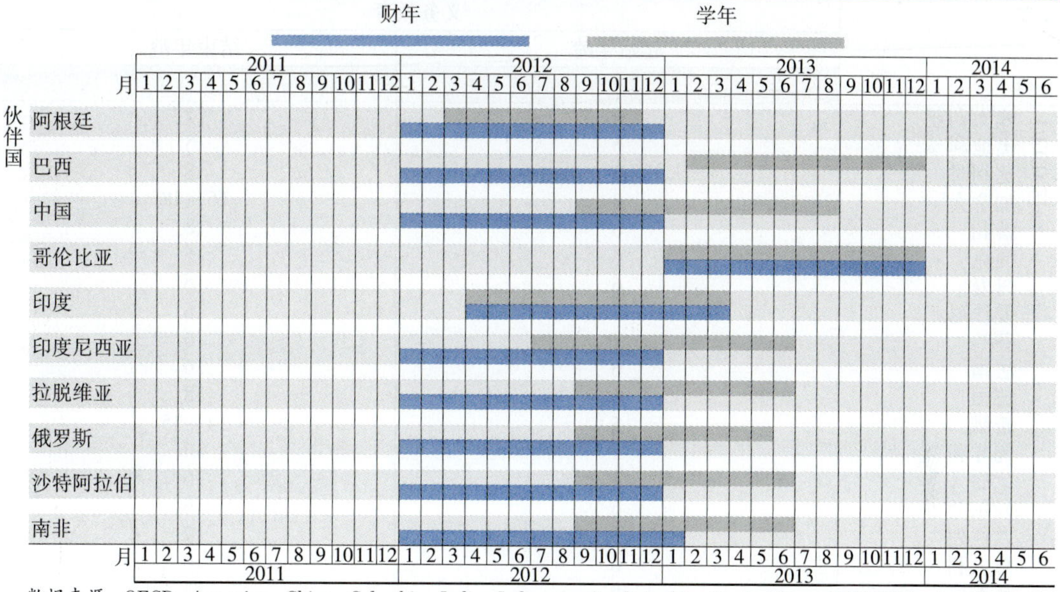

数据来源：OECD. Argentina, China, Colombia, India, Indonesia, Saudi Arabia, South Africa: UNESCO Institute for Statistics. Latvia: Eurostat. See annex 3 for notes (www. oecd. org/education/education-at-a-glance-19991487. htm).
StatLink http://dx. doi. org/10. 1787/888933286531

表 X1.3　义务教育阶段起始和结束年龄（2013 年）

		义务教育	
		起始年龄	结束年龄
		(1)	(2)
OECD 国家	澳大利亚	6	17
	奥地利	6	15
	比利时	6	18
	加拿大[1]	6	16—18
	智利	6	18
	捷克	6	15
	丹麦	6	16
	爱沙尼亚	7	16
	芬兰	7	16
	法国	6	16
	德国	6	18
	希腊	5	14—15
	匈牙利	5	16
	冰岛	6	16
	爱尔兰	6	16
	以色列	5	17
	意大利	6	16
	日本	6	15
	韩国	6	14
	卢森堡	4	16
	墨西哥	4	15
	荷兰	5	18
	新西兰	5	16
	挪威	6	16
	波兰	5	16
	葡萄牙	6	18
	斯洛伐克	6	16
	斯洛文尼亚	6	14
	西班牙	6	16
	瑞典	7	16
	瑞士	5—7	15
	土耳其	5—6	17
	英国	4—5	16
	美国	4—6	17
	OECD 平均	6	16
	欧盟 21 国平均	6	16
伙伴国	阿根廷[1]	5	17
	巴西	4	17
	中国	m	m
	哥伦比亚	5	15
	印度	m	m
	印度尼西亚	7	15
	拉脱维亚	5	16
	俄罗斯	7	17
	沙特阿拉伯	6	11
	南非[1]	7	15
	G20 平均	m	m

注：义务教育结束年龄指义务教育阶段学校教育结束的年龄。如，结束年龄为 18 岁意味着所有 18 岁以下的学生按法律规定都要接受教育。

1. 2012 年数据。

数据来源：OECD. Argentina, China, Colombia, India, Indonesia, Saudi Arabia, South Africa: UNESCO Institute for Statistics. Latvia: Eurostat. See Annex 3 for notes (www.oecd.org/education/education-at-a-glance-19991487.htm).

缺失数据代码参见《读者指南》。

StatLink http://dx.doi.org/10.1787/888933286542

附 录 2

参考统计数据

附录 2 的表格可在线查询：

StatLink http：//dx. doi. org/10. 1787/888933286551

表 X2.1　使用基本变量的经济背景概况

（统计期：2012 公历年，2012 年当年价格）

		公共支出总额占 GDP 的百分比	人均 GDP（以购买力平价转换后的等值美元计）	GDP 平减指数（2008 年 = 100）	GDP 平减指数（2005 年 = 100）	GDP 平减指数（2000 年 = 100）
		(1)	(2)	(3)	(4)	(5)
OECD 国家	澳大利亚	33.9	43 158	109.0	125.5	149.8
	奥地利	51.7	44 892	106.6	113.1	123.3
	比利时	53.3	41 684	107.7	115.1	127.6
	加拿大[1]	41.4	42 585	107.9	118.1	129.6
	智利[2]	24.5	21 260	115.9	126.8	179.4
	捷克	42.3	28 679	102.4	108.9	123.4
	丹麦	58.1	43 564	107.1	116.8	130.7
	爱沙尼亚	39.0	24 689	107.9	140.3	181.4
	芬兰	54.6	40 209	108.0	115.4	122.5
	法国	55.1	37 347	103.4	110.9	121.9
	德国	43.3	42 730	105.3	108.3	114.4
	希腊	53.5	25 462	104.2	116.2	135.1
	匈牙利	47.8	22 494	112.1	128.4	175.5
	冰岛	45.4	40 464	120.5	152.4	186.6
	爱尔兰	40.4	45 210	96.6	99.1	122.6
	以色列	40.3	31 296	111.7	116.3	124.1
	意大利	48.7	35 334	105.5	112.9	129.5
	日本	41.9	35 695	94.7	91.6	85.3
	韩国	32.7	32 022	109.6	115.4	132.6
	卢森堡	43.0	91 754	114.5	128.6	142.2
	墨西哥	25.3	16 767	117.4	139.0	194.7
	荷兰	47.5	46 062	103.0	109.7	124.6
	新西兰	33.2	32 165	105.6	117.2	132.1
	挪威[3]	54.9	51 368	111.8	126.8	145.9
	波兰	41.7	22 869	111.5	122.2	139.4
	葡萄牙	46.1	27 204	101.1	109.3	129.3
	斯洛伐克	39.3	25 725	102.2	109.4	136.5
	斯洛文尼亚	47.1	28 455	103.8	115.5	149.6
	西班牙	46.6	32 775	100.7	110.5	134.7
	瑞典	50.1	43 869	105.7	114.4	122.8
	瑞士	31.9	55 623	100.8	107.1	110.0
	土耳其	m	18 002	129.2	168.0	523.5
	英国	45.5	37 170	109.2	118.7	133.2
	美国	41.3	49 895	106.0	114.3	128.4
伙伴国	阿根廷	m	14 680	m	m	m
	巴西	33.0	12 583	130.7	159.1	252.5
	中国	m	10 917	m	m	m
	哥伦比亚[2]	m	12 125	m	m	m
	印度	m	m	m	m	m
	印度尼西亚[2]	m	10 023	m	m	m
	拉脱维亚	m	15 004	m	m	m
	俄罗斯	m	24 085	145.1	224.3	493.2
	沙特阿拉伯	m	m	m	m	m
	南非	m	12 555	m	m	m

1. 2011 年数据。
2. 以 2013 年数据替代 2012 年数据，且 GDP 平减指数分别为 2001—2013 年和 2006—2013 年数据，不是 2000—2012 年和 2005—2012 年数据。
3. 挪威使用的是挪威大陆 GDP 值。

数据来源：OECD. See Annex 3 for notes (www.oecd.org/education/education-at-a-glance-19991487.htm).
缺失数据代码参见《读者指南》。
StatLink http://dx.doi.org/10.1787/888933286560

表 X2.2 基本参考统计数据

（统计期：2012 公历年，2012 年当年价格）[1]

		GDP（当地货币，百万）[2]	GDP（根据财年调整）[3]	公共支出总额（当地货币，百万）	总人口，以千为单位（年中估计值）	GDP 购买力平价（PPP）（美元=1）	GDP 购买力平价（PPP）（欧元=1）	私人消费购买力平价（PPP）（美元=1）
		(1)	(2)	(3)	(4)	(5)	(6)	(7)
OECD 国家	澳大利亚	1 520 944	a	515 094	23 152	1.5222	1.9515	1.5805
	奥地利	317 213	a	164 052	8 426	0.8386	1.0751	0.8574
	比利时	388 254	a	206 852	11 054	0.8426	1.0803	0.9056
	加拿大[4]	1 770 014	1 785 318	738 481	34 343	1.2207	1.5651	1.2999
	智利[5]	129 600 791	a	31 782 047	17 403	350.2946	449.0957	370.1642
	捷克	4 047 675	a	1 711 712	10 509	13.4300	17.2179	15.5650
	丹麦	1 866 779	a	1 084 834	5 591	7.6643	9.8260	8.5705
	爱沙尼亚	17 637	a	6 873	1 325	0.5391	0.6911	0.6214
	芬兰	199 793	a	109 071	5 414	0.9178	1.1766	1.0019
	法国	2 091 059	a	1 151 257	65 609	0.8534	1.0941	0.9019
	德国	2 749 900	a	1 215 231	81 917	0.7856	1.0072	0.8503
	希腊	194 204	a	103 822	11 093	0.6876	0.8815	0.7793
	匈牙利	28 548 800	a	13 658 622	9 920	127.9363	164.0209	145.0074
	冰岛	1 774 001	a	805 617	321	136.6984	175.2543	145.9209
	爱尔兰	172 755	a	69 811	4 590	0.8325	1.0673	0.9621
	以色列	991 762	a	399 528	7 911	4.0060	5.1359	4.4700
	意大利	1 628 004	a	792 583	60 339	0.7636	0.9790	0.8385
	日本[6]	475 110 400	476 364 800	199 725 200	127 552	104.6281	134.1386	121.3658
	韩国	1 377 456 700	a	450 811 900	50 004	860.2495	1 102.8839	910.4712
	卢森堡	43 812	a	18 843	532	0.8984	1.1518	0.9938
	墨西哥	15 561 472	a	3 942 261	117 054	7.9290	10.1654	8.9529
	荷兰	640 644	a	304 035	16 752	0.8303	1.0644	0.8822
	新西兰	211 632	a	70 306	4 444	1.4806	1.8982	1.6071
	挪威[7]	2 295 395	a	1 260 543	5 019	8.9032	11.4144	9.8063
	波兰	1 615 895	a	673 930	38 534	1.8337	2.3509	1.9923
	葡萄牙	169 668	a	78 244	10 515	0.5932	0.7604	0.7147
	斯洛伐克	72 185	a	28 373	5 406	0.5190	0.6654	0.5800
	斯洛文尼亚	36 006	a	16 975	2 057	0.6152	0.7887	0.7078
	西班牙	1 055 158	a	491 414	46 766	0.6884	0.8826	0.7898
	瑞典	3 684 800	a	1 844 276	9 519	8.8236	11.3123	9.4636
	瑞士	624 592	a	199 208	8 039	1.3968	1.7908	1.6538
	土耳其	1 416 798	a	m	74 899	1.0508	1.3472	1.1474
	英国	1 655 384	1 645 957	749 427	63 705	0.6951	0.8912	0.7046
	美国	16 163 150	15 679 235	6 474 354	314 246	1.0000	1.2821	1.0000
	欧元区					0.78		
伙伴国	阿根廷	2 744 829	a	m	41 087	4.5508	5.8344	m
	巴西	4 402 537	a	1 453 357	196 877	1.7771	2.2783	m
	中国	51 947 010	a	m	1 354 040	3.5140	4.5052	m
	哥伦比亚[5]	665 441 000	a	m	46 582	1 178.1469	1 510.4448	m
	印度	m	a	m	1 227 193	15.9149	20.4038	m
	印度尼西亚[5]	9 524 736 500	a	m	249 866	3 803.3510	4 876.0911	m
	拉脱维亚	15 492	a	m	2 034	0.5077	0.6509	m
	俄罗斯	62 218 378	a	m	143 170	18.0435	23.1327	17.4149
	沙特阿拉伯	m	a	m	m	m	0.0000	m
	南非	3 138 980	a	m	51 012	4.9010	6.2833	m

1. 欧元区国家的 GDP、PPP 及公共支出总额的数据以欧元计算。
2. GDP 根据澳大利亚财年计算，GDP 与公共支出总额根据新西兰财年计算。
3. 在教育财政年度内未报告 GDP 的国家，GDP 按照 wt-1（GDPt-1）+ wt（GDPt）计算，wt 和 wt-1 代表 GDP 在教育财政年度内的两个统计期的相应部分的权重。第二章对加拿大、日本、英国和美国的数据进行了调整。
4. 2011 年数据。
5. 2013 年数据。
6. 根据财年调整的公共支出总额。
7. 挪威使用的是挪威大陆 GDP 值。

数据来源：OECD. See Annex 3 for notes（www.oecd.org/education/education-at-a-glance-19991487.htm）.
缺失数据代码参见《读者指南》。
StatLink http://dx.doi.org/10.1787/888933286577

表 X2.3 基本参考统计数据

（统计期：2000 公历年、2005 公历年、2008 公历年、2010 公历年和 2011 公历年）[1]

		GDP（当地货币，百万，当年价格）					公共支出总额（当地货币，百万，当年价格）					GDP（当地货币，百万，2012 年不变价格）			公共支出总额（当地货币，百万，2012 年不变价格）		
		2000	2005	2008	2010	2011	2000	2005	2008	2010	2011	2008	2010	2011	2008	2010	2011
		(1)	(2)	(3)	(4)	(5)	(6)	(7)	(8)	(9)	(10)	(11)	(12)	(13)	(14)	(15)	(16)
OECD 国家	澳大利亚	705 275	997 968	1 258 074	1 407 865	1 488 028	225 913	309 431	405 784	473 579	498 406	1 371 034	1 430 317	1 483 654	442 219	481 131	496 940
	奥地利	213 196	253 009	291 930	294 208	308 675	108 287	122 585	139 494	150 593	151 994	311 246	305 049	314 429	148 723	156 142	154 827
	比利时	257 605	311 150	355 066	365 747	379 991	123 943	157 399	172 484	187 026	197 422	382 327	381 623	387 873	185 727	195 144	201 517
	加拿大	1 098 166	1 324 940	1 565 900	1 567 007	1 662 757	444 532	541 985	645 514	719 289	738 481	1 689 500	1 663 092	1 719 259	696 466	763 394	763 575
	智利[2]	42 094 989	82 018 171	96 443 761	121 402 822	129 600 791	10 559 689	15 327 440	23 797 395	27 847 954	m	111 759 872	125 027 571	131 134 365	27 576 629	28 679 416	m
	捷克	2 372 630	3 257 972	4 015 346	3 953 651	4 022 410	945 255	1 340 123	1 583 527	1 661 774	1 653 244	4 111 210	4 001 777	4 080 472	1 621 333	1 682 002	1 677 108
	丹麦	1 326 912	1 586 537	1 797 547	1 798 649	1 833 404	694 479	815 717	903 263	1 016 158	1 034 208	1 925 955	1 857 798	1 879 078	967 788	1 049 575	1 059 972
	爱沙尼亚	6 171	11 260	16 511	14 709	16 404	2 225	3 757	6 441	5 828	6 109	17 815	15 567	16 853	6 950	6 168	6 276
	芬兰	136 261	164 387	193 711	187 100	196 869	63 903	79 262	91 372	99 707	104 259	209 169	197 612	202 681	98 664	105 309	107 337
	法国	1 485 303	1 771 978	1 995 850	1 998 481	2 059 284	744 119	920 351	1 030 025	1 095 602	1 118 728	2 063 017	2 041 566	2 084 095	1 064 689	1 119 222	1 132 207
	德国	2 113 500	2 297 820	2 558 020	2 576 220	2 699 100	944 533	1 059 389	1 112 309	1 215 270	1 202 749	2 692 561	2 644 613	2 739 585	1 170 812	1 247 533	1 220 790
	希腊	141 732	199 153	242 096	226 210	207 752	63 693	86 097	117 992	114 302	108 003	252 327	228 095	207 877	122 978	115 255	108 068
	匈牙利	13 293 578	22 331 300	26 949 316	26 946 030	28 035 033	6 251 647	11 032 047	13 070 489	13 252 926	13 834 811	30 221 464	28 464 834	28 978 563	14 657 489	13 999 923	14 300 427
	冰岛	703 445	1 057 998	1 547 817	1 621 053	1 700 558	286 259	433 346	853 725	791 880	771 800	1 865 164	1 717 284	1 753 959	1 028 763	838 889	796 036
	爱尔兰	107 799	169 153	186 870	164 931	171 042	33 010	55 177	77 009	103 427	76 536	180 580	168 626	173 299	74 417	105 744	77 546
	以色列	535 966	633 762	767 547	870 843	924 618	261 087	296 289	332 256	367 301	365 561	857 573	924 158	962 951	371 227	389 788	380 716
	意大利	1 239 759	1 490 409	1 632 933	1 605 694	1 638 857	549 577	688 251	765 537	782 101	788 137	1 722 693	1 656 179	1 665 871	807 618	806 691	801 128
	日本	508 780 800	504 599 000	493 691 650	479 616 000	472 260 700	193 917 400	183 640 900	188 561 300	195 879 800	199 103 100	467 302 218	466 371 161	467 865 676	178 482 082	190 470 480	197 250 176
	韩国	635 184 600	919 797 300	1 104 492 200	1 265 308 000	1 332 681 000	135 324 800	230 062 600	312 548 300	353 006 600	373 227 400	1 210 975 823	1 298 839 506	1 346 680 975	342 680 949	362 361 510	377 148 199
	卢森堡	23 122	29 771	37 523	39 371	42 410	8 270	12 573	14 624	17 098	17 882	42 967	42 769	43 884	16 746	18 574	18 503
	墨西哥	6 132 389	9 424 602	12 256 864	13 266 858	14 508 784	1 139 998	1 979 808	2 894 807	3 355 288	3 655 757	14 388 718	14 418 513	14 972 048	3 398 305	3 646 550	3 772 485
	荷兰	448 701	540 656	635 794	631 512	642 929	187 162	230 884	278 455	304 447	302 269	655 138	640 324	650 937	286 927	308 695	306 034

1. 欧元区国家的 GDP 及公共支出总额的数据以欧元计算。
2. 统计期为 2001 年、2006 年、2009 年、2011 年和 2012 年，不是 2000 年、2005 年、2008 年、2010 年和 2011 年。
3. 挪威使用的是挪威大陆 GDP 值。

数据来源：OECD. See Annex 3 for notes（www.oecd.org/education/education-at-a-glance-19991487.htm）.
缺失数据代码参见《读者指南》。
StatLink http://dx.doi.org/10.1787/888933286586

表 X2.3（续） 基本参考统计数据

（统计期：2000 公历年、2005 公历年、2008 公历年、2010 公历年和 2011 公历年）[1]

		GDP（当地货币，百万，当年价格）					公共支出总额（当地货币，百万，当年价格）					GDP（当地货币，百万，2012 年不变价格）			公共支出总额（当地货币，百万，2012 年不变价格）		
		2000	2005	2008	2010	2011	2000	2005	2008	2010	2011	2008	2010	2011	2008	2010	2011
		(1)	(2)	(3)	(4)	(5)	(6)	(7)	(8)	(9)	(10)	(11)	(12)	(13)	(14)	(15)	(16)
OECD 国家	新西兰	118 446	161 615	185 608	199 108	207 392	36 559	49 320	64 002	70 450	69 076	196 080	201 724	206 423	67 613	71 376	68 753
	挪威[3]	1 113 894	1 464 974	1 862 873	1 987 362	2 157 835	626 569	818 805	1 018 107	1 149 163	1 207 768	2 082 486	2 083 187	2 211 899	1 138 131	1 204 572	1 238 028
	波兰	746 255	984 919	1 277 322	1 437 357	1 553 582	294 012	427 147	551 403	643 465	663 757	1 424 257	1 515 860	1 588 011	614 833	678 609	678 466
	葡萄牙	128 466	158 653	178 873	179 930	176 167	52 983	71 830	77 055	88 987	84 423	180 792	178 752	175 476	77 882	88 404	84 092
	斯洛伐克	31 596	50 398	68 156	67 204	70 160	16 255	18 730	23 340	26 329	26 381	69 678	69 176	71 049	23 861	27 102	26 715
	斯洛文尼亚	18 902	29 227	37 951	36 220	36 868	8 636	13 011	16 511	17 894	18 350	39 384	36 758	36 981	17 134	18 160	18 406
	西班牙	646 250	930 566	1 116 207	1 080 913	1 075 147	246 890	349 501	450 948	485 467	480 111	1 124 344	1 084 346	1 077 682	454 235	487 009	481 243
	瑞典	2 380 358	2 907 352	3 387 599	3 519 994	3 656 577	1 248 029	1 491 382	1 657 889	1 746 603	1 792 006	3 581 641	3 599 250	3 695 326	1 752 853	1 785 930	1 810 996
	瑞士	458 779	507 463	597 381	606 146	618 325	151 837	176 236	187 914	189 561	196 889	602 215	606 825	617 748	189 435	189 774	196 705
	土耳其	166 658	648 932	950 534	1 098 799	1 297 713	m	m	345 392	442 178	485 001	1 227 670	1 275 403	1 387 322	446 094	513 247	518 491
	英国	1 023 512	1 326 660	1 518 675	1 558 365	1 617 677	358 902	553 033	686 738	738 598	736 445	1 659 099	1 617 909	1 644 546	750 237	766 819	748 677
	美国	10 284 780	13 093 720	14 718 590	14 964 380	15 517 930	3 353 547	4 563 353	5 567 081	6 153 839	5 754 000	15 597 149	15 547 779	15 797 034	5 899 382	6 393 751	5 857 491
伙伴国	巴西	1 179 482	2 147 240	3 032 204	3 770 085	4 143 015	394 349	670 514	939 831	1 211 373	1 308 035	3 963 739	4 341 660	4 364 448	1 228 560	1 395 027	1 377 946
	俄罗斯	7 298 009	21 609 766	41 276 849	46 308 541	55 967 227	2 016 630	7 380 575	m	m	m	59 887 606	57 691 503	60 150 289	m	m	m

1. 欧元区国家的 GDP 及公共支出总额的数据以欧元计算。
2. 统计期为 2001 年、2006 年、2009 年、2011 年和 2012 年，不是 2000 年、2005 年、2008 年、2010 年和 2011 年。
3. 挪威使用的是挪威大陆 GDP 值。

数据来源：OECD. See Annex 3 for notes (www.oecd.org/education/education-at-a-glance-19991487.htm).

缺失数据代码参见《读者指南》。

StatLink http://dx.doi.org/10.1787/888933286586

表 X2. 4a　具有常规教师资格的教师职业生涯不同阶段法定工资水平（2013 年）

公立学校有常规教师资格教师的年度法定工资，用本国货币表示

		学前教育				初等教育				初级中等教育，普通课程				高级中等教育，普通课程			
		起点工资	10 年教龄工资	15 年教龄工资	最高等级工资	起点工资	10 年教龄工资	15 年教龄工资	最高等级工资	起点工资	10 年教龄工资	15 年教龄工资	最高等级工资	起点工资	10 年教龄工资	15 年教龄工资	最高等级工资
		(1)	(2)	(3)	(4)	(5)	(6)	(7)	(8)	(9)	(10)	(11)	(12)	(13)	(14)	(15)	(16)
OECD 国家	澳大利亚[1]	60 967	87 035	87 035	87 406	60 049	86 348	86 348	86 634	59 970	86 317	86 317	86 561	59 970	86 317	86 317	86 561
	奥地利[2]	28 156	33 134	37 140	55 270	28 156	33 134	37 140	55 270	29 479	35 840	40 262	57 311	30 905	38 015	43 328	64 061
	比利时弗兰芒语区	30 803	38 688	43 586	53 382	30 803	38 688	43 586	53 382	30 803	38 688	43 586	53 382	38 489	49 121	56 050	67 598
	比利时法语区	30 121	37 669	42 414	51 903	30 121	37 669	42 414	51 903	30 121	37 669	42 414	51 903	37 477	47 776	54 487	65 673
	加拿大	m	m	m	m	51 145	82 069	86 130	86 130	51 145	82 069	86 130	86 130	51 360	82 484	86 543	86 543
	智利[1,3]	6 960 975	9 317 091	10 445 247	14 566 995	6 960 975	9 317 091	10 445 247	14 566 995	6 960 975	9 317 091	10 445 247	14 566 995	7 394 631	9 874 011	11 061 207	15 398 583
	捷克	240 000	243 000	248 160	264 600	247 200	254 400	265 200	301 800	247 200	254 400	265 200	301 800	247 200	254 400	265 200	301 800
	丹麦[3]	339 065	384 852	384 852	384 852	385 998	428 907	443 335	443 335	388 387	434 652	449 727	449 727	389 016	462 754	462 754	462 754
	英格兰	21 588	35 447	36 756	36 756	21 588	35 447	36 756	36 756	21 588	35 447	36 756	36 756	21 588	35 447	36 756	36 756
	爱沙尼亚	m	m	m	m	8 153	8 296	8 296	10 668	8 153	8 296	8 296	10 668	8 153	8 296	8 296	10 668
	芬兰[4]	27 424	29 617	29 617	29 617	32 097	37 153	39 382	41 745	34 665	40 125	42 533	45 085	36 759	44 147	45 912	48 667
	法国[5,6]	24 195	27 724	29 740	43 854	24 195	27 724	29 740	43 854	26 937	30 465	32 482	46 750	27 211	30 740	32 756	47 052
	德国	m	m	m	m	42 281	49 736	52 016	55 465	46 697	54 173	56 522	61 497	50 449	57 983	60 591	69 646
	希腊	13 104	16 572	19 056	25 752	13 104	16 572	19 056	25 752	13 104	16 572	19 056	25 752	13 104	16 572	19 056	25 752
	匈牙利[7]	1 479 312	1 652 268	1 768 164	2 343 120	1 529 892	1 749 780	1 876 836	2 494 920	1 529 892	1 749 780	1 876 836	2 494 920	1 669 296	2 008 608	2 226 036	3 123 672
	冰岛[3]	3 580 333	4 091 064	4 091 064	4 815 268	3 744 242	4 192 652	4 477 217	4 477 217	3 744 242	4 192 652	4 477 217	4 477 217	3 619 909	4 149 248	4 517 420	4 720 919
	爱尔兰	m	m	m	m	33 814	48 686	54 314	61 201	35 474	50 633	54 905	61 792	35 474	50 633	54 905	61 792
	以色列	96 132	117 321	133 059	247 180	85 124	110 591	128 372	222 865	85 598	109 511	123 411	189 558	82 956	98 253	110 371	172 948
	意大利	23 051	25 358	27 845	33 884	23 051	25 358	27 845	33 884	24 849	27 527	30 340	37 211	24 849	28 196	31 189	38 901
	日本[3]	m	m	m	m	3 105 000	4 612 000	5 456 000	6 842 000	3 105 000	4 612 000	5 456 000	6 842 000	3 105 000	4 612 000	5 456 000	7 029 000
	韩国	26 812 800	40 363 200	47 122 800	74 895 600	26 812 800	40 363 200	47 122 800	74 895 600	26 716 800	40 267 200	47 026 800	74 799 600	26 716 800	40 267 200	47 026 800	74 799 600
	卢森堡	67 129	88 894	100 350	120 282	67 129	88 894	100 350	120 282	77 897	97 371	107 452	135 403	77 897	97 371	107 452	135 403
	墨西哥	147 754	192 555	245 884	315 517	147 754	192 555	245 884	315 517	189 894	246 322	315 847	403 167	m	m	m	m
	荷兰	32 468	40 280	48 093	48 093	32 468	40 280	48 093	48 093	34 264	49 604	59 520	59 520	34 264	49 604	59 520	59 520

1. 法定工资不包括雇主缴纳的社会保险和退休金部分。
2. 学前教育阶段数据指在小学教授学前课程的小学教师。
3. 法定工资包括雇主缴纳的社会保险和退休金部分。
4. 只包括大多数人的数据，即只有学前教育阶段包含幼儿园教师。
5. 包含初中和高中教师额外加班时间的平均奖金。
6. 新任教师的常规教师资格与所有在职教师的常规教师资格不同。
7. 实际基本工资。

数据来源：OECD. See Annex 3 for notes（www. oecd. org/education/education-at-a-glance-19991487. htm）.

缺失数据代码参见《读者指南》。

StatLink http：//dx. doi. org/10. 1787/888933286596

表 X2. 4a（续） 具有常规教师资格的教师职业生涯不同阶段法定工资水平（2013 年）

公立学校有常规教师资格教师的年度法定工资，用本国货币表示

		学前教育				初等教育				初级中等教育，普通课程				高级中等教育，普通课程			
		起点工资	10 年教龄工资	15 年教龄工资	最高等级工资	起点工资	10 年教龄工资	15 年教龄工资	最高等级工资	起点工资	10 年教龄工资	15 年教龄工资	最高等级工资	起点工资	10 年教龄工资	15 年教龄工资	最高等级工资
		(1)	(2)	(3)	(4)	(5)	(6)	(7)	(8)	(9)	(10)	(11)	(12)	(13)	(14)	(15)	(16)
OECD 国家	新西兰	m	m	m	m	45 796	68 074	68 074	68 074	46 598	69 987	69 987	69 987	47 400	71 900	71 900	71 900
	挪威	350 900	402 000	402 000	402 000	404 900	437 950	437 950	478 500	404 900	437 950	437 950	478 500	448 400	494 500	494 500	555 100
	波兰	29 044	38 932	47 556	49 576	29 044	38 932	47 556	49 576	29 044	38 932	47 556	49 576	29 044	38 932	47 556	49 576
	葡萄牙	20 439	22 386	24 326	37 952	20 439	22 386	24 326	37 952	20 439	22 386	24 326	37 952	20 439	22 386	24 326	37 952
	苏格兰	21 438	34 200	34 200	34 200	21 438	34 200	34 200	34 200	21 438	34 200	34 200	34 200	21 438	34 200	34 200	34 200
	斯洛伐克	5 638	6 204	6 488	6 996	6 306	7 574	8 878	9 570	6 306	7 574	8 878	9 570	6 306	7 574	8 878	9 570
	斯洛文尼亚	16 981	20 204	24 875	28 601	16 981	20 996	25 850	30 919	16 981	20 996	25 850	30 919	16 981	20 996	25 850	30 919
	西班牙	27 841	30 169	32 248	39 187	27 841	30 169	32 248	39 187	31 151	33 728	35 855	43 875	31 151	33 728	35 855	43 875
	瑞典[7]	306 000	328 356	338 100	354 864	302 400	337 470	349 920	399 600	306 000	343 200	356 124	406 968	318 000	357 456	373 368	426 840
	瑞士	m	m	m	m	m	m	m	m	m	m	m	m	m	m	m	m
	土耳其	32 639	33 687	35 018	37 860	32 639	33 687	35 018	37 860	33 892	34 490	36 271	39 113	33 892	34 490	36 271	39 113
	美国[7]	42 590	51 275	58 202	70 978	41 606	53 799	59 339	66 938	43 324	53 758	60 965	66 022	42 695	54 843	59 948	67 016
伙伴国	阿根廷	m	m	m	m	m	m	m	m	m	m	m	m	m	m	m	m
	巴西	m	m	m	m	m	m	m	m	m	m	m	m	m	m	m	m
	中国	m	m	m	m	m	m	m	m	m	m	m	m	m	m	m	m
	哥伦比亚	18 592 710	23 853 604	23 853 604	23 853 604	18 703 923	25 244 573	25 244 573	25 244 573	18 600 692	26 084 302	26 084 302	26 084 302	18 600 692	26 084 302	26 084 302	26 084 302
	印度	m	m	m	m	m	m	m	m	m	m	m	m	m	m	m	m
	印度尼西亚	m	m	m	m	m	m	m	m	m	m	m	m	m	m	m	m
	拉脱维亚	a	m	m	a	a	m	m	a	a	m	m	a	a	m	m	a
	俄罗斯	m	m	m	m	m	m	m	m	m	m	m	m	m	m	m	m
	沙特阿拉伯	m	m	m	m	m	m	m	m	m	m	m	m	m	m	m	m
	南非	m	m	m	m	m	m	m	m	m	m	m	m	m	m	m	m

1. 法定工资不包括雇主缴纳的社会保险和退休金部分。
2. 学前教育阶段数据指在小学教授学前课程的小学教师。
3. 法定工资包括雇主缴纳的社会保险和退休金部分。
4. 只包括大多数人的数据，即只有学前教育阶段包含幼儿园教师。
5. 包含初中和高中教师额外加班时间的平均奖金。
6. 新任教师的常规教师资格与所有在职教师的常规教师资格不同。
7. 实际基本工资。

数据来源：OECD. See Annex 3 for notes（www. oecd. org/education/education-at-a-glance-19991487. htm）.
缺失数据代码参见《读者指南》。
StatLink http：//dx. doi. org/10. 1787/888933286596

表 X2. 4b 具有最低教师资格的教师职业生涯不同阶段法定工资水平（2013 年）

公立学校有最低教师资格教师的年度法定工资，用本国货币表示

		学前教育				初等教育				初级中等教育，普通课程				高级中等教育，普通课程			
		起点工资	10 年教龄工资	15 年教龄工资	最高等级工资	起点工资	10 年教龄工资	15 年教龄工资	最高等级工资	起点工资	10 年教龄工资	15 年教龄工资	最高等级工资	起点工资	10 年教龄工资	15 年教龄工资	最高等级工资
		(1)	(2)	(3)	(4)	(5)	(6)	(7)	(8)	(9)	(10)	(11)	(12)	(13)	(14)	(15)	(16)
OECD 国家	澳大利亚[1]	57 859	84 544	86 085	87 406	57 661	84 431	85 617	86 634	57 702	84 629	85 674	86 561	57 702	84 629	85 674	86 561
	奥地利[2]	28 156	33 134	37 140	55 270	28 156	33 134	37 140	55 270	29 479	35 840	40 262	57 311	30 905	38 015	43 328	64 061
	比利时弗兰芒语区	30 803	38 688	43 586	53 382	30 803	38 688	43 586	53 382	30 803	38 688	43 586	53 382	38 489	49 121	56 050	67 598
	比利时法语区	30 083	36 589	40 408	48 045	30 083	36 589	40 408	48 045	30 083	36 589	40 408	48 045	30 083	36 589	40 408	48 045
	加拿大	m	m	m	m	48 458	73 021	77 006	77 006	48 458	73 021	77 006	77 006	48 647	73 354	77 338	77 338
	智利[1,3]	6 960 975	8 908 719	9 685 479	12 792 531	6 960 975	8 908 719	9 685 479	12 792 531	6 960 975	8 908 719	9 685 479	12 792 531	7 394 631	9 444 279	10 261 683	13 531 287
	捷克	180 000	187 200	195 000	213 600	244 200	248 400	255 360	279 000	244 200	248 400	255 360	279 000	244 200	248 400	255 360	279 000
	丹麦[3]	339 065	384 852	384 852	384 852	385 998	428 907	443 335	443 335	388 387	434 652	449 727	449 727	389 016	462 754	462 754	462 754
	英格兰	21 588	31 552	31 552	31 552	21 588	31 552	31 552	31 552	21 588	31 552	31 552	31 552	21 588	31 552	31 552	31 552
	爱沙尼亚	m	m	m	m	8 153	8 296	8 296	10 668	8 153	8 296	8 296	10 668	8 153	8 296	8 296	10 668
	芬兰[4]	27 424	29 617	29 617	29 617	32 097	37 153	39 382	41 745	34 665	40 125	42 533	45 085	36 759	44 147	45 912	48 667
	法国[5]	24 195	27 724	29 740	43 854	24 195	27 724	29 740	43 854	26 937	30 465	32 482	46 750	27 211	30 740	32 756	47 052
	德国	m	m	m	m	42 281	49 736	52 016	55 465	46 697	54 173	56 522	61 497	50 449	57 983	60 591	69 646
	希腊	13 104	16 572	19 056	25 752	13 104	16 572	19 056	25 752	13 104	16 572	19 056	25 752	13 104	16 572	19 056	25 752
	匈牙利[6]	1 479 312	1 652 268	1 768 164	2 343 120	1 529 892	1 749 780	1 876 836	2 494 920	1 529 892	1 749 780	1 876 836	2 494 920	1 669 296	2 008 608	2 226 036	3 123 672
	冰岛[3]	3 580 333	3 983 241	3 983 241	4 091 064	3 744 242	4 090 979	4 192 652	4 367 237	3 744 242	4 090 979	4 192 652	4 367 237	3 619 909	4 070 080	4 415 668	4 619 167
	爱尔兰	m	m	m	m	31 972	46 844	52 472	59 359	33 041	48 200	52 472	59 359	33 041	48 200	52 472	59 359
	以色列	96 132	117 205	132 685	204 314	85 124	110 537	128 240	179 921	85 598	109 349	120 582	167 842	82 956	97 519	109 670	161 766
	意大利	23 051	25 358	27 845	33 884	23 051	25 358	27 845	33 884	24 849	27 527	30 340	37 211	24 849	28 196	31 189	38 901
	日本[3]	m	m	m	m	3 105 000	4 612 000	5 456 000	6 842 000	3 105 000	4 612 000	5 456 000	6 842 000	3 105 000	4 612 000	5 456 000	7 029 000
	韩国	26 268 000	39 162 000	45 795 600	74 895 600	26 812 800	40 363 200	47 122 800	74 895 600	26 716 800	40 267 200	47 026 800	74 799 600	26 716 800	40 267 200	47 026 800	74 799 600
	卢森堡	67 129	88 894	100 350	120 282	67 129	88 894	100 350	120 282	77 897	97 371	107 452	135 403	77 897	97 371	107 452	135 403

1. 法定工资不包括雇主缴纳的社会保险和退休金部分。
2. 学前教育阶段数据指在小学教授学前课程的小学教师。
3. 法定工资包括雇主缴纳的社会保险和退休金部分。
4. 只包括大多数人的数据，即只有学前教育阶段包含幼儿园教师。
5. 包括初中和高中教师平均加班奖金。
6. 实际基本工资。
7. 11 年工龄工资在第 2、第 6、第 10 和第 14 列。

数据来源：OECD. See Annex 3 for notes（www. oecd. org/education/education-at-a-glance-19991487. htm）.
缺失数据代码参见《读者指南》。
StatLink http：//dx. doi. org/10. 1787/888933286604

表 X2. 4b（续） 具有最低教师资格的教师职业生涯不同阶段法定工资水平（2013 年）

公立学校有最低教师资格教师的年度法定工资，用本国货币表示

		学前教育				初等教育				初级中等教育，普通课程				高级中等教育，普通课程			
		起点工资	10 年教龄工资	15 年教龄工资	最高等级工资	起点工资	10 年教龄工资	15 年教龄工资	最高等级工资	起点工资	10 年教龄工资	15 年教龄工资	最高等级工资	起点工资	10 年教龄工资	15 年教龄工资	最高等级工资
		(1)	(2)	(3)	(4)	(5)	(6)	(7)	(8)	(9)	(10)	(11)	(12)	(13)	(14)	(15)	(16)
OECD 国家	墨西哥	147 754	148 587	192 555	245 884	147 754	148 587	192 555	245 884	189 894	194 910	246 322	315 847	m	m	m	m
	荷兰	32 468	40 280	48 093	48 093	32 468	40 280	48 093	48 093	34 264	49 604	59 520	59 520	34 264	49 604	59 520	59 520
	新西兰	m	m	m	m	45 796	68 074	68 074	68 074	45 098	68 074	68 074	68 074	44 400	68 074	68 074	68 074
	挪威	350 900	402 000	402 000	402 000	355 100	391 000	391 000	435 200	355 100	391 000	391 000	435 200	395 900	424 500	424 500	463 200
	波兰	22 800	30 026	36 452	37 989	22 800	30 025	36 452	37 989	25 688	34 058	41 548	43 307	29 044	38 932	47 556	49 576
	葡萄牙	20 439	22 386	24 326	33 881	20 439	22 385	24 326	33 881	20 439	22 386	24 326	33 881	20 439	22 386	24 326	33 881
	苏格兰	21 438	34 200	34 200	34 200	21 438	34 200	34 200	34 200	21 438	34 200	34 200	34 200	21 438	34 200	34 200	34 200
	斯洛伐克	5 638	6 204	6 488	6 996	6 306	7 574	7 918	8 538	6 306	7 574	7 918	8 538	6 306	7 574	7 918	8 538
	斯洛文尼亚	16 981	a	a	a	16 981	a	a	a	16 981	a	a	a	16 981	a	a	a
	西班牙	27 841	30 169	32 248	39 187	27 841	30 169	32 248	39 187	30 949	33 488	35 590	43 508	31 151	33 728	35 855	43 875
	瑞典[6]	306 000	328 356	338 100	354 864	302 400	337 470	349 920	399 600	306 000	343 200	356 124	406 968	318 000	357 456	373 368	426 840
	瑞士[7]	70 925	88 041	m	108 500	78 741	98 257	m	120 673	89 026	111 293	m	136 360	100 390	128 659	m	153 752
	土耳其	32 639	33 687	35 018	37 860	32 639	33 687	35 018	37 860	33 892	34 490	36 271	39 113	33 892	34 490	36 271	39 113
	美国[6]	36 551	46 884	46 054	61 999	36 938	45 744	46 763	59 771	37 609	44 490	47 829	57 886	39 073	45 565	50 651	57 885
伙伴国	阿根廷	m	m	m	m	m	m	m	m	m	m	m	m	m	m	m	m
	巴西	20 893	m	m	m	20 893	m	m	m	20 893	m	m	m	20 893	m	m	m
	中国	m	m	m	m	m	m	m	m	m	m	m	m	m	m	m	m
	哥伦比亚	15 665 074	18 461 157	18 461 157	18 461 157	16 219 031	21 232 442	21 232 442	21 232 442	16 718 331	20 567 674	20 567 674	20 567 674	16 718 331	20 567 674	20 567 674	20 567 674
	印度	m	m	m	m	m	m	m	m	m	m	m	m	m	m	m	m
	印度尼西亚	m	m	m	m	m	m	m	m	m	m	m	m	m	m	m	m
	拉脱维亚[1,3]	2 940	3 000	3 060	a	2 940	3 000	3 060	a	2 940	3 000	3 060	a	2 940	3 000	3 060	a
	俄罗斯	m	m	m	m	m	m	m	m	m	m	m	m	m	m	m	m
	沙特阿拉伯	m	m	m	m	m	m	m	m	m	m	m	m	m	m	m	m
	南非	m	m	m	m	m	m	m	m	m	m	m	m	m	m	m	m

1. 法定工资不包括雇主缴纳的社会保险和退休金部分。
2. 学前教育阶段数据指在小学教授学前课程的小学教师。
3. 法定工资包括雇主缴纳的社会保险和退休金部分。
4. 只包括大多数人的数据，即只有学前教育阶段包含幼儿园教师。
5. 包括初中和高中教师平均加班奖金。
6. 实际基本工资。
7. 11 年工龄工资在第 2、第 6、第 10 和第 14 列。

数据来源：OECD. See Annex 3 for notes (www. oecd. org/education/education-at-a-glance-19991487. htm).

缺失数据代码参见《读者指南》。

StatLink http://dx. doi. org/10. 1787/888933286604

表 X2.4c 具有常规教师资格的教师工资趋势，2000—2013 年[1]

公立教育机构有 15 年教龄和常规教师资格教师的年度法定工资，按教育阶段划分，用本国货币表示

		学前教育					初等教育					初级中等教育，普通课程					高级中等教育，普通课程				
		2000	2005	2011	2012	2013	2000	2005	2011	2012	2013	2000	2005	2011	2012	2013	2000	2005	2011	2012	2013
		(1)	(2)	(8)	(9)	(10)	(11)	(12)	(18)	(19)	(20)	(21)	(22)	(28)	(29)	(30)	(31)	(32)	(38)	(39)	(40)
OECD 国家	澳大利亚	m	62 240	77 488	80 207	87 035	m	62 240	78 472	80 730	86 348	m	62 384	79 187	81 366	86 317	m	62 384	79 187	81 366	86 317
	奥地利[2,3]	m	31 050	35 889	36 653	37 140	25 826	31 050	35 889	36 653	37 140	26 916	33 635	38 882	39 748	40 262	29 727	34 265	41 858	42 749	43 328
	比利时弗兰芒语区	m	35 417	41 094	41 968	43 586	29 579	35 417	41 094	41 968	43 586	31 191	35 417	41 094	41 968	43 586	39 886	45 301	52 844	53 968	56 050
	比利时法语区	28 485	33 427	39 905	40 785	42 414	28 485	33 427	39 905	40 785	42 414	30 327	33 802	39 905	40 785	42 414	39 040	43 519	51 283	52 390	54 487
	加拿大	m	m	m	m	m	m	m	m	m	86 130	m	m	m	m	86 130	m	m	m	m	86 543
	智利	m	m	9 474 152	9 947 847	10 445 247	m	m	9 474 152	9 947 847	10 445 247	m	m	9 474 152	9 947 847	10 445 247	m	m	10 032 401	10 534 021	11 061 207
	捷克	m	m	m	m	248 160	m	m	m	m	265 200	m	m	m	m	265 200	m	m	m	m	265 200
	丹麦	269 948	334 577	375 122	382 384	384 852	315 530	367 323	428 628	429 083	443 335	315 530	367 323	434 802	435 268	449 727	395 558	402 580	459 745	461 176	462 754
	英格兰	30 018	33 978	36 756	36 756	36 756	30 018	33 978	36 756	36 756	36 756	30 018	33 978	36 756	36 756	36 756	30 018	33 978	36 756	36 756	36 756
	爱沙尼亚	m	m	m	m	m	3 068	4 379	7 728	7 728	8 296	3 068	4 379	7 728	7 728	8 296	3 068	4 379	7 728	7 728	8 296
	芬兰	19 956	23 333	28 671	29 191	29 617	24 961	30 791	38 222	38 850	39 382	28 293	34 677	41 280	41 958	42 533	31 115	36 550	43 686	45 292	45 912
	法国	27 288	28 395	29 831	29 888	29 740	27 288	28 395	29 831	29 888	29 740	29 456	30 667	32 537	32 588	32 482	29 456	30 895	32 752	32 843	32 756
	德国	m	m	m	m	m	m	43 320	49 587	50 991	52 016	m	46 842	54 514	55 534	56 522	m	53 096	58 930	59 549	60 591
	希腊	m	21 237	21 958	20 056	19 056	m	21 237	21 958	20 056	19 056	m	21 237	21 958	20 056	19 056	m	21 237	21 958	20 056	19 056
	匈牙利[4]	751 668	1 739 076	1 779 564	1 778 004	1 768 164	897 168	1 944 576	1 911 204	1 890 288	1 876 836	897 168	1 944 576	1 911 204	1 890 288	1 876 836	1 128 996	2 432 388	2 260 944	2 184 756	2 226 036
	冰岛	m	2 821 586	3 901 395	4 258 019	4 091 064	m	3 100 440	4 264 973	4 321 578	4 477 217	m	3 100 440	4 264 973	4 321 578	4 477 217	m	3 198 000	4 104 000	4 393 240	4 517 420
	爱尔兰	m	m	m	m	m	33 370	48 206	54 314	54 314	54 314	33 729	48 725	54 905	54 905	54 905	33 729	48 725	54 905	54 905	54 905
	以色列	72 174	82 076	117 644	129 950	133 059	75 912	82 179	125 440	129 562	128 372	76 995	83 744	114 378	116 754	123 411	75 873	81 353	97 160	110 075	110 371
	意大利	m	25 234	27 845	27 845	27 845	20 849	25 234	27 845	27 845	27 845	22 836	27 487	30 340	30 340	30 340	23 518	28 259	31 190	31 190	31 189
	日本	m	m	m	m	m	m	6 236 000	5 456 000	5 456 000	5 456 000	m	6 236 000	5 456 000	5 456 000	5 456 000	m	6 237 000	5 456 000	5 456 000	5 456 000
	韩国	m	38 608 000	44 222 400	45 800 400	47 122 800	m	39 712 000	44 222 400	45 800 400	47 122 800	m	39 616 000	44 126 400	45 704 400	47 026 800	m	39 616 000	44 126 400	45 704 400	47 026 800
	卢森堡	m	62 139	93 182	97 902	100 350	m	62 139	93 182	97 902	100 350	m	81 258	99 782	104 831	107 452	m	81 258	99 782	104 831	107 452
	墨西哥	110 833	159 128	225 605	235 139	245 884	110 833	159 128	225 605	235 139	245 884	141 093	203 399	288 500	305 373	315 847	m	m	m	m	m
	荷兰	m	m	m	m	48 093	m	m	m	m	48 093	m	m	m	m	59 520	m	m	m	m	59 520

注：2006 年、2007 年、2008 年、2009 年和 2010 年数据（即第 3—7 列、第 13—17 列、第 23—27 列、第 33—37 列）可在线查询（参见以下 StatLink）。
1. 欧元区国家工资以欧元显示。
2. 高级中等教育阶段时间序列上的中断遵循 2007 年方法变化。
3. 学前教育阶段数据指在小学教授学前课程的小学教师。
4. 实际基本工资。

数据来源：OECD. See Annex 3 for notes (www. oecd. org/education/education-at-a-glance-19991487. htm).
缺失数据代码参见《读者指南》。
StatLink http://dx. doi. org/10. 1787/888933286619

表 X2. 4c（续） 具有常规教师资格的教师工资趋势，2000—2013 年[1]

公立教育机构有 15 年教龄和常规教师资格教师的年度法定工资，按教育阶段划分，用本国货币表示

		学前教育					初等教育					初级中等教育，普通课程					高级中等教育，普通课程				
		2000	2005	2011	2012	2013	2000	2005	2011	2012	2013	2000	2005	2011	2012	2013	2000	2005	2011	2012	2013
		(1)	(2)	(8)	(9)	(10)	(11)	(12)	(18)	(19)	(20)	(21)	(22)	(28)	(29)	(30)	(31)	(32)	(38)	(39)	(40)
OECD 国家	新西兰	m	m	m	m	m	m	m	m	m	68 074	m	m	m	m	69 987	m	m	m	m	71 900
	挪威	m	287 000	374 500	381 500	402 000	m	327 500	408 500	415 650	437 950	m	327 500	408 500	415 650	437 950	m	364 000	459 000	466 900	494 500
	波兰	m	31 216	42 860	45 785	47 556	m	31 216	42 860	45 785	47 556	m	31 216	42 860	45 785	47 556	m	31 216	42 860	45 785	47 556
	葡萄牙	m	24 759	28 069	24 326	24 326	m	24 759	28 069	24 326	24 326	m	24 759	28 069	24 326	24 326	m	24 759	28 069	24 326	24 326
	苏格兰	14 022	29 827	34 200	34 200	34 200	22 743	29 827	34 200	34 200	34 200	22 743	29 827	34 200	34 200	34 200	22 743	29 827	34 200	34 200	34 200
	斯洛伐克	m	m	6 156	6 236	6 488	m	m	7 518	7 614	8 878	m	m	7 518	7 614	8 878	m	m	7 518	7 614	8 878
	斯洛文尼亚	m	m	26 889	26 412	24 875	14 123	21 465	27 423	26 936	25 850	14 123	21 465	27 423	26 936	25 850	14 123	21 465	27 423	26 936	25 850
	西班牙	m	28 122	33 086	32 652	32 248	m	28 122	33 086	32 652	32 248	m	32 293	37 370	36 199	35 855	m	32 293	37 370	36 199	35 855
	瑞典[4]	m	261 000	318 000	m	338 100	m	283 200	322 600	m	349 920	m	290 400	333 000	m	356 124	m	313 600	352 600	m	373 368
	瑞士	m	m	m	m	m	m	m	m	m	m	m	m	m	m	m	m	m	m	m	m
	土耳其	4 560	16 464	29 426	32 049	35 018	4 560	16 464	29 426	32 049	35 018	4 813	17 402	30 483	33 197	36 271	4 813	17 402	30 483	33 197	36 271
	美国[4]	36 758	41 501	m	57 249	58 202	38 046	51 413	53 801	58 367	59 339	43 834	47 215	57 042	59 967	60 965	43 918	49 467	56 843	58 966	59 948
伙伴国	阿根廷	m	m	m	m	m	m	m	m	m	m	m	m	m	m	m	m	m	m	m	m
	巴西	m	m	m	m	m	m	m	m	m	m	m	m	m	m	m	m	m	m	m	m
	中国	m	m	m	m	m	m	m	m	m	m	m	m	m	m	m	m	m	m	m	m
	哥伦比亚	m	m	m	m	23 853 604	m	m	m	m	25 244 573	m	m	m	m	26 084 302	m	m	m	m	26 084 302
	印度	m	m	m	m	m	m	m	m	m	m	m	m	m	m	m	m	m	m	m	m
	印度尼西亚	m	m	m	m	m	m	m	m	m	m	m	m	m	m	m	m	m	m	m	m
	拉脱维亚	1 321	2 321	4 071	4 341	m	1 321	2 321	4 071	4 341	m	1 321	2 321	4 071	4 341	m	1 321	2 321	4 071	4 341	m
	俄罗斯	m	m	m	m	m	m	m	m	m	m	m	m	m	m	m	m	m	m	m	m
	沙特阿拉伯	m	m	m	m	m	m	m	m	m	m	m	m	m	m	m	m	m	m	m	m
	南非	m	m	m	m	m	m	m	m	m	m	m	m	m	m	m	m	m	m	m	m

注：2006 年、2007 年、2008 年、2009 年和 2010 年数据（即第 3—7 列、第 13—17 列、第 23—27 列、第 33—37 列）可在线查询（参见以下 StatLink）。
1. 欧元区国家工资以欧元显示。
2. 高级中等教育阶段时间序列上的中断遵循 2007 年方法变化。
3. 学前教育阶段数据指在小学教授学前课程的小学教师。
4. 实际基本工资。
数据来源：OECD. See Annex 3 for notes（www. oecd. org/education/education-at-a-glance-19991487. htm）.
缺失数据代码参见《读者指南》。
StatLink http：//dx. doi. org/10. 1787/888933286619

表 X2.4d　具有最低教师资格的教师工资趋势，2000—2013 年[1]

公立教育机构有 15 年教龄和最低教师资格教师的年度法定工资，按教育阶段划分，用本国货币表示

OECD 国家	学前教育				
	2000	2005	2011	2012	2013
	(1)	(2)	(8)	(9)	(10)
澳大利亚	m	62 240	75 235	78 095	86 085
奥地利[2,3]	m	31 050	35 889	36 653	37 140
比利时弗兰芒语区	m	35 417	41 094	41 968	43 586
比利时法语区	28 485	32 188	38 015	38 857	40 408
加拿大	m	m	m	m	m
智利	m	m	8 785 016	9 224 259	9 685 479
捷克[4]	m	279 001	274 829	195 000	195 000
丹麦	269 948	334 577	375 122	382 384	384 852
英格兰	23 958	27 123	31 552	31 552	31 552
爱沙尼亚	m	m	m	m	m
芬兰	19 956	23 333	28 671	29 191	29 617
法国	27 288	28 395	29 831	29 888	29 740
德国	m	m	m	m	m
希腊	m	21 237	21 958	20 056	19 056
匈牙利[5]	751 668	1 739 076	1 779 564	1 778 004	1 768 164
冰岛	m	2 257 836	3 409 863	3 721 409	3 983 241
爱尔兰	m	m	m	m	m
以色列	68 894	74 610	115 884	126 521	132 685
意大利	m	25 234	27 845	27 845	27 845
日本	m	m	m	m	m
韩国	m	38 608 000	42 987 600	44 515 200	45 795 600
卢森堡	m	62 139	93 182	97 902	100 350
墨西哥	86 748	124 082	176 627	183 981	192 555
荷兰	m	m	m	m	48 093

OECD 国家	初等教育				
	2000	2005	2011	2012	2013
	(11)	(12)	(18)	(19)	(20)
澳大利亚	50 995	62 240	76 732	78 619	85 617
奥地利[2,3]	25 826	31 050	35 889	36 653	37 140
比利时弗兰芒语区	29 579	35 417	41 094	41 968	43 586
比利时法语区	28 485	32 188	38 015	38 857	40 408
加拿大	m	m	73 154	74 981	77 006
智利	m	m	8 785 016	9 224 259	9 685 479
捷克[4]	125 501	250 559	311 793	255 360	255 360
丹麦	315 530	367 323	428 628	429 083	443 335
英格兰	23 958	27 123	31 552	31 552	31 552
爱沙尼亚	3 068	4 379	7 728	7 728	8 296
芬兰	24 961	30 791	38 222	38 850	39 382
法国	27 288	28 395	29 831	29 888	29 740
德国	m	43 320	49 587	50 991	52 016
希腊	m	21 237	21 958	20 056	19 056
匈牙利[5]	897 168	1 944 576	1 911 204	1 890 288	1 876 836
冰岛	1 884 000	2 573 556	3 987 224	4 047 201	4 192 652
爱尔兰	32 251	46 591	52 472	52 472	52 472
以色列	68 421	73 496	121 858	125 606	128 240
意大利	20 849	25 234	27 845	27 845	27 845
日本	6 645 000	6 236 000	5 456 000	5 456 000	5 456 000
韩国	26 757 000	39 712 000	44 222 400	45 800 400	47 122 800
卢森堡	m	62 139	93 182	97 902	100 350
墨西哥	86 748	124 082	176 627	183 981	192 555
荷兰	m	m	m	m	48 093

OECD 国家	初级中等教育，普通课程				
	2000	2005	2011	2012	2013
	(21)	(22)	(28)	(29)	(30)
澳大利亚	51 016	62 384	77 715	79 834	85 674
奥地利[2,3]	26 916	33 635	38 882	39 748	40 262
比利时弗兰芒语区	31 191	35 417	41 094	41 968	43 586
比利时法语区	28 879	32 188	38 015	38 857	40 408
加拿大	m	m	73 154	74 981	77 006
智利	m	m	8 785 016	9 224 259	9 685 479
捷克[4]	125 501	250 559	314 495	255 360	255 360
丹麦	315 530	367 323	434 802	435 268	449 727
英格兰	23 958	27 123	31 552	31 552	31 552
爱沙尼亚	3 068	4 379	7 728	7 728	8 296
芬兰	28 293	34 677	41 280	41 958	42 533
法国	29 456	30 667	32 537	32 588	32 482
德国	m	46 842	54 514	55 534	56 522
希腊	m	21 237	21 958	20 056	19 056
匈牙利[5]	897 168	1 944 576	1 911 204	1 890 288	1 876 836
冰岛	1 884 000	2 573 556	3 987 224	4 047 201	4 192 652
爱尔兰	32 251	46 591	52 472	52 472	52 472
以色列	75 608	82 030	112 095	114 923	120 582
意大利	22 836	27 487	30 340	30 340	30 340
日本	6 645 000	6 236 000	5 456 000	5 456 000	5 456 000
韩国	26 661 000	39 616 000	44 126 400	45 704 400	47 026 800
卢森堡	m	81 258	99 782	104 831	107 452
墨西哥	109 779	157 816	224 596	237 759	246 322
荷兰	m	m	m	m	59 520

OECD 国家	高级中等教育，普通课程				
	2000	2005	2011	2012	2013
	(31)	(32)	(38)	(39)	(40)
澳大利亚	51 016	62 384	77 715	79 834	85 674
奥地利[2,3]	29 728	34 265	41 858	42 749	43 328
比利时弗兰芒语区	39 886	45 301	52 844	53 968	56 050
比利时法语区	28 879	32 188	38 015	38 857	40 408
加拿大	m	m	73 440	75 281	77 338
智利	m	m	9 307 217	9 772 573	10 261 683
捷克[4]	152 941	255 125	335 696	255 360	255 360
丹麦	395 558	402 580	459 745	461 176	462 754
英格兰	23 958	27 123	31 552	31 552	31 552
爱沙尼亚	3 068	4 379	7 728	7 728	8 296
芬兰	31 115	36 550	43 686	45 292	45 912
法国	29 456	30 895	32 752	32 843	32 756
德国	m	53 096	58 930	59 549	60 591
希腊	m	21 237	21 958	20 056	19 056
匈牙利[5]	1 128 996	2 432 388	2 260 944	2 184 756	2 226 036
冰岛	2 220 000	3 014 000	4 012 000	4 294 829	4 415 668
爱尔兰	32 251	46 591	52 472	52 472	52 472
以色列	74 657	80 052	95 590	109 467	109 670
意大利	23 518	28 259	31 190	31 190	31 189
日本	6 649 000	6 237 000	5 456 000	5 456 000	5 456 000
韩国	26 661 000	39 616 000	44 126 400	45 704 400	47 026 800
卢森堡	m	81 258	99 782	104 831	107 452
墨西哥	m	m	m	m	m
荷兰	m	m	m	m	59 520

注：2006 年、2007 年、2008 年、2009 年和 2010 年数据（即第 3—7 列、第 13—17 列、第 23—27 列、第 33—37 列）可在线查询（参见以下 StatLink）。
1. 欧元区国家工资以欧元显示。
2. 高级中等教育阶段时间序列上的中断遵循 2007 年方法变化。
3. 学前教育阶段数据指在小学教授学前课程的小学教师。
4. 时间序列上的中断遵循 2012 年的方法变化。
5. 实际基本工资。
6. 高于 11 年教龄的工资。

数据来源：OECD. See Annex 3 for notes (www.oecd.org/education/education-at-a-glance-19991487.htm).
StatLink http://dx.doi.org/10.1787/888933286624

表 X2. 4d（续） 具有最低教师资格的教师工资趋势，2000—2013 年[1]

公立教育机构有 15 年教龄和最低教师资格教师的年度法定工资，按教育阶段划分，用本国货币表示

		学前教育					初等教育					初级中等教育,普通课程					高级中等教育,普通课程				
		2000	2005	2011	2012	2013	2000	2005	2011	2012	2013	2000	2005	2011	2012	2013	2000	2005	2011	2012	2013
		(1)	(2)	(8)	(9)	(10)	(11)	(12)	(13)	(19)	(20)	(21)	(22)	(28)	(29)	(30)	(31)	(32)	(38)	(39)	(40)
OECD 国家	新西兰	m	m	m	m	m	m	m	m	m	68 074	m	m	m	m	68 074	m	m	m	m	68 074
	挪威	m	298 812	374 500	381 500	402 000	m	302 000	370 000	377 000	391 000	m	302 000	370 000	377 000	391 000	m	321 000	398 000	405 000	424 500
	波兰	m	23 328	32 878	35 101	36 452	m	23 328	32 878	35 101	36 452	m	26 935	37 459	40 010	41 548	m	31 216	42 860	45 785	47 556
	葡萄牙	m	22 775	28 069	24 326	24 326	17 180	22 775	28 069	24 326	24 326	17 180	22 775	28 069	24 326	24 326	17 180	22 775	28 069	24 326	24 326
	苏格兰	14 022	29 827	34 200	34 200	34 200	22 743	29 827	34 200	34 200	34 200	22 743	29 827	34 200	34 200	34 200	22 743	29 827	34 200	34 200	34 200
	斯洛伐克	m	m	6 156	6 236	6 488	m	m	7 518	7 614	7 918	m	m	7 518	7 614	7 918	m	m	7 518	7 614	7 918
	斯洛文尼亚	a	a	a	a	a	a	a	a	a	a	a	a	a	a	a	a	a	a	a	a
	西班牙	m	28 122	33 086	32 652	32 248	22 701	28 122	33 086	32 652	32 248	24 528	31 561	37 043	35 923	35 590	26 366	32 293	37 370	36 199	35 855
	瑞典[5]	m	261 000	318 000	m	338 100	248 300	283 200	322 600	m	349 920	248 300	290 400	333 000	m	356 124	264 700	313 600	352 600	m	373 368
	瑞士[6]	m	77 925	85 904	87 198	88 041	85 513	90 341	96 798	97 436	98 257	102 409	103 100	110 628	111 019	111 293	121 629	120 546	128 873	128 748	128 659
	土耳其	4 560	16 464	29 426	32 049	35 018	4 560	16 464	29 426	32 049	35 018	4 813	17 402	30 483	33 197	36 271	4 813	17 402	30 483	33 197	36 271
	美国[5]	36 758	41 500	m	45 300	46 054	38 040	41 114	46 122	45 998	46 763	37 989	41 327	45 950	47 046	47 829	37 997	41 172	49 410	49 822	50 651
伙伴国	阿根廷	m	m	m	m	m	m	m	m	m	m	m	m	m	m	m	m	m	m	m	m
	巴西	m	m	m	m	m	m	m	m	m	m	m	m	m	m	m	m	m	m	m	m
	中国	m	m	m	m	m	m	m	m	m	m	m	m	m	m	m	m	m	m	m	m
	哥伦比亚	m	m	m	m	18 461 157	m	m	m	m	21 232 442	m	m	m	m	20 567 674	m	m	m	m	20 567 674
	印度	m	m	m	m	m	m	m	m	m	m	m	m	m	m	m	m	m	m	m	m
	印度尼西亚	m	m	m	m	m	m	m	m	m	m	m	m	m	m	m	m	m	m	m	m
	拉脱维亚	1 321	2 321	4 071	4 341	3 060	1 321	2 321	4 071	4 341	3 060	1 321	2 321	4 071	4 341	3 060	1 321	2 321	4 071	4 341	3 060
	俄罗斯	m	m	m	m	m	m	m	m	m	m	m	m	m	m	m	m	m	m	m	m
	沙特阿拉伯	m	m	m	m	m	m	m	m	m	m	m	m	m	m	m	m	m	m	m	m
	南非	m	m	m	m	m	m	m	m	m	m	m	m	m	m	m	m	m	m	m	m

注：2006 年、2007 年、2008 年、2009 年和 2010 年数据（即第 3—7 列、第 13—17 列、第 23—27 列、第 33—37 列）可在线查询（参见以下 StatLink）。
1. 欧元区国家工资以欧元显示。
2. 高级中等教育阶段时间序列上的中断遵循 2007 年方法变化。
3. 学前教育阶段数据指在小学教授学前课程的小学教师。
4. 时间序列上的中断遵循 2012 年的方法变化。
5. 实际基本工资。
6. 高于 11 年教龄的工资。

数据来源：OECD. See Annex 3 for notes (www. oecd. org/education/education-at-a-glance-19991487. htm).

StatLink http://dx. doi. org/10. 1787/888933286624

附录 2

表 X2.4e 计算教师工资所使用的参考数据（2000 年、2005—2013 年）

		私人消费购买力平价（PPP）[1]			私人消费平减指数（2005 年=100）										2013 年工资数据统计年份
		2012 年	2013 年	2013 年 1 月	2000 年 1 月	2005 年 1 月	2006 年 1 月	2007 年 1 月	2008 年 1 月	2009 年 1 月	2010 年 1 月	2011 年 1 月	2012 年 1 月	2013 年 1 月	
		(1)	(2)	(3)	(4)	(5)	(6)	(7)	(8)	(9)	(10)	(11)	(12)	(13)	(14)
OECD 国家	澳大利亚	1.53	1.54	1.53	88	100	103	106	110	113	116	118	122	125	2013
	奥地利	0.86	0.87	0.86	91	100	102	104	107	108	110	113	116	118	2013
	比利时弗兰芒语区[2]	0.89	0.90	0.90	91	100	103	106	109	111	111	114	117	119	2013
	比利时法语区[2]	0.89	0.90	0.90	91	100	103	106	109	111	111	114	117	119	2012/2013
	加拿大	1.29	1.29	1.29	91	100	102	103	105	106	106	108	110	112	2012/2013
	智利	391.92	393.15	392.53	86	100	104	107	113	118	121	125	130	134	2013
	捷克	14.56	14.47	14.51	90	100	101	104	108	111	112	113	115	117	2012/2013
	丹麦	8.41	8.42	8.42	92	100	102	104	106	109	111	113	116	118	2012/2013
	英格兰[3]	0.77	0.79	0.78	94	100	103	105	109	112	115	120	123	125	2012/2013
	爱沙尼亚	0.62	0.63	0.63	82	100	105	112	121	126	128	134	140	144	2012/2013
	芬兰	0.99	1.00	0.99	93	100	101	103	106	108	110	113	116	119	2013
	法国	0.89	0.89	0.89	92	100	102	104	107	107	107	109	111	112	2012/2013
	德国	0.82	0.83	0.82	93	100	101	103	104	105	106	108	110	111	2012/2013
	希腊	0.75	0.72	0.74	87	100	103	107	111	114	116	120	122	121	2013
	匈牙利	143.79	143.60	143.70	73	100	103	109	115	121	125	130	137	142	2013
	冰岛	142.56	144.95	143.75	81	100	105	112	122	137	145	149	156	163	2012/2013
	爱尔兰	0.97	0.97	0.97	83	100	102	105	107	105	100	100	102	103	2012/2013
	以色列	4.26	4.34	4.30	93	100	102	104	108	111	114	118	121	124	2012/2013
	意大利	0.84	0.84	0.84	87	100	102	105	108	109	110	112	115	118	2012/2013
	日本	112.69	112.08	112.39	105	100	100	99	99	98	96	95	94	93	2012/2013
	韩国	911.96	914.72	913.34	84	100	102	104	107	111	114	117	121	122	2013
	卢森堡	0.97	0.98	0.97	90	100	103	105	107	109	110	112	114	115	2012/2013
	墨西哥	9.18	9.36	9.27	80	100	104	109	115	121	127	132	137	142	2012/2013
	荷兰	0.88	0.90	0.89	88	100	102	104	107	107	107	109	111	112	2012/2013
	新西兰	1.58	1.57	1.57	92	100	102	105	107	111	113	115	117	117	2013
	挪威	9.73	9.94	9.83	91	100	101	103	106	109	111	113	114	116	2012/2013

1. 欧元区国家购买力平价和 GDP 数据以欧元显示。
2. 比利时的购买力平价和价格平减指数。
3. 英国的购买力平价和价格平减指数。

数据来源：OECD. See Annex 3 for notes（www.oecd.org/education/education-at-a-glance-19991487.htm）.

缺失数据代码参见《读者指南》。

StatLink http://dx.doi.org/10.1787/888933286638

表 X2. 4e（续）　计算教师工资所使用的参考数据（2000 年、2005—2013 年）

		私人消费购买力平价（PPP）[1]			私人消费平减指数（2005 年=100）										2013 年工资数据统计年份
		2012 年	2013 年	2013 年 1 月	2000 年 1 月	2005 年 1 月	2006 年 1 月	2007 年 1 月	2008 年 1 月	2009 年 1 月	2010 年 1 月	2011 年 1 月	2012 年 1 月	2013 年 1 月	
		(1)	(2)	(3)	(4)	(5)	(6)	(7)	(8)	(9)	(10)	(11)	(12)	(13)	(14)
OECD 国家	波兰	1. 92	1. 90	1. 91	85	100	102	104	107	111	114	118	123	125	2012/2013
	葡萄牙	0. 67	0. 66	0. 66	85	100	104	107	111	111	111	113	115	116	2012/2013
	苏格兰[3]	0. 77	0. 79	0. 78	94	100	103	105	109	112	115	120	123	125	2012/2013
	斯洛伐克	0. 57	0. 56	0. 57	76	100	104	108	112	114	115	117	122	125	2012/2013
	斯洛文尼亚	0. 68	0. 67	0. 68	76	100	102	106	111	114	116	117	119	120	2012/2013
	西班牙	0. 77	0. 76	0. 76	85	100	104	107	111	112	113	115	118	120	2012/2013
	瑞典	9. 11	9. 22	9. 17	93	100	101	103	105	108	110	111	113	113	2013
	瑞士	1. 55	1. 54	1. 55	97	100	101	103	104	105	105	105	105	104	2012/2013
	土耳其	1. 25	1. 33	1. 29	28	100	109	118	128	138	147	160	174	186	2013
	美国	1. 00	1. 00	1. 00	90	100	103	105	108	110	111	113	115	117	2012/2013
伙伴国	阿根廷	m	m	m	m	m	m	m	m	m	m	m	m	m	m
	巴西	1. 71	1. 79	1. 75	65	100	106	111	117	125	132	141	150	161	2013
	中国	m	m	m	m	m	m	m	m	m	m	m	m	m	m
	哥伦比亚	1 209. 94	1 216. 60	1 213. 27	72	100	104	109	115	120	124	128	133	136	2013
	印度	m	m	m	m	m	m	m	m	m	m	m	m	m	m
	印度尼西亚	m	m	m	m	m	m	m	m	m	m	m	m	m	m
	拉脱维亚	0. 58	0. 58	0. 58	77	100	110	122	137	143	138	140	147	149	2012/2013
	俄罗斯	16. 74	16. 72	16. 73	m	m	m	m	m	m	m	m	m	m	2012/2013
	沙特阿拉伯	m	m	m	m	m	m	m	m	m	m	m	m	m	m
	南非	m	m	m	m	m	m	m	m	m	m	m	m	m	m

1. 欧元区国家购买力平价和 GDP 数据以欧元显示。
2. 比利时的购买力平价和价格平减指数。
3. 英国的购买力平价和价格平减指数。

数据来源：OECD. See Annex 3 for notes（www. oecd. org/education/education-at-a-glance-19991487. htm）.
缺失数据代码参见《读者指南》。
StatLink http://dx. doi. org/10. 1787/888933286638

注 解

定 义

国内生产总值（GDP）是指居民生产者的总产出的生产者价值，包括分销业与交通，不包括购买者中间消费的价值加上进口关税。GDP 以当地货币表示（以百万为单位）。对于提供这一信息的统计期不同于公历年的国家（例如澳大利亚与新西兰），通过在该国两个邻近的统计年数据之间进行线性加权调整，使之与公历年对应。

GDP **价格平减指数**是以现行价格表示的 GDP 除以不变价格表示的 GDP。这提供了一个国家的相对价格水平特征。

人均 GDP 是用国内生产总值（以购买力平价转换后的等值美元）除以人口。

购买力平价汇率（PPP）是购买力相等的不同货币之间的汇率。这意味着一定量的资金以购买力平价汇率转换成不同货币，将在所有的国家购得同样的商品与服务。换句话说，购买力平价汇率是去除国家间价格水平的货币转换率。这样，当不同国家的国内生产总值支出用购买力平价汇率转换成一种共同的货币时，它实际上是以同样的国际价格表示，从而使各国间的比较仅仅反映所购商品与服务的数量差异。

公共支出总额用于计算教育指标，相当于各级政府的不可付还的经常性支出与资本支出。经常性支出包括最终消费支出（例如，雇员薪酬、中间商品与服务消费、固定资本消费、军事支出）、财产收入所得、补贴以及其他经常性转移支付所得（例如，社会保障、社会援助、养老金以及其他福利）。资本支出用于购置或改善固定资产、土地、无形资产、政府证券、非军事的和非财政的资产，以及支付净资产转移。

资料来源

The 2015 edition of the National Accounts of OECD Countries：*Detailed Tables*，*Volume* Ⅱ. OECD 分析数据库，2015 年 2 月。

附录3

数据来源、方法与技术性说明

附录 3 的数据来源和方法仅以电子版形式提供，具体参见：
www. oecd. org/education/education-at-a-glance-19991487. htm

为本书出版做出贡献的人士

有许多人为本书的出版工作做出了贡献。以下列出的是出席教育指标体系（INES）项目会议并在《教育概览 2015：OECD 指标》一书的出版准备工作中发挥了积极作用的各国代表。OECD 希望借此感谢他们的重要贡献。

INES 工作小组

Ms Maria Laura ALONSO（阿根廷）
Mr Julián FALCONE（阿根廷）
Ms Marcela JÁUREGUI（阿根廷）
Ms Cheryl HOPKINS（澳大利亚）
Mr Stuart FAUNT（澳大利亚）
Mr Karl BAIGENT（澳大利亚）
Mr Paul CMIEL（澳大利亚）
Ms Rebecca SMEDLEY（澳大利亚）
Mr Andreas GRIMM（奥地利）
Ms Sabine MARTINSCHITZ（奥地利）
Mr Mark NÉMET（奥地利）
Mr Wolfgang PAULI（奥地利）
Ms Helga POSSET（奥地利）
Ms Natascha RIHA（奥地利）
Mr Philippe DIEU（比利时）
Ms Isabelle ERAUW（比利时）
Ms Nathalie JAUNIAUX（比利时）
Mr Guy STOFFELEN（比利时）
Mr Raymond VAN DE SIJPE（比利时）
Ms Ann VAN DRIESSCHE（比利时）
Mr Daniel Jaime CAPISTRANO DE OLIVEIRA（巴西）
Ms Carla D'Lourdes DO NASCIMENTO（巴西）
Ms Juliana MARQUES DA SILVA（巴西）
Ms Ana Carolina SILVA CIROTTO（巴西）
Mr Patric BLOUIN（加拿大）
Mr Patrice DE BROUCKER（加拿大）
Mr Tomasz GLUSZYNSKI（加拿大）
Ms Amanda HODGKINSON（加拿大）
Mr Michael MARTIN（加拿大）
Mr Enzo PIZZOFERRATO（加拿大）
Mr Janusz ZIEMINSKI（加拿大）
Ms María Paz DONOSO（智利）
Ms Paola LEIVA（智利）
Mr Francisco MENESES（智利）
Mr Fabián RAMÍREZ（智利）
Mr Roberto SCHURCH（智利）
Ms María José SEPÚLVEDA（智利）
Mr Juan Carlos BOLIVAR（哥伦比亚）
Ms Jennifer DIAZ（哥伦比亚）
Mr Javier Andrés RUBIO（哥伦比亚）
Ms Azucena VALLEJO（哥伦比亚）
Ms Elsa Nelly VELASCO（哥伦比亚）
Mr Victor Alejandro VENEGASs（哥伦比亚）
Mr Andrés VERGARA（哥伦比亚）
Mr VladimírHULÍK（捷克）
Ms MichaelaMARŠÍKOVÁ（捷克）
Mr Lubomír MARTINEC（捷克）
Mr Jens ANDERSEN（丹麦）
Mr Peter BOHNSTEDT ANAN HANSEN（丹麦）
Mr Leo Elmbirk JENSEN（丹麦）
Mr Kristian ORNSHOLT（丹麦）
Mr SigneTychsen PHILIP（丹麦）
Mr Ken THOMASSEN（丹麦）
Ms Tiina ANNUS（爱沙尼亚）

Ms Lene MEJER（欧盟委员会）
Mr Jan PAKULSKI（欧盟委员会）
Ms Christine COIN（欧盟统计局，欧盟委员会）
Mr Jacques LANNELUC（欧盟统计局，欧盟委员会）
Mr Timo ERTOLA（芬兰）
Mr Ville HEINONEN（芬兰）
Mr Matti KYRÖ（芬兰）
Mr Mika TUONONEN（芬兰）
Mr Cedric AFSA（法国）
Ms Pierrette BRIANT（法国）
Ms Marion DEFRESNE（法国）
Ms Mireille DUBOIS（法国）
Ms Nadine ESQUIEU（法国）
Ms Stéphanie LEMERLE（法国）
Ms Florence LEFRESNE（法国）
Ms Valérie LIOGIER（法国）
Ms Hélène MICHAUDON（法国）
Ms Pascale POULET-COULIBANDO（法国）
Mr Robert RAKOCEVIC（法国）
Ms Marguerite RUDOLF（法国）
Mr Hans-Werner FREITAG（德国）
Mr Heinz-Werner HETMEIER（德国）
Ms Christiane KRÜGER-HEMMER（德国）
Ms Pauline LICHTENBERG（德国）
Mr Marco MUNDELIUS（德国）
Mr Martin SCHULZE（德国）
Ms Eveline VON GAESSLER（德国）
Ms Susanne ZIEMEK（德国）
Ms Dimitra FARMAKIOUTOU（希腊）
Ms Maria FASSARI（希腊）
Mr Konstantinos KAMPANAKIS（希腊）
Ms Akrivi NIKOLAKOPOULOU（希腊）
Ms Athena PLESSA-PAPADAKI（希腊）
Ms Tünde HAGYMÁSY（匈牙利）
Mr Tibor KÖNYVESI（匈牙利）
Mr László LIMBACHER（匈牙利）
Mr Kristián SZÉLL（匈牙利）
Mr Gunnar J. ÁRNASON（冰岛）
Mr Julius BJORNSSON（冰岛）
Ms Ásta URBANCIC（冰岛）
Ms Ida KINTAMANI（印度尼西亚）
Mr YulYunazwin NAZARUDDIN（印度尼西亚）
Ms Siti SOFIA（印度尼西亚）
Mr Gary Ó DONNCHADHA（爱尔兰）
Mr Diarmuid REIDY（爱尔兰）
Ms Nicola TICKNER（爱尔兰）
Ms Sophie ARTSEV（以色列）
Ms Yael ATIYAH（以色列）
Mr Yoav AZULAY（以色列）
Mr Yonatan BARON（以色列）
Ms Lilach BITON（以色列）
Ms Nava BRENNER（以色列）
Ms Livnat GAVRIELOV（以色列）
Mr Yosef GIDANIAN（以色列）
Mr Pinhas KLEIN（以色列）
Mr Aviel KRENTZLER（以色列）
Mr Daniel LEVI-MAZLOUM（以色列）
Ms Iris Avigail MATATYAHU（以色列）
Mr Haim PORTNOY（以色列）
Ms Naama STEINBERG（以色列）
Ms Francesca BROTTO（意大利）
Mr Massimiliano CICCIA（意大利）
Ms Daniela DI ASCENZO（意大利）
Ms Paola DI GIROLAMO（意大利）
Ms Maria Teresa MORANA（意大利）
Ms Claudia PIZZELLA（意大利）
Mr Paolo SESTITO（意大利）
Mr Paolo TURCHETTI（意大利）
Mr Yuki MATSUO（日本）
Mr Takashi MURAO（日本）
Mr Yutaro NAGANO（日本）
Mr Hiromi SASAI（日本）
Mr Kenichiro TAKAHASHI（日本）
Ms Kumiko TANSHO-HIRABAYASHI（日本）
Ms Natsue SAITO（日本）
Ms Hiroe HINO（日本）
Mr Koji YANAGISAWA（日本）
Ms Sujin CHOI（韩国）
Ms Jeongwon HWANG（韩国）
Ms Yoon Hee IM（韩国）
Ms Young Ok KIM（韩国）
Ms Hae Suk LEE（韩国）
Ms Hyun Mi LEE（韩国）
Ms Won Hee NA（韩国）
Ms Ennata KIVRINA（拉脱维亚）
Mr Reinis MARKVARTS（拉脱维亚）
Mr Jérôme LEVY（卢森堡）
Ms Charlotte MAHON（卢森堡）

Ms Elisa MAZZUCATO（卢森堡）
Mr Claude SCHABER（卢森堡）
Mr Antonio ÁVILA DÍAZ（墨西哥）
Ms Cynthia CABRERA CARDENAS（墨西哥）
Mr Agustin CASO-RAPHAEL（墨西哥）
Mr René GÓMORA CASTILLO（墨西哥）
Mr Juan Manuel HERNÁNDEZ VÁZQUEZ（墨西哥）
Mr Tomás RAMÍREZ REYNOSO（墨西哥）
Mr Héctor Virgilio ROBLES VASQUEZ（墨西哥）
Ms Annette SANTOS（墨西哥）
Mr Lorenzo VERGARA LÓPEZ（墨西哥）
Ms Danielle ANDARABI（荷兰）
Mr Hugo ELBERS（荷兰）
Mr Dick TAKKENBERG（荷兰）
Ms Priscilla TEDJAWIRJA（荷兰）
Ms Anouschka VAN DER MEULEN（荷兰）
Ms Floor VAN OORT（荷兰）
Mr Joost SCHAACKE（荷兰）
Mr Simon CROSSAN（新西兰）
Mr David SCOTT（新西兰）
Ms Alette SCHREINER（挪威）
Mr Sadiq Kwesi BOATENG（挪威）
Mr Kjetil DIGRE（挪威）
Mr Geir NYGÅRD（挪威）
Ms Anne-Marie RUSTAD HOLSETER（挪威）
Ms Barbara ANTOSIEWICZ（波兰）
Ms Joanna DACIUK-DUBRAWSKA（波兰）
Ms Agata FRANECKA（波兰）
Ms Renata KORZENIOWSKA-PUCULEK（波兰）
Mr Andrzej KURKIEWCZ（波兰）
Ms Anna NOWOŻYŃSKA（波兰）
Ms Malgorzata ZYRA（波兰）
Ms Isabel CORREIA（葡萄牙）
Ms Janine COSTA（葡萄牙）
Ms Teresa KOL DE ALVARENGA（葡萄牙）
Ms Mónica LUENGO（葡萄牙）
Mr Carlos Alberto MALACA（葡萄牙）
Ms Sandrine MIRANDA（葡萄牙）
Ms Rute NUNES（葡萄牙）
Mr Joao PEREIRA DE MATOS（葡萄牙）
Mr José RAFAEL（葡萄牙）
Mr Nuno Miguel RODRIGUES（葡萄牙）
Mr Joaquim SANTOS（葡萄牙）
Mr Mark AGRANOVICH（俄罗斯）
Ms Julia ERMACHKOVA（俄罗斯）
Ms Olga ZAITSEVA（俄罗斯）
Ms Irina SELIVERSTOVA（俄罗斯）
Mr Ahmed F. HAYAJNEH（沙特阿拉伯）
Mr Peter BRODNIANSKY（斯洛伐克）
Ms Alzbeta FERENCICOVA（斯洛伐克）
Ms Gabriela SLODICKOVA（斯洛伐克）
Mr Frantisek ZAJICEK（斯洛伐克）
Ms Barbara KRESAL-STERNIŠA（斯洛文尼亚）
Ms Breda LOŽAR（斯洛文尼亚）
Ms Tatjana ŠKRBEC（斯洛文尼亚）
Ms AndrejaKOZMELJ（斯洛文尼亚）
Ms DarjaVIDMAR（斯洛文尼亚）
Ms Bheki MPANZA（南非）
Mr Jacques APPELGRYN（南非）
Mr Nyokong MOSIUOA（南非）
Ms Hersheela NARSEE（南非）
Mr Vicente ALCAÑIZ MIÑANO（西班牙）
Ms Laura ALONSO CARMONA（西班牙）
Mr Eduardo DE LA FUENTE FUENTE（西班牙）
Mr Jesús IBAÑEZ MILLA（西班牙）
Mr Joaquín MARTÍN MUÑOZ（西班牙）
Ms Cristina MONEO OCAÑA（西班牙）
Mr Ismael SANZ LABRADOR（西班牙）
Ms Carmen UREÑA UREÑA（西班牙）
Ms Anna ERIKSSON（瑞典）
Mr Andreas FRODELL（瑞典）
Ms Maria GÖTHERSTRÖM（瑞典）
Ms Marie KAHLROTH（瑞典）
Ms Eva-Marie LARSSON（瑞典）
Mr Torbjörn LINDQVIST（瑞典）
Mr Kenny PETERSSON（瑞典）
Mr Hans-Åke ÖSTRÖM（瑞典）
Mr Alexander GERLINGS（瑞士）
Ms Katrin HOLENSTEIN（瑞士）
Mr Emanuel VON ERLACH（瑞士）
Ms Hümeyra ALTUNTAŞ（土耳其）
Ms Nihan ERDAL（土耳其）
Ms Dilek GÜLEÇYÜZ（土耳其）
Ms Nur SALMANOĞLU（土耳其）
Ms Anuja SINGH（联合国教科文组织）
Mr Said OULD AHMEDOU（联合国教科文组织）
Ms Elisabeth BOYLING（英国）
Ms Emily KNOWLES（英国）

Ms Rachel DINKES（美国）
Ms Jana KEMP（美国）
Ms Ashley ROBERTS（美国）
Mr ThomasSNYDER（INES 工作小组网络主席，美国）

劳动力市场、学习的经济和社会效益网络（LSO）

Ms Cheryl HOPKINS（澳大利亚）
Mr Stuart FAUNT（澳大利亚）
Mr Karl BAIGENT（澳大利亚）
Ms Rebecca SMEDLEY（澳大利亚）
Mr Patrick DONALDSON（澳大利亚）
Mr Mark NÉMET（奥地利）
Ms Isabelle ERAUW（比利时）
Ms Genevieve HINDRYCKX（比利时）
Mr Daniel Jaime CAPISTRANO DE OLIVEIRA（巴西）
Mr Carlos Augusto DOS SANTOS ALMEIDA（巴西）
Ms Juliana MARQUES DA SILVA（巴西）
Ms Camila NEVES SOUTO（巴西）
Mr Patric BLOUIN（加拿大）
Mr Patrice DE BROUCKER（LSO 网络主席，加拿大）
Mr Patrick BUSSIERE（加拿大）
Ms Amanda HODGKINSON（加拿大）
Ms Jolie LEMMON（加拿大）
Ms Dallas MORROW（加拿大）
Mr Marco SERAFINI（欧洲职业培训发展中心）
Mc María Paz DONOSO（智利）
Ms María Francisca DONOSO（智利）
Ms Paola LEIVA（智利）
Mr Francisco MENESES（智利）
Mr Fabián RAMÍREZ（智利）
Mr Roberto SCHURCH（智利）
Ms María José SEPÚLVEDA（智利）
Mr VladimírHULíK（捷克）
Ms Michaela MARŠÍKOVÁ（捷克）
Mr Jens ANDERSEN（丹麦）
Ms Tiina ANNUS（爱沙尼亚）
Ms Ingrid JAGGO（爱沙尼亚）
Mr Priit LAANOJA（爱沙尼亚）
Ms Eve TÕNISSON（爱沙尼亚）
Ms Aune VALK（爱沙尼亚）
Ms Katrin REIN（爱沙尼亚）
Mr Jens FISHER-KOTTENSTEDE（欧盟委员会）
Ms Marta BECK-DOMZALSKA（欧盟统计局，欧盟委员会）
Ms Sabine GAGEL（欧盟统计局，欧盟委员会）
Ms Irja BLOMQVIST（芬兰）
Mr Mika WITTING（芬兰）
Mr Cédric AFSA（法国）
Ms Pascale POULET-COULIBANDO（法国）
Mr Hans-Werner FREITAG（德国）
Ms Christiane KRÜGER-HEMMER（德国）
Mr Marco MUNDELIUS（德国）
Ms Eveline VON GAESSLER（德国）
Mr Vasileios KARAVITIS（希腊）
Ms Athena PLESSA-PAPADAKI（希腊）
Mr Georgios VAFIAS（希腊）
Mr László LIMBACHER（匈牙利）
Mr Kristián SZÉLL（匈牙利）
Ms Eva TOT（匈牙利）
Ms Ásta M. URBANCIC（冰岛）
Ms Gillian GOLDEN（爱尔兰）
Ms Nicola TICKNER（爱尔兰）
Mr Yosef GIDANIAN（以色列）
Mr Adnan MANSUR（以色列）
Mr Haim PORTNOY（以色列）
Mr Dan SHEINBERG（以色列）
Ms Raffaella CASCIOLI（意大利）
Mr Gaetano PROTO（意大利）
Ms Liana VERZICCO（意大利）
Ms Kaori MOCHIZUKI（日本）
Ms Kumiko TANSHO-HIRABAYASHI（日本）
Mr Chang Kyun CHAE（韩国）
Ms Jeongwon HWANG（韩国）
Ms Sung Bin MOON（韩国）
Mr Kirak RYU（韩国）
Mr Jung-seung Thomas YANG（韩国）
Mr Jérôme LEVY（卢森堡）
Ms Karin MEYER（卢森堡）
Mr Juan Manuel HERNÁNDEZ VÁZQUEZ（墨西哥）
Mr Héctor ROBLES（墨西哥）
Mr Gerardo TERRAZAS（墨西哥）
Mr Ted REININGA（荷兰）
Ms Tanja TRAAG（荷兰）
Mr Francis VAN DER MOOREN（荷兰）

Mr Bernard VERLAAN（荷兰）
Mr Simon CROSSAN（新西兰）
Mr David SCOTT（新西兰）
Mr Sadiq-Kwesi BOATENG（挪威）
Ms HildMarte BJØRNSEN（挪威）
Mr Geir NYGÅRD（挪威）
Ms Anne-Marie RUSTAD HOLSETER（挪威）
Mr Jacek MASLANKOWSKI（波兰）
Ms Anna NOWOŻYŃSKA（波兰）
Mr Carlos Alberto MALACA（葡萄牙）
Mr Joaquim SANTOS（葡萄牙）
Mr Mark AGRANOVICH（俄罗斯）
Ms Natalia KOVALEVA（俄罗斯）
Ms Elena SABELNIKOVA（俄罗斯）
Ms Olga ZAITSEVA（俄罗斯）
Mr Frantisek BLANAR（斯洛伐克）
Ms Gabriela JAKUBOVÁ（斯洛伐克）
Ms Tatjana SKRBEC（斯洛文尼亚）
Ms Irena SVETIN（斯洛文尼亚）
Mr MatejDIVJAK（斯洛文尼亚）
Ms Raquel HIDALGO（西班牙）
Mr Raúl SAN SEGUNDO（西班牙）
Ms Carmen UREÑA UREÑA（西班牙）
Mr Torbjorn LINDQVIST（瑞典）
Mr Kenny PETERSSON（瑞典）
Mr Russell SCHMIEDER（瑞典）
Ms Wayra CABALLERO LIARDET（瑞士）
Mr Emanuel VON ERLACH（瑞士）
Mr Mutlu ALBAYRAK（土耳其）
Ms Hümeyra ALTUNTAŞ（土耳其）
Ms Dilek GÜLEÇYÜZ（土耳其）
Mr Cengiz SARAÇOĞLU（土耳其）
Mr Friedrich HUEBLER（联合国教科文组织统计所）
Ms Alison KENNEDY（联合国教科文组织统计所）
Mr Anthony CLARKE（英国）
Ms Rachel DINKES（美国）
Ms Ashley ROBERTS（美国）
Mr ThomasSNYDER（美国）

教育结构、政策和实践的系统层面的描述性信息的收集和裁定网络（NESLI）

Mr Karl BAIGENT（澳大利亚）
Mr Stuart FAUNT（澳大利亚）
Ms Cheryl HOPKINS（澳大利亚）
Ms Rebecca SMEDLEY（澳大利亚）
Mr Andreas GRIMM（奥地利）
Mr Philippe DIEU（比利时）
Ms Nathalie JAUNIAUX（比利时）
Ms Bernadette SCHREUER（比利时）
Mr Raymond VAN DE SIJPE（比利时）
Ms Ann VAN DRIESSCHE（比利时）
Mr Daniel Jaime CAPISTRANO DE OLIVEIRA（巴西）
Ms Juliana MARQUES DA SILVA（巴西）
Mr Richard FRANZ（加拿大）
Ms Jolie LEMMON（加拿大）
Ms María Paz DONOSO（智利）
Ms Paola LEIVA（智利）
Mr Francisco MENESES（智利）
Mr Fabián RAMÍREZ（智利）
Mr Roberto SCHURCH（智利）
Ms María José SEPÚLVEDA（智利）
Mr VladimírHULÍK（捷克）
Ms Michaela MARŠÍKOVÁ（捷克）
Mr Lubomír MARTINEC（捷克）
Mr Jorgen Balling RASMUSSEN（丹麦）
Ms Tiina ANNUS（爱沙尼亚）
Ms Hanna KANEP（爱沙尼亚）
Ms Kristel VAHER（爱沙尼亚）
Mr Lene MEJER（欧盟委员会）
Ms Nathalie BAIDAK（“欧律狄刻”项目）
Ms Arlette DELHAXHE（“欧律狄刻”项目）
Ms Petra PACKALEN（芬兰）
Mr Mika VÄISÄNEN（芬兰）
Ms Kristiina VOLMARI（芬兰）
Ms Florence LEFRESNE（法国）
Mr Robert RAKOCEVIC（法国）
Ms Pia BRUGGER（德国）
Mr Marco MUNDELIUS（德国）
Ms Dimitra FARMAKIOTOU（希腊）
Ms Maria FASSARI（希腊）
Ms Eudokia KARDAMITSI（希腊）
Mr Georgios MALLIOS（希腊）
Mr Stylianos MERKOURIS（希腊）
Mr Konstantinos PAPACHRISTOS（希腊）
Ms Athena PLESSA-PAPADAKI（希腊）

Ms Anna IMRE（匈牙利）
Mr Gunnar J. ÁRNASON（冰岛）
Ms Asta URBANCIC（冰岛）
Mr Gary Ó DONNCHADHA（爱尔兰）
Ms Nicola TICKNER（爱尔兰）
Mr Yoav AZULAY（以色列）
Ms Livnat GAVRIELOV（以色列）
Mr Yosef GIDANIAN（以色列）
Mr Pinhas KLEIN（以色列）
Mr Daniel LEVI-MAZLOUM（以色列）
Mr David MAAGAN（以色列）
Mr Haim PORTNOY（以色列）
Ms Gianna BARBIERI（意大利）
Ms Lucia DE FABRIZIO（意大利）
Mr Naruhiko KAWASE（日本）
Ms Kayo KIRIHARA（日本）
Ms Kumiko TANSHO-HIRABAYASHI（日本）
Ms Sujin CHOI（韩国）
Mr Jeongwon HWANG（韩国）
Ms SungBim MOON（韩国）
Mr Gilles HIRT（卢森堡）
Mr Jérôme LEVY（卢森堡）
Ms Ana Maria ACEVES ESTRADA（墨西哥）
Mr Antonio ÁVILA DÍAZ（墨西哥）
Ms Cynthia CABRERA CARDENAS（墨西哥）
Mr Juan Martín SOCA DE IÑIGO（墨西哥）
Ms Linda DE PAEPE（荷兰）
Mr Dick VAN VLIET（荷兰）
Mr Hans RUESINK（荷兰）
Ms Marian HULSHOF（荷兰）
Mr Simon CROSSAN（新西兰）
Mr Cyril MAKO（新西兰）
Mr David SCOTT（新西兰）
Mr Kjetil HELGELAND（挪威）
Mr Kjetil DIGRE（挪威）
Ms Renata KARNAS（波兰）
Ms Renata KORZENIOWSKA-PUCULEK（波兰）
Ms Anna NOWOŻYŃSKA（波兰）
Mr Joaquim SANTOS（葡萄牙）
Mr Mark AGRANOVICH（俄罗斯）
Ms Alzbeta FERENCICOVA（斯洛伐克）
Ms Gabriela SLODICKOVA（斯洛伐克）
Ms Andreja BARLE LAKOTA（斯洛文尼亚）
Ms Ksenija BREGAR GOLOBIČ（斯洛文尼亚）
Ms Barbara KRESAL-STERNIŠA（斯洛文尼亚）
Ms Tanja TAšTANOSKA（斯洛文尼亚）
Ms Duša MARJETIČ（斯洛文尼亚）
Ms Nataša HAFNER-VOJČIČ（斯洛文尼亚）
Mr Inmaculada CABEZALÍ MONTERO（西班牙）
Ms Laura ALONSO CARMONA（西班牙）
Ms María CÓRDOBA HITA（西班牙）
Mr Joaquin MARTIN MUÑOZ（西班牙）
Ms Camilla THINSZ FJELLSTROM（瑞典）
Ms Helena WINTGREN（瑞典）
Ms Rejane DEPPIERRAZ（瑞士）
Ms Katrin MÜHLEMANN（瑞士）
Ms Hümeyra ALTUNTAŞ（土耳其）
Ms Nihan ERDAL（土耳其）
Ms Dilek GÜLEÇYÜZ（土耳其）
Mr Olivier Labé（联合国教科文组织）
Ms Elisabeth BOYLING（英国）
Ms Louise CUTHBERTSON（英国）
Mr Adrian HIGGINBOTHAM（英国）
Mr Christopher MORRISS（英国）
Ms Rachel DINKES（美国）
Ms Jana KEMP（美国）
Mr ThomasSNYDER（NESLI 网络主席，美国）

其他为本书做出贡献的人士

Ms Anna BORKOWSKY（LSO 咨询顾问）
BRANTRA SPRL（法语翻译）
Gavan CONLON（LSO 咨询顾问）
Marguerita LANE（LSO 咨询顾问）
Mr Gary MIRON（NESLI 咨询顾问）
Mr Dan SHERMAN（LSO 咨询顾问）
Ms Fung-Kwan TAM（排版）

教育指标焦点

教育指标焦点以OECD系列概要的形式重点呈现了《教育概览》中政策决策者和实践者尤其关注的指标。该系列从全球视角详细呈现了当前学前教育、初等教育和中等教育、高等教育成人产出中的问题，综合文字、表和图描述了国际背景下教育政策与实践中最紧迫的问题。
系列全集见以下链接：

英语：http：//dx. doi. org/10. 1787/22267077
法语：http：//dx. doi. org/10. 1787/22267093

“社会和文化背景差异如何影响高等教育入学机会和学业完成情况?”，教育指标焦点，第35期（2015年）
http：//dx. doi. org/10. 1787/5jrs703c47s1-en

“高中学历在当今的优势?”，教育指标焦点，第34期（2015年）
http：//dx. doi. org/10. 1787/5jrw5p4jn426-en

“关注职业教育与培训项目”，教育指标焦点，第33期（2015年）
http：//dx. doi. org/10. 1787/5jrxtk4cg7wg-en

“教育和技能的分布更具包容性了吗?”，教育指标焦点，第32期（2015年）
http：//dx. doi. org/10. 1787/5js0bsgdtr28-en

“全球人才市场发生了怎样的变化?（2013，2030）”，教育指标焦点，第31期（2015年）
http：//dx. doi. org/10. 1787/5js33lf9jk41-en

“教育与就业——性别差异在哪?”，教育指标焦点，第30期（2015年）
http：//dx. doi. org/10. 1787/5js4q17gg540-en

“教师在教学和非教学活动上所花费的时间分别是多少?”，教育指标焦点，第29期（2015年）
http：//dx. doi. org/10. 1787/5js64kndz1f3-en

“现在年轻人的受教育程度比他们父母一代人高吗?”，教育指标焦点，第28期（2015年）
http：//dx. doi. org/10. 1787/5js7lx8zx90r-en

“教育的收入优势是什么?”，教育指标焦点，第27期（2014年）
http：//dx. doi. org/10. 1787/5jxrcllj8pwl-en

“学无止境：成人终身教育”，教育指标焦点，第26期（2014年）
http：//dx. doi. org/10. 1787/5jxsvvmr9z8n-en

“具有博士学位的是哪些人，博士学位对他们的影响是什么?”，教育指标焦点，第25期（2014年）
http：//dx. doi. org/10. 1787/5jxv8xsvp1g2-en

“教育领域的创新程度”，教育指标焦点，第24期（2014年）

http：//dx. doi. org/10. 1787/5jz1157b915d-en

“大学生获得第一学位的年龄”，教育指标焦点，第 23 期（2014 年）

http：//dx. doi. org/10. 1787/5jz3wl5rvjtk-en

“小学生和初中生的课堂时间”，教育指标焦点，第 22 期（2014 年）

http：//dx. doi. org/10. 1787/5jz44fnl1t6k-en

“教师工资及其重要性”，教育指标焦点，第 21 期（2014 年）

http：//dx. doi. org/10. 1787/5jz6wn8xjvvh-en

“教师年龄”，教育指标焦点，第 20 期（2014 年）

http：//dx. doi. org/10. 1787/5jz76b5dhsnx-en

“大学生专业选择”，教育指标焦点，第 19 期（2014 年）

http：//dx. doi. org/10. 1787/5jz8ssmzg5q4-en

“经济危机对公共教育财政的影响”，教育指标焦点，第 18 期（2014 年）

http：//dx. doi. org/10. 1787/5jzbb2sprz20-en

“高级中等教育阶段职业教育与培训能提高年轻人的前景吗?”，教育指标焦点，第 17 期（2013 年）

http：//dx. doi. org/10. 1787/5jzbb2st885l-en

“国家如何培养高质量的青年劳动力?” 教育指标焦点，第 16 期（2013 年）

http：//dx. doi. org/10. 1787/5k3wb8khp3zn-en

“大学生是如何变化的?”，教育指标焦点，第 15 期（2013 年）

http：//dx. doi. org/10. 1787/5k3z04ch3d5c-en

“国际学生流动性的发展变化”，教育指标焦点，第 14 期（2013 年）

http：//dx. doi. org/10. 1787/5k43k8r4k821-en

“从学校向就业过渡的困难程度”，教育指标焦点，第 13 期（2013 年）

http：//dx. doi. org/10. 1787/5k44zcplv70q-en

“影响教职工工资经费水平的因素”，教育指标焦点，第 12 期（2013 年）

http：//dx. doi. org/10. 1787/5k4818h3l242-en

“OECD 国家幼儿保育与教育体制的差异”，教育指标焦点，第 11 期（2013 年）

http：//dx. doi. org/10. 1787/5k49czkz4bq2-en

“教育的社会效益”，教育指标焦点，第 10 期（2013 年）

http：//dx. doi. org/10. 1787/5k4ddxnl39vk-en

“世界各国班额差异”，教育指标焦点，第 9 期（2012 年）

http：//dx. doi. org/10. 1787/5k8x7gvpr9jc-en

“增加私人支出，尤其是高等教育的私人支出，公共资金和公平入学机会就相应减少吗?”，教育指标焦点，第 8 期（2012 年）

http：//dx. doi. org/10. 1787/5k8zs43nlm42-en

“各国教育是否满足了青年人生活和就业需求水平?”，教育指标焦点，第 7 期（2012 年）

http：//dx. doi. org/10. 1787/5k91d4fsqj0w-en

“高等教育对个人和国家的回报”，教育指标焦点，第 6 期（2012 年）

http：//dx. doi. org/10. 1787/5k961l69d8tg-en

“全球人才市场变化”，教育指标焦点，第 5 期（2012 年）

http：//dx. doi. org/10. 1787/5k97krns40d4-en
“收入不均问题在各国的突出程度？教育如何缩小收入差距？”，教育指标焦点，第 4 期（2012 年）
http：//dx. doi. org/10. 1787/5k97krntvqtf-en
“世界各国女生在校学习情况及女性就业情况”，教育指标焦点，第 3 期（2012 年）
http：//dx. doi. org/10. 1787/5k9csf9bxzs7-en
“世界各国大学生助学政策”，教育指标焦点，第 2 期（2012 年）
http：//dx. doi. org/10. 1787/5k9fd0kd59f4-en
“全球经济危机对不同受教育程度人口的影响”，教育指标焦点，第 1 期（2012 年）
http：//dx. doi. org/10. 1787/5k9fgpwlc6s0-en

后　　记

参与翻译本书的人员如下。

刘玉娟：指标 A1

罗　媛：指标 A2

高慧斌：指标 A3

杜云英：指标 A4

任春荣：指标 A5

郭潇莹：指标 A6、导论、读者指南、教育指标焦点、附录、封底

张海军：指标 A7

刘在花：指标 A8

王　纾：指标 A9

侯金芹：指标 A10

吴建涛：指标 B1

朱富言：指标 B2

张　智：指标 B3

黄　颖：指标 B4

齐　媛：指标 B5

李建民：指标 B6、前言、编者寄语、概要、关于新版《国际教育标准分类》（ISCED 2011）的说明

丁晓娜：指标 B7、C4

孟庆涛：指标 C1

易凌云：指标 C2

赵章靖：指标 C3、D7

郭元婕：指标 C5

万作芳：指标 C6

左晓梅：指标 D1

聂　伟：指标 D2

彭妮亚：指标 D3

张　冲：指标 D4

王小飞：指标 D5

武向荣：指标 D6

徐　晖：指标 D8

陈贵宝等对书稿进行了校译。教育科学出版社为本书的出版提供了大力支持。

译者

2017 年 9 月 1 日

出 版 人 李 东
责任编辑 何 艺 翁绮睿
版式设计 杨玲玲
责任校对 贾静芳
责任印制 叶小峰

图书在版编目（CIP）数据

教育概览. 2015：OECD 指标 / 经济合作与发展组织编；中国教育科学研究院组织翻译. —北京：教育科学出版社，2017.9

书名原文：Education at a Glance 2015：OECD Indicators

ISBN 978-7-5191-1186-1

Ⅰ. ①教… Ⅱ. ①经… ②中… Ⅲ. ①教育评估—研究 Ⅳ. ①G449.7

中国版本图书馆 CIP 数据核字（2017）第 197268 号

教育概览 2015：OECD 指标

JIAOYU GAILAN 2015：OECD ZHIBIAO

出版发行	教育科学出版社		
社 址	北京·朝阳区安慧北里安园甲 9 号	市场部电话	010-64989009
邮 编	100101	编辑部电话	010-64989421
传 真	010-64891796	网 址	http://www.esph.com.cn
经 销	各地新华书店		
制 作	北京金奥都图文制作中心		
印 刷	保定市中画美凯印刷有限公司		
开 本	189 毫米×269 毫米 16 开	版 次	2017 年 9 月第 1 版
印 张	41.25	印 次	2017 年 9 月第 1 次印刷
字 数	831 千	定 价	168.00 元